हिंदी साहित्य का इतिहास

हिंदी साहित्य का इतिहास

आचार्य रामचंद्र शुक्ल

भूमिका

डॉ. रामस्वरूप चतुर्वेदी

लोकभारती प्रकाशन

लोकभारती प्रकाशन
पहली मंजिल, दरबारी बिल्डिंग, महात्मा गाँधी मार्ग
प्रयागराज-211 001

वेबसाइट : www.lokbhartiprakashan.com
ईमेल : info@lokbhartiprakashan.com

शाखाएँ : 1-बी, नेताजी सुभाष मार्ग, दरियागंज
नयी दिल्ली-110 002
अशोक राजपथ, साइंस कॉलेज के सामने
पटना-800 006 (बिहार)
1, अनमोल सोराबजी संतुक लेन, मरीन लाइंस
मुम्बई-400002

मूल्य : ₹ 750

पहला संस्करण : 2002
सोलहवां संस्करण : 2025

सुपर माधव ग्राफिक
प्रयागराज द्वारा मुद्रित

HINDI SAHITYA KA ITIHAS
by Acharya Ramchandra Shukla

ISBN : 978-81-8031-914-3

आचार्य शुक्ल का इतिहास

१९३० का दशक आधुनिक हिंदी साहित्य के रचनात्मक विकास में अत्यन्त महत्त्वपूर्ण है। एक ओर कथानक के परंपरागत स्थूल वृत्त **प्रेमचंद** के हाथों में दृष्टि-सम्पन्न कथा-कृतियाँ बनते हैं तो दूसरी ओर **प्रसाद-निराला-पंत-महादेवी** के यहाँ पिछले इतिवृत्तात्मक काव्य-वर्णन सूक्ष्म अनुभूति-विधान का रूप लेते हैं। जैसे इसी के समानांतर **रामचंद्र शुक्ल** कवि-वृत्त संग्रह को इतिहास बनाते हैं। अपने 'हिंदी साहित्य का इतिहास' के 'वक्तव्य' का आरंभ वे यों करते हैं, "हिंदी कवियों का एक वृत्त-संग्रह ठाकुर शिवसिंह सेंगर ने सन् १८८३ ई० में प्रस्तुत किया था। उस के पीछे सन् १८८९ में डाक्टर (अब सर) ग्रियर्सन ने Modern Vernacular Literature of Northern Hindustan के नाम से एक वैसा ही बड़ा कवि-वृत्त-संग्रह निकाला...सन् १९१३ में इस सभी सामग्री का उपयोग करके मिश्रबंधुओं (श्रीयुत पं० श्यामबिहारी मिश्र आदि) ने अपना बड़ा भारी कवि-वृत्त-संग्रह 'मिश्रबंधु-विनोद' जिस में वर्त्तमान काल के कवियों और लेखकों का भी समावेश किया गया, तीन भागों में प्रकाशित किया।" **शिवसिंह सेंगर** का 'वृत्त-संग्रह' है, ग्रियर्सन का 'बड़ा कवि-वृत्त-संग्रह' और **मिश्रबंधुओं** का 'बड़ा भारी कवि-वृत्त-संग्रह'। यानी वृत्त क्रमशः बढ़ता जाता है, जो एक तरह से वृत्त की प्रकृति ही है। इस वृत्त को इतिहास बनाना यह रामचंद्र शुक्ल का काम है। दर्शक से द्रष्टा बनना, यही इतिहास-लेखन की प्रक्रिया है। दर्शक दृश्यों और घटना-क्रमों को देखता है बाहर से, द्रष्टा इस के साथ-साथ उन की आंतरिक संगति को भी देखता-पहिचानता है। यों, रामचंद्र शुक्ल के साथ रचना, आलोचना और इतिहास का विलक्षण तालमेल बनता है, पहली बार।

तब वृत्त-संग्रह घटना-क्रम है, इतिहास है दृष्टि। इस प्रसंग में आचार्य शुक्ल ने अपनी दृष्टि का आख्यान इतिहास के आरंभ में ही कर दिया है। 'वक्तव्य' में वे कहते हैं, "मैं ने कुछ संक्षिप्त नोट तैयार किए थे जिन में परिस्थिति के अनुसार शिक्षित जनसमूह की बदलती हुई प्रवृत्तियों को लक्ष्य करके हिंदी-साहित्य के इतिहास के काल-विभाग और रचना की भिन्न-भिन्न शाखाओं के निरूपण का एक कच्चा ढाँचा खड़ा किया गया था।" इस की तुलना में कुछ ही आगे मूल 'इतिहास' के 'काल-विभाग' का प्रवर्तन जिस वाक्य से होता है वह जैसे इतिहासकार के समस्त दर्शन का सार और सूत्र हो। **'गोदान'**, **'कामायनी'** और **'राम की शक्ति-पूजा'** की ही तरह जिस का आरंभिक अंश हिंदी पाठक की जातीय स्मृति का अंग बन गया है, "जब कि प्रत्येक देश का साहित्य वहाँ की जनता की चित्तवृत्ति का संचित प्रतिबिंब होता है तब यह निश्चित है कि जनता की चित्तवृत्ति के परिवर्त्तन के साथ-साथ साहित्य के स्वरूप में भी परिवर्त्तन होता चला जाता है। आदि से अंत तक इन्हीं चित्तवृत्तियों की परंपरा को परखते हुए साहित्य-परंपरा के साथ उन का सामंजस्य दिखाना ही 'साहित्य का इतिहास' कहलाता है।" परवर्त्ती बहुत-से इतिहासकारों और इतिहासविदों ने अपना-अपना इतिहास-दर्शन बड़े विस्तार में बखाना है। तब उन के यहाँ दर्शन ही दर्शन है, दृष्टि नहीं, और इतिहास नहीं। यह बखान एक तरह का स्वशब्दवाच्यत्व दोष है। इतिहास-दर्शन तो वह है जो

इतिहास में से निःसृत हो। रामचंद्र शुक्ल के यहाँ इतिहास-दर्शन और इतिहास के बीच ऐसा ही रिश्ता है।

यहाँ जो लक्ष्य करने की बात है वह 'वक्तव्य' में आए 'शिक्षित जन-समूह', और 'काल-विभाग' के उक्त मंतव्य में 'जनता' शब्द की प्रयोग-छायाएँ। यह भी स्मरणीय है कि 'आधुनिक काल' में पहुँचकर यह प्रयोग एक बार फिर 'शिक्षित जनता' हो जाता है। तब समझना होगा कि इतिहासकार के अनुसार 'जनता' के साथ क्रिया-प्रतिक्रिया में सृजनात्मक लेखन होता है, इतिहास की रचना 'शिक्षित जन-समूह' की बदलती हुई प्रवृत्ति के अनुकूल होती है। रामचंद्र शुक्ल के सतत सावधान गद्य-प्रयोग का उदाहरण यहाँ आरंभ में ही मिल जाता है। इस के साथ-साथ आधुनिक काल के ठीक पहले, रीतिकाल के समापन अंश में इतिहासकार ने इन दोनों के बीच एक तीसरी स्थिति की ओर भी संकेत किया है—'साधारण श्रेणी के पाठक'। **ब्रजवासीदास** के प्रसंग में लिखा है, "पर इनका प्रसिद्ध ग्रंथ 'ब्रजविलास' ही है जिस का प्रचार साधारण श्रेणी के पाठकों में है।" इस से कुछ और निचले दर्जे का संकेत 'बाजारी' प्रयोग से मिलता है, जो रीतिकाल के उपसंहार में ग्वाल और बोधा जैसे शृंगारिक कवियों के प्रसंग में आता है। यों रचना के साथ भावक वर्ग की प्रकृति की परख इतिहासकार बराबर करता चलता है।

एक और रोचक प्रसंग यहाँ सामने आता है। लेखक ने अपने 'वक्तव्य' में स्वयं स्पष्ट किया है कि इस इतिहास का बीज-रूप उस के द्वारा प्रस्तुत 'छात्रों के उपयोग के लिए...कुछ संक्षिप्त नोट' में दबा है। यह संयोग से कुछ अधिक है कि अपनी 'हिंदी साहित्य की भूमिका' (१९४०)—तीस के दशक की एक और विशिष्ट कृति—में **हजारीप्रसाद द्विवेदी** ने भी उस का आरंभ अपने विश्वविद्यालय परिसर, विश्वभारती शांतिनिकेतन पर छात्रों के लिए तैयार नोट्स से बताया है। यों हिंदी के दो प्रसिद्ध इतिहास दो अध्यापकों के नोट्स में से प्रस्फुटित हुए हैं। हिंदी के साहित्यिक परिदृश्य पर, और अन्यत्र भी, 'विश्वविद्यालयीय आलोचना' पद का प्रयोग कुछ अवमानना के अर्थ में होता है, जब कि इन महिमाशाली इतिहासों का स्रोत एकदम उल्टा संकेत देता है। इसका कारण शायद यह हो कि अच्छा अध्यापक स्वयं अपने व्याख्यान में सीखता, खोजता और रचता है, और आलोचना की भी एक तरह से यही प्रक्रिया कही जा सकती है। अच्छा आलोचक होने के लिए ज़रूरी नहीं कि वह अध्यापक हो, पर अधिसंख्य अच्छे आलोचक अच्छे अध्यापक भी रहे हैं, यह देखा जा सकता है। 'अच्छे' पद यहाँ दोनों स्थितियों में बराबर से साभिप्राय होगा।

इतिहास-लेखन में रामचंद्र शुक्ल एक ऐसी क्रमिक पद्धति का अनुसरण करते हैं जो अपना मार्ग स्वयं प्रशस्त करती चलती है, विशेषतः जब कि साहित्य का इतिहास यहाँ पहली बार व्यवस्थित रूप में कहा जा रहा है। विवेचन में तर्क का क्रमबद्ध विकास ऐसे है कि जैसे बड़ा कलावंत अपने गायन में राग को विकसित और अनाविल करने के लिए धीरे-धीरे बढ़त करता है। इतिहास के उन्मीलन में आलोचना की यह शैली कितनी उपकारक होती है, यह दिखाने के लिए केवल एक उदाहरण पर्याप्त होगा। प्रसंग एकदम आरंभ का है आदि काल में वीरगाथा काव्य का—"इतना अनुमान तो किया ही जा सकता है कि प्राकृत पढ़े हुए पंडित ही उस समय कविता नहीं करते थे। जन साधारण की बोली में गीत दोहे आदि प्रचलित चले आते रहे होंगे जिन्हें पंडित लोग गँवारू समझते रहे होंगे। ऐसी कविताएँ राज्यसभाओं तक भी पहुँच जाती रही होंगी...राजाश्रित कवि अपने राजाओं के शौर्य, पराक्रम और प्रताप का वर्णन

अनूठी उक्तियों के साथ किया करते थे और अपनी वीरोल्लास भरी कविताओं से वीरों को उत्साहित किया करते थे। ऐसे राजाश्रित कवियों की रचनाओं के रक्षित रहने का अधिक सुबीता था। वे राजकीय पुस्तकालयों में भी रक्षित रहती थीं और भट्ट चारण जीविका के विचार से उन्हें अपने उत्तराधिकारियों के पास भी छोड़ जाते थे। उत्तरोत्तर भट्ट चारणों की परंपरा में चलते रहने से उन में फेरफार भी बहुत कुछ होता रहा। इसी रक्षित परंपरा की सामग्री हमारे हिंदी साहित्य के प्रारंभिक काल में मिलती है। इसी से यह काल 'वीरगाथा-काल' कहा गया।

"भारत के इतिहास में यह वह समय था जब कि मुसलमानों के हमले उत्तर-पश्चिम की ओर से लगातार होते रहते थे। इन के धक्के अधिकतर भारत के पश्चिम प्रांत के निवासियों को सहने पड़ते थे जहाँ हिंदुओं के बड़े-बड़े राज्य प्रतिष्ठित थे। गुप्त साम्राज्य के ध्वस्त होने पर हर्षवर्द्धन (मृत्यु-संवत् ७०४) के उपरांत भारत का पश्चिमी भाग ही भारतीय सभ्यता और बल-वैभव का केन्द्र हो रहा था। कन्नौज, दिल्ली, अजमेर, अन्हलवाड़ा आदि बड़ी-बड़ी राजधानियाँ उधर ही प्रतिष्ठित थीं। उधर की भाषा ही शिष्ट भाषा मानी जाती थी और कवि-चारण आदि उसी भाषा में रचना करते थे। प्रारंभिक काल का जो साहित्य हमें उपलब्ध है उस का आविर्भाव उसी भूभाग में हुआ। अतः यह स्वाभाविक है कि उसी भूभाग की जनता की चित्तवृत्ति की छाप उस साहित्य पर हो। हर्षवर्द्धन के उपरांत ही साम्राज्य-भावना देश से अंतर्हित हो गई थी और खंड-खंड होकर जो गहरवार, चौहान, चंदेल और परिहार आदि राजपूत-राज्य पश्चिम की ओर प्रतिष्ठित थे, वे अपने प्रभाव की वृद्धि के लिए परस्पर लड़ा करते थे। लड़ाई किसी आवश्यकता-वश नहीं होती थी; कभी-कभी तो शौर्य-प्रदर्शन मात्र के लिए यों ही मोल ली जाती थी। बीच-बीच में मुसलमानों के भी हमले होते रहे थे। सारांश यह कि जिस समय से हमारे हिंदी-साहित्य का अभ्युदय होता है, वह लड़ाई भिड़ाई का समय था, वीरता के गौरव का समय था। और सब बातें पीछें पड़ गई थीं।"

देशभाषा काव्य का राजसभा से संबंध—चारणों की मौखिक परंपरा में उन वीर-काव्यों का समावेश—मौखिक परंपरा में फेर-फार की संभावना से संदिग्ध पाठ—पश्चिम की हिंदू राजधानियाँ—मुसलमानों के हमले—वहीं की भाषा में वहाँ के जीवन का चित्रण : यह है, इतिहासकार शुक्ल के अनुसार, वीरगाथा या कि चारण-काव्य के विकास की कथा! उपर्युक्त अपेक्षया लंबे उद्धरण को प्रस्तुत करने से यह संभव होता है कि तर्क का एक-एक चरण एक-दूसरे से जुड़ा हुआ, एक-दूसरे में से निकलता दिखेगा। इसीलिए पाठक को उस पर चलने में सुगमता होती है, जटिल से जटिल प्रसंग आसानी से हृदयंगम हो जाता है। लेखक को अपने तर्क पर विश्वास इतना गहरा है कि आवेश की उसे अपेक्षा नहीं रह जाती। आदि काल से लेकर आधुनिक काल तक आचार्य शुक्ल का इतिहास इसी प्रकार तथ्याश्रित और तर्कसम्मत रूप में चलता है।

इतिहास-लेखन में व्यावहारिक आलोचना की एक और तरह की परीक्षा होती है। प्रवृत्तियों, कालों या कि रचनाकारों पर स्वतंत्र अध्ययन में आलोचक को बहुत कुछ छूट यह मिली रहती है कि वह आलोच्य विषय या लेखक पर बहुत कुछ स्वतंत्र और निरपेक्ष ढंग से विचार करते हुए उन का मूल्यांकन करता है। पर इतिहास में सापेक्ष मूल्यांकन एक तरह से अनिवार्य पद्धतिक आवश्यकता हो जाती है। यहाँ हर लेखक और प्रवृत्ति का विवेचन अन्यों के संदर्भ में चलेगा। इस सापेक्ष, क्रमिक, और किसी क़दर तुलनात्मक विवेचन में आलोचना-

विवेक का बड़ा सधा रूप अपेक्षित होता है। रामचंद्र शुक्ल अपनी व्यावहारिक आलोचना में भी, और इतिहास-लेखन में भी, इस का बड़ा सटीक परिचय देते हैं। विशेषत: एक प्रवृत्ति के अंतर्गत सक्रिय या कि समकालीन लेखकों के मूल्यांकन में वे दोनों पक्षों के वैशिष्ट्य, और उन की सीमाओं का भी अकुंठ विवेचन करते चलते हैं। इस प्रसंग में हम दो उदाहरणों को उठाएँगे। एक है **सूर-तुलसी** विषयक, जहाँ हिंदी में तुलनात्मक आलोचना का पूरा पसारा है, और दूसरे आधुनिक काल के दो गद्य-व्यवस्थापकों का अपना-अपना वैशिष्ट्य, आशय **महावीरप्रसाद द्विवेदी** और **श्यामसुंदरदास** से है। सूर में प्रसंगोद्भावना की जो क्षमता है वह तुलसी में नहीं, अपनी यह मान्यता आलोचक-इतिहासकार तुलसी के प्रसंग में भी रखता है और फिर सूर के संदर्भ में भी। तुलसी के विवेचन के अंतर्गत वह कहता है, "प्रसंगों की जो नवीन उद्भावना सूरसागर में पाई जाती है, वह तुलसी के किसी ग्रंथ में नहीं मिलती।" सूर के प्रसंग में विवेचन यों है, "सूर की बड़ी भारी विशेषता है नवीन **प्रसंगों** की उद्भावना... प्रसंगोद्भावना करने वाली ऐसी प्रतिभा हम तुलसी में नहीं पाते।" पर तुलसी की विशेषता है उन की सर्वांगपूर्णता, जो उन की काव्यभाषा के विविध प्रयोग में, सभी प्रचलित काव्य-शैलियों के चयन में, और भक्ति-पद्धति में द्रष्टव्य है—"यह सूचित करने की आवश्यकता नहीं कि न तो सूर का अवधी पर अधिकार था और न जायसी का ब्रजभाषा पर...सारांश यह कि हिंदी काव्य की सब प्रकार की रचना शैली के ऊपर गोस्वामीजी ने अपना ऊँचा आसन प्रतिष्ठित किया है। यह उच्चता और किसी को प्राप्त नहीं...लोकसंग्रह का भाव उन की भक्ति का एक अंग था। कृष्णोपासक भक्तों में इस अंग की कमी थी।" यों स्वतंत्र विवेचन के साथ-साथ सापेक्ष दृष्टि बराबर वर्त्तमान है। आशंसा के अंतर्गत सूर का जो प्राप्य है वह सूर को मिलना है, तुलसी का जो है वह तुलसी को। सूर-तुलसी के साथ-साथ **जायसी** भी विवेचन-क्रम के अनिवार्य विषय हैं। 'इतिहास' में दिखाया गया है कि "जायसी की अक्षय कीर्ति का आधार है 'पदमावत', जिस के पढ़ने से यह प्रकट हो जाता है कि जायसी का हृदय कैसा कोमल और 'प्रेम की पीर' से भरा हुआ था।" 'जायसी ग्रंथावली' की भूमिका में तुलना और स्पष्ट है, "जायसी का क्षेत्र तुलसी की अपेक्षा परिमित है, पर प्रेम-वेदना उन की अत्यंत गूढ़ है।" रामचंद्र शुक्ल का यह आलोचना-विवेक जहाँ उन की वैशिष्ट्यग्राहिणी क्षमता का संकेत देता है वहीं उन के सापेक्ष मूल्य निर्धारण की बुनियादी पात्रता का भी। व्याख्या-विवेचन-मूल्यांकन के पक्ष यों एक-दूसरे में घुल-मिल कर पाठक के मन में आलोचक की अनिवार्य व्यापक विश्वसनीयता को प्रतिष्ठित करते हैं।

महावीरप्रसाद द्विवेदी और **श्यामसुंदरदास** के प्रसंग खड़ी बोली गद्य के प्रसार-काल में आते हैं। यहाँ ध्यातव्य है कि दोनों इतिहासकार के अपने समकालीन हैं, और किसी क़दर प्रतिस्पर्धी भी। तब विशेष बात यह कि उन की कमियाँ जैसे निर्भीक भाव से दिखाई गई हैं उस से कुछ अधिक उत्साह के साथ उन का वैशिष्ट्य और योग-दान अंकित हुआ है। 'गद्य साहित्य का प्रसार' प्रकरण के आरंभिक अंश में गद्य-व्यवस्था के लिए महावीरप्रसाद द्विवेदी के समग्र योग-दान पर टिप्पणी यों है—"पर जो कुछ हुआ वही बहुत हुआ और उस के लिए हमारा हिंदी-साहित्य पंडित महावीरप्रसाद द्विवेदी का सदा ऋणी रहेगा।" पर स्वयं उन के अपने लेखन का मूल्यांकन कुछ दूसरे ढंग का है—"'कवि और कविता' कैसा गंभीर विषय है, कहने की आवश्यकता नहीं। पर इस विषय की बहुत मोटी-मोटी बातें बहुत मोटे तौर पर कही गई हैं...द्विवेदी जी के लेखों को पढ़ने से ऐसा जान पड़ता है कि लेखक बहुत मोटी

अक्ल के पाठकों के लिए लिख रहा है।'' अब यह आचार्य शुक्ल के अपने पाठकों पर है कि वे देखें कि यहाँ व्यंग्य द्विवेदी जी के पाठकों पर है कि स्वयं लेखक पर। श्यामसुंदरदास का विवेचन इस प्रकार है—''आधुनिक सभ्यता के विधानों के बीच की लिखा-पढ़ी के ढंग पर हिंदी को ले चलने में आप की लेखनी ने बहुत कुछ योग दिया है...बाबू साहब ने बड़ा भारी काम लेखकों के लिए सामग्री प्रस्तुत करने का किया है...शिक्षोपयोगी तीन पुस्तकें—भाषाविज्ञान, हिंदी भाषा और साहित्य तथा साहित्यालोचन—भी आपने लिखी या संकलित की हैं।'' आलोचना में काकु का ऐसा सधा प्रयोग अन्यत्र कठिनाई से देखने-सुनने को मिलेगा। मूल भाव यह है कि इन दोनों लेखकों का योगदान व्यवस्था के क्षेत्र में जैसा है वैसा विवेचन के क्षेत्र में नहीं।

इतिहास के संदर्भ में आलोचना-विवेक का एक प्रकरण और लेकर हम इस प्रसंग को पूरा करेंगे। यह प्रकरण 'हिंदी साहित्यका इतिहास' से नहीं, उन के प्रसिद्ध इंदौर-अभिभाषण से है। हिंदी साहित्य सम्मेलन के इंदौर अधिवेशन की साहित्य परिषद् के अध्यक्ष पद से दिया हुआ यह ऐतिहासिक अभिभाषण (१९३५) बाद में 'काव्य में अभिव्यंजनावाद' शीर्षक से प्रकाशित हुआ। साहित्य परिषद् के इन अभिभाषणों में एक प्रथा यह रही है कि भाषणकर्त्ता अपना मूल विवेचन करने के साथ-साथ हिंदी साहित्य की पिछली गतिविधि और प्रकाशित कृतियों पर भी अपने विचार व्यक्त करता है। **आचार्य शुक्ल** के इस अभिभाषण में मूल विवेचन 'काव्य में अभिव्यंजनावाद' कुछ ऐसा ख्यात हुआ कि उन का यह कालक्रमिक साहित्यिक सर्वेक्षण एक तरह से पाठकों की आँख से कुछ ओझल जैसा हो गया। इस सर्वेक्षण में उस समय के, और बाद के भी, दो शीर्षस्थ रचनाकार **जयशंकर प्रसाद** और **प्रेमचंद** पर आलोचक की तुलनात्मक टिप्पणियाँ बड़ी महत्त्वपूर्ण, और भावी मूल्यांकन के लिए दिशा-निर्देशक हैं। दोनों के वैशिष्ट्य की अत्यंत संक्षेप में परख करते हुए वह अंश इस प्रकार है—पहले प्रकरण नाटक का है, वहाँ लिखते हैं, ''यह देख कर मुझे अत्यंत आनंद होता है कि 'प्रसाद' जी के नाटकों में इस प्रकार के विकास के पूरे लक्षण मिलते हैं...मेरे देखने में अच्छे सामाजिक नाटकों का अभाव अभी बना है। इस के लिए 'प्रसाद' जी से न कहूँगा। जिस ऐतिहासिक क्षेत्र को उन्होंने लिया है उसी के भीतर उन्हें अपनी प्रतिभा का उत्तरोत्तर विकास करना चाहिए।'' फिर प्रसंग उपन्यास का है, जहाँ केन्द्र में हैं प्रेमचंद। यह सर्वेक्षण इस प्रकार चलता है, ''वर्तमान सामाजिक जीवन के विविध पक्षों और अंतर्वृत्तियों की बड़ी परख प्रेमचंद जी को मिली है। उन्होंने हिंदी के उपन्यास क्षेत्र को जगमगा दिया। वे हमारे गर्व और गौरव के कारण हैं...मेरे देखने में उत्कृष्ट कोटि के ऐतिहासिक उपन्यासों का अभाव ज्यों का त्यों बना है। यदि जयशंकर 'प्रसाद' जी इस ओर भी ध्यान दें तो इस अभाव की पूर्त्ति बहुत अच्छी तरह हो सकती है।'' पूरे सर्वेक्षण का निष्कर्ष यह कि ऐतिहासिक नाटकों का क्षेत्र प्रसाद का है, सामाजिक उपन्यासों का प्रेमचंद का, रामचंद्र शुक्ल के जिस आलोचना-विवेक का प्रमाणीकरण परवर्त्ती इतिहास करता है। और यह संभावना तब प्रकट की गई है जब प्रेमचंद के 'गोदान' तथा प्रसाद की 'कामायनी' और 'इरावती' जैसी शीर्षस्थ कृतियाँ अभी प्रकाशित होने को हैं।

इस आलोचना-विवेक में आचार्य शुक्ल का इतिहास-दर्शन बड़े परिष्कृत और प्रौढ़ रूप में विकसित हुआ है, जो अलग से उतना कहा नहीं गया जितना कि स्वतः इतिहास-लेखन में से उद्भूत होता है। जैसे कि सहृदय और संवेदनशील इतिहासकार ने यहाँ भी अपने को

स्वशब्दवाच्यत्व दोष से बचाया हो। इतिहास-दर्शन का आख्यान तो, जैसा संकेत किया गया, इतिहास के ठीक उपोद्‌घात में ही हो गया है "जब कि प्रत्येक देश का साहित्य...।" लगभग आधे पृष्ठ में यह प्रसंग पूरा हो जाता है, जो दर्शन कि फिर ६३० पृष्ठों के सुदीर्घ इतिहास में नाना रूपों में पल्लवित होता दिखता है। यह भारतीय परंपरा का 'दर्शन' है—अनुभूति के स्तर पर, न कि पाश्चात्त्य परंपरा का ज्ञान-प्रेम या 'फिलॉसॅफ़ी'।

अपनी आरंभिक उपपत्ति में इतिहासकार ने बताया है कि साहित्य "जनता की चित्तवृत्ति का संचित प्रतिबिंब होता है," और "इन्हीं चित्तवृत्तियों की परंपरा को परखते हुए साहित्य-परंपरा के साथ उनका सामंजस्य दिखाना ही 'साहित्य का इतिहास' कहलाता है।" इस सामंज्स्य को दिखाने में आचार्य शुक्ल का इतिहास और आलोचना-कर्म निहित है। इस प्रसंग में लेखक ने 'जनता' और 'शिक्षित जनता' को जहाँ और जैसे विविक्त किया है उस का कुछ विवेचन हम कर चुके हैं। इसी क्रम में इतिहासकार, विशेषतः मध्यकाल के संदर्भ में जनता और दरबार के बीच महत्त्वपूर्ण विवेक करता है। यह स्मरणीय है कि अनेक साहित्येतिहासकारों ने सामान्य इतिहास लेखन के समानांतर साहित्य के इतिहास को भी राजा-महाराजाओं-शाहेवक्त और शासन-पद्धतियों के क्रम में व्यवस्थित करना चाहा है। 'एलिज़ाबेथन युग', 'विक्टोरियन युग' या कि 'सामंत-काल' कुछ ऐसे ही नामकरण हैं। इस गहमा-गहमी के बीच रामचंद्र शुक्ल बराबर अपनी प्रतिज्ञा पर कायम रहते हैं कि साहित्य का विकास जनता की चित्तवृत्तियों से जुड़ा हुआ है। इस प्रसंग के सबसे निर्भ्रांत विवेचन का रीतिकाल से भिन्न और क्या उपयुक्त अवसर होगा जब कि एक बड़ी संख्या में कवि किसी न किसी रूप में राज्याश्रित थे। तब रीतिकाल का 'सामान्य परिचय' पूरा करते और इस प्रकरण का समापन करते हुए इतिहासकार लिखता है, "इस से इस काल को रस के विचार से कोई शृंगारकाल कहे तो कह सकता है। शृंगार के वर्णन को बहुतेरे कवियों ने अश्लीलता की सीमा तक पहुँचा दिया था। इस का कारण जनता की रुचि नहीं; आश्रयदाता राजा महाराजाओं की रुचि थी जिन के लिए कर्मण्यता और वीरता का जीवन बहुत कम रह गया था।" साहित्य के इतिहास के संदर्भ में यहाँ जनता और राजदरबार की रुचि के बीच गुणात्मक अंतर को, आचार्य शुक्ल के ही एक प्रिय प्रयोग के सहारे कहें तो, बड़े ठिकाने से रेखांकित कर दिया गया है। अंतिम वाक्य के उत्तरार्द्ध में व्यंग्य अधिक है या कि विषाद, ठीक-ठीक कह पाना मुश्किल है।

पूरे इतिहास-प्रवाह में चलने वाले इस आलोचना-विवेक की सीमा आती है वहाँ जहाँ आलोचक आधुनिक काल में पहुँच कर पाठकीय अर्थ-आक्षेप, और सहदय अर्थ-व्याख्या के अंतर को धूमिल कर देता है। संदर्भ छायावादी काव्य का है। एकदम नयी-नयी उभरती इस काव्यधारा की बड़ी अंतर्दृष्टि और सहानुभूति, तथा पूरे आत्मविश्वास के साथ इतिहासकार-आलोचक विवेचना करता है। कुछ सामान्य प्रवृत्तियों का परिशीलन करते हुए वह इस काव्य-विधान के मर्म क्षेत्र में प्रवेश करता है। नये ढंग के लाक्षणिक अप्रस्तुत विधान, प्रकृति-चित्रण और गीतात्मक स्वरूप का विश्लेषण करने के बाद वह छायावाद की सूक्ष्म अर्थ-प्रक्रिया में पैठता है। यहाँ उस का आलोचनात्मक असंतोष उजागर होता है। वह लिखता है, "जिन वस्तुओं के आधार पर उक्तियाँ मन में खड़ी की जाती हैं उन का कुछ भाग कला के अनूठेपन के लिए पंक्तियों के इधर-उधर से हटा भी लिया जाता है। अतः कहीं-कहीं व्यवहृत शब्दों की व्यंजकता पर्याप्त न होने पर भाव अस्फुट रह जाता है, पाठक को अपनी ओर से बहुत कुछ

आक्षेप करना पड़ता है, जैसे नीचे की पंक्तियों में—", फिर उदाहरणस्वरूप प्रसाद की 'लहर' से चार पंक्तियों को उद्धृत करके उनकी व्याख्या की जाती है। यहाँ आलोचकीय असंतोष विवेच्य काव्य की ही तरह सूक्ष्म है, जो 'आक्षेप' प्रयोग से व्यंजित होता है, जिसे आज की लक्षणा में हम 'अतिव्याख्या' कहना चाहते हैं। आधुनिक खड़ी बोली में द्विवेदीयुगीन इतिवृत्तात्मकता के बाद वस्तुतः छायावादी काव्य से ही अर्थ-सघनता, अर्थ के विविध स्तरों की टकराहट आरंभ होती है। यह प्रक्रिया काव्य-दोष नहीं, आधुनिक काव्य-वैभव है, एम्पसन के प्रयोग में चाहे तो अर्थ-संदिग्धता कह लें। वहीं पाठकीय सक्रियता अपेक्षित होती है अर्थ-व्याख्या-क्षमता के रूप में। इस अर्थ-व्याख्या के फिर अपने सीमांत हैं, जहाँ से अतिव्याख्या का क्षेत्र आरंभ हो जाता है, जो अवश्य भावुक-आलोचक के लिए वर्जित प्रदेश है। पर इस संदर्भ में जोड़ना होगा कि कभी-कभी अचरज होता है, इस सीमा को समझ कर नहीं, यह देख कर कि 'पाखंड-प्रतिषेध' शीर्षक से छायावाद-रहस्यवाद पर कटु प्रहार करने वाले दस कवित्तों की माला, जिन्हें कवि ने अन्यत्र 'दंड-प्रहार' बताया है (दंडक ये दंड के प्रहार से लगेंगे तुझे), आलोचकीय टिप्पणी के सहित लिखनेवाला कैसे छायावाद की इतने सूक्ष्म स्तर पर सहानुभूतिपूर्ण व्याख्या प्रस्तुत करता है।

इतिहास अपने अंतिम चरण में स्वभावतः लेखक के समकालीन दौर में पहुँचता है। यहाँ कठिनाई आती है निकट दृष्टि की। अंतरालविहीन दृष्टि की अपनी सीमा होती है। फिर एक दूसरी व्यावहारिक कठिनाई आती है व्यक्तिगत निकटता की। आचार्य शुक्ल इतिहास और समकालीन के इस हल्के द्वन्द्व के प्रति स्वयं सजग थे। प्रथम संस्करण के 'वक्तव्य' में वे लिखते हैं "...वर्त्तमान लेखकों और कवियों के संबंध में कुछ लिखना अपने सिर एक बला मोल लेना ही समझ पड़ता था। पर जी न माना। वर्त्तमान सहयोगियों तथा उन की अमूल्य कृतियों का उल्लेख भी थोड़े बहुत विवेचन के साथ डरते-डरते किया गया।" यहाँ 'जी न माना' की उक्ति में इतिहासकार के अंतर्द्वन्द्व का बड़ा मार्मिक और सात्त्विक रूप झलक रहा है। समकालीन साहित्य के प्रति दायित्व-भाव एक ओर, और सहयोगी लेखकों की अनिश्चित प्रतिक्रियाओं का डर दूसरी ओर। इन के बीच इतिहासकार का अपना दायित्व-बोध ही विजयी होता है। फिर अगले 'संशोधित और प्रवर्द्धित संस्करण' तक उस का मनोबल इस प्रसंग में और बढ़ता है। अब मुख्य संदर्भ है नवविकसित छायावाद का, जिस के स्वरूप को लेकर तब तक बहुत-कुछ अनिश्चय बना हुआ था। यहाँ इतिहासकार का विवेचन वैसा ही अंतर्दृष्टिपूर्ण है जैसा कि भक्तिकाल का वह पहले कर आया है। यों मध्ययुगीन और आधुनिक काव्य के बीच एक संतुलन बनता है जो आचार्य शुक्ल के 'इतिहास' की बनावट को पूर्ण करता है। इस संस्करण की भूमिका में अब पिछला डर समाप्त हो कर एक नये आत्मविश्वास का स्वर उदित होता है, जहाँ इतिहास और आलोचना एक-दूसरे की सहयोगी भूमिका में आ गए हैं। लेखक कहता है, "इस संस्करण में सम-सामयिक साहित्य का अब तक का आलोचनात्मक विवरण दे दिया गया है जिस से आज तक के साहित्य की गति-विधि का पूरा परिचय प्राप्त होगा।" यहाँ 'आलोचनात्मक विवरण' कह कर उस ने स्पष्ट कर दिया है कि इतिहास में आलोचना की सीमित संभावना ही है। मूल 'वक्तव्य' में वह पहले कह चुका है, "इतिहास की पुस्तक में किसी कवि की पूरी क्या अधूरी आलोचना भी नहीं आ सकती। किसी कवि की आलोचना लिखनी होगी तो स्वतंत्र प्रबंध या पुस्तक के रूप में लिखूँगा।" यों इतिहास की व्याख्या में समकालीन साहित्य का योग, और इस के पीछे आलोचना की

भूमिका को—भले संकेत में—स्पष्ट कर दिया गया है। इस से आचार्य शुक्ल की इतिहास-परिकल्पना पर प्रकाश पड़ता है, जहाँ व्यापक शोध और सूक्ष्म आलोचना-विवेक का समन्वय हुआ है।

जहाँ तक समसामयिक साहित्य का संबंध है रामचंद्र शुक्ल का 'इतिहास' उस के साथ-साथ आगे बढ़ा है। इस विकास-क्रम की रोचक और गहन समीक्षा **बच्चनसिंह** तथा **समीक्षा ठाकुर** ने अपने-अपने अध्ययन में प्रस्तुत की है ('आचार्य शुक्ल का इतिहास पढ़ते हुए' : बच्चनसिंह-१९८९; 'आचार्य रामचंद्र शुक्ल के इतिहास की रचना-प्रक्रिया' : समीक्षा ठाकुर-१९९६)। 'इतिहास' में आधुनिक काल के विविध प्रकरणों को देखते हुए स्पष्ट हो जाता है कि इतिहासकार ने तीस के दशक को लगभग पूरा समेटा है—गद्य के प्रसंग में वह 'आज' समाचार-पत्र की अक्टूबर, १९३९ में प्रकाशित एक टिप्पणी की भाषा-व्यवस्था की दृष्टि से समीक्षा करता है। यों लेखक का इतिहास उस की जीवनावधि के साथ तक चला है, जब कि १९४० में उस का 'संशोधित और प्रवर्द्धित संस्करण' प्रकाशित हुआ। कहना न होगा, इस अवधि में वह छायावाद-युग की श्रेष्ठतम रचनाओं का आकलन करता है, जिन में 'पल्लव' (सुमित्रानंदन पंत), 'झरना', 'आँसू', 'कामायनी' (जयशंकर प्रसाद), 'तुलसीदास' (निराला), 'नीहार', 'रश्मि' (महादेवी वर्मा), 'गोदान' (प्रेमचंद), 'चित्रलेखा' (भगवतीचरण वर्मा), और 'चंद्रगुप्त' तथा 'ध्रुवस्वामिनी' (प्रसाद) सम्मिलित हैं। मुख्य संदर्भ यदि छायावादी काव्य है तो यह हर दृष्टि से उचित है, जिस का नयी काव्य-प्रवृत्ति के अनुरूप सूक्ष्म अर्थ-प्रक्रिया पर केन्द्रित पहला व्यवस्थित और सहानुभूतिपूर्ण अध्ययन उस ने प्रस्तुत किया है। यहाँ भी अपनी मान्यता के अनुरूप 'कामायनी' और 'तुलसीदास' के नये प्रबंध-विधान में उस का ध्यान अधिक गया है। सब से बड़ी बात यह है कि **पंत-प्रसाद-निराला-महादेवी** की आलोचनात्मक चर्चा भर नहीं है, उन की अनेक काव्य-पंक्तियों से भावक-टकराहट और व्याख्या का सीधा प्रयत्न आलोचक-इतिहासकार ने किया है; यों इस नयी तथा अपेक्षया सूक्ष्म अर्थ-प्रक्रिया को प्रशस्त करने का साहसिक रचनात्मक उपक्रम हर दृष्टि से सराहनीय है, और 'इतिहास' की विशिष्ट आलोचनात्मक उपलब्धि है। एक रोचक तथ्य इस प्रसंग में यह है कि आधुनिक काल में पहुँच कर लेखकीय वृत्तों के अंतर्गत इतिहासकार रचनाकारों की जाति का उल्लेख नहीं करता—यों व्यक्तिगत प्रसंग ही वहाँ बहुत कम हैं—जब कि प्राचीन और मध्यकाल में कवियों-लेखकों की समुचित जानकारी देने के लिए ये ब्यौरे उपयोगी हो सकते हैं।

छायावाद के प्रसंग में यदि **सुमित्रानंदन पंत** को उस के नेतृत्व का श्रेय दिया गया है तो इस का बड़ा सांगोपांग और ऐतिहासिक क्रमानुकूल सतर्क विवेचन इतिहासकार ने प्रस्तुत किया है। विवेचन का मुख्य बिंदु जैसा संकेत किया गया, यह है कि **जयशंकर प्रसाद** आयु-क्रम और काव्य-प्रकाशन दोनों दृष्टि से ज्येष्ठ हैं तब छायावाद का प्रवर्त्तन प्रसाद के 'झरना' (१९१८) से माना जाना चाहिए या कि **सुमित्रानंदन पंत** के 'पल्लव' (१९२६) से। इतिहासकार का तर्क-क्रम कुछ इस प्रकार है—यह ठीक है कि 'झरना' का प्रथम संस्करण 'पल्लव' के पहले प्रकाशित हुआ पर 'झरना' का काव्य-वैशिष्ट्य दूसरे संस्करण में आता है जिस का प्रकाशन 'पल्लव' के बाद हुआ। स्वयं लेखक के शब्दों में "झरना, की उन २४ कविताओं में उस समय नूतन पद्धति पर निकलती हुई कविताओं से कोई ऐसी विशिष्टता नहीं थी जिस पर ध्यान जाता। दूसरे संस्करण में, जो बहुत पीछे संवत् १९८४ में निकला, पुस्तक का स्वरूप ही

बदल गया। उस में आधी से ऊपर अर्थात् ३१ नई रचनाएँ जोड़ी गईं जिन में पूरा रहस्यवाद, अभिव्यंजना का अनूठापन, व्यंजक चित्र-विधान सब कुछ मिल जाता है। 'विषाद', 'बालू की बेला', 'खोलो द्वार', 'बिखरा हुआ प्रेम', 'किरण', 'वसंत की प्रतीक्षा' इत्यादि उन्हीं पीछे जोड़ी हुई रचनाओं में हैं जो पहले (सं० १९७५ के) संस्करण में नहीं थीं। इस द्वितीय संस्करण में ही छायावाद कही जाने वाली विशेषताएँ स्फुट रूप में दिखाई पड़ीं। इस के पहले श्री सुमित्रानंदन पंत का 'पल्लव' बड़ी धूम-धाम से निकल चुका था, जिस में रहस्य भावना तो कहीं-कहीं, पर अप्रस्तुत विधान, चित्रमयी भाषा और लाक्षणिक वैचित्र्य आदि विशेषताएँ अत्यंत प्रचुर परिमाण में सर्वत्र दिखाई पड़ी थीं।'' आचार्य शुक्ल का कोई भी सावधान पाठक यहाँ पहिचान सकता है कि उन की पदावली में 'धूमधाम' का प्रयोग उच्चतम आशंसा-अनुशंसा का सूचक है (मिलाइए तुलसी के प्रसंग में, ''जिस धूमधाम से 'मानस' की प्रस्तावना चली है उसे देखते ही ग्रंथ के महत्त्व का आभास मिल जाता है।'') यों इतिहासकार की दृष्टि में प्रकाशन-अनुक्रम के अनुरूप पंत का 'पल्लव' छायावाद का प्रथम काव्य-संग्रह है, न कि प्रसाद का 'झरना'।

प्रकाशन-अनुक्रम के अतिरिक्त भी एक कारण है जिस का उल्लेख रामचंद्र शुक्ल यहाँ नहीं करते, पर जो ज्ञात-अज्ञात रूप में उनके उक्त निर्णय के पीछे कहीं रहा होगा, और वह है 'पल्लव' की भूमिका। इस भूमिका में पहली बार एक नये काव्यानुभव को वैसे ही नये काव्य-दर्शन का आख्यान करके पुष्ट किया गया है। इस तुलना में 'झरना' में कवि की कोई भूमिका नहीं है, बाद में सिर्फ़ चार-छः पंक्तियों का एक प्रकाशकीय निवेदन है, जिस में दावा किया गया है कि नये ढंग के काव्य-आंदोलन का आरंभ इस काव्य-संग्रह से ही हुआ है—''जिस शैली की कविता को हिंदी साहित्य में आज दिन छायावाद का नाम मिल रहा है, उस का प्रारंभ प्रस्तुत संग्रह द्वारा ही हुआ था।'' यों 'पल्लव' की कविताएँ और उस की भूमिका मिल कर समूचे साहित्यिक वातावरण और उस की व्यापक अनुभूति को एक नये बौद्धिक अभिनिवेश से संपन्न करती हैं। इस से छायावाद के संदर्भ में इतिहासकार शुक्ल की प्रवर्त्तन विषयक मान्यता और पुष्ट होती है। इसी समझ से यह भी संभव होता है कि आलोचक छायावाद की व्यावहारिक काव्य-व्याख्या इतने तोषजनक रूप में कर सका है।

अधिकतर उन्नीस सौ तीस के दशक में लिखित आचार्य शुक्ल के इतिहास की एक बड़ी विशेषता यह भी है कि आधुनिक काल के संदर्भ में पहुँच कर लेखक यूरोपीय साहित्य का एक विस्तृत, यद्यपि कि सांकेतिक ही, परिदृश्य खड़ा करता है, जैसे कि आदि तथा मध्य काल के संदर्भ में संस्कृत-प्राकृत-अपभ्रंश काव्यशास्त्र तथा साहित्य का। इस से उस के ऐतिहासिक विवेचन में स्रोत, संपर्क और प्रभावों की समझ स्पष्टतर होती है। यही नहीं, लेखकों के साथ-साथ योरोपीय संगीतकार और कलावंतों पर भी नयी प्रवृत्तियों के संदर्भ में वह यथावश्यक टिप्पणी करता है। टॉल्सटॉय, हार्डी, शेली, मातरलिंक, गेटे, वर्ड्सवर्थ, बायरन, मेरेडिथ, काउपर, बर्न्स, स्कॉट, ह्विटमैन, ग्रे, अनातोले फ्रांस जैसे अँग्रेज-यूरोपीय-अमरीकी रचनाकारों, तथा ह्विसलर, ब्रैडले, डे मिल, रिचर्ड्स, अबरक्रांबे, क्रोचे, फ्रायड जैसे आलोचकों-चिंतकों का उल्लेख शुक्ल सहजभाव से करते हैं। और इन लेखकों का वे नामोल्लेख भर नहीं करते, उन के वैशिष्ट्य और योगदान को, भले संक्षेप में, रेखांकित करते चलते हैं। अन्यत्र तो आलोचक ने उस समय की एलियट और ई०ई० कमिंग्ज़ जैसी नयी-नयी उभरती आंग्ल-अमरीकी लेखकीय प्रतिभाओं का सोदाहरण विवेचन किया है। समूचे भारतीय

परिदृश्य पर इतनी व्यापक आलोचकीय सजगता और विराट् क्षमता अन्यत्र शायद ही कहीं मिले।

ऐसे वैशिष्ट्य से संपन्न 'इतिहास' जहाँ पूरा होता है आलोचना और इतिहास की नयी संभावनाएँ खुलती हैं। इसलिए रामचंद्र शुक्ल का 'हिंदी साहित्य का इतिहास' एक काल क्रमिक वृत्त भर नहीं जो अधूरा रह जाए, वरन् अपने में एक संपूर्ण रचना है फिर नयी रचनात्मकता को उत्प्रेरित करती हुई। इस प्रवहमानता का बड़ा कलात्मक संकेत अंतिम वाक्य में आता है—"इस प्रकार वर्त्तमान हिंदी कविता का प्रवाह अनेक धाराओं में होकर चल रहा है।" ध्यान देने की बात है कि धारा की लक्षणा से अनुप्रेरित यह अकेला संक्षिप्त-सा वाक्य अपने में 'इतिहास' का अंतिम अनुच्छेद भी है।

× × ×

अंत में एक व्यक्तिगत प्रसंग! १९८९ की बात रही होगी। बाहर जाने के प्रसंग में दिल्ली पहुँचा हुआ था—अपने स्थायी प्रवास-स्थलश्री त्रिलोकीनाथ चतुर्वेदी (तब भारत के नियंत्रक तथा महालेखापरीक्षक) के यहाँ। अपराह्न की तन्द्रा थी कि बैठक से बुलावा आया। उधर गया तो देखा श्री सुधाकर पाण्डेय, प्रधानमंत्री, काशी नागरी प्रचारिणी सभा विराजे हैं। आरंभिक उपचार के बाद उन्होंने प्राय: आकस्मिक और अप्रत्याशित रूप में एक महत्त्वपूर्ण प्रस्ताव रक्खा—"आचार्य शुक्ल का इतिहास लगभग १९४० ई० की समय-सीमा पर समाप्त हो जाता है, क्या उस के अगले चरण के रूप में मैं उस इतिहास-क्रम को आगे बढ़ा सकता हूँ 'सभा' के लिए!" कहना होगा कि बड़े उल्लास और आत्मतोष का क्षण था वह मेरे लिए। 'सभा' की ओर से कहा जा रहा है कि आचार्य शुक्ल के इतिहास का अगला चरण रक्खूँ, इस से बड़ी कृतकृत्यता किसी आलोचक के लिए क्या हो सकती है! पर उल्लास के बीच भी आचार्य के वैशिष्ट्य और अपनी सीमा का ध्यान बना रहा। सुधाकर जी के प्रति आभार प्रदर्शित करते हुए मैंने उन से कहा कि आचार्य शुक्ल का इतिहास तो अपने में परिपूर्ण रचना है—जिस अपने विचार को उपर्युक्त विवेचन में पल्लवित करने का यत्न भी किया है—उस में कुछ आगे जोड़ा नहीं जा सकता, वृत्त के तौर पर भी नहीं। दूसरे यह कि मैं स्वयं एक इतिहास प्रस्तुत कर चुका हूँ—'हिंदी साहित्य और संवेदना का विकास' (१९८६)—'सभा' के लिए लिखने पर उस की पुनरावृत्ति भर होगी। अत: जो विश्वास मेरे प्रति व्यक्त किया है उसका सम्मान करते हुए भी, मैं इतिहास-लेखन के इस नये दायित्व को स्वीकार न कर सकूँगा। बात वहाँ पूरी हो गई।

मेरा उपर्युक्त इतिहास यदि रामचंद्र शुक्ल के 'हिंदी साहित्य का इतिहास' के परिशिष्ट रूप में भी स्वीकृत होता है तो मैं अपने इस लेखन को सार्थक मानूँगा। आचार्य के इतिहास का अपना वैशिष्ट्य पिछले पृष्ठों में व्याख्यायित करने का यत्न किया है। यों, मूल की कुछ झलक और परिशिष्ट की छाया दोनों आप के सामने हैं; इस से हिंदी साहित्य का इतिहास कितना-कुछ उजागर होता है और कितना उस का अर्थ—विस्तारण, यह निर्णय स्पष्ट ही पाठक का होगा।

इलाहाबाद **रामस्वरूप चतुर्वेदी**

६ मई, २००१ ई०

प्रथम संस्करण का वक्तव्य

हिंदी के कवियों को एक वृत्तसंग्रह ठाकुर शिवसिंह सेंगर ने सन् १८८३ ई० में प्रस्तुत किया था। उसके पीछे सन् १८८९ में डॉक्टर (अब सर) ग्रियर्सन ने 'माडर्न वर्नाक्यूलर लिटरेचर ऑव नार्दर्न हिंदुस्तान' के नाम से एक वैसा ही बड़ा कविवृत्त संग्रह निकाला। काशी की नागरीप्रचारिणी सभा का ध्यान आरंभ ही में इस बात की ओर गया कि सहस्रों हस्तलिखित हिंदी पुस्तकें देश के अनेक भागों में, राजपुस्तकालयों तथा लोगों के घरों में अज्ञात पड़ी हैं। अतः सरकार की आर्थिक सहायता से उसने सन् १९०० से पुस्तकों की खोज का काम हाथ में लिया और सन् १९११ तक की खोज की अपनी आठ रिपोर्टों में सैकड़ों अज्ञात कवियों तथा ज्ञात कवियों के अज्ञात ग्रंथों का पता लगाया। सन् १९१३ में इस सारी सामग्री का उपयोग करके मिश्रबंधुओं (श्रीयुत पं० श्यामबिहारी मिश्र आदि) ने अपना बड़ा भारी कवि-वृत्त-संग्रह 'मिश्रबंधु विनोद' जिसमें वर्तमान काल के कवियों और लेखकों का भी समावेश किया गया, तीन भागों में प्रकाशित किया।

इधर जब से विश्वविद्यालयों में हिंदी की उच्च शिक्षा का विधान हुआ तब से उसके साहित्य के विचार-शृंखला-बद्ध इतिहास की आवश्यकता का अनुभव छात्र और अध्यापक दोनों कर रहे थे। शिक्षित जनता की जिन-जिन प्रवृत्तियों के अनुसार हमारे साहित्य स्वरूप में जो जो परिवर्तन होते आए हैं, जिन-जिन प्रभावों की, प्रेरणा से काव्य-धारा की भिन्न-भिन्न शाखाएँ फूटती रही हैं, उन सबके सम्यक्निरूपण तथा उनकी दृष्टि से किये हुए सुसंगत कालविभाग के बिना साहित्य के इतिहास का सच्चा अध्ययन कठिन दिखाई पड़ता था। सात-आठ सौ वर्षों की संचित ग्रंथराशि सामने लगी हुई थी; पर ऐसी निर्दिष्ट, सरणियों की उद्‌भावना नहीं हुई थी जिसके अनुसार सुगमता से इस प्रभूत सामग्री का वर्गीकरण होता। भिन्न-भिन्न शाखाओं के हजारों कवियों की केवल कालक्रम से गुँथी उपर्युक्त वृत्तमालाएँ साहित्य के इतिहास के अध्ययन में कहाँ तक सहायता पहुँचा सकती थीं? सारे रचनाकाल को केवल आदि, मध्य, पूर्व, उत्तर इत्यादि खंडों में आँख मूँदकर बाँट देना—यह भी न देखना कि खंड के भीतर क्या आता है, क्या नहीं, किसी वृत्तसंग्रह को इतिहास नहीं बना सकता।

पाँच या छह वर्ष हुए, छात्रों के उपयोग के लिये मैंने कुछ संक्षिप्त नोट तैयार किये थे जिनमें परिस्थिति के अनुसार शिक्षित जनसमूह की बदलती हुई प्रवृत्तियों को लक्ष्य करके हिंदी साहित्य के इतिहास के कालविभाग और रचना की भिन्न-भिन्न शाखाओं के निरूपण का एक कच्चा ढाँचा खड़ा किया गया था। हिंदी शब्दसागर समाप्त हो जाने पर उसकी भूमिका के रूप में भाषा और साहित्य का विकास देना भी स्थिर किया गया; अतः एक नियत समय के भीतर ही यह इतिहास लिखकर पूरा करना पड़ा। साहित्य का इतिहास लिखने के लिये जितनी अधिक सामग्री मैं जरूरी समझता था उतनी तो उस अवधि के भीतर इकट्ठी न हो सकी, पर जहाँ तक हो सका आवश्यक उपादान रखकर कार्य पूरा किया गया।

इस पुस्तक में जिस पद्धति का अनुसरण किया गया है, उसका थोड़े में उल्लेख कर देना आवश्यक जान पड़ता है।

पहले कालविभाग को लीजिए। जिस कालविभाग के भीतर किसी विशेष ढंग की रचनाओं की प्रचुरता दिखाई पड़ी है, वह एक अलग काल माना गया है और उसका नामकरण उन्हीं रचनाओं के स्वरूप के अनुसार किया गया है। इसी प्रकार काल का एक निर्दिष्ट सामान्य लक्षण बनाया जा सकता है। किसी एक ढंग की रचना की प्रचुरता से अभिप्राय यह है कि दूसरे ढंग की रचनाओं में से चाहे किसी (एक) ढंग की रचना को लें वह परिमाणों में प्रथम के बराबर न होगी; यह नहीं कि और सब ढंगों को रचनाएँ मिलकर भी उसके बराबर न होंगी। जैसे, यदि किसी काल में पाँच ढंग की रचनाएँ १०, ५, ६, ७ और २ के क्रम में मिलती हैं, तो जिस ढंग की रचना की १० पुस्तकें हैं, उसकी प्रचुरता कही जायगी, यद्यपि शेष और ढंग की सब पुस्तकें मिलकर २० हैं। यह तो हुई पहली बात। दूसरी बात है ग्रंथों की प्रसिद्धि। किसी काल के भीतर जिस एक ही ढंग के बहुत अधिक ग्रंथ प्रसिद्ध चले आते हैं, उस ढंग की रचना उस काल के लक्षण के अंतर्गत मानी जाएगी, चाहे और दूसरे ढंग की अप्रसिद्ध और साधारण कोटि की बहुत सी पुस्तकें भी इधर उधर कोनों में पड़ी मिल जाया करें। प्रसिद्धि भी किसी काल की लोकप्रवृत्ति की प्रतिध्वनि है। सारांश यह कि इन दोनों बातों की ओर ध्यान रखकर कालविभागों का नामकरण किया गया है।

आदिकाल का नाम मैंने 'वीरगाथा काल' रखा है। उक्त काल के भीतर दो प्रकार की रचनाएँ मिलती हैं—अपभ्रंश की और देशभाषा (बोलचाल) की। अपभ्रंश की पुस्तकों में कई तो जैनों के धर्म-तत्व-निरूपण संबंधी जो साहित्य की कोटि में नहीं आतीं और जिनका उल्लेख केवल यह दिखाने के लिए ही किया गया है कि अपभ्रंश भाषा का व्यवहार कब से हो रहा था। साहित्य की कोटि में आने वाली रचनाओं में कुछ तो भिन्न भिन्न विषयों पर फुटकल दोहे हैं जिनके अनुसार उस काल की कोई विशेष प्रवृत्ति निर्धारित नहीं की जा सकती। साहित्यिक पुस्तकें केवल चार हैं—

१. विजयपाल रासो
२. हम्मीर रासो
३. कीर्तिलता
४. कीर्तिपताका

देशभाषा काव्य की आठ पुस्तकें प्रसिद्ध हैं—

५. खुमान रासो
६. बीसलदेव रासो
७. पृथ्वीराज रासो
८. जयचंदप्रकाश
९. जयमयंक जय चंद्रिका
१०. परमाल रासो (आल्हा का मूल रूप)
११. खुसरो की पहेलियाँ आदि
१२. विद्यापति पदावली

इन्हीं बारह पुस्तकों की दृष्टि से 'आदिकाल' का लक्षणनिरूपण और नामकरण हो सकता है। इनमें से अंतिम दो तथा बीसलदेव रासो को छोड़कर शेष सब ग्रंथ वीरगाथात्मक ही हैं। अतः आदिकाल का नाम 'वीरगाथा काल' ही रखा जा सकता है। जिस सामाजिक या राजनैतिक परिस्थिति की प्रेरणा से वीरगाथाओं की प्रवृत्ति रही है उसका सम्यक् निरूपण पुस्तक में कर दिया गया है।

मिश्रबंधुओं ने इस 'आदिकाल' के भीतर इतनी पुस्तकों की और नामावली दी है—

१. भगवद्गीता
२. वृद्ध नवकार
३. वर्तमाल
४. संमतसार
५. पत्तलि
६. अनन्य योग
७. जंबूस्वामी रासा
८. रैवतगिरि रासा
९. नेमिनाथ चउपई
१०. उवएस माला (उपदेशमाला)

इनमें से नं० १ तो पीछे की रचना है, जैसा कि उसकी इस भाषा से स्पष्ट है—

तेहि दिन कथा कीन मन लाई। हरि के नाम गीत चित आई॥
सुमिरौं गुरु गोविंद के पाऊँ। अगम अपार है जाकर नाऊँ।

जो वीररस की पुरानी परिपाटी के अनुसार कहीं वर्णों का द्वित्व देखकर ही प्राकृत भाषा और कहीं चौपाई देखकर ही अवधी या बैसवाड़ी समझते हैं, जो भाव को 'थाट' और विचार को 'फीलिंग' कहते हैं वे यदि उद्धृत पद्यों को संवत् १००० के क्या संवत् ५०० के भी बताएँ तो कोई आश्चर्य की बात नहीं। पुस्तक की संवतसूचक पंक्ति का या गड़बड़ पाठ ही सावधान करने के लिये काफी है—'सहस्र सो संपूरन जाना।'

अब रहीं शेष नौ पुस्तकें। उनमें नं० २, ७, ९ और १० जैनधर्म के तत्वनिरूपण पर हैं और साहित्य कोटि में नहीं आ सकतीं। नं० ६ योग की पुस्तक है। नं० ३ और नं० ४ केवल नोटिस मात्र हैं, विषयों का कुछ भी विवरण नहीं है। इस प्रकार केवल दो साहित्यिक पुस्तकें बचीं जो वर्णनात्मक (डेस्क्रिप्टिव) हैं—एक में नंद के ज्योनार का वर्णन है, दूसरे में गुजरात के रैवत पर्वत का। अतः इन पुस्तकों की नामावली से मेरे निश्चय में किसी प्रकार का अंतर नहीं पड़ सकता। यदि ये भिन्न भिन्न प्रकार की नौ पुस्तकें साहित्यिक भी होतीं तो भी मेरे नामकरण में कोई बाधा नहीं डाल सकती थीं, क्योंकि मैंने ९ प्रसिद्ध वीरगाथात्मक पुस्तकों का उल्लेख किया है।

एक ही काल और एक ही कोटि की रचना के भीतर जहाँ भिन्न भिन्न प्रकार की परम्पराएँ चली हुई पाई गई हैं, वहाँ अलग-अलग शाखाएँ करके सामग्री का विभाग किया गया है। जैसे भक्तिकाल के भीतर पहले तो दो काव्यधाराएँ निर्गुण धारा और सगुण धारा—निर्दिष्ट की गयी हैं। फिर प्रत्येक धारा की दो-दो शाखाएँ स्पष्ट रूप से लक्षित हुई हैं—निर्गुण धारा की ज्ञानाश्रयी शाखा और प्रेममार्गी (सूफी) शाखा तथा सगुण धारा की

रामभक्ति शाखा और कृष्णभक्ति शाखा। इन धाराओं और शाखाओं की प्रतिष्ठा यों ही मनमाने ढंग पर नहीं की गई है। उनकी एक दूसरे से अलग करनेवाली विशेषताएँ अच्छी तरह दिखाई भी गई हैं और देखते ही ध्यान में आ भी जाएँगी।

रीतिकाल के भीतर रीतिबद्ध रचना की जो परंपरा चली है उसका उपविभाग करने का कोई संगत आधार मुझे नहीं मिला। रचना के स्वरूप आदि में कोई स्पष्ट भेद निरूपित किये बिना विभाग कैसे किया जा सकता है? किसी कालविस्तार को लेकर यों ही पूर्व और उत्तर नाम देकर दो हिस्से कर डालना ऐतिहासिक विभाग नहीं कहला सकता। जब तक पूर्व और उत्तर के अलग अलग लक्षण न बताये जाएँगे तब तक इस प्रकार के विभाग का कोई अर्थ नहीं। इसी प्रकार थोड़े अन्तर पर होने वाले कुछ प्रसिद्ध कवियों के नाम पर अनेक काल बाँध चलने के पहले यह दिखाना आवश्यक है कि प्रत्येक कालप्रवर्तक कवि का यह प्रभाव उसके काल में होने वाले सब कवियों में सामान्य रूप से पाया जाता है। विभाग का कोई पुष्ट आधार होना चाहिए। रीतिबद्ध ग्रंथों की बहुत गहरी छानबीन और सूक्ष्म पर्यालोचना करने पर आगे चलकर शायद विभाग का कोई आधार मिल जाये, पर अभी तक मुझे नहीं मिला है।

रीतिकाल के संबंध में दो बातें और कहनी हैं। इस काल के कवियों के परिचयात्मक वृत्तों की छानबीन में मैं अधिक नहीं प्रवृत्त हुआ हूँ; क्योंकि मेरा उद्‌देश्य अपने साहित्य के इतिहास का एक पक्का और व्यवस्थित ढाँचा खड़ा करना था न कि कवि कीर्तन करना। अतः कवियों के परिचयात्मक विवरण मैंने प्रायः 'मिश्रबंधु विनोद' से ही लिये हैं। कहीं कुछ कवियों के विवरणों में परिवर्तन और परिष्कार भी किया है, जैसे—ठाकुर, दीनदयाल गिरि, रामसहाय और रसिक गोविंद के विवरणों में। यदि कुछ कवियों के नाम छूट गये या किसी कवि की किसी मिली हुई पुस्तक का उल्लेख नहीं हुआ, तो इससे मेरी कोई बड़ी उद्देश्यहानि नहीं हुई। इस काल के भीतर मैंने जितने कवि लिए हैं, या जितने ग्रंथों के नाम दिये हैं, उतने ही जरूरत से ज्यादा मालूम हो रहे हैं।

रीतिकाल या और किसी काल के कवियों की साहित्यिक विशेषताओं के संबंध में मैंने जो संक्षिप्त विचार प्रकट किये हैं, वे दिग्दर्शन मात्र के लिये। इतिहास की पुस्तक में किसी कवि की पूरी क्या अधूरी आलोचना भी नहीं आ सकती। किसी कवि की आलोचना लिखनी होगी तो स्वतंत्र्त्र प्रबंध या पुस्तक के रूप मं लिखूँगा। बहुत प्रसिद्ध कवियों के संबंध में थोड़ा विस्तार से लिखना पड़ा है। पर वह भी विशेष प्रवृत्तियों का ही निर्धारण किया गया है। यह अवश्य है कि उनमें से कुछ प्रवृत्तियों को मैंने रसोपयोगी और कुछ को बाधक कहा है।

आधुनिक काल में गद्य का आविर्भाव सबसे प्रधान साहित्यिक घटना है। इसलिये उसके प्रसार का वर्णन विशेष विस्तार के साथ करना पड़ा है। मेरा विचार इस थोड़े से काल के बीच हमारे साहित्य के भीतर जितनी अनेकरूपता का विकास हुआ है, उनको आरंभ तक लाकर उसमें आगे की प्रवृत्तियों का सामान्य और संक्षिप्त उल्लेख करके ही छोड़ देने का था क्योंकि वर्तमान लेखकों और कवियों के संबंध में कुछ लिखना अपने सिर एक बला मोल लेना ही समझ पड़ता था। पर जी न माना। वर्तमान सहयोगियों तथा उनकी अमूल्य कृतियों का उल्लेख भी थोड़े बहुत विवेचन के साथ डरते डरते किया गया।

वर्तमान काल के अनेक प्रतिभासंपन्न और प्रभावशाली लेखकों और कवियों के नाम जल्दी से या भूल से छूट गये होंगे। इसके लिये तथा उससे भी अधिक उनकी कृतियों से

विशेष रूप से परिचित महानुभावों से क्षमा की प्रार्थना है। जैसा पहले कहा जा चुका है, यह पुस्तक जल्दी में तैयार करनी पड़ी है इससे इसका रूप जो मैं रखना चाहता था वह भी इसे पूरा नहीं प्राप्त हो सका है। कवियों और लेखकों के नामोल्लेख के संबंध में एक बात का निवेदन और है। इस पुस्तक का उद्देश्य संग्रह नहीं था। इससे आधुनिक काल के अंतर्गत सामान्य लक्षणों और प्रवृत्तियों के वर्णन की ओर ही अधिक ध्यान दिया गया है। अगले संस्करण में इस काल का प्रसार कुछ और अधिक हो सकता है।

कहने की आवश्यकता नहीं कि हिंदी साहित्य का यह इतिहास 'हिंदी शब्दसागर' की भूमिका के रूप में 'हिंदी साहित्य का विकास' के नाम से सन् १९२९ के जनवरी महीने में निकल चुका है। इस अलग पुस्तकाकार संस्करण में बहुत सी बातें बढ़ाई गई हैं—विशेषत: आदि और अंत में। 'आदिकाल' के भीतर अपभ्रंश की रचनाएँ भी ले ली गई हैं क्योंकि वे सदा से 'भाषाकाव्य' के अंतर्गत ही मानी जाती रही हैं। कविपरंपरा के बीच प्रचलित जनश्रुति कई ऐसे भाषा काव्यों के नाम गिनाती चली आई है जो अपभ्रंश में हैं—जैसे, कुमारपालचरित और शार्ङ्गधरकृत हम्मीररासो। 'हम्मीररासो' का पता नहीं है। पर 'प्रकृत पिंगल सूत्र' उलटते पलटते मुझे हम्मीर के युद्धों के वर्णनवाले कई बहुत ही ओजस्वी पद्य, छंदों के उदाहरण में मिले। मुझे पूर्ण निश्चय हो गया है कि ये पद्य शार्ङ्गधर के प्रसिद्ध हम्मीर रासो के ही हैं।

आधुनिक काल के अंत में वर्तमान काल की कुछ विशेष प्रवृत्तियों के वर्णन को थोड़ा और पल्लवित इसलिये करना पड़ा, जिसमें उन प्रवृत्तियों के मूल का ठीक पता केवल हिंदी पढ़ने वालों को भी हो जाय और वे धोखे में न रहकर स्वतंत्र विचार में समर्थ हों।

मिश्रबंधुओं के प्रकांड कविवृत्त संग्रह 'मिश्रबंधु विनोद' का उल्लेख हो चुका है। 'रीतिकाल' के कवियों का परिचय लिखने में मैंने प्राय: उक्त ग्रंथ से ही विवरण लिये हैं, अत: आधुनिक शिष्टता के अनुसार उसके उत्साही और परिश्रमी संकलनकर्ताओं को धन्यवाद देना मैं बहुत जरूरी समझता हूँ। हिंदी पुस्तकों की खोज की रिपोर्टें भी मुझे समय समय पर—विशेषत: संदेह के स्थल आने पर—उलटनी पड़ी हैं। रायसाहब बाबू श्यामसुंदरदास बी०ए० की 'हिंदी कोविद रत्नमाला', श्रीयुत पं० रामनरेश त्रिपाठी की 'कविता कौमुदी' तथा श्री वियोगी हरिजी के 'ब्रजमाधुरी सार' से भी बहुत कुछ समग्री मिली है, अत: उक्त तीनों महानुभावों के प्रति मैं अपनी कृतज्ञता प्रकट करता हूँ। 'आधुनिक काल' के प्रारंभिक प्रकरण लिखते समय जिस कठिनता का सामना करना पड़ा, उसमें मेरे बड़े पुराने मित्र पं० केदारनाथ पाठक ही काम आए। पर न आज तक मैंने उन्हें किसी बात के लिये धन्यवाद दिया है, न अब देने की हिम्मत कर सकता हूँ। 'धन्यवाद' को आजकल वे एक बदमाशी समझते हैं।

इस कार्य में मुझसे जो भूले हुई हैं उनके सुधार की, जो त्रुटियाँ रह गई हैं उनकी पूर्ति की और जो अपराध बन पड़े उनकी क्षमा की पूरी आशा करके ही मैं अपने श्रम से कुछ संतोष लाभ कर सकता हूँ।

काशी
आषाढ़ शुक्ल ५, १९८६

रामचंद्र शुक्ल

संशोधित और प्रवर्धित संस्करण के संबंध में दो बातें

कई संस्करणों के उपरांत इस पुस्तक के परिमार्जन का पहला अवसर मिला, इसमें कुछ आवश्यक संशोधन के अतिरिक्त बहुत सी बातें बढ़ानी पड़ीं।

'आदिकाल' के भीतर वज्रयानी सिद्धों और नाथपंथी योगियों की परंपराओं का कुछ विस्तार के साथ वर्णन यह दिखाने के लिये करना पड़ा कि कबीर द्वारा प्रवर्तित निर्गुण संतमत के प्रचार के लिये किस प्रकार उन्होंने पहले से रास्ता तैयार कर दिया था। दूसरा उद्देश्य यह स्पष्ट करने का भी था कि सिद्धों और योगियों की रचनाएँ साहित्य कोटि में नहीं आतीं और योगधारा काव्य या साहित्य की कोई नई धारा नहीं मानी जा सकती।

'भक्ति काल' के अंतर्गत स्वामी रामानंद और नामदेव पर विशेष रूप से विचार किया गया है; क्योंकि उनके संबंध में अनेक प्रकार की बातें प्रचलित हैं। 'रीतिकाल' के 'सामान्य परिचय' में हिंदी के अलंकार ग्रंथों की परंपरा के उद्गम और विकास को कुछ अधिक विस्तार के साथ दिखाया गया है। घनानंद आदि कुछ मुख्य मुख्य कवियों का आलोचनात्मक परिचय भी विशेष रूप से मिलेगा।

'आधुनिक काल' के भीतर खड़ी बोली के गद्य का इतिहास, इधर जो कुछ सामग्री मिली है उसकी दृष्टि से, एक नये रूप में सामने लाया गया है। हिंदी के मार्ग में जो विलक्षण बाधाएँ पड़ी हैं, उनका भी सविस्तार उल्लेख है। पिछले संस्करणों में वर्तमान अर्थात् आजकल चलते हुए साहित्य की मुख्य प्रवृत्तियों का संकेत मात्र करके छोड़ दिया गया था। इस संस्करण में समसामयिक साहित्य का अब तक का आलोचनात्मक विवरण दे दिया गया है जिससे आज तक के साहित्य की गतिविधि का पूरा परिचय प्राप्त होगा।

आशा है कि इस संशोधित और प्रवर्धित रूप में यह इतिहास विशेष उपयोगी सिद्ध होगा।

अक्षय तृतीया **रामचंद्र शुक्ल**

संवत् १९९७

विषय सूची

(दिये हुए अंक पृष्ठों के हैं)

कालविभाग

जनता और साहित्य का संबंध, xxix; हिंदी साहित्य के इतिहास के चार काल, xxix; इन कालों के नामकरण का तात्पर्य, xxix।

आदिकाल

प्रकरण १ : सामान्य परिचय

हिंदी साहित्य का आविर्भाव काल, १; प्राकृताभास हिंदी के सबसे पुराने पद्य, १; आदिकाल की अवधि, १; इस काल के आरंभ की अनिर्दिष्ट लोकप्रवृत्ति, १; 'रासो' की प्रबंध परंपरा, १; इस काल की साहित्यिक सामग्री पर विचार, १; अपभ्रंश परंपरा, २; देशी भाषा, २।

प्रकरण २ : अपभ्रंश काव्य

अपभ्रंश या लोकप्रचलित काव्यभाषा के साहित्य का आविर्भाव काल, ३; इस काव्यभाषा के विषय, ३; 'अपभ्रंश' शब्द की व्युत्पत्ति, ३; जैन ग्रंथकारों की अपभ्रंश रचनाएँ, ३; इनके छंद, ३; बौद्धों का वज्रयान संप्रदाय, ३; इसके सिद्धों की भाषा, ३; इन सिद्धों की रचना के कुछ नमूने, ५-६; बौद्ध धर्म का तांत्रिक रूप, ६; 'संध्या भाषा', ७; वज्रयान संप्रदाय का प्रभाव, ७; इसकी महासुख अवस्था, ७; गोरखनाथ के नाथपंथ का मूल, ७; इसकी वज्रयानियों से भिन्नता, ८; गोरखनाथ का समय, ८; नवनाथ, ९; मुसलमानों और भारतीय योगियों का संसर्ग, ९; गोरखनाथ की हठयोग साधना, ९; 'नाथ संप्रदाय' के सिद्धांत, ९; इनका वज्रयानियों से साम्य, ९; 'नाथपंथ' की भाषा, ९; इस प्रथ का प्रभाव, १०; इसके ग्रंथ, ११; इन ग्रंथों के विषय, १२; साहित्य के इतिहास में केवल भाषा के विकास की दृष्टि से इनका विचार, १२; ग्रंथकार परिचय, १३-१७; विद्यापति की अपभ्रंश रचनाएँ, १७; अपभ्रंश कविताओं की भाषा, १७।

प्रकरण ३ : देशभाषा काव्य

वीरगाथा काल (सं० १०५०-१३७५)

देशभाषा काव्यों की प्रामाणिकता में संदेह, १८-२१; इन काव्यों की भाषा और छंद, ३; तत्कालीन राजनीतिक परिस्थिति, १९; वीरगाथाओं का आविर्भाव, १९; इनके दो रूप, १९-२०; 'रासो' शब्द की व्युत्पत्ति, २०; ग्रंथ परिचय, २०-२३; ग्रंथकार परिचय, ५-३३।

प्रकरण ४ : फुटकल रचनाएँ

लोक भाषा के पद्य, ३४; खुसरो ३४-३६; विद्यापति, ३७-३८।

पूर्व मध्यकाल

भक्तिकाल (सं० १३७५-१७००)

प्रकरण १ : सामान्य परिचय

इस काल की राजनीतिक और धार्मिक परिस्थिति, ३९; भक्ति का प्रवाह, ३९; इसका प्रभाव, ४०; सगुण भक्ति की प्रतिष्ठा, ४०; हिंदू मुसलमान दोनों के लिये एक सामान्य भक्तिमार्ग का विकास, ४०; इसके मूल स्रोत, ४०; नामदेव का भक्तिमार्ग, ४०; कबीर का 'निर्गुण पंथ', ४२; निर्गुण पंथ और नाथ पंथ की अंतस्साधना में भिन्नता, ४२; निर्गुणोपासना के मूल स्रोत, ४२; निर्गुणपंथ का जनता पर प्रभाव, ४३; भक्ति के विभिन्न मार्गों पर सापेक्षिक दृष्टि से विचार, ४३; कबीर के सामान्य भक्तिमार्ग का स्वरूप, ४३; नामदेव, ४३; इनकी हिंदी रचनाओं की तिशेषता, ४४; इन पर नाथपंथी का प्रभाव, ४३; इनकी गुरुदीक्षा, ४३; इनकी भक्ति के चमत्कार, ४४; इनकी निर्गुन बानी, ४४; इनकी भाषा, ४४; निर्गुन ग्रंथ के मूल स्रोत, ४४; इसके प्रवर्तक, ४५-४६; निर्गुन धारा की दो शाखाएँ, ४६; ज्ञानश्रयी शाखा और उसका प्रभाव, ४६; प्रेममार्गी सूफी शाखा का स्वरूप, ४६; सूफी कहानियों का आधार, ४६; कवि ईश्वरदास की सत्यवती कथा, ४६; सूफियों के प्रेमसंबंधों की विशेषताएँ, ४८; कबीर के रहस्यवाद की सूफी रहस्यवाद से भिन्नता, ४८; सूफी कवियों की काव्य भाषा, ४८; सूफी रहस्यवाद में भारतीय साधनात्मक रहस्यवाद का समावेश, ४८।

ज्ञानश्रयी शाखा

प्रकरण २ : निर्गुण धारा

कवि परिचय, ४-६१; निर्गुणमार्गी संत कवियों पर समष्टि रूप से विचार, ६१।

प्रेममार्गी (सूफी) शाखा

प्रकरण ३ : निर्गुण धारा

कवि परिचय, ६२-७६; सूफी कवियों की कबीर से भिन्नता, ६६-६७; प्रेमगाथा परंपरा की समाप्ति, ७६; सूफी आख्यान काव्य का हिंदू कवि, ७६।

रामभक्ति शाखा

प्रकरण ४ : सगुण धारा

अद्वैतवाद के विविध स्वरूप, ७७; वैष्णव श्रीसंप्रदाय, ७७; रामानंद का समय, ७७-७८ इनकी गुरु परंपरा, ७७; इनकी उपासना पद्धति, ७८; इनकी उदारता, ७८; इनके ग्रंथ, ७९; इनके वृत्त के संबंध में प्रवाद, ७९-८०; इन प्रवादों पर विचार, ८०; हनुमान जी की उपासना के ग्रंथ ९९-१००; रामभक्ति काव्यधारा की सबसे बड़ी विशेषता, १००; भक्ति के पूर्ण स्वरूप का विकास, १००-१०१; रामभक्ति की शृंगारी भावना, १००-१०२।

कृष्णभक्ति शाखा

प्रकरण ५ : सगुण धारा

वैष्णवधर्म आंदोलन के प्रवर्तक श्रीवल्लभाचार्य, १०३; दार्शनिक सिद्धांत, १०३; इनकी प्रेम साधना, १०३; इनके अनुसार जीव के तीन भेद, १०३; इनके समय की राजनीतिक और धार्मिक परिस्थिति, १०३-१०४; इनके ग्रंथ, १०४; वल्लभ संप्रदाय की उपासना पद्धति का स्वरूप, १०४-१०५; कृष्णभक्ति काव्य का स्वरूप, १०४; वैष्णव धर्म का सांप्रदायिक स्वरूप, १०५; देश की भक्तिभावना पर सूफियों का प्रभाव, १०५; कवि परिचय, १०५-१०६; अष्टछाप की प्रतिष्ठा, १०८; कृष्ण भक्ति परंपरा के श्रीकृष्ण, १०८-१०९; कृष्ण चरित कविता का रूप, १०९-११६।

भक्तिकाल की फुटकल रचनाएँ

प्रकरण ६ : सगुण धारा

भक्तिकाव्य प्रवाह उमड़ने का मूल कारण, १३२; पठान शासकों का भारतीय साहित्य एवं संस्कृति पर प्रभाव, १३२; कवि परिचय, १३३-१५८; सूफी रचनाओं के अतिरिक्त भक्ति काल के अन्य आख्यान काव्य, १५८।

उत्तर मध्यकाल

रीतिकाल (सं० १७००-१९००)

प्रकरण १ : सामान्य परिचय

रीतिकाल के पूर्ववर्ती लक्षण, १५९; रीतिपरंपरा का आरंभ, १६०; रीति ग्रंथों के आधार, १६०; इनकी अखंड परंपरा का आरंभ, १६०; संस्कृत रीति ग्रंथों से इनकी भिन्नता, १६१; इस भिन्नता का परिणाम, १६१; लक्षण ग्रंथकारों के आचार्यत्व पर विचार, १६१; इन ग्रंथों के आधार, १६१; शास्त्रीय दृष्टि से इनकी विवेचना, १६१-१६२; रीतिग्रंथकार कवि और उनका उद्देश्य, १६२; इनकी कृतियों की विशेषताएँ, १६२; साहित्य विकास पर रीति परंपरा का प्रभाव, १६२; रीतिग्रंथों की भाषा, १६२-१६४; रीति कवियों के छंद और रस, १६४।

प्रकरण २ : रीतिग्रंथकार कवि

कवि परिचय, १६५-२२१।

प्रकरण ३ : रीतिकाल के अन्य कवि

इनके काव्य स्वरूप और विषय, २२२; रीतिग्रंथकारों से इनकी भिन्नता, २२२; इनकी विशेषताएँ, २२२; इनके ६ प्रधान वर्ग—(१) शृंगारी कवि, २२२; (२) कथा प्रबंधकार, २२२; (३) वर्णनात्मक प्रबंधकार, २२२; (४) सूक्तिकार, २२२; (५) ज्ञानोपदेशक पद्यकार, २२३; (६) भक्त कवि, २२३-२२४; वीररस की फुटकल कविताएँ, २२३; इस काल का गद्य साहित्य, २२४; कवि परिचय, २२४-२७७।

आधुनिककाल

(सं० १९००-आगे)

प्रकरण १ : सामान्य परिचय : गद्य का विकास

आधुनिक काल के पूर्व गद्य की अवस्था

(ब्रजभाषा गद्य)

गोरखपंथी ग्रंथों की भाषा का स्वरूप, २७८; कृष्णभक्ति शाखा के गद्यग्रंथों की भाषा का स्वरूप, २७८-२७९; नाभादास के गद्य का नमूना, २७९; उन्नीसवीं शताब्दी में और उसके पूर्व लिखे गये अन्य गद्य के ग्रंथ, २७९; इन ग्रंथों की भाषा पर विचार, २८०; काव्यों की टीकाओं के ग्रंथ का स्वरूप, २८१।

(खड़ी बोली गद्य)

शिष्ट समुदाय में खड़ी बोली के व्यवहार का आरंभ, २८१; फारसी मिश्रित ख़ड़ी बोली या रेखता में शायरी, २८१; उर्दू साहित्य का आरंभ, २८१; खड़ी बोली के स्वाभाविक देशी रूप का प्रसार, २८१; खड़ी बोली के अस्तित्व और उसकी उत्पत्ति के संबंध में भ्रम, २८१; इस भ्रम का कारण, २८१; अपभ्रंश काव्य परंपरा में खड़ी बोली के प्राचीन रूप की झलक, २८२; संत कवियों की बानी की खड़ी बोली, २८२; गंग कवि के गद्य ग्रंथ में उसका रूप, २८२; इस बोली का पहला ग्रंथकार, २८३; पंडित दौलतराम के अनुवाद ग्रंथ में इसका रूप, २८३; 'मडोवर का वर्णन' में इसका रूप, २८४; इसके प्राचीन कथित साहित्य का अनुमान, २८४; व्यवहार के शिष्ट भाषा के रूप में इसका ग्रहण, २८४; इसके स्वाभाविक रूप का मुसलमानी दरबारी रूप—उर्दू से भिन्नता, २८४; गद्य साहित्य में इसके प्रादुर्भाव और व्यापकता का कारण, २८४; जान गिल क्राइस्ट द्वारा इसके स्वतंत्र अस्तित्व की स्वीकृति, २८५; गद्य की एक साथ परंपरा चलाने वाले चार प्रमुख लेखक—(१) मुंशी सदासुखलाल और उनकी भाषा, २८५-२८६; (२) इंशा अल्ला खाँ और उनकी भाषा, २८६-२८८; (३) लल्लूलाल और उनकी भाषा, २८८-२९०; सदासुखलाल की भाषा से इनकी भाषा की भिन्नता, २८९; (४) सदल मिश्र और उनकी भाषा, २९०; लल्लूलाल की भाषा से इनकी भाषा की भिन्नता, २९०; इन चारों लेखकों की भाषा का सापेक्षिक महत्व, २९०; हिंदी में गद्य साहित्य-परंपरा का प्रारंभ, २९१; इस गद्य के प्रसार में ईसाइयों का योग, २९१; ईसाई धर्म प्रचारकों की भाषा का रूप, २९१-२९२; मिशन सोसाइटियों द्वारा प्रकाशित पुस्तकों की हिंदी, २९२; ब्रह्म समाज की स्थापना, २९३; राजा राममोहन राय के 'वेदांतभाष्य-अनुवाद' की हिंदी, २९३; 'उदंत मार्तण्ड' पत्र की भाषा, २९३; अंग्रेजी शिक्षा का प्रसार, २९५; सं० १८६० के पूर्व की अदालती भाषा, २९५; अदालतों में हिंदी प्रवेश और उसका निष्कासन, २९५; उर्दू प्रसार के कारण, २९५; काशी और आगरे के समाचारपत्रों की भाषा, २९६-२९७; शिक्षाक्रम में हिंदी प्रवेश का विरोध, २९७; हिंदी उर्दू के संबंध में गार्सां द तासी का मत, २९८-२९९।

प्रकरण २ : गद्यसाहित्य का आविर्भाव

हिंदी के प्रति मुसलमान अधिकारियों के भाव, ३००; शिक्षापयोगी हिंदी पुस्तकें, ३००; राजा शिवप्रसाद की भाषा, ३०१; राजा लक्ष्मणसिंह के अनुवादों की भाषा, ३०२-३०३; फ्रेडरिक पिंकाट का हिंदी प्रेम, ३०३; राजा शिवप्रसाद की 'गुटका' की हिंदी, ३०४; 'लोकमित्र' और 'अवधअखबार' की भाषा, ३०४; बाबू नवीनचंद राय की हिंदी सेवा, ३०४;

गार्सां द तासी का उर्दू पक्षपात, ३०५; हिंदी गद्यप्रसार में आर्यसमाज का योग, ३०६; पं० श्रद्धाराम की हिंदी सेवा, ३०६; हिंदी गद्य भाषा का स्वरूपनिर्माण, ३०७।

आधुनिक गद्य साहित्य परंपरा का प्रवर्तन

प्रकरण १ : गद्य का प्रवर्तन : सामान्य परिचय

सामान्य परिचय

(सं० १९२५-१९५०)

भारतेंदु का प्रभाव, ३०८; उनके पूर्ववर्ती और समकालीन लेखकों से उनकी शैली की भिन्नता, ३०८; गद्य साहित्य पर उनका प्रभाव, ३०८; खड़ी बोली गद्य की प्रकृत साहित्यिक रूपप्राप्ति, ३०८-३०९; भारतेंदु और उनके सहयोगियों की शैली, ३१०; इनका दृष्टिक्षेत्र और मानसिक अवस्थान, ३०९; हिंदी का आरंभिक नाट्य साहित्य, ३०९-३१२; इसका परवर्ती उपन्यास साहित्य, ३१२; भारतेंदु के जीवनकाल की पत्र पत्रिकाएँ, ३१२-३१३।

प्रकरण २ : गद्य का प्रवर्तन

प्रथम उत्थान

भारतेंदु हरिश्चन्द्र— ३१५-३१८; उनकी जगन्नाथ यात्रा, ३१५; उनका पहला अनूदित नाटक, ३१५; उनकी पत्र पत्रिकाएँ, ३१५; उनकी 'हरिश्चंद्र चंद्रिका' की भाषा, ३१५; इस चंद्रिका के सहयोगी, ३१५; इसके मनोरंजक लेख, ३१५; भारतेंदु के नाटक, ३१५-३१६; इनकी विशेषताएँ, ३१६; इनकी सर्वतोन्मुखी प्रतिभा, ३१७; उनके सहयोगी, ३१७; उनकी शैली के दो रूप, ३१८; पं० प्रतापनारायण मिश्र— ३१८-३१९; भारतेंदु से उनकी शैली की विभिन्नता, ३१९; उनका पक्ष, ३१९; उनके विषय, ३१९; उनके नाटक, ३१९; पं० बालकृष्ण भट्ट— ३२०-३२१; उनका 'हिंदी प्रदीप', ३२०; उनकी शैली, ३२०; उनके गद्यप्रबंध, ३२१; उनके नाटक, ३२१; पं० बदरीनारायण चौधरी— ३२१-३२३; उनकी शैली की विलक्षणता, ३२१; उनके नाटक, ३२२; उनकी पत्र पत्रिकाएँ, ३२२; समालोचना का सूत्रपात, ३२३। लाला श्रीनिवासदास— ३२४-३२५; उनके नाटक, ३२४; उनका उपन्यास, ३२५। ठाकुर जगमोहन सिंह— ३२५-३२६; उनका प्रकृति प्रेम, ३२५; उनकी शैली की विशेषता, ३२६। बाबू तोताराम— ३२६; उनका पत्र, ३२६; उनकी हिंदी सेवा, ३२६;। भारतेंदु के अन्य सहयोगी, ३२७-३२९; हिंदी का प्रचारकार्य— ३३०; इसमें बाधाएँ, ३३०; भारतेंदु और उनके सहयोगियों का उद्योग, ३३१; काशी नागरीप्रचारिणी सभा की स्थापना, ३३२; पं० गौरीदत्त का प्रचारकर्म, ३३२; सभा द्वारा नागरी उद्धार के लिये उद्योग, ३३२; सभा के साहित्यिक आयोजन, ३३३; सभा की स्थापना के बाद की चिंता और व्यग्रता, ३३३-३३४।

प्रकरण ३ : गद्य साहित्य का प्रसार

द्वितीय उत्थान

(सं० १९५०-७५)

सामान्य परिचय

इस काल की चिंताएँ और आकांक्षाएँ, ३३५; इस काल के लेखकों की भाषा, ३३५; इनके विषय और शैली, ३३५-३३६; इस काल के नाटक, निबंध, समालोचना और जीवनचरित, ३३७-३३८।

प्रकरण ४ : गद्य साहित्य का निर्माण

नाटक— ३३९-३४०; बंग भाषा से अनूदित, ३३९; अँगरेजी और संस्कृत से अनूदित, ३३९; मौलिक, ३४०। उपन्यास— ३४१-३४२; अनूदित, ३४१; मौलिक, ३४२। छोटी कहानियाँ— ३४४-३४६; आधुनिक कहानियों का स्वरूप विकास, ३४४; पहली मौलिक कहानी, ३४५; अन्य भावप्रधान कहानियाँ, ३४५; हिंदी की सर्वश्रेष्ठ कहानी, ३४५; प्रेमचंद का उदय, ३४६। निबंध— ३४६-३४७; इसके भेद, ३४६; इसका आधुनिक स्वरूप, ३४६; निबंध लेखक की तत्वचिंतक या वैज्ञानिक से भिन्नता, ३४७; निबंध परंपरा का आरंभ, ३४७; दो अनूदित ग्रंथ, ३४८; निबंध पर लेखक परिचय, ३४८-३६०। समालोचना— ३६०-३६४; भारतीय समालोचना का उद्देश्य, ३६०; योरोपीय समालोचना, ३६१; हिंदी में समालोचना साहित्य का विकास, ३६२-३६४।

प्रकरण ५ : गद्य साहित्य की वर्तमान गति

तृतीय उत्थान

सामान्य परिचय

परिस्थिति दिग्दर्शन, ३६५; लेखकों और ग्रंथकारों की बढ़ती संख्या का परिणाम, ३६५; कुछ लोगों की अनधिकार चेष्टा, ३६५-३६६; आधुनिक भाषा का स्वरूप, ३६६; गद्य साहित्य के विविध अंगों का संक्षिप्त विवरण और उनकी प्रवृत्तियाँ, ३६६ —(१) उपन्यास और कहानी, ३६७-३७१; (२) छोटी कहानियाँ, ३७१-३७५; (३) नाटक, ३७५-३८१; (४) निबंध, ३८१-३८३; (५) समालोचना और काव्यमीमांसा, ३८३-३९३।

आधुनिक काल

काव्यखंड

(सं० १९००)

प्रकरण १ : काव्यखंड : पुरानी धारा

प्राचीन काव्य परंपरा, ३९४; ब्रजभाषा काव्यपरंपरा के कवियों का परिचय, ३९४-४०१; पुरानी परिपाटी से संबंध रखने के साथ ही साहित्य की नवीन गति प्रवर्तन में योग देने वाले कवि, ३९५; भारतेंदु द्वारा भाषा परिष्कार का कार्य, ३९६-३९७; उनके द्वारा स्थापित कवि समाज, ३९७; उनके भक्ति शृंगार के पद, ३९७; कवि परिचय, ३९४-४०१।

प्रकरण २ : काव्यखंड : नयी धारा

प्रथम उत्थान

(सं० १९२५-५०)

काव्यधारा का क्षेत्र विस्तार, ४०२; विषयों की अनेकरूपता और उनके विधान में परिवर्तन, ४०२; इस काल के प्रमुख कवि, ४०२; भारतेंदु वाणी का उच्चतम स्वर, ४०२; उनके काव्य विषय और विधान का ढंग, ४०२-४०३; प्रतापनारायण मिश्र के पद्यात्मक निबंध, ४०४;

बदरीनारायण चौधरी का कार्य, ४०४; कविता में प्राकृतिक दृश्यों की संश्लिष्ट योजना, ४०७; नये विषयों पर कविता ४०८-४०९।

प्रकरण ३ : काव्यखंड : नयी धारा

द्वितीय उत्थान

(सं० १९५०-७५)

पंडित श्रीधर पाठक की कथा की सार्वभौम मार्मिकता, ४१०; ग्रामगीतों की मार्मिकता, ४१०; प्रकृत स्वच्छंदतावाद का स्वरूप, ४१०-४११; हिंदी काव्य में 'स्वच्छंदता' की प्रवृत्ति का सर्वप्रथम आभास, ४११; इसमें अवरोध, ४१२; इस अवरोध की प्रतिक्रिया, ४१२-४१३; श्रीधर पाठक, ४१३-४१४; हरिऔध, ४१४-४१६; महावीर प्रसाद द्विवेदी, ४१६-४१८; द्विवेदी मंडल के कवि, ४१८-४२४; इस मंडल बाहर की काव्यभूमि, ४२४-४३६।

प्रकरण ४ : काव्यखंड : नयी धारा

तृतीय उत्थान

(सं० १९७५-आगे)

वर्तमान काव्यधाराएँ : सामान्य परिचय

खड़ी बोली के पद्य के तीन रूप और उनका सापेक्षिक महत्व, ४३७; हिंदी के नए छंदों पर विचार, ४३७-४३८; काव्य के वस्तुविधान और अभिव्यंजनशैली में प्रकट होने वाली प्रवृत्तियाँ, ४३८; खड़ी बोली में काव्यत्व का स्फुरण, ४४०-४४१; वर्तमान काव्य पर काल का प्रभाव, ४४१-४४२; चली आती हुई काव्यपरंपरा के अवरोध के लिये प्रतिक्रिया, ४४२; नूतन परंपरा प्रवर्तक कवि, ४४२; इनकी विशेषताएँ, ४४२; इनका वास्तविक लक्ष्य, ४४४-४४५; रहस्यवाद, प्रतीकवाद और छायावाद, ४४५; हिंदी में छायावाद का स्वरूप और परिणाम, ४४५; भारतीय काव्यधारा में इनका पार्थक्य, ४४५; इसकी उत्पत्ति का मूल स्रोत, ४४६; 'छायावाद' शब्द का अनेकार्थी प्रयोग, ४४६; 'छायावाद' के साथ ही योरप के अन्य वादों के प्रवर्तन की अनधिकार चेष्टा, ४४६; 'छायावाद' की कविता का प्रभाव, ४४७; आधुनिक कविता की अन्य धाराएँ, ४४७; स्वाभाविक स्वच्छंदता की ओर प्रवृत्त कवि, ४४८; खड़ी बोली पद्य की तीन धाराएँ, ४४९; ब्रजभाषा काव्यपरंपरा, ४५०; द्विवेदी काल में प्रवर्तित हुई खड़ी बोली काव्यधारा, ४५०; इस धारा के प्रमुख कवि, ४५१-४५५; छायावाद का प्रारंभ, ४५५; इसका स्वरूप, ४५६; इसके दो अर्थ, ४५६; इन अर्थों के अनुसार छायावादी कवियों का वर्गीकरण, ४५६-४५७; इनकी कविता का स्वरूप, ४५६-४६२; कविपरिचय, ४६२-४०; अन्य उल्लेख्य कवि, ४९०; स्वच्छंद धारा और उसके कवि, ४०-४९१।

काल विभाग

जब कि प्रत्येक देश का साहित्य वहाँ की जनता की चित्तवृत्ति का संचित प्रतिबिम्ब होता है, तब यह निश्चित है कि जनता की चित्तवृत्ति के परिवर्तन के साथ-साथ साहित्य के स्वरूप में भी परिवर्तन होता चला जाता है। आदि से अंत तक इन्हीं चित्तवृत्तियों की परंपरा को परखते हुए साहित्य परंपरा के साथ उनका सामंजस्य दिखाना है। 'साहित्य का इतिहास' कहलाता है। जनता की चित्तवृत्ति बहुत कुछ राजनीतिक, सामाजिक, सांप्रदायिक तथा धार्मिक परिस्थिति के अनुसार होती है; अतः कारणस्वरूप इन परिस्थितियों का किंचित दिग्दर्शन भी साथ ही साथ आवश्यक होता है। इस दृष्टि से हिंदी साहित्य का विवेचन करने में यह बात ध्यान में रखनी होगी कि किसी विशेष समय में लोगों में रुचिविशेष का संचार और पोषण किधर से और किस प्रकार हुआ। उपर्युक्त व्यवस्था के अनुसार हम हिंदी साहित्य के ९०० वर्षों के इतिहास को चार कालों में विभक्त कर सकते हैं—

आदिकाल	(वीरगाथाकाल,	सं० १०५०-१३७५)
पूर्व मध्यकाल	(भक्तिकाल,	सं० १३७५-१७००)
उत्तर मध्यकाल	(रीतिकाल,	सं० १७००-१९००)
आधुनिक काल	(गद्यकाल,	(सं० १९०० से ...

यद्यपि इन कालों की रचनाओं की विशेष प्रवृत्ति के अनुसार ही उनका नामकरण किया गया है, पर यह न समझना चाहिए कि किसी विशेष काल में और प्रकार की रचनाएँ होती ही नहीं थीं। जैसे, भक्तिकाल या रीतिकाल को लें तो उसमें वीररस के अनेक काव्य मिलेंगे जिनमें वीर राजाओं की प्रशंसा उसी ढंग की होगी जिस ढंग की वीरगाथाकाल में हुआ करती थी। अतः प्रत्येक काल का वर्णन इस प्रणाली पर किया जायेगा कि पहले तो उक्त काल की विशेष प्रवृत्तिसूचक उन रचनाओं का वर्णन होगा जो उस काल के लक्षण के अंतर्गत होंगी, पीछे संक्षेप में उनके अतिरिक्त और प्रकार की ध्यान देने योग्य रचनाओं का उल्लेख होगा।

हिंदी साहित्य का इतिहास

आदिकाल

प्रकरण १

सामान्य परिचय

प्राकृत की अंतिम अपभ्रंश अवस्था से ही हिंदी साहित्य का आविर्भाव माना जा सकता है। उस समय जैसे 'गाथा' कहने से प्राकृत का बोध होता था वैसे ही 'दोहा' या दूहा कहने से अपभ्रंश या प्रचलित काव्यभाषा का पद्य समझा जाता था। अपभ्रंश या प्राकृताभास हिंदी के पद्यों का सबसे पुराना पता तांत्रिक और योगमार्गी बौद्धों की सांप्रदायिक रचनाओं के भीतर विक्रम की सातवीं शताब्दी के अंतिम चरण में लगता है। मुंज और भोज के समय (संवत् १०५०) के लगभग तो ऐसी अपभ्रंश या पुरानी हिंदी का पूरा प्रचार शुद्ध साहित्य या काव्य रचनाओं में भी पाया जाता है। अतः हिंदी साहित्य का आदिकाल संवत् १०५० से लेकर संवत् १३७५ तक अर्थात् महाराज भोज के समय से लेकर हम्मीरदेव के समय के कुछ पीछे तक माना जा सकता है। यद्यपि जनश्रुति इस काल का आरंभ और पीछे ले जाती है और संवत् ७७० में भोज के पूर्वपुरुष राजा मान के सभासद पुष्य नामक किसी बंदीजन का दोहों में एक अलंकार ग्रंथ लिखना बताती है (दे० शिवसिंह सरोज), पर इसका कहीं कोई प्रमाण उपलब्ध नहीं है।

आदिकाल की इस दीर्घ परंपरा के बीच डेढ़ सौ वर्ष के भीतर तो रचना की किसी विशेष प्रवृत्ति का निश्चय नहीं होता है—धर्म, नीति, शृंगार, वीर सब प्रकार की रचनाएँ दोहों में मिलती हैं। इस अनिर्दिष्ट लोकप्रवृत्ति के उपरांत जब मुसलमानों की चढ़ाइयों का प्रारंभ होता है तब से हम हिंदी साहित्य की प्रवृत्ति एक विशेष रूप में बँधती हुई पाते हैं। राजाश्रित कवि और चारण जिस प्रकार नीति, शृंगार आदि के फुटकल दोहे राजसभाओं में सुनाया करते थे, उसी प्रकार अपने आश्रयदाता राजाओं के पराक्रमपूर्ण चरितों या गाथाओं का वर्णन भी किया करते थे। यहीं प्रबंध परंपरा 'रासो' के नाम से पाई जाती है जिसे लक्ष्य करके इस काल क. हमने 'वीरगाथाकाल' कहा है।

दूसरी बात इस आदिकाल के संबंध में ध्यान देने की यह है कि इस काल की जो साहित्यिक सामग्री प्राप्त है, उसमें कुछ तो असंदिग्ध हैं और कुछ संदिग्ध हैं। असंदिग्ध सामग्री जो कुछ प्राप्त है, उसकी भाषा अपभ्रंश अर्थात् प्राकृताभास (प्राकृत की रूढ़ियों में बहुत कुछ बद्ध) हिंदी है। इस अपभ्रंश या प्राकृताभास हिंदी का अभिप्राय यह है कि यह उस समय की ठीक बोलचाल की भाषा नहीं है जिस समय की इसकी रचनाएँ मिलती हैं। यह उस समय के कवियों की भाषा है। कवियों ने काव्य परंपरा के अनुसार साहित्यिक प्राकृत के पुराने शब्द तो लिखे ही हैं (जैसे पीछे की हिंदी में तत्सम संस्कृत शब्द लिए जाने लगे), विभक्तियां, कारकचिह्न और क्रियाओं के रूप आदि भी बहुत कुछ अपने समय से कई सौ वर्ष पुराने रखे हैं। बोलचाल की भाषा घिस घिसाकर बिल्कुल जिस रूप में आ गई थी सारा वही रूप न लेकर कवि और चारण आदि भाषा का बहुत कुछ वह रूप व्यवहार में लाते थे जो उनसे सौ वर्ष पहले से कवि परंपरा रखती चली आती थी।

अपभ्रंश के जो नमूने हमें पद्यों में मिलते हैं वे उस काव्य भाषा के हैं जो अपने पुरानेपन के कारण बोलने की भाषा से कुछ अलग बहुत दिनों तक—आदिकाल के अंत क्या उसके कुछ पीछे तक—पोथियों में चलती रही। विक्रम की चौदहवीं शताब्दी के मध्य में एक ओर तो पुरानी परंपरा के कोई कवि—संभवत: शार्ङ्गधर—हम्मीर की वीरता का वर्णन ऐसी भाषा में कर रहे थे—

चलिअ वीर हम्मीर पाअभर मेइणि कंपइ।
दिगमग णह अंधार धूलि सुररह आच्छाइहि॥

दूसरी ओर खुसरो मियां दिल्ली में बैठे ऐसी बोलचाल की भाषा में पहेलियाँ और मुकरियाँ कह रहे थे—

एक नार ने अचरज किया। साँप मार पिंजरे में दिया।

इसी प्रकार १५वीं शताब्दी में एक ओर तो विद्यापति बोलचाल की मैथिली के अतिरिक्त इस प्रकार की प्राकृताभास पुरानी काव्यभाषा भी भनते रहे—

बालचंद बिज्जावइ भाषा। दुहु नहिं लग्गइ दुज्जन हासा॥

और दूसरी ओर कबीरदास अपनी अटपटी बानी इस बोली में सुना रहे थे—

अगिन जो लागी नीर में कंदो जलिया झारि।
उतर दषिण के पंडिता रहे बिचारि बिचारि॥

सारांश यह कि अपभ्रंश की यह परंपरा विक्रम की १५वीं शताब्दी के मध्य तक चलती रही। एक ही कवि विद्यापति ने दो प्रकार की भाषा का व्यवहार किया है—पुरानी अपभ्रंश भाषा का और बोलचाल की देशी भाषा का। इन दोनों भाषाओं का भेद विद्याप्रति ने स्पष्ट रूप से सूचित किया है—

देसिल बअना सब जन मिट्ठा। तें तैंसन जंपओं अवहट्ठा॥

अर्थात् देशी भाषा (बोलचाल की भाषा) सबको मीठी लगती है, इससे वैसा ही अपभ्रंश (देशी भाषा मिला हुआ) मैं कहता हूँ। विद्यापति ने अपभ्रंश से भिन्न, प्रचलित बोलचाल की भाषा को 'देशी भाषा' कहा है। अत: हम भी इसी अर्थ में इस शब्द का प्रयोग कहीं-कहीं आवश्यकतानुसार करेंगे। इस आदिकाल के प्रकरण में पहले हम अपभ्रंश की रचनाओं का संक्षिप्त उल्लेख करके तब देशीभाषा की रचनाओं का वर्णन करेंगे।

प्रकरण २
अपभ्रंश काव्य

जब से प्राकृत बोलचाल की भाषा न रह गई तभी से अपभ्रंश साहित्य का आविर्भाव समझना चाहिए। पहले जैसे 'गाथा' या 'गाहा' कहने से प्राकृत का बोध होता था वैसे ही पीछे 'दोहा' या 'दूहा' कहने से अपभ्रंश या लोकप्रचलित काव्यभाषा का बोध होने लगा। इस पुरानी प्रचलित काव्यभाषा में नीति, शृंगार, वीर आदि की कविताएँ तो चली ही आती थीं, जैन और बौद्ध धर्माचार्य अपने मतों की रक्षा और प्रचार के लिये भी इसमें उपदेश आदि की रचना करते थे। प्राकृत से बिगड़कर जो रूप बोलचाल की भाषा ने ग्रहण किया वह भी आगे चलकर कुछ पुराना पड़ गया और काव्य रचना के लिए रूढ़ हो गया। अपभ्रंश नाम उसी समय से चला। जब तक भाषा बोलचाल में थी तब तक वह भाषा या देशभाषा ही कहलाती रही, जब वह भी साहित्य की भाषा हो गई तब उसके लिए अपभ्रंश शब्द का व्यवहार होने लगा।

भरत मुनि (विक्रम तीसरी शती) ने 'अपभ्रंश' नाम न देकर लोकभाषा को 'देशभाषा' ही कहा है। वररुचि के 'प्राकृतप्रकाश' में भी अपभ्रंश का उल्लेख नहीं है। अपभ्रंश नाम पहले पहल बलभी के राजा धारसेन द्वितीय के शिलालेख में मिलता है जिसमें उसने अपने पिता गुहसेन (वि० सं० ६५० के पहले) को संस्कृत, प्राकृत और अपभ्रंश तीनों का कवि कहा है। भामह (विक्रम ७वीं शती) ने भी तीनों भाषाओं का उल्लेख किया है। बाण ने 'हर्षचरित' में संस्कृत कवियों के साथ भाषाकवियों का भी उल्लेख किया है। इस प्रकार अपभ्रंश या प्राकृताभास हिंदी में रचना होने का पता हमें विक्रम की सातवीं शताब्दी में मिलता है। उस काल की रचना के नमूने बौद्धों की वज्रयान शाखा के सिद्धों की कृतियों के बीच मिलते हैं।

संवत् ९९० में देवसेन नामक एक जैन ग्रंथकार हुए हैं। उन्होंने भी 'श्रावकाचार' नाम की एक पुस्तक दोहों में बनाई थी, जिसकी भाषा अपभ्रंश का अधिक प्रचलित रूप लिए हुए है, जैसे—

जो जिण सासण भाषियउ सो मइ कहियउ सारु।
जो पालइ सइ भाउ करि सो सरि पावइ पारु॥

इन्हीं देवसेन ने 'दब्ब—सहाव—पयास' (द्रव्य-स्वभाव प्रकाश) नामक एक और ग्रंथ दोहों में बनाया था जिसका पीछे से माइल्ल धवल ने 'गाथा' या साहित्य की प्राकृत में रूपांतर किया। इसके पीछे तो जैन कवियों की बहुत सी रचनाएँ मिलती हैं, जैसे श्रुतिपंचमी कथा, योगसार, जसहरचरिउ, णयकुमारचरिउ इत्यादि। ध्यान देने की बात यह है कि चरित्रकाव्य या आख्यान काव्य के लिये अधिकतर चौपाई दोहे की पद्धति ग्रहण की गई है। पुष्यदंत (संवत् १०२९) के 'आदिपुराण' और 'उत्तरपुराण' चौपाइयों में हैं। उसी काल के आसपास का 'जसहरचरिउ' (यशधरचरित्र) भी चौपाइयों में रचा गया है, जैसे—

बिणु धवलेण सयडु किं हल्लइ। बिणु जीवेण देहु किं चल्लइ।
बिणु जीवेण मोक्ख को पावइ। तुम्हारिसु किं अप्पइ आवइ॥

चौपाई दोहे की यह परंपरा हम आगे चलकर सूफियों की प्रेम कहानियों में, तुलसी के रामचरितमानस में तथा छत्रप्रकाश, ब्रजविलास, सबलसिंह चौहान के महाभारत इत्यादि अनेक आख्यान काव्यों में पाते हैं।

बौद्ध धर्म विकृत होकर वज्रयान संप्रदाय के रूप में देश के पूरबी भागों में बहुत दिनों से चला आ रहा था। इन बौद्ध तांत्रिकों के बीच वामाचार अपनी चरम सीमा को पहुँचा। ये बिहार से लेकर आसाम तक फैले थे और सिद्ध कहलाते थे। 'चौरासी सिद्ध' इन्हीं में हुए हैं जिनका परंपरागत स्मरण जनता को अबतक है। इन तांत्रिक योगियों को लोग अलौकिक शक्तिसंपन्न समझते थे। ये अपनी सिद्धियों और विभूतियों के लिये प्रसिद्ध थे। राजशेखर ने 'कर्पूरमंजरी' में भैरवानंद के नाम से एक ऐसे ही सिद्ध योगी का समावेश किया है। इस प्रकार जनता पर इन सिद्ध योगियों का प्रभाव विक्रम की १०वीं शती से ही पाया जाता है, जो मुसलमानों के आने पर पठानों के समय तक कुछ-न-कुछ बना रहा। बिहार के नालंदा और विक्रमशिला नामक प्रसिद्ध विद्यापीठ इनके अड्डे थे। बख्तियार खिलजी ने इन दोनों स्थानों को जब उजाड़ा तब से ये तितर-बितर हो गए। बहुत से भोट आदि अन्य देशों को चले गए।

चौरासी सिद्धों के नाम ये हैं—लूहिपा, लीलापा, विरूपा, डोभिपा, शवरीपा, सरहपा, कंकालीपा, मीनपा, गोरक्षपा, चौरंगीपा, वीणापा, शांतिपा, तंतिपा, चमरिपा, खड्गपा, नागार्जुन, कण्हपा, कर्णरिपा, थगनपा, नारोपा, शीलपा, तिलोपा, छत्रपा, भद्रपा, दोखंधिपा, अजागिपा, कालपा, धोंभीपा, कंकणपा, कमरिपा, डेंगिपा, भदेपा, कुक्कुरिपा, कुचपा, धर्मपा, महीपा, अचिंतिपा, भल्लहपा, नलिनपा, भूसुकुपा, इंद्रभूति, मेकोपा, कुठालिपा, कमरिपा, जालंधरपा, राहुलपा, घर्वरिपा, धोकरिपा, मेदिनीपा, पंकजपा, घंटापा, जोगीपा, चेलुकपा, गुंडरिपा, निर्गुणपा, जयानंत, चर्पटीपा, चपंकपा, भिखनपा, भलिपा, कुमरिपा, चँवरिपा, मणिभद्रपा, (योगिनी), कनखलापा, (योगिनी), कलकलपा, कंतालीपा, धहुरिपा, उधरिपा, कपालपा, किलपा, सागरपा, सर्वभक्षपा, नागबोधिपा, दारिकपा, पुतलिपा, पनहपा, कोकालिपा, अनंगपा, लक्ष्मीकरा, (योगिनी), समुदपा, भलिपा।

('पा' आदरार्थक 'पाद' शब्द है। इस सूची के नाम पूर्वापर कालानुक्रम से नहीं हैं। इनमें से कई एक समसामयिक थे।)

वज्रयानशाखा में जो योगी 'सिद्ध' के नाम से प्रसिद्ध हुए वे अपने मत का संस्कार जनता पर भी डालना चाहते थे। इससे वे संस्कृत रचनाओं के अतिरिक्त अपनी बानी अपभ्रंशमिश्रित देशभाषा या काव्यभाषा में भी बराबर सुनाते रहे। उनकी रचनाओं का एक संग्रह पहले म० म० हरप्रसाद शास्त्री ने बँगला अक्षरों में 'बौद्धगान ओ दोहा' के नाम से निकाला था। पीछे त्रिपिटकाचार्य राहुल सांकृत्यायन जी भोट देश में जाकर सिद्धों की और बहुत सी रचनाएँ लाए। सिद्धों में सबसे पुराने 'सरह' (सरोजवज्र भी नाम है) हैं जिनका काल डाक्टर विनयतोष भट्टाचार्य[१] ने विक्रम संवत् ६९० निश्चित किया है। उनकी रचना के कुछ नमूने नीचे दिए जाते हैं—

अंतस्साधना पर जोर और पंडितों को फटकार—

---

१. **बुद्धिस्ट एसोटेरियम।**

पंडिअ सअल सत्त बक्खाणइ। देहहि रुद्ध बसंत न जाणइ।
अमणागमण ण तेन विखंडिअ। तोवि णिलज्जइ भणइ हउँ पंडिअ॥

जहि मन पवन न संचरइ, रवि ससि नांहिं पवेश।
तहि बट चित्त बिसाम करु, सरेहे कहिअ उवेस॥
घोर अधारे चंदमणि जिमि उज्जोअ करेइ।
परम महासुह एखु कणे दुरिअ अशेष हरेइ॥
जीवंतह जो नउ जरइ सो अजरामर होइ।
गुरु उपएसें बिमलमइ सो पर धण्णा कोइ॥

दक्षिण मार्ग छोड़कर वाममार्ग ग्रहण का उपदेश—

नाद न बिंदु न रवि न शशि मंडल। चिअराअ सहाबे मूकल।
उजु रे उजु छाँड़ि मा लेहु रे बंक। निअहि बोहि मा जाहु रे रंक॥

लूहिपा या लूइपा (संवत् ८३० के आसपास) के गीतों से कुछ उद्धरण—

काआ तरुवर पंच बिडाल। चंचल चीए पइठो काल।
दिट करिअ महासुह परिमाण। लूइ भणइ गुरु पुच्छिअ जाण॥

भाव न होइ, अभाव ण जाइ। अइस संबोहे को पतिआइ?
लूइ भणइ बट दुलक्ख बिणाण। तिअ धाए बिलसइ, अह लागे णा।

विरूपा (संवत् ९०० के लगभग) की वारुणीप्रेरित अंतर्मुख साधना की पद्धति देखिए—

सहजे थिर करि वारुणी साध। अजरामर होइ दिट काँध।
दशमि दुआरत चिह्न देखइआ। आइल गराहक अपणे बहिआ।
चउशठि घड़िए देट पसारा। पइठल गराहक नाहि निसारा।

कण्हपा (सं० ९०० के उपरांत) की बानी के कुछ खंड नीचे उद्धृत किए जाते हैं—

एक्क ण किज्जइ मंत्र ण तंत। णिअ धरणी लइ केलि करंत।
णिअ घर घरणी जाब ण मज्जइ। ताब कि पंचवर्ण बिहरिज्जइ।
जिमि लोण बिलज्जइ पाणिएहि, तिमि घरिणी लइ चित्त।
समरस जइ तक्खणे जइ पुणु ते सम नित्त।

वज्रयानियों की योगतंत्र साधनाओं में मद्य तथा स्त्रियों का—विशेषत: डोमिनी, रजकी आदि का—अबाध सेवन एक आवश्यक अंग था। सिद्ध कण्हपा डोमिनी का आह्वान गीत इस प्रकार गाते हैं—

नगर बाहिरे डोंबी तोहरि कुड़िया छइ।
छोइ जाइ सो बाह्म नाड़िया।
आलो डोंबि! तोए सम करिब म साँग। निघिण कण्ह कपाली जोइ लाग॥

एक्क सो पदमा चौषट्टि पाखुड़ीं। तढ़ि चढ़ि नाचअ डोंबी बापुड़ी॥
हालो डोंबी! तो पुछमि सदभावे। अइससि जासि डोंबी काहरि नावे॥

गंगा जउँना माझे रे बहइ नाई।
ताहि बुड़िलि मातंगि पोइआ लीले पार करेइ।
बाहतु डोंबी, बाहलो डोंबी बाट त भइल उछारा।
सद्गुरु पाअ पए जाइब पुणु जिणउरा॥

काआ नावड़ि खँटि मन करिआल। सद्गुरु बअणे घर पतवाल।
चीअ थिर करि गहु रे नाई। अन्न उपाये पार ण जाई॥

कापालिक जोगियों से बचे रहने का उपदेश घर में सास ननद आदि देती ही रहती थीं पर वे आकर्षित होती थीं—जैसे कृष्ण की ओर गोपियाँ होती थीं—

राग देस मोह लाइअ छार। परम भीख लवए मुत्तिहार।
मारिअ सासु नणंद घरे शाली। माअ मारिया, कण्ह भइल कबाली॥

थोड़ा घट के भीतर का विहार देखिये—

नाड़ि शक्ति दिअ धरिअ खदे। अनह डमरू बाजइ बीर नादे।
काण्ह कपाली जोगी पइठ अचारे। देह नअरी बिहरइ एकारे॥

इसी ढंग का कुक्कुरिपा (सं० ९०० के उपरांत) का एक गीत लीजिए—

ससुरी निंद गेल, बहुड़ी जागअ। कानेट चोर निलका गइ मागअ।
दिवसइ बहुणी काढ़इ डरे भाअ। रति भइले कामरू जाअ।

रहस्यमार्गियों की सामान्य प्रवृत्ति के अनुसार सिद्ध लोग अपनी बानी को ऐसी पहेली के रूप में भी रखते थे जिसे कोई बिरला ही बूझ सकता है। सिद्ध तांतिपा की अटपटी बानी सुनिए—

बेंग संसार बाड़हिल जाअ। दुहिल दूध के बेटे समाअ।
बलद बिआएल गविआ बाँझे। पिटा दुहिए एतिना साँझे।
जो सो बुज्झी सो धनि बुधी। जो सो चोर सोइ साधी।
निते निते पिआला षिहे षम जूझअ। ढेढपाएर गीत बिरले बूझअ।

बौद्ध धर्म ने जब तांत्रिक रूप धारण किया तब उसमें से पाँच ध्यानी बुद्धा और उनकी शक्तियों के अतिरिक्त अनेक बोधिसत्वों की भावना की गई जो सृष्टि का परिचालन करते हैं। वज्रयान में आकर 'महासुखवाद' का प्रवर्तन हुआ। प्रज्ञा और उपाय के योग से इस महासुख दशा की प्राप्ति मानी गई। इसे आनंदस्वरूप ईश्वरत्व ही समझिए। निर्वाण के तीन अवयव ठहराये गये—शून्य, विज्ञान और महासुख। उपनिषद् में तो ब्रह्मानंद के सुख के परिणाम का अंदाजा करने के लिए उसे सहवाससुख से सौगुना कहा था पर वज्रयान में निर्वाण के सुख का स्वरूप ही सहवाससुख के समान बताया गया। शक्तियों सहित देवताओं के 'युगनद्ध' स्वरूप की भावना चली और उनकी नग्न मूर्तियाँ सहवास की अनेक अश्लील मुद्राओं में बनने लगीं,

जो कहीं-कहीं अब भी मिलती हैं। रहस्य या गुह्य की प्रवृत्ति बढ़ती गई और 'गुह्यसमाज' या 'श्रीसमाज' स्थान-स्थान पर होने लगे। ऊँच-नीच कई वर्ण की स्त्रियों को लेकर मद्यपान के साथ अनेक वीभत्स विधान वज्रयानियों की साधना के प्रधान अंग थे। सिद्धि प्राप्त करने के लिए किसी स्त्री का (जिसे शक्ति योगिनी या महामुद्रा कहते थे) योग या सेवन आवश्यक था। इसमें कोई संदेह नहीं कि जिस समय मुसलमान भारत में आए उस समय देश के पूरबी भागों में (बिहार, बंगाल और उड़ीसा में) धर्म के नाम पर दुराचार फैला था।

रहस्यवादियों की सार्वभौम प्रवृत्ति के अनुसार ये सिद्ध लोग अपनी बानियों के सांकेतिक दूसरे अर्थ भी बताया करते थे, जैसे—

काआ तरुवर पंच बिड़ाल

(पंच बिड़ाल—बौद्ध शास्त्र में निरूपित पंच प्रतिबंध—आलस्य, हिंसा, काम, चिकित्सा और मोह। ध्यान देने की बात यह है कि विकारों की यही पांच संख्या निर्गुण धारा के संतों और हिंदी के सूफी कवियों ने ली। हिंदु शास्त्रों में विकारों की बँधी संख्या ६ है।)

गंगा जउँना माझे बहइ रे नाई।

(—इला पिंगला के बीच सुषुम्ना नाड़ी के मार्ग से शून्य देश की ओर यात्रा) इसी से वे अपनी बानियों की भाषा को 'संध्याभाषा' कहते थे।[१]

ऊपर उद्धृत थोड़े से वचनों से ही इसका पता लग सकता है कि इन सिद्धों द्वारा किस प्रकार के संस्कार जनता में इधर-उधर बिखेरे गये थे। जनता की श्रद्धा शास्त्रज्ञ विद्वानों पर से हटा कर अंतर्मुख साधना वाले योगियों पर जमाने का प्रयत्न 'सरह' के इस वचन 'घट में ही बुद्ध हैं यह नहीं जानता' आवागमन को भी खंडित नहीं किया, तो भी निर्लज्ज कहता है कि 'मैं पंडित हूँ' में स्पष्ट झलकता है। यहाँ पर यह समझ रखना चाहिए कि योगमार्गी बौद्धों ने ईश्वरत्व की भावना कर ली थी—

प्रत्यात्मवेद्यो भगवान उपमावर्जितः प्रभुः।
सर्वगः सर्वव्यापी च कर्त्ता हर्त्ता जगत्पत्तिः।
श्रीमान् वज्रसत्वोऽसौ व्यक्त भाव प्रकाशकः।

—व्यक्त भावानुगत तत्वसिद्धि
(दारिकपा की शिष्या सहजयोगिनी चिंता कृत)

इसी प्रकार जहाँ रवि, शशि, पवन आदि की गति नहीं वहाँ चित्त को विश्राम कराने का दावा 'ऋजु' (सीधे, दक्षिण) मार्ग को छोड़ कर 'बंक' (टेढ़ा, वाम) मार्ग ग्रहण करने का उपदेश भी है। सिद्ध कण्हपा कहते हैं कि 'जब तक अपनी गृहिणी का उपभोग न करेगा तब तक पंचवर्ण की स्त्रियों के साथ विहार क्या करेगा?' वज्रयान में 'महासुह' (महासुख) वह दशा बतलाई गई है जिसमें साधक शून्य में इस प्रकार विलीन हो जाता है जिस प्रकार नमक पानी में। इस दशा का प्रतीक खड़ा करने के लिए 'युगनद्ध' (स्त्री पुरुष का आलिंगनबद्ध जोड़ा) की भावना की गई। कण्हपा का यह वचन कि ''जिमि लोण बिलिज्जइ पाणि एहि तिमि घरणी लइ चित्त'' इसी सिद्धान्त का द्योतक है। कहने की आवश्यकता नहीं कि कौल, कापालिक आदि इन्हीं वज्रयानियों से निकले। कैसा ही शुद्ध और सात्विक धर्म हो, 'गुह्य' और

---

१. डा० विनयतोष भट्टाचार्य बुद्धिस्ट एसोटेरियम।

'रहस्य' के प्रवेश से वह किस प्रकार विकृत और पाखंडपूर्ण हो जाता है, वज्रयान इसका प्रमाण है।

गोरखनाथ के नाथपंथ का मूल भी बौद्धों की यही वज्रयान शाखा है। चौरासी सिद्धों में गोरखनाथ (गोरक्षपा) भी गिन लिए गए हैं। पर यह स्पष्ट है कि उन्होंने अपना मार्ग अलग कर लिया। योगियों की इस हिंदू शाखा ने वज्रयानियों के अश्लील और वीभत्स विधानों से अपने को अलग रखा, यद्यपि शिव शक्ति की भावना के कारण कुछ शृंगारमयी वाणी भी नाथपंथ के किसी-किसी ग्रंथ (जैसे, शक्तिसंगम के तंत्र) में मिलती है। गोरख ने पतंजलि के उच्च लक्ष्य, ईश्वर प्राप्ति को लेकर हठयोग का प्रवर्तन किया। वज्रयानी सिद्धों का लीला क्षेत्र भारत का पूरबी भाग था। गोरख ने अपने ग्रंथ का प्रचार देश के पश्चिमी भागों में—राजपूताने और पंजाब में—किया। पंजाब में नमक के पहाड़ों के बीच बालनाथ योगी का स्थान बहुत दिनों तक प्रसिद्ध रहा। जायसी की पद्मावत में 'बालनाथ का टीला' आया है।

गोरखनाथ के समय का ठीक पता नहीं। राहुल सांकृत्यायन जी ने वज्रयानी सिद्धों की परंपरा के बीच उनका जो स्थान रखा है, उसके अनुसार उनका समय विक्रम की दसवीं शताब्दी आता है। उनका आधार वज्रयानी सिद्धों की एक पुस्तक 'रत्नाकर जोपम कथा' है, जिसके अनुसार मीननाथ के पुत्र मत्स्येंद्रनाथ कामरूप के मछवाहे थे और चर्पटीपा के शिष्य होकर सिद्ध हुए थे। पर सिद्धों की अपनी सूची में सांकृत्यायन जी ने ही मत्स्येंद्र को जलंधर का शिष्य लिखा है, जो परंपरा से प्रसिद्ध चला आता है। गोरखनाथ के गुरु मत्स्येंद्रनाथ (मछंदरनाथ) थे, यह तो प्रसिद्ध ही है। सांकृत्यायन जी ने मीननाथ या मीनपा को पालवंशी राजा देवपाल के समय में अर्थात् संवत् ९०० के आसपास माना है। यह समय उन्होंने किस आधार पर स्थिर किया, पता नहीं। यदि सिद्धों की उक्त पुस्तक में मीनपा के राजा देवपाल के समय में होने का उल्लेख होता तो वे उसकी ओर विशेष रूप से ध्यान आकर्षित करते। चौरासी सिद्धों के नामों में हेरफेर होना बहुत संभव है। हो सकता है कि गोरक्षपा और चौरंगीपा के नाम पीछे से जुड़ गए हों और मीनपा से मत्स्येंद्र का नामसाम्य के अतिरिक्त कोई संबंध न हो। ब्रह्मानंद ने दोनों को बिल्कुल अलग माना भी है (सरस्वती भवन स्टडीज़)। संदेह यह देखकर और भी होता है कि सिद्धों की नामावली में और सब सिद्धों की जाति और देश का उल्लेख है, पर गोरक्ष और चौरंगी का कोई विवरण नहीं। अतः गोरखनाथ का समय निश्चित रूप से विक्रम की १०वीं शताब्दी मानते नहीं बनता।

महाराष्ट्र संत ज्ञानदेव ने, जो अलाउद्दीन के समय (संवत् १३५८) में थे, अपने को गोरखनाथ की शिष्य परंपरा में कहा है। उन्होंने यह परंपरा इस क्रम में बताई है—

आदिनाथ, मत्स्येंद्रनाथ, गोरखनाथ, गैनीनाथ, निवृत्तिनाथ और ज्ञानेश्वर।

इस महाराष्ट्र परंपरा के अनुसार गोरखनाथ का समय महाराज पृथ्वीराज के पीछे आता है। नाथपरंपरा में मत्स्येंद्रनाथ के गुरु जलंधरनाथ माने जाते हैं। भोट के ग्रंथों में भी सिद्ध जलंधर आदिनाथ कहे गए हैं। सब बातों का विचार करने से हमें ऐसा प्रतीत होता है कि जलंधर ने ही सिद्धों से अपनी परंपरा अलग की और पंजाब की ओर चले गये। वहाँ काँगड़े की पहाड़ियों तथा और स्थानों में रमते रहे। पंजाब का जलंधर शहर उन्हीं का स्मारक जान पड़ता है। नाथसंप्रदाय के किसी ग्रंथ में जलंधर को बालनाथ भी कहा है। नमक के पहाड़ों के बीच 'बालनाथ का टीला' बहुत दिनों तक प्रसिद्ध रहा। मत्स्येंद्र जलंधर के शिष्य थे, नाथपंथियों की यह धारणा ठीक जान पड़ती है। मीनपा के गुरु चर्पटीनाथ हो सकते हैं, पर मत्स्येंद्र के गुरु

जलंधर ही थे। सांकृत्यायन जी ने गोरख का जो समय स्थिर किया है वह मीनपा का राजा देवपाल का समसामयिक और मत्स्येंद्र का पिता मानकर। मत्स्येंद्र का मीनपा से कोई संबंध न रहने पर उक्त समय मानने का कोई आधार नहीं रह जाता और पृथ्वीराज के समय के आसपास ही—विशेषत: कुछ पीछे—गोरखनाथ के होने का अनुमान दृढ़ होता है।

जिस प्रकार सिद्धों की संख्या चौरासी प्रसिद्ध है, उसी प्रकार नाथों की संख्या नौ। अब भी लोग 'नवनाथ' और 'चौरासी सिद्ध' कहते सुने जाते हैं। 'गोरक्षसिद्धांतसंग्रह' से मार्ग प्रवर्तकों के नाम गिनाए गये हैं—

नागार्जुन, जड़भरत, हरिश्चंद्र, सत्यनाथ, भीमनाथ, गोरक्षनाथ, चर्पट, जलंधर और मलयार्जुन।

इन नामों में नागार्जुन, चर्पट और जलंधर सिद्धों की परंपरा में भी हैं। नागार्जुन (सं० ७०२) प्रसिद्ध रसायनी भी थे। नाथपंथ में रसायन की सिद्धि है। नाथपंथ सिद्धों की परंपरा से ही छँटकर निकला है, इसमें कोई संदेह नहीं।

इतिहास से इस बात का पता लगता है कि महमूद गजनवी के भी कुछ पहले सिंध और मुलतान में भी कुछ मुसलमान बस गए थे जिनमें कुछ सूफी भी थे। बहुत से सूफियों ने भारतीय योगियों से प्राणायाम आदि की क्रियाएँ भी सीखीं, इसका उल्लेख मिलता है। अत: गोरक्षनाथ चाहे विक्रम की १०वीं शताब्दी में हुए हों, चाहे १३वीं में उनका मुसलमानों से परिचित होना अच्छी तरह माना जा सकता है, क्योंकि जैसा कहा जा चुका है, उन्होंने अपने पंथ का प्रचार पंजाब और राजपूताने की ओर किया।

इतिहास और जनश्रुति से इस बात का पता लगता कि सूफी फकीरों और पीरों के द्वारा इसलाम को जनप्रिय बनाने का उद्योग भारत में बहुत दिनों तक चलता रहा। पृथ्वीराज के पिता के समय में ख्वाजा मुईनुद्दीन के अजमेर आने और अपनी सिद्धि का प्रभाव दिखाने के गीत मुसलमानों में अब तक गाए जाते हैं। चमत्कारों पर विश्वास करने वाली भोलीभाली जनता के बीच अपना प्रभाव फैलाने में इन पीरों और फकीरों को सिद्धों और योगियों से मुकाबला करना पड़ा जिनका प्रभाव पहले से जमा चला आ रहा था। भारतीय मुसलमानों के बीच, विशेषत: सूफियों की परंपरा में, ऐसी अनेक कहानियाँ चलीं जिनमें किसी पीर ने किसी सिद्ध या योगी को करामात में पछाड़ दिया। कई योगियों के साथ ख्वाजा मुईनुद्दीन का भी ऐसा ही करामाती दंगल कहा जाता है।

ऊपर कहा जा चुका है कि गोरखनाथ की हठयोगसाधना ईश्वरवाद को लेकर चली थी अत: उसमें मुसलमानों के लिये भी आकर्षण था। ईश्वर से मिलाने वाला योग हिंदुओं और मुसलमानों दोनों के लिये एक सामान्य साधना के रूप में आगे रखा जा सकता है, यह बात गोरखनाथ को दिखाई पड़ी थी। उसमें मुसलमानों को अप्रिय मूर्तिपूजा और बहुदेवोपासना की आवश्यकता न थी। अत: उन्होंने दोनों के विद्वेषभाव को दूर करके साधना का एक सामान्य मार्ग निकालने की संभावना समझी थी और वे उसका संस्कार अपनी शिष्य परंपरा में छोड़ गए थे। नाथ संप्रदाय के सिद्धांतों, ग्रंथों में ईश्वरोपासना के बाह्यविधानों के प्रति उपेक्षा प्रकट की गई है, घट के भीतर ही ईश्वर को प्राप्त करने पर जोर दिया गया है, वेद शास्त्र का अध्ययन व्यर्थ ठहराकर विद्वानों के प्रति अश्रद्धा प्रकट की गई है, तीर्थाटन आदि निष्फल कहे गए हैं।

१. योगशास्त्रं पठेन्नित्यं किमन्यैः शास्त्रविस्तरैः।

२. न वेदो वेद इत्याहुर्वेदा वेदो निगद्यते।

परमात्मा विद्यते येन स वेदो वेद उच्यते।
न संध्या संधिरित्याहुः संध्या संधिर्निगद्यते॥
सुषुम्णा संधिगः प्राणः सा संध्या संधिरुच्यते॥

अंतस्साधना के वर्णन में हृदय दर्पण कहा गया है जिसमें आत्मा के स्वरूप का प्रतिबिंब पड़ता है—

३. हृदयं दर्पणं यस्य मनस्तत्र विलोकयेत्।
दृश्यते प्रतिबिम्बेन आत्मरूपं सुनिश्चितम्॥

परमात्मा की अनिर्वचनीयता इस ढंग से बताई गई है—

शिवं न जानामि कथं वदामि। शिवं च जानामि कथं वदामि।

इसके संबंध में सिद्ध लूहिपा भी कह गए हैं—

भाव न होइ, अभाव न होइ। अइस संबोहे को पतिआइ?

'नाद' और 'बिंदु' संज्ञाएँ वज्रयान सिद्धों में बराबर चलती रहीं। गोरखसिद्धांत में उनकी व्याख्या इस प्रकार की गई है—

नाथांशो नादो, नादांशः प्राणः; शक्त्यंशो बिन्दुः बिन्दोरांशः शरीरम्।

—गोरक्षसिद्धांतसंग्रह (गोपीनाथ कविराज संपादित)

'नाद' और 'बिन्दु' के योग से जगत् की उत्पत्ति सिद्ध और हठयोगी दोनों मानते थे। तीर्थाटन के संबंध में जो भाव सिद्धों का था, वही हठयोगियों का भी रहा। 'चित्त शोधन प्रकरण' में वज्रयानी सिद्ध आर्यदेव (कर्णरीपा) का वचन है—

प्रतरन्नपि गंगायां नैव श्वा शुद्धमर्हति।
तस्माद्धर्मधियां पुंसां तीर्थस्नानं तु निष्फलम्॥
धर्मो यदि भवेत् स्नानात् कैवर्त्तानां कृतार्थता।
नक्तं दिवं प्रविष्टानां मत्स्यादीनां तु का कथा॥

जनता के बीच इस प्रकार के प्रभाव क्रमशः ऐसे गीतों के रूप में निर्गुणपंथी संतों द्वारा आगे भी बराबर फैल रहे, जैसे—

गंगा के नहाये कहो को नर तरिगे, मछरी न तरी जाको पानी में घर है।

यहाँ पर यह बात ध्यान में रखना आवश्यक है कि ८४ सिद्धों में बहुत से मछुए, चमार, धोबी, डोम, कहार, लकड़हारे, दरजी तथा बहुत से शूद्र कहे जानेवाले लोग थे। अतः जाति पाँति के खंडन तो वे आपही थे। नाथ संप्रदाय भी जब फैला, तब उसमें भी जनता की नीची और अशिक्षित श्रेणियों के बहुत से लोग आए जो शास्त्रज्ञान संपन्न न थे, जिनकी बुद्धि का विकास बहुत सामान्य कोटि का था।[१] पर अपने को रहस्यदर्शी प्रदर्शित करने के लिये शास्त्रज्ञ पंडितों और विद्वानों को फटकारना भी वे जरूरी समझते थे। सद्गुरु का माहात्म्य सिद्धों में भी और उनमें भी बहुत अधिक था।

---

१. दि सिस्टम आव मिस्टिक कल्चर इंट्रोड्यूस्ड बाई गोरखनाथ डज नाट सीम टु हैव स्प्रेड वाइड्ली थ्रू दि एजुकेटेड क्लासेज।

—गोपीनाथ कविराज ऐंड झा (सरस्वती भवन स्टडीज)।

नाथपंथ के जोगी कान की लौ में बड़े-बड़े छेद करके स्फटिक के भारी-भारी कुंडल पहनते हैं, इससे कनफटे कहलाते हैं। जैसा पहले कहा जा चुका है, इस पंथ का प्रचार राजपूताने तथा पंजाब की ओर ही अधिक रहा। अत: जब मत के प्रचार के लिये इस पंथ में भाषा के भी ग्रंथ लिखे गए तब उधर की ही प्रचलित भाषा का व्यवहार किया गया। उन्हें मुसलमानों को भी अपनी बानी सुनानी रहती थी जिनकी बोली अधिकतर दिल्ली के आसपास की खड़ी बोली थी। इससे उसका मेल भी उनकी बानियों में अधिकतर रहता था। इस प्रकार नाथपंथ के इन जोगियों ने परंपरा साहित्य की भाषा या काव्यभाषा से, जिसका ढांचा नागर अपभ्रंश या ब्रज का था, अलग एक 'सधुक्कड़ी' भाषा का सहारा लिया जिसका ढांचा कुछ खड़ी बोली लिए राजस्थानी था। देशभाषा की इन पुस्तकों में पूजा, तीर्थाटन आदि के साथ हज, नमाज, आदि का भी उल्लेख पाया जाता है। इस प्रकार की एक पुस्तक का नाम है, 'काफिरबोध'[१]।

नाथपंथ के उपदेशों का प्रभाव हिंदुओं के अतिरिक्त मुसलमानों पर भी प्रारंभ काल में ही पड़ा। बहुत से मुसलमान, निम्न श्रेणी के ही सही, नाथपंथ में आए। अब भी इस प्रदेश में बहुत से मुसलमान जोगी गेरुआ वस्त्र पहने, गुदड़ी की लंबी झोली लटकाए, सारंगी बाजा बजाकर 'कलि में अमर राजा भरथरी' के गीत गाते फिरते हैं और पूछने पर गोरखनाथ को अपना आदि गुरु बताते हैं। ये राजा गोपीचंद के भी गीत गाते हैं जो बंगाल में चटिगांव के राजा थे और जिनकी माता मैनावती कहीं गोरख की शिष्या और कहीं जलंधर की शिष्या कही गई हैं।

देशभाषा में लिखे गोरख पंथ की पुस्तकें गद्य और पद्य दोनों में हैं और विक्रम संवत् १४०० के आसपास की रचनाएँ हैं। इनमें सांप्रदायिक शिक्षा है। जो पुस्तकें पाई गई हैं उनके नाम ये हैं—गोरख-गणेश-गोष्ठी, महादेव-गोरख-संवाद, गोरखनाथ जी की सत्रह कला, गोरख बोध, दत्त-गोरख-संवाद, योगेश्वरी साखी, नरवइ बोध, विराट पुराण, गोरखसार, गोरखनाथ की बानी। ये सब ग्रंथ गोरख के नहीं, उनके अनुयायी शिष्यों के रचे हैं। गोरख के समय जो भाषा लिखने पढ़ने में व्यवहृत होती थी उसमें प्राकृत या अपभ्रंश शब्दों का थोड़ा या बहुत मेल अवश्य रहता था।

उपर्युक्त पुस्तकों में 'नरवइ बोध' के नाम (नरवइ=नरपति) में ही अपभ्रंश का आभास है। इन पुस्तकों में अधिकतर संस्कृत ग्रंथों के अनुवाद हैं। यह बात उनकी भाषा के ढंग से ही प्रकट होती है। 'विराट पुराण' संस्कृत के 'वैराट पुराण' का अनुवाद है। गोरखनाथ के ये संस्कृत ग्रंथ पाए जाते हैं—

सिद्ध-सिद्धांत-पद्धति, विवेक मार्तंड, शक्ति-संगम-तंत्र, निरंजन पुराण, वैराट पुराण।

हिंदी भाषा में लिखी पुस्तकें अधिकतर इन्हीं के अनुवाद या सार हैं। हाँ, 'साखी' और 'बानी' में शायद कुछ रचना गोरख की हों। पद का एक नमूना देखिए—

स्वामी तुम्हई गुर गोसाईं। अम्हे जो सिव सबद एक बूझिबा॥
निरारंबे चेला कूण बिधि रहै। सतगुरु होइ स पुछ्या कहै॥

---

१. यह तथा इसी प्रकार की कुछ और पुस्तकें मेरे प्रिय शिष्य डा० पीतांबरदत्त बड़थ्वाल के पास हैं।

अबधू रहिया हाटे बाटे रूष विरष की छाया।
तजिबा काम क्रोध लोभ मोह संसार की माया॥

सिद्धों और योगियों का इतना वर्णन करके इस बात की ओर ध्यान दिलाना हम आवश्यक समझते हैं कि उनकी रचनाएँ तांत्रिक विधान, योगसाधना, आत्मनिग्रह, श्वास-निरोध, भीतरी चक्रों और नाड़ियों की स्थिति, अंतर्मुख साधना के महत्व इत्यादि की सांप्रदायिक शिक्षा मात्र हैं, जीवन की स्वाभाविक अनुभूतियों और दशाओं से उनका कोई संबंध नहीं। अतः वे शुद्ध साहित्य के अंतर्गत नहीं आतीं। उनको उसी रूप में ग्रहण करना चाहिए जिस रूप में ज्योतिष, आयुर्वेद आदि के ग्रंथ। उनका वर्णन यहाँ केवल दो बातों के विचार से किया गया है—

(१) पहली बात है भाषा। सिद्धों की उद्धृत रचनाओं की भाषा देशभाषा मिश्रित अपभ्रंश या पुरानी हिंदी की काव्यभाषा है, यह तो स्पष्ट है। उन्होंने भरसक उसी सर्वमान्य व्यापक काव्यभाषा में लिखा है जो उस समय गुजरात, राजपूताने और ब्रजमंडल से लेकर बिहार तक लिखने-पढ़ने की शिष्ट भाषा थी। पर मगध में रहने के कारण सिद्धों का भाषा में कुछ पूरबी प्रयोग भी (जैसे, भइले, बूड़िलि) मिले हुए हैं। पुरानी हिंदी की व्यापक काव्यभाषा का ढाँचा शौरसेनीप्रसूत अपभ्रंश अर्थात् ब्रज और खड़ी बोली (पश्चिमी हिंदी) का था। वही ढाँचा हम उद्धृत रचनाओं के—

जो, सो, मारिआ, पइठो, जाअ, किज्जइ, करंत जावे (जब तब) ताब (तब तक) मइअ, कोइ, इत्यादि प्रयोगों में पाते हैं। ये प्रयोग मागधी प्रसूत पुरानी बँगला के नहीं, शौरसेनीप्रसूत पुरानी पश्चिमी हिंदी के हैं। सिद्ध कण्हपा की रचनाओं को यदि हम ध्यानपूर्वक देखें तो एक बात साफ झलकती है। वह यह कि उनके उपदेश की भाषा तो पुरानी टकसाली हिंदी (काव्यभाषा) है, पर गीत की भाषा पुरानी बिहारी या पूरबी बोली मिली है। यही भेद हम आगे चलकर कबीर की 'साखी', 'रमैनी', (गीत) की भाषा में पाते हैं। साखी की भाषा तो खड़ी बोली राजस्थानी मिश्रित सामान्य भाषा 'सधुक्कड़ी' है पर रमैनी के पदों की भाषा में काव्य की ब्रजभाषा और कहीं-कहीं पूरबी बोली भी है।

सिद्धों में 'सरह' सबसे पुराने अर्थात्, वि० सं० ६९० के हैं। अतः हिंदी काव्यभाषा के पुराने रूप का पता हमें विक्रम की सातवीं शताब्दी के अंतिम चरण में लगता है।

(२) दूसरी बात है सांप्रदायिक प्रवृत्ति और उसके संस्कार की परंपरा। वज्रयानी सिद्धों ने निम्न श्रेणी की प्रायः शिक्षित जनता के बीच किस प्रकार के भावों के लिए जगह निकाली, यह दिखाया जा चुका है। उन्होंने बाह्य पूजा, जाति-पांति, तीर्थाटन इत्यादि के प्रति उपेक्षाबुद्धि का प्रचार किया, रहस्यदर्शी बन कर शास्त्रज्ञ विद्वानों का तिरस्कार करने और मनमाने रूपकों के द्वारा अटपटी बानी में पहेलियाँ बुझाने का रास्ता दिखाया, घट के भीतर चक्र, नाड़ियां, शून्य देश आदि मानकर साधना करने की बात फैलाई और 'नाद, बिंदु, सुरति, निरति, ऐसे शब्दों की उद्धरणी करना सिखाया। यही परंपरा अपने ढंग पर नाथपंथियों ने भी जारी रखी। आगे चलकर भक्तिकाल में निर्गुण संत संप्रदाय किस प्रकार के वेदांत के ज्ञानवाद, सूफियों के प्रेमवाद तथा वैष्णवों के अहिंसावाद और प्रगतिवाद को मिलाकर सिद्धों और योगियों द्वारा बनाये हुए इस रास्ते पर चल पड़ा, यह आगे दिखाया जायगा। कबीर आदि संतों को नाथपंथियों से जिस प्रकार 'साखी' और 'बानी' शब्द मिले, उसी प्रकार 'साखी' और 'बानी' के लिए बहुत कुछ सामग्री और 'सधुक्कड़ी' भाषा भी।

ये ही दो बातें दिखाने के लिये इस इतिहास में सिद्धों और योगियों का विवरण दिया गया है। उनकी रचनाओं का जीवन की स्वाभाविक सरणियों, अनुभूतियों और दशाओं से कोई संबंध नहीं। वे सांप्रदायिक शिक्षा मात्र हैं, अतः शुद्ध साहित्य की कोटि में नहीं आ सकतीं। उन रचनाओं की परंपरा को हम काव्य या साहित्य की कोई धारा नहीं कह सकते। अतः धर्म संबंधी रचनाओं की चर्चा छोड़ अब हम सामान्य साहित्य की जो कुछ सामग्री मिलती है, उसका उल्लेख उनके संग्रहकर्ताओं और रचयिताओं के क्रम से करते हैं।

हेमचंद्र—गुजरात के सोलंकी राजा सिद्धराज जयसिंह (संवत् ११५०-११९९) और उनके भतीजे कुमारपाल (सं० ११९९-१२३०) के यहाँ इनका बड़ा मान था। ये अपने समय के सबसे प्रसिद्ध जैन आचार्य थे। इन्होंने एक बड़ा भारी व्याकरण ग्रंथ 'सिद्ध हेमचंद्र शब्दानुशासन' सिद्धराज के समय में बनाया, जिसमें संस्कृत, प्राकृत और अपभ्रंश तीनों का समावेश किया। अपभ्रंश के उदाहरणों में इन्होंने पूरे दोहे या पद्य उद्धृत किये हैं, जिनमें से अधिकांश इनके समय से पहले के हैं। कुछ दोहे देखिए—

भल्ला हुआ जु मारिया बहिणि महारा कंतु।
लज्जेजं तु वयंसिअहु जइ भग्गा घरु एंतु।

(भला हुआ जो मारा गया, हे बहिन ! हमारा कांत। यदि वह भागा हुआ घर आता तो मैं अपनी समवयस्काओं से लज्जित होती।)

जइ सो न आवइ, दुइ ! घरु, काँइ अहोमुहु तुज्झु।
वयणु ज खंढइ तउ, सहि ए ! सो पिउ होइ न मुज्झु॥

(हे दूती? यदि वह घर नहीं आता, तो तेरा क्यों अधोमुख है? हे सखी! जो तेरा वचन खंडित करता है—श्लेष से दूसरा अर्थ; जो तेरे मुख पर चुंबन द्वारा क्षत करता है—वह मेरा प्रिय नहीं।)

जे महु दिण्णा दिअहड़ा दइएँ पवसंतेण।
ताण गणंतिए अंगुलिउँ जज्जरियाउ नहेण॥

(जो दिन या अवधि दयित अर्थात् प्रिय ने प्रवास जाते हुए मुझे दिये थे उन्हें नख से गिनते-गिनते मेरी उँगलियाँ जर्जरित हो गईं।)

पिय संगमि कउ निद्दड़ी? पियहो परक्खहो केंव।
मइँ बिन्निवि विन्नासिया, निंद्दन एँव न तेंव॥

(प्रिय के संगम में नींद कहाँ और प्रिय के परोक्ष में भी क्योंकर आवे? मैं दोनों प्रकार से विनाशिता हुई—न यों नींद, न त्यों।)

अपने व्याकरण के उदाहरणों के लिए हेमचंद्र ने भट्टी के समान एक 'द्व्याश्रय काव्य' की भी रचना की है जिसके अंतर्गत 'कुमारपालचरित' नामक एक प्राकृत काव्य भी है। इस काव्य में भी अपभ्रंश के पद्य रखे गए हैं।

सोमप्रभ सूरि—ये भी एक जैन पंडित थे। इन्होंने संवत् १२४१ में 'कुमारपालप्रतिबोध' नामक एक गद्यपद्यमय संस्कृत-प्राकृत-काव्य लिखा जिसमें समय-समय पर हेमचंद्र द्वारा कुमारपाल को अनेक प्रकार के उपदेश दिए जाने की कथाएँ लिखी हैं। यह ग्रंथ अधिकांश प्राकृत में ही है—बीच बीच में संस्कृत श्लोक और अपभ्रंश के दोहे आए हैं। अपभ्रंश के पद्यों

में कुछ तो प्राचीन हैं और कुछ सोमप्रभ और सिद्धिपाल कवि के बनाए हैं। प्राचीन में से कुछ दोहे दिए जाते हैं—

रावण जायउ जहि दिअहि दह मुह एक सरीरु।
चिंताविय तइयहि जणणि कवणु पियावउँ खीरु॥

(जिस दिन दस मुँह एक शरीर वाला रावण उत्पन्न हुआ तभी माता चिंतित हुई कि दूध किसमें पिलाऊँ।)

बेस बिसिट्ठह बारियइ जइवि मणोहर गत्त।
गंगाजल पक्खालियवि सुणिहि कि होइ पवित्त?

(वेश विशिष्टों को वारिए अर्थात्, बचाइए, यदि मनोहर गात्र हो तो भी। गंगाजल से धोई कुतिया क्या पवित्र हो सकती है?)

पिय हउँ थक्किय सयलु दिणु तुह विरहग्गि किलंत।
थोड़इ जल जिमि मच्छलिय तल्लोविल्लि करंत॥

(हे प्रिय! मैं सारे दिन तेरी विरहाग्नि में वैसे ही कड़कड़ाती रही जैसे थोड़े जल में मछली तलबेली करती है।)

जैनाचार्य मेरुतुंग—इन्होंने संवत् १३६१ में 'प्रबंधचिंतामणि' नामक एक संस्कृत ग्रंथ 'भोजप्रबंध' के ढंग का बनाया जिसमें बहुत से पुराने राजाओं के आख्यान संगृहीत किए। इन्हीं आख्यानों के अंतर्गत बीच-बीच में अपभ्रंश के पद्य भी उद्धृत हैं जो बहुत पहले से चले आते थे। कुछ दोहे तो राजा भोज के चाचा मुंज के कहे हुए हैं। मुंज के दोहे अपभ्रंश या पुरानी हिंदी के बहुत ही पुराने नमूने कहे जा सकते हैं। मुंज ने जब तैलंग देश पर चढ़ाई की थी तब वहाँ के राजा तैलप ने उसे बंदी कर लिया था और रस्सियों से बाँधकर अपने यहाँ ले गया था। वहाँ उसके साथ तैलप की बहिन मृणालवती से प्रेम हो गया। इस प्रसंग के दोहे देखिए—

झाली तुट्टी किं न मुउ, किं न हुएउ छरपुंज।
हिंदइ दोरी बँधीयउ जिम मंकड़ तिम मुंज॥

(टूट पड़ी हुई आग से क्यों न मारा? क्षारपुंज क्यों न हो गया? जैसे डोरी में बँधा बंदर वैसे घूमता है मुंज।)

मुंज भणइ, मुणालवइ! जुब्बण गयुं न झूरि।
जइ सक्कर सय खंड थिय तो इस मीठी चूरि॥

(मुंज कहता है, हे मृणालवती! गए हुए यौवन को न पछता। यदि शर्करा के सौ खंड हो जायं तो भी यह चूरी हुई ऐसी ही मीठी रहेगी।)

जा मति पच्छइ संपजइ सा मति पहिली होइ।
मुंज भणइ, मुणालवइ! बिघन न बेढ़इ कोइ॥

(जो मति या बुद्धि पीछे प्राप्त होती है यदि पहले हो तो मुंज कहता है, हे मृणालवती! विघ्न किसी को न घेरे।)

बाह बिछोड़बि जिह तुहुँ हउँ तेवइँ का दोसु।
हिअयट्ठिय जइ नीसरहि, जाणउँ मुंज सरोसु॥

(बाँह छुड़ाकर तू जाता है, वैसे ही मैं भी जाती हूँ—क्या हर्ज है? हृदयस्थित अर्थात् हृदय से यदि निकले तो मैं जानूँ कि मुंज रूठा है।)

एउ जम्मु नग्गुहं गिउ, भड़सिरि खग्गु न भग्गु।
तिक्खाँ तुरियँ न माणियाँ, गोरी गली न लग्गु॥

(यह जन्म व्यर्थ गया। न सुभटों के सिर पर खड्ग टूटा, न तेज घोड़े सजाए, न गोरी या सुंदरी के गले लगा।)

फुटकल रचनाओं के अतिरिक्त वीरगाथाओं की परंपरा के प्रमाण भी अपभ्रंश मिली भाषा में मिलते हैं।

विद्याधर—इस नाम के एक कवि ने कन्नौज के किसी राठौर सम्राट (शायद जयचंद) के प्रताप और पराक्रम का वर्णन किसी ग्रंथ में किया था। ग्रंथ का पता नहीं पर कुछ पद्य 'प्राकृत पिंगल सूत्र' में मिलते हैं, जैसे—

भअ भज्जिअ बंगा भंगु कलिंगा तेलंगा रण मुत्ति चले।
मरहट्ठा धिट्ठा लग्गिअ कट्ठा सोरट्ठा भअ पाअ पले॥
चंपारण कंपा पब्बअ झंपा उत्थी उत्थी जीव हरे।
कासीसर राणा किअउ पआणा, बिज्जाहर भण मंतिवरे॥

यदि विद्याधर को समसामयिक कवि माना जाय तो उसका समय विक्रम की १३वीं शताब्दी में समझा जा सकता है।

शारङ्गधर—इनका आयुर्वेद का ग्रंथ तो प्रसिद्ध ही है। ये अच्छे कवि और सूत्रकार भी थे। इन्होंने 'शार्ङ्गधर' पद्धति के नाम से एक सुभाषित संग्रह भी बनाया है और अपना परिचय भी दिया है। रणथंभौर के सुप्रसिद्ध वीर महाराज हम्मीरदेव के प्रधान सभासदों में राघवदेव थे। उनके भोपाल, दामोदर और देवदास ये तीन पुत्र हुए। दामोदर के तीन पुत्र हुए—शार्ङ्गधर, लक्ष्मीधर और कृष्ण। हम्मीरदेव संवत् १३५७ में अलाउद्दीन की चढ़ाई में मारे गए थे। अतः शार्ङ्गधर के ग्रंथों का समय उक्त संवत् के कुछ पीछे अर्थात् विक्रम की १४वीं शताब्दी के अंतिम चरण में मानना चाहिए।

'शार्ङ्गधर पद्धति' में बहुत से शाबर मंत्र और भाषा-चित्र-काव्य दिए हैं जिनमें बीच-बीच में देशभाषा के काव्य आए हैं। उदाहरण के लिए श्रीमल्लदेव राजा की प्रशंसा में कहा हुआ यह श्लोक देखिए—

नूनं बादंल छाइ खेह पसरी निःश्राण शब्दः खरः।
शत्रुं पाड़ि लुटालि तोड़ हनिसौं एवं भणन्त्युद्भटाः॥
झूठे गर्वभरा मघालि सहसों रे कंत मेरे कहे।
कंठे पाग निवेश जाह शरणं श्रीमल्लदेवं विभुम्॥

परंपरा से प्रसिद्ध है कि शार्ङ्गधर ने हम्मीर रासो नामक एक वीरगाथा काव्य की भी भाषा में रचना की थी। यह काव्य आजकल नहीं मिलता—उसके अनुकरण पर बहुत पीछे का लिखा हुआ एक ग्रंथ 'हम्मीररासो' नाम का मिलता है। 'प्राकृत-पिंगलसूत्र' उलटते-पलटते मुझे हम्मीर की चढ़ाई, वीरता आदि के कई पद्य छंदों के उदाहरणों में मिले। मुझे पूरा निश्चय है कि ये पद्य असली 'हम्मीररासो' के ही हैं। अतः ऐसे कुछ पद्य आगे दिए जाते हैं—

ढोला मारिय ढिल्लि महँ मुच्छिउ मेच्छ सरीर।
षुर जज्जल्ला मंतिवर चलिअ बीर हम्मीर॥
चलिअ बीर हम्मीर पाअभर मेइणि कंपइ।
दिगमग णह अंधार धूलि सुररह आच्छाइहि॥
दिगमग णह अंधार आण खुरसाणुक उल्ला।
दरमरि दमसि विपक्ख मारु ढिल्ली मह ढोल्ला॥

(दिल्ली में ढोल बजाया गया, म्लेच्छों के शरीर मूर्छित हुए। आगे मंत्रिवर जज्जल को करके वीर हम्मीर चले। चरणों के भार से पृथ्वी काँपती है। दिशाओं के मार्गों और आकाश में अँधेरा हो गया है, धूल सूर्य के रथ को आच्छादित करती है। ओल में खुरासानी ले आए। विपक्षियों को दलमल कर दबाया, दिल्ली में ढोल बजाया।)

पिंधउ दिड़ सन्नाह, बाह उप्परि पक्खर दइ।
बंधु समदि रण धँसेउ साहि हम्मीर बअण लइ॥
अड्डुउ णहपह भमउँ, खग्ग रिपु सीसहि झल्लउँ।
पक्खर पक्खर ठेल्लि पेल्लि पब्बअ अप्फालउँ॥
हम्मीर कज्ज जज्जल भणइ कोहाणल मह मइ जलउँ।
सुलितान सीस करवाल दइ तज्जि कलेवर दिअ चलउँ॥

(दृढ़ सन्नाह पहने, वाहनों के ऊपर पक्खरें डालीं। बंधुबांधवों से विदा लेकर रण में धँसा हम्मीर साहि का वचन लेकर। तारों को नभपथ में फिराऊँ, तलवार शत्रु के सिर पर जड़ूँ, पाखर से पाखर ठेल पेल कर पर्वतों को हिला डालूँ। जज्जल कहता है कि हम्मीर के कार्य के लिए मैं क्रोध से जल रहा हूँ। सुलतान के सिर प. खड्ग देकर शरीर छोड़कर मैं स्वर्ग को जाऊँ।)

पअभर दरमरु धरणि तरणि रह धुल्लिअ झंपिअ।
कमठ पिट्ठ टरपरिअ, मेरु मंदर सिर कंपिअ॥
कोहे चलिअ, हम्मीर बीर गअजुह संजुत्तें।
किअउ कट्ठ, हा कंद! मुच्छि मेच्छिअ के पुत्ते॥

(चरणों के भार से पृथ्वी दलमल उठी। सूर्य का रथ धूल से ढक गया। कमठ की पीठ तड़फड़ा उठी; मेरुमंदर की चोटियां कंपित हुईं। गजयूथ के साथ वीर हम्मीर क्रुद्ध होकर चले। म्लेच्छों के पुत्र हा कष्ट! करके रो उठे और मूर्च्छित हो गए।)

अपभ्रंश की रचनाओं की परंपरा यहीं समाप्त होती है। यद्यपि पचास साठ वर्ष पीछे विद्यापति (संवत् १४६० में वर्तमान) ने बीच-बीच में देशभाषा के भी कुछ पद्य रखकर अपभ्रंश में दो छोटी-छोटी पुस्तकें लिखीं, पर उस समय तक अपभ्रंश का स्थान देशभाषा ले चुकी थीं। प्रसिद्ध भाषा तत्वविद्, सर जार्ज ग्रियर्सन जब विद्यापति के पदों का संग्रह कर रहे थे उस समय उन्हें पता लगा था कि 'कीर्तिलता' और 'कीर्तिपताका' नाम की प्रशस्ति संबंधी दो पुस्तकें भी उनकी लिखी हैं। पर उस समय इनमें से किसी का पता न चला। थोड़े दिन हुए, महामहोपाध्याय पं० हरप्रसाद शास्त्री नैपाल गए थे। वहाँ राजकीय पुस्तकालय में 'कीर्तिलता' की एक प्रति मिली जिसकी नकल उन्होंने ली।

इस पुस्तक में तिरहुत के राजा कीर्तिसिंह की वीरता, उदारता, गुणग्राहकता आदि का वर्णन, बीच में कुछ देशभाषा के पद्य रखते हुए, अपभ्रंश भाषा के दोहा, चौपाई, छप्पय, छंद, गाथा आदि छंदों से किया गया है। इस अपभ्रंश की विशेषता यह है कि यह पूरबी अपभ्रंश है। इसमें क्रियाओं आदि के बहुत से रूप पूरबी हैं। नमूने के लिये एक उदाहरण लीजिए—

रज्ज लुद्ध असलान बुद्धि बिक्कम बले हारल।
पास बइसि बिसवासि राय गयनेसर मारल॥
मारंत राय रणरोल पडु, मेइनि हा हा सद्द हुअ।
सुरराय नयर नरअर-रमणि बाम नयन पप्फुरिअ धुअ॥

दूसरी विशेषता विद्यापति के अपभ्रंश की यह है कि प्रायः देशभाषा कुछ अधिक लिए हुए है और उसमें तत्सम, संस्कृत शब्दों का वैसा बहिष्कार नहीं है। तात्पर्य यह है कि वह प्राकृत की रूढ़ियों से उतनी अधिक बँधी नहीं है। उसमें जैसे इस प्रकार का टकसाली अपभ्रंश है—

पुरिसत्तेण पुरिसउ, नहिं पुरिसउ जम्म मत्तेन।
जलदानेन हु जलओ, न हु जलओ पुंजिओ धूमो॥

वैसे ही इस प्रकार की देशभाषा या बोली भी है—

कतहुँ तुरुक बरकर। बार जाए ते बेगार धर॥
धरि आनय बाभन बरुआ। मथा चढ़ावइ गाय का चुरुआ॥
हिंदू बोले दूरहि निकार। छोटउ तुरुका भभकी मार॥

अपभ्रंश की कविताओं के जो नये पुराने नमूने अब दिए जा चुके हैं, उनसे इस बात का ठीक अनुमान हो सकता है कि काव्यभाषा प्राकृत की रूढ़ियों से कितनी बँधी हुई चलती रही। बोलचाल तक के तत्सम संस्कृत शब्दों का पूरा बहिष्कार उसमें पाया जाता है। 'उपकार', 'नगर', 'विद्या', 'वचन', ऐसे प्रचलित शब्द भी 'उअआर', 'नअर', 'बिज्जा', 'बअण' बनाकर ही रखे जाते थे। 'जासु', 'तासु', ऐसे रूप बोलचाल से उठ जाने पर भी पोथियों में बराबर चलते रहे। विशेषण विशेष्य के बीच विभक्तियों का समानाधिकरण अपभ्रंश काल में कृदंत विशेषणों से बहुत कुछ उठ चुका था, पर प्राकृत की परंपरा के अनुसार अपभ्रंश की कविताओं में कृदंत विशेषणों में मिलता है—जैसे 'जुब्बण गयुं न झूरि'—गए को यौवन को न झूर—गए यौवन को न पछता। जब ऐसे उदाहरणों के साथ हम ऐसे उदाहरण भी पाते हैं जिनमें विभक्तियों का ऐसा समानाधिकरण नहीं है तब यह निश्चय हो जाता है कि उसका सन्निवेश पुरानी परंपरा का पालन मात्र है। इस पंरपरापालन का निश्चय शब्दों की परीक्षा से अच्छी तरह हो जाता है। जब हम अपभ्रंश के शब्दों में 'मिट्ठ' और 'मीठी' दोनों रूपों का प्रयोग पाते हैं तब उस काल में 'मीठी' शब्द के प्रचलित होने में क्यों संदेह हो सकता है?

ध्यान देने पर यह बात भी लक्षित होगी कि ज्यों-ज्यों काव्यभाषा देशभाषा की ओर अधिक प्रवृत होती गई त्यों-त्यों तत्सम संस्कृत रखने में संकोच भी घटता गया। शार्ङ्गधर के पद्यों और कीर्तिलता में इसका प्रमाण मिलता है।

वीरगाथा काल

(सं० १०५०-१३७५)

प्रकरण ३

देशभाषा काव्य

पहले कहा जा चुका है कि प्राकृत की रूढ़ियों से बहुत कुछ मुक्त भाषा के जो पुराने काव्य—जैसे बीसलदेवरासो, पृथ्वीराजरासो—आजकल मिलते हैं वे संदिग्ध हैं। इसी संदिग्ध सामग्री को लेकर थोड़ा बहुत विचार हो सकता है, उसी पर हमें संतोष करना पड़ता है।

इतना अनुमान तो किया ही जा सकता है कि प्राकृत पढ़े पंडित ही उस समय कविता नहीं करते थे। जनसाधारण की बोली में गीत, दोहे आदि प्रचलित चले आते रहे होंगे जिन्हें पंडित लोग गँवारू समझते रहे होंगे। ऐसी कविताएँ राजसभाओं तक भी पहुँच जाती रही होंगी। 'राजा भोज जस मूसरचंद' कहनेवालों के सिवा देशभाषा में सुंदर भावभरी कविता करनेवाले भी अवश्य ही रहे होंगे। राजसभाओं में सुनाए जानेवाले नीति, शृंगार आदि विषय प्राय: दोहों में कहे जाते थे और वीररस के पद्य छप्पय में। राजाश्रित कवि अपने राजाओं के शौर्य, पराक्रम और प्रताप का वर्णन अनूठी उक्तियों के साथ किया करते थे और अपनी वीरोल्लासभरी कविताओं से वीरों को उत्साहित किया करते थे। ऐसे राजाश्रित कवियों की रचनाओं के रक्षित रहने का अधिक सुबीता था। वे राजकीय पुस्तकालयों में भी रक्षित रहती थीं और भट्ट, चारण जीविका के विचार से उन्हें अपने उत्तराधिकारियों के पास भी छोड़ जाते थे। उत्तरोत्तर भट्टचारणों की परंपरा में चलते रहने से उनमें फेरफार भी बहुत कुछ होता रहा। इसी रक्षित परंपरा की सामग्री हमारे हिंदी साहित्य के प्रारंभिक काल में मिलती है। इसी से यह काल 'वीरगाथाकाल' कहा गया।

भारत के इतिहास में यह वह समय था कि मुसलमानों के हमले उत्तर पश्चिम की ओर से लगातार होते रहते थे। इनके धक्के अधिकतर भारत के पश्चिमी प्रांत के निवासियों को सहने पड़ते थे जहाँ हिंदुओं के बड़े-बड़े राज्य प्रतिष्ठित थे। गुप्त साम्राज्य के ध्वस्त होने पर हर्षवर्धन (मृत्यु संवत् ७०४) के उपरान्त भारत का पश्चिमी भाग ही भारतीय सभ्यता और बलवैभव का केन्द्र हो रहा था। कन्नौज, अजमेर, अन्हलवाड़ा आदि बड़ी-बड़ी राजधानियाँ उधर ही प्रतिष्ठित थीं। उधर की भाषा ही शिष्ट भाषा मानी जाती थी और कवि चारण आदि उसी भाषा में रचना करते थे। प्रारंभिक काल का जो साहित्य हमें उपलब्ध है उसका आविर्भाव उसी भूभाग में हुआ। अत: यह स्वाभाविक है कि उसी भूभाग की जनता की चित्तवृत्ति की छाप उस साहित्य पर हो। हर्षवर्धन के उपरांत ही साम्राज्यभावना देश से अंतर्हित हो गई थी और खंड-खंड होकर जो गहरवार, चौहान, चंदेल और परिहार आदि राजपूत राज्य पश्चिम की ओर प्रतिष्ठित थे, वे अपने प्रभाव की वृद्धि के लिये परस्पर लड़ा करते थे। लड़ाई किसी आवश्यकतावश नहीं होती थी, कभी-कभी तो शौर्य प्रदर्शन मात्र के लिये यों ही मोल ली जाती थी। बीच-बीच में मुसलमानों के भी हमले होते रहते थे। सारांश

यह कि जिस समय से हमारे हिंदी साहित्य का अभ्युदय होता है, वह लड़ाई भिड़ाई का समय था, वीरता के गौरव का समय था। और सब बातें पीछे पड़ गई थीं।

महमूद गजनवी (मृत्यु संवत् १०८७) के लौटने के पीछे गजनवी सुल्तानों का एक हाकिम लाहौर में रहा करता था और वहाँ से लूटमार के लिये देश के भिन्न-भिन्न भागों पर, विशेषतः राजपूताने पर चढ़ाइयाँ हुआ करती थीं। इन चढ़ाइयों का वर्णन फारसी तवारीखों में नहीं मिलता, पर कहीं-कहीं संस्कृत ऐतिहासिक काव्यों में मिलता है। सांभर (अजमेर) का चौहान राजा दुर्लभराज द्वितीय मुसलमानों के साथ युद्ध करने में मारा गया था। अजमेर बसाने वाले अजयदेव ने मुसलमानों को परास्त किया था। अजयदेव के पुत्र अर्णोराज (आना) के समय में मुसलमानों की सेना फिर पुष्कर की घाटी लाँघकर उस स्थान पर जा पहुँची जहाँ अब आनासागर है। अर्णोराज ने उस सेना का संहार कर बड़ी भारी विजय प्राप्त की। वहाँ म्लेच्छ मुसलमानों का रक्त गिरा था, इससे उस स्थान को अपवित्र मानकर वहाँ अर्णोराज ने एक बड़ा तालाब बनवा दिया जो 'आनासागर' कहलाया।

आना के पुत्र बीसलदेव (विग्रहराज चतुर्थ) के समय में वर्तमान किशनगढ़ राज्य तक मुसलमानों की सेना चढ़ आई जिसे परास्त कर बीसलदेव आर्यावर्त से मुसलमानों को निकालने के लिये उत्तर की ओर बढ़ा। उसने दिल्ली और झाँसी के प्रदेश अपने राज्य में मिलाए और आर्यावर्त के एक बड़े भूभाग से मुसलमानों को निकाल दिया। इस बात का उल्लेख दिल्ली में अशोक लेखवाले शिवालिक स्तंभ पर खुदे हुए बीसलदेव के वि० सं० १२२० के लेख से पाया जाता है। शहाबुद्दीन गोरी की पृथ्वीराज पर पहली चढ़ाई (सं० १२४७) के पहले भी गोरियों की सेना ने नाड़ौल पर धावा किया था, पर उसे हारकर लौटना पड़ा था। इसी प्रकार महाराज पृथ्वीराज के मारे जाने और दिल्ली तथा अजमेर पर मुसलमानों का अधिकार हो जाने के पीछे भी बहुत दिनों तक राजपूताने आदि में कई स्वतंत्र हिंदू राजा थे जो बराबर मुसलमानों से लड़ते रहे। इसमें सबसे प्रसिद्ध रणथंभौर के महाराज हम्मीरदेव हुए हैं जो महाराज पृथ्वीराज चौहान की वंशपरंपरा में थे। वे मुसलमानों से निरंतर लड़ते रहे और उन्होंने उन्हें कई बार हराया था। सारांश यह कि पठानों के शासनकाल तक हिंदू बराबर स्वतंत्रता के लिये लड़ते रहे।

राजा भोज की सभा में खड़े होकर राजा की दानशीलता का लंबा-चौड़ा वर्णन करके लाखों रुपये पानेवाले कवियों का समय बीत चुका था। राजदरबारों में शास्त्रार्थों की वह धूम नहीं रह गई थी। पांडित्य के चमत्कार पर पुरस्कार का विधान भी ढीला पड़ गया था। उस समय तो जो भाट या चारण किसी राजा के पराक्रम, विजय, शत्रुकन्या-हरण आदि का अत्युक्तिपूर्ण अलाप करता या रणक्षेत्रों में जाकर वीरों के हृदय में उत्साह की उमंगें भरा करता था, वही सम्मान पाता था।

इस दशा में काव्य या साहित्य के और भिन्न-भिन्न अंगों की पूर्ति और समृद्धि का सामुदायिक प्रयत्न कठिन था। उस समय तो केवल वीरगाथाओं की उन्नति संभव थी। इस वीरगाथा को हम दोनों रूपों में पाते हैं—मुक्तक के रूप में भी और प्रबंध के रूप में भी। फुटकल रचनाओं का विचार छोड़कर यहाँ वीरगाथात्मक प्रबंधकाव्यों का ही उल्लेख किया जाता है। जैसे, योरप में वीरगाथाओं का प्रसंग 'युद्ध और प्रेम' रहा, वैसे ही यहाँ भी था। किसी राजा की कन्या के रूप का संवाद पाकर दलबल के साथ चढ़ाई करना और प्रतिपक्षियों को पराजित कर उस कन्या को हरकर लाना वीरों के गौरव और अभिमान का काम माना जाता था। इस प्रकार इन काव्यों में शृंगार का भी थोड़ा मिश्रण रहता था, पर गौण रूप में; प्रधान रस

वीर ही रहता था। श्रृंगार केवल सहायक के रूप में रहता था। जहाँ राजनीतिक कारणों से भी युद्ध होता था, वहाँ भी उन कारणों का उल्लेख न कर कोई रूपवती स्त्री ही कारण कल्पित करके रचना की जाती थी। जैसे, शहाबुद्दीन के यहाँ से एक रूपवती स्त्री का पृथ्वीराज के यहाँ आना ही लड़ाई की जड़ लिखी गई है। हम्मीर पर अलाउद्दीन की चढ़ाई का भी ऐसा ही कारण कल्पित किया गया है। इस प्रकार इन काव्यों में प्रथानुकूल कल्पित घटनाओं की बहुत अधिक योजना रहती थी।

ये वीरगाथाएँ दो रूपों में मिलती हैं—प्रबंधकाव्य के साहित्यिक रूप में और वीरगीतों (बैलाड्स) के रूप में। साहित्यिक प्रबंध के रूप में जो प्राचीन ग्रंथ उपलब्ध है, वह है 'पृथ्वीराज रासो'। वीरगीत के रूप में हमें सबसे पुरानी पुस्तक 'बीसलदेवरासो' मिलती है, यद्यपि उसमें समयानुसार भाषा के परिवर्तन का आभास मिलता है। जो रचना कई सौ वर्षों से लोगों में बराबर गाई जाती रही हो, उसकी भाषा अपने मूल रूप में नहीं रह सकती। इसका प्रत्यक्ष उदाहरण 'आल्हा' है जिसके गानेवाले प्रायः समस्त उत्तरीय भारत में पाए जाते हैं।

यहाँ पर वीर काल के उन ग्रंथों का उल्लेख किया जाता है, जिसकी या तो प्रतियाँ मिलती हैं या कहीं उल्लेख मात्र पाया जाता है। ये ग्रंथ 'रासो' कहलाते हैं। कुछ लोग इस शब्द का संबंध 'रहस्य' से बतलाते हैं। पर 'बीसलदेव रासो' में काव्य के अर्थ में 'रसायण' शब्द बारबार आया है। अतः हमारी समझ में इसी 'रसायण' शब्द से होते-होते 'रासो' हो गया है।

(१) खुमानरासो—संवत् ८१० और १००० के बीच में चित्तौड़ के रावल खुमान नाम के तीन राजा हुए हैं। कर्नल टाड ने इनको एक मानकर इनके युद्धों का विस्तार से वर्णन किया है। उनके वर्णन का सारांश यह है कि कालभोज (बाप्पा) के पीछे खुम्माण गद्दी पर बैठा, जिसका नाम मेवाड़ के इतिहास में प्रसिद्ध है और जिसके समय में बगदाद के खलीफा आलमामूँ ने चित्तौड़ पर चढ़ाई की। खुम्माण की सहायता के लिये बहुत से राजा आए और चित्तौड़ की रक्षा हो गई। खुम्माण ने २४ युद्ध किये और वि० सं० ८६९ से ८९३ तक राज्य किया। यह समस्त वर्णन 'दलपतविजय' नामक किसी कवि के रचित खुमानरासो के आधार पर लिखा गया जान पड़ता है। पर इस समय खुमानरासो की जो प्रति प्राप्त है, वह अपूर्ण है और उसमें महाराणा प्रताप सिंह तक का वर्णन हैं। कालभोज (बाप्पा) से लेकर तीसरे खुमान तक की वंश परंपरा इस प्रकार है—कालभोज (बाप्पा), खुम्माण, मत्तट, भर्तृपट्ट, सिंह, खुम्माण (दूसरा), महायक, खुम्माण (तीसरा)। कालभोज का समय वि०सं० ७९१ से ८१० तक है और तीसरे खुम्माण के उत्तराधिकारी भर्तृपट्ट (दूसरे) के समय के दो शिलालेख वि०सं० ९९९ और १००० के मिले हैं। अतएव इन १९० वर्षों का औसत लगाने पर तीनों खुम्माणों का समय अनुमानतः इस प्रकार ठहराया जा सकता है—

खुम्मांण (पहला)—वि०सं० ८१०—८६५
खुम्माण (दूसरा)—वि०सं० ८७०—९००
खुम्माण (तीसरा)—वि०सं० ९६५--९९०

अब्बासिया वंश का अलमामूँ वि०सं० ८७० से ८९० तक खलीफा रहा। इस समय के पूर्व खलीफों के सेनापतियों ने सिंध देश की विजय कर ली थी और उधर से राजपूताने पर मुसलमानों की चढ़ाइयाँ होने लगी थीं। अतएव यदि किसी खुम्माण से अलमामूँ की सेना से लड़ाई हुई होगी तो उसी के नाम पर 'खुमानरासो' की रचना हुई होगी। यह नहीं कहा जा

सकता कि इस समय जो खुमानरासो मिलता है, उसमें कितना अंश पुराना है। उसमें महाराणाप्रताप सिंह तक का वर्णन मिलने से यह निश्चित रूप से कहा जा सकता है कि जिस रूप में यह ग्रंथ अब मिलता है वह उसे वि० संवत् की सत्रहवीं शताब्दी में प्राप्त हुआ होगा। शिवसिंहसरोज के कथनानुसार एक अज्ञात नामाभाट ने खुमानरासो नामक काव्य ग्रंथ लिखा था जिसमें श्रीरामचंद्र से लेकर खुमान तक के युद्धों का वर्णन था। यह नहीं कहा जा सकता कि दलपतविजय असली खुमानरासो का रचयिता था अथवा उसके पिछले परिशिष्ट का।

(२) बीसलदेवरासो—नरपति नाल्ह कवि विग्रहराज चतुर्थ उपनाम बीसलदेव का समकालीन था। कदाचित यह राजकवि था। इसने 'बीसलदेवरासो' नामक एक छोटा सा (१०० पृष्ठों का) ग्रंथ लिखा है जो वीरगीत के रूप में है। ग्रंथ में निर्माणकाल यों दिया है—

बारह सै बहोत्तरा मझारि। जैठबदी नवमी बुधवारि।
नाल्ह रसायण आरंभइ। सारदा तूठी ब्रह्मकुमारि।

'बारह से बहोत्तर' का स्पष्ट अर्थ १२१२ है। 'बहोत्तर' शब्द, 'बरहोत्तर' 'द्वादशोत्तर' का रूपांतर है। अत: 'बारह सै. बहोत्तरां' का अर्थ 'द्वादशोत्तर' बारह सै अर्थात् १२१२ होगा। गणना करने पर विक्रम सं० १२१२ में ज्येष्ठ बदी नवमी को बुधवार ही पड़ता है। कवि ने अपने रासो में सर्वत्र वर्तमान काल का ही प्रयोग किया है जिससे वह बीसलदेव का समकालीन जान पड़ता है। विग्रहराज चतुर्थ (बीसलदेव) का समय भी १२२० के आसपास है। उसके शिलालेख भी संवत् १२१० और १२२० के प्राप्त हैं। बीसलदेवरासो में चार खंड हैं। यह काव्य लगभग २००० चरणों में समाप्त हुआ है। इसकी कथा का सार यों है—

खंड १—मालवा के भोज परमार की पुत्री राजमती से सांभर के बीसलदेव का विवाह होना।

खंड २—बीसलदेव का राजमती से रूठकर उड़ीसा की ओर प्रस्थान करना तथा वहाँ एक वर्ष रहना।

खंड ३—राजमती का विरह वर्णन तथा बीसलदेव का उड़ीसा से लौटना।

खंड ४—भोज का अपनी पुत्री को अपने घर लिवा ले जाना तथा बीसलदेव का वहाँ जाकर राजमती को फिर चित्तौड़ लाना।

दिए हुए संवत् के विचार से कवि अपने नायक का समसामयिक जान पड़ता है। पर वर्णित घटनाएँ, विचार करने पर, बीसलदेव के बहुत पीछे की लिखी जान पड़ती हैं, जब कि उनके संबंध में कल्पना की गुंजाइश हुई होगी। यह घटनात्मक काव्य नहीं है, वर्णनात्मक है। इसमें दो ही घटनाएँ हैं—बीसलदेव का विवाह—और उनका उड़ीसा जाना। इनमें से पहली बात तो कल्पनाप्रसूत प्रतीत होती है। बीसलदेव से सौ वर्ष पहले ही धार के प्रसिद्ध परमार राजा भोज का देहांत हो चुका था। अत: उनकी कन्या के साथ बीसलदेव का विवाह किसी पीछे के कवि की कल्पना ही प्रतीत होती है। उस समय मालवा में भोज नाम का कोई राजा नहीं था। बीसलदेव की एक परमार वंश की रानी थी, यह बात परंपरा से अवश्य प्रसिद्ध चली आती थी, क्योंकि इसका उल्लेख पृथ्वीराजरासो में भी है। इसी बात को लेकर पुस्तक में भोज का नाम रखा हुआ जान पड़ता है। अथवा यह हो सकता है कि धार के परमारों की उपाधि ही भोज रही हो और उस आधार पर इन्हीं में से किसी की कन्या के साथ बीसलदेव का विवाह हुआ हो। परमार कन्या के संबंध में कई स्थानों पर जो वाक्य आये हैं, उन पर ध्यान देने से यह सिद्धांत पुष्ट होता है कि राजा भोज का नाम कहीं पीछे से न मिलाया गया

हो; जैसे—'जननी गोरी तू जेसलमेर', 'गोरड़ी जेसलमेर की'। आबू के परमार भी राजपूताने में फैले हुए थे। अतः राजमती का उनमें से किसी सरदार की कन्या होना भी संभव है। पर भोज के अतिरिक्त और भी नाम इसी प्रकार जोड़े हुए मिलते हैं; जैसे—'माघ अचारज, कवि कालिदास'।

जैसा पहले कह आये हैं, अजमेर के चौहान राजा बीसलदेव (विग्रहराज चतुर्थ) बड़े वीर और प्रतापी थे और उन्होंने मुसलमानों के विरुद्ध कई चढ़ाइयां की थीं और कई प्रदेशों को मुसलमानों में खाली कराया था। दिल्ली और हांसी के प्रदेश इन्हीं ने अपने राज्य में मिलाए थे। इनके वीर चरित्र का बहुत कुछ वर्णन इनके राजकवि सोमदेव रचित 'ललित विग्रहराज नाटक' (संस्कृत) में है जिसका कुछ अंश बड़ी-बड़ी शिलाओं पर खुदा हुआ मिला है और राजपूताना म्यूजियम में सुरक्षित है। पर 'नाल्ह' के इस बीसलदेवरासो में, जैसा कि होना चाहिए था, न तो उक्त वीर राजा की ऐतिहासिक चढ़ाइयों का वर्णन है न उसके शौर्य पराक्रम का। शृंगाररस की दृष्टि से विवाह और रूठकर विदेश जाने का (प्रोषितपतिका के वर्णन के लिए) मनमाना वर्णन है। अतः इस छोटी सी पुस्तक को बीसलदेव ऐसे वीर का 'रासो' कहना खटकता है। पर जब हम देखते हैं कि यह कोई काव्य ग्रंथ नहीं है केवल गाने के लिए इसे रचा गया था, तो बहुत कुछ समाधान हो जाता है।

भाषा की परीक्षा करके देखते हैं तो वह साहित्यिक नहीं है, राजस्थानी है। जैसे, सूकइ छै (=सूखता है), पाटण थीं (=पाटन से), भोज तणा (=भोज का), (खंड खंडरा (=खंड खंड का) इस ग्रंथ से एक बात का आभास अवश्य मिलता है। वह यह कि शिष्ट काव्य भाषा में ब्रज और खड़ी बोली के प्राचीन रूप का ही राजस्थान में भी व्यवहार होता था। साहित्य की सामान्य भाषा 'हिंदी' ही थी जो पिंगल भाषा कहलाती थी। बीसलदेवरासो में बीच-बीच में बराबर इस साहित्यिक भाषा (हिंदी) को मिलाने का प्रयत्न दिखाई पड़ता है। भाषा की प्राचीनता पर विचार करने के पहले यह बात ध्यान में रखनी चाहिए कि गाने के चीज होने के कारण इसकी भाषा में समयानुसार बहुत कुछ फेरफार होता आया है। पर लिखित रूप में रक्षित होने के कारण इसका पुराना ढाँचा बहुत कुछ बचा हुआ है। उदाहरण के लिये—मेलवि=मिलाकर, जोड़कर; चितह=चित्त में; रणि=रण में; प्रापिजइ= प्राप्त हो या किया जाय; ईणी विधि = इस विधि; इसउ = ऐसा; बाल हो = बाला का; इसी प्रकार 'नयर' (नगर) 'पसाउ' (प्रसाद); 'पयोधर' आदि प्राकृत शब्द भी हैं जिनका प्रयोग कत्रिता में अपभ्रंशकाल से लेकर पीछे तक होता रहा।

इसमें आये हुए कुछ फारसी, अरबी, तुरकी शब्दों की ओर भी ध्यान जाता है। जैसे महल, इनाम, नेजाताजनों (ताजियाना) आदि। जैसा कहा जा चुका है, पुस्तक की भाषा में फेरफार अवश्य हुआ है; अतः ये शब्द पीछे से मिले हुए भर हो सकते हैं और कवि द्वारा व्यवहृत भी। कवि के समय से पहले ही पंजाब में मुसलमानों का प्रवेश हो गया था और वे इधर-उधर जीविका के लिये फैलने लगे थे। अतः ऐसे साधारण शब्दों का प्रचार कोई आश्चर्य की बात नहीं। बीसलदेव के सरदारों में ताजुद्दीन मियाँ भी मौजूद हैं—

मंहल पलाण्यो ताँजदीन। खुरसाणा चढ़ि चाल्यो गोंड॥

उपर्युक्त विवेचनों के अनुसार यह पुस्तक न तो वस्तु के विचार से और न भाषा के विचार से अपने असली और मूलरूप में कही जा सकती है। रायबहादुर पंडित गौरीशंकर हीराचंद ओझा ने इसे हम्मीर के समय की रचना कहा है। (राजपूताने का इतिहास, भूमिका, पृष्ठ १९)।

यह नरपति नाल्ह की पोथी का विकृत रूप अवश्य है जिसके आधार पर हम भाषा और साहित्य संबंधी कई तथ्यों पर पहुँचते हैं। ध्यान देने की पहली बात है, राजपूताने के एक भाट का अपनी राजस्थानी में हिंदी का मेल करना जैसे, 'माती का आखा किया।' 'चंदन काठ का माँड़वो'। 'सोना की चोरी' 'मोती की माल' इत्यादि। इससे यह सिद्ध हो जाता है कि प्रादेशिक बोलियों के साथ-साथ ब्रज या मध्य देश की भाषा का आश्रय लेकर एक सामान्य साहित्यिक भाषा भी स्वीकृत हो चुकी थी, जो चारणों में पिंगल भाषा के नाम से पुकारी जाती थी। अपभ्रंश के योग से शुद्ध राजस्थानी भाषा का जो साहित्यिक रूप था वह 'डिंगल' कहलाता था। हिंदी साहित्य के इतिहास में केवल पिंगल भाषा में लिखे हुए ग्रंथों का ही विचार कर सकते हैं। दूसरी बात, जो कि साहित्य से संबंध रखती है, वीर और शृंगार का मेल है। इस ग्रंथ में शृंगार की ही प्रधानता है, वीररस किंचित आभास मात्र है। संयोग और वियोग के गीत ही कवि ने गाए हैं।

'बीसलदेव रासो के कुछ पद्य देखिये—

परणब[१] चाल्यो बीसलराय। चउरास्या[२] सहु[३] लिया बोलाइ।
जान तणी[४] साजति करउ। जीरह रँगावली पहरज्यो टोप॥
हुअउ पइसारउ बीसलराव। आवी सयल[५] अँतेवरी[६] राव॥
रूप अपूरब पेषियइ। इसी अस्त्री नहिं सयल संसार।
अति रंग स्वामी सूँ मिली राति। बेटी राजा भोज की॥
गरब करि ऊभों[७] छइ साँभरयो राव। मो सरीखा नहिं ऊर भूवाल॥
म्हाँ घरि[८] साँभर उग्गहइ। चिहुँ दिसि थाण जैसलमेर॥
"गरबि न बोलो हो सांभरयो राव। तो सरीखा घणा और भुवाल॥
एक उड़ीसा को धणी। बचन हमारइ तू मानि जु मानि॥
ज्यूँ थारइ[१०] साँभर उग्गहइ। राजा उणि घरि उग्गहइ हीराखान।
कुँवरि कहइ "सुणि, साँभरया राव। काई[११] स्वामी तु उल्लगई[१२] जाइ?
कहेउ हमारउ जइ सुणउ। थारइ छइ[१३] साठि अँतेवरि नारि"॥
"कड़वा बोल न बोलिस नारि। तूमो मेल्हसी[१४] चित्त बिसारि"
जीभ न जीभ विगोयनो[१५] । दव का दाधा कुपली मेल्हइ"[१६]॥
जीभ का दाधा नु पाँगुरइ[१७]। नाल्ह कहइ सुणीजइ सब कोइ॥
आव्यो राजा मास बसंत। गढ़ माहीं गूड़ी उछली[१८]॥
जइ धन मिलती अंग सँभार। मान भंग हो तो बाल हो[१९]॥
ईणी परिरहता राज दुवारि[२०]।

---

१. ब्याहने। २. सामंतों को। ३. सब। ४. यान की, बारात की। ५. सब। ६. अंतःपुर। ७. खड़ा है। ८. घर में। ९. स्वामी, राजा। १०. तुम्हारे (यहाँ)। ११. क्यों। १२. परदेश में। १३. तेरे हैं। १४. भुला डाला। १५. बात से बात नहीं छिपाई जा सकती। १६. आग का जला कोपल छोड़ दे तो छोड़ दे। १७. जीभ का जला नहीं पनपता। १८. आकाशदीप जलाए गए। १९. यदि वह धन्या या स्त्री अंग संभाल कर (तुरंत) मिलती तो उस बाला का मान भंग होता। २०. (और) इसे परिरंभता (आलिंगनकरता) राजा द्वार पर ही।

चंद बरदाई (संवत् १२२५-१२४९)—ये हिंदी के प्रथम महाकवि माने जाते हैं और इनका पृथ्वीराजरासो हिंदी का प्रथम महाकाव्य है। चंद दिल्ली के अंतिम हिंदू सम्राट्, महाराज पृथ्वीराज के सामंत और राजकवि प्रसिद्ध हैं। इससे इनके नाम में भावुक हिंदुओं के लिए एक विशेष प्रकार का आकर्षण है। रासो के अनुसार ये भट्ट जाति के जगात नामक गोत्र के थे। इनके पूर्वजों की भूमि पंजाब थी जहाँ लाहौर में इनका जन्म हुआ था। इनका और महाराज पृथ्वीराज का जन्म एक ही दिन हुआ था और दोनों ने एक ही दिन यह संसार भी छोड़ा था। ये महाराज पृथ्वीराज के राजकवि ही नहीं, उनके सखा और सामंत भी थे; तथा षड्भाषा, व्याकरण, काव्य, साहित्य, छंद:शास्त्र, ज्योतिष, पुराण, नाटक आदि अनेक विद्याओं में पारंगत थे। इन्हें जालंधरी देवी का इष्ट था जिसकी कृपा से ये अदृष्ट काव्य भी कर सकते थे। इनका जीवन पृथ्वीराज के जीवन के साथ ऐसा मिला जुला था कि अलग नहीं किया जा सकता। युद्ध में, आखेट में, सभा में, यात्रा में, सदा महाराज के साथ रहते थे और जहाँ जो बातें होती थीं, सब में सम्मिलित रहते थे।

पृथ्वीराजरासो ढाई हजार पृष्ठों का बहुत बड़ा ग्रंथ है जिसमें ६९ समय (सर्ग या अध्याय) हैं। प्राचीन समय में प्रचलित प्राय: सभी छंदों का व्यवहार हुआ है। मुख्य छंद हैं—कवित्त (छप्पय), दूहा, तोमर, त्रोटक, गाहा और आर्या। जैसे कादंबरी के संबंध में प्रसिद्ध है कि उसका पिछला भाग बाण के पुत्र ने पूरा किया है वैसे ही रासो के पिछले भाग का भी चंद के पुत्र जल्हण द्वारा पूर्ण किया जाना कहा जाता है। रासो के अनुसार जब शहाबुद्दीन गोरी पृथ्वीराज को कैद करके गजनी ले गया तब कुछ दिनों पीछे चंद भी वहीं गए। जाते समय कवि ने अपने पुत्र जल्हण के हाथ में रासो की पुस्तक देकर उसे पूर्ण करने का संकेत किया। जल्हण के हाथ में रासो को सौंपे जाने और उसके पूरे किए जाने का उल्लेख रासो में है—

पुस्तक जल्हन हत्थ दै चलि गज्जन नृपकाज।

रघुनाथ चरित हनुमंतकृत भूप भोज उद्धरिय जिमि।
पृथिराजसुजस कवि चंद कृत चंदनंद उद्धरिय तिमि।

पृथ्वीराजरासो में आबू के यज्ञकुंड से चार क्षत्रिय कुलों की उत्पत्ति तथा चौहानों के अजमेर में राजस्थान से लेकर पृथ्वीराज के पकड़े जाने तक का सविस्तार वर्णन है। इस ग्रंथ के अनुसार पृथ्वीराज अजमेर के चौहान राजा सोमेश्वर के पुत्र और अर्णोराज के पौत्र थे। सोमेश्वर का विवाह दिल्ली के तुंवर (तोमर) राजा अनंगपाल की कन्या से हुआ। अनंगपाल की दो कन्याएँ थीं—सुंदरी और कमला। सुंदरी का विवाह कन्नौज के राजा विजयपाल के साथ हुआ और इस संयोग से जयचंद राठौर की उत्पत्ति हुई। दूसरी कन्या कमला का विवाह अजमेर के चौहान सोमेश्वर के साथ हुआ जिनके पुत्र पृथ्वीराज हुए। अनंगपाल ने अपने नाती पृथ्वीराज को गोद लिया जिससे अजमेर और दिल्ली का राज एक हो गया। जयचंद को यह बात अच्छी न लगी। उसने एक दिन राजसूय यज्ञ करके सब राजाओं को यज्ञ के भिन्न-भिन्न कार्य करने के लिये निमंत्रित किया और इस यज्ञ के साथ ही अपनी कन्या संयोगिता का स्वयंवर रचा। राजसूय यज्ञ में सब राजा आए पर पृथ्वीराज नहीं आए। इस पर जयचंद ने चिढ़कर पृथ्वीराज की एक स्वर्णमूर्ति द्वारपाल के रूप में द्वार पर रखवा दी।

संयोगिता का अनुराग पहले से ही पृथ्वीराज पर था अत: जब वह जयमाल लेकर रंगभूमि में आई तब उसे पृथ्वीराज की मूर्ति को ही माला पहना दी। इस पर जयचंद ने उसे

घर से निकालकर गंगा किनारे के महल में भेज दिया। इधर पृथ्वीराज के सामंतों ने आकर यज्ञ विध्वंस किया। फिर पृथ्वीराज ने चुपचाप आकर संयोगिता से गांधर्व विवाह किया और अंत में वे उसे हर ले गए। रास्ते में जयचंद की सेना से बहुत युद्ध हुआ, पर संयोगिता को लेकर पृथ्वीराज कुशलतापूर्वक दिल्ली पहुँच गए। वहाँ भोगविलास में ही उनका समय बीतने लगा, राज्य की रक्षा का ध्यान न रह गया।

बल का बहुत कुछ ह्रास तो जयचंद तथा और राजाओं के साथ लड़ते-लड़ते हो चुका था और बड़े-बड़े सामंत मारे जा चुके थे। अच्छा अवसर देख शहाबुद्दीन चढ़ आया, पर हार गया और पकड़ा गया। पृथ्वीराज ने उसे छोड़ दिया। वह बार-बार चढ़ाई करता रहा और अंत में पृथ्वीराज पकड़ कर गजनी भेज दिए गए। कुछ काल के पीछे कवि चंद भी गजनी पहुँचे। एक दिन चंद के इशारे पर पृथ्वीराज ने शब्दभेदी बाण द्वारा शहाबुद्दीन को मारा और फिर दोनों एक दूसरे को मारकर मर गए। शहाबुद्दीन पृथ्वीराज के बैर का कारण यह लिखा गया है कि शहाबुद्दीन अपने यहाँ की एक सुंदरी पर आसक्त था, जो एक दूसरे पठान सरदार हुसेनशाह को चाहती थी। जब ये दोनों शहाबुद्दीन से तंग हुए तब हारकर पृथ्वीराज के पास भाग आए। शहाबुद्दीन ने पृथ्वीराज के यहाँ कहला भेजा कि उन दोनों को अपने यहाँ से निकाल दो। पृथ्वीराज ने उत्तर दिया कि शरणागत की रक्षा करना क्षत्रियों का धर्म है, अतः इन दोनों की हम बराबर रक्षा करेंगे। इसी बैर से शहाबुद्दीन ने दिल्ली पर चढ़ाइयाँ कीं। यह तो पृथ्वीराज का मुख्य चरित्र हुआ। इसके अतिरिक्त बीच-बीच में बहुत से राजाओं के साथ पृथ्वीराज के युद्ध और अनेक राजकन्याओं के साथ विवाह की कथाएँ रासो में भरी पड़ी हैं।

ऊपर लिखे वृत्तांत और रासो में दिए हुए संवतों का ऐतिहासिक तथ्यों के साथ बिल्कुल मेल न खाने के कारण अनेक विद्वानों ने पृथ्वीराजरासो के पृथ्वीराज समसामयिक किसी कवि की रचना होने में पूरा संदेह किया है और उसे १६वीं शताब्दी में लिखा हुआ एक जालीग्रंथ ठहराया है। रासो में चंगेज, तैमूर, आदि कुछ पीछे के नाम आने से यह संदेह और भी पुष्ट होता है। प्रसिद्ध इतिहासज्ञ रायबहादुर पंडित गौरीशंकर हीराचंद ओझा रासो में वर्णित घटनाओं तथा संवतों को बिल्कुल भाटों की कल्पना मानते हैं। पृथ्वीराज की राजसभा के कश्मीरी कवि जयानक ने संस्कृत में 'पृथ्वीराजविजय' नामक एक काव्य लिखा है जो पूरा नहीं मिलता है। उसमें दिए संवत् तथा घटनाएँ ऐतिहासिक खोज के अनुसार ठीक ठहरती हैं। उसमें पृथ्वीराज की माता का नाम कर्पूरदेवी लिखा है जिसका समर्थन हांसी के शिलालेख से भी होता है। उक्त ग्रंथ अत्यंत प्रामाणिक और समसामयिक रचना है। उसके तथा 'हम्मीर महाकाव्य' आदि कई प्रामाणिक ग्रंथों के अनुसार सोमेश्वर का दिल्ली के तोमर राजा अनंगपाल की पुत्री से विवाह होना और पृथ्वीराज का अपने नाना की गोद जाना, राणा समरसिंह का पृथ्वीराज का समकालीन होना और उनके पक्ष में लड़ना, संयोगिताहरण इत्यादि बातें असंगत सिद्ध होती हैं। इस प्रकार आबू के यज्ञ से चौहान आदि चार अग्निकुलों की उत्पत्ति की कथा भी शिलालेखों की जांच करने पर कल्पित ठहरती है; क्योंकि इनमें से सोलंकी, चौहान आदि कई कुलों के प्राचीन राजाओं के शिलालेख मिले हैं जिनमें वे सूर्यवंशी, चंद्रवंशी आदि कहे गए हैं, अग्नि कुल का कहीं कोई उल्लेख नहीं है।

चंद ने पृथ्वीराज का जन्मकाल संवत् १११५ में, दिल्ली गोद जाना ११२२ में, कन्नौज जाना ११५१ में और शहाबुद्दीन के साथ युद्ध ११५८ में लिखा है। पर शिलालेखों और दानपत्रों में जो

संवत् मिलते हैं, उनके अनुसार रासो में दिए हुए संवत् ठीक नहीं है। अब दानपत्र या शिलालेख जिनमें पृथ्वीराज, जयचंद और परमर्दिदेव (महोबे के राजा परमाल) के नाम आए हैं, इस प्रकार मिले हैं—

पृथ्वीराज के ४, जिनके संवत् १२२४ और १२४४ के बीच में हैं। जयचंद के १२, जिनके संवत् १२२४ और १२४३ के बीच में हैं। परमर्दिदेव के ६, जिनके संवत् १२२३ और १२५८ के बीच में हैं। इनमें से एक संवत् १२३९ का है जिसमें पृथ्वीराज और परमर्दिदेव (राजा परमाल) के युद्ध का वर्णन है।

इन संवतों से पृथ्वीराज का जो समय निश्चित होता है उसकी सम्यक् पुष्टि फारसी तवारीखों से भी हो जाती है। फारसी इतिहासों के अनुसार शहाबुद्दीन के साथ पृथ्वीराज का प्रथम युद्ध ५८७ हिजरी (वि० सं० १२४८ ई० सन् ११९१) में हुआ। अतः इन संवतों के ठीक होने में किसी प्रकार का संदेह नहीं।

पंडित मोहनलाल विष्णुलाल पंड्या ने रासो के पक्षसमर्थन में इस बात की ओर ध्यान दिलाया कि रासो के सब संवतों में, यथार्थ संवतों से ९०-९१ वर्ष का अंतर एक नियम से पड़ता है। उन्होंने यह विचार उपस्थित किया कि अंतर भूल नहीं है, बल्कि किसी कारण से रखा गया है। इसी धारणा को लिए हुए उन्होंने रासो के इस दोहे को पकड़ा—

एकादस सै पंचदह विक्रम साक अनंद।
तिहि रिपुजय पुरहरन को भए पृथिराज नरिंद॥

और 'विक्रम साक अनंद' का अर्थ किया अ=शून्य और नंद=९ अर्थात् ९० रहित विक्रम संवत्। अब क्यों ये ९० वर्ष घटाए गए, इसका वे कोई उपयुक्त कारण नहीं बता सके। नंदवंशी शूद्र थे, इसलिये उनका राजत्वकाल राजपूत भाटों ने निकाल दिया, इस प्रकार की विलक्षण कल्पना करके वे रह गए। पर इन कल्पनाओं से किसी प्रकार समाधान नहीं होता। आज तक और कहीं प्रचलित संवत् में से कुछ काल निकालकर संवत् लिखने की प्रथा नहीं पाई गई। फिर यह भी विचारणीय है कि जिस किसी प्रचलित विक्रम संवत् में से ९०-९१ वर्ष निकालकर पृथ्वीराजरासो में संवत् दिए हैं, उसने क्या ऐसा जान बूझकर किया है अथवा धोखे से या भ्रम में पड़कर। ऊपर जो दोहा उद्धृत किया गया है, उसमें 'अनंद' के स्थान पर कुछ लोग 'अनिंद' पाठ का होना अधिक उपयुक्त मानते हैं। इसी रासो में एक दोहा यह भी मिलता है—

एकादस सै पंचदह विक्रम जिस ध्रमसुत्त।
प्रतिय साक प्रथिराज कौ लघ्यौ विप्र गुन गुत्त॥

इससे भी नौ के गुप्त करने का अर्थ निकाला गया है, पर कितने में से नौ कम करने से यह तीसरा शक बनता है, यह नहीं कहा है। दूसरी बात यह कि 'गुनगुत्त' ब्राह्मण का नाम (गुण गुप्त) प्रतीत होता है।

बात संवत् की ही नहीं है। इतिहासविरुद्ध कल्पित घटनाएँ जो भरी पड़ी हैं उनके लिए क्या कहा जा सकता है? माना कि रासो इतिहास नहीं है, काव्यग्रंथ है। पर काव्यग्रंथों में सत्य घटनाओं में बिना किसी प्रयोजन कोई उलट फेर नहीं किया जाता। जयानक का पृथ्वीराज विजय भी तो काव्यग्रंथ ही है, फिर उसमें क्यों घटनाएँ और नाम ठीक-ठीक हैं? इस संबंध में

इसके अतिरिक्त और कुछ कहने की जगह नहीं कि यह पूरा ग्रंथ वास्तव में जाली है। यह हो सकता है कि इसमें इधर-उधर कुछ पद्य चंद के भी बिखरे हों पर उनका पता लगाना असंभव है। यदि यह ग्रंथ किसी समसामयिक कवि का रचा होता और इसमें कुछ थोड़े से अंश ही पीछे से मिले होते तो कुछ घटनाएँ और कुछ संवत् तो ठीक होते।

रहा यह प्रश्न कि पृथ्वीराज की सभा में चंद नामक कोई कवि था या नहीं। पृथ्वीराजविजय के कर्ता जयानक ने पृथ्वीराज के मुख्य भाट या बंदिराज का नाम 'पृथ्वीभट्ट' लिखा है, चंद का नाम उसमें कहीं नहीं लिया है। पृथ्वीराज विजय के पाँचवें सर्ग में यह श्लोक आया है—

तनयश्चंद्रराजस्य चंद्रराज इवाभवत्।
संग्रहं यस्सुवृत्तानां सुबृत्तानामिव व्यधात्॥

इसमें यमक के द्वारा जिस चंद्रराज कवि का संकेत है यह रायबहादुर श्रीयुत् पं० गौरीशंकर हीराचंद ओझा के अनुसार 'चंद्रक' कवि हैं जिसका उल्लेख कश्मीरी कवि क्षेमेंद्र ने भी किया है। इस अवस्था में यही कहा जा सकता है कि 'चंदबरदाई' नाम का कोई कवि था तो वह या तो पृथ्वीराज की सभा में न रहा होगा या जयानक के कश्मीर लौट जाने पर आया होगा। अधिक संभव यह जान पड़ता है कि पृथ्वीराज के पुत्र गोविंदराज या उनके भाई हरिराज या इन दोनों में से किसी के वंशज के यहाँ चंद नाम का कोई भट्ट कवि रहा हो जिसने उनके पूर्वज पृथ्वीराज की वीरता आदि के वर्णन में कुछ रचना की हो। पीछे जो बहुत सा कल्पित 'भट्टभणंत' तैयार होता गया उन सबको लेकर और चंद को पृथ्वी का समसामयिक मान, उसी के नाम पर 'रासो' नाम की वह बड़ी इमारत खड़ी की गई हो।

भाषा की कसौटी पर यदि ग्रंथ को कसते हैं, तो और भी निराश होना पड़ता है क्योंकि वह बिल्कुल बेठिकाने है—उसमें व्याकरण आदि की कोई व्यवस्था नहीं है। दोहों की और कुछ-कुछ कवित्तों (छप्पयों) की भाषा तो ठिकाने की है, पर त्रोटक आदि छोटे छंदों में तो कहीं-कहीं अनुस्वारांत शब्दों की ऐसी मनमानी भरमार है जैसे कि संस्कृत प्राकृत की नकल की हो। कहीं-कहीं तो भाषा आधुनिक साँचे में ढली सी दिखाई पड़ती है, क्रियाएँ नये रूपों में मिलती हैं। पर साथ ही कहीं-कहीं भाषा अपने असली प्राचीन साहित्यिक रूप में भी पाई जाती है जिसमें प्राकृत और अपभ्रंश शब्दों के साथ-साथ शब्दों के रूपों और विभक्तियों के चिह्न पुराने ढंग के हैं। इस दशा में भाटों के इस वाग्जाल के बीच कहाँ पर कितना अंश असली है, इसका निर्णय असंभव होने के कारण यह ग्रंथ न तो भाषा के इतिहास के और न साहित्य के इतिहास के जिज्ञासुओं के काम का है।

महामहोपाध्याय पं० हरप्रसाद शास्त्री ने १९०९ से १९१३ तक राजपूताने में प्राचीन ऐतिहासिक काव्यों की खोज में तीन यात्राएँ की थीं। उनका विवरण बंगाल की एशियाटिक सोसायटी ने छापा है। उस विवरण में 'पृथ्वीराजरासो' के विषय में बहुत कुछ लिखा है और कहा गया है कि कोई-कोई तो चंद के पूर्वपुरुषों को मगध से आया हुआ बताते हैं, पर पृथ्वीराजरासो में लिखा है कि चंद का जन्म लाहौर में हुआ था। कहते हैं कि चंद पृथ्वीराज के पिता सोमेश्वर के समय में राजपूताने में आया और पहले सोमेश्वर का दरबारी और पीछे से पृथ्वीराज का मंत्री, सखा और राजकवि हुआ। पृथ्वीराज ने नागौर बसाया था और वहीं बहुत सी भूमि चंद को दी थी। शास्त्री जी का कहना है कि नागौर में अब तक चंद के वंशज

रहते हैं। इसी वंश के वर्तमान प्रतिनिधि नानूराम भाट से शास्त्री जी की भेंट हुई। उसमें उन्हें चंद का वंशवृक्ष प्राप्त हुआ जो इस प्रकार है—

- चंदबरदाई
  - गुणचंद
  - जल्लचंद
    - सीताचंद
      - वीरचंद
        - हरिचंद
          - रामचंद
            - विष्णुचंद
            - उद्धरचंद
            - रूपचंद
            - बुद्धचंद
              - खेमचंद
              - गोविंदचंद
                - जयचंद
                  - मदनचंद
                    - चौथचंद
                    - बेनीचंद
                      - गोकुलचंद
                        - कर्णचंद
                          - गुणगंगचंद
                          - मोहनचंद
                      - वसुचंद
                      - लेखचंद
                  - शिवचंद
                  - बलदेवचंद
            - देवचंद
            - सूरदास
  - +
  - +

जगन्नाथ रामेश्वर

गंगाधर

भगवान सिंह

कर्मसिंह

माथुरसिंह

वाग्गोविंदसिंह

मानसिंह

विजयसिंह

आनंदरायजी

आसोजी गुमानजी कर्णीदान जैथमलजी बीरचंदजी

घमंडीरामजी बुधजी

वृद्धिचंदजी

नानूरामजी

नानूरामजी का कहना है कि चंद के चार लड़के थे जिनमें से एक मुसलमान हो गया। दूसरे का कुछ पता नहीं, तीसरे के वंशज अंभोर में जा बसे और चौथे का वंश नागौर में चला। पृथ्वीराजरासो में चंद के लड़कों का उल्लेख इस प्रकार है—

दहति पुत्र कविचंद के सुंदर रूप सुजान।
इक जल्ह गुन बावरो गुन समुंद ससभान॥

पृथ्वीराजरासो में कवि चंद के दसों पुत्रों के नाम दिए हैं; 'सूरदास' की साहित्यलहरी की टीका में एक पद ऐसा आया है जिसमें सूर की वंशावली दी है। वह पद यह है—

प्रथम ही प्रथु यज्ञ तें भे प्रगट अद्भुत रूप।
ब्रह्मराव विचारि ब्रह्मा राखु नाम अनूप॥
पान पय देवी दियो सिव आदि सुर सुख पाय।
कह्यो दुर्गा पुत्र तेरो भयो अति अधिकाय॥
पारि पाँयन सुरन के सुर सहित अस्तुति कीन।
तासु वंस प्रसंस में भौ चंद चारु नवीन॥
भूप पृथ्वीराज दीन्हों तिन्हें ज्वाला देस॥
तनय ताके चार कीनो प्रथम आप नरेस॥
दूसरे गुनचंद ता सुत सीलचंद सरूप।
वीरचंद प्रताप पूरन भयो अद्भुत रूप॥
रणथंभौर हमीर भूपति संगत खेलत जाय।
तासु बंस अनूप भो हरिचंद अति विख्याय॥
आगरे रहि गोपचल में रह्यो ता सुत वीर।
पुत्र जनमें सात ताके महा भट गंभीर॥
कृष्णचंद उदारचंद जु रूपचंद सुभाइ।
बुद्धिचंद प्रकास चौथे चंद भे सुखदाइ॥
देवचंद प्रबोध संसृतचंद ताको नाम।
भयो सप्तो नाम सूरजचंद मंद निकाम॥

इन दोनों वंशावलियों के मिलाने पर मुख्य भेद यह प्रकट होता है कि नानूराम ने जिनको जल्लचंद की वंश परंपरा में बताया है, उक्त पद में उन्हें गुणचंद की परंपरा में कहा है। बाकी नाम प्राय: मिलते हैं।

नानूराम का कहना है कि चंद ने तीन या चार हजार श्लोक संख्या में अपना काव्य लिखा था। उसके पीछे उनके लड़के ने अंतिम दस समयों को लिख कर उस ग्रंथ को पूरा किया। पीछे से और लोग उसमें अपनी रुचि अथवा आवश्यकता के अनुसार जोड़ तोड़ करते रहे। अंत में अकबर के समय में इसने एक प्रकार से परिवर्तित रूप धारण किया। अकबर ने इस प्रसिद्ध ग्रंथ को सुना था। उसके इस प्रकार उत्साह प्रदर्शन पर कहते हैं कि उस समय रासो नामक अनेक ग्रंथों की रचना की गई। नानूराम का कहना है कि असली पृथ्वीराजरासो की प्रति मेरे पास है। पर उन्होंने महोबा समय की जो नकल महामहोपाध्याय पंडित हरप्रसाद शास्त्री को दी थी वह और भी ऊटपटांग और रद्दी है।

'पृथ्वीराजरासो' के 'पद्मावती समय' के कुछ पद्य नमूने के लिए दिए जाते हैं—

हिंदुवान थान उत्तम सुदेस। तहँ उदित द्रुग्ग दिल्ली सुदेस॥
संभरिनरेस चहुआन थान। प्रथिराज तहाँ राजंत भान॥

संभरिनरेस सोमेस पूत। देवत्त रूप अवतार धत[१]।
जिहि पकरि साह साहाब लीन। तिहुँ बेर करिय पानीपहीन॥
सिंगिनिसुसद्द गुनि चढ़ि जँजीर। चुक्कइ न सबद बेधंत तीर[२]॥

मनहु कला ससभान[३] कला सोलह सो बन्निय।
बाल बैस, ससि ता समीप अम्रित रस पिन्निय॥
विगसि कमलस्त्रिग, भमर, बेनु, खंजन मृग लुट्टिय[४]।
हीर, कीर, अरु बिंब मोति नखसिख अहिधुट्टिय[५]॥

कुट्टिल केस सुदेस पोह परिचियत पिक्क सद[६]।
कमलगंध वयसंध, हंसगति चलित मंद मद॥
सेत वस्त्र सोहै सरीर नष स्वाति बूँद जस।
भमर भवहि भुल्लहिं सुभाव मकरंद बास रस॥

प्रिय प्रिथिराज नरेस जोग लिखि कग्गर[७] दिन्नौ।
लगन बरब रचि सरव दिन्न द्वादस ससि लिन्नौ॥
सै ग्यारह अरु तीस साष संवत परमानह।
जो पित्रीकुल सुद्ध बरन, बरि रक्खहु प्रानह॥

दिक्खंत दिट्ठि उच्चरिय[८] वर इक षलक्क बिलँब न करिय।
अलगार[९] रयनि दिन पंच महि, ज्यों रुकमिनि कन्हर बरिय॥
संगह[१०] सषिय लिय सहस बाल। रुकमिनिय जेम[११] लज्जत मराल॥
पुज्जियइ गउरि संकर मनाय। दच्छिनइ अंग करि लगिय पाय॥
फिरि[१२] देषि देषि प्रिथिराज राज। हँसि मुद्ध मुद्ध चर पट्ट लाज[१३]॥

बज्जिय घोर निसान रान चौहान चहौं दिस।
सकल सूर सामंत समरि बल जंत्र मंत्र तिस॥
उट्ठि राज प्रिथिराज बाग मनो लग्ग वीर नट।

---

१. धृत; धारण किया। २. (शब्दवेधी बाण चलाने का उल्लेख) सिंगी बाजे का शब्द सुनकर या अंदाज कर डोरी चढ़ा उसका तीर उस शब्द को बेधते हुए (बेधने में) नहीं चूकता था। ३. चंद्रमा। ४. उसी के पास से मानो अमृतरस पिया। ५. अभिघटित किया। बनाया। ६. पोहे हुए अच्छे मोती दिखाई पड़ते हैं। ७. कागज। ८. चल दीजिए। ९. अलग ही अलग। दूसरी ओर से। १०. मध्ये, मधि, में। ११. जिमि, ज्यों। १२. प्रदक्षिणा। १३. हँसकर उस मोहित मुग्धा ने लज्जा से (मुँह पर का) पट चला दिया अर्थात् सरका लिया।

कढत तेग मनबेग लगत मनो बीजु झट्ट घट।
थकि रहे सूर कौतिक गगन, रँगन मगन भइ शोन धर।
हृदि[१] हरषि वीर जग्गे हुलसि हु रेउ[२] रंग नव रत्त[३] वर॥

षुरासान मुलतान खंधार मीरं। बलष स्यो[४] बलं तेग अच्चूक तीरं॥
रुहंगी फिरंगी हलब्बी सुमानी। ठटी ठट्ट भल्लोच्च ढालं निसानी॥
मंजारी चषी[५] मुक्ख जंबुक्क लारी[६]। हजारी हजारी हुँकै[७] जोध भारी॥

(४-५) भट्टकेदार, मधुकर कवि (संवत् १२२४-१२४३)—जिस प्रकार चंदबरदाई ने महाराज पृथ्वीराज को कीर्तिमान किया है उसी प्रकार भट्टकेदार ने कन्नौज के सम्राट जयचंद का गुण गया है। रासो में चंद और भट्टकेदार के संवाद का एक स्थान पर उल्लेख भी है। भट्टकेदार ने 'जयचंदप्रकाश' नाम का एक महाकाव्य लिखा था जिसमें महाराज जयचंद के प्रताप और पराक्रम का विस्तृत वर्णन था।[८] इसी प्रकार का 'जयमयंकजसचंद्रिका' नामक एक बड़ा ग्रंथ मधुकर कवि ने भी लिखा था। पर दुर्भाग्य से दोनों ग्रंथ आज उपलब्ध नहीं हैं। केवल इनका उल्लेख सिंघायच दयालदास कृत 'राठौड़ां री ख्यात' में मिलता है जो बीकानेर के राज-पुस्तक-भांडार में सुरक्षित है। इस ख्यात में लिखा है कि दयालदास ने आदि से लेकर कन्नौज तक का वृत्तांत इन्हीं दोनों ग्रंथों के आधार पर लिखा है।

इतिहासज्ञ इस बात को अच्छी तरह जानते हैं कि विक्रम की तेरहवीं शताब्दी के आरंभ में उत्तर भारत के दो प्रधान साम्राज्य थे। एक तो था गहरवारों (राठौरों) का विशाल साम्राज्य, जिसकी राजधानी कन्नौज थी और जिसके अंतर्गत प्रायः सारा मध्य देश, काशी से कन्नौज तक था। दूसरा चौहानों का, जिसकी राजधानी दिल्ली थी और जिसके अंतर्गत दिल्ली से अजमेर तक का पश्चिमी प्रांत था। कहने की आवश्यकता नहीं कि इन दोनों में गहरवारों का साम्राज्य अधिक विस्तृत, धन-धान्य-संपन्न और देश के प्रधान भाग पर था। गहरवारों की दो राजधानियाँ थीं—कन्नौज और काशी। इसी से कन्नौज के गहरवार राजा काशिराज कहलाते थे। जिस प्रकार पृथ्वीराज का प्रभाव राजपूताने के राजाओं पर था उसी प्रकार जयचंद का प्रभाव बुंदेलखंड के राजाओं पर था। कालिंजर या महोबे के चंदेल राजा परमर्दिदेव (परमाल) जयचंद के मित्र या सामंत थे जिसके कारण पृथ्वीराज ने उनपर चढ़ाई की थी। चंदेल कन्नौज के पक्ष में दिल्ली के चौहान पृथ्वीराज से बराबर लड़ते रहे।

---

१. हृदय में। २. फुरयो, स्फुरित हुआ। ३. रक्त। ४. साथ। ५. बिल्ली की सी आँख वाले। ६. मुँह गीदड़ और लोमड़ी के से। ७. हुंकार करते। ८. भट्ट भणंत पर यदि विश्वास किया जाय तो केदार महाराज, जयचंद के कवि नहीं, सुलतान शहाबुद्दीन गोरी के कविराज थे। 'शिवसिंहसरोज' में भाटों की उत्पत्ति के संबंध में यह विलक्षण कवित्त उद्धृत है—

प्रथम विधाता ते प्रगट भए बंदीजन, पुनि पृथुयज्ञ तें प्रकास सरसात है।
माने सूत सौनक न, बाँचत पुरान रहे, जस को बखाने महासुख सरसात है।
चंद चौहान के, केदार गोरी साह जू के, गंग अकबर के बखाने गुन गात है।
काव्य कैसे माँस अजनास धन भाँटन को, लूटि धरै ताको खुरा खोज मिटि जात है।

(६) जगनिक (सं० १२३०)—ऐसा प्रसिद्ध है कि कालिंजर के राजा परमार के यहाँ जगनिक नाम के एक भाट थे जिन्होंने महोबे के दो देशप्रसिद्ध वीरों—आल्हा और ऊदल (उदयसिंह)—के वीरचरित का विस्तृत वर्णन एक वीरगीतात्मक काव्य के रूप में लिखा था जो इतना सर्वप्रिय हुआ कि उसके वीरगीतों का प्रचार क्रमशः सारे उत्तरी भारत में-विशेषतः उन सब प्रदेशों में जो कन्नौज साम्राज्य के अंतर्गत थे—हो गया। जगनिक के काव्य का आज कहीं पता नहीं है पर उसके आधार पर प्रचलित गीत हिंदी भाषाभाषी प्रांतों के गाँव-गाँव में सुनाई पड़ते हैं। ये गीत 'आल्हा' के नाम से प्रसिद्ध हैं और बरसात में गाए जाते हैं। गाँवों में जाकर देखिए तो मेघगर्जन के बीच में किसी अल्हैत के ढोल के गंभीर घोष के साथ यह वीरहुंकार सुनाई देगी—

बारह बरिस लै कूकर जीऐं, औ तेरह लै जिऐं सियार।
बरिस अठारह छत्री जीऐं, आगे जीवन को धिक्कार।

इस प्रकार साहित्यिक रूप में न रहने पर भी जनता के कंठ में जगनिक के संगीत की वीरदर्पपूर्ण प्रतिध्वनि अनेक बल खाती हुई अब तक चली आ रही है। इस दीर्घ कालयात्रा में उसका बहुत कुछ कलेवर बदल गया है। देश और काल के अनुसार भाषा में ही परिवर्तन नहीं हुआ है, वस्तु में भी बहुत अधिक परिवर्तन होता आया है। बहुत से नये अस्त्रों, (जैसे, बंदूक, किरिच), देशों और जातियों (जैसे, फिरंगी) के नाम सम्मिलित हो गए हैं और बराबर हो जाते हैं। यदि यह ग्रंथ साहित्यिक प्रबंध पद्धति पर लिखा गया होता तो कहीं न कहीं राजकीय पुस्तकालयों में इसकी कोई प्रति रक्षित मिलती। पर यह गाने के लिये ही रचा गया था। इसमें पंडितों और विद्वानों के हाथ इसकी रक्षा की ओर नहीं बढ़े, जनता ही के बीच इसकी गूँज बनी रही—पर यह गूँज मात्र है, मूल शब्द नहीं। आल्हा का प्रचार यों तो सारे उत्तर भारत में है पर बैसवाड़ा इसका केंद्र माना जाता है; वहाँ इसे गानेवाले बहुत अधिक मिलते हैं। बुंदेलखंड में—विशेषतः महोबे के आसपास भी इसका चलन बहुत है।

इन गीतों के समुच्चय को सर्वसाधारण 'आल्हाखंड' कहते हैं जिससे अनुमान होता है कि आल्हा संबंधी ये वीरगीत जगनिक के रचे उस बड़े काव्य के एक खंड के अंतर्गत थे जो चंदेलों की वीरता के वर्णन में लिखा गया होगा। आल्हा और ऊदल परमाल के सामंत थे और बनाफर शाखा के क्षत्रिय थे। इन गीतों का एक संग्रह 'आल्हाखंड' के नाम से छपा है। फर्रुखाबाद के तत्कालीन कलेक्टर मि० चार्ल्स इलियट ने पहले पहल इन गीतों का संग्रह करके ६०-७० वर्ष पूर्व छपवाया था।

(७) श्रीधर—इन्होंने संवत् १४५४ में 'रणमल्ल छंद' नामक एक काव्य रचा जिसमें ईडर के राठौर राजा रणमल्ल की उस विजय का वर्णन है जो उसने पाटन के सूबेदार जफर खाँ पर प्राप्त की थी। एक पद्य नीचे दिया जाता है—

ढमढमइ ढमढमकार ढंकर ढोल ढोली जंगिया।
सुर करहि रण सरणाइ समुहिर सरस रसि समरंगिया॥
कलकलहिं काहल कोडि कल रवि कुमल कायर थरहरइ।
संचरइ शक सुरताण साहण साहसी सवि संगरइ॥

प्रकरण ४
फुटकल रचनाएँ

वीरगाथा काल के समाप्त होते-होते हमें जनता की बहुत कुछ असली बोलचाल और उसके बीच कहे सुने जानेवाली पद्यों की भाषा के बहुत कुछ असली रूप का पता चलता है। पता देनेवाले हैं दिल्ली के खुसरो मियाँ और तिरहुत के विद्यापति। इनके पहले की जो कुछ संदिग्ध सामग्री मिलती है, उसपर प्राकृत की रूढ़ियों का थोड़ा या बहुत प्रभाव अवश्य पाया जाता है। लिखित साहित्य के रूप में ठीक बोलचाल की भाषा या जनसाधारण के बीच कहे सुने जानेवाले गीत, पद्य आदि रक्षित रखने की ओर मानो किसी का ध्यान ही नहीं था। जैसे पुराना चावल ही बड़े आदमियों के खाने योग्य समझा जाता है वैसे ही अपने समय से कुछ पुरानी पड़ी हुई परंपरा के गौरव से युक्त भाषा ही पुस्तक रचनेवालों के व्यवहार योग्य समझी जाती थी। पश्चिम की बोलचाल, गीत, मुखप्रचलित पद्य आदि का नमूना जिस प्रकार हम खुसरो की कृति में पाते हैं, उसी प्रकार बहुत पूरब का नमूना विद्यापति की पदावली में। उसके पीछे फिर भक्तिकाल के कवियों ने प्रचलित देशभाषा और साहित्य के बीच पूरा-पूरा सामंजस्य घटित कर दिया।

(८) **खुसरो**—पृथ्वीराज की मृत्यु (संवत् १२४९) के ९० वर्ष पीछे खुसरो ने संवत् १३४० के आसपास रचना आरंभ की। इन्होंने गयासुद्दीन बलबन से लेकर अलाउद्दीन और कुतुबुद्दीन मुबारकशाह तक कई पठान बादशाहों का जमाना देखा था। ये फारसी के बहुत अच्छे ग्रंथकार और अपने समय के नामी कवि थे। इनकी मृत्यु संवत् १३८१ में हुई। ये बड़े ही विनोदी, मिलनसार और सहृदय थे, इसी से जनता की सब बातों में पूरा योग देना चाहते थे। जिस ढंग के दोहे, तुकबंदियाँ और पहेलियाँ आदि साधारण जनता की बोलचाल में इन्हें प्रचलित मिलीं उसी ढंग के पद्य, पहेलियाँ आदि कहने की उत्कंठा इन्हें भी हुई। इनकी पहेलियाँ और मुकरियाँ प्रसिद्ध हैं। इनमें उक्तिवैचित्र्य की प्रधानता थी, यद्यपि कुछ रसीले गीत और दोहे भी इन्होंने कहे हैं।

यहाँ इस बात की ओर ध्यान दिला देना आवश्यक प्रतीत होता है कि 'काव्यभाषा' का ढाँचा अधिकतर शौरसेनी या पुरानी ब्रजभाषा का ही बहुत काल से चला आता था। अतः जिन पश्चिमी प्रदेशों की बोलचाल खड़ी होती थी, उनमें भी जनता के बीच प्रचलित पद्यों, तुकबंदियों आदि की भाषा ब्रजभाषा की ओर झुकी हुई रहती थी। अब भी यह बात पाई जाती है। इसी से खुसरो की हिंदी रचनाओं में भी दो प्रकार की भाषा पाई जाती है। ठेठ खड़ी बोलचाल, पहेलियों, मुकरियों और दो सखुनों में ही मिलती है—यद्यपि उनमें भी कहीं-कहीं ब्रजभाषा की झलक है। पर गीतों और दोहों की भाषा ब्रज या मुखप्रचलित काव्यभाषा ही है। यही ब्रजभाषा देख उर्दू साहित्य के इतिहास लेखक प्रो० आजद को यह

भ्रम हुआ कि ब्रजभाषा से खड़ी बोली (अर्थात् उसका अरबी-फारसी ग्रस्त रूप उर्दू) निकल पड़ी[१]।

खुसरो के नाम पर संगृहीत पहेलियों में कुछ प्रक्षिप्त और पीछे की जोड़ी पहेलियाँ भी मिल गई हैं, इसमें संदेह नहीं। उदाहरण के लिये हुक्केवाली पहेली लीजिए। इतिहासप्रसिद्ध बात है कि तंबाकू का प्रचार हिंदुस्तान में जहाँगीर के समय से हुआ। उसकी पहली गोदाम अँगरेजों की सूरतवाली कोठी थी जिससे तंबाकू का एक नाम ही 'सूरती' या 'सुरती' पड़ गया। इसी प्रकार भाषा के संबंध में भी संदेह किया जा सकता है कि वह दीर्घ मुखपरंपरा के बीच कुछ बदल गई होगी, उसका पुरानापन कुछ निकल गया होगा। किसी अंश तक यह बात हो सकती है, पर साथ ही यह भी निश्चित है कि उसका ढाँचा कवियों और चारणों द्वारा व्यवहृत प्राकृत की रूढ़ियों की जकड़ी काव्यभाषा से भिन्न था। प्रश्न यह उठता है कि क्या उस समय तक भाषा घिसकर इतनी चिकनी हो गई थी जितनी पहेलियों में मिलती है।

खुसरो के प्राय: दो सौ वर्ष पीछे की लिखी जो कबीर की बानी की हस्तलिखित प्रति मिली है उसकी भाषा कुछ पंजाबी लिए राजस्थानी है, पर इसमें पुराने नमूने अधिक हैं, जैसे, सप्तमी विभक्ति के रूप में इ (घरि=घर में)। 'चला', 'समाया' के स्थान पर 'चलिया', 'चल्या', 'समाइया'। 'उनई आई' के स्थान पर 'उनमिवि आई' (झुक आई) इत्यादि। यह बात कुछ उलझन की अवश्य है पर विचार करने पर यह अनुमान दृढ़ हो जाता है कि खुसरो के समय में 'इट्ठ', 'बसिट्ठ' आदि रूप 'ईठ' (इष्ट, इट्ठ, ईठ), बसीठ (विसृष्ट, बसिट्ठ, बिसिट्ट, बसीठ) हो गए थे। अत: पुराने प्रत्यय आदि बोलचाल से बहुत कुछ उठ गए थे। यदि 'चलिया', 'मारिया', आदि पुराने रूप रखें तो पहेलियों के छंद टूट जायँगे, अत: यही धारणा होती है कि खुसरो के समय में बोलचाल की स्वाभाविक भाषा घिसकर बहुत कुछ उसी रूप में आ गई थी जिस रूप में खुसरो में मिलती है। कबीर की अपेक्षा खुसरो का ध्यान बोलचाल की भाषा की ओर अधिक था; उसी प्रकार जैसे अँगरेजों का ध्यान बोलचाल की भाषा की ओर अधिक रहता है। खुसरो का लक्ष्य जनता का मनोरंजन था। पर कबीर धर्मोपदेशक थे, अत: उनकी बानी पोथियों की भाषा का सहारा कुछ न कुछ खुसरो की अपेक्षा अधिक लिए हुए है।

नीचे खुसरो की कुछ पहेलियाँ, दोहे और गीत दिए जाते हैं—

एक थाल मोती से भरा। सबके सिर पर औंधा धरा॥
चारों ओर वह थाली फिरे। मोती उससे एक न गिरे॥

(आकाश)

एक नार ने अचरज किया। साँप मारि पिंजड़े में दिया॥
जों जों साँप ताल को खाए। सूखे ताल साँप मर जाए॥

(दिया बत्ती)

---

१. देखिए मेरे 'बुद्धचरित' काव्य की भूमिका में 'काव्यभाषा' पर मेरा प्रबंध, जिसमें उसके स्वरूप का निर्णय किया गया है तथा ब्रज, अवधी और खड़ी बोली के भेद और प्रवृत्तियाँ निरूपित की गई हैं।

एक नार दो को ले बैठी। टेढ़ी होके बिल में पैठी॥
जिसके बैठे उसे सुहाय। खुसरो उसके बल बल जाय॥

(पायजामा)

अरथ तो इसका बूझेगा। मुँह देखो तो सूझेगा॥

(दर्पण)

ऊपर के शब्दों में खड़ी बोली का कितना निखरा हुआ रूप है। अब इनके स्थान पर ब्रजभाषा के रूप देखिए—

चूक भई कुछ वासों ऐसी। देस छोड़ भयो परदेसी॥

एक नार पिया को भानी। तन वाको सगरा ज्यों पानी।

चाम मास वाके नहिं नेक। हाड़ हाड़ में वाके छेद॥
मोहिं अचंभो आवत ऐसे। वामें जीव बसत है कैसे॥

अब नीचे के दोहे और गीत बिल्कुल ब्रजभाषा अर्थात् मुखप्रचलित काव्यभाषा में देखिये—

उज्जल बरन, अधीन तन, एक चित्त दो ध्यान।
देखत में तो साधु है, निपट पाप की खान।
खुसरो रैन सुहाग की, जागी पी के संग।
तन मेरो मन पीउ को, दोउ भए एक रंग।
गोरी सोवै सेज पर, मुख पर डारै केस।
चल खुसरो घर आपने, रैन भई चहुँ देस।

मोरा जोबना नवेलरा भयो है गुलाल। कैसे गर दीनी कस मोरी माल॥
सूनी सेज डरावन लागै, बिरहा अगिन मोहि डस डस जाय।

हजरत निजामदीन चिश्ती जरजरीं बख्श पीर।
जोइ जोइ ध्यावैं तेइ तेइ फल पावै,
मेरे मन की मुराद भर दीजै अमीर॥

जे हाल मिसकी मकुन तगाफुल दुराय नैना, बनाय बतियाँ।
कि ताबे हिज्राँ न दारम, ऐ जाँ! न लेहु काहें लगाय छतियाँ॥
शबाने हिज्राँ दराज चूँ जुल्फ व रोजे वसलत चूँ उम्र कोतह।
सखी! पिया को जो मैं न देखूँ तो कैसे काटूँ अँधेरी रतियाँ!॥

(९) विद्यापति—अपभ्रंश के अंतर्गत इनका उल्लेख हो चुका है[१]। पर जिसकी रचना के कारण ये 'मैथिलकोकिल' कहलाये वह इनकी पदावली है। इन्होंने अपने समय की प्रचलित मैथिली भाषा का व्यवहार किया है। विद्यापति को बंगभाषा वाले अपनी ओर खींचते हैं। सर जार्ज ग्रियर्सन ने भी बिहारी और मैथिली को 'मागधी' से निकली होने के कारण हिंदी से अलग माना है। पर केवल भाषाशास्त्र की दृष्टि से कुछ प्रत्ययों के आधार पर ही साहित्य का विभाजन नहीं किया जा सकता। कोई भाषा कितनी दूर तक समझी जाती है, इसका विचार भी तो आवश्यक होता है। किसी भाषा का समझा जाना अधिकतर उसकी शब्दावली (वोकेब्युलरी) पर अवलंबित होता है। यदि ऐसा न होता तो उर्दू और हिंदी का एक ही साहित्य माना जाता।

खड़ी बोली, बांगड़, ब्रज, राजस्थानी, कन्नौजी, बैसवारी, अवधी इत्यादि में रूपों और प्रत्ययों का इतना भेद होते हुए भी सब हिंदी के अंतर्गत मानी जाती हैं। इनके बोलने वाले एक दूसरे की बोली समझते हैं। बनारस, गाजीपुर, बलिया आदि जिलों में 'आयल'-'आइल', 'गयल'-'गइल', 'हमरा-तोहरा' आदि बोले जाने पर भी वहाँ की भाषा हिंदी के सिवाय दूसरी नहीं कही जाती। कारण है शब्दावली की एकता। अत: जिस प्रकार हिंदी साहित्य 'बीसलदेवरासो' पर अपना अधिकार रखता है उसी प्रकार विद्यापति की पदावली पर भी।

विद्यापति के पद अधिकतर श्रृंगार के ही हैं, जिनमें नायिका और नायक राधा-कृष्ण हैं। इन पदों की रचना जयदेव के गीतकाव्य के अनुकरण पर ही शायद की गई हो। इनका माधुर्य अद्‌भुत है। विद्यापति शैव थे। उन्होंने इन पदों की रचना श्रृंगार काव्य की दृष्टि से की है, भक्त के रूप में नहीं। विद्यापति को कृष्णभक्तों की परंपरा में न समझना चाहिए।

आध्यात्मिक रंग के चश्मे आजकल बहुत सस्ते हो गए हैं। उन्हें चढ़ाकर जैसे कुछ लोगों ने 'गीतगोविन्द' के पदों को आध्यात्मिक संकेत बताया है, वैसे ही विद्यापति के इन पदों को भी। सूर आदि कृष्णभक्तों के श्रृंगारी पदों की भी ऐसे लोग आध्यात्मिक व्याख्या चाहते हैं। पता नहीं बाललीला के पदों का वे क्या करेंगे। इस संबंध में यह अच्छी तरह समझ रखना चाहिए कि लीलाओं का कीर्तन कृष्णभक्ति का एक प्रधान अंग है। जिस रूप में लीलाएँ वर्णित हैं उसी रूप में उनका ग्रहण हुआ है और उसी रूप में वे गोलोक में नित्य मानी गई हैं, जहाँ वृन्दावन, यमुना, निकुंज, कदंब, सखा, गोपिकाएँ इत्यादि सब नित्य रूप में हैं। इन लीलाओं का दूसरा अर्थ निकालने की आवश्यकता नहीं।

विद्यापति संवत् १४६० में तिरहुत के राजा शिवसिंह के यहाँ वर्तमान थे। उनके दो पद नीचे दिए जाते हैं—

सरस बसंत समय भल पावलि, दछिन पवन बह धीरे।
सपनहु रूप वचन इक भाषिय, मुख से दूरि करु चीरे॥
तोहर बदन सम चाँद होअथि नाहिं, कैयो जतन बिह केला।
कै बेरि काटि बनावल नव कै, तैयो तुलित नहिं भेला॥
लोचन तूअ कमल नहिं भै सक, से जग के नहिं जाने।
से फिरि जाय लुकैलन्ह जल महँ, पंकज निज अपमाने॥

---

१. देखो, पृ० १५-१६।

भन विद्यापति सुनु बर जोवति, ई सम लछमि समाने।
राजा 'सिवसिंह' रूप नरायन, 'लखिमा देइ' प्रति माने॥

\+ \+ \+

कालि कहल पिय साँझहि रे, जाइबि मइ मारू देस।
मोए अभागिलि नहिं जानल रे, सँग जइतवँ जोगिनी बेस॥
हिरदय बड़ दारुन रे, पिया बिनु बिहरि न जाइ।
एक सयन सखि सूतल रे, अछल बलभ निसि भोर।
न जानल कत खन तजि गेल रे, बिछुरल चकवा जोर।
सूनि सेज पिय सालइ रे, पिय बिनु घर मोए आजि।
बिनति करहु सुगहेलिन रे, मोहि देहि अगिहर साजि॥
विद्यापति कवि गावल रे, आवि मिलत पिय तोर।
'लखिमा देइ' बर नागर रे, राय सिवसिंह नहिं भोर॥

मोटे हिसाब से वीरगाथा काल महाराज हम्मीर के समय तक ही समझना चाहिए। उसके उपरांत मुसलमानों का साम्राज्य भारत में स्थिर हो गया और हिंदू राजाओं को न तो आपस में लड़ने का उतना उत्साह रहा न मुसलमानों से। जनता की चित्तवृत्ति बदलने लगी और विचारधारा दूसरी ओर चली। मुसलमानों के न जमने तक तो उन्हें हराकर अपने धर्म की रक्षा का वीर प्रयत्न होता रहा, पर मुसलमानों के जम जाने पर अपने धर्म के उस व्यापक और हृदयग्राह्य रूप के प्रचार की ओर ध्यान हुआ जो सारी जनता को आकर्षित रखे और धर्म से विचलित न होने दे।

इस प्रकार स्थिति के साथ ही साथ भावों तथा विचारों में भी परिवर्तन हो गया। पर इससे यह न समझना चाहिए कि हम्मीर के पीछे किसी वीरकाव्य की रचना ही नहीं हुई। समय-समय पर इस प्रकार के अनेक काव्य लिखे गये। हिंदी साहित्य के इतिहास की एक विशेषता यह भी रही कि एक विशिष्ट काल में किसी रूप की जो काव्यसरिता वेग से प्रवाहित हुई, वह यद्यपि आगे चलकर मंद गति से बहने लगी, पर ९०० वर्षों के हिंदी साहित्य के इतिहास में हम उसे कभी सर्वथा सूखी हुई नहीं पाते।

पूर्व-मध्यकाल : भक्तिकाल

(सं० १३७५-१७००)

प्रकरण १

सामान्य परिचय

देश में मुसलमानों का राज्य प्रतिष्ठित हो जाने पर हिंदू जनता के हृदय में गौरव, गर्व और उत्साह के लिए वह अवकाश न रह गया। उसके सामने ही उसके देवमंदिर गिराए जाते थे, देवमूर्तियाँ तोड़ी जाती थीं और पूज्य पुरुषों का अपमान होता था और वे कुछ भी नहीं कर सकते थे। ऐसी दशा में अपनी वीरता के गीत न तो वे गा ही सकते थे और न बिना लज्जित हुए सुन ही सकते थे। आगे चलकर जब मुस्लिम साम्राज्य दूर तक स्थापित हो गया तब परस्पर लड़नेवाले स्वतंत्र राज्य भी नहीं रह गए। इतने भारी राजनीतिक उलटफेर के पीछे हिंदू जनसमुदाय पर बहुत दिनों तक उदासी सी छाई रही। अपने पौरुष से हताश जाति के लिए भगवान की शक्ति और करुणा की ओर ध्यान ले जाने के अतिरिक्त दूसरा मार्ग ही क्या था?

यह तो हुई राजनीतिक परिस्थिति। अब धार्मिक स्थिति देखिए। आदिकाल के अंतर्गत यह दिखाया जा चुका है कि किस प्रकार वज्रयानी सिद्ध, कापालिक आदि देश के पूरबी भागों में और नाथपंथी जोगी पच्छिमी भागों में रमते चले आ रहे थे[1]। इसी बात से इसका अनुमान हो सकता है कि सामान्य जनता की धर्मभावना कितनी दबती जा रही थी, उसका हृदय धर्म से कितनी दूर हटता चला जा रहा था।

धर्म का प्रवाह कर्म, ज्ञान और भक्ति, इन तीन धाराओं में चलता है। इन तीनों के सामंजस्य से धर्म अपनी पूर्ण सजीव दशा में रहता है। किसी एक के भी अभाव से वह विकलांग रहता है। कर्म के बिना वह लूला-लँगड़ा, ज्ञान के बिना अंधा और भक्ति के बिना हृदयविहीन क्या निष्प्राण रहता है। ज्ञान के अधिकारी तो सामान्य से बहुत अधिक समुन्नत और विकसित बुद्धि के कुछ थोड़े से विशिष्ट व्यक्ति ही होते हैं। कर्म और भक्ति ही सारे जनसमुदाय की संपत्ति होती है। हिंदी साहित्य के आदिकाल में कर्म तो अर्थशून्य विधिविधान, तीर्थाटन और पर्वस्नान इत्यादि के संकुचित घेरे में पहले से बहुत कुछ बद्ध चला आता था। धर्म की भावात्मक अनुभूति या भक्ति, जिसका सूत्रपात महाभारत काल में और विस्तृत प्रवर्तन पुराणकाल में हुआ था, कभी कहीं दबती, कभी कहीं उभरती किसी प्रकार चली भर आ रही थी।

अर्थशून्य बाहरी विधि विधान, तीर्थाटन, पर्वस्नान आदि भी निस्सारता का संस्कार फैलाने का जो कार्य वज्रयानी सिद्धों और नाथपंथी जोगियों के द्वारा हुआ, उसका उल्लेख हो

---

१. **देखो, पृ० ५-१०।**

चुका है[१]। पर उनका उद्देश्य 'कर्म' को उस तंग गड्ढे से निकालकर प्रकृत धर्म के खुले क्षेत्र में लाना न था बल्कि एकबारगी किनारे ढकेल देना था। जनता की दृष्टि को आत्मकल्याण और लोककल्याण विधायक सच्चे कर्मों की ओर ले जाने के बदले उसे वे कर्मक्षेत्र से ही हटाने में लग गए थे। उसकी बानी तो 'गुह्य, रहस्य और सिद्धि' लेकर उठी थी। अपनी रहस्यदर्शिता की धाक जमाने के लिये बाह्य जगत् की बातें छोड़, घट के भीतर के कोठों की बातें बताया करते थे। भक्ति, प्रेम आदि हृदय के प्रकृत भावों का उनकी अंतस्साधना में कोई स्थान न था, क्योंकि इनके द्वारा ईश्वर को प्राप्त करना तो सबके लिये सुलभ कहा जा सकता है। सामान्य अशिक्षित या अर्धशिक्षित जनता पर इनकी बानियों का प्रभाव इसके अतिरिक्त और क्या हो सकता था कि वह सच्चे शुभकर्मों के मार्ग से तथा भगवद्भक्ति की स्वाभाविक हृदयपद्धति से हटकर अनेक प्रकार के मंत्र, तंत्र और उपचारों में उलझे और उसका विश्वास अलौकिक सिद्धियों पर जा जमे? इसी दशा की ओर लक्ष्य करके गोस्वामी तुलसीदास ने कहा था—

गोरख जगायो जोग, भगति भगायो लोग।

सारांश यह कि जिस समय मुसलमान भारत में आए उस समय सच्चे धर्मभाव का बहुत कुछ ह्रास हो गया था। प्रतिवर्तन के लिये बहुत कड़े धक्कों की आवश्यकता थी।

ऊपर जिस अवस्था का दिग्दर्शन हुआ है, वह सामान्य जनसमुदाय की थी। शास्त्रज्ञ विद्वानों पर सिद्धों और जोगियों की बानियों का कोई असर न था। वे इधर-उधर पड़े अपना कार्य करते जा रहे थे। पंडितों के शास्त्रार्थ भी होते थे, दार्शनिक खंडन-मंडन के ग्रंथ भी लिखे जाते थे। विशेष चर्चा वेदांत की थी। ब्रह्मसूत्रों पर, उपनिषदों पर, गीता पर, भाष्यों की परंपरा विद्वन्मंडली के भीतर चली चल रही थी जिससे परंपरागत भक्तिमार्ग के सिद्धांत पक्ष का कई रूपों में नूतन विकास हुआ।

कालदर्शी भक्त कवि जनता के हृदय को सँभालने और लीन रखने के लिये दबी हुई भक्ति को जगाने लगे। क्रमशः भक्ति का प्रवाह ऐसा विकसित और प्रबल होता गया कि उसकी लपेट में केवल हिंदू जनता ही नहीं, देश में बसनेवाले सहृदय मुसलमानों में से भी न जाने कितने आ गए। प्रेमस्वरूप ईश्वर को सामने लाकर भक्त कवियों ने हिंदुओं और मुसलमानों दोनों को मनुष्य के सामान्य रूप में दिखाया और भेदभाव के दृश्यों को हटाकर पीछे कर दिया।

भक्ति का जो सोता दक्षिण की ओर से धीरे-धीरे उत्तर भारत की ओर पहले से ही आ रहा था उसे राजनीतिक परिवर्तन के कारण शून्य पड़ते हुए जनता के हृदयक्षेत्र में फैलने के लिये पूरा स्थान मिला। रामानुजाचार्य (संवत् १०७३) ने शास्त्रीय पद्धति से जिस सगुण भक्ति का निरूपण किया था उसकी ओर जनता आकर्षित होती चली आ रही थी।

गुजरात में स्वामी मध्वाचार्य जी (संवत् १२५४-१३३३) ने अपना द्वैतवादी वैष्णव संप्रदाय चलाया जिसकी ओर बहुत से लोग झुके। देश के पूर्व भाग में जयदेव जी के कृष्ण-प्रेम-संगीत की गूँज चली आ रही थी जिसके सुर में मिथिला के कोकिल (विद्यापति) ने अपना सुर मिलाया। उत्तर या मध्य भारत में एक ओर तो ईसा की १५वीं शताब्दी में रामानुजाचार्य की शिष्यपरंपरा में स्वामी रामानंदजो हुए जिन्होंने विष्णु के अवतार राम की उपासना पर जोर दिया और एक बड़ा भारी संप्रदाय खड़ा किया, दूसरी ओर बल्लभाचार्य जी ने प्रेममूर्ति कृष्ण को लेकर जनता को रसमग्न किया। इस प्रकार रामोपासक और कृष्णोपासक

---

१. देखो, पृ० ५-१०।

भक्तों की परंपराएँ चलीं जिनमें आगे चलकर हिंदी काव्य को प्रौढ़ता तक पहुँचनेवाले जगमगाते रत्नों का विकास हुआ। इन भक्तों ने ब्रह्म के 'सत्' और 'आनंद' स्वरूप का साक्षात्कार राम और कृष्ण के रूप में इस बाह्य जगत् के व्यक्त क्षेत्र में किया।

एक ओर तो प्राचीन सगुणोपासना का यह काव्यक्षेत्र तैयार हुआ, दूसरी ओर मुसलमानों के बस जाने से देश में जो नयी परिस्थिति उत्पन्न हुई उसकी दृष्टि से हिंदू मुसलमान दोनों के लिये एक 'सामान्य भक्तिमार्ग' का विकास भी होने लगा। उसके विकास के लिये किस प्रकार वीरगाथाकाल में ही सिद्धों और नाथपंथी योगियों के द्वारा मार्ग निकाला जा चुका था, यह दिखाया जा चुका है[१]। बज्रयान के अनुयायी अधिकतर नीची जाति के थे अत: जाति-पाँति की व्यवस्था से उनका असंतोष स्वाभाविक था। नाथ संप्रदाय में भी शास्त्रज्ञ विद्वान् नहीं आते थे। इस संप्रदाय के कनफट रमते योगी घर कै भीतर के चक्रों, सहस्रदल, कमल, इला, पिंगला, नाड़ियों इत्यादि की ओर संकेत करनेवाली रहस्यमयी बानियाँ सुनाकर और करामात दिखाकर अपनी सिद्धाई की धाक सामान्य जनता पर जमाए हुए थे। वे लोगों को ऐसी बातें सुनाते आ रहे थे कि वेदशास्त्र पढ़ने से क्या होता है, बाहरी पूजाअर्चा की विधियाँ व्यर्थ हैं, ईश्वर तो प्रत्येक के घट के भीतर है, अंतर्मुख साधनाओं से ही वह प्राप्त हो सकता है, हिंदू मुसलमान दोनों एक हैं, दोनों के लिये शुद्ध साधना का मार्ग भी एक ही है, जाति-पाँति के भेद व्यर्थ खड़े किए गए हैं, इत्यादि। इन जोगियों के पंथ में कुछ मुसलमान भी आए। इसका उल्लेख पहले हो चुका है[२]।

भक्ति के आंदोलन की जो लहर दक्षिण से आई उसी ने उत्तर भारत की परिस्थिति के अनुरूप हिंदू मुसलमान दोनों के लिये एक सामान्य भक्तिमार्ग की भी भावना कुछ लोगों में जगाई। हृदयपक्षशून्य सामान्य अंतस्साधना का मार्ग निकालने का प्रयत्न नाथपंथी कर चुके थे, यह हम कह चुके हैं[३]। पर रागात्मक तत्व से रहित साधना से ही मनुष्य की आत्मा तृप्त नहीं हो सकती। महाराष्ट्र देश के प्रसिद्ध भक्त नामदेव (सं० १३२८-१४०८) ने हिंदू मुसलमान दोनों के लिये एक सामान्य भक्तिमार्ग का भी आभास दिया। उसके पीछे कबीरदास ने विशेष तत्परता के साथ एक व्यवस्थित रूप में यह मार्ग 'निर्गुणपंथ' के नाम से चलाया। जैसा कि पहले कहा जा चुका है, कबीर के लिये नाथपंथी जोगी बहुत कुछ रास्ता निकाल चुके थे। भेदभाव को निर्दिष्ट करनेवाले उपासना के बाहरी विधानों को अलग रखकर उन्होंने अंतस्साधना पर जोर दिया था। पर नाथपंथियों की अंतस्साधना हृदयपक्षशून्य थी उसमें प्रेमतत्व का अभाव था। कबीर ने यद्यपि नाथपंथ की बहुत सी बातों को अपनी बानी में जगह दी, पर यह बात उन्हें खटकी। इसका संकेत उनके ये वचन देते हैं—

झिलमिल झगरा झूलते बाकी रही न काहु।
गोरख अटके कालपुर कौन कहावै साहु?
बहुत दिवस ते हिंडिया सुन्नि समाधि लगाइ।
करहा पड़िया गाड़ में दूरि परा पछिताइ॥

(करहा = (१) करभ; हाथी का बच्चा; (२) हठयोग की क्रिया करनेवाला)

---

१. देखो, पृ० १०।
२. देखो, पृ० ११।
३. देखो, पृ० ११।

अतः कबीर ने जिस प्रकार एक निराकार ईश्वर के लिये भारतीय वेदांत का पल्ला पकड़ा उसी प्रकार उस निराकार ईश्वर की भक्ति के लिये सूफियों का प्रेमतत्व लिया और अपना 'निर्गुण पंथ' धूमधाम से निकाला। बात यह थी कि भारतीय भक्तिमार्ग साकार और सगुण रूप को लेकर चला था, निर्गुण और निराकार ब्रह्म भक्ति या प्रेम का विषय नहीं माना जाता। इसमें कोई संदेह नहीं कि कबीर ने ठीक मौके पर जनता के उस बड़े भाग को संभाला जो नाथपंथियों के प्रभाव से प्रेमभाव और भक्तिरस से शून्य और शुष्क पड़ता जा रहा था। उनके द्वारा यह बहुत ही आवश्यक कार्य हुआ। इसके साथ ही मनुष्यत्व की सामान्य भावना को आगे करके निम्न श्रेणी की जनता में उन्होंने आत्मगौरव का भाव जगाया और भक्ति के ऊँचे से ऊँचे सोपान की ओर बढ़ने के लिये बढ़ावा दिया। उनका 'निर्गुणपंथ' चल निकला जिसमें नानक, दादू, मलूकदास आदि अनेक संत हुए।

कबीर तथा अन्य निर्गुणपंथी संतों के द्वारा अंतस्साधना में रागात्मिका 'भक्ति' और 'ज्ञान' का योग तो हुआ, पर 'कर्म' की दशा वही रही जो नाथपंथियों के यहाँ थी। इन संतों के ईश्वर ज्ञानस्वरूप और प्रेमस्वरूप ही रहे, धर्मस्वरूप न हो पाए। ईश्वर के धर्मस्वरूप को लेकर, उस स्वरूप को लेकर, जिसकी रमणीय अभिव्यक्ति लोक की रक्षा और रंजन में होती है, प्राचीन वैष्णव भक्तिमार्ग की रामभक्ति शाखा उठी। कृष्णभक्ति शाखा केवल प्रेमस्वरूप ही लेकर नई उमंग से फैली।

यहाँ पर एक बात की ओर ध्यान दिला देना आवश्यक प्रतीत होता है। साधना के जो तीन अवयव—कर्म, ज्ञान और भक्ति—कहे गए हैं, वे सब काल पाकर दोषग्रस्त हो सकते हैं। 'कर्म' अर्थशून्य विधि विधानों से निकम्मा हो सकता है, 'ज्ञान' रहस्य और गुह्य की भावना से पाखंडपूर्ण हो सकता है और 'भक्ति' इंद्रियोपभोग की वासना से कलुषित हो सकती है। भक्ति की निष्पत्ति श्रद्धा और प्रेम के योग से होती है। जहाँ श्रद्धा या पूज्यबुद्धि का अवयव—जिसका लगाव धर्म से होता है—छोड़कर केवल प्रेम-लक्षणा भक्ति ली जायगी वहाँ वह अवश्य विलासिता से ग्रस्त हो जायेगी।

इस दृष्टि से यदि हम देखें तो कबीर का 'ज्ञान पक्ष' तो रहस्य और गुह्य की भावना से विकृत मिलेगा पर सूफियों से जो प्रेमतत्व उन्होंने लिया वह सूफियों के यहाँ चाहे कामवासनाग्रस्त हुआ हो, पर 'निर्गुणपंथ' में अविकृत रहा। यह निस्संदेह प्रशंसा की बात है। वैष्णवों की कृष्णभक्ति शाखा ने केवल प्रेमलक्षणा भक्ति ली; फल यह हुआ कि उसने अश्लील विलासिता की प्रवृत्ति जगाई। रामभक्ति शाखा में भक्ति सर्वांगपूर्ण रही; इससे वह विकृत न होने पाई। तुलसी की भक्तिपद्धति में कर्म (धर्म) और ज्ञान का पूरा सामंजस्य और समन्वय रहा। इधर आजकल अलबत कुछ लोगों ने कृष्णभक्ति शाखा के अनुकरण पर उसमें भी 'माधुर्य भाव' का गुह्य रहस्य घुसाने का उद्योग किया है जिससे 'सखी संप्रदाय' निकल पड़े हैं और राम की भी 'तिरछी चितवन' और 'बांकी अदा' के गीत गाए जाने लगे हैं।

यह सामान्य भक्तिमार्ग एकेश्वरवाद का एक अनिश्चित स्वरूप लेकर खड़ा हुआ, जो कभी ब्रह्मवाद की ओर ढलता था और कभी पैगंबरी खुदावाद की ओर। यह 'निर्गुणपंथ' के नाम से प्रसिद्ध हुआ। इसकी ओर ले जानेवाली सबसे पहली प्रवृत्ति जो लक्षित हुई वह ऊँच नीच और जाति-पाँति के भाव का त्याग और ईश्वर की भक्ति के लिये मनुष्य मात्र के समान अधिकार का स्वीकार था। इस भाव का सूत्रपात भक्तिमार्ग के भीतर महाराष्ट्र और मध्य देश में नामदेव और रामानंद जी द्वारा हुआ। महाराष्ट्र देश में नामदेव का जन्मकाल शक संवत् ११९२

और मृत्युकाल शक संवत् १२७२ प्रसिद्ध है। ये दक्षिण के नरुसीबमनी (सतारा जिला) के दरजी थे। पीछे पंढरपुर के विठोबा (विष्णु भगवान) के मंदिर में भगवद्भजन करते हुए अपना दिन बिताते थे।

महाराष्ट्र के भक्तों में नामदेव का नाम सबसे पहले आता है। मराठी भाषा के अभंगों के अतिरिक्त इनकी हिंदी रचनाएँ भी प्रचुर परिमाण में मिलती हैं। इन हिंदी रचनाओं में एक विशेष बात यह पाई जाती है कि कुछ तो सगुणोपासना से संबंध रखती हैं और कुछ निर्गुणोपासना से। इसके समाधान के लिए इनके समय की परिस्थिति की ओर ध्यान देना आवश्यक है। आदिकाल के अन्तर्गत यह कहा जा चुका है कि मुसलमानों के आने पर पठानों के समय में गोरखपंथी योगियों का देश में बहुत प्रभाव था। नामदेव के ही समय में प्रसिद्ध ज्ञानयोगी ज्ञानदेव हुए हैं जिन्होंने अपने को गोरख की शिष्य-परंपरा में बताया है। ज्ञानदेव का परलोकवास बहुत थोड़ी अवस्था में ही हुआ, पर नामदेव उनके उपरांत बहुत दिनों तक जीवित रहे। नामदेव सीधे-सादे सगुण भक्ति मार्ग पर चले जा रहे थे, पर पीछे उस नाथपंथ के प्रभाव के भीतर भी ये लाए गए, जो अंतर्मुख साधना द्वारा सर्वव्यापक निर्गुणब्रह्म के साक्षात्कार को ही मोक्ष का मार्ग मानता था। लाने वाले थे ज्ञानदेव।

एक बार ज्ञानदेव इन्हें साथ लेकर तीर्थयात्रा को निकले। मार्ग में ये अपने प्रिय विग्रह विठोबा (भगवान्) के वियोग में व्याकुल रहा करते थे। ज्ञानदेव इन्हें बराबर समझाते थे कि भगवान् क्या एक ही जगह है; वे तो सर्वत्र हैं, सर्वव्यापक हैं। यह मोह छोड़ो। तुम्हारी भक्ति अभी एकांगी है, जब तक निर्गुण पक्ष की भी अनुभूति तुम्हें न होगी, तब तक तुम पक्के न होगे। ज्ञानदेव की बहन मुक्ताबाई के कहने पर एक दिन 'संतपरीक्षा' हुई। जिस गाँव में यह संत मंडली उतरी थी, उसमें एक कुम्हार रहता था। मंडली के सब संत चुपचाप बैठ गए। कुम्हार घड़ा पीटने का पिटना लेकर सबके सिर पर जमाने लगा। चोट पर चोट खाकर भी कोई विचलित न हुआ। पर जब नामदेव की ओर बढ़ा तब वे बिगड़ खड़े हुए। इस पर वह कुम्हार बोला 'नामदेव को छोड़ और सब घड़े पक्के हैं।' बेचारे नामदेव कच्चे घड़े ठहराये गए। इस कथा से यह स्पष्ट लक्षित हो जाता है कि नामदेव को नाथपंथ के योगमार्ग की ओर प्रवृत्त करने के लिये ज्ञानदेव की ओर से तरह-तरह के प्रयत्न होते रहे।

सिद्ध और योगी निरंतर अभ्यास द्वारा अपने शरीर को विलक्षण बना लेते थे। खोपड़ी पर चोटें खा खाकर उसे पक्की करना उनके लिये कोई कठिन बात न थी। अब भी एक प्रकार के मुसलमान फकीर अपने शरीर पर जोर-जोर से डंडे जमाकर भिक्षा माँगते हैं।

नामदेव किसी गुरु से दीक्षा लेकर अपनी सगुण भक्ति में प्रवृत्त नहीं हुए थे, अपने ही हृदय की स्वाभाविक प्रेरणा से हुए थे। ज्ञानदेव बराबर उन्हें 'बिनु गुरु होइ न ज्ञान' समझाते आते थे। संतों के बीच निर्गुण ब्रह्म के संबंध में जो कुछ कहा सुना जाता है और ईश्वरप्राप्ति की जो साधना बताई जाती है, वह किसी गुरु की सिखाई हुई होती है। परमात्मा के शुद्ध निर्गुणस्वरूप के ज्ञान के लिये ज्ञानदेव का आग्रह बराबर बढ़ता गया। गुरु के अभाव के कारण किस प्रकार नामदेव में परमात्मा की सर्वव्यापकता का उदार भाव नहीं जम पाया था और भेदभाव बना था, इस पर भी एक कथा चली आती है। कहते हैं कि एक दिन स्वयं विठोबा (भगवान्) एक मुसलमान फकीर का रूप धरकर नामदेव के सामने आए। नामदेव ने उन्हें नहीं पहचाना। तब उनसे कहा गया कि वे तो परब्रह्म भगवान् ही थे। अंत में बेचारे नामदेव ने

नागनाथ नामक शिव के स्थान पर जाकर बिसोबा खेचर या खेचरनाथ नामक एकनाथपंथी कनफटे से दीक्षा ली। इसके संबंध में उनके ये वचन हैं—

मन मेरी सुई, तन मेरा धागा। खेचरजी के चरण पर नामा सिंपी लागा।

सुफल जन्म मोको गुरु कीना। दुख बिसार सुख अंतर दीना॥
ज्ञान दान मोको गुरु दीना। राम नाम बिन जीवन हीना॥

किसू हूँ पूजूँ दूजा नजर न आई।
एके पाथर किज्जे भाव। दूजे पाथर धरिए पाव॥
जो वो देव तो हम बी देव। कहै नामदेव हम हरि की सेव॥

यह बात समझ रखनी चाहिए कि नामदेव के समय में ही देवगिरि पर पठानों की चढ़ाइयाँ हो चुकी थीं और मुसलमान महाराष्ट्र में भी फैल गए थे। इसके पहले से ही गोरखनाथ के अनुयायी हिंदुओं और मुसलमानों दोनों के लिये अंतस्साधना के एक सामान्य मार्ग का उपदेश देते आ रहे थे।

इनकी भक्ति के अनेक चमत्कार भक्तमाल में लिखे हैं, जैसे—विठोबा (ठाकुर जी) की मूर्ति का इनके हाथ से दूध पीना, अविंद नागनाथ के शिवमंदिर के द्वार का इनकी ओर घूम जाना इत्यादि। इनके माहात्म्य ने यह सिद्ध कर दिखाया कि 'जाति-पाँति पूछै नहिं कोई। हरि को भजै सो हरि का होई।' इनकी इष्ट सगुणोपासना के कुछ पद नीचे दिये जाते हैं जिनमें शबरी केवट आदि की सुगति तथा भगवान् की अवतार लीला का कीर्तन बड़े प्रेम भाव से किया गया है—

अंबरीष को दियो अभय पद, राज विभीषण अधिक कर्‌यो।
नव निधि ठाकुर दई सुदामहिं, ध्रुव जो अटल अजहूँ न टर्‌यो।
भगत हेत मार्‌यो हरिनाकुस, नृसिंह रूप ह्वै देह धर्‌यो।
नामा कहै भगति बस केसव, अजहूँ बलि के द्वार खरो॥

दसरथरायनंद राजा मेरा रामचंद। प्रणवै नामा तत्व रस अमृत पीजै॥

धनि धनि मेघा रोमावली, धनि धनि कृष्ण ओढ़े कावँली।
धनि धनि तू माता देवकी, जिह गृह रमैया कँवलापती॥
धनि धनि बनखँड वृंदाबना, जहँ खेलै श्रीनारायना।
बेनु बजावै, गोधन चारै, नामे का स्वामि आनँद करै॥

यह तो हुई नामदेव की व्यक्तोपासना संबंधी हृदयप्रेरित रचना। आगे गुरु से सीखे हुए ज्ञान की उद्धरणी अर्थात् 'निर्गुन बानी' भी कुछ देखिए—

माइ न होती, बाप न होते, कर्म्म न होता काया।
हम नहिं होते, तुम नहिं होते, कौन कहाँ ते आया॥

चंद न होता, सूर न होता, पानी पवन मिलाया।
शास्त्र न होता, वेद न होता, करम कहाँ ते आया॥

पांडे तुम्हरी गायत्री लोधे का खेत खाती थी।
लैकरि ठेंगा टँगरी तोरी लंगत लंगत आती थी।
पांडे तुम्हरा महादेव धौल बलद चढ़ा आवत देखा था।
पांडे तुम्हरा रामचंद सो भी आवत देखा था॥
रावन सेंती सरबर होई, घर की जोय गँवाई थी।
हिंदू अंधा तुरुकौ काना, दुवौ ते ज्ञानी सयाना॥
हिंदू पूजै देहरा, मुसलमान मसीद।
नामा सोई सेविया जहँ देहरा न मसीद॥

सगुणोपासक भक्त भगवान् के सगुण और निर्गुण दोनों रूप मानता है, पर भक्ति के लिए सगुण रूप ही स्वीकार करता है, निर्गुण रूप ज्ञानमार्गियों के लिये छोड़ देता है। सब सगुणमार्गी भक्त भगवान् के व्यक्त रूप के साथ-साथ उनके अव्यक्त और निर्विशेष रूप का भी निर्देश करते आए हैं जो बोधगम्य नहीं। वे अव्यक्त की ओर संकेत भर करते हैं, उसके विवरण में प्रवृत्त नहीं होते। नामदेव क्यों प्रवृत्त हुए, यह ऊपर दिखाया जा चुका है। जबकि उन्होंने एक गुरु से ज्ञानोपदेश लिया तब शिष्यधर्मानुसार उसकी उद्धरणी आवश्यक हुई।

नामदेव की रचनाओं में यह बात साफ दिखाई पड़ती है कि सगुण भक्ति के पदों की भाषा तो ब्रज या परंपरागत काव्य भाषा है, पर 'निर्गुण बानी' की भाषा नाथपंथियों द्वारा गृहीत खड़ी बोली या सधुक्कड़ी भाषा।

नामदेव की रचना के आधार पर यह कहा जा सकता है कि 'निर्गुणपंथ' के लिये मार्ग निकालनेवाले नाथपंथ के योगी और भक्त नामदेव थे। जहाँ तक पता चलता है, 'निर्गुण मार्ग' के निर्दिष्टप्रवर्तक कबीरदास ही थे जिन्होंने एक ओर तो स्वामी रामानंदजी के शिष्य होकर भारतीय अद्वैतवाद की कुछ स्थूल बातें ग्रहण कीं और दूसरी ओर योगियों और सूफी फकीरों के संस्कार प्राप्त किए। वैष्णवों से उन्होंने अहिंसावाद और प्रपत्तिवाद लिये। इसी से उनके तथा 'निर्गुणवाद' वाले दूसरे संतों के वचनों में कहीं भारतीय अद्वैतवाद की झलक मिलती है तो कहीं योगियों के नाड़ीचक्र की, कहीं सूफियों के प्रेमतत्व की, कहीं पैगंबरी कट्टर खुदावाद की और कहीं अहिंसावाद की। अत: तात्विक दृष्टि से न तो हम इन्हें पूरे अद्वैतवादी कह सकते हैं और न एकेश्वरवादी। दोनों का मिलाजुला भाव इनकी बानी में मिलता है। इनका लक्ष्य एक ऐसी सामान्य भक्तिपद्धति का प्रचार था जिसमें हिंदू और मुसलमान दोनों योग दे सकें और भेदभाव का कुछ परिहार हो। बहु देवोपासना, अवतार और मूर्तिपूजा का खंडन ये मुसलमानी जोश के साथ करते थे और मुसलमानों की कुरबानी, (हिंसा), नमाज, रोजा आदि की असारता दिखाते हुए ब्रह्म, माया, जीव, अनहदनाद, सृष्टि, प्रलय आदि की चर्चा पूरे हिंदू ब्रह्म-ज्ञानी बनकर करते थे। सारांश यह कि ईश्वरपूजा की उन भिन्न-भिन्न बाह्य विधियों पर से ध्यान हटाकर, जिनके कारण धर्म में भेदभाव फैला हुआ था, ये शुद्ध ईश्वर प्रेम और सात्विक जीवन का प्रचार करना चाहते थे।

इस प्रकार देश में सगुण और निर्गुण के नाम से भक्तिकाव्य की दो धाराएँ विक्रम की १५वीं शताब्दी के अंतिम भाग से लेकर १७वीं शताब्दी के अंत तक समानांतर चलती रहीं। भक्ति के उत्थान-काल के भीतर हिंदी भाषा की कुछ विस्तृत रचना पहले पहल कबीर ही की मिलती है अत: पहले निर्गुण मत के संतों का उल्लेख उचित ठहरता है। यह निर्गुण धारा दो शाखाओं में विभक्त हुई—एक तो ज्ञानाश्रयी शाखा और दूसरी शुद्ध प्रेममार्गी शाखा (सूफियों की)।

पहली शाखा भारतीय ब्रह्मज्ञान और योगसाधना को लेकर तथा उसमें सूफियों के प्रेमतत्व को मिलाकर उपासना के क्षेत्र में अग्रसर हुई और सगुण के खंडन में उसी जोश के साथ तत्पर रही जिस जोश के साथ पैगंबरी मत बहुदेवोपासना और मूर्तिपूजा आदि के खंडन में रहते हैं। इस शाखा की रचनाएँ साहित्यिक नहीं हैं—फुटकल दोहों या पदों के रूप में हैं जिनकी भाषा और शैली अधिकतर अव्यवस्थित और ऊंटपटांग है। कबीर आदि दो एक प्रतिभासंपन्न संतों को छोड़कर औरों में ज्ञानमार्ग की सुनी सुनाई बातों का पिष्टपेषण तथा हठयोग की बातों के कुछ रूपक भद्दी तुकबंदियों में हैं। भक्ति रस में मग्न करने वाली सरसता भी बहुत कम पाई जाती है। बात यह है कि इस पंथ का प्रभाव शिष्ट और शिक्षित जनता पर नहीं पड़ा, क्योंकि उसके लिए न तो इस पंथ में कोई नई बात थी न नया आकर्षण। संस्कृत बुद्धि, संस्कृत हृदय और संस्कृत वाणी का वह विकास इस शाखा में नहीं पाया जाता जो शिक्षित समाज को अपनी ओर आकर्षित करता। पर अशिक्षित और निम्न श्रेणी की जनता पर इन संत महत्माओं का बड़ा भारी उपकार है। उच्च विषयों का कुछ आभास देकर, आचरण की शुद्धता पर जोर देकर, आडंबरों का तिरस्कार करके, आत्मगौरव का भाव उत्पन्न करके, इन्होंने इसे ऊपर उठाने का स्तुत्य प्रयत्न किया। पाश्चात्यों ने इन्हें जो 'धर्मसुधारक' की उपाधि दी है, वह इसी बात को ध्यान में रखकर।

दूसरी शाखा शुद्ध प्रेममार्गी सूफी कवियों की है जिनकी प्रेमगाथाएँ वास्तव में साहित्य कोटि के भीतर आती हैं। इस शाखा के सब कवियों ने कल्पित कहानियों के द्वारा प्रेममार्ग का महत्व दिखाया है। इन साधक कवियों ने लौकिक प्रेम के बहाने उस 'प्रेमतत्व' का आभास दिया है जो प्रियतम ईश्वर से मिलाने वाला है। इन प्रेम कहानियों का विषय तो वही साधारण होता है अर्थात् किसी राजकुमार का किसी राजकुमारी के अलौकिक सौंदर्य की बात सुनकर उसके प्रेम में पागल होना और घरबार छोड़कर निकल पड़ना तथा अनेक कष्ट और आपत्तियाँ झेलकर अन्त में उस राजकुमारी को प्राप्त करना। पर 'प्रेम की पीर' की जो व्यंजना होती है, वह ऐसे विश्वव्यापक रूप में होती है कि वह प्रेम इस लोक से परे दिखाई पड़ता है।

हमारा अनुमान है कि सूफी कवियों ने जो कहानियाँ ली हैं वे सब हिंदुओं के घर में बहुत दिनों से चली आती कहानियाँ हैं जिनमें आवश्यकतानुसार उन्होंने हेरफेर किया है। कहानियों का मार्मिक आधार हिंदू है। मनुष्य के साथ पशु-पक्षी और पेड़-पौधों को भी सहानुभूति सूत्र में बद्ध दिखाकर एक अखंड जीवनसमष्टि का आभास देना हिंदू प्रेमकहानियों की विशेषता है। मनुष्य के घोर दु:ख पर वन के वृक्ष भी रोते हैं, पक्षी भी संदेसे पहुँचाते हैं। यह बात इन कहानियों में मिलती है।

शिक्षितों और विद्वानों की काव्यपरंपरा में यद्यपि अधिकतर आश्रयदाता राजाओं के चरितों और पौराणिक या ऐतिहासिक आख्यानों की ही प्रवृत्ति थी, पर साथ ही कल्पित कहानियों का भी चलन था, इसका पता लगता है। दिल्ली के बादशाह सिकन्दरशाह (संवत् १५४६-१५७४) के समय में कवि ईश्वरदास ने 'सत्यवतीकथा' नाम की एक कहानी दोहे चौपाइयों में लिखी

थी जिसका आरम्भ तो व्यासजनमेजय के संवाद से पौराणिक ढंग पर होता है, पर जो अधिकतर कल्पित, स्वच्छंद और मार्मिक मार्ग पर चलनेवाली है। वनवास के समय पांडवों को मार्कंडेय ऋषि मिले जिन्होंने यह कथा सुनाई—

मथुरा के राजा चंद्रउदय को कोई संतति न थी। शिव की तपस्या करने पर उनके वर से राजा को सत्यवती नाम की एक कन्या हुई। वह जब कुमारी हुई तब नित्य एक सुंदर सरोवर में स्नान करके शिव का पूजन किया करती। इंद्रपति नामक एक राजा के चार पुत्र थे। एक दिन ऋतुवर्ण शिकार खेलते-खेलते घोर जंगल में भटक गया। एक स्थान पर उसे एक कल्पवृक्ष दिखाई पड़ा जिसकी शाखाएँ तीस कोस तक फैली थीं। उस पर चढ़ कर चारों ओर दृष्टि दौड़ाने पर उसे एक सुंदर सरोवर दिखाई पड़ा जिसमें कई कुमारियाँ स्नान कर रही थीं। वह जब उतर कर वहाँ गया तो सत्यवती को देख मोहित हो गया। कन्या का मन भी उसे देख कुछ डोल गया। ऋतुवर्ण जब उसकी ओर एकटक ताकता रह गया तब सत्यवती को क्रोध आ गया और उसने यह कह कर कि—

एक चित्त हमैं चितवै जस जोगी चित जोग।
धरम न जानसि पापी, कहसि कौन तैं लोग॥

शाप दिया कि 'तू कोढ़ी और व्याधिग्रस्त हो जा।'

ऋतुवर्ण वैसा ही हो गया और फूट-फूट कर रोने लगा—

रोवै व्याधि बहुत पुकारी। छोहन ब्रिछ रोवैं सब झारी॥
बाघ सिंह रोवत बन माहीं। रोवत पंछी बहुत ओनाहीं॥

यह व्यापक विलाप सुनकर सत्यवती उस कोढ़ी के पास जाती है; पर वह उसे यह कहकर हटा देता है कि 'तुम जाओ, अपना हँसो खेलो।' सत्यवती का पिता राजा एक दिन जब उधर से निकला तब कोढ़ी के शरीर से उठी दुर्गंध से व्याकुल हो गया। घर आकर उस दुर्गंध की शांति के लिये राजा ने बहुत दान पुण्य किया। जब राजा भोजन करने बैठा तब उसकी कन्या वहाँ न थी। राजा कन्या के बिना भोजन ही न करता था। कन्या को बुलाने जब राजा के दूत गए तब वह शिव की पूजा छोड़कर न आई। इस पर राजा ने क्रुद्ध होकर दूतों से कहा कि सत्यवती को जाकर उसी कोढ़ी को सौंप दो। दूतों का वचन सुनकर कन्या नीम की टहनी लेकर उस कोढ़ी की सेवा के लिये चल पड़ी और उससे कहा—

तोहि छाँड़ि अब मैं कित जाऊँ। माइ बाप सौंपा तुव ठाऊँ॥

कन्या प्रेम से उसकी सेवा करने लगी और एक दिन उसे कंधे पर बिठाकर सत्यवती तीर्थस्नान कराने ले गई, जहाँ बहुत से देवता, मुनि, किन्नर आदि निवास करते थे। वहाँ जाकर सत्यवती ने कहा, ''यदि मैं सच्ची सती हूँ तो रात हो जाय।'' इस पर चारों ओर घोर अंधकार छा गया। सब देवता तुरंत सत्यवती के पास दौड़े आए। सत्यवती ने उनसे ऋतुवर्ण को सुंदर शरीर प्राप्त करने का वर माँगा। व्याधिग्रस्त ऋतुवर्ण ने तीर्थ में स्नान किया और उसका शरीर निर्मल हो गया। देवताओं ने दोनों का विवाह करा दिया।

ईश्वरदास ने ग्रंथ के रचनाकाल का उल्लेख इस प्रकार किया है—

भादौं मास पाष उजियारा। तिथि नौमी औ मंगलवारा॥
नषत अस्विनी, मेष क चंदा। पंच जना सो सदा अनंदा॥
जोगिनीपुर दिल्ली बड़ थाना। साह सिकंदर बड़ सुलताना॥

कंठे बैठ सरसुती विद्या गनपति दीन्ह।
ता दिन कथा आरंभ यह इसरदास कवि कीन्ह॥

पुस्तक में पाँच-पाँच चौपाइयों (अर्द्धालियों) पर एक दोहा है। इस प्रकार ५८ दोहे पर यह समाप्त हो गई है। भाषा अयोध्या के आस-पास की ठीक ठेठ अवधी है। 'बाटै' (= है) का प्रयोग जगह-जगह है। यही अवधी भाषा, चौपाई, दोहे का क्रम और कहानी का रूप रंग सूफी कवियों ने ग्रहण किया। आख्यान काव्यों के लिये चौपाई दोहे की परंपरा बहुत पुराने (विक्रम की ११वीं शती के) जैन चरित काव्यों में मिलती है, इसका उल्लेख पहले हो चुका है[१]।

सूफियों के प्रेमप्रबंधों में खंडन-मंडन की बुद्धि को किनारे रखकर, मनुष्य के हृदय को स्पर्श करने का ही प्रयत्न किया गया है जिससे इनका प्रभाव हिंदुओं और मुसलमानों पर समान रूप से पड़ता है। बीच-बीच में रहस्यमय परोक्ष की ओर जो मधुर संकेत मिलते हैं वे बड़े हृदय ग्राही होते हैं। कबीर में जो रहस्यवाद मिलता है वह बहुत कुछ उन पारिभाषिक संज्ञाओं के आधार पर है जो वेदांत और हठयोग में निर्दिष्ट हैं। पर इन प्रेमप्रबंधकारों ने जिस रहस्यवाद का आभास बीच-बीच में दिया है, उसके संकेत स्वाभाविक और मर्मस्पर्शी हैं। शुद्ध प्रेममार्गी सूफी कवियों की शाखा में सबसे प्रसिद्ध जायसी हुए, जिनकी 'पद्मावत' हिंदी काव्यक्षेत्र में एक अद्‌भुत रत्न है। इस संप्रदाय के सब कवियों ने पूरबी हिंदी अर्थात् अवधी का व्यवहार किया है जिसमें गोस्वामी तुलसीदासजी ने अपना रामचरितमानस लिखा है।

अपना भावात्मक रहस्यवाद लेकर सूफी जब भारत में आए तब यहाँ उन्हें केवल साधनात्मक रहस्यवाद योगियों, रसायनियों और तांत्रिकों में मिला। रसेश्वरदर्शन का उल्लेख 'सर्वदर्शनसंग्रह' में है। जायसी आदि सूफी कवियों ने हठयोग और रसायन की कुछ बातों को भी कहीं-कहीं अपनी कहानियों में स्थान दिया है।

जैसा ऊपर कहा जा चुका है, भक्ति के उत्थानकाल के भीतर हिंदी भाषा में कुछ विस्तृत रचना पहले पहल कबीर की ही मिलती है, अतः पहले निर्गुण संप्रदाय की 'ज्ञानाश्रयी शाखा' का संक्षिप्त विवरण आगे दिया जाता है जिसमें सर्वप्रथम कबीरदासजी सामने आते हैं।

---

१. देखो, पृष्ठ २।

प्रकरण २

निर्गुण धारा

ज्ञानश्रयी शाखा

कबीर—इनकी उत्पत्ति के संबंध में अनेक प्रकार के प्रवाद प्रचलित हैं। कहते हैं, काशी में स्वामी रामानंद का एक भक्त ब्राह्मण था जिसकी किसी विधवा कन्या को स्वामी जी ने पुत्रवती होने का आशीर्वाद भूल से दे दिया। फल यह हुआ कि उसे एक बालक उत्पन्न हुआ जिसे वह लहरतारा के ताल के पास फेंक आई। अली या नीरू नाम का जुलाहा उस बालक को अपने घर उठा लाया और पालने लगा। यही बालक आगे चलकर कबीरदास हुआ। कबीर का जन्मकाल जेठ सुदी पूर्णिमा, सोमवार विक्रम संवत् १४५६ माना जाता है। कहते हैं कि आरंभ से ही कबीर में हिंदू भाव से भक्ति करने की प्रवृत्ति लक्षित होती थी जिसे उसे पालने वाले माता-पिता न दबा सके। वे 'राम राम' जपा करते थे और कभी-कभी माथे पर तिलक भी लगा लेते थे। इससे सिद्ध होता है कि उस समय में स्वामी रामानंद का प्रभाव खूब बढ़ रहा था और छोटे-बड़े, ऊँच-नीच, सब तृप्त हो रहे थे। अतः कबीर पर भी भक्ति का यह संस्कार बाल्यावस्था से ही यदि पड़ने लगा हो तो कोई आश्चर्य नहीं। रामानंदजी के माहात्म्य को सुनकर कबीर के हृदय में शिष्य होने की लालसा जगी होगी। ऐसा प्रसिद्ध है कि एक दिन वे एक पहर रात रहते ही उस (पंचगंगा) घाट की सीढ़ियों पर जा पड़े जहाँ से रामानंदजी स्नान करने के लिए उतरा करते थे। स्नान को जाते समय अंधेर में रामानंदजी का पैर कबीर के ऊपर पड़ गया। रामानंद जी बोल उठे 'राम राम कह'। कबीर ने इसी को गुरुमंत्र मान लिया और वे अपने को रामानंदजी का शिष्य कहने लगे। वे साधुओं का सत्संग भी रखते थे और जुलाहे का काम भी करते थे।

कबीरपंथ में मुसलमान भी हैं। उनका कहना है कि कबीर ने प्रसिद्ध सूफी मुसलमान फकीर शेख तकी से दीक्षा ली थी। वे उस सूफी फकीर को ही कबीर का गुरु मानते हैं।[१]

---

१. **ऊजी के पीर और शेख तकी चाहे कबीर के गुरु न रहे हों पर उन्होंने उनके सत्संग से बहुत सी बातें सीखीं इसमें कोई संदेह नहीं। कबीर ने शेख तकी का नाम लिया है पर उस आदर के साथ नहीं जिस आदर के साथ गुरु का नाम लिया जाता है; जैसे 'घट घट है अविनासी सुनहु तकी तुम शेख' इस वचन में कबीर ही शेख तकी को उपदेश देते जान पड़ते हैं। कबीर ने मुसलमान फकीरों का सत्संग किया था, इसका उल्लेख उन्होंने किया है। वे झूँसी, जौनपुर, माणिकपुर, आदि गये थे जो मुसलमान फकीरों के प्रसिद्ध स्थान थे।**

मानिकपुर हि कबीर बसेरी। मदहति सुनी शेख तकि केरी॥
ऊजी सुनी जौनपुर थाना। झूँसी सुनि पीरन के नामा॥

पर सबकी बातों का संचय करके भी अपने स्वभावानुसार वे किसी को ज्ञानी या बड़ा मानने को तैयार नहीं थे, सबको अपना ही वचन मानने को कहते थे—

शेख अकरदीं सकरदीं तुम मानहु वचन हमार।
आदि अंत औ जुग जुग देखहु दीठि पसारि॥

आरंभ से ही कबीर हिंदू भाव की उपासना की ओर आकर्षित हो रहे थे। अत: उन दिनों जब कि रामानंदजी की बड़ी धूम थी, अवश्य वे उनके सत्संग में भी सम्मिलित होते रहे होंगे। जैसा आगे कहा जायेगा, रामानुज की शिष्यपरंपरा में होते हुए भी रामानंदजी भक्ति का एक अलग उदार मार्ग निकाल रहे थे जिसमें जाति-पाँति का भेद और खानपान का आचार दूर कर दिया गया था। अत: इसमें कोई सन्देह नहीं कि कबीर को 'राम नाम' रामानंद जी से ही प्राप्त हुआ। पर आगे चलकर कबीर के 'राम' रामानंद के 'राम' से भिन्न हो गए। अत: कबीर को वैष्णव संप्रदाय के अंतर्गत नहीं ले सकते। कबीर ने दूर-दूर तक देशाटन किया, हठयोगियों तथा सूफी मुसलमान फकीरों का भी सत्संग किया। अत: उनकी प्रवृत्ति निर्गुण उपासना की ओर दृढ़ हुई। अद्वैतवाद के स्थूल रूप का कुछ परिज्ञान उन्हें रामानंद जी के सत्संग से पहले ही था। फल यह हुआ कि कबीर के राम धनुर्धर साकार राम नहीं रह गए; वे ब्रह्म के पर्याय हुए—

दसरथ सुत तिहुँ लोक बखाना।
राम नाम का मरम है आना॥

सारांश यह कि जो ब्रह्म हिंदुओं की विचारपद्धति में ज्ञानमार्ग का एक निरूपण था उसी को कबीर ने सूफियों के ढर्रे पर उपासना का ही विषय नहीं, प्रेम का भी विषय बनाया और उसकी प्राप्ति के लिए हठयोगियों की साधना का समर्थन किया। इस प्रकार उन्होंने भारतीय ब्रह्मवाद के साथ सूफियों के भावात्मक रहस्यवाद, हठयोगियों के साधनात्मक रहस्यवाद और वैष्णवों के अहिंसावाद तथा प्रपत्तिवाद का मेल करके अपना पंथ खड़ा किया। उनकी बानी में ये सब अवयव स्पष्ट लक्षित होते हैं।

यद्यपि कबीर की बानी 'निर्गुण बानी' कहलाती है पर उपासनाक्षेत्र में ब्रह्म निर्गुण नहीं बना रह सकता। सेव्य-सेवक-भाव में स्वामी में कृपा, क्षमा, औदार्य आदि गुणों का आरोप हो ही जाता है। इसीलिए कबीर के वचनों में कहीं तो निरुपाधि निर्गुण ब्रह्म सत्ता का संकेत मिलता है, जैसे—

पंडित मिथ्या करहु बिचारा। ना वह सृष्टि, न सिरजनहारा॥
जोति सरूप काल नहिं उहँवाँ, बचन न आहि सरीरा॥
थूल अथूल पवन नहिं पावक, रवि ससि धरनि न नीरा॥

और कहीं सर्ववाद की झलक मिलती है, जैसे—

आपुहि देवा आपुहि पाती। आपुहि कुल आपुहि है जाती॥

और कहीं सोपाधि ईश्वर की, जैसे—

साईं के सब जीव हैं कीरी कुंजर दोय।

सारांश यह कि कबीर में ज्ञानमार्ग की जहाँ तक बातें हैं वे सब हिंदू शास्त्रों की हैं जिनका संचय उन्होंने रामानंद जी के उपदेशों से किया। माया, जीव, ब्रह्म, तत्वमसि, आठ मैथुन (अष्टमैथुन), त्रिकुटी, छह रिपु इत्यादि शब्दों का परिचय उन्हें अध्ययन द्वारा नहीं, सत्संग द्वारा ही हुआ, क्योंकि वे, जैसा कि प्रसिद्ध है, कुछ पढ़े-लिखे न थे। उपनिषद् की ब्रह्मविद्या के संबंध में वे कहते हैं—

तत्वमसी इनके उपदेसा। ई उपनीसद कहैं संदेसा॥
जागबलिक औ जनक सँबादा। दत्तात्रेय वहै रस स्वादा॥

यहीं तक नहीं, वेदांतियों के कनक-कुंडल-न्याय आदि का व्यवहार भी इनके वचनों में मिलता है—

गहना एक कनक तें गहना, इन महँ भाव न दूजा।
कहन सुनन को दुइ करि थापिन, इक निमाज, इक पूजा॥

इसी प्रकार उन्होंने हठयोगियों के साधनात्मक रहस्यवाद के कुछ सांकेतिक शब्दों (जैसे, चंद, सूर, नाद, बिंदु, अमृत, औंधा कुआँ) को लेकर अद्‌भुत रूपक बाँधे हैं जो सामान्य जनता की बुद्धि पर पूरा आतंक जमाते हैं; जैसे—

सूर समाना चंद में दहूँ किया घर एक।
मन का चिंता तब भया कछू पुरबिला लेख॥
आकासे मुखि औंधा कुआँ पाताले पनिहारि।
ताका पाणी को हंसा पीवै बिरला आदि बिचारि॥

वैष्णव संप्रदाय से उन्होंने अहिंसा का तत्व ग्रहण किया जो कि पीछे होने वाले सूफी फकीरों को भी मान्य हुआ। हिंसा के लिए वे मुसलमानों को बराबर फटकारते रहे—

दिन भर रोजा रहत हैं राति हनत हैं गाय।
यह तो खून वह बंदगी, कैसे खुसी खुदाय॥
अपनी देखि करत नहिं अहमक, कहत हमारे बड़न किया।
उसका खून तुम्हारी गरदन, जिन तुमको उपदेश दिया॥
बकरी पाती खाति है ताको काढ़ी खाल।
जो नर बकरी खात हैं तिनका कौन हवाल॥

उपर्युक्त विवेचन से स्पष्ट है कि ज्ञानमार्ग की बातें कबीर ने हिंदू साधु, संन्यासियों से ग्रहण कीं जिनमें सूफियों के सत्संग से उन्होंने 'प्रेमतत्व' का मिश्रण किया और अपना एक अलग पंथ चलाया। उपासना के बाह्य स्वरूप पर आग्रह करने वाले और कर्मकांड की प्रधानता देने वाले पंडितों और मुल्लों दोनों को उन्होंने खरी-खरी सुनाई और राम रहीम की एकता समझ कर हृदय को शुद्ध और प्रेममय करने का उपदेश दिया। देशाचार और उपासनाविधि के कारण मनुष्य में जो भेदभाव उत्पन्न हो जाता है उसे दूर करने का प्रयास उनकी वाणी बराबर करती रही। यद्यपि वे पढ़े-लिखे न थे पर उनकी प्रतिभा बड़ी प्रखर थी जिससे उनके मुँह से बड़ी चुटीली और व्यंग्य-चमत्कार-पूर्ण बातें निकलती थीं। इनकी उक्तियों में विरोध और असंभव का चमत्कार लोगों को बहुत आकर्षित करता था, जैसे—

है कोई गुरुज्ञानी जगत महँ उलटि बेद बूझै।
पानी महँ पावक बरै, अंधहि आँखिन्ह सूझै॥
गाय तो नाहर को धरि खायो, हरिना खायो चीता।

अथवा—

नैया बिच नदिया डूबति जाय।

अनेक प्रकार के रूपकों और अन्योक्तियों द्वारा ही इन्होंने ज्ञान की बातें कही हैं जो नयी न होने पर भी वाग्वैचित्र्य के कारण अपढ़ लोगों को चकित किया करती थीं। अनूठी अन्योक्तियों

द्वारा ईश्वरप्रेम की व्यंजना सूफियों में बहुत प्रचलित थी। जिस प्रकार कुछ वैष्णवों में 'माधुर्य' भाव से उपासना प्रचलित हुई थी उसी प्रकार सूफियों में भी ब्रह्म को सर्वव्यापी प्रियतम या माशूक मानकर हृदय से उद्‌गार प्रदर्शित करने की प्रथा थी। इसको कबीरदास ने ग्रहण किया। कबीर की वाणी में स्थान-स्थान पर भावात्मक रहस्यवाद की जो झलक मिलती है, वह सूफियों के सत्संग का प्रसाद है। कहीं इन्होंने ब्रह्म को खसम या पति मानकर अन्योक्ति बाँधी है और कहीं स्वामी या मालिक, जैसे—

मुझको तूँ क्या ढूँढ़े बंदे मैं तो तेरे पास में।

अथवा

साईं के संग सासुर आई।
संग न सूती, स्वाद न जाना, गा जीवन सपने की नाई॥
जना चारि मिलि लगन सुधारो, जना पाँच मिलि माड़ो छायो।
भयो विवाह चली बिनु दूलह, बाट जात समधी समझाई॥

कबीर अपने श्रोताओं पर यह अच्छी तरह भासित करना चाहते थे कि हमने ब्रह्म का साक्षात्कार कर लिया है, इसी से वे प्रभाव डालने के लिए बड़ी लंबी-चौड़ी गर्वोक्तियाँ भी कभी-कभी कहते थे। कबीर ने मगहर में जाकर शरीर त्याग किया जहाँ इनकी समाधि अब तक बनी है। इनका मृत्युकाल संवत् १५७५ माना जाता है, जिसके अनुसार इनकी आयु १२० वर्ष की ठहरती है। कहते हैं कि कबीर की वाणी का संग्रह उनके शिष्य धर्मदास ने संवत् १५२१ में किया था जब कि उनके गुरु की अवस्था ६४ वर्ष की थी कबीर की वचनावली की सबसे प्राचीन प्रति, जिसका अब पता लगा है, संवत् १५६१ की लिखी है।

कबीर की वाणी का संग्रह बीजक के नाम से प्रसिद्ध है, जिसके तीन भाग किए गए हैं—रमैनी, सबद और साखी। इसमें वेदांततत्व, हिंदू मुसलमानों को फटकार, संसार की अनित्यता, हृदय की शुद्धि, प्रेमसाधना की कठिनता, माया की प्रबलता, मूर्तिपूजा, तीर्थाटन आदि की असारता, हज, नमाज, व्रत, आराधना की गौणता इत्यादि अनेक प्रसंग हैं। सांप्रदायिक शिक्षा और सिद्धांत के उपदेश मुख्यत: 'साखी' के भीतर हैं जो दोहों में हैं। इसकी भाषा सधुक्कड़ी अर्थात् राजस्थानी पंजाबी मिली खड़ी बोली है, पर 'रमैनी' और 'सबद' में गाने के पद हैं जिनमें काव्य की ब्रजभाषा और कहीं-कहीं पूरबी बोली का भी व्यवहार है। खुसरो के गीतों की भाषा भी हम ब्रज दिखा आए हैं इससे यह स्पष्ट हो जाता है कि गीतों के लिए काव्य की ब्रजभाषा भी स्वीकृति थी। कबीर का यह पद देखिए—

हौं बलि कब देखौंगी तोहि।
अहनिस आतुर दरसन कारनि ऐसी व्यापी मोहि।
नैन हमारे तुम्हको चाहैं, रती न मानै हारि॥
विरह अगिनि तन अधिक जरावै, ऐसी लेहु बिचारि।
सुनहु हमारी दादि गोसाईं, अब जनि करहु अधीर॥
तुम धीरज, मैं आतुर, स्वामी, काँचे भाँड़े नीर।
बहुत दिनन के बिछुरे माधौ, मन नहिं बाधैं धीर॥
देह छता तुम मिलहु कृपा करि आरतिवंत कबीर।

सूर के पदों की भी यही भाषा है।

भाषा बहुत परिष्कृत और परिमार्जित न होने पर भी कबीर की उक्तियों में कहीं-कहीं विलक्षण प्रभाव और चमत्कार है। प्रतिभा उनमें बड़ी प्रखर थी इसमें संदेह नहीं।

रैदास या रविदास—रामानंद जी के बारह शिष्यों में रैदास भी माने जाते हैं जो जाति के चमार थे। इन्होंने कई पदों में अपने को चमार कहा भी है, जैसे—

(१) कह रैदास खलास चमारा।

(२) ऐसी मेरी जाति विख्यात चमार।

ऐसा जान पड़ता है कि ये कबीर के बहुत पीछे स्वामी रामानंद के शिष्य हुए क्योंकि अपने एक पद में इन्होंने कबीर और सेन नाई दोनों के तरने का उल्लेख किया है—

नामदेव कबीर तिलोचन सधना सेन तरै।
कह रविदास, सुनहु रे संतहु ! हरि जिउ तें सबहि सरै।

कबीरदास के समान रैदास भी काशी के रहने वाले कहे जाते हैं। इनके एक पद से भी यही पाया जाता है—

जाके कुटुंब सब ढोर ढोवंत
फिरहिं अजहुँ बानारसी आसपासा।
आचार सहित बिप्र करहिं डंडउति
तिन तनै रविदास दासानुदासा॥

रैदास का नाम धन्ना और मीराबाई ने बड़े आदर के साथ लिया है।

रैदास की भक्ति भी निर्गुण ढाँचे की जान पड़ती है। कहीं तो वे अपने भगवान को सबमें व्यापक देखते हैं—

थावर जंगम कीट पतंगा पूरि रह्यो हरिराई।

और कहीं कबीर की तरह परात्पर की ओर संकेत करके कहते हैं—

गुन निर्गुन कहियत नहिं जाके।

रैदास का अपना अलग प्रभाव पँछाह की ओर जान पड़ता है। 'साधो' का एक संप्रदाय, जो फर्रुखाबाद और थोड़ा बहुत मिर्जापुर में भी पाया जाता है, रैदास की ही परंपरा में कहा जा सकता है, क्योंकि उसकी स्थापना (संवत् १६००) करने वाले बीरभान उदयदास के शिष्य थे और उदयदास रैदास के शिष्यों में माने जाते हैं।

रैदास का कोई ग्रंथ नहीं मिलता, फुटकल पद ही 'बानी' के नाम से, 'संतबानी सीरीज' में संग्रहीत हैं। चालीस पद तो 'आदि गुरु ग्रंथ साहब' में दिए गए हैं। कुछ पद नीचे उद्धृत किये जाते हैं—

दूध त बछरै थनह बिडारेउ। फुलु भँवर, जलु मीन बिगारेउ॥
माई, गोबिंद पूजा कहा लै चढ़ावउँ। अवरु त फूल अनूपु न पावउँ॥
मलयागिरिवै रहै हैं भुअंगा। विषु अमृत बसहीं इक संगा॥
तन मन अरपउँ पूज चढ़ावउँ। गुरु परसादि निरंजन पावउँ॥
पूजा अरचा आहि न तोरी। कह रविदास कवनि गति मोरी॥

अखिल खिलै नहिं, का कह पंडित, कोई न कहै समुझाई।
अबरन बरन रूप नहिं जाके कहँ लौ लाइ समाई।
चंद सूर नहिं, राति दिवस नहिं, धरनि अकास न भाई॥
करम अकरम नहिं, सुभ असुभ नहिं, का कहि देहुँ बड़ाई॥

जब हम होते तब तू नाहीं, अब तू ही, मैं नाहीं।
अतल अगम जैसे लहरि मइ उदधि, जल केवल जलमाहीं॥

माधव क्या कहिए प्रभु ऐसा, जैसा मानिए होइ न तैसा।
नरपति एक सिंहासन सोइया, सपने भया भिखारी॥
अछत राज बिछुरत दुखु पाइया, सो गति भई हमारी।

धर्मदास—ये बाँधवगढ़ के रहनेवाले और जाति के बनिए थे। बाल्यावस्था में ही इनके हृदय में भक्ति का अंकुर था और ये साधुओं का सत्संग, दर्शन, पूजा, तीर्थाटन आदि किया करते थे। मथुरा से लौटते समय कबीरदास के साथ इनका साक्षात्कार हुआ। उन दिनों संत समाज में कबीर की पूरी प्रसिद्धि हो चुकी थी। कबीर के मुख से मूर्तिपूजा, तीर्थाटन, देवार्चन आदि का खंडन सुनकर इनका झुकाव 'निर्गुण' संतमत की ओर हुआ। अंत में ये कबीर से सत्य नाम की दीक्षा लेकर उनके प्रधान शिष्यों में हो गये और संवत् १५७५ में कबीरदास के परलोकवास पर उनकी गद्दी इन्हीं को मिली। कबीरदास के शिष्य होने पर इन्होंने अपनी सारी संपत्ति, जो बहुत अधिक थी, लुटा दी। ये कबीरदास की गद्दी पर बीस वर्ष के लगभग रहे और अत्यंत वृद्ध होकर इन्होंने शरीर छोड़ा। इनकी शब्दावली का भी संतों में बड़ा आदर है। इनकी रचना थोड़ी होने पर भी कबीर की अपेक्षा अधिक सरल भाव लिए हुए है, उसमें कठोरता और कर्कशता नहीं है। इन्होंने पूरबी भाषा का ही व्यवहार किया है। इनकी अन्योक्तियों के व्यंजक चित्र अधिक मार्मिक हैं क्योंकि इन्होंने खंडन-मंडन से विशेष प्रयोजन न रख प्रेमतत्व को लेकर अपनी वाणी का प्रसार किया है। उदाहरण के लिये कुछ पद नीचे दिए जाते हैं—

झरि लागै महलिया गगन घहराय।
खन गरजै, खन बिजुली चमकै, लहरि उठै सोभा बरनि न जाय।
सुन्न महल से अमृत बरसै, प्रेम अनंद ह्वै साधु नहाय॥
खुली केवरिया, मिटी अंधियरिया, धनि सतगुरु जिन दिया लखाय।
धरमदास बिनवै कर जोरी, सतगुरु चरन में रहत समाय॥

मितऊ मड़ैया सूनी करि गैलो॥
अपना बलम परदेश निकरि गैलो, हमरा के किछुवौ न गुन दै गैलो।
जोगिन होइके मैं वन वन ढूँढ़ौ, हमरा के बिरह बैराग दै गैलो॥

सँग की सखी सब पार उतरि गइलो, हम धनि ठाढ़ि अकेली रहि गैलो।
धरमदास यह अरजु करतु है, सार सबद सुमिरन दै गैलो॥

गुरुनानक—गुरुनानक का जन्म सं० १५२६ कार्तिकी पूर्णिमा के दिन तिलवंडी ग्राम जिला लाहौर में हुआ। इनके पिता कालूचंद खत्री जिला लाहौर, तहसील शरकपुर के तिलवंडी नगर के सूबा बुलार पठान के कारिंदा थे। इनकी माता का नाम तृप्ता था। नानकजी बाल्यावस्था से ही अत्यंत साधु स्वभाव के थे। संवत् १५४५ में इनका विवाह गुरुदासपुर के मूलचंद खत्री की कन्या सुलक्षणी से हुआ। सुलक्षणी से इनके दो पुत्र श्रीचंद और लक्ष्मीचंद हुए। श्रीचंद आगे चलकर उदासी संप्रदाय के प्रवर्तक हुए।

पिता ने इन्हें व्यवसाय में लगाने का बहुत उद्योग किया, पर ये सांसारिक व्यवहारों में दत्तचित्त न हुए। एक बार इनके पिता ने इन्हें व्यवसाय के लिए कुछ धन दिया जिसको इन्होंने साधुओं और गरीबों में बाँट दिया। पंजाब में मुसलमान बहुत दिनों से बसे थे जिससे वहाँ उनके कट्टर एकेश्वरवाद का संस्कार धीरे-धीरे प्रबल हो रहा था। लोग बहुत से देवी-देवताओं की उपासना की अपेक्षा एक ईश्वर की उपासना को महत्व और सभ्यता का चिह्न समझने लगे थे। शास्त्रों के पठन-पाठन का क्रम मुसलमानों के प्रभाव से प्राय: उठ गया था जिससे धर्म और उपासना के गूढ़ तत्व को समझने की शक्ति नहीं रह गई थी। अत: जहाँ बहुत से लोग जबर्दस्ती मुसलमान बनाये जाते थे वहाँ कुछ लोग शौक से भी मुसलमान बनते थे। ऐसी दशा में कबीर द्वारा प्रवर्तित 'निर्गुण संतमत' एक बड़ा भारी सहारा समझ पड़ा।

गुरुनानक आरंभ ही से भक्त थे अत: उनका ऐसे मत की ओर आकर्षित होना स्वाभाविक था, जिसकी उपासना का स्वरूप हिंदुओं और मुसलमानों दोनों को समान रूप से ग्राह्य हो। उन्होंने घर बार छोड़ बहुत दूर-दूर के देशों में भ्रमण किया जिससे उपासना का सामान्य स्वरूप स्थिर करने में उन्हें बड़ी सहायता मिली। अंत में कबीरदास की निर्गुण उपासना का प्रचार उन्होंने पंजाब में आरम्भ किया और वे सिख संप्रदाय के आदि गुरु हुए। कबीरदास के समान वे भी कुछ विशेष पढ़े-लिखे न थे। भक्तिभाव से पूर्ण होकर वे जो भजन गाया करते थे उनका संग्रह (संवत् १६६१) ग्रंथ साहब में किया गया है। ये भजन कुछ तो पंजाबी भाषा में हैं और कुछ देश की सामान्य काव्यभाषा हिंदी में हैं। यह हिंदी कहीं तो देश की काव्यभाषा या ब्रजभाषा है। कहीं खड़ी बोली जिसमें इधर-उधर पंजाबी के कुछ रूप भी आ गए हैं, जैसे—चल्या, रह्या। भक्त या विनय के सीधे-सादे भाव सीधी सादी भाषा में कहे गए हैं, कबीर के समान अशिक्षितों पर प्रभाव डालने के लिए टेढ़े-मेढ़े रूपकों में नहीं। इससे इनकी प्रकृति की सरलता और अहंभावशून्यता का परिचय मिलता है। इनका देहांत संवत् १५९६ में हुआ। संसार की अनित्यता भगवद्भक्ति और संत स्वभाव के संबंध में उदाहरणस्वरूप दो पद दिए जाते हैं—

इस दम दा मैनूँ कीबे भरोसा, आया आया न आया न आया।
यह संसार रैन दा सुपना, कहीं देखा, कहीं नाहि दिखाया॥
सोच विचार करे मत मन मैं जिसने ढूँढ़ा उसने पाया।
नानक भक्तन दे पद परसे निसदिन राम चरन चित लाया॥

जो नर दुख में दुख नहिं मानै।
सुख सनेह अरु भय नहिं जाके, कंचन माटी जानै॥
नहिं निंदा नहिं अस्तुति जाके, लोभ मोह अभिमाना।
हरष सोक तें रहै नियारो, नाहि मान अपमाना॥
आसा मनसा सकल त्यागि कै जग तें रहै निरासा।
काम क्रोध जेहि परसे नाहि न तेहिं घट ब्रह्म निवासा॥
गुरु किरपा जेहि नर पै कीन्हीं तिन्ह यह जुगुति पिछानी।
नानक लीन भयो गोबिंद सों ज्यों पानी सँग पानी॥

दादूदयाल—यद्यपि सिद्धांत दृष्टि से दादू कबीर के मार्ग के ही अनुयायी हैं पर उन्होंने अपना एक अलग पंथ चलाया, जो 'दादूपंथ' के नाम से प्रसिद्ध हुआ। दादूपंथी लोग इनका जन्म संवत् १६०१ में गुजरात के अहमदाबाद नामक स्थान में मानते हैं। इनकी जाति के संबंध में भी मतभेद है। कुछ लोग गुजराती ब्राह्मण मानते हैं और इन्हें कुछ लोग मोची या धुनिया। कबीर साहब की उत्पत्ति कथा से मिलती-जुलती दादूदयाल की उत्पत्ति कथा भी दादूपंथी लोग कहते हैं। उनके अनुसार दादू बच्चे के रूप में साबरमती नदी में बहते हुए लादीराम नामक एक नागर ब्राह्मण को मिले थे। चाहे जो हो, अधिकतर ये नीची जाति के ही माने जाते हैं। दादूदयाल का गुरु कौन था, यह ज्ञान नहीं। पर कबीर का इनकी बानी में बहुत जगह नाम आया है और इसमें कोई संदेह नहीं कि ये उन्हीं के मतानुयायी थे।

दादूदयाल १४ वर्ष तक आमेर में रहे। वहाँ मारवाड़, बीकानेर आदि स्थानों में घूमते हुए संवत् १६५९ में नराना में (जयपुर से २० कोस दूर) आकर रह गए। वहाँ से तीन-चार कोस पर भराने की पहाड़ी है। वहाँ भी ये अंतिम समय में कुछ दिनों तक रहे और वहीं संवत् १६६० में शरीर छोड़ा। वह स्थान दादूपंथियों का प्रधान अड्डा है और दादूजी के कपड़े और पोथियाँ अब तक रखी हैं और निर्गुणपंथियों के समान दादूपंथी लोग भी अपने को निरंजन निराकार का उपासक बताते हैं। ये लोग न तिलक लगाते हैं, न कंठी पहनते हैं, साथ में एक सुमिरनी रखते हैं और 'सत्तराम' कहकर अभिवादन करते हैं।

दादू की बानी अधिकतर कबीर की साखी से मिलते-जुलते दोहों में है, कहीं-कहीं गाने के पद भी हैं। भाषा मिली-जुली पच्छिमी हिंदी है जिसमें राजस्थानी का मेल भी है। इन्होंने कुछ पद गुजराती, राजस्थानी और पंजाबी में भी कहे हैं। कबीर के समान पूरबी हिंदी का व्यवहार इन्होंने नहीं किया है। इनकी रचना में अरबी-फारसी के शब्द अधिक आए हैं और प्रेमतत्व की व्यंजना अधिक है। घर के भीतर के रहस्यप्रदर्शन की प्रवृत्ति इनमें बहुत कम है। दादू की बानी में यद्यपि उक्तियों का वह चमत्कार नहीं है जो कबीर की बानी में मिलता है, पर प्रेमभाव का निरूपण अधिक सरस और गंभीर है। कबीर के समान खंडन और वादविवाद में इन्हें रुचि नहीं थी। इनकी बानी में भी वे ही प्रसंग हैं, जो निर्गुणमार्गियों की बानियों में साधारणतया आया करते हैं; जैसे—ईश्वर की व्यापकता, सतगुरु की महिमा, जाति-पाँति का निराकरण, हिंदू मुसलमानों का अभेद, संसार की अनित्यता, आत्मबोध इत्यादि। इनकी रचना का कुछ अनुमान नीचे उद्धृत पद्यों से हो सकता है—

घीव दूध में रमि रह्या व्यापक सब ही ठौर।
दादू बकता बहुत है, मथि काढ़ै ते और॥

यह मसीत यह देहरा सतगुरु दिया दिखाइ।
भीतर सेवा बंदगी बाहिर काहे जाइ॥
दादू देख दयाल को सकल रहा भरपूर।
रोम रोम में रमि रह्या तू जनि जानै दूर॥
केते पारखि पचि मुए कीमति कही न जाइ।
दादू सब हैरान हैं गूँगे का गुड़ खाइ॥
जब मन लागे राम सों तब अनत काहे को जाइ।
दादू पाणी लूण ज्यों ऐसे रहै समाइ॥

भाई रे! ऐसा पंथ हमारा।
द्वै पख रहित पंथ गह पूरा अबरन एक अधारा।
बाद बिबाद काहु सौं नाहीं मैं हूं जग थें न्यारा॥
समदृष्टि सूँ भाई सहज में आपहिं आप बिचारा।
मैं, तैं, मेरी यह मति नाहीं निरबैरी निरविकारा॥
काम कल्पना कदे न कीजै पूरन ब्रह्म पियारा।
एहि पथि पहुँचि पार गहि दादू, सो तब सहज संभारा॥

सुंदरदास—ये खंडेलवाल बनिए थे और चैत्र शुक्ल ९, संवत् १६५३ में द्यौसा नामक स्थान (जयपुर राज्य) में उत्पन्न हुए थे। इनके पिता का नाम परमानंद और माता का नाम सती था। जब ये ६ वर्ष के थे तब दादूदयाल द्यौसा में गए थे। तभी से ये दादूदयाल के शिष्य हो गए और उनके साथ रहने लगे। संवत् १६६० में दादूदयाल का देहांत हुआ। तब तक ये नराना में रहे। फिर जगजीवन साधु के साथ अपने जन्मस्थान द्यौसा में आ गए। वहाँ संवत् १६६३ तक रहकर फिर जगजीवन के साथ काशी चले आए। वहाँ तीस वर्ष की अवस्था तक ये संस्कृत व्याकरण, वेदांत और पुराण आदि पढ़ते रहे। संस्कृत के अतिरिक्त ये फारसी भी जानते थे। काशी से लौटने पर ये राजपूताने के फतहपुर (शेखावाटी) नामक स्थान पर आ रहे। वहाँ के नवाब अलिफ खाँ इन्हें बहुत मानते थे। इनका देहांत कार्तिक शुक्ल ८, संवत् १७४६ को साँगानेर में हुआ।

इनका डीलडौल बहुत अच्छा, रंग गोरा और रूप बहुत सुंदर था। स्वभाव अत्यंत कोमल और मृदुल था। ये बालब्रह्मचारी थे और स्त्री की चर्चा से सदा दूर रहते थे। निर्गुणपंथियों में यही एक ऐसे व्यक्ति हुए हैं, जिन्हें समुचित शिक्षा मिली थी और जो काव्यकला की रीति आदि से अच्छी तरह परिचित थे। अत: इनकी रचना साहित्यिक और सरस है। भाषा भी काव्य की मँजी हुई ब्रज भाषा है। भक्ति और ज्ञानचर्चा के अतिरिक्त नीति और देशाचार आदि पर भी इन्होंने बड़े सुंदर पद कहे हैं। और संतों ने केवल गाने के पद और दोहे कहे हैं, पर इन्होंने सिद्धहस्त कवियों के समान बहुत से कवित्त और सवैये रचे हैं। यों तो छोटे-मोटे इनके अनेक ग्रंथ हैं पर सुंदरविलाप ही सबसे अधिक प्रसिद्ध है, जिसमें कवित्त सवैये ही अधिक हैं। इन कवित्त सवैयों में यमक, अनुप्रास और अर्थालंकार आदि की योजना बराबर मिलती है। इनकी रचना काव्यपद्धति के अनुसार होने के कारण और संतों की रचना से भिन्न दिखाई

पड़ती है। संत तो ये थे ही, पर कवि भी थे। इससे समाज की रीति नीति पर इनकी बड़ी विनोदपूर्ण उक्तियाँ हैं, जैसे गुजराज पर—आभड़छीत अतीत सों होत बिलार और कूकर चाटत हाँडी, मारवाड़ पर—'वृच्छ न नीरन उत्तम चीर सुदेसन में गत देस है 'मारू', दक्षिण पर—'राँधत प्याज, बिगारत नाज, न आवत लाज, करै सब भच्छन'; पूरब देश पर—'ब्राह्मन क्षत्रिय वैसरु सूदर चारोइ बर्न के मच्छ बघारत।

इनकी रचना के कुछ नमने नीचे दिए जाते हैं—

गेह तज्यो अरु नेह तज्यो पुनि खेह लगाइ कै देह संवारी।
मेह सहे सिर, सीत सहे तन, धूप समै जो पंचागिनि बारी।
भूख सही रहि रूख तरे, पर सुंदरदास सबै दुख भारी।
डासन छाँड़िकै कासन ऊपर आसन मार्‌यो, तै आस न मारी॥

व्यर्थ की तुकबंदी और ऊटपटाँग बानी इनको रुचिकर न थी। इसका पता इनके इस कवित्त से लगता है—

बोलिए तौ तब जब बोलिबे की बुद्धि होय,
न तौ मुख मौन गहि चुप होय रहिए।
जोरिए तो तब जब जोरिबै को रीति जानै,
तुक छंद अरथ अनूप जामे लहिए॥
गाइए तौ तब जब गाइबे को कंठ होय,
श्रवन के सुनतहीं मनै जाय गहिए।
तुकभंग, छंदभंग, अरथ मिलै न कछु,
सुंदर कहत ऐसी बानी नहिं कहिए॥

सुशिक्षा द्वारा विस्तृत दृष्टि प्राप्त होने से इन्होंने और निर्गुणवादियों के समान लोकधर्म की उपेक्षा नहीं की है। पातिव्रत का पालन करने वाली स्त्रियों, रणक्षेत्र में कठिन कर्तव्य का पालन करने वाले शूरवीरों आदि के प्रति इनके विशाल हृदय के सम्मान के लिए पूरी जगह थी। दो उदाहरण अलम् हैं—

पति ही सूँ प्रेम होय, पति ही सूँ नेम होय,
पति ही सूँ छेम होय, पति ही सूँ रत है।
पति ही जज्ञ जोग, पति ही है रस भोग,
पति ही सूँ मिटै सोग, पति ही को जत है॥
पति ही है ज्ञान ध्यान, पति ही है पुन्य दान,
पति ही है तीर्थ, न्हान, पति ही को मत है।
पति बिनु पति नाहिं, पति बिनु गति नाहिं,
सुंदर सकल बिधि एक पतिब्रत है॥
सुनत नगारे चोट बिगसै कमलमुख,
अधिक उछाह फूल्यो मात है न तन में।

फेरै जब साँग तब कोउ नहीं धीर धरै,
कायर कँपायमान होत देखि मन में।
कूदि कै पतंग जैसे परत पावक माहिं,
ऐसे टूटि परै बहु सावँत के गन में।
मारि घमसान करि सुंदर जुहारै श्याम,
सोई सूरबीर रुपि रहै जाय रन में॥

इसी प्रकार इन्होंने जो सृष्टि तत्व आदि कहे हैं वे भी औरों के समान मनमाने और ऊटपटांग नहीं हैं, शास्त्र के अनुकूल हैं। उदाहरण के लिए नीचे का पद लीजिए जिसमें ब्रह्म के आगे और सब क्रम सांख्य के अनुकूल है—

ब्रह्म तें पुरुष अरु प्रकृति प्रगट भई,
प्रकृति तें महत्तत्व, पुनि अहंकार है।
अहंकार हू तें तीन गुण सत, रज, तम,
तमहू तें महाभूत विषय पसार है॥
रजहू तें इंद्री दस पृथक् पृथक् भई,
सत्तहू तें मन, आदि देवता विचार है।
ऐसे अनुक्रम करि शिष्य सूँ कहत गुरु,
सुंदर सकल यह मिथ्या भ्रमजार है॥

मलूकदास—मलूकदास का जन्म लाला सुंदरदास खत्री के घर में वैशाख कृष्ण ५, संवत् १६३१ में कड़ा, जिला इलाहाबाद में हुआ। इनकी मृत्यु १०८ वर्ष की अवस्था में संवत् १७३९ में हुई। ये औरंगजेब के समय में दिल के अंदर खोजने वाले निर्गुण मत के नामी संतों में हुए हैं और इनकी गद्दियाँ कड़ा, जयपुर, गुजरात, मुलतान, पटना, नैपाल और काबुल तक में कायम हुईं। इनके संबंध में बहुत से चमत्कार या करामातें प्रसिद्ध हैं। कहते हैं कि एक बार इन्होंने एक डूबते हुए शाही जहाज को पानी के ऊपर उठाकर बचा लिया था और रुपयों का तोड़ा गंगाजी में तैरा कर कड़े से इलाहाबाद भेजा था।

आलसियों का यह मूल मंत्र—

अजगर करे न चाकरी, पंछी करे न काम।
दास मलूका कहि गए, सबको दाता राम॥

इन्हीं का है। इनकी दो पुस्तकें प्रसिद्ध हैं—रत्नखान और ज्ञानबोध। हिंदुओं और मुसलमानों दोनों को उपदेश देने में प्रवृत्त होने के कारण दूसरे निर्गुणमार्गी संतों के समान इनकी भाषा में भी फारसी और अरबी शब्दों का प्रयोग है। इसी दृष्टि से बोलचाल की खड़ी बोली का पुट इन सब संतों की बानी में एक सा पाया जाता है। इन सब लक्षणों के होते हुए भी इनकी भाषा सुव्यवस्थित और सुन्दर है। कहीं-कहीं अच्छे कवियों का सा पदविन्यास और कवित्त आदि छंद भी पाए जाते हैं। कुछ पद बिलकुल खड़ी बोली में हैं। आत्मबोध, वैराग्य, प्रेम आदि पर इनकी बानी बड़ी मनोहर है। दिग्दर्शन मात्र के लिए कुछ पद्य नीचे दिए जाते हैं—

अब तो अजपा जपु मन मेरे।
सुर नर असुर टहलुआ जाके मुनि गंधव हैं जाके चेरे।
दस औतारि देखि मत भूलौ, ऐसे रूप घनेरे॥
अलख पुरुष के हाथ बिकाने जब तैं नैननि हेरे।
कह मलूक तू चेत अचेता काल न आवै नेरे॥
नाम हमारा खाक है, हम खाकी बंदे।
खाकहि से पैदा किए अति गाफिल गंदे॥
कबहूँ न करते बंदगी, दुनिया में भूले।
आसमान को ताकते, घोड़े चढ़ फूले॥
सबहिन के हम सबै हमारे। जीव जंतु मोहिं लगैं पियारे॥
तीनों लोक हमारी माया। अंत कतहुँ से कोइ नहिं पाया॥
छत्तिस पवन हमारी जाति। हमहीं दिन और हमहीं राति॥
हमहीं तरवर कीट पतंगा। हमहीं दुर्गा हमहीं गंगा॥
हमहीं मुल्ला हमहीं काजी। तीरथ बरत हमारी बाजी॥
हमहीं दसरथ हमहीं राम। हमरै क्रोध औ हमरै काम॥
हमहीं रावन हमहीं कंस। हमहीं मारा अपना बंस॥

अक्षर अनन्य—संवत् १७१० में इनके वर्तमान रहने का पता लगता है। ये दतिया रियासत के अन्तर्गत सेनुहरा के कायस्थ थे और कुछ दिनों तक दतिया के राजा पृथ्वीचंद के दीवान थे। पीछे ये विरक्त होकर पन्ना में रहने लगे। प्रसिद्ध छत्रसाल इनके शिष्य हुए। एक बार ये छत्रसाल से किसी बात पर अप्रसन्न होकर जंगल में चले गए। पता लगने पर जब महाराज छत्रसाल क्षमाप्रार्थना के लिए इनके पास गए तब इन्हें एक झाड़ी के पास खूब पैर फैलाकर लेटे हुए पाया। महाराज ने पूछा 'पाँव पसारा कब से?' चट से उत्तर मिला—'हाथ समेटा जब से'। ये विद्वान थे और वेदांत के अच्छे ज्ञाता थे। इन्होंने योग और वेदांत पर कई ग्रंथ—राजयोग, विज्ञानयोग, ध्यानयोग, सिद्धांतबोध, विवेकदीपिका, ब्रह्मज्ञान, अनन्य प्रकाश आदि लिखे और दुर्गा सप्तशती का भी हिंदी पद्यों में अनुवाद किया। राजयोग के कुछ पद्य नीचे दिए जाते हैं—

यह भेद सुनौ पृथिचंदराय। फल चारहु को साधन उपाय॥
यह लोक सधै सुख पुत्र बाम। परलोक नसै बस नरक धाम॥
परलोक लोक दोउ सधै जाय। सोइ राजजोग सिद्धांत आय॥
निज राजजोग ज्ञानी करंत। हठि मूढ़ धर्म साधत अनंत॥

जैसा कि ऊपर कहा जा चुका है निर्गुणमार्गी संत कवियों की परंपरा में थोड़े ही ऐसे हुए हैं, जिनकी रचना साहित्य के अंतर्गत आ सकती है। शिक्षितों का समावेश कम होने से इनकी बानी अधिकतर सांप्रदायिकों के ही काम की है, उसमें मानव जीवन की भावनाओं की वह विस्तृत व्यंजना नहीं है जो साधारण जनसमाज को आकर्षित कर सके। इस प्रकार के संतों की परंपरा यद्यपि बराबर चलती रही थी और एक नये पंथ निकलते रहे पर देश के सामान्य

साहित्य पर उनका कोई प्रभाव न रहा। दादूदयाल की शिष्य परंपरा में जगजीवनदास या जगजीवन साहब हुए जो संवत् १८१८ के लगभग वर्तमान थे। ये चंदेल ठाकुर थे और कोटवा (बाराबंकी) के निवासी थे। इन्होंने अपना एक अलग 'सत्यनामी' संप्रदाय चलाया। इनकी बानी में साधारण ज्ञान चर्चा है। इनके शिष्य दूलमदास हुए जिन्होंने एक शब्दावली लिखी। उनके शिष्य तोंवरदास और पहलवानदास हुए। तुलसी साहब, गोविंद साहब, भीखा साहब, पलटू साहब आदि अनेक संत हुए हैं। प्रयाग के वेलवेडियर प्रेस ने इस प्रकार के बहुत से संतों की बानियाँ प्रकाशित की हैं।

निर्गुणपंथ के संतों के संबंध में यह अच्छी तरह समझ रखना चाहिए कि उनमें कोई दार्शनिक व्यवस्था दिखाने का प्रयत्न व्यर्थ है। उनपर द्वैत, अद्वैत, विशिष्टाद्वैत आदि का आरोप करके वर्गीकरण करना दार्शनिक पद्धति की अनभिज्ञता प्रकट करेगा। उनमें जो थोड़ा बहुत भेद दिखाई पड़ेगा वह उन अवयवों की न्यूनता या अधिकता के कारण जिनका मेल करके निर्गुण पंथ चला है। जैसे, किसी में वेदांत के ज्ञानतत्व का अवयव अधिक मिलेगा, किसी में योगियों के साधनातत्व का, किसी में सूफियों के मधुर प्रेमतत्व का और किसी में व्यावहारिक ईश्वरभक्ति (कर्ता, पिता, प्रभु की भावना से युक्त) का। यह दिखाया जा चुका है कि निर्गुणपंथ में जो थोड़ा बहुत ज्ञानपक्ष है वह वेदांत से लिया हुआ है; जो प्रेमतत्व है, वह सूफियों का है, न कि वैष्णवों का[१]। 'अहिंसा' और 'प्रपत्ति' के अतिरिक्त वैष्णवत्व का और कोई अंश उसमें नहीं है। उसके 'सुरति' और 'निरति' शब्द बौद्ध सिद्धों के हैं। बौद्धधर्म के अष्टांग मार्ग हैं—सम्यक् स्मृति और सम्यक् समाधि। 'सम्यक् स्मृति' वह दशा है जिसमें क्षण-क्षण पर मिटनेवाला ज्ञान स्थिर हो जाता है और उसकी शृंखला बँध जाती है। 'समाधि' में साधक सब संवेदनों से परे हो जाता है। अतः 'सुरति', 'निरति' शब्द योगियों की बानियों से आए हैं, वैष्णवों से उनका कोई संबंध नहीं।

---

१. देखो, पृ० ४२-४३।

प्रकरण ३

निर्गुणधारा

प्रेममार्गी (सूफी) शाखा

जैसा कि पहले कहा जा चुका है, इस काल के निर्गुणोपासक भक्तों की दूसरी शाखा उन सूफी कवियों की है जिन्होंने प्रेमगाथाओं के रूप में उस प्रेमतत्व का वर्णन किया है जो ईश्वर को मिलानेवाला है तथा जिसका आभास लौकिक प्रेम के रूप में मिलता है। इस संप्रदाय के साधु कवियों का अब वर्णन किया जाता है—

कुतबन—ये चिश्ती वंश के शेख बुरहान के शिष्य थे और जौनपुर के बादशाह हुसैनशाह के आश्रित थे। अतः इनका समय विक्रम की सोलहवीं शताब्दी का मध्यभाग (संवत् १५५०) था। इन्होंने 'मृगावती' नाम की एक कहानी चौपाई दोहे के क्रम से सन् ९०९ हिजरी (संवत् १५५८) में लिखी जिसमें चंद्रनगर के राजा गणपतिदेव के राजकुमार और कंचनपुर के राजा रूपमुरारि की कन्या मृगावती की प्रेमकथा का वर्णन है। इस कहानी के द्वारा कवि ने प्रेममार्ग के त्याग और कष्ट का निरूपण करके साधक के भगवत्प्रेम का स्वरूप दिखाया है। बीच-बीच में सूफियों की शैली पर बड़े सुंदर रहस्यमय आध्यात्मिक आभास है।

कहानी का सारांश यह है—चंद्रगिरि के राजा गणपतिदेव का पुत्र कंचननगर के राजा रूपमुरारि की मृगावती नाम की राजकुमारी पर मोहित हुआ। यह राजकुमारी उड़ने की विद्या जानती थी। अनेक कष्ट झेलने के उपरांत राजकुमार उसके पास तक पहुँचा। पर एक दिन मृगावती राजकुमार को धोखा देकर कहीं उड़ गई। राजकुमार उसकी खोज में योगी होकर निकल पड़ा। समुद्र से घिरी एक पहाड़ी पर पहुँचकर उसने रुक्मिनी नाम की एक सुंदरी को एक राक्षस से बचाया। उस सुंदरी के पिता ने राजकुमार के साथ उसका विवाह कर दिया। अंत में राजकुमार उस नगर में पहुँचा जहाँ अपने पिता की मृत्यु पर राजसिंहासन पर बैठकर मृगावती राज्य कर रही थी। वहाँ वह १२ वर्ष रहा। पता लगाने पर राजकुमार के पिता ने घर बुलाने के लिये दूत भेजा। राजकुमार पिता का सँदेसा पाकर मृगावती के साथ चल पड़ा और उसने मार्ग में रुक्मिनी को भी ले लिया। राजकुमार बहुत दिनों तक आनंदपूर्वक रहा पर अंत में आखेट के समय हाथी से गिरकर मर गया। उसकी दोनों रानियाँ प्रिय के मिलने की उत्कंठा में बड़े आनंद के साथ सती हो गईं—

रुकमिनि पुनि वैसहि मरि गई। कुलवंती सत सों सति भई॥
बाहर वह भीतर वह होई। घर बाहर को रहै न जोई॥
विधि का चरित न जानै आनू। जो सिरजा सो जाहि निआनू॥

मंझन—इनके संबंध में कुछ भी ज्ञान नहीं है। केवल इनकी रची मधुमालती की एक खंडित प्रति मिली है जिसमें इनकी कोमल कल्पना और स्निग्धसहृदयता का पता लगता है।

मृगावती के समान मधुमालती में भी पाँच चौपाइयों (अर्द्धालियों) के उपरांत एक दोहे का क्रम रखा गया। पर मृगावती की अपेक्षा इसकी कल्पना भी विशद है और वर्णन भी अधिक विस्तृत और हृदयग्राही है। आध्यात्मिक प्रेमभाव की व्यंजना के लिये प्रकृति के भी अधिक दृश्यों का समावेश मंझन ने किया है। कहानी भी कुछ अधिक जटिल और लंबी है जो अत्यंत संक्षेप में नीचे दी जाती है—

कनेसर नगर के राजा सूरजभान के पुत्र मनोहर नामक एक सोए हुए राजकुमार को अप्सराएँ रातोंरात महारस नगर की राजकुमारी मधुमालती की चित्रसारी में रख आईं। वहाँ जागने पर दोनों का साक्षात्कार हुआ और दोनों एक दूसरे पर मोहित हो गए। पूछने पर मनोहर ने अपना परिचय दिया और कहा—'मेरा अनुराग तुम्हारे ऊपर कई जन्मों का है इससे जिस दिन मैं इस संसार में आया उसी दिन से तुम्हारा प्रेम मेरे हृदय में उत्पन्न हुआ।' बातचीत करते-करते दोनों एक साथ सो गए और अप्सराएँ राजकुमार को उठाकर फिर उसके घर पर रख आईं। दोनों जब अपने-अपने स्थान पर जगे तब प्रेम में बहुत व्याकुल हुए। राजकुमार वियोग से विकल होकर घर से निकल पड़ा और उसने समुद्र मार्ग से यात्रा की। मार्ग में तूफान आया जिसमें इष्ट मित्र इधर-उधर बह गए। राजकुमार एक पटरे पर बहता हुआ एक जंगल में जा लगा, जहाँ एक स्थान पर एक सुंदर स्त्री पलंग पर लेटी दिखाई पड़ी। पूछने पर जान पड़ा कि वह चितबिसरामपुर के राजा चित्रसेन की कुमारी प्रेमा थी जिसे एक राक्षस उठा लाया था। मनोहर कुमार ने उस राक्षस को मारकर प्रेमा का उद्धार किया। प्रेमा ने मधुमालती का पता बताकर कहा कि वह मेरी सखी है। मैं उसे तुझसे मिला दूँगी। मनोहर को लिए हुए प्रेमा अपने पिता के नगर में आई। मनोहर के उपकार को सुनकर प्रेमा का पिता उसका विवाह मनोहर के साथ करना चाहता है। पर प्रेमा यह कहकर अस्वीकार करती है कि मनोहर मेरा भाई है और मैंने उसे उसकी प्रेमपात्री मधुमालती से मिलाने का वचन दिया है।

दूसरे दिन मधुमालती अपनी माता रूपमंजरी के साथ प्रेमा के घर आई और प्रेमा ने उसके साथ मनोहर कुमार का मिलाप करा दिया। सबेरे रूपमंजरी ने चित्रसारी में जाकर मधुमालती को मनोहर के साथ पाया। जगने पर मनोहर ने तो अपने को दूसरे स्थान में पाया और रूपमंजरी अपनी कन्या को भला बुरा कहकर मनोहर का प्रेम छोड़ने को कहने लगी। जब उसने न माना तब माता ने शाप दिया कि तू पक्षी हो जा। जब वह पक्षी होकर उड़ गई तब माता बहुत पछताने और विलाप करने लगी पर मधुमालती का कहीं पता न लगा। मधुमालती उड़ती-उड़ती बहुत दूर निकल गई। कुँवर ताराचंद नाम के एक राजकुमार ने उस पक्षी की सुंदरता देख उसे पकड़ना चाहा। मधुमालती को ताराचंद का रूप मनोहर से कुछ मिलता-जुलता दिखाई दिया इससे वह कुछ रुक गई और पकड़ ली गई। ताराचंद ने उसे एक सोने के पिंजरे में रखा। एक दिन पक्षी मधुमालती ने प्रेम की सारी कहानी ताराचंद से कह सुनाई जिसे सुनकर उसने प्रतिज्ञा की कि मैं तुझे तेरे प्रियतम मनोहर से अवश्य मिलाऊँगा। अंत में वह उस पिंजरे को लेकर महारस नगर में पहुँचा। मधुमालती की माता अपनी पुत्री को पाकर बहुत प्रसन्न हुई और उसने मंत्र पढ़कर उसके ऊपर जल छिड़का। वह फिर पक्षी से मनुष्य हो गई। मधुमालती के माता-पिता ने ताराचंद के साथ मधुमालती का ब्याह करने का विचार प्रकट किया। पर ताराचंद ने कहा कि 'मधुमालती मेरी बहन है और मैंने प्रतिज्ञा की है कि मैं जैसे होगा वैसे मनोहर से मिलाऊँगा।' मधुमालती की माता सारा हाल लिखकर प्रेमा के पास भेजती है। मधुमालती भी उसे अपने चित्त की दशा लिखती है। वह दोनों पत्रों को लिए हुए दुःखकर

रही थी कि इतने में उसकी एक सखी आकर संवाद देती है कि राजकुमार मनोहर योगी के वेश में आ पहुँचा है। मधुमालती का पिता अपनी रानी सहित दलबल के साथ राजा चित्रसेन (प्रेमा के पिता) के नगर में जाता है और वहाँ मधुमालती और मनोहर का विवाह हो जाता है। मनोहर, मधुमालती और ताराचंद तीनों बहुत दिनों तक प्रेमा के यहाँ अतिथि रहते हैं। एक दिन आखेट से लौटने पर ताराचंद, प्रेमा और मधुमालती को एक साथ झूला झूलते देख प्रेमा पर मोहित होकर मूर्छित हो जाता है। मधुमालती और उसकी सखियाँ उपचार में लग जाती हैं।

इसके आगे प्रति खंडित है। पर कथा के झुकाव से अनुमान होता है कि प्रेमा और ताराचंद का भी विवाह हो गया होगा।

कवि ने नायक और नायिका के अतिरिक्त उपनायक और उपनायिका की भी योजना करके कथा को तो विस्तृत किया ही है, साथ ही प्रेमा और ताराचंद के चरित्र द्वारा सच्ची सहानुभूति, अपूर्व संयम और निःस्वार्थ भाव का चित्र दिखाया है। जन्म जन्मांतर और योन्यंतर के बीच प्रेम की अखंडता दिखाकर मंझन ने प्रेमतत्व की व्यापकता और नित्यता का आभास दिखाया है। सूफियों के अनुसार यह सारा जगत् एक ऐसे रहस्यमय प्रेमसूत्र में बँधा है जिसका अवलंबन करके जीव उस प्रेममूर्ति तक पहुँचाने का मार्ग पा सकता है। सूफी सब रूपों में उसकी छिपी ज्योति देखकर मुग्ध होते हैं, जैसा कि मंझन कहते हैं—

देखत ही पहिचानेउ तोहीं। एही रूप जेहि छँदर्‍यो मोही॥
एही रूप बुत अहै छपाना। एही रूप रब सृष्टि समाना॥
एही रूप सकती औ सीऊ। एही रूप त्रिभुवन कर जीऊ॥
एही रूप प्रगटे बहु भेसा। एही रूप जग रंक नरेसा॥

ईश्वर का विरह सूफियों के यहाँ भक्त की प्रधान संपत्ति है जिसके बिना साधना के मार्ग में कोई प्रवृत्त नहीं हो सकता, किसी की आँख नहीं खुल सकती—

बिरह अवधि अवगाह अपारा। कोटि माहिं एक परै त पारा॥
बिरह कि जगत अँविरथा जाही। विरह रूप यह सृष्टि सबाही॥
नैन बिरह अंजन जिन सारा। बिरह रूप दरपन संसारा॥
कोटि माहिं बिरला जग कोई। जाहि सरीर बिरह दुख होई॥
रतन कि सागर सागरहिं, गजमोती गज कोइ।
चँदन कि बन बन ऊपजै, बिरह कि तन तन होइ?

जिसके हृदय में यह विरह होता है उसके लिये यह संसार स्वच्छ दर्पण हो जाता है और इसमें परमात्मा के आभास अनेक रूपों में पड़ते हैं। तब वह देखता है कि इस सृष्टि के सारे रूप, सारे व्यापार उसी का विरह प्रकट कर रहे हैं। ये भाव प्रेममार्गी संप्रदाय के सब कवियों में पाए जाते हैं। मंझन की रचना का यद्यपि ठीक संवत् नहीं ज्ञात हो सका है पर यह निस्संदेह है कि रचना विक्रम संवत् १५५० और १५९५ (पदमावत का रचनाकाल) के बीच में और बहुत संभव है कि मृगावती के कुछ पीछे हुई। इस शैली के सबसे प्रसिद्ध और लोकप्रिय ग्रंथ 'पद्मावत' में जायसी ने अपने पूर्व के बने हुए इस प्रकार के काव्यों का संक्षेप में उल्लेख किया है—

विक्रम धँसा प्रेम के बारा। सपनावति कहँ गयउ पतारा॥
मधूपाछ मुगधावति लागी। गगनपूर होइगा बैरागी॥
राजकुँवर कंचनपुर गयऊ। मिरगावती कहँ जोगी भयऊ॥
साधे कुँवर खँडावत जोगू। मधुमालति कर कीन्ह बियोगू॥
प्रेमावति कह सुरबर साधा। उषा लागि अनिरुध बर बाँधा॥

इन पद्यों में जायसी के पहले के चार काव्यों का उल्लेख है—मुग्धावती, मृगावती, मधुमालती और प्रेमावती। इनमें से मृगावती और मधुमालती का पता चल गया है, शेष दो अभी नहीं मिले हैं। जिस क्रम से नाम आए हैं वह यदि रचनाकाल के क्रम के अनुसार माना जाय तो मधुमालती की रचना कुतबन की मृगावती के पीछे ठहरती है।

जायसी का जो उद्धरण दिया गया है उसमें मधुमालती के साथ 'मनोहर' का नाम नहीं है, 'खंडावत' नाम है। 'पदमावत' की हस्तलिखित प्रतियाँ प्रायः फारसी अक्षरों में ही मिलती हैं। मैंने चार ऐसी प्रतियाँ देखी हैं जिन सब में नायक का ऐसा नाम लिखा है जिसे खंडावत, कुंडावत, कंडावत, गंधावत इत्यादि ही पढ़ सकते हैं। केवल एक हस्तलिखित प्रति हिंदू विश्वविद्यालय के पुस्तकालय में ऐसी है जिसमें साफ 'मनोहर' पाठ है। उसमान की 'चित्रावली' में मधुमालती का जो उल्लेख है उसमें भी कुँवर का नाम 'मनोहर' ही है—

मधुमालति होइ रूप देखावा। प्रेम मनोहर होइ तहँ आवा॥

यही नाम 'मधुमालती' की उपलब्ध प्रतियों में भी पाया जाता है।

'पदमावत' के पहले 'मधुमालती' की बहुत अधिक प्रसिद्धि थी। जैन कवि बनारसीदास ने अपने आत्मचरित में संवत् १६६० के आसपास की अपनी इश्कबाजीवाली जीवनचर्या का उल्लेख करते हुए लिखा है कि उस समय मैं हाट बाजार में जाना छोड़, घर में पड़े-पड़े 'मृगावती' और 'मधुमालती' नाम की पोथियाँ पढ़ा करता था—

तब घर में बैठे रहैं, नाहिंन हाट बाजार।
मधुमालती, मृगावती पोथी दोय उचार॥

इसके उपरांत दक्षिण के शायर नसरती ने भी (संवत् १७००) 'मधुमालती' के आधार पर दक्खिनी उर्दू में 'गुलशने इश्क' के नाम से एक प्रेम कहानी लिखी।

कवित्त सवैया बनानेवाले एक 'मंझन' पीछे हुए जिन्हें इनसे सर्वथा पृथक् समझना चाहिए।

मलिक मुहम्मद जायसी—ये प्रसिद्ध सूफी फकीर शेख मोहिदी (मुहीउद्दीन) के शिष्य थे और जायस में रहते थे। इनकी एक छोटी सी पुस्तक 'आखिरी कलाम' के नाम से फारसी अक्षरों में छपी मिलती है। यह सन् ९३६ हिजरी में (सन् १५२८ ईसवी के लगभग) बाबर के समय में लिखी गई थी। इसमें बाबर बादशाह की प्रशंसा है। इस पुस्तक में मलिक मुहम्मद जायसी ने अपने जन्म के संबंध में लिखा है—

भा अवतार मोर नौ सदी। तीस बरस ऊपर कवि बदी॥

इन पंक्तियों का ठीक तात्पर्य नहीं खुलता। जन्मकाल ९०० हिजरी मानें तो दूसरी पंक्ति का यह अर्थ निकलेगा कि जन्म से ३० वर्ष पीछे जायसी कविता करने लगे और इस पुस्तक के कुछ पद्य उन्होंने बनाए।

जायसी का सबसे प्रसिद्ध ग्रंथ है 'पदमावत', जिसका निर्माणकाल कवि ने इस प्रकार दिया है—

सन नौ सै सत्ताइस अहा। कथा अरंभ बैन कवि कहा॥

इसका अर्थ होता है कि पदमावत की कथा प्रारंभिक वचन (अरंभबैन) कवि ने ९२७ हिजरी (सन् १५२० ई० के लगभग) में कहे थे। पर ग्रंथारंभ में कवि ने मसनवी की रूढ़ि के अनुसार 'शाहेवक्त' शेरशाह की प्रशंसा की है—

शेरशाह दिल्ली सुलतानू। चारहु खंड तपै जस भानू॥
ओही छाज राज औ पाटू। सब राजा भुइँ धरा ललाटू॥

शेरशाह के शासन का आरंभ ९४७ हिजरी अर्थात् सन् १५४० ई० से हुआ था। इस दशा में यही संभव जान पड़ता है कि कवि ने कुछ थोड़े से पद्य तो सन् १५२० ई० में ही बनाए थे, पर ग्रंथ को १९ या २० वर्ष पीछे शेरशाह के समय में पूरा किया। 'पदमावत' का एक बँगला अनुवाद अराकान राज्य के वजीर मगन ठाकुर ने सन् १६५० ई० के आसपास आलोउजाला नामक एक कवि से कराया था। उसमें भी 'नव सै सत्ताइस' ही पाठ माना गया है—

शेख मुहम्मद जति जखन रचिल ग्रंथ संख्या सप्तविंश नवशत

पदमावत की हस्तलिखित प्रतियाँ अधिकतर फारसी अक्षरों में मिली हैं जिसमें 'सत्ताइस' और 'सैंतालीस' प्रायः एक ही तरह लिखे जायँगे। इसमें कुछ लोगों को यह भी अनुमान है कि 'सैंतालिस' को लोगों ने भूल से सत्ताइस पढ़ लिया है।

जायसी अपने समय के सिद्ध फकीरों में गिने जाते थे। अमेठी के राजघराने में इनका बहुत मान था। जीवन के अंतिम दिनों में जायसी अमेठी से दो मील दूर एक जंगल में रहा करते थे। वहीं इनकी मृत्यु हुई। काजी नसरुद्दीन हुसैन जायसी ने, जिन्हें अवध के नवाब शुजाउद्दौला से सनद मिली थी, अपनी याददाश्त में जायसी का मृत्युकाल ४ रजब ९४९ हिजरी लिखा है। यह काल कहाँ तक ठीक है, नहीं कहा जा सकता।

ये काने और देखने में कुरूप थे। कहते हैं कि शेरशाह इनके रूप को देखकर हँसता था। इसपर यह बोले 'मोहिका हँसेसि कि कोहरहि?' इनके समय में ही इनके शिष्य फकीर इनके बनाये भावपूर्ण दोहे, चौपाइयाँ गाते फिरते थे। इन्होंने तीन पुस्तकें लिखीं—एक तो प्रसिद्ध 'पदमावत', दूसरी 'अखरावट', तीसरी 'आखिरी कलाम'। 'अखरावट' में वर्णमाला के एक एक अक्षर को लेकर सिद्धांत संबंधी तत्वों से भरी चौपाइयाँ कही गई हैं। इस छोटी सी पुस्तक में ईश्वर, सृष्टि, जीव, ईश्वर प्रेम आदि विषयों पर विचार प्रकट किए गए हैं। 'आखिरी कलाम' में कयामत का वर्णन है। जायसी की अक्षय कीर्ति का आधार है 'पदमावत', जिसके पढ़ने से यह प्रकट हो जाता है कि जायसी का हृदय कैसा कोमल और 'प्रेम की पीर' से भरा हुआ था। क्या लोकपंक्ष में, क्या अध्यात्मपक्ष में, दोनों ओर उसकी गूढ़ता, गंभीरता और सरसता विलक्षण दिखाई देती है।

कबीर ने अपनी झाड़ फटकार के द्वारा हिंदुओं और मुसलमानों के कट्टरपन को दूर करने का जो प्रयास किया वह अधिकतर चिढ़ानेवाला सिद्ध हुआ, हृदय को स्पर्श करनेवाला नहीं। मनुष्य-मनुष्य के बीच जो रागात्मक संबंध है वह उसके द्वारा व्यक्त न हुआ। अपने नित्य के जीवन में जिस हृदयाभास का अनुभव मनुष्य कभी-कभी किया करता है, उसकी अभिव्यंजना उससे न हुई। कुतबन, जायसी आदि इन प्रेम कहानी के कवियों ने प्रेम का शुद्ध मार्ग दिखाते

हुए उन सामान्य जीवन दशाओं को सामने रखा जिनका मनुष्यमात्र के हृदय पर एक सा प्रभाव दिखाई पड़ता है। हिंदू हृदय और मुसलमान हृदय आमने-सामने करके अजनबीपन मिटानेवालों में इन्हीं का नाम लेना पड़ेगा। इन्होंने मुसलमान होकर हिंदुओं की कहानियाँ हिंदुओं की ही बोली में पूरी सहृदयता से कहकर उनके जीवन की मर्मस्पर्शिनी अवस्थाओं के साथ अपने उदार हृदय का पूर्ण सामंजस्य दिखा दिया। कबीर ने केवल भिन्न प्रतीत होती हुई परोक्ष सत्ता की एकता का आभास दिया था। प्रत्यक्ष जीवन की एकता का दृश्य सामने रखने की आवश्यकता बनी थी। यह जायसी द्वारा पूरी हुई।

'पदमावत' में प्रेमगाथा की परंपरा पूर्ण प्रौढ़ता को प्राप्त मिलती है। यह उस परंपरा में सबसे अधिक प्रसिद्ध ग्रंथ है। इसकी कहानियों में भी विशेषता है। इसमें इतिहास और कल्पना का योग है। चित्तौर की महारानी पद्मिनी या पदमावती का इतिहास हिंदू हृदय के मर्म को स्पर्श करनेवाला है। जायसी ने यद्यपि इतिहास प्रसिद्ध नायक और नायिका ली है पर उन्होंने अपनी कहानी का रूप वही रखा है जो कल्पना के उत्कर्ष द्वारा साधारण जनता के हृदय में प्रतिष्ठित था। इस रूप में इस कहानी का पूर्वार्द्ध तो बिल्कुल कल्पित है और उत्तरार्द्ध ऐतिहासिक आधार पर है। पद्मावती कथा संक्षेप में इस प्रकार है—

सिंहल द्वीप के राजा गंधर्वसेन की कन्या पद्मावती रूप और गुण में जगत् में अद्वितीय थी। उसके योग्य वर कहीं न मिलता था। उसके पास हीरामन नाम का एक सूआ था जिसका वर्ण सोने के समान था और जो पूरा वाचाल और पंडित था। एक दिन वह पद्मावती से उसके वर न मिलने के विषय में कुछ कह रहा था कि राजा ने सुन लिया और बहुत कोप किया। सूआ राजा के डर से एक दिन उड़ गया। पद्मावती ने सुनकर बहुत विलाप किया।

सूआ वन में उड़ता-उड़ता एक बहेलिया के हाथ में पड़ गया जिसने बाजार में लाकर उसे चित्तौर के एक ब्राह्मण के हाथ बेच दिया। उस ब्राह्मण को एक लाख देकर चित्तौर के राजा रतनसेन ने उसे ले लिया। धीरे-धीरे रतनसेन उसे बहुत चाहने लगा। एक दिन जब राजा शिकार को गया तब उसकी रानी नागमती ने, जिसे अपने रूप का बड़ा गर्व था आकर सूए से पूछा कि 'संसार में मेरे समान सुंदरी भी कहीं है?' इस पर सूआ हँसा और उसने सिंहल की पद्मिनी का वर्णन करके कहा कि उसमें और तुममें दिन और अँधेरी रात का अंतर है। रानी ने इस भय से कि कहीं यह सूआ राजा से भी न पद्मिनी के रूप की प्रशंसा करे, उसे मारने की आज्ञा दे दी। पर चेरी ने उसे राजा के भय से मारा नहीं, अपने घर छिपा रखा। लौटने पर जब सूए के बिना राजा रतनसेन बहुत व्याकुल और क्रुद्ध हुआ तब सूआ लाया गया और उसने सारी व्यवस्था कह सुनाई। पद्मिनी के रूप का वर्णन सुनकर राजा मूर्छित हो गया और अंत में वियोग से व्याकुल होकर उसकी खोज में घर से जोगी होकर निकल पड़ा। उसके आगे-आगे राह दिखाने वाला वही हीरामन सूआ था और साथ में सोलह हजार कुँवर जोगियों के वेश में थे।

कलिंग से जोगियों का यह दल बहुत से जहाजों में सवार होकर सिंहल की ओर चला और अनेक कष्ट झेलने के उपरांत सिंहल पहुँचा। वहाँ पहुँचने पर राजा तो शिव के एक मंदिर में जोगियों के साथ बैठकर पद्मावती का ध्यान और जप करने लगा और हीरामन सूए ने जाकर पद्मावती से यह सब हाल कहा। राजा के प्रेम की सत्यता के प्रभाव रो पद्मावती प्रेम में विकल हुई। श्रीपंचमी के दिन पद्मावती शिवपूजन के लिए उस मंदिर में गई, पर राजा उसके रूप को देखते ही मूर्छित हो गया, उसका दर्शन अच्छी तरह न कर सका। जागने पर राजा बहुत अधीर

हुआ। इस पर पद्मावती ने कहला भेजा कि समय पर तो तुम चूक गये; अब तो इस दुर्गम सिंहलगढ़ पर चढ़ सको तभी मुझे देख सकते हो। शिव से सिद्धि प्राप्त कर राजा रात को जोगियों सहित गढ़ में घुसने लगा पर सवेरा हो गया और पकड़ा गया। राजा गंधर्वसेन की आज्ञा से रतनसेन को सूली देने ले जा रहे थे कि इतने में सोलह हजार जोगियों ने गढ़ को घेर लिया। महादेव, हनुमान, आदि सारे देवता जोगियों की सहायता के लिए आ गए। गंधर्वसेन की सारी सेना हार गई। अंत में जोगियों के बीच शिव को पहचानकर गंधर्वसेन उनके पैरों पर गिर पड़ा और बोला कि 'पद्मावती आपकी है जिसको चाहे दीजिए।' इस प्रकार रतनसेन के साथ पद्मावती का विवाह हो गया और दोनों चित्तौरगढ़ आ गए।

रतनसेन की सभा में राघवचेतन नामक एक पंडित था जिसे यक्षिणी सिद्ध थी। और पंडितों को नीचा दिखाने के लिए उसने एक दिन प्रतिपदा को द्वितीया कहकर यक्षिणी के बल से चंद्रमा दिखा दिया। जब राजा को यह काररवाई मालूम हुई तब उसने राघवचेतन को देश से निकाल दिया। राघव राजा से बदला लेने और भारी पुरस्कार की आशा से दिल्ली के बादशाह अलाउद्दीन के दरबार में पहुँचा और उसने दान में पाए हुए पद्मावती के कंगन को दिखाकर उसके रूप को संसार के ऊपर बताया। अलाउद्दीन ने पद्मिनी को भेज देने के लिए राजा रतनसेन को पत्र भेजा, जिसे पढ़कर राजा अत्यंत क्रुद्ध हुआ और लड़ाई की तैयारी करने लगा। कई वर्ष तक अलाउद्दीन चित्तौर घेरे रहा पर उसे तोड़ न सका। अंत में उसने छलपूर्वक संधि का प्रस्ताव भेजा। राजा ने उसे स्वीकार करके बादशाह की दावत की। राजा के साथ शतरंज खेलते समय अलाउद्दीन ने पद्मिनी के रूप की एक झलक सामने रखे हुए एक दर्पण में देख पाई, जिसे देखते ही वह मूर्छित होकर गिर पड़ा। प्रस्थान के दिन जब राजा बादशाह को बाहरी फाटक तक पहुँचाने गया तब अलाउद्दीन के छिपे हुए सैनिकों द्वारा पकड़ लिया गया और दिल्ली पहुँचाया गया।

पद्मिनी को जब यह समाचार मिला तब वह बहुत व्याकुल हुई; पर तुरंत एक वीर क्षत्राणी के समान अपने पति के उद्धार का उपाय सोचने लगी। गोरा, बादल नामक दो वीर क्षत्रिय सरदार ७०० पालकियों में सशस्त्र सैनिक छिपाकर दिल्ली पहुँचे और बादशाह के पास यह संवाद भेजा कि पद्मिनी अपने पति से थोड़ी देर मिलकर तब आपके हरम में जायगी। आज्ञा मिलते ही एक ढकी पालकी राजा की कोठरी के पास रखी गई और उसमें से एक लोहार ने निकल कर राजा की बेड़ियाँ काट दीं। रतनसेन पहले से ही तैयार एक घोड़े पर सवार होकर निकल आए। शाही सेना पीछे आते देखकर वृद्ध गोरा तो कुछ सिपाहियों के साथ उस सेना को रोकता रहा और बादल रतनसेन को लेकर चित्तौर पहुँच गया। चित्तौर आने पर पद्मिनी ने रतनसेन से कुंभलनेर के राजा देवपाल द्वारा दूती भेजने की बात कही जिसे सुनते ही राजा रतनसेन ने कुंभलनेर को जा घेरा। लड़ाई में देवपाल और रतनसेन दोनों मारे गए।

रतनसेन का शव चित्तौर लाया गया। उसकी दोनों रानियाँ नागमती और पद्मावती हँसते-हँसते पति के शव के साथ चिता में बैठ गईं। पीछे जब सेना सहित अलाउद्दीन चित्तौर में पहुँचा तब वहाँ राख के ढेर के सिवा कुछ न मिला।

जैसा कि कहा जा चुका है प्रेमगाथा की परंपरा में पद्मावत सबसे प्रौढ़ और सरस है। प्रेममार्गी सूफी कवियों की और कथाओं से इस कथा में यह विशेषता है कि इसके ब्यौरों से भी

साधना के मार्ग, उसकी कठिनाइयों और सिद्धि के स्वरूप आदि की जगह-जगह व्यंजना होती है, जैसा कि कवि ने स्वयं ग्रंथ की समाप्ति पर कहा है—

तन चितउर मन राजा कीन्हा। हिय सिंघल, बुधि पदमिनि चीन्हा॥
गुरु सुआ जेइ पंथ देखावा। बिनु गुरु जगत को निरगुन पावा॥
नागमती यह दुनिया धंधा। बाँचा सोइ न एहि चित बंधा॥
राघव दूत सोई सैतानू। माया अलाउदीं सुलतानू॥

यद्यपि पद्मावत की रचना संस्कृत प्रबंधकाव्यों की सर्गबद्ध पद्धति पर नहीं है, फारसी की मसनवी शैली पर है, पर शृंगार वीर आदि के वर्णन चली आती हुई भारतीय काव्यपरंपरा के अनुसार ही हैं। इसका पूर्वार्द्ध तो एकांत प्रेममार्ग का ही आभास देता है, पर उत्तरार्द्ध में लोकपक्ष का भी विधान है। पद्मिनी के रूप का जो वर्णन जायसी ने किया है वह पाठक को सौंदर्य की लोकोत्तर भावना में मग्न करने वाला है। अनेक प्रकार के अलंकारों की योजना उसमें पाई जाती है। कुछ पद्य देखिए—

सरवर तीर पदमिनी आई। खोंपा छोरि केस मुकलाई॥
ससि मुख, अंग मलयगिरि बासा। नागिन झाँपि लीन्ह चहुँ पासा॥
ओनई घटा परी जग छाँहा। ससि के सरन लीन्ह जनु राहा॥
भूलि चकोर दीठि मुख लावा। मेघ घटा महँ चंद देखावा॥

पद्मिनी के रूप के वर्णन में जायसी ने कहीं-कहीं उस अनंत सौंदर्य की ओर, जिसके विरह में यह सारी सृष्टि व्याकुल सी है, बड़े सुंदर संकेत किए हैं—

बरुनी का बरनौं इमि बनी। साधे बान जानु दुइ अनी॥
उन बानन्ह अस को जो न मारा। बेधि रहा सगरौ संसारा॥
गगन नखत जो जाहिं न गने। वे सब बान ओहि कै हने॥
धरती बान बेधि सब राखी। साखी ठाढ़ देहिं सब साखी॥
रोवँ रोवँ मानुष तन ठाढ़े। सूतहि सूत बेध अस गाढ़े॥
बरुनि बान अस ओपहँ, बेधे रन बन ढाख।
सौजहिं तन सब रोवाँ, पंखिहि तन सब पाँख॥

इसी प्रकार योगी रतनसेन के कठिन मार्ग के वर्णन में साधक के मार्ग के विघ्नों (काम, क्रोध आदि विकारों) की व्यंजना की है—

ओहि मिलान जौ पहुँचै कोई। तब हम कहब पुरुष भल होई॥
है आगे परबत कै बाटा। विषम पहार अगम सुठि घाटा॥
बिच बिच नदी खोह औ नारा। ठाँवहि ठाँव बैठ बटपारा॥

उसमान—ये जहाँगीर के समय में वर्तमान थे और गाजीपुर के रहने वाले थे। इनके पिता का नाम शेख हुसेन था और ये पाँच भाई थे। और चारों भाइयों के नाम थे—शेख अजीज, शेख मानुल्लाह, शेख फैजुल्लाह, शेख हसन। उन्होंने अपना उपनाम 'मान' लिखा है। ये शाह निजामुद्दीन चिश्ती की शिष्य परंपरा में हाजीबाबा के शिष्य थे। उसमान ने सन् १०२२ हिजरी

अर्थात् १६१३ ईस्वी में 'चित्रावली', नाम की पुस्तक लिखी पुस्तक के आरम्भ में कवि ने स्तुति के उपरांत पैगंबर और चार खलीफों की बादशाह (जहाँगीर) की तथा शाह निज़ामुद्दीन और हाजीबाबा की प्रशंसा लिखी है। उसके आगे गाजीपुर नगर का वर्णन करके कवि ने अपना परिचय देते हुए लिखा है कि—

आदि हुता विधि माथे लिखा। अच्छर चारि पढ़े हम सिखा।
देखत जगत चला सब जाई। एक बचन पै अमर रहाई॥
वचन समान सुधा जग नाहीं। जेहि पाए कवि अमर रहाहीं।
मोहूँ चाउ उठा पुनि हीए। होउँ अमर यह अमरित पीए॥

कवि ने 'योगी ढूँढन खंड' में काबुल, बदख्शाँ, खुरासान, रूस, साम, मिस्र, इस्तंबोल, गुजरात, सिंहलद्वीप आदि अनेक देशों का उल्लेख किया है। सबसे विलक्षण बात है जोगियों का अँगरेजों के द्वीप में पहुँचना—

वलंदीप देखा अँगरेजा। तहाँ जाइ जेहि कठिन करेजा॥
ऊँच नीच धन संपत्ति हेरा। मद बराह भोजन जिन्ह केरा॥

कवि ने इस रचना में जायसी का पूरा अनुकरण किया है। जो-जो विषय जायसी ने अपनी पुस्तक में रखे हैं उन विषयों पर उसमान ने भी कुछ कहा है। कहीं-कहीं तो शब्द और वाक्यविन्यास भी वही हैं। पर विशेषता यह है कि कहानी बिल्कुल कवि की कल्पित है, जैसा कि कवि ने स्वयं कहा है—

कथा एक मैं हिए उपाई। कहत मीठ औ सुनत सोहाई॥

कथा का सारांश यह है—

नैपाल के राजा धरनीधर पँवार के पुत्र के लिए कठिन व्रत पालन करके शिवपार्वती के प्रसाद से 'सुजान' नामक एक पुत्र प्राप्त किया। सुजानकुमार एक दिन शिकार में मार्ग भूल देव (प्रेत) की मढ़ी में जा सोया। देव ने आकर उसकी रक्षा स्वीकार की। एक दिन वह देव अपने एक साथी के साथ रूपनगर की राजकुमारी चित्रावली की वर्षगाँठ का उत्सव देखने के लिए गया और अपने साथ सुजानकुमार को भी लेता गया। और कोई उपयुक्त स्थान न देख देवों ने राजकुमार को राजकुमारी की चित्रसारी में ले जाकर रखा और आप उत्सव देखने लगे। कुमार राजकुमारी का चित्र टँगा देख उस पर आसक्त हो गया और अपना भी एक चित्र बनाकर उसी की बगल में टाँग कर सो रहा। देव लोग उसे उठा कर फिर उसी मढ़ी में रख आए। जागने पर कुमार को चित्रवाली घटना स्वप्न सी मालूम हुई पर हाथ में रंग लगा देख उसके मन में घटना के सत्य होने का निश्चय हुआ और वह चित्रावली के प्रेम में विकल हो गया। इसी बीच में उसके पिता के आदमी आकर उसको राजधानी में ले गए। पर वहाँ वह अत्यंत खिन्न और व्याकुल रहता। अंत में अपने सहपाठी सुबुद्धि नामक एक ब्राह्मण के साथ वह फिर उसी मढ़ी में गया और वहाँ बड़ा भारी अन्न सत्र खोल दिया।

राजकुमारी चित्रावली भी उसका चित्र देख प्रेम में विह्वल हुई और उसने अपने नपुंसक भृत्यों को, जोगियों के वेश में राजकुमार का पता लगाने के लिए भेजा। इधर एक कुटीचर ने कुमारी की माँ हीरा से चुगली की और कुमार का यह चित्र धो डाला गया। कुमारी ने जब यह सुना तब उसने कुटीचर का सिर मुँड़ाकर उसे निकाल दिया। कुमारी के भेजे हुए जोगियों में से

एक सुजानकुमार उस अन्नसत्र तक पहुँचा और राजकुमार को अपने साथ रूपनगर ले आया। वहाँ एक शिवमंदिर में उसका कुमारी के साथ साक्षात्कार हुआ। पर ठीक इसी अवसर पर कुटीचर ने राजकुमार को अंधा कर दिया और एक गुफा में डाल दिया जहाँ उसे एक अजगर निगल गया। पर उसके विरह की ज्वाला से घबराकर उसने उसे चट उगल दिया। वहीं पर एक वनमानुष ने उसे एक अंजन दिया जिससे उसकी दृष्टि फिर ज्यों की त्यों हो गई। वह जंगल में घूर रहा था कि उसे एक हाथी ने पकड़ा। पर उस हाथी को एक पक्षिराज ले उड़ा और उसने घबराकर कुमार को समुद्रतट पर गिरा दिया। वहाँ से घूमता-फिरता कुमार सागरगढ़ नामक नगर में पहुँचा और राजकुमारी कँवलावती की फुलवारी में विश्राम करने लगा। राजकुमारी जब सखियों के साथ वहाँ आई तब उसे देख मोहित हो गई और उसने उसे अपने यहाँ भोजन के बहाने बुलवाया। भोजन में अपना हार रखवाकर कुमारी ने चोरी के अपराध में उसे कैद कर लिया। इस बीच सोहिल नाम का कोई राजा कँवलावती के रूप की प्रशंसा सुन उसे प्राप्त करने के लिये चढ़ आया। सुजानकुमार ने उसे मार भगाया। अंत में सुजानकुमार ने कँवलावती से, चित्रावली के न मिलने तक समागम न करने की प्रतिज्ञा करके विवाह कर लिया। कँवलावती को लेकर कुमार गिरनार की यात्रा के लिए गया।

इधर चित्रावली के भेजे एक जोगी दूत ने गिरनार में उसे पहचाना और चट चित्रावली को जाकर संवाद दिया। चित्रावली का पत्र लेकर वह दूत फिर लौटा और सागरगढ़ में धुईं लगाकर बैठा। कुमारसुजान उस जोगी की सिद्धि सुन उसके पास आया और उसे जानकर उसके साथ रूपनगर गया। इसी बीच वहाँ पर सागरगढ़ के एक कथक ने चित्रावली के पिता की सभा में जाकर सोहिल राजा के युद्ध के गीत सुनाए; जिन्हें सुन राजा को चित्रावली के विवाह की चिंता हुई। राजा ने चार चित्रकारों को भिन्न-भिन्न देशों के राजकुमारों के चित्र लाने को भेजा। इधर चित्रावली का भेजा हुआ वह जोगी दूत सुजानकुमार को एक जगर बैठाकर उसका आने का समाचार कुमारी को देने आ रहा था। एक दासी ने वह समाचार द्वेषवश रानी से कह दिया और वह दूत मार्ग ही में कैद कर लिया गया। दूत के न लौटने पर सुजानकुमार बहुत व्याकुल हुआ और चित्रावली का नाम ले लेकर पुकारने लगा। राजा ने मारने के लिये मतवाला हाथी छोड़ा, पर उसने उसे मार डाला। इस पर राजा उस पर चढ़ाई करने जा रहा था कि इतने में भेजे हुए चार चित्रकारों में से एक चित्रकार सागरगढ़ से सोहिल के मारनेवाले राजकुमार का चित्र लेकर आ पहुँचा। राजा ने जब देखा कि चित्रावली का प्रेमी वही सुजानकुमार है। तब उसने अपनी कन्या चित्रावली के साथ उसका विवाह कर दिया।

कुछ दिनों में सागरगढ़ की कँवलावती ने विरह से व्याकुल होकर सुजानकुमार के पास हंस मिश्र को दूत बनाकर भेजा जिसने भ्रमर की अन्योक्ति द्वारा कुमार को कँवलावती के प्रेम का स्मरण कराया। इस पर सुजानकुमार ने चित्रावली को लेकर स्वदेश की ओर प्रस्थान किया और मार्ग में कँवलावली को भी साथ ले लिया। मार्ग में कवि ने समुद्र के तूफान का वर्णन किया है। अंत में राजकुमार अपने घर नैपाल पहुँचा और उसने वहाँ दोनों रानियों सहित बहुत दिनों तक राज्य किया।

जैसा कि कहा जा चुका है, उसमान ने जायसी का पूरा अनुकरण किया है। जायसी के पहले के कवियों ने पाँच-पाँच चौपाइयों (अर्द्धालियों) के पीछे एक दोहा रखा है पर जायसी ने

सात चौपाइयों का क्रम रखा और यही क्रम उसमान ने भी रखा है। कहने की आवश्यकता नहीं इस कहानी की रचना भी बहुत कुछ आध्यात्मिक दृष्टि से हुई है। कवि ने सुजानकुमार को एक साधक के रूप में चित्रित ही नहीं किया है बल्कि पौराणिक शैली का अवलंबन करके उसने उसे परम योगी शिव के अंश से उत्पन्न तक कहा है। महादेवजी राजा धरनीधर पर प्रसन्न होकर वर देते हैं कि—

देखु देत हौं आपन अंसा। अब तोरे होइहौं निज बंसा॥

कँवलावती और चित्रावली अविद्या और विद्या के रूप में कल्पित जान पड़ती हैं। सुजान का अर्थ ज्ञानवान् है। साधनकाल में अविद्या को बिना दूर रखे विद्या (सत्यज्ञान) की प्राप्ति नहीं हो सकती। इसी से सुजान ने चित्रावली के प्राप्त न होने तक कँवलावती के साथ समागम न करने की प्रतिज्ञा की थी। जायसी की ही पद्धति पर नगर, सरोवर, यात्रा, दानमहिमा आदि का वर्णन चित्रावली में भी है। सरोवरक्रीड़ा के वर्णन में एक दूसरे ढंग से कवि ने 'ईश्वर की प्राप्ति' की साधना की ओर संकेत किया है। चित्रावली सरोवर के गहरे जल में यह कह कर छिप जाती है कि मुझे जो ढूँढ़ ले उसकी जीत समझी जायगी। सखियाँ ढूँढ़ती हैं और नहीं पाती हैं—

सरवर ढूँढि सबै पचि रहीं। चित्रिनि खोज न पावा कहीं॥
निकसीं तीर भई बैरागी। धरे ध्यान सुख बिनवै लागी॥
गुपुत तोहिं पावहिं का जानी। परगट महँ जो रहै छपानी॥
चतुरानन पढ़ि चारौ बेदू। रहा खोजि पै पाव न भेदू॥
हम अंधी जेहि आप न सूझा। भेद तुम्हार कहाँ लौं बूझा॥
कौन सो ठाउँ जहाँ तुम नाहीं। हम चख जोति न देखहिं काहीं॥
खोज तुम्हार सो, जेहि दिखरावहु पंथ।
कहा होइ जोगी भए, और बहुत पढ़े ग्रंथ॥

विरहवर्णन के अंतर्गत षट्‌ऋतु का वर्णन सरस और मनोहर है—

ऋतु बसंत नौतन बन फूला। जहँ जहँ भौंर कुसुम रँग भूला॥
आहि कहाँ सो भँवर हमारा। जेहि बिनु बसत बसंत उजारा॥
रात बरन पुनि देखि न जाई। मानहुँ दवा देहुँ दिसि लाई॥
रतिपति दुरद ऋतुपती बली। कानन देह आइ दलमली॥

शेख नबी—ये जौनपुर जिले में दोसपुर के पास मऊ नामक स्थान के रहने वाले थे और संवत् १६७६ में जहाँगीर के समय में वर्तमान थे। इन्होंने 'ज्ञानदीप' नामक एक आख्यान काव्य लिखा, जिसमें राजा ज्ञानदीप और रानी देवजानी की कथा है।

यहीं प्रेममार्गी सूफी कवियों की प्रचुरता की समाप्ति समझनी चाहिए। पर जैसा कहा जा चुका है, काव्यक्षेत्र में जब कोई परंपरा चल पड़ती है तब उसके प्राचुर्य काल के पीछे भी कुछ दिनों तक समय-समय पर उस शैली की रचनाएँ थोड़ी बहुत होती रहती हैं, पर उनके बीच कालांतर भी अधिक रहता है और जनता पर उनका प्रभाव भी वैसा नहीं रह जाता। अतः शेखनबी से प्रेमगाथा परंपरा समाप्त समझना चाहिए। 'ज्ञानदीप' के उपरांत सूफियों की पद्धति पर जो कहानियाँ लिखी गईं उनका संक्षिप्त उल्लेख नीचे किया जाता है।

कासिमशाह—ये दरियाबाद (बाराबंकी) के रहनेवाले थे और संवत् १७८८ के लगभग वर्तमान थे। इन्होंने 'हंस जवाहिर' नाम की कहानी लिखी, जिसमें राजा हंस और रानी जवाहिर की कथा है।

फारसी अक्षरों में छपी (नामी प्रेस, लखनऊ) इस पुस्तक की एक प्रति हमारे पास है। उसमें कवि ने शाहेवक्त का इस प्रकार उल्लेख करके—

मुहमदसाह दिल्ली सुलतानू। का मन गुन ओहि केर बखानू॥
छाजै पाट छत्र सिर ताजू। नावहिं सीस जगत के राजू॥
रूपवंत दरसन मुंह राता। भागवंत ओहि कीन्ह बिधाता॥
दरबवंत धरम महँ पूरा। ज्ञानवंत खड़ग महँ सूरा॥

अपना परिचय इन शब्दों मे दिया है—

दरियाबाद माँझ मम ठाऊँ। अमानउल्ला पिता कर नाऊँ॥
तहवाँ मोहिं जनम बिधि दीन्हा। कासिम नाँव जाति कर हीना॥
तेहूँ बीच विधि कीन्ह कमीना। ऊँच सभा बैठे चित्त दीना॥
ऊँच संग ऊँच मन भावा। तब भा ऊँच ज्ञान बुधि पावा॥
ऊँचा पंथ प्रेम का होई। तेहि महँ ऊँच भए सब कोई॥

कथा का सार कवि ने यह दिया है—

कथा जो एक गुपुत महँ रहा। सो परगट उघारि मैं कहा॥
हंस जवाहिर बिधि औतारा। निरमल रूप सो दई सवारा॥
बलख नगर बुरहान सुलतानू। तेहि घर हंस भए जस भानू॥
आलमशाह चीनपति भारी। तेहि घर जनमी जवाहिर बारी॥
तेहि कारन वह भएउ बियोगी। गएउ सो छाँड़ि देस होइ जोगी॥
अंत जवाहिर हंस घर आनी। सो जग महँ यह गयउ बखानी॥
सो सुनि ज्ञान कथस मैं कीन्हा। लिखेउँ सो प्रेम रहै जग चीन्हा॥

इनकी रचना बहुत निम्न कोटि की है। इन्होंने जगह-जगह जायसी की पदावली तक ली है, पर प्रौढ़ता नहीं है।

नूर मुहम्मद—ये दिल्ली के बादशाह मुहम्मदशाह के दरबार में थे और 'सबरहद' नामक स्थान के रहने वाले थे जो जौनपुर जिले में जौनपुर आजमगढ़ की सरहद पर है। पीछे सबरहद से ये अपनी ससुराल भादों (जिला आजमगढ़) चले गए। इनके श्वसुर शमसुद्दीन को और कोई वारिस न था इससे वे ससुराल ही में रहने लगे। नूर मुहम्मद के भाई मुहम्मद शाह सबरहद ही में रहे। नूर मुहम्मद के दो पुत्र हुए—गुलाम हसनैन और नसीरुद्दीन। नसीरुद्दीन की वंशपरंपरा में शेख फिदाहुसैन अभी वर्तमान हैं जो सबरहद और कभी कभी भादों में भी रहा करते हैं। अवस्था इनकी ८० वर्ष की है।

नूर मुहम्मद फारसी के अच्छे आलिम थे और इनका हिंदी काव्यभाषा का भी ज्ञान और सब सूफी कवियों से अधिक था। फारसी में इन्होंने एक दीवान के अतिरिक्त 'रौजतुल हकायक' इत्यादि बहुत सी किताबें लिखी थीं जो असावधानी के कारण नष्ट हो गईं। इन्होंने

११५७ हिजरी (संवत् १८०१) में 'इंद्रावती' नामक एक सुंदर आख्यान काव्य लिखा जिसमें कालिंजर के राजकुमार राजकुँवर और आगमपुर की राजकुमारी इंद्रावती की प्रेमकहानी है। कवि ने प्रथानुसार उस समय के शासक मुहम्मदशाह की प्रशंसा इस प्रकार की है—

करौं मुहम्मदशाह बखानू। सूरज है देहली सुलतानू॥
धरमपंथ जग बीच चलावा। निबर न सबरे सों दुख पावा॥
बहुतै सलातीन जग केरे। आइ सहास बने हैं चेरे॥
सब काहू पर दाया धरई। धरम सहित सुलतानी करई॥

कवि ने अपनी कहानी की भूमिका इस प्रकार बाँधी है—

मन दृग सों इक राति मझारा। सूझि परा मोहिं सब संसारा॥
देखेउँ एक नीक फुलवारी। देखेउँ तहाँ पुरुष औ नारी॥
दोउ मुख सोभा बरनि न जाई। चंद सुरुज उतरे भुइँ आई॥
तपी एक देखेउँ तेहि ठाऊँ। पूछेउँ तासौं तिन्हकर नाऊँ॥
कहा अहै राजा औ रानी। इंद्रावति औ कुँवर गियानी॥
आगमपुर इंद्रावती, कुँवर कलिंजर राय।
प्रेम हुँते दोउन्ह कहँ, दीन्हा अलख मिलाय॥

कवि ने जायसी के पहले के कवियों के अनुसार पाँच पाँच चौपाइयों के उपरांत दोहे का क्रम रखा है। इसी ग्रंथ को सूफी पद्धति का अंतिम ग्रंथ मानना चाहिए।

इनका एक और ग्रंथ फारसी अक्षरों में लिखा मिला है, जिसका नाम है 'अनुराग बाँसुरी'। यह पुस्तक कई दृष्टियों से विलक्षण है। पहली बात तो इसकी भाषा सूफी रचनाओं से बहुत अधिक संस्कृतगर्भित है। दूसरी बात है हिंदी भाषा के प्रति मुसलमानों का भाव। 'इंद्रावत' की रचना करने पर शायद नूरमुहम्मद को समय-समय पर यह उपालंभ सुनने को मिलता था कि तुम मुसलमान होकर हिंदी भाषा में रचना करने क्यों गए।' इसी से 'अनुराग बाँसुरी' के आरंभ में उन्हें यह सफाई देने की जरूरत पड़ी—

जानत है वह सिरजनहारा। जो किछु है मन मरम हमारा॥
हिंदू मग पर पाँव न राखेउँ। का जौ बहुतै हिंदी भाखेउ॥
मन इसलाम मिरिकलैं माँजेउँ। दीन जेंवरी करकस भाँजेउँ॥
जहँ रसूल अल्लाह पियारा। उम्मत को मुक्तावनहारा॥
तहाँ दूसरो कैसे भावै। जच्छ असुर सुर काग न आवै॥

इसका तात्पर्य यह है कि संवत् १८०० तक आते-आते मुसलमान हिंदी से किनारा खींचने लगे थे। हिंदी हिंदुओं के लिये छोड़कर अपने लिखने-पढ़ने की भाषा वे विदेशी अर्थात् फारसी ही रखना चाहते थे जिसे 'उर्दू' कहते हैं, उसका उस समय तक साहित्य में कोई स्थान न था, इसका स्पष्ट आभास नूरमुहम्मद के इस कथन से मिलता है—

कामयाब यह कौन जगावा। फिर हिंदी भाखै पर आवा॥
छाँड़ि पारसी कंद नवातैं। अरुझाना हिंदी रस बातैं॥

'अनुराग बाँसुरी' का रचनाकाल ११७८ हिजरी अर्थात् १८२१ है। कवि ने इसकी रचना अधिक पांडित्यपूर्ण रखने का प्रयत्न किया है और विषय भी इसका तत्वज्ञान संबंधी है। शरीर, जीवात्मा और मनोवृत्तियों को लेकर पूरा अध्यवसितरूपक (एलेगरी) खड़ा करके कहानी बाँधी है। और सब सूफी कवियों की कहानियों के बीच में दूसरा पक्ष व्यंजित होता है। पर यह सारी कहानी और सारे पात्र ही रूपक हैं। एक विशेषता और है। चौपाइयों के बीच-बीच में इन्होंने दोहे न लिखकर बरवै रखे हैं। प्रयोग भी ऐसे संस्कृत शब्दों के हैं जो और सूफी कवियों में नहीं आए हैं। काव्यभाषा के अधिक निकट होने के कारण भाषा में कहीं-कहीं ब्रजभाषा के शब्द और प्रयोग भी पाए जाते हैं। रचना का थोड़ा सा नमूना नीचे दिया जाता है—

नगर एक मूरतिपुर नाऊँ। राजा जीव रहै तेहि ठाऊँ॥
का बरनौं वह नगर सुहावन। नगर सुहावन सब मन भावन॥
इहै सरीर सुहावन मूरतिपुर।
इहै जीव राजा, जिव जाहु न दूर॥

तनुज एक राजा के रहा। अंतःकरन नाम सब कहा॥
सौम्यसील सुकुमार सयाना। सो सावित्री स्वांत समाना॥
सरल सरनि जौ सो पग धरै। नगर लोग सूधै पग परै॥
वक्र पंथ जो राखै पाऊ। वहै अध्व सब होइ बटाऊ॥
रहे सँघाती ताके पत्तन ठावँ।
एक संकल्प, विकल्प सो दूसर नावँ॥
बुद्धि चित्त दुइ सखा सरेखै। जगत बीच गुन अवगुन देखै॥
अंतःकरन पास नित आवैं। दरसन देखि महासुख पावैं॥
अहंकार तेहि तीसर सखा निरंत्र।
रहेउ चारि के अंतर नैसुक अंत्र॥

अंतःकरन सदन एक रानी। महामोहनी नाम सयानी॥
बरनि न पारौं सुंदरताई। सकल सुंदरी देखि लजाई॥
सर्व मंगला देखि असीसै। चाहै लोचन मध्य बईसै॥
कुंतल झारत फाँदा डारै। लख चितवन सों चपला मारै॥
अपने मंजु रूप वह दारा। रूपगर्विता जगत मँझारा॥
प्रीतम प्रेम पाइ वह नारी। प्रेमगर्विता भई पियारी॥
सदा न रूप रहत है अंत नसाइ।
प्रेम, रूप के नासहि तें घटि जाइ॥

जैसा कि कहा जा चुका है कि नूरमुहम्मद को हिंदी भाषा में कविता करने के कारण जगह-जगह इसका सबूत देना पड़ा है कि वे इसलाम के पक्के अनुयायी थे। अतः वे अपने इस ग्रंथ की प्रशंसा इस ढंग से करते हैं—

यह बाँसुरी सुनै सो कोई। हिरदय स्त्रोत खुला जेहि होई॥
निसरत नाद बारुनी साथा। सुनि सुधि चेत रहै केहि हाथा॥
सुनतै जौ यह सबद मनोहर। होत अचेत कृष्ण मुरलीधर॥
यह मुहम्मदी जन की बोली। जामैं कंद नबातैं घोली॥
बहुत देवता को चित हरै। बहु मूरति औंधी होइ परै॥
बहुत देवहरा ढाहि गिरावै। संखनाद की रीति मिटावै॥
जहँ इसलामी मुख सों निसरी बात॥
तहाँ सकल सुख मंगल, कष्ट नसात॥

सूफी आख्यान काव्यों की अखंडित परंपरा की यहीं समाप्ति मानी जाती है। इस परंपरा में मुसलमान कवि ही हुए हैं। केवल एक हिंदू मिला है। सूफी मत के अनुयायी सूरदास नामक एक पंजाबी हिंदू ने शाहजहाँ के समय में 'नल दयमंती कथा' नाम की एक कहानी लिखी थी पर इसकी रचना अत्यंत निकृष्ट है।

साहित्य की कोई अखंड परंपरा समाप्त होने पर भी कुछ दिन तक परंपरा की कुछ रचनाएँ इधर-उधर होती रहती हैं। इस ढंग की पिछली रचनाओं में 'चतुर्मुकुट की कथा' और 'यूसुफ जुलेखा' उल्लेख योग्य हैं।

प्रकरण ४
सगुण धारा
रामभक्ति शाखा

जगत् प्रसिद्ध स्वामी शंकराचार्यजी ने जिस अद्वैतवाद का निरूपण किया था वह भक्ति के सन्निवेश के उपयुक्त न था। यद्यपि उसमें ब्रह्म की व्यावहारिक सगुण सत्ता का भी स्वीकार था, पर भक्ति के सम्यक् प्रसार के लिये जैसे दृढ़ आधार की आवश्यकता थी वैसा दृढ़ आधार स्वामी रामानुजाचार्य जी (सं० १०७३) ने खड़ा किया। उनके विशिष्टाद्वैतवाद के अनुसार चिदचिद्विशिष्ट ब्रह्म के ही अंश जगत् के सारे प्राणी हैं जो उसी से उत्पन्न होते हैं और उसी में लीन होते हैं। अतः इन जीवों के लिये उद्धार का मार्ग यही है कि वे भक्ति द्वारा उस अंशी का सामीप्यलाभ करने का यत्न करें। रामानुजजी की शिष्यपरंपरा देश में बराबर फैलती गई और जनता भक्ति मार्ग की ओर अधिक आकर्षित होती रही। रामानुजजी के श्री संप्रदाय में विष्णु या नारायण की उपासना है। इस संप्रदाय में अनेक साधु महात्मा बराबर होते गए।

विक्रम की १४वीं शताब्दी के अंत में वैष्णव श्री संप्रदाय के प्रधान आचार्य श्री राघवानंदजी काशी में रहते थे। अपनी अधिक अवस्था होते देख वे बराबर इस चिंता में रहा करते थे कि मेरे उपरांत संप्रदाय के सिद्धान्तों की रक्षा किस प्रकार हो सकेगी। अंत में राघवानंदजी रामानंदजी को दीक्षा प्रदान कर निश्चिंत हुए और थोड़े दिनों में परलोक वासी हुए। कहते हैं कि रामानंदजी ने भारतवर्ष का पर्यटन करके अपने संप्रदाय का प्रचार किया।

स्वामी रामानंदजी के समय के संबंध में कहीं कोई लेख न मिलने से हमें उसके निश्चय के लिये कुछ आनुषंगिक बातों का सहारा लेना पड़ता है। वैरागियों की परंपरा में रामानंदजी का मानिकपुर के शेख तकी पीर के साथ वादविवाद होना माना जाता है। ये शेख तकी दिल्ली के बादशाह सिकंदर लोदी के समय में थे। कुछ लोगों का मत है कि ये सिकंदर लोदी के पीर (गुरु) थे और उन्हीं के कहने से उसने कबीर साहब को जंजीर से बाँधकर गंगा में डुबाया था। कबीर के शिष्य धर्मदास ने भी इस घटना का उल्लेख इस प्रकार किया है—

साह सिकंदर जल में बोरे, बहुरि अग्नि परजारे।
मैमत हाथी आनि झुकाये, सिंहरूप दिखराये॥
निरगुन कथैं, अभयपद गावैं, जीवन को समझाये॥
काजी पंडित सबै हराए, पार कोउ नहिं पाये॥

शेख तकी और कबीर का संवाद प्रसिद्ध ही है। इससे सिद्ध होता है कि रामानंदजी दिल्ली के बादशाह सिकंदर लोदी के समय में वर्तमान थे। सिकंदर लोदी संवत् १५४६ से संवत् १५७४ तक गद्दी पर रहा। अतः इन २८ वर्षों के काल विस्तार के भीतर—चाहे आरंभ की ओर, चाहे अंत की ओर—रामानंदजी का वर्तमान रहना ठहरता है।

कबीर के समान सेन भगत भी रामानंदजी के शिष्यों में प्रसिद्ध हैं। ये सेन भगत बाँधवगढ़ नरेश के नाई थे और उनकी सेवा किया करते थे। ये कौन बाँधवगढ़ नरेश थे, इसका पता 'भक्त माल रामरसिकावली' में रीवाँ नरेश महाराज रघुराजसिंह ने दिया है—

> **बाँधवगढ़ पूरब जो गायो। सेन नाम नापित तहँ जायो॥**
> **ताकी रहै सदा यह रीती। करत रहै साधुन सों प्रीती॥**
> **तहँ को राजा राम बघेला। बरन्यो तेहि कबीर को चेला॥**
> **करै सदा तिनकी सेवकाई। मुकर दिखावै तेल लगाई॥**

रीवाँ राज्य के इतिहास में राजा राम या रामचंद्र का समय संवत् १६११ से १६४८ तक माना जाता है। रामानंदजी से दीक्षा लेने के उपरांत ही सेन पक्के भगत हुए होंगे। पक्के भगत हो जाने पर ही उनके लिये भगवान् के नाई का रूप धरनेवाली बात प्रसिद्ध हुई होगी। उक्त चमत्कार के समय वे राजसेवा मे थे। अत: राजा रामचंद्र से अधिक से अधिक ३० वर्ष पहले यदि उन्होंने दीक्षा ली हो तो संवत् १५७५ या १५८० तक रामानंदजी का वर्तमान रहना ठहरता है। इस दशा में स्थूल रूप से उनका समय विक्रम की १५वीं शती के चतुर्थ और १६वीं शती के तृतीय चरण के भीतर माना जा सकता है।

'श्री रामार्चन पद्धति' में रामानंदजी ने अपनी पूरी गुरुपरंपरा दी है। उसके अनुसार रामानुजाचार्य जी रामानंदजी से १४ पीढ़ी ऊपर थे। रामानुजाचार्य का परलोकवास संवत् ११९४ में हुआ। अब १४ पीढ़ियों के लिये यदि हम ३०० वर्ष रखें तो रामानंदजी का समय प्राय: वही आता है जो ऊपर दिया गया है। रामानंदजी का और कोई वृत्त ज्ञात नहीं।

तत्वत: रामानुजाचार्य जी के मतावलंबी होने पर भी अपनी उपासनापद्धति का उन्होंने विशेष रूप रखा। उन्होंने उपासना के लिये बैकुंठनिवासी विष्णु का स्वरूप न लेकर लोक में लीलाविस्तार करनेवाले उनके अवतार राम का आश्रय लिया। इनके इष्टदेव राम हुए और मूलमंत्र हुआ राम नाम। पर इससे यह नहीं समझना चाहिए कि इनके पूर्व देश में रामोपासना भक्त होते ही न थे। रामानुजाचार्यजी ने जिस सिद्धांत का प्रतिपादन किया उसके प्रवर्तक शठकोपाचार्य उनसे पाँच पीढ़ी पहले हुए हैं। उन्होंने अपनी 'सहस्रगीति' में कहा है—"दशरथस्य सुतं तं बिना अन्यशरणवान्नास्मि"। श्री रामानुज के पीछे उनके शिष्य कुरेशस्वामी हुए जिनकी 'पंचस्तवी' में राम की विशेष भक्ति स्पष्ट झलकती है। रामानंदजी ने केवल यह किया कि विष्णु के अन्य रूपों में 'रामरूप' को ही लोक के लिये अधिक कल्याणकारी समझ छाँट लिया और एक सबल संप्रदाय का संघटन किया। इसके साथ ही साथ उन्होंने उदारतापूर्वक मनुष्य मात्र को इस सुलभ सगुणभक्ति का अधिकारी माना और देशभेद, वर्णभेद, जातिभेद आदि का विचार भक्ति मार्ग से दूर रखा। यह बात उन्होंने सिद्धों या नाथपंथियों की देखादेखी नहीं की, बल्कि भगवद्-भक्ति के संबंध में महाभारत, पुराण आदि के कथित सिद्धांत के अनुसार की। रामानुज संप्रदाय में दीक्षा केवल द्विजातियों को दी जाती थी, पर स्वामी रामानंद ने रामभक्ति के द्वार सब जातियों के लिये खोल दिया और एक उत्साही विरक्त दल का संघटन किया, जो आज भी 'वैरागी' के नाम से प्रसिद्ध है। अयोध्या, चित्रकूट आदि आज भी वैरागियों के मुख्य स्थान हैं।

भक्तिमार्ग में इनकी उदारता का अभिप्राय यह कदापि नहीं है—जैसा कि कुछ लोग समझा और कहा करते हैं—कि रामानंद जी वर्णाश्रम के विरोधी थे। समाज के लिये वर्ण और

आश्रम की व्यवस्था मानते हुए वे भिन्न-भिन्न कर्तव्यों की योजना स्वीकार करते थे। केवल उपासना के क्षेत्र में उन्होंने सबका समान अधिकार स्वीकार किया। भगवद्भक्ति में वे किसी भेदभाव को आश्रय नहीं देते थे। कर्म के क्षेत्र में शास्त्रमर्यादा इन्हें मान्य थी; पर उपासना के क्षेत्र में किसी प्रकार का लौकिक प्रतिबंध ये नहीं मानते थे। सब जाति के लोगों को एकत्र कर रामभक्ति का उपदेश ये करने लगे और राम नाम की महिमा सुनाने लगे।

रामानंदजी के ये शिष्य प्रसिद्ध हैं—कबीरदास, रैदास, सेन नाई और गाँगरौनगढ़ के राजा पीपा, जो विरक्त होकर पक्के भक्त हुए।

रामानंदजी के रचे हुए केवल दो संस्कृत के ग्रंथ मिलते हैं—वैष्णवमताब्ज भास्कर और श्रीरामार्चनपद्धति। और कोई ग्रंथ इनका आज तक नहीं मिला है।

इधर सांप्रदायिक झगड़े के कारण कुछ नए ग्रंथ रचे जाकर रामानंदजी के नाम से प्रसिद्ध किए गए हैं—जैसे, ब्रह्मसूत्रों पर आनंद भाष्य और भगवद्गीताभाष्य—जिनके संबंध में सावधान रहने की आवश्यकता है। बात यह है कि कुछ लोग रामानुज परंपरा से रामानंदजी की परंपरा को बिल्कुल स्वतंत्र और अलग सिद्ध करना चाहते हैं। इसी से रामानंदजी को एक स्वतंत्र आचार्य प्रमाणित करने के लिये उन्होंने उनके नाम पर एक वेदांत भाष्य प्रसिद्ध किया है। रामानंदजी समय-समय पर विनय और स्तुति के हिंदीपद भी बनाकर गाया करते थे। केवल दो-तीन पदों का पता अब तक लगा है। एक पद तो यह है जो हनुमानजी की स्तुति में है—

आरती कीजै हनुमान लला की। दुष्टदलन रघुनाथ कला की॥
जाके बल भर ते महि काँपै। रोग सोग जाकी सिमा न चाँपै॥
अंजनीसुत महाबल दायक। साधु संत पर सदा सहायक॥
बाएँ भुजा सब असुर सँहारी। दहिन भुजा सब संत उबारी॥
लछिमन धरति में मूर्छि पर्‌यो। पैठि पताल जमकातर तोर्‌यो॥
आनि सजीवन प्रान उबार्‌यो। मही सब्रन कै भुजा उपार्‌यो॥
गाढ़ परे कपि सुमिरों तोहीं। होहु दयाल देहु जस मोहीं॥
लंकाकोट समुंदर खाई। जात पवनसुत बार न लाई॥
लंक प्रजारि असुर सब मार्‌यो। राजा राम के काज सँवार्‌यो॥
घंटा ताल झालरी बाजै। जगमग जोति अवधपुर छाजै॥
जो हनुमानजी की आरती गावै। बसि बैकुंठ अमर पद पावै॥
लंक बिधंस कियो रघुराई। रामानंद आरती गाई॥
सुर नर मुनि सब करहिं आरती। जै जै जै हनुमान लाल की॥

स्वामी रामानंदजी का कोई प्रामाणिक वृत्त न मिलने से उनके संबंध में कई प्रकार के प्रवादों के प्रचार का अवसर लोगों को मिला है। कुछ लोगों का कहना है कि रामानंदजी अद्वैतियों के ज्योतिर्मठ के ब्रह्मचारी थे। इस संबंध में इतना ही कहा जा सकता है कि यह संभव है कि उन्होंने ब्रह्मचारी रहकर कुछ दिन उक्त मठ में वेदांत का अध्ययन किया है, पीछे रामानुजाचार्य के सिद्धांतों की ओर आकर्षित हुए हैं।

दूसरी बात तो उनके संबंध में कुछ लोग इधर-उधर कहते सुने जाते हैं वह यह है कि उन्होंने बारह वर्ष तक गिरनार या आबू पर्वत पर योगसाधना करके सिद्धि प्राप्त की थी। रामानंदजी के जो दो ग्रंथ प्राप्त हैं तथा उसके संप्रदाय में जिस ढंग की उपासना चली आ रही है उससे स्पष्ट है कि वे खुले हुए विश्व के बीच भगवान् की कला की भावना करने वाले विशुद्ध वैष्णव भक्तिमार्ग के अनुयायी थे, घट के भीतर ढूँढ़नेवाले योगमार्गी नहीं। इसलिये योगसाधनावाली प्रसिद्धि का रहस्य खोलना आवश्यक है।

भक्तमाल में रामानंदजी के बारह शिष्य कहे गए हैं—अनंतानंद, सुखानंद, सुरसुरानंद, नरहर्यानंद, भावानंद, पीपा, कबीर, सेन, धना, रैदास, पद्मावती और सुरसरी।

अनंतानंदजी के शिष्य कृष्णदास पयहारी हुए जिन्होंने गलता (अजमेर राज्य, राजपूताना) में रामानंद संप्रदाय की गद्दी स्थापित की। यही पहली और सबसे प्रधान गद्दी हुई। रामानुज संप्रदाय के लिये दक्षिण में जो महत्व तोताद्रि का था वही महत्व रामानंदासंप्रदाय के लिये उत्तर भारत में गलता को प्राप्त हुआ। यह 'उत्तर तोताद्रि' कहलाया। कृष्णदास पयहारी राजपूताने की ओर के दाहिमा (दाधीच्य) ब्राह्मण थे। जैसा कि आदिकाल के अंतर्गत दिखाया जा चुका है, भक्ति आंदोलन के पूर्व देश में—विशेषतः राजपूताने में—नाथपंथी कनफट योगियों का बहुत प्रभाव था जो अपनी सिद्धि की धाक जनता पर जमाए रहते थे। जब सीधे-साधे वैष्णव भक्तिमार्ग का आंदोलन देश में चला तब उसके प्रति दुर्भाव रखना उनके लिये स्वाभाविक था। कृष्णदास पयहारी जब पहले पहल गलता पहुँचे तब वहाँ की गद्दी नाथपंथी योगियों के अधिकार में थी। वे रात भर टिकने के विचार से वहीं धूनी लगाकर बैठ गए। पर कनफटों ने उन्हें उठा दिया। ऐसा प्रसिद्ध है कि इस पर पयहारीजी ने भी अपनी सिद्धि दिखाई और वे धूनी की आग एक कपड़े में उठाकर दूसरी जगह जा बैठे। यह देख योगियों का महंत बाघ बनकर उनकी ओर झपटा। इस पर पयहारी जी के मुँह से निकला कि "तू कैसा गदहा है?" वह महंत तुरंत गदहा हो गया और कनफटों की मुद्राएँ उनके कानों से निकलकर पयहारीजी के सामने इकट्ठी हो गईं। आमेर के राजा पृथ्वीराज के बहुत प्रार्थना करने पर महंत फिर आदमी बनाया गया। उसी समय राजा पयहारी जी के शिष्य हो गए और गलता की गद्दी पर रामानंदी वैष्णवों का अधिकार हुआ।

नाथपंथी योगियों के कारण जनता के हृदय में योगसाधना और सिद्धि के प्रति आस्था जमी हुई थी। इससे पयहारी की शिष्यपरंपरा में योगसाधना का भी कुछ समावेश हुआ। पयहारी के दो प्रसिद्ध शिष्य हुए—अग्रदास और कील्हदास। इन्हीं कील्हदासजी की प्रवृत्ति रामभक्ति के साथ-साथ योगाभ्यास की ओर भी हुई जिसमें रामानंदजी की वैरागी परंपरा की एक शाखा में योगसाधना का भी समावेश हुआ। यह शाखा वैरागियों में 'तपसी शाखा' के नाम से प्रसिद्ध हुई। कील्हदास के शिष्य द्वारकादास ने इस शाखा को पल्लवित किया। उनके संबंध में भक्तमाल में ये वाक्य हैं—

'अष्टांग जोग तन त्यागियो द्वारकादास, जानै दुनी'

जब कोई शाखा चल पड़ती है, तब आगे चलकर अपनी प्राचीनता सिद्ध करने के लिये वह बहुत सी कथाओं का प्रचार करती है। स्वामी रामानंदजी के बारह वर्ष तक योगसाधना करने की कथा इसी प्रकार की है जो वैरागियों की 'तपसी शाखा' में चली। किसी शाखा की प्राचीनता सिद्ध करने का प्रयत्न कथाओं की उद्भावना तक ही नहीं रह जाता। कुछ नए ग्रंथ भी संप्रदाय के मूल प्रवर्तक के नाम से प्रसिद्ध किए जाते हैं। स्वामी रामानंदजी के नाम से

चलाए हुए ऐसे दो रद्दी ग्रंथ हमारे पास हैं—एक का नाम है योगचिंतामणि, दूसरे का रामरक्षास्तोत्र। दोनों के कुछ नमूने देखिए—

(१)

विकट कटक रे भाई। काया चढ़ा न जाई॥
जहँ नाद बिंदु का हाथी। सतगुर ले चले साथी॥
जहाँ है अष्टदल कमल फूला। हंसा सरोवर में भूला॥
शब्द तो हिरदय बसे, शब्द नयनों बसे,
शब्द की महिमा चार बेद गाई।
कहै गुरु रामानंद जी, सतगुर दया करि मिलिया,
सत्य का शब्द सुनु रे भाई॥
सुरत नगर करै सयल। जिसमें है आत्मा का महल॥

—योगचिंतामणि से।

(२)

संध्यातारिणी सर्वेदुःख विदारिणी।

संध्या उच्चरै विघ्न टरै। पिंड प्राण कै रक्षा श्रीनाथ निरंजन करै। नाद नादं सुषुम्ना के साज साज्या। चाचरी, भूचरी, खेचरी, अगोचरी, उनमनी पाँच मुद्रा सधंत साधुराजा।

डरे डूँगरे जले और थले बाटे घाटे औघट निरंजन निराकार रक्षा करे। बाघ बाघिनी का करो मुख काला। चौंसठ जोगिनी मारि कुटका किया, अखिल ब्रह्मांड तिहुँलोक में दुहाई फिरिबा करै। दास रामानंद ब्रह्म चीन्हा, सोइ निज तत्व ब्रह्मज्ञानी।

—रामरक्षा स्तोत्र से।

झाड़फूँक के काम के ऐसे-ऐसे स्तोत्र भी रामानंदजी के गले मढ़े गए हैं। स्तोत्र के आरंभ में जो 'संध्या' शब्द है नाथपंथ में उसका पारिभषिक अर्थ है—'सुषुम्ना नाड़ी की संधि में प्राण का जाना।' इसी प्रकार 'निरंजन' भी गोरखपंथ में उस ब्रह्म के लिये एक रूढ़ शब्द है जिसकी स्थिति वहाँ मानी गई है जहाँ नाद और बिंदु दोनों का लय हो जाता है—

नादकोटि सहस्राणि बिंदुकोटि शतानि च।
सर्व तत्र लयं योति यत्र देवो निरंजनः॥

'नाद' और 'बिंदु' क्या है, यह नाथपंथ के प्रपंच में दिखाया जा चुका है।

सिखों के 'ग्रंथसाहब' में भी निर्गुण उपासना के दो पद रामानंद के मिलते हैं। एक यह है—

कहाँ जाइए हो घरि लागो रंग। मेरो चंचल मन भयो अपंग॥
जहाँ जाइए तहँ जल पषान। पूरि रहे हरि सब समान॥
वेद स्मृति सब मेल्हे जोइ। जहाँ जाइए हरि इहाँ न होइ॥
एक बार मन भयो उमंग। घसि चोवा चंदन चारि अंग॥
पूजत चाली ठाइँ ठाइँ। सो ब्रह्म बतायो गुरु आप माइँ॥

सतगुर मैं बलिहारी तोर। सकल विकल भ्रम जारे मोर॥
रामानंद रमै एक ब्रह्म। गुरु कै एक सबद काटै कोटि क्रम्म॥

इस उद्धरण से स्पष्ट है कि ग्रंथ साहब में उद्‌धृत दोनों पद भी वैष्णव भक्त रामानंदजी के नहीं हैं, और किसी रामानंद के हों तो हो सकते हैं।

जैसा कि पहले कहा जा चुका है, वास्तव में रामानंदजी के केवल दो संस्कृत ग्रंथ ही आज तक मिले हैं। 'वैष्णवमताब्जभास्कर' में रामानंदजी के शिष्य सुरसुरानंद ने नौ प्रश्न किए हैं जिनके उत्तर में रामतारक मंत्र की विस्तृत व्याख्या, तत्वोपदेश, अहिंसा का महत्व, प्रपत्ति, वैष्णवों की दिनचर्या, षोडशोपचारपूजन इत्यादि विषय हैं।

अर्चावतारों के चार भेद—स्वयं व्यक्त, दैव, सैद्ध और मानुष—करके कहा गया है कि वे प्रशस्त देशों (अयोध्या, मथुरा आदि) में श्री सहित सदा निवास करते हैं। जातिभेद, क्रियाकलाप आदि की अपेक्षा न करनेवाले भगवान् की शरण में सबको जाना चाहिए—

प्राप्तुं परा सिद्धिमकिंचनो जनो-द्विजादिरिच्छंछरणं हरिं व्रजेत्।
परम् दयालुं स्वगुणानपेक्षितक्रियाकलापादिकजातिभेदम्॥

गोस्वामी तुलसीदासजी—यद्यपि स्वामी रामानंदजी की शिष्यपरंपरा के द्वारा देश के बड़े भाग में रामभक्ति की पुष्टि निरंतर होती आ रही थी और भक्त लोग फुटकल पदों में राम की महिमा गाते आ रहे थे पर हिंदी साहित्य के क्षेत्र में इस भक्ति का परमोज्वल प्रकाश विक्रम की १७वीं शताब्दी के पूर्वार्द्ध में गोस्वामी तुलसीदासजी की वाणी द्वारा स्फुरित हुआ। उनकी सर्वतोमुखी प्रतिभा ने भाषाकाव्य की सारी प्रचलित पद्धतियों के बीच अपना चमत्कार दिखाया। सारांश यह कि रामभक्ति का वह परम विशद साहित्यिक संदर्भ इन्हीं भक्तशिरोमणि द्वारा संघटित हुआ जिससे हिंदी काव्य की प्रौढ़ता के युग का आरंभ हुआ।

'शिवसिंहसरोज' में गोस्वामी जी के एक शिष्य बेनीमाधवदास कृत 'गोसाईंचरित्र' का उल्लेख है। इस ग्रंथ का कहीं पता न था। पर कुछ दिन हुए सहसा यह अयोध्या से निकल पड़ा। अयोध्या में एक अत्यंत निपुण दल है जो लुप्त पुस्तकों और रचनाओं को समय-समय पर प्रकट करता रहता है। कभी नंददासकृत तुलसी की वंदना का पद प्रकट होता है जिसमें नंददास कहते हैं—

श्रीमत्तुलसीदास स्वगुरु भ्राता पद बंदे।
\+ \+ \+
नंददास के हृदय नयन को खोलेउ सोई॥

कभी सूरदासजी द्वारा तुलसीदास की स्तुति का यह पद प्रकाशित होता है—

धन्य भाग्य मम संत सिरोमनि चरन कमल तकि आयउँ।
दया दृष्टि तें मम दिसि हेरेउ, तत्व स्वरूप लखायो।
कर्म उपासन ज्ञान जनित भ्रम संसय सूल नसायो[१]॥

---

१. ये दोनों पंक्तियाँ सूरदासजी के इस पद से खींच ली गई हैं—
कर्म जोग पुनि ज्ञान उपासन सब ही भ्रम भरमायो।
श्री बल्लभ गुरु तत्व सुनायो लीला भेद बतायो॥ (सूरसागर सारावली)

इस पद के अनुसार सूरदास का 'कर्मउपासनाज्ञानजनितभ्रम' बल्लभाचार्यजी ने नहीं, तुलसीदासजी ने दूर किया था। सूरदासजी तुलसीदासजी से अवस्था में बहुत बड़े थे और उनसे पहले प्रसिद्ध भक्त हो गए थे, यह सब लोग जानते हैं।

ये दोनों पद 'गोसाईंचरित्र' के मेल में हैं, अत: मैं इन सबका उद्‌गम एक ही समझता हूँ। 'गोसाईंचरित्र' में वर्णित बहुत सी बातें इतिहास के सर्वथा विरुद्ध पड़ती हैं, यह बा० माताप्रसाद गुप्त अपने कई लेखों में दिखा चुके हैं। रामानंदजी की शिष्यपरंपरा के अनुसार देखें तो भी तुलसीदास के गुरु का नाम नरहर्यानंद और नरहर्यानंद के गुरु का नाम अनंतानंद (प्रिय शिष्य अनंतानंद हते। नरहर्यानंद सुनाम छते) असंगत ठहरता है। अनंतानंद और नरहर्यानंद दोनों रामानंदजी के बारह शिष्यों में थे। नरहरिदास को अलबत कुछ लोग अनंतानंद का शिष्य कहते हैं, पर भक्तमाल के अनुसार वे अनंतानंद के शिष्य श्रीरंग के शिष्य थे। गिरनार में योगाभ्यासी सिद्ध रहा करते हैं, 'तपसी शाखा' की यह बात भी गोसाईंचरित्र में आ गई है।

इसमें कोई संदेह नहीं कि तिथि, वार आदि ज्योतिष की गणना से सब कुछ ठीक मिलाकर तथा तुलसी के संबंध में चली आती हुई सारी जनश्रुतियों का समन्वय करके सावधानी के साथ इसकी रचना हुई है, पर एक ऐसी पदावली इसके भीतर चमक रही है, जो इसे बिल्कुल आजकल की रचना घोषित कर रही है। यह है 'सत्यं, शिवं, सुंदरम्।' देखिए—

देखिन तिरषित दृष्टि तें सब जने, कीन्ही सही संकरम्।
दिव्याषर सो लिख्यो, पढै धुनि सुने, सत्यं, शिवं, सुंदरम्॥

यह पदावली अँगरेजी समीक्षा क्षेत्र में प्रचलित 'द ट्रुथ, द गुड, ऐंड द ब्यूटीफुल' का अनुवाद है, जिसका प्रचार पहले पहल ब्रह्म समाज में, फिर बँगला और हिंदी की आधुनिक समीक्षाओं में हुआ, यह हम अपने काव्य में 'रहस्यवाद' के भीतर दिखा चुके हैं।

यह बात अवश्य है कि 'गोसाईंचरित्र' में जो वृत्त दिए गए हैं, वे अधिकतर वे ही हैं जो परंपरा से प्रसिद्ध चले आ रहे हैं।

गोस्वामीजी का एक और जीवनचरित्र, जिसकी सूचना 'मर्यादा' पत्रिका की ज्येष्ठ १९६९ की संख्या में श्रीयुत इंद्रदेव नारायणजी ने दी थी, उनके एक दूसरे शिष्य महात्मा रघुवरदासजी का लिखा 'तुलसीचरित' कहा जाता है। यह कहाँ तक प्रामाणिक है, नहीं कहा जा सकता। दोनों चरितों के वृत्तांतों में परस्पर बहुत कुछ विरोध है। बाबा बेनीमाधवदास के अनुसार गोस्वामीजी के पिता जमुना के किनारे दुबेपुरवा नामक गाँव के दूबे और मुखिया थे और पूर्वज पत्यौजा ग्राम से यहाँ आए थे। पर बाबा रघुबरदास के 'तुलसीचरित्र' में लिखा है कि सरवार में मझौली से तेईस कोस पर कसया ग्राम में गोस्वामीजी के प्रपितामह परशुराम मिश्र—जो गाना के मिश्र थे—रहते थे। वे तीर्थाटन करते-करते चित्रकूट पहुँचे और उसी ओर राजापुर में बस गए। उनके पुत्र शंकर मिश्र हुए। शंकर मिश्र के रुद्रनाथ मिश्र और रुद्रनाथ मिश्र के मुरारि मिश्र हुए जिनके पुत्र तुलसीराम जी आगे चलकर भक्त चूड़ामणि गोस्वामी तुलसीदासजी हुए।

दोनों चरितों में गोस्वामीजी का जन्म संवत् १५५४ दिया हुआ है। बाबा बेनीमाधवदास की पुस्तक में तो श्रावण शुक्ला सप्तमी तिथि भी दी हुई है। पर इस संवत् को ग्रहण करने से तुलसीदासजी की आयु १२६-१२७ वर्ष आती है जो पुनीत आचरण के महात्माओं के लिये असंभव तो नहीं कही जा सकती। शिवसिंहसरोज में लिखा है कि गोस्वामीजी संवत् १५८३

के लगभग उत्पन्न हुए थे। मिरजापुर के प्रसिद्ध रामभक्त और रामायणी पंडित रामगुलाम द्विवेदी भक्तों की जनश्रुति के अनुसार इनका जन्म संवत् १५८९ मानते थे। इसी सबसे पिछले संवत् को ही डा० ग्रियर्सन ने स्वीकार किया है। इनका सरयूपारी ब्राह्मण होना तो दोनों चरितों में पाया जाता है और सर्वमान्य है। ''तुलसी परासर गोत दूबे पतिऔजा के'' यह वाक्य भी प्रसिद्ध चला आता है और पंडित रामगुलाम ने भी इसका समर्थन किया है। उक्त प्रसिद्धि के अनुसार गोस्वामीजी के पिता का नाम आत्माराम दूबे और माता का नाम हुलसी था। माता के नाम के प्रमाण में रहीम का यह दोहा कहा जाता है—

सुरतिय, नरतिय, नागतिय, सब चाहति अस होय।
गोद लिए हुलसी फिरैं, तुलसी सो सुत होय॥

तुलसीदासजी के कवितावली में कहा है कि, 'मातु पिता जग जाइ तज्यौ बिधिहू न लिख्यो कछु भाल भलाई।' इसी प्रकार विनयपत्रिका में भी ये वाक्य हैं—''जनक जननी तज्यौ जनमि, करम बिनु बिधिहु सृज्यौ अवडेरे'' तथा ''तनुजन्यो कुटिल कीट ज्यों, तज्यों मातु पिता हूँ।'' इन वचनों के अनुसार यह जनश्रुति चल पड़ी कि गोस्वामीजी अभुक्तमूल में उत्पन्न हुए थे, इससे उनके माता-पिता ने उन्हें त्याग दिया था। उक्तजनश्रुति के अनुसार गोसाईं चरित्र में लिखा है कि गोस्वामीजी जब उत्पन्न हुए तब पाँच वर्ष के बालक के समान थे और उन्हें पूरे दाँत भी थे। वे रोए, नहीं, केवल 'राम' शब्द उनके मुँह से सुनाई पड़ा। बालक को राक्षस समझ पिता ने उसकी उपेक्षा की। पर माता ने उसकी रक्षा के लिये उद्विग्न होकर उसे अपनी एक दासी मुनिया को पालने-पोसने को दिया और वह उसे लेकर अपनी ससुराल चली गई। पाँच वर्ष पीछे जब मुनिया भी मर गई तक राजापुर में बालक के पिता के पास संवाद भेजा गया, पर उन्होंने बालक को लेना स्वीकार न किया। किसी प्रकार बालक का निर्वाह कुछ दिन हुआ। अंत में बाबा नरहरिदास ने उसे अपने पास रख लिया और कुछ शिक्षा-दीक्षा दी। इन्हीं गुरु से गोस्वामीजी राम कथा सुना करते थे। इन्हीं अपने गुरु नरहरिदास के साथ गोस्वामीजी काशी में आकर पंचगंगा घाट पर स्वामी रामानंदजी के स्थान पर रहने लगे। वहाँ पर एक परम विद्वान् महात्मा शेषसनातनजी रहते थे जिन्होने तुलसीदासजी को वेद, वेदांग, दर्शन, इतिहास, पुराण आदि में प्रवीण कर दिया। १५ वर्ष तक अध्ययन करके गोस्वामीजी फिर अपनी जन्मभूमि राजापुर को लौटे; पर वहाँ इनके परिवार में कोई नहीं रह गया था और घर भी गिर गया था।

यमुनापार के एक ग्राम के रहनेवाले भारद्वाजगोत्री एक ब्राह्मण यमद्वितीया को राजापुर में स्नान करने आए। उन्होंने तुलसीदासजी की विद्या, विनय और शील पर मुग्ध होकर अपनी कन्या इन्हें ब्याह दी। इसी पत्नी के उपदेश से गोस्वामीजी का विरक्त होना और भक्ति की सिद्धि प्राप्त करना प्रसिद्ध है। तुलसीदासजी अपनी इस पत्नी पर इतने अनुरक्त थे कि एक बार उसके मायके चले जाने पर वे बढ़ी नदी पार करके उससे जाकर मिले। स्त्री ने उस समय ये दोहे कहे—

लाज न लागत आपको दौरे आयहु साथ।
धिक धिक ऐसे प्रेम को कहा कहौं मैं नाथ॥
अस्थि चर्म मय देह मम तामे जैसी प्रीति॥
तैसो जौ श्रीराम महँ होति न तौ भवभीति॥

यह बात तुलसीदासजी को ऐसी लगी कि वे तुरंत काशी आकर विरक्त हो गए। इस वृत्तांत को प्रियादासजी ने भक्तमाल की अपनी टीका में दिया है और 'तुलसीचरित्र' और 'गोसाईं चरित्र' में भी इसका उल्लेख है।

गोस्वामीजी घर छोड़ने पर कुछ दिन काशी में, फिर काशी से अयोध्या जाकर रहे। उसके पीछे तीर्थयात्रा करने निकले और जगन्नाथपुरी, रामेश्वर, द्वारका होते हुए बदरिकाश्रम गए। वहाँ से ये कैलाश और मानसरोवर तक निकल गए। अंत में चित्रकूट आकर ये बहुत दिनों तक रहे जहाँ अनेक संतों से इनकी भेंट हुई। इसके अनंतर संवत् १६३१ में अयोध्या जाकर इन्होंने रामचरितमानस का आरंभ किया और उसे २ वर्ष ७ महीने में समाप्त किया। रामायण का कुछ अंश, विशेषतः किष्किंधाकांड, काशी में रचा गया। रामायण समाप्त होने पर ये अधिकतर काशी में ही रहा करते थे। वहाँ अनेक शास्त्रज्ञ विद्वान् इनसे आकर मिला करते थे क्योंकि इनकी प्रसिद्धि सारे देश में हो चुकी थी। ये अपने समय के सबसे बड़े भक्त और महात्मा माने जाते थे। कहते हैं कि उस समय के प्रसिद्ध विद्वान् मधुसूदन सरस्वती से इनसे वाद हुआ था जिससे प्रसन्न होकर इनकी स्तुति में यह श्लोक उन्होंने कहा था—

आनंदकानने कश्चिज्जङगमस्तुलसीतरुः।
कवितामंजरी यस्य रामभ्रमर भूषिता॥

गोस्वामीजी के मित्रों और स्नेहियों में नवाब अब्दुर्रहीम खानखाना, महाराज मानसिंह, नाभाजी और मधुसूदन सरस्वती आदि कहे जाते हैं। 'रहीम' से इनसे समय-समय पर दोहों में लिखा-पढ़ी हुआ करती थी। काशी में इनके सबसे बड़े स्नेही और भक्त भदैनी के एक भूमिहार जमींदार टोडर थे जिनकी मृत्यु होने पर इन्होंने कई दोहे कहे हैं—

चार गाँव को ठाकुरो मन को महामहीप।
तुलसी या कलिकाल में अथए टोडर दीप॥
तुलसी रामसनेहको सिर पर भारी भारु।
टोडर काँधा नहिं दियो, सब कहि रहे 'उतारु'॥
रामधाम टोडर गए, तुलसी भए असोच॥
जियबो मीत पुनीत बिनु, यहै जानि संकोच॥

गोस्वामीजी की मृत्यु के संबंध में लोग यह दोहा कहा करते हैं—

संवत् सोरह सै असी, असी गंग के तीर।
श्रावण शुक्ला सप्तमी, तुलसी तज्यो शरीर॥

पर बाबा बेनीमाधवदास की पुस्तक में दूसरी पंक्ति इस प्रकार है या कर दी गई है—

श्रावण कृष्णा तीज शनि, तुलसी तज्यो शरीर।

यही ठीक तिथि है क्योंकि टोडर के वंशज अब तक इसी तिथि को गोस्वामीजी के नाम सीधा दिया करते हैं।

'मैं पुनि निज गुरु सन सुनी, कथा सो सूकर खेत' को लेकर कुछ लोग गोस्वामीजी का जन्मस्थान ढूँढ़ने एटा जिले के सोरों नामक स्थान पर सीधे पच्छिम दौड़े हैं। पहले पहल उस ओर इशारा स्व० लाला सीताराम ने (राजापुर के) अयोध्याकांड के स्वसंपादित संस्करण की भूमिका में दिया था। उसके बहुत दिन पीछे उसी इशारे पर दौड़ लगी और अनेक प्रकार के

कल्पित प्रमाण सोरों को जन्मस्थान सिद्ध करने के लिये तैयार किए गए। सारे उपद्रव की जड़ हैं 'सूकर खेत' जो भ्रम से सोरों समझ लिया गया। 'सूकर क्षेत्र' गोंडा जिले में सरजू के किनारे एक पवित्र तीर्थ है, जहाँ आसपास के कई जिलों के लोग स्नान करने जाते हैं और मेला लगता है।

जिन्हें भाषा की परख है उन्हें यह देखते देर न लगेगा कि तुलसीदासजी की भाषा में ऐसे शब्द, जो स्थान विशेष के बाहर नहीं बोले जाते हैं, केवल दो स्थानों के हैं—चित्रकूट के आसपास के और अयोध्या के आसपास के। किसी कवि की रचना में यदि किसी स्थानविशेष के भीतर ही बोले जानेवाले अनेक शब्द मिलें तो उस स्थानविशेष से कवि का निवास संबंध मानना चाहिए। इस दृष्टि से देखने पर यह बात मन में बैठ जाती है कि तुलसीदासजी का जन्म राजापुर में हुआ जहाँ उनकी कुमार अवस्था बीती। सरवरिया होने के कारण उनके कुल के तथा संबंधी अयोध्या, गोंडा, बस्ती के आसपास थे, जहाँ उनका आना-जाना बराबर रहा करता था। विरक्त होने पर वे अयोध्या में ही रहने लगे थे। 'रामचरितमानस' में आये हुए कुछ शब्द और प्रयोग नीचे दिए जाते हैं जो अयोध्या के आसपास ही (बस्ती, गोंडे आदि कुछ भागों में) बोले जाते हैं—

माहुर=विष। **सरौं**=कसरत। **फहराना या फरहराना**=प्रफुल्लचित्त होना (सरौं करहिं पायक फहराई)। **फुर**=सच। **अनभल ताकना**=बुरा मानना (जेहि राउर अति अनभल ताका)। **राउर, राउरेहि**=आपको (भलउ कहत दुख रउरेहि लागा)। **रमा लहीं**=रमा ने पाया (प्रथम पुरुष स्त्री०, बहुवचन, उ०-भरि जनम जे पाए न ते परितोष उमा रमा रही)। **कूटि**=दिल्लगी, उपहास।

इसी प्रकार ये शब्द चित्रकूट के आसपास तथा बघेलखंड में ही (जहाँ की भाषा पूरबी हिंदी या अवधी ही है) बोले जाते हैं।

कुराय=वे गड्ढे जो करेल पोली जमीन में बरसात के कारण जगह-जगह पड़ जाते हैं (काँच कुराय लपेटन लोटन ठावहिं ठावँ बझाऊ रे।-विनय०)।

सुआर=सूपकार, रसोइया।

ये शब्द और प्रयोग इस बात का पता देते हैं कि किन-किन स्थानों की बोली गोस्वामीजी की अपनी थी। आधुनिक काल के पहले साहित्य या काव्य की सर्वमान्य व्यापक भाषा ब्रज ही रही है, यह तो निश्चित है। भाषाकाव्य के परिचय के लिये प्रायः सारे उत्तर भारत के लोग बराबर इसका अभ्यास करते थे और अभ्यास द्वारा सुंदर रचना भी करते थे। ब्रजभाषा में रीतिग्रंथ लिखनेवाले चिंतामणि, भूषण, मतिराम, दास इत्यादि अधिकतर कवि अवध के थे और ब्रजभाषा के सर्वमान्य कवि माने जाते हैं। दासजी ने तो स्पष्ट व्यवस्था ही दी है कि 'ब्रजभाषा हेतु ब्रजवास ही न अनुमानौ'। पर पूरबी हिंदी या अवधी के संबंध में यह बात नहीं है। अवधी भाषा में रचना करनेवाले जितने कवि हुए हैं सब अवध या पूरब के थे। किसी पछाहीं कवि ने कभी पूरबी हिंदी या अवधी पर ऐसा अधिकार प्राप्त नहीं किया कि उसमें रचना कर सके। जो बराबर सोरों की पछाही बोली (ब्रज) बोलता आया होगा वह 'जानकीमंगल' और 'पार्वतीमंगल' की सी ठेठ अवधी लिखेगा, 'मानस' ऐसे महाकाव्य की रचना अवधी में करेगा और व्याकरण के ऐसे देशबद्ध प्रयोग करेगा जैसे ऊपर दिखाए गए हैं? भाषा के विचार में व्याकरण के रूपों का मुख्यतः विचार होता है।

भक्त लोग अपने को जन्मजन्मांतर से अनेक आराध्य इष्टदेव का सेवक मानते हैं। इसी भावना के अनुसार तुलसी और सूर दोनों ने कथाप्रसंग के भीतर अपने को गुप्त या प्रकट रूप में राम और कृष्ण के समीप तक पहुँचाया है। जिस स्थल पर ऐसा हुआ-है वहीं कवि के निवासस्थान का पूरा संकेत भी है। 'रामचरितमानस' के अयोध्याकांड में वह स्थल देखिए जहाँ प्रयाग से चित्रकूट जाते हुए राम जमुना पार करते हैं और भरद्वाज के द्वारा साथ लगाए हुए शिष्यों को विदा करते हैं। राम सीता तट पर के लोगों से बातचीत कर ही रहे हैं कि—

तेहि अवसर एक तापस आवा। तेजपुंज लघु बयस सुहावा॥
कवि अलषित गति वेष बिरागी। मन क्रम बचन राम अनुरागी॥
सजल नयन तन पुलक निज इष्ट देउ पहिचानि।
परेउ दंड जिमि धरनितल दसा न जाइ बखानि॥

यह तापस एकाएक आता है। कब आता है, कौन है, इसका कहीं कोई उल्लेख नहीं है। बात यह है कि इस ढंग से कवि ने अपने को ही तापस रूप में राम के पास पहुँचाया है और ठीक उसी प्रदेश में जहाँ के वे निवासी थे, अर्थात् राजापुर के पास।

सूरदास ने भी भक्तों की इस पद्धति का अवलंबन किया है। यह तो निर्विवाद है कि बल्लभाचार्यजी से दीक्षा लेने के उपरांत सूरदासजी गोवर्द्धन पर श्रीनाथजी के मंदिर में कीर्तन किया करते थे। अपने सूरसागर के दशम् स्कंध के आरंभ में सूरदास ने श्रीकृष्ण के दर्शन के लिये अपने को ढाढ़ी के रूप में नंद के द्वार पर पहुँचाया है—

नंद जू! मेरे मन आनंद भयो हौं गोवर्द्धन तें आयो।
तुम्हरे पुत्र भयो मैं सुनि कै अति आतुर उठि धायो॥
+ + +
जब तुम मदनमोहन करि टेरौ, यह सुनि कै घर जाऊँ॥
हौं तौ तेरे घर को ढाढ़ी, सूरदास मेरो नाऊँ॥

सबका सारांश यह है कि तुलसीदास का जन्मस्थान राजापुर जो प्रसिद्ध चला आता है वही ठीक है।

एक बात की ओर और ध्यान जाता है। तुलसीदासजी रामानंद संप्रदाय की बैरागी परंपरा में नहीं जान पड़ते। उक्त संप्रदाय के अंतर्गत जितनी शिष्य परंपराएँ मानी जाती हैं उनमें तुलसीदास का नाम कहीं नहीं है। रामानंद परंपरा में सम्मिलित करने के लिये उन्हें नरहरिदास का शिष्य बताकर जो परंपरा मिलाई गई है वह कल्पित प्रतीत होती है। वे रामोपासक वैष्णव अवश्य थे, पर स्मार्त वैष्णव थे।

गोस्वामी के प्रादुर्भाव को हिंदी काव्य के क्षेत्र में एक चमत्कार समझना चाहिए। हिंदी काव्य की शक्ति का पूर्ण प्रसार इनकी रचनाओं में ही पहले पहल दिखाई पड़ा। वीरगाथा काल के कवि अपने संकुचित क्षेत्र में काव्यभाषा के पुराने रूप को लेकर एक विशेष शैली की परंपरा निभाते आ रहे थे। चलती भाषा का संस्कार और समुन्नति उनके द्वारा नहीं हुई। भक्तिकाल में आकर भाषा के चलते रूप को समाश्रय मिलने लगा। कबीरदास ने चलती बोली में अपनी वाणी कही। पर वह बोली बेठिकाने की थी। उसका कोई नियत रूप न था। शौरसेनी अपभ्रंश या नागर अपभ्रंश का जो सामान्य रूप साहित्य के लिये स्वीकृत था उससे कबीर का लगाव न

था। उन्होंने नाथपंथियों की 'सधुक्कड़ी भाषा' का व्यवहार किया जिसमें खड़ी बोली के बीच राजस्थानी और पंजाबी का मेल था। इसका कारण यह था कि मुसलमानों की बोली पंजाबी या खड़ी बोली हो गई थी और निर्गुणपंथी साधुओं का लक्ष्य मुसलमानों पर भी प्रभाव डालने का था। अत: उनकी भाषा में अरबी और फारसी के शब्दों का भी मनमाना प्रयोग मिलता है। उनका कोई साहित्यिक लक्ष्य न था और वे पढ़े-लिखे लोगों से दूर ही दूर अपना उपदेश सुनाया करते थे।

साहित्य की भाषा में, जो वीरगाथा काल के कवियों के हाथ में बहुत कुछ अपने पुराने रूप में ही रही, प्रचलित भाषा के संयोग से नया जीवन सगुणोपासक कवियों द्वारा प्राप्त हुआ, भक्त सूरदासजी ब्रज की चलती भाषा को परंपरा से चली आती हुई काव्यभाषा के बीच पूर्ण रूप से प्रतिष्ठित करके साहित्यिक भाषा को लोकव्यवहार के मेल में लाए। उन्होंने परंपरा से चली आती हुई काव्यभाषा का तिरस्कार न करके उसे एक नया चलता रूप दिया। सूरसागर को ध्यानपूर्वक देखने से उसमें क्रियाओं के कुछ पुराने रूप कुछ सर्वनाम (जैसे जासु-तासु, जेहि-तेहि) तथा कुछ प्राकृत के शब्द पाए जायँगे। सारांश यह कि वे परंपरागत काव्यभाषा को बिलकुल अलग करके एक बारगी नई चलती बोली लेकर नहीं चले। भाषा का एक शिष्ट सामान्य रूप उन्होंने रखा जिसका व्यवहार आगे चलकर बराबर कविता में होता आया। यह तो हुई ब्रज भाषा की बात। इसके साथ ही पूरबी बोली या अवधी भी साहित्य निर्माण की ओर अग्रसर हो चुकी थी। जैसा कि पहले कहा जा चुका है, अवधी की सबसे पुरानी रचना ईश्वरदास की 'सत्यवती कथा' है। आगे चलकर 'प्रेममार्गी शाखा' के मुसलमान कवियों ने अपनी कहानियों के लिये अवधी भाषा ही चुनी। इस प्रकार गोस्वामी तुलसीदासजी ने अपने समय में काव्यभाषा के दो रूप प्रचलित पाए—एक ब्रज और दूसरी अवधी। दोनों में उन्होंने समान अधिकार के साथ रचनाएँ कीं।

भाषा पद्य के स्वरूप को लेते हैं तो गोस्वामीजी के सामने कई शैलियाँ प्रचलित थीं जिनमें से मुख्य ये हैं—(क) वीरगाथा काल की छप्पयपद्धति (ख) विद्यापति और सूरदास की गीतपद्धति (ग) गंग आदि भाटों की कवित्त सवैया पद्धति (घ) कबीरदास की नीति संबंधी बानी की दोहा पद्धति जो अपभ्रंश से चली आती थी और (ङ) ईश्वरदास के दोहे चौपाईवाली प्रबंधपद्धति। इस प्रकार काव्यभाषा के दो रूप और रचना की पाँच मुख्य शैलियाँ साहित्य क्षेत्र में गोस्वामीजी को मिली। तुलसीदासजी के रचनाविधान की सबसे बड़ी विशेषता यह है कि वे अपनी सर्वतोमुखी प्रतिभा के बल से सबके सौंदर्य की पराकाष्ठा अपनी दिव्य वाणी में दिखाकर साहित्यक्षेत्र में प्रथम पद के अधिकारी हुए। हिंदी कविता के प्रेमी मात्र जानते हैं कि उनका ब्रज और अवधी दोनों भाषाओं पर समान अधिकार था। ब्रज भाषा का जो माधुर्य हम सूरसागर में पाते हैं वही माधुर्य और भी संस्कृत रूप में हम गीतावली और कृष्णगीतावली में पाते हैं। ठेठ अवधी की जो मिठास हमें जायसी की पद्मावत में मिलती है वही जानकीमंगल, पार्वतीमंगल, बरवैरामायण और रामललानहछू में हम पाते हैं। यह सूचित करने की आवश्यकता नहीं कि न तो सूर का अवधी पर अधिकार था और न जायसी का ब्रजभाषा पर।

प्रचलित रचना शैलियों पर उनका इसी प्रकार का पूर्ण अधिकार हम पाते हैं।

(क) वीरगाथाकाल की छप्पयपद्धति पर इनकी रचना थोड़ी है पर इनकी निपुणता पूर्ण रूप से प्रदर्शित करती है; जैसे—

कतहुँ विटप भूधर उपारि परसेन बरक्खत।
कतहुँ बाजि सो बाजि मर्दि गजराज करक्खत।
चरन चोट चटकन चकोट अरि उर सिर बज्जत।
बिकट कटक विद्दरत वीर वारित जिमि गज्जत॥
लंगूर लपेटत पटकि भट, 'जयति राम जय' उच्चरत।
तुलसीस पवननंदन अटल जुद्ध क्रुद्ध कौतुक करत।
डिगति उर्वि अति गुर्वि, सर्व पब्बै समुद्र सर।
ब्याल बधिर तेहि काल, बिकल दिगपाल चराचर॥
दिग्गयंद लरखरत, परत दसकंठ मुक्ख भर।
सुरविमान हिमभानु, संघटित होत परस्पर।
चौके विरंचि संकर सहित, कोल कमठ अहि कलमल्यौ।
ब्रह्मांड खंड कियो चंडधुनि, जबहिं राम सिवधनु दल्यौ॥

(ख) विद्यापति और सूरदास की गीतपद्धति पर इन्होंने बहुत विस्तृत और बड़ी सुंदर रचना की है। सूरदासजी की रचना में संस्कृत की 'कोमलकांत पदावली' और अनुप्रासों की वह विचित्र योजना नहीं है जो गोस्वामीजी की रचना में है। दोनों भक्त शिरोमणियों की रचना में यह भेद ध्यान देने योग्य है और इस पर ध्यान अवश्य जाता है। गोस्वामीजी की रचना अधिक संस्कृतगर्भित है। पर इसका यह अभिप्राय नहीं है कि इनके पदों में शुद्ध देशभाषा का माधुर्य नहीं है। इन्होंने दोनों प्रकार की मधुरता का बहुत ही अनूठा मिश्रण किया है। विनयपत्रिका के प्रारंभिक स्तोत्रों में जो संस्कृत पदविन्यास है उसमें गीत गोविंद के पदविन्यास से इस बात की विशेषता है कि वह विषम है और रस के अनुकूल कहीं कोमल और कहीं कर्कश देखने योग्य है। हृदय के त्रिविध भावों की व्यंजना गीतावली के मधुर पदों में देखने में आता है। कौशल्या के सामने भरत अपनी आत्मग्लानि की व्यंजना किन शब्दों में करते हैं, देखिए—

जौ हौं मातुमते महँ ह्वैहौं।
तौ जननी जग में या मुख की कहाँ कालिमा ध्वैहौं?
क्यौं हौं आजु होत सुचि सपथनि, कौन मानिहै साँची?
महिमा मृगी कौन सुकृति की खल बच बिसिषन्ह बाँची?

इसी प्रकार चित्रकूट में राम के सम्मुख जाते हुए भरत की दशा का भी सुंदर चित्रण है—

विलोके दूरि तें दोउ वीर।
मन अगहुँड़ तन पुलक सिथिल भयो, नयन नलिन भरे नीर।
गड़त गोड़ मनो सकुच पंक महँ, कढ़त प्रेमबल धीर॥

'गीतावली' की रचना गोस्वामीजी ने सूरदासजी के अनुकरण पर की है। बाललीला के कई एक पद ज्यों के त्यों सूरसागर में भी मिलते हैं, केवल 'राम' 'श्याम' का अंतर है। लंकाकांड तक तो कथा की अनेकरूपता के अनुसार मार्मिक स्थलों का जो चुनाव हुआ है वह तुलसी के सर्वथा अनुरूप है। पर उत्तरकांड में जाकर सूरपद्धति के अतिशय अनुकरण के कारण

उनका गंभीर व्यक्तित्व तिरोहित सा हो गया है। जिस रूप में राम को उन्होंने सर्वत्र लिया है, उनका भी ध्यान उन्हें नहीं रह गया है। 'सूरदास' में जिस प्रकार गोपियों के साथ श्रीकृष्ण हिंडोला झूलते हैं, होली खेलते हैं, वही करते राम भी दिखाए गए हैं। इतना अवश्य है कि सीता की सखियों और पुरनारियों का राम की ओर पूज्यभाव ही प्रकट होता है। राम की नखशिख शोभा का अलंकृत वर्णन भी सूर की शैली पर बहुत से पदों में लगातार चला गया है। सरयूतट के इस आनंदोत्सव को आगे चलकर रसिक लोग क्या रूप देंगे इसका ख्याल गोस्वामीजी को न रहा।

(ग) गंग आदि भाटों की कवित्त सवैया पद्धति पर भी इसी प्रकार सारा रामचरित गोस्वामीजी कह गए हैं जिसमें नाना रसों का सन्निवेश अत्यंत विशद रूप में और अत्यंत पुष्ट और स्वच्छ भाषा में मिलता है। नाना रसमयी रामकथा तुलसीदासजी ने अनेक प्रकार की रचनाओं में कही है। कवितावली में रसानुकूल शब्दयोजना बड़ी सुंदर है। जो तुलसीदासजी ऐसी कोमल भाषा का व्यवहार करते हैं—

राम को रूप निहारत जानकि, कंकन के नग की परछाहीं।
याते सबै सुधि भूलि गई, कर टेकि रही, पल डारति नाहीं॥

गोरो गरूर गुमान भरो, यह, कौसिक, छोटो सो ढोटो है काको?

जल को गए लक्खन, हैं लरिका, परिखौ, पिय छाँह घरीक ह्वै ठाढ़े।
पोंछि पसेउ बयारि करौं, अरु पायँ पखारिहौं भूभुरि डाढ़े॥

वे ही वीर और भयानक के प्रसंग में ऐसी शब्दावली का व्यवहार करते हैं।

प्रबल प्रचंड बरिबंड बाहुदंड बीर,
धाए जातुधान, हनुमान लियो घेरिकै।
महाबल पुंज कुंजरारि क्यों गरजि भट,
जहाँ तहाँ पटके लंगूर फेरि फेरिकै।
मारे लात, तोरे गात, भागे जात, हाहा खात,
कहैं तुलसीस 'राखि राम की सौं' टेरिकै।
ठहर ठहर परे, कहरि कहरि उठै,
हहरि हहरि हर सिद्ध हँसे हेरिकै॥

बालधी बिसाल विकराल ज्वाल जाल मानौ,
लंक लीलिबे को काल रसना पसारी है।
कैधों ब्योम वीथिका भरे हैं भूरि धूमकेतु,
बीररस बीर तरवारि सी उघारी है॥

(घ) नीति के उपदेश की भक्ति पद्धति पर बहुत से दोहे रामचरितमानस और दोहावली में मिलेंगे जिनमें बड़ी मार्मिकता से और कहीं-कहीं बड़े रचनाकौशल से व्यवहार की बातें कहीं गई हैं और भक्तिप्रेम की मर्यादा दिखाई गई है—

रीति आपनी बूझि पर, खीझ विचार विहीन।
ते उपदेश न मानहीं, मोह महोदधि मीन।
लोगन भलो मनाव जो, भलो होन की आस।
करत गगन को गेंडुआ, सो सठ तुलसीदास।
की तोहि लागहि राम प्रिय, की तु राम प्रिय होहि॥
दुइ महँ रुचै जो सुगम सोइ, कीबे तुलसी तोहि।

(ङ) जिस प्रकार चौपाई दोहे के क्रम से जायसी ने अपना पद्मावत नाम का प्रबंधकाव्य लिखा उसी क्रम पर गोस्वामीजी ने अपनी परम प्रसिद्ध काव्य रामचरितमानस, जो लोगों के हृदय का हार बनता चला आता है, रचा। भाषा वही अवधी है, केवल पदविन्यास का भेद है। गोस्वामीजी शास्त्रपारंगत विद्वान् थे अत: उनकी शब्दयोजना साहित्यिक और संस्कृतगर्भित है। जायसी में केवल ठेठ अवधी का माधुर्य है, पर गोस्वामीजी की रचना में संस्कृत की कोमल पदावली का भी बहुत ही मनोहर मिश्रण है। नीचे दी हुई कुछ चौपाइयों में दोनों की भाषा का भेद स्पष्ट देखा जा सकता है—

जब हुँत कहिगा पंखि संदेसी। सुनिउँ कि आवा है परदेसी॥
तब हुँत तुम्ह बिन रहे न जीऊ। चातक भयउँ कहत पिउ पिऊ॥
भयउँ बिरह जलि कोइलि कारी। डार डार जो कूकि पुकारी॥

—जायसी

अमिय मूरिमय चूरन चारू। सुमन सकल भवरुज परिवारू॥
सुकृत संभु तनु विमल विभूती। मंजुल मंगल मोद प्रसूती॥
जन मन मंजु मुकुर मल हरनी। किए तिलक गुन गन बस करनी॥

—तुलसी

सारांश यह कि हिंदी काव्य की सब प्रकार की रचनाशैली के ऊपर गोस्वामीजी ने अपना ऊँचा आसन प्रतिष्ठित किया है। यह उच्चता और किसी को प्राप्त नहीं।

अब हम गोस्वामीजी के वर्णित विषय के विस्तार का विचार करेंगे। यह विचार करेंगे कि मानव जीवन की कितनी अधिक दशाओं का सन्निवेश उनकी कविता के भीतर है। इस संबंध में हम यह पहले ही कह देना चाहते हैं कि अपने दृष्टिविस्तार के कारण ही तुलसीदासजी उत्तरी भारत की समग्र जनता के हृदयमंदिर में पूर्ण प्रेमप्रतिष्ठा के साथ विराज रहे हैं। भारतीय जनता का प्रतिनिधि कवि यदि किसी को कह सकते हैं तो इन्हीं महानुभाव को। और कवि जीवन का कोई एक पक्ष लेकर चले हैं—जैसे, वीरकाल के कवि उत्साह को; भक्तिकाल के दूसरे कवि प्रेम और ज्ञान को; अलंकारकाल के कवि दांपत्य प्रणय या शृंगार को। पर इनकी वाणी की पहुँच मनुष्य के सारे भावों और व्यवहारों तक है। एक ओर तो वह व्यक्तिगत साधना के मार्ग में विरागपूर्ण शुद्ध भगवद्भक्ति का उपदेश करती है, दूसरी ओर लोकपक्ष में आकर पारिवारिक और सामाजिक कर्तव्यों का सौंदर्य दिखाकर मुग्ध करती है। व्यक्तिगत साधना के साथ ही साथ लोकधर्म की अत्यंत उज्ज्वल छटा उसमें वर्तमान है।

पहले कहा जा चुका है कि निर्गुण धारा के संतों की बानी में किस प्रकार लोकधर्म की अवहेलना छिपी हुई थी। सगुण धारा की भारतीय पद्धति के भक्तों में कबीर, दादू आदि

के लोकधर्म विरोधी स्वरूप को यदि किसी ने पहचाना तो गोस्वामीजी ने। उन्होंने देखा कि उनके वचनों से जनता की चित्तवृत्ति में ऐसे घोर विकार की आशंका है जिससे समाज विशृंखल हो जायेगा, उसकी मर्यादा नष्ट हो जायेगी। जिस समाज में ज्ञानसंपन्न शास्त्रज्ञ विद्वानों, अन्याय अत्याचार के दमन में तत्पर वीरों, पारिवारिक कर्तव्यों का पालन करनेवाले उच्चाशय व्यक्तियों, पतिपरायणा सतियों, पितृभक्ति के कारण प्रजा का पुत्रवत् पालन करनेवाले शासकों आदि के प्रति श्रद्धा और प्रेम का भाव उठ जायेगा उसका कल्याण कदापि नहीं हो सकता।

गोस्वामीजी को निर्गुणपंथियों की बानी में लोकधर्म की उपेक्षा का भाव स्पष्ट दिखाई पड़ा। साथ ही उन्होंने यह भी देखा कि बहुत से अनधिकारी और अशिक्षित वेदांत के कुछ चलन शब्दों को लेकर, बिना उनका तात्पर्य समझे, यों ही 'ज्ञानी' बने हुए, मूर्ख जनता को लौकिक कर्तव्यों से विचलित करना चाहते हैं और मूर्खतामिश्रित अहंकार की वृद्धि कर रहे हैं। इसी दशा को लक्ष्य करके उन्होंने इस प्रकार के वचन कहे हैं—

श्रुति सम्मत हरिभक्ति पथ संजुत विरति विवेक।
नहि परिहरहिं विमोहबस कल्पहि पंथ अनेक॥
साखी सबदी दोहरा कहि कहनी उपखान।
भगति निरूपहिं भगत कलि निंदहिं वेद पुरान॥
बादहिं शूद्र द्विजन सन हम तुमतें कछु घाटि।
जानहिं ब्रह्म सो बिप्रवर आँखि देखावहिं डाटि॥

इसी प्रकार योगमार्ग से भक्तिमार्ग का पार्थक्य गोस्वामीजी ने बहुत स्पष्ट शब्दों में बताया है। योगमार्ग ईश्वर को अंतस्थ मानकर अनेक प्रकार की अंतस्साधनाओं में प्रवृत्त करता है। सगुण भक्तिमार्गी ईश्वर को भीतर और बाहर सर्वत्र मानकर उनकी कथा का दर्शन खुले हुए व्यक्त जगत् के बीच करता है। वह ईश्वर को केवल मनुष्य के क्षुद्र घट के भीतर ही नहीं मानता। इसी से गोस्वामीजी कहते हैं—

अंतर्जामिहु तें बड़ बाहिरजामी हैं राम, जो नाम लिए तें।
पैज परे प्रहलादहु को प्रगटे प्रभु पाहन तें, न हिए तें॥

'घट के भीतर' कहने से गुह्य या रहस्य की धारणा फैलती है जो भक्ति के सीधे स्वाभाविक मार्ग में बाधा डालती है। घट के भीतर साक्षात्कार करने की बात कहनेवाले प्राय: अपने को गूढ़ रहस्यदर्शी प्रगट करने के लिये सीधी-सादी बात को भी रूपक बाँधकर और टेढ़ी पहेली बनाकर कहा करते हैं। पर इस प्रकार के दुराव छिपाव की प्रवृत्ति को गोस्वामीजी भक्ति का विरोधी मानते हैं। सरलता या सीधेपन को वे भक्ति का नित्य लक्षण कहते हैं—मन की सरलता, वचन की सरलता और कर्म की सरलता, तीनों को—

सूधे मन, सूधे बचन, सूधी सब करतूति।
तुलसी सूधी सकल बिधि, रघुवर प्रेम प्रसूति॥

वे भक्ति के मार्ग को ऐसा नहीं मानते जिसे 'लखै कोई बिरलै'। वे उसे ऐसा सीधा-सादा स्वाभाविक मार्ग बताते हैं जो सबके सामने दिखाई पड़ता है। वह संसार में सबके लिये ऐसा ही सुलभ है जैसे अन्न और जल—

निगम अगम, साहब सुगम, राम साँचिली चाह।
अंबु असन अवलोकियत, सुलभ सबहि जग माँह॥

अभिप्राय यह कि जिस हृदय से भक्ति की जाती है वह सबके पास है। हृदय की जिस पद्धति से भक्ति की जाती है वह भी वही है जिससे माता-पिता की भक्ति, पुत्र-कलत्र का प्रेम किया जाता है। इसी से गोस्वामीजी कहते हैं कि—

यहि जग महँ जहँ लगि या तन की प्रीति प्रतीति सगाई।
सो सब तुलसीदास प्रभु ही सों होहु सिमिटि इक ठाई॥

नाथपंथी रमते जोगियों के प्रभाव से जनता अंधी भेंड़ बनी हुई तरह-तरह की करामातों को साधुता का चिह्न मानने लगी थी और ईश्वरोन्मुख साधना को कुछ बिरले रहस्यदर्शी लोगों का ही काम समझने लगी थी। जो हृदय सबके पास होता है वही अपनी स्वाभाविक वृत्तियों द्वारा भगवान् की ओर लगाया जा सकता है, इस बात पर परदा सा डाल दिया गया था। इससे हृदय रहते भी भक्ति का सच्चा स्वाभाविक मार्ग लोग नहीं देख पाते थे। यह पहले कहा जा चुका है कि नाथपंथ का हठयोग मार्ग हृदयपक्ष शून्य है। रागात्मिका वृत्ति से उसका कोई लगाव नहीं। अतः रमते जोगियों की रहस्यभरी बानियाँ सुनते-सुनते जनता के हृदय में भक्ति की सच्ची भावना दब गई थी, उठने ही नहीं पाती थी। लोक की इसी दशा को लक्ष्य करके गोस्वामीजी को कहना पड़ा था कि—

गोरख जगायो जोग, भगति भगायो लोग।

गोस्वामीजी की भक्तिपद्धति की सबसे बड़ी विशेषता है उसकी सर्वांगपूर्णता। जीवन के किसी पक्ष को सर्वथा छोड़कर वह नहीं चलती है। सब पक्षों के साथ उसका सामंजस्य है। न उनका कर्म या धर्म से विरोध है, न ज्ञान से। धर्म तो उसका नित्यलक्षण है। तुलसी की भक्ति को धर्म और ज्ञान दोनों की रसानुभूति कह सकते हैं। योग का भी उसमें समन्वय है, पर उतने ही का जितना ध्यान के लिये, चित्त को एकाग्र करने के लिये आवश्यक है।

प्राचीन भारतीय भक्तिमार्ग के भीतर भी उन्होंने बहुत सी बढ़ती हुई बुराइयों को रोकने का प्रयत्न किया। शैवों और वैष्णवों के बीच बढ़ते हुए विद्वेष को उन्होंने अपनी सामंजस्य व्यवस्था द्वारा बहुत कुछ रोका जिसके कारण उत्तरी भारत में वह वैसा भयंकर रूप न धारण कर सका जैसा उसने दक्षिण में किया। यही तक नहीं, जिस प्रकार उन्होंने लोकधर्म और भक्तिसाधना को एक में सम्मिलित करके दिखाया उसी प्रकार कर्म, ज्ञान और उपासना के बीच भी सामंजस्य उपस्थित किया। 'मानस' के बालकांड में संत समाज का जो लंबा रूपक है वह इस बात को स्पष्ट रूप से सामने लाता है। भक्ति की चरम सीमा पर पहुँचकर भी लोकपक्ष उन्होंने नहीं छोड़ा। लोकसंग्रह का भाव उनकी भक्ति का एक अंग था। कृष्णोपासक भक्तों में इस अंग की कमी थी। उनके बीच उपास्य और उपासक के संबंध की ही गूढ़ातिगूढ़ व्यंजना हुई, दूसरे प्रकार के लोकव्यापक नाना संबंधों के कल्याणकारी सौंदर्य की प्रतिष्ठा नहीं हुई। यही कारण है कि इनकी भक्तिरसभरी वाणी जैसी मंगलकारिणी मानी गई वैसी और किसी की नहीं। आज राजा से रंक तक के घर में गोस्वामीजी का रामचरितमानस विराज रहा है और प्रत्येक प्रसंग पर इनकी चौपाइयाँ कही जाती हैं।

अपनी सगुणोपासना का निरूपण गोस्वामीजी ने कई ढंग से किया है। रामचरितमानस में नाम और रूप दोनों को ईश्वर की उपाधि कहकर वे उन्हें उसकी अभिव्यक्ति मानते हैं—

नाम रूप दुइ ईस उपाधी। अकथ अनादि सुसामुझि साधी॥
नाम रूप गति अकथ कहानी। समुझत सुखद न परति बखानी॥
अगुन सगुन बिच नाम सुसाखी। उभय प्रबोधक चतुर दुभाखी॥

दोहावली में भक्ति की सुगमता बड़े ही मार्मिक ढंग से गोस्वामीजी ने इस दोहे के द्वारा सूचित की है—

की तोहि लागहिं राम प्रिय, की तु रामप्रियं होहि।
दुई महँ रुचै जो सुगम होइ, कीबे तुलसी तोहि॥

इसी प्रकार रामचरितमानस के उत्तरकांड में उन्होंने ज्ञान की अपेक्षा भक्ति को कहीं अधिक सुसाध्य और आशुफलदायिनी कहा है।

रचनाकौशल, प्रबंधपटुता, सहृदयता इत्यादि सब गुणों का समाहार हमें रामचरितमानस में मिलता है। पहली बात जिसपर ध्यान जाता है, वह है कथाकाव्य के सब अवयवों का उचित समीकरण। कथाकाव्य या प्रबंधकाव्य के भीतर इतिवृत्त, वस्तुव्यापार-वर्णन, भावव्यंजना, और संवाद, ये अवयव होते हैं। न तो अयोध्यापुरी की शोभा, बाललीला, नखशिख, जनक की वाटिका, अभिषेकोत्सव इत्यादि के वर्णन बहुत लंबे होने पाए हैं, न पात्रों के संवाद, न प्रेम, शोक आदि भावों की व्यंजना। इतिवृत्त की शृंखला भी कहीं से टूटती नहीं है।

दूसरी बात है कथा के मार्मिक स्थलों की पहचान। अधिक विस्तार हमें ऐसे ही प्रसंगों का मिलता है जो मनुष्यमात्र के हृदय को स्पर्श करनेवाले हैं—जैसे, जनक की वाटिका में राम सीता का परस्पर दर्शन, राम-वन-गमन, दशरथ मरण, भरत की आत्मग्लानि, वन के मार्ग में स्त्री-पुरुषों की सहानुभूति, युद्ध में लक्ष्मण को शक्ति लगना, इत्यादि।

तीसरी बात है प्रसंगानुकूल भाषा। रसों के अनुकूल कोमल कठोर पदों की योजना तो निर्दिष्ट रूढ़ि ही है। उसके अतिरिक्त गोस्वामीजी ने इस बात का भी ध्यान रखा है कि किस स्थल पर विद्वानों या शिक्षितों की संस्कृतमिश्रित भाषा रखनी चाहिए और किस स्थल पर ठेठ बोली। घरेलू प्रसंग समझकर कैकेयी और मंथरा के संवाद में उन्होंने ठेठ बोली और स्त्रियों में विशेष चले प्रयोगों का व्यवहार किया है। अनुप्रास की ओर प्रवृत्ति तो सब रचनाओं में स्पष्ट लक्षित होती है।

चौथी बात है शृंगार की शिष्ट मर्यादा के भीतर बहुत ही व्यंजक वर्णन।

जिस धूमधाम से 'मानस' की प्रस्तावना चली है उसे देखते ही ग्रंथ के महत्व का आभास मिल जाता है। उससे साफ झलकता है कि तुलसीदासजी अपने ही तक दृष्टि रखनेवाले भक्त न थे, संसार को भी दृष्टि फैलाकर देखनेवाले भक्त थे। जिस व्यक्त जगत् के बीच उन्हें भगवान् के रामरूप की कला का दर्शन कराना था, पहले चारों ओर दृष्टि दौड़ाकर उसके अनेक रूपात्मक स्वरूप को उन्होंने सामने रखा है। फिर उसके भले बुरे पक्षों की विषमता देख दिखाकर अपने मन का यह कहकर समाधान किया है—

सुधा सुरा सम साधु असाधू। जनक एक जगजलधि अगाधू॥

इसी प्रस्तावना के भीतर तुलसी ने अपनी उपासना के अनुकूल विशिष्टाद्वैत सिद्धांत का आभास भी यह कहकर दिया है—

सियाराममय सब जग जानी। करौं प्रनाम जोरि जुग पानी॥

जगत् को केवल राममय न कहकर उन्होंने 'सियाराममय' कहा है। सीता प्रकृतिस्वरूपा हैं और राम ब्रह्म हैं; प्रकृति अचित् पक्ष है और ब्रह्म चित् पक्ष। अत: पारमार्थिक सत्ता चिदचिद्विशिष्ट है, यह स्पष्ट झलकता है। चित् और अचित् वस्तुत: एक ही है, इसका निर्देश उन्होंने—

गिरा अर्थ, जल बीचि सम कहियत भिन्न न भिन्न।
बंदौ सीताराम पद जिनहिं परम प्रिय खिन्न॥

कहकर किया है।

'रामचरितमानस' के भीतर कहीं-कहीं घटनाओं के थोड़े ही हेर फेर तथा स्वकल्पित संवादों के समावेश के अतिरिक्त अपनी ओर से छोटी-मोटी घटनाओं या प्रसंगों की नई कल्पना तुलसीदासजी ने नहीं की है। 'मानस' में उनका ऐसा न करना तो उनके उद्देश्य के अनुसार बहुत ठीक है। राम के प्रामाणिक चरित द्वारा वे जीवन भर बना रहनेवाला प्रभाव उत्पन्न करना चाहते थे, और काव्यों के समान केवल अल्पस्थायी रसानुभूति मात्र नहीं। 'ये प्रसंग तो केवल तुलसी द्वारा कल्पित हैं' यह धारणा उन प्रसंगों का कोई स्थायी प्रभाव श्रोताओं या पाठकों पर न जमने देती। पर गीतावली तो प्रबंध काव्य न थी। उसमें तो सूर के अनुकरण पर वस्तु-व्यापार-वर्णन का बहुत विस्तार है। उसके भीतर छोटे-छोटे नूतन प्रसंगों की उद्भावना का पूरा अवकाश था, फिर भी कल्पित घटनात्मक प्रसंग नहीं पाए जाते। इससे यही प्रतीत होता है कि उनकी प्रतिभा अधिकतर उपलब्ध प्रसंगों को लेकर चलनेवाली थी, नये-नये प्रसंगों की उद्भावना करनेवाली नहीं। उनकी कल्पना वस्तुस्थिति को ज्यों की त्यों लेकर उसके मार्मिक स्वरूपों के उद्घाटन में प्रवृत्त होती थी। गोपियों की छकानेवाली कृष्णलीला के अंतर्गत छोटी मोटी कथा के रूपों में कुछ दूर तक मनोरंजक और कुतूहलप्रद ढंग से चलनेवाली नाना प्रसंगों की जो नवीन उद्भावना सूरसागर में पाई जाती है वह तुलसी के किसी ग्रंथ में नहीं मिलती।

'रामचरितमानस' में तुलसी केवल कवि रूप में ही नहीं, उपदेशक के रूप में भी सामने आते हैं। उपदेश उन्होंने किसी न किसी पात्र के मुख से कराए हैं, इससे काव्य दृष्टि से यह कहा जा सकता है कि वे उपदेश पात्र के स्वभावचित्रण के साधनरूप हैं। पर बात यह नहीं है। वे उपदेश उपदेश के लिये ही हैं। गोस्वामीजी के रचे बारह ग्रंथ प्रसिद्ध हैं जिनमें ५ बड़े और ७ छोटे हैं। दोहावली, कवित्तरामायण, गीतावली, रामचरितमानस, विनयपत्रिका बड़े ग्रंथ हैं तथा रामलला नछहू, पार्वतीमंगल, जानकीमंगल, बरवैरामायण, वैराग्यसंदीपनी, कृष्णगीतावली और रामाज्ञाप्रश्नावली छोटे। पंडित रामगुलाम द्विवेदी ने, जो एक प्रसिद्ध भक्त और रामायणी हो गए हैं, इन्हीं बारह ग्रंथों को गोस्वामीजी कृत माना है। पर शिवसिंहसरोज में दस और ग्रंथों के नाम गिनाए गए हैं, यथा—रामसतसई, संकटमोचन, हनुमद्बाहुक, रामसलाका, छंदावली, छप्पय रामायण, कड़खा रामायण, रोला रामायण, झूलना रामायण और कुंडलिया रामायण। इनमें से कई एक तो मिलते ही नहीं। हनुमद्बाहुक को पंडित रामगुलामजी ने कवितावली के ही अंतर्गत लिया है। रामसतसई में सात सौ से कुछ अधिक दोहे हैं जिनमें से डेढ़ सौ के लगभग दोहावली के ही हैं। अधिकांश दोहे उसमें कुतूहलवर्धक, चातुर्य लिये हुए और क्लिष्ट हैं। यद्यपि दोहावली में भी कुछ दोहे इस ढंग के हैं, पर गोस्वामीजी ऐसे गंभीर, सहृदय और कलामर्मज्ञ महापुरुष के ऐसे पद्यों को इतना बड़ा ढेर लगाना समझ में नहीं आता। जो हो, बाबा बेनीमाधवदास के नाम पर प्रणीत चरित में भी रामसतसई का उल्लेख हुआ है।

कुछ ग्रंथों के निर्माण के संबंध में जो जनश्रुतियाँ प्रसिद्ध हैं, उनका उल्लेख भी यहाँ आवश्यक है। कहते हैं कि बरवा रामायण गोस्वामीजी ने अपने स्नेही मित्र अब्दुर्रहीम खानखाना के कहने पर उनके बरवा (बरवै नायिकाभेद) को देखकर बनाया था। कृष्णगीतावली वृंदावन की यात्रा के अवसर पर बनी कही जाती है। पर बाबा बेनीमाधवदास के 'गोसाईंचरित' के अनुसार रामगीतावली और कृष्णगीतावली दोनों ग्रंथ चित्रकूट में उस समय के कुछ पीछे लिखे गए जब सूरदासजी उनसे मिलने वहाँ गए थे। गोस्वामीजी के एक मित्र पंडित गंगाराम ज्योतिषी काशी में प्रह्लाद घाट पर रहते थे। रामाज्ञाप्रश्न उन्हीं के अनुरोध से बना माना जाता है। हनुमानबाहुक से तो प्रत्यक्ष है कि वह बाहुओं में असह्य पीड़ा उठने के समय रचा गया था। विनयपत्रिका के बनने का कारण यह कहा जाता है कि जब गोस्वामीजी ने काशी में रामभक्ति की गहरी धूम मचाई तब एक दिन कलिकाल तुलसीदासजी को प्रत्यक्ष आकर धमकाने लगा और उन्होंने राम के दरबार में रखने के लिये वह पत्रिका या अर्जी लिखी।

गोस्वामीजी की सर्वांगपूर्ण काव्यकुशलता का परिचय आरंभ में ही दिया जा चुका है। उनकी साहित्यमर्मज्ञता, भावुकता और गंभीरता के संबंध में इतना और जान लेना भी आवश्यक है कि उन्होंने रचनानैपुण्य का भद्दा प्रदर्शन कहीं नहीं किया है और न शब्दचमत्कार आदि के खेलवाड़ों में वे फँसे हैं। अलंकारों की योजना उन्होंने ऐसे मार्मिक ढंग से की है कि वे सर्वत्र भावों या तथ्यों की व्यंजना को प्रस्फुटित करते हुए पाए जाते हैं, अपनी अलग चमक-दमक दिखाते हुए नहीं। कहीं-कहीं लंबे-लंबे सांग रूपक बाँधने में अवश्य उन्होंने एक भद्दी परंपरा का अनुसरण किया है। दोहावली के कुछ दोहों के अतिरिक्त और सर्वत्र भाषा का प्रयोग उन्होंने भावों और विचारों को स्पष्ट रूप में रखने के लिये किया है, कारीगरी दिखाने के लिये नहीं। उनकी सी भाषा की सफाई और किसी कवि में नहीं। सूरदास में ऐसे वाक्य मिलते हैं जो विचारधारा आगे बढ़ाने में कुछ भी योग देते नहीं पाए जाते, केवल पादपूर्त्यर्थ ही लाए हुए जान पड़ते हैं। इसी प्रकार तुकांत के लिये शब्द भी तोड़े गए हैं। पर गोस्वामीजी की काव्यरचना अत्यंत प्रौढ़ और सुव्यवस्थित है, एक भी शब्द फालतू नहीं। खेद है कि भाषा की यह सफाई पीछे होनेवाले बहुत कम कवियों में रह गई। सब रसों की सम्यक् व्यंजना उन्होंने की है, पर मर्यादा का उल्लंघन कहीं नहीं किया है। प्रेम और शृंगार का ऐसा वर्णन जो बिना किसी लज्जा और संकोच के सबके सामने पढ़ा जा सके, गोस्वामीजी का ही है। हम निःसंकोच कह सकते हैं कि यह एक कवि ही हिंदी को प्रौढ़ साहित्यिक भाषा सिद्ध करने के लिये काफी है।

(२) स्वामी अग्रदास—रामानंदजी के शिष्य अनंतानंद और अनंतानंद के शिष्य कृष्णदास पयहारी थे। कृष्णदास पयहारी के शिष्य अग्रदास जी थे। इन्हीं अग्रदासजी के शिष्य भक्त माल के रचयिता प्रसिद्ध नाभादासजी थे। गलता (राजपूताना) की प्रसिद्ध गद्दी का उल्लेख पहले हो चुका है[१]। वहीं ये भी रहा करते थे और संवत् १६३२ के लगभग वर्तमान थे। इनकी बनाई चार पुस्तकों का पता है—

१. हितोपदेश उपखाणाँ बावनी।

२. ध्यानमंजरी।

---

१. देखो, पृष्ठ ७८-७९।

३. रामध्यानमंजरी।

४. कुंडलिया।

इनकी कविता उसी ढंग की है जिस ढंग की कृष्णोपासक नंददासजी की। उदाहरण के लिये यह पद्य देखिए—

कुंडल ललित कपोल जुगल अस परम सुदेसा।
तिनको निरखि प्रकास लजत राकेस दिनेसा।
मेचक कुटिल विसाल सरोरुह नैन सुहाए।
मुख पंकज के निकट मनो अलि छौना आए॥

इनका एक पद भी देखिए—

पहरे राम तुम्हारे सोवत। मैं मति मंद अंध नहिं जोवत॥
अपमारग मारग महि जान्यो। इंद्री पोषि पुरुषारथ मान्यो॥
औरनि के बल अनत प्रकार। अगरदास के राम अधार॥

(३) नाभादासजी—ये उपर्युक्त अग्रदासजी के शिष्य बड़े भक्त और साधुसेवी थे। संवत् १६५७ के लगभग वर्तमान थे और गोस्वामी तुलसीदासजी की मृत्यु के बहुत पीछे तक जीवित रहे। इनका प्रसिद्ध ग्रंथ भक्तमाल संवत् १६४२ के पीछे बना और सं० १७६९ में प्रियादासजी ने उसकी टीका लिखी। इस ग्रंथ में २०० भक्तों के चमत्कार पूर्ण चरित्र ३१६ छप्पयों में लिखे गए हैं। इन चरित्रों में पूर्ण जीवनवृत्त नहीं है, केवल भक्ति की महिमासूचक बातें लिख गए हैं। इनका उद्देश्य भक्तों के प्रति जनता में पूज्यबुद्धि का प्रचार जान पड़ता है। वह उद्देश्य बहुत अंशों में सिद्ध भी हुआ। आज उत्तरी भारत के गाँव-गाँव में साधुवेशधारी पुरुषों को शास्त्रज्ञ विद्वानों और पंडितों से कहीं बढ़कर जो सम्मान और पूजा प्राप्त है, वह बहुत कुछ भक्तों की करामातों और चमत्कारपूर्ण वृत्तांतों के सम्यक् प्रचार से।

नाभाजी को कुछ लोग डोम बताते हैं, कुछ क्षत्रिय। ऐसा प्रसिद्ध है कि वे एक बार गोस्वामी तुलसीदासजी से मिलने काशी गए। पर उस समय गोस्वामीजी ध्यान में थे, इससे न मिल सके। नाभाजी उसी दिन वृंदावन चले गए। ध्यान भंग होने पर गोस्वामीजी को बड़ा खेद हुआ और वे तुरंत नाभाजी से मिलने वृंदावन चल दिए। नाभाजी के यहाँ वैष्णवों का भंडारा था जिसमें गोस्वामीजी बिना बुलाए जा पहुँचे। गोस्वामीजी यह समझकर कि नाभाजी ने मुझे अभिमानी न समझा हो, सबसे दूर एक किनारे बुरी जगह बैठ गए। नाभाजी ने जान बूझकर उनकी ओर ध्यान न दिया। परसने के समय कोई पात्र न मिलता था जिसमें गोस्वामीजी को खीर दी जाती। यह देखकर गोस्वामीजी एक साधु का जूता उठा लाए और बोले, 'इससे सुंदर पात्र मेरे लिये और क्या होगा?' इस पर नाभाजी ने उठकर उन्हें गले लगा लिया और गद्गद हो गए। ऐसा कहा जाता है कि तुलसी संबंधी अपने प्रसिद्ध छप्पय के अंत में पहले नाभाजी ने कुछ चिढ़कर यह चरण रखा था—'कलि कुटिल जीव तुलसी भए बालमीकि अवतार धरि।' यह वृत्तांत कहाँ तक ठीक है, नहीं कहा जा सकता, क्योंकि गोस्वामीजी खानपान का विचार रखने वाले स्मार्त्त वैष्णव थे। तुलसीदासजी के संबंध में नाभाजी का प्रसिद्ध छप्पय यह है—

त्रेता काव्य निबंध करी सत कोटि रमायन।
इक अक्षर उच्चरे ब्रह्महत्यादि परायन॥

अब भक्तन सुख दैन बहुरि लीला बिस्तारी।
रामचरनरसमत्त रहत अहनिसि ब्रतधारी॥
संसार अपार के पार को सुगम रूप नौका लियो।
कलि कुटिल जीव निस्तारहित बालमीकि तुलसी भयो॥

अपने गुरु अग्रदास के समान इन्होंने भी रामभक्ति संबंधी कविता की है। ब्रज भाषा पर इनका अच्छा अधिकार था और पद्यरचना में अच्छी निपुणता थी। रामचरित संबंधी इनके पदों का एक छोटा सा संग्रह अभी थोड़े दिन हुए प्राप्त हुआ है।

इन पुस्तकों के अतिरिक्त इन्होंने दो 'अष्टयाम' भी बनाए—एक ब्रजभाषा गद्य में दूसरा रामचरितमानस की शैली पर दोहा चौपाइयों में। दोनों के उदाहरण नीचे दिये जाते हैं—

(गद्य)—तब श्री महाराजकुमार प्रथम श्री बसिष्ठ महाराज के चरन छुइ प्रनाम करत भए। फिरि अपर वृद्ध समाज तिनको प्रनाम करत भए। फिरि श्री राजाधिराज जू को जोहार करिके श्री महेंद्रनाथ जू के निकट बैठत भए।

(पद्य)—

अवधपुरी की शोभा जैसी। कहि नहिं सकहिं शेष श्रुति तैसी॥
रचित कोट कलधौत सुहावन। बिबिध रंग मति अति मन भावन॥
चहुँ दिसि विपिन प्रमोद अनूपा। चतुरबीस जोजन रस रूपा॥
सुदिस नगर सरजू सरि पावनि। मनिमय तीरथ परम सुहावनि॥
बिगसे जलज भृंग रस भूले। गुंजत जल समूह दोउ कूले॥
परिखा अति चहुँदिसि लसति, कंचन कोट प्रकास।
बिबिध भाँति नग जगमगत, प्रति गोपुर पुर पास॥

(४) **प्राणचंद चौहान**—संस्कृत में रामचरित संबंधी कई नाटक हैं जिनमें कुछ तो नाटक के साहित्यिक नियमानुसार हैं और कुछ केवल संवाद रूप में होने के कारण नाटक कहे गए हैं। इसी पिछली पद्धति पर संवत् १६६७ में इन्होंने रामायण महानाटक लिखा। रचना का ढंग नीचे उद्धृत अंश से ज्ञात हो सकता है—

कातिक मास पच्छ उजियारा। तीरथ पुन्य सोम कर वारा॥
ता दिन कथा कीन्ह अनुमाना। शाह सलेम दिलीपति थाना॥
संवत सोरह सै सत साठा। पुन्य प्रगास पाय भय नाठा॥
जो सारद माता कर दाया। बरनौं आदि पुरुष की माया॥
जेहि माया कह मुनि जग भूला। ब्रह्मा रहे कमल के फूला॥
निकसि न सक माया कर बाँधा। देषहु कमलनाल के राँधा॥
आदि पुरुष बरनौं केहि भाँती। चाँद सुरज तहँ दिवस न राती॥
निरगुन रूप करै सिव ध्याना। चार वेद गुन जेरि बखाना॥
तीनों गुन जानै संसारा। सिरजै पालै भंजनहारा॥
श्रवन बिना सो अस बहुगुना। मन में होइ सु पहले सुना॥
देषै सब पै आहि न आँषी। अंधकार चोरी के साषी॥

तेहि कर दहुँ को करै बखाना। जिहि कर मर्मवेद नहिं जाना॥
माया सींव भो कोउ न पारा। शंकर पँवरि बीच होइ हारा॥

(५) हृदयराम—ये पंजाब के रहनेवाले और कृष्णदास के पुत्र थे। इन्होंने संवत् १६८० में संस्कृत के हनुमन्नाटक के आधार पर भाषा हनुमन्नाटक लिखा जिसकी कविता बड़ी सुंदर और परिमार्जित है। इसमें अधिकतर कविता और सवैयों में बड़े अच्छे संवाद हैं। पहले कहा जा चुका है कि गोस्वामी तुलसीदासजी ने अपने समय की सारी प्रचलित काव्यपद्धतियों पर रामचरित का गान किया। केवल रूपक या नाटक के ढंग पर उन्होंने कोई रचना नहीं की। गोस्वामीजी के समय से ही उनकी ख्याति के साथ-साथ रामभक्ति की तरंगें भी देश के भिन्न-भिन्न भागों में उठ चली थीं। अत: उस काल के भीतर ही नाटक के रूप में कई रचनाएँ हुईं जिनमें सबसे अधिक प्रसिद्ध हृदयराम का हनुमन्नाटक हुआ।

नीचे कुछ उदाहरण दिए जाते हैं—

देखन जौ पाऊँ तौ पठाऊँ जमलोक हाथ,
दूजो न लगाऊँ, वार करौं एक कर को।
मीजि मारौं उर ते उखारि भुजदंड, हाड़,
तोरि डारौं बर अवलोकि रघुबर को॥
कासों राग द्विज को, रिसात भहरात राम,
अति थहरात गात लागत है धर को।
सीता को संताप मेटि प्रगट प्रताप कीनों,
को है वह आप चाप तोर्‌यो जिन हर को॥

जानकी को मुख न बिलोक्यों ताते कुंडल,
न जानत हौं, बीर पायँ छुवै रघुराई के।
हाथ जो निहारे नैन फूटियो हमारे,
ताते कंकन न देखे, बोल कह्यो सतभाइ के॥
पायँन के परिबे कौ नाते दास लछमन
यातें पहिचानत है भूषन जे पायँ के।
बिछुआ है एई, अरु झाँझ हैं एइ जुग
नूपुर हैं तेई राम जानत जराइ के॥

सातों सिंधु, सातों लोक, सातों रिषि हैं ससोक,
सातों रबि घोरे, थोरे देखे न डरात मैं।
सातों दीप, सातों ईति काँप्योई करत और
सातों मत रात दिन प्रान हैं न गात मैं॥

सातों चिरजीव बरराइ उठैं बार बार,
सातों सुर हाय हाय होत दिन रात मैं।
सातहूँ पताल काल सबद कराल, राम
भेदे सात ताल, चाल परी सात सात मैं॥

एहो हनू! कह्यौ श्री रघुवीर कछू सुधि है सिय की छिति माँही?
है प्रभु लंक कलंक बिना सुबसै तहँ रावन बाग की छाँहीं॥
जीवति है? कहिबेई को नाथ, सु क्यों न मरी हमतें बिछुराहीं।
प्रान बसै पद पंकज में जम आवत है पर पावत नाहीं॥

रामभक्ति का एक अंग आदि रामभक्त हनुमानजी की उपासना भी हुई। स्वामी रामानंदजी कृत हनुमानजी की स्तुति का उल्लेख हो चुका है। गोस्वामी तुलसीदासजी ने हनुमानजी की वंदना बहुत स्थलों पर की है। 'हनुमानबाहुक' तो केवल हनुमानजी को ही संबोधन करके लिखा गया है। भक्ति के लिये किसी पहुँचे हुए भक्त का प्रसाद भी भक्तिमार्ग में अपेक्षित होता है। संवत् १६९६ में रायमल्ल पांडे ने 'हनुमच्चरित्र' लिखा था। गोस्वामीजी के पीछे भी कई लोगों ने रामायणें लिखीं पर वे गोस्वामीजी की रचनाओं के सामने प्रसिद्धि न प्राप्त कर सकीं। ऐसा जान पड़ता है कि गोस्वामीजी की प्रतिभा का प्रखर प्रकाश डेढ़ सौ वर्ष तक ऐसा छाया रहा कि रामभक्ति की और रचनाएँ उसके सामने ठहर न सकीं। विक्रम की १९वीं और २०वीं शताब्दी में अयोध्या के महंत बाबा रामचरणदास, बाबा रघुनाथदास, रीवाँ के महाराज रघुराजसिंह आदि ने रामचरित संबंधी विस्तृत रचनाएँ कीं जो सर्वप्रिय हुईं। इस काल में रामभक्ति विषयक कविता बहुत कुछ हुई।

रामभक्ति की काव्यधारा की सबसे बड़ी विशेषता यह है कि उसमें सब प्रकार की रचनाएँ हुईं, उसके द्वारा कई प्रकार की रचनापद्धतियों को उत्तेजना मिली। कृष्णोपासी कवियों ने मुक्तक के एक विशेष अंग गीतकाव्य की ही पूर्ति की, पर रामचरित को लेकर अच्छे-अच्छे प्रबंधकाव्य रचे गए।

तुलसीदासजी के प्रसंग में यह दिखाया जा चुका है कि रामभक्ति में भक्ति का पूर्ण स्वरूप विकसित हुआ है। प्रेम और श्रद्धा अर्थात् पूज्यबुद्धि दोनों के मेल से भक्ति की निष्पत्ति होती है। श्रद्धा धर्म की अनुगामिनी है। जहाँ धर्म का स्फुरण दिखाई पड़ता है वहीं श्रद्धा टिकती है। धर्म ब्रह्म के सत्स्वरूप की व्यक्त प्रवृत्ति है, उस स्वरूप की क्रियात्मक अभिव्यक्ति है, जिसका आभास अखिल विश्व की स्थिति में मिलता है। पूर्ण भक्त व्यक्त जगत् के बीच सत् की इस सर्वशक्तिमयी प्रवृत्ति के उदय का, धर्म की इस मंगलमयी ज्योति के स्फुरण का साक्षात्कार चाहता रहता है। इसी ज्योति के प्रकाश में सत् के अनंत रूप सौंदर्य की भी मनोहर झाँकी उसे मिलती है। लोक में जब कभी वह धर्म के स्वरूप को तिरोहित या आच्छादित देखता है तब मानो भगवान् उसकी दृष्टि से—उसकी खुली हुई आँखों के सामने से—ओझल हो जाते हैं और वह वियोग की आकुलता का अनुभव करता है। फिर जब अधर्म का अंधकार फाड़कर धर्म ज्योति अमोघ शक्ति के साथ-साथ फूट पड़ती है तब मानो उसके प्रिय भगवान् का मनोहर रूप सामने आ जाता है और वह पुलकित हो उठता है। भीतर का 'चित्' जब बाहर 'सत्' का

साक्षात्कार कर पाता है तब 'आनंद' का आविर्भाव होता है और 'सदानंद' की अनुभूति होती है।

यह उस सगुण भक्ति मार्ग का पक्ष जो भगवान् के अवतार को लेकर चलता है और जिसका पूर्ण विकास तुलसी की रामभक्ति में पाया जाता है। 'विनयपत्रिका' में गोस्वामीजी ने लोक में फैले अधर्म, अनाचार, अत्याचार आदि का भीषण चित्र खींचकर भगवान् से अपना सत् स्वरूप, धर्मसंस्थापक स्वरूप व्यक्त करने की प्रार्थना की है। उन्हें दृढ़ विश्वास है कि धर्मस्वरूप भगवान् की कला का कभी न कभी दर्शन होगा। अत: वे यह भावना करके पुलकित हो जाते हैं कि सत्स्वरूप का लोकव्यक्त प्रकाश हो गया, रामराज्य प्रतिष्ठित हो गया और चारों ओर फिर मंगल छा गया—

रामराज भयो काज सगुन सुभ, राजा राम जगत विजई है॥
समरथ बड़ो सुजान सुसाहब, सुकृत सेन हारत जितई है॥

जो भक्तिमार्ग श्रद्धा के अवयव को छोड़कर केवल प्रेम को ही लेकर चलेगा, धर्म से उसका लगाव न रह जायेगा। वह एक प्रकार से अधूरा रहेगा। शृंगारोपासना, माधुर्य भाव आदि की ओर उसका झुकाव होता जायेगा और धीरे-धीरे उसमें 'गुह्य, रहस्य', आदि का भी समावेश होगा। परिणाम यह होगा कि भक्ति के बहाने विलासिता और इंद्रियासक्ति की स्थापना होगी। कृष्णभक्ति शाखा कृष्ण भगवान् के धर्मस्वरूप को--लोकरक्षक और लोकरंजक स्वरूप को—छोड़कर केवल मधुर स्वरूप और प्रेमलक्षणा भक्ति की सामग्री लेकर चली। इससे धर्म सौंदर्य के आकर्षण से वह दूर पड़ गई। तुलसीदासजी ने भक्ति को अपने पूर्ण रूप में, श्रद्धा प्रेम समन्वित रूप में, सबके सामने रखा और धर्म या सदाचार को उसका नित्यलक्षण निर्धारित किया।

अत्यंत खेद की बात है कि इधर कुछ दिनों से एक दल इस रामभक्ति को भी शृंगारी भावनाओं में लपेटकर विकृत करने में जुट गया है। तुलसीदासजी के प्रसंग में हम दिखा आए हैं कि कृष्णभक्त सूरदासजी की शृंगारी रचना का कुछ अनुकरण गोस्वामीजी की 'गीतावली' के उत्तरकांड में दिखाई पड़ता है पर वह केवल आनंदोत्सव तक रह गया है। इधर आकर कृष्णभक्तिशाखा का प्रभाव बहुत बढ़ा। विषयवासना की ओर मनुष्य की स्वाभाविक प्रवृत्ति के कारण कुछ दिनों से रामभक्ति मार्ग के भीतर भी शृंगारी भावना का अनर्गल प्रवेश हो रहा है। इस शृंगारी भावना के प्रवर्तक थे रामचरितमानस के प्रसिद्ध टीकाकार जानकीघाट (अयोध्या) के रामचरणदासजी, जिन्होंने पति-पत्नी-भाव की उपासना चलाई। इन्होंने अपनी शाखा का नाम 'स्वसुखी शाखा' रखा। स्त्रीवेष धारण करके पति 'लाल साहब' (यह खिताब राम को दिया गया है) से मिलने के लिये सोलह शृंगार करना, सीता की भावना सपत्नी रूप में करना आदि इन शाखा के लक्षण हुए। रामचरणदासजी ने अपने मत की पुष्टि के लिये अनेक नवीन कल्पित ग्रंथ प्राचीन बताकर अपनी शाखा में फैलाए, जैसे—लोमशसंहिता, हनुमत्संहिता, अमर रामायण, भुशुंडि रामायण, महारामायण (५ अध्याय), कोशलखंड, रामनवरत्न, महारासोत्सव सटीक (सं० १९०४ में प्रिंटिग प्रेस, लखनऊ में छपा)।

'कोशलखंड' में राम की रासलीला, विहार आदि के अश्लील वृत्त कल्पित किए गए हैं और कहा गया है कि रासलीला तो वास्तव में राम ने की थी। रामावतार में ९९ रास वे कर चुके थे। एक ही शेष था जिसके लिये फिर कृष्ण रूप में अवतार लेना पड़ा। इस प्रकार विलास

क्रीड़ा में कृष्ण से कहीं अधिक राम को बढ़ाने की होड़ लगाई गई। गोलोक में जो नित्य रासलीला होती रहती है उससे कहीं बढ़कर साकेत में हुआ करती है। वहाँ की नर्तकियों की नामावली में रंभा, उर्वशी आदि के साथ-साथ राधा और चंद्रावली भी गिना दी गई हैं।

रामचरणदास की इस शृंगारी उपासना में चिरान छपरा के जीवाराम जी ने थोड़ा हेरफेर किया। उन्होंने पति-पत्नी-भावना के स्थान पर 'सखीभाव' रखा और अपनी शाखा का नाम 'तत्सुखी' शाखा रखा। 'सखीभाव' की उपासना का खूब प्रचार लक्ष्मण किला (अयोध्या) वाले युगलानन्यशरण ने किया। रीवा के महाराज रघुराजसिंह इन्हें बहुत मानते थे और इन्हीं की सम्मति से उन्होंने चित्रकूट में प्रमोदवन आदि कई स्थान बनवाए। चित्रकूट की भावना वृंदावन के रूप में की गई और वहाँ के कुंज भी ब्रज के से क्रीड़ा कुंज माने गए। इस रसिक पंथ का आजकल अयोध्या में बहुत जोर है और वहाँ के बहुत से मंदिरों में अब राम की 'तिरछी चितवन' और 'बाँकी अदा' के गीत गाए जाने लगे हैं। इस पंथ के लोगों का उत्सव प्रति वर्ष चैत्र कृष्ण नवमी को वहाँ होता है। ये लोग सीताराम को 'युगलसरकार' कहा करते हैं और अपना आचार्य 'कृपानिवास' नामक एक कल्पित व्यक्ति को बतलाते हैं जिसके नाम पर एक 'कृपानिवास पदावली' सं० १९०१ में छपी (प्रिंटिंग प्रेस, लखनऊ)। इसमें अनेक अश्लील पद हैं, जैसे—

(१) नीबी करषत बरजति प्यारी।
रसलंपट संपुट कर जोरत, पद परसत पुनि लै बलिहारी (पृ० १३८)
(२) पिय हँसि रस रस कंचुकि खोलैं।
चमकि निवारति पानि लाड़िली, मुरक मुरक मुख बोलैं।

ऐसी ही एक और पुस्तक 'श्रीरामावतार भजन तरंगिणी' इन लोगों की ओर से निकली है जिसका एक भजन देखिए—

हमरे पिय ठाढ़े सरजू तीर।
छोड़ि लाज मैं जाय मिली जहँ खड़े लखन के बीर॥
मृदु मुसकाय पकरि कर मेरो खैंचि लियो तब चीर॥
झाऊ वृक्ष की झाड़ी भीतर करन लगे रति धीर॥

भगवान राम के दिव्यपुनीत चरित्र के कितने घोर पतन की कल्पना इन लोगों के द्वारा हुई है यह दिखाने के लिये इतना बहुत है। लोकपावन आदर्श का ऐसा ही वीभत्स विपर्यय देखकर चित्त क्षुब्ध हो जाता है। रामभक्ति शाखा के साहित्य का अनुसंधान करनेवालों को सावधान करने के लिये ही इस 'रसिक शाखा' का यह थोड़ा सा विवरण दे दिया गया है। 'गुह्य', 'रहस्य', 'माधुर्य भाव' इत्यादि के समावेश से किसी भक्ति मार्ग की यही दशा होती है। गोस्वामीजी ने शुद्ध, सात्विक और खुले रूप में जिस राम भक्ति का प्रकाश फैलाया था, वह इस प्रकार विकृत की जा रही है।

प्रकरण ५

सगुण धारा

कृष्णभक्ति शाखा

श्री वल्लभाचार्य जी—पहले कहा जा चुका है कि विक्रम की १५वीं और १६वीं शताब्दी में वैष्णव धर्म का जो आंदोलन देश के एक छोर से दूसरे छोर तक रहा उसके श्री वल्लभाचार्यजी प्रधान प्रवर्तकों में से थे। आचार्यजी का जन्म संवत् १५३५, वैशाख कृष्ण ११ को और गोलोकवास संवत् १५८७, आषाढ़ शुक्ल ३ को हुआ। ये वेदशास्त्र में पारंगत धुरंधर विद्वान् थे।

रामानुज से लेकर वल्लभाचार्य तक जितने भक्त दार्शनिक या आचार्य हुए हैं, सबका लक्ष्य शंकराचार्य के मायावाद और विवर्त्तवाद से पीछा छुड़ाना था जिसके अनुसार भक्ति अविद्या या भ्रांति ही ठहरती है। शंकर ने केवल निरुपाधि निर्गुण ब्रह्म की ही पारमार्थिक सत्ता स्वीकार की थी। वल्लभ ने ब्रह्म में सब धर्म माने। सारी सृष्टि को उन्होंने लीला के लिये ब्रह्म की आत्मकृति कहा। अपने को अंशरूप जीवों में बिखराना ब्रह्म की लीलामात्र है। अक्षर ब्रह्म अपनी आविर्भाव तिरोभाव की अचिंत्य शक्ति से जगत् के रूप में परिणत भी होता है और उसके परे भी रहता है। वह अपने सत्, चित और आनंद, इन तीनों स्वरूपों का आविर्भाव और तिरोभाव करता रहता है। जीव में सत् और चित् का आविर्भाव रहता है पर आनंद का तिरोभाव। जड़ में केवल सत् का आविर्भाव रहता है, चित् और आनंद का दोनों का तिरोभाव। माया कोई वस्तु नहीं।

श्री कृष्ण ही परब्रह्म हैं जो दिव्य गुणों से संपन्न होकर 'पुरुषोत्तम' कहलाते हैं। आनंद का पूर्ण आविर्भाव इसी पुरुषोत्तम रूप में रहता है, अत: यही श्रेष्ठ रूप है। पुरुषोत्तम कृष्ण की सब लीलाएँ नित्य हैं। वे अपने भक्तों के लिये 'व्यापीवैकुंठ' में (जो विष्णु के वैकुंठ से ऊपर है) अनेक प्रकार की क्रीड़ाएँ करते रहते हैं। गोलोक इसी व्यापीवैकुंठ का एक खंड है जिसमें नित्य रूप में यमुना, वृंदावन, निकुंज इत्यादि सब कुछ हैं। भगवान् की इस 'नित्यलीला सृष्टि' में प्रवेश करना ही जीव की सबसे उत्तम गति है।

शंकर ने निर्गुण को ही ब्रह्म का पारमार्थिक या असली रूप कहा था और सगुण को व्यावहारिक या मायिक। वल्लभाचार्य ने बात उलटकर सगुण रूप को ही असली पारमार्थिक रूप बताया और निर्गुण को उसका अंशत: तिरोहित रूप कहा। भक्ति की साधना के लिये वल्लभ ने उसके 'श्रद्धा' के अवयव को छोड़कर, जो महत्व की भावना में मग्न करता है, केवल 'प्रेम' लिया। प्रेमलक्षणा भक्ति ही उन्होंने ग्रहण की। 'चौरासी वैष्णवों की वार्ता' में सूरदास की एक वार्ता के अंतर्गत प्रेम को ही मुख्य और श्रद्धा या पूज्यबुद्धि को ही आनुषंगिक या सहायक कहा है—

'श्री आचार्य जी, महाप्रभु के मार्ग को कहा स्वरूप है? माहात्म्य ज्ञानपूर्वक सुदृढ़ स्नेह तो परम काष्ठा है। स्नेह आगे भगवान् को रहत नाहीं ताते भगवान् बेर बेर माहात्म्य जनावत हैं।

इन ब्रजभक्तन को स्नेह परम काष्ठापन्न है। ताहि समय तो माहात्म्य रहे, पीछे विस्मृत होय जाये।'

प्रेमसाधना में वल्लभ ने लोकमर्यादा और वेदमर्यादा दोनों का त्याग विधेय ठहराया। इस प्रेमलक्षणा भक्ति की ओर जीव की प्रवृत्ति तभी होती है जब भगवान् का अनुग्रह होता है जिसे 'पोषण' या पुष्टि कहते हैं। इसी से वल्लभाचार्य जी ने अपने मार्ग का नाम 'पुष्टिमार्ग' रखा है।

उन्होंने जीव तीन प्रकार के माने हैं—(१) पुष्टि जीव, जो भगवान् के अनुग्रह का ही भरोसा रखते हैं और 'नित्यलीला' में प्रवेश पाते हैं, (२) मर्यादा जीव, जो वेद की विधियों का अनुसरण करते हैं और स्वर्ग आदि लोक प्राप्त करते हैं और (३) प्रवाह जीव, जो संसार के प्रवाह में पड़े सांसारिक सुखों की प्राप्ति में ही लगे रहते हैं।

'कृष्णाश्रय' नामक एक 'प्रकरण ग्रंथ' में वल्लभाचार्य ने अपने समय की अत्यंत विपरीत दशा का वर्णन किया है जिसमें उन्हें वेदमार्ग या मर्यादामार्ग का अनुसरण अत्यंत कठिन दिखाई पड़ा है। देश में मुसलमानी साम्राज्य अच्छी तरह दृढ़ हो चुका था। हिंदुओं का एक मात्र स्वतंत्र और प्रभावशाली राज्य दक्षिण का विजयनगर राज्य रह गया था, पर बहमनी सुलतानों के पड़ोस में रहने के कारण उसके दिन भी गिने हुए दिखाई पड़ते थे। इसलामी संस्कार धीरे-धीरे जमते जा रहे थे। सूफी पीरों के द्वारा सूफी पद्धति की प्रेमलक्षणा भक्ति का प्रचारकार्य धूम से चल रहा था। एक ओर 'निर्गुण पंथ' के संत लोग वेदशास्त्र की विधियों पर से जनता की आस्था हटाने में जुटे हुए थे। अतः वल्लभाचार्य ने अपने 'पुष्टिमार्ग' का प्रवर्तन बहुत कुछ देशकाल देखकर किया।

वल्लभाचार्यजी के मुख्य ग्रंथ ये हैं—(१) पूर्वमीमांसा भाष्य, (२) उत्तर मीमांसा या ब्रह्मसूत्र भाष्य जो अणुभाष्य के नाम से प्रसिद्ध है। इनके शुद्धाद्वैतवाद का प्रतिपादक यही प्रधान दार्शनिक ग्रंथ है; (३) श्रीमद्भागवत् की सूक्ष्म टीका तथा सुबोधिनी टीका (४) तत्वदीपनिबंध तथा (५) सोलह छोटे-छोटे प्रकरण ग्रंथ। इनमें से पूर्वमीमांसा भाष्य का बहुत थोड़ा सा अंश मिलता है। 'अणुभाष्य' आचार्य जी पूरी न कर सके थे। अतः अंत में डेढ़ अध्याय उनके पुत्र गोसाईं बिट्ठलनाथ ने लिखकर ग्रंथ पूरा किया। भागवत् की सूक्ष्म टीका नहीं मिलती, सुबोधिनी का भी कुछ अंश ही मिलता है। प्रकरण ग्रंथों में 'पुष्टिप्रवाहमर्यादा' नाम की पुस्तक मूलचंद तुलसीदास तेलीवाला ने संपादित करके प्रकाशित कराई है।

रामानुजाचार्य के समान वल्लभाचार्य ने भी भारत के बहुत से भागों में पर्यटन और विद्वानों से शास्त्रार्थ करके अपने मत का प्रचार किया था। अंत में अपने उपास्य श्रीकृष्ण की जन्मभूमि में जाकर उन्होंने अपनी गद्दी स्थापित की और अपने शिष्य पूरनमल खत्री द्वारा गोवर्धन पर्वत पर श्रीनाथजी का बड़ा भारी मंदिर निर्माण कराया तथा सेवा का बड़ा भारी मंडान बाँधा। वल्लभ संप्रदाय में जो उपासना पद्धति या सेवा पद्धति ग्रहण की गई उससे भोग, राग तथा विलास की प्रभूत सामग्री के प्रदर्शन की प्रधानता रही। मंदिरों की प्रशंसा 'केसर की चक्कियाँ चलै है' कहकर होने लगी। भोगविलास के इस आकर्षण का प्रभाव सेवक-सेविकाओं पर कहाँ तक अच्छा पड़ सकता था। जनता पर चाहे जो प्रभाव पड़ा हो पर उक्त गद्दी के भक्त शिष्यों ने सुंदर-सुंदर पदों द्वारा जो मनोहर प्रेम संगीत धारा बहाई उसने मुरझाते हुए हिंदू जीवन को सरस और प्रफुल्ल किया। इस संगीतधारा में दूसरे संप्रदायों के कृष्णभक्तों ने भी पूरा योग दिया।

सब संप्रदायों के कृष्णभक्त भागवत् में वर्णित कृष्ण की ब्रजलीला को ही लेकर चले क्योंकि उन्होंने अपने प्रेमलक्षणा भक्ति के लिये कृष्ण का मधुर रूप ही पर्याप्त समझा। महत्व की भावना से उत्पन्न श्रद्धा या पूज्यबुद्धि का अवयव छोड़ देने के कारण कृष्ण के लोकरक्षक और धर्म संस्थापक स्वरूप को सामने रखने की आवश्यकता उन्होंने न समझी। भगवान् के मर्मस्वरूप को इस प्रकार किनारे रख देने से उसकी ओर आकर्षित होने और आकर्षित करने की प्रवृत्ति का विकास कृष्णभक्तों में न हो पाया। फल यह हुआ कि कृष्णभक्त कवि अधिकतर फुटकल शृंगारी पदों की रचना में ही लगे रहे। उनकी रचनाओं में न तो जीवन के अनेक गंभीर पक्षों के मार्मिक रूप स्फुरित हुए, न अनेकरूपता आई। श्रीकृष्ण का इतना चरित ही उन्होंने न लिया जो खंडकाव्य, महाकाव्य आदि के लिये पर्याप्त होता। राधाकृष्ण की प्रेम लीला ही सबने गाई।

भागवत् धर्म का उदय यद्यपि महाभारत काल में ही हो चुका था और अवतारों की भावना देश में बहुत प्राचीन काल से चली आती थी, पर वैष्णव धर्म के सांप्रदायिक स्वरूप का संघटन दक्षिण में ही हुआ। वैदिक परंपरा के अनुकरण पर अनेक संहिताएँ, उपनिषद्, सूत्रग्रंथ इत्यादि तैयार हुए। श्रीमद्भागवत् में श्रीकृष्ण के मधुर रूप का विशेष वर्णन होने से भक्तिक्षेत्र में गोपियों के ढंग के प्रेम का माधुर्य भाव का, रास्ता खुला। इसके प्रचार में दक्षिण के मंदिरों की देवदासी प्रथा विशेष रूप में सहायक हुई। माता-पिता मंदिरों में लड़कियों को चढ़ा आते थे जहाँ उनका विवाह भी ठाकुर जी के साथ हो जाता था। उनके लिये मंदिर में प्रतिष्ठित भगवान् की उपासना पतिरूप में विधेय थी। इन्हीं देवदासियों में कुछ प्रसिद्ध भक्तिनें भी हो गई हैं।

दक्षिण में अंदाल इसी प्रकार की एक प्रसिद्ध भक्तिन हो गई हैं जिनका जन्म संवत् ७७३ में हुआ था। अंदाल के पद द्रविड़ भाषा में 'तिरुप्पावइ' नामक पुस्तक में मिलते हैं। अंदाल एक स्थल पर कहती है 'अब मैं पूर्ण यौवन को प्राप्त हूँ और स्वामी कृष्ण के अतिरिक्त और किसी को अपना पति नहीं बना सकती।' इस भाव की उपासना यदि कुछ दिन चले तो उसमें गुह्य और रहस्य की प्रवृत्ति हो ही जायेगी। रहस्यवादी सूफियों का उल्लेख ऊपर हो चुका है जिनकी उपासना भी 'माधुर्य भाव' की थी। मुसलमानी जमाने में इन सूफियों का प्रभाव देश की भक्तिभावना के स्वरूप पर बहुत कुछ पड़ा। 'माधुर्य भाव' को प्रोत्साहन मिला। माधुर्य भाव की जो उपासना चली आ रही थी उसमें सूफियों के प्रभाव से 'आभ्यंतर मिलन' 'मूर्छा', 'उन्माद' आदि की भी रहस्यमयी योजना हुई। मीराबाई और चैतन्य महाप्रभु दोनों पर सूफियों का प्रभाव पाया जाता है।

(१) **सूरदासजी**—सूरदासजी का वृत्त 'चौरासी वैष्णवों की वार्ता' में केवल इतना ज्ञात होता है कि ये पहले गऊघाट (आगरे और मथुरा के बीच) पर एक साधु या स्वामी के रूप में रहा करते थे और शिष्य किया करते थे। गोवर्द्धन पर श्रीनाथ जी का मंदिर बन जाने के पीछे एक बार वल्लभाचार्यजी गऊघाट पर उतरे तब सूरदास उनके दर्शन को आए और उन्हें अपना बनाया एक पद गाकर सुनाया। आचार्यजी ने उन्हें अपना शिष्य किया और भागवत् की कथाओं को गाने योग्य पदों में करने का आदेश दिया। उनकी सच्ची भक्ति और पदरचना की निपुणता देख वल्लभाचार्यजी ने उन्हें अपने श्रीनाथजी के मंदिर की कीर्तन सेवा सौंपी। इस मंदिर को पूरनमल खत्री ने गोवर्द्धन पर्वत पर संवत् १५७६ में पूरा बनवाकर खड़ा किया था। मंदिर पूरा होने के ११ वर्ष पीछे अर्थात् संवत् १५८७ में वल्लभाचार्य जी की मृत्यु हुई।

श्रीनाथजी के मंदिर निर्माण के थोड़ा ही पीछे सूरदासजी वल्लभ संप्रदाय में आए, यह 'चौरासी वैष्णवों की वार्ता' के इन शब्दों से स्पष्ट हो जाता है—

'औरहु पद गाए तब श्री महाप्रभुजी अपने मन में विचारे जो श्रीनाथ जी के यहाँ और तो सब सेवा को मंडान भयो है, पर कीर्तन को मंडान नाही कियो है; तातें अब सूरदास को दीजिए।'

अत: संवत् १५८० के आसपास सूरदासजी वल्लभाचार्य जी के शिष्य हुए होंगे और शिष्य होने के कुछ ही पीछे उन्हें कीर्तनसेवा मिली होगी। तब से वे बराबर गोवर्द्धन पर्वत पर ही मंदिर की सेवा करते थे, इसका स्पष्ट आभास 'सूरसारावली' के भीतर मौजूद है। तुलसीदास के प्रसंग में हम कह आए हैं कि भक्त लोग कभी-कभी किसी ढंग से अपने को अपने इष्टदेव की कथा के भीतर डालकर उनके चरणों तक अपने पहुँचने की भावना करते हैं। तुलसी ने तो अपने को कुछ प्रच्छन्न रूप में पहुँचाया है, पर सूर ने प्रकट रूप में। कृष्ण जन्म के उपरांत नंद के घर बराबर आनंदोत्सव हो रहे हैं। उसी बीच एक ढाढ़ी आकर कहता है—

नंद जू मेरे मन आनंद भयो, हौं गोवर्धन तें आयो।
तुम्हरे पुत्र भयो, मैं सुनि कै अति आतुर उठि धायो॥

\+ \+ \+

जब तुम मदन मोहन करि टेरौं, यह सुनि कै घर जाऊँ।
हौं तौ तेरे घर की ढाढ़ी, सूरदास मेरो नाऊँ॥

वल्लभाचार्यजी के पुत्र गोसाईं विट्ठलनाथ के सामने गोवर्द्धन की तलहटी के पारसोली ग्राम में सूरदास की मृत्यु हुई, इसका पता भी उक्त 'वार्ता' से लगता है। गोसाईं विट्ठलनाथ की मृत्यु सं० १६४२ में हुई। इसके कितने पहले सूरदास का परलोकवास हुआ, यह निश्चित रूप से नहीं कहा जा सकता।

'सूरसागर' समाप्त करने पर सूर ने जो 'सूरसागर सारावली' लिखी है उसमें अपनी अवस्था ६७ वर्ष की कही है—

गुरु परसाद होत यह दरसन सरसठ बरस प्रवीन॥

तात्पर्य यह कि ६७ वर्ष के कुछ पहले वे 'सूरसागर' समाप्त कर चुके थे। सूरसागर समाप्त होने के थोड़ा ही पीछे उन्होंने 'सारावली' लिखी होगी। एक और ग्रंथ सूरदास का 'साहित्य लहरी' है, जिसमें अलंकारों और नायिकाभेदों के उदाहरण प्रस्तुत करनेवाले कूट पद हैं। इसका रचनाकाल सूर ने इस प्रकार व्यक्त किया है—

मुनि सुनि रसन के रस लेख।
दसन गौरीनंद को लिखि सुबल संवत पेख।

इसके अनुसार संवत् १६०७ में 'साहित्य लहरी' समाप्त हुई। यह तो मानना ही पड़ेगा कि साहित्य क्रीड़ा का यह ग्रंथ 'सूरसागर' से छुट्टी पाकर ही सूर ने संकलित किया होगा। उसके दो वर्ष पहले यदि 'सूरसारावली' की रचना हुई, तो कह सकते हैं कि संवत् १६०५ में सूरदासजी ६७ वर्ष के थे। अब यदि उनकी आयु ८० या ८२ वर्ष की मानें तो उनका जन्मकाल सं० १५४० के आसपास तथा मृत्युकाल सं० १६२० के आसपास ही अनुमित होता है।

'साहित्यलहरी' के अंत में एक पद है जिसमें सूर अपनी वंशपरंपरा देते हैं। उस पद के अनुसार सूर पृथ्वीराज के कवि चंदबरदाई के वंशज ब्रह्मभट्ट थे। चंद कवि के कुल में हरिचंद हुए जिनके सात पुत्रों में सबसे छोटे सूरजदास या सूरदास थे।[१] शेष ६ भाई जब मुसलमानों से युद्ध करते हुए मारे गए तब अंधे सूरदास बहुत दिनों तक इधर-उधर भटकते रहे। एक दिन वे कुएँ में गिर पड़े और ६ दिन उसी में पड़े रहे। सातवें दिन कृष्ण भगवान् उनके सामने प्रकट हुए और उन्हें दृष्टि देकर अपना दर्शन दिया। भगवान् ने कहा कि दक्षिण के एक प्रबल ब्राह्मण कुल द्वारा शत्रुओं का नाश होगा और तू सब विद्याओं में निपुण होगा। इस पर सूरदास ने वर माँगा कि जिन आँखों से मैंने आपका दर्शन किया उनसे अब और कुछ न देखूँ और सदा आपका भजन करूँ। कुएँ से जब भगवान् ने उन्हें बाहर निकाला तब वे ज्यों के त्यों अंधे हो गए और ब्रज में आकर भजन करने लगे। वहाँ गोसाईंजी ने उन्हें 'अष्टछाप' में लिया।

हमारा अनुमान है कि 'साहित्यलहरी' में यह पद पीछे किसी भाट के द्वारा जोड़ा गया है। यह पंक्ति है—

प्रबल दच्छिन विप्रकुल तें सत्रु ह्वै-है नास।

इसे सूर के बहुत पीछे की रचना बता रही है। 'प्रबल दच्छिन विप्रकुल' से साफ पेशवाओं की ओर संकेत है। इसे खींचकर अध्यात्म पक्ष की ओर मोड़ने का प्रयत्न व्यर्थ है।

सारांश यह कि हमें सूरदास का जो थोड़ा सा वृत्त 'चौरासी वैष्णवों की वार्ता' में मिलता है उसी पर संतोष करना पड़ता है। यह 'वार्ता' भी यद्यपि वल्लभाचार्यजी के पौत्र गोकुलनाथजी की कही जाती है, पर उनकी लिखी नहीं जान पड़ती। इसमें कई जगह गोकुलनाथजी के श्रीमुख से कही हुई बातों का बड़े आदर और सम्मान के शब्दों में उल्लेख है और वल्लभाचार्यजी की शिष्या न होने के कारण मीराबाई को बहुत बुरा भला कहा गया है; और गालियाँ तक दी गई हैं। रंग ढंग से यह वार्ता गोकुलनाथजी के पीछे उनके किसी गुजराती शिष्य की रचना जान पड़ती है।

'भक्त-माल' में सूरदास के संबंध में केवल एक यही छप्पय मिलता है—

उक्ति चोज अनुप्रास बरन अस्थिति अति भारी।
बचन प्रीति निर्वाह अर्थ अद्भुत तुकधारी॥
प्रतिबिंबित दिवि दिष्टि, हृदय हरिलीला भासी।
जनम करम गुन रूप सबै रसना परकासी॥
बिमल बुद्धि गुन और की जो यह गुन श्रवननि धरै।
सूर कबित सुनि कौन कवि जो नहि सिर चालन करै॥

इस छप्पय में सूर के अंधे होने भर का संकेत है जो परंपरा से प्रसिद्ध चला आता है। जीवन का कोई विशेष प्रामाणिक वृत्त न पाकर इधर कुछ लोगों ने सूर के समय के आसपास के किसी ऐतिहासिक लेख में जहाँ कहीं सूरदास नाम मिला है वही का वृत्त प्रसिद्ध सूरदास पर घटाने का प्रयत्न किया है। ऐसे दो उल्लेख लोगों को मिले हैं—

(१) 'आइने अकबरी' में अकबर के दरबार में नौकर, गवैयों, बीनकारों आदि कलावंतों की जो फिहरिस्त है उसमें बाबा रामदास और उनके बेटे सूरदास दोनों के नाम दर्ज हैं। उसी

---

१. देखो, पृ० २८-२९ पर चंद का वंशवृक्ष।

ग्रंथ में यह भी लिखा है कि सब कलावंतों की सात मंडिलियाँ बना दी गई थीं। प्रत्येक मंडली सप्ताह में एक बार दरबार में हाजिर होकर बादशाह का मनोरंजन करती थी। अकबर संवत् १६१३ में गद्दी पर बैठा। हमारे सूरदास संवत् १५८० के आसपास ही वल्लभाचार्यजी के शिष्य हो गए और उनके पहले भी विरक्त साधु के रूप में गऊघाट पर रहा करते थे। इस दशा में संवत् १६१३ के बहुत बाद दरबारी नौकरी करने कैसे पहुँचे? अतः 'आईने अकबरी' के सूरदास और सूरसागर के सूरदास एक ही व्यक्ति नहीं ठहरते।

(२) 'मुंशियात् अबुलफजल' नामक अबुलफजल के पत्रों का एक संग्रह है जिसमें बनारस के किसी संत सूरदास के नाम अबुलफजल का एक पत्र है। बनारस का करोड़ी इन सूरदास के साथ अच्छा बरताव नहीं करता था इससे उसकी शिकायत लिखकर इन्होंने शाही दरबार में भेजी थी। उसी के उत्तर में अबुलफजल का पत्र है। बनारस के सूरदास बादशाह से इलाहाबाद में मिलने के लिये इस तरह बुलाए गए हैं—

'हजरत बादशाह इलाहाबाद में तशरीफ लाएँगे। उम्मीद है कि आप भी शर्फ मुलाजमात से मुशर्रफ होकर हकीकी होंगे और खुदा का शुक्र है कि हजरत भी आपको हकशिनास जानकर दोस्त रखते हैं।' (फारसी का अनुवाद)।

इन शब्दों से ऐसी ध्वनि निकलती है कि ये कोई ऐसे संत थे जिनके अकबर के 'दीन इलाही' में दीक्षित होने की संभावना अबुलफजल समझता था। संभव है कि ये कबीर के अनुयायी कोई संत हों। अकबर का दो बार इलाहाबाद जाना पाया जाता है। एक तो संवत् १६४० में फिर संवत् १६६१ में। पहली यात्रा के समय का लिखा हुआ भी यदि इस पत्र को मानें तो भी उस समय हमारे सूर का गोलोकवास हो चुका था। यदि उन्हें तब तक जीवित मानें तो वे १०० वर्ष के ऊपर रहे होंगे। मृत्यु के इतने समीप आकर वे इन सब झमेलों में क्यों पड़ने जायँगे, या उनके 'दीन इलाही' में दीक्षित होने की आशा कैसे की जायेगी?

श्री वल्लभाचार्यजी के पीछे उनके पुत्र गोसाईं विट्ठलनाथजी गद्दी पर बैठे थे उस समय तक पुष्टिमार्गी कई कवि सुंदर से सुंदर पदों की रचना कर चुके थे। इससे गुसाईं विट्ठलनाथजी ने उनमें से आठ सर्वोत्तम कवियों को चुनकर 'अष्टछाप' की प्रतिष्ठा की। 'अष्टछाप' के आठ कवि हैं—सूरदास, कुंभनदास, परमानंददास, कृष्णदास, छीतस्वामी, गोविंदस्वामी, चतुर्भुजदास और नंददास।

कृष्णभक्ति परंपरा में श्रीकृष्ण की प्रेममयी मूर्ति को ही लेकर प्रेमतत्व की बड़े विस्तार के साथ व्यंजना हुई है, उनके लोकपक्ष का समावेश उसमें नहीं है। इन कृष्णभक्तों के कृष्ण प्रेमोन्मत्त गोपिकाओं से घिरे हुए गोकुल के श्रीकृष्ण हैं, बड़े-बड़े भूपालों के बीच लोकव्यवस्था की रक्षा करते हुए द्वारका के श्रीकृष्ण नहीं हैं। कृष्ण के जिस मधुर रूप को लेकर ये भक्त कवि चले हैं वह हास विलास की तरंगों से परिपूर्ण अनंत सौंदर्य का समुद्र है। उस सार्वभौम प्रेमालंबन के सम्मुख मनुष्य का हृदय निराले प्रेमलोक में फूला-फूला फिरता है। अतः इन कृष्ण भक्त कवियों के संबंध में यह कह देना आवश्यक है कि वे अपने रंग में मस्त रहने वाले जीव थे, तुलसीदासजी के समान लोकसंग्रह का भाव इनमें न था। समाज किधर जा रहा है, इस बात की परवा ये नहीं रखते थे, यहाँ तक कि अपने भगवत्प्रेम की पुष्टि के लिये जिस शृंगारमयी लोकोत्तर छटा और आत्मोत्सर्ग की अभिव्यंजना से इन्होंने जनता को रसोन्मत्त किया, उसका लौकिक स्थूल दृष्टि रखनेवाले विषयवासनापूर्ण जीवों पर कैसा प्रभाव पड़ेगा, इसकी ओर इन्होंने ध्यान न दिया। जिस राधा और कृष्ण के प्रेम को इन भक्तों ने अपनी

गूढ़ातिगूढ़ चरम भक्ति का व्यंजक बनाया उसको लेकर आगे के कवियों ने शृंगार की उन्मादकारिणी उक्तियों से हिंदी काव्य को भर दिया।

कृष्णचरित के गान में गीतकाव्य की जो धारा पूरब में जयदेव और विद्यापति ने बहाई, उसी का अवलंबन ब्रज के भक्त कवियों ने भी किया। आगे चलकर अलंकारकाल के कवियों ने अपनी शृंगारमयी मुक्तक कविता के लिये राधा और कृष्ण का ही प्रेम लिया। इस प्रकार कृष्ण संबंधिनी कविता का स्फुरण मुक्तक के क्षेत्र में ही हुआ, प्रबंध क्षेत्र में नहीं। बहुत पीछे संवत् १८०९ में ब्रजवासीदास ने रामचरितमानस के ढंग पर दोहों-चौपाइयों में प्रबंधकाव्य के रूप में कृष्णचरित का वर्णन किया, पर ग्रंथ बहुत साधारण कोटि का हुआ और उसका वैसा प्रसार न हो सका। कारण स्पष्ट है। कृष्णभक्त कवियों ने श्रीकृष्ण भगवान् के चरित का जितना अंश लिया वह एक अच्छे प्रबंधकाव्य के लिये पर्याप्त न था। उनमें मानव जीवन की वह अनेकरूपता न थी जो एक प्रबंधकाव्य के लिए आवश्यक है। कृष्णभक्त कवियों की परंपरा अपने इष्टदेव की केवल बाललीला और यौवनलीला लेकर ही अग्रसर हुई जो गीत और मुक्तक के लिये ही उपयुक्त थी। मुक्तक के क्षेत्र में कृष्णभक्त कवियों तथा आलंकारिक कवियों ने शृंगार और वात्सल्य रसों को पराकाष्ठा पर पहुँचा दिया, इसमें कोई संदेह नहीं।

पहले कहा गया है कि श्री वल्लभाचार्यजी की आज्ञा से सूरदासजी ने श्रीमद्भागवत की कथा को पदों में गाया। इनके सूरसागर में वास्तव में भागवत के दशम स्कंध की कथा संक्षेपतः इतिवृत्त के रूप में थोड़े से पदों में कह दी गई है। सूरसागर में कृष्णजन्म से लेकर श्रीकृष्ण के मथुरा जाने तक की कथा अत्यंत विस्तार से फुटकल पदों में गाई गई है। भिन्न-भिन्न लीलाओं के प्रसंग को लेकर इस सच्चे रसमग्न कवि ने अत्यंत मधुर और मनोहर पदों की झड़ी सी बाँध दी है। इन पदों के संबंध में सबसे पहली बात ध्यान देने की यह है कि चलती हुई ब्रजभाषा में सबसे पहली साहित्य रचना होने पर भी ये इतने सुडौल और परिमार्जित हैं। यह रचना इतनी प्रगल्भ और काव्यपूर्ण है कि आगे होने वाले कवियों की शृंगार और वात्सल्य की उक्तियाँ सूर की जूठी सी जान पड़ती हैं। अतः सूरसागर किसी चली आती हुई गीतकाव्य परंपरा का—चाहे वह मौखिक ही रही हो—पूर्ण विकास सा प्रतीत होता है।

गीतों की परंपरा तो सभ्य असभ्य सब जातियों में अत्यंत प्राचीन काल से चली आ रही है। सभ्य जातियों ने लिखित साहित्य के भीतर भी उनका समावेश किया है। लिखित रूप में आकर उनका रूप पंडितों की काव्यपरंपरा की रूढ़ियों के अनुसार बहुत कुछ बदल जाता है। इससे जीवन के कैसे-कैसे योग सामान्य जनता का मर्मस्पर्श करते आए हैं, और भाषा की किन-किन पद्धतियों पर वे अपने गहरे भावों की व्यंजना करते आए हैं, इसका ठीक पता हमें बहुत काल से चले आते हुए मौखिक गीतों से ही लग सकता है। किसी देश की काव्यधारा के मूल प्राकृतिक स्वरूप का परिचय हमें चिरकाल से चले आते हुए इन्हीं गीतों से मिल सकता है। घर-घर प्रचलित स्त्रियों के घरेलू गीतों में शृंगार और करुण दोनों का बहुत स्वाभाविक विकास हम पाएँगे। इसी प्रकार आल्हा, कड़खा, आदिपुरुषों के गीतों में वीरता की व्यंजना की सरल स्वाभाविक पद्धति मिलेगी। देश की अंतर्वर्तिनी मूल धारा के स्वरूप के ठीक-ठीक परिचय के लिए ऐसे गीतों का पूर्ण संग्रह बहुत आवश्यक है। पर इस संग्रह कार्य में उन्हीं का हाथ लगाना ठीक है जिन्हें भारतीय संस्कृति के मार्मिक स्वरूप की परख हो जिनमें पूरी ऐतिहासिक दृष्टि हो।

स्त्रियों के बीच चले आते हुए बहुत पुराने गीतों को ध्यान से देखने पर पता लगेगा कि उनमें स्वकीया के ही प्रेम की सरल गंभीर व्यंजना है। परकीया प्रेम के जो गीत वे कृष्ण और गोपिकाओं की प्रेमलीला को ही लेकर चले हैं, इससे उन पर भक्ति या धर्म का भी कुछ रंग चढ़ा रहता है। इस प्रकार के मौखिक गीत देश के प्राय: सब भागों में गाए जाते थे। मैथिल कवि विद्यापति (संवत् १४६०) की पदावली में हमें उनका साहित्यिक रूप मिलता है। जैसा कि हम पहले कह आए हैं, सूर के शृंगारी पदों की रचना बहुत कुछ विद्यापति की पद्धति पर हुई है। कुछ पदों के तो भाव भी बिल्कुल मिलते हैं, जैसे—

अनुखन माधव माधव सुमिरइत सुंदरि भेलि मधाई।
ओ निज भाव सुभावहि बिसरल अपने गुन लुबधाई॥

\+ \+ \+

भोरहि सहचरि कातर दिठि हेरि छल छल लोचन पानि।
अनुखन राधा राधा रटइत आधा आधा बानि॥
राधा सयँ जब पनितहि माधव माधव सयँ जब राधा।
दारुन प्रेम तबहि नहिं टूटत बाढ़त बिरह क बाधा॥
दुहुँ दिसि दारुदहन जइसे दगधइ आकुल कीट परान।
ऐसन बल्लभ हेरि सुधामुखि कबि विद्यापति भान॥

इस पद का भावार्थ यह है कि प्रतिक्षण कृष्ण का स्मरण करते-रहते राधा कृष्ण रूप हो जाती है और अपने को कृष्ण समझकर राधा के वियोग में 'राधा राधा' रटने लगती है। फिर जब होश में आती है तब कृष्ण के विरह में संतप्त होकर फिर 'कृष्ण कृष्ण' करने लगती है। इस प्रकार अपनी सुध में रहती है तब भी, नहीं रहती है तब भी दोनों अवस्थाओं में उन्हें विरह का ताप सहना पड़ता है। उनकी दशा उस लकड़ी के भीतर के कीड़े सी रहती है जिसके दोनों छोरों पर आग लगी हो। अब इसी भाव का सूर का यह पद देखिए—

सुनौ स्याम! यह बात और कोउ क्यों समझाय कहै।
दुहुँ दिसि की रति बिरह बिरहिनी कैसे कै जो सहै॥
जब राधे, तब ही मुख 'माधौ माधौ' रटति रहै।
जब माधौ ह्वै जाति सकल तनु राधा बिरह दहै॥
उभय अग्र दव दारुकीट ज्यों सीतलताहि चहै।
सूरदास अति विकल बिरहिनी कैसेहु सुख न लहै।

(सूरदास, पृ० ५६४, वेंकटेश्वर)

'सूरसागर' में जगह-जगह दृष्टिकूटवाले पद मिलते हैं। यह भी विद्यापति का अनुकरण है। 'सारंग' शब्द को लेकर सूर ने कई जगह कूट पद कहे हैं। विद्यापति की पदावली में इसी प्रकार का एक कूट देखिए—

सारंग नयन, बयन पुनि सारंग, सारंग तसु समधाने।
सारंग उपर उगल दस सारंग केलि करथि मधु पाने॥

पश्चिमी हिंदी बोलनेवाले सारे प्रदेशों में गीतों की भाषा ब्रज ही थी। दिल्ली के आसपास भी गीत ब्रज भाषा में ही गाए जाते थे, यह हम खुसरो (संवत् १३४०) के गीतों में दिखा आए हैं। कबीर (संवत् १५६०) के प्रसंग में कहा जा चुका है कि उनकी साखी की भाषा तो 'सधुक्कड़ी' है, पर पदों की भाषा काव्य में प्रचलित ब्रजभाषा है। यह एक पद तो कबीर और सूर दोनों की रचनाओं के भीतर ज्यों का त्यों मिलता है—

है हरिभजन को परवाँन।
नीच पावै ऊँच पदवी, बाजते नीसान।
भजन को परताप ऐसो तिरे जल पाषान।
अधम भील, अजाति गनिका चढ़े जात बिवाँन।
नवलख तारा चलै मंडल, चलै ससहर भान।
दास धू कौं अटल पदवी राम को दीवान।
निगम जाकी साखि बोलैं कथैं संत सुजान।
जन कबीर तेरो सरनि आयो, राखि लेहु भगवान॥

(कबीर ग्रंथावली, पृ० १९०)

है हरि भजन को परमान।
नीच पावै ऊँच पदवी, बाजते नीसान।
भजन को परताप ऐसों जल तरै पाषान।
अजामिल अरु भील गनिका चढ़े जात विमान।
चलत तारे सकल मंडल, चलत ससि अरु भान।
भक्त ध्रुव को अटल पदवी राम को दीवान।
निगम जाको सुजस गावत, सुनत संत सुजान।
सूर हरि की सरन आयौ, राखि ले भगवान॥

(सूरसागर, पृ० १९, वेंकटेश्वर)

कबीर की सबसे प्राचीन प्रति में भी यह पद मिलता है इससे नहीं कहा जा सकता कि सूर की रचनाओं के भीतर यह कैसे पहुँच गया।

राधाकृष्ण की प्रेमलीला के गीत सूर के पहले से चले आते थे, यह तो कहा ही जा चुका है। बैजू बावरा एक प्रसिद्ध गवैया हो गया है जिसकी ख्याति तानसेन के पहले देश में फैली हुई थी। उसका एक पद देखिए—

मुरली बजाय रिझाय लई मुख मोहन तें।
गोपी रीझि रही रसतानत सों सुधबुध सब बिसराई।
धुनि सुनि मन मोहे, मगन भई देखत हरि आनन।
जीव जंतु पसु पंछी सुर नर मुनि मोहे, हरे सब के प्रानन।
बैजू बनवारी बंसी अधर धरि वृंदावनचंद बस किए सुनत ही कानन॥

जिस प्रकार रामचरित का गान करनेवाले भक्त कवियों में गोस्वामी तुलसीदास जी का स्थान सर्वश्रेष्ठ है उसी प्रकार कृष्णचरित गानेवाले भक्त कवियों में महात्मा सूरदासजी का। वास्तव में ये हिंदी काव्यगगन के सूर्य और चंद्र हैं। जो तन्मयता इन दोनों भक्त-शिरोमणि कवियों की वाणी में पाई जाती है वह अन्य कवियों में कहाँ? हिंदी काव्य इन्हीं के प्रभाव से अमर हुआ, इन्हीं की सरसता से उनका स्रोत सूखने न पाया। सूर की स्तुति में, एक संस्कृत श्लोक के भाव को लेकर यह दोहा कहा गया है—

उत्तम पद कवि गंग के, कविता को बल वीर।
केशव अर्थ गँभीर को, सूर तीन गुन धीर॥

\+ \+ \+

इसी प्रकार यह दोहा भी बहुत प्रसिद्ध है—

किधौं सूर को सर लग्यो, किधौं सूर को पीर।
किधौं सूर को पद लग्यो, बेध्यो सकल सरीर॥

यद्यपि तुलसी के समान सूर का काव्यक्षेत्र इतना व्यापक नहीं कि उसमें जीवन की भिन्न-भिन्न दशाओं का समावेश हो पर जिस परिमित पुण्यभूमि में उनकी वाणी ने संचरण किया उसका कोई कोना अछूता न छूटा। शृंगार और वात्सल्य के क्षेत्र में जहाँ तक इनकी दृष्टि पहुँची वहाँ तक और किसी कवि की नहीं। गोस्वामी तुलसीदासजी ने गीतावली में बाललीला को इनकी देखादेखी बहुत अधिक विस्तार दिया सही, पर उसमें बालसुलभ भावों और चेष्टाओं की वह प्रचुरता नहीं आई, उसमें रूप वर्णन की ही प्रचुरता रही। बालक चेष्टा के स्वाभाविक मनोहर चित्रों का इतना बड़ा भंडार और कही नहीं। दो चार चित्र देखिये—

(१) काहे को आरि करत मेरे मोहन! यो तुम आँगन लोटी?
जो माँगहु सो देहुँ मनोहर, यहै बात तेरी खोटी॥
सूरदास को ठाकुर ठाढ़ो हाथ लकुट लिए छोटी॥

(२) सोभित कर नवनीत लिए।
घुटरुन चलन रेनु तन मंडित, मुख दधि लेप किए॥

(३) सिखवत चलन जसोदा मैया।
अरबराय कर पानि गहावति, डगमगाय धरै पैयाँ॥

(४) पाहुनि करि दै तरक मह्यौ।
आरि करै मनमोहन मेरो, अंचल आनि गह्यो॥
व्याकुल मथत मथनियाँ रीती, दधि भ्वैं ढरकि रह्यौ॥

बालकों के स्वाभाविक भावों की व्यंजना के न जाने कितने सुंदर पद भरे पड़े हैं। 'स्पर्धा' का कैसा सुंदर भाव इस प्रसिद्ध पद में आया है—

मैया कबहिं बढ़ैगी चोटी!
कितिक बार मोहिं दूध पियत भइ, यह अजहूँ है छोटी।
तू जो कहति 'बल' की बेनी ज्यों ह्वै है लाँबी मोटी॥

इसी प्रकार बालकों के क्षोभ के ये वचन देखिए—

खेलत में को काको गोसैयाँ?
जाति पाँति हम तें कछु नाहिं, न बसत तुम्हारी छैयाँ।
अति अधिकार जनावत यातें, अधिक तुम्हारे हैं कछु गैयाँ॥

वात्सल्य के समान शृंगार के संयोग और वियोग दोनों पक्षों का इतना प्रचुर विस्तार और किसी कवि में नहीं। गोकुल में जब तक श्रीकृष्ण रहे तब तक का उनका सारा जीवन ही संयोगपक्ष है। दानलीला, माखनलीला, चीरहरणलीला, रासलीला आदि न जाने कितनी लीलाओं पर सहस्रों पद भरे पड़े हैं। राधाकृष्ण के प्रेम के प्रादुर्भाव में कैसी स्वाभाविक परिस्थितियों का चित्रण हुआ है, यही देखिए—

(क) करि ल्यौ न्यारी, हरि आपनि गैयाँ।
नहिं न बसात लाल कछु तुमसों सबै ग्वाल इक ठैयाँ।

(ख) धेनु दुहत अति ही रति बाढ़ी।
एक धार दोहनि पहुँचावत, एक धार जहँ प्यारी ठाढ़ी॥
मोहन कर तें धार चलति पय मोहनि मुख अति ही छबि बाढ़ी॥

शृंगार के अंतर्गत भावपक्ष और विभावपक्ष दोनों के अत्यंत विस्तृत और अनूठे वर्णन इस सागर के भीतर लहरें मार रहे हैं। राधा कृष्ण के रूपवर्णन में ही सैकड़ों पद कहे गए हैं जिनमें उपमा, रूपक और उत्प्रेक्षा आदि की प्रचुरता है। आँख पर ही न जाने कितनी उक्तियाँ हैं, जैसे—

देखि री! हरि के चंचल नैन।
खंजन मीन मृगज चपलाई, नहिं पटतर एक सैन।
राजिवदल इंदीवर, शतदल, कमल, कुशेशय जाति।
निसि मुद्रित प्रातहि वै बिगसत, ये बिगसे दिन राति॥
अरुन असित सित झलक पलक प्रति, को बरनै उपमाय।
मानो सरस्वति गंग जमुन मिलि आगन कीन्हों आय॥

नेत्रों के प्रति उपालंभ भी कहीं-कहीं बड़े मनोहर हैं—

मेरे नैना बिरह की बेल बई।
सींचत नैन नीर के, सजनी! मूल पतार गई।
बिगसति लता सुभाय आपने छाया सघन भई॥
अब कैसे निरुवारौं, सजनी! सब तन पसरि छई॥

आँख तो आँख, कृष्ण की मुरली तक में प्रेम के प्रभाव से गोपियों की ऐसी सजीवता दिखाई पड़ती है कि वे अपनी सारी प्रगल्भता उसे कोसने में खर्च कर देती हैं—

मुरली तऊ गोपालहिं भावति।
सुन री सखी! जदपि नँदनंदहिं नाना भाँति नचावति॥
राखति एक पाँय ठाढ़े करि, अति अधिकार जनावति।
आपुनि पौढ़ि अधर सज्जा पर करपल्लव सों पद पलुटावति॥
भ्रकुटी कुटिल कोप नासापुट हम पर कोपि कँपावति।

कालिंदी के कूल पर शरत् की चाँदनी में होनेवाले रास की शोभा का क्या कहना है, जिसे देखने के लिये सारे देवता आकर इकट्ठे हो जाते थे। सूर ने एक न्यारे प्रेमलोक की आनंद छटा अपने बंद नेत्रों से देखी है। कृष्ण के मथुरा चले जाने पर गोपियों का जो विरहसागर उमड़ा है उसमें मग्न होने पर तो पाठकों को वारपार नहीं मिलता। वियोग की जितने प्रकार की दशाएँ हो सकती हैं सबका समावेश उसके भीतर है। कभी तो गोपियों को संध्या होने पर यह स्मरण आता है—

एहि बेरियाँ बन तें चलि आवते।
दूरहिं ते वह बेनु, अधर धरि बारंबार बजावते॥

कभी वे अपने उजड़े हुए नीरस जीवन के मेल में न होने के कारण वृंदावन के हरे-भरे पेड़ों को कोसती हैं—

मधुबन तुम कत रहत हरे?
बिरह बियोग श्यामसुंदर के ठाढ़े क्यों न जरे?
तुम हौ निलज, लाज नहिं तुमको, फिर सिर पुहुप धरे॥
ससा स्यार औ बन के पखेरू धिक धिक सबन करे।
कौन काज ठाढ़े रहे बन में, काहे न उकठि परे॥

परंपरा से चले आते हुए चंद्रोपालंभ आदि सब विषयों का विधान सूर के वियोगवर्णन के भीतर है, कोई बात छूटी नहीं है।

सूर की बड़ी भारी विशेषता है नवीन प्रसंगों की उद्भावना। प्रसंगोद्भावना करनेवाली ऐसी प्रतिभा हम तुलसी में नहीं पाते। बाललीला और प्रेमलीला दोनों के अंतर्गत कुछ दूर तक चलनेवाले न जाने कितने छोटे-छोटे मनोरंजक वृत्तों की कल्पना सूर ने की है। जीवन के एक क्षेत्र के भीतर कथावस्तु की यह रमणीय कल्पना ध्यान देने योग्य है।

राधाकृष्ण के प्रेम को लेकर कृष्णभक्ति की जो काव्य परंपरा चली उसमें लीलापक्ष अर्थात् बाह्यार्थ विधान की प्रधानता रही है। उसमें केलि, विलास, रास, छेड़छाड़, मिलन की युक्तियों आदि बाहरी बातों का ही विशेष वर्णन है। प्रेमलीन हृदय की नाना अनुभूतियों की व्यंजना कम है। वियोगवर्णन में कुछ संचारियों का समावेश मिलता है पर वे रूढ़ और परंपरागत हैं उसमें नूतन उद्भावना बहुत थोड़ी पाई जाती है। भ्रमरगीत के अंतर्गत अलबत सूर ने आभ्यंतर पक्ष का भी विस्तृत उद्घाटन किया है। प्रेमदशा के भीतर की न जाने कितनी मनोवृत्तियों की व्यंजना गोपियों के वचनों द्वारा होती है।

सूरसागर का सबसे मर्मस्पर्शी और वाग्वैदग्धपूर्ण अंश 'भ्रमरगीत' है जिसमें गोपियों की वचनवक्रता अत्यंत मनोहारिणी है। ऐसा सुंदर उपालंभ काव्य और कहीं नहीं मिलता। उद्धव तो अपने निर्गुण ब्रह्मज्ञान और योगकथा द्वारा गोपियों को प्रेम से विरत करना चाहते हैं और गोपियाँ उन्हें कभी पेट भर बनाती हैं, कभी उनसे अपनी विवशता और दीनता का निवेदन करती हैं। उद्धव के बहुत बकने पर वे कहती हैं—

ऊधौ! तुम अपनो जतन करौ।
हित की कहत कुहित की लागै, किन बेकाज ररौ?
जाय करौ उपचार आपनो, हम जो कहति हैं जी की।
कछू कहत कछुवै कहि डारत, धुन देखियत नहिं नीकी॥

इस भ्रमरगीत का महत्व एक बात से और बढ़ गया है। भक्तशिरोमणि सूर ने इसमें सगुणोपासना का निरूपण बड़े ही मार्मिक ढंग से—हृदय की अनुभूति के आधार पर तर्क पद्धति पर नहीं—किया है। सगुण निर्गुण का यह प्रसंग सूर अपनी ओर से लाए हैं जिससे संवाद में बहुत रोचकता आ गई है। भागवत में यह प्रसंग नहीं है। सूर के समय में निर्गुण संत संप्रदाय की बातें जोर शोर से चल रही थीं। इसी से उपयुक्त स्थल देखकर सूर ने इस प्रसंग का समावेश कर दिया। जब उद्धव बहुत सा वाग्विस्तार करके निर्गुण ब्रह्म की उपासना का उपदेश बराबर देते चले जाते हैं तब गोपियाँ बीच में रोककर इस प्रकार पूछती हैं—

निर्गुन कौन देस को वासी?
मधुकर हँसि समुझाय, सौंह दै बूझति साँच, न हाँसी।

और कहती हैं कि चारों ओर भासित इस सगुणसत्ता का निषेध करके क्यों व्यर्थ उसके अव्यक्त और अनिर्दिष्ट पक्ष को लेकर यों ही बक बक करता है—

सुनिहै कथा कौन निर्गुन की, रचि पचि बात बनावत।
सगुन सुमेरु प्रगट देखियत, तुम तृन की ओट दुरावत॥

उस निर्गुण और अव्यक्त का मानव हृदय के साथ भी कोई संबंध हो सकता है, यह तो बताओ—

रेख न रूप, बरन जाके नहि ताको हमैं बतावत।
अपनी कहौं, दरस ऐसो को तुम कबहूँ हौ पावत?
मुरली अधर धरत है सो, पुनि गोधन बन बन चारत?
नैन बिसाल, भौंह बंकट करि देख्यौ कबहुँ निहारत?
तन त्रिभंग करि, नटवर वपु धरि, पीतांबर तेहि सोहत?
सूर स्याम ज्यौं देत हमैं सुख त्यौं तुमको सोउ मोहत?

अंत में यह कहकर बात समाप्त करती हैं कि तुम्हारे निर्गुण से तो हमें कृष्ण के अवगुणों में ही अधिक रस जान पड़ता है—

ऊनो कर्म कियो मातुल बधि, मदिरा मत्त प्रमाद।
सूर स्याम एते अवगुन में निर्गुन तें अति स्वाद॥

(२) नंददास—ये सूरदासजी के प्राय: समकालीन थे और इनकी गणना अष्टछाप में है। इनका कविताकाल सूरदासजी की मृत्यु के पीछे संवत् १६२५ या उसके और आगे तक माना जा सकता है। इनका जीवनवृत्त पूरा-पूरा और ठीक-ठीक नहीं मिलता। नाभाजी के भक्तमाल में इनपर जो छप्पय है उसमें जीवन के संबंध में इतना ही है—

चंद्रहास अग्रज सुहृद परम प्रेम पथ में पगे।

इससे इतना ही सूचित होता है कि इनके भाई का नाम चंद्रहास था। इनके गोलोकवास के बहुत दिनों पीछे गोस्वामी विट्ठलनाथजी के पुत्र गोकुलनाथ जी के नाम से जो 'दो सौ बावन वैष्णवों की वार्ता' लिखी गई उसमें इनका थोड़ा सा वृत्त दिया गया है। उक्त वार्ता में नंददासजी तुलसीदासजी के भाई कहे गए हैं। गोकुलनाथजी का अभिप्राय प्रसिद्ध गोस्वामी तुलसीदासजी से ही है, यह पूरी वार्ता पढ़ने से स्पष्ट हो जाता है। उसमें स्पष्ट लिखा है कि नंददासजी का कृष्णोपासक होना राम के अनन्य भक्त उनके भाई तुलसीदासजी को अच्छा नहीं लगा और

उन्होंने उलाहना लिखकर भेजा। यह वाक्य भी उसमें आया है 'सो एक दिन नंददासजी के मन में ऐसी आई। जैसे तुलसीदासजी ने रामायण भाषा करी हूँ सो हम हूँ, श्रीमद्भागवत भाषा करें। गोस्वामीजी का नंददास के साथ वृंदावन जाना और वहाँ 'तुलसी मस्तक तब नवै धनुष बान लेव हाथ' वाली घटना भी उक्त वार्ता में ही लिखी है। पर गोस्वामीजी का नंददासजी से कोई संबंध न था, यह बात पूर्णतया सिद्ध हो चुकी है। अत: उक्त वार्ता की बातों को, जो वास्तव में भक्तों का गौरव प्रचलित करने और वल्लभाचार्य जी की गद्दी की महिमा प्रकट करने के लिये पीछे से लिखी गई है, प्रमाण कोटि में नहीं ले सकते।

उसी वार्ता में यह भी लिखा है कि द्वारका जाते हुए नंददासजी सिंधुनद ग्राम में एक रूपवती खत्रानी पर आसक्त हो गए। ये उस स्त्री के घर के चारों ओर चक्कर लगाया करते थे। घरवाले हैरान होकर कुछ दिनों के लिये गोकुल चले गए। वहाँ भी वे जा पहुँचे। अंत में वहीं पर गोसाईं विट्ठलनाथजी के सदुपदेश से इनका मोह छूटा और ये अनन्य भक्त हो गए। इस कथा में ऐतिहासिक तथ्य केवल इतना ही है कि इन्होंने गोसाईं विट्ठलनाथजी से दीक्षा ली। ध्रुवदासजी ने भी अपनी 'भक्तनामावली' में इनकी भक्ति की प्रशंसा के अतिरिक्त और कुछ नहीं लिखा है।

अष्टछाप में सूरदासजी के पीछे इन्हीं का नाम लेना पड़ता है। इनकी रचना भी बड़ी सरस और मधुर है। इनके संबंध में यह कहावत प्रसिद्ध है कि 'और कवि गढ़िया, नंददास जड़िया।' इनकी सबसे प्रसिद्ध पुस्तक 'रासपंचाध्यायी' है जो रोला छंदों में लिखी गई है। इसमें जैसा कि नाम से ही प्रकट है, कृष्ण की रासलीला का अनुप्रासादियुक्त साहित्यिक भाषा में विस्तार के साथ वर्णन है। जैसा कि पहले कहा जा चुका है, सूर ने स्वाभाविक चलती भाषा का ही अधिक आश्रय लिया है, अनुप्रास और चुने हुए संस्कृत पदविन्यास आदि की ओर प्रवृत्ति नहीं दिखाई है, पर नंददासजी में ये बातें पूर्ण रूप से पाई जाती हैं। 'रासपंचाध्यायी' के अतिरिक्त इन्होंने ये पुस्तकें लिखी हैं—

भागवत दशम स्कंध, रुक्मिणीमंगल, सिद्धांत पंचाध्यायी, रूपमंजरी, रसमंजरी, मानमंजरी, विरहमंजरी, नामचिंतामणिमाला, अनेकार्थनाममाला (कोश), दानलीला, मानलीला, अनेकार्थमंजरी, ज्ञानमंजरी, श्यामसगाई, भ्रमरगीत और सुदामाचरित्र। दो ग्रंथ इनके लिखे और कहे जाते हैं—हितोपदेश और नासिकेतपुराण (गद्य में)। दो सौ से ऊपर इनके फुटकल पद भी मिले हैं। जहाँ तक ज्ञात है, इनकी चार पुस्तकें ही अब तक प्रकाशित हुई हैं—रासपंचाध्यायी, भ्रमरगीत, अनेकार्थमंजरी और अनेकार्थनाममाला। इनमें रासपंचाध्यायी और भ्रमरगीत ही प्रसिद्ध हैं, अत: उनसे कुछ अवतरण नीचे दिए जाते हैं—

(रासपंचाध्यायी से)

ताही छिन उडुराज उदित रस-रास-सहायक।
कुंकुम-मंडित-बदन प्रिया जनु नागरि नायक॥
कोमल किरन अरुन मानों बन व्यापि रही यों।
मनसिज खेल्यौ फाग घुमड़ि धुरि रह्यो गुलाल ज्यों॥
फटिक छटा सी किरन कुजरंध्रन जब आई।
मानहुँ वितत बितान सुदेस तनाव तनाई॥

तब लीनो कर कमल योगमाला सी मुरली।
अघटित घटना चतुर बहुरि अधरन सुर जुरली॥

(भ्रमरगीत से)

कहन स्याम संदेस एक मैं तुम पै आयो।
कहन समय संकेत कहूँ अवसर नहिं पायो॥
सोचत ही मन में रह्यो, कब पाऊँ इक ठाउँ।
कहि सँदेस नँदलाल को, बहुरि मधुपुरी जाउँ॥
सुनौ ब्रजनागरी।

जौ उनके गुन होय, वेद क्यों नेति बखानै।
निरगुन सगुन आतमा रुचि ऊपर सुख सानै॥
वेद पुराननि खोजि कै पायो कतहुँ न एक।
गुन ही के गुन होहि तुम, कहो अकासहि टेक॥
सुनौ ब्रजनागरी।

जौ उनके गुन नाहिं और गुन भए कहाँ ते।
बीज बिना तरु जमै मोहिं तुम कहौ कहाँ ते॥
वा गुन की परछाँह री माया दरपन बीच।
गुन तें गुन न्यारे भए, अमल वारि जल कीच॥
सखा सुनु श्याम के।

(३) कृष्णदास—ये भी वल्लभाचार्य के शिष्य और अष्टछाप में थे। यद्यपि ये शूद्र थे पर आचार्यजी के बड़े कृपापात्र और मंदिर के प्रधान मुखिया हो गए थे। 'चौरासी वैष्णवों की वार्ता' में इनका कुछ वृत्त दिया हुआ है। एक बार गोसाईं विट्ठलनाथजी से किसी बात पर अप्रसन्न होकर इन्होंने इनकी ड्योढ़ी बंद कर दी। इस पर गोसाईं विट्ठलनाथजी के कृपापात्र महाराज बीरबल ने इन्हें कैद कर लिया। पीछे गोसाईंजी इस बात से बड़े दुखी हुए और इनको कारागार से मुक्त कराके प्रधान के पद पर फिर ज्यों का त्यों प्रतिष्ठित कर दिया। इन्होंने भी और सब कृष्णभक्तों के समान राधाकृष्ण के प्रेम को लेकर शृंगार रस के ही पद गाए हैं। जुगलमान चरित्र नामक इनका एक छोटा सा ग्रंथ मिलता है। इसके अतिरिक्त इनके बनाए दो ग्रंथ और कहे जाते हैं—भ्रमरगीत और प्रेमतत्व निरूपण। फुटकल पदों के संग्रह इधर-उधर मिलते हैं। सूरदास और नंददास के सामने इनकी कविता साधारण कोटि की है। इनके कुछ पद नीचे दिए जाते हैं—

तरनि तनया तट आवत है प्रात समय,
कंदुक खेलत देख्यो आनंद को कँदवा।
नूपुर पद कुनित, पीतांबर कटि बाँधे,
लाल उपरना, सिर मोरन के चँदवा॥

कंचन मनि मरकत रस ओपी।
नंदसुवन के संगम सुखकर अधिक विराजति गोपी॥
मनहुँ विधाता गिरिधर पिय हित सुरतधुजा सुख रोपी।
बदनकांति कै सुनु री भामिनी! सघन चंदश्री लोपी॥
प्राननाथ के चित चोरन को भौंह भुजंगम कोपी।
कृष्णदास स्वामी बस कीन्हें, प्रेमपुंज को चोपी॥

मो मन गिरिधर छवि पै अटक्यो।
ललित त्रिभंग चाल पै चलि कै, चिबुक चारि गढ़ि ठटक्यो।
सजल स्याम घन बरन लीन ह्वै, फिरि चित अनत न भटक्यो।
कृष्णदास किए प्रान निछावर, यह तन जग सिर पटक्यो॥

कहते हैं कि इसी अंतिम पद को गाकर कृष्णदासजी ने शरीर छोड़ा था। इनका कविताकाल संवत् १६०० के आगे-पीछे माना जा सकता है।

(४) परमानंददास—यह भी वल्लभाचार्य जी के शिष्य और अष्टछाप में थे। ये संवत् १६०६ के आसपास वर्तमान थे। इनका निवासस्थान कन्नौज था। इसी से ये कान्यकुब्ज अनुमान किए जाते हैं। अत्यंत तन्मयता के साथ बड़ी ही सरल कविता करते थे। कहते हैं कि इनके किसी एक पद को सुनकर आचार्यजी कई दिनों तक बदन की सुध भूले रहे। इनके फुटकल पद कृष्णभक्तों के मुँह से प्राय: सुनने में आते हैं। इनके ८३५ पद 'परमानंदसागर' में हैं। दो पद देखिए—

कहा करौं बैकुंठहि जाय?
जहँ नहिं नंद, जहाँ न जसोदा, नहिं जहँ गोपी ग्वाल न गाय।
जहँ नहिं जल जमुना को निर्मल और नहीं कदमन की छायँ।
परमानंद प्रभु चतुर ग्वालिनी, ब्रजरज तजि मेरी जाय बलाय॥

राधे जू हारावलि टूटी।
उरज कमलदल माल मरगजी, बाम कपोल अलक लट छूटी॥
बर उर उरज करज बिच अंकित, बाहु जुगल बलयावलि फूटी।
कंचुकि चीर विविध रंग रंजित, गिरधर अधर माधुरी घूँटी॥
आलस बलित नैन अनियारे, अरुन उनींदे रजनी खूटी।
परमानंद प्रभु सुरति समय रस मदन नृपति की सेना लूटी॥

(५) कुंभनदास—ये भी अष्टछाप के एक कवि थे और परमानंददासजी के ही समकालीन थे। वे पूरे विरक्त और धन, मान, मर्यादा की इच्छा से कोसों दूर थे। एक बार अकबर बादशाह के बुलाने पर इन्हें फतेहपुर सीकरी जाना पड़ा जहाँ इनका बड़ा सम्मान हुआ। पर इसका इन्हें बराबर खेद ही रहा, जैसा कि इस पद से व्यंजित होता है—

संतन को कहा सीकरी सों काम?
आवत जात पनहियाँ टूटी, बिसरि गयो हरि नाम॥
जिनको मुख देखे दुख उपजत, तिनको करिबे परी सलाम।
कुंभनदास लाल गिरिधर बिनु और सबै बेकाम॥

इनका कोई ग्रंथ न तो प्रसिद्ध है और न अब तक मिला है। फुटकल पद अवश्य मिलते हैं। विषय वही कृष्ण की बाललीला और प्रेमलीला है—

तुम नीके दुहि जानत गैया।
चलिए कुंवर रसिक मनमोहन लागौं तिहारे पैयाँ।
तुमहिं जानि करि कनक दोहनी घर तें पठई मैया।
निकटहि है यह खरिक हमारो, नागर लेहुँ बलैया।
देखियत परम सुदेस लरिकई चित चहुँट्यो सुंदरैया॥
कुंभनदास प्रभु मानि लई रति गिरि-गोबरधन रैया॥

(६) चतुर्भुजदास—ये कुंभनदासजी के पुत्र और गोसाईं विट्ठलनाथजी के शिष्य थे। ये भी अष्टछाप के कवियों में हैं। इनकी भाषा चलती और सुव्यवस्थित है। इनके बनाए तीन ग्रंथ मिले हैं—द्वादशयश, भक्तिप्रताप तथा हितजू को मंगल।

इनके अतिरिक्त फुटकल पदों के संग्रह भी इधर-उधर पाए जाते हैं। एक पद नीचे दिया जाता है—

जसोदा! कहा कहौ हौं बात?
तुम्हरे सुत के करतब मो पै कहत कहे नहिं जात॥
भाजन फोरि, ढारि सब गोरस, लै माखन दधि खात।
जौ बरजौं तौ आँखि दिखावै, रंचहु नाहिं सकात॥
और अटपटी कहँ लौ बरनौ, छुवत पानि सों गात।
दास चतुर्भुज गिरिधर गुन हौं कहति कहति सकुचात॥

(७) छीतस्वामी—विट्ठलनाथजी के शिष्य और अष्टछाप के अंतर्गत थे। पहले ये मथुरा के एक सुसंपन्न पंडा थे और राजा बीरबल ऐसे लोग इनके जजमान थे। पंडा होने के कारण ये पहले बड़े अक्खड़ और उद्दंड थे, पीछे गोस्वामी विट्ठलनाथजी से दीक्षा लेकर परम शांत भक्त हो गए और श्रीकृष्ण का गुणानुवाद करने लगे। इनकी रचनाओं का समय संवत् १६१२ के इधर मान सकते हैं। इनके फुटकल पद ही लोगों के मुँह से सुने जाते हैं या इधर-उधर संगृहीत मिलते हैं। इनके पदों में शृंगार के अतिरिक्त ब्रजभूमि के प्रति प्रेमव्यंजना भी अच्छी पाई जाती है। 'हे विधना तोसों अँचरा पसारि माँगौं जनम जनम दीजो याही ब्रज बसिबो' पद इन्हीं का है। अष्टछाप के और कवियों की सी मधुरता और सरसता इनके पदों में भी पाई जाती है, देखिए—

भोर भए नवकुंज सदन तें, आवत लाल गोवर्धनधारी।
लटपट पाग मरगजी माला, सिथिल अंग डगमग गति न्यारी॥

बिनुगुन माल बिराजति उर पर, नखछत द्वैज-चंद अनुहारी।
छीतस्वामि जब चितए मो तन, तब हौं निरखि गई बलिहारी।

(८) **गोविंदस्वामी**—ये अंतरी के रहनेवाले सनाढ्य ब्राह्मण थे जो विरक्त की भाँति आकर महावन में रहने लगे थे। पीछे गोस्वामी विट्ठलनाथजी के शिष्य हुए जिन्होंने इनके रचे पदों से प्रसन्न होकर इन्हें अष्टछाप में लिखा। ये गोवर्धन पर्वत पर रहते थे और उसके पास ही इन्होंने कदंबों का एक अच्छा उपवन लगाया था जो अब तक 'गोविंदस्वामी की कदंबखंडी' कहलाता है। इनका रचनाकाल संवत् १६०० और १६२५ के भीतर ही माना जा सकता है। ये कवि होने के अतिरिक्त बड़े पक्के गवैए थे। तानसेन कभी-कभी इनका गाना सुनने के लिये आया करते थे। इनका बनाया एक पद दिया जाता है—

प्रात समय उठि जसुमति जननी गिरिधर सुत को उबटिन्हवावति।
करि सिंगार बसन भूषन सजि फूलन रचि रचि पाग बनावति॥
छुटे बंद बागे अति सोभित, बिच बिच चोव अरगजा लावति।
सूथन लाल फूँदना सोभित, आजु कि छबि कछु कहति न आवति॥
विविध कुसुम की माला उर धरि श्री कर मुरली बेंत गहावति।
लै दरपन देखे श्रीमुख को, गोविंद प्रभु चरननि सिर नावति॥

(९) **हितहरिवंश**—राधावल्लभी संप्रदाय के प्रवर्तक गोसाईं हितहरिवंश का जन्म संवत् १५५९ में मथुरा से ४ मील दक्षिण बादगाँव में हुआ था। राधावल्लभी संप्रदाय के पंडित गोपालप्रसाद शर्मा ने इनका जन्म संवत् १५३० माना है, जो सब घटनाओं पर विचार करने से ठीक नहीं जान पड़ता। ओरछानरेश महाराज मधुकरशाह के राजगुरु श्री हरिराम व्यास जी संवत् १६२२ के लगभग आपके शिष्य हुए थे। हितहरिवंशजी गौड़ ब्राह्मण थे। इनके पिता का नाम केशवदास मिश्र और माता का नाम तारावती था।

कहते हैं कि हितहरिवंशजी पहले माध्वानुयायी गोपाल भट्ट के शिष्य थे। पीछे इन्हें स्वप्न में राधिकाजी ने मंत्र दिया और इन्होंने अपना एक अलग संप्रदाय चलाया। अत: हित संप्रदाय को माध्व संप्रदाय के अंतर्गत मान सकते हैं। हितहरिवंशजी के चार पुत्र और एक कन्या हुई। पुत्रों के नाम वनचंद्र, कृष्णचंद्र, गोपीनाथ और मोहनलाल थे। गोसाईंजी ने संवत् १५८२ में श्री राधावल्लभजी की मूर्ति वृंदावन में स्थापित की और वहीं विरक्त भाव से रहने लगे। ये संस्कृत के अच्छे विद्वान और भाषाकाव्य के अच्छे मर्मज्ञ थे। १७० श्लोकों का 'राधासुधानिधि' आप ही का रचा कहा जाता है। ब्रजभाषा की रचना आपकी यद्यपि बहुत विस्तृत नहीं है, तथापि है बड़ी सरस और हृदयग्राहिणी। आपके पदों का संग्रह 'हित चौरासी' के नाम से प्रसिद्ध है क्योंकि उसमें ८४ पद हैं। प्रेमदास की लिखी इस ग्रंथ की एक बहुत बड़ी टीका (५०० पृष्ठों की) ब्रजभाषा गद्य में है।

इनके द्वारा ब्रजभाषा की काव्यश्री के प्रसार में बड़ी सहायता पहुँची। इनके कई शिष्य अच्छे-अच्छे कवि हुए हैं। हरिराम व्यास ने इनके गोलोकवास पर बड़े चुभते पद कहे हैं। सेवकजी, ध्रुवदास आदि इनके शिष्य बड़ी सुंदर रचना कर गए हैं। आपकी रचना की मधुरता के कारण हितहरिवंशजी श्रीकृष्ण की वंशी के अवतार कहे जाते हैं। इनका रचनाकाल संवत् १६०० से संवत् १६४० तक माना जा सकता है। 'हित चौरासी' के अतिरिक्त इनकी फुटकल बानी भी मिलती है जिसमें सिद्धांत संबंधी पद हैं। इनके 'हित चौरासी' पर लोकनाथ कवि ने

एक टीका लिखी है। वृंदावनदास ने इनकी स्तुति और वंदना में 'हितजी की सहस्त्रनामावली' और चतुर्भुजदास ने 'हितजू को मंगल' लिखा है। इसी प्रकार हित परमानंदजी और ब्रजजीवनदास ने इनकी जन्मबधाइयाँ लिखी हैं। हितहरिवंश की रचना के कुछ उदाहरण नीचे दिए जाते हैं जिनसे इनकी वर्णन प्रचुरता का परिचय मिलेगा—

(सिद्धांत संबंधी कुछ फुटकर पदों से)

रहो कोउ काहू मनहिं दिए।
मेरे प्राननाथ श्री स्यामा सपथ करौं तिन छिए॥
जो अवतार कदंब भजत हैं धरि दृढ़ ब्रत जु हिए।
तेरु उमगि तजत मर्यादा बन बिहार रस पिए॥
खोए रतन फिरत जो घर घर कौन काज इमि जिए?
हितहरिबंस अनत सच नाहीं बिन या रसहिं पिए॥

(हित चौरासी से)

ब्रज नव तरुनि कदंब मुकुटमनि स्यामा आजु बनी।
नख सिख लौं अंग अँग माधुरी मोहे श्याम धनी॥
यों राजति कबरी गूथित कच कनक कंज बदनी।
चिकुर चंद्रिकन बीच अधर बिधु मानौ ग्रसित फनी॥
साँभग रस सिर स्त्रवत पनारी पिय सीमत ठनी।
भ्रुकुटि काम कोदंड, नैन शर, कज्जल रेख अनी॥
भाल तिलक, ताटंक गंड पर, नासा जलज मनी।
दसन कुंद, सरसाधर पल्लव, पीतम मन समनी॥
हितहरिबंस प्रसंसित स्यामा कीरति बिसद घनी।
गावत श्रवननि सुनत सुखाकर विश्व दुरित दवनी॥

विपिन घन कुंज रति केलि भुज केलि रुचि
स्याम स्यामा मिले सरद की जामिनी।
हृदय अति फूल, रसमूल पिय नागरी
कर निकर मत्त मनु विविध गुन रागिनी॥
सरस गति हास परिहास आवेस बस
दलित दल मदन बल कोक रस कामिनी।
हितहरिबंस सुनि लाल लावन्य भिदे
प्रिया अति सूर सुख सुरत संग्रामिनी॥

(१०) गदाधर भट्ट—ये दक्षिणी ब्राह्मण थे। इनके जन्म संवत् आदि का ठीक-ठीक पता नहीं। पर यह बात प्रसिद्ध है कि ये श्री चैतन्य महाप्रभु को भागवत सुनाया करते थे। इनका समर्थन भक्तमाल की इन पंक्तियों से भी होता है—

भागवत सुधा बरखै बदन, काहू को नाहिंन दुखद।
गुणनिकर गदाधर भट्ट अति सबहिन को लागै सुखद॥

श्री चैतन्य महाप्रभु का आविर्भाव संवत् १५४२ में और गोलोकवास १५८४ में माना जाता है। अत: संवत् १५८४ के भीतर ही आपने श्री महाप्रभु से दीक्षा ली होगी। महाप्रभु के जिन छह विद्वान् शिष्यों ने गौड़ीय संप्रदाय के मूल संस्कृत ग्रंथों की रचना की थी उनमें जीव गोस्वामी भी थे। ये वृंदावन में रहते थे। एक दिन दो साधुओं ने जीव गोस्वामी के सामने गदाधर भट्टजी का यह पद सुनायौ—

सखी हौं स्याम रंग रँगी।
देखि बिकाय गई वह मूरति, सूरत माहिं पगी॥
संग हुतो अपनो सपनो सो सोइ रही रस खोई।
जागेहु आगे दृष्टि परै, सखि, नेकु न न्यारो होई॥
एक जु मेरी अँखियन में निसि द्यौस रह्यो करि भौन!
गाय चरावन जात सुन्यो, सखि सो धौं कन्हैया कौन?
कासों कहौं कौन पतियावै कौन करे बकवाद?
कैसे कै कहि जाति गदाधर, गूँगे ते गुर स्वाद?

इस पद को सुन जीव गोस्वामी ने भट्टजी के पास यह श्लोक लिख भेजा—

अनाराध्य राधापदाम्भोजयुग्ममाश्रित्य वृन्दाटवीं तत्पदाङ्कम्।
असम्भाष्य तद्भावगम्भीरचित्तान कुतःश्यामासिन्धोः रहस्यावगाहः॥

यह श्लोक पढ़कर भट्टजी मूर्छित हो गए फिर सुध आने पर सीधे वृंदावन में जाकर चैतन्य महाप्रभु के शिष्य हुए। इस वृत्तांत को यदि ठीक मानें तो इनकी रचनाओं का आरंभ १५८० से मानना पड़ता है और अंत संवत् १६०० के पीछे। इस हिसाब से इनकी रचना का प्रादुर्भाव सूरदासजी की रचनाकाल के साथ-साथ अथवा उससे भी कुछ पहले से मानना होगा।

संस्कृत के चूड़ांत पंडित होने के कारण शब्दों पर इनका बहुत विस्तृत अधिकार था। इनका पदविन्यास बहुत ही सुंदर है। गोस्वामी तुलसीदासजी के समान इन्होंने संस्कृत पदों के अतिरिक्त संस्कृतगर्भित भाषा कविता भी की है। नीचे कुछ उदाहरण दिए जाते हैं—

जयति श्री राधिके, सकल सुख साधिके,
तरुनि मनि नित्य नवतन किसोरी।
कृष्ण तन लीन मन, रूप की चातकी,
कृष्ण मुख हिम किरन की चकोरी।
कृष्ण दृग भृंग विश्राम हित पद्मिनी,
कृष्ण दृग मृगज बंधन सुडोरी।
कृष्ण अनुराग मकरंद की मधुकरी,
कृष्ण गुन गान रससिंधु बोरी॥

विमुख पर चित्त तें चित्त जाको सदा।
करति निज नाह की चित्त चोरी।
प्रकृति यह गदाधर कहत कैसे बने,
अमित महिमा, इतै बुद्धि थोरी॥

झूलति नागरि नागर लाल।
मंद मंद सब सखी झुलावति, गावति गीत रसाल॥
फरहरात पर पीत नील के, अंचल चंचल चाल।
मनहुँ परस्पर उमगि ध्यान छबि, प्रगट भई तिहि काल॥
सिलसिलात अति प्रिया सीस तें, लटकति बेनी भाल।
जन प्रिय मुकुट बरहि भ्रम बस तहँ ब्याल बिकल बिहाल॥
मल्लीमाल प्रिया के उर की, पिय तुलसीदल माल।
जनु सुरसरि रवितनया मिलिकै सोभित श्रेनि मराल॥
स्यामल गौर परस्पर प्रति छबि, सोभा बिसद बिसाल।
निरखि गदाधर रसिक कुँवरि मन, पर्‍यो सुरस जंजाल॥

(११) मीराबाई—ये मेड़तिया के राठौर रत्नसिंह की पुत्री, राव दादूजी की पौत्री और जोधपुर के बसानेवाले प्रसिद्ध राव जोधाजी की प्रपौत्री थीं। इनका जन्म संवत् १५७३ में चोकड़ी नाम के एक गाँव में हुआ था और विवाह उदयपुर के महाराणा कुमार भोजराजजी के साथ हुआ था। ये आरंभ से ही कृष्णभक्ति में लीन रहा करती थीं। विवाह के उपरांत थोड़े दिनों में इनके पति का परलोकवास हो गया। वे प्रायः मंदिर में जाकर उपस्थित भक्तों और संतों के बीच श्रीकृष्ण भगवान् की मूर्ति के सामने आनंदमग्न होकर नाचती और गाती थीं। कहते हैं कि इनके इस राजकुलविरुद्ध आचरण से इनके स्वजन लोकनिंदा के भय से रुष्ट रहा करते थे। यहाँ तक कहा जाता है कि इन्हें कई बार विष देने का प्रयत्न किया गया, पर भगवत् कृपा से विष का कोई प्रभाव इन पर न हुआ। घरवालों के व्यवहार से खिन्न होकर ये द्वारका और वृंदावन के मंदिरों में घूम घूमकर भजन सुनाया करती थीं। जहाँ जाती वहाँ इनका देवियों का सा सम्मान होता। ऐसा प्रसिद्ध है कि घरवालों से तंग आकर इन्होंने गोस्वामी तुलसीदासजी को यह पद लिखकर भेजा था—

स्वस्ति श्री तुलसी कुल भूषन दूषन हरन गोसाईं।
बारहिं बार प्रनाम करहुँ, अब हरहु सोक समुदाई॥
घर के स्वजन हमारे जेते सबन्ह उपाधि बढ़ाई॥
साधु संग अरु भजन करत मोहिं देत कलेस महाई॥
मेरे मात पिता के सम हौ, हरिभक्तन्ह सुखदाई॥
हमको कहा उचित करिबो है, सो लिखिए समझाई॥

इस पर गोस्वामीजी ने विनयपत्रिका का यह पद लिखकर भेजा था—

जाके प्रिय न राम बैदेही।
सो नर तजिय कोटि बैरी सम जद्यपि परम सनेही॥
नाते सबै राम के मनियत सुहृद सुसेव्य जहाँ लौं।
अंजन कहा आँखि जौ फूटै, बहुतक कहौं कहाँ लौं॥

पर मीराबाई की मृत्यु द्वारका में संवत् १६०३ में हो चुकी थी। अत: यह जनश्रुति किसी की कल्पना के आधार पर ही चल पड़ी।

मीराबाई की उपासना 'माधुर्यभाव' की थी अर्थात् वे अपने इष्टदेव श्रीकृष्ण की भावना प्रियतम या पति के रूप में करती थीं। पहले यह कहा जा चुका है कि इस भाव की उपासना में रहस्य का समावेश अनिवार्य है[१]। इसी ढंग की उपासना का प्रचार सूफी भी कर रहे थे अत: उनका संस्कार भी इनपर अवश्य कुछ पड़ा। जब लोग इन्हें खुले मैदान मंदिरों में पुरुषों के सामने जाने से मना करते तब वे कहतीं कि 'कृष्ण के अतिरिक्त और पुरुष है कौन जिसके सामने लज्जा करूँ?' मीराबाई का नाम भारत के प्रधान भक्तों में है और इनका गुणगान नाभाजी, ध्रुवदास, व्यासजी, मलूकदास आदि सब भक्तों पर सबमें प्रेम की तल्लीनता समान रूप से पाई जाती है। इनके बनाए चार ग्रंथ कहे जाते हैं—नरसी जी का मायरा, गीतगोविंद टीका, राग गोविंद, राग सोरठ के पद।

इनके दो पद नीचे दिए जाते हैं—

बसो मेरे नैनन में नंदलाल।
मोहनि मूरति, साँवरि सूरति, नैना बने रसाल॥
मोर मुकुट मकराकृत कुंडल, अरुन तिलक दिए भाल॥
अधर सुधारस मुरली राजति, उर बैजंती माल॥
छुद्रघंटिका कटि तट सोभित, नूपुर शब्द रसाल॥
मीरा प्रभु संतन सुखदाई, भक्तबछल गोपाल॥

मन रे परसि हरि के चरन।
सुभग सीतल कमल कोमल त्रिविध ज्वाला हरन॥
जो चरन प्रहलाद परसे इंद्र पदवी धरन।
जिन चरन ध्रुव अटल कीन्हौं राखि अपनी सरन॥
जिन चरन ब्रह्मांड भेट्यो नखसिखौ श्री भरन।
जिन चरन प्रभु परस लीन्हें तरी गौतम-घरनि॥
जिन चरन धार्‌यो गोबरधन गरब मघवा हरन।
दासि मीरा लाल गिरधर अगम तारन तरन॥

(१२) स्वामी हरिदास—ये महात्मा वृंदावन में निंबार्क मतांतर्गत टट्टी संप्रदाय के संस्थापक थे और अकबर के समय में एक सिद्ध भक्त और संगीत-कला-कोविद माने जाते थे।

---

१. देखो, पृ० १००-१०१।

कविताकाल १६०० से १६१७ ठहरता है। प्रसिद्ध गायनाचार्य तानसेन इनका गुरुवत् सम्मान करते थे। यह प्रसिद्ध है कि अकबर बादशाह साधु के वेश में तानसेन के साथ इनका गाना सुनने के लिये गया था। कहते हैं कि तानसेन इनके सामने गाने लगे और उन्होंने जान बूझकर गाने में कुछ भूल कर दी। इस पर स्वामी हरिदास ने उसी गाना को शुद्ध करके गाया। इस युक्ति से अकबर को इनका गाना सुनने का सौभाग्य प्राप्त हो गया। पीछे अकबर ने बहुत कुछ पूजा चढ़ानी चाही पर इन्होंने स्वीकृत न की। इनका जन्म संवत् आदि कुछ ज्ञात नहीं, पर इतना निश्चित है कि ये सनाढ्य ब्राह्मण थे जैसा कि सहचरिसरनदासजी ने, जो इनकी शिष्य परंपरा में थे, लिखा है। वृंदावन से उठकर स्वामी हरिदासजी कुछ दिन निधुवन में रहे थे। इनके पद कठिन राग-रागिनियों में गाने योग्य हैं। पढ़ने में कुछ ऊबड़-खाबड़ लगते हैं। पदविन्यास भी और कवियों के समान सर्वत्र मधुर और कोमल नहीं हैं, पर भाव उत्कृष्ट हैं। इनके पदों के तीन चार संग्रह 'हरिदासजी के ग्रंथ', 'स्वामी हरिदासजी के पद', 'हरिदास जी की बानी' आदि नामों से मिलते हैं। एक पद देखिए—

ज्यौही ज्यौंही तुम राखत हौं, त्योहीं त्योंही रहियत हौं, हे हरि!
और अपरचै पाय धरौं सुतौं कहौं कौन के पैड भरि॥
जदपि हौं अपनो भायो कियो चाहौं, कैसे करि सकौं जो तुम राखौ पकरि।
कहै हरिदास पिंजरा के जानवर लौं तरफराय रह्यौ उड़िबे को कितोऊ करि।

(१३) सूरदास मदनमोहन—ये अकबर के समय में संडीले के अमीन थे। जाति के ब्राह्मण और गौड़ीय संप्रदाय के वैष्णव थे। ये जो कुछ पास में आता प्रायः सब साधुओं की सेवा में लगा दिया करते थे। कहते हैं कि एक बार संडीले तहसील की मालगुजारी के कई लाख रुपये सरकारी खजाने में आए थे। इन्होंने सब का सब साधुओं को खिला-पिला दिया और शाही खजाने में कंकड़ पत्थरों से भरे संदूक भेज दिए जिनके भीतर कागज के चिट यह लिखकर रख दिए—

तेरह लाख सँडीले आए, सब साधुन मिलि गटके।
सूरदास मदनमोहन आधी रातहिं सटके॥

और आधी रात को उठकर कहीं भाग गए। बादशाह ने इनका अपराध क्षमा करके इन्हें फिर बुलाया, पर ये विरक्त होकर वृंदावन में रहने लगे। इनकी कविता इतनी सरस होती थी कि इनके बनाए बहुत से पद सूरसागर में मिल गए। इनकी कोई पुस्तक प्रसिद्ध नहीं। कुछ फुटकल पद लोगों के पास मिलते हैं। इनका रचनाकाल संवत् १५९० और १६०० के बीच अनुमान किया जाता है। इनके दो पद नीचे दिये जाते हैं—

मधु के मतवारे स्याम! खोलौ प्यारे पलकैं।
सीस मुकुट लटा छुटी और छुटी अलकैं॥
सुर नर मुनि द्वार ठाढ़े, दरस हेतु कलकैं।
नासिका के मोती सोहै बीच लाल ललकैं॥
कटि पीतांबर मुरली कर श्रवन कुंडल झलकैं॥
सूरदास मदनमोहन दरस दैहौं भलकैं।

नवल किसोर नवल नागरिया।
अपनी भुजा स्याम भुज ऊपर, स्याम भुजा अपने उर धरिया॥
करत विनोद तरनि तनया तट, स्यामा स्याम उमगि रस भरिया।
यों लपटाइ रहे उर अंतर मरकत मनि कंचन ज्यों जरिया॥
उपमा को घन दामिनी नाहीं, कँदरप कोटि वारने करिया।
सूर मदनमोहन बलि जोरी नंदनंदन वृषभानु दुलरिया॥

(१४) श्रीभट्ट—ये निंबार्क संप्रदाय के प्रसिद्ध विद्वान् केशव कश्मीरी के प्रधान शिष्य थे। इनका जन्म संवत् १५९५ में अनुमान किया जाता है अत: इनका कविताकाल संवत् १६२५ या उसके कुछ आगे तक माना जा सकता है। इनकी कविता सीधी-सादी और चलती भाषा में है। पद भी प्राय: छोटे-छोटे हैं। इनकी कृति भी अधिक विस्तृत नहीं है पर 'युगल शतक' नाम का इनका १०० पदों का एक ग्रंथ कृष्णभक्तों में बहुत आदर की दृष्टि से देखा जाता है। 'युगल शतक' के अतिरिक्त इनकी एक और छोटी सी पुस्तक 'आदि बानी' भी मिलती है। ऐसा प्रसिद्ध है कि जब ये तन्मय होकर अपने पद गाने लगते थे तब कभी-कभी उस पद के ध्यानानुरूप इन्हें भगवान की प्रत्यक्ष झलक मिल जाती थी। एक बार वे यह मलार गा रहे थे—

भीजत कब देखौं इन नैना।
स्यामाजू की सुरँग चूनरी, मोहन को उपरैना॥

कहते हैं कि राधाकृष्ण इसी रूप में इन्हें दिखाई पड़ गए और इन्होंने पद इस प्रकार पूरा किया—

स्यामा स्याम कुंजतर ठाढ़े, जतन कियो कछु मैं ना।
श्रीभट उमड़ि घटा चहुँ दिसि से घिरि आई जल सेना॥

इनके 'युगल शतक' से दो पद उद्धृत किए जाते हैं—

ब्रजभूमि मोहनी मैं जानी।
मोहन कुंज, मोहन वृन्दावन, मोहन जमुना पानी॥
मोहन नारि सकल गोकुल की बोलति अमरित बानी।
श्रीभट्ट के प्रभु मोहन नागर 'मोहनि राधा रानी'॥

बसौ मेरे नैननि में दोउ चंद।
गोर बदनि वृषभानु नंदिनी, स्यामबरन नँदनंद॥
गोलक रहे लुभाय रूप में निरखत आनंदकंद।
जय श्रीभट्ट प्रेमरस बंधन, क्यों छूटै दृढ़ फंद॥

(१५) व्यास जी—इनका पूरा नाम हरीराम व्यास था और ये ओरछा के रहनेवाले सनाढ्य शुक्ल ब्राह्मण थे। ओरछा नरेश मधुकरशाह के ये राजगुरु थे। पहले ये गौड़ संप्रदाय के वैष्णव थे पीछे हितहरिवंशजी के शिष्य होकर राधाबल्लभी हो गए। इनका काल संवत् १६२० के आसपास है। पहले ये संस्कृत के शास्त्रार्थी पंडित थे और सदा शास्त्रार्थ करने के लिए तैयार

रहते थे। एक बार वृंदावन में जाकर गोस्वामी हितहरिवंशजी को शास्त्रार्थ के लिये ललकारा। गोसाईंजी ने नम्र भाव से यह पद कहा—

यह जो एक मन बहुत ठौर करि कहि कौने सचु पायो।
जहँ तहँ विपति जार जुवती ज्यों प्रगट पिंगला गायो॥

यह पद सुनकर व्यासजी चेत गए और हितहरिवंशजी के अनन्य भक्त हो गए। उनकी मृत्यु पर इन्होंने इस प्रकार अपना शोक प्रकट किया—

हुतो रस रसिकन को आधार।
बिन हरिबंसहि सरस रीति को कापै चलिहै भार?
को राधा दुलरावै गावै, वचन सुनावै चार?
वृंदावन की सहज माधुरी, कहिहै कौन उदार?
पद रचना अब कापै ह्वै है? निरस भयो संसार।
बड़ो अभाव अनन्य सभा को, उठिगो ठाट सिंगार॥
जिन बिन दिन छिन जुग सम बीतत सहज रूप आगार।
व्यास एक कुल कुमुद चंद बिनु उडुगन जूठी थार॥

जब हितहरिवंशजी से दीक्षा लेकर व्यासजी वृंदावन में ही रह गए तब महाराज मधु साह इन्हें ओरछा ले जाने के लिये आए, पर ये वृंदावन छोड़कर न गए और अधीर होकर इन्होंने यह पद कहा—

वृंदावन के रूख हमारे माता पिता सुत बंध।
गुरु गोविंद साधुगति मति सुख, फल फूलन की गंध॥
इनहिं पीठी दै अनत डीठि करै सो अंधन में अंध।
व्यास इनहिं छोड़ै और छड़ावै ताको परियो कंध।

इनकी रचना परिमाण में भी बहुत विस्तृत है और विषयभेद के विचार से भी अधिकांश कृष्णभक्तों की अपेक्षा व्यापक है। ये श्रीकृष्ण की बाललीला और शृंगारलीला में लीन रहने पर भी बीच-बीच में संसार पर दृष्टि डाला करते थे। इन्होंने तुलसीदासजी के समान खलों, पाखंडियों, आदि का भी स्मरण किया और रसखान के अतिरिक्त तत्वनिरूपण में भी ये प्रवृत्त हुए हैं। प्रेम को इन्होंने शरीर और व्यवहार से अलग 'अतन' अर्थात् मानसिक या आध्यात्मिक वस्तु कहा है। ज्ञान, वैराग्य, और भक्ति तीनों पर बहुत से पद और साखियाँ इनकी मिलती हैं। इन्होंने एक 'रासपंचाध्यायी' भी लिखी है, जिसे लोगों ने भूल से सूरसागर में मिला लिया है। इनकी रचना के थोड़े से उदाहरण यहाँ दिए जाते हैं—

आज कछु कुंजन में बरषा सी।
बादल दल में देखि सखी री! चमकति है चपला सी॥
नान्हीं नान्हीं बूँदन कछु धुरवा से, पवन बहै सुखरासी॥
मंद मंद गरजति सी सुनियतु, नाचति मोरसभा सी॥
इंद्रधनुष बगपंगति डोलति, बोलति कोककला सी॥
इंद्रबधू छबि छाइ रही मनु, गिरि पर अरुनघटा सी॥

उमगि मही रुह स्यों महि फूली, भूली मृगमाला सी॥
रटति प्यास चातक ज्यों रसना, रस पीवतहू प्यासी॥

सुघर राधिका प्रवीन बीना, बर रास रच्यो,
स्याम संग वर सुढंग तरनि तनया तीरे?
आनँदकंद वृंदावन सरद मंद मंद पवन,
कुसुमपुंज तापदवन, धुनित कल कुटीरे॥
रुनित किंकनी सुचारु, नूपुर तिमि बलय हारु,
अंग बर मृदंग ताल तरल रंग भीरे॥
गावत अति रंग रह्यो, मोपै नहिं जात कह्यो,
व्यास रसप्रवाह बह्यो निरखि नैन सीरे॥

(साखी)

व्यास न कथनी काम की, करनी है इक सार।
भक्ति बिना पंडित वृथा, ज्यों खर चंदन भार॥
अपने अपने मत लगे, बादि मचावत सोर॥
ज्यों त्यों सबको सेइबो, एकै नंदकिसोर॥
प्रेम अतन या जगत में, जानै बिरला कोय।
व्यास सतन क्यों परिसिहै, पचि हारयो जग रोय।
सती, सूरमा संत जन, इन समान नहिं और।
अगम पंथ पै पग धरै, डिगे न पावैं ठौर॥

(१६) **रसखान**—ये दिल्ली के एक पठान सरदार थे। इन्होंने 'प्रेमवाटिका' में अपने को शाही खानदान का कहा है—

देखि गदर हित साहिबी, दिल्ली नगर मसान।
छिनहिं बादसा बंस की, ठसक छाँड़ि रसखान॥

संभव है पठान बादशाहों की कुलपरंपरा से इनका संबंध रहा हो। ये बड़े भारी कृष्णभक्त और गोस्वामी विट्ठलनाथजी के बड़े कृपापात्र शिष्य थे। 'दो सौ बावन वैष्णवों की वार्ता' में इनका वृत्तांत आया है। उक्त वार्ता के अनुसार ये पहले एक बनिये के लड़के पर आसक्त थे। एक दिन इन्होंने किसी को कहते हुए सुना कि भगवान् से ऐसा प्रेम करना चाहिए जैसे रसखान का उस बनिये के लड़के पर है। इस बात से मर्माहत होकर ये श्रीनाभाजी को ढूँढ़ते ढूँढ़ते गोकुल आए और वहाँ गोसाईं विट्ठलनाथजी से दीक्षा ली। यही आख्यायिका एक दूसरे रूप में भी प्रसिद्ध है। कहते हैं जिस स्त्री पर ये आसक्त थे वह बहुत मानवती थी और इनका अनादर किया करती थी। एक दिन ये श्रीमद्भागवत का फारसी तर्जुमा पढ़ रहे थे। उसमें गोपियों के अनन्य और अलौकिक प्रेम को पढ़ इन्हें ध्यान हुआ कि उसी से क्यों न मन लगाया जाय जिस

पर इतनी गोपियाँ मरती थीं। इसी बात पर ये वृंदावन चले आए। 'प्रेमवाटिका' के इस दोहे का संकेत लोग इस घटना की ओर बताते हैं—

तोरि मानिनी तें हियो फोरि मोहिनी मान।
प्रेमदेव की छबिही लखि भए मियाँ रसखान॥

इन प्रवादों से कम से कम इतना अवश्य सूचित होता है कि आरंभ से ही ये बड़े प्रेमी जीव थे। वही प्रेम अत्यंत गूढ़ भगवद्भक्ति में परिणत हुआ। प्रेम के ऐसे सुंदर उद्‌गार इनके सवैयों में निकले कि जनसाधारण प्रेम या शृंगार संबंधी कवित्तसवैयों को ही 'रसखान' कहने लगे—जैसे 'कोई रसखान सुनाओ।' इनकी भाषा बहुत चलती सरल और शब्दाडंबरमुक्त होती थी। शुद्ध ब्रजभाषा का जो चलतापन और सफाई इनकी और घनानंद की रचनाओं में है वह अन्यत्र दुर्लभ है। इनका रचनाकाल संवत् १६४० के उपरांत ही माना जा सकता है क्योंकि गोसाईं विट्‌ठलनाथजी का गोलोकवास सं० १६४३ में हुआ था। प्रेमवाटिका का रचनाकाल सं० १६७१ है। अत: उनके शिष्य होने के उपरांत ही इनकी मधुर वाणी स्फुरित हुई होगी। इनकी कृति परिमाण में तो बहुत अधिक नहीं है पर जो है वह प्रेमियों के मर्म को स्पर्श करनेवाली है। इनकी दो छोटी-छोटी पुस्तकें अब तक प्रकाशित हुई हैं—प्रेमवाटिका (दोहे) और सुजान रसखान (कवित्त सवैया)। और कृष्णभक्तों के समान इन्होंने 'गीतकाव्य' का आश्रय न लेकर कवित्त सवैयों में अपने सच्चे प्रेम की व्यंजना की है। ब्रजभूमि के सच्चे प्रेम से परिपूर्ण ये दो सवैये अत्यंत प्रसिद्ध हैं—

मानुष हों तो वही रसखान बसौं सँग गोकुल गाँव के ग्वारन।
जौ पसु हों तो कहा बसु मेरो चरौं नित नंद की धेनु मझारन॥
पाहन हों तो वही गिरि को जो कियो हरि छत्र पुरंदर धारन।
जौ खग हों तो बसेरो करौं मिलि कालिंदी कूल कदंब की डारन॥

या लकुटी अरु कामरिया पर राज तिहूँ पुर को तजि डारौं।
आठहु सिद्धि नवौ निधि के सुख नंद की गाय चराय बिसारौं॥
नैनन सों रसखान सबै ब्रज के बन बाग तड़ाग निहारौं।
केतक ही कलधौत के धाम करील के कुंजन ऊपर वारौं॥

अनुप्रास की सुंदर छटा होते हुए भी भाषा की चुस्ती और सफाई कहीं नहीं जाने पाई है। बीच-बीच में भावों की बड़ी सुंदर व्यंजना है। लीलापक्ष को लेकर इन्होंने बड़ी रंजनकारिणी रचनाएँ की हैं।

भगवान् प्रेम के वशीभूत हैं, जहाँ प्रेम है वहीं प्रिय है, इस बात को रसखान यों कहते हैं—

ब्रह्म मैं ढूँढ्यो पुरानन गानन, वेदरिचा सुनी चौगुने चायन।
देख्यो सुन्यो कबहूँ न कहूँ वह कैसे सरूप औ कैसे सुभायन॥
टेरत हेरत हारि पर्‌यो, रसखान बतायो न लोग लुगायन।
देख्यो दुरो वह कुंज कुटीर में बैठो पलोटत राधिका पायँन॥

कुछ और नमूने देखिए—

मोर पखा सिर ऊपर राखिहौं, गुंज की माल गले पहिरौंगी।
ओढ़ि पितांबर लै लकुटी बन गोधन ग्वालन संग फिरौंगी॥
भावती सोई मेरो रसखान सो तेरे कहे सब स्वाँग करौंगी।
या मुरली मुरलीधर की अधरान धरी अधरा न धरौंगी॥
सेस महेस गनेस दिनेस सुरेसहु जाहिं निरंतर गावैं।
जाहि अनादि अनंत अखंड अछेद अभेद सुवेद बतावैं।
नारद से सुक ब्यास रहैं पचि हारे तऊ पुनि पार न पावैं॥
ताहि अहीर की छोहरियाँ छछिया भर छाछ पै नाच नचावैं॥

(प्रेमवाटिका से)

जेहि बिनु जाने कछुहि नहिं जान्यों जात बिसेस।
सोइ प्रेम जेहि जान कै रहि न जात कछु सेस॥
प्रेमफाँस सो फँसि मरै सोई जियै सदाहि।
प्रेम मरम जाने बिना मरि कोउ जीवत नाहिं॥

(१७) ध्रुवदास—ये श्री हितहरिवंशजी के शिष्य स्वप्न में हुए थे। इसके अतिरिक्त इनका कुछ जीवनवृत्त नहीं प्राप्त हुआ है। ये अधिकतर वृंदावन ही में रहा करते थे। इनकी रचना बहुत ही विस्तृत है और इन्होंने पदों के अतिरिक्त दोहे, चौपाई, कवित्त, सवैये आदि अनेक छंदों में भक्ति और प्रेमतत्व का वर्णन किया है। छोटे मोटे सब मिलाकर इनके ४० ग्रंथों के लगभग मिले हैं जिनके नाम ये हैं—

वृंदावनसत, सिंगारसत, रसरत्नावली, नेहमंजरी, रहस्यमंजरी, सुखमंजरी, रतिमंजरी, वनविहार, रंगविहार, रसविहार, आनंददसाविनोद, रंगविनोद, नृत्यविलास, रंगहुलास, मान रसलीला, रहसलता, प्रेमलता, प्रेमावली, भजनकुंडलिया, भक्तनामावली, मनसिंगार, भजनसत, प्रीतिचौवनी, रसमुक्तावली, वामन वृहत पुराण की भाषा, सभा मंडली, रसानंदलीला, सिद्धांतविचार, रसहीरावली, हित सिंगार लीला, ब्रजलीला, आनंदलता, अनुराग लता, जीवदशा, वैद्यलीला, दानलीला, ब्याहलो।

नाभाजी के भक्तमाल के अनुकरण पर इन्होंने 'भक्तनामावली' लिखी है जिसमें अपने समय तक के भक्तों का उल्लेख किया है। इनकी कई पुस्तकों में संवत् दिए हैं जैसे—संभामंडली १६८१, वृंदावनसत १६८६ और रसमंजरी १६९८। अत: इनका रचनाकाल संवत् १६६० से १७०० तक माना जा सकता है। इनकी रचना के कुछ नमूने नीचे दिए जाते हैं—

('सिंगारसत' से)

रूपजल उठत तरंग हैं कटाछन के,
अंग अंग भौंरन की अति गहराई है।
नैनन को प्रतिबिंब पर्‍यो है कपोलन में,
तेई भए मीन तहाँ, ऐसी उर आई है॥

अरुन कमल मुसुकान मानो फबि रही,
थिरकन बेसरि के मोती की सुहाई है।
भयो है मुदित सखी लाल को मराल मन,
जीवन जुगल ध्रुव एक ठाँव पाई है॥

('नेहमंजरी' से)

प्रेम बात कछु कहि नहिं जाई। उलटी चाल तहाँ सब भाई॥
प्रेम बात सुनि बौरो होई। तहाँ सयान रहै नहिं कोई॥
तन मन प्रान तिही छिन हारै। भली बुरी कछुवै न विचारै॥
ऐसो प्रेम उपजिहै जबहीं। हित ध्रुव बात बनैगी तबहीं॥

('भजनसत' से)

बहु बीती थोरी रही, सोऊ बीती जाय।
हित ध्रुव बेगि विचारि कै बसि वृंदावन आय॥
बसि वृंदावन आय त्यागि लाजहि अभिमानहि।
प्रेमलीन ह्वै दीन आपको तृन सम जानहि॥
सकल सार कौ सार, भजन तू करि रस रीती।
रे मन सोच विचार, रही थोरी, बहु बीती॥

कृष्णोपासक भक्त कवियों की परंपरा अब यहीं समाप्त की जाती है। पर इसका अभिप्राय यह नहीं कि ऐसे भक्त कवि आगे और नहीं हुए। कृष्णगढ़ नरेश महाराज नागरीदासजी, अलबेली अलिजी, चाचा हितवृंदावनदासजी, भगवत् रसिक आदि अनेक पहुँचे हुए भक्त बराबर होते गए हैं जिन्होंने बड़ी सुंदर रचनाएँ की हैं। पर पूर्वोक्तकाल के भीतर ऐसे भक्त कवियों की जितनी प्रचुरता रही है उतनी आगे चलकर नहीं। वे कुछ अधिक अंतर देकर हुए हैं। ये कृष्णभक्त कवि हमारे साहित्य में प्रेममाधुर्य का जो सुधास्रोत बहा गए हैं, इसके प्रभाव से हमारे काव्यक्षेत्र में सरसता और प्रफुल्लता बराबर बनी रहेगी। 'दुःखवाद' की छाया आ आकर भी टिकने न पाएगी। इन भक्तों का हमारे साहित्य पर बड़ा भारी उपकार है।

प्रकरण ६
भक्तिकाल की फुटकल रचनाएँ

जिन राजनीतिक और सामाजिक परिस्थितियों के बीच भक्ति का काव्यप्रवाह उमड़ा उनका संक्षिप्त उल्लेख आरंभ में हो चुका है[१]। वह प्रवाह राजाओं या शासकों के प्रोत्साहन आदि पर अवलंबित न था। वह जनता की प्रवृत्ति का प्रवाह था जिसका प्रवर्तक काल था। न तो उसको पुरस्कार या यश के लोभ ने उत्पन्न किया था और न भय रोक सकता था। उस प्रवाह काल के बीच अकबर ऐसे योग्य और गुणग्राही शासक का भारत के अधीश्वर के रूप में प्रतिष्ठित होना एक आकस्मिक बात थी। अत: सूर और तुलसी ऐसे भक्त कवीश्वरों के प्रादुर्भाव के कारणों में अकबर द्वारा संस्थापित शांतिसुख को गिनना भारी भूल है। उस शांतिसुख के परिणामस्वरूप जो साहित्य उत्पन्न हुआ वह दूसरे ढंग का था। उसका कोई एक निश्चित स्वरूप न था; सच पूछिये तो वह उन कई प्रकार की रचना पद्धतियों का पुनरुत्थान था जो पठानों के शासनकाल की अशांति और विप्लव के बीच दब सी गई थी और धीरे-धीरे लुप्त होने जा रही थी।

पठान शासक भारतीय संस्कृति से अपने कट्टरपन के कारण दूर ही दूर रहे। अकबर की चाहे नीतिकुशलता कहिए, चाहे उदारता, उसने देश की परंपरागत संस्कृति में पूरा योग दिया जिससे कला के क्षेत्र में फिर से उत्साह का संचार हुआ। जो भारतीय कलावंत छोटे-मोटे राजाओं के यहाँ किसी प्रकार अपना निर्वाह करते हुए संगीत को सहारा दिए हुए थे वे अब शाही दरबार में पहुँचकर 'वाह वाह' की ध्वनि के बीच अपना करतब दिखाने लगे। जहाँ बचे हुए हिंदू राजाओं की सभाओं में ही कविजन थोड़ा बहुत उत्साहित या पुरस्कृत किए जाते थे वहाँ अब बादशाह के दरबार में भी उनका सम्मान होने लगा। कवियों के सम्मान के साथ-साथ कविता का सम्मान भी यहाँ तक बढ़ा कि अब्दुर्रहीम खानखाना ऐसे उच्चपदस्थ सरदार क्या बादशाह तक ब्रजभाषा की ऐसी कविता करने लगे—

जाको जस है जगत में, जगत सराहै जाहि।
ताको जीवन सफल है, कहत अकब्बर साहि॥

साहि अकब्बर एक समै चले कान्ह विनोद बिलोकन बालहि।
आहट तें अबला निरख्यो, चकि चौंकि चली करि आतुर चालहिं॥
त्यों बलि बेनी सुधारि धरी सु भई छबि यों ललना अरु लालहि।
चंपक चारु कमान चढ़ावत काम ज्यों हाथ लिए अहि बालहि॥

नरहरि और गंग ऐसे सुकवि और तानसेन ऐसे गायक अकबरी दरबार की शोभा बढ़ाते थे।

---

१. देखो, पृष्ठ ५५-५६।

यह अनुकूल परिस्थिति हिंदी काव्य को अग्रसर करने में अवश्य सहायक हुई। वीर, शृंगार और नीति की कविताओं के आविर्भाव के लिये विस्तृत क्षेत्र फिर खुल गए। जैसा आरंभकाल में दिखाया जा चुका है, फुटकल कविताएँ अधिकतर इन्हीं विषयों को लेकर छप्पय, कवित्त, सवैयों और दोहों में हुआ करती थीं। मुक्तक रचनाओं के अतिरिक्त प्रबंध काव्य परंपरा ने भी जोर पकड़ा और अनेक अच्छे आख्यान काव्य भी इस काल में लिखे गए। खेद है कि नाटकों की रचना की ओर ध्यान नहीं गया। हृदयराम के भाषा हनुमन्नाटक को नाटक नहीं कह सकते। इसी प्रकार सुप्रसिद्ध कृष्णभक्त कवि व्यासजी (संवत् १६२० के आसपास) के देव नामक एक शिष्य का रचा 'देवमायाप्रपंचनाटक' भी नाटक नहीं, ज्ञानवार्ता है।

इसमें संदेह नहीं कि अकबर के राजत्वकाल में एक ओर तो साहित्य की चली आती हुई परंपरा को प्रोत्साहन मिला, दूसरी ओर भक्त कवियों की दिव्यवाणी का स्रोत उमड़ चला। इन दोनों की सम्मिलित विभूति से अकबर का राजत्वकाल जगमगा उठा और साहित्य के इतिहास में उसका एक विशेष स्थान हुआ। जिस काल में सूर और तुलसी ऐसे भक्ति के अवतार तथा नरहरि, गंग और रहीम ऐसे निपुण भावुक कवि दिखाई पड़े उसके साहित्यिक गौरव की ओर ध्यान जाना स्वाभाविक ही है।

(१) छीहल—ये राजपूताने की ओर के थे। संवत् १५७५ में इन्होंने पंचसहेली नाम की एक छोटी सी पुस्तक दोहों में राजस्थानी मिली भाषा में बनाई जो कविता की दृष्टि से अच्छी नहीं कही जा सकती। इसमें पाँच सखियों की विरह वेदना का वर्णन है। दोहे इस ढंग के हैं—

देख्या नगर सुहावना, अधिक सुचंगा थानु।
नाउँ चँदेरी परगटा, जनु सुरलोक समानु॥
ठाईं ठाईं सरवर पेखिय, सूभर भरे निवाण।
ठाईं ठाईं कुँवा बावरी, सोहइ फटिक सवाँण॥
पंद्रह सै पचहत्तरै, पूनिम फागुण मास।
पंचसहेली वर्णई, कवि छीहल परगास॥

इनकी लिखी एक 'बावनी' भी है जिसमें ५२ दोहे हैं।

(२) लालचदास—ये रायबरेली के एक हलवाई थे। इन्होंने संवत् १५८५ में 'हरिचरित' और संवत् १५८७ में 'भागवत दशम स्कंध भाषा' नामक की पुस्तक अवधी मिली भाषा में बनाई। ये दोनों पुस्तकें काव्य की दृष्टि से सामान्य श्रेणी की हैं और दोहे चौपाइयों में लिखी गई हैं। दशम स्कंध भाषा का उल्लेख हिंदुस्तानी के फ्रांसीसी विद्वान् गार्सां द तासी ने किया है और लिखा है कि उसका अनुवाद फ्रांसीसी भाषा में हुआ है। 'भागवत भाषा' इस प्रकार की चौपाइयों में लिखी गई है—

पंद्रह सौ सत्तासी जहिया। समय बिलंबित बरनौं तहिया॥
मास असाढ़ कथा अनुसारी। हरिबासर रजनी उजियारी॥
सकल संत कहँ नावौं माथा। बलि बलि जैहौं जादवनाथा॥
रयबरेली बरनि अवासा। लालच रामनाम कै आसा॥

(३) कृपाराम—इनका कुछ वृत्तांत ज्ञात नहीं। इन्होंने संवत् १५९८ में रसरीति पर 'हिततरंगिणी' नामक ग्रंथ दोहों में बनाया। रीति या लक्षण ग्रंथों में यह बहुत पुराना है। कवि ने कहा है कि और कवियों ने बड़े छंदों के विस्तार में श्रृंगाररस का वर्णन किया है पर मैंने 'सुघरता' के विचार से दोहों में वर्णन किया है। इससे जान पड़ता है कि इनके पहले और लोगों ने भी रीतिग्रंथ लिखे थे जो अब नहीं मिलते हैं। 'हिततरंगिणी' के कई दोहे बिहारी के दोहों से मिलते-जुलते हैं। पर इससे यह नहीं सिद्ध होता है कि यह ग्रंथ बिहारी के पीछे का है क्योंकि ग्रंथ में निर्माणकाल बहुत स्पष्ट रूप से दिया हुआ है—

सिधि निधि सिव मुख चंद्र लखि माघ सुद्दि तृतियासु।
हिततरंगिनि हौं रची कवि हित परम प्रकासु॥

दो में से एक बात हो सकती है—या तो बिहारी ने उन दोहों को जान बूझकर लिया अथवा वे दोहे पीछे से मिल गए। हिततरंगिणी के दोहे बहुत ही सरस, भावपूर्ण तथा परिमार्जित भाषा में हैं। कुछ नमूने देखिए—

लोचन चपल कटाच्छ सर, अनियारे विषपूरि।
मन मृग बेधैं मुनिन के, जगजन सहत बिसूरि॥
आजु सवारे हौं गई, नंदलाल हित ताल।
कुमुद कुमुदुनी के भटू निरखे औरै हाल॥
पति आयो परदेस तें, ऋतु बसंत को मानि॥
झमकि झमकि निज महल में, टहलैं करै सुरानि॥

(४) महापात्र नरहरि बंदीजन—इनका जन्म संवत् १५६२ और मृत्यु संवत् १६६७ में कही जाती है। महापात्र की उपाधि इन्हें अकबर के दरबार से मिली थी। ये अरुनी फतेहपुर के रहनेवाले थे और अकबर के दरबार में इनका बहुत मान था। इन्होंने छप्पय और कवित्त कहे हैं। इनके बनाए दो ग्रंथ परंपरा से प्रसिद्ध हैं—'रुक्मिणीमंगल' और 'छप्पय नीति'। एक तीसरा ग्रंथ 'कवित्तसंग्रह' भी खोज में मिला है। इनका वह प्रसिद्ध छप्पय नीचे दिया जाता है जिस पर, कहते हैं, अकबर ने गोवध बंद कराया था—

अरिहु दंत तिन धरै, ताहि नहिं नहिं मारि सकत कोइ।
हम संतत तिनु चरहिं, वचन उच्चरहिं दीन होइ।
अमृत पय नित स्त्रवहिं, बच्छ महि थंभन जावहिं।
हिंदुहि मधुर न देहिं, कटुक तुरकहि न पियावहिं॥
कह कवि नरहरि अकबर सुनौ बिनवति गउ जोरे करन॥
अपराध कौन मोहिं मारियत, मुएह चाम सेवइ चरन॥

(५) नरोत्तमदास—ये सीतापुर के जिले वाड़ी नामक कसबे के रहनेवाले थे। शिवसिंहसरोज में इनका संवत् १६०२ में वर्तमान रहना लिखा है। इनकी जाति का उल्लेख कहीं नहीं मिलता। इनका 'सुदामाचरित्र' ग्रंथ बहुत प्रसिद्ध है। इसमें घर की दरिद्रता का बहुत ही सुंदर वर्णन है। यद्यपि यह छोटा है, तथापि इसकी रचना बहुत ही सरस और हृदयग्राहिणी है और कवि की भावुकता का परिचय देती है। भाषा भी बहुत ही परिमार्जित और व्यवस्थित है। बहुतेरे कवियों के समान भरती के शब्द और वाक्य इसमें नहीं हैं। कुछ लोगों के अनुसार

इन्होंने इसी प्रकार का एक और खंडकाव्य 'ध्रुवचरित्र' भी लिखा है। पर वह कहीं देखने में नहीं आया। 'सुदामाचरित्र' का यह सवैया बहुत लोगों के मुँह से सुनाई पड़ता है—

सीस पगा न झगा तन पै, प्रभु! जानै को आहि, बसै केहि ग्रामा॥
धोती फटी सी, लटी दुपटी अरु पायँ उपानह को नहीं सामा॥
द्वार खड़ो द्विज दुर्बल एक, रह्यो चकि सो बसुधा अभिरामा॥
पूछत दीनदयाल को धाम, बतावत आपनो नाम सुदामा॥

कृष्ण की दीनवत्सलता और करुणा का एक यह और सवैया देखिए—

कैसे बिहाल बिवाइन सों भए, कंटक जाल गड़े पग जोए।
हाय महादुख पाए सखा! तुम आए इतै न, कितै दिन खोए॥
देखि सुदामा की दीन दसा करुना करिकै करुनानिधि रोए।
पानी परात को हाथ छुयो नहिं, नैनन के जल सों पग धोए॥

(६) **आलम**—ये अकबर के समय के एक मुसलमान कवि थे जिन्होंने सन् ९९१ हिजरी अर्थात् संवत् १६३९-४० में 'माधवानल कामकंदला' नाम की प्रेमकहानी दोहा चौपाई में लिखी। पाँच-पाँच चौपाइयों (अर्द्धालियों) पर एक दोहा या सोरठा है। यह शृंगार रस की दृष्टि से ही लिखी जान पड़ती है, आध्यात्मिक दृष्टि से नहीं। इसमें जो कुछ रुचिरता है वह कहानी की है, वस्तुवर्णन, भाव व्यंजना, आदि की नहीं। कहानी भी प्राकृत या अपभ्रंश से चली आती हुई कहानी है।

कवि ने रचनाकाल का उल्लेख इस प्रकार किया है—

दिल्लीपति अकबर सुरताना। सप्तदीप में जाकी आना॥
धरमराज सब देस चलावा। हिंदू तुरुक पंथ सब लावा॥

\+ \+ \+

सन नौ सै इक्कानबे आही। करौं कथा औ बोलौं ताही॥

(७) **महाराज टोडरमल**—ये कुछ दिन शेरशाह के यहाँ ऊँचे पद पर थे, पीछे अकबर के समय में भूमिकर विभाग में मंत्री हुए। इनका जन्म संवत् १५५० में और मृत्यु १६४६ में हुई। ये कुछ दिनों तक बंगाल के सूबेदार भी थे। ये जाति के खत्री थे। इन्होंने शाही दफ्तरों में हिंदी के स्थान पर फारसी का प्रचार किया जिससे हिंदुओं का झुकाव फारसी की शिक्षा की ओर हुआ। ये प्राय: नीतिसंबंधी पद्य कहते थे। इनकी कोई पुस्तक तो नहीं मिलती, फुटकर कवित्त इधर-उधर मिलते हैं। एक कवित्त नीचे दिया जाता है—

जार को विचार कहा, गनिका को लाज कहा,
गदहा को पान कहा, आँधरे को आरसी।
निगुनी को गुन कहा. दान कहा दारिद को,
सेवा कहा सूम की अरंडन की डार सी॥
मदपी को सुचि कहाँ, साँच कहाँ लंपट को,
नीच को बचन कहा स्यार की पुकार सी।

टोडर सुकवि ऐसे हठी तौ न टारे टरै,
भावै कहौ सूधी बात भावै कहौ फारसी॥

(८) महाराज बीरबल—इनकी जन्मभूमि कुछ लोग नारनौल बतलाते हैं और इनका नाम महेशदास। प्रयाग के किले के भीतर जो अशोकस्तंभ है उस पर यह खुदा है—"संवत् १६३२ शाके १४९३ मार्ग बदी ५ सोमवार गंगादास सुत महाराज बीरबल श्री तीरथराज प्रयाग की यात्रा सुफल लिखितं।' यह लेख महाराज बीरबल के संबंध में ही जान पड़ता है क्योंकि गंगादास और महेश्वरदास नाम मिलते-जुलते हैं जैसे कि पिता पुत्र के हुआ करते हैं। बीरबल का जो उल्लेख भूषण ने किया है उससे इनके निवासस्थान का पता चलता है—

द्विज कनौज कुल कस्यपी, रतनाकर सुत धीर।
बसत त्रिविक्रमपुर सदा, तरनि तनूजा तीर॥
बीर बीरबल से जहाँ, उपजे कवि अरु भूप।
देव बिहारीश्वर जहाँ, विश्वेश्वर तद्रूप॥

इनका जन्मस्थान तिकवाँपुर ही ठहरता है; पर कुल का निश्चय नहीं होता। यह तो प्रसिद्ध ही है कि ये अकबर के मंत्रियों में थे और बड़े ही वाक्चतुर और प्रत्युत्पन्नमति थे। इनके और अकबर के बीच होनेवाले विनोद और चुटकुले उत्तर भारत के गाँव में प्रसिद्ध हैं। महाराज बीरबल ब्रज भाषा के अच्छे कवि थे और कवियों का बड़ी उदारता के साथ सम्मान करते थे। कहते हैं, केशवदासजी को इन्होंने एक बार छह लाख रुपये दिए थे और केशवदास की पैरवी से ओरछा नरेश पर एक करोड़ का जुरमाना मुआफ कर दिया था। इनके मरने पर अकबर ने यह सोरठा कहा था—

दीन देखि सब दीन, एक न दीन्हों दुसह दुख।
सो अब हम कहँ दीन, कछु नहिं राख्यो बीरबल॥

इनकी कोई पुस्तक नहीं मिलती है, पर कई सौ कवित्तों का यह एक संग्रह भरतपुर में है। इनकी रचना अलंकार आदि काव्यांगों से पूर्ण और सरस होती थी। कविता में ये अपना नाम ब्रह्म रखते थे। दो उदाहरण दिए जाते हैं—

उछरि उछरि केकी झपटै उरग पर,
उरगहू केकिन पै लपटै लहकि हैं।
केकिन के सूरति हिए की ना कछू है, भए,
एकी करि केहरि, न बोलत बहकि है॥
कहै कवि ब्रह्म वारि हेरत हरिन फिरै,
बैहर बहुत बड़े जोर सौं जहकि है।
तरनि कै तावन तवा सी भई भूमि रही,
दसहू दिसान में दवारि सी बहकि है॥

\+ \+ \+

पूत कपूत, कुलच्छनि नारि, लराक परोसि, लजायन सारो।
बंधु कुबुद्धि, पुरोहित लंपट, चाकर चोर, अतीय धुतारो॥

साहब सूम, अड़ाक तुरंग, किसान कठोर, दीवान नकारो।
ब्रह्म भनै सुनु साह अकब्बर बारहौ बाँधि समुद्र में डारौ॥

(९) गंग—ये अकबर के दरबारी कवि थे और रहीम खानखाना इन्हें बहुत मानते थे। इनके जन्मकाल तथा कुल आदि का ठीक वृत्त ज्ञात नहीं। कुछ लोग इन्हें ब्राह्मण कहते हैं पर अधिकतर ये ब्रह्मभट्ट ही प्रसिद्ध हैं। ऐसा कहा जाता है कि किसी नवाब या राजा की आज्ञा से ये हाथी से चिरवा डाले गए थे और उसी समय मरने के पहले इन्होंने यह दोहा कहा था—

कबहुँ न भडुआ रन चढ़े, कबहुँ न बाजी बंब।
सकत सभाहि प्रनाम करि, बिदा होत कवि गंग॥

इसके अतिरिक्त कई और कवियों ने भी इस बात का उल्लेख व संकेत किया है। देव कवि ने कहा है—

'एक भए प्रेत, एक मींजि मारे हाथी'।

ये पद्य भी इस संबंध में ध्यान देने योग्य हैं—

सब देवन को दरबार जुरयो, तहँ पिंगल छंद बनाय कै गायो।
जब काहू ते अर्थ कह्यो न गयो, तब नारद एक प्रसंग चलायो॥
मृतलोक में है नर एक गुनी, कवि गंग को नाम सभा में बतायो।
सुनि चाह भई परमेसर को, तब गंग को लेन गनेस पठायो॥

'गंग ऐसे गुनी को गयंद सो चिराइए।'

इन प्रमाणों से यह घटना ठीक ठहरती है। गंग कवि बहुत निर्भीक होकर बात कहते थे। वे अपने समय के नरकाव्य करनेवाले कवियों में सबसे श्रेष्ठ माने जाते थे। दासजी ने कहा है—

तुलसी गंग दुवौ भए सुकविन के सरदार!

कहते हैं कि रहीम खानखाना ने इन्हें एक छप्पय पर छत्तीस लाख रुपये दे डाले थे। वह छप्पय यह है—

चकित भँवरि रहि गयो, गम नहिं करत कमलवन।
अहि फन मनि नहिं लेत, तेज नहिं बहत पवन वन॥
हंस मानसर तज्यो चक्क चक्की न मिलै अति।
बहु सुंदरि पद्मिनी पुरुष न चहै, न करै रति॥
खलभलित सेस कवि गंग भन, अमित तेज रविरथ खस्यो।
खानान खान बैरम सुवन जबहिं क्रोध करि तंग कस्यो॥

सारांश यह है कि गंग अपने समय के प्रधान कवि माने जाते थे। इनकी कोई पुस्तक अभी नहीं मिली है। पुराने संग्रह ग्रंथों में इनके बहुत से कवित्त मिलते हैं। सरल हृदय के अतिरिक्त वाग्वैदग्ध्य भी इनमें प्रचुर मात्रा में था। वीर और शृंगार रस के बहुत ही रमणीक कवित्त इन्होंने कहे हैं। कुछ अन्योक्तियाँ भी बड़ी मार्मिक हैं। हास्यरस का पुट भी बड़ी निपुणता से ये अपनी रचना में देते थे। घोर अतिशयोक्तिपूर्ण वस्तुव्यंग्यपद्धति पर विरहताप का वर्णन भी

इन्होंने किया है। उस समय की रुचि को रंजित करनेवाले सब गुण इनमें वर्तमान थे, इसमें कोई संदेह नहीं। इनका कविताकाल विक्रम की सत्रहवीं शताब्दी का अंत मानना चाहिए। रचना के कुछ नमूने देखिए—

बैठी थी सखिन संग, पिय को गवन सुन्यौ,
सुख के समूह में बियोग आगि भरकी।
गंग कहै त्रिविध सुगंध कै पवन बह्यो,
लागत ही ताके तन भई बिथा जर की॥
प्यारी को परसि पौन गयो मानसर कहँ,
लागत ही औरे गति भई मानसर की।
जलचर चरे औ सेवार जरि छार भयो,
तल जरि गयो, पंक सूख्यो भूमि दर-की॥

झुकत कृपान मयदान ज्यों उदोत भान,
एकन ते एक मान सुषमा जरद की।
कहै कवि गंग तेरे बल को बयारि लगे,
फूटी गजघटा घनघटा ज्यों सरद की॥
एते मान सोनित की नदियाँ उमड़ चलीं,
रही न निसानी कहूँ महि में गरद की।
गौरी गह्यौ गिरिपति, गनपति गह्यो गौरी,
गौरीपति गही पूँछ लपकि बरद की॥

देखत कै वृच्छन में दीरघ सुभायमान,
कीर चल्यो चाखिबे को प्रेम जिय जग्यो है।
लाल फल देखि कै जटान मँडरान लागे,
देखत बटोही बहुतेरे डगमग्यो है॥
गंग कवि फल फूटे भुआ उधिराने लखि,
सबही निरास ह्वै कै निज गृह भग्यो है।
ऐसो फलहीन वृच्छ बसुधा में भयो, यारो,
सेंमर बिसासी बहुतेरन को ठग्यो है॥

(१०) **मनोहर कवि**—ये एक कछवाहे सरदार थे जो अकबर के दरबार में रहा करते थे। शिवसिंहसरोज में लिखा है कि ये फारसी और संस्कृत के अच्छे विद्वान् थे और फारसी कविता में अपना उपनाम 'तौसनी' रखते थे। इन्होंने 'शत प्रश्नोत्तरी' नाम की पुस्तक बनाई है तथा नीति और श्रृंगाररस के बहुत से फुटकल दोहे कहे हैं। इनका कविताकाल संवत् १६२० के

आगे माना जा सकता है। इनके शृंगारिक दोहे मार्मिक और मधुर हैं पर उनमें कुछ फारसीपन के छींटे मौजूद हैं। दो चार नमूने देखिए—

इंदु बदन नरगिस नयन संबलवारे बार।
उर कुंकुम, कोकिल बयन, जेहि लखि लाजत मार॥
बिथुरे सुथुरे चीकने घने घने घुघुवार।
रसिकन को जंजीर से बाला तेरे बार॥
अचरज मोहिं हिंदू तुरुक बादि करत संग्राम।
इक दीपति सों दीपियत काबा काशीधाम॥

(११) बलभद्र मिश्र—ये ओरछा के सनाढ्य ब्राह्मण पंडित काशीनाथ के पुत्र और प्रसिद्ध कवि केशवदास के बड़े भाई थे। इनका जन्मकाल संवत् १६०० के लगभग माना जा सकता है। इनका 'नख शिख' शृंगार का एक प्रसिद्ध ग्रंथ है जिसमें इन्होंने नायिका के अंगों का वर्णन उपमा, उत्प्रेक्षा, संदेह आदि अलंकारों के प्रचुर विधान द्वारा किया है। ये केशवदासजी के समकालीन या पहले के उन कवियों में थे जिनके चित्त में रीति के अनुसार काव्यरचना की प्रवृत्ति हो रही थी। कृपाराम ने जिस प्रकार रसरीति का अवलंबन कर नायिकाओं का वर्णन किया उसी प्रकार बलभद्र नायिका के अंगों को एक स्वतंत्र विषय बनाकर चले थे। इनका रचनाकाल संवत् १५४० के पहले माना जा सकता है। रचना इनकी बहुत प्रौढ़ और परिमार्जित है, इससे अनुमान होता है कि नखशिख के अतिरिक्त इन्होंने और पुस्तकें भी लिखी होंगी। संवत् १८९१ में गोपाल कवि ने बलभद्र कृत नखशिख की एक टीका लिखी जिसमें उन्होंने बलभद्र कृत तीन और ग्रंथों का उल्लेख किया है—बलभद्री व्याकरण, हनुमन्नाटक और गोवर्द्धनसतसई टीका। पुस्तकों की खोज में इनका 'दूषणविचार' नाम का एक और ग्रंथ मिला है जिसमें काव्यदोषों का निरूपण है। नखशिख के दो कवित्त उद्धृत किए जाते हैं—

पाटल नयन कोकनद के से दल दोऊ,
बलभद्र बासर उनीदी लखो बाल मैं।
सोभा के सरोवर में बाड़व की आभा कैधौं,
देवधुनी भारती मिली है पुन्यकाल मैं॥
काम-कैवरत कैधौं नासिका-उडुप बैठो,
खेलत सिकार तरुनी के मुख-ताल मैं?
लोचन सितासित में लोहित लकीर मानो,
बाँधे जुग मीन लाल रेशम की डोर मैं॥

मरकत के सूत, कैधौं पन्नग के पूत, अति
राजत अभूत तमराज कैसे तार हैं।
मखतूल गुनग्राम सोभित सरस स्याम,
काम मृग कानन कै कुहू के कुमार हैं॥

कोप की किरन, कै जलजनाल नील तंतु,
उपमा अनंत चारु चँवर सिंगार हैं।
कारे सटकारे भींजे सोंधे सों सुगंध बास,
ऐसे बलभद्र नवबाला तेरे बार हैं॥

(१२) जमाल—ये भारतीय काव्यपरंपरा से पूर्ण परिचित कोई सहृदय मुसलमान कवि थे जिनका रचनाकाल संवत् १६२७ अनुमान किया गया है। इनके नीति और शृंगार के दोहे राजपूताने की ओर बहुत जनप्रिय हैं। भावों की व्यंजना बहुत ही मार्मिक पर सीधे सादे ढंग पर की गई है। इनका कोई ग्रंथ तो नहीं मिलता, पर कुछ संगृहीत दोहे मिलते हैं। सहृदयता के अतिरिक्त इनमें शब्दक्रीड़ा की निपुणता भी थी, इससे इन्होंने कुछ पहेलियाँ भी अपने दोहों में रखी हैं। कुछ नमूने दिए जाते हैं—

पूनम चाँद, कुसूँभ रँग, नदी तीर द्रुम डाल।
रेत भीत, भुस लीपणो, ए थिर नहीं जमाल॥
रंग जो चोल मजीठ का, संत वचन प्रतिपाल।
पाहण देख रु करम गत, ए किमि मिटैं जमाल॥
जमला ऐसी प्रीत कर, जैसी केस कराय।
कै काल, कै ऊजला, जब तब सिर स्यूँ जाय॥
मनसा तो गाहक भए, नैना भए दलाल।
धनी बसत बेचै नहीं, किस बिध बनै जमाल॥
बालपणे धौला भया, तरुणपणे भया लाल।
वृद्धपणे काला भया, कारण कोण जमाल॥
कामिण जावक रँग रच्यो, दमकत मुकता कोर।
इम हंसा मोती तजे, इम चुग लिए चकोर॥

(१३) केशवदास—ये सनाढ्य ब्राह्मण कृष्णदत्त के पौत्र और काशीनाथ के पुत्र थे। इनका जन्म संवत् १६१२ में और मृत्यु १६७४ के आसपास हुई। ओरछानरेश महाराज राम के भाई इंद्रजीत सिंह की सभा में ये रहते थे, जहाँ इनका बहुत मान था। इनके घराने में बराबर संस्कृत के अच्छे पंडित होते आए थे। इनके बड़े भाई बलभद्र मिश्र भाषा के अच्छे कवि थे। इस प्रकार की परिस्थिति में रहकर ये अपने समय के प्रधान साहित्यशास्त्रज्ञ कवि माने गए। इनके आविर्भावकाल से कुछ पहले ही रस, अलंकार आदि काव्यांगों के निरूपण की ओर कुछ कवियों का ध्यान जा चुका था। यह स्वाभाविक भी था, क्योंकि हिंदी काव्यरचना प्रचुर मात्रा में हो चुकी थी। लक्ष्य ग्रंथों के उपरांत ही लक्षण ग्रंथों का निर्माण होता है। केशवदासजी संस्कृत के पंडित थे अत: शास्त्रीय पद्धति से साहित्यचर्चा का प्रचार भाषा में पूर्ण रूप से करने की इच्छा इनके लिए स्वाभाविक थी।

केशवदास के पहले सं० १५९८ में कृपाराम थोड़ा रसनिरूपण कर चुके थे। इसी समय में चरखारी के मोहनलाल मिश्र ने 'शृंगारसागर' नामक एक ग्रंथ शृंगाररस संबंधी लिखा। नरहरि के कवि के साथ अकबरी दरबार में जाने वाले करनेस कवि ने 'कर्णाभरण', 'श्रुतिभूषण' और 'भूपभूषण' नामक तीन ग्रंथ अलंकार संबंधी लिखे थे। पर अब तक किसी कवि ने संस्कृत

साहित्य शास्त्र में निरूपित काव्यांगों का पूरा परिचय नहीं कराया था। यह काम केशवदासजी ने किया।

ये काव्य में अलंकार का स्थान प्रधान समझनेवाले चमत्कारवादी कवि थे जैसा कि इन्होंने स्वयं कहा है—

जदपि सुजाति सुलच्छनी, सुबरन सरस सुवृत्त।
भूषन बिनु न बिराजई, कविता बनिता मित्त॥

अपनी इसी मनोवृत्ति के अनुसार इन्होंने भामह, उद्‌भट और दंडी आदि प्राचीन आचार्यों का अनुसरण किया जो रस, रीति आदि सब कुछ अलंकार के अंतर्गत ही लेते थे; साहित्यशास्त्र को अधिक व्यवस्थित और समुन्नत रूप में लानेवाले मम्मट, आनंदवर्द्धनाचार्य और विश्वनाथ का नहीं। अलंकार के सामान्य और विशेष दो भेद करके इन्होंने उसके अंतर्गत वर्णन की प्रणाली ही नहीं, वर्णन के विषय भी ले लिए हैं। 'अलंकार' शब्द का प्रयोग इन्होंने व्यापक अर्थ में किया है। वास्तविक अलंकार इनके विशेष अलंकार ही हैं। अलंकारों के लक्षण इन्होंने दंडी के 'काव्यादर्श' से तथा बहुत सी बातें अमररचित 'काव्यकल्पलतावृत्ति', और केशव मिश्र कृत 'अलंकारशेखर' से ली हैं।

पर केशव के ५० या ६० वर्ष पीछे हिंदी में लक्षणग्रंथों की जो परंपरा चली वह केशव के मार्ग पर नहीं चली। काव्य के स्वरूप के संबंध में तो वह रस की प्रधानता माननेवाले काव्यप्रकाश और साहित्यदर्पण के पक्ष पर रही और अलंकारों के निरूपण में उसने अधिकतर चंद्रालोक और कुवलयानंद का अनुसरण किया। इसी से केशव के अलंकारलक्षण हिंदी में प्रचलित अलंकार लक्षणों से नहीं मिलते। केशव ने अलंकारों पर 'कविप्रिया' और रस पर 'रसिक प्रिया' लिखी।

इन ग्रंथों में केशव का अपना विवेचन कहीं नहीं दिखाई पड़ता। सारी सामग्री कई संस्कृत ग्रंथों से ली हुई मिलती है। नामों में अवश्य कहीं-कहीं थोड़ा हेरफेर मिलता है जिससे गड़बड़ी के सिवा और कुछ नहीं हुआ है। 'उपमा' के जो २२ भेद केशव ने रखे हैं उनमें से १५ तो ज्यों के त्यों दंडी के हैं, ५ केवल नाम भर बदल दिए गए हैं। शेष रहे दो भेद—संकीर्णोपमा और विपरीतोपमा। इनमें विपरीतोपमा को तो उपमा कहना ही व्यर्थ है। इसी प्रकार 'आक्षेप' के जो ९ भेद केशव ने रखे हैं उनमें ४ तो ज्यों के त्यों दंडी के हैं। पाँचवाँ 'मरणाक्षेप' दंडी का 'मूर्च्छाक्षेप' ही है। कविप्रिया का प्रेमालंकार दंडी के (विश्वनाथ के नहीं) 'प्रेयस' का ही नामांतर है। 'उत्तर' अलंकार के चारों भेद वास्तव में पहेलियाँ हैं। कुछ भेदों को दंडी से लेकर भी केशव ने उनका और का और ही अर्थ समझा है।

केशव के रचे सात ग्रंथ मिलते हैं—कविप्रिया, रसिकप्रिया, रामचंद्रिका, वीरसिंह-देवचरित, विज्ञानगीता, रतनबावनी और जहाँगीरजसचंद्रिका।

केशव को कवि हृदय नहीं मिला था। उनमें वह सहृदयता और भावुकता भी न थी जो एक कवि में होनी चाहिए। वे संस्कृत साहित्य से सामग्री लेकर अपने पांडित्य और रचनाकौशल की धाक जमाना चाहते थे पर इस कार्य में सफलता प्राप्त करने के लिए भाषा पर जैसा अधिकार चाहिएं वैसा उन्हें प्राप्त न था। अपनी रचनाओं में उन्होंने अनेक संस्कृत काव्यों की उक्तियाँ लेकर भरी हैं। पर उन उक्तियों को स्पष्ट रूप से व्यक्त करने में उनकी भाषा बहुत कम समर्थ हुई हैं। पदों और वाक्यों की न्यूनता, अशक्त, फालतू शब्दों के प्रयोग और संबंध के

अभाव आदि के कारण भी अप्रांजल और ऊबड़-खाबड़ हो गई है और तात्पर्य भी स्पष्ट रूप से व्यक्त नहीं हो सका है। केशव की कविता जो कठिन कही जाती है, उसका प्रधान कारण उनकी यह त्रुटि है—उनकी मौलिक भावनाओं की गंभीरता या जटिलता नहीं। 'रामचंद्रिका' में 'प्रसन्नराघव', 'हनुमन्नाटक', 'अनर्घराघव', 'कादंबरी' और 'नैषध' की बहुत सी उक्तियों का अनुवाद करके रख दिया गया है। कहीं-कहीं अनुवाद अच्छा न होने के कारण उक्ति विकृत हो गई है, जैसे—प्रसन्नराघव के 'प्रियतमपदैरङ्किता भूमिभागान्', का अनुवाद 'प्यौ पदपंकज ऊपर' करके केशव ने उक्ति को एकदम बिगाड़ डाला है। हाँ जिन उक्तियों में जटिलता नहीं है—समास शैली का आश्रय नहीं लिया गया है—उनके अनुवाद में कहीं-कहीं बहुत अच्छी सफलता प्राप्त हुई है, जैसे, भरत के प्रश्न और कैकेयी के उत्तर में—

'मातु, कहाँ नृप तात? गए सुरलोकहिं; क्यों?; सुत शोक गए। जो कि हनुमन्नाटक के एक श्लोक का अनुवाद है।

केशव ने दो प्रबंधकाव्य लिखे—एक 'वीरसिंहदेवचरित', दूसरा 'रामचंद्रिका'। पहला तो काव्य ही नहीं कहा जा सकता। इसमें वीरसिंहदेव का चरित तो थोड़ा है, दान, लोभ आदि के संवाद भरे हैं। 'रामचंद्रिका' अवश्य एक प्रसिद्ध ग्रंथ है। पर यह समझ रखना चाहिए कि केशव केवल उक्तिवैचित्र्य और शब्दक्रीड़ा के प्रेमी थे। जीवन के नाना गंभीर और मार्मिक पक्षों पर उनकी दृष्टि नहीं थी। अतः वे मुक्तक रचना के ही उपयुक्त थे, प्रबंध रचना के नही। प्रबंध पटुता उनमें कुछ भी न थी। प्रबंधकाव्य के लिये तीन बातें अनिवार्य हैं—१. संबंध निर्वाह, २. कथा के गंभीर और मार्मिक स्थलों की पहचान और ३. दृश्यों की स्थानगत विशेषता।

संबंधनिर्वाह की क्षमता केशव में न थी। उनकी 'रामचंद्रिका' अलग-अलग लिखे हुए वर्णनों का संग्रह सी जान पड़ती है। कथा का चलता प्रवाह न रख सकने के कारण ही उन्हें बोलनेवाले पात्रों के नाम नाटकों के अनुकरण पर पद्यों से अलग सूचित करने पड़े हैं। दूसरी बात भी केशव में कम पाई जाती है। रामायण की कथा का केशव के हृदय पर कोई विशेष प्रभाव रहा हो, यह बात नहीं पाई जाती। उन्हें एक बड़ा प्रबंधकाव्य भी लिखने की इच्छा हुई और उन्होंने उसके लिये राम की कथा ले ली। उस कथा के भीतर जो मार्मिक स्थल हैं उनकी ओर केशव का ध्यान बहुत कम गया है। वे ऐसे स्थलों को या तो छोड़ गए हैं या यों ही इतिवृत्त मात्र कहकर चलता कर दिया है। राम आदि को वन की ओर जाते देख मार्ग में पड़नेवाले लोगों से कुछ कहलाया भी तो यह कि 'किधौं मुनिशाप हत, किधौं ब्रह्म दोष रत, किधौं कोऊ ठग हौ।' ऐसा अलौकिक सौंदर्य और सौम्य आकृति सामने पाकर सहानुभूतिपूर्ण शुद्ध सात्विक भावों का उदय होता है, इसका अनुभव शायद एक दूसरे को संदेह की दृष्टि से देखनेवाले नीतिकुशल दरबारियों के बीच रहकर केशव के लिये कठिन था।

दृश्यों की स्थानगत विशेषता (Local colour) केशव की रचनाओं में ढूँढ़ना तो व्यर्थ ही है। पहली बात तो यह है कि केशव के लिये प्राकृतिक दृश्यों में कोई आकर्षण नहीं था। वे उनकी देशगत विशेषताओं का निरीक्षण करने क्यों जाते? दूसरी बात यह है कि केशव के बहुत पहले से ही इसकी परंपरा एक प्रकार से उठ चुकी थी। कालिदास के दृश्यवर्णनों में देशगत विशेषताओं का जो रंग पाया जाता है वह भवभूति तक तो कुछ रहा, उसके पीछे नहीं। फिर तो वर्णन रूढ़ हो गए। चारों ओर फैली हुई प्रकृति के नाना रूपों के साथ केशव के हृदय का सामंजस्य कुछ भी न था। अपनी इस मनोवृत्ति का आभास उन्होंने यह कहकर कि—

"देखे मुख भावै, अनदेखेई कमल चंद,
ताते मुख मुखै, सखी, कमलौ न चंद री॥"

साफ दे दिया है। ऐसे व्यक्ति से प्राकृत दृश्यों के सच्चे वर्णन की भला क्या आशा की जा सकती है? पंचवटी और प्रवर्षण गिरि ऐसे रमणीय स्थलों में शब्दसाम्य के आधार पर श्लेष के एक भद्दे खेलवाड़ के अतिरिक्त और कुछ न मिलेगा। केवल शब्दसाम्य के सहारे जो उपमान लाए गए हैं वे किसी रमणीय दृश्यों से उत्पन्न सौंदर्य की अनुभूति सर्वथा विरुद्ध या बेमेल हैं—जैसे प्रलयकाल, पांडव, सुग्रीव, शेषनाग। सादृश्य या साधर्म्य की दृष्टि से दृश्यवर्णन में जो उपमाएँ, उत्प्रेक्षाएँ आदि लाई गई हैं, वे भी सौंदर्य की भावना में वृद्धि करने के स्थान पर कुतूहलमात्र उत्पन्न करती हैं। जैसे श्वेत कमल के छत्ते पर बैठे हुए भौंरे पर यह उक्ति—

केशव केशवराय मनौ कमलासन के सिर ऊपरे सोहै।

पर कहीं-कहीं रमणीय और उपयुक्त उपमान भी मिलते हैं; जैसे, जनकपुर के सूर्योदय वर्णन में, जिसमें 'कापालिक काल' को छोड़कर और सब उपमान रमणीय हैं।

सारांश यह कि प्रबंधकाव्य रचना के योग्य न तो केशव में अनुभूति ही थी, न शक्ति। परंपरा से चले आते हुए कुछ नियत विषयों के (जैसे, युद्ध, सेना की तैयारी, उपवन, राजदरबार के ठाटबाट तथा शृंगार और वीररस) फुटकल वर्णन ही अलंकारों की भरमार के साथ वे करना चाहते थे। इसी से बहुत से वर्णन, यों ही बिना अवसर का विचार किए, वे भरते गए हैं। वे वर्णन वर्णन के लिये करते थे, न कि प्रसंग या अवसर की अपेक्षा से। कहीं-कहीं तो उन्होंने उचित अनुचित की भी परवाह नहीं की है, जैसे—भरत की चित्रकूट यात्रा के प्रसंग में सेना की तैयारी और तड़क-भड़क का वर्णन। अनेक प्रकार के रूखे-सूखे उपदेश भी बीच-बीच में रखना वे नहीं भूलते थे। दानमहिमा, लोभनिंदा के लिये तो वे प्राय: जगह निकाल लिया करते थे। उपदेशों का समावेश दो एक जगह तो पात्र का बिना विचार किए अत्यंत अनुचित और भद्दे रूप में किया गया है, जैसे—वन जाते समय राम का अपनी माता कौशल्या का पातिव्रत का उपदेश।

रामचंद्रिका के लंबे-चौड़े वर्णनों को देखने से स्पष्ट लक्षित होता है कि केशव की दृष्टि जीवन के गंभीर और मार्मिक पक्ष पर न थी। उनका मन राजसी ठाट-बाट, तैयारी, नगरों की सजावट, चहल-पहल आदि के वर्णन में ही विशेषत: लगता है।

केशव की रचना को सबसे अधिक विकृत और अरुचिकर करनेवाली वस्तु है आलंकारिक चमत्कार की प्रवृत्ति जिसके कारण न तो भावों की प्रकृत व्यंजना के लिये जगह बचती है, न सच्चे हृदयग्राही वस्तुवर्णन के लिये। पददोष, वाक्य दोष, आदि तो बिना प्रयास जगह-जगह मिल सकते हैं। कहीं-कहीं उपमान भी बहुत हीन और बेमेल हैं; जैसे, राम की वियोग दशा के वर्णन में यह वाक्य—

'बासर की संपति उलूक ज्यों न चितवत।'

रामचंद्रिका में केशव को सबसे अधिक सफलता हुई है संवादों में। इन संवादों में पात्रों के अनुकूल क्रोध, उत्साह आदि की व्यंजना भी सुंदर है (जैसे, लक्ष्मण, राम, परशुराम संवाद तथा लवकुश के प्रसंग के संवाद) तथा वाक्पटुता और राजनीति के दाँवपेंच का आभास भी प्रभावपूर्ण है। उनका रावण-अंगद तुलसी के संवाद से कहीं अधिक उपयुक्त और सुंदर है।

'रामचंद्रिका' और 'कविप्रिया' दोनों का रचनाकाल कवि ने १६५८ दिया है; केवल मास में अंतर है।

रसिकप्रिया (सं० १६४८) की रचना प्रौढ़ है। उदाहरणों में चतुराई और कल्पना से काम लिया गया है और पदविन्यास भी अच्छे हैं। इन उदाहरणों में वाग्वैदग्ध्य के साथ-साथ सरसता भी बहुत कुछ पाई जाती है। 'विज्ञानगीता' संस्कृत के 'प्रबोधचंद्रोदय नाटक' के ढंग की पुस्तक है। 'रतनबावनी' में इंद्रजीत के बड़े भाई रत्नसिंह की वीरता का छप्पयों में अच्छा वर्णन है। यह वीररस का अच्छा काव्य है।

केशव की रचना में सूर, तुलसी आदि की सी सरसता और तन्मयता चाहें न हो पर काव्यांगों का विस्तृत परिचय कराकर उन्होंने आगे के लिय मार्ग खोला। कहते हैं, वे रसिक जीव थे। एक दिन बुड्ढे होने पर किसी कुएँ पर बैठे थे। वहाँ स्त्रियों ने 'बाबा' कहकर संबोधन किया। इस पर इनके मुँह से यह दोहा निकला—

केसव केसनि अस करी बैरिहु जस न कराहिं।
चंद्रबदनि मृगलोचनी 'बाबा' कहि कहि जाहिं॥

केशवदास की रचना के कुछ उदाहरण नीचे दिए जाते हैं—

जौ हौं कहौं रहिए तौ प्रभुता प्रगट होति,
चलन कहौं तौ हितहानि नाहिं सहनो॥
'भावे सो करहु' तौ उदासभाव प्राननाथ।
'साथ लै चलहु' कैसे लोकलाज बहनो॥
केशवदास की सौं तुम सुनहु, छबीले लाल,
चलेही बनत जौ पै, नाहीं आज रहनो।
जैसियै सिखाऔ सीख तुमहीं सुजान प्रिय,
तुमहिं चलत मोहिं जैसो कछु कहनो॥

\+ \+ \+

चंचल न हूजै नाथ, अंचल न खैंची हाथ,
सोवै नेक सारिकाऊ, सुकतौ सोवायो जू।
मंद करौ दीप दुति चंद्रमुख देखियत,
दारिकै दुराय आऊँ द्वार तौ दिखायो जू॥
मृगज मराल बाल बाहिरै बिडारि देउँ,
भायो तुम्हैं केसव सो मोहूँ मन भायो जू।
छल के निवास ऐसे वचन बिलास सुनि,
सौंगुनो सुरत हू तें स्याम सुख पायो जू॥

कैटभ सो, नरकासुर सो, पल में मधु सो, मुर सो जिन मार्‌यो।
लोक चतुर्दश रक्षक केशव, पूरन वेद पुरान विचार्‌यो॥

श्री कमला कुच कुंकुम मंडन पंडित देव अदेव निहार्‍यो।
सो कर माँगन को बलि पै करतारहु ने करतार पसार्‍यो॥

(रामचंद्रिका से)

अरुण गात अति प्रात पद्मिनी प्राननाथ भय।
मानहु केशवदास कोकनद कोक प्रेममय॥
परिपूरन सिंदूर पूर कैधौं मंगल घट।
किधौं शक्र को छत्र मढ़्यो मानिक मयूख पट॥
कै सोनितकलित कपाल यह किल कापालिक काल को।
यह ललित लाल कैधौं लसत दिग भामिनि के भाल को॥

विधि के समान है विमानीकृत राजहंस,
विविध विबुधयुत मेरु सो अचल है।
दीपति दिपति अति सातौ दीप देखियत,
दूसरो दिलीप सो सुदक्षिणा को बल है।
सागर उजागर सो बहु बाहिनी को पति,
छनदान प्रिय कैधौं सूरज अमल है।
सब विधि समरथ राजै राजा दशरथ,
भगीरथ पथ गामी गंगा कैसो जल है॥

मूलन ही की जहाँ अधोगति केसव गाइय।
होम हुतासन धूम नगर एकै मलिनाइय।
दुर्गति दुर्गन हीं, जो कुटिलगति सरितन ही में।
श्रीफल कौ अभिलाष प्रगट कविकुल के जी में॥

कुंतल ललित नील, भ्रुकुटी धनुष, नैन,
कुमुद कटाच्छ बान सबल सदाई है।
सुग्रीव सहित तार अंगदादि भूषनन,
मध्यदेश केशरी के जग गति भाई है॥
विग्रहानुकूल सब लच्छ लच्छ ऋच्छ बल,
ऋच्छराज मुखी मुख किसौदास गाई है।
रामचंद्र जू की चमू, राजश्री विभीषन की
रावन की मीचु दर कूच चलि आई है॥

पढ़ौ विरंचि मौन वेद, जीव सोर छंडि रे।
कुबेर बेर कै कही, न जच्छ भीर मंडि रे॥
दिनेस जाइ दूरि बैठु नारदादि संगही।
न बोलु चंद मंदबुद्धि, इंद्र की सभा नहीं॥

---

(१४) होलराय—ये ब्रह्मभट्ट अकबर के समय में हरिवंस राय के आश्रित थे और कभी-कभी शाही दरबार में भी जाया करते थे। इन्होंने अकबर से कुछ जमीन पाई थी जिसमें होलपुर गाँव बसाया था। कहते हैं कि गोस्वामी तुलसीदासजी ने इन्हें अपना लोटा दिया था जिस पर इन्होंने कहा था—

लोटा तुलसीदास को लाख टका को मोल।

गोस्वामीजी ने चट उत्तर दिया—

मोल तोल कछु है नहीं, लेहु राय कवि होल॥

रचना इनकी पुष्ट होती थी पर जान पड़ता है कि ये केवल राजाओं और रईसों की विरुदावली वर्णन किया करते थे जिसमें जनता के लिये ऐसा कोई विशेष आकर्षण नहीं था कि इनकी रचना सुरक्षित रहती। अकबर बादशाह की प्रशंसा में इन्होंने यह कवित्त लिखा है—

दिल्ली तें न तख्त ह्वैहै, बख्त ना मुगल कैसो,
ह्वैहै ना नगर बढ़ि आगरा नगर तें।
गंग तें न गुनी, तानसेन ते न तानबाज,
मान तें न राजा औ न दाता बीरबर तें॥
खान खान-खाना तें न, नर नरहरि तें न,
ह्वैहै ना दीवान कोऊ बेडर टुडर तें।
नवौ खंड सात दीप; सात हू समुद्र पार,
ह्वैहै ना जलालुदीन साह अकबर तें॥

(१५) रहीम (अब्दुर्रहीम खानखाना)--ये अकबर बादशाह के अभिभावक प्रसिद्ध मोगल सरदार बैरम खाँ खानखाना के पुत्र थे। इनका जन्म संवत् १६१० में हुआ। ये संस्कृत, अरबी और फारसी के पूर्ण विद्वान् और हिंदी काव्य के पूर्ण मर्मज्ञ कवि थे। ये दानी और परोपकारी ऐसे थे कि अपने समय के कर्ण माने जाते थे; इनकी दानशीलता हृदय की सच्ची प्रेरणा के रूप में थी, कीर्ति की कामना से उसका कोई संपर्क न था। इनकी सभा विद्वानों और कवियों से सदा भरी रहती थी। गंग कवि को इन्होंने एक बार छत्तीस लाख रुपये दे डाले थे। अकबर के समय में ये प्रधान सेनानायक और मंत्री थे और अनेक बड़े-बड़े युद्धों में भेजे गए थे।

ये जहाँगीर के समय तक वर्तमान रहे। लड़ाई में धोखा देने के अपराध में एक बार जहाँगीर के समय में इनकी सारी जागीर जब्त हो गई और कैद कर लिये गये। कैद से छूटने पर इनकी आर्थिक अवस्था कुछ दिनों तक बडी हीन रही। पर जिस मनुष्य ने करोडों रुपये दान

कर दिए, जिसके यहाँ से कोई विमुख न लौटा उसका पीछा याचकों से कैसे छूट सकता था? अपनी दरिद्रता का दुःख वास्तव में इन्हें उसी समय होता था जिस समय इनके पास कोई याचक जा पहुँचता और ये अपनी यथेष्ट सहायता नहीं कर सकते थे। अपनी अवस्था के अनुभव की व्यंजना इन्होंने इस दोहे में की है—

तबही लौं जीबो भलो देबौ होय न धीम।

जग में रहिबो कुँचित गति उचित न होय रहीम॥

संपत्ति के समय में जो लोग सदा घेरे रहते हैं विपद के आने पर उनमें अधिकांश किनारा खींचते हैं, इस बात का द्योतक यह दोहा है—

ये रहीम दर दर फिरैं, माँगि मधुकरी खाहिं।

यारो यारी छाँड़िए, अब रहीम वे नाहिं॥

कहते हैं कि इसी दीन दशा में इन्हें एक याचक ने आ घेरा। इन्होंने यह दोहा लिखकर उसे रीवाँनरेश के पास भेजा—

चित्रकूट में रमि रहे रहिमन अवध नरेस।

जापर विपदा परति है सो आवत यहि देस॥

रीवाँनरेश ने उस याचक को एक लाख रुपये दिए।

गोस्वामी तुलसीदासजी से भी इनका बड़ा स्नेह था। ऐसी जनश्रुति है कि एक बार एक ब्राह्मण अपनी कन्या के विवाह के लिये धन न होने से घबराया हुआ गोस्वामीजी के पास आया। गोस्वामीजी ने उसे रहीम के पास भेजा और दोहे की यह पंक्ति लिखकर दे दी--

सुरतिय नरतिय नागतिय यह चाहत सब कोय।

रहीम ने उस ब्राह्मण को बहुत सा द्रव्य देकर विदा किया और दोहे की दूसरी पंक्ति इस प्रकार पूरी करके दे दी—

गोद लिए हुलसी फिरै तुलसी सो सुत होय।

रहीम ने बड़ी-बड़ी चढ़ाइयाँ की थीं और मोगल साम्राज्य के लिये न जाने कितने प्रदेश जीते थे। इन्हें जागीर में बहुत बड़े-बड़े सूबे और गढ़ मिले थे। संसार का इन्हें बड़ा गहरा अनुभव था। ऐसे अनुभवों के मार्मिक पक्ष को ग्रहण करने की भावुकता इनमें अद्वितीय थी। अपने उदार और ऊँचे हृदय को संसार के वास्तविक व्यवहारों के बीच रखकर जो संवेदना इन्होंने प्राप्त की है उसी की व्यंजना अपने दोहे में की है। तुलसी के वचनों के समान रहीम के वचन भी हिंदी भाषी भूभाग में सर्वसाधारण के मुँह पर रहते हैं। इसका कारण है जीवन की सच्ची परिस्थितियों का मार्मिक अनुभव। रहीम के दोहे वृंद और गिरधर के पद्यों के समान कोरी नीति के पद्य नहीं हैं। उनमें मार्मिकता है, उनके भीतर से एक सच्चा हृदय झाँक रहा है। जीवन की सच्ची परिस्थितियों के मार्मिक रूप को ग्रहण करने की क्षमता जिस कवि में होगी वही जनता का प्यारा कवि होगा। रहीम का हृदय, द्रवीभूत होने के लिये, कल्पना की उड़ान की अपेक्षा नहीं रखता था। वह संसार के सच्चे और प्रत्यक्ष व्यवहारों में ही अपने द्रवीभूत होने के लिये पर्याप्त स्वरूप पा जाता था। 'बरवै नायिकाभेद' में भी जो मनोहर और छलकते हुए चित्र हैं वे भी सच्चे हैं-कल्पना के झूठे खेल नहीं हैं। उनमें भारतीय प्रेमजीवन की सच्ची झलक है।

भाषा पर तुलसी का सा ही अधिकार हम रहीम का भी पाते हैं। ये ब्रज और अवधी-पच्छिमी और पूरबी-दोनों काव्यभाषाओं के समान कुशल थे। 'बरवै नायिका भेद' बड़ी सुंदर अवधी भाषा में है। इनकी उक्तियाँ ऐसी लुभावनी हुईं कि बिहारी आदि परवर्ती कवि भी बहुतों का अपहरण करने का लोभ न रोक सके। यद्यपि रहीम सर्वसाधारण में अपने दोहों के लिये ही प्रसिद्ध हैं पर इन्होंने बरवै, कवित्त, सवैया, सोरठा, पद-सब में थोड़ी बहुत रचना की है।

रहीम का देहावसान संवत् १६८३ में हुआ। अब तक इनके निम्नलिखित ग्रंथ ही सुने जाते थे—रहीम दोहावली या सतसई, बरवै नायिका भेद, शृंगार सोरठा, मदनाष्टक, रासपंचाध्यायी पर भरतपुर के श्रीयुत पंडित मयाशंकरजी याज्ञिक ने इनकी और भी रचनाओं का पता लगाया है-जैसे नगरशोभा, फुटकल बरवै, फुटकल कवित्त सवैये-और रहीम का एक पूरा संग्रह 'रहीमरत्नावली' के नाम से निकाला है।

कहा जा चुका है कि ये कई भाषाओं और विद्याओं में पारंगत थे। इन्होंने फारसी का एक दीवान भी बनाया था और 'वाकयात बाबरी' का तुर्की से फारसी में अनुवाद किया था। कुछ मिश्रित रचना भी इन्होंने की है—'रहीम काव्य' हिंदी संस्कृत की खिचड़ी है और 'खेट कौतुकम्' नाम ज्योतिष का ग्रंथ संस्कृत और फारसी की खिचड़ी है। कुछ संस्कृत श्लोकों की रचना भी ये कर गए हैं। इनकी रचना के कुछ नमूने नीचे दिए जाते हैं—

(सतसई या दोहावली से)

दुरदिन परे रहीम कह, भूलत सब पहिचानि।
सोच नहीं बित हानि को, जौ न होय हित हानि॥
कोउ रहीम जनि काहु के, द्वार गए पछिताय।
संपति के सब जात हैं, बिपति सबै लै जाय॥
ज्यों रहीम गति दीप की, कुल कपूत गति सोय।
बारे उजियारो लगै, बढ़े अँधेरो होय॥
सर सूखे पंछी उड़ै, औरै सरन समाहिं।
दीन मीन बिन पंख के, कहु रहीम कहँ जाहिं॥
माँगत मुकरिन को गयो, केहि न त्यागियो साथ?
माँगत आगे सुख लह्यो, ते रहीम रघुनाथ।
रहिमन वे नर मर चुके, जे कहुँ माँगन जाहिं।
उनते पहिले वे मुए, जिन मुख निकसत 'नाहिं'॥
रहिमन रहिला की भली, जौ परसै चितलाय।
परसत मन मैलो करै, सो मैदा जरि जाय॥

(बरवै नायिका भेद से)

भोरहिं बोलि कोइलिया बढ़वति ताप।
घरी एक भरि अलिया! रहु चुपचाप॥

बाहर लैकै दियवा बारन जाइ।
सासु ननद पर पहुँचत देति बुझाइ॥
पिय आवत अँगनैया उठिकै लीन।
बिहँसत चतुर तिरियवा बैठक दीन॥
लै कै सुघर खुरपिया पिय के साथ।
छड़बै एक छतरिया बरसत पाथ॥
पीतम एक सुमरिनियाँ मोहिं देइ जाहु।
जेहि जपि तोर बिरहवा करब निबाहु॥

(मदनाष्टक से)

कलित ललित माला वा जवाहिर जड़ा था।
चपल चखन वाला चाँदनी में खड़ा था॥
कटिपट बिच मेला पीत सेला नवेला।
अलि, बन अलबेला यार मेरा अकेला॥

(नगरशोभा से)

उत्तम जाति है ब्राह्मनी, देखत चित्त लुभाय।
परम पाप पल में हरत, परसत वाके पाय॥
रूपरंग रतिराज में, छतरानी इतरान।
मानौ रची बिरंचि पचि, कुसुम कनक में सान॥
बनियाइनि बनि आइकै, बैठि रूप की हाट।
पेम पेक तन हेरिकै, गरुवै टारति बाट॥
गरब तराजू करति चख, भौंह मोरि मुसकाति।
डाँड़ी मारति बिरह की, चित चिंता घटि जाति।

(फुटकल कवित्त आदि से)

बड़न सो जान पहचान कै रहीम कहा,
जो पै करतार ही न सुख देनहार है।
सीतहर सूरज सों नेह कियो याहि हेत,
ताहू पै कमल जारि डारत तुषार है॥
छीरनिधि माहिं धँस्यो संकर के सीस बस्यो,
तऊ ना कलंक लस्यो, ससि में सदा रहै॥

बड़ो रिझवार या चकोर दरबार है, पै,
कलानिधि यार तऊ चाखत अँगार है॥

जाति हुती सखी गोहन में मनमोहन को लखि हीं ललचानो।
नागरि नारि नई ब्रज की उनहूँ नंदलाल की रीझिबो जानो॥
जाति भई फिरि कै चितई, तब भाव रहीम यहै उर आनो।
ज्यौं कमनैत दमानक में फिरि तीर सों मारि लै जात निसानो॥

कमलदल नैनन की उनमानि।
बिसरति नाहिं, सखी! मो मन तें मंद मंद मुसकानि।
बसुधा की बस करी मधुरता सुधापगी बतरानि॥
मढ़ी रहै चित उर बिसाल की मुकुतामल थहरानि।
नृत्य समय पीतांबर हू की फहर फहर फहरानि॥
अनुदिन श्रीवृंदावन ब्रज तें आवत आवन जानि।
अब रहीम चित ते न टरति है सकल स्याम की बानि॥

(१६) **कादिर**—कादिरबख्श पिहानी जिला हरदोई के रहनेवाले और सैयद इब्राहीम के शिष्य थे। इनका जन्म संवत् १६३५ में माना जाता है। अत: इनका कविताकाल सं० १६६० के आसपास समझा जा सकता है। इनकी कोई पुस्तक तो नहीं मिलती पर फुटकल कवित्त पाए जाते हैं। कविता ये चलती भाषा में अच्छी करते थे। इनका यह कवित्त लोगों के मुँह से बहुत सुनने में आता है—

गुन को न पूछै कोऊ, औगुन की बात पूछै,
कहा भयो दई! कलिकाल यों खरानो है।
पोथी औ पुरान ज्ञान ठट्ठन में डारि देत,
चुगुल चबाइन को मान ठहरानो है॥
कादिर कहत यासों कछु कहिबे को नाहिं,
जगत की रीत देखि चुप मान मानो है।
खोलि देखौ हियौ सब ओरन सों भाँति भाँति,
गुन ना हिरानो, गुनगाहक हिरानो है॥

(१७) **मुबारक**—सैयद मुबारक अली बिलग्रामी का जन्म संवत् १६४० में हुआ था, अत: इनका कविताकाल सं० १६७० के पीछे मानना चाहिए।

ये संस्कृत, फारसी और अरबी के अच्छे पंडित और हिंदी के सहृदय कवि थे। जान पड़ता है ये केवल शृंगार की ही कविता करते थे। इन्होंने नायिका के अंगों का वर्णन बड़े विस्तार से किया है। कहा जाता है कि दस अंगों को लेकर इन्होंने एक-एक अंग पर सौ-सौ दोहे बनाए थे। इनका प्राप्त ग्रंथ 'अलकशतक' और 'तिलशतक' उन्हीं के अंतर्गत है। इन दोहों

के अतिरिक्त इनके बहुत से कवित्त सवैये ग्रंथों में पाए जाते और लोगों के मुँह से सुने जाते हैं। इनकी उत्प्रेक्षा बहुत बढ़ी-चढ़ी होती थी और वर्णन के उत्कर्ष के लिये कभी-कभी ये बहुत दूर तक बढ़ जाते थे। कुछ नमूने देखिए—

(अलकशतक और तिलशतक से)

परी मुबारक तिय बदन, अलक ओप अति होय।
मनो चंद की गोद में, रही निसा सी सोय॥
चिबुक कूप में मन पर्‌यो, छबिजल तृषा विचारि।
कढ़ति मुबारक ताहि तिय, अलक डोरि सी डारि॥
चिबुक कूप रसरी अलक, तिल सु चरस, दृग बैल।
बारी बैस सिंगार को, सींचत मनमथ छैल॥

(फुटकल से)

कनक बरन बाल, नगन लसत भाल,
मोतिन के माल उर सोहैं भली भाँति हौ।
चंदन चढ़ाय चारु चंदमुखी मोहनी सी,
प्राय ही अन्हाय पग धारे मुसकाति है।
चूनरी विचित्र स्याम सजि कै मुबारकजू,
ढाँकि नखसिख तें निपट सकुचाति है।
चंद्रमैं लमेटि कै समेटि कै नखत मानो,
दिन को प्रनाम किए राति चली जाति है॥

(१८) बनारसीदास—ये जौनपुर के रहनेवाले एक जैन जौहरी थे जो आमेर में भी रहा करते थे। इनके पिता का नाम खड्‌गसेन था। ये संवत् १६४३ में उत्पन्न हुए थे। इन्होंने संवत् १६९८ तक का अपना जीवनवृत्त अर्द्धकथानक नामक ग्रंथ में दिया है। पुराने हिंदी साहित्य में यही एक आत्मचरित मिलता है, इससे इसका महत्व बहुत अधिक है। इस ग्रंथ से पता चलता है कि युवावस्था में इनका आचरण अच्छा न था और इन्हें कुष्ट रोग भी हो गया था। पर पीछे ये सँभल गए। ये पहले श्रृंगार रस की कविता किया करते थे पर पीछे ज्ञान हो जाने पर इन्होंने वे सब कविताएँ गोमती नदी में फेंक दीं और ज्ञानोपदेशपूर्ण कविताएँ करने लगे। कुछ उपदेश इनके ब्रज भाषा गद्य में भी हैं। इन्होंने जैनधर्म संबंधी अनेक पुस्तकों के सारांश हिंदी में कहे हैं। अब तक इनकी बनाई इतनी पुस्तकों का पता चला है—

बनारसी बिलास (फुटकल कवित्तों का संग्रह), नाटक समयसार (कुंदकुंदाचार्य कृत ग्रंथ का सार), नाममाला (कोश), अर्द्धकथानक, बनारसी पद्धति, मोक्षपदी, ध्रुववंदना, कल्याणमंदिर भाषा, वेदनिर्णय पंचाशिका, मारगन विद्या।

इनकी रचनाशैली पुष्ट है और इनकी कविता दादूपंथी सुंदरदासजी की कविता से मिलती-जुलती है। कुछ उदाहरण लीजिए—

भोदू! ते हिरदय की आँखें।
जे सरबैं अपनी सुख संपति भ्रम की संपति भाखैं।
जिन आँखिन सों निरखि भेद गुन ज्ञानी ज्ञान विचारैं॥
जिन आँखिन सों लखि सरूप मुनि ध्यान धारना धारैं।

———

काया सों विचार प्रीति, माया ही में हार जीत,
लिए हठ रीति जैसे हारिल की लकरी।
चंगुल के जोर जैसे गोह गहि रहै भूमि,
त्यौं ही पयँ गाड़ै पै न छाँड़ै टेक पकरी।
मोह की मरार सों मरम को न ठौर पावैं,
धावैं चहुँ ओर ज्यौं बढ़ावैं जालमकरी।
ऐसी दुरबुद्धि भूलि, झूठ के झरोखे झूलि,
फूली फिरैं ममता जँजीरन सों जकरी।

(१९) सेनापति—ये अनूपशहर के रहनेवाले कान्यकुब्ज ब्राह्मण थे। इनके पिता का नाम गंगाधर, पितामह का परशुराम और गुरु का नाम हीरामणि दीक्षित था। इनका जन्मकाल संवत् १६४६ के आसपास माना जाता है। ये बड़े ही सहृदय कवि थे। ऋतुवर्णन तो इनके ऐसा और किसी शृंगारी कवि ने नहीं किया है। इनके ऋतुवर्णन में प्रकृति निरीक्षण पाया जाता है। पद विन्यास भी इनका ललित है। कहीं-कहीं विरामों पर अनुप्रास का निर्वाह और यमक का चमत्कार भी अच्छा है। सारांश यह कि अपने समय के ये बड़े भावुक और निपुण कवि थे। अपना परिचय इन्होंने इस प्रकार दिया है—

दीक्षित परशुराम दादा हैं, विदित नाम,
जिन कीन्हें जज्ञ, जाकी विपुल बड़ाई है।
गंगाधर पिता गंगाधर के समान जाके,
गंगातीर बसति 'अनूप' जिन पाई है॥
महा जानमनि, विद्यादान हू में चिंतामनि,
हीरामनि दीक्षित तें पाई पंडिताई है।
सेनापति सोई, सीतापति के प्रसाद जाकी,
सब कवि कान दै सुनत कविताई है॥

इनकी गर्वोक्तियाँ खटकती नहीं, उचित जान पड़ती हैं। अपने जीवन के पिछले काल में ये संसार से कुछ विरक्त हो चले थे। जान पड़ता है कि मुसलमानी दरबारों में भी इनका अच्छा मान रहा, क्योंकि अपनी विरक्ति की झोंक में इन्होंने कहा है—

केतो करौ कोइ, पैए करम लिखोइ, तातें,
दूसरी न होइ, उर सोइ ठहराइए।
आधी तें सरस बीति गई है बरस, अब
दुर्जन दरस बीच रस न बढ़ाइए॥

चिंता अनुचित, धरु धीरज उचित,
सेनापति ह्वै सुचित रघुपति गुन गाइए।
चारि बर दानि तजि पायँ कमलेच्छन के,
पायक मलेच्छन के काहे को कहाइए॥

शिवसिंह सरोज में लिखा है कि इन्होंने क्षेत्र संन्यास ले लिया था। इनके भक्तिभाव से पूर्ण अनेक कवित्त 'कवित्तरत्नाकर' में मिलते हैं। जैसे—

महा मोहकंदेनि में जगत जकंदनि में,
दिन दुखदंदनि में जात है बिहाय कै।
सुख को न लेस है कलेस सब भाँतिन को,
सेनापति याहीं ते कहत अकुलाय कै॥
आवै मन ऐसी घरबार परिवार तजौं,
डारौं लोकलाज के समाज विसराय कै।
हरिजन पुंजनि में वृंदावन कुंजनि में,
रहौं बैठि कहूँ तरवरतर जाय कै॥

यद्यपि इस कवित्त में वृंदावन का नाम आया है पर इनके उपास्य राम ही जान पड़ते हैं, क्योंकि स्थान-स्थान पर इन्होंने 'सियापति', 'राम' आदि नामों का ही स्मरण किया है। कविरत्नाकर इनका सबसे पिछला ग्रंथ जान पड़ता है क्योंकि उसकी रचना संवत् १७०६ में हुई है, यथा—

संवत् सत्रह सै छ में, सेइ सियापति पाय।
सेनापति कविता सजी, सज्जन सजौ सहाय॥

इनका एक ग्रंथ 'काव्यकल्पद्रुम' भी प्रसिद्ध है।

जैसा कि पहले कहा जा चुका है, इनकी कविता बहुत मर्मस्पर्शिनी और रचना बहुत ही प्रौढ़ और प्रांजल है। जैसे एक ओर इनमें पूरी भावुकता थी वैसे ही दूसरी ओर चमत्कार लाने की पूरी निपुणता भी। श्लेष का ऐसा साफ उदाहरण शायद ही और कहीं मिले—

नाहीं नाही करै, थोरी माँगे सब दैन कहै,
मंगन को देखि पट देत बार बार है॥
जिनके मिलत भली प्रापति की घटी होति,
सदा सुभ जनमन भावै निरधार है॥
भागी ह्वै रहत बिलसत अवनी के मध्य,
कन कन जोरै, दानपाठ परवार है॥
सेनापति वचन की रचना निहारि देखौ,
दाता और सूम दोउ कीन्हें इकसार है॥

भाषा पर ऐसा अच्छा अधिकार कम कवियों का देखा जाता है। इनकी भाषा में बहुत कुछ माधुर्य ब्रजभाषा का ही है, संस्कृत पदावली पर अवलंबित नहीं। अनुप्रास और यमक की

प्रचुरता होते हुए भी कहीं भद्दी कृत्रिमता नहीं आने पाई है। इनके ऋतुवर्णन के अनेक कवित्त बहुत से लोगों को कंठस्थ हैं। रामचरित संबंधी कवित्त भी बहुत ही ओजपूर्ण हैं। इनकी रचना के कुछ नमूने दिए जाते हैं—

वानि सौं सहित सुबरन मुँह रहै जहाँ,
सुरत बहुत भाँति अरथ समाज को।
संख्या करि लीजै अलंकार हैं अधिक यामैं,
राखौ मति ऊपर सरस ऐसे साज को॥
सुनौ महाजन! चोरी होति चार चरन की,
तातें सेनापति कहै तजि उर लाज को।
लीजियो बचाय ज्यों चुरावै नाहिं कोउ सौंपी,
वित्त की सी थाती मैं कवित्तन के ब्याज को॥

वृष को तरनि, तेज सहसौ करनि तपै,
ज्वालनि के जाल बिकराल बरसत है।
तचति धरनि जग झुरत झुरनि सीरी,
छाँह को पकरि पंथी पंछी बिरमत है॥
सेनापति नेक दुपहरी ढरकत होत
धमका विषम जो न पात खरकत है।
मेरे जान पौन सीरे ठौर को पकरि काहू
धरी एक बैठि कहूँ घामै बितवत है॥

सेनापति उनए नए जलद सावन के
चारिहू दिसान घुमरत भरे तोय कै।
सोभा सरसाने न बखाने जात कैहूँ भाँति
आने हैं पहार मानो काजर के ढोय कै॥
घन सों गगन छप्यो, तिमिर सघन भयो,
देखि न परत मानो रवि गयो खोय कै।
चारि मास भरि स्याम निसा को भरम मानि,
मेरे जान याही तें रहत हरि सोय के॥

दूरि जदुराई सेनापति सुखदाई देखौ,
आई ऋतु पावस न पाई प्रेमपतियाँ।
धीर जलधर की सुनत धुनि धरकी औ,
दरकी सुहागिन की छोहभरी छतियाँ॥

आई सुधि बर की, हिय में आनि खरकी,
सुमिरि प्रानप्यारी वह प्रीतम की बतियाँ।
बीती औधि आवन की लाल मनभावन की,
डग भई बावन की सावन की रतियाँ॥

बालि को सपूत कपिकुल पुरहूत,
रघुवीर जू को दूत भरि रूप विकराल को।
युद्धमद गाढ़ो पाँव रोपि भयो ठाढ़ो, सेना-
पति बल बाढ़ो रामचंद्र भुवपाल को॥
कच्छप कहलि रह्यो, कुंडली टहलि रह्यो,
दिग्गज दहलि त्रास परो चकचाल को।
पाँव के धरत अति भार के परत भयो—
एक ही परत मिलि सपत पताल को॥

रावन को बीर, सेनापति रघुबीर जू की
आयो है सरन, छाँड़ि ताहि मदअंध को।
मिलत ही ताको राम कोप कै करी है ओप,
नाम जोय दुर्जनदलन दीनबंधु को।
देखौ दानवीरता निदान एक दान ही में,
दीन्हें दोऊ दान, को बखानै सत्यसंघ को।
लंका दसकंधर की दीनी है विभीषन को,
संका विभीषन की सो दीनी दसकंध को॥

सेनापतिजी के भक्तिप्रेरित उद्‌गार भी बहुत अनूठे और चमत्कारपूर्ण हैं। 'आपने करम करि हौं ही निबहौंगे तौ हौं ही करतार करतार तुम काहे के?' वाला प्रसिद्ध कवित्त इन्हीं का है।

(२०) पुहकर कवि—ये परतापपुर (जिला मैनपुरी) के रहनेवाले थे, पर पीछे गुजरात में सोमनाथजी के पास भूमिगाँव में रहते थे। ये जाति के कायस्थ थे और जहाँगीर के समय में वर्तमान थे। कहते हैं कि जहाँगीर ने किसी बात पर इन्हें आगरे में कैद कर लिया था। वहीं कारागार में इन्होंने 'रसरतन' नामक ग्रंथ संवत् १६७३ में लिखा जिस पर प्रसन्न होकर बादशाह ने इन्हें कारागार से मुक्त कर दिया। इस ग्रंथ में रंभावती और सूरसेन की प्रेमकथा कई छंदों में, जिनमें मुख्य दोहा और चौपाई है प्रबंधकाव्य की साहित्यिक पद्धति पर लिखी गई। कल्पित कथा लेकर प्रबंधकाव्य रचने की प्रथा पुराने हिंदी कवियों में बहुत कम पाई जाती है। जायसी आदि सूफी शाखा के कवियों ने ही इस प्रकार की पुस्तकें लिखी हैं, पर उनकी परिपाटी बिल्कुल भारतीय नहीं थी। इस दृष्टि से 'रसरतन' को हिंदी साहित्य में एक विशेष स्थान देना चाहिए।

इसमें संयोग और वियोग की विविध दशाओं का साहित्य की रीति पर वर्णन है। वर्णन उसी ढंग के हैं जिस ढंग के शृंगार के मुक्तक कवियों ने किए हैं। पूर्वराग, सखी, मंडन, नखशिख, ऋतुवर्णन आदि शृंगार की सब सामग्री एकत्र की गई है। कविता सरस और भाषा प्रौढ़ है। इस कवि के और ग्रंथ नहीं मिले हैं। पर प्राप्त ग्रंथ को देखने से ये एक अच्छे कवि जान पड़ते हैं। इनकी रचना की शैली दिखाने के लिये उद्धृत पद्य पर्याप्त होंगे—

चले मैमता हस्ति झूमंत मत्ता। मनो बद्दला स्याम साथै चलंता॥
बनी बागरी रूप राजंत दंता। मनौ वग्ग आसाढ़ पाँतैं उदंता॥
लसैं पीत लालैं, सुढालैं ढलक्कैं। मनों चंचला चौंधि छाया छलक्कैं॥

चंद की उजारी प्यारी नैनन तिहारे, परे
चंद की कला में दुति दूनी दरसाति है।
ललित लतानि में लता सी गहि सुकुमारि
मालती सी फूलैं जब मृदु मुसुकाति है॥
पुहकर कहै जित देखिए विराजै तित
परम विचित्र चारु चित्र मिलि जाति है।
आवै मन माहि तब रहै मन ही में गड़ि,
नैननि बिलोके बाल नैननि समाति है॥

(२१) **सुंदर**—ये ग्वालियर के ब्राह्मण थे और शाहजहाँ के दरबार में कविता सुनाया करते थे। इन्हें बादशाह ने पहिले कविराय की और फिर महाकविराय की पदवी दी थी। इन्होंने संवत् १६८८ में 'सुंदरशृंगार' नामक नायिकाभेद का एक ग्रंथ लिखा। कवि ने रचना की तिथि इस प्रकार दी है—

संवत सोरह सै बरस, बीते अठतर सीति।
कातिक सुदि सतमी गुरौ, रचै ग्रंथ करि प्रीति॥

इसके अतिरिक्त 'सिंहासनबत्तीसी' और 'बारहमासा' नाम की इनकी दो पुस्तकें और कही जाती हैं। यमक और अनुप्रास की ओर इनकी कुछ विशेष प्रवृत्ति जान पड़ती है। इनकी रचना शब्द चमत्कारपूर्ण हैं। एक उदाहरण दिया जाता है—

काके गये बसन? पलटि आए बसन सु,
मेरो कछु बस न रसन उर लागे हौं।
भौहैं तरछौहैं कवि सुंदर सुजान सोहैं,
कछू अलसौहैं गौं हैं जाके रस पागे हौ॥
परसौं मैं पाय हुते परसौं मैं पाय गहि,
परसौं वे पाय निसि जाके अनुरागे हौ।
कौन बनिता के हौ जू कौन बनिता के हौ सु,
कौन बनिता के बनि, ताके संग जागे हौ?

(२२) लालचंद या लक्षोदय—ये मेवाड़ के महाराणा जगतसिंह (सं० १६८५-१७०९) की माता जांबवतीजी के प्रधान श्रावक हंसराज के भाई डूँगरसी के पुत्र थे। इन्होंने संवत् १७०० में 'पद्मिनीचरित्र' नामक एक प्रबंधकाव्य की रचना की जिसमें राजा रत्नसेन और पद्मिनी की कथा का राजस्थानी मिली भाषा में वर्णन है। जायसी ने कथा का जो रूप रखा है उससे इसकी कथा में बहुत जगह भेद है—जैसे, जायसी ने हिरामन तोते के द्वारा पद्मिनी का वर्णन सुनकर रत्नसेन का मोहित होनां लिखा है, पर भाटों द्वारा एकबारगी घर से निकल पड़ने का कारण इसमें यह बताया गया है कि पटरानी प्रभावती ने राजा के सामने जो भोजन रखा वह उसे पसंद न आया। इस पर रानी ने चिढ़कर कहा कि यदि मेरा भोजन अच्छा नहीं लगता तो कोई पद्मिनी ब्याह लाओ—

तब तड़की बोली तिसे जी, राखी मन धरि रोस।
नारी आणों काँ न बीजी द्यो मत झूठो दोस॥
हम्मे कलेवी जीणा नहीं जी, किसूँ करीजै बाद।
पदमणि का परणों न बीजी, जिमि भोजन होय स्वाद॥

इस पर रत्नसेन यह कह कर उठ खड़ा हुआ—

राणो तो हूँ रतनसी, परणूँ पदमिनि नारि।

राजा समुद्र तट पर जा पहुँचा जहाँ से औघड़नाथ सिद्ध ने अपने योगबल से उसे सिंहलद्वीप पहुँचा दिया। वहाँ राजा की बहिन पद्मिनी के स्वयंवर की मुनादी हो रही थी—

सिंहलदीप नो राजियो रे, सिंगल सिंह समान रे।
तसु बहण छै पदमिणि रे, रूपे रंभ समान रे॥
जोबन लहर्‍याँ जायछै रे, ते परषूँ भरतार रे।
परतज्ञा जे पूरवै रे, तासु बरै, बरमाल रे॥

राजा अपना पराक्रम दिखाकर पद्मिनी को प्राप्त करता है।

इसी प्रकार जायसी के वृत्त से और भी कई बातों में भेद है। इस चरित्र की रचना गीतिकाव्य के रूप में समझनी चाहिए।

सूफी रचनाओं के अतिरिक्त भक्तिकाल के अन्य आख्यानकाव्य

आश्रयदाता राजाओं के चरितकाव्य तथा ऐतिहासिक या पौराणिक आख्यान काव्य लिखने की जैसी परंपरा हिंदुओं में बहुत प्राचीन काल से चली आती थी वैसी पद्यबद्ध कल्पित कहानियाँ लिखने की नहीं थीं। ऐसी कहानियाँ मिलती हैं, पर बहुत कम। इसका अर्थ यह नहीं कि प्रसंगों या वृत्तों की कल्पना की प्रवृत्ति कम थी। ऐसी कल्पना किसी ऐतिहासिक या पौराणिक पुरुष या घटना का कुछ—कभी-कभी अत्यंत अल्प—सहारा लेकर खड़ी की जाती थी। कहीं-कहीं तो केवल कुछ नाम ही ऐतिहासिक या पौराणिक रहते थे, वृत्त सारा कल्पित रहता था, जैसे ईश्वरदासकृत 'सत्यवती कथा'।

आत्मकथा का विकास भी नहीं पाया जाता। केवल जैन कवि बनारसीदास का 'अर्धकथानक' मिलता है।

नीचे मुख्य आख्यानकाव्यों का उल्लेख किया जाता है—

ऐतिहासिक—पौराणिक	कल्पित	आत्मकथा
१. रामचरितमानस (तुलसी)	१. ढोला मारू रा दूहा (प्राचीन)	१. अर्धकथानक (बनारसीदास)
२. हरिचरित्र (लालचदास)	२. लक्ष्मणसेन पद्मावती कथा (दामोकवि)	
३. रुक्मिणीमंगल (नरहरि)	३. सत्यवती कथा (ईश्वरदास)	
४. रुक्मिणीमंगल (नंददास)	४. माधवानल कामकंदला (आलम)	
५. सुदामाचरित्र (नरोत्तमदास)	५. रसरतन (पुहकर कवि)	
६. रामचंद्रिका (केशवदास)	६. पद्मिनीचरित्र (लालचंद)	
७. वीरसिंहदेवचरित (केशव)	७. कनकमंजरी (काशीराम)	
८. बेलि क्रिसन रुक्मणी री (जोधपुर के राठौड़ राजा प्रिथीराज)		

ऊपर दी हुई सूची में 'ढोला मारू रा दूहा' और 'बेलि क्रिसन रुकमणी री' राजस्थानी भाषा में हैं। ढोला मारू की प्रेमकथा राजपूताने में बहुत प्रचलित है। दोहे बहुत पुराने हैं, यह बात उनकी भाषा से पाई जाती है। बहुत दिनों तक मुखाग्रही रहने के कारण बहुत से दोहे लुप्त हो गए थे, जिससे कथा की शृंखला बीच-बीच में खंडित हो गई थी। इसी से संवत् १६१८ के लगभग जैन कवि कुशललाभ ने बीच-बीच में चौपाइयाँ रचकर जोड़ दीं। दोहों की प्राचीनता का अनुमान इस बात से हो सकता है कि कबीर की साखियों में ढोला मारू के बहुत से दोहे ज्यों के त्यों मिलते हैं।

'बेलि क्रिसन रुकमणी री' जोधपुर के राठौड़ राजवंशीय स्वदेशाभिमानी कवि पृथ्वीराज की रचना है जिनका महाराणाप्रताप को क्षोभ से भरा पत्र लिखना इतिहास-प्रसिद्ध है। रचना प्रौढ़ भी है और मार्मिक भी। इसमें श्रीकृष्ण और रुक्मिणी के विवाह की कथा है।

पद्मिनीचरित की भाषा भी राजस्थानी मिली है।

उत्तर मध्यकाल

(रीतिकाल १७००-१९००)

प्रकरण १

सामान्य परिचय

हिंदी काव्य अब पूर्ण प्रौढ़ता को पहुँच गया था। संवत् १५९८ में कृपाराम थोड़ा बहुत रसनिरूपण भी कर चुके थे। उसी समय के लगभग चरखारी के मोहनलाल मिश्र ने 'श्रृंगारसागर' नामक एक ग्रंथ श्रृंगारसंबंधी लिखा। नरहरि कवि के साथी करनेस कवि ने 'कर्णाभरण', 'श्रुतिभूषण' और 'भूपभूषण' नामक तीन ग्रंथ अलंकार संबंधी लिखे। रसनिरूपण और अलंकारनिरूपण का इस प्रकार सूत्रपात हो जाने पर केशवदासजी ने काव्य के सब अंग का निरूपण शास्त्रीय पद्धति पर किया। इसमें संदेह नहीं कि काव्यरीति का सम्यक् समावेश पहले पहल आचार्य केशव ने ही किया। पर हिंदी में रीतिग्रंथों की अविरल और अखंडित परंपरा का प्रवाह केशव की 'कविप्रिया' ने प्रायः पचास वर्ष पीछे चला और वह भी एक भिन्न आदर्श को लेकर, केशव के आदर्श को लेकर नहीं।

केशव के प्रसंग में यह पहले कहा जा चुका है कि वे काव्य में अलंकारों का स्थान प्रधान समझने वाले चमत्कारवादी कवि थे। उनकी इस मनोवृत्ति के कारण ही हिंदी साहित्य के इतिहास में एक विचित्र संयोग घटित हुआ। संस्कृत साहित्य के विकासक्रम की एक संक्षिप्त उद्धरणी हो गई। साहित्य की मीमांसा क्रमशः बढ़ते-बढ़ते जिस स्थिति पर पहुँच गई थी उस स्थिति से सामग्री न लेकर केशव ने उसके पूर्व की स्थिति से सामग्री ली। उन्होंने हिंदी पाठकों को काव्यांगनिरूपण की उस पूर्व दशा का परिचय कराया जो भामह और उद्भट के समय में थी; उस उत्तर दशा का नहीं जो आनंदवर्धनाचार्य, मम्मट और विश्वनाथ द्वारा विकसित हुई। भामह और उद्भट के समय से अलंकार और अलंकार्य का स्पष्ट भेद नहीं हुआ था; रस, रीति, अलंकार आदि सबके लिए 'अलंकार' शब्द का व्यवहार होता था। यही बात हम केशव की 'कविप्रिया' में भी पाते हैं। उसमें 'अलंकार' के 'सामान्य' और 'विशेष' दो भेद करके 'सामान्य' के अंतर्गत वर्ण्य विषय और 'विशेष' के अंतर्गत वास्तविक अलंकार रखे गए हैं।[१]

पर केशवदास के उपरांत तत्काल रीतिग्रंथों की परंपरा चली नहीं। कविप्रिया के ५० वर्ष पीछे उसकी अखंड परंपरा का आरंभ हुआ। यह परंपरा केशव के दिखाए हुए पुराने आचार्यों (भामह, उद्भट आदि) के मार्ग पर न चलकर परवर्ती आचार्यों के परिष्कृत मार्ग पर चली जिसमें अलंकार अलंकार्य का भेद हो गया था। हिंदी के अलंकारग्रंथ अधिकतर 'चंद्रालोक' और 'कुवलयानंद' के अनुसार निर्मित हुए। कुछ ग्रंथों में 'काव्यप्रकाश' और 'साहित्यदर्पण'

---

१. विशेष दे० केशवदास।

का भी आधार पाया जाता है। काव्य के स्वरूप और अंगों के संबंध में हिंदी के रीतिकार कवियों ने संस्कृत के इन परवर्ती ग्रंथों का मत ग्रहण किया। इस प्रकार दैव योग से संस्कृत साहित्यशास्त्र के इतिहास की संक्षिप्त उद्धरणी हिंदी में हो गई।

हिंदी रीतिग्रंथों की परंपरा चिंतामणि त्रिपाठी से चली, अत: रीतिकाल का आरंभ उन्हीं से मानना चाहिए। उन्होंने संवत् १७०० के कुछ आगे पीछे 'काव्यविवेक', 'कविकुलकल्पतरु' और 'काव्यप्रकाश' ये तीन ग्रंथ लिखकर काव्य के सब अंगों का पूरा निरूपण किया और पिंगल या छंदशास्त्र पर भी एक पुस्तक लिखी। उसके उपरांत तो लक्षणग्रंथों की भरमार सी होनी लगी। कवियों ने कविता लिखने की एक प्रणाली ही बना ली कि पहले दोहे में अलंकार या रस का लक्षण लिखना फिर उसके उदाहरण के रूप में कविता या सवैया लिखना। हिंदी साहित्य में यह अनूठा दृश्य खड़ा हुआ। संस्कृत साहित्य में कवि और आचार्य दो भिन्न-भिन्न श्रेणियों के व्यक्ति रहे। हिंदी काव्यक्षेत्र में यह भेद लुप्त सा हो गया। इस एकीकरण का प्रभाव अच्छा नहीं पड़ा। आचार्यत्व के लिये जिस सूक्ष्म विवेचन या पर्यालोचन शक्ति की अपेक्षा होती है उसका विकास नहीं हुआ। कवि लोग एक ही दोहे में अपर्याप्त लक्षण देकर अपने कविकर्म में प्रवृत्त हो जाते थे। काव्यांगों का विस्तृत विवेचन, तर्क द्वारा खंडन-मंडन, नए-नए सिद्धांतों का प्रतिपादन आदि कुछ भी न हुआ। इसका कारण यह भी था कि उस समय गद्य का विकास नहीं हुआ था। जो कुछ लिखा जाता था वह पद्य में ही लिखा जाता था। पद्य में किसी बात की सम्यक् मीमांसा या उस पर तर्कवितर्क हो नहीं सकता। इस अवस्था में 'चंद्रालोक' की यह पद्धति ही सुगम दिखाई पड़ी कि एक श्लोक या एक चरण में ही लक्षण कहकर छुट्टी ली।

उपर्युक्त बातों पर ध्यान देने से यह स्पष्ट हो जाता है कि हिंदी में लक्षणग्रंथ की परिपाटी पर रचना करने वाले जो सैकड़ों कवि हुए हैं वे आचार्य की कोटि में नहीं आ सकते। वे वास्तव में कवि ही थे। उनमें आचार्य के गुण नहीं थे। उनके अपर्याप्त लक्षण साहित्यशास्त्र का सम्यक् बोध कराने में असमर्थ हैं। बहुत स्थलों पर तो उनके द्वारा अलंकार आदि के स्वरूप का भी ठीक-ठीक बोध नहीं हो सकता। कहीं-कहीं तो उदाहरण भी ठीक नहीं हैं। 'शब्दशक्ति' का विषय तो दो ही चार कवियों ने नाममात्र के लिये लिया है जिससे उस विषय का स्पष्ट बोध होना तो दूर रहा, कहीं-कहीं भ्रांत धारणा अवश्य उत्पन्न हो सकती है। काव्य के साधारणत: दो भेद किए जाते हैं—श्रव्य और दृश्य। इनमें से दृश्य काव्य का निरूपण तो छोड़ ही दिया गया। सारांश यह कि इन रीतियों पर ही निर्भर रहनेवाले व्यक्ति का साहित्यज्ञान कच्चा ही समझा जाना चाहिए। यह सब लिखने का अभिप्राय यहाँ केवल इतना ही है कि यह न समझा जाय कि रीतिकाल के भीतर साहित्यशास्त्र पर गंभीर और विस्तृत विवेचन तथा नयी-नयी बातों की उद्‌भावना होती रही।

केशवदास के वर्णन में यह दिखाया जा चुका है कि उन्होंने सारी सामग्री कहाँ-कहाँ से ली। आगे होने वाले लक्षण ग्रंथकार कवियों ने भी सारे लक्षण और भेद संस्कृत की पुस्तकों से लेकर लिखे हैं जो कहीं-कहीं अपर्याप्त हैं। अपनी ओर से उन्होंने न तो अलंकार क्षेत्र में कुछ मौलिक विवेचन किया, न रस क्षेत्र में। काव्यांगों का विस्तृत समावेश दासजी ने अपने 'काव्यनिर्णय' में किया है। अलंकारों को जिस प्रकार उन्होंने बहुत से छोटे-छोटे प्रकरणों में बाँटकर रखा है उससे भ्रम हो सकता है कि शायद किसी आधार पर उन्होंने अलंकारों का वर्गीकरण किया है। पर वास्तव में उन्होंने किसी प्रकार के वर्गीकरण का प्रयत्न नहीं किया

है। दासजी की एक नई योजना अवश्य ध्यान देने योग्य है। संस्कृत काव्य में अंत्यानुप्रास या तुक का चलन नहीं था, इससे संस्कृत के साहित्य ग्रंथों में उसका विचार नहीं हुआ है। पर हिंदी काव्य में वह बराबर आरंभ से ही मिलता है। अतः दासजी ने अपनी पुस्तक में उसका विचार करके बड़ा ही आवश्यक कार्य किया।

भूषण का 'भाविक छवि' एक नया अलंकार सा दिखाई पड़ता है, पर वास्तव में संस्कृत ग्रंथों के 'भाविक' का ही एक दूसरा या प्रवर्द्धित रूप है। 'भाविक' का संबंध कालगत दूरी से है; इसका देशगत से। बस इतना ही अंतर है।

दासजी के 'अतिशयोक्ति' के पाँच नये दिखाई पड़ने वाले भेदों में से चार तो भेदों के भिन्न योग हैं। पाँचवाँ 'संभावनातिशयोक्ति' तो संबंधातिशयोक्ति ही है।

देव कवि का संचारियों के बीच छल बढ़ा देना कुछ लोगों को नयी सूझ समझ पड़ा है। उन्हें समझना चाहिए कि देव ने जैसे और सब बातें संस्कृत की 'रसतरंगिणी' से ली हैं वैसे ही यह 'छल' भी। सच पूछिए तो छल का अंतर्भाव अवहित्था में हो जाता है।

इस बात का संकेत पहले किया जा चुका है कि हिंदी के पद्यबद्ध लक्षणग्रंथों में दिए हुए लक्षणों और उदाहरणों में बहुत जगह गड़बड़ी पाई जाती है। अब इस गड़बड़ी के संबंध में दो बातें कही जा सकती हैं। या तो यह कहें कि कवियों ने अपना मतभेद प्रकट करने के लिए जानबूझकर भिन्नता कर दी है अथवा प्रमादवश और का और समझकर। मतभेद तो तब कहा जाता जब कहीं कोई नूतन विचारपद्धति मिलती। अतः दूसरा कारण ही ठहरता है। कुछ उदाहरणों से यह स्पष्ट हो जायगा—.

(१) केशवदास ने रूपक के तीन भेद दंडी से लिए—अद्भुत रूपक, विरुद्ध रूपक और रूपक रूपक। इनमें से प्रथम का लक्षण भी स्वरूप व्यक्त नहीं करता और उदाहरण भी अधिक-ताद्रूप्य रूपक का हो गया है। विरुद्ध रूपक भी दंडी से नहीं मिलता और रूपकातिशयोक्ति हो गया है। रूपक रूपक दंडी के अनुसार वहाँ होता है जहाँ प्रस्तुत पर एक अप्रस्तुत का आरोप करके फिर दूसरे अप्रस्तुत का भी आरोप कर दिया जाता है। केशव के न तो लक्षण से यह बात प्रकट होती है, न उदाहरण से। उदाहरण में दंडी के उदाहरण का ऊपरी ढाँचा भर झलकता है, पर असल बात का पता नहीं है। इससे स्पष्ट है कि बिना ठीक तात्पर्य समझे ही लक्षण और उदाहरण हिंदी में दे दिए गए हैं।

(२) भूषण क्या प्रायः सब हिंदी कवियों ने 'भ्रम', 'संदेह' और 'स्मरण' अलंकारों के लक्षणों में सादृश की बात छोड़ दी है। इससे बहुत जगह उदाहरण अलंकार के न होकर भाव के हो गए हैं। भूषण का उदाहरण सबसे गड़बड़ है।

(३) शब्दशक्ति का विषय दास ने थोड़ा सा लिया है, पर उससे उसका कुछ भी बोध नहीं हो सकता। 'उपादान लक्षण' का लक्षण भी विलक्षण है और उदाहरण भी असंगत। उदाहरण से साफ झलकता है कि इस लक्षण का स्वरूप ही समझने में भ्रम हुआ है।

जबकि काव्यांगों का स्वतंत्र विवेचन ही नहीं हुआ तब तरह-तरह के 'वाद' कैसे प्रतिष्ठित होते? संस्कृत साहित्य में जैसे अलंकारवाद, रीतिवाद, रसवाद, ध्वनिवाद, वक्रोक्तिवाद इत्यादि अनेक वाद पाए जाते हैं, वैसे वादों के लिए हिंदी के रीतिक्षेत्र में रास्ता ही नहीं निकला। केशव को ही अलंकार आवश्यक मानने के कारण अलंकारवादी कह सकते हैं। केशव के उपरांत रीतिकाल में होने वाले कवियों ने किसी वाद का निर्देश नहीं किया। वे रस

को ही काव्य की आत्मा या प्रधान वस्तु मानकर चले। महाराज जसवंत सिंह ने अपने 'भाषाभूषण' की रचना 'चंद्रालोक' के आधार पर की, पर उसके अलंकार की अनिवार्यता वाले सिद्धांत का समावेश नहीं किया।

इन रीतिग्रंथों के कर्ता भावुक, सहृदय और निपुण कवि थे। उनका उद्देश्य कविता करना था न कि काव्यांगों का शास्त्रीय पद्धति पर निरूपण करना। अत: उनके द्वारा बड़ा भारी कार्य यह हुआ कि रसों (विशेषत: शृंगाररस) और अलंकारों के बहुत ही सरस और हृदयग्राही उदाहरण अत्यंत प्रचुर परिमाण में प्रस्तुत हुए। ऐसे सरस और मनोहर उदाहरण संस्कृत के सारे लक्षणों से चुनकर इकट्ठा करें तो भी उनकी इतनी अधिक संख्या न होगी। अलंकारों की अपेक्षा नायिकाभेद की ओर कुछ अधिक झुकाव रहा। इससे शृंगाररस के अंतर्गत बहुत मुक्तक रचना हिंदी में हुई। इस रस का इतना अधिक विस्तार हिंदी साहित्य में हुआ कि इसके एक अंग को लेकर स्वतंत्र ग्रंथ रचे गए। इस रस का सारा वैभव कवियों ने नायिकाभेद के भीतर दिखाया। रसग्रंथ वास्तव में नायिकाभेद के ही ग्रंथ हैं जिनमें और दूसरे रस पीछे से संक्षेप में चलते कर दिए गए हैं। नायिका शृंगाररस का आलंबन है। इस आलंबन के अंगों का वर्णन एक स्वतंत्र विषय हो गया और न जाने कितने ग्रंथ केवल नख शिख वर्णन के लिखे गए। इसी प्रकार उद्दीपन के रूप में षट्ऋतुवर्णन पर भी कई अलग पुस्तकें लिखी गईं। विप्रलंभ संबंधी 'बारहमासे' भी कुछ कवियों ने लिखे। रीतिग्रंथों की इस परंपरा द्वारा साहित्य के विस्तृत विकास में कुछ बाधा भी पड़ी। प्रकृति की अनेकरूपता, जीवन की भिन्न-भिन्न चिंत्यबातों तथा जगत् के नाना रहस्यों की ओर कवियों की दृष्टि नहीं जाने पाई। वह एक प्रकार से बद्ध और परिमित सी हो गई। उसका क्षेत्र संकुचित हो गया। वाग्धारा बँधी हुई नालियों में ही प्रवाहित होने लगी जिससे अनुभव के बहुत से गोचर और अगोचर विषय रससिक्त होकर सामने आने से रह गए। दूसरी बात यह हुई कि कवियों की व्यक्तिगत विशेषता की अभिव्यक्ति का अवसर बहुत ही कम रह गया। कुछ कवियों के बीच भाषाशैली पदविन्यास, अलंकार विधान आदि बाहरी बातों का भेद हम थोड़ा बहुत दिखा सकें, पर उनकी आभ्यंतर प्रवृत्ति के अन्वीक्षण में समर्थ उच्चकोटि की आलोचना की सामग्री बहुत कम पा सकते हैं।

रीतिकाल में एक बड़े भारी अभाव की पूर्ति हो जानी चाहिए थी, पर वह नहीं हुई। भाषा जिस समय सैकड़ों कवियों द्वारा परिमार्जित होकर प्रौढ़ता को पहुँची उसी समय व्याकरण द्वारा उसकी व्यवस्था होनी चाहिए थी कि जिससे उस च्युतसंस्कृति दोष का निराकरण होता जो ब्रजभाषा काव्य में थोड़ा बहुत सर्वत्र पाया जाता है। और नहीं तो वाक्यदोषों का पूर्ण रूप से निरूपण होता जिससे भाषा में कुछ और सफाई आती। बहुत थोड़े कवि ऐसे मिलते हैं, जिनकी वाक्यरचना सुव्यवस्थित पाई जाती है। भूषण अच्छे कवि थे। जिस रस को उन्होंने लिया उसका पूरा आवेश उनमें था, पर भाषा उनकी अनेक स्थलों पर सदोष है।[१] यदि शब्दों के रूप स्थिर हो जाते और शुद्ध रूपों के प्रयोग पर जोर दिया जाता तो शब्दों को तोड़ मरोड़ कर विकृत करने का साहस कवियों को न होता। पर इस प्रकार की कोई व्यवस्था नहीं हुइ, जिससे भाषा में बहुत कुछ गड़बड़ी बनी रही।

भाषा की गड़बड़ी का एक कारण ब्रज और अवधी इन दोनों काव्यभाषाओं का कवि की इच्छानुसार सम्मिश्रण भी था। यद्यपि एक समान साहित्यिक भाषा किसी प्रदेश विशेष के

---

१. **देखो, अगले प्रकरण में भूषण का परिचय।**

प्रयोगों तक ही परिमित नहीं रह सकती पर वह अपना ढाँचा बराबर बनाए रहती है। काव्य की ब्रजभाषा के संबंध में भी अधिकतर यही बात रही। सूरदास की भाषा में यत्र-तत्र पूरबी प्रयोग—जैसे मोर, हमार, कीन, अस, जस, इत्यादि—बराबर मिलते हैं। बिहारी की भाषा भी 'कीन', 'दीन' आदि से खाली नहीं। रीति ग्रंथों का विकास अधिकतर अवध में हुआ। अत: इस काल में काव्य की ब्रजभाषा में अवधी के प्रयोग और अधिक मिले। इस बात को किसी कवि ने लक्ष्य भी किया। दासजी ने अपने 'काव्यनिर्णय' में काव्यभाषा पर भी कुछ दृष्टिपात किया। मिश्रित भाषा के समर्थन में वे कहते हैं—

ब्रजभाषा भाषा रुचिर, कहैं सुमति सब कोइ।
मिल संस्कृत पारस्यौ, पै अति प्रगट जु होइ॥
ब्रज, मागधी मिलै अमर, नाग यवन भाखानि॥
सहज पारसी हू मिलै, षट विधि कहत बखानि॥

उक्त दोहों में 'मागधी' शब्द से पूरबी भाषा का अभिप्राय है। अवधी अर्द्धमागधी से निकली मानी जाती है और पूरबी हिंदी के अन्तर्गत है। जबाँदानी के लिये ब्रज का निवास आवश्यक नहीं है, आप्त कवियों की वाणी भी प्रमाण है, इस बात को दासजी ने स्पष्ट कहा है—

सूर, केसव, मंडन, बिहारी, कालिदास, ब्रह्म,
चिंतामणि, मतिराम, भूषन सु जानिए॥
लीलावर, सेनापति, निपट, नेवाज, निधि,
नीलकंठ, मिश्र सुखदेव, देव मानिए॥
आलम, रहीम, रसखान, सुंदरादिक,
अनेकन सुमति भए कहाँ लौ बखानिए॥
ब्रजभाषा हेत ब्रजवास ही न अनुमानौ,
ऐसे ऐसे कविन की बानी हू सो जानिए॥

मिली जुली भाषा के प्रमाण में दासजी कहते हैं कि तुलसी और गंग तक ने, जो कवियों के शिरोमणि हुए हैं, ऐसी भाषा का व्यवहार किया है—

तुलसी गंग दूवौ भए, सुकविन के सरदार।
इनके काव्यन में मिली, भाषा विविध प्रकार॥

इस सीधे-सादे दोहे का जो यह अर्थ ले कि तुलसी और गंग इसीलिये कवियों के सरदार हुए कि उनके काव्यों में विविध प्रकार की भाषा मिली है, उनकी समझ को क्या कहा जाय?

दासजी ने काव्यभाषा के स्वरूप का जो निर्णय किया वह कोई सौ वर्षों की काव्यपरंपरा के पर्यालोचन के उपरांत। अत: उनका स्वरूप निरूपण तो बहुत ही ठीक है। उन्होंने काव्यभाषा ब्रजभाषा ही कही है जिसमें और भाषाओं के शब्दों का भी मेल हो सकता है। पर भाषा संबंधी और अधिक मीमांसा न होने के कारण कवियों ने अपने को अन्य बोलियों के शब्दों तक ही परिमित नहीं रखा; उनके कारक चिह्नों और क्रिया के रूपों का भी वे मनमाना व्यवहार बराबर करते रहे। ऐसा वे केवल सौंदर्य की दृष्टि से करते थे, किसी सिद्धांत के अनुसार नहीं। 'करना' के भूतकाल के लिये वे छंद की आवश्यकता के अनुसार 'कियो', 'कीना', 'कर्‌यो',

'करियो', 'कीन', यहाँ तक कि 'किय' तक रखने लगे। इसका परिणाम यह हुआ कि भाषा को वह स्थिरता न प्राप्त हो सकी जो किसी साहित्यिक भाषा के लिये आवश्यक है। रूपों के स्थिर न होने से यदि कोई विदेशी काव्य की ब्रज भाषा का अध्ययन करना चाहे तो उसे कितनी कठिनता होगी।

भक्तिकाल की प्रारंभिक अवस्था में ही किस प्रकार मुसलमानों के संसर्ग से कुछ फारसी के शब्द और चलन भाव मिलने लगे थे, इसका उल्लेख हो चुका है। नामदेव और कबीर आदि की तो बात ही क्या, तुलसीदासजी ने भी गनी, गरीब, साहब, इताति, उमरदराज आदि बहुत से शब्दों का प्रयोग किया। सूर में ऐसे शब्द अवश्य कम मिलते हैं। फिर मुसलमानी राज्य की दृढ़ता के साथ-साथ इस प्रकार के शब्दों का व्यवहार ज्यों-ज्यों बढ़ता गया त्यों-त्यों कवि लोग उन्हें अधिकाधिक स्थान देने लगे। राजा महाराजाओं के दरबार में विदेशी शिष्टता और सभ्यता के व्यवहार का अनुकरण हुआ और फारसी के लच्छेदार शब्द वहाँ चारों ओर सुनाई देने लगे। अतः भाट या कवि लोग 'आयुष्मान्' और 'जयजयकार' तक ही अपने को कैसे रख सकते थे? वे भी दरबार में खड़े होकर 'उमरदराज महाराज तेरी चाहिए' पुकारने लगे। 'बखतबलंद' आदि शब्द उनकी जबान पर भी नाचने लगे।

यह तो हुई व्यावहारिक भाषा की बात। फारसी काव्य के शब्दों को भी थोड़ा बहुत कवियों ने अपनाना आरंभ किया। रीतिकाल में ऐसे शब्दों की संख्या कुछ और बढ़ी। पर यह देखकर हर्ष होता है कि अपनी भाषा की सरसता का ध्यान रखनेवाले उत्कृष्ट कवियों ने ऐसे शब्दों को बहुत ही कम स्थान दिया। परंपरागत साहित्य का कम अभ्यास रखनेवाले साधारण कवियों ने कहीं-कहीं बड़े बेढंगे तौर पर ऐसे विदेशी शब्द रखे हैं। कहीं-कहीं 'खुसबोयन' आदि उनके विकृत शब्दों को देखकर शिक्षितों को एक प्रकार की विरक्ति सी होती है और उनकी कविता गँवारों की रचना सी लगती है। शब्दों के साथ-साथ कुछ थोड़े से कवियों ने इश्क की शायरी की पूरी अलंकार सामग्री तक उठाकर रख ली है और उनके भाव भी बाँध गए हैं। रसनिधिकृत 'रतनहजारा' में यह बात अरुचिकर मात्रा में पाई जाती है। बिहारी ऐसे परम उत्कृष्ट कवि भी यद्यपि फारसी भावों के प्रभाव से नहीं बचे हैं पर उन्होंने उन भावों को अपने देशी साँचे में ढाल लिया है जिससे वे खटकते क्या सहसा लक्ष्य भी नहीं होते। उनकी विरहताप की अत्युक्तियों में दूर की सूझ और नाजुक खयाली बहुत कुछ फारसी की शैली की है। पर बिहारी रसभंग करनेवाले वीभत्स रूप कहीं नहीं लाए हैं।

यहाँ पर यह उल्लेख कर देना भी आवश्यक जान पड़ता है कि रीतिकाल के कवियों के प्रिय छंद कवित्त और सवैये ही रहे। कवित्त तो श्रृंगार और वीर दोनों रसों के लिए समान रूप से उपयुक्त माना गया था। वास्तव में पढ़ने के ढंग में थोड़ा विभेद कर देने से उसमें दोनों के अनुकूल नादसौंदर्य पाया जाता है। सवैया, श्रृंगार और करुण इन दो कोमल रसों के लिये बहुत उपयुक्त होता है, यद्यपि वीररस की कविता में भी इसका व्यवहार कवियों ने जहाँ-तहाँ किया है। वास्तव में श्रृंगार और वीर इन्हीं दो रसों की कविता इस काल में हुई। प्रधानता श्रृंगार की ही रही। इससे इस काल को रस के विचार से कोई श्रृंगारकाल कहे तो कह सकता है। श्रृंगार के वर्णन को बहुतेरे कवियों ने अश्लीलता की सीमा तक पहुँचा दिया था। इसका कारण जनता की रुचि थी जिनके लिये कर्मण्यता और वीरता का जीवन बहुत कम रह गया था।

प्रकरण २
रीतिग्रंथकार कवि

हिंदी साहित्य की गति का ऊपर जो संक्षिप्त उल्लेख हुआ, उससे रीतिकाल की सामान्य प्रवृत्ति का पता चल सकता है। अब इस काल के मुख्य-मुख्य कवियों का विवरण दिया जाता है।

(१) चिंतामणि त्रिपाठी—ये तिकवाँपुर (जि० कानपुर) के रहनेवाले और चार भाई थे—चिंतामणि, भूषण, मतिराम और जटाशंकर। चारों कवि थे, जिनमें प्रथम तीन तो हिंदी साहित्य में बहुत यशस्वी हुए। इनके पिता का नाम रत्नाकर त्रिपाठी था। कुछ दिन से यह विवाद उठाया गया है कि भूषण न तो चिंतामणि और मतिराम के भाई थे, न शिवाजी के दरबार में थे। पर इतनी प्रसिद्ध बात का जब तक पर्याप्त विरुद्ध प्रमाण न मिले तब तक वह अस्वीकार नहीं की जा सकती। चिंतामणि का जन्मकाल सं० १६६६ के लगभग और कविताकाल संवत् १७०० के आसपास ठहरता है। इनका 'कविकुलकल्पतरु' नामक ग्रंथ सं० १७०७ का लिखा है। इनके संबंध में शिवसिंहसरोज में लिखा है कि ''ये बहुत दिन तक नागपुर में सूर्यवंशी भोसला मकरंदशाह के यहाँ रहे और उन्हीं के नाम पर 'छंद विचार' नामक पिंगल का बहुत भारी ग्रंथ बनाया और 'काव्य विवेक', 'कविकुलकल्पतरु', 'काव्यप्रकाश', 'रामायण', ये पाँच ग्रंथ इनके बनाए हुए हमारे पुस्तकालय में मौजूद हैं। इनकी बनाई रामायण कवित्त और नाना अन्य छंदों में बहुत अपूर्व हैं। बाबू रुद्र साहि सोलंकी, शाहजहाँ बादशाह और जैनदी अहमद ने इनको बहुत दान दिए हैं। इन्होंने अपने ग्रंथ में कहीं-कहीं अपना नाम मणिमाल भी कहा है।''

ऊपर के विवरण से स्पष्ट है कि चिंतामणि ने काव्य के सब अंगों पर ग्रंथ लिखे। इनकी भाषा ललित और सानुप्रास होती थी। अवध के पिछले कवियों की भाषा देखते हुए इनकी ब्रजभाषा विशुद्ध दिखाई पड़ती है। विषयवर्णन की प्रणाली भी मनोहर है। ये वास्तव में एक उत्कृष्ट कवि थे। रचना के कुछ नमूने देखिए—

येई उधारत हैं तिन्हें जे, परे मोह महोदधि के जल फेरे।
जे इनको पल ध्यान धरैं मन, ते न परैं कबहूँ जम घेरे॥
राजै रमा रमनी उपधान, अभै बरदान रहैं जन नेरे।
हैं बलभार उदंड भरे, हरि के भुजदंड सहायक मेरे॥

इक आजु मैं कुंदन बेलि लखी, मनिमंदिर की रुचिवृंद भरैं।
अरविंद के पल्लव इंदु तहाँ, अरविंदन तें मकरंद झरैं॥

उत बुंदन के मुकतागन ह्वै, फल सुंदर भ्वै पर आनि परै।
लखि यों दुति कंद अनंद कला, नँदनंद सिलाद्रव रूप धरै॥

आँखिन मुँदिबे के मिस आनि, अचानक पीठि उरोज लगावै।
कैहूँ कहूँ मुसकाय चितै, अगराय अनूपम अंग दिखावै॥
नाह छुई छल सो छतियाँ, हँसि भौंह चढ़ाय अनंद बढ़ावै।
जोबन के मद मत्त तिया, हित सों पति को नित चित्त चुरावै॥

(२) बेनी—ये अस्सी के बंदीजन थे और संवत् १७०० के आसपास विद्यमान थे। इनका कोई ग्रंथ नहीं मिलता पर फुटकल कवित्त बहुत से सुने जाते हैं जिनसे यह अनुमान होता है कि इन्होंने नखशिख और षट्ऋतु पर पुस्तकें लिखी होंगी। कविता इनकी साधारणतः अच्छी होती थी। भाषा चलती होने पर भी अनुप्रासयुक्त होती थी। दो उदाहरण नीचे दिए जाते हैं—

छहरैं सिर पै छवि मोरपखा, उनकी नथ के मुकुता थहरैं।
फहरै पियरो पट बेनी इतै, उनकी चुनरी के झबा झहरैं॥
रसरंग भिरे अभिरे हैं तमाल, दोऊ रसख्याल चहैं लहरैं।
नित ऐसे सनेह सों राधिका स्याम हमारे हिए में सदा बिहरैं॥

कवि बेनी नई उनई है घटा, मोरवा बन बोलत कूकन री।
छहरै बिजुरी छितिमंडल छ्वै, लहरै मन मैन भभूकन री।
पहिरौ चुनरी चुनिकै दुलही, सँग लाल के झूलहु झूकन री।
ऋतु पावस यों ही बितावत हौ, मरिहौ, फिरी बावरि! हूकन री॥

(३) महाराज जसवंतसिंह—ये मारवाड़ के प्रसिद्ध महाराज थे जो अपने समय के सबसे प्रतापी हिंदू नरेश थे और जिनका भय औरंगजेब को बराबर बना रहता था। इनका जन्म संवत् १६८३ में हुआ। वे शाहजहाँ के समय में ही कई लड़ाइयों पर जा चुके थे। महाराज गजसिंह के ये दूसरे पुत्र थे और उनकी मृत्यु के उपरांत संवत् १६९५ में गद्दी पर बैठे। इनके बड़े भाई अमरसिंह अपने उद्धत स्वभाव के कारण पिता द्वारा अधिकारच्युत कर दिए गए थे। महाराज जसवंतसिंह बड़े अच्छे साहित्यमर्मज्ञ और तत्वज्ञानसंपन्न पुरुष थे। उनके समय में राज्य भर में विद्या की बड़ी चर्चा रही और अच्छे-अच्छे कवियों और विद्वानों का बराबर समागम होता रहा। महाराज ने स्वयं तो अनेक ग्रंथ लिखे ही, अनेक विद्वानों और कवियों से न जाने कितने ग्रंथ लिखवाए। औरंगजेब ने इन्हें कुछ दिनों के लिए गुजरात का सूबेदार बनाया था। वहाँ से शाइस्ताखाँ के साथ ये छत्रपति शिवाजी के विरुद्ध दक्षिण भेजे गए थे। कहते हैं कि चढ़ाई में शाइस्ताखाँ की जो दुर्गति हुई वह बहुत कुछ इन्हीं के इशारे से। अंत में ये अफगानों को सर करने के लिए काबुल भेजे गए जहाँ संवत् १७४५ में इनका परलोकवास हुआ।

ये हिंदी साहित्य के प्रधान आचार्यों में माने जाते हैं और इनका 'भाषाभूषण' ग्रंथ अलंकारों पर एक बहुत ही प्रचलित पाठ्यग्रंथ रहा है। इस ग्रंथ को इन्होंने वास्तव में आचार्य के रूप में

लिखा है, कवि के रूप में नहीं। प्राक्कथन में इस बात का उल्लेख हो चुका है कि रीतिकाल के भीतर जितने लक्षणग्रंथ लिखनेवाले हुए वे वास्तव में कवि थे और उन्होंने कविता करने के उद्देश्य से ही वे ग्रंथ लिखे थे, न कि विषय प्रतिपादन की दृष्टि से। पर महाराज जसवंतसिंहजी इस नियम के अपवाद थे। वे आचार्य की हैसियत से हिंदी साहित्य क्षेत्र में आये, कवि की हैसियत से नहीं। उन्होंने अपना 'भाषाभूषण' बिलकुल 'चंद्रालोक' की छाया पर बनाया और उसी की संक्षिप्त प्रणाली का अनुसरण किया। जिस प्रकार चंद्रालोक में प्रायः एक ही श्लोक के भीतर लक्षण और उदाहरण दोनों का सन्निवेश है उसी प्रकार 'भाषाभूषण' में भी प्रायः एक ही दोहे में लक्षण और उदाहरण दोनों रखे गए हैं। इससे विद्यार्थियों को अलंकार कंठ करने में बड़ा सुबीता हो गया और 'भाषाभूषण' हिंदी काव्य रीति के अभ्यासियों के बीच वैसा ही सर्वप्रिय हुआ जैसा कि संस्कृत के विद्यार्थियों के बीच चंद्रालोक। भाषाभूषण बहुत छोटा सा ग्रंथ है।

भाषाभूषण के अतिरिक्त जो और ग्रंथ इन्होंने लिखा है वे तत्वज्ञानसंबंधी हैं; जैसे अपरोक्षसिद्धांत, अनुभवप्रकाश, आनंदबिलास, सिद्धांतबोध, सिद्धांतसार, प्रबोधचंद्रोदय नाटक। ये सब ग्रंथ भी पद्य में ही हैं, जिनसे पद्यरचना की पूरी निपुणता प्रकट होती है। पर साहित्य में जहाँ तक संबंध है, ये आचार्य या शिक्षक के रूप में ही हमारे सामने आते हैं। अलंकारनिपुणता की इनकी पद्धति का परिचय कराने के लिये 'भाषाभूषण' के दो दोहे नीचे दिए जाते हैं—

अत्युक्ति—

अलंकार अत्युक्ति यह, बरनत अतिसय रूप।
आचक तेरे दान तें, भए कल्पतरु भूप॥

———

पर्यस्तापह्नुति-

पर्यस्त जु गुन एक को, और विषय आरोप।
होइ सुधाधर नाहिं यह, वदन सुधाधर ओप॥

ये दोहे चंद्रालोक के इन श्लोकों के स्पष्ट छाया हैं—

अत्युक्तिरद्भुतातथ्यशौर्यो दार्यादिवर्णनम्।
त्वयि दातरि राजेंद्र याचकाः कल्पशाखिनः॥
पर्यस्तापह्नुर्नुनर्यत्र धर्ममात्रं निषिध्यते।
नायं सुधांशुः किं तर्हि सुधांशुः प्रेयसीमुखम्॥

भाषाभूषण पर पीछे तीन टीकाएँ रची गईं—'अलंकार रत्नाकर' नाम की टीका जिसे बंशीधर ने संवत् १७९२ में बनाया, दूसरी टीका प्रतापसाहि की और तीसरी गुलाब कवि की 'भूषणचंद्रिका'।

(४) बिहारीलाल—ये माथुर चौबे कहे जाते हैं और इनका जन्म ग्वालियर के पास बसुवा गोविंदपुर गाँव में संवत् १६६० के लगभग माना जाता है। एक दोहे के अनुसार इनकी बाल्यावस्था बुंदेलखंड में बीती और तरुणावस्था में ये अपनी ससुराल मथुरा में आ रहे। अनुमानतः ये संवत् १७२० तक वर्तमान रहे। ये जयपुर के मिर्जा राजा जयसाह (महाराज जयसिंह) के दरबार में रहा करते थे। कहा जाता है कि जिस समय ये कवीश्वर जयपुर पहुँचे उस समय महाराज अपनी छोटी रानी के प्रेम में इतने लीन रहा करते थे कि राजकाज देखने के

लिये महलों के बाहर निकलते ही न थे। इस पर सरदारों की सलाह से बिहारी ने यह दोहा किसी प्रकार महाराज के पास भीतर भिजवाया—

> **नहिं पराग नहिं मधुर मधु, नहिं विकास यहि काल।**
> **अली कली ही सों बँध्यो, आगे कौन हवाल॥**

कहते हैं कि इसपर महाराज बाहर निकले और तभी से बिहारी का मान बहुत अधिक बढ़ गया। महाराज ने बिहारी को इसी प्रकार के सरस दोहे बनाने की आज्ञा दी। बिहारी दोहे बनाकर सुनाने लगे और प्रति दोहे पर एक अशरफी मिलने लगी। इस प्रकार सात सौ दोहे बने जो संगृहीत होकर 'बिहारी सतसई' के नाम से प्रसिद्ध हुए।

शृंगाररस के ग्रंथों में जितनी ख्याति और जितना मान 'बिहारी सतसई' का हुआ उतना और किसी का नहीं। इसका एक-एक दोहा हिंदी साहित्य में एक-एक रत्न माना जाता है। इसकी पचासों टीकाएँ रची गईं। इन टीकाओं में ४-५ टीकाएँ तो बहुत प्रसिद्ध हैं—कृष्ण कवि की टीका जो कवित्तों में है, हरिप्रकाश टीका, लल्लूजी लाल की लाल चंद्रिका, सरदार कवि की टीका और सूरति मिश्र की टीका। इन टीकाओं के अतिरिक्त बिहारी के दोहों के भाव पल्लवित करनेवाले छप्पय, कुंडलियाँ, सवैया आदि कई कवियों ने रचे। पठान सुलतान के कुंडलियाँ इन दोहों पर बहुत अच्छी हैं, पर अधूरी हैं। भारतेन्दु हरिश्चंद्र ने कुछ और कुंडलियाँ रचकर पूर्ति करनी चाही थी। पं० अंबिकादत्त व्यास ने अपने 'बिहारी बिहार' में सब दोहों के भावों को पल्लवित करके रोला छंद लगाए हैं। पं० परमानंद ने 'शृंगार सप्तशती' के नाम से दोहों का संस्कृत अनुवाद किया है। यहाँ तक कि उर्दू शेरों में भी एक अनुवाद थोड़े दिन हुए बुंदेलखंड के मुंशी देवीप्रसाद (प्रीतम) ने लिखा। इस प्रकार बिहारी संबंधी एक अलग साहित्य ही खड़ा हो गया है। इतने से ही इस ग्रंथ की सर्वप्रियता का अनुमान हो सकता है। बिहारी का सबसे उत्तम और प्रामाणिक संस्करण बड़ी मार्मिक टीका के साथ थोड़े दिन हुए प्रसिद्ध साहित्यमर्मज्ञ और ब्रजभाषा के प्रधान आधुनिक कवि बाबू जगन्नाथदास 'रत्नाकर' ने निकाला। जितने श्रम और जितनी सावधानी से यह संपादित हुआ है, आज तक हिंदी का और कोई ग्रंथ नहीं हुआ।

बिहारी ने इस सतसई के अतिरिक्त और कोई ग्रंथ नहीं लिखा। यही एक ग्रंथ उनकी इतनी बड़ी कीर्ति का आधार है। यह बात साहित्य क्षेत्र के इस तथ्य की घोषणा कर रहा है कि किसी कवि का यश उसकी रचनाओं के परिमाण के हिसाब से नहीं होता, गुण के हिसाब से होता है। मुक्तक कविता में जो गुण होना चाहिए वह बिहारी के दोहों में अपने चरम उत्कर्ष को पहुँचा है, इसमें कोई संदेह नहीं। मुक्तक में प्रबंध के समान रस की धारा नहीं रहती जिसमें कथा प्रसंग की परिस्थिति में अपने को भूला हुआ पाठक मग्न हो जाता है और हृदय में एक स्थायी प्रभाव ग्रहण करता है। इसमें तो रस के ऐसे छींटे पड़ते हैं जिनसे हृदयकलिका थोड़ी देरे के लिये खिल उठती है। यदि प्रबंधकाव्य एक विस्तृत वनस्थली है तो मुक्तक एक चुना हुआ गुलदस्ता है। इसी से यह सभा समाजों के लिये अधिक उपयुक्त होता है। उसमें उत्तरोत्तर अनेक दृश्यों द्वारा संघटित पूर्ण जीवन या उसके किसी एक पूर्ण अंग का प्रदर्शन नहीं होता, बल्कि कोई एक रमणीय खंडदृश्य इस प्रकार सहसा सामने ला दिया जाता है कि पाठक या श्रोता कुछ क्षणों के लिये मंत्रमुग्ध सा हो जाता है। इसके लिये कवि को मनोरम वस्तुओं और व्यापारों का एक छोटा सा स्तवक कल्पित करके उन्हें अत्यंत संक्षिप्त और सशक्त भाषा में प्रदर्शित करना पड़ता है। अत: जिस कवि में कल्पना की समाहारशक्ति के साथ भाषा की

समाहारशक्ति जितनी अधिक होगी उतनी ही वह मुक्तक की रचना में सफल होगा। यह क्षमता बिहारी में पूर्ण रूप से वर्तमान थी। इसी से वे दोहे ऐसे छोटे छंद में इतना रस भर सके हैं। इनके दोहे क्या हैं रस के छोटे-छोटे छीटें हैं। इसी से किसी ने कहा है—

सतसैया के दोहरे, ज्यों नावक के तीर।
देखत में छोटे लगैं, बेधैं सकल सरीर॥

बिहारी की रसव्यंजना का पूर्ण वैभव उनके अनुभावों के विधान में दिखाई पड़ता है। अधिक स्थलों पर तो इनकी योजना की निपुणता और उक्तिकौशल के दर्शन होते हैं, पर इस विधान से इनकी कल्पना की मधुरता झलकती है। अनुभावों और हावों की ऐसी सुंदर योजना कोई शृंगारी कवि नहीं कर सकता है। नीचे की हावभरी सजीव मूर्तियाँ देखिए—

बतरस लालच लाल की, मुरली धरी लुकाइ।
सौंह करै, भौंहनि हँसै, दैन कहै, नटि जाइ॥
नासा मोरि, नचाइ दृग, करी कका की सौंह।
काँटे सी कसकै हिए, गड़ी कँटीली भौंह॥
ललन चलन सुनि पलन में, अँसुवा झलके आइ।
भई लखाइ न सखिन्ह हू, झूठै ही जमुहाइ॥

भावव्यंजना या रसव्यंजना के अतिरिक्त बिहारी ने वस्तुव्यंजना का सहारा भी बहुत लिया है—विशेषतः शोभा या कांति, सुकुमारता, विरहताप, विरह की क्षीणता आदि के वर्णन में। कहीं-कहीं वस्तुव्यंजना औचित्य की सीमा का उल्लंघन करके खेलवाड़ के रूप में हो गई। जैसे—इन दोहों में—

पत्रा ही तिथि पाइए, वा घर के चहुँ पास।
नित प्रति पून्योई रहै, आनन ओप उजास॥
छाले परिबे के डरन, सकै न हाथ छुवाइ।
झिझकति हियैं गुलाब कैं, झवा झवावति पाइ॥
इत आवति चलि जात उत, चली छ सातक हाथ।
चढ़ी हिंडोरे सी रहै, लगी उसासन साथ॥
सीरे जतननि सिसिर ऋतु, सहि बिरहिनि तनताप।
बसिबै कौं ग्रीषम दिनन, पर्‌यो परोसिनि पाप॥
आड़े दै आले बसन, जाड़े हूँ की राति।
साहस कै कै नेहबस, सखी सबै ढिग जाति॥

अनेक स्थानों पर इनके व्यंग्यार्थ को स्फुट करने के लिये बड़ी क्लिष्ट कल्पना अपेक्षित होती है। ऐसे स्थलों पर केवल रीति या रूढ़ि ही पाठक की सहायता करती है और उसे पूरे प्रसंग का आक्षेप करना पड़ता है। ऐसे दोहे बिहारी में बहुत से हैं, पर यहाँ दो एक उदाहरण ही पर्याप्त होंगे—

ढीठि परोसिनि ईठ ह्वै, गहे जु गहे सयान।
सबै सँदेसे कहि कह्यो, मुसुकाहट मैं मान॥

नए बिरह बढ़ती बिथा, खरी बिकल जिय बाल।
बिलखी देखि परोसिन्यौं, हरषि हँसी तिहि काल॥

इन उदाहरणों से यह स्पष्ट है कि बिहारी का 'गागर में सागर' भरने का जो गुण इतना प्रसिद्ध है वह बहुत कुछ रूढ़ि की स्थापना से ही संभव हुआ है। यदि नायिकाभेद की प्रथा इतने जोर शोर से न चल गई होती तो बिहारी को इस प्रकार की पहेली बुझाने का साहस न होता।

अलंकारों की योजना भी इस कवि ने बड़ी निपुणता से की है। किसी-किसी दोहे में कई अलंकार उलझ पड़े हैं, पर उनके कारण कहीं भद्दापन नहीं आया है। 'असंगति' और 'विरोधाभास' की ये मार्मिक और प्रसिद्ध उक्तियाँ कितनी अनूठी हैं—

दृग अरुझत, टूटत कुटुम, जुरत चतुर चित प्रीति।
परति गाँठ दुरजन हिए, दई नई यह रीति॥
तंत्रीनाद कबित्त रस, सरस राग रति रंग।
अनबूड़े बूड़े, तिरे जे बूड़े सब अंग।

दो एक जगह व्यंग्य अलंकार भी बड़े अच्छे ढंग से आए हैं। इस दोहे में रूपक व्यंग्य है—

करे चाह सों चूटकि कै, खरे उड़ौहैं मैन।
लाज नवाए तरफरत, करत खूँद सी नैन।

शृंगार के संचारी भावों की व्यंजना भी ऐसी मर्मस्पर्शिनी है कि कुछ दोहे सहृदयों के मुँह से बार-बार सुने जाते हैं। इस स्मरण में कैसी गंभीर तन्मयता है—

सघन कुंज, छाया सुखद, सीतल मंद समीर।
मन ह्वै जात अजौं वहै, वा जमुना के तीर॥

विशुद्ध काव्य के अतिरिक्त बिहारी ने सूक्तियाँ भी बहुत सही कहीं हैं जिनमें बहुत सी नीतिसंबंधिनी हैं। सूक्तियों में वर्णनवैचित्र्य या शब्दवैचित्र्य भी प्रधान रहता है। अतः उनमें से कुछ एक की ही गणना असल काव्य में हो सकती है। केवल शब्दवैचित्र्य के लिये बिहारी ने बहुत कम दोहे रचे हैं। कुछ दोहे यहाँ दिए जाते हैं—

यद्यपि सुंदर सुघर पुनि, सगुनौ दीपक देह।
तऊ प्रकास करै तितो, भरिए जितो सनेह॥
कनक कनक तें सौगुनी, मादकता अधिकाय।
वह खाए बौराय नर, यह पाए बौराय॥
तौ पर वारो उरबसी, सुनि राधिके सुजान।
तू मोहन के उर बसी, ह्वै उरबसी समान॥

बिहारी के बहुत से दोहे 'आर्यासप्तशती' और 'गाथासप्तसती' की छाया लेकर बने हैं, इस बात को पंडित पद्मसिंह शर्मा ने विस्तार से दिखाया है। पर साथ ही उन्होंने यह भी स्पष्ट कर दिया है कि बिहारी ने गृहीत भावों को अपनी प्रतिभा के बल से किस प्रकार एक स्वतंत्र और कहीं-कहीं अधिक सुंदर रूप दे दिया है।

बिहारी की भाषा चलती होने पर भी साहित्यिक है। वाक्यरचना व्यवस्थित है और शब्दों के रूप का व्यवहार एक निश्चित प्रणाली पर है। यह बात बहुत कम कवियों में पाई जाती है। ब्रजभाषा के कवियों में शब्दों को तोड़-मरोड़ कर विकृत करने की आदत बहुतों में पाई जाती है। 'भूषण' और 'देव' ने शब्दों का बहुत अंग-भंग किया है और कहीं-कहीं गढ़ंत शब्दों का व्यवहार किया है। बिहारी की भाषा इस दोष से भी बहुत कुछ मुक्त है। दो एक स्थल पर ही 'स्मर' के लिये 'समर', 'ककै' ऐसे कुछ विकृत रूप मिलेंगे। जो यह भी नहीं जानते कि क्रांति को 'संक्रमण' (अप सक्रोन) भी कहते हैं, 'अच्छ' साफ के अर्थ में संस्कृत शब्द है, 'रोज' रुलाई के अर्थ में आगरे के आसपास बोला जाता है और कबीर, जायसी आदि द्वारा बराबर व्यवहृत हुआ है, 'सोनजाइ' शब्द 'स्वर्णजाति' से निकला है—जूही से कोई मतलब नहीं, संस्कृत में 'वारि' और 'वार' दोनों शब्द हें और 'वार्द' का अर्थ भी बादल है, 'मिलान' पड़ाव या मुकाम के अर्थ में पुरानी कविता में भरा पड़ा है, चलती ब्रजभाषा में 'पिछानना' रूप ही आता है, 'खटकति' का रूप बहुवचन में भी यही रहेगा, यदि पचासों शब्द उनकी समझ में न आएँ तो बेचारे बिहारी का क्या दोष?

बिहारी ने यद्यपि लक्षण ग्रंथ के रूप में अपनी 'सतसई' नहीं लिखी है, पर 'नखशिख', 'नायिकाभेद', 'षट्ऋतु' के अंतर्गत उनके सब श्रृंगारी दोहे आ जाते हैं और कई टीकाकारों ने दोहों को इस प्रकार के साहित्यिक क्रम के साथ रखा भी है। जैसा कि कहा जा चुका है, दोहों के बनाते समय बिहारी का ध्यान लक्षणों पर अवश्य था। इसीलिये हमने बिहारी को रीतिकाल के फुटकल कवियों में न रख, उक्त काल के प्रतिनिधि कवियों में ही रखा है।

बिहारी की कृति का मूल्य जो बहुत अधिक आँका गया है उसे अधिकतर रचना की बारीकी या काव्यांगों के सूक्ष्म विन्यास की निपुणता की ओर ही मुख्यत: दृष्टि रखनेवाले पारखियों के पक्ष से समझना चाहिए—उनके पक्षों से समझना चाहिए जो किसी हाथी-दाँत के टुकड़े पर महीन बेलबूटे देख घंटों वाह-वाह किया करते हैं। पर जो हृदय के अंतस्तल पर मार्मिक प्रभाव चाहते हैं, किसी भाव की स्वच्छ निर्मल धारा में कुछ देर अपना मन मग्न रखना चाहते हैं, उनका संतोष बिहारी से नहीं हो सकता। बिहारी का काव्य हृदय में किसी ऐसी लय या संगीत का संचार नहीं करता जिसकी स्वरधारा कुछ काल तक गूँजती रहे। यदि घुले हुए भावों का आभ्यंतर प्रवाह बिहारी में होता तो वे एक-एक दोहे पर ही संतोष न करते। मार्मिक प्रभाव का विकार करें तो देव और पद्माकर के कवित्त सवैयों का सा गूँजनेवाला प्रभाव बिहारी के दोहों का नहीं पड़ता।

दूसरी बात यह कि भावों का बहुत उत्कृष्ट और उदात्त स्वरूप बिहारी में नहीं मिलता। कविता उनकी श्रृंगारी है, पर प्रेम की उच्च भूमि पर नहीं पहुँचती, नीचे ही रह जाती है।

(५) मंडन—ये जैतपुर (बुंदेलखंड) के रहनेवाले थे और संवत् १७१६ में राजा मंगदसिंह के दरबार में वर्तमान थे। इनके फुटकल कवित्त सवैए बहुत सुने जाते हैं, पर कोई ग्रंथ अब तक प्रकाशित नहीं हुआ है। पुस्तकों की खोज में इनके पाँचों ग्रंथों का पता लगा है—रसरत्नावली, रसविलास, जनकपचीसी, जानकी जू को ब्याह, नैन पचासा।

प्रथम दो ग्रंथ रसनिरूपण पर हैं, यह उनके नामों से ही प्रकट होता है। संग्रहग्रंथों में इनके कवित्त सवैए बराबर मिलते हैं। 'जेइ जेइ सुखद दुखद अब तेइ तेइ कवि मंडन बिछुरत जदुपत्ती' यह पद भी इनका मिलता है। इससे जान पड़ता है कि कुछ पद भी इन्होंने रचे थे। जो पद्य इनके मिलते हैं उनसे ये बड़ी सरस कल्पना के भावुक कवि-जान पड़ते हैं। भाषा

इनकी बड़ी ही स्वाभाविक, चलती और व्यंजनापूर्ण होती थी। उसमें और कवियों का सा शब्दाडंबर नहीं दिखाई पड़ता। यह सवैया देखिए—

> **अलि हौं तौ गई जमुना को सो कहा कहौं बीर! बिपत्ति परी।**
> **घहराय कै कारी घटा उनई, इतनेई में गागरि सीस धरी।**
> **रपट्यो पग, घाट चढ़यो न गयो, कवि मंडन ह्वै कै बिहाल गिरी।**
> **चिर जीवहु नंद के बारो, अरी, गहि बाँह गरीब ने ठाढ़ी करी॥**

(६) मतिराम—ये रीतिकाल के मुख्य कवियों में हैं और चिंतामणि तथा भूषण के भाई परंपरा से प्रसिद्ध हैं। ये तिकवाँपुर (जिला कानपुर) में संवत् १६७४ के लगभग उत्पन्न हुए थे और बहुत दिनों तक जीवित रहे। ये बूँदी के महाराज भावसिंह के यहाँ बहुत काल तक रहे और उन्हीं के आश्रम में अपना 'ललितललाम' नामक अलंकार का ग्रंथ संवत् १७१६ और १७४५ के बीच किसी समय बनाया। इनका 'छंदसार' नामक पिंगल ग्रंथ महाराज शंभुनाथ सोलंकी को समर्पित है। इनका परम मनोहर ग्रंथ 'रसराज' किसी को समर्पित नहीं है। इनके अतिरिक्त इनके दो ग्रंथ और हैं—'साहित्यसार' और 'लक्षण शृंगार'। बिहारी सतसई के ढंग पर इन्होंने एक 'मतिराम सतसई' भी बनाई जो हिंदी पुस्तकों की खोज में मिली है। इसके दोहे सरसता में बिहारी के दोहों के समान ही हैं।

मतिराम की रचना की सबसे बड़ी विशेषता यह है कि उसकी सरलता अत्यंत स्वाभाविक है, न तो उसमें भावों की कृत्रिमता है, न भाषा की। भाषा शब्दाडंबर से सर्वथा मुक्त हैं केवल अनुप्रास के चमत्कार के लिये अशक्त शब्दों की भर्ती कहीं नहीं है। जितने शब्द और वाक्य हैं, वे सब भावव्यंजना से ही प्रयुक्त हैं। रीतिग्रंथवाले कवियों में इस प्रकार की स्वच्छ, चलती और स्वाभाविक भाषा कम कवियों में मिलती है, पर कहीं-कहीं वह अनुप्रास के जाल में बेतरह जकड़ी पाई जाती है। सारांश यह कि मतिराम की सी रसस्निग्ध और प्रसादपूर्ण भाषा रीति का अनुसरण करनेवालों में बहुत ही कम मिलती है।

भाषा के ही समान मतिराम के न तो भाव कृत्रिम हैं और न उनके व्यंजक व्यापार और चेष्टाएँ। भावों को आसमान पर चढ़ाने और दूर की कौड़ी लाने के फेर में ये नहीं पड़े हैं। नायिका के विरहताप को लेकर बिहारी के समान मजाक इन्होंने नहीं किया है। इनके भावव्यंजक व्यापारों की शृंखला सीधी और सरल है, बिहारी के समान चक्करदार नहीं। वचनवक्रता भी इन्हें बहुत पसंद न थी। जिस प्रकार शब्दवैचित्र्य को ये वास्तविक काव्य से पृथक् वस्तु मानते थे, उसी प्रकार खयाल की झूठी बारीकी को भी। इनका सच्चा कविहृदय था। ये यदि समय की प्रथा के अनुसार रीति की बँधी लीकों पर चलने के लिये विवश न होते, अपनी स्वाभाविक प्रेरणा के अनुसार चलने पाते, तो और भी स्वाभाविक और सच्ची भावविभूति दिखाते, इसमें कोई संदेह नहीं। भारतीय जीवन में छाँटकर लिए हुए इनके मर्मस्पर्शी चित्रों में जो भाव भरे हैं, वे समान रूप से सबकी अनुभूति के अंग हैं।

'रसराज' और 'ललितललाम', मतिराम के ये दो ग्रंथ बहुत प्रसिद्ध हैं, क्योंकि रस और अलंकार की शिक्षा में इनका उपयोग बराबर होता चला आया है। वास्तव में अपने विषय के ये अनुपम ग्रंथ हैं। उदाहरणों की रमणीयता से अनायास रसों और अलंकारों का अभ्यास होता चलता है। 'रसराज' का तो कहना ही क्या है। 'ललितललाम' में भी अलंकारों के उदाहरण बहुत सरस और स्पष्ट हैं। इसी सरसता और स्पष्टता के कारण ये दोनों ग्रंथ इतने सर्वप्रिय रहे

हैं। रीतिकाल के प्रतिनिधि कवियों में पद्माकर को छोड़ और किसी कवि में मतिराम की सी चलती भाषा और सरल व्यंजना नहीं मिलती। बिहारी की प्रसिद्धि का कारण बहुत कुछ वाग्वैदग्ध्य है। दूसरी बात यह है कि उन्होंने दोहे कहे हैं, इससे उनमें वह नादसौंदर्य नहीं आ सका है जो कवित्त सवैए की लय के द्वारा संघटित होता है।

मतिराम के कविता के कुछ उदाहरण नीचे दिए जाते हैं—

कुंदन को रँग फीको लगै, झलकै अति अंगिनि चारु गोराई।
आँखिन में अलसानि, चितौन में मंजु विलासन की सरसाई॥
को बिनु मोल बिकात नहीं मतिराम लहे मुसकानि मिठाई।
ज्यों ज्यों निहारिए नेरे ह्वै नैननि त्यों त्यों खरी निकरै सी निकाई॥

क्यों इन आँखिन सों निहसंक ह्वै मोहन को तन पानिप पीजै?
नेकु निहारे कलंक लगै यहि गाँव बसे कहु कैसे कै जीजै॥
होत रहै मन यों मतिराम, कहूँ बन जाय बड़ो तप कीजै।
ह्वै बनमाल हिए लगिए अरु ह्वै मुरली अधरारस पीजै॥

केलि कै राति अघाने नहीं दिन ही में लला पुनि घात लगाई।
'प्यास लगी, कोउ पानी दै जाइयो' भीतर बैठि कै बात सुनाई॥
जेठी पठाई गई दुलही, हँसि हेरि हरैं मतिराम बुलाई।
कान्ह के बोल पे कान न दीन्हीं, सुगेह की देहरि पै धरि आई॥

दोऊ अनंद सो आँगन माँझ बिराजै असाढ़ की साँझ सुहाई।
प्यारी के बूझत और तिया को अचानक नाम लियो रसिकाई॥
आई उनै मुँह में हँसी, कोहि तिया पुनि चाप सी भौंह चढ़ाई।
आँखिन तें गिरे आँसुन के बूँद, सुहास गयो उड़ि हंस की नाई॥

सूबन को मेटि दिल्ली देस दलिबे को चूम,
सुभट समूह निसि वाको उमहति है।
कहै मतिराम ताहि रोकिबे को संगर में,
काहू के हिम्मत हिए में उलहति है॥
सत्रुसाल नंद के प्रताप की लपट सब,
जरब गनीम बरगीन को दहति है।
पति पातसाह की, इजति उमरावन की,
राखी रैया राव भावसिंह की रहति है॥

(७) भूषण—वीररस के ये प्रसिद्ध कवि चिंतामणि और मतिराम के भाई थे। इनका जन्मकाल संवत् १६७० है। चित्रकूट के सोलंकी राजा रुद्र ने इन्हें 'कविभूषण' की उपाधि दी थी। तभी से ये भूषण के नाम से ही प्रसिद्ध हो गए। इनका असल नाम क्या था, इसका पता नहीं। ये कई राजाओं के यहाँ रहे। अंत में इनके मन के अनुकूल आश्रयदाता, जो इनके वीरकाव्य के नायक हुए, छत्रपति महाराज शिवाजी मिले। पन्ना के महाराज छत्रसाल के यहाँ भी इनका बड़ा मान हुआ। कहते हैं कि महाराज छत्रसाल ने इनकी पालकी में अपना कंधा लगाया था जिस पर इन्होंने कहा था—'सिवा को बखानौं कि बखानौं छत्रसाल को।' ऐसा प्रसिद्ध है कि इन्हें एक-एक छंद पर शिवाजी से लाखों रुपये मिले। इनका परलोकवास सं० १७७२ में माना जाता है।

रीतिकाल के भीतर शृंगाररस की प्रधानता रही। कुछ कवियों ने अपने आश्रयदाताओं की स्तुति में उनके प्रताप आदि के प्रसंग में उनकी वीरता का भी थोड़ा बहुत वर्णन अवश्य किया है पर वह शुष्क प्रथापालन के रूप में ही होने के कारण ध्यान देने योग्य नहीं है। ऐसे वर्णनों के साथ जनता की हार्दिक सहानुभूति कभी नहीं हो सकती थी। पर भूषण ने जिन दो नायकों की कृति को अपने वीर काव्य का विषय बनाया वे अन्यायदमन में तत्पर, हिंदू धर्म के संरक्षक, दो इतिहास प्रसिद्ध वीर थे। उनके प्रति भक्ति और सम्मान की प्रतिष्ठा हिंदू जनता के हृदय में उस समय भी थी और आगे भी बराबर बनी रही या बढ़ती गई। इसी से भूषण के वीररस के उद्‌गार सारी जनता के हृदय की संपत्ति हुए। भूषण की कविता कविकीर्ति संबंधी एक अविचल सत्य का दृष्टांत है। जिसकी रचना को जनता का हृदय स्वीकार करेगा उस कवि की कीर्ति तब तक बराबर बनी रहेगी, जब तक स्वीकृति बनी रहेगी। क्या संस्कृत साहित्य में, क्या हिंदी साहित्य में, सहस्रों कवियों ने अपने आश्रयदाता राजाओं की प्रशंसा में ग्रंथ रचे जिनका आज पता तक नहीं है। पुरानी वस्तु खोजनेवालों को ही कभी-कभी किसी राजा के पुस्तकालय में, कहीं किसी घर के कोने में उनमें से दो-चार इधर-उधर मिल जाते हैं। जिस भोज ने दान दे देकर अपनी इतनी तारीफ कराई उसके चरितकाव्य भी कवियों ने लिखे होंगे। पर उन्हें आज कौन जानता है?

शिवाजी और छत्रसाल की वीरता के वर्णनों को कोई कवियों की झूठी खुशामद नहीं कह सकता। वे आश्रयदाताओं की प्रशंसा की प्रथा के अनुसरण मात्र नहीं हैं। इन दो वीरों का जिस उत्साह के साथ सारी हिंदू जनता स्मरण करती है उसी की व्यंजना भूषण ने की है। वे हिंदू जाति के प्रतिनिधि कवि हैं। जैसा कि आरंभ में कहा गया है शिवाजी के दरबार में पहुँचने के पहले वे और राजाओं के पास भी रहे। उनके प्रताप आदि की प्रशंसा भी उन्हें अवश्य ही करनी पड़ी होगी। पर वह झूठी थी, इसी से टिक न सकी! पीछे भूषण को अपनी उन रचनाओं से विरक्ति ही हुई होगी। इनके 'शिवराजभूषण', 'शिवाबावनी' और 'छत्रसालदसक', ये ग्रंथ ही मिलते हैं। इनके अतिरिक्त ३ ग्रंथ और कहे जाते हैं—'भूषणउल्लास', 'दूषणउल्लास', 'भूषणहजारा'।

जो कविताएँ इतनी प्रसिद्ध हैं उनके संबंध में यहाँ यह कहना कि वे कितनी ओजस्विनी और वीरदर्पपूर्ण हैं, पिष्टपेषण मात्र होगा। यहाँ इतना ही कहना आवश्यक है कि भूषण वीररस के ही कवि थे। इधर इनके दो-चार कवित्त, शृंगार के भी मिले हैं, पर वे गिनती के योग्य नहीं हैं। रीतिकाल के कवि होने के कारण भूषण ने अपना प्रधान ग्रंथ 'शिवराजभूषण' अलंकार के ग्रंथ के रूप में बनाया। पर रीतिग्रंथ की दृष्टि से, अलंकारनिरूपण के विचार से यह उत्तम ग्रंथ

नहीं कहा जा सकता। लक्षणों की भाषा भी स्पष्ट नहीं है और उदाहरण भी कई स्थलों पर ठीक नहीं हैं। भूषण की भाषा में ओज की मात्रा तो पूरी है पर वह अधिकतर अव्यवस्थित है। व्याकरण का उल्लंघन प्राय: है और वाक्यरचना भी कहीं-कहीं गड़बड़ है। इसके अतिरिक्त शब्दों के रूप भी बहुत बिगाड़े गए हैं। और कहीं-कहीं बिलकुल गढ़ंत के शब्द रखे गए हैं। पर जो कवित्त इन दोनों से मुक्त हैं वे बड़े ही सशक्त और प्रभावशाली हैं। कुछ उदाहरण नीचे दिए जाते हैं—

इंद्र जिमि जंभ पर, बाड़व सु अंभ पर,
रावन सदंभ पर रघुकुल राज हैं।
पौन बारिवाह पर, संभु रतिनाह पर,
ज्यों सहस्रबाहु पर राम द्विजराज हैं॥
दावा द्रुमदंड पर, चीता मृगझुंड पर,
भूषण बितुंड पर जैसे मृगराज हैं।
तेज तम अंस पर, कान्ह जिमि कंस पर,
त्यों मलेच्छ बंस पर सेन सिवराज हैं॥

डाढ़ी के रखैयन की डाढ़ी सी रहति छाती,
बाढ़ी मरजाद जसहद्द हिंदुवाने की।
कढ़ि गई रैयत के मन की कसक सब,
मिटि गई ठसक तमाम तुरकाने की।
भूषन भनत दिल्लीपति दिल धक धक,
सुनि सुनि धाक सिवराज मरदाने की।
मोटी भई चंडी, बिन चोटी के चबाय सीस,
खोटी भई संपति चकत्ता के घराने की॥

सबन के ऊपर ही ठाढ़ो रहिबे के जोग,
ताहि खरो कियो जाय जारन के नियरे।
जानि गैरमिसिल गुसीले गुसा धारि उर,
कीन्हों ना सलाम, न बचन बोले सियरे॥
भूषन भनत महाबीर बलकन लाग्यो,
सारी पात साही के उड़ाय गए जियरे।
तमक तें लाल मुख सिवा को निरखि भयो,
स्याह मुख नौरँग, सिपाह मुख पियरे॥

दारा की न दौर यह, रार नहीं खजुबे की,
बाँधिबो नहीं है कैधौं मीर सहवाल को।
मठ विश्वनाथ को, न बास ग्राम गोकुल को,
देवी को न देहरा, न मंदिर गोपाल को।
गाढ़े गढ़ लीन्हें अरु बैरी कतलाम कीन्हें,
ठौर ठौर हासिल उगाहत हैं साल को।
बूड़ति है दिल्ली सो सँभारै क्यों न दिल्लीपति,
धक्का आनि लाग्यौ सिवराज महाकाल को॥

चकित चकत्ता चौंकि चौंकि उठै बार बार,
दिल्ली दहसति चितै चाहि करषति है।
बिलखि बदन बिलखत बिजैपुर पति,
फिरत फिरंगिन की नारी फरकति है॥
थर थर काँपत कुतुब साहि गोलकुंडा,
हहरि हबस भूप भीर भरकति है।
राजा सिवराज के नगारन की धाक सुनि,
केते बादसाहन की छाती धरकति है॥

जिहि फन फूतकार उड़त पहार भार,
कूरम कठिन जनु कमल बिदलिगौ।
विषजाल ज्वालामुखी लवलीन होत जिन,
झारन चिकारि मद दिग्गज उगलिगो॥
कीन्हो जिहि पान पयपान सो जहान कुल,
कोलहू उछलि जलसिंधु खलभलिगो।
खग्ग खगराज महाराज सिवराज जू को,
अखिल भुजंग मुगलद्दल निगलिगो॥

(८) कुलपति मिश्र—ये आगरे के रहने वाले माथुर चौबे थे और महाकवि बिहारी के भानजे प्रसिद्ध हैं। इनके पिता का नाम परशुराम मिश्र था। कुलपति जी जयपुर के महाराज जयसिंह (बिहारी के आश्रयदाता) के पुत्र महाराजा रामसिंह के दरबार में रहते थे। इनके 'रसरहस्य' का रचनाकाल कार्तिक कृष्ण ११ संवत् १७२७ है। अब तक इनका यही ग्रंथ प्रसिद्ध और प्रकाशित है। पर खोज में इनके निम्नलिखित ग्रंथ और मिले हैं—

द्रोणपर्व (सं० १७३७), युक्तितरंगिणी (१७४३), नखशिख संग्रामसार, रसरहस्य (१७२४)। अतः इनका कविताकाल सं० १७२४ और सं० १७४३ के बीच ठहरता है।

रीतिकाल के कवियों में ये संस्कृत के अच्छे विद्वान् थे। इनका 'रसरहस्य' मम्मट के काव्यप्रकाश का छायानुवाद है। साहित्यशास्त्र का अच्छा ज्ञान रखने के कारण इनके लिये यह स्वाभाविक था कि प्रचलित लक्षणग्रंथों की अपेक्षा अधिक प्रौढ़ निरूपण का प्रयत्न करें। इसी उद्देश्य से इन्होंने अपना 'रसरहस्य' लिखा। शास्त्रीय निरूपण के लिये पद्य उपयुक्त नहीं होता, इसका अनुभव इन्होंने किया, इससे कहीं-कहीं कुछ गद्य वार्तिक भी रखा। पर गद्य परिमार्जित न होने के कारण जिस उद्देश्य से इन्होंने अपना यह ग्रंथ लिखा वह पूरा न हुआ। इस ग्रंथ का जैसा प्रचार चाहिए था, न हो सका। जिस स्पष्टता से 'काव्यप्रकाश' में विषय प्रतिपादित हुए हैं वह स्पष्टता इनके ब्रजभाषा-गद्य-पद्य में न आ सकी। कहीं-कहीं तो भाषा और वाक्यरचना दुरूह हो गई है।

यद्यपि इन्होंने शब्दशक्ति और भावादिनिरूपण में लक्षण, उदाहरण दोनों बहुत कुछ काव्यप्रकाश के ही दिए हैं पर अलंकारप्रकरण में इन्होंने प्रायः अपने आश्रयदाता महाराज रामसिंह की प्रशंसा के स्वरचित उदाहरण दिए हैं। ये ब्रजमंडल के निवासी थे अतः इनको ब्रज की चलती भाषा पर अच्छा अधिकार होना ही चाहिए। हमारा अनुमान है, जहाँ इनको अधिक स्वच्छंदता रही होगी वहाँ इनकी रचना और सरस होगी। इनकी रचना का एक नमूना दिया जाता है—

ऐसिय कुंज बनी छबिपुंज, रहै अलि गुंजत यों सुख लीजै।
नैन बिसाल हिए बनमाला, बिलोकत रूप सुधा भरि पीजै॥
जामिनि जाम की कौन कहै, जुग जात न जानिए ज्यों छिन छीजै।
आनँद यों उमग्योई रहै, पिय मोहन को मुख देखिबो कीजै॥

(९) सुखदेव मिश्र—दौलतपुर (जि० रायबरेली) में इनके वंशज अब तक हैं। कुछ दिन हुए उसी ग्राम के निवासी सुप्रसिद्ध पंडित महावीरप्रसाद द्विवेदी ने इनका एक अच्छा जीवनवृत्त 'सरस्वती' पत्रिका में लिखा था। सुखदेव मिश्र का जन्मस्थान 'कंपिला' था जिसका वर्णन इन्होंने अपने 'वृत्तविचार' में किया है। इनका कविताकाल संवत् १७२० से १७६० तक माना जा सकता है। इनके सात ग्रंथों का पता अब तक है—

वृत्तविचार (संवत् १७२८), छंदविचार, फाजिलअलीप्रकाश, रसार्वण, शृंगारलता, अध्यात्मप्रकाश (संवत् १७५५), दशरथ राय।

अध्यात्मप्रकाश में कवि ने ब्रह्मज्ञान संबंधी बातें कहीं हैं जिससे यह जनश्रुति पुष्ट होती है कि वे एक निःस्पृह विरक्त साधु के रूप में रहते थे।

काशी से विद्याध्ययन करके लौटने पर असोथर (जि० फतेहपुर) के राजा भगवंतराय खीची तथा डौड़ियाखेरे के राव मर्दनसिंह के यहाँ रहे। कुद दिनों तक ये औरंगजेब के मंत्री फाजिलअलीशाह के यहाँ भी रहे। अंत में मुरारमऊ के राजा देवीसिंह के यहाँ गए जिनके बहुत आग्रह पर ये सकुटुंब दौलतपुर में जा बसे। राजा राजसिंह गौड़ ने इन्हें 'कविराज' की उपाधि दी थी। वास्तव में ये बहुत प्रौढ़ कवि थे और आचार्यत्व भी इनमें पूरा था। छंदशास्त्र पर इनका सा विशद निरूपण और किसी कवि ने नहीं किया है। ये जैसे पंडित थे वैसे ही काव्यकला में भी निपुण थे। 'फाजिल-अली-प्रकाश' और 'रसार्वण' दोनों में शृंगाररस के उदाहरण बहुत ही सुंदर हैं। दो नमूने लीजिए—

नन्द निनारी, सासु मायके सिधारी,
अहै रैन अँधियारी भरी, सूझत न करु है।
पीतम को गौन कविराज न सोहात मौन,
दारुन बहत पौन, लाग्यो मेघ झरु है॥
संग ना सहेली, बैस नवल अकेली,
तन परी तलबेली महा, लाग्यो मैन सरु है।
भई अधिरात, मेरो जियरा डरात,
जागु जागु रे बटोही! यहाँ चोरन को डर है॥

जोहै जहाँ मगु नंदकुमार, तहाँ चली चंदमुखी सुकुमार है।
मोतिन ही को कियो गहनो सब, फूलि रही जनु कुंद की डार है॥
भीतर ही जो लखी, सो लखी अब बाहिर जाहिर होति न दार है।
जोन्ह सी जोन्हैं गई मिलि यों, मिलि जाति ज्यों दूध में दूध की धार है॥

(१०) कालिदास त्रिवेदी—ये अंतर्वेद के रहनेवाले कान्यकुब्ज ब्राह्मण थे। इनका विशेष वृत्त ज्ञात नहीं। जान पड़ता है कि संवत् १७४५ वाली गोलकुंडे की चढ़ाई में ये औरंगजेब की सेना में किसी राजा के साथ गए थे। इस लड़ाई का औरंगजेब की प्रशंसा से युक्त वर्णन इन्होंने इस प्रकार किया है—

गढ़न गढ़ी से गढ़ी, महल मढ़ी से मढ़ि,
बीजापुर ओप्यो दलमलि सुघराई में।
कालिदास कोप्यो वीर औलिया अलमगीर,
तीर तरवारि गही पुहुमी पराई में॥
बूँद तें निकसि महिमंडल घमंड मची,
लोहू की लहरि हिमगिरि की तराई में।
गाड़ि के सुझंडा आड़ कीनी बादसाह, तातें,
डकरी चमुँडा गोलकुंडा की लराई में॥

कालिदास का जंबूनरेश जोगजीत सिंह के यहाँ भी रहना पाया जाता है जिनके लिये संवत् १७४९ में इन्होंने 'वर-वधू-विनोद' बनाया। यह नायिकाभेद और नखशिख की पुस्तक है। बत्तीस कवित्तों की इनकी एक छोटी सी पुस्तक 'जँजीराबंद' भी है। 'राधा-माधव बुधमिलन विनोद' नाम का एक कोई और ग्रंथ इनका खोज में मिला है। इन रचनाओं के अतिरिक्त इनका बड़ा संग्रह ग्रंथ 'कालिदास हजारा' बहुत दिनों से प्रसिद्ध चला आता है। इस संग्रह के संबंध में शिवसिंहसरोज में लिखा है कि इससे संवत् १४८१ से लेकर संवत् १७७६ तक के २१२ कवियों के १००० पद्य संग्रहीत हैं। कवियों के काल आदि के निर्णय में यह ग्रंथ बड़ा ही उपयोगी है। इनके पुत्र कवींद्र और पौत्र दूलह भी बड़े अच्छे कवि हुए।

ये एक अभ्यस्त और निपुण कवि थे। इनके फुटकल कवित्त इधर-उधर बहुत सुने जाते हैं जिनसे इनकी सहृदयता का अच्छा परिचय मिलता है। दो कवित्त नीचे दिए जाते हैं—

चूमौं करकंज मंजु अमल अनूप तेरो,
रूप के निधान कान्ह! मो तन निहारि दै।
कालिदास कहैं मेरे पास हरै हेरि हेरि,
माथे धरि मुकुट, लकुट कर डारि दै॥
कुवँर कन्हैया मुखचंद को जुन्हैया, चारु,
लोचन चकोरन की प्यासन निवारि दै।
मेरे कर मेंहदी लगी है, नंदलाल प्यारे!
लट उरझी है नकबेसर संभारि दै॥

हाथ हँसि दीन्हों भीति अंतर परसि प्यारी,
देखत ही छकी मखि कान्हर प्रबीन की।
निकस्यो झरोखे माँझ बिगस्यो कमल सम,
ललित अँगूठी तामें चमक चुनीन की॥
कालिदास तैसी लाल मेहँदी के बुंदन की,
चारु नख चंदन की लाल अँगुरीन की।
कैसी छवि छजति है छाप और छलान की सु,
कंकन चुरीन की जड़ाऊ पहुँचीन की॥

(११) राम—शिवसिंहसरोज में इनका जन्म संवत् १७०३ लिखा है और कहा गया है कि इनके कवित्त कालिदास के हजारा में हैं। इनका नायिका भेद का एक ग्रंथ शृंगारसौरभ है जिसकी कविता बहुत ही मनोरम है। खोज में एक 'हनुमान नाटक' भी इनका पाया गया है। शिवसिंह के अनुसार इनका कविताकाल संवत् १७३० के लगभग माना जा सकता है। इनका एक कवित्त नीचे दिया जाता है—

उमड़ि घुमड़ि घन छोड़त अखंड धार
चंचला उठति तामें तरजि तरजि कै।
बरही पपीहा भेक पिक खग टेरत हैं,
धुनि सुनि प्रान उठे लरजि लरजि कै॥
कहै कवि राम लखि चमक खद्योतन की,
पीतम को रही भैं तो बरजि बरजि कै।
लागे तन तावन बिना री मनभावन के,
सावन दुवन आयो गरजि गरजि कै॥

(१२) नेवाज—ये अंतर्वेद के रहनेवाले ब्राह्मण थे और संवत् १७३७ के लगभग वर्तमान थे। ऐसा प्रसिद्ध है कि पन्नानरेश महाराज छत्रसाल के यहाँ ये किसी भगवत् कवि के स्थान पर नियुक्त हुए थे जिस पर भगवत् कवि ने यह फबती छोड़ी थी—

भली आजु कलि करत हौ, छत्रसाल महराज।
जहँ भगवत् गीता पढ़ी, तहँ कवि पढ़त नेवाज॥

शिवसिंह ने नेवाज का जन्म संवत् १७३९ लिखा है जो ठीक नहीं जान पड़ता क्योंकि इनके 'शकुंतला नाटक' का निर्माण काल संवत् १७३७ है। दो और नेवाज हुए हैं जिनमें एक भगवंतराय खीची के यहाँ थे। प्रस्तुत नेवाज का औरंगजेब के पुत्र आजमशाह के यहाँ रहना भी पाया जाता है। इन्होंने 'शकुंतला नाटक' का आख्यान दोहा, चौपाई, सवैया आदि छंदों में लिखा। इनके फुटकल कवित्त बहुत स्थानों पर संगृहीत मिलते हैं जिनमें इनकी काव्यकुशलता और सहृदयता टपकती है। भाषा इनकी बहुत परिमार्जित, व्यवस्थित और भावोपयुक्त है। उसमें भरती के शब्द और वाक्य बहुत ही कम मिलते हैं। इनके अच्छे शृंगारी कवि होने में संदेह नहीं। संयोग शृंगार के वर्णन की प्रवृत्ति इनकी विशेष जान पड़ती है जिसमें कहीं-कहीं ये अश्लीलता की सीमा के भीतर जा पड़ते हैं। दो सवैये इनके उद्धृत किए जाते हैं—

देख हमैं सब आपुस में जो कछु मन भावै सोई कहती हैं।
ये घरहाई लुगाई सबै निसि द्यौस नेवाज हमैं दहती हैं॥
बातें चवाव भरी सुनिकै रिस आवति, पै चुप ह्वै रहती हैं।
कान्ह पियारे तिहारे लिये सिगरे ब्रज को हँसिबो सहती हैं॥

आगे तौ कीन्हीं लगालगी लोयन, कैसे छिपे अजहूँ जौं छिपावति।
तू अनुराग को सोध कियो, ब्रज की बनिता सब यों ठहरावति॥
कौन सँकोच रह्यो है, नेवाज, जो तू तरसै, उनहूँ तरसावति।
बावरी! जो पै कलंक लग्यो तौ निसंक ह्वै क्यों नहिं अंक लगावति॥

(१३) देव—ये इटावा के रहनेवाले सनाढ्य ब्राह्मण थे। कुछ लोग ने इन्हें कान्यकुब्ज सिद्ध करने का भी प्रयत्न किया है। इनका पूरा नाम देवदत्त था। 'भावविलास' का रचनाकाल इन्होंने १७४६ दिया है और उस ग्रंथनिर्माण के समय अपनी अवस्था सोलह ही वर्ष की कही है। इस हिसाब से इनका जन्म संवत् १७३० निश्चित होता है। इसके अतिरिक्त इनका और कुछ वृत्तांत नहीं मिलता। इतना अवश्य अनुमित होता है कि इन्हें कोई अच्छा उदार आश्रयदाता नहीं मिला जिसके यहाँ रहकर इन्होंने सुख से कालयापन किया हो। ये बराबर अनेक रईसों के यहाँ एक स्थान से दूसरे स्थान पर घूमते रहे, पर कहीं जमे नहीं। इसका कारण या तो इनकी प्रकृति की विचित्रता मानें या इनकी कविता के साथ उस काल की रुचि का असामंजस्य। इन्होंने अपने 'अष्टयाम' और 'भावविलास' को औरंगजेब के बड़े पुत्र आजमशाह को सुनाया था जो हिंदी कविता के प्रेमी थे। इनके पीछे इन्होंने भवानीदत्त वैश्य के नाम पर 'भवानीविलास' और कुशलसिंह के नाम पर 'कुशलविलास' की रचना की। फिर मर्दनसिंह के पुत्र राजा उद्योतसिंह वैस के लिए 'प्रेमचंद्रिका' बनाई। इसके उपरांत ये बराबर अनेक प्रदेशों में भ्रमण करते रहे। इस यात्रा के अनुभव का इन्होंने अपने 'जातिविलास' नाम ग्रंथ में कुछ उपयोग किया। इस ग्रंथ में भिन्न-भिन्न जातियों और भिन्न-भिन्न प्रदेशों की स्त्रियों का वर्णन है। वर्णन में उनकी विशेषताएँ अच्छी तरह व्यक्त हुई हों, यह बात नहीं है। इतने पर्यटन के उपरांत जान पड़ता है कि इन्हें एक अच्छे आश्रयदाता राजा मोतीलाल मिले जिनके नाम पर

संवत् १७८३ में इन्होंने 'रसविलास' नामक ग्रंथ बनाया। इन राजा मोतीलाल की इन्होंने अच्छी तारीफ की है, जैसे 'मोतीलाल भूपलाल पाखर लेवैया जिन्ह लाखन खरचि रचि आखर खरीदे हैं।'

रीतिकाल के प्रतिनिधि कवियों में शायद सबसे अधिक ग्रंथ रचना देव की है। कोई इनकी रची पुस्तकों की संख्या ५२ और कोई ७२ तक बतलाते हैं। जो हो, इनके निम्नलिखित ग्रंथों का तो पता है—

(१) भावविलास, (२) अष्टयाम, (३) भवानीविलास, (४) सुजानविनोद, (५) प्रेमतरंग, (६) रागरत्नाकर, (७) कुशलविलास, (८) देवचरित, (९) प्रेमचंद्रिका, (१०) जातिविलास, (११) रसविलास, (१२) काव्यरसायन या शब्दरसायन, (१३) सुखसागर तरंग, (१४) वृक्षविलास, (१५) पावसविलास, (१६) ब्रह्मदर्शन पचीसी, (१७) तत्वदर्शन पचीसी, (१८) आत्मदर्शन पचीसी, (१९) जगदर्शन पचीसी, (२०) रसानंद लहरी, (२१) प्रेमदीपिका, (२२) नखशिख, (२३) प्रेमदर्शन।

ग्रंथों की अधिक संख्या के संबंध में यह जान रखना भी आवश्यक है कि देव जी अपने पुराने ग्रंथों के कवित्तों को इधर दूसरे क्रम से रखकर एक नया ग्रंथ प्रायः तैयार कर दिया करते थे। इससे वे ही कवित्त बार-बार इनके अनेक ग्रंथों में मिलेंगे। 'सुखसागर तरंग' प्रायः अनेक ग्रंथों से लिए हुए कवित्तों का संग्रह है। 'रागरत्नाकर' में राग रागिनियों के स्वरूप का वर्णन है। 'अष्टयाम' तो रात दिन के भोगविलास की दिनचर्या है जो मानों उस काल के अकर्मण्य और विलासी राजाओं के सामने कालयापन विधि का ब्योरा पेश करने के लिये बनी थी। 'ब्रह्मदर्शन पचीसी' और 'तत्वदर्शन पचीसी' में जो विरक्ति का भाव है वह बहुत संभव है कि अपनी कविता के प्रति लोक की उदासीनता देखते-देखते उत्पन्न हुई हो।

ये आचार्य और कवि दोनों रूपों में हमारे सामने आते हैं। यह पहले ही कहा जा चुका है कि आचार्यत्व के पद के अनुरूप कार्य करने में रीतिकाल के कवियों में पूर्ण रूप से कोई समर्थ नहीं हुआ। कुलपति और सुखदेव ऐसे साहित्यशास्त्र के अभ्यासी पंडित भी विशद रूप में सिद्धांतनिरूपण का मार्ग नहीं पा सके। बात यह थी कि एक तो ब्रजभाषा का विकास काव्योपयोगी रूप में ही हुआ, विचारपद्धति के उत्कर्ष साधन के योग्य वह न हो पाई। दूसरे उस समय पद्य में ही लिखने की परिपाटी थी। अतः आचार्य के रूप में देव को भी कोई विशेष स्थान नहीं दिया जा सकता। कुछ लोगों ने भक्तिवश अवश्य और बहुत सी बातों के साथ इन्हें कुछ शास्त्रीय उद्‌भावना का श्रेय भी देना चाहा है। वे ऐसे ही लोग हैं जिन्हें 'तात्पर्य वृत्ति' एक नया नाम मालूम होता है और जो संचारियों में एक 'छल' और बढ़ा हुआ देखकर चौंकते हैं। नैयायिकों की तात्पर्य वृत्ति बहुत काल से प्रसिद्ध चली आ रही है और यह संस्कृत के सब साहित्य मीमांसकों के सामने थी। तात्पर्य वृत्ति वास्तव में वाक्य के भिन्न-भिन्न पदों (शब्दों) के वाच्यार्थ को एक में समन्वित करने वाली वृत्ति मानी गई है अतः यह अभिधा से भिन्न नहीं, वाक्यगत अभिधा ही है। रहा 'छलसंचारी', वह संस्कृत की 'रसतरंगिणी' से, जहाँ से और बातें ली गई हैं, लिया गया है। दूसरी बात यह है कि साहित्य ग्रंथों से परिचित मात्र जानते हैं कि गिनाए हुए ३३ संचार उपलक्षणमात्र हैं, संचारी और भी कितने हो सकते हैं।

अभिधा, लक्षणा आदि शब्दशक्तियों का निरूपण हिंदी के रीतिग्रंथों में प्रायः कुछ भी नहीं हुआ। इस विषय का सम्यक् ग्रहण और परिपाक जरा है भी कठिन। इस दृष्टि से देव जी के इस कथन पर कि—

अभिधा उत्तम काव्य है; मध्य लक्षणा लीन।
अधम व्यंजना रस बिरस, उलटी कहत नवीन॥

यहाँ अधिक कुछ कहने का अवकाश नहीं। व्यंजना की व्याप्ति कहाँ तक है, उसकी किस-किस प्रकार क्रिया होती है, इत्यादि बातों का पूरा विचार किए बिना कुछ कहना कठिन है। देव जी का यहाँ 'व्यंजना' से तात्पर्य पहेली बुझौवलवाली 'वस्तुव्यंजना' का ही जान पड़ता है। यह दोहा लिखते समय उसी का विकृत रूप उनके ध्यान में था।

कवित्वशक्ति और मौलिकता देव में खूब थी पर उनके सम्यक् स्फुरण में उनकी रुचिविशेष प्राय: बाधक हुई है। कभी-कभी वे बड़े पेचीले मजमून का हौसला बाँधते थे पर अनुप्रास के आडंबर की रुचि बीच में ही उनका अंगभंग करके सारे पद्य को कीचड़ में फँसा छकड़ा बना देती थी। भाषा में कहीं-कहीं स्निग्ध प्रवाह न आने का एक कारण यह भी था। अधिकतर इनकी भाषा में प्रवाह पाया जाता है। कहीं-कहीं शब्दव्यय बहुत अधिक है और अर्थ अल्प।

अक्षरमैत्री के ध्यान से इन्हें कहीं-कहीं अशक्त शब्द रखने पड़ते थे जो कभी-कभी अर्थ को आच्छन्न करते थे। तुकांत और अनुप्रास के लिये ये कहीं-कहीं शब्दों को ही तोड़ते मरोड़ते न थे, वाक्य को भी अविन्यस्त कर देते थे। जहाँ अभिप्रेत भाव का निर्वाह पूरी तरह हो पाया है, या जहाँ उसमें कम बाधा पड़ी है, वहाँ की रचना बहुत ही सरस हुई है। इनका सा अर्थ सौष्ठव और नवोन्मेष बिरले ही कवियों में मिलता है। रीतिकाल के कवियों में ये बड़े ही प्रगल्भ और प्रतिभासंपन्न कवि थे, इसमें संदेह नहीं। इस काल के बड़े कवियों में इनका विशेष गौरव का स्थान है। कहीं-कहीं इनकी कल्पना बहुत सूक्ष्म और दूरारूढ़ है। इनकी कविता के कुछ उत्तम उदाहरण नीचे दिए जाते हैं—

सुनो कै परम पद, ऊनो कै अनंत मद
नूनो कै नदीस नद, इंदिरा झुरै परी।
महिमा मुनीसन की, संपति दिगीसन की,
ईसन की सिद्धि ब्रजवीथि बिथुरै परी॥
भादों की अँधेरी अधिराति मथुरा के पथ,
पाय के सँयोग 'देव' देवकी दुरै परी।
पारावार पूरन अपार परब्रह्म रसि,
जसुदा के कोरै एक बारही कुरै परी॥

डार द्रुम पलना, बिछौना नवपल्लव के,
सुमन झँगूला सोहै तन छबि भारी दै।
पवन झुलावै केकी कीर बहरावै देव,
कोकिल हलावै हुलसावै कर तारी दै॥
पूरित पराग सों उतारो करै राई लोन,
कंजकली नायिका लतानि सिर सारी दै।

मदन महीप जू को बालक बसत, ताहि,
प्रातहि जगावत गुलाब चटकारी दै॥

सखी के संकोच, गुरु सोच मृगलोचनि,
परसानी पिय सों जो उन नेकु हँसि छुयो गात।
देव वै सुभाय मुसकाय उठि गए, यहाँ
सिसकि सिसकि निसि खोई, रोय पायो प्रात॥
को जानै, री बीर! बिनु बिरही बिरह बिथा,
हाय हाय करि पछिताय न कछू सुहात।
बड़े बड़े नैनन सों आँसू भरि भरि ढरि,
गोरो गोरो मुख आज ओरो सो बिलानो जात॥

झहरि झहरि झीनी बूँद हैं परति मानों,
घहरि घहरि घटा घेरी है गगन में।
आनि कह्यो स्याम मो सौ 'चलौ झूलिबे को आज'
फूली न समानी भई ऐसी हौं मगन मैं॥
चाहत उठ्योई उठि गई सो निगोड़ी नींद,
सोय गए भाग मेरे जानि या जगन में।
आँख खोलि देखौं तौ न घन हैं, न घनश्याम,
वेई छाई बूँदैं मेरे आँसु ह्वै दृगन में॥

साँसन ही में समीर गयो अरु आँसुन ही सब नीर गयो ढरि।
तेज गयो गुन लै अपनो अरु भूमि गई तनु की तनुता करि॥
'देव' जियै मिलिबेई की आस कै, आसहू पास अकास रह्यो भरि।
जा दिन तें मुख फेरि हरै हँसि हेरि हियो जु लियो हरि जू हरि॥

जब तें कुवँर कान्ह रावरी, कलानिधान!
कान परी वाके कहूँ सुजस कहानी सी।
तब ही तें देव देखी देवता सी हँसति सी,
रीझति सी, खीजति सी, रूठति रिसानी सी॥
छोही सी, छली सी, छीन लीनी सी, छकी सी, छिन
जकी सी, टकी सी, लगी थकी थहरानी सी।

बीधी सी, बँधी सी, विष बूड़ति बिमोहित सी,
बैठी बाल बकति, बिलोकति बिकानी सी॥

'देव' मैं सीस बसायो सनेह सों, भाल मृगम्मद बिंदु कै भाख्यौ।
कंचुकि में चुपर्‍यो करि चोव, लगाय लियो उर सों अभिलाख्यो॥
लै मखतूल गुहे गहने, रस मूरतिवंत सिंगार कै चाख्यो।
साँवरे लाल को साँवरो रूप मैं नैनन को कजरा करि राख्यो॥
धार में धाय धँसी निरधार ह्वै, आय फँसी, उकसी न धधेरी।
री! अँगराय गिरी गहिगी, गहि फेरे फिरी न, घिरी नहिं घेरी॥
'देव', कछु अपनों बस ना, रस लालच लाल चितै भइँ चेरी।
बेगि ही बूड़ि गई पँखियाँ अँखियाँ मधु की मखियाँ भई मेरी॥

(१४) श्रीधर या मुरलीधर—ये प्रयाग के रहनेवाले ब्राह्मण थे और संवत् १७३७ के लगभग उत्पन्न हुए थे। यद्यपि अभी तक इनका 'जंगनामा' ही प्रकाशित हुआ है जिसमें फर्रुखसियर और जहाँदार के युद्ध का वर्णन है, पर स्वर्गीय बाबूराधाकृष्णदास ने इनके बनाए कई रीतिग्रंथों का उल्लेख किया है, जैसे नायिकाभेद, चित्रकाव्य आदि। इनका कविताकाल संवत् १७६० के आगे माना जा सकता है।

(१५) सूरति मिश्र—ये आगरे के रहनेवाले कान्यकुब्ज ब्राह्मण थे, जैसा कि इन्होंने स्वयं लिखा है—'सूरति मिश्र कनौजिया, नगर आगरे बास'। इन्होंने 'अलंकारमाला' संवत् १७६६ में और बिहारी सतसई की 'अमरचंद्रिका' टीका संवत् १७९४ में लिखी। अतः इनका कविताकाल विक्रम की अठारहवीं शताब्दी का अंतिम चरण माना जा सकता है।

ये नसरुल्ला खाँ नामक सरदार के यहाँ तथा दिल्ली के बादशाह मुहम्मदशाह के दरबार में आया जाया करते थे। इन्होंने 'बिहारी सतसई', 'कविप्रिया' और 'रसिकप्रिया' पर विस्तृत टीकाएँ रची हैं जिनसे इनके साहित्यज्ञान और मार्मिकता का अच्छा परिचय मिलता है। टीकाएँ ब्रजभाषा गद्य में हैं। इन टीकाओं के अतिरिक्त इन्होंने 'वैताल पंचविंशति' का ब्रजभाषा गद्य में अनुवाद किया है और निम्नलिखित रीतिग्रंथ रचे हैं—

(१) अलंकारमाला (२) रसरत्नमाला, (३) रससरस, (४) रसग्राहकचंद्रिका, (५) नखशिख, (६) काव्यसिद्धांत, (७) रसरत्नाकर।

अलंकारमाला की रचना इन्होंने 'भाषाभूषण' के ढंग पर की है। इसमें भी लक्षण और उदाहरण प्रायः एक ही दोहे में मिलते हैं; जैसे—

(क) हिम सो हर के हास सो जस मालोपम ठानि॥
(ख) सो असँगति, कारन अवर, कारज औरै थान।
चलि अहि श्रुति आनहिं डसत, नसत और के प्रान॥

इनके ग्रंथ सब मिले नहीं हैं। जितने मिले है उनसे ये अच्छे साहित्यमर्मज्ञ और कवि जान पड़ते हैं। इनकी कविता में तो कोई विशेषता नहीं जान पड़ती, पर साहित्य उपकार इन्होंने बहुत कुछ किया है। 'नखशिख' से इनका एक कवित्त दिया जाता है—

तेरे ये कपोल बोल अतिही रसाल,
मन जिनकी सदाई उपमा बिचारियत है।
कोऊ न समान जाहि कीजै उपमान,
अरु बापुरे मधूकन की देह जारियत है॥
नेकु दरपन समता की चाह करी कहूँ,
भए अपराधी ऐसो चित्त धारियत है।
'सूरति' सो याही तें जगत बीच आजहूँ लौ,
उनके बदन पर छार डारियत है॥

(१६) कवींद्र (उदयनाथ)—ये कालिदास त्रिवेदी के पुत्र थे और संवत् १७३६ के लगभग उत्पन्न हुए थे। इनका 'रसचंद्रोदय' नामक ग्रंथ बहुत प्रसिद्ध है। इसके अतिरिक्त 'विनोदचंद्रिका' और 'जोगलीला' नामक इनकी दो और पुस्तकों का पता खोज में लगा है। 'विनोदचंद्रिका' संवत् १७७७ और 'रसचंद्रोदय' संवत् १८०४ में बना। अत: इनका कविताकाल संवत् १८०४ या उसके कुछ आगे तक माना जा सकता है। ये अमेठी के राजा हिम्मतसिंह और गुरुदत्तसिंह (भूपति) के यहाँ बहुत दिन रहे।

इनका 'रसचंद्रोदय' शृंगार का एक अच्छा ग्रंथ है। इनकी भाषा मधुर और प्रसादपूर्ण है। वर्ण्य विषय के अनुकूल कल्पना भी ये अच्छी करते थे। इनके दो कवित्त नीचे दिए जाते हैं—

शहर मँझार ही पहर एक रागि जैहै,
छोर पै नगर के सराय है उतारे की।
कहत कविंद मग माँझ ही परैगी साँझ,
खबर उड़ानी है बटोही द्वैक मारे की॥
घर के हमारे परदेस को सिधारे,
या तें दया कै बिचारी हम रीति राहबारे की।
उतरौ नदी के तीर, बर के तरे ही तुम,
चौंकौं जनि चौकी तहाँ पाहरू हमारे की॥

राजै रसमै री तैसी बरखा समै री चढ़ी,
चंचला नचै री चकचौंधा कौंधा बारै री।
व्रती व्रत हारै हिए परत फुहारै,
कछु छीरैं कछू धारैं जलधर जलधारैं री॥
भनत कविंद कुंजभौन पौन सौरभ सो,
काके न कँपाय प्रान परहथ पारै री?
कामकंदुका से फूल डोलि डोलि डारैं, मन,
औरै किए डारै ये कदंबन की डारैं री॥

(१७) श्रीपति—ये कालपी के रहने वाले कान्यकुब्ज ब्राह्मण थे। इन्होंने संवत् १७७७ में 'काव्यसरोज' नामक रीति ग्रंथ बनाया। इसके अतिरिक्त इनके निम्नलिखित ग्रंथ और हैं—

(१) कविकल्पद्रुम, (२) रससागर, (३) अनुप्रासविनोद, (४) विक्रमविलास, (५) सरोजकलिका, (६) अलंकारगंगा।

श्रीपति ने काव्य के सब अंगों का निरूपण विशद रीति से किया है। दोनों का विचार पिछले ग्रंथों में अधिक विस्तार के साथ किया है और दोषों के उदाहरणों में केशवदास के बहुत से पद रखे हैं। इससे इनका साहित्यिक विषयों का सम्यक् और स्पष्ट बोध तथा विचारस्वातंत्र्य प्रकट है। 'काव्यसरोज' बहुत ही प्रौढ़ ग्रंथ है। काव्यांगों का निरूपण जिस स्पष्टता के साथ इन्होंने किया है उससे इनकी स्वच्छ बुद्धि का परिचय मिलता है। यदि गद्य में व्याख्या की परिपाटी चल गई होती तो आचार्यत्व ये और भी अधिक पूर्णता के साथ प्रदर्शित कर सकते थे। दासजी तो इनके बहुत अधिक ऋणी हैं। उन्होंने इनकी बहुत सी बातें ज्यों की त्यों अपने 'काव्यनिर्णय' में चुपचाप रख ली हैं। आचार्यत्व के अतिरिक्त कवित्व भी इनमें ऊँची कोटि का था। रचनाविवेक इनमें बहुत ही जाग्रत और रुचि अत्यंत परिमार्जित थी। झूठ शब्दाडंबर के फेर में ये बहुत कम पड़े हैं। अनुप्रास इनकी रचनाओं में बराबर आए हैं पर उन्होंने अर्थ या भावव्यंजना में बाधा नहीं डाली है। अधिकतर अनुप्रास रसानुकूल वर्णविन्यास के रूप में आकर भाषा में कहीं ओज, कहीं माधुर्य घटित करते पाए जाते हैं। पावस ऋतु का तो इन्हौंन बड़ा ही अच्छा वर्णन किया है। इनकी रचना के कुछ उदाहरण नीचे दिए जाते हैं—

जलभरे झूमैं मानौं भूमैं परसत आय,
दसहु दिसान घूमैं दामिनि लए लए।
धूरिधार धूमरे से, धूम से धंधारे कारे,
धुरवान धारे धावैं छवि सों छए छए॥
श्रीपति सुकवि कहै घेरि घहराहिं,
तकत अतन तन ताव तें तए तए।
लाल बिनु कैसे लाजचादर रहैगी आज,
कादर करत मोहिं बादर नए नए॥

सारस के नादन को बाद ना सुनात कहूँ,
नाहक ही बकवाद दादुर महा करै।
श्रीपति सुकवि जहाँ ओज ना सरोजन की,
फूल न फुलत जाहि चित दै चहा करै॥
बकन की बानी की बिराजति है राजधानी,
काई सों कलित पानी फेरत हहा करे।
घोघन के जाल, जामें नरई सेवाल ब्याल,
ऐसे पापी ताल को मराल लै कहा करै?

घूँघट उदयगिरिवर तैं निकसि रूप,
सुधा सो कलित छवि कीरति बगारो है।

हरिन डिठौना स्याम सुख सील बरषत,
करषत सोक, अति तिमिर बिदारो है॥
श्रीपति बिलोकि सौति बारिज मलिन होत,
हरषि कुमुद फूलै नंद को दुलारो है।
रंजन मदन, तन गंजन बिरह, बिबि,
खंजन सहित चंदबदन तिहारो है॥

(१८) बीर—ये दिल्ली के रहनेवाले श्रीवास्तव कायस्थ थे। इन्होंने 'कृष्णचंद्रिका' नामक रस और नायिकाभेद का एक ग्रंथ संवत् १७७९ में लिखा। कविता साधारण है। वीररस का कवित्त देखिए—

अरुन बदन और फरकै बिसाल बाहु,
कौन को हियो है करैं सामने जो रुख को।
प्रबल प्रचंड निसिचर फिरैं आए,
धूरि चाहत मिलाए दसकंध अंध मुख को॥
चमकै समरभूमि बरछी, सहस फन,
कहत पुकारे लंक अंक दीह दुख को।
बलकि बलकि बोलैं बीर रघुबीर धीर,
महि पर मीड़ि मारौं आज दसमुख को॥

(१९) कृष्ण कवि—ये माथुर चौबे थे और बिहारी के पुत्र प्रसिद्ध हैं। इन्होंने बिहारी के आश्रयदाता महाराज जयसिंह के मंत्री राजा आयामल्ल की आज्ञा से बिहारी सतसई की जो टीका की उसमें महाराज के लिये वर्तमानकालिक क्रिया का प्रयोग किया है और उनकी प्रशंसा भी की है। अत: यह निश्चित है कि यह टीका जयसिंह के जीवनकाल में ही बनी। महाराज जयसिंह संवत् १७९९ तक वर्तमान थे। अत: यह टीका संवत् १७८५ और १७९० के बीच होगी। इस टीका में कृष्ण ने दोहों के भाव पल्लवित करने के लिए सवैये लगाए हैं और वार्तिक में काव्यांग स्फुट किए हैं। काव्यांग इन्होंने अच्छी तरह दिखाए है और वे इस टीका के प्रधान अंग हैं, इसी से ये रीतिकाल के प्रतिनिधि कवियों के बीच ही रखे गए हैं।

इनकी भाषा सरल और चलती है तथा अनुप्रास आदि की ओर बहुत कम झुकी है। दोहों पर जो सवैये इन्होंने लगाए हैं उनसे इनकी सहृदयता, रचनाकौशल और भाषा पर अधिकार अच्छी तरह प्रमाणित होता है। इनके दो सवैये देखिए—

सीस मुकुट कटि काछनी, कर मुरली उर माल।
यहि बानिक मो मन सदा, बसौ बिहारी लाल॥

छबि सों फबि सीस कीरीट बन्यो, रुचिसाल हिए बनमाल लसै।
कर कंजहि मंजु रली मुरली, कछनी कटि चारु प्रभा बरसै॥
कवि कृष्ण कहैं लखि सुंदर मूरति, यों अभिलाष हिए सरसै।
वह नंद-किसोर बिहारी सदा यहि बानिक में हिय माँझ बसै॥

थोरेई गुन रीझते बिसराई वह बानि।
तुमहू कान्ह मनौ भए आजुकाल के दानि॥
ह्वै अति आरत मैं बिनती बहु बार करी करना रस भीनी।
कृष्ण कृपानिधि दीन के बंधु सुनो असुनो तुम काहे को कीनी॥
रीझते रंचक ही गुन सों वह बानि बिसारि मनो अब दीनी।
जानि परी तुमहू हरि जू! कलिकाल के दानिन की गति लीनी॥

---

(२) रसिक सुभति—ये ईश्वरदास के पुत्र थे और सन् १७८५ में वर्तमान थे। इन्होंने 'अलंकारचंद्रोदय' नामक एक अलंकारग्रंथ कुवलयानंद के आधार पर दोहों में बनाया। पद्यरचना साधारणतः अच्छी है। 'प्रत्यनीक' का लक्षण और उदाहरण एक ही दोहे में देखिए—

'प्रत्यनीक' अरि सों न बस, अरि-हितूहि दुख देय।
रवि सों चलै न कंज की दीपति ससि हरि लेय॥

(२१) गंजन—ये काशी के रहनेवाले गुजराती ब्राह्मण थे। इन्होंने संवत् १७८६ में 'कमरुद्दीन खाँ हुलास' नामक शृंगाररस का एक ग्रंथ बनाया जिसमें भावभेद, रसभेद के साथ षट्ऋतु का विस्तृत वर्णन किया है। इस ग्रंथ में इन्होंने अपना पूरा वंशपरिचय दिया है और अपने प्रपितामह मुकुटराय के कवित्व की प्रशंसा की है। कमरुद्दीन खाँ दिल्ली के बादशाह के वजीर थे और भाषाकाव्य के अच्छे प्रेमी थे। इनकी प्रशंसा गंजन ने खूब जी खोलकर की है जिससे जान पड़ता है उनके द्वारा कवि का बड़ा अच्छा सम्मान हुआ था। उपर्युक्त ग्रंथ एक अमीर को खुश करने के लिये लिखा है इससे ऋतुवर्णन के अंतर्गत उसमें अमीरी शौक और आराम के बहुत से सामान गिनाए गए हैं। इस बात में ये ग्वाल कवि से मिलते-जुलते हैं। इस पुस्तक में सच्ची भावुकता और प्रकृतिरंजन की शक्ति बहुत अल्प है। भाषा भी शिष्ट और प्रांजल नहीं। एक कवित्त नीचे दिया जाता है—

मीना के महल जरबाफ दर परदा है,
हलबी फनूसन में रोसनी चिराग की।
गुलगुली गिलम गरकआव पग होत,
जहाँ बिछी मसनद लालन के दाम की॥
केती महताबमुखी खचित जवाहिरन,
गंजन सुकवि कहै बौरी अनुराग की।
एतमादुदौला कमरुद्दीन खाँ की मजलिस,
सिसिर में ग्रीषम बनाई बड़ भाग की॥

(२२) अली मुहिब खाँ (प्रीतम)—ये आगरे के रहनेवाले थे। इन्होंने संवत् १७८७ में 'खटमल बाईसी' नाम की हास्यरस की एक पुस्तक लिखी। इस प्रकरण के आरंभ में आ गया है कि रीतिकाल में प्रधानता शृंगाररस की रही। यद्यपि वीररस लेकर भी रीतिग्रंथ रचे गए, पर किसी और रस को अकेला लेकर मैदान में कोई नहीं उतरा था। यह हौसले का काम हजरत अलीमुहिब खाँ साहिब ने कर दिखाया। इस ग्रंथ का साहित्यिक महत्व कई पक्षों में दिखाई

पड़ता है। हास्य आलंबन प्रधान रस है। आलंबन मात्र का वर्णन ही इस रस में पर्याप्त होता है। इस बात का स्मरण रहते हुए जब हम अपने साहित्य क्षेत्र की हास के आलंबनों की परंपरा की जाँच करते हैं तब एक प्रकार की बँधी रूढ़ि सी पाते हैं। संस्कृत के नाटकों के खाऊपन और पेट की दिल्लगी बहुत बँधी सी चली आई। भाषासाहित्य में कंजूसों की बारी आई। अधिकतर ये ही हास्य रस के आलंबन रहे। खाँ साहब ने शिष्ट हास का एक बहुत अच्छा मैदान दिखाया, इन्होंने हास्यरस के लिये खटमल को पकड़ा जिसपर यह संस्कृत उक्ति प्रसिद्ध है—

कमला कमले शेते, हरश्शेते हिमालये।
क्षीराब्धौ च हरिश्शेते मन्ये मत्कुणशंकया॥

क्षुद्र और महान् के अभेद की भावना उसके भीतर कहीं छिपी हुई है। इन सब बातों के विचार से हम खाँ साहब या प्रीतम जी को एक उत्तम श्रेणी का पथप्रदर्शक कवि मानते हैं। इनका और कोई ग्रंथ नहीं मिलता, न सही; इनकी 'खटमल बाईसी' ही बहुत काल तक इनका स्मरण बनाए रखने के लिए काफी है—

'खटमल बाईसी' के दो कवित्त देखिए—

जगत के कारन करन चारौ बेदन के,
कमल में बसे वै सुजान ज्ञान धरिकैं।
पोषन अवनि, दुखसोषन तिलोकन के,
सागर मैं जाय सोए सेस सेज करिकै॥
मदन जरायो जो सँहारे दृष्टि ही में सृष्टि,
बसे हैं पहार चेउ भाजि हरबरि कै।
बिधि हरि हर, और इनतें न कोऊ, तेऊ,
खाट पै न सोवैं खटमलन कों डरिकैं॥

बाघन पै गयो, देखि बनन में रहे छपि,
सांपन पै गयो, ते पताल ठौर पाई है।
गजन पै गयो, धूल डारत हैं सीस पर,
बैदन पै गयो काहू दारू ना बताई है॥
जब हहराय हम हरि के निकट गए,
हरि मोसों कही तेरी मति भूल छाई है।
कोऊ ना उपाय, भटकत जनि डोलै, सुन,
खाट के नगर खटमल की दुहाई है॥

(२३) दास (भिखारी दास)—ये प्रतापगढ़ (अवध) के पास ट्योंगा गाँव के रहनेवाले श्रीवास्तव कायस्थ थे। इन्होंने अपना वंशपरिचय पूरा दिया है। इनके पिता कृपालदास, पितामह वीरभानु, प्रपितामह राय रामदास और वृद्ध प्रपितामह राय नरोत्तम दास थे। दास जी के पुत्र अवधेशलाल और पौत्र गौरीशंकर थे जिनके अपुत्र मर जाने से वंशपरंपरा

खंडित हो गई। दासजी के इतने ग्रंथों का पता लग चुका है—रससारांश (संवत् १७९९), छंदार्णव पिंगल (संवत् १७९९), काव्यनिर्णय (संवत् १८०३), शृंगारनिर्णय (संवत् १८०७), नामप्रकाश (कोश, संवत् १७९५), विष्णुपुराण भाषा (दोहे चौपाई में); छंद प्रकाश, शतरंजशतिका, अमरप्रकाश (संस्कृत अमरकोष भाषा पद्य में)।

'काव्यनिर्णय' में दासजी ने प्रतापगढ़ के सोमवंशी राजा पृथ्वीसिंह के भाई बाबू हिंदूपतिसिंह को अपना आश्रयदाता लिखा है। राजा पृथ्वीपति संवत् १७९१ में गद्दी पर बैठे थे और १८०७ में दिल्ली के वजीर सफदरजंग द्वारा छल से मारे गए थे। ऐसा जान पड़ता है कि संवत् १८०६ के बाद इन्होंने कोई ग्रंथ नहीं लिखा अतः इनका कविताकाल संवत् १७८५ से लेकर संवत् १८०७ तक माना जा सकता है।

काव्यांगों के निरूपण में दासजी को सर्वप्रधान स्थान दिया जाता है क्योंकि इन्होंने छंद, रस, अलंकार, रीति, गुण, दोष, शब्दशक्ति आदि सब विषयों का औरों से विस्तृत प्रतिपादन किया है। जैसा पहले कहा जा चुका है, श्रीपति से इन्होंने बहुत कुछ लिया है।[१] इनकी विषय प्रतिपादन शैली उत्तम है और आलोचनाशक्ति भी इनमें कुछ पाई जाती है; जैसे, हिंदी काव्यक्षेत्र में इन्हें परकीया के प्रेम की प्रचुरता दिखाई पड़ी, जो रस की दृष्टि से रसाभास के अंतर्गत आता है। बहुत से स्थलों पर तो राधाकृष्ण का नाम आने से देवकाव्य का आरोप हो जाता है और दोष का कुछ परिहार हो जाता है, पर सर्वत्र ऐसा नहीं होता। इससे दासजी ने स्वकीया का लक्षण ही कुछ अधिक व्यापक करना चाहा और कहा—

श्रीमानन के भौन में भोग्य भामिनी और।
तिनहूँ को सुकियाह में गनैं सुकवि सिरमौर॥

पर यह कोई बड़े महत्व की उद्‌भावना नहीं कही जा सकती है। जो लोग दासजी के दस और हावों के नाम लेने पर चौंके हैं उन्हें जानना चाहिए कि साहित्यदर्पण में नायिकाओं के स्वभावज अलंकार १८ कहे गए हैं—लीला, विलास विच्छित्ति, विव्वोक, किलकिंचित, मोट्टायित्त, कुट्टमित्त, विभ्रम, ललित, विहृत, मद, तपन, मौग्ध्य, विक्षेप, कुतूहल, हसित, चकित और केलि। इनमें से अंतिम आठ को लेकर यदि दासजी ने भाषा में प्रचलित दस हावों में जोड़ दिया तो क्या नयी बात की? यह चौंकना तब तक बना रहेगा जब तक हिंदी में संस्कृत के मुख्य सिद्धांतग्रंथों के सब विषयों का यथावत् समावेश न हो जायेगा और साहित्यशास्त्र का सम्यक् अध्ययन न होगा।

अतः दासजी के आचार्यत्व के संबंध में भी हमारा यही कथन है जो देव आदि के विषय में। यद्यपि इस क्षेत्र में औरों को देखते दासजी ने अधिक काम किया है, पर सच्चे आचार्य का पूरा रूप इन्हें भी प्राप्त नहीं हो सका है। परिस्थिति से ये भी लाचार थे। इनके लक्षण भी व्याख्या के बिना अपर्याप्त और कहीं-कहीं भ्रामक हैं और उदाहरण भी कुछ स्थलों पर अशुद्ध हैं। जैसे उपादान लक्षण लीजिए। इसका लक्षण भी गड़बड़ है और उसी के अनुरूप उदाहरण भी अशुद्ध है। अतः दासजी भी औरों के समान वस्तुतः कवि के रूप में ही हमारे सामने आते हैं।

दासजी ने साहित्यिक और परिमार्जित भाषा का व्यवहार किया है। शृंगार ही उस समय का मुख्य विषय रहा है। अतः इन्होंने भी उसका वर्णन विस्तार देव की तरह बढ़ाया है। देव

---

१. देखो, पृ० १८६।

ने भिन्न-भिन्न देशों और जातियों की स्त्रियों के वर्णन के लिये जाति विलास लिखा, जिसमें नाइन, धोबिन, सब आ गईं, पर दासजी ने रसाभाव के डर से या मर्यादा के ध्यान से इनको आलंबन के रूप में न रखकर दूती के रूप में रखा है। इनके 'रससारांश' में नाइन, नटिन, धोबिन, कुम्हारिन, बरइन, सब प्रकार की दूतियाँ मौजूद हैं। इनमें देव की अपेक्षा अधिक रसविवेक था। इनका शृंगारनिर्णय अपने ढंग का अनूठा काव्य है। उदाहरण मनोहर और सरस है। भाषा में शब्दाडंबर नहीं है। न ये शब्द चमत्कार पर टूटे हैं, न दूर की सूझ के लिये व्याकुल हुए हैं। इनकी रचना कलापक्ष में संयत और भावपक्ष में रंजनकारिणी है। विशुद्ध काव्य के अतिरिक्त इन्होंने नीति की सूक्तियाँ भी बहुत सी कही हैं जिनमें उक्तिवैचित्र्य अपेक्षित होता है। देव की सी ऊँची आकांक्षा या कल्पना जिस प्रकार इनमें कम पाई जाती है उसी प्रकार उनकी सी असफलता भी कहीं नहीं मिलती। जिस बात को ये जिस ढंग से—चाहे वह ढंग बहुत विलक्षण न हो—कहना चाहते थे उस बात को उस ढंग से कहने की पूरी सामर्थ्य इनमें थी। दासजी ऊँचे दरजे के कवि थे। इनकी कविता के कुछ नमूने लीजिए—

वाही घरी तें न सान रहै, न गुमान रहै, न रहै सुघराई।
दास न लाज को साज रहै न रहै तनकौ घरकाज की घाई॥
ह्याँ दिखसाध निवारे रहौ तब ही लौ भटू सब भाँति भलाई।
देखत कान्हैं न चेत रहै, नहिं चित्त रहै, न रहै चतुराई॥

नैनन को तरसैए कहाँ लौं, कहाँ लौ हियो बिरहागि मैं तैए।
एक घरी न कहूँ कल पैए, कहाँ लगि प्रानन को कलपैए?
आवै यही अब जी में बिचार सखी चलि सौति, कै घर जैए।
मान घटे ते कहा घटि है जु पै प्रानपियारे को देखन पैए॥

ऊधो! तहाँई चली लै हमें जहँ कूबरि कान्ह बसैं एक ठोरी।
देखिय दास अघाय अघाय तिहारे प्रसाद मनोहर जोरी॥
कूबरी सों कछु पाइए मंत्र, लगाइए कान्ह सों प्रीति की डोरी।
कूबरिभक्ति बढ़ाइए बंदि, चढ़ाइए चंदन बंदन रोरी॥

कढ़िकै निसंक पैठि जाति झुंड झुंडन में,
लोगन को देखि दास आनँद पगति है।
दौरि दौरि जहीं तहीं लाल करि डारति है,
अंक लगि कंठ लगिबे को उमगति है॥
चमक झमक बारी, ठमक जमक वारी,
रमक तमक वारी जाहिर जगति है।
राम! असि रावरे की रन में नरन में—
निलज बनिता सी होरी खेलन लगति है॥

अब तो बिहारी के वे बानक गए री, तेरी
तन दूति केसर को नैन कसमीर भो।
श्रौन तुव बानी स्वाति बूँदन के चातक में,
साँसन को भरिबो द्रुपदजा को चीर भो॥
हिय को हरष मरु धरनि को नीर भो, री!
जियरो मनोभव सरन को तुनीर भो।
एरी! बेगि करिकै मिलापु थिर थापु, न तौ,
आपु अब चहत अतनु को सरीर भो॥

अँखियाँ हमारी दईमारी सुधि बुधि हारी,
मोहूँ तें जु न्यारी दास रहै सब काल में।
कौन गहै ज्ञानै, काहि सौंपत सयाने, कौन
लोक ओक जानै, ये नहीं हैं निज हाल में॥
प्रेम पगि रही, महामोह में उमगि रहीं,
ठीक ठगि रहीं, लगि रहीं बनमाल में।
लाज को अँचै कै, कुलधरम पचै कै वृथा,
बंधन सँचै कै भई मगन गोपाल में॥

---

(२४) भूपति (राज गुरुदत्त सिंह)—ये अमेठी के राजा थे। इन्होंने संवत् १७९१ में शृंगार के दोहों की एक सतसई बनाई। उदयनाथ कवींद्र इनके यहाँ बहुत दिनों तक रहे। ये महाशय जैसे सहृदय और काव्यमर्मज्ञ थे वैसे ही कवियों का आदर सम्मान करनेवाले भी थे। क्षत्रियों की वीरता भी इनमें पूरी थी। एक बार अवध के नवाब सआदतखाँ से ये बिगड़ खड़े हुए। सआदतखाँ ने जब इनकी गढ़ी घेरी तब ये बाहर सआदतखाँ के सामने ही बहुतों को मार काट कर गिराते हुए जंगल की ओर निकल गए। इनका उल्लेख कवींद्र ने इस प्रकार किया है—

समर अमेठी के सरेष गुरुदत्तसिंह,
सादत की सेना समरसेन सों भानी है।
भनत कवींद्र काली हुलसी असीसन को;
सीसन को ईस की जमाति सरसानी है।
तहाँ एक जोगिनी सुभट खोपरी लै उड़ी,
सोनित पियत ताकी उपमा बखानी है।
प्यालो लै चिनी को नीके जोबन तरंग मानो,
रंग हेतु पीवत मजीठ मुगलानी है॥

'सतसई' के अतिरिक्त भूपति जी ने 'कंठाभूषण' और 'रसरत्नाकर' नाम के दो रीतिग्रंथ भी लिखे जो कहीं देखे नहीं गए हैं। शायद अमेठी में हों। सतसई के दोहे दिए जाते हैं—

घूँघट पट की आड़ दै, हँसति जबै वह दार।
ससिमंडल ते कढ़ति, छनि जनु पियूष की धार॥
भए रसाल रसाल हैं, भरे पुहुप मकरंद।
मानसान तोरत तुरत, भ्रमत भ्रमर मदमंद॥

---

(२५) तोषनिधि—ये एक प्रसिद्ध कवि हुए हैं। ये श्रृंगवेरपुर (सिंगरौर, जिला इलाहाबाद) के रहनेवाले चतुर्भुज शुक्ल के पुत्र थे। इन्होंने संवत् १७९१ में 'सुधानिधि' नामक एक अच्छा बड़ा ग्रंथ रसभेद और भावभेद को बनाया। खोज में इनकी दो पुस्तकें मिली हैं—विनयशतक और नखशिख। तोषजी ने काव्यांगों के बहुत अच्छे लक्षण और सरस उदाहरण दिए हैं। उठाई हुई कल्पना का अच्छा निर्वाह हुआ है और भाषा स्वाभाविक प्रवाह के साथ आगे बढ़ती है। तोषजी एक बड़े ही सहृदय और निपुण कवि थे। भावों का विधान सघन होने पर भी कहीं उलझा नहीं है। बिहारी के समान इन्होंने भी कहीं-कहीं ऊहात्मक अत्युक्ति की है। कविता के कुछ नमूने दिए जाते हैं—

भूषन भूषित दूषन हीन प्रवीन महारस मैं छबि छाई।
पूरी अनेक पदारथ तें जेहि में परमारथ स्वारथ पाई॥
और उकतैं मुकतैं उलही कवि तोष अनोषभरी चतुराई।
होत सबै सुख की जनिता बनि आवति जौं बनिता कविताई॥

एक कहै हँसि ऊधवजू! ब्रज की जुवती जजि चंद्रप्रभा सी।
जाय कियो कहँ तोष प्रभू! इक प्रानप्रिया लहि कंस की दासी॥
जो हुते कान्ह प्रवीन महा सो हहा! मथुरा में कहाँ मति नासी।
जीव नहीं उबियात जबै ढिग पौढ़ति हैं कुबिजा कछुआ सी?

श्रीहरि की छबि देखिबे को अँखियाँ प्रति रोमहि में करि देतो।
बैनन को सुनिबे हित स्त्रौन जितै तित सो करती करि हेतो॥
मो ढिग छाँड़ि न काम कहूँ रहै तोष कहै लिखितो बिधि एतो।
तौ करतार इती करनी करिकै कलि में कल कीरति लेतो॥

तौ तन में रवि को प्रतिबिंब परे किरनै सो घनी सरसाती।
भीतर हू रहि जात नहीं, अँखियाँ चकचौंधि ह्वै जाति हैं राती॥
बैठि रहौ, बलि, कोठरी में कह तोष करतु बिनती बहु भाँती।
सारसीनैनि लै आरसी सो अँग काम कहा कढ़ि घाम में जाती?

(२६-२७) दलपतिराय और बंशीधर—दलपतिराय महाजन और बंसीधर ब्राह्मण थे। दोनों अहमदाबाद (गुजरात) के रहने वाले थे। इन लोगों ने संवत् १७९२ में उदयपुर महाराणा जगतसिंह के नाम पर 'अलंकाररत्नाकर' नामक ग्रंथ बनाया। इसका आधार महाराज जसवंतसिंह का 'भाषाभूषण' है। इसका 'भाषाभूषण' के साथ प्राय: वही संबंध है जो 'कुवलयानंद' का 'चंद्रालोक' के साथ। इस ग्रंथ में विशेषता यह है कि इसमें अलंकारों का स्वरूप समझाने का प्रयत्न किया गया है। इस कार्य के लिये गद्य व्यवहृत हुआ है। रीतिकाल के भीतर व्याख्या के लिये कभी-कभी गद्य का उपयोग कुछ ग्रंथकारों की सम्यक् निरूपण की उत्कंठा सूचित करता है। इस उत्कंठा के साथ ही साथ गद्य की उन्नति की आकांक्षा का सूत्रपात समझना चाहिए जो सैकड़ों वर्ष बाद पूरी हुई।

'अलंकाररत्नाकर' में उदाहरणों पर अलंकार घटा कर बताए गए हैं और उदाहरण दूसरे अच्छे कवियों के भी बहुत से हैं। इससे यह अध्ययन के लिये बहुत उपयोगी हैं। दंडी आदि कई संस्कृत आचार्यों के उदाहरण भी लिए गए हैं। हिंदी कवियों की लंबी नामावली ऐतिहासिक खोज में बहुत उपयोगी है।

कवि भी ये लोग अच्छे थे। पद्य रचना की निपुणता के अतिरिक्त इनमें भावुकता और बुद्धिवैभव दोनों हैं। इनका एक कवित्त नीचे दिया जाता है—

अरुन हरौल नभ मंडल मुलुक पर
चढ्यो अक्क चक्कवै कि तानिकै किरिन कोर।
आवत ही साँवत नछत्र जोय धाय धाय,
घोर घमसान करि काम आए ठौर ठौर॥
ससहर सेत भयो, सटक्यो सहमि ससी,
आमिल उलूक जाय गिरे कंदरन ओर।
दुंद देखि अरबिंद बंदीखाने तें भगाने,
पायक पुलिंद वै मलिंद मकरंद चोर॥

(२८) सोमनाथ—ये माथुर ब्राह्मण थे और भरतपुर के महाराज बदनसिंह के कनिष्ठ पुत्र प्रतापसिंह के यहाँ रहते थे। इन्होंने संवत् १७९४ में 'रसपीयूषनिधि' नामक नीति का एक विस्तृत ग्रंथ बनाया जिसमें पिंगल, काव्यलक्षण, प्रयोजन, भेद, शब्दशक्ति, ध्वनि, भाव, रस, रीति, गुण, दोष इत्यादि सब विषयों का निरूपण है। यह दासजी के काव्यनिर्णय से बड़ा ग्रंथ है। काव्यांगनिरूपण में ये श्रीपति और दास के समान ही हैं। विषय को स्पष्ट करने की प्रणाली इनकी बहुत अच्छी है।

विषयनिरूपण के अतिरिक्त कविकर्म में भी ये सफल हुए हैं। कविता में ये अपना उपनाम 'ससिनाथ' भी रखते थे। इनमें भावुकता और सहृदयता पूरी थी, इससे इनकी भाषा में कृत्रिमता नहीं आने पाई। इनकी एक अन्योक्ति कल्पना की मार्मिकता और प्रसादपूर्ण व्यंग्य के कारण बहुत प्रसिद्ध है। सघन और पेचीले मजमून गाँठने के फेर में न पड़ने के कारण इनकी कविता को साधारण समझना सहृदयता के सर्वथा विरुद्ध है। 'रसपीयूषनिधि' के अतिरिक्त खोज में इनके तीन और ग्रंथ मिले हैं—

कृष्ण लीलावती पंचाध्यायी (संवत् १८००)

सुजानविलास (सिंहासन बत्तीसी, पद्य में; संवत् १८०७)

माधवविनोद नाटक (संवत् १८०९)

उक्त ग्रंथों के निर्माणकाल की ओर ध्यान देने से इसका कविताकाल संवत् १७९० से १८१० तक ठहरता है।

रीतिग्रंथ और मुक्त रचना के सिवा इस सत्कवि ने प्रबंधकाव्य की ओर भी ध्यान दिया। सिंहासनबत्तीसी के अनुवाद को यदि हम काव्य न मानें तो कम से कम पद्यप्रबंध अवश्य ही कहना पड़ेगा। 'माधवविनोद' नाटक शायद मालती माधव के आधार पर लिखा हुआ प्रेमप्रबंध है। पहले कहा जा चुका है कि कल्पित कथा लिखने की प्रथा हिंदी के कवियों में प्रायः नहीं के बराबर रही। जहाँगीर के समय में संवत् १६७३ में बना पुहकर कवि का 'रसरत्न' अब तक नाम लेने योग्य कल्पित प्रबंधकाव्य था। अतः सोमनाथ जी का यह प्रयत्न उनके दृष्टिविस्तार का परिचायक है। नीचे सोमनाथ जी की कुछ कविताएँ दी जाती हैं—

दिसि बिदिसन तें उमड़ि मढ़ि लीनो नभ,
छाँड़ि दीने धुरवा जवासे जूथ जरि गे।
डहडहे भए द्रुम रंचक हवा के गुन,
कहूँ कहूँ मोरवा पुकारि मोद भरि गे॥
रहि गए चातक जहाँ के तहाँ देखत ही,
सोमनाथ कहै बूँदाबूँदि हू न करि गे।
सोर भयो घोर चारों ओर महिमंडल में,
'आए घन, आए घन' आयकै उघरि गे॥

प्रीति नई नित कीजत है, सब सों छल की बतरानि परी है।
सीखी डिठाई कहाँ ससिनाथ, हमैं दिन द्वैक तें जानि परी है॥
और कहा लहिए, सजनी! कठिनाई गरै अति आनि परी है।
मानत है बरज्यो न कछू अब ऐसी सुजानहिं बानि परी है॥

झमकतु बदन मतंग कुंभ उत्तंग अंग बर।
बंदन बलित भुसुंड कुंडलित सुंड सिद्धिधर॥
कंचन मनिमय मुकुट जगमगै सुधर सीस पर।
लोचन तीनि बिसाल चार भुज ध्यावत सुर नर॥
ससिनाथ नंद स्वच्छंद निति कोटि बिघन छरछंदहर।
जय बुद्धि बिलंब अमंद दुति इंदुभाल आनंदकर॥

(२९) रसलीन—इनका नाम सैयद गुलाम नबी था। ये प्रसिद्ध विलग्राम (जिला हरदोई) के रहनेवाले थे, जहाँ अच्छे-अच्छे विद्वान् मुसलमान होते आए हैं। अपने नाम के आगे 'बिलगरामी' लगाना एक बड़े सम्मान की बात वहाँ के लोग समझते थे। गुलाम नबी ने अपने पिता का नाम बाकर लिखा है। इन्होंने अपनी प्रसिद्ध पुस्तक 'अंग दर्पण' संवत् १७९४ में

लिखी जिसमें अंगों का, उपमा उत्प्रेक्षा से युक्त चमत्कारपूर्ण वर्णन है। सूक्तियों के चमत्कार के लिये यह ग्रंथ काव्यरसिकों में बराबर विख्यात चला आया है। यह प्रसिद्ध दोहा जिसे जनसाधारण बिहारी का समझा करते हैं, अंगदर्पण का ही है—

अमिय हलाहल, मदभरे, सेत, स्यांम रतनार।
जियत, मरत, झुकि झुकि परत, जेहि चितवत इक बार॥

'अंगदर्पण' के अतिरिक्त रसलीनजी ने सं० १७९८ में 'रसप्रबोध' नामक रसनिरूपण का ग्रंथ दोहों में बनाया। इसमें ११५५ दोहे हैं और रस, भाव, नायिकाभेद, षट्ऋतु, बारहमासा आदि अनेक प्रसंग आए हैं। रसविषय का अनेक ढंग का यह छोटा सा अच्छा ग्रंथ है। रसलीन ने स्वयं कहा है कि इस छोटे से ग्रंथ को पढ़ लेने पर रस का विषय जानने के लिये और ग्रंथ पढ़ने की आवश्यकता न रहेगी। पर यह ग्रंथ अंगदर्पण के ऐसा प्रसिद्ध न हुआ।

रसलीन ने अपने को दोहों की रचना तक ही रखा जिनमें पदावली की गति द्वारा नादसौंदर्य का अवकाश बहुत ही कम रहता है। चमत्कार और उक्तिवैचित्र्य की ओर इन्होंने अधिक ध्यान रखा। नीचे इनके कुछ दोहे दिए जाते हैं—

धरति न चौकी नगजरी, यातें उर में लाय।
छाँह परे पर पुरुष की, जनि तिय धरम नसाय॥
चख चलि स्त्रवन मिल्यो चहत, कच बढ़ि छुवन छवानि।
कटि निज दरब धर्‌यो चहत, वक्षस्थल में आनि॥
कुमति चंद प्रति द्यौस बढ़ि, मास मास कढ़ि आय।
तुव मुख मधुराई लखे फीको परि घटि जाय।
रमनी मन पावत नहीं लाज प्रीति को अंत।
दुहुँ ओर ऐंचो रहै, जिमि बिबि तिय को कंत॥
तिय सैसव जोबन मिले, भेद न जान्यो जात।
प्रात समय निसि द्योस के दुवौ भाव दरसात॥

(३०) रघुनाथ—ये बंदीजन एक प्रसिद्ध कवि हुए हैं जो काशिराज महाराजा बरिबंडसिंह की सभा को सुशोभित करते थे। काशीनरेश ने इन्हें चौरा ग्राम दिया था। इनके पुत्र गोकुलनाथ, पौत्र गोपीनाथ और गोकुलनाथ के शिष्य मणिदेव ने महाभारत का भाषा अनुवाद किया जो काशिराज के पुस्तकालय में है। ठाकुर शिवसिंह ने इनके चार ग्रंथों के नाम लिखे हैं—

काव्यकलाधर, रसिकमोहन, जगतमोहन और इश्कमहोत्सव। बिहारी सतसई की एक टीका का भी उन्होंने उल्लेख किया है। इनका कविताकाल संवत् १७९० से १८१० तक समझना चाहिए।

'रसिकमोहन' (सं० १७९६) अलंकार का ग्रंथ है। इसमें उदाहरण केवल शृंगार के ही नहीं हैं, वीर आदि अन्य रसों के भी बहुत अधिक हैं। एक अच्छी विशेषता तो यह है कि इसमें अलंकारों के उदाहरण में जो पद्य आए हैं, उनके प्रायः सब चरण प्रस्तुत अलंकार के सुंदर और स्पष्ट उदाहरण होते हैं। इस प्रकार इनके कवित्त या सवैये का सारा कलेवर अलंकार को उदाहृत करने में प्रयुक्त हो जाता है। भूषण आदि बहुत से कवियों ने अलंकारों के उदाहरण में

जो पद्य रखे हैं उनका अंतिम या और कोई चरण ही वास्तव में उदाहरण होता है। उपमा के उदाहरण में इनका यह प्रसिद्ध कवित्त लीजिए—

फूलि उठे कमल से अमल हितू के नैन,
कहै रघुनाथ भरे चैनरस सियरे।
दौरि आए भौंर से करत गुनी गुनगान,
सिद्ध से सुजान सुखसागर सों नियरे॥
सुरभी सी खुलन सुकवि की सुमति लागी,
चिरिया सी जागी चिंता जनक के जियरे।
धनुष पै ठाढ़े राम रवि से लसत आजु,
मीर कैसे नखत नरिंद भए पियरे॥

'काव्यकलाधर' (सं० १८०२) रस का ग्रंथ है। इसमें प्रथानुसार भावभेद, रसभेद थोड़ा बहुत कहकर नायिकाभेद और नायकभेद का ही विस्तृत वर्णन है। विषयनिरूपण इसका उद्देश्य नहीं जान पड़ता। 'जगतमोहन' (सं० १८०७) वास्तव में एक अच्छे प्रतापी और ऐश्वर्यवान् राजा की दिनचर्या बताने के लिये लिखा गया है। इसमें कृष्ण भगवान की १२ घंटे की दिनचर्या कही गई है। इसमें ग्रंथकार ने अपनी बहुज्ञता अनेक विषयों—जैसे, राजनीति, सामुद्रिक, वैद्यक, ज्योतिष, शालिहोत्र, मृगया, सेना, नगर, गढ़रक्षा, पशुपक्षी, शतरंज इत्यादि—के विस्तृत और अरोचक वर्णनों द्वारा प्रदर्शित की है। इस प्रकार वास्तव में पद्य में होने पर भी यह काव्यग्रंथ नहीं है। 'इश्कमहोत्सव' में आपने 'खड़ी बोली' की रचना का शौक दिखाया है। उससे सूचित होता है कि खड़ी बोली की धारणा तब तक अधिकतर उर्दू के रूप में ही लोगों को थी।

कविता के कुछ नमूने उद्धृत किए जाते हैं।

ग्वाल संग जैबो ब्रज, गैयन चरैबो ऐबो,
अब कहा दाहिने ये नैन फरकत हैं।
मोतिन की माल वारि डारौं गुंजमाल पर,
कुंजन की सुधि आए हियो धरकत हैं॥
गोबर को गारो रघुनाथ कछु यातें भारो,
कहा भयो महलनि मनि मरकत हैं।
मंदिर हैं मंदर तें ऊँचे मेरे द्वारका के,
ब्रज के खरिक तऊ हियें खरकत हैं॥

कैधौं सेस देस तें निकसि पुहुमी पै आय,
बदन ऊचाय बानी जस असपंद की।
कैधौं छिति चंवरी उसीर की दिखावति है,
ऐसी सोहै उज्ज्वल किरन जैसे चंद की॥

जानि दिनपाल श्रीनृपाल नंदलाल जू को,
कहैं रघुनाथ पाय सुघरी अनंद की।
छूटत फुहारे कैधौं फूल्यो है कमल, तासों,
अमल अमंद मढ़े धार मकरंद की॥

सुधरे सिलाह राखै, वायुवेग वाह राखैं,
रसद की राह राखे, राखे रहै बन को।
चोर को समाज राखैं बजा और नजर, राखैं,
खबरि के काज बहुरूपी हर फन को॥
आगम भखैया राखैं, सगुन लेवैया राखैं,
कहै रघुनाथ औ बिचार बीच मन को।
बाजी हारैं कबहूँ न औसर के परे जौन,
ताजी राखै प्रजन को, राजी सुभटन को॥

आप दरियाव, पास नदियों के जाना नहीं,
दरियाव, पास नदी होयगी सो धावैगी।
दरख्त बेलि आसरे को कभी राखता न,
दरखत ही के आसरे को बेलि पावैगी॥
मेरे तो लायक जो था कहना सो कहा मैंने,
रघुनाथ मेरी मति न्याव ही की गावैगी।
वह मुहताज आपकी है, आप उसके न,
आप क्यों चलोगे? वह आप पास आवैगी॥

(३१) दूलह—ये कालिदास त्रिवेदी के पौत्र और उदयनाथ 'कवींद्र' के पुत्र थे। ऐसा जान पड़ता है कि ये अपने पिता के सामने ही अच्छी कविता करने लगे थे। ये कुछ दिनों तक अपने पिता के समसामयिक रहे। कवींद्र के रचे ग्रंथ १८०४ तक के मिले हैं। अत: इनका कविताकाल संवत् १८०० से लेकर संवत् १८२५ के आसपास तक माना जा सकता है। इनका बनाया एक ही ग्रंथ 'कविकुलकंठाभरण' मिला है जिसमें निर्माणकाल नहीं दिया है। पर इनके फुटकल कवित्त और भी सुने जाते हैं।

'कविकुलकंठाभरण' अलंकार का एक प्रसिद्ध ग्रंथ है। इसमें यद्यपि लक्षण और उदाहरण एक ही पद में कहे गए हैं पर कवित्त और सवैया के समान बड़े छंद लेने से अलंकार स्वरूप और उदाहरण दोनों के सम्यक कथन के लिये पूरा अवकाश मिला है। भाषा भूषण आदि दोहों में रचे हुए इस प्रकार के ग्रंथों से इसमें यही विशेषता है। इसके द्वारा सहज में अलंकार का चलता बोध हो सकता है। इसी से दूलहजी ने इसके संबंध में आप कहा है—

जो या कंठाभरण को, कंठ करै चित लाय।
सभा मध्य सोभा लहै, अलंकृती ठहराय॥

इनके कविकुलकंठाभरण में केवल ८५ पद्य हैं। फुटकल जो कवित्त मिलते हैं वे अधिक से अधिक १५ या २० होंगे। अत: इनकी रचना बहुत थोड़ी है, पर थोड़ी होने पर भी उसने इन्हें बड़े अच्छे और प्रतिभासंपन्न कवियों की श्रेणी में प्रतिष्ठित कर दिया है। देव, दास, मतिराम आदि के साथ दूलह का भी नाम लिया जाता है। इनकी इस सर्वप्रियता का कारण इनकी रचना की मधुर कल्पना, मार्मिकता और प्रौढ़ता है। इनके वचन अलंकारों के प्रमाण में भी सुनाए जाते हैं और सहृदय श्रोताओं के मनोरंजन के लिए भी। किसी कवि ने इन पर प्रसन्न होकर **यहाँ** तक कहा है कि 'और बराती सकल कवि, दूलह दूलहराय'।

इनकी रचना के कुछ उदाहरण देखिए—

माने सनमाने तेइ माने सनमाने सन,
माने सनमाने सनमान पाइयतु है।
कहैं कवि दूलह अजाने अपमाने,
अपमान सों सदन तिनही को छाइयतु है॥
जानत है जेऊ तेऊ जात हैं विराने द्वार,
जानि बूझि भूले तिनको सुनाइयतु है।
कामबस परे कोऊ गहत गरूर तौ वा,
अपनी जरूर जाजरूर जाइयतु है॥

धरी जब बाहीं तब करी तुम 'नाहीं',
पाय दियौ पलिकाही नाही 'नाहीं' कै सुहाई हौ।
बोलत मैं नाहीं, पट खोलत मैं नाहीं,
कवि दूलह, उछाही लाख भाँतिन लहाई हौ॥
चुंबन मैं नाहीं परिरंभन मैं नाहीं,
सब असन बिलासन में नाहीं ठीक ठाई हौ।
मेलि गलबाहीं, केलि कीन्हीं चितचाही, यह
'हाँ' ते भली 'नाहीं' सो कहाँ न सीखि आई हौ॥

उरज उरज धँसे, बसे उर आड़े लसे,
बिन गुन माल गरे धरे छवि छाए हौ।
नैन कवि दूलह हैं राते, तुतराते बैन,
देखे सुने सुख के समूह सरसाए हौ॥
जावक सों लाल भाल, पलकन पीकलीक,
प्यारे ब्रजचंद सुचि सूरज सुहाए हौ।
होत अरुनोद यहि कोद मति बसी आजु,
कौन घरबसी घर बसी करि आए हौ?

सारी की सरौंट सब सारी में मिलाय दीन्हीं,
भूषन की जेब जैसे जेब जहियतु है।
कहै कवि दूलह छिपाए रदछद मुख,
नेह देखे सौतिन की देह दहियतु है॥
बाला चित्रसाला तें निकसि गुरुजन आगे,
कीन्हीं चतुरांई सो लखाई लहियतु है।
सारिका पुकारै 'हम नाहीं, हम नाहीं'
'एजू ! राम राम कहौ', 'नाहीं नाहीं', कहियतु है॥

फल विपरीत को जतन सों, 'विचित्र,'
हरि ऊँचे होत वामन भे बलि के सदन में।
आधार बड़े तें बड़ो आधेय 'अधिक' जानौ,
चरन समायो नाहिं चौदहो भुवन में॥
आधेय अधिक तें आधार की अधिकताई,
'दूसरो अधिक' आयो ऐसो गननन में।
तीनों लोक तन में, अमान्यो ना गगन में,
बसैं ते संत मन में कितेक कहौ, मन में।

(३२) कुमारमणिभट्ट—इनका कुछ वृत्त ज्ञात नहीं। इन्होंनें संवत् १८०३ के लगभग 'रसिकरसाल' नामक एक बहुत अच्छा रीतिग्रंथ बनाया। ग्रंथ में इन्होंने अपने को हरिवल्लभ का पुत्र कहा है। शिवसिंह ने इन्हें गोकुलवासी कहा है। इनका सवैया देखिए—

गावैं बधू मधुरै सुर गीतन, प्रीतम संग न बाहिर आई।
छाई कुमार नई छिति में छबि, मानो बिछाई नई दरियाई॥
ऊँचे अटा चढ़ि देखि चहूँ दिसि बोली यों बाल गरो भरिआई।
कैसी करौं हहरैं हियरा, हरि आए नहीं उलही हरियाई॥

(३३) शंभुनाथ मिश्र—इस नाम के कई कवि हुए हैं जिनमें से एक संवत् १८०६ में, दूसरे १८६७ में तीसरे १९०१ में हुए हैं। यहाँ प्रथम का उल्लेख किया जाता है, जिन्होंने 'रसकल्लोल', 'रसतरंगिणी' और 'अलंकारदीपक' नामक तीन रीतिग्रंथ बनाए हैं। ये असोथर (जि० फतेहपुर) के राजा भगवंतराय खीची के यहाँ रहते थे। 'अलंकारदीपक' में अधिकतर दोहे हैं, कवित्त सवैया कम। उदाहरण शृंगारवर्णन में अधिक प्रयुक्त न होकर आश्रयदाता के यश और प्रतापवर्णन में अधिक प्रयुक्त है। एक कवित्त दिया जाता है—

आजु चतुरंग महाराज सेन साजत ही,
धौंसा की धुकार धूरि परी मुँह माही के।
भय के अजीरन तें जीरन उजीर भए
सूल उठी उर में अमीर जाही ताही के॥

बीर खेत बीच बरछी लै बिरुझानो, इते
धीरज न रह्यो संभु कौन हू सिपाही के।
भूप भगवंत बीर ग्वाही कै खलक सब,
स्याही लाई बदन तमाम पातसाही के॥

(३४) शिवसहायदास—ये जयपुर के रहने वाले थे। इन्होंने संवत् १८०९ में 'शिवचौपाई' और 'लोकोक्तिरस कौमुदी' दो ग्रंथ बनाए। लोकोक्तिरस कौमुदी में विचित्रता यह है कि पखानों या कहावतों को लेकर नायिकाभेद कहा गया है, जैसे—

करौ रुखाई नाहिंन बाम। बेगिहिं लै आऊँ घनस्याम॥
कहै पखानो भरि अनुराग। बाजी ताँत, कि बूझ्यो राग॥
बोलै निठुर पिया बिनु दोस। आपुहि तिय बैठी गहि रोस॥
कहै पखानो जेहि गहि मौन। बैल न कूद्यौ, कूदी गौन॥

(३५) रूपसाहि—ये पन्ना के रहनेवाले श्रीवास्तव कायस्थ थे। इन्होंने संवत् १८१३ में 'रूपविलास' नामक ग्रंथ लिखा जिसमें दोहे में कुछ पिंगल, कुछ अलंकार, नायिकाभेद आदि हैं। दो दोहे नमूने के लिये दिए जाते हैं—

जगमगाति सारी जरी, झलमल भूषन जोति।
भरी दुपहरी तिया की, भेंट पिया सों होति॥
लालन बेगि चलौ न क्यों? बिना तिहारे बाल।
मार मरोरनि सो मरति, करिए परसि निहाल॥

(३६) ऋषिनाथ—ये असनी के रहनेवाले बंदीजन, प्रसिद्ध कवि ठाकुर के पिता और सेवक के प्रपितामह थे। काशिराज के दीवान सदानंद और रघुबर कायस्थ के आश्रय में इन्होंने 'अलंकारमणि मंजरी' नाम की एक अच्छी पुस्तक बनाई जिसमें दोहों की संख्या अधिक है, यद्यपि बीच-बीच में घनाक्षरी और छप्पय भी हैं। इसका रचनाकाल सं० १८३१ है जिससे यह इनकी वृद्धावस्था का ग्रंथ जान पड़ता है। इनका कविताकाल सं० १७९० से १८३१ तक माना जा सकता है। कविता ये अच्छी करते थे। एक कवित्त दिया जाता है—

छाया छत्र ह्वै करि करति महिपालन को,
पालन को पूरो फैलो रजत अपार ह्वै।
मुकुत उदार ह्वै लगत सुख श्रौनन में,
जगत जगत हंस, हास, हीरहार ह्वै॥
ऋषिनाथ सदानंद सुजस बिलंद,
तमवृंद के हरैया चंद्रचंद्रिका सुढार ह्वै।
हीतल को सीतल करत घनसार ह्वै,
महीतल को पावन करत गंगाधार ह्वै॥

(३७) बैरीसाल—ये असनी के रहने वाले ब्रह्मभट्ट थे। उनके वंशधर अब तक असनी में हैं। इन्होंने 'भाषाभरण' नामक एक अच्छा अलंकारग्रंथ सं० १८२५ में बनाया जिसमें प्रायः

दोहे ही हैं। दोहे बहुत सरस हैं और अलंकारों के अच्छे उदाहरण प्रस्तुत करते हैं। दो दोहे उद्धृत किए जाते हैं—

नहिं कुरंग नहिं ससक यह, नहिं कलंक, नहिं पंक।
बीस बिसे बिरहा दही, गही दीठि ससि अंक॥
करत कोकनद मदहि रद, तुव पव हर सुकुमार।
भए अरुन अति दबि मनो पायजेब के भार॥

(३८) दत्त—ये माढ़ी (जिला कानपुर) के रहने वाले ब्राह्मण थे और चरखारी के महाराज खुमानसिंह के दरबार में रहते थे। इनका कविताकाल संवत् १८३० माना जा सकता है। इन्होंने 'लालित्यकला' नाम की एक अलंकार की पुस्तक लिखी है जिससे ये बहुत अच्छे कवि जान पड़ते हैं। एक सवैया दिया जाता है—

ग्रीषम में तपै भीषम भानु, गई बनकुंज सखीन की भूल सों।
घाम सों बामलता मुरझानी, बयारि करैं घनश्याम दुकूल सों।
कंपत यों प्रगट्यो तन स्वेद उरोजन दत्त जू ठोड़ी के मूल सों।
द्वै अरविंद कलीन पै मानो गिरै मकरंद गुलाल के फूल सों॥

(३९) रतनकवि—इनका वृत्त कुछ ज्ञात नहीं। शिवसिंह ने इनका जन्मकाल सं० १७९८ लिखा है। इससे इनका कविताकाल सं० १८३० के आसपास माना जा सकता है। ये श्रीनगर (गढ़वाल) के राजा फतहसाहि के यहाँ रहते थे। उन्हीं के नाम पर 'फतेहभूषण' नामक एक अच्छा अलंकार का ग्रंथ इन्होंने बनाया। इसमें लक्षणा, व्यंजना, काव्यभेद, ध्वनि, रस, दोष आदि का विस्तृत वर्णन है। उदाहरण में शृंगार के ही पद्य न रखकर इन्होंने अपने राजा की प्रशंसा के कवित्त बहुत रखे हैं। संवत् १८२७ में इन्होंने 'अलंकारदर्पण' लिखा। इनका निरूपण भी विशद है और उदाहरण भी बहुत मनोहर और सरस है। ये एक उत्तम श्रेणी के कुशल कवि थे, इसमें संदेह नहीं। कुछ नमूने लीजिए—

बैरिन की बाहिनी को भीषन निदाघ रवि,
कुबलय केलि को सरस सुधाकरु है।
दानझरि सिंधुर है, जग को बसुंधर है,
बिबुध कुलनि को फलित कामतरु है॥
पानिप मनिन को, रतन रतनाकर को,
कुबेर पुन्यजनन को, छमा महीधरु है।
अंग को सनाह, बहरास को रमा को नाह,
महाबार फतेहसाह एकै नरबरु है॥

काजर को कोरवारे भारे अनियारे नैन,
कारे सटकारे बार छहरे छवानि छ्वै।
स्याम सारी भीतर भभक गोरे गातन की,
ओपवारी न्यारी रही बदन उजारी ह्वै॥

मृगमद बेंदी भाल में दी, याही आभरन,
हरन हिए को तू है रंभा रति ही अवै।
नीके नथुनी के तैसे सुंदर सुहात मोती,
चंद पर च्वै रहै सु मानो सुधाबुंद द्वै॥

(४०) नाथ (हरिनाथ)—ये काशी के रहनेवाले गुजराती ब्राह्मण थे। इन्होने संवत् १८२६ में 'अलंकारदर्पण' नामक एक छोटा सा ग्रंथ बनाया जिसमें एक-एक पद के भीतर कई कई उदाहरण हैं। इनका क्रम औरों से विलक्षण है। ये पहले अनेक दोहों में बहुत से लक्षण कहते गए हैं फिर एक साथ सबके उदाहरण कवित्त आदि में देते गए हैं। कविता साधारणत: अच्छी है। एक दोहा देखिए—

तरुनि लसति प्रकास तें, मालति लसति सुबास।
गोरस गोरस देत नहिं, गोरस चहति हुलास॥

(४१) मनीराम मिश्र—ये कन्नौज निवासी इच्छाराम मिश्र के पुत्र थे। इन्होंने संवत् १८२९ में 'छंदछप्पनी' और 'आनंदमंगल' नाम की दो पुस्तकें लिखीं। 'आनंदमंगल' भागवत दशम स्कंध का पद्य में अनुवाद है। 'छंदछप्पनी' छंदशास्त्र का बड़ा ही अनूठा ग्रंथ है।

(४२) चंदन—ये नाहिल पुवायाँ (जिला शाहजहाँपुर) के रहनेवाले बंदीजन थे और गौड़ राजा केशरीसिंह के पास रहा करते थे। 'शृंगारसागर', 'काव्याभरण', 'कल्लोलतरंगिणी' ये तीन रीतिग्रंथ लिखे। इनके अतिरिक्त इनके निम्नलिखित ग्रंथ और हैं—

(१) केसरीप्रकाश, (२) चंदन सतसई, (३) पथिकबोध, (४) नखशिख, (५) नाममाला (कोश), (६) पत्रिकाबोध, (७) तत्वसंग्रह, (८) सीतवसंत (कहानी), (९) कृष्णकाव्य, (१०) प्राज्ञविलास।

ये एक अच्छे चलते कवि जान पड़ते हैं। इन्होंने 'काव्यभरण' संवत् १८४५ में लिखा। फुटकल रचना तो इनकी अच्छी है ही। सीतवसंत की कहानी भी इन्होंने प्रबंध काव्य के रूप में लिखी है। सीतवसंत की रोचक कहानी इन प्रांतों में बहुत प्रचलित है। उसमें विमाता के अत्याचार से पीड़ित सीतवसंत नामक दो राजकुमारों की बड़ी लंबी कथा है। इनकी पुस्तकों की सूची देखने से यह धारणा होती है कि इनकी दृष्टि रीतिग्रंथों तक ही बद्ध न रहकर साहित्य के और अंगों पर भी थी।

ये फारसी के भी अच्छे शायर थे और अपना तखल्लुस 'संदल' रखते थे। इनका 'दीवाने संदल' कहीं-कहीं मिलता है। इनका कविताकाल संवत् १८२० से १८५० तक माना जा सकता है। इनका एक सवैया नीचे दिया जाता है—

ब्रजवारी गँवारी दै जानै कहा, यह चातुरता न लुगायन में।
पुनि बारिनी जानि अनारिनी है, रुचि एती न चंदन नायन में॥
छबि रंग सुरंग के बिंदु बनै, लगै इंद्रबधू लघुतायन में।
चित जो चहै दी चकि सी रहैं दी, केहि दी मेंहदी इन पायन में॥

(४३) देवकीनंदन—ये कन्नौज के पास मकरंदनगर ग्राम के रहनेवाले थे। इनके पिता का नाम सषली शुक्ल था। इन्होंने संवत् १८४१ में 'शृंगारचरित्र' और १८५७ में 'अवधूतभूषण' और 'सरफराजचंद्रिका' नामक रस और अलंकार के ग्रंथ बनाए। संवत् १८४३ में ये कुँवर

सरफराज गिरि नाभक किसी धनाढ्य महंत के यहाँ थे जहाँ इन्होंने 'सरफराजचंद्रिका' नामक अलंकार का ग्रंथ लिखा। इसके उपरांत ये रुद्दामऊ (जिला हरदोई) के रईस अवधूत सिंह के यहाँ गए जिनके नाम पर 'अवधूतभूषण' बनाया। इनका एक नखशिख भी है। शिवसिंह को इनके इस नखशिख का ही पता था, दूसरे ग्रंथों का नहीं।

'शृंगारचरित्र' में रस, भाव, नायिकाभेद आदि के अतिरिक्त अलंकार भी आ गए हैं। 'अवधूतभूषण' वास्तव में इसी का कुछ प्रवर्द्धित रूप है। इनकी भाषा मंजी हुई और भाव प्रौढ़ हैं। बुद्धिवैभव भी इनकी रचना में पाया जाता है। कहीं-कहीं कूट भी इन्होंने कहे हैं। कलावैचित्र्य की ओर अधिक झुकी हुई होने पर भी इनकी कविता में लालित्य और माधुर्य पूरा है। दो कवित्त नीचे दिए जाते हैं—

बैठी रँग रावट में हेरत पिया की बाट,
आए न बिहारी भई निपट अधीर मैं।
देवकीनँदन कहै स्याम घटा घिरि आई,
जानि गति प्रलय की डरानी बहु, वीर मैं॥
सेज पै सदासिव की मूरति बनाय पूजी,
तीनि डर तीनहू की करी तदबीर मैं।
पाखन में सामरे, सुलाखन में अखैवट,
ताखन में लाखन की लिखी तसवीर मैं॥

मोतिन की माल तोरि चीर, सब चीरि डारै,
फेरि कै न जैहौं आली, दुख विकरारे हैं।
देवकीनंदन कहै नोखे नागछौनन के,
अलकैं प्रसून नोचि नोचि निरबारे हैं॥
मानि मुख चंदभाव चोंच दई अधरन,
तीनौ ये निकुंजन में एकै तार तारे हैं।
ठौर ठौर डोलत मराल मतवारे, तैसे,
मोर मतवारे त्यों चकोर मतवारे हैं॥

(४४) महाराज रामसिंह—ये नरवलगढ़ के राजा थे। इन्होंने रस और अलंकार पर तीन ग्रंथ लिखे हैं—अलंकार दर्पण, रसनिवास (सं० १८३९) और रसविनोद (सं० १८६०)। अलंकार दर्पण दोहों में है। नायिकाभेद भी अच्छा है। ये एक अच्छे और प्रवीण कवि थे। उदाहरण लीजिए—

सोहत सुंदर स्याम सिर, मुकुट मनोहर जोर।
मनो नीलमनि सैल पर, नाचत राजत मोर॥
दमकन लागी दामिनी, करन लगे घर रोर।
बोलति माती कोइलै, बोलत माते मोर॥

(४५) भान कवि—इनके पूरे नाम तक का पता नहीं। इन्होंने संवत् १८४५ में 'नरेंद्रभूषन' नामक अलंकार का एक ग्रंथ बनाया जिससे केवल इतना ही पता लगता है कि ये राजा जोरावरसिंह के पुत्र थे और राजा रनजोरसिंह बुंदेल के यहाँ रहते थे। इन्होंने अलंकारों के उदाहरण शृंगाररस के प्रायः बराबर ही वीर, भयानक, अद्‌भुत आदि रसों के रखे हैं। इससे इनके ग्रंथ में कुछ नवीनता अवश्य दिखाई पड़ती है जो शृंगार के सैकड़ों वर्ष के पिष्टपेषण के ऊबे हुए पाठक को विराम सा देती है। इनकी कविता में भूषण की सी फड़क और प्रसिद्ध शृंगारियों की सी तन्मयता और मधुरता तो नहीं है, पर रचना प्रायः पुष्ट और परिमार्जित है—

रसमतवारे ये जोरावर दुलारे तब,
बाजत नगारे भए गालिब दिलीस पर।
दल के चलत भर भर होत चारों ओर,
चालति धरनि भारी भार सों फनीस पर॥
देखि कै समर सनमुख भयो ताहि समै,
बरनत भान पैज कै कै बिसे बीस पर।
तेरी समसेर की सिफत सिंह रनजोर,
लखी एकै साथ हाथ अरिन के सीस पर॥

घन से सघन स्याम, इंदु पर छाय रहे,
बैठी तहाँ असित द्विरेफन की पाँति सी।
तिनके समीप तहाँ खंज की सी जोरी, लाल!
आरसी से अमल निहारे बहुत भाँति सी॥
ताके ढिग अमल ललौहैं बिबि विद्रुम से,
फरकति ओप जामैं मोतिन की कांति सी।
भीतर ते कढ़ति मधुर बीन कैसी धुनि,
सुनि करि भान परि कानन सुहाति सी॥

(४६) थान कवि—ये चंदन बंदीजन के भांजे थे और डौड़ियाखेरे (जिला रायबरेली) में रहते थे। इनका पूरा नाम थानराय था। इनके पिता निहालराय, पितामह महासिंह और प्रपितामह लालराय थे। इन्होंने संवत् १८४८ में 'दलेलप्रकाश' नामक एक रीतिग्रंथ चँड़रा (बैसवारा) के रईस दलेलसिंह के नाम पर बनाया। इस ग्रंथ में विषयों का कोई क्रम नहीं है। इसमें गुणविचार, रस, भाव, भेद, गुणदोष आदि का कुछ निरूपण है और कहीं-कहीं अलंकारों के कुछ लक्षण आदि भी दे दिए गए हैं। कहीं रागरागिनियों के नाम आए, तो उनके भी लक्षण कह दिए। पुराने टीकाकारों की सी गति है। अंत में चित्रकाव्य भी रखे हैं। सारांश यह कि इन्होंने कोई सर्वांगपूर्ण ग्रंथ बनाने के उद्देश्य से इसे नहीं लिखा है। अनेक विषयों में अपनी निपुणता का प्रमाण सा इन्होंने उपस्थित किया है। ये इसमें सफल हुए हैं, यह अवश्य कहना पड़ता है कि जो विषय लिया है उस पर उत्तम कोटि की रचना की है। भाषा में मंजुलता और लालित्य है। ह्रस्व वर्णों की मधर योजना इन्होंने सुंदर की है। यदि अपने ग्रंथ को इन्होंने

भानमती का पिटारा न बनाया होता और एक ढंग पर चले होते तो इनकी बड़े कवियों की सी ख्याति होती; इनकी रचना के दो नमूने देखिए—

दासन पै दाहिनी परम हंसवाहिनी हौ,
पोथी कर, बीना सुरमंडल मढ़त है।
आसन कँवल, अंग अंबर धवल,
मुख चंद सो अँवल, रंग नवल चढ़त है॥
ऐसी मातु भारती की आरति करत थान,
जाको जस बिधि ऐसो पंडित पढ़त है।
ताकी दयादीठि लाख पाथर निराखर के,
मुख ते मधुर मंजु आखर कढ़त है॥

कलुषहरनि सुखकरनि सरनजन
बरनि बरनि जस कहत धरनिधर।
कलिमलकलित बलितअघ खलगन,
लहत परमपद कुटिल कपटतर॥
मदनकदन सुरसदन बदन ससि,
अमल नवल दुति भजन भगतवर।
सुरसरि! तव जल दरस परस करि,
सुर सरि सुभगति लहत अधम नर॥

(४७) **बेनी बंदीजन**—ये बैंती (जिला रायबरेली) के रहनेवाले थे और अवध के प्रसिद्ध वजीर महाराज टिकैतराय के आश्रय में रहते थे। उन्हीं के नाम पर इन्होंने 'टिकैतरायप्रकाश' नामक अलंकारग्रंथ संवत् १८४९ में बनाया। अपने दूसरे ग्रंथ 'रसविलास' में इन्होंने रसनिरूपण किया है। ये अपने दोनों ग्रंथों के कारण इतने प्रसिद्ध नहीं हैं जितने कि अपने भँड़ौवों के लिये। इनके भड़ौवों का एक संग्रह 'भड़ौवासंग्रह' के नाम से भारतजीवन प्रेस द्वारा प्रकाशित हो चुका है।

भँड़ौवा हास्यरस के अंतर्गत आता है। इसमें किसी की उपहासपूर्ण निंदा रहती है। यह प्राय: सब देशों में साहित्य का अंग रहा है। जैसे फारसी और उर्दू की शायरी में 'हजो' का एक विशेष स्थान है वैसे ही अंगरेजी में सटायर (satire) का। पूरबी साहित्य में 'उपहासकाव्य' के लक्ष्य अधिकतर कंजूस अमीर या आश्रयदाता ही रहे हैं और योरोपीय साहित्य में समसामयिक कवि और लेखक। इसमें योरप के उपहास काव्य में साहित्यिक मनोरंजन की सामग्री अधिक रहती थी। उर्दू साहित्य में सौदा 'हजों' के लिये प्रसिद्ध है। उन्होंने किसी अमीर के दिए घोड़े की इतनी हँसी की है कि सुननेवाले लोटपोट हो जाते हैं। इसी प्रकार किसी कवि ने औरंगजेब की दी हुई हथिनी की निंदा की है—

तिमिरलंग लइ मोल, चली बाबर के हलके।
रही हुमायूँ संग फेरि अकबर के दल के॥

जहाँगीर जस लियो पीठि को भार हटायो।
साहजहाँ करि न्याव ताहि पुनि माँड़ि चटायो॥
बलरहित भई, पौरुष थक्यो, भगी फिरत बन स्यार डर।
औरंगजेब करिनी सोई लै दीन्हीं कविराज कर॥

इस पद्धति के अनुयायी बेनी जी ने भी कहीं बुरी रजाई पाई तो उसकी निंदा की, कहीं छोटे आम पाये तो उसकी निंदा जी खोल कर की।

पर जिस प्रकार उर्दू के शायर कभी-कभी दूसरे कवि पर भी छींटा दे दिया करते हैं उसी प्रकार बेनी जी ने भी लखनऊ के ललकदास महंत (इन्होंने 'सत्योपाख्यान' नामक एक ग्रंथ लिखा है, जिसमें रामकथा बड़े विस्तार से चौपाइयों में कही है) पर कुछ कृपा की है। जैसे, 'बाजे बाजे ऐसे डलमऊ में बसंत जैसे मऊ के जुलाहे, लखनऊ के ललकदास'। इनका 'टिकैतप्रकाश', संवत् १८४९ में और 'रसविलास' संवत् १८७४ में बना। अत: इनका कविताकाल संवत् १८४९ से १८९० तक माना जा सकता है। इनकी कविता के कुछ नमूने देखिए—

अलि डसे अधर सुगंध पाय आनन को,
कानन में ऐसे चारु चरन चलाए हैं।
फटि गई कंचुकी लगे तें कंट कुंजन के,
बेनी बलहीन खोली, बार छबि छाए हैं॥
बेग तें गवन कीनी, धक धक होत सीनो,
ऊरध उसासै तन सेद सरसाए हैं।
भल प्रीति पाली बनमाली के बुलाइबे को,
मेरे हेत आली बहुतेरे दुख पाए हैं॥

घर घर घाट घाट बाट बाट ठाट ठटे,
बेला औ कुबेला फिरैं चेला लिए आस पास।
कविन सौ बाद करै, भेद बिन नाद करैं,
महा उनमाद करैं, धरम करम नास।
बेनी कवि कहैं बिभिचारिन को बादसाह,
अतन प्रकासत न सतन सरम तास।
ललना ललक, नैन मैन की झलक,
हँसि हेरत अलक रद खलक ललकदास॥

चींटी को चलावै को? मसा के मुख आपु जाय,
स्वास की पवन लागे कोसन भगत है।

ऐनक लगाए मरु मरु के निहारे जात,
अनु परमानु की समानता खगत है॥
बेनी कवि कहै हाल कहाँ लौं बखान करौं,
मेरी जान ब्रह्म को बिचारिबो सुगत है।
ऐसे आम दीन्हें दयाराम मन मोद करि,
जाके आके सरसों सुमेरु सी लगत है॥

(४८) **बेनी प्रवीन**—ये लखनऊ के वाजपेयी थे और लखनऊ के बादशाह गाजीउद्दीन हैदर के दीवान राजा दयाकृष्ण कायस्थ के पुत्र नवलकृष्ण उर्फ ललनजी के आश्रय में रहते थे जिनकी आज्ञा से संवत् १८७४ में इन्होंने 'नवसतरंग' नामक ग्रंथ बनाया। इसके पहले 'शृंगारभूषण' नामक एक ग्रंथ ये बना चुके थे। ये कुछ दिन के लिये महाराज नानाराव के पास बिठूर भी गए थे और उनके नाम पर 'नानारावप्रकाश' नामक अलंकार का एक बड़ा ग्रंथ कविप्रिया के ढंग पर लिखा था। खेद है इनका कोई ग्रंथ अब तक प्रकाशित न हुआ। इनके फुटकल कवित्त तो इधर-उधर बहुत कुछ संगृहीत और उद्धृत मिलते हैं। कहते हैं कि बेनी बंदीजन (भँड़ौवावाले) से इनसे एक बार कुछ वाद हुआ था जिससे प्रसन्न होकर उन्होंने इन्हें 'प्रवीन' की उपाधि दी थी। पीछे से रुग्ण होकर ये सपत्नीक आबू चले गए और वहीं इनका शरीरपात हुआ। इन्हें कोई पुत्र न था।

इनका 'नवसतरंग' बहुत ही मनोहर ग्रंथ है। उसमें नायिकाभेद के उपरांत रस-भेद और भाव-भेद का संक्षेप में निरूपण हुआ है। उदाहरण और रसों के भी दिए हैं पर रीतिकाल के रस संबंधी और ग्रंथों की भाँति यह शृंगार का ही ग्रंथ है। इनमें नायिकाभेद के अंतर्गत प्रेमक्रीड़ा की बहुत ही सुंदर कल्पनाएँ भरी पड़ी हैं। भाषा इनकी बहुत साफ, सुथरी और चलती है, बहुतों की भाषा की तरह लद्दू नहीं। ऋतुओं के वर्णन भी उद्दीपन की दृष्टि से जहाँ तक रमणीय हो सकते हैं किए गए हैं, जिनमें प्रथानुसार भोगविलास की सामग्री भी बहुत कुछ आ गई है। अभिसारिका आदि कुछ नायिकाओं के वर्णन बड़े ही सरस हैं। ये ब्रजभाषा के मतिराम ऐसे कवियों के समकक्ष हैं और कहीं-कहीं तो भाषा और भाव के माधुर्य में पद्माकर तक से टक्कर लेते हैं। जान पड़ता है, शृंगार के लिये सवैया ये विशेष उपयुक्त समझते थे। कविता के कुछ नमूने उद्धृत किए जाते हैं—

भोर ही न्योति गई ती तुम्हें वह गोकुल गाँव की ग्वालिनि गोरी।
आधिक राति लौं बेनी प्रवीन कहा ढिग राखि करी बरजोरी॥
आवै हँसी मोहिं देखत लालन, भाल में दीन्हीं महावर घोरी।
एते बड़े ब्रजमंडल में न मिली कहुँ माँगेहु रंचक रोरी॥
जान्यौं न मैं ललिता अलि ताहि जो सोवत माँहि गई करि हाँसी।
लाए हिए नख केहरि के सम, मेरी तऊ नहिं नींद बिनाँसी॥
लै गई अंबर बेनी प्रवीन ओढ़ाय लटी दुपटी दुखरासी।
तोरि तनी, तन छोर अभूषन भूलि गई गर देन को फाँसी॥
घनसार पटीर मिलै मिलै नीर चहै तन लावै न लावै चहै।
न बुझे बिरहागिन झार झरी हू चहै घन लागे न लावै चहै॥

हम टेरि सुनावतिं बेनी प्रवीन चहै मन लावै न लावै चहै।
अब आवै बिदेस तें पीतम गेह चहै धन लावै, न लावै चहै॥
कालिह की गूँथी बाबा की सौं मैं गजमोतिन की पहिरी अति आला॥
आई कहाँ ते यहाँ पुखराज की, संग एई जमुना तट बाला॥
न्हात उतारी हौं बेनी प्रवीन, हसैं सुनि बैनन नैन रसाला।
जानति ना अँग की बदली, सब सों, 'बदली बदली' कहै माला॥

सोभा पाई कुंज भौंन जहाँ जहाँ कीन्हों गौन,
सरस सुगंध पौन पाई मधुपनि है।
बीथिन बिथोरे मुकताहल मराल पाए,
आली दुसाल साल पाए अनगनि हैं॥
रैन पाई चाँदनी फटक सी चटक रुख,
सुख पायो पीतम प्रबीन बेनी धनि है।
बैन पाई सारिका, पढ़न लागी कारिका,
सो आई अभिसारिका कि चारु चिंतामनि है॥

(४९) जसवंतसिंह द्वितीय—ये बघेल क्षत्रिय और तेरवाँ (कन्नौज के पास) के राजा थे और बड़े विद्याप्रेमी थे। इनके पुस्तकालय में संस्कृत और भाषा के बहुत से ग्रंथ थे। इनका कविताकाल संवत् १८५६ अनुमान किया गया है। इन्होंने दो ग्रंथ लिखे—एक शालिहोत्र और दूसरा शृंगार शिरोमणि। यहाँ इसी दूसरे ग्रंथ से प्रयोजन है, जो शृंगाररस का एक बड़ा ग्रंथ है। कविता साधारण है। एक कवित्त देखिए—

घनन के ओर, सोर चारों ओर मोरन के,
अति चितचोर तैसे अंकुर मुनै रहैं।
कोकिलन कूक हूक होति बिरहीन हिय,
लूक से जगत चीर चारन चुनै रहैं॥
झिल्ली झनकार तैसो पिकन पुकार डारी,
मारि डारी डारी द्रुम अंकुर सु नै रहैं।
लुनैं रहैं प्रान प्रानप्यारे जसवंत बिनु,
कारे पीरे लाल ऊदे बादर उनै रहैं॥

(५०) यशोदानंद—इनका कुछ भी वृत्त ज्ञात नहीं। शिवसिंहसरोज में जन्म संवत् १८२८ लिखा पाया जाता है। इनका एक छोटा सा ग्रंथ 'बरवै नायिका भेद' ही मिलता है जो निस्संदेह अनूठा है और रहीमवाले से अच्छा नहीं तो उसकी टक्कर का है। इनमें ९ बरवै संस्कृत में और ५३ ठेठ अवधी भाषा में हैं। अत्यंत मृदु और कोमल भाव अत्यंत सरल और स्वाभाविक रीति से व्यंजित हैं। भावुकता ही कवि की प्रधान विभूति है। इस दृष्टि से इनकी यह छोटी सी रचना बहुत ही बड़ी रचनाओं से मूल्य में बहुत अधिक है। कवियों की श्रेणी में ये निस्संदेह उच्च स्थान के अधिकारी हैं। इनके बरवै के नमूने देखिए—

(संस्कृत) यदि च भवति बुधमिलनं किं त्रिदिवेन।
यदि च भवति शठमिलनं किं निरयेण॥

(भाषा) अहिरिनि मन कै गहिरिनि उतरु न देइ।
नैना करै मथनिया, मन मथि लेइ॥
तुरकिनि जाति हुरुकिनी अति इतराइ।
छुवन न देइ इजरवा मुरि मुरि जाइ॥
पीतम तुम कचलोइया, हम गजबेलि।
सारस के असि जोरिया फिरौं अकेलि॥

(५१) **करन कवि**—ये षट्कुल कान्यकुब्जों के अंतर्गत पांडे थे और छत्रसाल के वंशधर पन्ना नरेश महाराज हिंदूपति की सभा में रहते थे। इनका कविताकाल संवत् १८६० के लगभग माना जा सकता है। इन्होंने 'साहित्यरस' और 'रसकल्लोल' नामक दो रीतिग्रंथ लिखे हैं। 'साहित्य' में इन्होंने लक्षण, व्यंजना, ध्वनिभेद, रसभेद, गुण दोष आदि काव्य के प्राय: सब विषयों का विस्तार से वर्णन किया है। इस दृष्टि से यह एक उत्तम रीतिग्रंथ है। कविता भी इनकी सरस और मनोहर है। इससे इनका एक सुविज्ञ कवि होना सिद्ध होता है। एक कवित्त देखिए—

कंटकित होत गात बिपिन समाज देखि,
हरी हरी भूमि हेरि हियो लरजतु है।
एते पै करन धुनि परति मयूरन की,
चातक पुकारि तेह ताप सरजतु है॥
निपट चवाई भाई बंधु जे बसत गाँव,
पाँव परे जानि कै न कोऊ बरजतु है।
अरज्यो न मानी तू न गरज्यो चलत बार,
एरे घन बैरी! अब काहे गरजतु है॥

खल खंडन मंडन धरनि, उद्धत उदित उदंड।
दसमंडन दारुन समर, हिंदुराज भुजदंड॥

(५२) **गुरदीन पांडे**—इनके संबंध में कुछ ज्ञात नहीं। इन्होंने संवत् १८६० में 'बागमनोहर' नामक एक बहुत ही बड़ा रीतिग्रंथ कविप्रिया की शैली पर बनाया 'कविप्रिया' से इसमें विशेषता यह है कि इसमें पिंगल भी आ गया है। इस एक ही ग्रंथ में पिंगल, रस, अलंकार, गुण, दोष, शब्दशक्ति आदि सब कुछ अध्ययन के लिये रख दिया गया है। इससे वह साहित्य का एक सर्वांगपूर्ण ग्रंथ कहा जा सकता है। इसमें हर प्रकार के छंद हैं। संस्कृत के वर्णवृत्तों में बड़ी सुंदर रचना है। यह अत्यंत रोचक और उपादेय ग्रंथ है। कुछ पद्य देखिए—

मुखससी ससि दून कला धरे। कि मुकुतागन जावक में भरे।
ललित कुंदकली अनुहारि के। दसन हैं वृषभानु कुमारि के॥
सुखद जंत्र कि माल सुहाग के। ललित मंत्र किधौं अनुराग के।
भ्रकुटि यों वृषभानु सुता लसै। जनु अनंग सरासन को हँसै॥
मुकुर तौ पर दीपति को धनी। ससि कलंकित, राहु बिथा घनी।
अपर ना उपमा जग में लहै। तव प्रिया! मुख के सम को कहै?

(५३) ब्रह्मदत्त—ये ब्राह्मण थे और काशीनरेश महाराज उदितनारायण सिंह के छोटे भाई बाबू दीपनारायण सिंह के आश्रित थे। इन्होंने संवत् १८६० में 'विद्वद्विलास' और १८६५ में 'दीपप्रकाश' नामक एक अच्छा अलंकार का ग्रंथ बनाया। इनकी रचना सरल और परिमार्जित है। आश्रयदाता की प्रशंसा में यह कवित्त देखिए—

कुसल कलानि में, करनहार कीरति को,
कवि कोविदन को कलप तरुवर है।
सील सनमान बुद्धि बिद्या को निधान ब्रह्म,
मतिमान हंसन को मानसरवर है॥
दीपनारायन, अवनीप को अनुज प्यारो,
दीन दुख देखत हरत हरबर है।
गाहक गुनी को, निरबाहक दुनी को नीको,
गनी गज बकस गरीबपरवर है॥

(५४) पद्माकर भट्ट—रीतिकाल के कवियों में सहृदय समाज इन्हें बहुत श्रेष्ट स्थान देता आया है। ऐसा सर्वप्रिय कवि इस काल के भीतर बिहारी को छोड़ दूसरा नहीं हुआ। इनकी रचना की रमणीयता ही एक सर्वप्रियता का एकमात्र कारण है। रीतिकाल की कविता इनकी और प्रतापसाहि की वाणी द्वारा अपने पूर्ण उत्कर्ष को पहुँचकर फिर ह्रासोन्मुख हुई। अतः जिस प्रकार ये अपनी परंपरा के परमोत्कृष्ट कवि हैं उसी प्रकार प्रसिद्धि में अंतिम भी। देश में जैसा इनका नाम गूँजा वैसा फिर आगे चलकर किसी और कवि का नहीं।

ये तैलंग ब्राह्मण थे। इनके पिता मोहनलाल भट्ट का जन्म बाँदे में हुआ था। ये पूर्ण पंडित और अच्छे कवि भी थे जिसके कारण इनका कई राजधानियों में अच्छा सम्मान हुआ था। ये कुछ दिनों तक नागपुर के महाराज रघुनाथराव (अप्पा साहब) के यहाँ रहे, फिर पन्ना के महाराज हिंदूपति के गुरु हुए और कई गाँव प्राप्त किए। वहाँ से वे फिर जयपुर नरेश महाराजा प्रतापसिंह के यहाँ जा रहे थे जहाँ इन्हें 'कविराजशिरोमणि' की पदवी और अच्छी जागीर मिली। उन्हीं के पुत्र सुप्रसिद्ध पद्माकरजी हुए। पद्माकरजी का जन्म संवत् १८१० में बाँदे में हुआ। इन्होंने ८० वर्ष की आयु भोगकर अंत में कानपुर गंगातट पर संवत् १८९० में शरीर छोड़ा। ये कई स्थानों पर रहे। सुगरा के नोने अर्जुनसिंह ने इन्हें अपना मंत्रगुरु बनाया। संवत् १८४९ में ये गोसाईं अनूपगिरि उपनाम हिम्मतबहादुर के यहाँ गए जो बड़े अच्छे योद्धा थे और पहले बाँदे के नवाब के यहाँ थे, फिर अवध बादशाह के यहाँ सेना के बड़े अधिकारी हुए थे। इनके नाम पर पद्माकरजी ने 'हिम्मतबहादुर विरदावली' नाम की एक वीर रस की बहुत ही फड़कती हुई पुस्तक लिखी। संवत् १८५६ में ये सितारे के महाराज रघुनाथराव (प्रसिद्ध

राघोवा) के यहाँ गए और एक हाथी, एक लाख रुपया और दस गाँव पाए। इसके उपरांत पद्माकरजी जयपुर के महाराज प्रतापसिंह के यहाँ पहुँचे और वहाँ बहुत दिनों तक रहे। महाराज प्रतापसिंह के पुत्र महाराज जगतसिंह के समय में भी ये बहुत काल तक जयपुर रहे और उन्हीं के नाम पर अपना प्रसिद्ध ग्रंथ 'जगद्विनोद' बनाया। ऐसा जान पड़ता है कि जयपुर में ही इन्होंने अपना अलंकार ग्रंथ 'पद्माभरण' बनाया जो दोहों में है। ये एक बार उदयपुर के महाराणा भीमसिंह के दरबार में भी गए थे जहाँ इनका बहुत अच्छा सम्मान हुआ था। महाराणा साहब की आज्ञा से इन्होंने 'गनगौर' के मेले का वर्णन किया था। महाराज जगतसिंह का परलोकवास संवत् १८६० में हुआ। अतः उसके अनंतर ये ग्वालियर के महाराज दौलत राव सिंधिया के दरबार में गए और यह कवित्त पढ़ा—

मीनागढ़ बंबई सुमंद मंदराज बंग,
बंदर को बंद करि बंदर बसावैगो।
कहै पदमाकर कसकि कासमीर हू को,
पिंजर सों घेरि के कलिंजर छुड़ावैगो।
बाँका नृप दौलत अलीजा महाराज कबौं,
सजि दल पकरि फिरंगिन दबावैगो।
दिल्ली दहपट्टि, पटना हू को झपट्ट करि,
कबहूँक लत्ता कलकत्ता को उड़ावैगो॥

सिंधिया के दरबार में भी इनका अच्छा मान हुआ। कहते हैं कि वहाँ सरदार ऊदाजी के अनुरोध से उन्होंने हितोपदेश का भाषानुवाद किया था। ग्वालियर से ये बूँदी गए और वहाँ से फिर अपने घर बाँदे में आ रहे। आयु के पिछले दिनों में ये रोगग्रस्त रहा करते थे। उसी समय इन्होंने 'प्रबोधपचासा' नामक विराग और भक्तिरस से पूर्ण ग्रंथ बनाया। अंतिम समय निकट जान पद्माकरजी गंगा तट के विचार से कानपुर चले आए और वहीं अपने जीवन के शेष सात वर्ष पूरे किए। अपनी प्रसिद्ध 'गंगालहरी' इन्होंने इसी समय के बीच बनाई थी।

'रामरसायन' नामक वाल्मीकि रामायण का आधार लेकर लिखा हुआ एक चरितकाव्य भी इनका दोहे चौपाइयों में है पर उसमें इन्हें काव्यसंबंधिनी सफलता नहीं हुई है। संभव है वह इनका न हो।

मतिरामजी के 'रसराज' के समान पद्माकरजी का 'जगद्विनोद' भी काव्यरसिकों और अभ्यासियों दोनों का कंठहार रहा है। वास्तव में यह शृंगार रस का सारग्रंथ सा प्रतीत होता है। इनकी मधुर कल्पना ऐसी स्वाभाविक और हावभावपूर्ण मूर्तिविधान करती है कि पाठक मानो प्रत्यक्ष अनुभूति में मग्न हो जाता है। ऐसी सजीव मूर्तिविधान करनेवाली कल्पना बिहारी को छोड़कर और किसी कवि में नहीं पाई जाती। ऐसी कल्पना असमर्थ पदावली के बीच व्यर्थ फड़फड़ाया करती है। कल्पना और वाणी के साथ जिस भावुकता का संयोग होता है वही उत्कृष्ट काव्य के रूप में विकसित हो सकती है। भाषा की सब प्रकार की शक्तियों पर इस कवि का अधिकार दिखाई पड़ता है। कहीं तो इनकी भाषा स्निग्ध, मधुर पदावली द्वारा एक सजीव भावभरी प्रेम मूर्ति खड़ी करती है, कहीं भाव या रस की धारा बहाती है, कहीं अनुप्रासों की मीलित झंकार उत्पन्न करती है, कहीं वीरदर्प से क्षुब्ध वाहिनी के समान अकड़ती और कड़कती हुई चलती है और कहीं प्रशांत सरोवर के समान स्थिर और गंभीर

होकर मनुष्य जीवन को विश्रांति की छाया दिखाती है। सारांश यह कि इनकी भाषा में वह अनेकरूपता है जो एक बड़े कवि में होनी चाहिए। भाषा की ऐसी अनेकरूपता गोस्वामी तुलसीदासजी में दिखाई पड़ती है।

अनुप्रास की प्रवृत्ति तो हिंदी के प्राय: सब कवियों में आवश्यकता से अधिक रही है। पद्माकर जी भी उनके प्रभाव से नहीं बचे हैं। पर थोड़ा ध्यान देने पर यह प्रवृत्ति इनमें अरुचिकर सीमा तक कुछ विशेष प्रकार के पद्यों में ही मिलेगी जिनमें ये जानबूझकर शब्द चमत्कार प्रकट करना चाहते थे। अनुप्रास की दीर्घ शृंखला अधिकतर इनके वर्णनात्मक (डिस्क्रिप्टिव) पद्यों में पाई जाती है। जहाँ मधुर कल्पना के बीच सुंदर कोमल भावतरंग का स्पंदन है वहाँ की भाषा बहुत ही चलती, स्वाभाविक और साफ-सुथरी है-वहाँ अनुप्रास भी है तो बहुत संयत रूप में। भावमूर्तिविधायिनी कल्पना का क्या कहना है? ये ऊहा के बल पर कारीगरी के मजमून बाँधने के प्रयासी कवि न थे। हृदय की सच्ची स्वाभाविक प्रेरणा इनमें थी। लाक्षणिक शब्दों के प्रयोग द्वारा कहीं-कहीं ये मन की अव्यक्त भावना को ऐसा मूर्तिमान कर देते हैं कि सुननेवालों का हृदय आप से आप हामी भरता है। यह लाक्षणिकता भी इनकी एक बड़ी भारी विशेषता है।

पद्माकरजी की कविता के कुछ नमूने नीचे दिए जाते हैं—

फागु की भीर, अभीरिन में गहि गोविंद लै गई भीतर गोरी।
भाई करी मन की पदमाकर, ऊपर नाई अबीर की झोरी।
छीनि पितंबर कम्मर तें सु बिदा दई मीड़ि कपोलन रोरी।
नैन नचाय कही मुसुकाय, 'लला फिर आइयो खेलन होरी'॥

आई संग आलिन के ननद पठाई नीठि,
सोहत सोहाई सीस ईड़री सुपट की।
कहै पदमाकर गँभीर जमुना के तीर,
लागी घट भरन नवेली नेह अटकी।
ताही समै मोहन जो बाँसुरी बजाई, तामें
मधुर मलार गाई और बंसीवट की।
तान लागे लटकी, रही न सुधि घूँघट की,
घर की, न घाट की, न बाट की, न घट की॥

गोकुल के, कुल के, गली के गोप गाँवन के
जौ लगि कछू को कछू भाखत भनै नहीं।
कहै पदमाकर परोस पिछवारन के
द्वारन के दौरे गुन औगुन गनै नहीं।
तौ लौं चलि चातुर सहेली! याही कोद कहूँ
नीके कै निहारै ताहि, भरत मनै नहीं।

हौं तौ स्याम रंग में चोराइ चित चोराचोरी
बोरत तौ बोर्‍यो, पै निचोरत बनै नहीं॥

आरसं सो आरत, सँभारत न सीस पट,
गजब गुजारति गरीबन की धार पर।
कहै पदमाकर सुरा सों सरसार तैसे,
बिथुरि बिराजै बार हीरन के हार पर।
छाजत छबीले छिति छहरि छरा के छोर,
भोर उठि आई केलिमंदिर के द्वार पर।
एक पग भीतर और एक देहरी पै धरे,
एक कर कंज, एक कर है किवार पर॥

मोहि लखि सोवत बिथोरिगो सुबेनी बनी,
तोरिगो हिए को हार, छोरिगो सुगैया को।
कहै पदमाकर त्यों घोरिगो घनेरो दुख,
बोरिगो बिसासी आज लाज ही की नैया को।
अहित अनैसो ऐसो कौन उपहास? यातें,
सोचन खरी मैं परी जोवति जुन्हैया को।
बूझिहैं चवैया तब कैहौं कहा, दैया!
इत पारिगो को मैया! मेरी सेज पै कन्हैया को?

एहो नंदलाल! ऐसी व्याकुल परी है बाल,
हाल ही चलौ तौ चलौ, जोरे जुरि जायगी।
कहै पदमाकर नहीं तौ ये झकोरे लगै,
ओरे लौं अचाका बिन घोरे घुरि जायगी।
सीरे उपचारन घनेरे घनसारन सों,
देखत ही देखौ दामिनी लौं दुरि जायगी।
तौही लगि चैन जौलौं चेतिहै न चंदमुखी,
चेतैगी कहूँ तौ चाँदनी में चुरि जायगी॥

चालो सुनि चंदमुखी चित में सुचैन करि,
तित बिन बागन घनेरे अलि घूमि रहे।
कहैं पदमाकर मयूर मंजु नाचत हैं,
चाय सों चकोरनी चकोर चूमि चूमि रहे।

कदम, अनार, आम, अगर, असोक थोक,
लतनि समेत लोने लोने लगि भूमि रहे।
फूलि रहे, फलि रहे, फबि रहे, फैलि रहे,
झपि रहे, झलि रहे, झुकि रहे, झूमि रहे॥

तीखे तेगवाही जे सिलाही चढ़ै घोड़न पै,
स्याही चढ़ै अमित अरिंदन की ऐल पै।
कहै पदमाकर निसान चढ़ै हाथिन पै,
धूरि धार चढ़ै पाकसासन के सैल पै।
साजि चतुरंग चमू जंग जीतिबे के हेतु,
हिम्मत बहादुर चढ़त फर फैल पै।
लाली चढ़ै मुख पै, बहाली चढ़ै बाहन पै,
काली चढ़ै सिंह पै, कपाली चढ़ै बैल पै॥

ऐ ब्रजचंद गोविंद गोपाल! सुन्यो क्यों न एते कलाम किए मैं।
त्यों पदमाकर आनँद के नद हौ, नँदनंदन! जानि लिए मैं।
माखन चोरी कै खोरिन ह्वै चले भाजि कछू भय मानि जिए मैं।
दूरि न दौरि दुर्‌यो जौ चहौ तौ दूरौ किन मेरे अँधेरे हिए मैं॥

(५५) ग्वाल कवि—ये मथुरा के रहने वाले बंदीजन सेवाराम के पुत्र थे। ये ब्रजभाषा के अच्छे कवि हुए हैं। इनका कविताकाल संवत् १८७९ से संवत् १९१८ तक है। अपना ग्रंथ 'यमुना लहरी' इन्होंने संवत् १८७९ में और अंतिम ग्रंथ 'भक्तभावन' संवत् १९१९ में बनाया। रीति ग्रंथ इन्होंने चार लिखे हैं—'रसिकानंद, (अलंकार), 'रंसरंग' (संवत् १९०४), कृष्णजू को नखशिख (संवत् १८८४) और 'दूषणदर्पण' (संवत् १८९१)। इनके अतिरिक्त इनके दो ग्रंथ और मिले हैं—हम्मीर हठ (संवत् १८८१) और गोपीपच्चीसी।

और भी दो ग्रंथ इनके लिखे कहे जाते हैं—'राधामाधव मिलन' और 'राधा अष्टक'। 'कविहृदयविनोद' इनकी बहुत सी कविताओं का संग्रह है।

रीतिकाल की सनक इनमें इतनी अधिक थी कि इन्हें 'यमुना लहरी' नामक देवस्तुति में भी नवरस और षट्ऋतु सुझाई पड़ी है। भाषा इनकी चलती और व्यवस्थित है। वाग्विदग्धता भी इनमें अच्छी है। षट्ऋतुओं का वर्णन इन्होंने विस्तृत किया है, पर वही शृंगारी उद्दीपन के ढंग का। इनके ऋतुवर्णन के कवित्त लोगों के मुँह से अधिक सुने जाते हैं जिसमें बहुत से भोगविलास के अमीरी सामान भी गिनाए गए हैं। ग्वाल कवि ने देशाटन अच्छा किया था और इन्हें भिन्न-भिन्न प्रांतों की बोलियों का अच्छा ज्ञान हो गया था। इन्होंने ठेठ पूरबी हिंदी, गुजराती और पंजाबी भाषा में भी कुछ कवित्त, सवैया लिखे हैं। फारसी अरबी शब्दों का इन्होंने बहुत प्रयोग किया है। सारांश यह कि ये एक विदग्ध और कुशल कवि थे पर कुछ

फक्कड़पन लिए हुए। इनकी बहुत सी कविता बाजारी है। थोड़े से उदाहरण नीचे दिए जाते हैं—

ग्रीषम की गजब धुकी है धूप धाम धाम,
गरमी झुकी है जाम जाम अति तापिनी।
भीजे खसबीजन झलेहू ना सुखात स्वेद,
गात न सुहात, बात दावा सी डरापिनी।
ग्वाल कवि कहैं कोरे कुंभन तें कूपन तें,
लै लै जलधार बार बार मुख थापिनी।
जब पियो तब पियो, अब पियो फेर अब,
पीवत हूँ पीवत मिटै न प्यास पापिनी॥

मोरन के सोरन की नैको न मरोर रही,
घोरहू रही न घन घने या फरद की।
अंबर अमल, सर सरिता बिमल भल
पंक को न अंक औ न उड़न गरद की।
ग्वाल कवि चित्त में चकोरन के चैन भए,
पंथिन की दूर भई, दूषन दरद की।
जल पर, थल पर, महल, अचल पर,
चाँदी सी चमक रही चंदनी सरद की॥

जाकी खूबखूबी खूब खूबन की खूबी यहाँ,
ताकी खूबखूबी खूबखूबी नभ गाहनां॥
जाकी बदजाती बदजाती यहाँ चारन में,
ताकी बदजाती बदजाती ह्वाँ उराहना।
ग्वाल कवि वे ही परमसिद्ध सिद्ध जो है जग,
वे ही परसिद्ध ताकी यहाँ ह्वाँ सराहना।
जाकी यहाँ चाहना है ताकी वहाँ चाहना है,
जाकी यहाँ चाह ना है ताकी वहाँ चाह ना॥

दिया है खुदा ने खूब खुसी करो ग्वाल कवि,
खाव पियो, देब लेब, यहीं रह जाना है।
राजा राव उमराव केते बादशाह भए,
कहाँ ते कहाँ को गए, लग्यो न ठिकाना है।

ऐसी जिंदगानी के भरोसे पै गुमान ऐसे,
देस देस घूमि घूमि मन बहलाना है।
आए परवाना पर चलै ना बहाना, यहाँ,
नेकी कर जाना, फेर आना है न जाना है॥

(५६) प्रतापसाहि—ये रतनसेन बंदीजन के पुत्र थे और चरखारी (बुंदेलखंड) के महाराज विक्रमसाहि के यहाँ रहते थे। इन्होंने संवत् १८८२ में 'व्यंग्यार्थ कौमुदी' और संवत् १८६६ में 'काव्यविलास' की रचना की। इन दोनों परम प्रसिद्ध ग्रंथों के अतिरिक्त निम्नलिखित पुस्तकें इनकी बनाई हुई और हैं—

जयसिंहप्रकाश (सं० १८५२), शृंगारमंजरी (सं० १८८९), शृंगारशिरोमणि (सं० १८९४), अलंकारचिंतामणि (सं० १८९४), काव्यविनोद (सं० १८९६), रसराज की टीका (सं० १८९६), रत्नचंद्रिका (सतसई की टीका, सं० १८९६), जुगल नखशिख (सीताराम का नखशिख वर्णन), बलभद्र नखशिख की टीका।

इसी सूची के अनुसार इनका कविताकाल सं० १८८० से १९०० तक ठहरता है। पुस्तकों के नाम से ही इनकी साहित्यमर्मज्ञता और पांडित्य का अनुमान हो सकता है। आचार्यत्व में इनका नाम मतिराम, श्रीपति और दास के साथ आता है और एक दृष्टि से इन्होंने उनके चलाए हुए कार्य को पूर्णता को पहुँचाया था। लक्षणा व्यंजना के उदाहरणों की एक अलग पुस्तक ही 'व्यंग्यार्थ कौमुदी' के नाम से रची। इसमें कवित्त, दोहे, सवैये मिलाकर १३० पद्य हैं जो सब व्यंजना या ध्वनि के उदाहरण हैं। साहित्यमर्मज्ञ तो बिना कहे ही समझ सकते हैं कि ये उदाहरण अधिकतर वस्तुव्यंजना के ही होंगे। वस्तुव्यंजना को बहुत दूर तक घसीटने पर बड़े चक्करदार ऊहापोह का सहारा लेना पड़ता है और व्यंग्यार्थ पर पहुँच केवल साहित्यिक रूढ़ि के अभ्यास पर अवलंबित रहती है। नायिकाओं के भेदों, रसादि के सब अंग तथा भिन्न-भिन्न बँधे उपमान का अभ्यास न रखनेवाले के लिये ऐसे पद्य पहेली समझिए। उदाहरण के लिये 'व्यंग्यार्थ कौमुदी' का यह सवैया लीजिए—

सीख सिखाई न मानति है, बर ही बस संग सखीन के आवै।
खेलत खेल नए जल में, बिना काम बृथा कत जाम बितावै।
छोड़ि कै साथ सहेलिन को, रहि कै कहि कौन सवादहि पावै।
कौन परी यह बानि, अरी! नित नीरभरी गगरी ढरकावै॥

सहृदयों की सामान्य दृष्टि में तो वय:संधि की मधुर क्रीड़ावृत्ति का यह एक परम मनोहर दृश्य है। पर फन में उस्ताद लोगों की आँखें एक और ही ओर पहुँचती हैं। वे इसमें से यह व्यंग्यार्थ निकालते हैं—घड़े के पानी में अपने नेत्र का प्रतिबिंब देख उसे मछलियों का भ्रम होता है। इस प्रकार का भ्रम एक अलंकार है। अत: भ्रम या भ्रांति अलंकार यही व्यंग्य हुआ। और चलिए। 'भ्रम' अलंकार में 'सादृश्य' व्यंग्य रहा करता है अत: अब इस व्यंग्यार्थ पर पहुँचे कि 'नेत्र मीन के समान है।' अब अलंकार का पीछा छोड़िए, नायिकाभेद की तरफ आइए। वैसा भ्रम जैसा ऊपर कहा गया है 'अज्ञात यौवना' को हुआ करता है। अत: ऊपर का सवैया अज्ञातयौवना का उदाहरण हुआ। यह इतनी बड़ी अर्थयात्रा रूढ़ि के ही सहारे हुई है। जब तक यह ज्ञात न हो कि कविपरंपरा की आँख की उपमा मछली से दिया करते हैं, तब तक यह सब अर्थ स्फुट नहीं हो सकता।

प्रतापसाहि का यह कौशल अपूर्व है कि उन्होंने एक ग्रंथ के अनुरूप नायिकाभेद से क्रम से सब पद्य रखे हैं जिससे उनके ग्रंथ को जी चाहे तो नायिकाभेद का एक अत्यंत सरस और मधुर ग्रंथ भी कह सकते हैं। यदि हम आचार्यत्व और कवित्व दोनों के एक अनूठे संयोग की दृष्टि से विचार करते हैं तो मतिराम, श्रीपति और दास से ये कुछ बीस ही ठहरते हैं। इधर भाषा की स्निग्ध सुख सरल गति, कल्पना की मूर्तिमत्ता और हृदय की द्रवणशीलता मतिराम, श्रीपति और बेनीप्रवीन के मेल में जाती है तो उधर आचार्यत्व इन तीनों में भी और दास से भी कुछ आगे दिखाई पड़ता है। इनकी प्रखर प्रतिभा ने मानों पद्माकर की प्रतिभा के साथ रीतिबद्ध काव्यकला को पूर्णता पर पहुँचाकर छोड़ दिया। पद्माकर की अनुप्रासयोजना कभी-कभी रुचिकर सीमा के बाहर जा पड़ी है, पर इस भावुक और प्रवीण की वाणी में यह दोष कहीं नहीं आने पाया है। इनकी भाषा में बड़ा भारी गुण यह है कि यह बराबर एक समान चलती है—उसमें न कहीं कृत्रिम आडंबर का अड़ंगा है, न गति का शैथिल्य और न शब्दों की तोड़ मरोड़। हिंदी के मुक्तक कवियों में समस्यापूर्ति की पद्धति पर रचना करने के कारण एक अत्यंत प्रत्यक्ष दोष देखने में आता है। उनके अंतिम चरण की भाषा तो बहुत ही गँठी हुई, व्यवस्थित और मार्मिक होती है पर शेष तीन चरणों में यह बात बहुत ही कम पाई जाती है। बहुत से स्थलों पर तो प्रथम तीन चरणों की वाक्यरचना बिलकुल अव्यवस्थित और बहुत सी पदयोजना निरर्थक होती है। पर 'प्रताप' की भाषा एकरस चलती है। इन सब बातों के विचार से हम प्रतापजी को पद्माकर के समकक्ष ही बहुत बड़ा कवि मानते हैं।

प्रताप की कुछ रचनाएँ उद्धृत की जाती हैं—

चंचलता अपनी तजि कै रस ही रस सों रस सुंदर पीजियो।
कोऊ कितेक कहै तुमसों तिनकी कही बातन को न पतीजियो।
चोज चवाइन के सुनियो न यही इक मेरी कही नित कीजियो।
मंजुल मंजरी पै हौ, मलिंद! विचारि कै भार सँभारि कै दीजियो॥

तड़पै तड़िता चहुँ ओरन तें, छिति छाई समीरन की लहरैं।
मदमाते महा गिरिशृंगन पै गन मंजु मयूरन के कहरैं।
इनकी करनी बरनी न परै, मगरूर गुमानन सों गहरैं।
घन ये नभमंडल में छहरैं, घहरैं कहुँ जाय, कहूँ ठहरैं॥

कानि करै गुरुलोगन की, न सखीन की सीखन ही मन लावति।
ऐंड़ भारी अंगराति खरी, कत घूँघट में नए नैन नचावति॥
मंजन कै दृग अंजन आँजति, अंग अनंग उमंग बढ़ावति।
कौन सुभाव री तेरो पर्‌यो, खिन आँगन में खिन पौरि में आवति॥

कहा जानि, मन में मनोरथ विचारि कौन,
चेति कौन काज, कौन हेतु उठि आई प्रात।

कहै परताप छिन डोलिबो पगन कहूँ,
अंतर को खोलिबो न बोलिबो हमैं सुहात।
ननद जिठानी सतरानी, अनखानी अति,
रिस कै रिसानी, सो न हमैं कछु जानी जात।
चाहौ पल बैठ रहौ, चाहौ उठि जाव तौ न,
हमको हमारी परी, बूझै को तिहारी बात?

चंचल चपला चारु चमकत चारों ओर,
झूमि झूमि धुरवा धरनि परसत है।
सीतल समीर लगै दुखद बियोगिन्ह,
सँयोगिन्ह समाज सुखसाज, सरसत है।
कहैं परताप अति निविड़ अँधेरी माँह,
मारग चलत नाहि नेकु दरसत है।
झुमड़ि झलानि चहुँ कोद तें उमड़ि आज,
धाराधर धारन अपार बरसत है॥

महाराज रामराज रावरो सजत दल,
होत मुख अमल अनंदित महेस के।
सेवत दरीन केते गब्बर गनीम रहैं,
पन्नग पताल त्यों ही डरन खगेस के।
कहै परताप धरा धँसत त्रसत,
कसमसत कमठ पीठि कठिन कलेस के।
कहरत कोल, दहरत हैं दिगीस दल,
लहरत सिंधु, थहरत फन सेस के॥

(५७) रसिक गोविंद—ये निंबार्क संप्रदाय के एक महात्मा हरिव्यास की गद्दी के शिष्य थे और वृंदावन में रहते थे। हरिव्यासजी के शिष्यपरंपरा में सर्वेश्वरशरण देवजी बड़े भारी भक्त हुए हैं। रसिकगोविंदजी उन्हीं के शिष्य थे। ये जयपुर (राजपूताना) के रहनेवाले और नटाणी जाति के थे। इनके पिता का नाम शालिग्राम, माता का गुमाना, चाचा का मोतीराम और बड़े भाई का बालमुकुंद था। इनका कविताकाल संवत् १८५० से १८९० तक अर्थात् विक्रम की उन्नीसवीं शताब्दी के मध्य से लेकर अंत तक स्थिर होता है। अब तक इनके ९ ग्रंथों का पता चला है—संभवतः और भी होंगे। ९ ग्रंथ ये हैं—

(१) रामायण सूचनिका—३३ दोहों में अक्षरक्रम से रामायण की कथा संक्षेप में कही गई है। यह सं० १८५८ के पहले की रचना है। इसके ढंग का पता इन दोहों से लग सकता है—

चकित भूप बानी सुनत, गुरु बसिष्ठ समुझाय।
दिए पुत्र तब, ताड़का मग में मारी जाय॥
छाँड़त सर मारिच उड़्यो, पुनि प्रभु हत्यो सुबाह।
मुनि मख पूरन, सुमन सुर बरसत अधिक उछाह॥

(२) रसिक गोविंदानंदघन—यह सात आठ सौ पृष्ठों का बड़ा भारी रीति ग्रंथ है जिसमें रस, नायकनायिकाभेद, अलंकार, गुण, दोष आदि का विस्तृत वर्णन है। इसे इनका प्रधान ग्रंथ समझना चाहिए। इसका निर्माणकाल वसंतपंचमी संवत् १८५८ है। यह चार प्रबंधों में विभक्त है। इसमें बड़ी भारी विशेषता यह है कि लक्षण गद्य में हैं और रसों, अलंकारों आदि के स्वरूप पद्य में समझाने का प्रयत्न किया गया है। संस्कृत के बड़े-बड़े आचार्यों के मतों का उल्लेख भी स्थान-स्थान पर है। जैसे—रस का निरूपण इस प्रकार है—

"अन्य ज्ञानरहित जो आनंद सो रस। प्रश्न—अन्य ज्ञानरहित आनंद तो निद्रा ही है। उत्तर—निद्रा जड़ है, यह चेतन। भरत आचार्य सूत्रकर्ता को मत-विभाव, अनुभाव, संचारी भाव के जोग से रस की सिद्धि। अथ काव्यप्रकाश को मत—कारण कारज सहायक हैं जे लोक में इन ही को नाट्य में, काव्य में, विभाव संज्ञा है। अब टीकाकर्ता को मत तथा साहित्य दर्पण को मत-सत्व, विशुद्ध, अखंड स्वप्रकाश, आनंद, चित्, अन्य ज्ञान नहिं संग, ब्रह्मस्वाद, सहोदर रस।"

इसके आगे अभिनव गुप्ताचार्य का मत कुछ विस्तार से दिया है। सारांश यह कि यह ग्रंथ आचार्यत्व की दृष्टि से लिखा गया है और इसमें संदेह नहीं कि और ग्रंथों की अपेक्षा इसमें विवेचन भी अधिक है और छूटी हुई बातों का समावेश भी। दोष का वर्णन हिंदी के लक्षण ग्रंथों में बहुत कम पाया जाता है, इन्होंने काव्यप्रकाश के अनुसार विस्तार से किया है। रसों, अलंकारों आदि के उदाहरण कुछ तो अपने हैं, पर बहुत से दूसरे कवियों के। उदाहरण के चुनने में इन्होंने बड़ी सहृदयता का परिचय दिया है। संस्कृत के उदाहरणों के अनुवाद भी बहुत सुंदर करके रखे हैं। साहित्यदर्पण के मुग्धा के उदाहरण (दत्ते सालसमंथरं............. इत्यादि) को देखिए हिंदी में ये किस सुंदरता से लाए हैं—

आलस सों मंद मंद धरा पै धरति पाय,
भीतर तें बाहिर न आवै चित चाय कै।
रोकति दृगनि छिन छिन प्रति लाज साज,
बहुत हँसी की दीनी बानि बिसराय कै।
बोलति बचन मृदु मधुर बनाय, उर
अंतर के भाव की गँभीरता जनाय कै।
बात सखी सुंदर गोविंद की कहात तिन्हैं,
सुंदर बिलोकै बंक भृकुटी नचाय कै॥

(३) लछिमन चंद्रिका—'रसिकगोविंदानंद घन' में आए लक्षणों का संक्षिप्त संग्रह जो संवत् १८८६ में लछिमन कान्यकुब्ज के अनुरोध से कवि ने किया था।

(४) अष्टदेशभाषा—इसमें ब्रज, खड़ी बोली, पंजाबी, पूरबी आदि आठ बोलियों में राधाकृष्ण की शृंगारलीला कही गई है।

(५) पिंगल।

(६) समयप्रबंध—राधाकृष्ण की ऋतुचर्या ८५ पद्यों में वर्णित है।

(७) कलियुग रासो—इसमें १६ कवित्तों में कलिकाल की बुराइयों का वर्णन है। प्रत्येक कवित्त के अंत में 'कीजिए सहाय जू कृपाल श्रीगोविंदराय, कठिन कराल, कलिकाल चलि आयो है' यह पद आता है। निर्माणकाल संवत् १८६५ है।

(८) रसिक गोविंद—चंद्रालोक या भाषाभूषण के ढंग की अलंकार की एक छोटी पुस्तक जिसमें लक्षण और उदाहरण एक ही दोहे में हैं। रचनाकाल सं० १८९० है।

(९) युगलरस माधुरी—रोलाछंद में राधाकृष्ण बिहार और वृंदावन का बहुत ही सरल और मधुर भाषा में वर्णन है जिससे इनकी सहृदयता और निपुणता पूरी-पूरी टपकती है। कुछ पंक्तियाँ दी जाती हैं—

मुकलित पल्लव फूल सुगंध परागहि झारत।
जुग मुख निरखि बिपिन जनु राई लोन उतारत॥
फूल फलन के भार डार झुकि यों छबि छाजै।
मनु पसारि दइ भुजा देन फल पथिकन काजै॥
मधु मकरंद पराग लुब्ध अलि मुदित मत्त मन।
बिरद पढ़त ऋतुराज नृपति के मनु बंदीजन॥

प्रकरण ३
रीतिकाल के अन्य कवि

रीतिकाल के प्रतिनिधि कवियों का, जिन्होंने लक्षणग्रंथ के रूप में रचनाएँ की हैं, संक्षेप में वर्णन हो चुका है। अब यहाँ पर इस काल के भीतर होनेवाले उन कवियों का उल्लेख होगा जिन्होंने रीतिग्रंथ न लिखकर दूसरे प्रकार की पुस्तकें लिखी हैं। ऐसे कवियों में कुछ ने तो प्रबंध काव्य लिखे हैं। कुछ ने तो नीति या भक्ति संबंधी पद्य और कुछ ने श्रृंगार रस की फुटकल कविताएँ लिखी हैं। ये पिछले वर्ग के कवि प्रतिनिधि कवियों से केवल इस बात से भिन्न हैं कि इन्होंने क्रम से रसों, भावों, नायिकाओं और अलंकारों के लक्षण कहकर उनके अंतर्गत अपने पद्यों को नहीं रखा है। अधिकांश में ये भी श्रृंगारी कवि हैं और इन्होंने भी श्रृंगाररस के फुटकल पद्य कहे हैं। रचनाशैली में किसी प्रकार का भेद नहीं है। ऐसे कवियों में घनानंद सर्वश्रेष्ठ हुए हैं। इस प्रकार के अच्छे कवियों की रचनाओं में प्रायः मार्मिक और मनोहर पद्यों की संख्या कुछ अधिक पाई जाती है। बात यह है कि इन्हें कोई बंधन नहीं था। जिस भाव की कविता जिस समय सूझी ये लिख गए। रीतिबद्ध ग्रंथ जो लिखने बैठते थे उन्हें प्रत्येक अलंकार या नायिका को उदाहृत करने के लिये पद्य लिखना आवश्यक था जिनमें सब प्रसंग उनकी स्वाभाविक रुचि या प्रवृत्ति के अनुकूल नहीं हो सकते थे। रसखान, घनानंद, आलम, ठाकुर आदि जितने प्रेमोन्मत्त कवि हुए हैं उनमें किसी ने लक्षणबद्ध रचना नहीं की है।

प्रबंधकाव्य की उन्नति इस काल में कुछ विशेष न हो पाई। लिखे तो अनेक कथा प्रबंध गए पर उनमें से दो ही चार में कवित्व का यथेष्ट आकर्षण पाया जाता है। सबलसिंह का महाभारत, छत्रसिंह की विजय मुक्तावली, गुरु गोविंदसिंहजी का चंडीचरित्र, लाल कवि का छत्रप्रकाश, जोधराज का हम्मीररासो, गुमान मिश्र का नैषधचरित, सरयूराम का जैमिनीपुराण, सूदन का सुजान चरित्र, देवीदत्त की वैतालपचीसी, हरनारायण की माधवानल कामकंदला, ब्रजवासी दास का ब्रजविलास, गोकुलनाथ आदि का महाभारत, मधुसूदनदास का रामाश्वमेध, कृष्णदास की भाषा भागवत, नवलसिंहकृत भाषा सप्तशती, आल्हारामायण, आल्हाभारत, मूलढोला तथा चंद्रशेखर का हम्मीरहठ, श्रीधर का जंगनामा, पद्माकर का रामरसायन, ये इस काल के मुख्य कथानक काव्य हैं। इनमें से चंद्रशेखर के हम्मीर हठ, लालकवि के छत्रप्रकाश, जोधराज के हम्मीररासो, सूदन के सुजानचरित्र और गोकुलनाथ आदि के महाभारत में ही काव्योपयुक्त रसात्मकता भिन्न-भिन्न परिमाण में पाई जाती है। 'हम्मीररासो' की रचना बहुत ही प्रशस्त है। 'रामाश्वमेध' की रचना भी साहित्यिक है। 'ब्रजविलास' में यद्यपि काव्य के गुण अल्प हैं पर उसका थोड़ा बहुत प्रचार कम पढ़े-लिखे कृष्णभक्तों में हैं।

कथात्मक प्रबंधों से भिन्न एक और प्रकार की रचना भी बहुत देखने में आती है जिसे हम वर्णनात्मक प्रबंध कह सकते हैं। दानलीला, मानलीला, जलविहार, वनविहार, मृगया, झूला, होलीवर्णन, जन्मोत्सववर्णन, मंगलवर्णन, रामकलेवा, इत्यादि इसी प्रकार की रचनाएँ हैं।

बड़े-बड़े प्रबंधकाव्यों के भीतर इस प्रकार के वर्णनात्मक प्रसंग रहा करते हैं। काव्यपद्धति में जैसे शृंगाररस के क्षेत्र में 'नखशिख', 'षट्ऋतु', आदि लेकर स्वतंत्र पुस्तकें बनने लगीं वैसे ही कथात्मक महाकाव्यों में अंग भी निकालकर अलग पुस्तकें लिखी गईं। इनमें बड़े विस्तार के साथ वस्तुवर्णन चलता है। कभी-कभी तो इतने विस्तार के साथ कि परिमार्जित साहित्यिक रुचि के सर्वथा विरुद्ध हो जाता है। जहाँ कवि जी अपने वस्तुपरिचय का भंडार खोलते हैं—जैसे बरात का वर्णन है तो घोड़े की सैकड़ों जातियों के नाम, वस्त्रों का प्रसंग आया तो पचीसों प्रकार के कपड़ों के नाम और भोजन की बात आयी तो, सैकड़ों मिठाइयों, पकवानों, मेवों के नाम—वहाँ तो अच्छे-अच्छे धीरों का धैर्य छूट जाता है।

चौथा वर्ग नीति के फुटकल पद्य कहने वालों का है। इनको कवि कहना हम ठीक नहीं समझते। इनके तथ्यकथन के ढंग में कभी-कभी वाग्वैदग्ध्य रहता है पर केवल वाग्वैदग्ध्य के द्वारा काव्य की सृष्टि नहीं हो सकती। यह ठीक है कि कहीं-कहीं ऐसे पद्य भी नीति की पुस्तकों में आ जाते हैं जिनमें कुछ मार्मिकता होती है, जो हृदय की अनुभूति से भी संबंध रखते हैं, पर उनकी संख्या बहुत ही अल्प होती है। अत: ऐसी रचना करने वालों को हम 'कवि' न कहकर 'सूक्तिकार' कहेंगे। रीतिकाल के भीतर वृंद, गिरिधर, घाघ और बैताल अच्छे सूक्तिकार हुए हैं।

पाँचवाँ वर्ग ज्ञानोपदेशकों का है जो ब्रह्मज्ञान और वैराग्य की बातों को पद्य में कहते हैं। ये कभी-कभी समझाने के लिये उपमा, रूपक आदि का प्रयोग कर देते हैं, पर समझाने के लिए ही करते हैं, रसात्मक प्रभाव उत्पन्न करने के लिये नहीं। इनका उद्देश्य अधिकतर बोधवृत्ति जाग्रत करने का रहता है, मनोविकार उत्पन्न करने का नहीं। ऐसे ग्रंथकारों को हम केवल 'पद्यकार' कहेंगे। हाँ इनमें जो भावुक और प्रतिभासंपन्न हैं, जो अन्योक्ति आदि का सहारा लेकर भगवत्प्रेम, संसार के प्रति विरक्ति, करुणा आदि उत्पन्न करने में समर्थ हुए हैं वे अवश्य ही कवि क्या, उच्च कोटि के कवि कहे जा सकते हैं।

छठा वर्ग कुछ भक्त कवियों का है जिन्होंने भक्ति और प्रेमपूर्ण विनय के पद आदि पुराने भक्तों के ढंग पर गाए हैं।

इनके अतिरिक्त आश्रयदाताओं की प्रशंसा में वीर रस की फुटकल कविताएँ भी बराबर बनती रहीं, जिनमें युद्धवीरता और दानवीरता दोनों की बड़ी अत्युक्तिपूर्ण प्रशंसा भरी रहती थी। ऐसी कविताएँ थोड़ी बहुत तो रसग्रंथों आदि में मिलती हैं, कुछ अलंकारग्रंथों के उदाहरण रूप जैसे, शिवराजभूषण और कुछ अलग पुस्तकाकार जैसे 'शिवाबावनी', 'छत्रसालदशक', 'हिम्मतबहादुरविरुदावली' इत्यादि। ऐसी पुस्तकों में सर्वप्रिय और प्रसिद्ध वे ही हो सकी हैं जो या तो देवकाव्य के रूप में हुई हैं अथवा जिनके नायक कोई देशप्रसिद्ध वीर या जनता के श्रद्धाभाजन रहे हैं जैसे शिवाजी, छत्रसाल, महाराणा प्रताप आदि। जो पुस्तकें यों ही खुशामद के लिये आश्रित कवियों के रूढ़ि के अनुसार लिखी गईं, जिनके नायकों के लिये जनता के हृदय में कोई स्थान न था, वे प्राकृतिक नियमानुसार प्रसिद्धि न प्राप्त कर सकीं। बहुत सी तो लुप्त हो गईं कि उनकी रचना में सच पूछिए तो कवियों ने अपनी प्रतिभा का अपव्यय ही किया। उनके द्वारा कवियों को अर्थसिद्धि भर प्राप्त हुई, यश का लाभ न हुआ। यदि बिहारी ने जयसिंह की प्रशंसा में ही अपने सात सौ दोहे बनाये होते तो उनके हाथ केवल अशर्फियाँ ही लगी होतीं। संस्कृत और हिन्दी के न जाने कितने कवियों का प्रौढ़ साहित्यिक श्रम इस प्रकार लुप्त हो गया। काव्यक्षेत्र में यह एक शिक्षाप्रद घटना हुई है।

भक्तिकाल के समान रीतिकाल में भी थोड़ा बहुत गद्य इधर-उधर दिखाई पड़ जाता है पर अधिकांश कच्चे रूप में। गोस्वामियों की लिखी 'वैष्णववार्ताओं' के समान कुछ पुस्तकों में ही पुष्ट ब्रजभाषा मिलती है। रही खड़ी बोली। वह पहले कुछ दिनों तक तो मुसलमानों के व्यवहार की भाषा समझी जाती रही। मुसलमानों के प्रसंग में उसका भी कभी प्रयोग कवि लोग कर देते थे, जैसे—अफजल खान को जिन्होंने मैदान मारा (भूषण)। पर पीछे दिल्ली राजधानी होने से रीतिकाल के भीतर की खड़ी बोली शिष्ट समाज के व्यवहार की भाषा हो गई थी और उसमें अच्छे गद्य ग्रंथ लिखे जाने लगे थे। संवत १७९८ में रामप्रसाद निरंजनी ने 'योगवाशिष्ठ' भाषा बहुत ही परिमार्जित गद्य में लिखा[१]।

इसी रीतिकाल के भीतर रीवां के महाराज विश्वनाथ सिंह ने हिन्दी का प्रथम नाटक (आनंदरघुनंदन) लिखा। इसके उपरांत गणेश कवि ने 'प्रद्युम्नविजय' नामक एक पद्य बद्ध नाटक लिखा जिसमें पात्रप्रवेश, विष्कंभक, प्रवेशक आदि रहने पर भी इतिवृत्तात्मक पद्य रखे जाने के कारण नाटक का प्रकृत स्वरूप न दिखाई पड़ा।

(१) बनवारी—ये संवत् १६९० और १७०० के बीच वर्तमान थे। इनका विशेष वृत्त ज्ञात नहीं। इन्होंने महाराज जसवंतसिंह के बड़े भाई अमरसिंह की वीरता की बड़ी प्रशंसा की है। यह इतिहासप्रसिद्ध बात है कि सलावतखाँ ने किसी बात पर अमरसिंह को गँवार कह दिया, जिस पर उन्होंने चट तलवार खींचकर सलावत खाँ को वहीं मार डाला। इस घटना का बड़ा ओजपूर्ण वर्णन इनके इन पद्यों में मिलता है।

बनवारी कवि की शृंगार रस की कविता भी बड़ी चमत्कारपूर्ण होती थी। यमक लाने का ध्यान इन्हें विशेष रहा करता था। एक उदाहरण लीजिए—

धन्य अमर छिति छत्रपति, अमर तिहारो मान।
साहजहाँ की गोद में, हन्यो सलावत खान।
उत गकार मुख ते कढ़ी, इतै कढ़ी जमधार।
'वार' कहन पायो नहीं, भई कटारी पार।

आनि कै सलावत खाँ जोर कै जनाई बात,
तोरि धर पंजर करेजे जाय करकी।
दिलीपति साहि को चलन चलिबे को भयो,
गाज्यो गजसिंह को, सुनी जो बात बर की।
कहै बनवारी बादसाही के तखत पास,
फरकि फरकि लोथ लोथिन सों अरकी।
कर की बड़ाई कै बड़ाई बाहिबे की करौ,
बाढ़ की बड़ाई, के बड़ाई जमधर की॥

---

१. विशेष दे० आधुनिक काव्य।

नेह बर सारे तेरे नेह बरसाने देखि,
यह बरसाने बर मुरली बजावैंगे।
साजु लाल सारी, लाल करैं लालसा री,
देखिबे की लालसारी, लाल देखे सुख पावैंगे।
तू ही उर बसी, उर बसी नाहि और तिय,
कोटि उरबसी तजि तोसों चित लावैंगे।
सजे बनवारी बनवारी तन आभरन,
गोरे तन वारी बनवारी आज आवैंगे॥

(२) सबलसिंह चौहान—इनके निवासस्थान का ठीक निश्चय नहीं। शिवसिंह जी ने यह लिखकर कि कोई इन्हें सबलगढ़ का राजा बतलाते हैं, यह अनुमान किया है कि ये इटावे के किसी गाँव के जमींदार थे। सबलसिंह जी ने औरंगजेब के दरबार में रहनेवाले किसी राजा मित्रसेन के साथ अपना संबंध बताया है। इन्होंने सारे महाभारत की कथा दोहों चौपाइयों में लिखी है। इनका महाभारत बहुत बड़ा ग्रंथ है जिसे इन्होंने संवत् १७१८ और संवत् १७८१ के बीच पूरा किया। इस ग्रंथ के अतिरिक्त इन्होंने 'ऋतुसंहार' का भाषानुवाद, 'रूपविलास' और एक पिंगलग्रंथ भी लिखा था पर वे प्रसिद्ध नहीं हुए। ये वास्तव में अपने महाभारत के लिये ही प्रसिद्ध हैं। उसमें यद्यपि भाषा का लालित्य या काव्य की छटा नहीं है पर सीधी सादी भाषा में कथा अच्छी तरह समझाई गई है। रचना का ढंग नीचे के अवतरण से विदित होगा—

अभिमनु धाइ खड़ग परहारे। संमुख जेहि पायो तेहि मारे॥
भूरिश्रवा बान दस छाँटे। कुँवर हाथ के खड़गहि काटे॥
तीन बान सारथि उर मारे। आठ बान तें अस्व सँहारे॥
सारथि जूझि गिरे मैदाना। अभिमनु वीर चित्त अनुमाना॥
यहि अंतर सेना सब धाई। मारु मारु कै मारन आई॥
रथ को खैंचि कुँवर कर लीन्हें। ताते मार भयानक कीन्हें॥
अभिमनु कोपि खंभ परहारे। इक इक घाव वीर सब मारे॥
अर्जुनसुत इमि मार किय महाबीर परचंड।
रूप भयानक देखियत जिमि जम लीन्हें दंड॥

(३) वृंद—ये मेड़ता (जोधपुर) के रहनेवाले थे और कृष्णगढ़ नरेश महाराज राजसिंह के गुरु थे। संवत् १७६१ में ये शायद कृष्णगढ़ नरेश के साथ औरंगजेब की फौज में ढाके तक गए थे। इनके वंशधर अब तक कृष्णगढ़ में वर्तमान हैं। इनकी 'वृंदसतसई' (संवत् १७६१), जिसमें नीति के सात सौ दोहे हैं, बहुत प्रसिद्ध है। खोज में 'शृंगारशिक्षा' (संवत् १७४८) और 'भावपंचाशिका' नाम की दो रससंबंधी पुस्तकें और मिली हैं पर इनकी ख्याति अधिकतर सूक्तिकार के रूप में ही है। वृंदसतसई के कुछ दोहे नीच दिए जाते हैं—

भले बुरे सब एक सम, जौ लौं बोलत नाहिं।
जान परत हैं काग पिक, ऋतु बसंत के माहिं॥
हितहू कौ कहिए न तेहि, जो नर होय अबोध।
ज्यों नकटे को आरसी, होत दिखाए क्रोध॥

(४) छत्रसिंह कायस्थ—ये बटेश्वर क्षेत्र के अटेर नामक गाँव के रहनेवाले श्रीवास्तव कायस्थ थे। इनके आश्रयदाता अमरावती के कोई कल्याणसिंह थे। इन्होंने 'विजयमुक्तावली' नाम की पुस्तक संवत् १७५७ में लिखी जिसमें महाभारत की कथा एक स्वतंत्र प्रबंधकाव्य के रूप में कई छंदों में वर्णित है। पुस्तक में काव्य के गुण यथेष्ट परिमाण में हैं और कहीं-कहीं की कविता बड़ी हो ओजस्विनी है। कुछ उदाहरण लीजिए—

निरखत ही अभिमन्यु को, विदुर डुलाये सीस।
रच्छा बालक की करौं, ह्वै कृपाल जगदीस॥
आपुन काँधो युद्ध नहिं, धनुष दियो भुव डारि।
पापी बैठे गेह कत, पांडुपुत्र तुम चारि॥
पौरुष तजि लज्जा तजी, तजी सकल कुलकानि।
बालक रनहिं पठाय कै, आपु रहे सुख मानि॥

कवच कुंडल इंद्र लीने बाण कुंती लै गई।
भई बैरिनि मेदिनी चित कर्ण के चिंता भई॥

(५) बैताल—ये जाति के बंदीजन थे और राजा विक्रमसाहि की सभा में रहते थे। यदि ये विक्रम सिंह चरखारीवाले प्रसिद्ध विक्रमसाहि ही हैं जिन्होंने 'विक्रम सतसई' आदि कई ग्रंथ लिखे हैं और जो खुमान, प्रताप कई कवियों के आश्रयदाता थे, तो वैताल का समय संवत् १८३९ और १८८६ के बीच मानना पड़ेगा। पर शिवसिंह सरोज में इनका जन्मकाल सं० १७३४ लिखा हुआ है। बैताल ने गिरिधर राय के समान नीति की कुंडलियों की रचना की है और प्रत्येक कुंडलियाँ विक्रम को संबोधन करके कहीं है। इन्होंने लौकिक व्यवहार संबंधी अनेक विषयों पर सीधे-सादे पर जोरदार पद्य कहे हैं। गिरिधर राय के समान इन्होंने भी वाक्‌चातुर्य या उपमारूपक आदि लाने का प्रयत्न नहीं किया है। बिलकुल सीधी-सादी बात ज्यों की त्यों छंदोबद्ध कर दी गई है। फिर भी कथन के ढंग में अनूठापन है। एक कुंडलिया नीचे दी जाती है—

मरै बैल गरियार, मरै वह अड़ियल टट्टू।
मरै करकसा नारि, मरै वह खसम निखट्टू॥
बाम्हन सो मरि जाय, हाथ लै मदिरा प्यावै।
पूत वही मर जाय, जो कुल में दाग लगावै॥
अरु बेनियाव राजा मरै, तबै नींद भर सोइए।
बैताल कहै विक्रम सुनौ, एते मरे न रोइए॥

(६) आलम—ये जाति के ब्राह्मण थे पर शेख नाम की रँगरेजिन के प्रेम में फँसकर पीछे से मुसलमान हो गए और उसके साथ विवाह करके रहने लगे। आलम को शेख से जहान नामक एक पुत्र भी हुआ। ये औरंगजेब के दूसरे बेटे मुअज्जम के आश्रय में रहते थे जो पीछे बहादुरशाह के नाम से गद्दी पर बैठा। अतः आलम का कविताकाल संवत् १७४० से संवत् १७६० तक माना जा सकता है। इनकी कविताओं का एक संग्रह 'आलमकेलि' के नाम से

निकला है। इस पुस्तक में आए पद्यों के अतिरिक्त इनके और बहुत से सुंदर और उत्कृष्ट पद्यग्रंथों में संगृहीत मिलते हैं और लोगों के मुँह से सुने जाते हैं।

शेख रँगरेजिन भी अच्छी कविता करती थी। आलम के साथ प्रेम होने की विचित्र कथा प्रसिद्ध है। कहते हैं कि आलम ने एक बार उसे पगड़ी रँगने को दी जिसकी खूँट में भूल से कागज का एक चिट बँधा चला गया। उस चिट में दोहे की वह आधी पंक्ति लिखी थी 'कनक छरी सी कामिनी काहे को कटि छीन'। शेख ने दोहा इस तरह पूरा करके 'कटि को कंचन काटि बिधि कुचन मध्य धरि दीन', उस चिट को फिर ज्यों की त्यों पगड़ी की खूँट में बाँधकर लौटा दिया। उसी दिन से आलम शेख के पूरे प्रेमी हो गए और अंत में उसके साथ विवाह कर लिया। शेख बहुत ही चतुर और हाजिरजवाब स्त्री थी। एक बार शाहजादा मुअज्जम ने हँसी में शेख से पूछा—'क्या आलम की औरत आप ही है?' शेख ने चट उत्तर दिया कि 'हाँ, जहाँपनाह जहान की माँ मैं ही हूँ।' 'आलमकेलि' में बहुत से कवित्त शेख के रचे हुए हैं। आलम के कवित्त सवैयों में भी बहुत सी रचना शेख की मानी जाती है। जैसे, नीचे लिखे कवित्त में चौथा चरण शेख का बनाया कहा जाता है—

प्रेमरंग-पगे जगमगे जगे जामिनी के,
जोबन की जोति जगी जोर उमगत हैं।
मदन के माते मतवारे ऐसे घूमत हैं,
झूमत हैं झुकि झुकि झेंपि उघरत हैं।
आलम सो नवल निकाई इन नैनन की,
पाँखुरी पदुम पै भँवर थिरकत हैं।
चाहत हैं उड़िबे को, देखत मयंकमुख,
जानत हैं रैनि तातें ताहि में रहत हैं॥

आलम रीतिबद्ध रचना करनेवाले कवि नहीं थे। ये प्रेमोन्मत्त कवि थे और अपनी तरंग के अनुसार रचना करते थे। इसी से इनकी रचनाओं में हृदयतत्व की प्रधानता है। 'प्रेम की पीर' या 'इश्क का दर्द' इनके एक-एक वाक्य में भरा पाया जाता है। उत्प्रेक्षाएँ भी इन्होंने बड़ी अनूठी और बहुत अधिक कही हैं। शब्दवैचित्र्य, अनुप्रास आदि की प्रवृत्ति इनमें विशेष रूप से कहीं नहीं पाई जाती। शृंगाररस की ऐसी उन्मादमयी उक्तियाँ इनकी रचना में मिलती है कि पढ़ने और सुननेवाले लीन हो जाते हैं। यह तन्मयता सच्ची उमंग में ही संभव है। रेखता या उर्दू भाषा में भी उन्होंने कवित्त कहे हैं। भाषा भी इस कवि की परिमार्जित और सुव्यवस्थित है पर उसमें कहीं-कहीं 'कीन, दीन, जीन', आदि अवधी या पूरबी हिंदी के प्रयोग भी मिलते हैं। कहीं-कहीं फारसी की शैली के रस-बाधक-भाव भी इनमें मिलते हैं। प्रेम की तन्मयता की दृष्टि से आलम की गणना 'रसखान' और 'घनानंद' की कोटि में ही होनी चाहिए। इनकी कविता के कुछ नमूने नीचे दिए जाते हैं—

जा थल कीने बिहार अनेकन ता थल काँकर बैठि चुन्यो करैं।
जा रसना सों करी बहु बातन ता रसना सों चरित्र गुन्यो करैं।
आलम जौन से कुंजन में करी केलि तहाँ अब सीस धुन्यो करैं।
नैनन में जे सदा रहते तिनकी अब कान कहानी सुन्यौ करैं॥

कैधौं मोर सोर तजि गए री अनत भाजि,
कैधौं उत दादुर न बोलत हैं, ए दई।
कैधों पिक चातक महीप काहू मारि डारे,
कैधौं बगपाँति उत अंतगती ह्वै गई?
आलम कहै, आली! अजहूँ न आए प्यारे,
कैधौं उत रीत विपरीत बिधि ने ठई?
मदन महीप की दुहाई फिरिबे ते रही,
जूझि गए मेघ, कैधौं बीजुरी सती भई?

रात के उनींदे अरसाते, मदमाते राते
अति कजरारे दृग तेरे यों सुहात हैं।
तीखी तीखी कोरनि करोरि लेत काढ़े जीउ,
केते भए घायल औ केते तलफात हैं।
ज्यों ज्यों लै सलिल चख 'सेख' धोवै बार बार,
त्यों त्यों बल बुंदन के बार झुकि जात हैं।
कैबर के भाले, कैधौं नाहर नहनवाले,
लोहू के पियासे कहूँ पानी तें अघात हैं?

दाने की न पानी की न आवे सुध खाने की,
याँ गली महबूब की अराम खुसखाना है।
रोज ही से है जो राजी यार की रजाय बीच,
नाज की नजर तेज तीर का निशाना है।
सूरत चिराग रोसनाई आसनाई बीच,
बार बार बरै बलि जैसे परवाना है।
दिल से दिलासा दीजै हाल के न ख्याल हूजै,
बेखुद फकीर, वह आशिक दिवाना है॥

(७) गुरु गोविंदसिंह ज़ी—ये सिखों के महापराक्रमी दसवें गुरु थे। इनका जन्म सं० १७२३ में और सत्यलोकवास संवत् १७६५ में हुआ। यद्यपि सब गुरुओं ने थोड़े बहुत पद, भजन आदि बनाए हैं पर ये महाराज काव्य के अच्छे ज्ञाता और ग्रंथकार थे। सिखों में शास्त्रज्ञान का अभाव इन्हें बहुत खटका था और इन्होंने बहुत से सिखों को व्याकरण, साहित्य, दर्शन आदि के अध्ययन के लिये काशी भेजा था। ये हिंदू भावों और आर्य संस्कृति की रक्षा के लिये बराबर युद्ध करते रहे। 'तिलक' और 'जनेऊ' की रक्षा में इनकी तलवार सदा खुली रहती थीं। यद्यपि सिख संप्रदाय की निर्गुण उपासना है पर सगुण स्वरूप के प्रति इन्होंने पूरी आस्था प्रकट की है और देवकथाओं की चर्चा बड़े भक्तिभाव से की है। यह बात प्रसिद्ध है कि ये शक्ति के

आराधक थे। इनके इस पूर्ण हिंदू भाव को देखने से यह बात समझ में नहीं आती कि वर्तमान समय में सिखों की एक शाखा विशेष के भीतर पैगंबरी मजहबों का कट्टरपन कहाँ से और किसकी प्रेरणा से आ घुसा है।

इन्होंने हिंदी में कई अच्छे और साहित्यिक ग्रंथों की रचना की है जिनमें से कुछ के नाम ये हैं—सुनीतिप्रकाश, सर्वलोहप्रकाश, प्रेमसुमार्ग, बुद्धिसागर और चंडीचरित्र। चंडीचरित्र की रचनापद्धति बड़ी ही ओजस्विनी है। ये प्रौढ़ साहित्यिक ब्रजभाषा लिखते थे। चंडीचरित्र की दुर्गासप्तशती की कथा बड़ी सुंदर कविता में कही गई है। इनकी रचना के उदाहरण नीचे दिए जाते हैं—

निर्जन निरूप हो, कि सुंदर स्वरूप हौ,
कि भूपन के भूप हौ, कि दानी महादान हौ?
प्रान के बचैया, दूध पूत के देवैया,
रोग सोग के मिटैया, किधौं मानी महाभान हो?
विद्या के विचार हौ, कि अद्वैत अवतार हौ
कि सुद्धता की मूर्ति हौ कि सिद्धता की सान हौ?
जोबन के जाल हौ, कि कालहू के काल हौ,
कि सत्रुन के साल हौ कि मित्रन के प्रान हौ?

(८) **श्रीधर या मुरलीधर**—ये प्रयाग के रहनेवाले थे। इन्होंने कई पुस्तकें लिखीं और बहुत सी फुटकल कविता बनाई। संगीत की पुस्तक, नायिकाभेद, जैन मुनियों के चरित्र, कृष्णलीला के फुटकल पद्य, चित्रकाव्य इत्यादि के अतिरिक्त इन्होंने 'जंगनामा' नामक ऐतिहासिक प्रबंध काव्य लिखा जिसमें फर्रुखसियर और जहाँदारशाह के युद्ध का वर्णन है। वह ग्रंथ काशी नागरीप्रचारिणी सभा द्वारा प्रकाशित हो चुका है। इस छोटी सी पुस्तक में सेना की चढ़ाई, साज सामान आदि का कवित्त सवैया में अच्छा वर्णन किया है। इनका कविताकाल सं० १७६७ के आसपास माना जा सकता है। 'जंगनामा' का एक कवित्त नीचे दिया जाता है—

इत गलगाजि चढ्यो फर्रुखसियर साह,
उत मौजदीन करी भारी भट भरती।
तोप की डकारनि सों बीर हहकारनि सों,
धौंसे की धुकारनि धमकि उठी धरती।
श्रीधर नबाब फरजंदखाँ सुजंग जुरे,
जोगिनी अघाई जुग जुगन की बरती।
हहर्‌यौ हरौल, भीर गोल पै परी ही, तू न,
करतो हरौली तौ हरौले भीर परती॥

(९) **लाल कवि**—इनका नाम गोरेलाल पुरोहित था और ये मऊ (बुंदेलखंड) के रहने वाले थे। इन्होंने प्रसिद्ध महाराज छत्रसाल की आज्ञा से उनका जीवनचरित्र दोहों चौपाइयों में बड़े ब्योरे के साथ वर्णन किया है। इस पुस्तक में छत्रसाल का संवत् १७६४ तक का ही वृत्तांत आया है। इससे अनुमान होता है कि या तो यह ग्रंथ अधूरा ही मिला है अथवा लाल कवि का

परलोकवास छत्रसाल के पूर्व ही हो गया था। जो कुछ हो, इतिहास की दृष्टि से 'छत्रप्रकाश' बड़े महत्व की पुस्तक है। इसमें सब घटनाएँ सच्ची और सब ब्योरे ठीक-ठीक दिए गए हैं। इसमें वर्णित घटनाएँ और संवत् आदि ऐतिहासिक खोज के अनुसार बिल्कुल ठीक हैं, यहाँ तक कि जिस युद्ध में छत्रसाल को भागना पड़ा है उसका भी स्पष्ट उल्लेख किया गया है। यह ग्रंथ नागरीप्रचारिणी सभा द्वारा प्रकाशित हो चुका है।

ग्रंथ की रचना प्रौढ़ और काव्य गुणयुक्त है। लाल कवि में प्रबंधपटुता पूरी थी। संबंध का निर्वाह भी अच्छा है और वर्णनविस्तार के लिये मार्मिक स्थलों का चुनाव भी। वस्तुपरिगणन द्वारा वर्णनों का अरुचिकर विस्तार बहुत ही कम मिलता है। सारांश यह कि लाल कवि का सा प्रबंध कौशल हिंदी के कुछ इने-गिने कवियों में ही पाया जाता है। शब्दवैचित्र्य और चमत्कार के फेर में इन्होंने कृत्रिमता कहीं से नहीं आने दी है। भावों का उत्कर्ष जहाँ दिखाना हुआ है, वहाँ भी कवि ने सीधी और स्वाभाविक उक्तियों का ही समावेश किया है, न तो कल्पना की उड़ान दिखाई है और न ऊहा की जटिलता। देश की दशा की ओर भी कवि का पूरा ध्यान जान पड़ता है। शिवाजी का जो वीरव्रत था वही छत्रसाल का भी था। छत्रसाल का जो भक्तिभाव शिवाजी पर कवि ने दिखाया है तथा दोनों के सम्मिलन का जो दृश्य खींचा है, दोनों इस संबंध में ध्यान देने योग्य हैं।

'छत्रप्रकाश' में लाल कवि ने बुंदेल वंश की उत्पत्ति, चंपतराय के विजयवृत्तांत, उनके उद्योग और पराक्रम, चंपतराय के अंतिम दिनों में उनके राज्य का उद्धार, फिर क्रमशः विजय पर विजय प्राप्त करते हुए मोगलों का नाकोंदम करना इत्यादि बातों का विस्तार से वर्णन किया है। काव्य और इतिहास दोनों की दृष्टि से यह ग्रंथ हिन्दी में अपने ढंग का अनूठा है। लाल कवि का एक और ग्रंथ 'निष्णुविलास' है जिसमें बरवै छंद में नायिक भेद कहा गया है। पर इस कवि की कीर्ति का स्तंभ 'छत्रप्रकाश' ही है।

'छत्रप्रकाश' से नीचे कुछ पद्य उद्धृत किए जाते हैं—

(छत्रसाल प्रशंसा)

लखत पुरुष लच्छन सब जाने। पच्छी बोलत सगुन बखाने॥
सत कवि कबित सुनत रस पागे। बिलसति मति अरथन में आगे॥
रुचि सो लखत तुरंग जो नीके। बिहँसि लेत मोजरा सब ही के॥
चौंकि चौंकि सब दिसि उठै सूबा खान खुमान।
अब धौं धावै कौन पर छत्रसाल बलवान॥

(युद्धवर्णन)

छत्रसाल हाड़ा तहँ आयो। अरुन रंग आनन छबि छायो॥
भयो हरौल बजाय नगारो। सार धार को पहिरनहारो॥
दौरि देस मुगलन के मारौ। दपटि दिली के दल संहारौ॥
एक आन शिवराज निबाही। करै आपने चित की चाही॥
आठ पातसाही झकझोरे। सूबनि पकरि दंड लै छोरे॥
काटि कटक किरवान बल, बाँटि जंबुकनि देहु।
ठाटि युद्ध यहि रीति सों, बाँटि धरनि धरि लेहु।

चहूँ ओर सों सूबनि घेरो। दिसनि अलातचक्र सो फेरो॥
पजरे सहर साहि के बाँके। धूम धूम में दिनकर ढाँके॥
कबहूँ प्रगटि युद्ध में हाँकै। मुगलनि मारि पुहुमि तल ढाँके॥
बानन बरखि गयंदन फौरै। तुरकनि तमक तेग तर तोरै॥
कबहूँ उमड़ि अचानक आवै। घन सम घुमड़ि लोह बरसावै॥
कबहूँ हाँकि हरौलन कूटै। कबहूँ चापि चँदालनि लूटै॥
कबहूँ देस दौरि कै लावै। रसद कहूँ की कढ़न न पावै॥

(१०) घनआनंद—ये साक्षात् रस मूर्ति और ब्रजभाषा काव्य के प्रधान स्तंभों में हैं। इनका जन्म संवत् १७४६ के लगभग हुआ था और ये संवत् १७९६ में नादरशाही में मारे गए। ये जाति के कायस्थ और दिल्ली के बादशाह मुहम्मदशाह के मीरमुंशी थे। कहते हैं कि एक दिन दरबार में कुछ कुचक्रियों ने बादशाह से कहा कि मीर मुंशी साहब गाते बहुत अच्छा है। बादशाह से इन्होंने बहुत टालमटोल किया। इस पर लोगों ने कहा कि ये इस तरह न गाएँगे, यदि इनकी प्रेमिका सुजान नाम की वेश्या कहे तब गाएँगे। वेश्या बुलाई गई। इन्होंने उसकी ओर मुँह और बाहशाह की ओर पीठ करके ऐसा गाना गया कि सब लोग तन्मय हो गए। बादशाह इनके गाने पर जितना ही खुश उतना ही बेदअबी पर नाराज। उसने इन्हें शहर से निकाल दिया। जब ये चलने लगे तब सुजान से भी साथ चलने को कहा पर वह न गई। इस पर इन्हें विराग उत्पन्न हो गया और ये वृंदावन जाकर निंबार्क संप्रदाय के वैष्णव हो गए और वहीं पूर्ण विरक्त भाव से रहने लगे। वृंदावन भूमि का प्रेम इनके इस कवित्त से झलकता है—

गुरनि बतायो, राधा मोहन हू गायो सदा,
सुखद सुहायो वृंदावन गाढ़े गहि रे।
अद्‌भुत अभूत महिमंडन, परे तें परे,
जीवन को लाहु हा हा क्यों न ताहि लहि रे।
आनंद को घन छायो रहत निरंतर ही,
सरस सुदेय सो, पपीहापन बहि रे।
जमुना के तीर केलि कोलाहल भीर ऐसी,
पावन पुलिन पै पतित परे रहि रे॥

सं० १७९६ में जब नादिरशाह की सेना के सिपाही मथुरा तक आ पहुँचे तब कुछ लोगों ने उनसे कह दिया कि वृंदावन में बादशाह का मीरमुंशी रहता है; उसके पास बहुत कुछ माल होगा। सिपाहियों ने इन्हें आ घेरा और 'जर-जर-जर' (अर्थात् धन, धन, धन लाओ) चिल्लाने लगे। घनानंदजी ने शब्द को उलटकर 'रज रज रज' कह कर तीन मुट्ठी वृंदावन की धूल उन पर फेंक दी। उनके पास सिवा इसके और था ही क्या? सैनिकों ने क्रोध में आकर इनका हाथ काट डाला। कहते हैं कि मरते समय इन्होंने अपने रक्त से यह कवित्त लिखा था—

बहुत दिनान को अवधि आसपास परे,
खरे अरबरन भरे हैं उठि जान को।
कहि कहि आवन छबीले मनभावन को,
गहि गहि राखति ही दै दै सनमान को॥

झूठी बतियानि को पत्यानि तें उदास ह्वै के,
अब ना घिरत घन आनँद निदान को।
अधर लगे हैं आनि करि कै पयान प्रान,
चाहत चलन ये सँदेसो लै सुजान को॥

घनआनंद जी के इतने ग्रंथों का पता लगता है—सुजानसागर, बिरहलीला, कोकसागर, रसकेलिवल्ली और कृपाकंद। इसके अतिरिक्त इनके कवित्त सवैयों के फुटकल संग्रह डेढ़सौ से लेकर सवा चार सौ कवित्तों तक के मिलते हैं, कृष्णभक्ति संबंधी इनका एक बहुत बड़ा ग्रंथ छत्रपुर के राजपुस्तकालय में है जिसमें प्रियाप्रसाद, ब्रजव्यवहार, वियोग वेली, कृपाकंदनिबंध, गिरिगाथा, भावनाप्रकाश, गोकुलविनोद, धामचमत्कार, कृष्णकौमुदी, नाममाधुरी, वृंदावनमुद्रा, प्रेमपत्रिका, रसबसंत इत्यादि अनेक विषय वर्णित हैं। इनकी 'विरहलीला' ब्रजभाषा में पर फारसी के छंद में है।

इनकी सी विशुद्ध, सरस और शक्तिशालिनी ब्रजभाषा लिखने में और कोई कवि समर्थ नहीं हुआ। विशुद्धता के साथ प्रौढ़ता और माधुर्य भी अपूर्व ही है। विप्रलंभशृंगार ही अधिकतर इन्होंने लिखा है। ये वियोग शृंगार के प्रधान मुक्तक कवि हैं। 'प्रेम की पीर' ही को लेकर इनकी वाणी का प्रादुर्भाव हुआ। प्रेममार्ग का ऐसा प्रवीण और धीर पथिक तथा जबाँदानी का ऐसा दावा रखनेवाला ब्रजभाषा का दूसरा कवि नहीं हुआ। अतः इनके संबंध में निम्नलिखित उक्ति बहुत ही संगत है—

नेही महा, ब्रजभाषाप्रवीन और सुंदरताहु के भेद को जानै।
योग वियोग की रीति में कोविद, भावना भेद स्वरूप को ठानै।
चाह के रंग में भीज्यो हियो, बिछुरे मिले प्रीतम सांति न मानै।
भाषाप्रबीन, सुछंद सदा रहै सो घन जू के कबित्त बखानै॥

इन्होंन अपनी कविताओं में बराबर 'सुजान' को संबोधन किया है जो शृंगार में नायक के लिये और भक्तिभाव में भगवान् कृष्ण के लिये प्रयुक्त मानना चाहिए। कहते हैं कि इन्हें अपनी पूर्वप्रेयसी 'सुजान' का नाम इतना प्रिय था कि विरक्त होने पर भी इन्होंने उसे नहीं छोड़ा। यद्यपि अपने पिछले जीवन में घनानंद विरक्त भक्त के रूप में वृंदावन जा रहे पर इनकी अधिकांश कविता भक्तिभाव की कोटि में नहीं आएगी, शृंगार की ही कही जाएगी। लौकिक प्रेम की दीक्षा पाकर ही ये पीछे भगवत्प्रेम में लीन हुए। कविता इनकी भावपक्ष प्रधान है। कोरे विभाव पक्ष का चित्रण इनमें कम मिलता है। जहाँ रूप छटा का वर्णन इन्होंने किया भी है वहाँ उसके प्रभाव का ही वर्णन मुख्य है। इनकी वाणी की प्रवृत्ति अंतर्वृत्तिनिरूपण की ओर ही विशेष रहने के कारण बाह्यार्थनिरूपक रचना कम मिलती है। होली के उत्सव, मार्ग में नायक नायिका की भेंट, उनकी रमणीय चेष्टाओं आदि के वर्णन के रूप में ही वह पाई जाती है। संयोग का भी कहीं-कहीं बाह्य वर्णन मिलता है, पर उसमें भी प्रधानता बाहरी व्यापारों की चेष्टाओं की नहीं है, हृदय के उल्लास और लीनता की ही है।

प्रेमदशा की व्यंजना ही इनका अपना क्षेत्र है। प्रेम की गूढ़ अंतर्दशा का उद्घाटन जैसा इनमें है वैसा हिन्दी के अन्य शृंगारी कवि में नहीं। इस दशा का पहला स्वरूप है हृदय या प्रेम का आधिपत्य और बुद्धि का अधीन पद, जैसा कि घनानंद ने कहा है—

'रीझ सुजान सची पटरानी, बची बुधि बापुरी ह्वै करि दासी॥'

प्रेमियों की मनोवृत्ति इस प्रकार की होती है कि वे प्रेम की कोई साधारण चेष्टा भी देखकर उसका अपनी ओर झुकाव मान लिया करते हैं और फूले फिरते हैं। इसका कैसा सुंदर आभास कवि ने नायिका के इस वचन द्वारा दिया है जो मन को संबोधन करके कहा गया है—

'रुचि के वे राजा जान प्यारे हैं आनंदघन,
होत कहा हेरे, रंक! मानि लीनो मेल सो।'

कवियों की इसी अंतर्दृष्टि की ओर लक्ष्य करके एक प्रसिद्ध मनस्तत्ववेत्ता ने कहा है कि भावों या मनोविकारों के स्वरूप परिचय के लिये कवियों की वाणी का अनुशीलन जितना उपयोगी है उतना मनोविज्ञानियों का निरूपण का नहीं।

प्रेम की अनिर्वचनीयता का आभास घनानंद ने विरोधाभासों के द्वारा दिया है। उनके विरोधमूलक वैचित्र्य की प्रवृत्ति का कारण यही समझना चाहिए।

यद्यपि इन्होंने संयोग और वियोग दोनों पक्षों को लिया है, पर वियोग की अंतर्दशाओं की ओर दृष्टि अधिक है। इसी से इनके वियोग संबंधी पद्य प्रसिद्ध हैं। वियोगवर्णन भी अधिकतर अंतर्वृत्तिनिरूपक है, बाह्यार्थनिरूपक नहीं। घनानंद ने न तो बिहारी की तरह विरहताप को बाहरी माप से मापा है, न बाहरी उछलकूद दिखाई है। जो कुछ हलचल है वह भीतर की है—बाहर से यह वियोग प्रशांत और गंभीर है, न उसमें करवटें बदलना है, न सेज का आग की तरह तपना है, न उछल उछल कर भागना है। उनकी 'मौनमधि पुकार' है।

यह निःसंकोच कहा जा सकता है कि भाषा पर जैसा अचूक अधिकार इनका था वैसा और किसी कवि का नहीं। भाषा मानो इनके हृदय के साथ जुड़कर ऐसी वशवर्तिनी हो गई थी कि ये उसे अपनी अनूठी भावभंगी के साथ-साथ जिस रूप में चाहते थे उस रूप में मोड़ सकते हैं। इनके हृदय का योग पाकर भाषा की नूतन गतिविधि का अभ्यास हुआ और यह पहले से कहीं अधिक बलवती दिखाई पड़ी। जब आवश्यकता होती थी तब ये उसे बँधी प्रणाली पर से हटाकर अपनी नई प्रणाली पर ले जाते थे। भाषा की पूर्व अर्जित शक्ति से ही काम न चलाकर इन्होंने उसे अपनी ओर से नई शक्ति प्रदान की है। घनानंद जी उन विरले कवियों में हैं जो भाषा की व्यंजकता बढ़ाते हैं। अपरी भावनाओं के अनूठे रूपरंग की व्यंजना के लिये भाषा का ऐसा बेधड़क प्रयोग करनेवाला हिंदी के पुराने कवियों में दूसरा नहीं हुआ। भाषा के लक्षण और व्यंजक बल की सीमा कहाँ तक है, इसकी पूरी परख इन्हीं को भी।

लक्षणा का विस्तृत मैदान खुला रहने पर भी हिन्दी कवियों ने उसके भीतर बहुत ही कम पैर बढ़ाया। एक घनानंद ही ऐसे कवि हुए जिन्होंने इस क्षेत्र में अच्छी दौड़ लगाई। लाक्षणिक मूर्तिमत्ता और प्रयोगवैचित्र्य की जो छटा इनमें दिखाई पड़ी, खेद है कि वह फिर पौने दो सौ वर्ष पीछे जाकर आधुनिक काल के उत्तरार्ध में, अर्थात् वर्तमानकाल की नूतन काव्यधारा में ही, 'अभिव्यंजनावाद' के प्रभाव से कुछ विदेशी रंग लिए प्रकट हुई है। घनानंद का प्रयोग वैचित्र्य दिखाने के लिये कुछ पंक्तियाँ नीचे उद्धृत की जाती हैं—

(क) **अरसाहि गही वह बानि** कछू, सरसानि सो आनि निहोरत है।

(ख) ह्वै है सोऊ **घरी भाग उघरी** अनंदघन सुरस बरसि, लाल! देखिहौ हरी हमें! ('खुले भाग्यवाली घड़ी' में विशेषण-विपर्यय)।

(ग) **उघरो जग,** छाय रहे घन आनंद, चातक ज्यों तकिए अब तौ। (उघरो जग = संसार जो चारों ओर घेरे था वह दृष्टि से हट गया)।

(घ) कहिए सु कहा, अब मौन भली, नहिं खोवते जौ हमें पावते जू। (हमे = हमारा हृदय)

विरोधमूलक वैचित्र्य भी जगह-जगह बहुत सुंदर मिलता है, जैसे—

(च) **झूठ की सचाई** छाक्यौ, त्यों हित **कचाई पाक्यो**, ताके गुनगन घनआनंद कहा गनौ।

(छ) **उजरनि बसी है** हमारी अँखियानि देखो, सुबस सुदेस जहाँ रावरे बसत हो।

(ज) गति सुनि हारी, देखि थकनि मैं चली जाति, थिर चर दसा कैसी ढकी **उघरति है**।

(झ) तेरे ज्यौं न लेखो, मोहि मारत परेखो महा, जान घनआनंद पै खोयबो **लहत** हैं।

इन उद्धरणों से कवि की चुभती हुई वचनवक्रता पूरी-पूरी झलकती है। कहने की आवश्यकता नहीं कि.कवि उक्ति ने वक्र पर हृदय के वेग के कारण पकड़ा है।

भाव का स्रोत जिस प्रकार टकराकर कहीं-कहीं वक्रोक्ति के छींटे फेंकता है उसी प्रकार कहीं-कहीं भाषा के स्निग्ध, सरल और चलते प्रवाह के रूप में भी प्रकट होता है। ऐसे स्थलों पर अत्यंत चलती और प्रांजल ब्रजभाषा की रमणीयता दिखाई पड़ती है—

कान्ह परे बहुतायत में, इकलैन की वेदन जानौ कहा तुम?
हौ मनमोहन, मोहे कहूँ न, बिथा बिमनैन की मानौ कहा तुम?
बौरे बियोगिन्ह आप सुजान ह्वै, हाय कछू उर आनौ कहा तुम?
आरतिवंत पपीहन को घनआनँद जू! पहिचानो कहा तुम?

कारी कूर कोकिला कहाँ को बैर काढ़ति री,
कूकि कूकि अबही करेजो किन कोरि रै।
पैंड़ परै पापी ये कलापी निसि द्यौस ज्यों ही,
चातक रे घातक ह्वै तुहू कान फोरि लै।
आनँद के घन प्रान जीवन सुजान बिना,
जानि कै अकेली सब घरोदल जोरि लै।
जौ लौं करै आवन बिनोद बरसावन वे,
तौ लौं रे डरारे बजमारे घन घोरि लै॥

इस प्रकार की सरल रचनाओं में कहीं-कहीं नादव्यंजना भी बड़ी अनूठी है। एक उदाहरण लीजिए—

ए रे बीर पौन! तेरो सबै ओर गौन, वारि
तो सों और कौन मनै ढरकौं ही बानि दै।
जगत के प्रान, ओछे बड़े को समान, घन
आनँदनिधान सुखदान दुखियानि दै।
जान उजियारे, गुनभारे अति मोहि प्यारे
अब ह्वै अमोही बैठे पीठि पहिचानि दै।

बिरहबिथा की मूरि आँखिन में राखौं पूरि,
धूरि तिन्ह पायँन की हा हा! नैकु आनि दै॥

ऊपर के कवित्त के दूसरे चरण में आए हुए 'आनँदनिधान सुखदान दुखियानि दै' में मृदंग की ध्वनि का बड़ा ही सुंदर अनुकरण है।

उक्ति का अर्थगर्भत्व भी घनानंद का स्वतंत्र और स्वावलंबी होता है, बिहारी के दोहों के समान साहित्य की रूढ़ियों (जैसे नायिका भेद) पर आश्रित नहीं रहता। उक्तियों की सांगोपांग योजना या अन्विति इनकी निराली होती है। कुछ उदाहरण लीजिए—

पूरन प्रेम को मंत्र महा पन जा मधि सोधि सुधारि है लेख्यो।
ताही के चारु चरित्र विचित्रनि यों पचि कै रचि राखि बिसेख्यो।
ऐसो हियो हित पत्र पवित्र जो आन कथा न कहूँ अवरेख्यो।
सो घनआनँद जान अजान लौं टूक कियो, पर बाँचि न देख्यो॥

आनाकानी आरसी निहारिबो करैगो कौलौं?
कहा मो चकित दसा त्यों न दीठि डोलिहै?
मौन हू सों देखिहौं कितेक पन पालिहौ जू,
कूकभरी मूकता बुलाय आप बोलिहै।
जान घन आनँद यों मोहि तुम्हें पैज परी,
जानियैगो टेक टरें कौन धौं मलोलिहै।
रुई दिए रहौगे कहाँ लौं बहरायबे की?
कबहूँ तौ मेरियै पुकार कान खोलिहै॥

अंतर में बासी पै प्रवासी कैसो अंतर है,
मेरी न सुनत, दैया! आपनीयौ ना कहौ।
लोचननि तारे ह्वै सुझायो सब, सूझी नाँहिं,
बूझि न परति ऐसी सोचनि कहा दहौ।
हौ तौ जानराय, जाने जाहु न, अजान यातें,
आनँद के घन छाया छाय उघरे रहौ।
मूरति मया की हा हा! सूरति दिखैऐ नेकु,
हमैं खोय या बिधि हो! कौन धौं लहालहौ॥

मूरति सिंगार की उजारी छबि आछी भाँति,
दीठि लालसा के लोयननि लैलै आँजिहौं।
रतिरसना सवाद पाँवड़े पुनीतकारी पाय,
चूमि चूमि कै कपोलनि सों माँजिहौं॥

जान प्यारे प्रान अंग अंग रुचि रंगिन में,
बोरि सब अंगन अनंग दुख भाँजिहौं।
कब घनआनंद ढरौही बानि देखें,
सुधा हेत मनघट दरकनि सुठि राँजिहौं॥

(राँजना—फूटे बरतन में जोड़ या टाँका लगाना।)

निसि द्यौस खरी उर माँझ अरी छबि रंगभरी मुरि चाहनि की।
तकि मोरनि त्यों चख ढोरि रहैं, ढरिगो हित ढोरनि बाहनि की।
चट दै कटि पै बट प्रान गए गति हों मति में अवगाहनि की।
घनआनँद जान लग्यो जब तें जक वागियै मोहि कराहनि की॥

इस अंतिम सवैये के प्रथम तीन चरणों में कवि ने बहुत सूक्ष्म कौशल दिखाया है। 'मुरि चाहनि' और 'तकि मोरनि' से यह व्यक्त किया गया है कि एक बार नायक ने नायिका की ओर मुड़कर. देखा फिर देखकर मुड़ गए और अपना रास्ता पकड़ा। देखकर जब वे मुड़े तब नायिका का मन उनकी ओर इस प्रकार ढल पड़ा जैसे पानी नारी में ढल जाता है। कटि में बल देकर प्यारे नायिका के मन में डूबने के भय से निकल गए।

घनानंद के ये दो सवैये बहुत प्रसिद्ध हैं—

परकारज देह को धारे फिरौ परजन्य! जथारथ ह्वै दरसौ।
निधि नीर सुधा के समान करौ, सबही बिधि सुंदरता सरसौ।
घनआनँद जीवनदायक हो, कबौं मेरियौ पीर हियै परसौ।
कबहूँ वा बिसासी सुजान के आँगन मो अँसुवान को लै बरसो॥

अति सूधो सनेह को मारग है, जहँ नैकु सयानप बाँक नहीं।
तहँ साँचे चलै तजि आपनपौ, झिझकैं कपटी जो निसाँक नहीं।
घनआनंद प्यारे सुजान सुनौ, इत एक तें दूसरो आँक नहीं।
तुम कौन सी पाटी पढ़े हो लला, मन लेहु पै देहु छटाँक नहीं॥

('विरहलीला' से)

सलोने स्याम प्यारे क्यों न आवौ। दरस प्यासी मरैं तिनकौं जिवावौ॥
कहाँ हौ जू, कहाँ हौ जू, कहाँ हौ। लगे ये प्रान तुमसों है जहाँ हौ॥
रहौ किन प्रान प्यारे नैन आगैं। तिहारे कारनै दिनरात जागैं॥
सज्जन! हित मान कै ऐसी न कीजै! भई हैं बावरी सुध आय लीजै॥

(११) रसनिधि—इनका नाम पृथ्वीसिंह था और ये दतिया के एक जमींदार थे। इनका संवत् १७१७ तक वर्तमान रहना पाया जाता है। ये अच्छे कवि थे। इन्होंने बिहारी सतसई के अनुकरण पर 'रतनहजारा' नामक दोहों का एक ग्रंथ बनाया। कहीं-कहीं तो बिहारी के वाक्य रख लिए हैं। इनके अतिरिक्त इन्होंने और भी बहुत से दोहे बनाए जिनका संग्रह भी खोज में मिला है। ये शृंगारस के कवि थे। अपने दोहों में इन्होंने फारसी कविता के भाव भरने और चतुराई दिखाने का बहुत कुछ प्रयत्न किया है। फारसी की आशिकी कविता के शब्द भी इन्होंने इस परिमाण में कहीं-कहीं रखे हैं कि सुकवि और साहित्यिक शिष्टता को आघात

पहुँचता है। पर जिस ढंग की कविता इन्होंने की है उसमें इन्हें सफलता हुई है। कुछ दोहे उद्‌धृत किए जाते हैं—

> **अद्‌भुत गति यहि प्रेम की, बैनन कही न जाय।**
> **दरस भूख लागै दृगन, भूखहिं देत भगाय॥**
> **लेहु न मजनू गोर ढिग, कोऊ लैला नाम।**
> **दरदवंत को नेकु तौ, लेन देहु बिसराम॥**
> **चतुर चितेरे तुव सबी लिखत न हिय ठहराय।**
> **कलस छुवत कर आँगुरी कटी कटाछन जाय॥**
> **मनगयंद छबि मद छके तोरि जँजीर भगात।**
> **हिय के झीने तार सों सहजै ही बँधि जात॥**

(१२) महाराज विश्वनाथ सिंह—ये रीवाँ के बड़े ही विद्यारसिक और भक्त नरेश तथा प्रसिद्ध कवि महाराज रघुराजसिंह के पिता थे। आप संवत् १७७८ से लेकर १७१७ तक रीवाँ की गद्दी पर रहे। ये जैसे भक्त थे वैसे ही विद्याव्यसनी तथा कवियों और विद्वानों के आश्रयदाता थे। काव्यरचना में भी ये सिद्धहस्त थे। यह ठीक है कि इनके नाम से प्रख्यात बहुत से ग्रंथ दूसरे कवियों के रचे हैं पर इनकी रचनाएँ भी कम नहीं हैं। नीचे इनकी बनाई पुस्तकों के नाम दिए जाते हैं जिनसे विदित होगा कि कितने विषयों पर इन्होंने लिखा है।

(१) अष्टयाम आह्निक, (२) आनंदरघुनंदन, नाटक (३) उत्तमकाव्यप्रकाश, (४) गीतारघुनंदन शतिका, (५) रामायण, (६) गीता रघुनंदन प्रामाणिक, (७) सर्वसंग्रह, (८) कबीर बीजक की टीका, (९) विनयपत्रिका की टीका, (१०) रामचंद्र की सवारी, (११) भजन, (१२) पदार्थ, (१३) धनुर्विद्या, (१४) आनंद रामायण, (१५) परधर्मनिर्णय, (१६) शांतिशतक, (१७) वेदांतपंचक शतिका, (१८) गीतावली पूर्वार्द्ध, (१९) ध्रुवाष्टक, (२०) उत्तम नीतिचंद्रिका (२१) अबोधनीति, (२२) पाखंड खंडिका, (२३) आदिमंगल, (२४) बसंत चौतीसी (२५) चौरासी रमैनी, (२६) ककहरा, (२७) शब्द, (२८) विश्वभोजनप्रसाद, (२९) ध्यान मंजरी, (३०) विश्वनाथ प्रकाश, (३१) परमतत्त्व, (३२) संगीत रघुनंदन इत्यादि।

यद्यपि ये रामोपासक थे पर कुलपरंपरा के अनुसार निर्गुणसंत मत की बानी का भी आदर करते थे। कबीरदास के शिष्य धर्मदास का बाँधवनरेश के यहाँ जाकर उपदेश सुनाना परंपरा से प्रसिद्ध है। 'ककहरा', 'शब्द', 'रमैनी' आदि उसी प्रभाव के द्योतक हैं। पर इसकी साहित्यिक रचना प्रधानतः रामचरित संबंधिनी है। कबीर बीजक की टीका इन्होंने निर्गुणब्रह्म के स्थान पर सगुण राम पर घटाई है। ब्रजभाषा में नाटक पहले पहल इन्होंने लिखा। इस दृष्टि से इनका 'आनंदरघुनंदननाटक' विशेष महत्व की वस्तु है। भारतेंदु हरिश्चंद्र ने इसे हिन्दी का प्रथम नाटक माना है। यद्यपि इसमें पद्यों की प्रचुरता है पर संवाद सब ब्रज भाषा गद्य में है, अंकविधान और पात्रविधान भी है। हिन्दी के प्रथम नाटककार के रूप में ये चिरस्मरणीय हैं।

इनकी कविता अधिकतर या तो वर्णनात्मक है अथवा उपदेशात्मक। भाषा स्पष्ट और परिमार्जित है। इनकी रचना के कुछ नमूने दिए जाते हैं—

भाइन भृत्यन विष्णु सो, रैयत भानु सो सत्रुन काल सो भावै।
सत्रु बली सों बचे करि बुद्धि और अस्त्र सों धर्म की रीति चलावै।
जीतन को करै केते उपाय औ दीरघ दृष्टि सबै फल पावै।
भाखत है बिसुनाथ ध्रुवै नृप सो कबहूँ नहिं राज गँवावै॥

बाजि गज सोर रथ सुतुर कतार जेते,
प्यादे ऐंड़वारे जे सबीह सरदार के।
कुँवर छबीले जे रसीले राजबंस वारे,
सूर अनियारे अति प्यारे सरकार के।
केते जातिवारे, केते केते देसवारे,
जीव स्वान सिंह आदि सैलवारे जे सिकार के।
डंका की धुकार ह्वै सवार सबैं एक बार,
राज वार पार कार कोशलकुमार के॥

उठौ कुँवर दोउ प्रान पियारे।
हिमरितु प्रात पाय सब मिटिगे नभसर पसरे पुहकर तारे॥
जगवन महँ निकस्यो हरषित हिय बिचरन हेत दिवस मनियारो॥
विश्वनाथ यह कौतुक निरखहु रविमनि दसहु दिसिन उजियारो॥

करि जो कर में कयलास लियो कसिकै अब नाक सिकोरत है।
दर तालन बीस भुजा कहराय झुको धनु को झकझोरत है।
तिल एक हलै न हलै पुहुमी रिसि पीसि के दाँतन तोरत है।
मन में यह ठीक भयो हमरे मद काको महेस न मोरत है॥

(१३) भक्तवर नागरीदासजी—यद्यपि इन नाम से कई भक्त कवि ब्रज में हो गए पर उनमें सबसे प्रसिद्ध कृष्णगढ़ नरेश महाराज सावंतसिंह है जिनका जन्म पौष कृष्ण १२ संवत् १७५६ में हुआ था। ये बाल्यावस्था से ही बड़े शूरवीर थे । १३ वर्ष की अवस्था में इन्होंने बूँदी के हाड़ा जैत सिंह को मारा था। संवत् १८०४ में ये दिल्ली के शाही दरबार में थे। इसी बीच में इनके पिता महाराज राजसिंह का देहांत हुआ। बादशाह अहमदशाह ने इन्हें दिल्ली में ही कृष्णगढ़ राज्य का उत्तराधिकार दिया पर जब ये कृष्णगढ़ पहुँचे तब राज्य पर अपने भाई बहादुरसिंह का अधिकार पाया जो जोधपुर की सहायता से सिंहासन पर अधिकार कर बैठे थे। ये ब्रज की ओर लौट आए और मरहठों से सहायता लेकर इन्होंने अपने राज्य पर अधिकार किया। इस पर गृहकलह से इन्हें कुछ ऐसी विरक्ति हो गई कि ये सब छोड़ छोड़कर वृंदावन चले गए और वहाँ विरक्त भक्त के रूप में रहने लगे। अपनी उस समय की चित्तवृत्ति का उल्लेख इन्होंने इस प्रकार किया है—

जहाँ कलह तहँ सुख नहीं, कलह सुखन को सूल।
सबै कलह इक राज में, राज कलह को मूल॥

कहा भयो नृप हू भए, ढोवत जग बेगार।
लेत न सुख हरिभक्त को सकल सुखन को सार॥
मैं अपने मन मूढ़ तें डरत रहत हौं हाय।
वृंदावन की ओर तें मति कबहूँ फिर जाय॥

वृंदावन पहुँचने पर वहाँ के भक्तों ने इनका बड़ा आदर किया। ये लिखते हैं कि पहले तो 'कृष्णगढ़ के राजा' यह व्यावहारिक नाम सुनकर वे कुछ उदासीन से रहे पर जब उन्होंने मेरे 'नागरीदास' (नागरी शब्द श्रीराधा के लिये आता है) नाम को सुना तब तो उन्होंने उठकर दोनों भुजाओं से मेरा आलिंगन किया—

सुनि व्यवहारिक नाम को ठाढ़े दूरि उदास।
दौरि मिले भरि नैन सुनि नाम नागरीदास॥
इक मिलत भुजन भरि दौर दौर। इक टेरि बुलावत और ठौर॥

वृंदावन में उक्त समय वल्लभाचार्यजी की गद्दी की पाँचवीं पीढ़ी थी। वृंदावन से इन्हें इतना प्रेम था कि एक बार ये वृंदावन के उस पार जा पहुँचे। रात को जब यमुना के किनारे लौटकर आए तब वहाँ कोई बेड़ा न था। वृंदावन के वियोग इन्हें इतना असह्य हो गया कि यमुना में कूद पड़े और तैरकर वृंदावन आए। इस घटना का उल्लेख इन्होंने इस प्रकार किया है—

देख्यो श्रीवृंदा बिपिन पार। बिच बहति महा गंभीर धार॥
नहिं नाव, नाहिं कछु और दाव। दे दई! कहा कीजै उपाव॥
रहे वार लगन की लगै लाज। गए पारहि पूरै सकल काज॥
यह चित्त माहिं करिकै विचार। परे कूदि कूदि जलमध्य-धार॥

वृंदावन में इनके साथ इनकी उपपत्नी 'वणीठणीजी' भी रहती थीं, जो कविता भी करती थीं।

ये भक्त कवियों में बहुत ही प्रचुर कृति छोड़ गए हैं। इनका कविताकाल सं० १७८० से १८१९ तक माना जा सकता है। इनका पहला ग्रंथ 'मनोरथमंजरी' संवत् १७८० में पूरा हुआ। इन्होंने संवत् १८१४ में आश्विन शुक्ल १० को राज्य पर अपने पुत्र सरदारसिंहजी को प्रतिष्ठित करके घरबार छोड़ा। इससे स्पष्ट है कि विरक्त होने के बहुत पहिले ही ये कृष्णभक्ति और ब्रजलीला संबंधिनी बहुत सी पुस्तकें लिख चुके थे। कृष्णगढ़ में इनकी लिखी छोटी बड़ी सब मिलाकर ७३ पुस्तकें संगृहीत हैं जिनके नाम ये हैं—

सिंगारसार, गोपीप्रेमप्रकाश (सं० १८००), पदप्रसंगमाला, ब्रजबैकुंठ तुला, ब्रजसार (संवत् १७९९), भोरलीला, प्रातरसमंजरी, बिहारचंद्रिका, (सं० १७८८), भोजनानंदाष्टक, जुगलरस माधुरी, फूलविलास, गोधन आगमन दोहन, आनंदलग्नाष्टक, फागविलास, ग्रीष्मबिहार, पावसपचीसी, गोपीबैनविलास, रासरसलता, नैनरूपरस, शीतसागर, इश्कचमन, मजलिस मंडन, अरिल्लाष्टक, सदा की माँझ, वर्षा ऋतु की माँझ, होरी की माँझ, कृष्णजन्मोत्सव कवित्त, प्रियाजन्मोत्सव कवित्त, साँझी के कवित्त, रासके कवित्त, चाँदनी के कवित्त, दिवारी के कवित्त, गोवर्धनधारन के कवित्त, होरी के कवित्त, फागगोकुलाष्टक, हिंडोरा के कवित्त, वर्षा के कवित्त, भक्तिमगदीपिका (सं० १८०२), तीर्थानंद, (१८१०), फागबिहार (१८०८), बालविनोद, बनबिनोद (१८०९), सुजानानंद (१८१०), भक्तिसार (१७९९), देहदशा,

वैराग्यवल्ली, रसिकरत्नावली (१७८२), कलि वैराग्य वल्लरी (१७९५), अरिल्ल पचीसी, छूटक विधि, पारायण विधि प्रकाश (१७९९), शिखनख, नखशिख छूटक कवित्त, चचरियाँ, रेखता, मनोरथमंजरी (१७८०), रामचरित्रमाला पदप्रबोधमाला, जुगल भक्तिविनोद, (१८०८) रसानुक्रम के दोहे, शरद की माँझ, साँझी फूल बीनन संवाद, वसंतवर्णन, रसानुक्रम के कवित्त, फाग खेलन समेतानुक्रम के कवित्त, निकुंजविलास, (१७९४), गोविंद परचई, वनजन प्रशंसा, छूटक दोहा, उत्सवमाला, पदमुक्तावली।

इनके अतिरिक्त 'वैनविलास' और 'गुप्तरसप्रकास' नाम की दो अप्राप्य पुस्तकें भी हैं। इस लंबी सूची को देखकर आश्चर्य करने के पहले पाठक को यह जान लेना चाहिए कि ये नाम भिन्न-भिन्न प्रसंगों वा विषयों के कुछ पद्यों में वर्णनमात्र हैं, जिन्हें यदि एकत्र करें तो ५ या ७ अच्छे आकार की पुस्तकों में आ जायँगे। अत: ऊपर लिखे नामों को पुस्तकों के नाम न समझकर वर्णन के शीर्षकमात्र समझना चाहिए। इनमें से बहुतों को पाँच-पाँच, दस-दस, पचीस-पचीस, पद्य मात्र समझिए। कृष्णभक्त कवियों की अधिकांश रचनाएँ इसी ढंग की हैं। भक्तिकाल के इतने अधिक कवियों की कृष्णलीला संबंधिनी फुटकल उक्तियों से ऊबे हुए और केवल साहित्यिक दृष्टि रखने वाले पाठकों को नागरीदासजी की ये रचनाएँ अधिकांश में पिष्टपेषण सी प्रतीत होंगी। पर ये भक्त थे और साहित्यरचना की नवीनता आदि से कोई प्रयोजन नहीं रखते थे। फिर भी इनकी शैली और भावों में बहुत कुछ नवीनता और विशिष्टता है। कहीं-कहीं बड़े सुंदर भावों की व्यंजना इन्होंने की है। कालगति के अनुसार फारसी काव्य का आशिकी और सूफियाना रंग ढंग भी कहीं-कहीं इन्होंने दिखाया है। इन्होंने गाने के पदों के अतिरिक्त कवित्त, सवैया, अरिल्ल, रोला आदि कई छंदों का व्यवहार किया है। भाषा भी सरस और चलती है विशेषत: पदों की। कवित्तों की भाषा में वह चलतापन नहीं है। कविता के नमूने नीचे देखिए—

(वैराग्यसागर से)

काहे को रे नाना मत सुनै तू पुरातन के,
तै ही कहा ? तेरी मूढ गूढ़ मति पंग की।
वेद के विवादनि को पावैगो न पार कहूँ,
छाँड़ि देहु आस सब दान न्हान गंग की।
और सिद्धि सोधे अब, नागर, न सिद्ध कछू,
मानि लेहु मेरी कही वार्त्ता सुढंग की।
जाइ ब्रज भोरे! कोरे मन को रँगाइ लै रे,
वृंदावन रेनु रची गौर स्याम रंग की।

(अरिल्ल)

अंतर कुटिल कठोर भरे अभिमान सों,
तिनके गृह नहिं रहैं संत सनमान सों।
उनकी संगति भूलि न कबहूँ जाइए,
ब्रजनागर नँदलाल सु निसिदिन गाइए॥

(पद)

जौ मेरे तन होते दोय।
मैं काहू त कछु नहिं कहतो, मोतें कछु कहतो नहिं कोय।
एक जो तन हरिविमुखन के सँग रहतो देस विदेस॥
विविध भाँति के जग दुख सुख जहँ, नहीं भक्ति लवलेस।
एक जौ तन सतसंग रंग रँगि रहतो अति सुखपूर।
जनम सफल करि लेतो ब्रज बसि जहँ ब्रज जीवन मूर॥
द्वै तन बिन द्वै काज न ह्वै हैं, आयु तौ छिन छिन छीजै।
नागरिदास एक तन तें अब कहौं काह करि लीजै॥

(मनोरथ मंजरी से)

चरन छिदत काँटेनि तें स्रवत रुधिर सुधि नाहिं।
पूछति हौं फिरि हौं भटू खग मृग तरु बन माहिं॥
कबै झुकत मो ओर को ऐहैं मदगज चाल।
गरबाहीं दीने दोऊ प्रिया नवल नंदलाल॥

(इश्क चमन से)

सब मजहब सब इल्म अरु सबै ऐश के स्वाद।
अरे इश्क के असर बिनु ये सबही बरबाद॥
आया इश्क लपेट में लागी चश्म चपेट।
सोई आया खलक में, और भरैं सब पेट॥

(वर्षा के कवित्त से)

भादों की कारी अँध्यारी निसा झुकि बादर मंद फुही बरसावै।
स्यामा जू आपनी ऊँची अटा पै छकी रसरीति मलारहि गावै।
ता समै मोहन के दृग दूरि तें आतुर रूप की भीख यों पावै।
पौन मया करि घूँघट टारै, दया करि दामिनि दीप दिखावै॥

(१४) जोधराज—ये गौड़ ब्राह्मण बालकृष्ण के पुत्र थे। इन्होंने नीवँगढ़ (वर्तमान नीमराणा-अलवर) के राजा चंद्रभान चौहान के अनुरोध से 'हम्मीररासो' नामक एक बड़ा प्रबंधकाव्य संवत् १८७५ में लिखा जिसमें रणथंभौर के प्रसिद्ध वीर महाराज हम्मीरदेव का चरित्र वीरगाथाकाल की छप्पय पद्धति पर वर्णन किया गया है। हम्मीर देव सम्राट पृथ्वीराज के वंशज थे। उन्होंने दिल्ली के सुल्तान अलाउद्दीन को कई बार परास्त किया था और अंत में अलाउद्दीन की चढ़ाई में ही वे मारे गए थे। इस दृष्टि से इस काव्य के नायक देश के प्रसिद्ध वीरों में हैं। जोधराज ने चंद आदि प्राचीन कवियों की पुरानी भाषा का भी यत्र-तत्र अनुकरण किया है; जैसे जगहं-जगह 'हि' विभक्ति के प्राचीन रूप 'ह' का प्रयोग। 'हम्मीररासो' की

कविता बड़ी ओजस्विनी है। घटनाओं का वर्णन ठीक-ठीक और विस्तार के साथ हुआ है। काव्य का स्वरूप देने के लिये कवि ने कुछ घटनाओं की कल्पना भी की है जैसे महिमा मंगोल का अपनी प्रेयसी वेश्या के साथ दिल्ली से भागकर हम्मीरदेव की शरण में आना और अलाउद्दीन का दोनों को माँगना। यह कल्पना राजनीतिक उद्देश्य हटाकर प्रेम प्रसंग को युद्ध का कारण बताने के लिये, प्राचीन कवियों की प्रथा के अनुसार की गई है। पीछे संवत् १९०२ में चंद्रशेखर वाजपेयी ने जो हम्मीरहठ लिखा उसमें भी यह घटना ज्यों की त्यों ले ली गई है। ग्वाल कवि के हम्मीरहठ में भी बहुत संभव है कि, यह घटना ली गई होगी।

प्राचीन वीरकाल के अंतिम राजपूत वीर का चरित जिस रूप में और जिस प्रकार की भाषा में अंकित होना चाहिए था उसी प्रकार की भाषा में जोधराज अंकित करने में सफल हुए हैं, इसमें कोई संदेह नहीं। इन्हें हिंदी काव्य की ऐतिहासिक परंपरा की अच्छी जानकारी थी, यह बात स्पष्ट लक्षित होती है। नीचे इनकी रचना के कुछ नमूने उद्धृत किए जाते हैं—

कब हठ करै अलावदी रणथँभवर गढ़ आहि।
कबै सेख सरनै रहैं बहुरयो महिमा साहि॥
सूर सोच मन में करौ, पदवी लहौ न फेरि।
जो हठ छंडो राव तुम, उत न लजै अजमेरि॥
राखि सेख न तजौ, तजौ सीस गढ़ देस।
रानी राव हमीर को यह दीन्हौं उपदेस॥

कहँ पवार जगदेव सीस आपन कर कट्टयो।
कहाँ भोज विक्रम सुराव जिन परदुख मिट्टयो॥
सदा भार नित करन कनक विप्रन को दीनो।
रह्यो न रहिए कोय देव नर नाग सु चीनो॥
यह बात राय हम्मीर सूँ रानी इमि आसा कही।
जो भई चक्कवै मंडली सुनौ रवि दीखै नहीं॥

जीवन मरन सँजोग जग कौन मिटावै ताहि।
जो जनमै संसार में अमर रहै नहिं आहि॥
कहाँ जैत कहँ सूर, कहाँ सोमेश्वर राणा॥
कहाँ गए प्रथिराज साह दल जीति न आणा।
होतब मिटै न जगत में कीजै चिंता कोहि॥
आसा कहै हमीर सौं अब चूकौ मति सोहि॥

पुंडरीक सुत सुता तासु पद कमल मनाऊँ।
बिसद बरन बर बसन विषद भूषन हिय ध्याऊँ॥

विषद जंत्र सुर सुद्ध तंत्र सुंदर जुत सोहै।
विषद ताल इक भुजा, दुतिय पुस्तक मन मोहै॥
गति राजहंस हंसह चढ़ी रटी सुरन कीरति बिमल।
जय मातु सदा बरदायिनी, देहु सदा बरदानबल।

(१५) बख्शी हंसराज—ये श्रीवास्तव कायस्थ थे। इनका जन्म संवत् १७९९ में पन्ना में हुआ था। इनके पूर्वज बख्शी हरिकिशुनजी पन्ना राज्य के मंत्री थे। हंसराज जी पन्नानरेश श्री अमानसिंह जी के दरबारियों में थे। ये ब्रज की व्यासगद्दी के 'विजयसखी' नामक महात्मा के शिष्य थे, जिन्होंने इनका सांप्रदायिक नाम 'प्रेमसखी' रखा था। 'सखीभाव' के उपासक होने के कारण इन्होंने अत्यंत प्रेम माधुर्यपूर्ण रचनाएँ की हैं। इनके चार ग्रंथ पाए जाते हैं—

(१) सनेहसागर, (२) विरहविलास, (३) रामचंद्रिका, (४) बारहमासा (संवत् १८११)।

इनमें से प्रथम बड़ा ग्रंथ है। दूसरा शायद इनकी पहली रचना है। 'सनेहसागर' का संपादन श्रीयुत लाला भगवानदीनजी बड़े अच्छे ढंग से कर चुके हैं शेष ग्रंथ प्रकाशित नहीं हुए हैं।

'सनेहसागर' नौ तरंगों में समाप्त हुआ है जिनमें कृष्ण की विविध लीलाएँ सार छंद में वर्णन की गई हैं। भाषा बहुत ही मधुर, सरस और चलती है। भाषा का ऐसा स्निग्ध सरल प्रवाह बहुत ही कम देखने में आता है। पदविन्यास अत्यंत कोमल और ललित है। कृत्रिमता का लेश नहीं। अनुप्रास बहुत ही संयत मात्रा में और स्वाभाविक है। माधुर्य प्रधानतः संस्कृत की पदावली का नहीं, भाषा की सरल सुबोध पदावली का है। भाषा सब प्रकार से आदर्श भाषा है। कल्पना भावविधान में ही पूर्णतया प्रवृत्त है, अपनी अलग उड़ान दिखाने में नहीं। भावविकास के लिये अत्यंत परिचित और स्वाभाविक व्यापार ही रखे गए हैं। वास्तव में 'सनेहसागर' एक अनूठा ग्रंथ है। उसके कुछ पद नीचे उद्‌धृत किए जाते हैं—

दमकति दिपति देह दामिनि सी चमकत चंचल नैना।
घूँघट बिच खेलत खंजन से उड़ि उड़ि दीठि लगै ना॥
लटकति ललित पीठ पर चोटी बिच बिच सुमन सँवारी।
देखे ताहि मैर सो आवत, मनहु भुजंगिनि कारी॥

इत ते चली राधिका गोरी सौंपन अपनी गैया।
उत तें अति आतुर आनंद सों आए कुवँर कन्हैया॥
कसि भौहें, हँसि कुवँरि राधिका कान्ह कुवँर सों बोली।
अंग अंग उमगि भरे आनँदौ, दरकति छिन छिन चोली॥

एरे मुकुटवार चरवाहे! गाय हमारी लीजौ।
जाय न कहूं तुरत की ब्यानी, सौंपि खरक कै दीजौ॥

होहु चरावनहार गाय के बाँधनहार छुरैया।
कलि दीजौ तुम आय दोहनी, पावै दूध लुरैया॥

कोऊ कहूँ आय बनवीथिन या लीला लखि जैहै।
कहि कहि कुटिल कठिन कुटिलन सों सिंगरे ब्रज बगरैहै॥
जो तुम्हरी इनकी ये बातें सुनिहैं कीरति रानी।
तौ कैसे परिहै पाटे तें, घटिहै कुल को पानी॥

(१६) जनकराज किशोरीशरण—ये अयोध्या के एक वैरागी थे और संवत् १७९७ में वर्तमान थे। इन्होंने भक्ति, ज्ञान और रामचरित संबंधिनी बहुत सी कविता की है। कुछ ग्रंथ संस्कृत में भी लिखे हैं। हिंदी कविता साधारणत: अच्छी है। इनकी बनाई पुस्तकों के नाम ये हैं—

आंदोलरहस्य दीपिका, तुलसीदासचरित्र, विवेकसार चंद्रिका, सिद्धांत चौंतीसी, बारहखड़ी, ललित श्रृंगार दीपक, कवितावली, जानकीशरणाभरण, सीताराम सिद्धांत-मुक्तावली, अनन्यतरंगिणी, रामरसतरंगिणी, आत्मसंबंधदर्पण, होलिकाविनोददीपिका, वेदांतसार, श्रुतिदीपिका, रसदीपिका, दोहावली, रघुवर करुणाभरण।

उपर्युक्त सूची से प्रकट है कि इन्होंने रामसीता के श्रृंगार, ऋतुविहार आदि के वर्णन में ही भाषा कविता की है। इनका एक पद नीचे दिया जाता है—

फूले कुसुम द्रुम विविध रंग सुगंध के चहुँ चाब।
गुंजत मधुप मधुमत्त नाना रंग रज अँग फाब॥
सीरो सुगंध सुमंद बात विनोद कंत बहंत।
परसत अनंग उदोत हिय अभिलाष कामिनि कंत॥

(१७) अलबेली अलि—ये विष्णुस्वामी संप्रदाय के महात्मा 'वंशीअलि' जी के शिष्य थे। इनके अतिरिक्त इनका और कोई वृत्त ज्ञात नहीं। अनुमान से इनका कविताकाल विक्रम की १८वीं शताब्दी का अंतिम भाग आता है। ये भाषा के सत्कवि होने के अतिरिक्त संस्कृत में भी सुंदर रचना करते थे जिसका प्रमाण इनका लिखा 'श्रीस्तोत्र' है। इन्होंने 'समयप्रबंध पदावली' नामक एक ग्रंथ लिखा है जिसमें ३१३ बहुत ही भावभरे पद हैं। नीचे कुछ पद उद्धृत किए जाते हैं—

लाल तेरे लोभी लोलुप नैन।
केहि रस छकनि छके हौ छबीले मानत नाहिन चैन॥
नींद नैन घुरि घुरि आवत अति, घोरि रही कछु नैन॥
अलबेली अलि रस के रसिया, कत बितरत ये बैन॥

बने नवल प्रिय प्यारी।
सरद रैन उजियारी॥
सरद रैन सुखदैन मैनमय जमुनातीर सुहायो।
सकल कलापूरन ससि सीतल महिमंडल पर आयो॥

अतिसय सरस सुगंध मंद गति बहत पवन रुचिकारी।
नव नव रूप नवल नव जोबन बने नवल पिय प्यारी॥

(१८) चाचा हित वृंदावन दास—ये पुष्कर क्षेत्र के रहनेवाले गौड़ ब्राह्मण थे और संवत् १७६५ में उत्पन्न हुए थे। ये राधावल्लभीय गोस्वामी हितरूपजी के शिष्य थे। तत्कालीन गोसाईंजी के पिता के लघु भ्राता होने के कारण गोसाईंजी की देखादेखी सब लोग इन्हें 'चाचाजी' कहने लगे। ये महाराज नागरीदासजी के भाई बहादुरसिंहजी के आश्रय में रहते थे, पर जब राजकुल में विग्रह उत्पन्न हुआ तब ये कृष्णगढ़ छोड़कर वृंदावन चले आए और अंत समय तक वहीं रहे। संवत् १८०० से लेकर संवत् १८४४ तक की इनकी रचनाओं का पता लगता है। जैसे सूरदास के सवा लाख पद बनाने की जनश्रुति है, वैसे ही इनके भी एक लाख पद और छंद बनाने की बात प्रसिद्ध है। इनमें से २०,००० के लगभग पद्य तो इनके मिले हैं। इन्होंने नखशिख, अष्टयाम, समयप्रबंध, छद्‌मलीला आदि असंख्य प्रसंगों का विशद वर्णन किया है। छद्म लीलाओं का वर्णन तो बड़ा ही अनूठा है। इनके ग्रंथ प्रकाशित नहीं हुए हैं। रामरत्नाकर आदि ग्रंथों में इनके बहुत से पद संगृहीत मिलते हैं। छत्रपुर के राजपुस्तकालय में इनकी बहुत सी रचनाएँ सुरक्षित हैं।

इतने अधिक परिमाण में होने पर भी इनकी रचना शिथिल या भरती की नहीं है। भाषा पर इनका पूरा अधिकार प्रकट होता है। लीलाओं के अंतर्गत वचन और व्यापार की योजना भी इनकी कल्पना की स्फूर्ति का परिचय देती है। इनके दो पद नीचे दिए जाते हैं—

(मनिहारी लीला से)

मिठबोलनी नवल मनिहारी।
भौहें गोल गरूर हैं, याके नयन चुटीले भारी।
चूरो लखि मुख तें कहै, घूँघट में मुसकाति।
ससि मनु बदरी ओट तें दुरि दरसत यहि भाँति॥
चूरो बड़ो है मोल को, नगर न गाहक कोय।
मो फेरी खाली परी, आई सब घर टोय॥

प्रीतम तुम मो दृगन बसत हो।
कहा भरोसे ह्वै पूछत हौं, कै चतुराई करि जु हंसत हौ॥
लीजै परखि स्वरूप आपनो, पुतरिन में तुमहीं तौ लसत हौ।
वृंदावन हित रूप रसिक तुम, कुंज लड़ावत हिय हुलसत हौ॥

(१९) गिरधर कविराय—इनका कुछ भी वृत्तांत ज्ञात नहीं। नाम से भाट जान पड़ते हैं। शिवसिंह ने इनका जन्म संवत् १७७० दिया है जो संभवतः ठीक हो। इस हिसाब से इनका कविताकाल संवत् १८०० के उपरांत ही माना जा सकता है। इनकी नीति की कुंडलियाँ ग्राम ग्राम में प्रसिद्ध हैं। अपढ़ लोग भी दो-चार चरण जानते हैं। इस सर्वप्रियता का कारण है बिल्कुल सीधी सादी भाषा में तथ्यमात्र का कथन। इनमें न तो अनुप्रास आदि द्वारा भाषा की सजावट है, न उपमा, उत्प्रेक्षा आदि का चमत्कार। कथन की पुष्टि मात्र के लिये (अलंकार की दृष्टि से नहीं) दृष्टांत आदि इधर-उधर मिलते हैं। कहीं-कहीं पर बहुत कम, कुछ

अन्योक्ति का सहारा इन्होंने लिया है। इन सब बातों के विचार से ये कोरे 'पद्यकार' ही कहे जा सकते हैं; सूक्तिकार भी नहीं। वृंद कवि में और इनमें यही अंतर है। वृंद ने स्थान-स्थान पर अच्छी घटती हुई और सुंदर उपमाओं आदि का भी विधान किया है। पर इन्होंने कोरा तथ्यकथन किया है। कहीं-कहीं तो इन्होंने शिष्टता का ध्यान भी नहीं रखा है। घर गृहस्थी के साधारण व्यवहार, लोक-व्यवहार आदि का बड़े स्पष्ट शब्दों में इन्होंने कथन किया है। यही स्पष्टता इनकी सर्वप्रियता का एकमात्र कारण है। दो कुंडलियाँ दी जाती हैं—

साईं बेटा बाप के बिगरे भयो अकाज।
हरनाकुस अरु कंस को गयो दुहुन को राज॥
गयो दुहुन को राज बाप बेटा के बिगरे।
दुसमन दावागीर भए महिमंडल सिगरे॥
कह गिरिधर कविराय जुगन याही चलि आई।
पिता पुत्र के बैर नफा कहु कौने पाई?

रहिए लटपट काटि दिन बरु घामहिं में सोय।
छाँह न वाकी बैठिए जो तरु पतरो होय॥
जो तरु पतरो होय एक दिन धोखा दैहै।
जा दिन बहै बयारि टूटि तब जर से जैहै॥
कह गिरधर कविराय छाँह मोटे की गहिए।
पाता सब झरि जाय तऊ छाया में रहिए॥

(२०) भगवत रसिक—ये टट्टी संप्रदाय के महात्मा स्वामी ललितमोहनीदास के शिष्य थे। इन्होंने गद्दी का अधिकार नहीं लिया और निर्लिप्त भाव से भगवद्भजन में ही लगे रहे। अनुमान से इनका जन्म संवत् १७९५ के लगभग हुआ। अत: इनका रचनाकाल संवत् १८३० और १८५० के बीच माना जा सकता है। इन्होंने अपनी उपासना से संबंध रखनेवाले अनन्य प्रेमरसपूर्ण बहुत से पद, कवित्त, कुंडलियाँ, छप्पय आदि रचे हैं जिनमें एक ओर तो वैराग्य का भाव और दूसरी ओर अनन्य प्रेम का भाव छलकता है। इनका हृदय प्रेमरसपूर्ण था। इसी से इन्होंने कहा है कि 'भगवत रसिक रसिक की बातें रसिक बिना कोउ समुझि सकै ना।' ये कृष्णभक्ति में लीन एक प्रेमयोगी थे। इन्होंने प्रेमतत्व का निरूपण बड़े ही अच्छे ढंग से किया है। कुछ पद्य नीचे दिए जाते हैं—

कुंजन तें उठि प्रात गात जमुना में धोवैं।
निधुबन करि दंडवत बिहारी को मुख जोवैं।
करै भावना बैठि स्वच्छ थल रहित उपाधा।
घर घर लेय प्रसाद लगै जब भोजन साधा॥
संग करै भगवत रसिक, कर करवा गूदरि गरे।
बृंदावन बिहरत फिरै, जुगल रूप नैनन भरे॥

हमारो वृंदावन उर और।
माया काल तहाँ नहिं व्यापै जहाँ रसिक सिरमौर॥
छूटि जाति सत असत वासना, मन की दौरादौर।
भगवत रसिक बतायो श्रीगुरु अमल अलौकिक ठौर॥

(२१) श्री हठी जी—ये श्री हितहरिवंशजी की शिष्य परंपरा में बड़े ही साहित्यमर्मज्ञ और कलाकुशल कवि हो गए हैं। इन्होंने संवत् १८३७ में 'राधासुधाशतक' बनाया जिसमें ११ दोहे और १०३ कवित्त सवैया हैं। अधिकांश भक्तों की अपेक्षा इनमें विशेषता यह है कि इन्होंने कलापक्ष पर भी पूरा जोर दिया है। इनकी रचना में यमक, अनुप्रास, उपमा, उत्प्रेक्षा आदि का बाहुल्य पाया जाता है। पर साथ ही भाषा या वाक्य विन्यास में लद्धड़पन नहीं आने पाया है। वास्तव में 'राधासुधाशतक' छोटा होने पर भी अपने ढंग का अनूठा ग्रंथ है। भारतेंदु हरिश्चंद्र को यह ग्रंथ अत्यंत प्रिय था। उससे कुछ अवतरण नीचे दिए जाते हैं—

कलप लता के किधौं पल्लव नवीन दोऊ,
हरन मंजुता के कंज ताके बनिता के हैं।
पावन पतित गुन गावैं मुनि ताके छबि
छलै सबिता के जनता के गुरुता के हैं।
नवौं निधि ताके सिद्धता के आदि आलै हठी,
तीनौ लोकता के प्रभुता के प्रभु ताके हैं।
कटै पाप ताकै बढ़ै पुन्य के पताके जिन,
ऐसे पद ताके वृषभानु की सुता के हैं॥

गिरि कीजै गोधन मयूर नव कुंजन को,
पसु कीजै महराज नंद के नगर को।
नर कौन? तौन जौन राधे राधे नाम रटै,
तट कीजै वर कूल कालिंदी कगर को।
इतने पै जोई कछु कीजिए कुँवर कान्ह,
रखिए न आन फेर हठी के झगर को।
गोपी पद पंकज पराग कीजै महाराज,
तृन कीजै रावरेई गोकुल नगर को।

(२२) गुमान मिश्र—ये महोबे के रहनेवाले गोपालमणि के पुत्र थे। इनके तीन भाई और थे। दीपसाहि, खुमान और अमान। गुमान ने पिहानी के राजा अकबरअली खाँ के आश्रय में संवत् १८०० में श्री हर्षकृत नैषध काव्य का पद्यानुवाद नाना छंदों में किया। यही ग्रंथ इनका प्रसिद्ध है और प्रकाशित भी हो चुका है। इसके अतिरिक्त खोज में इनके दो ग्रंथ और मिले हैं—कृष्णचंद्रिका और छंदाटवी (पिंगल)। कृष्णचंद्रिका का निर्माणकाल संवत् १८३८ है। अतः इनका कविताकाल संवत् १८०० से संवत् १८४० तक माना जा सकता है। इन तीनों ग्रंथों के अतिरिक्त रस, नायिकाभेद, अलंकार आदि कई और ग्रंथ सुने जाते हैं।

यहाँ केवल इनके नैषध के संबंध में ही कुछ कहा जा सकता है। इस ग्रंथ में इन्होंने बहुत से छंदों का प्रयोग किया है और बहुत जल्दी-जल्दी छंद बदले हैं। इंद्रवज्रा, वंशस्थ, मंदाक्राता, शार्दूलविक्रीडित आदि कठिन वर्णवृत्तों को लेकर दोहा चौपाई तक मौजूद हैं। ग्रंथारम्भ में अकबरअली खाँ की प्रशंसा में जो बहुत से कवित्त इन्होंने कहे हैं, उनसे इनकी चमत्कारप्रियता स्पष्ट प्रकट होती है। उनमें परिसंख्या अलंकार की भरमार है। गुमानजी अच्छे साहित्यमर्मज्ञ और काव्यकुशल थे, इसमें कोई संदेह नहीं। भाषा पर भी इनका पूरा अधिकार था। जिन श्लोकों के भाव जटिल नहीं हैं उनका अनुवाद बहुत ही सरस और सुंदर है। वह स्वतंत्र रचना के रूप में प्रतीत होता है पर जहाँ कुछ जटिलता है वहाँ की वाक्यावली उलझी हुई और अर्थ अस्पष्ट है। बिना मूल श्लोक सामने आए ऐसे स्थानों का स्पष्ट अर्थ निकालना कठिन ही है। अतः सारी पुस्तक के संबंध में यही कहना चाहिए कि अनुवाद में वैसी सफलता नहीं हुई है। संस्कृत के भावों के सम्यक् अवतरण में यह असफलता गुमान ही के सिर नहीं मढ़ी जा सकती। रीतिकाल के जिन-जिन कवियों ने संस्कृत से अनुवाद करने का प्रयत्न किया है उनमें बहुत से असफल हुए हैं। ऐसा जान पड़ता है कि इस काल में जिस मधुर रूप में ब्रज भाषा का विकास हुआ वह सरल व्यंजना के तो बहुत ही अनुकूल हुआ पर जटिल भावों और विचारों के प्रकाशन में वैसा समर्थ नहीं हुआ। कुलपति मिश्र ने 'रसरहस्य' में काव्यप्रकाश का जो अनुवाद किया है उसमें भी जगह-जगह इसी प्रकार अस्पष्टता है।

गुमानजी उत्तम श्रेणी के कवि थे, इसमें संदेह नहीं। जहाँ वे जटिल भाव भरने की उलझन में नहीं पड़े हैं वहाँ की रचना अत्यंत मनोहारिणी हुई है। कुछ पद्य उद्धृत किए जाते हैं—

दुर्जन की हानि, बिरधापनोई करै पीर,
गुन लोप होत एक मोतिन के हार ही।
टूटे मनिमालै निरगुन गायताल लिखै,
पोथिन ही अंक, मन कलह विचार ही॥
संकर बरन पसु पच्छिन में पाइयत,
अलक ही पारै अंसभंग निरधार ही।
चिर चिर राजौ राज अली अकबर, सुरराज,
के समाज जाके राज पर बारही॥

दिग्गज दबत दबकत दिगपाल भूरि,
धूरि की धुंधेरी सौं अँधेरी आभा भान की।
धाम औ धरा को, माल बाल अबला को अरि,
तजत परान राह चाहत परान की।
सैयद समर्थ भूप अली अकबर दल,
चलत बजाय मारू दुंदुभी धुकान की।
फिर फिर फननि फनीस उलटतु ऐसे,
चोली खोलि ढोली ज्यों तमोली पाके पान की॥

न्हाती जहाँ सुनयना नित बावली में,
छूटे उरोजतल कुंकुम नीर ही में।
श्रीखंड चित्र दृग-अंजन संग बाजै।
मानौ त्रिबेनि नित ही घर ही बिराजै॥

हाटक हंस चल्यो उड़िकै नभ में, दुगुनी तन ज्योति भई।
लीक सी खैंचि गयो छन में, छहराय रही छबि सोनमई।
नैनन सों निरख्यो न बनायकै, कै उपमा मन माहिं लई।
स्यामल चीर मनौ पसर्‌यो, तेहि पै कल कंचन बेलि नई॥

(२३) सरजूराम पंडित—इन्होंने 'जैमिनी पुराण भाषा' नामक एक कथात्मक ग्रंथ संवत् १८०५ में बनाकर तैयार किया। इन्होंने अपना कुछ भी परिचय अपने ग्रंथ में नहीं दिया है। जैमिनीपुराण दोहों चौपाइयों में तथा और कई छंदों में लिखा गया है और ३६ अध्यायों में समाप्त हुआ है। इसमें बहुत सी कथाएँ आई हैं; जैसे युधिष्ठिर का राजसूय यज्ञ, संक्षिप्त रामायण, सीतात्याग, लवकुश युद्ध, मयूरध्वज, चंद्रहास आदि राजाओं की कथाएँ। चौपाइयों का ढंग 'रामचरितमानस' का सा है। कविता इनकी अच्छी हुई है। उसमें गांभीर्य है। नमूने के लिए कुछ पद नीचे दिए जाते हैं—

गुरुपद पंकज पावन रेनू। कहा कलपतरु का सुरधेनू॥
गुरुपद रज अज हरिहर धामा। त्रिभुवन बिभव, बिस्व बिश्रामा॥
तब लगि जग जड़ जीव भुलाना। परम तत्व गुरु जिय नहिं जाना॥
श्रीगुरु पंकज पाँव पसाऊ। स्रवत सुधामय तीरथराऊ॥
सुमिरत होत हृदय असनाना। मिटत मोहमय मन मल नाना॥

(२४) भगवंत राय खीची—ये असोथर (जिला फतेहपुर) के बड़े गुणग्राही राजा थे जिनके यहाँ बराबर अच्छे-अच्छे कवियों का सत्कार होता रहता था। शिवसिंहसरोज में लिखा है कि इन्होंने सातों कांड रामायण बड़े सुंदर कवित्तों में बनाई है। यह रामायण तो इनकी नहीं मिलती पर हनुमान जी की प्रशंसा के ५० कवित्त इनके अवश्य पाए गए हैं जो संभव है रामायण के ही अंश हों। खोज में इनकी 'हनुमत् पचीसी' मिली है उसमें निर्माणकाल १८१७ दिया है। इनकी कविता बड़ी ही उत्साहपूर्ण और ओजस्विनी है। एक कवित्त देखिए—

विदित विशाल ढाल भालु कपि जाल की है,
ओट सुरपाल की है तेज के तुमार की।
जाहि सों चपेटि के गिराए गिरि गढ़, जासों,
कठिन कपाट तोरे, लंकनी सो मार की।
भनै भगवंत जासों जागि लागि भेंटे प्रभु,
जाके त्रास लखन को छुभिता खुमार की।

ओढ़े ब्रह्म अस्त्र की अवाती महाताती, वंदौं,
युद्ध मत माती छाती पवनकुमार की॥

(२५) सूदन—ये मथुरा के रहनेवाले माथुर चौबे थे। इनके पिता का नाम बसंत था। सूदन भरतपुर के महाराज बदनसिंह के पुत्र सुजानसिंह उपनाम सूरजमल के यहाँ रहते थे। उन्हीं के पराक्रमपूर्ण चरित्र का वर्णन इन्होंने 'सुजानचरित' नामक प्रबंधकाव्य में किया है। मोगल साम्राज्य के गिरे दिनों में भरतपुर के जाट राजाओं का कितना प्रभाव बढ़ा था यह इतिहास में प्रसिद्ध है। उन्होंने शाही महलों और खजानों को कई बार लूटा था। पानीपत की अंतिम लड़ाई के संबंध में इतिहासज्ञों की धारणा है कि यदि पेशवा की सेना का संचालन भरतपुर के अनुभवी महाराज के कथनानुसार हुआ होता और ये रूठकर न चले आये होते तो मरहठों की हार कभी न होती। इतने ही से भरतपुर वालों के आतंक और प्रभाव का अनुमान हो सकता है। अतः सूदन को एक सच्चा वीर चरित्रनायक मिल गया।

'सुजानचरित' बहुत बड़ा ग्रंथ है। इसमें संवत् १८०२ से लेकर १८१० तक की घटनाओं का वर्णन है। अतः इसकी समाप्ति १८१० के दस-पंद्रह वर्ष पीछे मानी जा सकती है। इस हिसाब से इनका कविताकाल संवत् १८२० के आसपास माना जा सकता है। सूरजमल की वीरता की जो घटनाएँ कवि ने वर्णित की हैं वे कपोलकल्पित नहीं, ऐतिहासिक हैं। जैसे अहमदशाह बादशाह के सेनापति असदखाँ के फतहअली पर चढ़ाई करने पर सूरजमल का फतहअली के पक्ष में होकर असदखाँ का ससैन्य नाश करना, मेवाड़, मांड़ोगढ़ आदि जीतना, संवत् १८०४ में जयपुर की ओर होकर मरहठों को हटाना, १८०५ में बादशाही सेनापति सलावतखाँ बख्शी को परास्त करना, संवत् १८०६ में शाही वजीर सफदरजंग मंसूर की सेना से मिलकर बंगश पठानों पर चढ़ाई करना, बादशाह से लड़कर दिल्ली लूटना, इत्यादि। इन सब बातों के विचार से 'सुजानचरित' का ऐतिहासिक महत्व भी बहुत कुछ है।

इस काव्य की रचना के संबंध में सबसे पहली बात जिस पर ध्यान जाता है वह वर्णनों का अत्यधिक विस्तार और प्रचुरता है। वस्तुओं की गिनती गिनाने की प्रणाली का इस कवि ने बहुत अधिक अवलंबन किया है, जिससे पाठकों को बहुत से स्थलों पर अरुचि हो जाती है। कहीं घोड़ों की जातियों के नाम ही गिनते चले गए हैं, कहीं अस्त्रों और वस्त्रों की सूची की भरमार है, कहीं भिन्न-भिन्न देशवासियों और जातियों की फिहरिस्त चल रही है। इस कवि को साहित्यिक मर्यादा का ध्यान बहुत ही कम था। भिन्न-भिन्न भाषाओं और बोलियों को लेकर कहीं-कहीं इन्होंने पूरा खेलवाड़ किया है। ऐसे चरित्र को लेकर जो गांभीर्य काव्य में होना चाहिए था वह इनमें नहीं पाया जाता। पद्य में ऐसे व्यक्तियों और वस्तुओं के नाम भरने की निपुणता इस कवि की एक विशेषता समझिए। ग्रंथारंभ में ही १७५ कवियों के नाम गिनाए गए हैं। सूदन में युद्ध, उत्साहपूर्ण भाषण, ग्रंथ का साहित्यिक महत्व बहुत कुछ घटा हुआ है। प्रगल्भता और प्रचुरता का प्रदर्शन सीमा का अतिक्रमण कर जाने के कारण जगह-जगह खटकना है। भाषा के साथ भी सूदन जी ने पूरी मनमानी की है। पंजाबी, खड़ी बोली, सबका पुट मिलता है। न जाने गढ़ंत के और तोड़े-मरोड़े शब्द लाए गए हैं। जो स्थल इन सब दोषों से मुक्त हैं वे अवश्य मनोहर हैं पर अधिकतर शब्दों की तड़ातड़ भड़ाभड़ से जी ऊबने लगता है। यह वीररसात्मक ग्रंथ है और इसमें भिन्न भिन्न युद्धों का ही वर्णन है इससे अध्यायों का नाम जंग रखा गया है। सात जंगों में ग्रंथ समाप्त हुआ है। छंद बहुत से प्रयुक्त हुए हैं। कुछ पद्य नीचे उद्धृत किए जाते हैं—

बखत बिलंद तेरी दुंदुभी धुकारन सों,
दुंद दबि जात देस सुख जाही के।
दिन दिन दूनो महिमंडल प्रताप होत,
सूदन दूनौ में ऐसे बखत न काही के।
उद्धत सुजानसुत बुद्धि बलवान सुनि,
दिल्ली के दरनि बाजै आवज उछाही के।
जाही के भरोसे अब तखत उमाही करैं
पाही से खरे हैं जो सिपाही पातसाही के॥

दुहूँ ओर बंदूक जहँ चलत बेचूक,
रव होत धुकधूक, किलकार कहुँ कूक।
कहूँ धनुष-टंकार जिहि बान झंकार
भट देत हुंकार संकार मुँह सूक।
कहुँ देखि दपटंत, गज बाजि झपटंत,
अरिब्यूह लपटंत रपटंत कहुँ चूक।
समसेर सटकंत, सर सेल फटकंत,
कहुँ जात हटकंत, लटकंत लगि झूक॥

दब्बत लुत्थिनु अब्बत इक्क सुखब्बत से।
चब्बत लोह, अचब्बत सोनित गब्बत से॥
चुट्टित खट्टित केस सुलुट्टित इक्क मही।
जुट्टित कुट्टित सीस, सुखुट्टित तेग गही॥
कुट्टित घुट्टित काय बिछुट्टित प्रान सही।
छुट्टित आयुध; हुट्टित गुट्टित देह दही॥

धड़धद्धरं, धड़धद्धरं, भड़भब्भरं भड़भब्भरं।
तड़तत्तरं तड़तत्तरं कड़कक्करं कड़कक्करं॥
घड़घग्घरं घड़घग्घरं झड़झज्झरं झड़झज्झरं।
अरर्ररं अरर्ररं, सरर्ररं सरर्ररं॥

सोनित अरघ ढारि, लुत्थ जुत्थ पाँवड़े दै,
दारुधूम धूपदीप, रजक की ज्वालिका॥
चरबी को चंदन, पुहुप पलटूकन के,
अच्छत अखंड गोला गोलिन की चालिका॥

नैवेद्य नीको साहि सहति दिल्ली को दल,
कामना विचारी मनसूर-पन-पालिका॥
कोटरा के विकट बिकट जंग जोरि सूजा,
भलो विधि पूजा कै प्रसन्न कीन्हीं कालिका॥

इसी गल्ल धरि कन्न में बकसी मुसक्याना।
हमनूँ बूझत हौं तुसी 'क्यों किया पयाना'॥
'असी आवने भेदनूँ तूने नहिं जाना।
साह अहम्मद ने तुझे अपना करि माना'॥

डोलती डरानी खतरानी बतरानी बेबे,
कुड़िए न बेखी अणी भी गुरुन पावाँ हाँ।
कित्थे जला पेऊँ, कित्थे उज्जले भिड़ाऊँ असी,
तुसी को लै गीवा असी जिंदगी बचावा हाँ॥
भट्टरा साहि हुआ चंदला वजीर बेखो,
एहा हाल कीता, वाह गुरूनूँ मनावा हाँ।
जावाँ कित्थे जावाँ अम्मा बाबे केही पावाँजली,
एही गल्ल अक्खै लक्खौ लक्खौं गली जावाँ हाँ॥

(२६) हरनारायण—इन्होंने 'माधवानल कामकंदला' और 'बैताल पचीसी' नामक दो कथात्मक काव्य लिखे हैं। 'माधवानल कामकंदला' का रचनाकाल सं० १८१२ है। इनकी कविता अनुप्रास आदि से अलंकृत है। एक कवित्त दिया जाता है—

सोहै मुंड चंद सों, त्रिपुंड सों विराजै भाल,
तुंड राजै रदन उदंड के मिलन तें।
पाप-रूप-पानिप विघन-जल जीवन के
कुंड सोखि सृजन बचाव अखिलन तें॥
ऐसे गिरिनंदिनी के नंदन को ध्यान ही में
कीबे छोड़ि सकल अपानहि दिलन तें।
भुगुति मुकुति ताके तुंड तें निकसि तापै,
कुंड बाँधि कढ़ती भूसुंड के विलन तें॥

---

(२७) ब्रजवासी दास—ये वृंदावन के रहने वाले और वल्लभ संप्रदाय के अनुयायी थे। इन्होंने संवत् १८२७ में 'ब्रजविलास' नामक एक प्रबंधकाव्य तुलसीदास के अनुकरण पर दोहों चौपाइयों में बनाया। इसके अतिरिक्त इन्होंने 'प्रबोध चंद्रोदय' नाटक का अनुवाद भी विविध छंदों में किया है। पर इनका सबसे प्रसिद्ध ग्रंथ 'ब्रजविलास' ही है जिसका प्रचार साधारण

श्रेणी के पाठकों में है। इस ग्रंथ में कथा भी सूरसागर क्रम से ली गई है और बहुत से स्थलों पर सूर के शब्द और भाव भी चौपाइयों में रख दिए गए हैं। इस बात को ग्रंथकार ने भी स्वीकार किया है—

यामैं कछुक बुद्धि नहिं मेरी। उक्ति युक्ति सब सूरहि केरी।

इन्होंने तुलसी का छंदक्रम ही लिया है, भाषा शुद्ध ब्रजभाषा ही है। उसमें कहीं अवधी या बैसवाड़ी का नाम तक नहीं है। जिनको भाषा की पहचान तक नहीं, जो वीररस का वर्णन परिपाटी के अनुसार किसी पद्य में वर्णों का द्वित्व देख उसे प्राकृत भाषा कहते हैं, वे चाहे जो कहें। ब्रजविलास में कृष्ण की भिन्न-भिन्न लीलाओं का जन्म से लेकर मथुरा गमन तक का वर्णन किया गया है। भाषा सीधी-सादी, सुव्यवस्थित और चलती हुई है। व्यर्थ शब्दों की भरती न होने से उसमें सफाई है। यह सब होने पर भी इसमें वह बात नहीं है जिसके बल से गोस्वामीजी के रामचरितमानस का इतना देशव्यापी प्रचार हुआ। जीवन की परिस्थितियों की वह अनेकरूपता, गंभीरता और मर्मस्पर्शिता इसमें कहाँ जो रामचरित और तुलसी की वाणी में है? इसमें तो अधिकतर क्रीड़ामय जीवन का ही चित्रण है। फिर भी साधारण श्रेणी के कृष्णभक्त पाठकों में इसका प्रचार है। नीचे कुछ पद्य दिए जाते हैं—

कहति जसोदा कौन बिधि, समझाऊँ अब कान्ह।
भूलि दिखायो चंद मैं, ताहि कहत हरि खान॥
यहै देत नित माखन मोकों। छिन छिन देति तात सो तोकों॥
जो तुम श्याम चंद को खैहौ। बहुरो फिर माखन कह पैहौं?
देखत रहौ खिलौना चंदा। हठ नहिं कीजै बालगोबिंदा॥
पा लागौं हठ अधिक न कीजै। मैं बलि, रिसहि रिसहि तन छीजै।
जसुमति कहति कहा धौं कीजै। माँगत चंद कहाँ तें दीजै।
तब जसुमति इक जलपुट लीनो। कर मैं लै नहि ऊँचो कीनो।
ऐसे कहि श्यामै बहरावै। आव चंद, तोहि लाल बुलावै।
हाथ लिए तेहि खेलत रहिए। नैकु नहीं धरनी पै धरिए॥

(२८) गोकुलनाथ, गोपीनाथ और मणिदेव—इन तीनों महानुभावों ने मिलकर हिंदी साहित्य में बड़ा भारी काम किया है। इन्होंने समग्र महाभारत और हरिवंश (जो महाभारत का ही परिशिष्ट माना जाता है) का अनुवाद अत्यंत मनोहर विविध छंदों में पूर्ण कवित्त के साथ किया है। कथाप्रबंध का इतना बड़ा काव्य हिंदी साहित्य में दूसरा नहीं बना। यह लगभग दो हजार पृष्ठों में समाप्त हुआ है। इतना बड़ा ग्रंथ होने पर भी न तो इसमें कहीं शिथिलता आई है और न ही रोचकता और काव्यगुण में कमी हुई है। छंदों का विधान इन्होंने ठीक उसी रीति से किया है जिस रीति से इतने बड़े ग्रंथ में होना चाहिए। जो छंद उठाया है उसका कुछ दूर तक निर्वाह किया है। केशवदास की तरह छंदों का तमाशा नहीं दिखाया है। छंदों का चुनाव भी बहुत उत्तम हुआ है। रूपमाला, घनाक्षरी, सवैया आदि मधुर छंद अधिक रखे गये हैं, बीच-बीच में दोहे और चौपाइयाँ भी हैं। भाषा प्रांजल और सुव्यवस्थित है। अनुप्रास का अधिक आग्रह न होने पर भी आवश्यक विधान है। रचना सब प्रकार से साहित्यिक और मनोहर है और लेखकों की काव्यकुशलता का परिचय देती है। इस ग्रंथ के बनने में भी ५० वर्ष से ऊपर

लगे हैं। अनुमानतः इसका आरंभ संवत् १८३० में हो चुका था और यह संवत् १८८४ में जाकर समाप्त हुआ। इसकी रचना काशीनरेश महाराज उदितनारायणसिंह की आज्ञा से हुई जिन्होंने इसके लिये लाखों रुपये व्यय किये। इस बड़े भारी साहित्यिक यज्ञ के अनुष्ठान के लिए हिंदी प्रेमी उक्त महाराज के सदा कृतज्ञ रहेंगे।

गोकुलनाथ और गोपीनाथ प्रसिद्ध कवि रघुनाथ बंदीजन के पुत्र और पौत्र थे। मणिदेव बंदीजन भरतपुर राज्य के जहानपुर नामक गाँव के रहनेवाले थे और अपनी विमाता के दुर्व्यवहार से रुष्ट होकर काशी चले आए थे। काशी में वे गोकुलनाथ जी के यहाँ भी रहते थे। और स्थानों पर भी उनका बहुत मान हुआ था। जीवन के अंतिम दिनों में कभी वे विक्षिप्त भी हो जाया करते थे। उनका परलोकवास संवत् १९२० में हुआ।

गोकुलनाथ ने इस महाभारत के अतिरिक्त निम्नलिखित ग्रंथ भी लिखे हैं—

चेतचंद्रिका, गोविंद-सुखविहार, राधाकृष्ण-विलास, (सं० १८५८), राधानखशिख, नामरत्नमाला (कोश) (सं० १८७०), सीताराम गुणार्णव, अमरकोष भाषा (सं० १८७०), कविमुखमंडन।

चेतचंद्रिका अलंकार का ग्रंथ है जिसमें काशिराज की वंशावली भी दी गई है। 'राधाकृष्ण विलास' रससंबंधी ग्रंथ है और 'जगतविनोद' के बराबर है। 'सीताराम गुणार्णव' अध्यात्म रामायण का अनुवाद है जिसमें पूरी रामकथा वर्णित है। 'कविमुखमंडन' भी अलंकार संबंधी ग्रंथ हैं। गोकुलनाथ का कविताकाल संवत् १८४० से १८७० तक माना जा सकता है। ग्रंथों की सूची से यह स्पष्ट है कि ये कितने निपुण कवि थे। रीति और प्रबंध दोनों ओर इन्होंने प्रचुर रचना की है। इतने अधिक परिमाण में और इतने प्रकार की रचना वही कर सकता है जो पूर्ण साहित्यमर्मज्ञ, काव्यकला में सिद्धहस्त और भाषा पर पूर्ण अधिकार रखनेवाला हो। अतः महाभारत के तीनों अनुवादकों में तो ये श्रेष्ठ ही हैं, साहित्य के क्षेत्र में भी ये बहुत ही ऊँचे पद के अधिकारी हैं। रीतिग्रंथ रचना और प्रबंध रचना दोनों में समान रूप से कुशल और दूसरा कोई कवि रीतिकाल के भीतर नहीं पाया जाता।

महाभारत के जिस-जिस अंश का अनुवाद जिसने-जिसने किया है उस-उस अंश में उसका नाम दिया हुआ है। नीचे तीनों कवियों की रचना के कुछ उदाहरण दिए जाते हैं—

गोकुलनाथ—

सखिन के श्रुति में उकुति कल कोकिल की
गुरुजन हू पै पुनि लाज के कथान की।
गोकुल अरुन चरनांबुज पै गुंजपुंज
धुनि सी चढ़ति चंचरीक चरचान की।।
पीतम के श्रवन समीप ही जुगुति होति
मैन मंत्र तंत्र के बरन गुनगान की।
सौतिन के कानन में हलाहल ह्वै हलति,
एरी सुखदानि! तौ बजनि बिछुवान की।

(राधाकृष्ण विलास)

दुर्ग अतिही महत रक्षित भटन सों चहुँ ओर।
ताहि घेरयो शाल्व भूपति सेन लै अति घोर।
एक मानुष निकसिबे की रही कतहुँ न राह।
परी सेना शाल्व नृप की भरी जुद्ध उछाह॥

लहि सुदेष्णा की सुआज्ञा नीच कीचक जौन।
जाय सिंहिनि पास जंबुक तथा कीनो गौन॥
लग्यो कृष्ण सों कहन या भाँति सस्मित बैन।
यहाँ आई कहाँ तें? तुम कौन हौ छबि ऐन?

नहीं तुम सी लखी भू पर भरी सुषमा बाम।
देवि, जच्छिनि, किन्नरी, कै श्री, सची अभिराम।
कांति सों अति भरो तुम्हरो लखन बदन अनूप।
करैगो नहिं स्वबस काको महा मन्मथ भूप॥

(महाभारत)

गोपीनाथ—

सर्व दिसि में फिरत भीषम को सुरथ मन-मान।
लखे सब कोउ तहाँ भूप अलातचक्र समान॥
सर्व थर सब रथिन सों तेहि समय नृप सब ओर।
एक भीषम सहस सम रन जुरो हो तहँ जोर॥

मणिदेव—

बचन यह सुनि कहत भो चक्रांग हंस उदार।
उड़ौगे मम संग किमि तुम कहहु सो उपचार॥
खाय जूठो पुष्ट, गर्वित काग सुनि ये बैन।
कह्यौ जानत उड़न की शत रीति हम बल ऐन॥

(२९) बोधा—ये राजापुर (जि० बाँदा) के रहनेवाले सरयूपारी ब्राह्मण थे। पन्ना के दरबार में इनके संबंधियों की अच्छी प्रतिष्ठा थी। उसी संबंध से ये बाल्यकाल ही में पन्ना चले गए। इनका नाम बुद्धिसेन था, पर महाराज इन्हें प्यार से 'बोधा' कहने लगे और वही नाम इनका प्रसिद्ध हो गया। भाषाकाव्य के अतिरिक्त इन्हें संस्कृत और फारसी का भी अच्छा बोध था। शिवसिंहसरोज में इनका जन्म संवत् १८०४ दिया हुआ है। इनका कविताकाल संवत् १८३० से १८६० तक माना जा सकता है।

बोधा एक बड़े रसिक जीव थे। कहते हैं कि पन्ना के दरबार में सुभान (सुबहान) नाम की एक वेश्या थी जिस पर इनका प्रेम हो गया। इस पर रुष्ट होकर महाराज ने इन्हें छह महीने देशनिकाले का दंड दिया। सुभान के वियोग में छह महीने इन्होंने बड़े कष्ट से बिताये और उसी बीच में 'विरहवारीश' नामक एक पुस्तक लिखकर तैयार की। छह महीने पीछे जब ये फिर दरबार में लौटकर आए तब अपने 'विरहवारीश' के कुछ कवित्त सुनाए। महाराज ने प्रसन्न होकर इनसे कुछ माँगने को कहा। इन्होंने कहा 'सुभान अल्लाह'। महाराज ने प्रसन्न होकर सुभान को इन्हें दे दिया और इनकी मुराद पूरी हुई।

'विरहवारीश' के अतिरिक्त 'इश्कनामा' भी इनकी एक प्रसिद्ध पुस्तक है। इनके बहुत से फुटकल कवित्त, सवैये, इधर-उधर पाए जाते हैं। बोधा एक रसोन्मत्त कवि थे, इससे इन्होंने कोई रीतिग्रंथ न लिखकर अपनी मौज के अनुसार फुटकल पद्यों की रचना की है। ये अपने समय के एक प्रसिद्ध कवि थे। प्रेममार्ग के निरूपण में इन्होंने बहुत से पद्य कहे हैं। 'प्रेम की पीर' की व्यंजना भी इन्होंने बड़े मर्मस्पर्शिनी युक्ति से की है। यत्र-तत्र व्याकरण दोष रहने पर भी भाषा इनकी चलती और मुहावरेदार होती थी। उससे प्रेम की उमंग छलकी पड़ती है। इनके स्वभाव में फक्कड़पन भी कम नहीं था। 'नेजे', 'कटारी' और 'कुरबान' वाली बाजारू ढंग की रचना भी इन्होंने कहीं-कहीं की है। जो कुछ हो, ये भावुक और रसज्ञ कवि थे, इसमें कोई संदेह नहीं। कुछ पद्य इनके नीचे दिए जाते हैं—

अति खीन मृनाल के तारहु तें नहि ऊपर पाँव दै आवनो है।
सुई बेह कै द्वार सकै न तहाँ परतीति को टाँड़ो लदावनो है।
कवि बोधो अनी घनी नेजहु तें चढ़ि तापै न चित्त डरावनो है।
यह प्रेम को पंथ कराल महा तरवारि की धार पै धावनो है॥

एक सुभान के आनन पै कुरबान जहाँ लगि रूप जहाँ को।
कैयो सतक्रतु की पदवी लुटिए लखि कै मुसकाहट ताको।
सोक जरा गुजरा न जहाँ कवि बोधा जहाँ उजरा न तहाँ को।
जान मिलै तो जहान मिलै, नहिं जान मिलै तौ जहान कहाँ को॥

कबहूँ मिलिबो, कबहूँ मिलिबो, वह धीरज ही में धरैबो करै।
उरतें कढ़ि आवै, गरे तें फिरैं, मन की मन ही में सिरैबो करै।
कवि बोधा न चाँड़ सरी कबहूँ, नितही हरवा सो हिरैबो करै।
सहते ही बनै, कहते न बनै, मन ही मन पीर पिरैबो करै॥

हिलि मिलि जानै तासों मिलि कै जनावै हेत,
हित को न जानै ताको हितू न विसाहिए।
होय मगरूर तापै दूनी मगरूरी कीजै,
लघु ह्वै चलै जो तासों लघुता निवाहिए।

बोधा कवि नीति को निबेरो यही भाँति अहै,
आपको सराहै ताहि आपहू सराहिए।
दाता कहा, सूर कहा, सुंदर सुजान कहा,
आपको न चाहै ताके बाप को न चाहिए॥

(३०) रामचंद्र—इन्होंने अपना कुछ भी परिचय नहीं दिया है। भाषा महिम्न के कर्ता काशीवासी मनियारसिंह ने अपने को 'चाकर अखंडित श्री रामचंद्रपंडित के' लिखा है। मनियारसिंह ने अपना 'भाषा महिम्न' संवत् १८४१ में लिखा। अत: इनका समय संवत् १८४० माना जा सकता है। इनकी एक पुस्तक 'चरणचंद्रिका' ज्ञात है। जिस पर इनका सारा यश स्थिर है। यह भक्तिरसात्मक ग्रंथ केवल ६२ कवित्तों का है। इसमें पार्वतीजी के चरणों का वर्णन अत्यंत रुचिकर और अनूठे ढंग से किया गया है। इस वर्णन से अलौकिक सुषमा, विभूति, शक्ति और शांति फूटी पड़ती है। उपास्य के एक अंग में अनंत ऐश्वर्य की भावना भक्ति की चरम भावुकता के भीतर ही संभव है। भाषा लाक्षणिक और पांडित्यपूर्ण है। कुछ और अधिक न कहकर इनके दो कवित्त ही सामने रख देना ठीक है—

नूपुर बजत मानि मृग से अधीन होत,
मीन होत जानि चरनामृत झरनि को।
खंजन से नचै देखि सुषमा सरद की सी,
संचै मधुकर से पराग केसरनि को।
रीझि रीझि तेरी पदछबि पै तिलोचन के
लोचन ये, अंब! धायैं केतिक धरनि को।
फूलत कुमुद से मयंक से निरखि नख;
पंकज से खिलै लखि तरवा-तरनि को॥

मानिए करींद्र जो हरींद्र को सरोष हर,
मानिए तिमिर घेरै भानु किरनन को।
मानिए चटक बाज जुर्रा को पटकि मारै,
मानिए झटकि डारै भेक भुजगन को।
मानिए कहै जो वारिधार पै दवारि औ
अंगार बरसाइबो बतावै बारिदन को।
मानिए अनेक विपरीत की प्रतीति, पै न
भीति आई मानिए भवानी-सेवकन को॥

(३९) मंचित—ये मऊ (बुंदेलखंड) के रहनेवाले ब्राह्मण थे और संवत् १८३६ में वर्तमान थे। इन्होंने कृष्णचरित संबंधी दो पुस्तकें लिखी हैं—सुरभी-दानलीला और कृष्णायन। सुरभी दानलीला में बाललीला, यमलार्जुन-पतन और दानलीला का विस्तृत वर्णन सार छंद में किया गया है। इसमें श्रीकृष्ण का नखशिख भी बहुत अच्छा कहा गया है। कृष्णायन

तुलसीदासजी की रामायण के अनुकरण पर दोहों चौपाइयों में लिखी गई है। इन्होंने गोस्वामीजी की पदावली तक का अनुकरण किया है। स्थान-स्थान पर भाषा अनुप्रासयुक्त और संस्कृतगर्भित है, इससे ब्रजवासीदास की चौपाइयों की अपेक्षा इनकी चौपाइयाँ गोस्वामीजी की चौपाइयों से कुछ अधिक मेल खाती हैं। पर यह मेल केवल कहीं-कहीं दिखाई पड़ जाता है। भाषा मर्मज्ञ को दोनों का भेद बहुत जल्दी स्पष्ट हो जाता है। इनकी भाषा ब्रज है, अवधी नहीं। उसमें वह सफाई और व्यवस्था कहाँ? कृष्णायन की अपेक्षा इनकी सुरभी दानलीला की रचना अधिक रारस है। दोनों से कुछ अवतरण नीचे दिए जाते हैं—

कुंडल लोल अमोल कान के छुवत कपोलन आवैं।
डुलै आप से खुलैं जोर छबि बरबस मनहिं चुरावैं॥
खौर बिसाल भाल पर सोभित केसर की चित भावैं।
ताके बीच बिंदु रोरी को, ऐसो बेस बनावैं॥
भ्रुकुटी बंक नैन खंजन से कंजन गंजनवारे।
मदभंजन खग मीन सदा जे मनरंजन अनियारे॥

(सुरभी-दानलीला)

अचरज अमित भयो लखि सरिता। दुतिय न उपमा कहि सम चरिता॥
कृष्णदेव कहँ प्रिय जमुना सी। जिमि गोकुल गोलोक प्रकासी॥
अति विस्तार पार पद पावन। उभय करार घाट मनभावन॥
बनचर बनज बिपुल बहु पच्छी। अलि-अवली-धुनि-सुनि अति अच्छी॥
नाना जिनिस जीव सरि सेवै। हिंसाहीन असन सुचि जेवैं॥

(३२) मधुसूदनदास—ये माथुर चौबे थे। इन्होंने गोविंददास नामक किसी व्यक्ति के अनुरोध से संवत् १८३९ में 'रामाश्वमेध' नामक एक बड़ा और मनोहर प्रबंधकाव्य बनाया जो सब प्रकार से गोस्वामीजी के रामचरितमानस का परिशिष्ट ग्रंथ होने के योग्य है। इसमें श्रीरामचंद्र द्वारा अश्वमेध यज्ञ का अनुष्ठान, घोड़े के साथ गई हुई सेना के साथ सुबाहु, दमन, विद्युन्माली राक्षस, वीरमणि, शिव, सुरथ आदि का घोर युद्ध, अंत में राम के पुत्र लव और कुश के साथ भयंकर संग्राम, श्रीरामचंद्र द्वारा युद्ध का निवारण और पुत्रों सहित सीता का अयोध्या में आगमन, इन सब प्रसंगों का पद्मपुराण के आधार पर बहुत ही विस्तृत और रोचक वर्णन है। ग्रंथ की रचना बिलकुल रामचरिमानस की शैली पर हुई है। प्रधानता दोहों के साथ चौपाइयों की है, पर बीच-बीच में गीतिका आदि और छंद भी हैं। पदविन्यास और भाषासौष्ठव रामचरितमानस का सा ही है। प्रत्यय और रूप भी बहुत कुछ अवधी के रखे गए हैं। गोस्वामी जी की प्रणाली के अनुसरण में मधुसूदनदासजी को पूरी सफलता हुई है। इनकी प्रबंधकुशलता, कवित्वशक्ति और भाषा की शिष्टता तीनों उच्चकोटि की है। इनकी चौपाइयाँ अलबत्ता गोस्वामीजी की चौपाइयों में बेखटक मिलाई जा सकती हैं। सूक्ष्म दृष्टिवाले भाषा मर्मज्ञों को केवल थोड़े ही से ऐसे स्थलों में भेद लक्षित हो सकता है जहाँ बोलचाल की भाषा होने के कारण भाषा का असली रूप अधिक स्फुटित है। ऐसे स्थलों पर गोस्वामीजी के अवधी के रूप और प्रत्यय न देखकर भेद का अनुभव हो सकता है। पर जैसा कहा जा चुका है, पदविन्यास की प्रौढ़ता और भाषा का सौष्ठव गोस्वामीजी के मेल का है।

सिय रघुपति पद कंज पुनीता। प्रथमहिं बंदन करौं सप्रीता॥
मृदु मंजुल सुंदर सब भाँती। ससि-कर-सरिस सुभग नख पाँती॥
प्रणत कल्पतरु तर सब ओरा। दहन अज्ञ तम जन चित चोरा॥
त्रिविध कलुष कुंजर घनघोरा। जगप्रसिद्ध केहरि बरजोरा॥
चिंतामणि पारस सुरधेनू। अधिक कोटि गुन अभिमत देनू॥
जन-मन मानस रसिक मराला। सुमिरत भंजन बिपति बिसाला॥
निरखि कालजित कोपि अपारा। विदित होय करि गदा प्रहारा॥
महावेगयुत आवै सोई। अष्टधातुमय जाय न जोई॥
अयुत भार भरि भार प्रमाना। देखिय जमपति दंड समाना॥
देखि ताहि लव हनि इषु चंडा। कीन्हीं तुरत गदा त्रय खंडा॥
जिमि नभ माँह मेघ समुदाई। बरषहिं बारि महा झरि लाई॥
तिमि प्रचंड सायक जनु ब्याला। हने कीस तन लव तेहि काला।
भए विकल अति पवन कुमारा। लगे करन तब हृदय बिचारा।

(३३) मनियार सिंह—ये काशी के रहनेवाले क्षत्रिय थे। इन्होंने देवपक्ष में ही कविता की है और अच्छी की है। इनके निम्नलिखित ग्रंथों का पता है—

महिम्न भाषा, सौंदर्य लहरी (पार्वती या देवी की स्तुति), हनुमतछबीसी, सुंदरकांड। भाषा महिम्न इन्होंने संवत् १८४१ में लिखा। इनकी भाषा सानुप्रास, शिष्ट और परिमार्जित है और उसमें आज भी पूरा है। ये अच्छे कवि हो गए हैं। रचना के कुछ उदाहरण लीजिए—

मेरो चित्त कहाँ दीनता में अति दूबरो है,
अधरम धूमरो न सुधि के सँभारे पै।
कहाँ तेरी ऋद्धि कवि बुद्धि-धारा ध्वनि तें,
त्रिगुण तें परे ह्वै दिखात निरधारे पै॥
मनियार यातें मति थकित जकित ह्वै कै,
भक्तिबस धरि उर धीरज बिचारे पै।
बिरची कृपाल वाक्यमाल या पुहुपदंत,
पूजन करन काज करन तिहारे पै॥

तेरे पद-पंकज-पराग राज राजेश्वरी!
वेद बंदनीय बिरुदावली बढ़ी रहै।
जाकी किनुकाई पाय धाता नें धरित्री रची,
जापे लोक लोकन की रचना कढ़ी रहै।
मनियार जाहि विष्णु सेवैं सर्व पोषत में,
सेस हूँ के सदा सीस सहस मढ़ी रहै।

सोई सुरासुर के सिरोमनि सदाशिव के,
भसम के रूप ह्वै सरीर पै चढ़ी रहै॥

अभय कठोर बानी सुनि लछमन जू की,
मारिबे को चाहि जो सुधारी खल तरवारि।
वीर हनुमंत तेहि गरजि सुहास करि,
उपटि पकरि ग्रीव भूमि लै परे पछारि।
पुच्छ तें लपेटि फेरि दंतन दरदराइ,
नखन बकोटि चोंथि देत महि डारि टारि।
उदर बिदारि मारि लुत्थन को टारि बीर,
जैसे मृगराज गजराज डारे फारि फारि॥

(३४) कृष्णदास—ये मिरजापुर के रहनेवाले कोई कृष्णभक्त जान पड़ते हैं। इन्होंने संवत् १८५३ में 'माधुर्य लहरी' नाम की एक बड़ी पुस्तक ४२० पृष्ठों की बनाई जिसमें विविध छंदों में कृष्णचरित का वर्णन किया गया है। कविता इनकी साधारणतः अच्छी है। एक कविता देखिए—

कौन काज लाज ऐसी करै जो अकाज अहो,
बार बार कहो नरदेव कहाँ पाइए।
दुर्लभ, समाज मिल्यो सकल सिद्धांत जानि,
लीला गुन नाम धाम रूप सेवा गाइए।
बानी की सयानी सब पानी में बहाय दीजै,
जानी सो न रीति जासों दंपति रिझाइए।
जैसी जैसी गही जिन लही तैसी नैननहू,
धन्य धन्य राधाकृष्ण नित ही गनाइए॥

(३५) गणेश—ये नरहरि बंदीजन के वंश में लाल कवि के पौत्र और गुलाब कवि के पुत्र थे। संवत् १८५० से लेकर १९१० तक वर्तमान थे। ये काशिराज महाराज उदितनारायण सिंह के दरबार में थे और महाराज ईश्वरीप्रसाद नारायण सिंह के समय तक जीवित रहे। इन्होंने तीन ग्रंथ लिखे—१. वाल्मीकि रामायण श्लोकार्थ प्रकाश (बालकांड समग्र और किष्किंधा के पाँच अध्याय)। २. प्रद्युम्न विजय नाटक। ३. हनुमत पचीसी।

प्रद्युम्नविजय नाटक समग्र पद्यबद्ध है और अनेक प्रकार के छंदों के सात अंकों में समाप्त हुआ है। इसमें दैत्यों के वज्रनाभपुर नामक नगर में प्रद्युम्न के जाने और प्रभावती से गांधर्व विवाह होने की कथा है। यद्यपि इसमें पात्रप्रवेश, विष्कंभक, प्रवेशक आदि नाटक के अंग रखे गए हैं पर इतिवृत्त का भी वर्णन पद्य में होने के कारण नाटकत्व नहीं आया है। एक उदाहरण दिया जाता है—

ताही के उपरांत, कृष्ण इंद्र आवत भए।
भेंटि परस्पर कांत, बैठ सभासद मध्य तहँ॥

बोले हरि इंद्र सों बिनै कै कर जोरि दोऊ,
आजु दिग्विजय हमारे हाथ आयो है।
मेरे गुरु लोग सब तोषित भए हैं आजु,
पूरो तप दान, भाग्य सफल सुहायो है।
कारज समस्त सरे, मंदिर में आए आप,
देवन के देव मोहि धन्य ठहरायो है।
सो सुन पुरंदर उपेंद्र लखि आदर सों,
बोले सुनौ बंधु! दानवीर नाम पायो है॥

(३६) सम्मन—ये मल्लावाँ (जि० हरदोई) के रहनेवाले ब्राह्मण थे और संवत् १८३४ में उत्पन्न हुए थे। इनके नीति के दोहे गिरधर की कुंडलिया के समान गाँवों तक में प्रसिद्ध हैं। इनके कहने के ढंग में कुछ मार्मिकता है। 'दिनों के फेर' आदि के संबंध में इनके मर्मस्पर्शी दोहे स्त्रियों के मुँह से बहुत सुने जाते हैं। इन्होंने संवत् १८७९ में 'पिंगल काव्यभूषण' नामक एक रीतिग्रंथ भी बनाया। पर ये अधिकतर अपने दोहों के लिए ही प्रसिद्ध हैं। इनका रचनाकाल संवत् १८६० से १८८० तक माना जा सकता है। कुछ दोहे देखिए—

निकट रहे आदर घटे, दूरि रहे दुख होय॥
सम्मन या संसार में, प्रीति करौ जनि कोय॥
सम्मन चहौ सुख देह कौ तौ छाँड़ौ ये चारि।
चोरी, चुगली, जामिनी और पराई नारि॥
सम्मन मीठी बात सों होत सबै सुख पूर।
जेहि नहिं सीखो बोलिबो, तेहि सीखो सब धूर॥

(३७) ठाकुर—इस नाम के तीन कवि हो गए हैं जिसमें दो असनी के ब्रह्मभट्ट थे और एक बुंदेलखंड के कायस्थ। तीनों की कविताएँ ऐसी मिलजुल गई है कि भेद करना कठिन है। हाँ, बुंदेलखंडी ठाकुर की वे कविताएँ पहचानी जा सकती हैं जिनमें बुंदेलखंडी कहावतें या मुहाविरे आए हैं।

असली वाले प्राचीन ठाकुर

ये रीतिकाल के आरंभ में संवत् १७०० के लगभग हुए थे। इनका कुछ वृत्त नहीं मिलेगा; केवल फुटकल कविताएँ इधर-उधर पाई जाती हैं। संभव है, इन्होंने रीतिबद्ध रचना न करके अपने मन की उमंग के अनुसार ही समय-समय पर कवित्त सवैए बनाए हों जो चलती और स्वच्छ भाषा में हैं। इनके ये दो सवैये बहुत सुने जाते हैं—

सजि सूहे दुकूलन बिज्जुछटा सी अटान चढ़ी घटा जोवति है।
सुचिती ह्वै सुनै धुनि मोरन की, रसमाती संयोग सँजोवति है॥
कवि ठाकुर वै पिय दूरि बसैं, हम आँसुन सो तन धोवति है।
धनि वै धनि पावस की रतियाँ पति की छतियाँ लगि सोवति है॥

बौरे रसालन की चढ़ि डारन कूकत क्वैलिया मौन गहै ना।
ठाकुर कुंजन कुंजन, गुंजत भौरन भीर चुपैबो चहै ना॥
सीतल मंद सुगंधित, बीर समीर लगे तन धीर रहै ना।
व्याकुल कीन्हों बसंत बनाय के, जाय के कंत सों कोऊ कहै ना॥

असनीवाले दूसरे ठाकुर

ये ऋषिनाथ कवि के पुत्र और सेवक कवि के पितामह थे। सेवक के भतीजे श्रीकृष्ण ने अपने पूर्वजों का जो वर्णन लिखा है, उसके अनुसार ऋषिनाथजी के पूर्वज देवकीनंदन मिश्र गोरखपुर जिले के एक कुलीन सरयूपारी ब्राह्मण—पयासी के मिश्र—थे और अच्छी कविता करते थे। एक बार मँझौला के राजा के यहाँ विवाह के अवसर पर देवकीनंदनजी ने भाटों की तरह कुछ कवित्त पढ़ा और पुरस्कार लिया। इस पर उनके भाई-बंधुओं ने उन्हें जातिच्युत कर दिया और वे असनी के भाट नहरहर कवि की कन्या के साथ विवाह करके असनी में जा रहे और भाट हो गए। उन्हीं देवकीनंदन के वंश में ठाकुर के पिता ऋषिनाथ कवि हुए।

ठाकुर ने संवत् १८६१ में 'सतसई वरनार्थ' नाम की 'बिहारी सतसई' की एक टीका (देवकीनंदन टीका) बनाई। अतः इनका कविताकाल संवत् १८६० के इधर-उधर माना जा सकता है। ये काशिराज के संबंधी काशी के नामी रईस (जिनकी हवेली अब तक प्रसिद्ध है) बाबू देवकीनंदन के आश्रित थे। इनका विशेष वृत्तांत स्व० पंडित अंबिकादत्त व्यास ने अपने 'बिहारी बिहार' की भूमिका में दिया है। ये ठाकुर भी बड़ी सरस कविता करते थे। इनके पद्यों में भाव या दृश्य का निर्वाह अबोध रूप में पाया जाता है। दो उदाहरण लीजिए—

कारे लाज करहे पलासन के पुंज तिन्हैं
अपने झकोरन झुलावन लगी है री।
ताही को ससेटी तृन-पत्रन-लपेटी धरा-
धाम तैं अकास धूरि धावन लगी है री।
ठाकुर कहंत सुचि सौरभ प्रकासन मों
अ.छी भाँति रुचि उपजावन लगी है री।
ताती सीरी बैहर वियोग वा संयोगवारी,
आवनि बसंत की जनावन लगी है री॥

प्रात झुकामुकि भेष छपाय कै गागर लै घर तें निकरी ती।
जानि परी न कितीक अबार है, जाय परी जहँ होरी धरी ती।
ठाकुर दौरि परे मोंहि देखि कै, भागि बची री, बड़ी सुघरी ती।
बीर की सौं जो किवार न देऊँ तौ मैं होरिहारन हाथ परी ती॥

तीसरे ठाकुर बुंदेलखंडी

ये जाति के कायस्थ थे और इनका पूरा नाम लाला ठाकुरदास था। इनके पूर्वज काकोरी (जिला लखनऊ) के रहनेवाले थे और इनके पितामह खड्गरायजी बड़े भारी मंसबदार थे। उनके पुत्र गुलाबराय का विवाह बड़ी धूमधाम से ओरछे (बुंदेलखंड) के रावराजा (जो

महाराज ओरछा के मुसाहब थे) की पुत्री के साथ हुआ था। ये ही गुलाबराय ठाकुर कवि के पिता थे। किसी कारण से गुलाबराय अपनी सुसराल ओरछे में ही आ बसे जहाँ संवत् १८२३ में ठाकुर का जन्म हुआ। शिक्षा समाप्त होने पर ठाकुर अच्छे कवि निकले और जैतपुर में सम्मान पाकर रहने लगे। उस समय जैतपुर के राजा केसरी सिंह जी थे। ठाकुर के कुल के कुछ लोग बिजावर में भी जा बसे थे। इससे ये कभी वहाँ भी रहा करते थे। बिजावर के राजा ने भी एक गाँव देकर ठाकुर का सम्मान किया। जैतपुर नरेश राजा केसरीसिंह के उपरांत जब उनके पुत्र राजा पारीछत गद्दी पर बैठे तब ठाकुर उनकी सभा के रत्न हुए। ठाकुर की ख्याति उसी समय से फैलने लगी और वे बुंदेलखंड के दूसरे राजदरबारों में भी आने जाने लगे। बाँदे के हिम्मतबहादुर गोसाँई के दरबार में कभी-कभी पद्माकरजी के साथ ठाकुर की कुछ नोंक झोंक की बातें हो जाया करती थीं। एक बार पद्माकरजी ने कहा 'ठाकुर कविता तो अच्छी करते हैं पर पद कुछ हलके पड़ते हैं' इस पर ठाकुर बोले, 'तभी तो हमारी कविता उड़ी-उड़ी फिरती है।'

इतिहास में प्रसिद्ध है कि हिम्मतबहादुर कभी अपनी सेना के साथ अंगरेजों का कार्य साधन करते थे और कभी लखनऊ के नवाब के पक्ष में लड़ते। एक बार हिम्मतबहादुर ने राजा पारीछत के साथ कुछ धोखा करने के लिये उन्हें बाँदे बुलाया। राजा पारीछत वहाँ जा रहे थे कि मार्ग में ठाकुर कवि मिले और दो ऐसे संकेत भरे सवैये पढ़े कि राजा पारीछत लौट गए। एक सवैया यह है—

कैसे सुचित भए निकसौं बिहँसौ बिलसौ हरि दै गलबाहीं।
ये छल छिद्रन की बतियाँ छलती छिन एक घरी पल माहीं।
ठाकुर वै जुरि एक भईं, रचिहैं परपंच कछू ब्रज माहीं।
हाल चवाइन की दुहचाल की लाल तुम्हें है दिखात कि नाहीं॥

कहते हैं कि यह सुनकर हिम्मतबहादुर ने ठाकुर को अपने दरबार में बुला भेजा। बुलाने का कारण समझकर भी ठाकुर बेधड़क चले गए। जब हिम्मतबहादुर इन पर झल्लाने लगे तब इन्होंने कवित्त पढ़ा—

वेई नर निर्णय निदान में सराहे जात,
सुखन अघात प्याला प्रेम को पिए रहैं।
हरि रस चंदन चढ़ाय अंग अंगन में,
नीति को तिलक, बेंदी जस की दिए रहैं।
ठाकुर कहत मंजु कंजु ते मृदुल मन,
मोहनी सरूप, धारे, हिम्मत हिए रहैं।
भेंट भए समये असमये, अचाहे चाहे,
और लौं निबाहैं, आँखें एकसी किए रहैं॥

इस पर हिम्मतबहादुर ने जब कुछ और कटु वचन कहा तब सुना जाता है कि ठाकुर ने म्यान से तलवार निकाल ली और बोले—

सेवक सिपाही हम उन रजपूतन के,
दान जुद्ध जुरिबे में नेकु जे न मुरके।

नीत देनवारे हैं मही के महीपालन को,
हिए के विसुद्ध हैं, सनेही साँचे उर के॥
ठाकुर कहत हम बैरी बेवकूफन के,
जालिम दमाद हैं अदानियाँ ससुर के।
चोजिन के चौजी महा, मौजिन के महाराज,
हम कविराज हैं, पै चाकर चतुर के॥

हिम्मतबहादुर यह सुनते ही चुप हो गए। फिर मुस्कुराते हुए बोले—'कवि जी बस! मैं तो यही देखना चाहता था कि आप कोरे कवि ही हैं या पुरखों की हिम्मत भी आप में है।' इस पर ठाकुरजी ने बड़ी चतुराई से उत्तर दिया—महाराज! हिम्मत तो हमारे ऊपर सदा अनूप रूप से बलिहार रही है, आज हिम्मत कैसे गिर जाएगी?' (गोसाईं हिम्मत गिरि का असल नाम अनूप गिरि था, हिम्मतबहादुर शाही खिताब था।)

ठाकुर कवि का परलोकवास संवत् १८८० के लगभग हुआ। अतः इनका कविता काल संवत् १८५० से १८८० तक माना जा सकता है। इनकी कविताओं का एक अच्छा संग्रह 'ठाकुर ठसक' के नाम से श्रीयुत लाला भगवानदीन जी ने निकाला है। पर इसमें भी दूसरे दो ठाकुर की कविताएँ मिली हुई हैं। इस संग्रह में विशेषता यह है कि कवि का जीवनवृत्त भी बहुत कुछ दे दिया गया है। ठाकुर के पुत्र दरियावसिंह (चतुर) और पौत्र शंकरप्रसाद भी कवि थे।

ठाकुर बहुत ही सच्ची उमंग के कवि थे। इनमें कृत्रिमता का लेश नहीं। न तो कहीं व्यर्थ का शब्दाडंबर है, न कल्पना की झूठी उड़ान और न अनुभूति के विरुद्ध भावों का उत्कर्ष। जैसे भावों का जिस ढंग से मनुष्यमात्र अनुभव करते हैं वैसे भावों को उसी ढंग से यह कवि अपनी स्वाभाविक भाषा में उतार देता है। बोलचाल की चलती भाषा में भाव को ज्यों का त्यों सामने रख देना इस कवि का लक्ष्य रहा है। ब्रजभाषा की शृंगारी कविताएँ प्रायः स्त्रीपात्रों के ही मुख की वाणी होती हैं अतः स्थान-स्थान पर लोकोक्तियों का जो मनोहर विधान इस कवि ने किया उनसे उक्तियों में और भी स्वाभाविकता आ गई है। यह एक अनुभूत बात है कि स्त्रियाँ बात-बात में कहावत कहा करती हैं। उनके हृदय के भावों की भरपूर व्यंजना के लिये ये कहावतें मानों एक संचित वाङ्मय हैं। लोकोक्तियों का जैसा मधुर उपयोग ठाकुर ने किया है वैसा और किसी कवि ने नहीं। इन कहावतों में से कुछ तो सर्वत्र प्रचलित हैं और कुछ खास बुंदेलखण्ड की हैं। ठाकुर सच्चे उदार, भावुक और हृदय के पारखी कवि थे इसी से इनकी कविताएँ विशेषतः सवैये इतने लोकप्रिय हुए। ऐसा स्वच्छंद कवि किसी क्रम से बद्ध होकर कविता भला करना कहाँ पसंद करता? जब जिस विषय पर जी में आया कुछ कहा।

ठाकुर प्रधानतः प्रेमनिरूपक होने पर भी लोक व्यवहार के अनेकांगदर्शी कवि थे। इसी से प्रेम भाव की अपनी स्वाभाविक तन्मयता के अतिरिक्त कभी तो ये अखती, फाग, वसंत, होली, हिंडोरा, आदि उत्सवों में मग्न दिखाई पड़ते हैं; कभी लोगों की क्षुद्रता, कुटिलता आदि पर क्षोभ प्रकट करते पाए जाते हैं और कभी काल की गति पर खिन्न और उदास देखे जाते हैं। कविकर्म को ये कठिन समझते थे। रूढ़ि के अनुसार शब्दों की लड़ी जोड़े चलने को ये कविता नहीं कहते थे। नमूने के लिये यहाँ इनके थोड़े ही से पद्य दिए जाते हैं—

सीखि लीन्हों मीन मृग खंजन कमल नैन,
सीखि लीन्हों जस औ प्रताप को कहानो है।
सीखि लीन्हों कल्पवृक्ष कामधेनु चिंतामनि,
सीखि लीन्हों मेरु औ कुबेर गिरि आनो है।
ठाकुर कहत याकी बड़ी है कठिन बात,
याको नहिं भूलि कहूँ बाँधियत बानो है।
ढेल सो बनाय आय मेलत सभा के बीच,
लोगन कवित्त कीबो खेल करि जानो है॥

दस बार, बीस बार, बरजि दई है जाहि,
एतै पै न मानै जौ तौ जरन बरन देव।
कैसी कहा कीजै कछु आपनो करो न होय,
जाके जैसे दिन ताहिं तैसेई भरन देव।
ठाकुर कहत मन आपनो मगन राखो,
प्रेम निहसंक रसरंग बिहरन देव।
बिधि के बनाए जीव जेते हैं जहाँ के तहाँ,
खेलत फिरत तिन्हैं खेलन फिरन देव॥

अपने अपने सुठि गेहन में चढ़े दोऊ सनेह की नाव पै री!
अँगनान में भीजत प्रेम भरे, समयो लखि मैं बलि जाऊँ पै री!
कहैं ठाकुर दोउन की रुचि सो रंग ह्वै उमड़े तोउ ठाँव पै री।
सखी, कारी घटा बरसे बरसाने पै, गोरी घटा नंदगाँव पै री॥

वा निरमोहिनि रूप की रासि जऊ उर हेतु न ठानति ह्वै है।
बारहि बार बिलोकि घरी घरी सूरति तौं पहिचानति ह्वै है।
ठाकुर या मन की परतीति है; जो पै सनेह न मानति ह्वै है।
आवत हैं नित मेरे लिये, इतनी तो विशेष कै जानति ह्वै है॥

यह चारहु ओर उदौ मुखचंद की चाँदनी चारु निहारि लै री।
बलि जौ पै अधीन भयो पिय, प्यारी! तौ एतौ बिचार बिचारि लै री।
कवि ठाकुर चूकि गयो जो गोपाल तौ तैं बिगरी कौ सभारि लै री।
अब रैहै न रैहै यहै समयो, बहती नदी पाँय पखारि लै री।

पावस तें परदेस तें आय मिले पिय औ मनभाई भई है।
दादुर मोर पपीहरा बोलत; ता पर आनि घटा उनई है।
ठाकुर वा सुखकारी सुहावनी दामिनी कौंध कितै को गई है।
रौ अब तौ घनघोर घटा गरजौ बरसौ तुम्है धूर दई है॥

पिय प्यार करैं जेहि पै सजनी तेहि की सब भाँतिन सैयत है।
मन मान करौ तौ परौ भ्रम में, फिर पाछे परे पछतैयत है।
कवि ठाकुर कौन की कासौं कहाँ? दिन देखि दसा बिसरैयत है।
अपने अटके सुन ए री भटू! निज सौत के मायके जैयत है॥

(३८) ललकदास—बेनी कवि के भँड़ोवा से ये लखनऊ के कोई कंठीधारी महंत जान पड़ते हैं जो अपनी शिष्यमंडली के साथ इधर-उधर फिरा करते थे। अत: संवत् १८६० और १८८० के बीच इनका वर्तमान रहना अनुमान किया जा सकता है। इन्होंने 'सत्योपाख्यान' नामक एक बड़ा वर्णनात्मक ग्रंथ लिखा है जिसमें रामचंद्र के जन्म से लेकर विवाह तक की कथा बड़े विस्तार के साथ वर्णित है। इस ग्रंथ का उद्देश्य कौशल के साथ कथा चलाने का नहीं बल्कि जन्म की बधाई, बाललीला, होली, जलक्रीड़ा, झूला, विवाहोत्सव आदि का बड़े ब्यौरे और विस्तार के साथ वर्णन करने का है। जो उद्देश्य महाराज रघुराज सिंह के रामस्वयंवर का है वही इसका भी समझिए। पर इसमें सादगी है और केवल दोहों चौपाइयों में लिखा गया है। वर्णन करने में ललकदासजी ने भाषा के कवियों के भाव तो इकट्ठे ही किए हैं; संस्कृत कवियों के भाव भी कहीं-कहीं रखे हैं। रचना अच्छी जान पड़ती है। कुछ चौपाइयाँ देखिए—

धरि निज अंक राम को माता। लह्यो मोद लखि मुख मृदुगाता॥
दंत कुंद मुकुता सम सोहै। बंधुजीव सम जीभ बिमोहै॥
किसलय सधर अधर छबि छाजै। इंद्रनील सम गंड बिराजै॥
सुंदर चिबुक नासिका सोहै। कुंकुम तिलक चिलक मन मोहै॥
कामचाप सम भ्रकुटि बिराजै। अलककलित मुख अति छबि छाजै॥
यहि बिधि सकल राम के अंगा। लखि चूमति जननी सुख संगा॥

(३९) खुमान—ये बंदीजन थे और चरखारी (बुंदेलखंड) के महाराज विक्रमसाहि के यहाँ रहते थे। इनके बनाए इन ग्रथों का पता है—

अमरप्रकाश (सं० १८३६), अष्टयाम (सं० १८५२), लक्ष्मणशतक (सं० १८५५), हनुमान नखशिख, हनुमान पंचक, हनुमान पचीसी, नीतिविधान, समरसार (युद्ध यात्रा के मुहूर्त आदि का विचार), नृसिंह चरित्र (सं० १८७९), नृसिंह पचीसी।

इसी सूची के अनुसार इनका कविताकाल सं० १८३० से १८८० तक माना जा सकता है। 'लक्ष्मणशतक' में लक्ष्मण और मेघनाद का युद्ध बड़े फड़कते हुए शब्दों में कहा गया है। खुमान कविता में अपना उपनाम 'मान' रखते थे। नीचे एक कवित्त दिया जाता है।

आयो इंद्रजीत दसकंध को निबंध बंध,
बोल्यो रामबंधु सों प्रबंध किरवान को।
को है अंसुमाल, को है काल विकराल,
मेरे सामुहें भए न रहै मान महेसान को॥
तू तौ सुकुमार यार लखन कुमार! मेरी
मार बेसुमार को सहैया घमासान को?
बीर न चितैया, रनमंडल रितैया, काल
कहर बितैया ही जितैया मघवान को॥

(४०) नवलदास कायस्थ—ये झाँसी के रहने वाले थे और समथर नरेश राजा हिंदूपति की सेवा में रहते थे। इन्होंने बहुत से ग्रंथों की रचना की है जो भिन्न-भिन्न विषयों पर और भिन्न-भिन्न शैली के हैं। ये अच्छे चित्रकार भी थे। इनका झुकाव भक्ति और ज्ञान की ओर विशेष था। इनके लिखे ग्रंथों के नाम ये हैं—

रासपंचाध्यायी, रामचंद्रविलास, शंकामोचन (सं० १८७३), जौहरिनतरंग (१८७५), रसिकरंजनी (१८७७), विज्ञान भास्कर (१८७८), ब्रजदीपिका (१८८३), शुकरंभासंवाद (१८८८), नामचिंतामणि (१९०३), मूलभारत (१९११), भारत सावित्री (१९१२), भारत कवितावली (१९१३) भाषा सप्तशती (१९१७), कवि-जीवन, (१९१८) आल्हारामायण (१९२२), रुक्मिणीदंगल (१९२५), मूल ढोला (१९२५), रहस लावनी (१९२६), अध्यात्मरामायण, रूपक रामायण, नारीप्रकरण, सीतास्वयंबर, रामविवाहखंड, भारत वार्तिक, रामायण सुमिरनी, पूर्व शृंगारखंड, मिथिलाखंड, दानलोभसंवाद, जन्म खंड।

उक्त पुस्तकों में यद्यपि अधिकांश बहुत छोटी हैं फिर भी इनकी रचना की बहुरूपता का आभास देती है। इनकी पुस्तकें प्रकाशित नहीं हुई हैं। अतः इनकी रचना के संबंध में विस्तृत और निश्चित रूप से कुछ नहीं कहा जा सकता। खोज की रिपोर्टों में उद्धृत उदाहरणों के देखने से रचना इनकी पुष्ट और अभ्यस्त प्रतीत होती है। ब्रजभाषा में कुछ वार्तिक या गद्य भी इन्होंने लिखा है। इनके कुछ पद्य नीचे देखिए—

अभव अनादि अनंत अपारा। अमन, अप्रान, अमर, अविकारा॥
अग अनीह आतम अबिनासी। अगम अगोचर अबिरल वासी॥
अकथनीय अद्वैत अरामा। अमल असेष अकर्म अकामा॥

सगुन सरूप सदा सुषमा निधान मंजु,
बुद्धि गुन गुनन अगाध बनपति से।
भनै नवलेस फैल्यो बिशद मही में यस,
बरनि न पावै पार झार फनपति से॥
जक्त निज भक्तन के कलषु प्रभंजै रंजै,
सुमति बढ़ावै धन धान धनपति से।
अवर न दूजो देव सहस प्रसिद्ध यह,
सिद्धि बरदैन सिद्ध ईस गनपति से॥

(४१) रामसहाय दास—ये चौबेपुर जिला (बनारस) के रहनेवाले लाला भवानीदास कायस्थ के पुत्र थे और काशीनरेश महाराज उदितनारायण सिंह के आश्रय में रहते थे। 'बिहारी सतसई' के अनुकरण पर इन्होंने 'रामसतसई' बनाई। बिहारी के अनुकरण पर बनी हुई पुस्तकों में इसी को प्रसिद्धि प्राप्त हुई। इसके बहुत से दोहे सरस उद्भावना में बिहारी के दोहों के पास तक पहुँचते हैं पर यह कहना कि ये दोहे बिहारी के दोहों में मिलाए जा सकते हैं, रसज्ञता और भावुकता से हाँ पुरानी दुश्मनी निकालना नहीं, बिहारी को भी कुछ नीचे गिराने का प्रयत्न समझा जायेगा। बिहारी में क्या-क्या मुख्य विशेषताएँ हैं यह उनके प्रसंग में दिखाया जा चुका है। जहाँ तक शब्दों की कारीगरी और वाग्वैदग्ध्य से संबंध है वहीं तक अनुकरण करने का प्रयत्न किया गया है और सफलता भी हुई है। पर हावों का वह सुंदर व्यंजना विधान, चेष्टाओं का वह मनोहर चित्रण, भाषा का वह सौष्ठव, संचारियों की वह सुंदर व्यंजना इस सतसई में कहाँ? नकल ऊपरी बातों की हो सकती है, हृदय की नहीं, पर हृदय पहचानने के लिये हृदय चाहिए, चेहरे पर की दो आँखों से ही काम नहीं चल सकता। इस बड़े भारी भेद के होते हुए भी 'राम सतसई' शृंगार रस का एक उत्तम ग्रंथ है। इस सतसई के अतिरिक्त इन्होंने तीन पुस्तकें और लिखी हैं—

वाणीभूषण, वृत्ततरंगिणी (सं० १८७३) और ककहरा।

वाणीभूषण अलंकार का ग्रंथ है और वृत्ततरंगिणी पिंगल का। ककहरा जायसी की 'अखरावट' के ढंग की मोटी सी पुस्तक है और शायद पिछली रचना है, क्योंकि इसमें धर्म और नीति के उपदेश हैं। रामसहाय का कविताकाल सं० १७६० से १८८० तक माना जा सकता है। नीचे सतसई के कुछ दोहे उद्धृत किए जाते हैं—

गढ़े नुकीले लाल के नैन रहैं दिन रैनि।
तब नाजुक ठोढ़ी न क्यों गाड़ परै मृदुबैनि?
भटक न, झटपट चटक कै अटक सुनट के संग।
लटक पीतपट की निपट हटकति कटक अनंग॥
लागे नैना नैन में कियो कहा धौ मैन।
नहिं लागै नैना, रहैं लागे नैना नैन॥
गुलुफनि लगि त्यों त्यों गयो, करि करि साहस जोर।
फिर न फिर्‌यो मुरवान चपि, चित अति खात मरोर॥
यौ बिभाति दसनावली ललना बदन मँझार।
पति को नातो मानि के मनु आई उडुमार॥

(४२) चंद्रशेखर—ये वाजपेयी थे। इनका जन्म संवत् १८५५ में मुअज्जमाबाद (जिला फतहपुर) में हुआ था। इनके पिता मनीरामजी भी अच्छे कवि थे। ये कुछ दिनों तक दरभंगे की ओर, फिर ६ वर्ष तक जोधपुर नरेश महाराज मानसिंह के यहाँ रहे। अंत में ये पटियाला नरेश महाराज कर्मसिंह के यहाँ गए और जीवन भर पटियाले में ही रहे। इनका देहांत संवत् १९३२ में हुआ। अतः ये महाराज नरेंद्रसिंह के समय तक वर्तमान थे और उन्हीं के आदेश से इन्होंने अपना प्रसिद्ध वीरकाव्य 'हम्मीरहठ' बनाया। इसके अतिरिक्त इनके रचे ग्रंथों के नाम ये हैं—

विवेकविलास, रसिकविनोद, हरिभक्तिविलास, नखशिख, वृंदावनशतक, गुहपंचाशिका, ताजक ज्योतिष, माधवी वसंत।

यद्यपि शृंगार की कविता करने में भी ये बहुत ही प्रवीण थे पर इनकी कीर्ति को चिरकाल तक स्थिर रखने के लिये 'हम्मीरहठ' ही पर्याप्त है। उत्साह की, उमंग की व्यंजना जैसी चलती स्वाभाविक और जोरदार भाषा में इन्होंने की है वैसे ढंग से करने में बहुत ही कम कवि समर्थ हुए हैं। वीररस के वर्णन में इस कवि ने बहुत ही सुंदर साहित्यिक विवेक का परिचय दिया है। सूदन आदि के समान शब्दों की तड़ातड़ और भड़ाभड़ के फेर में न पड़कर उग्रोत्साह व्यंजक उक्तियों का ही अधिक सहारा इस कवि ने लिया है, जो वीररस की जान है। दूसरी बात ध्यान देने की यह है कि वर्णनों के अनावश्यक विस्तार को जिसमें वस्तुओं की बड़ी लंबी-चौड़ी सूची भरी जाती है, स्थान नहीं दिया गया है। सारांश यह कि वीररस वर्णन की अत्यंत श्रेष्ठ प्रणाली का अनुसरण चंद्रशेखर जी ने किया है।

रही प्रसंगविधान की बात। इस विषय में कवि ने नई उद्भावनाएँ न करके पूर्ववर्ती कवियों का ही सर्वथा अनुसरण किया है। एक रूपवती और निपुण स्त्री के साथ महिमा मंगोल का अलाउद्दीन के दरबार से भागना, अलाउद्दीन का उसे हम्मीर से वापस माँगना, हम्मीर का उसे अपनी शरण में लेने के कारण उपेक्षापूर्वक इनकार करना, ये सब बातें जोधराज क्या उसके पूर्ववर्ती अपभ्रंश कवियों की ही कल्पना है, जो वीरगाथा काल की रूढ़ि के अनुसार की गई थी। गढ़ के घेरे के समय गढ़पति की निश्चिंतता और निर्भीकता व्यंजित करने के लिये पुराने कवि गढ़ के भीतर नाचरंग का होना दिखाया करते थे। जायसी ने अपने पद्मावत में अलाउद्दीन के द्वारा चित्तौरगढ़ के घेरे जाने पर राजा रतनसेन का गढ़ के भीतर नाच करना और शत्रु के फेंके हुए तीर से नर्तकी का घायल होकर मरना वर्णित किया है। ठीक उसी प्रकार का वर्णन 'हम्मीरहठ' में रखा गया है। यह चंद्रशेखर की अपनी उद्भावना नहीं एक बँधी हुई परिपाटी का अनुसरण है। नर्तकी के मारे जाने पर हम्मीर देव का यह कह उठना कि 'हठ करि मंड्यो युद्ध वृथा ही' केवल उनके तात्कालिक शोक के आधिक्य की व्यंजना मात्र करता है। उसे करुण प्रलाप मात्र समझना चाहिए। इसी दृष्टि से इस प्रकार के करुण प्रलाप राम ऐसे सत्यसंघ और वीरव्रती नायकों से भी कराए गए हैं। इनके द्वारा उनके चरित्र में कुछ भी लांछन लगता हुआ नहीं माना जाता।

एक दृष्टि हम्मीरहठ की अवश्य खटकती है। सब अच्छे कवियों ने प्रतिनायक के प्रताप और पराक्रम की प्रशंसा द्वारा उससे भिड़नेवाले या उसे जीतनेवाले नायक के प्रताप और पराक्रम की व्यंजना की है। राम का प्रतिनायक रावण कैसा था? इंद्र, मरुत, यम, सूर्य आदि सब देवताओं से सेवा लेनेवाला; पर हम्मीरहठ में अलाउद्दीन एक चुहिया के कोने में दौड़ने से डर के मारे उछल भागता है और पुकार मचाता है।

चंद्रशेखर का साहित्यिक भाषा पर बड़ा भारी अधिकार था। अनुप्रास की योजना प्रचुर होने पर भी भद्दी कहीं नहीं हुई, सर्वत्र रस में सहायक ही है। युद्ध, मृगया, आदि के वर्णन तथा संवाद आदि सब बड़ी मर्मज्ञता से रखे गए हैं। जिस रस का वर्णन है ठीक उसके अनुकूल पदविन्यास है। जहाँ शृंगार का प्रसंग है वहाँ यही प्रतीत होता है कि किसी सर्वश्रेष्ठ शृंगारी कवि की रचना पढ़ रहे हैं। तात्पर्य यह है कि 'हम्मीरहठ' हिन्दी साहित्य का एक रत्न है। 'तिरिया तेल हमीर हठ चढ़ै न दूजी बार' वाक्य ऐसे ही ग्रंथ में शोभा देता है। नीचे कविता के कुछ नमूने दिए जाते हैं—

उदै भान पच्छिम प्रतच्छ, दिन चंद प्रकासै।
उलटि गंग बरु बहै, काम रति प्रीति बिनासै॥
तजै गौरि अरधंग, अचल ध्रुव आसन चल्लै।
अचल पवन बरु होय, मेरु मंदर गिरि हल्लै॥
सुरतरु सुखाय, लोमस मरै मीर! संक सब परिहरौ।
मुखबचन बीर हम्मीर को बोलि न यह कबहूँ टरौ॥

आलम नेवाज सिरताज पातसाहन के
गाज ते दराज कोव नजर तिहारी है।
जाके डर डिगत अडोल गढ़धारी, डग-
मगत पहार और डुलति महि सारी है॥
रंक जैसो रहत संसकित सुरेस भयो,
देस देसपति में अतंक अति भारी है।
भारी, गढ़धारी, सदा जंग की तयारी,
धाक मानै ना तिहारी या हमीर हठधारी है॥

भागे मीरजादे पीरजादे औ अमीरजादे,
भागे खानजादे प्रान मरत बचाय कै।
भागे गज बाजि रथ पथ न सँभारे, परै
गोलन पै गोल, सूर सहमि सकाय कै।
भाग्यो सुलतान जान बचत न जानि बेगि,
बलित बितुंड पै विराजि बिलखाय कै।
जैसे लगे जंगल में ग्रीषम की आगि
चलै भागि मृग महिष बराह बिललाय कै॥

थोरी थोरी बैसवारी नवल किसोरी सवै,
भोरी भोरी बातन बिहँसि मुख मोरतीं।
बसन बिभूषन बिराजत बिमल बर,
मदन मरोरनि तरकि तन तोरतीं।
प्यारे पातसाह के परम अनुराग रँगी,
चाय भरी चायल चपल दृग जोरतीं।
कामअबला सी, कलाधर की कला सी,
चारु चंपक लता सी चपलासी चित चोरतीं॥

(४३) बाबा दीनदयाल गिरि—ये गोसाईं थे। इनका जन्म शुक्रवार बसंतपंचमी, संवत् १८५९ में काशी के गायघाट मुहल्ले में एक पाठक के कुल में हुआ था। जब ये ५ या ६ वर्ष के थे तभी इनके माता-पिता इन्हें महंत कुशागिरि को सौंप चल बसे। महंत कुशागिरि पंचक्रोशी के मार्ग में पड़नेवाले देहली विनायक स्थान के अधिकारी थे। काशी में महंतजी के और भी कई मठ थे। ये विशेषतः गायघाट वाले मठ में रहा करते थे। जब महंत कुशागिरि के मरने पर बहुत सी जायदाद नीलाम हो गई तब ये देहली-विनायक के पास मठोली गाँव वाले मठ में रहने लगे। बाबाजी संस्कृत और हिन्दी दोनों के अच्छे विद्वान थे। बाबू गोपालचंद्र (गिरिधरदास) से इनका बड़ा स्नेह था। इनका परलोकवास संवत् १९१५ में हुआ। ये एक अत्यंत सहृदय और भावुक कवि थे। इनकी सी अन्योक्तियाँ हिन्दी के और किसी कवि की नहीं हुई। यद्यपि इन अन्योक्तियों के भाव अधिकांश संस्कृत से लिए हुए हैं पर भाषा शैली की सरसता और पदविन्यास की मनोहरता के विचार से वे स्वतंत्र काव्य के रूप में हैं। बाबाजी का भाषा पर बहुत ही अच्छा अधिकार था। इनकी सी परिष्कृत, स्वच्छ और सुव्यवस्थित भाषा बहुत थोड़े कवियों की है। कहीं-कहीं कुछ पूरबीपन या अव्यवस्थित वाक्य मिलते हैं, पर बहुत कम। इसी से इनकी अन्योक्तियाँ इतनी मर्मस्पर्शिनी हुई हैं। इनका अन्योक्ति कल्पद्रुम हिन्दी साहित्य में एक अनमोल वस्तु है। अन्योक्ति के क्षेत्र में कवि की मार्मिकता और सौंदर्य भावना के स्फुरण का बहुत अच्छा अवकाश रहता है। पर इसमें अच्छे भावुक कवि ही सफल हो सकते हैं। लौकिक विषयों पर तो उन्होंने सरल अन्योक्तियाँ कही ही हैं, अध्यात्मपक्ष में भी दो एक रहस्यमयी उक्तियाँ इनकी हैं।

बाबाजी को जैसा कोमल व्यंजक पदविन्यास पर अधिकार था वैसा ही शब्द चमत्कार आदि के विधान पर भी यमक और श्लेषमयी रचना भी इन्होंने बहुत सी की है। जिस प्रकार ये अपनी भावुकता हमारे सामने रखते हैं उसी प्रकार चमत्कार कौशल दिखाने में भी नहीं चूकते हैं। इससे जल्दी नहीं कहते बनता कि इनमें कलापक्ष प्रधान है या हृदयपक्ष। बड़ी अच्छी बात इनमें यह है कि इन्होंने दोनों को प्रायः अलग-अलग रखा है। अपनी मार्मिक रचनाओं के भीतर इन्होंने चमत्कार प्रवृत्ति का प्रवेश प्रायः नहीं होने दिया है। अन्योक्ति कल्पद्रुम के आदि में कई श्लिष्ट पद्य आए हैं पर बीच में बहुत कम। इसी प्रकार अनुरागबाग में भी अधिकांश रचना शब्दवैचित्र्य आदि से मुक्त है। यद्यपि अनुप्रासयुक्त सरस कोमल पदावली का बराबर व्यवहार हुआ है, पर जहाँ चमत्कार का प्रधान उद्देश्य रखकर ये बैठे हैं वहाँ श्लेष, यमक, अंतर्लापिका सब कुछ मौजूद है। सारांश यह कि ये एक बहुरंगी कवि थे। रचना की विविध प्रणालियों पर इनका पूर्ण अधिकार था।

इनकी लिखी इतनी पुस्तकों का पता है—

अन्योक्तिकल्पद्रुम (सं० १९१२), अनुरागबाग (सं० १८८८), वैराग्य दिनेश (सं० १९०६), विश्वनाथ नवरत्न और दृष्टांत तरंगिणी (सं० १८७९)।

इस सूची के अनुसार इनका कविताकाल सं० १८७९ से १९१२ तक माना जा सकता है। 'अनुरागबाग' में श्रीकृष्ण की विविध लीलाओं का बड़े ही ललित कवित्तों में वर्णन हुआ है। मालिनीछंद का भी बड़ा मधुर प्रयोग हुआ है। 'दृष्टांत तरंगिणी' में नीतिसंबंधी दोहे हैं। 'विश्वनाथ नवरत्न' शिव की स्तुति है। 'वैराग्य दिनेश' में एक ओर तो ऋतुओं आदि की शोभा का वर्णन है और दूसरी ओर ज्ञान, वैराग्य आदि का इनके कविता के कुछ नमूने दिए जाते हैं—

केतो सोम कला करौ, करौ सुधा को दान।
नहीं चंद्रमणि जो द्रवै यह तेलिया पखान॥
यह तेलिया पखान, बड़ी कठिनाई जाकी।
टूटी याके सीस बीस बहु बाँकी टाँकी॥
बरनै दीनदयाल, चंद! तुमही चित चेतौ।
कूर न कोमल होहिं कला जो कीजे केतौ॥
बरखै कहा पयोद इत मानि मोद मन माहिं।
यह तौ ऊसर भूमि है अंकुर जमिहै नाहिं॥
अंकुर जमिहै नाहिं बरष सत जौ जल दैहै।
गरजै तरजै कहा? बृथा तेरो श्रम जैहै॥
बरनै दीनदयाल न ठौर कुठौरहि परखै।
नाहक गाहक बिना, बलाहक! ह्याँ तू बरसै॥

चल चकई तेहि सर विषै, जहँ नहिं रैन बिछोह।
रहत एक रस दिवस ही, सुहृद हंस संदोह।
सुहृद हंस संदोह कोह अरु द्रोह न जाको।
भोगत सुख-अंबोह, मोह दुख होय न ताको॥
बरनै दीनदयाल भाग बिन जाय न सकई।
पिय मिलाप नित रहै, ताहि सर तू चल चकई॥

कोमल मनोहर मधुर सुरताल सने,
नूपुर निनादनि सों कौन दिन बोलिहैं।
नीके मन ही के वृंद वृंदन सुमोतिन को,
गहि कै कृपा की अब चोचन सो तौलिहैं।
नेम धरि छेम सों प्रमुद होय दीनद्याल,
प्रेम कोकनद बीच कब धौं कलोलिहैं।
चरन तिहारे जदुबंस राजहंस! कब,
मेरे मन मानस में मंद मंद डोलिहैं?

चरन कमल राजै, मंजु मंजीर बाजैं।
गमन लखि लजावैं हंसऊ नाहिं पावैं॥
सुखद कदमछाहीं क्रीड़ते कुंज माहीं।
लखि लखि हरि सोभा चित्त काको न लोभा॥

बहु छुद्रन के मिलन तें, हानि बली की नाहिं।
जूथ जंबुकन तें नहीं, केहरि कहुँ नसि जाहिं॥
पराधीनता दुख महा, सुखी जगत स्वाधीन।
सुखी रमत सुक बन विषै कनक पींजरे दीन॥

(४४) **पजनेस**—ये पन्ना के रहने वाले थे। इनका कुछ विशेष वृत्तांत प्राप्त नहीं। कविताकाल इनका संवत् १९०० के आसपास माना जा सकता है। कोई पुस्तक तो इनकी नहीं मिलती पर इनकी बहुत सी फुटकल कविता संग्रहग्रंथों में मिलती और लोगों के मुँह से सुनी जाती है। इनका स्थान ब्रजभाषा के प्रसिद्ध कवियों में है। ठाकुर शिवसिंह जी ने 'मधुरप्रिया' और 'नखशिख' नाम की इनकी दो पुस्तकों का उल्लेख किया है, पर वे मिलती नहीं। भारतजीवन प्रेम ने इनकी फुटकल कविताओं का एक संग्रह 'पजनेस प्रकाश' के नाम से प्रकाशित किया जिसमें १२७ कवित्त सवैया हैं। इनकी कविताओं को देखने से पता चलता है कि ये फारसी भी जानते थे। एक सवैया में इन्होंने फारसी के शब्द और वाक्य भरे हैं। इनकी रचना शृंगाररस की ही है, पर उसमें कठोर वर्णों (जैसे ट, ठ, ड) का व्यवहार यत्र-तत्र बराबर मिलता है। ये 'प्रतिकूलवर्णन' की परवा कम करते थे। पर इसका तात्पर्य यह नहीं कि कोमल अनुप्रासयुक्त ललित भाषा का व्यवहार इनमें नहीं है। पदविन्यास इनका अच्छा है। इनके फुटकल कवित्त अधिकतर अंगवर्णन के मिलते हैं जिससे अनुमान होता है कि इन्होंने कोई नखशिख लिखा होगा। शब्दचमत्कार पर इनका ध्यान विशेष रहता था जिससे कहीं-कहीं कुछ भद्दापन आ जाता था। कुछ नमूने देखिए—

छहरै छबीली छटा छूटि छितिमंडल पै,
उमग उजेरो महाओज उजबक सी।
कवि पजनेस कंज मंजुल मुखी के गात,
उपमाधिकाति कल कुंदन तबक सी।
फैली दीप दीप दीप दीपति दीपति जाकी,
दीपमालिका की रही दीपति दबक सी।
परत न ताव लखि मुख माहताब जब,
निकसी सिताब आफताब की भभक सी॥

पजनेस तसद्दुक ता बिसमिल जुल्फे फुरकत न कबूल कसे।
महबूब चुनाँ बदमस्त सनम अजदस्त अलाबल जुल्फ बसे॥
मजमूए, न काफ शिगाफ रुए सम क्यामत चश्म से खूँ बरसे।
मिजगाँ सुरमा तहरीर दुताँ नुकते, बिन बे, किन ते, किन से॥

(४५) **गिरिधरदास**—ये भारतेंदु बाबू हरिश्चंद्र के पिता थे और ब्रजभाषा के बहुत ही प्रौढ़ कवि थे। इनका नाम तो बाबू गोपालचंद्र था पर कविता में अपना उपनाम ये 'गिरिधरदास', 'गिरधर', 'गिरिधारन' रखते थे। भारतेंदु ने इनके संबंध में लिखा है कि 'जिन श्री गिरिधरदास कवि रचे ग्रंथ चालीस'। इनका जन्म पौष कृष्ण १५, संवत् १८९० को हुआ। इनके पिता काले हर्षचंद, जो काशी के एक बड़े प्रतिष्ठित रईस थे इन्हें ग्यारह वर्ष के छोड़कर

ही परलोक सिधारे। इन्होंने अपने निज के परिश्रम से संस्कृत और हिन्दी में बड़ी स्थिर योग्यता प्राप्त की और पुस्तकों का एक बहुत बड़ा अनमोल संग्रह किया। पुस्तकालय का नाम इन्होंने 'सरस्वती भवन' रखा जिसका मूल्य स्वर्गीय डाक्टर राजेंद्र लाल मित्र एक लाख रुपया तक दिलवाते थे। इनके यहाँ उस समय के विद्वानों और कवियों की मंडली बराबर जमी रहती थी और इनका समय अधिकतर काव्यचर्चा में ही जाता था। इनका परलोकवास संवत् १९१७ में हुआ।

भारतेंदुजी ने इनके लिखे ४० ग्रंथों का उल्लेख किया है जिनमें बहुतों का पता नहीं। भारतेंदु के दौहित्र, हिन्दी के उत्कृष्ट लेखक श्रीयुत बाबू ब्रजरत्नदासजी हैं जिन्होंने अपनी देखी हुई उन अठारह पुस्तकों के नाम इस प्रकार दिए हैं—

जरासंधवध महाकाव्य, भारतीभूषण (अलंकार), भाषा व्याकरण (पिंगल संबंधी), रसरत्नाकर, ग्रीष्म वर्णन, मत्स्यकथामृत, नृसिंहकथामृत, वामनकथामृत, परशुरामकथामृत, रामकथामृत, बलरामकथामृत, (कृष्णचरित ४७०१ पदों में), बुद्धकथामृत, कल्किकथामृत, नहुष नाटक, गर्गसंहिता, (कृष्णचरित का दोहे चौपाइयों में बड़ा ग्रंथ), एकादमी माहात्म्य।

इनके अतिरिक्त भारतेंदु जी के एक नोट के आधार पर स्वर्गीय बाबू राधाकृष्णदास ने इनकी २१ और पुस्तकों का उल्लेख किया है—

वाल्मीकि रामायण (सातों कांड पद्यानुवाद), छंदार्णव, नीति, अद्भुत रामायण, लक्ष्मीनखशिख, वार्तासंस्कृत, ककारादि सहस्रनाम, गयायात्रा, गयाष्टक, द्वादशदलकमल, कीर्तन, संकर्षणाष्टक दनुजारिस्तोत्र, गोपालस्तोत्र, भगवत्स्तोत्र, शिवस्तोत्र, श्री रामस्तोत्र, श्रीराधास्तोत्र, रामाष्टक, कालियाकालाष्टक।

इन्होंने दो ढंग की रचनाएँ की हैं। गर्गसंहिता आदि भक्तिमार्ग की कथाएँ तो सरल और साधारण पद्यों में कहीं हैं, पर काव्यकौशल की दृष्टि से जो रचनाएँ की हैं जैसे जरासंधवध, भारतीभूषण, रसरत्नाकर, ग्रीष्मवर्णन—ये यमक और अनुप्रास आदि से इतनी लदी हुई हैं कि बहुत स्थलों पर दुरूह हो गई हैं। सबसे अधिक इन्होंने यमक और अनुप्रास का चमत्कार दिखाया है। अनुप्रास और यमक का ऐसा विधान जैसा जरासंधवध में है और कहीं नहीं मिलेगा। जरासंधवध अपूर्ण है, केवल ११ सर्गों तक लिखा गया है, पर अपने ढंग का अनूठा है। जो कविताएँ देखी गई हैं उनसे यही धारणा होती है कि इनका झुकाव चमत्कार की ओर अधिक था। रसात्मकता इनकी रचनाओं में वैसी नहीं पाई जाती। २८ वर्ष की ही आयु पाकर इतनी अधिक पुस्तकें लिख डालना पद्य रचना का अद्भुत अभ्यास सूचित करता है। इनकी रचना के कुछ नमूने नीचे दिए जाते हैं।

(जरासंध वध से)

चल्यो दरद जेहि फरद रच्यो बिधि मित्र दरद हर।
सरद सरोरुह बदन जाचकन बरद मरद बर॥
लसत सिंह सम दुरद नरद दिसि दुरद अरद कर।
निरखि होत अरि सरद, हरद, सम जरद कांति धर॥
कर करद करत बेपरद जब गरद मिलत बपु गाज को।
रन जुआ नरद वित नृप लस्यो करद मगध महराज को॥

सबके सब केशव के सबके हित के गज सोहते सोभा अपार हैं।
जब सैलन सैलन सैलन ही फिरैं सैलन सैलहि सीस प्रहार हैं॥
'गिरिधारन' धारन सों पद कंज लै धारन लै बसु धारन फार हैं॥
अरि बारन बारन बारन पै सुर वारन वारन वार हैं॥

(भारती भूषण से)

असंगति— सिंधु जनित गर हर पियो, मरे असुर समुदाय।
नैन बान नैनन लग्यो, भयो करेजे घाय॥

(रसरत्नाकर से)

जाहि बिबाहि दियो पितु मातु नै पावक साखि सबै जन जानी।
साहब से 'गिरिधारन जू' भगवान समान कहै मुनि ज्ञानी।
तू जो कहै वह दच्छिन है, तो हमैं कहा बाम हैं, बाम अजानि।
भागन सों पति ऐसो मिलै, सबहींन को दच्छिन जो सुखदानी॥

(ग्रीष्मवर्णन से)

जगह जड़ाऊ जामे जड़े हैं जवाहिरात,
जगमग जोति जाकी जग में जमति है।
जामे जदुजानि जान प्यारी जातरूप ऐसी,
जगमुख ज्वाल ऐसी जोन्ह सी जगति है।
'गिरिधरदास' जोर जबर जवानी को है,
जोहि जोहि जलता हूँ जीव में जकति है।
जगत के जीवन के जिय को चुराए जोय,
जोए जोषिता को जेठ जरनि जरति है॥

(४६) द्विजदेव (महाराज मानसिंह)—ये अयोध्या के महाराज थे और बड़ी ही सरस कविता करते थे। ऋतुओं के वर्णन इनके बहुत ही मनोहर हैं। इनके भतीजे भुवनेशजी (श्री त्रिलोकीनाथ जी जिनसे अयोध्या नरेश ददुआ साहब से राज्य के लिये अदालत हुई थी)ने द्विवेदी जी की दो पुस्तकें बताई हैं, 'शृंगारबत्तीसी' और 'शृंगारलतिका'। 'शृंगारलतिका' का एक बहुत ही विशाल और सटीक संस्करण महारानी अयोध्या की ओर से हाल में प्रकाशित हुआ है। इसके टीकाकार हैं भूतपूर्व अयोध्यानरेश महाराज प्रतापनारायणसिंह। 'शृंगारबत्तीसी' भी एक बार छपी थी। द्विजदेव के कवित्त काव्यप्रेमियों में वैसे ही प्रसिद्ध हैं जैसे पद्माकर के। ब्रजभाषा के शृंगारी कवियों की परंपरा में इन्हें अंतिम प्रसिद्ध कवि समझना चाहिए। जिस प्रकार लक्षण ग्रंथ लिखने वाले कवियों में पद्माकर अंतिम प्रसिद्ध कवि हैं उसी प्रकार समूची शृंगार परंपरा में ये इनकी सी सरस और भावमयी फुटकल शृंगारी कविता फिर दुर्लभ हो गई।

इनमें बड़ा भारी गुण है भाषा की स्वच्छता। अनुप्रास आदि चमत्कारों के लिये इन्होंने भाषा भद्दी कहीं नहीं होने दी है। ऋतुवर्णनों में इनके हृदय का उल्लास उमड़ पड़ता है। बहुत से कवियों के ऋतुवर्णन हृदय की सच्ची उमंग का पता नहीं देते, रस्म भी अदा करते जान पड़ते हैं। पर इनके चकोरों की चहक के भीतर इनके मन की चहक भी साफ झलकती है। एक ऋतु के उपरांत दूसरी के आगमन पर इनका हृदय अगवानी के लिये मानो आप से आप आगे बढ़ता था। इनकी कविता के कुछ नमूने नीचे दिए जाते हैं—

मिलि माधवी आदिक फूल के ब्याज विनोदलवा बरसायो करैं।
रचि नाच लतागन तानि बितान सबै विधि चित्त चुरायो करैं।
द्विजदेव, जू देखि अनोखी प्रभा अलिचारन कीरति गायो करैं।
चिरजीवो, बसंत! सदा द्विजदेव प्रसूनन को भरि लायो करैं॥

सुर ही के भार सूधे सबद सुकीरन के,
मंदिरन त्यागि कर अनत कहूँ न गौन।
द्विजदेव त्यौं ही मधुभारन अपारन सों
नेकु झुकि झूमि रहै मोगरे मरुअ दौन।
खोलि इन नैनन निहारौं तौ निहारौं कहा?
सुषमा अभूत छाय रही प्रति भौन भौन।
चाँदनी के भारन दिखात उनयो सो चंद,
गंध ही के भारन बहत मंद मंद पौन॥

बोलि हारे कोकिल, बुलाय हारे केकीगन,
सिखै हारी सखी सब जुगुति नई नई।
द्विजदेव की सौं लाज बैरिन कुसंग इन
अंगन हू आपने अनीति इतनी ठई।
हाय इन कुंजन तें पलटि पधारे स्याम,
देखन न पाई वह मूरति सुधामई।
आवन समैं में दुखदाइनि भई री लाज,
चलत समैं में चल पलन दगा दई॥

आजु सुभायन ही गई बाग, बिलोकि प्रसून की पाँति रही पगि।
ताहि समय तहँ आए गोपाल, तिन्हें लखि औरों गयो हियरो ठगि।
पै द्विजदेव न जानि पर्‌यो धौं कहा तेहि काल परे अँसुवा जगि।
तू जो कही, सखि! लोनो सरूप सो मो अँखियान कों लोनी गई लगि॥

बाँके संकहीने राते कंज छबि छीने माते,
झुकि झुकि झूमि झूमि काहू को कछू गनै न।
द्विजदेव की सौं ऐसी बनक बनाय बहु,
भाँतिन बगारे चित चाहन चहुँवा चैन।
पेखि परे प्रात जौ पै गातन उछाह भरे,
बार बार तातें तुम्हें बूझती कछूक बैन।
एहो ब्रजरात! मेरो प्रेमधन लूटिबे को,
बीरा खाए आए कितै आपके अनोखे नैन॥

भूले भूले भौंर बन भाँवरें भैंरगे चहूँ,
फूलि फूलि किंसुक जके से रहि जायहैं।
द्विजदेव की सौं वह कूजन बिसारि कूर,
कोकिल कलंकी ठौर ठौर पछितायहैं।
आवत बसंत के न ऐहैं जो पै स्याम तौ पै,
बावरी! बलाय सों, हमारेऊ उपायहैं।
पीहैं पहिलेई तें हलाहल मँगाय या,
कलानिधि की एकौ कला चलन न पायहैं॥

घहरि घहरि घन सघन चहूँधा घेरि,
छहरि छहरि विष बूँद बरसावै ना।
द्विजदेव की सौं अब चूक मत दाँव,
एरे पातकी पपीहा! तू पिया की धुनि गावै ना।
फेरि ऐसौ औसर न ऐहै तेरे हाथ, एरे,
मटकि मटकि मोर सोर तू मचावै ना।
हौं तौ बिन प्रान, प्रान चाहत तजोई अब,
कत नभ चंद तू अकास चढ़ि धावै ना॥

आधुनिक काल

(सं० १९००-१९८०)

गद्य खंड

प्रकरण १

सामान्य परिचय : गद्य का विकास

आधुनिक काल के पूर्व गद्य की अवस्था

आधुनिक काल के पूर्व हिन्दी का अस्तित्व किस परिमाण और किस रूप में था, संक्षेप में इसका विचार कर लेना चाहिए। अब तक साहित्य की भाषा ब्रजभाषा ही रही है, इसे सूचित करने की आवश्यकता नहीं। अत: गद्य की पुरानी रचना जो थोड़ी सी मिलती है वह ब्रजभाषा ही में। हिन्दी पुस्तकों की खोज में हठयोग, ब्रह्मज्ञान आदि से संबंध रखनेवाले कई गोरखपंथी मिले हैं जिसका निर्माणकाल संवत् १४०७ के आसपास है। किसी-किसी पुस्तक में निर्माणकाल दिया हुआ है। एक पुस्तक गद्य में भी है जिसका लिखनेवाला 'पूछिबा', 'कहिबा' आदि प्रयोगों के कारण राजपूताने का निवासी जान पड़ता है। इसके गद्य को हम संवत् १४०० के आसपास के ब्रजभाषा गद्य का नमूना मान सकते हैं। थोड़ा सा अंश उद्धृत किया जाता है—

> **श्री गुरु परमानंद तिनको दंडवत है। हैं कैसे परमानंद, आनंदस्वरूप हैं सरीर जिन्हि को, जिन्हि के नित्य तें शरीर चेतन्नि अरु आनंदमय होतु है। मैं जु हौं गोरिष सो मछंदरनाथ को दंडवत करत हौं। हैं कैसे वे मछंदरनाथ! आत्मज्योति निश्चल हैं अंत: करन जिनके अरु मूलद्वार तैं छक चक्र जिनि नीकी तरह जानैं।**

इसे हम निश्चयपूर्वक गद्य का पुराना रूप मान सकते हैं। साथ ही यह भी ध्यान होता है कि यह किसी संस्कृत लेख का 'कथंभूती' अनुवाद न हो। चाहे जो हो, है यह संवत् १४०० के ब्रजभाषा गद्य का नमूना।

ब्रजभाषा गद्य

(१) विट्ठलनाथ—इसके उपरांत फिर हमें भक्तिकाल में कृष्णभक्ति शाखा के भीतर गद्यग्रंथ मिलते हैं। श्रीवल्लभाचार्य के पुत्र गोसाईं बिट्ठलनाथजी ने 'शृंगारस मंडन' नामक एक ग्रंथ ब्रजभाषा में लिखा। उनकी भाषा का स्वरूप देखिए—

> **प्रथम की सखी कहतु है। जौ गोपीजन के चरण विषै सेवक की दासी करि जो इनको प्रेमामृत में डूबि कै इनके मंद हास्य न जीते हैं। अमृत समूह ता करि निकुंज विषै शृंगाररस श्रेष्ठ रसना कीनो सो पूर्ण होत भई॥**

यह गद्य अपरिमार्जित और अव्यवस्थित है। पर इसके पीछे दो और सांप्रदायिक ग्रंथ लिखे गए जो बड़े भी हैं और जिनकी भाषा भी व्यवस्थित और चलती है। वल्लभसंप्रदाय में इनका अच्छा प्रसार है। इनके नाम हैं—'चौरासी वैष्णवों की वार्ता तथा 'दो सौ बावन वैष्णवों की वार्ता'। इनमें से प्रथम आचार्य श्री वल्लभाचार्य जी के पौत्र और गोसाईं बिट्ठलनाथजी के पुत्र गोसाईं गोकुलनाथजी की लिखी कही जाती है, पर गोकुलनाथजी के किसी शिष्य की लिखी जान पड़ती है, क्योंकि इसमें गोकुलनाथजी का कई जगह बड़े भक्तिभाव से उल्लेख है। इसमें वैष्णव भक्तों और आचार्यजी की महिमा प्रकट करनेवाली कथाएँ लिखी गई हैं। इसका रचनाकाल विक्रम की १७वीं शताब्दी का उत्तरार्द्ध माना जा सकता है। दो सौ बावन वैष्णवों की वार्ता तो और भी पीछे औरंगजेब के समय के लगभग लिखी प्रतीत होती है। इन वार्ताओं की कथाएँ बोलचाल की ब्रजभाषा में लिखी गई हैं जिसमें कहीं-कहीं बहुत प्रचलित अरबी फारसी शब्द भी निस्संकोच रखे गए हैं। साहित्यिक निपुणता या चमत्कार की दृष्टि से ये कथाएँ नहीं लिखी गई हैं। उदाहरण के लिये यह उद्धृत अंश पर्याप्त होगा—

> **सो श्री नंदगाम में रहतो हतो। सारे खंडन ब्राह्मण शास्त्र पढ्यो हतो। सो जितने पृथ्वी पर मत हैं सबको खंडन करतो; ऐसो वाको नेम हतो। याही तें सब लोगन ने वाको नाम खंडन पार्‌यो हतो। सो एक दिन श्री महाप्रभु जी के सेवक वैष्णव की मंडली में आयो। सो खंडन करन लाग्यौ। वैष्णवन ने कही जो तेरी शास्त्रार्थ करनो होवै जो पंडित के पास जा हमारी मंडली में तेरे आयबे को काम नहीं। इहाँ खंडन मंडन नहीं है। भगवद्वार्ता को काम है भगवद्यश सुननो होवै तो इहाँ आवो।**

(२) नाभादासजी—इन्होंने भी संवत् १६६० के आसपास 'अष्टयाम' नामक एक पुस्तक ब्रजभाषा में लिखी जिसमें भगवान् राम की दिनचर्या का वर्णन है। भाषा इस ढंग की है—

> **तब श्री महाराज कुमार प्रथम वसिष्ट महाराज के चरण छुइ प्रनाम करत भए। फिर ऊपर वृद्ध समाज तिनको प्रनाम करत भए। फिर श्री राजाधिराज जू को जोहार करिकै श्री महेंद्रनाथ दशरथ जू निकट बैठते भए।**

(३) वैकुंठमणि शुक्ल—सं० १६८० के लगभग वैकुंठमणि शुक्ल ने, जो ओरछा के महाराज जसवंत सिंह के यहाँ थे, ब्रजभाषा गद्य में 'अगहन माहात्म्य' और 'वैशाख माहात्म्य' नाम की दो छोटी-छोटी पुस्तकें लिखीं। द्वितीय के संबंध में वे लिखते हैं—

> **सब देवतन की कृपा ते बैकुंठमनि सुकुल श्री महारानी चंद्रावली के धरम पढ़िबे के अरथ यह जसरूप ग्रंथ वैसाख महातम भाषा करत भए। एक समय नारद जू ब्रह्मा की सभा में उठिकै सुमेर पर्वत को गए।**

ब्रजभाषा गद्य में लिखा एक 'नासिकेतोपाख्यान' मिला है जिसके कर्ता का नाम ज्ञात नहीं। समय संवत् १७६० के उपरांत है। भाषा व्यवस्थित है—

> **हे ऋषीश्वरो! और सुनो, मैं देख्यो है सो कहूँ। कालै वर्ण महादुख के रूप, जम किंकर देखे। सर्प, बीछू, व्याघ्र, सिंह बड़े बड़े ग्रध्र देखे। पंथ में पाप कर्मी कौ जमदूत चलाइ कै मुदगर अरु लोहे के दंड कर मार देते हैं। आगे और जीवन को त्रास देते देखे हैं। सु मेरो रोम रोम खरो होत है।**

(४) सूरति मिश्र—इन्होंने संवत् १७६७ में संस्कृत से कथा लेकर बैताल-पचीसी लिखी, जिसको आगे चलकर लल्लूलाल ने खड़ी बोली हिंदुस्तानी में किया। जयपुर-नरेश सवाई प्रतापसिंह की आज्ञा से लाला हीरालाल ने संवत् १८५२ में 'आईन अकबरी की भाषा वचनिका' नाम की एक बड़ी पुस्तक लिखी।

भाषा इसकी बोलचाल की है जिसमें अरबी फारसी के कुछ बहुत चलते शब्द भी हैं। नमूना यह है—

> **अब शेख अबुलफजल ग्रंथ को करता प्रभु को निमस्कार करि कै अकबर बादशाह की तारीफ लिखने को कसत करै है अरु कहै है—याकी बड़ाई चेष्टा अरु चिमत्कार कहाँ तक लिखूँ। कही जात नाहीं। तातें याकें पराक्रम अरु भाँति भाँति के दसतूर वा मनसूबा दुनिया में प्रकट भए ताको संखेप लिखत हौं।**

इस प्रकार की ब्रजभाषा गद्य की कुछ पुस्तकें इधर-उधर पाई जाती हैं जिनसे गद्य का कोई विकास प्रकट नहीं होता। साहित्य की रचना पद्य में ही होती रही। गद्य का भी विकास यदि होता आता तो विक्रम की इस शताब्दी के आरंभ में भाषासंबंधिनी बड़ी विषम समस्या उपस्थित होती। जिस धड़ाके के साथ गद्य के लिये खड़ी बोली ले ली गई उस धड़ाके के साथ न ली जा सकती। कुछ समय सोचविचार और बाद-विवाद में जाता और कुछ समय तक दो प्रकार के गद्य की धाराएँ साथ-साथ दौड़ लगातीं। अतः भगवान् का यह भी एक अनुग्रह समझना चाहिए कि यह भाषाविप्लव नहीं संघटित हुआ और खड़ी बोली, जो कभी अलग और कभी ब्रजभाषा की गोद में दिखाई पड़ जाती थी, धीरे-धीरे व्यवहार की शिष्ट भाषा होकर गद्य के नए मैदान में दौड़ पड़ी।

गद्य लिखने की परिपाटी का सम्यक् प्रचार न होने के कारण ब्रजभाषा गद्य जहाँ का तहाँ रह गया। उपर्युक्त 'वैष्णव वार्ताओं' में उसका जैसा परिष्कृत और सुव्यवस्थित रूप दिखाई पड़ा वैसा आगे चलकर नहीं। काव्यों की टीकाओं आदि में जो थोड़ा बहुत गद्य देखने में आता था वह बहुत की अव्यवस्थित और अशक्त था। उसमें अर्थों और भावों को संबद्ध रूप में प्रकाशित करने तक की शक्ति न थी। ये टीकाएँ संस्कृत की 'इत्यमरः' और 'कथं भूतम्' वाली टीकाओं की पद्धति पर लिखी जाती थीं। इससे इनके द्वारा गद्य की उन्नति की संभावना न थी। भाषा ऐसी अनगढ़ और लद्धड़ होती थी कि मूल चाहे समझ में आ जाय पर टीका की उलझन से निकलना कठिन समझिए। विक्रम की अठारहवीं शताब्दी की लिखी 'शृंगारशतक' की एक टीका की कुछ पंक्तियाँ देखिए—

उन्मत्तप्रेमसंरंभादालभंते यदंगनाः।
तत्र प्रत्यूहमाधातुं ब्रह्मापि खलु कातरः॥

> **अंगना जु है स्त्री सु। प्रेम के अति आवेश करि। जु कार्य करन चाहति है ता कार्य विषै। ब्रह्माऊ। प्रत्यूहं आधातुं। अंतराउ कीबै कहँ। कातर। काइरु है। काइरु कहावै असमर्थ। जु कछु स्त्री कर्यो चाहैं सु अवस्य करहिं। ताको अंतराउ ब्रह्मा पहँ न कर्यो जाई और की कितीक बात।**

आगे बढ़कर संवत् १८७२ की लिखी जानकीप्रसाद वाली रामचंद्रिका की प्रसिद्ध टीका लीजिए तो उसकी भाषा भी यही दशा है—

राघव शर लाघव गति छत्र मुकुट यों हयो।
हंस सबल अंसुसहित मानहु उड़ि कै गयो॥

सबल कहें अनेक रंग मिश्रित हैं, अंसु कहे किरण जाके ऐसे जे सूर्य हैं तिन सहित मानो कलिंदगिरि श्रृंग तें हंस कहे हंस समूह उड़ि गयो है। यहाँ जाति विषै एकवचन है। हंसन के सदृश श्वेत छत्र है और सूर्यन के सदृश अनेक रंग नगजटित मुकुट हैं।

इसी ढंग की सारी टीकाओं की भाषा समझिए। सरदार कवि अभी हाल में हुए हैं। कविप्रिया, रसिकक्रिया, सतसई आदि की उनकी टीकाओं की भाषा और भी अनगढ़ और असंबद्ध है। सारांश यह है कि जिस समय गद्य के लिये खड़ी बोली उठ खड़ी हुई उस समय तक गद्य का विकास नहीं हुआ था, उसका कोई साहित्य नहीं खड़ा हुआ था, इसी से खड़ी बोली के ग्रहण में कोई संकोच नहीं हुआ।

खड़ी बोली का गद्य

देश के भिन्न-भिन्न भागों में मुसलमानों के फैलने तथा दिल्ली की दरबारी शिष्टता के प्रचार के साथ ही दिल्ली की खड़ी बोली शिष्ट समुदाय के परस्पर व्यवहार की भाषा हो चली थी। खुसरो ने विक्रम की चौदहवीं शताब्दी में ही ब्रजभाषा के साथ-साथ खालिस खड़ी बोली में कुछ पद्य और पहेलियाँ बनाई थीं। औरंगजेब के समय से फारसी मिश्रित खड़ी बोली या रेखता में शायरी भी शुरू हो गई और उसका प्रचार फारसी पढ़े लिखे लोगों में बराबर बढ़ता गया। इस प्रकार खड़ी बोली को लेकर उर्दू साहित्य खड़ा हुआ, जिसमें आगे चलकर विदेशी भाषा के शब्दों का मेल भी बराबर बढ़ता गया और जिसका आदर्श भी विदेशी होता गया।

मोगल साम्राज्य के ध्वंस से भी खड़ी बोली के फैलने में सहायता पहुँची। दिल्ली, आगरे आदि पछाँही शहरों की समृद्धि नष्ट हो चली थी और लखनऊ, पटना, मुर्शिदाबाद, आदि नई राजधानियाँ चमक उठीं। जिस प्रकार उजड़ती हुई दिल्ली को छोड़कर मीर, इंशा आदि अनेक उर्दूशायर पूरब की ओर आने लगे, उसी प्रकार दिल्ली के आसपास के प्रदेशों की हिंदू व्यापारी जातियाँ (अगरवाले, खत्री आदि) जीविका के लिये लखनऊ, फैजाबाद, प्रयाग, काशी, पटना आदि पूरबी शहरों में फैलने लगीं। उनके साथ-साथ उनकी बोलचाल की भाषा खड़ी बोली भी लगी चलती थी। यह सिद्ध बात है कि उपजाऊ और सुखी प्रदेशों के लोग व्यापार में उद्योगशील नहीं होते। अत: धीरे-धीरे पूरब के शहरों में भी इन पश्चिमी व्यापारियों की प्रधानता हो चली। इस प्रकार बड़े शहरों के बाजार की व्यावहारिक भाषा भी खड़ी बोली हुई। यह खड़ी बोली असली और स्वाभाविक भाषा थी, मौलवियों और मुंशियों की उर्दुए मुअल्ला नहीं। यह अपने ठेठ रूप में बराबर पछाँह से आई जातियों के घरों में बोली जाती है। अत: कुछ लोगों का यह कहना या समझना कि मुसलमानों के द्वारा ही खड़ी बोली अस्तित्व में आई और उसका मूल रूप उर्दू है जिससे आधुनिक हिन्दी गद्य की भाषा अरबी फारसी शब्दों को निकालकर गढ़ ली गई, शुद्ध भ्रम या अज्ञान है। इस भ्रम का कारण यही है कि देश के परंपरागत साहित्य की—जो संवत् १९०० के पूर्व तक पद्यमय ही रहा—भाषा ब्रज भाषा ही रही और खड़ी बोली वैसे ही एक कोने में पड़ी रही जैसे और प्रांतों की बोलियां। साहित्य या काव्य में उसका व्यवहार नहीं हुआ।

पर किसी भाषा का साहित्य में व्यवहार न होना इस बात का प्रमाण नहीं है कि उस भाषा का अस्तित्व ही नहीं था। उर्दू का रूप प्राप्त होने के पहले भी खड़ी बोली अपने देशी रूप में वर्तमान थी और अब भी बनी हुई है। साहित्य में भी कभी-कभी कोई इसका व्यवहार कर देता था, यह दिखाया जा चुका है।

भोज के समय से लेकर हम्मीरदेव के समय तक अपभ्रंश काव्यों की जो परंपरा चलती रही उसके भीतर खड़ी बोली के प्राचीन रूप की भी झलक अनेक पद्यों में मिलती है। जैसे—

भल्ला हुआ जु मारिया, बहिणि! म्हारा कंतु।

अड़बिहि पत्ती, नइहि जलु, तो बिन बूहा हत्थ।

सोउ जूहिद्ठिर संकट पाआ। देवक लेखिअ कोण मिटाआ?

उसके उपरांत भक्तिकाल के आरंभ में निर्गुणधारा के संत कवि जिस प्रकार खड़ी बोली का व्यवहार अपनी सधुक्कड़ी भाषा में किया करते थे, इसका उल्लेख भक्तिकाल के भीतर हो चुका है। कबीरदास के ये वचन लीजिए—

कबीर मन निर्मल भया जैसा गंगा नीर।

कबीर कहता जात हूँ, सुनता है सब कोइ।
राम कहे भला होयगा, नहितर भला न होइ॥

आऊँगा न जाऊँगा, मरूँगा न जीऊँगा।
गुरू के सबद रम रम रहूँगा॥

अकबर के समय में गंग कवि ने 'चंद छंद बरनन की महिमा' नामक एक गद्य पुस्तक खड़ी बोली में लिखी थी। उसकी भाषा का नमूना देखिए—

> **सिद्ध श्री १०८ श्री श्री नातसाहि जी श्री दलपति जी अकबरसाहजी आमखास में तखत ऊपर विराजमान हो रहे हैं। और आमखास भरने लगा है जिसमें तमाम उमराव आय आय कुर्निश बजाय जुहार करके अपनी अपनी बैठक पर बैठ जाया करें अपनी अपनी मिसल से। जिनकी बैठक नहीं सो रेसम के रस्से में रस की लूमें पकड़ के खड़े ताजीम में रहे।**
>
> — — —
>
> **इतना सुनके पातसाहिजी श्रीअकबरसाहिजी आद सेर सोना नरहरदास चारन को दिया। इनके डेढ़ सेर सोना हो गया। रास बंचना पूरन भया। आमखास बरखास हुआ।**

इस अवतरण से स्पष्ट लगता है कि अकबर और जहाँगीर के समय में ही खड़ी बोली भिन्न-भिन्न प्रदेशों में शिष्ट समाज के व्यवहार की भाषा हो चली थी। यह भाषा उर्दू नहीं कही जा सकती; यह हिंदी खड़ी बोली है। यद्यपि पहले से साहित्य भाषा के रूप में स्वीकृत न

होने के कारण इसमें अधिक रचना नहीं पाई जाती, पर यह बात नहीं है कि इसमें ग्रंथ लिखे ही नहीं जाते थे। दिल्ली राजधानी होने के कारण जब से शिष्ट समाज के बीच इसका व्यवहार बढ़ा तभी से इधर-उधर कुछ पुस्तकें इस भाषा के गद्य में लिखी जाने लगीं।

विक्रम संतव् १७९८ में रामप्रसाद 'निरंजनी' ने 'भाषा योगवाशिष्ठ' नाम का ग्रंथ साफ सुथरी खड़ी बोली में लिखा। ये पटियाला दरबार में थे और महारानी को कथा बाँचकर सुनाया करते थे। इनके ग्रंथ देखकर यह स्पष्ट हो जाता है कि मुंशी सदासुख और लल्लूलाल से 62 वर्ष पहले खड़ी बोली का गद्य अच्छे परिमार्जित रूप में पुस्तकें आदि लिखने में व्यवहृत होता था। अब तक पाई गई पुस्तकों में यह 'योगवाशिष्ठ' ही सबसे पुराना है जिसमें गद्य अपने परिष्कृत रूप में दिखाई पड़ता है। अतः जब तक और कोई पुस्तक इससे पुरानी न मिले तब तक इसी को परिमार्जित गद्य की प्रथम पुस्तक और प्रसाद निरंजनी को प्रथम प्रौढ़ गद्यलेखक मान सकते हैं। 'योगवाशिष्ठ' से दो उद्धरण नीचे दिए जाते हैं—

(क) **प्रथम परब्रह्म परमात्मा को नमस्कार है जिससे सब भासते हैं और जिसमें सब लीन और स्थिर होते हैं, + + + जिस आनंद के समुद्र के कण से संपूर्ण विश्व आनंदमय है जिस आनंद से सब जीव जीते हैं। अगस्तजी के शिष्य सुतीक्षण के मन में एक संदेह पैदा हुआ तब वह उसके दूर करने के कारण अगस्त मुनि के आश्रम को जा विधिसहित प्रणाम करके बैठे और बिनती कर प्रश्न किया कि हे भगवान! आप सब तत्वों और शास्त्रों के जाननहारे हौ, मेरे एक संदेह को दूर करो। मोक्ष का कारण कर्म है कि ज्ञान है अथवा दोनों हैं, समझाय के कहो। इतना सुन अगस्त मुनि बोले कि हे ब्रह्मण्य! केवल कर्म से मोक्ष नहीं होता और न केवल ज्ञान से मोक्ष होता है, मोक्ष दोनों से प्राप्त होता है। कर्म से अंतःकरण शुद्ध होता है, मोक्ष नहीं होता और अंतःकरण की शुद्धि बिना केवल ज्ञान से मुक्ति नहीं होती।**

(ख) **हे रामजी! जो पुरुष अभिमानी नहीं है वह शरीर के इष्ट-अनिष्ट में रागद्वेष नहीं करता क्योंकि उसकी शुद्ध वासना है। + + + मलीन वासना जन्मों का कारण है। ऐसी वासना को छोड़कर जब तुम स्थित होगे तब तुम कर्ता हुए भी निर्लेप रहोगे। और हर्ष शोक आदि विकारों से जब तुम अलग रहोगे तब बीतराग, भय, क्रोध से रहित रहोगे। + + + जिसने आत्मतत्व पाया है वह जैसे स्थित हो वैसे ही तुम भी स्थित हो। इसी दृष्टि को पाकर आत्मतत्व को देखो तब विगतज्वर होगे और आत्मपद को पाकर फिर जन्म मरण के बंधन में न आवोगे।**

कैसी शृंखलाबद्ध साधु और व्यवस्थित भाषा है।

इसके पीछे संवत् १८१८ में बसवा (मध्यप्रदेश) निवासी पं० दौलतराम ने हरिषेणाचार्य कृत 'जैन पद्म पुराण' भाषानुवाद किया जो ७०० पृष्ठों से ऊपर का एक बड़ा ग्रंथ है। भाषा इसकी उपर्युक्त 'योगवाशिष्ठ' के समान परिमार्जित नहीं है, पर इस बात का पूरा पता देती है कि फारसी उर्दू से कोई संपर्क न रखनेवाली अधिकांश शिष्ट जनता के बीच खड़ी बोली किसी स्वाभाविक रूप में प्रचलित थी। मध्यप्रदेश पर फारसी या उर्दू की तालीम कभी नहीं लादी गई थी और जैन समाज, जिसके लिये यह ग्रंथ लिखा गया बराबर व्यापार से संबंध रखनेवाला समाज रहा है। खड़ी बोली को मुसलमानों द्वारा जो रूप दिया गया उससे सर्वथा स्वतंत्र वह

अपने प्रकृत रूप में भी दो ढाई वर्ष से लिखने-पढ़ने के काम में आ रही है, यह बात 'योगवाशिष्ठ' और 'पद्मपुराण' अच्छी तरह प्रमाणित कर रहे हैं। अतः यह कहने की गुंजाइश अब जरा भी नहीं रही कि खड़ी बोली गद्य की परंपरा अँगरेजी की प्रेरणा से चली। 'पद्मपुराण' की भाषा का स्वरूप यह है—

> **जंबूद्वीप के भरत क्षेत्र विषै मगध नागा देश अति सुंदर है, जहाँ पुण्याधिकारी बसे हैं, इंद्रलोक के समान सददा भोगोपयोग करै है और भूमि विषय साँठेन के बाड़े शोभायमान हैं। जहाँ नाना प्रकार के अन्नों के समूह पर्वत समान ढेर हो रहे हैं।**

आगे चलकर संवत् १८३० और १८४० के बीच राजस्थान के किसी लेखक ने 'मंडोवर का वर्णन' लिखा जिसकी भाषा साहित्य की नहीं, साधारण बोलचाल की है, जैसे—

> **अवल में यहाँ मांडव्य रिसि का आश्रम था। इस सबब से इस जगे का नाम मांडव्याश्रम हुआ। इस लफ्ज का बिगड़ कर मंडोवर हुवा है।**

ऊपर जो कहा गया कि खड़ी बोली का ग्रहण देश के परंपरागत साहित्य में नहीं हुआ था, उसका अर्थ यहाँ स्पष्ट कर देना चाहिए। उक्त कथन में साहित्य से अभिप्राय लिखित साहित्य का है, कथित या मौखिक का नहीं। कोई भाषा हो, उसका कुछ न कुछ साहित्य अवश्य होता है—चाहे वह लिखित न हो, श्रुति परंपरा द्वारा ही चला आता हो। अतः खड़ी बोली के भी कुछ गीत, कुछ पद्य, कुछ तुकबंदियाँ खुसरो के पहले से अवश्य चली आती होंगी। खुसरो की सी पहेलियाँ दिल्ली के आसपास प्रचलित थीं जिनके नमूने पर खुसरो ने अपनी पहेलियाँ या मुकरियाँ कहीं। हाँ, फारसी पद्य में खड़ी बोली को ढालने का प्रयत्न प्रथम कहा जा सकता है।

खड़ी बोली का रूप रंग जब मुसलमानों ने बहुत कुछ बदल दिया और वे उसमें विदेशी भावों का भंडार भरने लगे तब हिन्दी के कवियों की दृष्टि में वह मुसलमानों की खास भाषा सी जँचने लगी। इससे भूषण, सूदन आदि कवियों ने मुसलमान दरबारों के प्रसंग में या मुसलमान पात्रों के भाषण में ही इस बोली का व्यवहार किया है। पर जैसा कि अभी दिखाया जा चुका है, मुसलमानों के दिए हुए कृत्रिम रूप में स्वतंत्र खड़ी बोली का स्वाभाविक देशी रूप भी देश के भिन्न-भिन्न भागों में पछाँह के व्यापारियों आदि के साथ-साथ फैल रहा था। उसके प्रकार और उर्दू साहित्य के प्रचार से कोई संबंध नहीं। धीरे-धीरे यही खड़ी बोली व्यवहार की सामान्य शिष्ट भाषा हो गई। जिस समय अँगरेजी राज्य भारत में प्रतिष्ठित हुआ उस समय सारे उत्तरी भारत में खड़ी बोली व्यवहार की शिष्ट भाषा हो चुकी थी। जिस प्रकार उसके उर्दू कहलाने वाले कृत्रिम रूप का व्यवहार मौलवी मुंशी आदि फारसी तालीम पाए हुए कुछ लोग करते थे उसी प्रकार उसके असली स्वाभाविक रूप का व्यवहार हिंदू साधु, पंडित, महाजन आदि अपने शिष्ट भाषण में करते थे। जो संस्कृत पढ़े-लिखे या विद्वान् होते थे उनकी बोली में संस्कृत के शब्द भी मिले रहते थे।

रीतिकाल के समाप्त होते-होते अँगरेजों का राज्य देश में पूर्ण रूप से प्रतिष्ठित हो गया था। अतः अँगरेजों के लिये यहाँ की भाषा सीखने का प्रयत्न स्वाभाविक था। पर शिष्ट समाज के बीच उन्हें दो ढंग की भाषाएँ चलती मिलीं। एक तो खड़ी बोली का सामान्य देशी रूप, दूसरा वह दरबारी रूप जो मुसलमानों ने उसे दिया था और उर्दू कहलाने लगा था।

अँगरेज यद्यपि विदेशी थे पर उन्हें यह स्पष्ट लक्षित हो गया कि जिसे उर्दू कहते हैं वह न तो देश की स्वाभाविक भाषा है, न उसका साहित्य देश का साहित्य है, जिसमें जनता के भाव और विचार रक्षित हों। इसीलिये जब उन्हें देश की भाषा सीखने की आवश्यकता हुई और वे गद्य की खोज में पड़े तब दोनों प्रकार की पुस्तकों की आवश्यकता हुई—उर्दू की भी और हिंदी (शुद्ध खड़ी बोली) की भी। पर उस समय गद्य की पुस्तकें वास्तव में न उर्दू में थीं न हिन्दी में। जिस समय फोर्ट विलियम कालेज की ओर से उर्दू और हिन्दी गद्य की पुस्तकें लिखने की व्यवस्था हुई उसके पहले हिंदी खड़ी बोली में गद्य की कई पुस्तकें लिखी जा चुकी थीं।

'योगवाशिष्ठ' और 'पद्मपुराण' का उल्लेख हो चुका है। उसके उपरांत जब अंगरेजों की ओर से पुस्तकें लिखने की व्यवस्था हुई उसके दो एक वर्ष पहले ही मुंशी सदासुख की ज्ञानोपदेशवाली पुस्तक और इंशा की 'रानी केतकी की कहानी' लिखी जा चुकी थी। अतः यह कहना कि अँगरेजों की प्रेरणा से ही हिंदी बोली गद्य का प्रादुर्भाव हुआ, ठीक नहीं है। जिस समय दिल्ली के उजड़ने के कारण उधर के हिंदू व्यापारी तथा अन्य वर्ग के लोग जीविका के लिये देश के भिन्न-भिन्न भागों में फैल गए और खड़ी बोली अपने स्वाभाविक देशी रूप में शिष्टों की बोलचाल की भाषा हो गई उसी समय में लोगों का ध्यान उसमें गद्य लिखने की ओर गया। तब तक हिन्दी और उर्दू दोनों का साहित्य पद्यमय ही था। हिन्दी कविता में परंपरागत काव्यभाषा ब्रजभाषा का व्यवहार चला आता था और उर्दू कविता में खड़ी बोली के अरबी-फारसी मिश्रित का। जब खड़ी बोली अपने असली रूप में भी चारों ओर फैल गई तब उसकी व्यापकता और भी बढ़ गई और हिंदी गद्य के लिये उसके ग्रहण में सफलता की संभावना दिखाई पड़ी।

इसीलिये जब संवत् १८६० में फोर्ट विलियम कालेज (कलकत्ता) के हिंदी उर्दू अध्यापक जान गिलक्राइस्ट ने देशी भाषा की गद्य पुस्तकें तैयार कराने की व्यवस्था की तब उन्होंने उर्दू और हिंदी दोनों के लिये अलग-अलग प्रबंध किया। इसका मतलब यही है कि उन्होंने उर्दू से स्वतंत्र हिंदी खड़ी बोली का अस्तित्व भाषा के रूप में पाया। फोर्ट विलियम कालेज के आश्रय में लल्लूलालजी गुजराती ने खड़ी बोली के गद्य में 'प्रेमसागर' और सदल मिश्र ने 'नासिकेतोपाख्यान' लिखा। अतः खड़ी बोली गद्य को एक साथ आगे बढ़ानेवाले चार महानुभाव हुए हैं—मुंशी सदासुखलाल, सैयद इंशाअल्ला खाँ, लल्लूलाल और सदल मिश्र। ये चारों लेखक संवत् १८६० के आसपास हुए।

(१) मुंशी सदासुखलाल 'नियाज' दिल्ली के रहनेवाले थे। इनका जन्म संवत् १९०३ और मृत्यु १८८१ में हुई। संवत् १८५० के लगभग ये कंपनी की अधीनता में चुनार (जिला मिर्जापुर) में एक अच्छे पद पर थे। इन्होंने उर्दू और फारसी में बहुत सी किताबें लिखी हैं और काफ़ी शायरी की है। अपनी 'मुंतखबुत्तवारीख' में अपने संबंध में इन्होंने जो कुछ लिखा है उससे पता चलता है कि ६५ वर्ष की अवस्था में ये नौकरी छोड़कर प्रयाग चले गए और अपनी शेष आयु वहीं हरिभजन में बिताई। उक्त पुस्तक संवत् १८७५ में समाप्त हुई जिसके ६ वर्ष उपरांत इनका परलोकवास हुआ। मुंशीजी ने विष्णुपुराण से कोई उपदेशात्मक प्रसंग लेकर एक पुस्तक लिखी थी, जो पूरी नहीं मिली है। कुछ दूर तक सफाई चलाने वाला गद्य जैसा 'योगवाशिष्ठ' का था वैसा ही मुंशीजी की इस पुस्तक में दिखाई पड़ा। उसका थोड़ा सा अंश नीचे उद्धृत किया जाता है—

इससे जाना गया कि संस्कार का भी प्रमाण नहीं; आरोपित उपाधि है। जो क्रिया उत्तम हुई तो सौ वर्ष में चांडाल से ब्राह्मण हुए और जो क्रिया भ्रष्ट हुई तो वह तुरंत ही ब्राह्मण से चांडाल होता है। यद्यपि ऐसे विचार से हमें लोग नास्तिक कहेंगे, हमें इस बात का डर नहीं। जो बात सत्य होय उसे कहना चाहिए कोई बुरा माने कि भला माने। विद्या इस हेतु पढ़ते हैं कि तात्पर्य इसका (जो) सतोवृत्ति है वह प्राप्त हो और उससे निज स्वरूपों में लय हूजिए। इस हेतु नहीं पढ़ते हैं कि चतुराई की बातें कहके लोगों को बहकाइए और फुसलाइए और सत्य छिपाइए, व्यभिचार कीजिए और सुरापान कीजिए और धन-द्रव्य इकठौर कीजिए और मन को, कि तमोवृत्ति से भर रहा है निर्मल न कीजिए। तोता है सो नारायण का नाम लेता है, परंतु उसे ज्ञान तो नहीं है।

मुंशीजी ने यह गद्य न तो किसी अँगरेज अधिकारी की प्रेरणा से और न किसी दिए हुए नमूने पर लिखा। वे एक भगवद्भक्त आदमी थे। अपने समय में उन्होंने हिंदुओं की बोलचाल की जो शिष्ट भाषा चारों ओर--पूरबी प्रांतों में भी--प्रचलित पाई उसी में रचना की। स्थान-स्थान पर शुद्ध तत्सम संस्कृत शब्दों का प्रयोग करके उन्होंने उसके भावी साहित्यिक रूप का पूर्ण आभास दिया। यद्यपि वे खास दिल्ली के रहनेवाले अह्लैज बान थे पर उन्होंने अपने हिंदी गद्य में कथावाचकों, पंडितों और साधु संतों के बीच दूर-दूर तक प्रचलित खड़ी बोली का रूप रखा, जिसमें संस्कृत शब्दों का पुट भी बराबर रहता था। इसी संस्कृतमिश्रित हिंदी को उर्दूवाले 'भाषा' कहते थे जिसका चलन उर्दू के कारण कम होते देख मुंशी सदासुख ने इस प्रकार खेद प्रकट किया था--

रस्मौ रिवाज भाखा का दुनिया से उठ गया।

सारांश यह कि मुंशीजी ने हिंदुओं की शिष्ट बोलचाल की भाषा ग्रहण की, उर्दू से अपनी भाषा नहीं ली। इन प्रयोगों से यह बात स्पष्ट हो जाती है--

स्वभाव करके वे दैत्य कहलाए। बहुत **जाधा चूक** हुई। उन्हीं लोगों से **बन** आवै है। जो बात सत्य **होय**।

काशी पूरब में है पर यहाँ के पंडित सैकड़ों वर्ष से 'होयगा' 'आवता है', 'इस करके' आदि बोलते चले आते हैं। ये सब बातें उर्दू से स्वतंत्र खड़ी बोली के प्रचार की सूचना देती हैं।

(२) इंशाअल्ला खाँ--उर्दू के बहुत प्रसिद्ध शायर थे जो दिल्ली के उजड़ने पर लखनऊ चले आए थे। इनके पिता मीर माशाअल्ला खाँ काश्मीर से दिल्ली आए थे जहाँ वे शादी हकीम हो गए थे। मोगल सम्राट् की अवस्था बहुत गिर जाने पर हकीम साहब मुर्शिदाबाद के नवाब के यहाँ चले गए थे। मुर्शिदाबाद ही में इंशा का जन्म हुआ। जब बंगाल के नवाब सिराजुद्दौला मारे गए और बंगाल में अंधेर मचा तब इंशा, जो पढ़लिख कर अच्छे विद्वान् और प्रतिभाशाली कवि हो चुके थे दिल्ली चले आए और शाहआलम दूसरे के दरबार में रहने लगे। वहाँ जब तक रहे अपनी अद्भुत प्रतिभा के बल से अपने विरोधी बड़े-बड़े नामी शायरों को ये बराबर नीचा दिखाते रहे। जब गुलाम कादिर बादशाह को अंधा करके शाही खजाना लूटकर चल दिया तब इंशा का निर्वाह दिल्ली में कठिन हो गया और वे लखनऊ चले आए। जब संवत् १८५५ में नवाब सआदतअली खाँ गद्दी पर बैठे तब ये उनके

दरबार में आने जाने लगे। बहुत दिनों तक इनकी बड़ी प्रतिष्ठा रही पर अंत में एक दिल्लगी की बात पर इनका वेतन आदि सब बंद हो गया था और इनके जीवन का अंतिम भाग बड़े कष्ट में बीता। संवत् १८७५ में इनकी मृत्यु हुई।

इंशा ने 'उदयभानचरित' या 'रानी केतकी की कहानी' संवत् १८५५ और १८६० के बीच लिखी होगी। कहानी लिखने का कारण इंशा साहब यों लिखते हैं—

> **एक दिन बैठे बैठे यह बात अपने ध्यान में चढ़ी कि कोई कहानी ऐसी कहिए कि जिसमें हिंदवी छुट और किसी बोली का पुट न मिले, तब जाके मेरा जी फूल की कली के रूप में खिले। बाहर की बोली और गँवारी कुछ उसके बीच में न हो।.....अपने मिलनेवालों में से एक कोई बड़े पढ़े लिखे, पुराने धुराने डाँग, बूढ़े घाग यह खटराग लाए........और लगे कहने, यह बात होते दिखाई नहीं देती। हिंदवीपन भी न निकले और भाखापन भी न हो। बस, जैसे मल लोग—अच्छों से अच्छे—आपस में बोलते चालते हैं ज्यों का त्यों वही सब डौल रहे और छाँव किसी की न हो। यह नहीं होने का।**

इससे स्पष्ट है कि इंशा का उद्देश्य ठेठ हिन्दी लिखने का था जिसमें हिंदी को छोड़कर और किसी बोली का पुट न रहे। उद्धृत अंश में 'भाखापन' शब्द ध्यान देने योग्य है। मुसलमान लोग भाषा शब्द का व्यवहार साहित्यिक हिन्दी भाषा के लिये करते थे जिसमें आवश्यकतानुसार संस्कृत के शब्द आते थे—चाहे वह ब्रज भाषा हो, चाहे खड़ी बोली। तात्पर्य यह कि संस्कृतमिश्रित हिंदी को ही उर्दू फारसी वाले 'भाषा' कहा करते थे। 'भाखा' से खास ब्रजभाषा का अभिप्राय उनका नहीं होता था, जैसा कुछ लोग भ्रमवश समझते हैं। जिस प्रकार वे अपनी अरबी-फारसी मिली हिंदी को 'उर्दू' कहते थे उसी प्रकार संस्कृत मिली हिंदी को 'भाखा'। भाषा का शास्त्रीय दृष्टि से विचार न करनेवाले या उर्दू की ही तालीम खास तौर पर पानेवाले कई नए पुराने हिन्दी लेखक इस 'भाखा' शब्द के चक्कर में पड़कर ब्रजभाषा को हिन्दी कहने में संकोच करते हैं। 'खड़ी बोली पद्य' का झंडा लेकर घूमनेवाले स्वर्गीय बाबू अयोध्याप्रसद खत्री चारों ओर घूम-घूमकर कहा करते थे कि अभी हिंदी में कविता हुई कहाँ, सूर, तुलसी, बिहारी आदि ने जिसमें कविता की है वह तो 'भाखा' है 'हिंदी' नहीं। संभव है इस सड़े गड़े खयाल को लिए अब भी कुछ लोग पड़े हों।

इंशा ने अपनी भाषा को तीन प्रकार के शब्दों से मुक्त रखने की प्रतिज्ञा की है—बाहर की बोली=अरबी, फारसी तुरकी। गँवारी = ब्रजभाषा, अवधी आदि भाखापन = संस्कृत के शब्दों का मेल।

इस बिलगाव से, आशा है, ऊपर लिखी बात स्पष्ट हो गई होगी। इंशा ने 'भाखापन' और 'मुअल्लापन' दोनों को दूर रखने का प्रयत्न किया, पर दूसरी बला किसी न किसी सूरत में कुछ लगी रह गई। फारसी के ढंग का वाक्यविन्यास कहीं-कहीं, विशेषत: बड़े वाक्यों में आ ही गया है; पर बहुत कम। जैसे—

> **सिर झुकाकर नाक रगड़ता हूँ अपने बनानेवाले के सामने जिसने हम सबको बनाया। इस सिर झुकाने के साथ ही दिन रात जपता हूँ उस अपने दाता के भेजे हुए प्यारे को। यह चिट्ठी जो पीक भरी कुँवर तक जा पहुँची।**

आरंभ काल के चारों लेखकों में इंशा की भाषा सबसे चटकीली, मटकीली, मुहावरेदार और चलती है। पहली बात यह है कि खड़ी बोली उर्दू कविता में पहले कुछ मँज चुकी थी जिससे उर्दू वालों के सामने लिखते समय मुहावरे आदि बहुतायत से आया करते थे। दूसरी बात यह है कि इंशा रंगीन और चुलबुली भाषा द्वारा अपना लेखनकौशल दिखाया चाहते थे।[१] मुंशी सदासुखलाल भी दिल्ली खास के थे और उर्दू साहित्य का अभ्यास भी पूरा रखते थे, पर वे धर्मभाव से जानबूझकर अपनी भाषा गंभीर और संयत रखना चाहते थे। सानुप्रास विराम भी इंशा के गद्य में बहुत स्थलों पर मिलते हैं—जैसे,

> **जब दोनों महाराजों में लड़ाई होने लगी, रानी केतकी सावन भादों के रूप में रोने लगी और दोनों के जी में यह आ गई—यह कैसी चाहत जिनमें लहू बरसने लगा और अच्छी बातों को जी तरसने लगा।**

इंशा के समय तक वर्तमान कृदंत या विशेषण और विशेष्य के बीच का समानाधिकरण कुछ बना हुआ था, जो उनके गद्य में जगह-जगह पाया जाता है, जैसे—

आतियाँ जातियाँ जो साँसें हैं। उसके बिना ध्यान यह सब फाँसे हैं॥

\+ + +

घरवालियाँ जो किसी डौल से बहलातियाँ हैं।

इन विचित्रताओं के होते हुए भी इंशा ने जगह-जगह बड़ी प्यारी घरेलू ठेठ भाषा का व्यवहार किया है और वर्णन भी सर्वथा भारतीय रखे हैं। इनकी चलती चटपटी भाषा का नमूना देखिए—

> **इस बात पर पानी डाल दो नहीं तो पछताओगी और अपना किया पाओगी। मुझसे कुछ न हो सकेगा। तुम्हारी जो कुछ अच्छी बात होती तो मेरे मुँह से जीते जी न निकलती, पर यह बात मेरे पेट नहीं पच सकती। तुम अभी अल्हड़ हो, तुमने अभी कुछ देखा नहीं। जो ऐसी बात पर सचमुच ढलाव देखूँगी तो तुम्हारे बाप से कहकर वह भभतू जो वह मुआ निगोड़ा भूत, मुछंदर का पूत अवधूत दे गया है, हाथ मुरकवाकर छिनवा लूँगी।**

(३) लल्लूलालजी—ये आगरे के रहनेवाले गुजराती ब्राह्मण थे। इनका जन्म संवत् १८२० में और मृत्यु संवत् १८८२ में हुई। संस्कृत के विशेष जानकार तो ये नहीं जान पड़ते पर भाषा कविता का अभ्यास इन्हें था। उर्दू भी कुछ जानते थे। संवत् १८६० में कलकत्ते के फोर्टविलियम कालेज के अध्यापक जान गिलक्राइस्ट के आदेश से इन्होंने खड़ी बोली गद्य में 'प्रेमसागर' लिखा जिसमें भागवत दशमस्कंध की कथा वर्णन की गई। इंशा के समान इन्होंने केवल ठेठ हिंदी लिखने का संकल्प तो नहीं किया था पर विदेशी शब्दों के न आने देने की प्रतिज्ञा अवश्य लक्षित होती है। यदि ये उर्दू न जानते होते तो अरबी फारसी के शब्द बचाने में उतने कृतकार्य कभी न होते जितने हुए। बहुतेरे अरबी फारसी के शब्द बोलचाल के भाषा में इतने मिल गए थे कि उन्हें केवल संस्कृत हिंदी जाननेवाले के लिये पहचानना भी कठिन था। मुझे एक पंडितजी का स्मरण है जो 'लाल' शब्द तो बराबर बोलते थे, पर 'कलेजा' और

---

१. **अपनी कहानी का आरंभ ही उन्होंने इस ढंग से किया है जैसे लखनऊ के भाँड़ घोड़ा कुदाते हुए महिफल में आते हैं।**

'बैगन' शब्दों को म्लेच्छ भाषा के समझ बचाते थे। लल्लूलालजी अनजान में कहीं-कहीं ऐसे शब्द लिख गए हैं जो फारसी या तुरकी के हैं। जैसे 'बैरख' शब्द तुरकी का 'बैरक' है, जिसका अर्थ झंडा है। प्रेमसागर में यह शब्द आया है देखिए—

शिवजी के एक ध्वजा बाणासुर को दे के कहा इस बैरख को ले जाय।

पर ऐसे शब्द दो ही चार जगह आए हैं।

यद्यपि मुंशी सदासुखलाल ने भी अरबी-फारसी के शब्दों का प्रयोग न कर संस्कृतमिश्रित साधु भाषा लिखने का प्रयत्न किया है पर लल्लूलाल की भाषा में उसमें बहुत कुछ भेद दिखाई पड़ता है। मुंशीजी की भाषा साफ सुथरी खड़ी बोली है पर लल्लूलाल की भाषा कृष्णोपासक व्यासों की सी ब्रजरंजित खड़ी बोली है। 'सम्मुख जाय', 'सिर नाय', 'सोई', 'भई', 'कीजै', 'निरख', 'लीजौ' ऐसे शब्द बराबर प्रयुक्त हुए हैं। अकबर के समय में गंग कवि ने जैसी खड़ी बोली लिखी थी वैसी ही खड़ी बोली लल्लूलाल ने भी लिखी। दोनों की भाषाओं में अंतर इतना ही है कि गंग ने इधर-उधर फारसी-अरबी के प्रचलित शब्द भी रखे हैं पर लल्लूलालजी ने ऐसे शब्द बचाए हैं। भाषा की सजावट भी प्रेमसागर में पूरी है। विरामों पर तुकबंदी के अतिरिक्त वर्णन वाक्य भी बड़े-बड़े आए हैं और अनुप्रास भी यत्र तत्र हैं। मुहावरों का प्रयोग कम है। सारांश यह कि लल्लूलाल का काव्यभाषा गद्यभक्तों की कथावार्ता के काम का ही अधिकतर है, न नित्य व्यवहार के अनुकूल है, न संबद्ध विचारधारा के योग्य। प्रेमसागर से दो नमूने नीचे दिए जाते हैं—

श्रीशुक देव मुनि बोले—महाराज! ग्रीष्म की अति अनीति देख, नृप पावस प्रचंड पशु पक्षी जंतुओं की दशा विचार चारों ओर से दल बादल ले लड़ने को चढ़ आया। तिस समय घन जो गरजता था सोई तौ धौंसा बजता था और वर्ण वर्ण की घटा जो घिर आई थी सोई शूर वीर रावत थे, तिनके बीच बिजली की दमक शस्त्र की सी चमक थी बगपाँत ठौर ठौर ध्वजा सी फहराय रही थी, दादुर मोर कडखैतों की सी भाँति यश बखानते थे और बड़ी बड़ी बूँदों की झड़ी बाणों की सी झड़ी लगी थी।

— — —

इतना कह महादेवजी गिरजा को साथ ले गंगा तीर पर जाय नीर में न्हाय न्हिलाय, अति लाड़ प्यार से लगे पार्वती जी को वस्त्र आभूषण पहिराने। निदान अति आनंद में मगन हो डमरू बजाय तांडव नाच नाच, संगीत शास्त्र की रीति से गाय गाय लगे रिझाने।

— — —

जिस काल ऊषा बारह वर्ष की हुई तो उसके मुख चंद को ज्योति देख पूर्णमासी का चंद्रमा छबिहीन हुआ, बालों की श्यामता के आगे अमावस्या की अँधेरी फीकी लगने लगी। उसकी चोटी सटकाई लख नागिन अपनी केंचली छोड़ सटक गई। भौंह की बँकाई निरख धनुष धकधकाने लगा; आँखों की बड़ाई चंचलाई पेख मृग मीन खंजन खिसियाय रहे।

लल्लूलाल ने उर्दू, खड़ी बोली हिंदी और ब्रजभाषा तीनों में गद्य की पुस्तकें लिखीं। ये संस्कृत नहीं जानते थे। ब्रजभाषा में लिखी हुई कथाओं और कहानियों को उर्दू और हिन्दी गद्य में लिखने के लिये इनसे कहा गया था जिसके अनुसार इन्होंने सिंहासनबत्तीसी, बैताल पचीसी, शकुंतला नाटक, माधोनल और प्रेमसागर लिखे। प्रेमसागर के पहले की चारों पुस्तकें बिलकुल उर्दू में हैं। इनके अतिरिक्त संवत् १८६९ में इन्होंने 'राजनीति' के नाम से हितोपदेश की कहानियाँ (जो पद्य में लिखी जा चुकी थीं) ब्रजभाषा गद्य में लिखी। 'माधवविलास' और 'सभाविलास' नाम से ब्रजभाषा पद्य के संग्रह ग्रंथ भी इन्होंने प्रकाशित किए थे। इनकी 'लालचंद्रिका' नाम की बिहारी सतसई की टीका भी प्रसिद्ध है। इन्होंने अपना एक निज का प्रेस कलकत्ते में (पटलडाँगे) में खोला था जिसे ये सं० १८८९ में फोर्टविलियम कालेज की नौकरी में पेंशन लेने पर, आगरे लेते गए। आगरे में प्रेस जमाकर ये एक बार फिर कलकत्ते गए जहाँ इनकी मृत्यु हुई। अपने प्रेस का नाम इन्होंने 'संस्कृत प्रेस' रखा था, जिसमें अपनी पुस्तकों के अतिरिक्त ये रामायण आदि पुरानी पोथियाँ भी छापा करते थे। इनके प्रेस की छपी पुस्तकों की लोग बहुत कदर करते थे।

(४) सदल मिश्र—ये बिहार के रहनेवाले थे। फोर्टविलियम कालेज में काम करते थे। जिस प्रकार उक्त कालेज के अधिकारियों की प्रेरणा से लल्लूलाल ने खड़ी बोली गद्य की पुस्तक तैयार की उसी प्रकार इन्होंने भी। इनका 'नासिकेतोपाख्यान' भी उसी समय लिखा गया जिस समय 'प्रेमसागर'। पर दोनों की भाषा में बहुत अंतर है। लल्लूलाल के समान इनकी भाषा में न तो ब्रजभाषा के रूपों की वैसी भरमार है और न परंपरागत काव्य भाषा की पदावली का स्थान-स्थान पर समावेश। इन्होंने व्यवहारोपयोगी भाषा लिखने का प्रयत्न किया है और जहाँ तक हो सकता है खड़ी बोली का ही व्यवहार किया है। पर इनकी भाषा भी साफ सुथरी नहीं। ब्रजभाषा के कुछ रूप हैं और पूरबी बोली के शब्द तो स्थान-स्थान पर मिलते हैं। 'फूलन्ह के बिछौने', 'चहुँदिस', 'सुनि', 'सोनन्ह के थंभ' आदि प्रयोग ब्रजभाषा के हैं, 'इहाँ', 'मलारी', 'बरते थे', 'जड़ाई', 'बाजने', 'लगा', 'जौन' आदि पूरबी शब्द हैं। भाषा के नमूने के लिये 'नासिकेतोपाख्यान' से थोड़ा सा अवतरण नीचे दिया जाता है—

> **इस प्रकार से नासिकेत मुनि यम की पुरी सहित नरक का वर्णन कर फिर जौन जौन कर्म किए से जो भोग होता है सो सब ऋषियों को सुनाने लगे कि गौ, ब्राह्मण, माता पिता, मित्र, बालक, स्त्री, स्वामी, बृद्ध, गुरु इनका जो वध करते हैं सो झूठी साक्षी भरते, झूठ ही कर्म में दिन रात लगे रहते हैं, अपनी भार्या को त्याग दूसरे की स्त्री को ब्याहते औरों की पीड़ा देख प्रसन्न होते हैं और जो अपने धर्म से हीन पाप ही में गड़े रहते हैं वो माता पिता की हित की बात को नहीं सुनते, सब से बैर करते हैं, ऐसे जो पापी जन हैं सो महा डेरावनी दक्षिण द्वार से जा नरकों में पड़ते हैं।**

गद्य की एक साथ परंपरा चलानेवाले उपर्युक्त चार लेखकों में से आधुनिक हिंदी का पूरा-पूरा आभास मुंशी सदासुख और सदल मिश्र की भाषा में ही मिलता है। व्यवहारोपयोगी इन्हीं की भाषा ठहरती है। इन दो में भी मुंशी सदासुख की साधु भाषा अधिक महत्व की है। मुंशी सदासुख ने लेखनी भी चारों में पहले उठाई अत: गद्य का प्रवर्तन करनेवालों में उनका विशेष स्थान समझना चाहिए।

संवत् १८६० के लगभग हिंदी गद्य का प्रवर्तन तो हुआ पर इसके साहित्य की अखंड पंरपरा उस समय से नहीं चली। इधर-उधर दो चार पुस्तकें अनपढ़ भाषा में लिखी गई हों तो तो लिखी गई हों पर साहित्य के योग्य स्वच्छ सुव्यवस्थित भाषा में लिखी कोई पुस्तक संवत् १९५१ के पूर्व की नहीं मिलती। संवत् १८८९ में किसी ने 'गोरा बादल री बात' का, जिसे राजस्थानी पद्यों में जटमल ने संवत् १६८० में लिखा था, खड़ी बोली के गद्य में अनुवाद किया। अनुवाद का थोड़ा सा अंश देखिए—

> **गोरा बादल की कथा गुरु के बल, सरस्वती के मेहरबानगी से पूरन भई। तिस वास्ते गुरु कूँ व सरस्वती कूँ नमस्कार करता हूँ। ये कथा सोल : से असी के साल में फागुन सुदी पूनम के रोज बनाई। ये कथा में दो रस है वीर रस व सिंगाररस है, सो कथा मोरछड़ो नावँ गावँ का रहनेवाला कबेसर। उस गाँव के लोग भोहोत सुखी है। घर-घर में आनंद होता है, कोई घर में फकीर दीखता नहीं।**

संवत् १८६० और १९१५ के बीच का काल गद्यरचना की दृष्टि से प्रायः शून्य ही मिलता है। संवत् १९१४ के बलवे के पीछे ही हिंदी गद्यसाहित्य की परंपरा अच्छी तरह चली।

संवत् १८६० के लगभग हिंदी गद्य की जो प्रतिष्ठा हुई उसका उस समय यदि किसी ने लाभ उठाया तो ईसाई धर्म प्रचारकों ने, जिन्हें अपने मत को साधारण जनता के बीच फैलाना था। सिरामपुर उस समय पादरियों का प्रधान अड्डा था। विलियम केरे (William Carey) तथा और कई अँगरेज पादरियों के उद्योग से इंजील का अनुवाद उत्तर भारत की कई भाषाओं में हुआ। कहा जाता है कि बाइबिल का हिंदी अनुवाद स्वयं केरे साहब ने किया। संवत् १८६६ में उन्होंने 'नए धर्म नियम' का हिन्दी अनुवाद प्रकाशित किया और संवत् १८७५ में समग्र ईसाई धर्म पुस्तक का अनुवाद पूरा हुआ। इस संबंध में ध्यान देने की बात यह है कि इन अनुवादकों ने सदासुख और लल्लूलाल की विशुद्ध भाषा को ही आदर्श माना, उर्दूपन को बिलकुल दूर रखा, इससे यही सूचित होता है कि फारसी-अरबी मिली भाषा से साधारण जनता का लगाव नहीं था जिसके बीच मत का प्रचार करना था। जिस भाषा में साधारण हिंदू जनता अपने कथा पुराण कहती सुनती आती थी उसी भाषा का अवलंबन ईसाई उपदेशकों को अवश्य दिखाई पड़ा। जिस संस्कृत मिश्रित भाषा का विरोध करना कुछ लोग एक फैशन समझते हैं उससे साधारण जनसमुदाय उर्दू की अपेक्षा कहीं अधिक परिचित रहा है और है। जिन अँगरेजों को उत्तर भारत में रहकर केवल मुंशियों और खानसामों की ही बोली सुनने का अवसर मिलता है वे अब भी उर्दू या हिंदुस्तानी को यदि जनसाधारण की भाषा समझा करें तो कोई आश्चर्य नहीं। पर उन पुराने पादरियों ने जिस शिष्ट भाषा में जनसाधारण को धर्म और ज्ञान आदि के उपदेश सुनते सुनाते पाया उसी को ग्रहण किया।

ईसाइयों ने अपनी धर्मपुस्तक के अनुवाद की भाषा में फारसी और अरबी के शब्द जहाँ तक हो सका है नहीं लिए हैं और ठेठ ग्रामीण शब्द तक बेधड़क रखे गए हैं। उनकी भाषा सदासुख और लल्लूलाल के ही नमूने पर चली है। उसमें जो कुछ विलक्षणता सी दिखाई पड़ती है वह मूल विदेशी भाषा की वाक्यरचना और शैली के कारण। प्रेमसागर के समान ईसाई धर्मपुस्तक में भी 'करनेवाले' के स्थान पर 'करनहारे' 'तक' के स्थान पर 'लौ' 'कमरबंद' के स्थान पर 'पटुका' प्रयुक्त हुए हैं। पर लल्लूलाल के इतना ब्रजभाषापन नहीं आने

पाया है। 'आय' 'जाय' का व्यवहार न होकर 'आके' 'जाके' व्यवहार हुए हैं। सारांश यह कि ईसाई मतप्रचारकों ने विशुद्ध हिंदी का व्यवहार किया है। एक नमूना नीचे दिया जाता है—

> **तब यीशु योहन से बपतिस्मा लेने की उस पास गालील से यदन के तौर पर आया। परंतु योहन यह कह उसे बर्जने लगा कि मुझे आपके हाथ से बपतिस्मा लेना अवश्य है और क्या आप मेरे पास आते हैं! यीशु ने उसको उत्तर दिया कि अब ऐसा होने दे क्योंकि इसी रीति से सब धर्म को पूरा करना चाहिए। यीशु बपतिस्मा लेके तुरंत जल के ऊपर आया देखो उसके लिये स्वर्ग खुल गया और उसने ईश्वर के आत्मा को कपोल के नाईं उतरने और अपने ऊपर आते देखा, और देखो यह आकाशवाणी हुई कि यह मेरा प्रिय पुत्र है जिससे मैं अति प्रसन्न हूँ।**

इसके आगे ईसाइयों की पुस्तकें और पंफलेट बराबर निकलते रहे। उक्त 'सिरामपुर प्रेस' से संवत् १८९३ में 'दाऊद के गीतें' नाम की पुस्तक छपी जिसकी भाषा में कुछ फारसी-अरबी के बहुत चलते शब्द भी रखे मिलते हैं। पर इसके पीछे अनेक नगरों से बालकों की शिक्षा के लिये ईसाइयों के छोटे-मोटे स्कूल खुलने लगे और शिक्षा संबंधिनी पुस्तकें भी निकलने लगीं। इन पुस्तकों की हिंदी भी वैसी ही सरल और विशुद्ध होती थी जैसी 'बाइबिल' के अनुवाद की थी। आगरा, मिर्जापुर, मुंगेर आदि उस समय ईसाइयों के प्रचार के मुख्य केंद्र थे।

अँगरेजी की शिक्षा के लिये कई स्थानों पर स्कूल और कालेज खुल चुके थे जिनमें अँगरेजी के साथ हिंदी, उर्दू की पढ़ाई भी कुछ चलती थी। अत: शिक्षा संबंधी पुस्तकों की माँग सं० १९०० के पहले ही पैदा हो गई थी। शिक्षा संबंधिनी पुस्तकों के प्रकाशन के लिये संवत् १८९० के लगभग आगरे में पादरियों की एक 'स्कूल बुक सोसाइटी' स्थापित हुई थी जिसमें सं० १८९४ में इंग्लैंड के एक इतिहास का और संवत् १८९६ में मार्शमैन साहब के 'प्राचीन इतिहास का अनुवाद' 'कथासार' के नाम से प्रकाशित किया। 'कथासार' के लेखक या अनुवादक पं० रतनलाल थे। इसके संपादक पादरी मूर साहब (J.J. moore) ने अपने छोटे से अँगरेजी वक्तव्य में लिखा था कि यदि सर्वसाधारण से इस पुस्तक को प्रोत्साहन मिला तो इसका दूसरा भाग 'वर्तमान इतिहास' भी प्रकाशित किया जायेगा। भाषा इस पुस्तक की विशुद्ध और पंडिताऊ है। 'को' के स्थान पर 'करो' और 'पाते हैं' के स्थान पर 'पावते हैं' आदि प्रयोग बराबर मिलते हैं। भाषा का नमूना यह है—

> **परंतु सोलन की इन अत्युत्तम व्यवस्थाओं से विरोधभंजन न हुआ। पक्षपातियों के मन का क्रोध न गया। फिर कुलीनों में उपद्रव मचा और इसलिये प्रजा की सहायता से पिसिसट्रेटस नामक पुरुष सबों पर पराक्रमी हुआ। इसने सब उपाधियों को दबाकर ऐसा निष्कंटक राज्य किया कि जिसके कारण वह अनाचारी कहाया, तथापि यह उस काल में दूरदर्शी और बुद्धिमानों में अग्रगण्य था।**

आगरे की उक्त सोसाइटी के लिये संवत् १८९७ में पंडित भट्ट ने 'भूगोल-सार' और संवत् १९०४ में पंडित बद्रीलाल शर्मा ने 'रसायन प्रकाश' लिखा। कलकत्ते में भी ऐसी ही एक स्कूल बुक सोसाइटी थी जिसने 'पदार्थ विद्यासागर' (सं० १९०३) आदि कई वैज्ञानिक पुस्तकें निकाली थीं। इसी प्रकार कुछ रीडरें भी मिशनरियों के छापेखाने से निकलीं थीं—जैसे 'आजमगढ़ रीडर', जो इलाहाबाद मिशन प्रेस से संवत् १८९७ में प्रकाशित हुई थी।

बलवे के कुछ पहले ही मिर्जापुर में ईसाइयों का एक 'आरफन प्रेस' खुला था जिससे शिक्षा संबंधिनी कई पुस्तकें शेरिफ साहब के संपादन में निकली थीं, जैसे—भूचरित्र दर्पण, भूगोल विद्या, मनोरंजक वृत्तांत, जंतुप्रबंध, विद्यासागर, विद्वान् संग्रह। ये पुस्तकें १९१२ और १९१९ के बीच की हैं। जब से मिशन सोसाइटियों के द्वारा बराबर, विशुद्ध हिंदी में पुस्तकें और पंफलेट आदि छपते आ रहे हैं जिनमें कुछ खंडनमंडन, उपदेश और भजन आदि रहा करते थे। 'आसी' और 'जान' के भजन देशी ईसाइयों में बहुत प्रचलित हुए और अब तक गाए जाते हैं। सारांश यह कि हिंदी गद्य के प्रसार में ईसाइयों का बहुत कुछ योग रहा। शिक्षासंबंधिनी पुस्तकें तो पहले पहल उन्होंने तैयार कीं। इन बातों के लिये हिंदी प्रेमी उनके सदा कृतज्ञ रहेंगे।

कहने की आवश्यकता नहीं कि ईसाइयों के प्रचारकार्य का प्रभाव हिंदुओं की जनसंख्या पर ही पड़ रहा था। अत: हिंदुओं के शिक्षित वर्ग के बीच स्वधर्म रक्षा की आकुलता दिखाई पड़ने लगी। ईसाई उपदेशक हिंदू धर्म की स्थूल और बाहरी बातों को लेकर ही अपना खंडन मंडन चलाते आ रहे थे। यह देखकर बंगाल में राजा राममोहन राय उपनिषद् और वेदांत का ब्रह्मज्ञान लेकर उसका प्रचार करने खड़े हुए। नूतन शिक्षा के प्रभाव से पढ़े-लिखे लोगों में से बहुतों के मन में मूर्तिपूजा, तीर्थाटन, जातिपाँति, छूआछूत आदि के प्रति अश्रद्धा हो रही थी। अत: राममोहन राय ने इन पातों को अलग करके शुद्ध ब्रह्मोपासना का प्रवर्तन करने के लिये 'ब्रह्मसमाज' की नींव डाली। संवत् १८७२ में उन्होंने वेदांतसूत्रों का भाष्य का हिंदी अनुवाद करके प्रकाशित कराया था। संवत् १८८६ में उन्होंने 'बंगदूत' नाम का एक संवादपत्र भी हिंदी में निकाला। राजा साहब की भाषा में एकआध जगह कुछ बँगलापन जरूर मिलता है, पर उसका रूप अधिकांश में वही है जो शास्त्रज्ञ विद्वानों के व्यवहार में आता था। नमूना देखिए—

> **जो जब ब्राह्मण सांग वेद अध्ययन नहीं करते सो सब व्रात्य हैं, यह प्रमाण करने की इच्छा करके ब्राह्मण धर्म परायण श्री सुब्रह्मण्य शास्त्रीजी ने जो पत्र सांगवेदाध्ययनहीन अनेक इस देश के ब्राह्मणों के समीप पठाया है, उसमें देखा जो इन्होंने लिखा है—वेदाध्ययनहीन मनुष्यों को स्वर्ग और मोक्ष होने शक्ता नहीं।**

कई नगरों में, जिनमें कलकत्ता मुख्य था, अब छापेखाने हो गए थे। बंगाल से कुछ अँगरेजी और कुछ बँगला के पत्र भी निकलने लगे थे जिनके पढ़ने वाले भी हो गए थे। इस परिस्थिति में पं० जुगुलकिशोर ने जो कानपुर के रहनेवाले थे, संवत् १८८३ में 'उदंत मार्तंड' नाम का एक संवादपत्र निकाला जिसे हिंदी का पहला समाचारपत्र समझना चाहिए जैसा कि उसके इस लेख से प्रकट होता है—

> **यह उदंतमार्त्तंड अब पहिले पहल हिंदुस्तानियों के हित के हेतु जो आज तक किसी ने नहीं चलाया, पर अँगरेजी ओ पारसी ओ बँगले में जो समाचार का कागज छपता है उसका सुख उन बोलियों के जान्ने ओ पढ़नेवालों को ही होता है इससे सत्य समाचार हिंदुस्तानी लोग देखकर आप पढ़ ओ समझ लेयँ ओ पराई अपेक्षा न करें ओ अपने भाषे की उपज न छोड़े इसलिए...... श्रीमान गवरनर जेनेरल बहादुर कीं आयस से ऐसे साहस में चित्त लगाय के एक प्रकार से यह नया ठाट ठाटा। जो कोई प्रशस्त लोग इस खबर के**

कागज के लेने की इच्छा करें तो अमड़ा तला की गली ३७ अंक मार्तंड-छापाघर में अपना नाम ओ ठिकाना भेजने ही से सतवारे के सतवारे यहाँ के रहने वाले घर ओ बाहिर के रहनेवाले डाक पर कागज पाया करेंगे।

यह पत्र एक ही वर्ष चलकर सहायता के अभाव में बंद हो गया। इसमें 'खड़ी बोली' का 'मध्यदेशीय भाषा' के नाम से उल्लेख किया गया है। भाषा का स्वरूप दिखाने के लिये कुछ और उदाहरण दिए जाते हैं—

(१) **एक यशी वकील वकालत का काम करते करते बुड्ढा होकर अपने दामाद को यह काम सौंप के आप सुचित हुआ। दामाद कई दिन काम करके एक दिन आया ओ प्रसन्न होकर बोला—हे महाराज! आपने जो फलाने का पुराना वो संगीन मोकद्दमा हमें सौंपा था सो आज फैसला हुआ। यह सुनकर वकील पछता करके बोला तुमने सत्यानाश किया। उस मोकद्दमे से हमारे बाप बड़े थे तिस पीछे हमारे बाप मरती समय हमें हाथ उठा के दे गए ओ हमने भी उसको बना रखा ओ अब तक भली भाँति अपना दिन काटा ओ वही मोकद्दमा तुमको सौंप कर समझा था कि तुम भी अपने बेटे पोते परोतों तक पलोगे पर तुम थोड़े से दिनों में उसे खो बैठे।**

(२) **१९ नवंबर को अवधबिहारी बादशाह के आवने की तोपें छूटीं। उस दिन तीसरे पहर को ष्टलिंग साहिब ओ हेल साहिब ओ मेजर फिडल लार्ड साहिब की ओर से अवधबिहारी की छावनी में जा करके बड़े साहिब का सलाम कहा और भोर होके लार्ड साहिब के साथ हाजिरी करने का नेवता किया। फिर अवध बिहारी बादशाह के जाने के लिये कानपुर के तले गंगा में नावों की पुलबंदी हुई और बादशाह बड़े ठाट से गंगा पार हो गवरनर जेनरल बहादुर के सन्निध गए।**

रीतिकाल के समाप्त होते-होते अँगरेजी राज्य देश में पूर्ण रूप से स्थापित हो गया। इस राजनीतिक घटना के साथ देशवासियों की शिक्षाविधि में भी परिवर्तन हो चला। अँगरेज सरकार ने अँगरेजी की शिक्षा के प्रचार की व्यवस्था की। संवत् १८५४ में ही ईस्ट इंडिया कंपनी के डाइरेक्टरों के पास अँगरेजी की शिक्षा द्वारा भारतवासियों को शिक्षित बनाने का परामर्श भेजा गया था। पर उस समय उस पर कुछ न हुआ। पीछे राजा राममोहनराय प्रभृति कुछ शिक्षित और प्रभावशाली सज्जनों के उद्योग से अँगरेजी की पढ़ाई के लिये कलकत्ते में हिंदू कालेज की स्थापना हुई जिसमें से लोग अँगरेजी पढ़पढ़ कर निकलने और सरकारी नौकरियाँ पाने लगे। देशी भाषा पढ़कर भी कोई शिक्षित हो सकता है, यह विचार उस समय तक लोगों को न था। अँगरेजी के सिवाय यदि किसी भाषा पर ध्यान जाता था तो संस्कृत या अरबी पर। संस्कृत की पाठशालाओं और अरबी के मदरसा को कंपनी की सरकार से थोड़ी बहुत सहायता मिलती आ रही थी पर अँगरेजी के शौक के सामने इन पुरानी संस्थाओं की ओर से लोग उदासीन होने लगे। इनको जो सहायता मिलती थी धीरे-धीरे वह भी बंद हो गयी। कुछ लोगों ने इन प्राचीन भाषाओं की शिक्षा का पक्षग्रहण किया था पर मेकाले ने अँगरेजी भाषा की शिक्षा का इतने जोरों के साथ समर्थन किया और पूरबी साहित्य के प्रति ऐसी उपेक्षा प्रकट की कि अंत में संवत् १८९२ (मार्च ७, सन् १८३५) में कंपनी की सरकार ने अँगरेजी शिक्षा के प्रचार का प्रस्ताव पास कर दिया और धीरे-धीरे अँगरेजी के स्कूल खुलने लगे।

अँगरेजी शिक्षा की व्यवस्था हो जाने पर अँगरेजी सरकार का ध्यान अदालती भाषा की ओर गया। मोगलों के समय में अदालती कार्रवाइयाँ और दफ्तर के सारे काम फारसी भाषा में होते थे जब अँगरेजों का आधिपत्य हुआ तब उन्होंने भी दफ्तरों में वही परंपरा जारी रखी।

दफ्तरों की भाषा फारसी रहने तो दी गयी, पर उस भाषा और लिपि से जनता के अपरिचित रहने के कारण लोगों को जो कठिनता होती थी उसे कुछ दूर करने के लिये संवत् १८६० में, एक नया कानून जारी होने पर, कंपनी सरकार की ओर से यह आज्ञा निकाली गयी—

> **किसी को एक बात का उजूर नहीं होए कि ऊपर के दफे का लीखा हुकुम सभसे वाकीफ नहीं है, हरी एक जिले के कलीकटर साहेब को लाजीम है कि इस आईन के पावने पर एक केता इसतहारनामा निचे के सरह से फारसी व नागरी भाखा वो अच्छर में लिखाय कै............कचहरी में लटकावही।.......अदालतों के जजसाहेब लोग के कचहरी में भी तमामी आदमी के बुझने के वास्ते लटकावही (अँगरेजी सन् १०८३ साल, ३१आंईन २० दफा)**

फारसी के अदालती भाषा होने के कारण जनता को जो कठिनाइयाँ होती थीं उनका अनुभव अधिकाधिक होने लगा। अतः सरकार ने संवत् १८९३ (सन् १८३६ ई०) में 'इश्तहारनामे' निकाले कि अदालती सब काम देश की प्रचलित भाषाओं में हुआ करें। हमारे संयुक्त प्रदेश के सदर बोर्ड की तरफ से जो 'इश्तहारनामा' हिंदी में निकलता था उसकी नकल नीचे दी जाती है—

> **इश्तहारनामा : बोर्ड सदर**
>
> **पच्छाँह के सदर बोर्ड के साहबों ने यह ध्यान किया है कि कचहरी के सब काम फारसी जबान में लिखा पढ़ा होने से सब लोगों का बहुत हर्ज पड़ता है और बहुत कलप होता है, जब कोई अपनी अर्जी अपनी भाषा में लिख के सरकार में दाखिल करने पावे तो बड़ी बात होगी। सबको चैन आराम होगा। इसलिये हुक्म दिया गया है कि १२४४ की कुवार बदी प्रथम से जिसका जो मामला सदर व बोर्ड में हो सो अपना अपना सवाल अपनी हिंदी की बोली में और फारसी के नागरी अच्छरन में लिखे दाखिल करे कि डाक पर भेजे और सवाल जौन अच्छरन में लिखा हो तौने अच्छरन में और बोली में उस पर हुक्म लिखा जायगा। मिति २९ जुलाई सन् १८३६ ई०।**

इस इश्तहारनामे में स्पष्ट कहा गया है कि बोली 'हिन्दी' ही हो, अक्षर नागरी के स्थान पर फारसी भी हो सकते हैं। खेद की बात है कि उचित व्यवस्था चलने न पाई। मुसलमानों की ओर से इस बात का घोर प्रयत्न हुआ कि दफ्तरों में हिंदी रहने न पाये, उर्दू चलाई जाये। उनका चक्र बराबर चलता रहा। यहाँ तक कि एक वर्ष बाद ही अर्थात् संवत् १८९४ (सन् १८३७ ई०) में उर्दू हमारे प्रांत के सब दफ्तरों की भाषा कर दी गयी।

सरकार की कृपा से खड़ी बोली का अरबी-फारसीमय रूप लिखने-पढ़ने की अदालती भाषा होकर सबके सामने आ गया। जीविका और मान मर्यादा की दृष्टि से उर्दू सीखना

आवश्यक हो गया। देश भाषा के नाम पर लड़कों को उर्दू ही सिखाई जाने लगी। उर्दू पढ़े-लिखे लोग ही शिक्षित कहलाने लगे। हिंदी की काव्यपरंपरा यद्यपि राजदरबारों के आश्रय में चली चलती थी पर उसके पढ़ने वालों की संख्या भी घटती जा रही थी। नवशिक्षित लोगों का लगाव उसके साथ कम होता जा रहा था। ऐसे प्रतिकूल समय में साधारण जनता के साथ उर्दू पढ़े-लिखे लोगों की जो भी थोड़ी बहुत दृष्टि अपने पुराने साहित्य की बनी हुई थी, वह धर्माभाव से। तुलसीकृत रामायण की चौपाइयाँ और सूरदासजी के भजन आदि की उर्दूग्रस्त लोगों का कुछ लगाव 'भाखा' से भी बनाए हुए थे। अन्यथा अपने परंपरागत साहित्य के नवशिक्षित लोगों का मन अधिकांश कालचक्र के प्रभाव से विमुख हो रहा था। शृंगाररस की भाषा कविता का अनुशीलन भी गाने बजाने आदि के शौक की तरह इधर-उधर बना हुआ था। इस स्थिति का वर्णन करते हुए स्वर्गीय बाबू बालमुकुंद गुप्त लिखते हैं—

> **जो लोग नागरी अक्षर सीखते थे फारसी अक्षर सीखने पर विवश हुए और हिंदी भाषा हिंदी न रह कर उर्दू बन गयी।.........हिन्दी उस भाषा का नाम रहा जो टूटी फूटी चाल पर देवनागरी अक्षरों में लिखी जाती थी।**

संवत् १९०२ में यद्यपि राजा शिवप्रसाद शिक्षा विभाग में नहीं आये थे पर विद्याव्यसनी होने के कारण अपनी भाषा हिंदी की ओर उनका ध्यान था। अत: इधर-उधर दूसरी भाषाओं में समाचारपत्र निकलते देख उन्होंने उक्त संवत् में उद्योग करके काशी से 'बनारस अखबार' निकलवाया। पर अखबार पढ़नेवाले पहले पहल नवशिक्षितों में मिल सकते थे जिनकी लिखने-पढ़ने की भाषा उर्दू ही हो रही थी। अत: इस पत्र की भाषा भी उर्दू ही रखी गयी, यद्यपि अक्षर देवनागरी के थे। यह पत्र बहुत ही घटिया कागज पर लीथों में छपता था। भाषा इसकी यद्यपि गहरी उर्दू होती थी पर हिंदी की कुछ सूरत पैदा करने के लिये बीच में 'धर्मात्मा', 'परमेश्वर', 'दया' ऐसे कुछ शब्द भी रख दिये जाते थे। इसमें राजा साहब भी कभी-कभी कुछ लिख दिया करते थे। इस पत्र की भाषा का अंदाजा नीचे उद्धृत अंश से लग सकता है—

> **यहाँ जो नया पाठशाला कई साल से जनाब कप्तान किट साहब बहादुर के इहतिमाम और धर्मात्माओं के मदद से बनता है उसका हाल कई दफा जाहिर हो चुका है।.........देखकर लोग उस पाठशाला के किते के मकानों की खूबियाँ अक्सर बयान करते हैं और उनके बनने के खर्च की तजबीज करते हैं कि जमा से जियादा लगा होगा और हर तरह से लायक तारीफ के है। सो यह सब दानाई साहब मामदूह की है।**

इस भाषा को लोग हिंदी कैसे समझ सकते थे? अत: काशी से ही एक दूसरा पत्र 'सुधाकर' बाबू तारामोहन मित्र आदि कई सज्जनों के उद्योग से संवत् १९०७ में निकला। कहते हैं कि काशी के प्रसिद्ध ज्योतिषी सुधाकरजी का नामकरण इसी पत्र के नाम पर हुआ था। जिस समय उनके चाचा के हाथ में डाकिए ने यह पत्र दिया था ठीक उसी समय भीतर से उनके पास सुधाकर जी के उत्पन्न होने की खबर पहुँची थी। इस पत्र की भाषा बहुत कुछ सुधरी हुई तथा ठीक हिंदी थी, पर यह पत्र कुछ दिन चला नहीं। इसी समय के लगभग अर्थात् १९०९ में आगरे में किसी मुंशी सदासुखलाल के प्रबंध और संपादन में 'बुद्धिप्रकाश' निकला जो कई वर्ष तक चलता रहा। 'बुद्धिप्रकाश' की भाषा उस समय को देखते हुए बहुत अच्छी होती थी। नमूना देखिए—

कलकत्ते के समाचार

इस पश्चिमीय देश में बहुतों को प्रकट है कि बंगाले की रीति के अनुसार उस देश के लोग आसन्नमृत्यु रोगी को गंगातट पर ले जाते हैं और यह तो नहीं करते कि उस रोगी के अच्छे होने के लिये उपाय करने में काम करें और उसे यत्न से रक्षा में रक्खें वरन् उसके विपरीत रोगी को जल के तट पर ले जाकर पानी में गोते देते हैं और 'हरी बोल', 'हरी बोल', कहकर उसका जीव लेते हैं।

स्त्रियों की शिक्षा के विषय

स्त्रियों में संतोष और नम्रता और प्रीत यह सब गुण कर्ता ने उत्पन्न किये हैं, केवल विद्या की न्यूनता है, जो यह भी हो तो स्त्रियाँ अपने सारे ऋण से चुक सकती हैं और लड़कों को सिखाना पढ़ाना जैसा उनसे बन सकता है वैसा दूसरों से नहीं। यह काम उन्हीं का है कि शिक्षा के कारण बाल्यावस्था में लड़कों को भूलचूक से बचावें और सरल सरल विद्या उन्हें सिखायें।

इस प्रकार हम देखते हैं कि अदालती भाषा उर्दू बनाई जाने पर भी विक्रम की २०वीं शताब्दी के आरम्भ के पहले से ही हिंदी खड़ी बोली गद्य की परंपरा हिंदी साहित्य में अच्छी तरह चल पड़ी, उसमें पुस्तकें छपने लगीं, अखबार निकलने लगे। पद्य की भाषा ब्रजभाषा ही बनी रही। अब अँगरेज सरकार का ध्यान देशी भाषाओं की शिक्षा की ओर गया और उसकी व्यवस्था की बात सोची जाने लगी। हिंदी को अदालतों से निकलवाने में मुसलमानों को सफलता हो चुकी थी। अब वे इस प्रयत्न में लगे कि हिंदी को शिक्षाक्रम में भी स्थान न मिले, उसकी पढ़ाई का भी प्रबंध न होने पाए। अत: सर्वसाधारण की शिक्षा के लिये जब जगह-जगह मदरसे खुलने की बात उठी और सरकार यह विचारने लगी कि हिंदी का पढ़ना सब विद्यार्थियों के लिये आवश्यक रखा जाये तब प्रभावशाली मुसलमानों की ओर से गहरा विरोध खड़ा किया गया। यहाँ तक कि तंग आकर सरकार को अपना विचार छोड़ना पड़ा और उसने संवत् १९०५ (सन् १८४८) में यह सूचना निकाली—

ऐसी भाषा का जानना सब विद्यार्थियों के लिये आवश्यक ठहराना जो मुल्क की सरकारी और दफ्तरी जबान नहीं है, हमारी राय में ठीक नहीं है। इसके सिवाय मुसलमान विद्यार्थी, जिनकी संख्या देहली कालेज में बड़ी है, इसे अच्छी नजर से नहीं देखेंगे।

हिंदी के विरोध की यह चेष्टा बराबर बढ़ती गयी। संवत् १९११ के पीछे जब शिक्षा का पक्का प्रबंध होने लगा तब यहाँ तक कोशिश की गयी कि वर्नाक्यूलर स्कूलों में हिंदी की शिक्षा जारी ही न होने पाए। विरोध के नेता थे सर सैयद अहमद साहब जिनका अँगरेजों के बीच बड़ा मान था। वे हिंदी को एक गँवारी बोली बताकर अँगरेजों को उर्दू की ओर झुकाने की लगातार चेष्टा करते आ रहे थे। इस प्रांत के हिंदुओं में राजा शिवप्रसाद अँगरेजों के उसी ढंग के कृपापात्र थे जिस ढंग के सर सैयद अहमद। अत: हिंदी की रक्षा के लिये उन्हें खड़ा होना पड़ा और वे बराबर इस संबंध में यत्नशील रहे। इसमें हिंदी का झगड़ा बीसों वर्ष तक—भारतेन्दु के समय तक—चलता रहा।

गार्सां द तासी एक फरांसीसी विद्वान् थे जो पेरिस में हिंदुस्तानी या उर्दू के अध्यापक थे। उन्होंने संवत् १८९६ में 'हिन्दुस्तानी साहित्य का इतिहास' लिखा था जिसमें उर्दू के कवियों के साथ हिन्दी के भी कुछ बहुत प्रसिद्ध कवियों का उल्लेख था। सवंत् १९०९ (५ दिसंबर, सन् १८५२) के अपने व्याख्यान में उन्होंने उर्दू और हिंदी दोनों भाषाओं की युगपद सत्ता इन शब्दों में स्वीकार की थी—

> **उत्तर के मुसलमानों की भाषा यानी हिंदुस्तानी उर्दू पश्चिमोत्तर प्रदेश (अब संयुक्त प्रांत) की सरकारी भाषा नियत की गयी है। यद्यपि हिंदी भी उर्दू के साथ साथ उसी तरह बनी है जिस तरह वह फारसी के साथ थी। बात यह है कि मुसलमान बादशाह सदा से एक हिंदी सेक्रेटरी, जो हिंदीनवीस कहलाता था और एक फारसी सेक्रेटरी, जिसको फारसीनवीस कहते थे, रखा करते थे, जिसमें उनकी आज्ञाएँ दोनों भाषाओं में लिखी जायँ। इस प्रकार अंजी सरकार पश्चिमोत्तर प्रदेश में हिंदू जनता के लिये प्रायः सरकारी कानूनों का नागरी अक्षरों में हिन्दी अनुवाद भी उर्दू कानूनी पुस्तकों के साथ देती है।**

तासी के व्याख्यानों से पता लगता है कि उर्दू के अदालती भाषा नियत हो जाने पर कुछ दिन सीधी भाषा और नागरी अक्षरों में भी कानूनों और सरकारी आज्ञाओं के हिंदी अनुवाद छपते रहे। जान पड़ता है कि उर्दू के पक्षपातियों का जोर जब बढ़ा तब उनका छपना एकदम बंद हो गया। जैसा कि अभी कह आये हैं राजा शिवप्रसाद और भारतेंदु के समय तक हिंदी उर्दू का झगड़ा रहा। गार्सां द तासी ने भी फ्रांस में बैठे-बैठे इस झगड़े में योग दिया। ये अरबी फारसी के अभ्यासी और हिंदुस्तानी या उर्दू के अध्यापक थे। उस समय के अधिकांश और यूरोपियनों के समान उनका भी मजहबी संस्कार प्रबल था। जहाँ जब हिंदी उर्दू का सवाल उठा तब सर सैयद अहमद, जो अँगरेजों से मेल जोल रखने की विद्या में एक ही थे, हिंदी विरोध में और बल लाने के लिये मजहबी नुसखा भी काम में लाए। अँगरेजों को सुझाया गया कि हिंदी हिंदुओं की जबान है, जो 'बुतपरस्त' हैं और उर्दू मुसलमानों की जिनके साथ अँगरेजों का मजहबी रिश्ता है—दोनों 'सामी', या पैगंबरी मत के माननेवाले हैं।

जिस गार्सां द तासी ने संवत् १९०९ के आसपास हिंदी और उर्दू दोनों का रहना आवश्यक समझा था और कभी कहा था कि—

> **यद्यपि मैं खुद उर्दू का बड़ा भारी पक्षपाती हूँ, लेकिन मेरे विचार में हिंदी को विभाषा या बोली कहना उचित नहीं।**

वही गार्सां द तासी आगे चलकर, महजबी कट्टरपन की प्रेरणा से, सर सैयद अहमद की भरपेट तारीफ करके हिंदी के संबंध में फरमाते हैं—

> **इस वक्त हिंदी की हैसियत भी एक बोली (डायलेक्ट) की सी रह गयी है, जो हर गाँव में अलग अलग ढंग से बोली जाती है।**

हिंदी उर्दू का झगड़ा उठने पर आपने मजहबी रिश्ते के खयाल से उर्दू का पक्ष ग्रहण किया और कहा—

> **हिंदी में हिंदू धर्म का आभास है—वह हिंदू धर्म जिसके मूल में बुतपरस्ती और उसके आनुषंगिक विधान हैं। इसके विपरीत उर्दू में इसलामी संस्कृति**

और आचार व्यवहार का संचय है। इसलाम भी 'सामी' मत है और एकेश्वरवाद उसका मूल सिद्धांत है; इसीलिये इसलामी तहजीब में ईसाई या मसीही तहजीब की विशेषताएँ पाई जाती हैं।

संवत् १९२७ के अपने व्याख्यान में गार्सां द तासी ने साफ खोलकर कहा—

मैं सैयद अहमद खाँ जैसे विख्यात मुसलमान विद्वान् की तारीफ में और ज्यादा नहीं कहना चाहता। उर्दू भाषा और मुसलमानों के साथ मेरा जो लगाव है वह कोई छिपी हुई बात नहीं है। मैं समझता हूँ कि मुसलमान लोग कुरान को तो आसमानी किताब मानते ही हैं, इंजील की शिक्षा को भी अस्वीकार नहीं करते; पर हिंदू लोग मूर्तिपूजक होने के कारण इंजील की शिक्षा नहीं मानते।

परंपरा से चली आती हुई देश की भाषा का विरोध और उर्दू का समर्थन कैसे-कैसे भावों की प्रेरणा से किया ज़ाता रहा है, यह दिखाने के लिये इतना बहुत है। विरोध प्रबल होते हुए भी जैसे देश भर में प्रचलित अक्षरों और वर्णमाला को छोड़ना असंभव था वैसे ही परंपरा से चले आते हुए हिंदी साहित्य को भी। अत: अदालती भाषा उर्दू होते हुए भी शिक्षा विधान में देश की असली भाषा हिंदी को भी स्थान देना ही पड़ा। काव्यसाहित्य तो प्रचुर परिमाण में भरा पड़ा था। अत: जिस रूप में वह था उसी रूप में उसे लेना ही पड़ा। गद्य की भाषा को लेकर खींचतान आरंभ हुई। इसी खींचतान के समय में राजा लक्ष्मणसिंह और राजा शिवप्रसाद मैदान में आए।

प्रकरण २
गद्य साहित्य का आविर्भाव

किस प्रकार हिंदी के नाम से नागरी अक्षरों में उर्दू ही लिखी जाने लगी थी, इसकी चर्चा 'बनारस अखबार' के संबंध में कर आए हैं। संवत् १९१३ में अर्थात् बलवे के एक वर्ष पहले राजा शिवप्रसाद शिक्षाविभाग के इंस्पेक्टर पद पर नियुक्त हुए। उस समय और दूसरे विभागों के समान शिक्षाविभाग में भी मुसलमानों का जोर था जिनके मन में 'भाषापन' का डर बराबर समाया रहता था। वे इस बात से डरा करते थे कि कहीं नौकरी के लिये 'भाखा' संस्कृत से लगाव रखनेवाली 'हिंदी' न सीखनी पड़े। अतः उन्होंने पहले तो उर्दू के अतिरिक्त हिंदी की पढ़ाई की व्यवस्था का घोर विरोध किया। उनका कहना था कि जब अदालती कामों में उर्दू ही काम में लाई जाती है तब एक और जबान का बोझ डालने से क्या लाभ? 'भाखा' में हिंदुओं की कथावार्ता आदि कहते सुन वे हिंदी को 'गँवारी' बोली भी कहा करते थे। इस परिस्थिति में राजा शिवप्रसाद को हिंदी की रक्षा के लिये बड़ी मुश्किल का सामना करना पड़ा। हिंदी का सवाल जब आता तब मुसलमान उसे 'मुश्किल जबान' कहकर विरोध करते। अतः राजा साहब के लिये उस समय यही संभव दिखाई पड़ा कि जहाँ तक हो सके ठेठ हिंदी का आश्रय लिया जाये जिसमें कुछ फारसी अरबी के चलते शब्द भी आएँ। उस समय साहित्य के कोर्स के लिये पुस्तकें नहीं थीं। राजा साहब स्वयं तो पुस्तकें तैयार करने में लग ही गये, पंडित श्रीलाल और पंडित वंशीधर आदि अपने कई मित्रों को भी उन्होंने पुस्तकें लिखने में लगाया। राजा साहब ने पाठ्यक्रम में उपयोगी कई कहानियाँ आदि लिखीं—जैसे राजा भोज का सपना, वीरसिंह का वृत्तांत, आलसियों को कोड़ा इत्यादि। संवत् १९०९ और १९१९ के बीच शिक्षा संबंधी अनेक पुस्तकें हिंदी में निकलीं जिनमें से कुछ का उल्लेख किया जाता है—

पं० वंशीधर ने, जो आगरा नार्मल स्कूल के मुदर्रिस थे, हिंदी उर्दू का एक पत्र निकाला था जिसके हिंदी कालम का नाम 'भारतखंडामृत' और उर्दू कालम का नाम 'आबेहयात' था। उनकी लिखी पुस्तकों के नाम ये हैं—

(१) पुष्पवाटिका (गुलिस्ताँ के एक अंश का अनुवाद, सं० १९०९)

(२) भारतवर्षीय इतिहास (सं० १९१३)

(३) जीविका परिपाटी (अर्थशास्त्र की पुस्तक, सं० १९१३)

(४) जगत् वृत्तांत (१९१५)

पं० श्रीलाल ने, संवत् १९०९ में 'पत्रमालिका' बनाई। गार्सां द तासी ने इन्हें कई पुस्तकों का लेखक कहा है।

बिहारीलाल ने गुलिस्ताँ के आठवें अध्याय का हिंदी अनुवाद सं० १९१९ में किया।

पं० बद्रीलाल ने डाक्टर बैलंटाइन के परामर्श के अनुसार सं० १९१९ में 'हितोपदेश' का अनुवाद किया जिसमें बहुत सी कथाएँ छाँट दी गयी थीं। उसी वर्ष सिद्धांतसंग्रह (न्यायशास्त्र) और 'उपदेश पुष्पावती' नाम की दो और पुस्तकें निकली थीं।

यहाँ यह कह देना आवश्यक है कि प्रारंभ में राजा साहब ने जो पुस्तकें लिखीं वे बहुत ही चलती सरल हिंदी में थीं, उनमें वह उर्दूपन नहीं भरा था जो उनकी पिछली किताबों (इतिहासतिमिरनाशक आदि) में दिखाई पड़ता है। उदाहरण के लिये 'राजा भोज का सपना' से कुछ अंश उद्‌धृत किया जाता है—

> **वह कौन सा मनुष्य है जिसने महाप्रतापी महाराज भोज का नाम न सुना हो। उसकी महिमा और कीर्ति तो सारे जगत में व्याप रही है। बड़े बड़े महिपाल उसका नाम सुनते ही काँप उठते और बड़े बड़े भूपति उनके पाँव पर अपना सिर नवाते। सेना उसकी समुद्र के तरंगों का नमूना और खजाना उसका सोने चाँदी और रत्नों की खान से भी दूना। उसके दान ने राजा कर्ण को लोगों के जी से भुलाया और उसके न्याय ने विक्रम को भी लजाया।**

अपने 'मानवधर्मसार' की भाषा उन्होंने अधिक संस्कृतगर्भित रखी है। इसका पता इस उद्‌धृत अंश से लगेगा।

> **मनुस्मृति हिंदुओं का मुख्य धर्मशास्त्र है। उसको कोई भी हिंदू अप्रामाणिक नहीं कह सकता। वेद में लिखा है कि मनु जी ने जो कुछ कहा है उसे जीव के लिये औषधि समझना; और बृहस्पति लिखते हैं कि धर्म शास्त्राचार्यों में मनुजी सबसे प्रधान और अति मान्य हैं क्योंकि उन्होंने अपने धर्मशास्त्र में संपूर्ण वेदों का तात्पर्य लिखा है।........खेद की बात है कि हमारे देशवासी हिंदू कहलाके अपने मानधर्मशास्त्र को न जानें और सारे कार्य उसके विरुद्ध करें।**

'मानवधर्मसार' की भाषा राजा शिवप्रसाद की स्वीकृत भाषा नहीं। प्रारंभ काल से ही वे ऐसी चलती ठेठ हिंदी के पक्षपाती थे जिसमें सर्वसाधारण के बीच प्रचलित अरबी-फारसी शब्दों का भी स्वच्छंद प्रयोग हो। यद्यपि अपने 'गुटका' में जो साहित्य की पाठ्यपुस्तक थी उन्होंने थोड़ी संस्कृत मिली ठेठ और सरल भाषा का ही आदर्श बनाए रखा, पर संवत् १९१७ के पीछे उनका झुकाव उर्दू की ओर होने लगा जो बराबर बना क्या रहा, कुछ न कुछ बढ़ता ही गया। इसका कारण चाहे जो समझिए। या तो यह कहिये की अधिकांश शिक्षित लोगों की प्रवृत्ति देखकर उन्होंने ऐसा किया अथवा अँगरेज अधिकारियों का रुख देखकर। अधिकतर लोग शायद पिछले कारण को ही ठीक समझेंगे । जो हो, संवत् १९१७ के उपरांत जो इतिहास, भूगोल आदि की पुस्तकें राजा साहब ने लिखीं उनकी भाषा बिलकुल उर्दूपन लिये है। 'इतिहासतिमिरनाशक' भाग २ की अँगरेजी भूमिका में, जो संवत् १८६४ की लिखी है राजा साहब ने साफ लिखा है कि मैंने 'बैताल पचीसी' की भाषा का अनुसरण किया है—

I may be pardoned for saying a few words here to those who always urge the exclusion of Persian words, even those which have become our household words, from our Hindi books and use in their stead Sanskrit words quite out of place and fashion or those coarse expressions which can be tolerated only among a rustic population.

I have adopted to a certain extent, the language of the Baital Pachisi'

लल्लूलाल जी के प्रसंग में यह कहा जा चुका है कि 'बैताल-पचीसी' की भाषा बिलकुल उर्दू है। राजा साहब ने अपने इस उर्दू वाले पिछले सिद्धांत का 'भाषा का इतिहास'

नामक जिस लेख में निरूपण किया है, वही उनकी उस समय की भाषा का एक खास उदाहरण है, अतः उसका कुछ अंश नीचे दिया जाता है—

> **हम लोगों को जहाँ तक बन पड़े चुनने में उन शब्दों को लेना चाहिये कि जो आम फहम और खासपसंद हों अर्थात् जिनको जियादा आदमी समझ सकते हैं और जो यहाँ के पढ़े लिखे, आलिमफाजिल, पंडित, विद्वान् की बोलचाल में छोड़े नहीं गये हैं और जहाँ तक बन पड़े हम लोगों को हर्गिज गैरमुल्क के शब्द काम में न लाने चाहिये और न संस्कृत की टकसाल कायम करके नए नए ऊपरी शब्दों के सिक्के जारी करने चाहिये; जब तक कि हम लोगों को उसके जारी करने की जरूरत न साबित हो जाय अर्थात् यह कि उस अर्थ का कोई शब्द हमारी जबान में नहीं है, यह जो है अच्छा नहीं है, या कविताई की जरूरत या इल्मी जरूरत या कोई और खास जरूरत साबित हो जाये।**

भाषा संबंधी जिस सिद्धांत का प्रतिपादन राजा साहब ने किया है उसके अनुकूल उनकी यह भाषा कहाँ तक ठीक है, पाठक आप समझ सकते हैं। 'आमफहम', 'खासपसंद', 'इल्मी जरूरत' जनता के बीच प्रचलित शब्द कदापि नहीं हैं। फारसी के 'आलिमफाजिल' चाहे ऐसे शब्द बोलते हों पर संस्कृत हिंदी के 'पंडित' विद्वान तो ऐसे शब्दों से कोसों दूर हैं। किसी देश के साहित्य का संबंध उस देश की संस्कृति परंपरा से होता है। अतः साहित्य की भाषा उस संस्कृति का त्याग करके नहीं चल सकती। भाषा में जो रोचकता या शब्दों में जो सौंदर्य का भाव रहता है वह देश की प्रकृति के अनुसार होता है। इस प्रवृत्ति के निर्माण में जिस प्रकार देश के प्राकृतिक रूप, रंग, आचार व्यवहार आदि का योग रहता है उसी प्रकार परंपरा से चले आते हुए साहित्य का भी। संस्कृत शब्दों में थोड़े बहुत मेल से भाषा का जो रुचिकर रूप हजारों वर्षों से चला आता था उसके स्थान पर एक विदेशी रूपरंग की भाषा गले में उतारना देश की प्रकृति के विरुद्ध था। यह प्रकृतिविरुद्ध भाषा खटकी तो बहुत लोगों को होगी, पर असली हिंदी का नमूना लेकर उस समय राजा लक्ष्मण सिंह ही आगे बढ़े। उन्होंने संवत् १९१८ में 'प्रजाहितैषी' नाम का एक पत्र आगरे से निकाला और १९१९ में 'अभिज्ञान शाकुंतल' का अनुवाद बहुत ही सरस और विशुद्ध हिंदी में प्रकाशित किया। इस पुस्तक की बड़ी प्रशंसा हुई और भाषा के संबंध में मानों फिर से लोगों की आँख खुली। राजा साहब ने उस समय इस प्रकार की भाषा जनता के सामने रखी—

> **अनसूया—(हौले प्रियंवदा से) सखी ! मैं भी इसी सोच विचार में हूँ। अब इससे कुछ पूछूँगी। (प्रगट) महात्मा! तुम्हारे मधुर वचनों के विश्वास में आकर मेरा जी यह पूछने को चाहता है कि तुम किस राजवंश के भूषण हो और किस देश की प्रजा को विरह में व्याकुल छोड़ यहाँ पधारे हो? क्या कारन है? जिससे तुमने अपने कोमल गात को कठिन तपोवन में आकर पीड़ित किया है?**

यह भाषा ठेठ और सरल होते हुए भी साहित्य में चिरकाल में व्यवहृत संस्कृत के कुछ रसिक शब्द लिये हुए है। रघुवंश के गद्यानुवाद के प्राक्कथन में राजा लक्ष्मणसिंह जी ने भाषा के संबंध में अपना मत स्पष्ट शब्दों में प्रकट किया है।

हमारे मत में हिंदी और उर्दू दो बोली न्यारी न्यारी हैं। हिंदी इस देश के हिंदू बोलते हैं और उर्दू यहाँ के मुसलमान और पारसी पढ़े हुए हिंदुओं की बोलचाल है। हिंदी में संस्कृत के पद बहुत आते हैं उर्दू में अरबी पारसी के। परंतु कुछ अवश्य नहीं है कि अरबी पारसी के शब्दों के बिना हिंदी न बोली जाय और न हम उस भाषा को हिंदी कहते हैं जिसमें अरबी, पारसी के शब्द भरे हों।

अब भारत की देशभाषाओं के अध्ययन की ओर इंग्लैण्ड के लोगों का भी ध्यान अच्छी तरह जा चुका था। उनमें जो अध्ययनशील और विवेकी थे, जो अखंड भारतीय साहित्य परंपरा और भाषा परंपरा से अभिज्ञ हो गये थे, उन पर अच्छी तरह प्रकट हो गया था कि उत्तरीय भारत की असली स्वाभाविक भाषा का स्वरूप क्या है। इन अँगरेज विद्वानों में फ्रेडरिक पिंकाट का स्मरण हिंदी प्रेमियों को सदा बनाए रखना चाहिये। इनका जन्म संवत् १८९३ में इंग्लैण्ड में हुआ। उन्होंन प्रेस के कामों का बहुत अच्छा अनुभव प्राप्त किया और अंत में लंदन की प्रसिद्ध एलन एण्ड कम्पनी (W. H. Allen and Co. 13 Waterloo place, pall Mall, S.W.) के विशाल छापेखाने के मैनेजर हुए। वहीं वे अपने जीवन के अंतिम दिनों के कुछ पहले तक शांतिपूर्वक रहकर भारतीय साहित्य और भारतीय जनहित के लिये बराबर उद्योग करते रहे।

संस्कृत की चर्चा पिंकाट साहब लड़कपन से ही सुनते आते थे, इसमें उन्होंने बहुत परिश्रम के साथ उसका अध्ययन किया। इसके उपरांत उन्होंने हिंदी और उर्दू का अभ्यास किया। इंग्लैण्ड में बैठे ही बैठे उन्होंने इन दोनों भाषाओं पर ऐसा अधिकार प्राप्त कर लिया कि इनमें लेख और पुस्तकें लिखने और अपने प्रेस में छपाने लगे। यद्यपि उन्होंने उर्दू का भी अच्छा अभ्यास किया था, पर उन्हें इस बात का अच्छी तरह निश्चय हो गया था कि यहाँ की परंपरागत प्रकृत भाषा हिंदी है, अतः जीवन भर ये उसी की सेवा और हितसाधना में तत्पर रहे। उनके हिंदी लेखों, कविताओं और पुस्तकों की चर्चा आगे चलकर भारतेंदु काल के भीतर की जायेगी।

संवत् १९४७ में उन्होंने उपर्युक्त ऐलन कम्पनी से संबंध तोड़ा और गिलबर्ट ऐंड रिविंगटन (Gilbert and Rivington Clerkenwell Londan) नामक विख्यात व्यवसाय कार्यालय में पूर्वीय मंत्री (Orient Adviser and Expert)नियुक्त हुए। उक्त कंपनी की ओर से एक व्यापारपत्र 'आईन सौदागरी' उर्दू में निकलता था जिसका संपादन पिंकाट साहब करते थे। उन्होंने उसमें कुछ पृष्ठ हिंदी के लिये भी रखे। कहने की आवश्यकता नहीं कि हिंदी के लेख वे ही लिखते थे। लेखों के अतिरिक्त हिंदुस्तान में प्रकाशित होने वाले हिंदी समाचार पत्रों (जैसे हिंदोस्तान, आर्यदर्पण, भारतमित्र) से उद्धरण भी उस पत्र के हिंदी विभाग में रहते थे।

भारत का हित वे सच्चे हृदय से चाहते थे। राजा लक्ष्मणसिंह, भारतेंदु हरिश्चन्द्र, प्रतापनारायण मिश्र, कार्तिकप्रसाद खत्री, इत्यादि हिंदी लेखकों से उनका बराबर हिंदी में पत्रव्यवहार रहता था। उस समय के प्रत्येक हिंदी लेखक के घर में पिंकाट साहब के दो चार पत्र मिलेंगे। हिंदी के लेखकों और ग्रंथकारों का परिचय इंग्लैण्ड वालों को वहाँ के पत्रों में लेख लिखकर वे बराबर दिया करते थे। संवत् १९५७ (नवंबर सन् १८१५) में वे रीआ घास (जिसके रेशों से अच्छे कपड़े बनते थे) की खेती का प्रचार करने हिंदुस्तान में आए, पर साल

भर से कुछ ऊपर ही यहाँ रह पाए थे कि लखनऊ में उनका देहांत (७ फरवरी, १८९६) हो गया। उनका शरीर भारत की मिट्टी में ही मिला।

संवत् १९१९ में जब राजा लक्ष्मणसिंह ने 'शकुंतला नाटक' लिखा तब उसकी भाषा देख वे बहुत ही प्रसन्न हुए और उसका एक बहुत सुंदर परिचय उन्होंने लिखा। बात यह थी कि यहाँ के निवासियों पर विदेशी प्रकृति और रूपरंग की भाषा का लादा जाना वे बहुत अनुचित समझते थे। अपना यह विचार उन्होंने अपने उस अँगरेजी लेख में स्पष्ट रूप से व्यक्त किया है जो उन्होंने बाबू अयोध्याप्रसाद खत्री के 'खड़ी बोली का पद्य' की भूमिका के रूप में लिखा था। देखिए, उसमें वे क्या कहते हैं—

> **फारसी मिश्रित हिंदी (अर्थात् उर्दू या हिंदुस्तानी) के अदालती भाषा बनाए जाने के कारण उनकी बड़ी उन्नति हुई। इससे साहित्य की एक नई भाषा ही खड़ी हो गयी। पश्चिमोत्तर प्रदेश के निवासी, जिनकी यह भाषा कही जाती है, इसे एक विदेशी भाषा की तरह स्कूलों में सीखने के लिये विवश किये जाते हैं।**

पहले कहा जा चुका है कि राजा शिवप्रसाद ने उर्दू की ओर झुकाव हो जाने पर भी साहित्य की पाठ्यपुस्तक 'गुटका' में भाषा का आदर्श हिंदी ही रखा। उक्त गुटका में उन्होंने 'राजा भोज का सपना', 'रानी केतकी की कहानी' के साथ ही राजा लक्ष्मणसिंह के 'शकुंतला नाटक' का भी बहुत सा अंश रखा। पहला गुटका शायद संवत् १९२४ में प्रकाशित हुआ था।

संवत् १९१९ और १९२४ के बीच कई संवाद पत्र हिंदी में निकले। 'प्रजाहितैषी' का उल्लेख हो चुका है। संवत् १९२० में 'लोकमित्र' नाम का एक पत्र ईसाईधर्म प्रचार के लिये आगरे (सिकंदरे)से निकला था जिसकी भाषा शुद्ध हिंदी होती थी। लखनऊ से जो 'अवध अखबार' (उर्दू) निकलने लगा था उसके कुछ भाग में हिंदी के लेख भी रहते थे।

जिस प्रकार इधर संयुक्त प्रांत में राजा शिवप्रसाद शिक्षा विभाग में रहकर हिंदी की किसी न किसी रूप में रक्षा कर रहे थे उसी प्रकार पंजाब में बाबू नवीनचंद्र राय महाशय कर रहे थे। संवत् १९२० और १९३७ के बीच नवीन बाबू ने भिन्न-भिन्न विषयों की बहुत सी हिंदी पुस्तकें तैयार कीं और दूसरों से तैयार कराईं। ये पुस्तकें बहुत दिनों तक वहाँ कोर्स में रहीं। पंजाब में स्त्री शिक्षा का प्रचार करने वालों में ये मुख्य थे। शिक्षा-प्रचार के साथ-साथ समाज सुधार आदि के उद्योग में भी बराबर रहा करते थे। ईसाइयों के प्रभाव को रोकने के लिये किस प्रकार बंगाल में ब्रह्मसमाज की स्थापना हुई थी, उसका उल्लेख पहले हो चुका है। नवीनचन्द्र ने ब्रह्मसमाज के सिद्धांतों के प्रचार के उद्देश्य से समय-समय पर कई पत्रिकाएँ भी निकालीं। संवत् १९२४ (मार्च सन् १८६७) में उनकी 'ज्ञानदायिनी पत्रिका' निकली जिसमें शिक्षासंबंधी तथा साधारण ज्ञान विज्ञानपूर्ण लेख भी रहा करते थे। यहाँ पर यह कह देना आवश्यक है कि शिक्षा विभाग द्वारा जिस हिंदी गद्य के प्रचार में ये सहायक हुए वह शुद्ध हिंदी गद्य था। हिंदी को उर्दू के झमेले में पड़ने से ये सदा बचाते रहे।

हिंदी की रक्षा के लिये उन्हें उर्दू के पक्षपातियों से उसी प्रकार लड़ना पड़ता था जिस प्रकार यहाँ राजा शिवप्रसाद को। विद्या की उन्नति के लिये लाहौर में 'अंजुमन लाहौर' नाम की एक सभा स्थापित की। संवत् १९२३ के उसके एक अधिवेशन में किसी सैयद हादी हुसैन खाँ

ने एक व्याख्यान देकर उर्दू को ही देश में प्रचलित होने के योग्य कहा। उस सभा की दूसरी बैठक में नवीनबाबू ने खाँ साहब के व्याख्यान का पूरा खंडन करते हुए कहा—

> **उर्दू के प्रचलित होने से देशवासियों को कोई लाभ न होगा क्योंकि वह भाषा खास मुसलमानों की है। उसमें मुसलमानों के व्यर्थ बहुत से अरबी फारसी के शब्द भर दिये हैं। पद्य या छंदोबद्ध रचना के भी उर्दू उपयुक्त नहीं। हिंदुओं का यह कर्तव्य है कि अपनी परंपरागत भाषा की उन्नति करते चलें। उर्दू में आशिकी कविता के अतिरिक्त किसी गंभीर विषय को व्यक्त करने की शक्ति ही नहीं है।**

नवीन बाबू के इस व्याख्यान की खबर पाकर इसलामी तहजीब के पुराने हामी, हिंदी के पक्के दुश्मन गार्सां द तासी फ्रांस में बैठे-बैठे बहुत झल्लाए और अपने एक प्रवचन में उन्होंने बड़े जोश के साथ हिंदी का विरोध और उर्दू का पक्षमंडन किया तथा नवीन बाबू को कट्टर हिंदू कहा। अब यह फ्रांसीसी हिंदी से इतना चिढ़ने लगा था कि उसके मूल पर ही उसने कुठार चलाना चाहा और बीम्स साहब (M. Beames)का हवाला देते हुए कह डाला कि हिंदी तो एक पुरानी भाषा थी जो संस्कृत से बहुत पहले प्रचलित थी, आर्यों ने आकर उसका नाश किया, और जो बचे खुचे शब्द रह गये उनकी व्युत्पत्ति भी संस्कृत से सिद्ध करने का रास्ता निकाला। इसी प्रकार जब जहाँ कहीं हिंदी का नाम लिया जाता तब तासी बड़े बुरे ढंग से विरोध में कुछ न कुछ इस तरह की बातें कहता।

सर सैयद अहमद का अँगरेज अधिकारियों पर कितना प्रभाव था, यह पहले कहा जा चुका है। संवत् १९२५ में इस प्रांत के शिक्षा विभाग के अध्यक्ष हैवेल (M.S.Havell) साहब ने अपनी यह राय जाहिर की कि—

> **यह अधिक अच्छा होता यदि हिंदू बच्चों को उर्दू सिखाई जाती न कि एक ऐसी 'बोली' में विचार प्रकट करने का अभ्यास कराया जाता जिसे अंत में एक दिन उर्दू के सामने सिर झुकाना पड़ेगा।**

इस राय को गार्सां द तासी ने बड़ी खुशी के साथ अपने प्रवचन में शामिल किया। इसी प्रकार इलाहाबाद इंस्टीट्यूट के एक अधिवेशन में (संवत् १९२५) जब यह विवाद हुआ था कि 'देसी जबान' हिंदी को मानें या उर्दू को, तब हिंदी के पक्ष में कई वक्ता उठकर बोले थे। उन्होंने कहा था कि अदालतों में उर्दू जारी होने का यह फल हुआ है कि अधिकांश जनता—विशेषत: गाँवों की—जो उर्दू से सर्वथा अपरिचित है, बहुत कष्ट उठाती है, इससे हिंदी का जारी होना बहुत आवश्यक है। बोलने वालों में से किसी-किसी ने कहा कि केवल अक्षर नागरी के रहें और कुछ लोगों ने कहा कि भाषा भी बदलकर सीधी सादी की जाय। इस पर भी गार्सां द तासी ने हिंदी के पक्ष में बोलने वालों का उपहास किया था।

उसी काल में इंडियन डेली न्यूज के एक लेख में हिंदी प्रचलित किये जाने की आवश्यकता दिखाई गयी थी। उसका भी जवाब देने तासी साहब खड़े हुए थे। 'अवध अखबार' में जब एक बार हिंदी के पक्ष में लेख छपा था तब भी उन्होंने उसके संपादक की राय का जिक्र करते हुए हिंदी को एक 'भद्दी बोली' कहा था जिसके अक्षर भी देखने में सुडौल नहीं लगते।

शिक्षा के आंदोलन के साथ ही साथ ईसाई मत का प्रचार रोकने के लिये मतमतांतर संबंधी आंदोलन देश के पश्चिमी भागों में भी चल पड़े। पैगंबरी एकेश्वरवाद की ओर नवशिक्षित

लोगों को खिंचते देख स्वामी दयानंद सरस्वती वैदिक एकेश्वरवाद लेकर खड़े हुए और संवत् १९२० से उन्होंने अनेक नगरों में घूम-घूम कर व्याख्यान देना आरंभ किया। कहने की आवश्यकता नहीं कि ये व्याख्यान देश में बहुत दूर दूर तक प्रचलित साधु हिंदी भाषा में ही होते थे। स्वामीजी ने अपना 'सत्यार्थप्रकाश' तो हिंदी या आर्यभाषा में प्रकाशित ही किया, वेदों के भाष्य भी संस्कृत और हिंदी दोनों में किये। स्वामी जी के अनुयायी हिंदी को 'आर्यभाषा' कहते थे। स्वामी जी ने संवत् १९२२ में 'आर्यसमाज' की स्थापना की और सब आर्यसमाजियों के लिये हिंदी या आर्यभाषा का पढ़ना आवश्यक ठहराया। संयुक्त प्रांत के पश्चिमी जिलों और पंजाब में आर्यसमाज के प्रभाव से हिंदी गद्य का प्रचार बड़ी तेजी से हुआ। पंजाबी बोली में लिखित साहित्य न होने से और मुसलमानों के बहुत अधिक संपर्क से पंजाबवालों की लिखने पढ़ने की भाषा उर्दू हो रही थी। आज जो पंजाब में हिंदी की पूरी चर्चा सुनाई देती है, इन्हीं की बदौलत है।

संवत् १९१० के लगभग ही विलक्षण प्रतिभाशाली विद्वान पंडित श्रद्धाराम फुल्लौरी के व्याख्यानों और कथाओं की धूम पंजाब में आरंभ हुई। जालंधर के पादरी गोकुलनाथ के व्याख्यानों के प्रभाव से कपूरथला नरेश महाराज रणबीरसिंह ईसाई मत की ओर झुक रहे थे। पंडित श्रद्धारामजी तुरंत संवत् १९२० में कपूरथला पहुँचे और उन्होंने महाराज के सब संशयों का समाधान करके प्राचीन वर्णाश्रम धर्म का ऐसा सुन्दर निरूपण किया कि सब लोग मुग्ध हो गये। पंजाब के सब छोटे-बड़े स्थानों में घूमकर पंडित श्रद्धा रामजी उपदेश और वक्तृताएँ देते तथा रामायण, महाभारत आदि की कथाएँ सुनाते। उनकी कथाएँ सुनने के लिये दूर-दूर से लोग आते और सहस्रों आदमियों की भीड़ लगती थी। उनकी वाणी में अद्भुत आकर्षण था और उनकी भाषा बहुत जोरदार होती थी। स्थान-स्थान पर उन्होंने धर्मसभाएँ स्थापित कीं और उपदेशक तैयार किये। उन्होंने पंजाबी और उर्दू में भी कुछ पुस्तकें लिखी हैं। पर अपनी मुख्य पुस्तकें हिंदी में ही लिखी हैं। अपना सिद्धांतग्रंथ 'सत्यामृतप्रवाह' उन्होंने बड़ी प्रौढ़ भाषा में लिखा है। वे बड़े ही स्वतंत्र विचार के मनुष्य थे और वेदशास्त्र के यथार्थ अभिप्राय को किसी उद्देश्य से छिपाना अनुचित समझते थे। इसी से स्वामी दयानंद की बहुत सी बातों का विरोध वे बराबर करते रहे। यद्यपि वे बहुत सी बातें कह और लिख जाते थे जो कट्टर अंधविश्वासियों को खटक जाती थीं और कुछ लोग इन्हें नास्तिक तक कह देते थे पर जब तक वे जीवित रहे सारे पंजाब के हिंदू उन्हें धर्म का स्तंभ समझते रहे।

पंडित श्रद्धारामजी कुछ पद्यरचना भी करते थे। हिंदी गद्य में तो उन्होंने बहुत कुछ लिखा और वे हिंदी भाषा के प्रचार में बराबर लगे रहे। संवत् १९२४ में उन्होंने 'आत्मचिकित्सा' नाम की एक अध्यात्मसंबंधी पुस्तक लिखी जिसे संवत् १९२८ में हिंदी में अनुवाद करके छपाया। इसके पीछे 'तत्वदीपक', 'धर्मरक्षा', 'उपदेशसंग्रह' (व्याख्यानों का संग्रह), 'शतोपदेश', (दोहे) इत्यादि धर्मसंबंधी पुस्तकों के अतिरिक्त उन्होंने अपना एक बड़ा जीवनचरित (१४०० पृष्ठ के लगभग) लिखा था जो कहीं खो गया। 'भाग्यवती' नाम का एक सामाजिक उपन्यास भी संवत् १९३४ में उन्होंने लिखा, जिसकी बड़ी प्रशंसा हुई।

अपने समय के वे एक सच्चे हिंदी हितैषी और सिद्धहस्त लेखक थे। संवत् १९३८ में उनकी मृत्यु हुई। जिस दिन उनका देहांत हुआ उस दिन उनके मुँह से सहसा निकला कि 'भारत में भाषा के लेखक दो हैं—एक काशी में; दूसरा पंजाब में। परंतु आज एक ही रह जायगा।' कहने की आवश्यकता नहीं कि काशी के लेखक से अभिप्राय हरिश्चंद्र से था।

राजा शिवप्रसाद 'आमफहम' और 'खासपसंद' भाषा का उपदेश ही देते रहे, उधर हिंदी अपना रूप आप स्थिर कर चली। इस बात में धार्मिक और सामाजिक आंदोलनों ने भी बहुत कुछ सहायता पहुँचाई। हिंदी गद्य को भाषा किस दिशा की ओर स्वभावत: जाना चाहती है, इसकी सूचना तो काल अच्छी तरह दे रहा था। सारी भारतीय भाषाओं का साहित्य चिरकाल से संस्कृत की परिचित और भावपूर्ण पदावली का आश्रय लेता चला आ रहा था। अत: गद्य के नवीन विकास में उस पदावली का त्याग और किसी विदेशी पदावली का सहसा ग्रहण कैसे हो सकता था? जब कि बंगला, मराठी आदि अन्य देशी भाषाओं का गद्य परंपरागत संस्कृत पदावली का आश्रय लेता हुआ चल पड़ा था तब हिंदी गद्य उर्दू के झमेले में पड़कर कब तक रुका रहता? सामान्य संबंधसूत्र को त्यागकर दूसरी देशी भाषाओं से अपना नाता हिंदी कैसे तोड़ सकती थी? उनकी सगी बहन होकर एक अजनबी के रूप में उनके साथ वह कैसे चल सकती थी। जबकि यूनानी और लैटिन के शब्द योरप के भिन्न भिन्न मूलों से निकली हुई देशी भाषाओं के बीच एक प्रकार का साहित्यिक संबंध बनाए हुए हैं तब एक ही मूल से निकली हुई आर्य भाषाओं के बीच उस मूल भाषा के साहित्यिक शब्दों की परंपरा यदि संबंधसूत्र के रूप में चली आ रही है तो इसमें आश्चर्य की क्या बात है।

कुछ अँगरेज विद्वान् संस्कृतगर्भित हिंदी की हँसी उड़ाने के लिये किसी अँगरेजी वाक्य में उसी भाषा में लैटिन के शब्द भरकर पेश करते हैं। उन्हें यह समझना चाहिये कि अँगरेजी का लैटिन के साथ मूल संबंध नहीं है, पर हिंदी,बंगला, मराठी, गुजराती आदि भाषाएँ संस्कृत के कुटुम्ब की हैं—उसी के प्राकृत रूपों से निकली हैं। इन आर्यभाषाओं का संस्कृत के साथ बहुत घनिष्ठ संबंध हैं। इन भाषाओं के साहित्य की परंपरा को भी संस्कृत साहित्य की परंपरा का विस्तार कह सकते हैं। देशभाषा के साहित्य को उत्तराधिकार में जिस प्रकार संस्कृत साहित्य के कुछ संचित शब्द मिले हैं उसी प्रकार विचार और भावनाएँ भी मिली हैं। विचार और वाणी की इस धारा से हिंदी अपने को विच्छिन्न कैसे कर सकती थी?

राजा लक्ष्मणसिंह के समय में ही हिंदी गद्य की भाषा अपने भावी रूप का आभास दे चुकी थी। अब आवश्यकता ऐसे शक्तिसंपन्न लेखकों की थी जो अपनी प्रतिभा और उद्भावना के बल से उसे सुव्यवस्थित और परिमार्जित करते और उसमें ऐसे साहित्य का विधान करते जो शिक्षित जनता की रुचि के अनुकूल होता। ठीक इसी परिस्थिति में भारतेन्दु का उदय हुआ।

आधुनिक गद्य साहित्य परंपरा का प्रवर्तन

प्रथम उत्थान

(सं. १९२५-१९५०)

प्रकरण १

सामान्य परिचय

भारतेंदु हरिश्चंद्र का प्रभाव भाषा और साहित्य दोनों पर बड़ा गहरा पड़ा। उन्होंने जिस प्रकार गद्य की भाषा को परिमार्जित करके उसे बहुत ही चलता, मधुर और स्वच्छ रूप दिया, उसी प्रकार हिंदी साहित्य को भी नए मार्ग पर लाकर खड़ा कर दिया। उनके भाषासंस्कार की महत्ता को सब लोगों ने मुक्त कंठ से स्वीकार किया और वे वर्तमान हिंदी गद्य के प्रवर्तक माने गये। मुंशी सदासुख की भाषा साधु होते हुए भी पंडिताऊपन लिये थी, लल्लूलाल में ब्रजभाषापन और सदल मिश्र में पूरबीपन था। राजा शिवप्रसाद का उर्दूपन शब्दों तक ही परिमित न था वाक्यविन्यास तक में घुसा था, राजा लक्ष्मणसिंह की भाषा विशुद्ध और मधुर तो अवश्य थी, पर आगरे की बोलचाल का पुट उसमें कम न था। भाषा का निखरा हुआ शिष्ट सामान्य रूप भारतेंदु की कला के साथ ही प्रकट हुआ। भारतेंदु हरिश्चंद्र ने पद्य की ब्रजभाषा का भी बहुत कुछ संस्कार किया। पुराने पड़े हुए शब्दों को हटाकर काव्यभाषा में भी वे बहुत कुछ चलतापन और सफाई लाए।

इससे भी बड़ा काम उन्होंने यह किया कि साहित्य को नवीन मार्ग दिखाया और उसे वे शिक्षित जनता के साहचर्य में ले आये। नई शिक्षा के प्रभाव से लोगों की विचारधारा बदल चली थी। उनके मन में देशहित, समाजहित आदि की नई उमंगें उत्पन्न हो रही थीं। काल की गति के साथ-साथ उनके भाव और विचार तो बहुत आगे बढ़ गये थे, पर साहित्य पीछे ही पड़ा था। भक्ति, शृंगारादि की पुराने ढंग की कविताएँ ही होती चली आ रही थीं। बीच-बीच में कुछ शिक्षासंबंधिनी पुस्तकें अवश्य निकल जाती थीं पर देश काल के अनुकूल साहित्यनिर्माण का कोई विस्तृत प्रयत्न तब तक नहीं हुआ था। बंग देश में नए ढंग के नाटकों और उपन्यासों का सूत्रपात हो चुका था जिनमें देश और समाज की नई रुचि और भावना का प्रतिबिंब आने लगा था। पर हिंदी साहित्य अपने पुराने रास्ते पर ही पड़ा था। भारतेंदु ने उस साहित्य को दूसरी ओर मोड़कर जीवन के साथ फिर से लगा दिया। इस प्रकार हमारे जीवन और साहित्य के बीच जो विच्छेद पड़ रहा था उसे उन्होंने दूर किया। हमारे साहित्य को नए नए विषयों की ओर प्रवृत्त करने वाले हरिश्चंद्र ही हुए।

उर्दू के कारण अब तक हिंदी गद्य की भाषा का स्वरूप ही झंझट में पड़ा था। राजा शिवप्रसाद और राजा लक्ष्मणसिंह ने जो कुछ लिखा था वह एक प्रकार से प्रस्ताव के रूप में था। जब भारतेंदु अपनी मँजी हुई परिष्कृत भाषा सामने लाए तब हिंदी बोलने वाली जनता को

गद्य के लिये खड़ी बोली का प्रकृत साहित्यिक रूप मिल गया और भाषा के स्वरूप का प्रश्न न रह गया। प्रस्तावकाल समाप्त हुआ और भाषा का स्वरूप स्थिर हुआ।

भाषा का स्वरूप स्थिर हो जाने पर जब साहित्य की रचना कुछ परिमाण में हो लेती है तभी शैलियों का भेद, लेखकों की व्यक्तिगत विशेषताएँ आदि लक्षित होती हैं। भारतेन्दु के प्रभाव से उनके अल्प जीवनकाल के बीच ही लेखकों का एक खासा मंडल तैयार हो गया जिसके भीतर पं० प्रतापनारायण मिश्र, उपाध्याय बदरीनारायण चौधरी, ठाकुर जगमोहनसिंह, पं० बालकृष्ण भट्ट मुख्य रूप से गिने जा सकते हैं। इन लेखकों की शैलियों में व्यक्तिगत विभिन्नता स्पष्ट लक्षित हुई। भारतेंदु में ही हम दो प्रकार की शैलियों का व्यवहार पाते हैं। उनकी भावावेश की शैली दूसरी है और तथ्यनिरूपण की दूसरी। भावावेश के कथनों में वाक्य प्राय: बहुत छोटे-छोटे होते हैं और पदावली सरल बोलचाल की होती है जिसमें बहुत प्रचलित अरबी-फारसी के शब्द भी कभी-कभी पर बहुत कम आ जाते हैं। जहाँ किसी ऐसे प्रकृतिस्थ भाव की व्यंजना होती है जो चिंतन का अवकाश भी बीच-बीच में छोड़ता है, वहाँ की भाषा कुछ अधिक साधु और गंभीर होती है, वाक्य भी कुछ लंबे होते हैं, पर उनका अन्वय जटिल नहीं होता। तथ्यनिरूपण या सिद्धांतकथन के भीतर संस्कृत शब्दों का कुछ अधिक मेल दिखाई पड़ता है। एक बात विशेष रूप से ध्यान देने की है। वस्तुवर्णन या दृश्यवर्णन में विषयानुकूल मधुर या कठोर वर्णवाले संस्कृत शब्दों की योजनाओं की, जो प्राय: समस्त और सानुप्रास होती है, चाल सी चली आई है। भारतेंदु में यह प्रवृत्ति हम सामान्यत: नहीं पाते।

पं० प्रतापनारायण मिश्र की प्रकृति विनोदशील थी अत: उनकी भाषा बहुत ही स्वच्छंद गति से बोलचाल की चपलता और भावभंगी लिये चलती है। हास्यविनोद की उमंग में वह कभी-कभी मर्यादा का अतिक्रमण करती, पूरबी कहावतों और मुहावरों की बौछार भी छोड़ती चलती है। उपाध्याय बदरीनारायण चौधरी 'प्रेमघन' के लेखों में गद्य काव्य के पुराने ढंग की झलक, रंगीन इमारत की चमक-दमक बहुत कुछ मिलती है। बहुत से वाक्यखंडों की लड़ियों से गुँथे हुए उनके वाक्य अत्यंत लम्बे होते थे—इतने लंबे कि उनका अन्वय कठिन होता था। पदविन्यास में तथा कहीं-कहीं वाक्यों के बीच विरामस्थलों पर भी, अनुप्रास देख इंशा और लल्लूलाल का स्मरण होता है। इस दृष्टि से देखें तो 'प्रेमघन' में पुरानी परंपरा का निर्वाह अधिक दिखाई पड़ता है।

पं० बालकृष्ण भट्ट की भाषा अधिकतर वैसी ही होती थी जैसी खरी-खरी सुनाने में काम में लाई जाती है। जिन लेखों में उनकी चिड़चिड़ाहट झलकती है वे विशेष मनोरंजक हैं। नूतनपुरातन का वह संघर्षकाल था। इसमें भट्ट जी को चिढ़ाने की पर्याप्त सामग्री मिल जाया करती थी। समय के प्रतिकूल पुराने बद्धमूल विचारों को उखाड़ने और परिस्थिति के अनुकूल नए विचारों को जमाने में उनकी लेखनी सदा तत्पर रहती थी। भाषा उनकी चरपरी, तीखी और चमत्कारपूर्ण होती थी।

ठाकुर जगमोहनसिंह की शैली शब्दशोधन और अनुप्रास की प्रवृत्ति के कारण चौधरी बदरीनारायण की शैली से मिलती-जुलती है पर उसमें लंबे बाक्यों की जटिलता नहीं पाई जाती। इसके अतिरिक्त उनकी भाषा में जीवन की मधुर भारतीय रंगस्थलियों की मार्मिक ढंग से हृदय में जमानेवाले प्यारे शब्दों का चयन अपनी अलग-अलग विशेषता रखता है।

हरिश्चंद्र काल के सब लेखकों में अपनी भाषा की प्रकृति की पूरी परख थी। संस्कृत के ऐसे ही शब्दों और रूपों का व्यवहार वे करते थे जो शिष्ट समाज के बीच प्रचलित चले आते हैं। जिन शब्दों या उनके जिन रूपों से केवल संस्कृतभाषी ही परिचित होते हैं और जो भाषा के प्रवाह के साथ ठीक चलते नहीं, उनका प्रयोग वे बहुत औचट में पड़कर ही करते थे। उनकी लिखावट में न 'उड्डीयमान' और 'अवसाद' ऐसे शब्द मिलते हैं, न 'औदार्य', 'सौकर्य' और 'मौर्ख्य' ऐसे रूप।

भारतेंदु के समय में ही देश के कोने-कोने में हिंदी लेखक तैयार हुए जो उनके निधन के उपरांत भी बराबर साहित्य सेवा में लगे रहे। अपने-अपने विषय क्षेत्र के अनुकूल रूप हिंदी को देने में सबका हाथ रहा। धर्म संबंधी विषयों पर लिखनेवालों (जैसे, पं० अंबिकादत्त व्यास) ने शास्त्रीय विषयों को व्यक्त करने में, संवादपत्रों में राजनीतिक बातों को सफाई के साथ सामने रखने में हिंदी को लगाया। सारांश यह कि उस काल में हिंदी का शुद्ध साहित्योपयोगी रूप ही नहीं, व्यवहारोपयोगी रूप भी निखरा।

यहाँ तक तो भाषा और शैली की बात हुई। अब लेखकों की दृष्टिक्षेत्र और उनका मानसिक अवस्थान लीजिये। हरिश्चंद्र तथा उनके समसामयिक लेखकों में जो एक सामान्य गुण लक्षित होता है वह है सजीव या जिंदादिली। सब में हास्य या विनोद की मात्रा थोड़ी या बहुत पायी जाती है। राजा शिवप्रसाद या राजा लक्ष्मणसिंह भाषा पर अधिकार रखनेवाले पर झंझटों से दबे हुए स्थिर प्रकृति के लेखक थे। उनमें वह चपलता, स्वच्छंदता और उमंग नहीं पाई जाती जो हरिश्चन्द्र मंडल के लेखकों में दिखाई पड़ती है। शिक्षित समाज में संचरित भावों को भारतेंदु के सहयोगियों ने बड़े अनुरंजनकारी रूप में ग्रहण किया।

सबसे बड़ी बात स्मरण रखने की यह है कि उन पुराने लेखकों के हृदय का मार्मिक संबंध भारतीय जीवन के विविध रूपों के साथ पूरा-पूरा बना था। भिन्न-भिन्न ऋतुओं में पड़ने वाले त्योहार उनके मन में उमंग उठाते, परंपरा से चले आते हुए आमोद-प्रमोद के मेले उनमें कुतूहल जगाते और प्रफुल्लता लाते थे। आजकल के समान उनका जीवन देश के सामान्य जीवन से विच्छिन्न न था। विदेशी अंधड़ों ने उनकी आँखों में उतनी धूल नहीं झोंकी थी कि अपने देश का रूप रंग उन्हें सुझाई ही न पड़ता। काल की गति वे देखते थे, सुधार के मार्ग भी उन्हें सूझते थे, पर पश्चिम की एक एक बात के अभिनय को ही वे उन्नति का पर्याय नहीं समझते थे। प्राचीन और नवीन के संधिस्थल पर खड़े होकर वे दोनों का जोड़ इस प्रकार मिलाना चाहते थे कि नवीन प्राचीन का प्रवर्धित रूप प्रतीत हो, न कि ऊपर लपेटी हुई वस्तु।

विलक्षण बात यह है कि आधुनिक गद्य साहित्य की परंपरा का प्रवर्तन नाटकों से हुआ। भारतेंदु के पहले 'नाटक' के नाम से जो दो चार ग्रंथ ब्रजभाषा में लिखे गए थे उनमें महाराज विश्वनाथसिंह के 'आनंद रघुनंदन नाटक' को छोड़ और किसी में नाटकत्व न था। हरिश्चंद्र ने सबसे पहले 'विद्यासुंदर नाटक' का बँगला से सुंदर हिंदी में अनुवाद करके संवत् १९२५ में प्रकाशित किया। उसके पहले वे 'प्रवास नाटक' लिख रहे थे पर वह पूरा न हुआ। उन्होंने आगे चलकर भी अधिकतर नाटक ही लिखे। पं० प्रतापनारायण और बदरीनारायण चौधरी ने भी उन्हीं का अनुसरण किया।

खेद के साथ कहना पड़ता है कि भारतेंदु के समय में धूम से चली हुई नाटकों की वह परंपरा आगे चलकर बहुत शिथिल पड़ गई। बा० रामकृष्ण वर्मा बंगभाषा के नाटकों का—जैसे,

वीर नारी पद्मावती, कृष्णाकुमारी—अनुवाद करके नाटकों का सिलसिला कुछ चलाते रहे। इस उदासीनता का कारण उपन्यासों की ओर दिन दिन बढ़ती हुई रुचि के अतिरिक्त अभिनयशालाओं का अभाव भी कहा जा सकता है। अभिनय द्वारा नाटकों की ओर रुचि बढ़ती है और उनका अच्छा प्रसार होता है। नाटक दृश्य काव्य हैं। उनका बहुत कुछ आकर्षण अभिनय पर अवलंबित रहता है। उस समय नाटक खेलनेवाली जो व्यवसायी पारसी कंपनियाँ थीं, वे उर्दू छोड़ हिंदी नाटक खेलने को तैयार न थीं। ऐसी दशा में नाटकों की ओर हिंदी प्रेमियों का उत्साह कैसे रह सकता था?

भारतेंदुजी, प्रतापनारायण मिश्र, बदरीनारायण चौधरी उद्योग करके अभिनय का प्रबंध किया करते थे और कभी कभी स्वयं भी पार्ट लेते थे। पं० शीतला प्रसाद त्रिपाठीकृत 'जानकीमंगल नाटक' का जो धूमधाम से अभिनय हुआ था उसमें भारतेंदुजी ने पार्ट लिया था। यह अभिनय देखने काशीनरेश महाराजा ईश्वरीप्रसाद नारायण सिंह भी पधारे थे और इसका विवरण ८ मई १८६८ के इंडियन मेल में प्रकाशित हुआ था। प्रतापनारायण मिश्र का अपने पिता से अभिनय के लिये मूँछ मुड़ाने की आज्ञा माँगना प्रसिद्ध ही है।

'काश्मीरकुसुम' (राजतरंगिणी का कुछ अंश) और 'बादशाहदर्पण' लिखकर इतिहास की पुस्तकों की ओर जयदेव का जीवनवृत्त लिखकर जीवनचरित की पुस्तकों की ओर भी हरिश्चंद्र ध्यान ले गए पर उस समय इन विषयों की ओर लेखकों की प्रवृत्ति न दिखाई पड़ी।

पुस्तक रचना के अतिरिक्त पत्रिकाओं में प्रकाशित अनेक प्रकार के फुटकल लेख और निबंध अनेक विषयों पर मिलते हैं, जैसे राजनीति, समाजदशा, देशदशा, ऋतु छटा, पर्वत्योहार, जीवनचरित, ऐतिहासिक प्रसंग, जगत् और जीवन से संबंध रखनेवाले सामान्य विषय, (जैसे आत्मनिर्भरता, मनोयोग, कल्पना)। लेखों और निबंधों की अनेकरूपता को देखते हुए उनका वर्गीकरण किया जा सकता है। समाजदशा और देशदशा संबंधी लेख कुछ विचारात्मक पर अधिकांश भावात्मक मिलेंगे। जीवनचरितों और ऐतिहासिक प्रसंगों में इतिवृत्ति के साथ भावव्यंजना भी गुंफित पाई जायगी। ऋतुछटा और पर्वत्योहारों पर अलंकृत भाषा में वर्णनात्मक प्रबंध सामने आते हैं। जगत् और जीवन से संबंध रखने वाले सामान्य विषयों के निरूपण में विरल विचारखंड कुछ उक्तिवैचित्र्य के साथ बिखरे मिलेंगे। पर शैली की व्यक्तिगत विशेषताएँ थोड़ी बहुत लेखकों में पाई जाएँगी।

जैसा कि कहा जा चुका है कि हास्यविनोद की प्रवृत्ति इस काल के प्रायः सब लेखकों में थी। प्राचीन और नवीन के संघर्ष के कारण उन्हें हास्य के अवलंबन दोनों पक्षों में मिलते थे। जिस प्रकार बात बात में बाप दादों की दुहाई देनेवाले, धर्म के आडंबर की आड़ में दुराचार छिपानेवाले पुराने खूसट उनके विनोद के लक्ष्य थे, उसी प्रकार पश्चिमी चालढाल की ओर मुँह के बल गिरनेवाले फैशन के गुलाम भी।

नाटकों और निबंधों की ओर विशेष झुकाव रहने पर भी बंगभाषा की देखादेखी नए ढंग के उपन्यासों की ओर भी ध्यान जा चुका था। अँगरेजी ढंग का मौलिक उपन्यास पहले पहल हिंदी में लाला श्रीनिवासदास का 'परीक्षागुरु' ही निकला था। उसके पीछे बा० राधाकृष्णदास ने 'निस्सहाय हिंदू' और पं० बालकृष्ण भट्ट ने 'नूतन ब्रह्मचारी' तथा 'सौ अजान और एक सुजान' नामक छोटे छोटे उपन्यास लिखे। उस समय तक बंग भाषा में बहुत से अच्छे उपन्यास निकल चुके थे। अतः साहित्य के इस विभाग की शून्यता शीघ्र हटाने के लिए उनके

अनुवाद आवश्यक प्रतीत हुए। हरिश्चंद्र ने ही अपने पिछले जीवन में बंगभाषा के एक उपन्यास के अनुवाद में हाथ लगाया था, पर पूरा न कर सके थे। पर उनके समय में ही प्रतापनारायण मिश्र और राधाचरण गोस्वामी ने कई उपन्यासों के अनुवाद किए। तदनंतर बाबू गदाधर सिंह ने बंगविजेता और दुर्गेशनंदिनी का अनुवाद किया। संस्कृत की कादंबरी की कथा भी उन्होंने बँगला के आधार पर लिखी। पीछे तो बा० राधाकृष्णदास, बा० कार्तिकप्रसाद खत्री, बा० रामकृष्ण वर्मा आदि ने बँगला के उपन्यासों के अनुवाद की जो परंपरा चलाई वह बहुत दिनों तक चलती रही। इन उपन्यासों में देश के सर्वसामान्य जीवन के बड़े मार्मिक चित्र रहते थे।

प्रथम उत्थान का अंत होते-होते तो अनूदित उपन्यासों का ताँता बँध गया। पर पिछले अनुवादकों का अपनी भाषा पर वैसा अधिकार न हुआ था। अधिकांश अनुवादक प्रायः भाषा का ठीक हिंदी रूप देने में असमर्थ रहे। कहीं-कहीं तो बँगला के शब्द और मुहावरे तक ज्यों के त्यों रख दिए जाते थे—जैसे, 'काँदना', 'सिहरना', 'धू धू करके आग जलना', 'छल छल आँसू गिराना', इत्यादि। इन अनुवादों से बड़ा भारी काम यह हुआ कि नए ढंग के सामाजिक और ऐतिहासिक उपन्यासों के ढंग का अच्छा परिचय हो गया और स्वतंत्र उपन्यास लिखने की प्रवृत्ति और योग्यता उत्पन्न हो गई।

हिंदी गद्य की सर्वतोमुखी गति का अनुमान इसी से हो सकता है कि पचीसों पत्र-पत्रिकाएँ हरिश्चंद्र जी के जीवनकाल में निकलीं जिनके नाम नीचे दिए जाते हैं—

१. अल्मोड़ा अखबार (संवत् १९२८, संपादक पं० सदानंद सलवास)
२. हिंदी दीप्तिप्रकाश (कलकत्ता १९२९, कार्तिकप्रसाद खत्री)
३. बिहार बंधु (सं० १९२९, केशवराम भट्ट)
४. सदादर्श (दिल्ली १९३१, ला० श्रीनिवासदास)
५. काशीपत्रिका (१९३३ बा० बलदेवप्रसाद बी० ए०, शिक्षासंबंधी मासिक)
६. भारत बंधु (१९३३, तोताराम, अलीगढ़)
७. भारत मित्र (कलकत्ता, सं. १९३४, रुद्रदत्त)
८. मित्रविलास (लाहौर, १९३४, कन्हैयालाल)
९. हिंदी प्रदीप (प्रयाग, १९३४, पं० बालकृष्ण भट्ट, मासिक)
१०. आर्यदर्पण (शाहजहाँपुर, १९३४, मुं० बख्तावरसिंह)
११. सार सुधानिधि (कलकत्ता, १९३५, सदानंद मिश्र)
१२. उचित वक्ता (कलकत्ता, १९३५, दुर्गाप्रसाद मिश्र)
१३. सज्जन कीर्ति सुधाकर (उदयपुर, १९३६, वंशीधर)
१४. भारत सुदशाप्रवर्तक (फर्रुखाबाद १९३६, गणेशप्रसाद)
१५. आनंदकादंबिनी (मिर्जापुर, १९३८, उपाध्याय बदरीनारायण चौधरी, मासिक)
१६. देशहितैषी (अजमेर, १९३६)
१७. दिनकर प्रकाश (लखनऊ, १९४०, रामदास वर्मा)
१८. धर्मदिवाकर (कलकत्ता, १९४०, देवीसहाय)

१९. प्रयाग समाचार (१९४०, देवकीनंदन त्रिपाठी)

२०. ब्राह्मण (कानपुर, १९४०, प्रतापनारायण मिश्र)

२१. शुभचिंतक (जबलपुर, १९४०, सीताराम)

२२. सदाचार मार्तंड (जयपुर, १९४०, लालचंद शास्त्री)

२३. हिंदोस्थान (इंगलैंड, १९४०, राजा रामपालसिंह, दैनिक)

२४. पीयूष प्रवाह (काशी, १९४१, अंबिकादत्त व्यास)

२५. भारत जीवन (काशी, १९४१, रामकृष्ण वर्मा)

२६. भारतेंदु (वृंदावन, १९४१, राधाचरण गोस्वामी)

२७. कविकुलकंज दिवाकर (बस्ती, १९४१, रामनाथशुक्ल)

इनमें से अधिकांश पत्र पत्रिकाएँ तो थोड़े ही दिन चलकर बंद हो गईं पर कुछ ने लगातार बहुत दिनों तक लोकहितसाधन और हिंदी की सेवा की है जैसे—बिहारबंधु, भारत मित्र, भारतजीवन, उचितवक्ता, दैनिक हिंदोस्थान, आर्यदर्पण, ब्राह्मण, हिंदीप्रदीप। 'मित्रविलास' सनातन धर्म का समर्थक पत्र था जिसमें पंजाब में हिंदी प्रचार का बहुत कुछ कार्य किया था। 'ब्राह्मण', 'हिंदीप्रदीप' और 'आनंदकादंबिनी' साहित्यिक पत्र थे जिनमें बहुत सुंदर मौलिक गद्य प्रबंध और कविताएँ निकला करती थीं। इन पत्र पत्रिकाओं को बराबर आर्थिक कठिनाइयों का सामना करना पड़ता था। 'हिंदी प्रदीप' को कई बार बंद होना पड़ा था। 'ब्राह्मण' संपादक पं० प्रतापनारायण मिश्र को ग्राहकों से चंदा माँगते माँगते थक कर कभी कभी पत्र में इस प्रकार याचना करनी पड़ती थी—

आठ मास बीते, जजमान! अब तौ करौ दच्छिना दान॥

बाबू कार्तिक प्रसाद खत्री ने हिंदी संवादपत्रों के प्रचार के लिए बहुत उद्योग किया था, उन्होंने संवत् १९२८ में 'हिंदी दीप्ति प्रकाश' नाम का एक संवादपत्र और 'प्रेमविलासिनी' नाम की एक पत्रिका निकाली थी। उस समय हिंदी संवादपत्र पढ़ने वाले थे ही नहीं। पाठक उत्पन्न करने के लिये बाबू कार्तिकप्रसाद ने बहुत दौड़धूप की थी। लोगों के घर जा जाकर वे पत्र सुना तक आते थे। इतना सब करने पर भी उनका पत्र थोड़े दिन चलकर बंद हो गया। संवत् १९३४ तक कोई अच्छा और स्थायी साप्ताहिक पत्र नहीं निकला था। अत: संवत् १९३४ में पंडित दुर्गाप्रसाद मिश्र, पंडित छोटूलाल मिश्र, पंडित सदानंद मिश्र और बाबू जगन्नाथप्रसाद खन्ना के उद्योग से कलकत्ते में 'भारतमित्र कमेटी' बनी और 'भारत मित्र' पत्र बड़ी धूमधाम से निकला जो बहुत दिनों तक हिंदी संवादपत्रों में एक ऊँचा स्थान ग्रहण किए रहा। प्रारंभकाल में जब पंडित छोटूलाल मिश्र इसके संपादक थे तब भारतेंदुजी कभी कभी इसमें लेख दिया करते थे।

उसी संवत् में लाहौर से 'मित्रविलास' नामक पत्र पंडित गोपीनाथ के उत्साह से निकला। इसके पहले पंजाब में कोई हिंदी का पत्र न था। केवल 'ज्ञानप्रदायिनी' नामक की एक पत्रिका उर्दू हिंदी में बाबू नवीनचंद्र द्वारा निकलती थी जिसमें शिक्षा और सुधारसंबंधी लेखों के अतिरिक्त ब्राह्मोमत की बातें रहा करती थीं। उसके पीछे जो 'हिंदीबांधव' निकला उसमें भी उर्दू और हिंदी दोनों रहती थीं। केवल हिंदी का एक भी पत्र न था। 'कवि वचनसुधा की मनोहर लेखशैली और भाषा पर मुग्ध होकर ही पंडित गोपीनाथ ने 'मित्रविलास' निकाला था

जिसकी भाषा बहुत सुष्ठु और ओजस्विनी होती थी। भारतेंदु के गोलोकवास पर बड़ी ही मार्मिक भाषा में इस पत्र ने शोकप्रकाश किया था और उनके नाम का संवत् चलाने का आंदोलन उठाया था।

इसके उपरांत संवत् १९३५ में पंडित दुर्गाप्रसाद मिश्र के संपादन में 'उचितवक्ता' और पंडित सदानंदमिश्र के संपादन में 'सारसुधानिधि' ये दो पत्र कलकत्ते से निकले। इन दोनों महाशयों ने बड़े समय पर हिंदी के एक बड़े अभाव की पूर्ति में योग दिया था। पीछे कालाकांकर के मनस्वी और देशभक्त राजा रामपालसिंह जी अपनी मातृभाषा की सेवा के लिये खड़े हुए और संवत् १९४० में उन्होंने 'हिंदोस्थान' नामक पत्र इंगलैंड से निकाला जिसमें हिंदी और अँगरेजी दोनों रहती थीं। भारतेंदु के गोलोकवास के पीछे संवत् १९४२ में यह हिंदी दैनिक के रूप में निकला और बहुत दिनों तक चलता रहा। इसके संपादकों में देशपूज्य पंडित मदनमोहन मालवीय, पं० प्रतापनारायण मिश्र, बाबू बालमुकुंद गुप्त ऐसे लोग रह चुके हैं। बाबू हरिश्चंद्र के जीवन काल में ही अर्थात् मार्च सन् १८८४ ई० में बाबू रामकृष्ण वर्मा ने काशी से 'भारतीय जीवन' पत्र निकाला। इस पत्र का नामकरण भारतेंदु ने ही किया।

प्रकरण २

गद्य साहित्य परंपरा का प्रवर्तन : प्रथम उत्थान

(१) भारतेंदु हरिश्चंद्र—इनका जन्म काशी के एक संपन्न वैश्यकुल में भाद्र शुक्ल ५, संवत् १९०७ को और मृत्यु ३५ वर्ष की अवस्था में माघ कृष्ण ६, संवत् १९४१ को हुई।

संवत् १९२२ में ये अपने परिवार के साथ जगन्नाथजी गए। उसी यात्रा में उनका परिचय बंग देश की नवीन साहित्यिक प्रगति से हुआ। उन्होंने बँगला में नए ढंग के सामाजिक, देश-देशांतर-संबंधी ऐतिहासिक और पौराणिक नाटक, उपन्यास आदि देखे और हिंदी में वैसी पुस्तकों के अभाव का अनुभव किया। संवत् १९२५ में उन्होंने 'विद्यासुंदर नाटक' बंगला से अनुवाद करके प्रकाशित किया। इस अनुवाद में ही उन्होंने हिंदी गद्य के बहुत ही सुडौल रूप का आभास दिया। इसी वर्ष उन्होंने 'कविवचनसुधा' नाम की एक पत्रिका निकाली जिसमें पहले पुराने कवियों की कविताएँ छपा करती थीं पर पीछे गद्य लेख भी रहने लगे। १९३० में उन्होंने 'हरिश्चंद्र मैगजीन' नाम की एक मासिक पत्रिका निकाली जिसका नाम ८ संख्याओं के उपरांत 'हरिश्चंद्रचंद्रिका' हो गया। हिंदी गद्य का ठीक परिष्कृतरूप पहले पहल इसी 'चंद्रिका' में प्रकट हुआ। जिस प्यारी हिंदी को देश ने अपनी विभूति समझा, जिसको जनता ने उत्कंठापूर्वक दौड़कर अपनाया, उसका दर्शन इसी पत्रिका में हुआ। भारतेंदु ने नई सुधरी हुई हिंदी का उदय इसी समय से माना है। उन्होंने 'कालचक्र' नाम की अपनी पुस्तक में नोट किया है कि हिंदी 'नई चाल में ढली, सन् १८७३ ई०।'

इस 'हरिश्चंद्री हिंदी' के आविर्भाव के साथ ही नए नए लेखक भी तैयार होने लगे। 'चंद्रिका' में भारतेंदु आप तो लिखते ही थे बहुत से और लेखक भी उन्होंने उत्साह दे देकर तैयार कर लिए थे। स्वर्गीय पंडित बदरीनारायण चौधरी, बाबू हरिश्चंद्र के संपादनकौशल की बड़ी प्रशंसा किया करते थे। बड़ी तेजी के साथ वे चंद्रिका के लिये लेख और नोट लिखते थे और मैटर को बड़े ढंग से सजाते थे। हिंदी गद्य साहित्य के इस आरंभकाल में ध्यान देने की बात है कि उस समय जो थोड़े से गिनती के लेखक थे, उनमें विदग्धता और मौलिकता थी और उनकी हिंदी हिंदी होती थी। वे अपनी भाषा की प्रकृति को पहचाननेवाले थे। बँगला, मराठी, उर्दू, अँगरेजी के अनुवाद का वह तूफान जो पचीस तीस वर्ष पीछे चला और जिसके कारण हिंदी का स्वरूप ही संकट में पड़ गया था, उस समय नहीं था। उस समय ऐसे लेखक न थे जो बंगला की पदावली और वाक्य ज्यों के त्यों रखते हों या अँगरेजी वाक्यों और मुहावरों का शब्द प्रति शब्द अनुवाद करके हिंदी लिखने का दावा करते हों। उस समय की हिंदी में न 'दिक् दिक् अशांति' थी, न काँदना, सिहरना और छल छल अश्रुपात, न 'जीवन होड़' और 'कवि का संदेश' था, न 'भाग लेना और स्वार्थ लेना'।

मैगजीन में प्रकाशित हरिश्चंद्र का पाँचवें पैगंबर', मुंशी ज्वालाप्रसाद का 'कलिराज की सभा', बाबू तोताराम का 'अद्‌भुत अपूर्व स्वप्न', बाबू कार्तिक प्रसाद का 'रेल का विकट खेल' आदि लेख बहुत दिनों तक लोग बड़े चाव से पढ़ते थे। संवत् १९३१ में भारतेंदु जी ने स्त्री

शिक्षा के लिये 'बालबोधिनी' निकाली थी। इस प्रकार उन्होंने तीन पत्रिकाएँ निकालीं। इसके पहले ही संवत् १९३० में उन्होंने अपना पहला मौलिक नाटक 'वैदिकी हिंसा हिंसा न भवति' नाम का प्रहसन लिखा, जिसमें धर्म और उपासना नाम से समाज में प्रचलित अनेक अनाचारों का जघन्य रूप दिखाते हुए उन्होंने राजा शिवप्रसाद को लक्ष्य करके खुशामदियों और केवल अपनी मानवृद्धि की फिक्र में रहनेवालों पर भी छींटे छोड़े। भारत के प्रेम में मतवाले, देश हित की चिंता में व्यग्र, हरिश्चंद्र जी पर सरकार की जो कुदृष्टि हो गई थी उसके कारण बहुत कुछ राजा साहब ही समझे जाते थे।

गद्य रचना के अंतर्गत भारतेंदु का ध्यान पहले नाटकों की ओर ही गया। अपनी 'नाटक' नाम की पुस्तक में उन्होंने लिखा है कि हिंदी में मौलिक नाटक उनके पहले दो ही लिखे गए थे—महाराज विश्वनाथसिंह का 'आनंदरघुनंदन' नाटक और बाबू गोपालचंद्र का 'नहुष नाटक'। कहने की आवश्यकता नहीं कि ये दोनों ब्रजभाषा में थे। भारतेंदु प्रणीत नाटक ये हैं—

मौलिक

वैदिकी हिंसा हिंसा न भवति, चंद्रावली, विषस्य विषमौषधम्, भारतदुर्दशा, नीलदेवी, अंधेरनगरी, प्रेमयोगिनी, सतीप्रताप (अधूरा)।

(अनुवाद)

विद्यासुंदर, पाखंडविडंबन, धनंजयविजय, कर्पूरमंजरी, मुद्राराक्षस, सत्यहरिश्चंद्र, भारतजननी।

'सत्यहरिश्चंद्र' मौलिक समझा जाता है, पर हमने एक पुराना बँगला नाटक देखा है जिसका वह अनुवाद कहा जा सकता है। कहते हैं कि 'भारतजननी' उनके एक मित्र का किया हुआ बंगभाषा में लिखित 'भारतमाता' का अनुवाद था जिसे उन्होंने सुधारते सुधारते सारा फिर से लिख डाला।

भारतेंदु के नाटकों में सबसे पहले ध्यान इस बात पर जाता है कि उन्होंने सामग्री जीवन के कई क्षेत्रों से ली है। 'चंद्रावली' में प्रेम का आदर्श है। 'नीलदेवी' पंजाब के एक हिंदू राजा पर मुसलमानों की चढ़ाई का ऐतिहासिक वृत्त लेकर लिखा गया है। 'भारतदुर्दशा' में देशदशा बहुत ही मनोरंजक ढंग से सामने लाई गई है, 'विषस्य विषमौषधम्' देशी रजवाड़ों की कुचक्रपूर्ण परिस्थिति दिखाने के लिये रचा गया है। 'प्रेमजोगिनी' में भारतेंदु ने वर्तमान पाखंडमय धार्मिक और सामाजिक जीवन के बीच अपनी परिस्थिति का चित्रण किया है, यही उसकी विशेषता है।

नाटकों की रचनाशैली में उन्होंने मध्यममार्ग का अवलंबन किया। न तो बंगला के नाटकों की तरह प्राचीन भारतीय शैली को एकबारगी छोड़ ये अँगरेजी नाटकों की नकल पर चले और न प्राचीन नाट्यशास्त्र की जटिलता में अपने को फँसाया। उनके बड़े नाटकों में प्रस्तावना बराबर रहती थी। पताका, स्थानक आदि का प्रयोग भी वे कहीं कहीं कर देते थे।

यद्यपि सबसे अधिक रचना उन्होंने नाटकों की ही की पर हिंदी साहित्य के सर्वतोमुखी विकास की ओर भी वे बराबर दत्तचित्त रहे। 'काश्मीरकुसुम', 'बादशाहदर्पण' आदि लिखकर उन्होंने इतिहास रचना का मार्ग दिखाया। अपने पिछले दिनों में वे उपन्यास लिखने की ओर प्रवृत्त हुए थे, पर चल बसे। वे सिद्ध वाणी के अत्यंत सरस हृदय कवि थे। इससे एक ओर तो

उनकी लेखनी से शृंगाररस के ऐसे रसपूर्ण और मार्मिक कवित्त सवैए निकले कि उनके जीवनकाल में ही चारों ओर लोगों के मुँह से सुनाई पड़ने लगे और दूसरी ओर स्वदेशप्रेम से भरी हुई उनकी कविताएँ चारों ओर देश के मंगल का मंत्र सा फूँकने लगीं।

अपनी सर्वतोमुखी प्रतिभा के बल से एक ओर तो वे पद्माकर, द्विजदेव की परंपरा में दिखाई पड़ते थे, दूसरी ओर बंग देश के माइकेल और हेमचंद्र की श्रेणी में। एक ओर तो राधाकृष्ण की भक्ति में झूमते हुए नई भक्तमाल गूँथते दिखाई देते थे, दूसरी ओर मंदिरों के अधिकारियों और टीकाधारी भक्तों के चरित्र की हँसी उड़ाते और मंदिरों, स्त्रीशिक्षा, समाजसुधार आदि पर व्याख्यान देते पाए जाते थे। प्राचीन और नवीन का ही सुंदर सामंजस्य भारतेंदु की कला का विशेष माधुर्य है। साहित्य के एक नवीन युग के आदि में प्रवर्तक के रूप में खड़े होकर उन्होंने यह भी प्रदर्शित किया कि नए या बाहरी भावों को पचाकर इस प्रकार मिलाना चाहिए कि अपने ही साहित्य के विकसित अंग से लगें। प्राचीन नवीन के उस संधिकाल में जैसी शीतल कला का संचार अपेक्षित था वैसी ही शीतल कला के साथ भारतेंदु का उदय हुआ, इसमें संदेह नहीं।

हरिश्चंद्र के जीवनकाल में ही लेखकों और कवियों का एक खासा मंडल चारों ओर तैयार हो गया। उपाध्याय पंडित बदरीनारायण चौधरी, पंडित प्रतापनारायण मिश्र, बाबू तोताराम, ठाकुर जगमोहन सिंह, लाला श्रीनिवासदास, पंडित बालकृष्ण भट्ट, पंडित केशवराम भट्ट, पंडित अंबिकादत्त व्यास, पंडित राधाचरण गोस्वामी इत्यादि कई प्रौढ़ और प्रतिभाशाली लेखकों ने हिंदी साहित्य के इस नूतन विकास में योग दिया था। भारतेंदु का अस्त तो संवत् १९४१ में ही हो गया पर उनका यह मंडल बहुत दिनों तक साहित्य-निर्माण करता रहा। अनेक प्रकार के गद्य प्रबंध, नाटक, उपन्यास आदि इन लेखकों की लेखनी से निकलते रहे। जो मौलिकता इन लेखकों में थी वह द्वितीय उत्थान के लेखकों में न दिखाई पड़ी। भारतेंदु जी में हम दो प्रकार की शैलियों का व्यवहार पाते हैं। उनकी भावावेश की शैली पहली है और तथ्यनिरूपण की शैली दूसरी। भावावेश की भाषा में प्रायः वाक्य बहुत छोटे छोटे होते हैं और पदावली सरल बोलचाल की होती है जिसमें बहुत प्रचलित साधारण फारसी अरबी के शब्द भी कभी कभी पर बहुत कम आ जाते हैं। 'चंद्रावली नाटिका' से उद्धृत अंश देखिए—

> **झूठे झूठे झूठे! झूठे ही नहीं विश्वासघातक। क्यों इतना छाती ठोंक और हाथ उठा उठाकर लोगों को विश्वास दिया? आप ही सब मरते, चाहे जहन्नुम में पड़ते। ...भला क्या काम था कि इतना पचड़ा किया? किसने इस उपद्रव और लाज करने को कहा था? कुछ न होता, तुम्हीं तुम रहते, बस चैन था, केवल आनंद था। फिर क्यों यह विषमय संसार किया? बखेड़िए! और इतने बड़े कारखाने पर बेहयाई परले सिरे की। नाम बिके, लोग झूठा कहें, अपने मारे फिरें, पर बाह रे शुद्ध बेहयाई—पूरी निर्लज्जता! लाज को जूतों मार के, पीट पीट के निकाल दिया है। जिस मुहल्ले में आप रहते हैं लाज की हवा भी नहीं जाती। हाय एक बार भी मुंह दिखा दिया होता तो मतवाले मतवाले बने क्यों लड़ लड़ कर सिर फोड़ते? काहे को ऐसे 'बेशरम' मिलेंगे? हुक्मी बेहया हो।**

जहाँ चित्त की किसी स्थायी क्षोभ की व्यंजना है और चिंतन के लिये कुछ अवकाश है वहाँ की भाषा कुछ अधिक साधु और गंभीर तथा वाक्य कुछ बड़े हैं, पर अन्वय जटिल नहीं, जैसे 'प्रेमयोगिनी' के सूत्रधार के इस भाषण में—

> **क्या सारे संसार के लोग सुखी रहें और हम लोगों का परम बंधु, पिता, मित्र, पुत्र, सब भावनाओं से भावित, प्रेम की एकमात्र मूर्ति, सौजन्य का एकमात्र पात्र, भारत का एकमात्र हित, हिंदी का एक मात्र जनक, भाषा नाटकों का एकमात्र जीवनदाता, 'हरिश्चंद्र' ही दुखी हो? (नेत्र में जल भरकर) हा सज्जनशिरोमणे! कुछ चिन्ता नहीं, तेरा तो बाना है कि कितना भी दुख हो उसे सुख ही मानना। + + मित्र! तुम तो दूसरों का अपकार और अपना उपकार दोनों भूल जाते हो, तुम्हें इनकी निंदा से क्या? इतना चित्त क्यों क्षुब्ध करते हो? स्मरण रखो, ये कीड़े ऐसे ही रहेंगे और तुम लोक बहिष्कृत होकर इनके सिर पर पैर रखके विहार करोगे।**

तथ्यनिरूपण या वस्तुवर्णन के समय कभी कभी उनकी भाषा में संस्कृत पदावली का कुछ अधिक समावेश होता है। इसका सबसे बढ़ा चढ़ा उदाहरण 'नीलदेवी' के वक्तव्य में मिलता है। देखिए—

> **आज बड़ा दिन है, क्रिस्तान लोगों को इससे बढ़कर कोई आनंद का दिन नहीं है। किंतु मुझको आज उलटा और दुख है। इसका कारण मनुष्य स्वभावसुलभ ईर्षा मात्र है। मैं कोई सिद्ध नहीं कि रागद्वेष से विहीन हूँ। जब मुझे अँगरेज रमणी लोग मेद-सिंचित केशराशि, कृत्रिम कुंतलजूट, मिथ्यारत्नाभरण, विविध वर्ण वसन से भूषित, क्षीण कटिदेश कसे, निज निज पतिगण के साथ प्रसन्नवदन इधर से उधर फर फर कल की पुतली की भाँति फिरती हुई दिखाई पड़ती हैं तब इस देश की सीधी सादी स्त्रियों की हीन अवस्था मुझको स्मरण आती है और यही बात मेरे दुःख का कारण होती है।**

पर यह भारतेंदु की असली भाषा नहीं। उनकी असली भाषा का रूप पहले दो अवतरणों में ही समझना चाहिए। भाषा चाहे जिस ढंग की हो उनके वाक्यों का अन्वय सरल होता है, उसमें जटिलता नहीं होती। उनके लेखों में भावों की मार्मिकता पाई जाती है, वाग्वैचित्र्य वा चमत्कार की प्रवृत्ति नहीं।

यह स्मरण रखना चाहिए कि अपने समय के सब लेखकों में भारतेंदु की भाषा साफसुथरी और व्यवस्थित होती थी। उसमें शब्दों के रूप भी एक प्रणाली पर मिलते हैं और वाक्या भी सुसंबद्ध पाए जाते हैं। 'प्रेमघन' आदि और लेखकों की भाषा में हम क्रमशः उन्नति और सुधार पाते हैं। सं० १९३८ की 'आनंदकादंबिनी' का कोई लेख लेकर १० वर्ष पश्चात् किसी लेख में मिलान किया जाय जो बहुत अंतर दिखाई पड़ेगा। भारतेंदु के लेखों में इतना अंतर नहीं पाया जाता। 'इच्छा किया, आज्ञा किया', व्याकरण विरुद्ध प्रयोग अवश्य कहीं कहीं मिलते हैं।

(२) प्रतापनारायण मिश्र—इनके पिता उन्नाव से आकर कानपुर में बस गए थे जहाँ प्रतापनारायण जी का जन्म सं० १९१३ और मृत्यु सं० १९५१ में हुई। ये इतने मनमौजी थे कि

आधुनिक सभ्यता और शिष्टता को कम परवा करते थे। कभी लावनीबाजों में जाकर शामिल हो जाते थे, कभी मेलों और तमाशों में बंद इक्के पर बैठ जाते दिखाई पड़ते थे।

प्रतापनारायण मिश्र यद्यपि लेखनकला में भारतेंदु को ही आदर्श मानते थे पर उनकी शैली में भारतेंदु की शैली से बहुत कुछ विभिन्नता भी लक्षित होती है। प्रतापनारायण जी में विनोदप्रियता विशेष थी इससे उनकी वाणी में व्यंगपूर्ण वक्रता की मात्रा प्रायः रहती है। इसके लिये वे पूरबीपन की परवा न करके अपने बैसवारे की ग्राम्य कहावतें और शब्द भी बेधड़क रख दिया करते थे। कैसा ही विषय हो, वे उसमें विनोद और मनोरंजन की सामग्री ढूँढ़ लेते थे। अपना ब्राह्मण पत्र उन्होंने विविध विषयों पर गद्य प्रबंध लिखने के लिये ही निकाला था। लेख हर तरह के निकलते थे। देशदशा, समाजसुधार, नागरी-हिंदी-प्रचार, साधारण मनोरंजन आदि सब विषयों पर मिश्रजी की लेखनी चलती थी। शीर्षकों के नामों से ही विषयों की अनेकरूपता का पता चलेगा; जैसे 'धूरे का लत्ता बीनै', 'कनातन क डौल बाँधै', 'समझदार की मौत है', 'बात', 'मनोयोग', 'वृद्ध', 'भौ'। यद्यपि उनकी प्रवृत्ति हास्यविनोद की ओर ही अधिक रहती थी, पर जब कभी कुछ गंभीर विषयों पर वे लिखते थे तब संयत और साधु भाषा का व्यवहार करते थे। दोनों प्रकार की लिखावटों के नमूने नीचे दिए जाते हैं—

समझदार की मौत है

> **सच है 'सब तें भले हैं मूढ़ जिन्हें न व्यापै जगतगति'। मजे से पराई जमा गपक बैठना, खुशामदियों से गप मारा करना, जो कोई तिथ-त्योहार आ पड़ा तो गंगा में बदन धो आना, गंगापुत्र को चार पैसे देकर सेंतमेत में धरममूरत, धरमऔतार का खिताब पाना; संसार परमार्थ दोनों तो बन गए, अब काहे की है है और काहे की खै खै? आफत तो बेचारे जिंदादिलियों की है जिन्हें न यों कल न वों कल; जब स्वदेशी भाषा का पूर्ण प्रचार था तब के विद्वान् कहते गीर्वाणवाणीषु विशालबुद्धिस्तथान्य भाषा-रसोलोलुपोहम्। अब आज अन्य भाषा वरंच अन्य भाषाओं का करकट (उर्दू) छाती का पीपल हो रही है, अब यह चिंता खाए लेती है कि कैसे इस चुड़ैल से पीछा छूटै।**

मनोयोग

> **शरीर के द्वारा जितने काम किए जाते हैं, उन सब में मन का लगाव अवश्य रहता है। जिनमें मन प्रसन्न रहता है वही उत्तमता के साथ होते हैं और जो उसकी इच्छा के अनुकूल नहीं होते वह वास्तव में चाहे अच्छे कार्य भी हों किंतु भले प्रकार पूर्ण रूप से संपादित नहीं होते, न उनका कर्त्ता ही यथोचित आनंद लाभ करता है। इसी से लोगों ने कहा है कि मन शरीररूपी नगर का राजा है, और स्वभाव उसका चंचल है। यदि स्वच्छंद रहे तो बहुधा कुत्सित ही मार्ग में धावमान रहता है। यदि रोका न जाय तो कुछ काल में आलस्य और अकृत्य का व्यसन उत्पन्न करके जीवन को व्यर्थ एवं अनर्थपूर्ण कर देता है।**

प्रतापनारायणजी ने फुटकल गद्यप्रबंधों के अतिरिक्त कई नाटक भी लिखे। कलिकौतुक रूपक' में पाखंडियों और दुराचारियों का चित्र खींचकर उनसे सावधान रहने का संकेत किया गया है। 'संगीत शाकुंतल' लावनी के ढंग पर गाने योग्य खड़ी बोली में पद्यबद्ध शकुंतला

नाटक है। भारतेंदु के अनुकरण पर मिश्रजी ने 'भारतदुर्दशा' नाम का नाटक भी लिखा था। 'हठी हम्मीर' रणथंभौर पर अलाउद्दीन की चढ़ाई का वृत्त लेकर लिखा गया है। 'गोसंकट नाटक' और 'कलिप्रभाव' नाटक के अतिरिक्त 'जुआरी खुआरी' नामक उनका एक प्रहसन भी है।

(३) बालकृष्ण भट्ट—भट्टजी का जन्म प्रयाग में सं० १९०१ में और परलोकवास संवत् १९७१ में हुआ। ये प्रयाग के 'कायस्थ पाठशाला' कालेज में संस्कृत के अध्यापक थे।

उन्होंने संवत् १९३३ में अपना 'हिंदी प्रदीप' गद्य साहित्य का ढर्रा निकालने के लिये ही निकाला था। सामाजिक, साहित्यिक, राजनीतिक, नैतिक सब प्रकार के छोटे-छोटे गद्य प्रबंध ये अपने पत्र में तीस वर्ष तक निकालते रहे। मिश्रजी के समान भट्टजी भी स्थान-स्थान पर कहावतों का प्रयोग करते थे, पर उनका झुकाव मुहावरों की ओर कुछ अधिक रहा है। व्यंग्य और वक्रता उनके लेखों में भी भरी रहती है और वाक्य भी कुछ बड़े-बड़े होते हैं। ठीक खड़ी बोली के आदर्श का निर्वाह भट्टजी ने कभी नहीं किया है। पूरबी प्रयोग बराबर मिलते हैं 'समझा बुझाकर' के स्थान पर 'समझाय बुझाय' वे प्राय: लिख जाते थे। उनके लिखने के ढंग से यह जान पड़ता है कि वे अँगरेजी पढ़े-लिखे नवशिक्षित लोगों को हिंदी की ओर आकर्षित करने के लिये लिख रहे हैं। स्थान-स्थान पर ब्रैकेट में घिरे 'Education', इत्यादि अँगरेजी शब्द पाए जाते हैं। इसी प्रकार फारसी-अरबी के लफ्ज ही नहीं बड़े-बड़े फिकरे तक भट्टजी अपनी मौज में आकर रखा करते थे। इस प्रकार उनकी शैली में एक निरालापन झलकता है। प्रतापनारायण के हास्यविनोद से भट्टजी के हास्यविनोद में यह विशेषता है कि वह कुछ चिड़चिड़ाहट लिए रहता था। पदविन्यास भी कभी उसका बहुत ही चोखा और अनूठा होता था।

अनेक प्रकार के गद्य प्रबंध भट्टजी ने लिखे हैं, पर सब छोटे-छोटे। वे बराबर कहा करते थे कि न जाने कैसे लोग बड़े-बड़े लेख लिख डालते हैं। मुहावरों की सूझ उनकी बहुत अच्छी थी। 'आँख', 'कान', 'नाक', आदि शीर्षक देकर उन्होंने कई लेखों में बड़े ढंग के साथ मुहावरों की झड़ी बाँध दी है। एक बार वे मेरे घर पधारे थे। मेरा छोटा भाई आँखों पर हाथ रखे उन्हें दिखाई पड़ा। उन्होंने पूछा 'भैया ! आँख में क्या हुआ है?' उत्तर मिला 'आँख आई है।' ये चट बोल उठे' भैया ! यह आँख बड़ी बला है, इसका आना, जाना, उठना, बैठना सब बुरा है।' अनेक विषयों पर गद्य प्रबंध लिखने के अतिरिक्त 'हिंदी प्रदीप' द्वारा भट्टजी संस्कृत साहित्य और संस्कृत के कवियों का परिचय भी अपने पाठकों को समय-समय पर कराते रहे। पंडित प्रतापनारायण मिश्र और बालकृष्ण भट्ट ने हिंदी गद्य साहित्य में वही काम किया है जो अँगरेजी गद्य साहित्य में एडीसन और स्टील ने किया था। भट्टजी की लिखावट के दो नमूने देखिए—

कल्पना

यावत मिथ्या और दरोग की किबलेगाह इस कल्पनापिशाचिनी का कहीं ओर छोर किसी ने पाया है? अनुमान करते करते हैरान गौतम से मुनि 'गोतम' हो गए। कणाद तिनका खा खाकर किनका बीनने लगे पर मन की मनभावनी कन्या कल्पना का पार न पाया। कपिल बेचारे पचीस तत्वों की कल्पना करते करते 'कपिल' अर्थात् पीले पड़ गए। व्यास ने इन तीनों दार्शनिकों की दुर्गति देख मन में सोचा, कौन इस भूतनी के पीछे दौड़ता

फिरे, यह संपूर्ण विश्व जिसे हम प्रत्यक्ष देख सुन सकते हैं, सब कल्पना, मिथ्या, नाशवान् और क्षणभंगुर है। अतएव हेय है।

आत्मनिर्भरता

इधर पचास साठ वर्षों से अँगरेजी राज्य के अमन चैन का फायदा पाय हमारे देशवाले किसी की भलाई की ओर न झुके वरन् दस वर्ष की गुड़ियों का ब्याह कर पहिले से ड्योढ़ी दूनी सृष्टि अलबत्ता बढ़ाने लगे। हमारे देश की जनसंख्या अवश्य घटनी चाहिए। + + + आत्मनिर्भरता में दृढ़, अपने कूबते बाजू पर भरोसा रखनेवाला, पुष्टवीर्य, पुष्टबल, भाग्यवान, एक संतान अच्छा। 'कूकर सूकर से' निकम्मे, रग रग में दास भाव से पूर्ण, परभाग्योपजीवी दास किस काम के?

निबंधों के अतिरिक्त भट्टजी ने कई छोटे मोटे नाटक भी लिखे हैं जो क्रमशः उनके 'हिंदी प्रदीप' में छपे हैं जैसे—कलिराज की सभा, रेल का विकट खेल, बालविवाह नाटक, चंद्रसेन नाटक। उन्होंने माइकेल मधुसूदन दत्त के 'पद्मावती' और 'शर्मिष्ठा' नामक बंग भाषा के दो नाटकों के अनुवाद भी निकाले थे।

सं० १९४३ में भट्टजी ने लाला श्रीनिवासदास के 'संयोगिता-स्वयंवर' नाटक की 'सच्ची समालोचना' भी, और पत्रों में उसकी प्रशंसा ही प्रशंसा देखकर की थी। उसी वर्ष उपाध्याय पं० बदरीनारायण चौधरी ने बहुत ही विस्तृत समालोचना अपनी पत्रिका में निकाली थी। इस दृष्टि से सम्यक् आलोचना का हिंदी में सूत्रपात करनेवाले इन्हीं दो लेखकों को समझना चाहिए।

(४) उपाध्याय पं० बदरीनारायण चौधरी—चौधरी जी का जन्म मिरजापुर के एक अभिजात ब्राह्मणवंश में भाद्र कृष्ण ६, सं० १९१२ को और मृत्यु फाल्गुन शुक्ल, १४ सं० १९७९ को हुई। उनकी हर एक बात से रईसी टपकती थी। बातचीत का ढंग उनका बहुत ही निराला और अनूठा था। कभी कभी बहुत ही सुंदर वक्रतापूर्ण वाक्य उनके मुँह से निकलते थे। लेखनकला के उनके सिद्धांत के कारण उनके लेखों में यह विशेषता नहीं पाई जाती। वे भारतेंदु के घनिष्ठ मित्रों में थे और वेश भी उन्हीं का सा रखते थे।

उपाध्याय पंडित बदरीनारायण चौधरी (प्रेमघन) की शैली सबसे विलक्षण थी। ये गद्य रचना को एक कला के रूप में ग्रहण करनेवाले—कलम की कारीगरी समझनेवाले—लेखक थे और कभी कभी ऐसे पेचीले मजमून बाँधते थे कि पाठक एक एक डेढ़ डेढ़ कालम के लंबे वाक्य में उलझा रह जाता था। अनुप्रास और अनूठे पदविन्यास की ओर भी उनका ध्यान रहता था। किसी बात को साधारण ढंग से कहे जाने को ही वे लिखना नहीं कहते थे। वे कोई लेख लिखकर जब तक कई बार उसका परिष्कार और मार्जन नहीं कर लेते थे तब तक छपने नहीं देते थे। भारतेंदु के वे घनिष्ठ मित्र थे पर लिखने में उनके 'उतावलेपन' की शिकायत अक्सर किया करते थे। वे कहते थे कि बाबू हरिश्चंद्र अपनी उमंग में जो कुछ लिख जाते थे उसे यदि एक बार और देखकर परिमार्जित कर लिया करते तो और वह और भी सुडौल और सुंदर हो जाता। एक बार उन्होंने मुझसे कांग्रेस के दो दल हो जाने पर एक नाटक लिखने को कहा। मैंने जब लिखकर दिया तब उसके किसी वाक्य को पढ़कर ये कहने लगे इसे यों कर दीजिए—'दोनों दलों की दलादली में दलपति का विचार भी दलदल में फँसा रहा।' भाषा

अनुप्रासमयी और चुहचुहाती हुई होने पर भी उनका पदविन्यास व्यर्थ के आडंबर के रूप में नहीं होता था। उनके लेख अर्थगर्भित और सूक्ष्म विचारपूर्ण होते थे। लखनऊ की उर्दू का जो आदर्श था वही उनकी हिंदी का था।

चौधरी साहब ने कई नाटक लिखे हैं। 'भारत सौभाग्य' कांग्रेस के अवसर पर खेले जाने के लिये सन् १८८८ में लिखा गया था। यह नाटक विलक्षण है। पात्र इतने अधिक और इतने प्रकार के हैं कि अभिनय दुस्साध्य ही समझिए। भाषा भी रंगबिरंगी है—पात्रों के अनुरूप उर्दू, मारवाड़ी, बैसवाड़ी, भोजपुरी, पंजाबी, मराठी, बंगाली, सब कुछ मिलेगी। नाटक की कथावस्तु है बद-एकबाल हिंदी की प्रेरणा से सन् १८५७ का गदर, अँगरेजों के अधिकार की पुनःप्रतिष्ठा और नेशनल कांग्रेस की स्थापना। नाटक के आरंभ के दृश्यों में लक्ष्मी, सरस्वती और दुर्गा का भारत से प्रस्थान भारतेंदु के 'पै धन विदेश चलि जाय यहै अति ख्वारी' से अधिक काव्योचित और मार्मिक है।

'प्रयाग रामागमन' नाटक में राम का भरद्वाज आश्रम में पहुँचकर आतिथ्य ग्रहण है। इसमें सीता की भाषा ब्रज रखी गई है। 'वीरांगना रहस्य महानाटक' (अथवा वेश्याविनोद महानाटक) दुर्व्यसनग्रस्त समाज का चित्र खींचने के लिये उन्होंने सं० १९४३ से ही उठाया और थोड़ा थोड़ा करके समय समय पर अपनी 'आनंदकादंबिनी' में निकालते रहे, पर पूरा न कर सके। इसमें जगह जगह शृंगाररस के श्लोक, कवित्त, सवैये, गजल, शेर इत्यादि रखे गए हैं।

विनोदपूर्ण प्रहसन तो अनेक प्रकार के ये अपनी पत्रिका में बराबर निकालते रहे।

सच पूछिए तो 'आनंदकादंबिनी' प्रेमधनजी ने अपने ही उमड़ते हुए विचारों और भावों को अंकित करने के लिए निकाली थी। और लोगों के लेख उसमें नहीं के बराबर रहा करते थे। इसपर भारतेंदु जी ने एक बार उनसे कहा था कि 'जनाब ! यह किताब नहीं कि जो आप अकेले ही हर काम फरमाया करते हैं, बल्कि अखबार है कि जिसमें अनेक जनलिखित लेख होना आवश्यक है और यह भी जरूरत नहीं कि सब एक तरह के लिक्खाड़ हों।' अपनी पत्रिका में किस शैली की भाषा लेकर चौधरी साहब मैदान में आए इसे दिखाने के लिए हम उसके प्रारंभ काल संवत् १९३८ की एक संख्या से कुछ अंश नीचे देते हैं—

परिपूर्ण पावस

> जैसे किसी देशाधीश के प्राप्त होने से देश का रंगढंग बदल जाता है तद्रूप पावस के आगमन से इस सारे संसार ने भी दूसरा रंग पकड़ा; भूमि हरी भरी होकर नाना प्रकार की घासों से सुशोभित भई, मानो मारे मोद के रोमांच की अवस्था को प्राप्त भई। सुंदर हरित पत्रावलियों से भरित तरुगनों की सुहावनी लताएँ लिपट लिपट मानो मुग्धमयंकमुखियों को अपने प्रियतमों के अनुरागालिंगन की विधि बतलातीं; इससे युक्त पर्वतों के शृंगों के नीचे सुंदरी दरीसमूह के स्वच्छ श्वेत जलप्रवाह ने मानो पारा की धारा और बिल्लौर की ढार को तुच्छ कर युगल पार्श्व की हरी भरी भूमि के, कि जो मारे हरेपन के श्यामता की झलक दे अलक की शोभा लाई है; बीचोबीच माँग सी काढ़ मन माँग लिया और पत्थर की चट्टानों संुबुल अर्थात् हंसराज की जटाओं का फैलना बिथरी हुई लटों के लावण्य का लाना है।

कादंबिनी में समाचार तक कभी-कभी बड़ी रंगीन भाषा में लिखे जाते थे। संवत् १९४२ की संख्या का एक 'स्थानिक संवाद' देखिए—

> **दिव्यदेवी श्री महाराणी बड़हर लाख झंझट झेल और चिरकाल पर्यंत बड़े बड़े उद्योग और मेल से दुःख के दिन सकेल, अचल 'क्रोर्ट' का पहाड़ ढकेल फिर गद्दी पर बैठ गई। ईश्वर का भी क्या खेल है कि कभी तो मनुष्य पर दुःख की रेलपेल और कभी उसी पर सुख की कुलेल है।**

पीछे जो उनका साप्ताहिक पत्र 'नागरीनीरद' निकला उसके शीर्षक भी वर्षा के खासे रूपक हुए; जैसे 'संपादकीयसंमतिसमीर', 'प्रेरितकलापिककलरव', 'हास्यहरितांकुर', वृत्तांतबकुलाकावलि', 'काव्यामृतवर्षा', 'विज्ञापनवीरबहूटियाँ', 'नियमनिर्घोष'।

समालोचना का सूत्रपात हिंदी में एक प्रकार से भट्टजी और चौधरी साहब ने ही किया। समालोच्य पुस्तक के विषयों का अच्छी तरह विवेचन करके उसके गुण-दोष के विस्तृत निरूपण की चाल उन्होंने चलाई। बाबू गदाधर सिंह ने 'बंगविजेता' का जो अनुवाद किया था उसकी आलोचना कादंबिनी में पाँच पृष्ठों में हुई थी। लाला श्रीनिवास दास के 'संयोगिता-स्वयंवर' की बड़ी विस्तृत और कठोर समालोचना चौधरी जी ने कादंबिनी के २१ पृष्ठों में निकाली थी। उसका कुछ अंश नमूने के लिये नीचे दिया जाता है—

> **यद्यपि इस पुस्तक की समालोचना करने के पूर्व इसके समालोचकों की समालोचनाओं की समालोचना करने की आवश्यकता जान पड़ती है, क्योंकि जब हम इस नाटक की समालोचना अपने बहुतेरे सहयोगी और मित्रों को करते देखते हैं, तो अपनी ओर से जहाँ तक खुशामद और चापलूसी का कोई दरजा पाते हैं, शेष छोड़ते नहीं दिखाते।**
>
> \+ \+ \+
>
> **नाट्यरचना के बहुतेरे दोष 'हिंदी प्रदीप' ने अपनी 'सच्ची समालोचना' में दिखलाए हैं। अतएव उसमें हम विस्तार नहीं देते, हम केवल यहाँ अलग अलग उन दोषों को दिखलाना चाहते हैं जो प्रधान और विशेष हैं। तो जानना चाहिए कि यदि यह संयोगिता स्वयंवर पर नाटक लिखा गया तो इसमें कोई दृश्य स्वयंवर का न रखना मानो इस कविता का नाश कर डालना है; क्योंकि यही इसमें वर्णनीय विषय है।**
>
> \+ \+ \+
>
> **नाटक के प्रबंध का कुछ कहना ही नहीं, एक गँवार भी जानता होगा कि स्थान परिवर्तन के कारण गर्भांक की आवश्यकता होती है; अर्थात् स्थान के बदलने में परदा बदला जाता है और इसी पर्दे को बदलने को दूसरा गर्भांक मानते हैं, सो आपने एक ही गर्भांक में तीन स्थान बदल डाले।**
>
> \+ \+ \+
>
> **गर्जे की इस सफहे की कुल स्पीचें 'मर्चेंट आफ बेनिस' से ली गई। पहिले तो मैं यह पूछता हूँ कि विवाह में मुद्रिका परिवर्तन की रीति इस देश की नहीं बल्कि यूरोप की (है), मैने माना कि आप शकुंतला को दुष्यंत के मुद्रिका**

देने का प्रमाण देंगे पर वो तो परिवर्तन न था किंतु महाराज ने अपना स्मारक चिह्न दिया था।

(५) लाला श्रीनिवासदास—इनके पिता लाला मंगलीलाल मथुरा के प्रसिद्ध सेठ लक्ष्मीचंद के मुनीम क्या मैनेजर थे जो दिल्ली में रहा करते थे। वहाँ श्रीनिवासदास का जन्म संवत् १९०८ और मृत्यु सं० १९४४ में हुई।

भारतेंदु के समसामयिक लेखकों में उनका भी एक विशेष स्थान था। उन्होंने कई नाटक लिखे हैं। 'प्रह्लादचरित' ११ दृश्यों का एक बड़ा नाटक है, पर उसके संवाद आदि रोचक नहीं, भाषा भी अच्छी नहीं है। 'तप्तासंवरण नाटक' सन् १८७४ के हरिश्चंद्र मैगजीन में छपा था, पीछे सन् १८८३ ई० में पुस्तकाकार प्रकाशित हुआ। इसमें तप्ता और संवरण की पौराणिक प्रेमकथा है। संवरण ने तप्ता के ध्यान में लीन रहने के कारण गौतम मुनि को प्रणाम नहीं किया। इस पर उन्होंने शाप दिया कि जिसके ध्यान में तुम मग्न हो वह तुम्हें भूल जाय। फिर सदय होकर शाप का यह परिहार उन्होंने बताया कि अंगस्पर्श होते ही उसे तुम्हारा स्मरण हो जायगा।

लालाजी के 'रणधीर' और 'प्रेममोहिनी' नाटक की उस समय अधिक चर्चा हुई थी। पहले पहल यह नाटक सं० १९३४ में प्रकाशित हुआ था और इसके साथ ही एक भूमिका थी जिसमें नाटकों के संबंध में कई बातें अँगरेजी नाटकों पर दृष्टि रखकर लिखी गई थी। यह स्पष्ट जान पड़ता है कि यह नाटक उन्होंने अँगरेजी नाटकों के ढंग पर लिखा था। 'रणधीर और प्रेममोहिनी' नाम ही 'रोमियो ऐंड जूलियट' की ओर ध्यान ले जाता है। कथावस्तु भी इनकी सामान्य प्रथानुसार पौराणिक या ऐतिहासिक न होकर कल्पित है। पर यह वस्तुकल्पना मध्ययुग के राजकुमार-राजकुमारियों के क्षेत्र के भीतर ही हुई है—पाटन का राजकुमार है और सूरत की राजकुमारी। पर दृश्यों में देशकालानुसार सामाजिक परिस्थिति का ध्यान नहीं रखा गया है। कुछ दृश्य तो आजकल का समाज सामने लाते हैं, कुछ मध्य युग का और कुछ उस प्राचीन काल का जब स्वयंवर की प्रथा प्रचलित थी। पात्रों के अनुरूप भाषा रखने के प्रयत्न में मुंशी जी की भाषा इतनी घोर उर्दू कर दी गई है कि केवल हिंदी पढ़ा व्यक्ति एक पंक्ति भी नहीं समझ सकता। कहाँ स्वयंवर, कहाँ ये मुंशीजी !

जैसा ऊपर कहा गया है। यह नाटक अँगरेजी नाटकों के ढंग पर लिखा गया है। इसमें प्रस्तावना नहीं रखी गई है। दूसरी बात यह कि यह दुखांत है। भारतीय रूपक क्षेत्र में दुखांत नाटकों का चलन न था। इसकी अधिक चर्चा का एक कारण यह भी था।

लालाजी का 'संयोगिता स्वयंवर' नाटक सबसे पीछे का है। यह पृथ्वीराज द्वारा संयोगिता हरण का प्रचलित प्रवाद लेकर लिखा गया है।

श्रीनिवासदास ने 'परीक्षागुरु' नाम का एक शिक्षाप्रद उपन्यास भी लिखा है। वे खड़ी बोली के बोलचाल के शब्द और मुहावरे अच्छे लाते थे। उपर्युक्त चारों लेखकों में प्रतिभाशालियों का मनमौजीपन था, पर लाला श्रीनिवासदास व्यवहार में दक्ष और संसार का ऊँचा नीचा समझनेवाले पुरुष थे। अत: उनकी भाषा संयत और साफसुथरी तथा रचना बहुत कुछ सोद्देश्य होती थी। 'परीक्षागुरु' से कुछ अंश नीचे दिया जाता है—

'मुझे आपकी यह बात बिलकुल अनोखी मालूम होती है, भला परोपकारादि शुभ कामों का परिणाम कैसे बुरा हो सकता है? पंडित पुरुषोत्तमदास ने

कहा। 'जैसे अन्न प्राणाधार है परंतु अतिभोजन से रोग उत्पन्न होता है' लाला ब्रजकिशोर कहने लगे 'देखिए परोपकार की इच्छा अत्यंत उपकारी है परंतु हद से आगे बढ़ने पर वह भी फिजूलखर्ची समझी जायगी और अपने कुटुंब परिवारादि का सुख नष्ट हो जायगा। जो आलसी अथवा अधर्मियों की सहायता की तो उससे संसार में आलस्य और पाप की वृद्धि होगी। इसी तरह कुपात्र में भक्ति होने से लोक परलोक दोनों नष्ट हो जायँगे। न्यायपरता यद्यपि सब वृत्तियों को समान रखनेवाली है, परंतु इसकी अधिकता से भी मनुष्य के स्वभाव में मिलनसारी नहीं रहती, क्षमा नहीं रहती। जब बुद्धिवृत्ति के कारण किसी वस्तु के विचार में मन अत्यंत लग जायगा, तो और जानने लायक पदार्थों की अज्ञानता बनी रहेगी। आनुषंगिक प्रवृत्ति के प्रबल होने से जैसा संग होगा वैसा रंग तुरंत लग जाया करेगा।'

ऊपर के उद्धरण में अँगरेजी उपन्यासों के ढंग पर भाषण के बीच में या अंत में 'अमुक ने कहा' 'अमुक कहने लगे', ध्यान देने योग्य है। खैरियत हुई कि इस प्रथा का अनुसरण हिंदी के उपन्यासों में नहीं हुआ।

(६) ठाकुर जगमोहनसिंह—भारतेंदु जी के मित्रों में कई बातों में उन्हीं की सी तबीयत रखनेवाले विजयराघवगढ़ (मध्य प्रदेश) के राजकुमार ठाकुर जगमोहनसिंहजी थे। उनका जन्म श्रावण शुक्ल १४, संवत् १९१४ और मृत्यु सं० १९५६ (मार्च, सन् १८९९) में हुई। वे शिक्षा के लिये कुछ दिन काशी में रखे गए थे जहाँ उनका भारतेंदु के साथ मेल जोल हुआ। ये संस्कृत साहित्य और अँगरेजी के अच्छे जानकार तथा हिंदी के एक प्रेमपथिक कवि और माधुर्यपूर्ण गद्य लेखक थे। प्राचीन संस्कृत साहित्य के अभ्यास और विंध्याटवी के रमणीय प्रदेश में निवास के कारण विविध भावमयी प्रकृति के रूपमाधुर्य की जैसी सच्ची परख, जैसी सच्ची अनुभूति, उनमें थी वैसी उस काल के किसी हिंदी कवि या लेखक में नहीं पाई जाती। अब तक जिन लेखकों की चर्चा हुई उनके हृदय में इस भूखंड की रूपमाधुरी के प्रति कोई सच्चा प्रेमसंस्कार न था। परंपरा पालन के लिये चाहे प्रकृति का वर्णन उन्होंने किया हो, पर वहाँ उनका हृदय नहीं मिलता। अपने हृदय पर अंकित भारतीय ग्राम्य जीवन के माधुर्य का जो संस्कार ठाकुर साहब ने अपने 'श्यामास्वप्न' में व्यक्त किया है उसकी सरसता निराली है। बाबू हरिश्चंद्र, पंडित प्रतापनारायण आदि कवियों और लेखकों की दृष्टि और हृदय की पहुँच मानवक्षेत्र तक ही थी; प्रकृति के अपर क्षेत्रों तक नहीं। पर ठाकुर जगमोहनसिंहजी ने नरक्षेत्र के सौंदर्य को प्रकृति के और क्षेत्रों के सौंदर्य के मेल में देखा है। प्राचीन संस्कृत साहित्य के रुचिसंस्कार के साथ भारतभूमि की प्यारी रूपरेखा को मन में बसानेवाले वे पहले हिंदी लेखक थे, यहाँ पर बस इतना ही कहकर उनके 'श्यामास्वप्न' का एक दृश्यखंड नीचे देते हैं—

नर्मदा के दक्षिण दंडकारण्य का एक देश दक्षिण कोशल नाम से प्रसिद्ध है—

याही मग ह्वै के गए दंडकवन श्रीराम।
तासों पावन देस वह विंध्याटवी ललाम॥

मैं कहाँ तक इस सुंदर देश का वर्णन करूँ? ...जहाँ की निर्झरिणी—जिनके तीर वानीर से भरे, मदकल कूजित बिहंगमों से शोभित हैं, जिनके मूल से

स्वच्छ और शीतल जलधारा बहती है, और जिनके किनारे के श्याम जंबू के निकुंज फलभार से नमित जनाते हैं—शब्दायमान होकर झरती हैं। + + + जहाँ के शल्लकी वृक्षों की छाल में हाथी अपना बदन रगड़ रगड़ कर खुजली मिटाते हैं और उनमें से निकला क्षीर सब वन के शीतल समीर को सुरक्षित करता है। मंजुवंजुल की लता और नील निचुल के निकुंज जिनके पत्ते ऐसे सघन जो सूर्य की किरनों को भी नहीं निकलने देते, इस नदी के तट पर शोभित हैं।

ऐसे दंडकारण्य के प्रदेश में भगवती चित्रोत्पला, जो नीलोत्पलों की झोपड़ियों और मनोहर पहाड़ियों के बीच होकर बहती है, कंकगृद्ध नामक पर्वत से निकल अनेक दुर्गम, विषम और असम भूमि के ऊपर से, बहुत से तीर्थों और नगरों को अपने पुण्यजल से पावन करती, पूर्व समुद्र में गिरती है।

इसी नदी के तीर अनेक जंगली गाँव बसे हैं। मेरा ग्राम इन सभों से उत्कृष्ट और शिष्ट जनों से पूरित है। इसके नाम ही को सुनकर तुम जानोगे कि यह कैसा सुंदर ग्राम है। + + + इस पावन अभिराम ग्राम का नाम श्यामपुर है। यहाँ आम के आराम पथिकों और पवित्र यात्रियों को विश्राम और आराम देते हैं। + + + पुराने टूटे फूटे देवाले इस ग्राम की प्राचीनता के साक्षी हैं। ग्राम के सीमांत के झाड़ जहाँ झुंड के झुंड कौवे और बगुले बसेरा लेते हैं, गवँइ की शोभा बताते हैं ! पौ फटते और गोधूली के समय गैयों के खुरों से उड़ी धूल ऐसी गलियों में छा जाती है मानो कुहिरा गिरता हो। + + + ऐसा सुंदर ग्राम, जिसमें श्यामसुंदर स्वयं विराजमान हैं, मेरा जन्म स्थान था।

कवियों के पुराने प्यार की बोली में देश की दृश्यावली को सामने रखने का मूक समर्थन तो इन्होंने किया ही है, साथ ही भाव की प्रबलता से प्रेरित कल्पना के विप्लव और विक्षेप अंकित करनेवाली एक प्रकार की प्रलापशैली भी इन्होंने निकाली जिसमें रूपविधान का वैलक्षण्य प्रधान था, न कि शब्दविधान का। क्या अच्छा होता यदि इस शैली का स्वतंत्र रूप से विकास होता। तब तो बंग साहित्य में प्रचलित इस शैली का शब्दप्रधानरूप, जो हिंदी पर कुछ काल से चढ़ाई कर रहा है और अब काव्य क्षेत्र का अतिक्रमण कर कभी-कभी विषयनिरूपक निबंधों तक का अर्थग्रास करने दौड़ता है, शायद जगह न पाता।

(७) बाबू तोताराम—ये जाति के कायस्थ थे। इनका जन्म संवत् १९०४ में और मृत्यु दिसंबर १९०२ में हुई। बी० ए० पास करके ये हेडमास्टर हुए पर अंत में नौकरी छोड़कर अलीगढ़ में प्रेस खोलकर 'भारतबंधु' पत्र निकालने लगे। हिंदी का हर एक प्रकार से हितसाधन करने के लिये जब भारतेंदु जी खड़े हुए थे उस समय उनका साथ देनेवालों में ये भी थे। इन्होंने 'भाषासंवर्धिनी' नाम की एक सभा स्थापित की थी। ये हरिश्चंद्रचंद्रिका के लेखकों में थे। उसमें 'कीर्तिकेतु' नाम का इनका एक नाटक भी निकला था। ये जब तक रहे हिंदी के प्रचार और उन्नति में लगे रहे। इन्होंने कई पुस्तकें लिखकर अपनी सभा के सहायतार्थ अर्पित की थीं—जैसे 'केटोकृतांत नाटक' (अँगरेजी का अनुवाद), स्त्री सुबोधिनी। भाषा इनकी साधारण अर्थात् विशेषतारहित है। इनके 'कीर्ति केतु' नाटक का एक भाषण देखिए—

यह कौन नहीं जानता ? परंतु इस नीच संसार के आगे कीर्तिकेतु विचारे की क्या चलती है। जो पराधीन होने ही से प्रसन्न रहता है और सिसुभार की सरन

जा गिरने का जिसे चाव है, हमारा पिता अत्रिपुर में बैठा हुआ वृथा रमावती नगरी की नाममात्र प्रतिष्ठा बनाए है। नवपुर की निबल सेना और एक रीती थोथी सभा, जो निष्फल युद्धों से शेष रह गई है, वह उसके संग है। हे ईश्वर !

भारतेंदु के साथ हिंदी की उन्नति में योग देनेवालों में नीचे लिखे महानुभाव भी विशेष उल्लेख योग्य हैं—

(८) पं० केशवराम भट्ट—भट्टजी मराठी ब्राह्मण थे जिनके पूर्वज बिहार में बस गए थे। उनका जन्म सं० १९११ और मृत्यु सं० १९६१ में हुई। उनका संबंध शिक्षाविभाग से था। कुछ स्कूली पुस्तकों के अतिरिक्त उन्होंने 'सज्जाद सुंबुल' और 'शमशाद सौसन' नामक दो नाटक भी लिखे जिनकी भाषा उर्दू ही समझिए। इन दोनों नाटकों की विशेषता यह है कि वर्तमान जीवन को लेकर लिखे गए हैं। इनमें हिंदू, मुसलमान, अँगरेज, लुटेरे, लफंगे, मुकदमेंबाज, मारपीट करनेवाले, रुपया हजम करनेवाले इत्यादि अनेक ढंग के पात्र आए हैं। सं० १९२९ में उन्होंने 'बिहारबंधु' निकाला था और १९३१ में 'बिहार बंधु प्रेस' खोला था।

(९) पं० राधाचरण गोस्वामी—इनका जन्म वृंदावन में सं० १९१५ में हुआ और मृत्यु सं० १९८२ (दिसंबर सन् १९२५) में हुई। ये संस्कृत के बहुत अच्छे विद्वान् थे। 'हरिश्चंद्र मैगजीन' को देखते देखते इनमें देशभक्ति और समाजसुधार के भाव जगे थे। साहित्य सेवा के विचार से इन्होंने 'भारतेंदु' नाम का एक पत्र कुछ दिनों तक वृंदावन से निकाला था। अनेक सभासमाजों में संमिलित होने और समाजसुधार का उत्साह रखने के कारण ये कुछ ब्रह्मसमाज की ओर आकर्षित हुए थे उसके पक्ष में 'हिंदू बांधव' में कई लेखे भी लिखे थे। भाषा इनकी गठी हुई होती थी।

इन्होंने कई बहुत ही अच्छे मौलिक नाटक लिखे हैं, जैसे सुदामा नाटक, सती चंद्रावली, अमरसिंह राठौर, तन-मन-धन श्री गोसाईं जी के अर्पण। इनमें 'सती चंद्रावली' और 'अमरसिंह राठौर' बड़े नाटक हैं। 'सती चंद्रावली' की कथावस्तु औरंगजेब के समय हिंदुओं पर होनेवाले अत्याचारों का चित्र खींचने के लिये बड़ी निपुणता के साथ कल्पित की गई है। अमर सिंह राठौर ऐतिहासिक है। नाटकों के अतिरिक्त इन्होंने 'बिरजा' 'जावित्री' और 'मृण्मयी' नामक उपन्यासों के अनुवाद भी बंगभाषा से किए हैं।

(१०) पं० अंबिकादत्त व्यास—व्यासजी का जन्म सं० १९१५ और मृत्यु सं० १९५७ में हुई। ये संस्कृत के प्रतिभाशाली विद्वान्, हिंदी के अच्छे कवि और सनातन धर्म के बड़े उत्साही उपदेशक थे। इनके धर्मसंबंधी व्याख्यानों की धूम रहा करती थी। 'अवतार मीमांसा' आदि धर्मसंबंधी पुस्तकों के अतिरिक्त इन्होंने बिहारी के दोहों के भाव को विस्तृत करने के लिये 'बिहारी-बिहार' नाम का एक बड़ा काव्यग्रंथ लिखा। गद्यरचना का भी विवेचन इन्होंने अच्छा किया है। पुरानी चाल की कविता (जैसे, पावसपचासा) के अतिरिक्त इन्होंने 'गद्यकाव्य-मीमांसा' आदि अनेक गद्य की पुस्तकें भी लिखीं। 'इन्होंने' 'उन्होंने' के स्थान पर ये 'इनने' 'उनने' लिखते थे।

ब्रजभाषा की अच्छी कविता ये बाल्यावस्था से ही करते थे जिससे बहुत शीघ्र रचना करने का इन्हें अभ्यास हुआ। कृष्णलीला को लेकर इन्होंने ब्रजभाषा में एक 'ललिता नाटिका'

लिखी थी। भारतेंदु के कहने से इन्होंने 'गोसंकट नाटक' लिखा जिसमें हिंदुओं के बीच असंतोष फैलने पर अकबर द्वारा गोवध बंद किए जाने की कथावस्तु रखी गई है।

(११) पंडित मोहनलाल विष्णुलाल पंड्या—इन्होंने गिरती दशा में 'हरिश्चंद्र चंद्रिका' को सँभाला था और उसमें अपना नाम भी जोड़ा था। इनके रंग ढंग से लोग इन्हें इतिहास का अच्छा जानकार और विद्वान समझते थे। कविराज श्यामलदानजी ने जब अपने 'पृथ्वीराज चरित्र' ग्रंथ में 'पृथ्वीराज रासो' को जाली ठहराया था तब इन्होंने 'रासो संरक्षा' लिखकर उसको असल सिद्ध करने का प्रयत्न किया था।

(१२) पं० भीमसेन शर्मा—ये पहिले स्वामी दयानंदजी के दाहिने हाथ थे। संवत् १९४० और १९४२ के बीच इन्होंने धर्म संबंधी कई पुस्तकें हिंदी में लिखीं और कई संस्कृत ग्रंथों के हिंदी भाष्य भी निकाले। इन्होंने 'आर्यसिद्धांत नामक एक मासिक पत्र भी निकाला था। भाषा के संबंध में इनका विलक्षण मत था। 'संस्कृत भाषा की अद्‌भुत शक्ति' नाम का एक लेख लिखकर इन्होंने अरबी-फारसी शब्दों को भी संस्कृत बना डालने की राय बड़े जोर शोर से दी थी—जैसे दुश्मन को दुःश्मन, सिफारिश को 'क्षिप्राशिष' चश्मां को 'चक्ष्मा', शिकायत को 'शिक्षायत्न' इत्यादि।

(१३) काशीनाथ खत्री—इनका जन्म संवत् १९०६ में आगरे के माईथान मुहल्ले में और परलोकवास सिरसा (जिला इलाहाबाद) में, जहाँ ये पहले अध्यापक रह चुके थे और अंतिम दिनों में आकर बस गए थे, सं० १९४८ (९ जनवरी, १८९१) में हुआ। कुछ दिन गवर्नमेंट वर्नाक्यूलर रिपोर्टर का काम करके पीछे ये लाट साहब के दफ्तर के पुस्तकाध्यक्ष नियुक्त हो गए थे। ये मातृभाषा के सच्चे सेवक थे। नीति, कर्त्तव्यपालन, स्वदेशहित ऐसे विषयों पर ही लेख और पुस्तक लिखने की ओर इनकी रुचि थी। शुद्ध साहित्यकोटि में आनेवाली रचनाएँ इनकी बहुत कम हैं। ये तीन पुस्तकें उल्लेख योग्य हैं—(१) ग्राम पाठशाला और निकृष्ट नौकरी-नाटक, (२) तीन इतिहासिक (?) रूपक और (३) बाल विधवा संताप नाटक।

तीन ऐतिहासिक रूपकों में पहला तो है 'सिंध देश की राजकुमारियाँ' जो सिंध में अरबों की चढ़ाई वाली घटना लेकर लिखा गया है; दूसरा है 'गुन्नौर की रानी' जिसमें भूपाल के मुसलमानी राज्य के संस्थापक द्वारा पराजित गुन्नौर के हिंदू राजा की विधवा रानी का वृत्त है। तीसरा है 'लव जी का स्वप्न' जो रघुवंश की एक कथा के आधार पर है।

काशीनाथ खत्री वास्तव में एक अत्यंत अभ्यस्त अनुवादक थे। इन्होंने कई अँगरेजी पुस्तकों, लेखों और व्याख्यानों के अनुवाद प्रस्तुत किए, जैसे—शेक्सपियर के मनोहर नाटकों के आख्यानों (लैब कृत) का अनुवाद; नीत्युपदेश (ब्लैकी के सेल्फ कल्चर का अनुवाद); देश की दरिद्रता और अँगरेजी राजनीति (दादाभाई नौरोजी के व्याख्यान का अनुवाद); भारत त्रिकालिक दशा (कर्नल अलकाट के व्याख्यान का अनुवाद) इत्यादि। अनुवादों के अतिरिक्त इन्होंने 'भारतवर्ष की विख्यात स्त्रियों के चरित्र', 'यूरोपियन', 'धर्मशीला स्त्रियों के चरित्र' मातृभाषा की उन्नति किस विधि करना योग्य है' इत्यादि अनेक छोटी-छोटी पुस्तकें और लेख लिखे।

(१४) राधाकृष्णदास—ये भारतेंदु हरिश्चंद्र के फुफेरे भाई थे। इनका जन्म सं० १९२२ और मृत्यु सं० १९६४ में हुई। इन्होंने भारतेंदु का अधूरा छोड़ा हुआ नाटक 'सती प्रताप' पूरा

किया था। इन्होंने पहले 'दु:खिनी बाला' नामक एक छोटा सा रूपक लिखा था जो 'हरिश्चंद्र चंद्रिका' और 'मोहन चंद्रिका' में प्रकाशित हुआ था। इसमें जन्मपत्री मिलान, बाल विवाह, अपव्यय आदि कुरीतियों का दुष्परिणाम दिखाया गया है। इनका दूसरा नाटक है 'महारानी पद्मावती अथवा मेवाड़ कमलिनी' जिसकी रचना चित्तौड़ पर अलाउद्दीन की चढ़ाई के समय की पद्मिनीवाली घटना को लेकर हुई है। इनका सबसे उत्कृष्ट और बड़ा नाटक 'महाराणा प्रताप' (या राजस्थान केसरी) है जो सं० १९५४ में समाप्त हुआ था। यह नाटक बहुत ही लोकप्रिय हुआ और इसका अभिनय कई बार कई जगह हुआ।

भारतीय प्रथा के अनुसार इसके सब पात्र भी आदर्श के साँचे में ढले हुए हैं। कथोपकथन यद्यपि चमत्कारपूर्ण नहीं, पर पात्र और अवसर के सर्वथा उपयुक्त हैं; उनमें कहीं कहीं ओज भी पूरा है। वस्तुयोजना बहुत ही व्यवस्थित है। इस नाटक में अकबर का हिंदुओं के प्रति सद्भाव उनकी कूटनीति के रूप में प्रदर्शित है। यह बातें चाहे कुछ लोगों को पसंद न हों।

नाटकों के अतिरिक्त इन्होंने 'निस्सहाय हिंदू' नामक एक छोटा सा उपन्यास भी लिखा था। बँगला के कई उपन्यासों के अनुवाद इन्होंने किए हैं—जैसे, स्वर्णलता, मरता क्या न करता।

(१५) कार्तिकप्रसाद खत्री—(जन्म सं० १९०८, मृत्यु १९६१) ये आसाम, बंगाल आदि कई स्थानों में रहे। हिंदी का प्रेम इनमें इतना अधिक था कि २० वर्ष की अवस्था में ही इन्होंने कलकत्ते से हिंदी की पत्र-पत्रिकाएँ निकालने का उद्योग किया था। 'रेल का विकट खेल' नाम का एक नाटक १५ अप्रैल सन् १८७४ ई० की संख्या से 'हरिश्चंद्र मैगजीन' में छपने लगा था, पर पूरा न हुआ। 'इला', 'प्रमिला', 'जया', 'मधुमालती' इत्यादि अनेक बँगला उपन्यासों के इनके किए अनुवाद काशी के 'भारत जीवन' प्रेस से निकले।

(१६) फ्रेडरिक पिन्काट—इनका उल्लेख पहले हो चुका है और यह कहा जा चुका है कि इंगलैण्ड में बैठे बैठे हिंदी में लेख और पुस्तकें लिखते और हिंदी लेखकों के साथ पत्रव्यवहार भी हिंदी में ही करते थे। उन्होंने दो पुस्तकें हिंदी में लिखी हैं—

१. बालदीपक ४ भाग (नागरी और कैथी अक्षरों में), २. विक्टोरिया चरित्र।

ये दोनों पुस्तकें खड्गविलास प्रेस, बाँकीपुर में छपी थीं। 'बालदीपक' बिहार के स्कूलों में पढ़ाई जाती थी। उसके एक पाठ का कुछ अंश भाषा के नमूने के लिये दिया जाता है :—

> **हे लड़को ! तुमको चाहिए कि अपनी पोथी को बहुत सँभाल कर रखो। मैली न होने पावे, बिगड़े नहीं, और जब उसे खोलो, चौकसाई से खोलो कि उसका पन्ना अँगुली के तले दबकर फट न जाय।**

'विक्टोरिया चरित्र' १३६ पृष्ठों की पुस्तक है। इसकी भाषा उनके पत्रों की भाषा की अपेक्षा अधिक मुहावरेदार है।

उनके विचार उनके लंबे लंबे पत्रों से मिलते हैं। बाबू कार्तिकप्रसाद खत्री को सं० १९४३ के लगभग अपने एक पत्र में वे लिखते हैं—

> **आपका सुखद पत्र मुझे मिला और उससे मुझको परम आनंद हुआ। आपकी समझ में हिंदी भाषा का प्रचलित होना उत्तर पश्चिमवासियों के लिये सबसे भारी बात है। मैं भी संपूर्ण रूप से जानता हूँ कि जब तक किसी देश में निज भाषा और अक्षर सरकारी और व्यवहार संबंधी कामों में नहीं**

प्रवृत्त होते हैं, तब तक उस देश का परम सौभाग्य हो नहीं सकता। इसलिए मैंने बार बार हिंदी भाषा को प्रचलित करने का उद्योग किया है। देखो अस्सी बरस हुए बंगाली भाषा निरी अपभ्रंश भाषा थी। पहले पहले थोड़ी थोड़ी संस्कृत बातें उसमें मिली थीं। परंतु अब क्रम करके सँवारने से निपट अच्छी भाषा हो गई। इसी तरह चाहिए कि इन दिनों में पंडित लोग हिंदी भाषा में थोड़ी थोड़ी संस्कृत बातें मिलावें। इस पर भी स्मरण कीजिए कि उत्तर पश्चिम में हजार बरस तक फारसी बोलने वाले लोग राज करते थे। इसी कारण उस देश के लोग बहुत फारसी बातों को जानते हैं। उन फारसी बातों को भाषा में निकाल देना असंभव है। इसलिये उनको निकाल देने का उद्योग मूर्खता का काम है।

हिंदुस्तानी पुलिस की करतूतों को सुनकर आपने बाबू कार्तिकप्रसाद को लिखा था—

कुछ दिन हुए कि मेरे एक हिंदुस्तानी दोस्त ने हिंदुस्तान के पुलिस के जुल्म की ऐसी तस्वीर खींची कि मैं हैरान हो गया। मैंने एक चिट्ठी लाहौर नगर के 'ट्रीब्यून' नामी समाचारपत्र को लिखी। उस चिट्ठी के छपते ही मेरे पास बहुत से लोगों ने चिट्ठियाँ भेजीं जिनसे प्रकाशित हुआ कि पुलिस का जुल्म उससे भी ज्यादा है जितना मैंने सुना था। अब मैंने पक्का इरादा कर लिया है कि जब तक हिंदुस्तान की पुलिस वैसे ही न हो जावे जैसे कि हमारे इँगलिस्तान में है, मैं इस बात का पीछा न छोडूँगा।

भारतेंदु हरिश्चन्द्र को एक चिट्ठी पिन्काट साहब ने ब्रजभाषा पद्य में लिखी थी जो नीचे दी जाती है—

बैस बंस अवतंस, श्रीबाबू हरिचंद जू।
छीर नीर कलहंस, टुक उत्तर लिखि देव मोहिं॥
पर उपकार में उदार अवनी में एक,
भाषत अनेक यह राजा हरिचंद है।
विभव बड़ाई वपु वसन विलास लखि
कहत यहाँ के लोग बाबू हरिचंद है।
चंद वैसो अमिय अनंदकर आरत को
कहत कविंद यह भारत को चंद है।
कैसे अब देखैं, को बतावै, कहाँ पावैं? हाय,
कैसे वहाँ आवै हम कोई मतिमंद है॥
श्रीयुत सकल-कविंद-कुल नुत बाबू हरिचंद।
भारत-हृदय-सतार-नभ उदय रहो जनुचंद॥

प्रचारकार्य

भारतेंदु के समय से साहित्यनिर्माण का कार्य तो धूमधाम से चल पड़ा पर साहित्य के सम्यक् प्रचार में कई प्रकार की बाधाएँ थीं। अदालतों की भाषा बहुत पहले से उर्दू चली आ

रही थी इससे अधिकतर बालकों को अँगरेजी के साथ या अकेले उर्दू की शिक्षा दी जाती थी। शिक्षा का उद्देश्य अधिकतर सरकारी नौकरियों के योग्य बनाना ही समझा जाता रहा है। इससे चारों ओर उर्दू पढ़े लिखे लोग ही दिखाई पड़ते थे। ऐसी अवस्था में साहित्यनिर्माण के साथ हिंदी के प्रचार का उद्योग भी बराबर चलता रहा। स्वयं बाबू हरिश्चंद्र को हिंदी भाषा और नागरी अक्षरों की उपयोगिता समझने के लिये बहुत से नगरों में व्याख्यान देने के लिये जाना पड़ता था। उन्होंने इस संबंध में कई पैंफलेट भी लिखे। हिंदी प्रचार के लिये बलिया में बड़ी भारी सभा हुई थी जिसमें भारतेंदु का बड़ा मार्मिक व्याख्यान हुआ था। वे जहाँ जाते अपना यह मूल मंत्र अवश्य सुनाते थे—

निज भाषा उन्नति अहै, सब उन्नति को मूल।
बिनु निज भाषा ज्ञान के, मिटत न हिय को सूल॥

इसी प्रकार पंडित प्रतापनारायण मिश्र भी 'हिंदी, हिंदू हिंदुस्तानी' का राग अलापते फिरते थे। कई स्थानों पर हिंदी प्रचार के लिये सभाएँ स्थापित हुईं। बाबू तोताराम द्वारा स्थापित अलीगढ़ की 'भाषा संवर्द्धिनी' सभा का उल्लेख हो चुका है। ऐसी ही एक सभा १८८४ में 'हिंदी उद्धारिणी प्रतिनिधि मध्य सभा' के नाम से प्रयाग में प्रतिष्ठित हुई थी। सरकारी दफ्तरों में नागरी के प्रवेश के लिये बाबू हरिश्चंद्र ने कई बार उद्योग किया था। सफलता न प्राप्त होने पर भी इस प्रकार का उद्योग बराबर चलता रहा। जब लेखकों की दूसरी पीढ़ी तैयार हुई तब उसे बहुत कुछ अपनी शक्ति प्रचार के काम में भी लगानी पड़ी।

भारतेंदु के अस्त होने के उपरांत ज्यों ज्यों हिंदी गद्य साहित्य की वृद्धि होती गई त्यों त्यों प्रचार की आवश्यकता भी अधिक दिखाई पड़ती गई। अदालती भाषा उर्दू होने से नवशिक्षितों की अधिक संख्या उर्दू पढ़नेवालों की थी जिससे हिंदी पुस्तकों के प्रकाशन का उत्साह बढ़ने नहीं पाता था। इस साहित्य संकट के अतिरिक्त नागरी का प्रवेश सरकारी दफ्तरों में न होने से जनता का घोर संकट भी सामने था। अतः संवत् १९५० में कई उत्साही छात्रों के उद्योग से, जिनमें बाबू श्यामसुंदरदास, पं० रामनारायण मिश्र और ठा० शिवकुमारसिंह मुख्य थे, काशी नागरीप्रचारिणी सभा की स्थापना हुई। सच पूछिए तो इस सभा की सारी समृद्धि और कीर्ति बाबू श्यामसुंदर जी के त्याग और सतत परिश्रम का फल है। वे ही आदि से अंत तक इसके प्राणस्वरूप स्थित होकर बराबर इसे अनेक उद्योग धंधों में तत्पर करते रहे। इसके प्रथम सभापति भारतेंदु के फुफेरे भाई बाबू राधाकृष्णदास हुए। इसके सहायकों में भारतेंदु के सहयोगियों में से कई सज्जन थे जैसे—रायबहादुर पं० लक्ष्मीशंकर मिश्र, एम०ए०, खड्गविलास प्रेस के स्वामी बाबू रामदीन सिंह, 'भारतजीवन' के अध्यक्ष बाबू राधाकृष्ण वर्मा, बाबू गदाधर सिंह, बाबू कार्तिक प्रसाद खत्री इत्यादि। इस सभा के उद्देश्य दो हुए—नागरी अक्षरों का प्रचार और हिंदी साहित्य की समृद्धि।

उक्त दो उद्देश्यों में यद्यपि प्रथम का प्रत्यक्ष संबंध हिन्दी साहित्य के इतिहास से नहीं जान पड़ता, पर परोक्ष संबंध अवश्य है। पहले कह आए हैं कि सरकारी दफ्तरों आदि में नागरी का प्रवेश न होने से नवशिक्षितों में हिंदी पढ़नेवालों की पर्याप्त संख्या नहीं थी। इससे नूतन साहित्य के निर्माण और प्रकाशन से पूरा उत्साह नहीं बना रहने पाता था। पुस्तकों का प्रचार होते न देख प्रकाशक भी हतोत्साह हो जाते थे और लेखक भी। ऐसी परिस्थिति में नागरीप्रचारिणी के आंदोलन का साहित्य की वृद्धि के साथ भी संबंध मान हम संक्षेप में उसका उल्लेख कर देना आवश्यक समझते हैं।

बाबू हरिश्चंद्र किस प्रकार नागरी और हिंदी के संबंध में अपनी चंद्रिका में लेख छापा करते थे और जगह-जगह घूमकर वक्तृता दिया करते थे यह हम पहले कह आए हैं। वे जब बलिया के हिंदी प्रेमी कलक्टर के निमंत्रण पर वहाँ गए थे तब कई दिनों तक बड़ी धूम रही। हिंदी भाषा और नागरी अक्षरों की उपयोगिता पर उनका बहुत अच्छा व्याख्यान तो हुआ ही था, साथ ही 'सत्य हरिश्चंद्र', 'अंधेर नगरी', और 'देवाक्षरचरित्र' के अभिनय भी हुए थे। 'देवाक्षरचरित्र' पंडित रविदत्त शुक्ल द्वारा लिखा हुआ एक प्रहसन था जिसमें उर्दू लिपि की गड़बड़ी के बड़े ही विनोदपूर्ण दृश्य दिखाए गए थे।

भारतेंदु के अस्त होने के कुछ पहले ही नागरीप्रचार का झंडा पंडित गौरीदत्त जी ने उठाया। ये मेरठ के रहनेवाले सारस्वत ब्राह्मण थे और मुदर्रिसी करते थे। अपनी धुन के ऐसे पक्के थे कि चालीस वर्ष की अवस्था हो जाने पर इन्होंने अपनी सारी जायदाद 'नागरीप्रचार' के लिये लिखकर रजिस्टरी करा दी और आप संन्यासी होकर 'नागरीप्रचार' का झंडा हाथ में लिये चारों ओर घूमने लगे। इनके व्याख्यानों के प्रभाव से न जाने कितने देवनागरी स्कूल मेरठ के आसपास खुले। शिक्षा संबंधिनी कई पुस्तकें भी इन्होंने लिखीं। प्रसिद्ध 'गौरी नागरी कोश' इन्हीं का है। जहाँ कहीं कोई मेला तमाशा होता वहाँ पंडित गौरीदत्तजी लड़कों की खासी भीड़ पीछे लगाए नागरी का झंडा हाथ में लिए दिखाई देते थे। मिलने पर 'प्रणाम' 'जयराम' आदि के स्थान पर लोग इनसे 'जय-नागरी की' कहा करते थे। इन्होंने संवत् १९५१ में दफ्तरों में नागरी जारी करने के लिये एक मेमोरियल भी भेजा था।

नागरीप्रचारिणी सभा अपने स्थापना के कुछ ही दिनों पीछे दबाई हुई नागरी के उद्धार के उद्योग में लग गई। १९५२ में जब इस प्रदेश के छोटे लाट पर ऐंथनी (पीछे लार्ड) मैकडानल काशी में आए तब सभा ने एक आवेदनपत्र उनको दिया और सरकारी दफ्तरों से नागरी को दूर रखने से जनता की जो कठिनाइयाँ हो रही थीं और शिक्षा के सम्यक् प्रचार में जो बाधाएँ पड़ रही थीं उन्हें सामने रखा। जब उन्होंने इस विषय पर पूरा विचार करने का वचन दिया तब से बराबर सभा व्याख्यानों और परचों द्वारा जनता के उत्साह को जाग्रत करती रही। न जाने कितने स्थानों पर डेपुटशन भेजे गए और हिंदी भाषा और नागरी अक्षरों की उपयोगिता की ओर ध्यान आकर्षित किया गया। भिन्न-भिन्न नगरों में सभा की शाखाएँ स्थापित हुईं। संवत् १९५५ में एक बड़ा प्रभावशाली डेपुटशन—जिसमें अयोध्यानरेश महाराज प्रतापनारायणसिंह, माँडा के राजा रामप्रसादसिंह, आवागढ़ के राजा बलवंतसिंह, डाक्टर सुंदरलाल और पंडित मदनमोहन मालवीय ऐसे अन्य और प्रतिष्ठित लोग थे—लाट साहब से मिला और नागरी का मेमोरियल अर्पित किया।

उक्त मेमोरियल की सफलता के लिये कितना भीषण उद्योग प्रांत भर में किया गया था, यह बहुत लोगों को स्मरण होगा। सभा की ओर से न जाने कितने सज्जन सब नगरों में जनता के हस्ताक्षर लेने के लिये भेजे गए जिन्होंने दिन को दिन और रात को रात नहीं समझा। इस आंदोलन के प्रधान नायक देशपूज्य श्रीमान् पंडित मदनमोहन मालवीय जी थे। उन्होंने 'अदालती लिपि और प्राइमरी शिक्षा', नाम की एक बड़ी अँगरेजी पुस्तक, जिसमें नागरी को दूर रखने के दुष्परिणामों की बड़ी ही विस्तृत और अनुसंधानपूर्ण मीमांसा थी, लिखकर प्रकाशित की। अंत में संवत् १९५७ में भारतेंदु के समय से ही चले आते हुए इस उद्योग का फल प्रकट हुआ और कचहरियों में नागरी के प्रवेश की घोषणा प्रकाशित हुई।

सभा के साहित्यिक आयोजनों के भीतर हम बराबर हिंदी प्रेमियों की सामान्य आकांक्षाओं और प्रवृत्तियों का परिचय पाते चले आ रहे हैं। पहले ही वर्ष 'नागरीदास का जीवनचरित्र' नामक जो लेख पढ़ा गया वह कवियों के विषय में बढ़ती हुई लोकजिज्ञासा का पता देता है। हिंदी के पुराने कवियों का कुछ इतिवृत्त संग्रह पहले पहल संवत् १८९६ में गार्साँ द तासी ने अपने 'हिंदुस्तानी साहित्य का इतिहास' में किया, फिर संवत् १९४० में ठाकुर शिवसिंह सेंगर ने अपने 'शिवसिंह सरोज' में किया। उसके पीछे प्रसिद्ध भाषावेत्ता डाक्टर (अब सर) ग्रियर्सन ने संवत् १९४६ में 'माडर्न वर्नाक्यूलर लिटरेचर आव नार्दन हिंदुस्तान' प्रकाशित किया। कवियों का काम भी वृत्त भी साहित्य का एक अंग है। अत: सभा ने आगे चलकर हिंदी पुस्तकों की खोज का अपने हाथ में लिया जिससे बहुत से गुप्त और अप्रकाशित रत्नों के मिलने की पूरी आशा के साथ-साथ कवियों का बहुत कुछ वृत्तांत प्रकट होने की भी पूरी संभावना थी। संवत् १९५६ में सभा को गवर्नमेंट से ४००/- वार्षिक सहायता इस काम के लिये प्राप्त हुई और खोज धूमधाम से आरंभ हुई। यह वार्षिक सहायता ज्यों-ज्यों बढ़ती गई त्यों-त्यों काम भी अधिक विस्तृत रूप में होता गया। इसी खोज का फल है कि आज कई सौ कवियों की कृतियों का परिचय हमें प्राप्त है जिनका पहले पता न था। कुछ कवियों के संबंध में बहुत सी बातों की नई जानकारी भी हुई है। सभा की 'ग्रंथभाषा' में कई पुराने कवियों को अच्छे-अच्छे प्रकाशित ग्रंथ छपे। सारांश यह कि इस खोज के द्वारा हिंदी साहित्य का इतिहास लिखने की खासी सामग्री उपस्थित हुई जिसकी सहायता से दो एक अच्छे कविवृत्त संग्रह भी हिंदी में निकले।

हिंदी भाषा के द्वारा ही सब प्रकार के वैज्ञानिक विषयों की शिक्षा की व्यवस्था का विचार भी अब लोगों के चित्त में उठ रहा था। पर बड़ी भारी कठिनता पारिभाषिक शब्दों के संबंध में थी। इससे अनेक विद्वानों के सहयोग और परामर्श से संवत् १९६३ में सभा ने 'वैज्ञानिक कोश' प्रकाशित किया। भिन्न-भिन्न विषयों पर पुस्तकें लिखाकर प्रकाशित करने का काम तो तब से अब तक बराबर चल ही रहा है। स्थापना के तीन वर्ष पीछे ही सभा ने अपनी पत्रिका (ना० प्र० पत्रिका) निकाली जिसमें साहित्यिक, वैज्ञानिक, ऐतिहासिक, दार्शनिक सब प्रकार के लेख आरंभ ही से निकलने लगे थे और जो आज भी साहित्य से संबंध रखनेवाले अनुसंधान और पर्यालोचन का उद्देश्य रखकर चल रही है। 'छत्रप्रकाश', 'सुजानचरित्र', 'पृथ्वीराज़ रासो' आदि पुराने ऐतिहासिक काव्यों को प्रकाशित करने के अतिरिक्त तुलसी, जायसी, भूषण, देव ऐसे कवियों की ग्रंथावली के भी बहुत सुंदर संस्करण सभा ने निकाले हैं। 'मनोरंजन पुस्तकमाला' में ५० से ऊपर भिन्न-भिन्न विषयों पर उपयोगी पुस्तकें निकल चुकी हैं। हिंदी का सबसे बड़ा और प्रामाणिक व्याकरण तथा कोष (हिंदी शब्दसागर) इस सभा के चिरस्थायी कार्यों में गिने जायँगे।

इस सभा ने अपने ३५ वर्ष के जीवन में हिंदी साहित्य के 'वर्तमान काल' की तीनों अवस्थाएँ देखी हैं।[१] ज़िस समय यह स्थापित हुई थी उस समय भारतेंदु द्वारा प्रवर्तित प्रथम उत्थान की ही परंपरा चली आ रही थी। वह प्रचार काल था। नागरी अक्षरों और हिंदी साहित्य के प्रचार के मार्ग में बड़ी बाधाएँ थीं। 'नागरीप्रचारिणी पत्रिका' की प्रारंभिक संख्याओं को यदि हम निकाल कर देखें तो उसमें अनेक विषयों के लेखों के अतिरिक्त कहीं-कहीं

---

१. संवत् १९८५ तक।

ऐसी कविताएँ भी मिल जायँगी जैसी श्रीयुत पं० महावीरप्रसाद जी द्विवेदी की 'नागरी तेरी यह दशा!'

नूतन हिंदी साहित्य का वह प्रथम उत्थान कैसा हँसता खेलता सामने आया था, भारतेंदु के सहयोगी लेखकों का वह मंडल किस जोश और जिंदादिली के साथ और कैसी चहल पहल के बीच अपना काम कर गया, इसका उल्लेख पहले हो चुका है। सभा की स्थापना के पीछे घर सँभालने की चिंता और व्यग्रता के कुछ चिह्न हिंदी सेवक मंडल के बीच दिखाई पड़ने लगे थे। भारतेंदुजी के सहयोगी अपने ढर्रे पर कुछ न कुछ लिखते तो जा रहे थे, पर उनमें वह तत्परता और उत्साह नहीं रह गया था। बाबू हरिश्चंद्र के गोलोकवास के कुछ आगे पीछे जिन लोगों ने साहित्य सेवा ग्रहण की थी वे ही अब प्रौढ़ता प्राप्त करके काल की गति रखते हुए अपने कार्य में तत्पर दिखाई देते थे। उनके अतिरिक्त कुछ नए लोग भी मैदान में धीरे-धीरे उतर रहे थे। यह नवीन हिंदी साहित्य का द्वितीय उत्थान था जिसके आरंभ में 'सरस्वती' पत्रिका के दर्शन हुए।

प्रकरण ३

गद्य साहित्य का प्रसार : द्वितीय उत्थान

(सं० १९५०-१९७५)

सामान्य परिचय

इस उत्थान का आरंभ हम संवत् १९५० से मान सकते हैं। इसमें हम कुछ ऐसी चिंताओं और आकांक्षाओं का आभास पाते हैं जिनका समय भारतेंदु के सामने नहीं आया था। भारतेंदु मंडल-मनोरंजक साहित्यनिर्माण द्वारा हिंदी गद्य साहित्य की स्वतंत्र सत्ता का भाव ही प्रतिष्ठित करने में अधिकतर लगा रहा। अब यह भाव पूर्ण रूप से प्रतिष्ठित हो गया था और शिक्षित समाज को अपने इस नए गद्य साहित्य का बहुत कुछ परिचय भी हो गया था। प्रथम उत्थान के भीतर बहुत बड़ी शिकायत यह रहा करती थी कि अँगरेजी की ऊँची शिक्षा पाए हुए बड़े-बड़े डिग्रीधारी लोग हिंदी साहित्य के नूतन निर्माण में योग नहीं देते और अपनी मातृभाषा से उदासीन रहते हैं। द्वितीय उत्थान में यह शिकायत बहुत कुछ कम हुई। उच्च शिक्षाप्राप्त लोग धीरे-धीरे आने लगे—पर अधिकतर यह कहते हुए कि 'मुझे तो हिंदी आती नहीं।' इधर से जवाब मिलता था, 'तो क्या हुआ? आ न जायगी। कुछ काम तो शुरू कीजिए।' अत: बहुत से लोगों ने हिंदी आने के पहले ही काम शुरू कर दिया।' उनकी भाषा में जो दोष रहते थे, वे उनकी खातिर से दरगुजर कर दिए जाते थे। जब वे कुछ काम कर चुकते थे—दो चार चीजें लिख चुकते थे-तब तो पूरे लेखक हो जाते थे। फिर उन्हें हिंदी आने न आने की परवा क्यों होने लगी?

इस काल खंड के बीच हिंदी लेखकों की तारीफ में प्राय: यह कहा सुना जाता रहा कि ये संस्कृत बहुत अच्छी जानते हैं, ये अरबी, फारसी के पूरे विद्वान हैं, वे अँगरेजी के अच्छे पंडित हैं। यह कहने की आवश्यकता नहीं समझी जाती थी कि ये हिंदी बहुत अच्छी जानते हैं। यह मालूम ही नहीं होता था कि हिंदी भी कोई जानने की चीज है। परिणाम यह हुआ कि बहुत से हिंदी के प्रौढ़ और अच्छे लेखक भी अपने लेखों में फारसीदानी, अँगरेजीदानी, संस्कृतदानी आदि का कुछ प्रमाण देना जरूरी समझने लगे थे।

भाषा बिगड़ने का एक और सामान दूसरी ओर खड़ा हो गया था। हिंदी के पाठकों का अब वैसा अकाल नहीं था—विशेषत: उपन्यास पढ़नेवालों का। बँगला उपन्यासों के अनुवाद धड़ाधड़ निकलने लगे थे। बहुत से लोग हिंदी लिखना सीखने के लिये केवल संस्कृत शब्दों की जानकारी ही आवश्यक समझते थे जो बँगला की पुस्तकों से प्राप्त हो जाती थी। यह जानकारी थोड़ी बहुत होते ही वे बँगला से अनुवाद भी कर लेते थे और हिंदी के लेख भी लिखने लगते थे। अत: एक ओर अँगरेजीदानों की ओर से 'स्वार्थ लेना', 'जीवन होड़', 'कवि का संदेश', 'दृष्टिकोण' आदि आने लगे; दूसरी ओर बंगभाषाश्रित लोगों की ओर से 'सिहरना', 'काँदना', 'बसंत रोग' आदि। इतना अवश्य था कि पिछले कैंड़े के लोगों की लिखावट उतनी अजनबी नहीं लगती थी जितनी पहली कैंड़ेवालों की। बंगभाषा फिर भी अपने देश की ओर

हिंदी से मिलती जुलती भाषा थी। उसके अभ्यास से प्रसंग या स्थल के अनुरूप बहुत ही सुंदर और उपयुक्त संस्कृत शब्द मिलते थे। अत: बंगभाषा की ओर जो सुझाव रहा उसके प्रभाव से बहुत ही परिमार्जित और सुंदर संस्कृत पदविन्यास की परंपरा हिंदी में आई, यह स्वीकार करना पड़ता है।

पर 'अँगरेजी में विचार करने वाले' जब आप्टे का अँगरेजी संस्कृत कोश लेकर अपने विचारों का शाब्दिक अनुवाद करने बैठते थे तब तो हिन्दी बेचारी कोसों दूर जा खड़ी होती थी। वे हिंदी और संस्कृत के शब्द भर लिखते थे, हिंदी भाषा नहीं लिखते थे। उनके बहुत से वाक्यों का तात्पर्य अँगरेजी भाषा की भावभंगी से परिचित लोग ही समझ सकते थे, केवल हिंदी या संस्कृत जाननेवाले नहीं।

यह पहले कहा जा चुका है कि भारतेंदुजी और उनके सहयोगी लेखकों की दृष्टि व्याकरण के नियमों पर अच्छी तरह जमी नहीं थी। वे 'इच्छा किया', 'आशा किया' ऐसे प्रयोग भी कर जाते थे और वाक्यविन्यास की सफाई पर भी उतना ध्यान नहीं रखते थे। पर उनकी भाषा हिंदी ही होती थी, मुहावरे के खिलाफ प्राय: नहीं जाती थी। पर द्वितीय उत्थान के भीतर बहुत दिनों तक व्याकरण की शिथिलता और भाषा की रूपहानि दोनों साथ-साथ दिखाई पड़ती रही। व्याकरण के व्यतिक्रम और भाषा की अस्थिरता पर थोड़े ही दिनों में कोप दृष्टि पड़ी, पर भाषा की रूपहानि की ओर उतना ध्यान नहीं दिया गया। पर जो कुछ हुआ वही बहुत हुआ और उसके लिये हमारा हिंदी साहित्य पंडित महावीरप्रसाद द्विवेदी का सदा ऋणी रहेगा। व्याकरण की शुद्धता और भाषा की सफाई के प्रवर्तक द्विवेदीजी ही थे। 'सरस्वती' के संपादक के रूप में उन्होंने आई हुई पुस्तकों के भीतर व्याकरण और भाषा की अशुद्धियाँ दिखाकर लेखकों को बहुत कुछ सावधान कर दिया। यद्यपि कुछ हठी और अनाड़ी लेखक अपनी भूलों और गलतियों का समर्थन तरह-तरह की बातें बनाकर करते रहे, पर अधिकतर लेखकों ने लाभ उठाया और लिखते समय व्याकरण आदि का पूरा ध्यान रखने लगे। गद्य की भाषा पर द्विवेदी जी के इस शुभ प्रभाव का स्मरण जब तक भाषा के लिये शुद्धता आवश्यक समझी जायेगी तब तक बना रहेगा।

व्याकरण की ओर इस प्रकार ध्यान जाने पर कुछ दिनों व्याकरण संबंधिनी बातों की चर्चा भी पत्रों में अच्छी चली। विभक्तियाँ शब्दों में मिलाकर लिखी जानी चाहिए या अलग, इसी प्रश्न को लेकर कुछ काल तक खंडन मंडन के लेख जोरशोर से निकले। इस आंदोलन के नायक हुए थे—पंडित गोविंदनारायण जी मिश्र, जिन्होंने 'विभक्ति-विचार' नाम की एक छोटी सी पुस्तक द्वारा हिंदी की विभक्तियों को शुद्ध विभक्तियाँ बताकर लोगों को उन्हें मिलाकर लिखने की सलाह दी थी।

इस द्वितीय उत्थान में जैसे अधिक प्रकार के विषय लेखकों को विस्तृत दृष्टि के भीतर आए वैसे ही शैली की अनेकरूपता का अधिक विकास भी हुआ। ऐसे लेखकों की संख्या कुछ बढ़ी जिनकी शैली में कुछ उनकी निज की शिष्टता रहती थी, जिनकी लिखावट को परखकर लोग कह सकते थे कि यह उन्हीं की है। साथ ही वाक्यविन्यास से अधिक सफाई और व्यवस्था आई। विराम चिह्नों का आवश्यक प्रयोग होने लगा। अँगरेजी आदि अन्य समुन्नत भाषाओं की उच्च विचारधारा से परिचित और अपनी भाषा पर भी यथेष्ट अधिकार रखनेवाले कुछ लेखकों की कृपा से हिंदी की अर्थोद्‌घाटिनी शक्ति की अच्छी वृद्धि और अभिव्यंजन प्रणाली का भी अच्छा प्रसार हुआ। सघन और गुंफित विचारसूत्रों को व्यक्त करनेवाली तथा

सूक्ष्म और गूढ़ भावों को झलकानेवाली भाषा हिंदी साहित्य को कुछ कुछ प्राप्त होने लगी। उसी के अनुरूप हमारे साहित्य का डौल भी बहुत कुछ ऊँचा हुआ। बँगला के उत्कृष्ट सामाजिक, पारिवारिक और ऐतिहासिक उपन्यासों के लगातार आते रहने से रुचि परिष्कृत होती रही जिससे कुछ दिनों की तिलस्म, ऐयारी और जासूसी के उपरांत उच्च कोटि के सच्चे साहित्यिक उपन्यासों की मौलिक रचना का दिन भी ईश्वर ने दिखाया।

नाटक के क्षेत्र में वैसी उन्नति नहीं दिखाई पड़ी। बाबू राधाकृष्णदास के 'महाराणा प्रताप' (या राजस्थान केसरी) की कुछ दिन धूम रही और उसका अभिनय भी बहुत बार हुआ। राय देवीप्रसादजी पूर्ण ने 'चंद्रकला भानुकुमार' नामक एक बहुत बड़े डीलडौल का नाटक लिखा था पर वह साहित्य के विविध अंगों से पूर्ण होने पर भी वस्तुवैचित्र्य के अभाव तथा भाषाओं की कृत्रिमता आदि के कारण उतना प्रसिद्ध न हो सका। बँगला के नाटकों के कुछ अनुवाद बाबू रामकृष्ण वर्मा के बाद भी होते रहे पर उतनी अधिकता से नहीं जितनी अधिकता से उपन्यासों के। इससे नाटक की गति बहुत मंद रही। हिंदी प्रेमियों के उत्साह से स्थापित प्रयाग और काशी की नाटक मंडलियों (जैसे, भारतेंदु नाटकमंडली) के लिये रंगशाला के अनुकूल दो एक छोटे मोटे नाटक अवश्य लिखे गए पर वे साहित्यिक प्रसिद्धि न पा सके। प्रयाग में पंडित माधव शुक्ल जी और काशी में पंडित दुगवेकरजी अपनी रचनाओं और अनूठे अभिनयों द्वारा बहुत दिनों तक दृश्य काव्य की रुचि जगाए रहे। इसके उपरांत बँगला में श्री द्विजेंद्रलाल राय के नाटकों की धूम हुई और उनके अनुवाद हिंदी में धड़ाधड़ हुए। इसी प्रकार रवींद्र बाबू के कुछ नाटक भी हिंदी रूप में लाए गए। द्वितीय उत्थान के अंत में दृश्य काव्य की अवस्था यही रही।

निबंधों की ओर यद्यपि बहुत कम ध्यान दिया गया और उसकी परंपरा ऐसी न चली कि हम ५-६ उच्च कोटि के निबंधलेखकों को उसी प्रकार झट से छाँटकर बता सकें जिस प्रकार अँगरेजी साहित्य में बता दिए जाते हैं, फिर भी बीच बीच में अच्छे और उच्च कोटि के निबंध मासिक पत्रिकाओं में दिखाई पड़ते रहे। इस द्वितीय उत्थान में साहित्य के एक एक अंग को लेकर जैसी विशिष्टता लेखकों में आ जानी चाहिए थी वैसी विशिष्टता न आ पाई। किसी विषय में अपनी सबसे अधिक शक्ति देख उसे अपनाकर बैठने की प्रवृत्ति बहुत कम दिखाई दी। बहुत लेखकों का यह हाल रहा कि कभी अखबारनवीसी करते, कभी उपन्यास लिखते, कभी नाटक में दखल देते, कभी कविता की आलोचना करने लगते और कभी इतिहास और पुरातत्व की बातें लेकर सामने आते। ऐसी अवस्था में भाषा की पूर्ण शक्ति प्रदर्शित करनेवाले गूढ़ गंभीर निबंध लेखक कहाँ से तैयार होते। फिर भी भिन्न-भिन्न शैलियाँ प्रदर्शित करनेवाले कई अच्छे लेखक इस बीच में बताए जा सकते हैं जिन्होंने लिखा तो कम है पर जो कुछ लिखा है वह महत्व का है।

समालोचना का आरंभ यद्यपि भारतेंदु के जीवनकाल में ही कुछ न कुछ हो गया था पर उसका कुछ अधिक वैभव इस द्वितीय उत्थान में ही दिखाई पड़ा। श्रीयुत पंडित महावीरप्रसादजी द्विवेदी ने पहले पहल विस्तृत आलोचना का रास्ता निकाला। फिर मिश्रबंधुओं और पंडित पद्मसिंह शर्मा ने अपने ढंग पर कुछ पुराने कवियों के संबंध में विचार प्रकट किए। पर यह सब आलोचना बहिरंग बातों तक ही रही। भाषा के गुणदोष, रस, अलंकार आदि की समीचीनता, इन्हीं सब परंपरागत विषयों तक पहुँची। स्थायी साहित्य में

परिगणित होनेवाली समालोचना जिसमें किसी कवि की अंतर्वृत्ति का सूक्ष्म व्यवच्छेद होता है, उसकी मानसिक प्रवृत्ति की विशेषताएँ दिखाई जाती हैं, बहुत ही कम दिखाई पड़ी।

साहित्यिक मूल्य रखनेवाले तीन जीवन चरित महत्व के निकले—पंडित माधव प्रसाद मिश्र की 'विशुद्ध चरितावली' (स्वामी विशुद्धानंद का जीवन चरित) तथा बाबू शिवनंदन सहाय लिखित 'हरिश्चंद्र का जीवनचरित', 'गोस्वामी तुलसीदासजी का जीवनचरित' और चैतन्य महाप्रभु का 'जीवनचरित।'

प्रकरण ४
गद्य साहित्य का प्रसार

द्वितीय उत्थान के भीतर गद्यसाहित्य का निर्माण इतने परिमाण में और इतने रूपों में हो गया कि हम उसका निरूपण कुछ विभाग करके कर सकते हैं। सुभीते के लिये हम चार विभाग करते हैं—नाटक, उपन्यास, कहानियाँ, निबंध और समालोचना।

नाटक : अनूदित नाटक

जैसा कि पहले कहा जा चुका है, भारतेंदु के पीछे नाटकों की ओर प्रवृत्ति बहुत कम हो गई। नाम लेने योग्य अच्छे मौलिक नाटक बहुत दिनों तक दिखाई न पड़े। अनुवादों की परंपरा अलबत चलती रही।

बंगभाषा के अनुवाद—बाबू रामकृष्ण वर्मा द्वारा वीरनारी, कृष्णाकुमारी और पद्मावती नाटकों का उल्लेख पहले हो चुका है। सं० १९५० के पीछे गहमर (जि० गाजीपुर) के बाबू गोपालराम ने 'वनवीर', 'वभ्रुवाहन', 'देशदशा', 'विद्या विनोद' और रवींद्र बाबू के 'चित्रांगदा' का अनुवाद किया।

द्वितीय उत्थान के अंतिम भाग में पं० रूपनारायण पांडे ने गिरीश बाबू के 'पतिव्रता' क्षीरोदप्रसाद विद्याविनोद के 'खानजहाँ', रवींद्र बाबू के 'अचलायतन' तथा द्विजेंद्रलाल राय के 'उस पार', 'शाहजहाँ', 'दुर्गादास', 'ताराबाई', आदि कई नाटकों के अनुवाद प्रस्तुत किए। अनुवादकों की भाषा अच्छी खासी हिंदी है और मूल के भावों को ठीक ठीक व्यक्त करती है। इन नाटकों के संबंध में यह समझ रखना चाहिए कि इनमें बंगवासियों की आवेशशील प्रकृति का आरोप अनेक पात्रों में पाया जाता है जिससे बहुत से इतिहास प्रसिद्ध व्यक्तियों के क्षोभपूर्ण लंबे भाषण उनके अनुरूप नहीं जान पड़ते। प्राचीन ऐतिहासिक वृत्त लेकर लिखे हुए नाटकों में उस काल की संस्कृति और परिस्थिति का सम्यक् अध्ययन नहीं प्रकट होता।

अँगरेजी के अनुवाद—जयपुर के पुरोहित गोपीनाथ एम० एम० ने सं० १९५० के कुछ आगे पीछे शेक्सपियर के इन तीन नाटकों के अनुवाद किए। रोमियो जूलियट ('प्रेमीलीला' के नाम से), ऐज यू लाइक इट और वेनिस का बैपारी। उपाध्याय बदरीनारायण चौधरी के छोटे भाई पं० मथुराप्रसाद चौधरी ने सं० १९५० में 'मैकबेथ' का बहुत अच्छा अनुवाद 'साहसेंद्र साहस' के नाम से प्रकाशित किया। इसके उपरांत सं० १९६७ के लगभग 'हैमलेट' का एक अनुवाद 'जयंत' के नाम से निकला जो वास्तव में मराठी अनुवाद का हिंदी अनुवाद था।

संस्कृत के अनुवाद—संस्कृत के नाटकों के अनुवाद के लिये रायबहादुर लाला सीताराम बी० ए० सदा आदर के साथ स्मरण किए जायँगे। भारतेंदु की मृत्यु से दो वर्ष पहले ही उन्होंने संस्कृत काव्यों के अनुवाद में लग्गा लगाया और सं० १९४० में मेघदूत का अनुवाद घनाक्षरी शब्दों में प्रकाशित किया। इसके उपरांत वे बराबर किसी न किसी काव्य नाटक का अनुवाद करते रहे। सं० १९४४ में उनका 'नागानंद' का अनुवाद निकला। फिर तो धीरे-धीरे

उन्होंने मृच्छकटिक, महावीरचरित, उत्तररामचरित, मालतीमाधव, मालविकाग्निमित्र का भी अनुवाद कर डाला। यद्यपि पद्य भाग के अनुवाद में लाला साहब को वैसी सफलता नहीं हुई पर उनकी हिंदी बहुत सीधी सादी, सरल और आडंबरशून्य है। संस्कृत का भाव उसमें इस ढंग से लाया गया है कि कहीं संस्कृतपन या जटिलता नहीं आने पाई है।

भारतेंदु के समय में वे काशी के क्वींस कालेज के सेकेंड मास्टर थे। पीछे डिप्टी कलक्टर हुए और अंत में शांतिपूर्वक प्रयाग में आ रहे जहाँ २ जनवरी, १९३७ को उनका साकेतवास हुआ।

संस्कृत के अनेक पुराण ग्रंथों के अनुवादक रामचरितमानस, बिहारी सतसई के टीकाकार, सनातनधर्म के प्रसिद्ध व्याख्याता मुरादाबाद के पं० ज्वालाप्रसाद मिश्र ने 'वेणीसंहार' और 'अभिज्ञान शाकुंतल' के हिंदी अनुवाद भी प्रस्तुत किए। संस्कृत की 'रत्नावली नाटिका' हरिश्चंद्र को बहुत पसंद थी और उसके कुछ अंश का अनुवाद भी उन्होंने किया था, पर पूरा न कर सके। भारतमित्र के प्रसिद्ध संपादक, हिंदी के बहुत ही सिद्धहस्त लेखक बाबू बालमुकुंद गुप्त ने उक्त नाटिका का पूरा अनुवाद अत्यंत सफलता पूर्वक किया।

संवत् १९७० में पं० सत्यनारायण कविरत्न ने भवभूति के 'उत्तररामचरित' का और पीछे 'मालती माधव' का अनुवाद किया। कविरत्नजी के ये दोनों अनुवाद बहुत ही सरस हुए जिनमें मूल के भावों की रक्षा का भी पूरा ध्यान रखा गया है। पद्य अधिकतर ब्रजभाषा के सवैयों में हैं जो पढ़ने में बहुत मधुर हैं। इन पद्यों में खटकनेवाली केवल दो बातें कहीं-कहीं मिलती हैं। पहली बात तो यह है कि ब्रजभाषा साहित्य में स्वीकृत शब्दों के अतिरिक्त वे कुछ स्थलों पर ऐसे शब्द भी लाए हैं जो एक भूभाग तक ही (चाहे वह ब्रजमंडल के अंतर्गत ही क्यों न हो) परिमित है। शिष्ट साहित्य में ब्रजमंडल के भीतर बोले जाने वाले सब शब्द नहीं ग्रहण किए हैं। ब्रजभाषा देश की सामान्य काव्यभाषा रही है। अत: काव्यों में उसके वे ही शब्द लिए गए हैं जो बहुत दूर तक बोले जाते हैं और थोड़े बहुत सब स्थानों में समझ लिए जाते हैं। उदाहरण के लिये 'सिदौसी' शब्द लीजिए जो खास मथुरा वृंदावन में बोला जाता है, पर साहित्य में नहीं मिलता। दूसरी बात यह कि कहीं कहीं श्लोकों का पूरा भाव लाने के प्रयत्न में भाषा दुरूह और अव्यवस्थित हो गई है।

मौलिक नाटक

काशीनिवासी पं० किशोरीलाल गोस्वामी ने प्रथम उत्थान के अंत में दो नाटक लिखे थे—'चौपटचपेट' और 'मयंकमंजरी'। इनमें से प्रथम तो एक प्रहसन था जिसमें चरित्रहीन और छलकपट से भरी स्त्रियों तथा लुच्चों, लफंगों आदि के वीभत्स और अश्लील चित्र अंकित किए थे। दूसरा पाँच अंकों का नाटक था जो शृंगाररस की दृष्टि से सं० १९४८ में लिखा गया था। यह भी साहित्य में कोई विशेष स्थान प्राप्त न कर सका और लोक विस्मृत हो गया। हिंदी के विख्यात कवि पं० अयोध्यासिंह उपाध्याय की प्रवृत्ति इस द्वितीय उत्थान के आरंभ में नाटक लिखने की ओर भी हुई थी और उन्होंने 'रुक्मिणीपरिणय' और 'प्रद्युम्नविजय व्यायोग' नाम के दो नाटक लिखे थे। ये दोनों नाटक उपाध्यायजी के हाथ आजमाने के लिये लिखे थे। आगे उन्होंने इस ओर कोई प्रयत्न नहीं किया।

पं० ज्वालाप्रसाद मिश्र ने संस्कृत नाटकों के अनुवाद के अतिरिक्त 'सीतावनवास' नाम का एक नाटक भी लिखा जिसमें भवभूति के 'उत्तररामचरित' की कुछ झलक थी। उनके भाई

पंडित बलदेवप्रसाद मिश्र ने तीन अच्छे रूपक लिखे। 'प्रभासमिलन' ब्रज के नंद, यशोदा, गोपगोपियों का प्रभाव क्षेत्र में वसुदेव, कृष्ण, बलराम आदि से भेंट होने का मार्मिक प्रसंग लेकर बड़ी सहृदयता के साथ रचा गया। 'मीराबाई नाटक' भक्तिभाव जगानेवाला उत्तम नाटक है। 'लल्ला बाबू' समाज का एक छोटा सा खंड चित्र दिखानेवाला अच्छा प्रहसन है।

भारतेंदु का बृहत् जीवन चरित लिखनेवाले बा० शिवनंदन सहाय का 'सुदामा नाटक' भी उल्लेख योग्य है।

इन मौलिक रूपकों की सूची देखने से यह लक्षित हो जाता है कि नाटक की कथावस्तु के लिये लोगों का ध्यान अधिकतर ऐतिहासिक और पौराणिक प्रसंगों की ओर ही गया है। वर्तमान सामाजिक और पारिवारिक जीवन के विविध उलझे हुए पक्षों का सूक्ष्मता के साथ निरीक्षण करके उनके मार्मिक या अनूठे चित्र खड़ा करनेवाली उद्‌भावना उनमें नहीं पाई जाती। इस द्वितीय उत्थान के बीच कल्पित कथावस्तु लेकर लिखा जानेवाला बहुत बड़ा मौलिक नाटक कानपुर के प्रसिद्ध कवि राय देवीप्रसाद 'पूर्ण' का 'चंद्रकलाभानुकुमार' है। पर वह भी इतिहास के मध्ययुग के राजकुमारों और राजकुमारियों का जीवन सामने लाता है।

'पूर्णजी' ब्रजभाषा के एक बड़े ही सिद्धहस्त कवि थे, साहित्य के अच्छे ज्ञाता थे। उन्होंने इस नाटक को शुद्ध साहित्यिक उद्देश्य से ही लिखा था, अभिनय के उद्देश्य से नहीं। वस्तुविन्यास में कुतूहल उत्पन्न करने वाला जो वैचित्र्य होता है उसके न रहने से कम ही लोगों के हाथ में यह नाटक पड़ा। ललित और अलंकृत भाषण के बीच-बीच में मधुर पद्य पढ़ने की उत्कंठा रखनेवाले पाठकों ही ने अधिकतर इसे पढ़ा।

उपन्यास : अनूदित

इस द्वितीय उत्थान में आलस्य का जैसा त्याग उपन्यासकारों में देखा गया वैसा और किसी वर्ग के हिंदी लेखकों में नहीं। अनुवाद भी खूब हुए और मौलिक उपन्यास भी कुछ दिनों तक धड़ाधड़ निकले—किस प्रकार के, यह आगे प्रकट किया जाएगा। पहले अनुवादों की बात खत्म कर देनी चाहिए।

अनुवाद—सं० १९५१ तक बाबू रामकृष्ण वर्मा उर्दू और अँगरेजी के भी कुछ अनुवाद कर चुके थे, जैसे—'ठगवृत्तांतमाला' (सं० १९४६), 'पुलिस वृत्तांतमाला (१९४७), 'अकबर' (१९४८), 'अमलावृत्तांतमाला' (१९५१)। 'चित्तौरचातकी' का बंगभाषा से अनुवाद उन्होंने सं० १९५२ में किया। यह पुस्तक चित्तौर के राजवंश की मर्यादा के विरुद्ध समझी गई और इसके विरोध में यहाँ तक आंदोलन हुआ कि सब कापियाँ गंगा में फेंक दी गईं। फिर बाबू कार्तिकप्रसाद खत्री ने 'इला' (१९५२) और 'प्रमीला' (१९५३) का अनुवाद किया। 'जया' और 'मधुमालती' के अनुवाद दो एक बरस पीछे निकले।

भारतेंदु प्रवर्तित प्रथम उत्थान के अनुवादकों में भारतेंदु काल की हिंदी की विशेषता बनी रही। उपर्युक्त तीनों लेखकों की भाषा बहुत ही साधु और संयत रही। यद्यपि उसमें चटपटापन न था पर हिंदीपन पूरा-पूरा था। फारसी अरबी के शब्द बहुत ही कम दिखाई देते हैं, साथ ही संस्कृत के शब्द भी ऐसे आए हैं जो हिंदी के परंपरागत रूप में किसी प्रकार का असामंजस्य नहीं उत्पन्न करते। सारांश यह कि उन्होंने 'शूरता', 'चपलता', 'लघुता', 'मृदुता' ऐसी संस्कृत का सहारा लिया है, 'शौर्य', 'चापल्य', 'लाघव', 'मौर्ख्य', 'साहाय', 'दैर्घ्य' और 'मार्दव' ऐसी संस्कृत का नहीं।

द्वितीय उत्थान के आरंभ में हमें बाबू गोपालराम (गहमर) बंग भाषा के गार्हस्थ उपन्यासों के अनुवाद में तत्पर मिलते हैं। उनके कुछ उपन्यास तो इस उत्थान (सं० (१९५७) के पूर्व लिखे गए; जैसे 'चतुर चंचला' (१९५०), 'भानमती' (१९५१), 'नए बाबू' (१९५१),—और बहुत से इसके आरंभ में; जैसे—'बड़ा भाई', (१९५७), देवरानी जेठानी' (१९५८), 'दो बहिन' (१९५९), 'तीन पतोहू' (१९६१), और 'सास पतोहू'। भाषा उनकी चटपटी और वक्रतापूर्ण है। ये गुण लाने के लिये कहीं-कहीं उन्होंने पूरबी शब्दों और मुहावरों का भी बेधड़क प्रयोग किया है। उनके लिखने का ढंग बहुत ही मनोरंजक है। इस काल के आरंभ में गाजीपुर के मुंशी उदितनारायण लाल के भी कुछ अनुवाद निकले जिनमें मुख्य 'दीपनिर्वाण' नामक ऐतिहासिक उपन्यास है। इसमें पृथ्वीराज के समय का चित्र है।

इस उत्थान के भीतर बंकिमचंद्र, रमेशचंद्र दत्त, हाराणचंद्र रक्षित, चंडीचरण सेन, शरत बाबू, चारुचंद इत्यादि बंगभाषा के प्राय: सब प्रसिद्ध उपन्यासकारों की बहुत सी पुस्तकों के अनुवाद तो हो ही गए, रवींद्र बाबू के भी 'आँख की किरकिरी' आदि कई उपन्यास हिंदी रूप में दिखाई पड़े जिनके प्रभाव से इस उत्थान के अंत में आविर्भूत होनेवाले हिंदी के मौलिक उपन्यासकारों का आदर्श बहुत कुछ ऊँचा हुआ। इस अनुवादविधान में योग देनेवालों में पंडित ईश्वरीप्रसाद शर्मा और पंडित रूपनारायण पांडेय विशेष उल्लेख योग्य हैं। बंगभाषा के अतिरिक्त उर्दू, मराठी और गुजराती के भी कुछ उपन्यासों के अनुवाद हिंदी में हुए पर बँगला की अपेक्षा बहुत कम। काशी के बाबू गंगाप्रसाद गुप्त ने 'पूना में हलचल' आदि कई उपन्यास उर्दू से अनुवाद करके निकाले। मराठी से अनूदित उपन्यासों में बाबू रामचंद्र वर्मा का 'छत्रसाल' बहुत उत्कृष्ट है।

अँगरेजी के दो ही चार उपन्यासों के अनुवाद देखने में आए—जैसे, रेनल्ड्स कृत 'लैला' और 'लंडन रहस्य'। अँगरेजी के प्रसिद्ध उपन्यास 'टाम काका की कुटिया' का भी अनुवाद हुआ।

अनुवादों की चर्चा यहीं समाप्त कर अब हम मौलिक उपन्यासों को लेते हैं।

मौलिक उपन्यास

पहले मौलिक उपन्यास लेखक, जिनके उपन्यासों की सर्वसाधारण में धूम हुई, काशी के बाबू देवकीनंदन खत्री थे। द्वितीय उत्थानकाल के पहले ही नरेंद्रमोहिनी, कुसुमकुमारी, वीरेंद्रवीर आदि कई उपन्यास लिख चुके थे। उक्त काल के आरंभ में तो 'चंद्रकांता' और 'चंद्रकांता संतति' नामक इनके ऐयारी के उपन्यासों की चर्चा चारों ओर इतनी फैली कि जो लोग हिंदी की किताबें नहीं पढ़ते थे वे भी इन नामों से परिचित हो गए। यहाँ पर यह कह देना आवश्यक है कि इन उपन्यासों का लक्ष्य केवल घटनावैचित्र्य रहा; रससंचार, भावविभूति या चरित्रचित्रण नहीं। ये वास्तव में घटनाप्रधान कथानक या किस्से हैं जिनमें जीवन के विविध पक्षों के चित्रण का कोई प्रयत्न नहीं, इससे ये साहित्यकोटि में नहीं आते। पर हिंदी साहित्य के इतिहास में बाबू देवकीनंदन का स्मरण इस बात के लिये सदा बना रहेगा कि जितने पाठक उन्होंने उत्पन्न किए उतने और किसी ग्रंथकार ने नहीं। चंद्रक्रांता पढ़ने के लिये न जाने कितने उर्दूजीवी लोगों ने हिंदी सीखी। चंद्रकांता पढ़ चुकने पर वे 'चंद्रकांता' की किस्म की कोई किताब ढूँढ़ने में परेशान रहते थे। शुरू-शुरू में 'चंद्रकांता' और 'चंद्रकांता संतति' पढ़कर न जाने कितने नवयुवक हिंदी के लेखक हो गए। 'चंद्रकांता' पढ़कर वे हिंदी की और प्रकार की साहित्यिक पुस्तकें भी पढ़ चले और अभ्यास हो जाने पर कुछ लिखने भी लगे।

बाबू देवकीनंदन के प्रभाव से 'तिलस्म' और 'ऐयारी' के उपन्यासों की हिंदी में बहुत दिनों तक भरमार रही और शायद अभी तक यह शौक बिलकुल ठंडा नहीं हुआ है। बाबू देवकीनंदन के तिलस्मी रास्ते पर चलनेवालों में बाबू हरिकृष्ण जौहर विशेष उल्लेख योग्य हैं।

बाबू देवकीनंदन के संबंध में इतना और कह देना जरूरी है कि उन्होंने ऐसी भाषा का व्यवहार किया है जिसे थोड़ी हिंदी और थोड़ी उर्दू पढ़े लोग भी समझ लें। कुछ लोगों का यह समझना कि उन्होंने राजा शिवप्रसादवाली उस पिछली 'आमफहम'. भाषा का बिल्कुल अनुसरण किया जो एकदम उर्दू की ओर झुक गई थी, ठीक नहीं। कहना चाहें तो यों कह सकते हैं कि उन्होंने साहित्यिक हिंदी न लिखकर 'हिंदुस्तानी' लिखी, जो केवल इसी प्रकार की हलकी रचनाओं में काम दे सकती है।

उपन्यासों का ढेर लगा देने वाले दूसरे मौलिक उपन्यासकार पंडित किशोरीलाल गोस्वामी (जन्म सं० १९२२—मृत्यु १९८९) है, जिनकी रचनाएँ साहित्य कोटि में आती हैं। इनके उपन्यासों में समाज के कुछ सजीव चित्र, वासनाओं के रूप रंग, चित्ताकर्षक वर्णन और थोड़ा बहुत चरित्रचित्रण भी अवश्य पाया जाता है। गोस्वामी संस्कृत के अच्छे जानकार, साहित्य के मर्मज्ञ तथा हिंदी के पुराने कवि और लेखक थे। संवत् १९५५ में उन्होंने 'उपन्यास' मासिक पत्र निकाला और द्वितीय उत्थान काल के भीतर ६५ छोटे बड़े उपन्यास लिखकर प्रकाशित किए। अतः साहित्य की दृष्टि से उन्हें हिंदी का पहला उपन्यासकार कहना चाहिए। इन द्वितीय उत्थान काल के भीतर उपन्यासकार इन्हीं को कह सकते हैं। और लोगों ने भी मौलिक उपन्यास लिखे पर वे वास्तव में उपन्यासकार न थे। और चीजें लिखते लिखते वे उपन्यास की ओर भी जा पड़े थे। पर गोस्वामी जी वहीं घर करके बैठ गए। एक क्षेत्र उन्होंने अपने लिये चुन लिया और उसी में रह गए। यह दूसरी बात है, उनके बहुत से उपन्यासों का प्रभाव नवयुवकों पर बुरा पड़ सकता है, उनमें उच्च वासनाएँ व्यक्त करनेवाले दृश्यों की अपेक्षा निम्नकोटि की वासनाएँ प्रकाशित करनेवाले दृश्य अधिक भी हैं और चटकीले भी। इस बात की शिकायत 'चपला' के संबंध में अधिक हुई थी।

एक और बात जरा खटकती है। वह है उनका भाषा के साथ मजाक। कुछ दिन पीछे उन्हें उर्दू लिखने का शौक हुआ। उर्दू भी ऐसी वैसी नहीं, उर्दू ए मुअल्ला। इस शौक के कुछ आगे पीछे उन्होंने राजा शिवप्रसाद का जीवनचरित्र लिखा जो 'सरस्वती' के आरंभ के तीन अंकों में (भाग १, संख्या २, ३, ४) निकला। उर्दू जबान और शेर सखुन की बेढंगी नकल से जो असल में कभी कभी अलग हो जाती है, उनके बहुत से उपन्यासों का साहित्यिक गौरव घट गया है। गलत या गलत मानी में लाए हुए शब्द भाषा को शिष्टता के दरजे से गिरा देते हैं। खैरियत यह हुई कि अपने सब उपन्यासों को आपने यह मँगनी का लिबास नहीं पहनाया। 'मल्लिका देवी या बंग सरोजिनी' में संस्कृतप्राय समासबहुला भाषा काम में लाई गई है। इन दोनों प्रकार की लिखावटों को देखकर कोई विदेशी चकपकाकर पूछ सकता है कि 'क्या दोनों हिंदी हैं? हम यह भी कर सकते हैं वह भी कर सकते हैं, इस हौसले ने जैसे बहुत से लेखकों को किसी एक विषय पर पूर्ण अधिकार के साथ जमने न दिया, वैसे ही कुछ लोगों की भाषा को बहुत कुछ डाँवाडोल रखा कोई एक टेढ़ा सीधा रास्ता पकड़ने न दिया।

गोस्वामीजी के ऐतिहासिक उपन्यासों से भिन्न-भिन्न समयों की सामाजिक और राजनीतिक अवस्था का अध्ययन और संस्कृत के स्वरूप का अनुसंधान नहीं सूचित होता। कहीं-कहीं तो काल दोष तुरंत ध्यान में आ जाते हैं— जैसे वहाँ जहाँ अकबर के सामने हुक्के या पेचवान रखे जाने की बात कही गई है। पंडित किशोरीलाल गोस्वामी के कुछ उपन्यासों के नाम ये हैं— तारा, चपला, तरुणतपस्विनी, रजिया बेगम, लीलावती, राजकुमारी, लवंगलता, हृदयहारिणी, हीराबाई, लखनऊ की कब्र, इत्यादि।

प्रसिद्ध कवि और गद्य लेखक पंडित अयोध्यासिंह उपाध्याय ने भी दो उपन्यास ठेठ हिंदी में लिखे—'ठेठ हिंदी का ठाट' (सं० १९५६) और 'अधखिला फूल' (सं० १९६४)। पर ये दोनों पुस्तकें भाषा के नमूने की दृष्टि से लिखी गईं, औपन्यासिक कौशल की दृष्टि से नहीं। उनकी सबसे पहले लिखी पुस्तक 'बेनिस का बाँका' में जैसे भाषा संस्कृतपन की सीमा पर पहुँची हुई थी वैसे ही इन दोनों में ठेठपन की हद दिखाई देती है। इन तीनों पुस्तकों को सामने रखने पर पहला ख्याल यही पैदा होता है कि उपाध्यायजी क्लिष्ट, संस्कृतप्राय भाषा भी लिख सकते हैं और सरल ठेठ हिंदी भी। अधिकतर इसी भाषावैचित्र्य पर खयाल जमकर रह जाता है। उपाध्यायजी के साथ पंडित लज्जाराम मेहता का भी स्मरण आता है जो अखबारनवीसी के बीच-बीच में पुरानी हिंदूमर्यादा, हिंदूधर्म और हिंदू पारिवारिक व्यवस्था की सुंदरता और समीचीनता दिखाने के लिये बड़े-छोटे उपन्यास भी लिखा करते थे। उनके उपन्यासों में मुख्य ये हैं—'धूर्त रसिकलाल', (सं० १९५६), हिंदूगृहस्थ, आदर्शपति (१९६१), बिगड़े का सुधार (१९६४) और आदर्श हिंदू (१९७२)। ये दोनों महाशय वास्तव में उपन्यासकार नहीं। उपाध्यायजी कवि हैं और मेहताजी पुराने अखबारनवीस।

काव्यकोटि में आनेवाले भावप्रधान उपन्यास, जिनमें भावों या मनोविकारों की प्रगल्भ और वेगवती व्यंजना का लक्ष्य प्रधान हो—चरित्रचित्रण या घटना वैचित्र्य का लक्ष्य नहीं—हिन्दी में न देख, बंगभाषा में काफी देख, बाबू ब्रजनंदन सहाय बी० ए० ने दो उपन्यास इस ढंग के प्रस्तुत किए—'सौंदर्योपासक' और 'राधाकांत' (सं० १९६९)।

छोटी कहानियाँ

जिस प्रकार गीत गाना और सुनना मनुष्य के स्वभाव के अंतर्गत है उसी प्रकार कथा कहानी कहना और सुनना भी। कहानियों का चलन सभ्य असभ्य सब जातियों में चला आ रहा है। सब जगह उसका समावेश शिष्ट साहित्य के भीतर भी हुआ है। घटनाप्रधान और मार्मिक, उनके ये दो स्थूल भेद भी बहुत पुराने हैं और इनका मिश्रण भी। वृहत्कथा, वैतालपचीसी, सिंहासनबत्तीसी इत्यादि घटनाचक्र में रमानेवाली कथाओं की पुरानी पोथियाँ हैं। कादंबरी, माधवानल, कामकंदला, सीत बसंत, इत्यादि वृत्त वैचित्र्य पूर्ण होते हुए भी कथा के मार्मिक स्थलों में रमानेवाले भावप्रधान आख्यान हैं। इन दोनों कोटि की कहानियों में एक बड़ा भारी भेद तो यह दिखाई देगा कि प्रथम में इतिवृत्त का प्रवाहमात्र अपेक्षित होता है; पर दूसरी कोटि की कहानियों में भिन्न-भिन्न स्थितियों का चित्रण या प्रत्यक्षीकरण भी पाया जाता है।

आधुनिक ढंग के उपन्यासों और कहानियों के स्वरूप का विकास इसी भेद के आधार पर क्रमशः हुआ है। इस स्वरूप के विकास के लिये कुछ बातें नाटकों की ली गईं, जैसे कथोपकथन, घटनाओं का विन्यासवैचित्र्य, बाह्य और आभ्यंतर परिस्थिति का चित्रण तथा

उसके अनुरूप भावव्यंजना। इतिवृत्त का प्रवाह तो उसका मूल रूप था ही; वह तो बना ही रहेगा। उनमें अंतर इतना ही पड़ा कि पुराने ढंग की कथा कहानियों में कथा का प्रवाह अखंड गति से एक ओर चला चलता था जिसमें घटनाएँ पूर्वापर क्रम से जुड़ती सीधी चली जाती थीं। पर योरोप में जो नए ढंग के कथानक नावेल के नाम से चले और बंगभाषा में आकर 'उपन्यास' कहलाए (मराठी में वे 'कादंबरी' कहलाने लगे) वे कथा के भीतर की कोई भी परिस्थिति आरंभ में रखकर चल सकते हैं और उसमें घटनाओं की शृंखला लगातार सीधी न जाकर इधर उधर और शृंखलाओं से गुंफित होती चलती है और अंत में जाकर सबका समाहार हो जाता है। घटनाओं के विन्यास की यह वक्रता या वैचित्र्य उपन्यासों और आधुनिक कहानियों की वह प्रत्यक्ष विशेषता है जो उन्हें पुराने ढंग की कथा कहानियों से अलग करती है।

उपर्युक्त दृष्टि से यदि हम देखें तो इंशा की रानी केतकी की बड़ी कहानी न आधुनिक उपन्यास के अंतर्गत आएगी, न राजा शिवप्रसाद का 'राजाभोज का सपना' या 'वीर सिंह का वृत्तांत' आधुनिक छोटी कहानी के अंतर्गत।

अँगरेजी की मासिक पत्रिकाओं में जैसी छोटी छोटी आख्यायिकाएँ या कहानियाँ निकला करती हैं वैसी कहानियों की रचना 'गल्प' के नाम से बंगभाषा में चल पड़ी थीं। ये कहानियाँ जीवन के बड़े मार्मिक और भावव्यंजक खंडचित्रों के रूप में होती थीं। द्वितीय उत्थान की सारी प्रवृत्तियों का आभास लेकर प्रकट होनेवाली 'सरस्वती' पत्रिका में इस प्रकार की छोटी कहानियों के दर्शन होने लगे। 'सरस्वती' के प्रथम वर्ष (सं० १९५७) में ही पंडित किशोरीलाल गोस्वामी की 'इंदुमती' नाम की कहानी छपी जो मौलिक जान पड़ती है। इसके उपरांत तो उसमें कहानियाँ बराबर निकलती रहीं पर ये अधिकतर बंगभाषा में अनूदित या छाया लेकर लिखी होती थीं। बंगभाषा से अनुवाद करनेवालों में इंडियन प्रेस के मैनेजर बा० गिरजाकुमार घोष, जो हिंदी कहानियों में अपना नाम 'लाला पार्वतीनंदन' देते थे, विशेष उल्लेख योग्य हैं। उसके उपरांत 'बंगमहिला' का स्थान है जो मिरजापुर निवासी प्रतिष्ठित बंगाली सज्जन बा० रामप्रसन्न घोष की पुत्री और बा० पूर्णचंद्र की धर्मपत्नी थीं। उन्होंने बहुत सी कहानियों का बंगला से अनुवाद तो किया ही, हिंदी में कुछ मौलिक कहानियाँ भी लिखीं जिनमें से एक थी 'दुलाईवाली' जो सं० १९६४ की 'सरस्वती' (भाग ८, संख्या ५) में प्रकाशित हुई।

कहानियों का आरंभ कहाँ से मानना चाहिए, यह देखने के लिये 'सरस्वती' में प्रकाशित कुछ मौलिक कहानियों के नाम वर्षक्रम से नीचे दिए जाते हैं—

इंदुमती	(किशोरीलाल गोस्वामी)	सं० १९५७
गुलबहार	(")	सं० १९५९
प्लेग की चुड़ैल	(मास्टर भगवानदास, मिरजापुर)	सं० १९५९
ग्यारह वर्ष का समय	(रामचंद्र शुक्ल)	सं० १९६०
पंडित और पंडितानी	(गिरिजादत्त वाजपेयी)	सं० १९६०
दुलाईवाली	(बंगमहिला)	सं० १९६४

इनमें से यदि मार्मिकता की दृष्टि से भावप्रधान कहानियों को चुनें तो तीन मिलती हैं—'इंदुमती', 'ग्यारह वर्ष का समय' और 'दुलाईवाली'। यदि 'इंदुमती' किसी बँगला

कहानी की छाया नहीं है तो हिंदी की यही पहली मौलिक कहानी ठहरती है। इसके उपरांत 'ग्यारह वर्ष का समय' फिर 'दुलाईवाली' का नंबर आता है।

ऐसी कहानियों की ओर लोग बहुत आकर्षित हुए और वे इस काल के भीतर की प्रायः सब मासिक पत्रिकाओं में बीच-बीच में निकलती रहीं। सं० १९६८ में कल्पना और भावुकता के कोश बाबू जयशंकर 'प्रसाद' की 'ग्राम' की कहानी उनके मासिक पत्र 'इंदु' में निकली। उसके उपरांत तो उन्होंने 'आकाशदीप', 'बिसाती', 'प्रतिध्वनि', 'स्वर्ग के खंडहर', 'चित्रमंदिर' इत्यादि अनेक कहानियाँ लिखीं जो तृतीय उत्थान के भीतर आती हैं। हास्यरस की कहानियाँ लिखनेवाले जी० पी० श्रीवास्तव की पहली कहानी भी 'इंदु' में सं० १९६८ में ही निकली थी। इसी समय के आसपास आजकल के प्रसिद्ध कहानी लेखक पं० विश्वंभरनाथ शर्मा 'कौशिक' ने भी कहानी लिखना आरंभ किया। उनकी पहली कहानी 'रक्षाबंधन' १९१३ की 'सरस्वती' में छपी। सूर्यपुरा के राजा राधिकारमणप्रसाद सिंह जी हिंदी के एक अत्यंत भावुक और भाषा की शक्तियों पर अद्‌भुत अधिकार रखनेवाले पुराने लेखक हैं। उनकी एक अत्यंत भावुकतापूर्ण कहानी 'कानों में कंगना' सं० १९७० में 'इंदु' में निकली थी। उसके पीछे आपने 'बिजली' आदि कुछ और सुंदर कहानियाँ भी लिखीं। पं० ज्वालादत्त शर्मा ने सं० १९७१ से कहानी लिखना आरंभ किया और उनकी पहली कहानी सन् १९१४ की 'सरस्वती' में निकली। चतुरसेन शास्त्री भी उसी वर्ष कहानी लिखने की ओर झुके।

संस्कृत के प्रकांड प्रतिभाशाली विद्वान् हिंदी के अनन्य आराधक श्री चंद्रधर शर्मा गुलेरी की अद्वितीय कहानी 'उसने कहा था' सं० १९७२ अर्थात् सन् १९१५ की 'सरस्वती' में छपी थी। इसके पक्के यथार्थवाद के बीच, सुरुचि की चरम मर्यादा के भीतर, भावुकता का चरम उत्कर्ष अत्यंत निपुणता के साथ संपुटित है। घटना इसकी ऐसी है जैसी बराबर हुआ करती है, पर उसमें भीतर से प्रेम का एक स्वर्गीय स्वरूप झाँक रहा है—केवल झाँक रहा है निर्लज्जता के साथ पुकार या कराह नहीं रहा है। कहानी भर में कहीं प्रेमी की निर्लज्जता, प्रगल्भता, वेदना की वीभत्स विवृत्ति नहीं है। सुरुचि के सुकुमार से सुकुमार स्वरूप पर कहीं आघात नहीं पहुँचता। इसकी घटनाएँ ही बोल रही हैं, पात्रों के बोलने की अपेक्षा नहीं।

हिंदी के सर्वश्रेष्ठ उपन्यासकार प्रेमचंद की छोटी कहानियाँ भी सं० १९७३ से ही निकलने लगीं। इस प्रकार द्वितीय उत्थान काल के अंतिम भाग में ही आधुनिक कहानियों का आरंभ हम पाते हैं जिनका पूर्ण विकास तृतीय उत्थान में हुआ।

निबंध

यदि गद्य कवियों या लेखकों की कसौटी है तो निबंध गद्य की कसौटी है। भाषा की पूर्ण शक्ति का विकास निबंधों में ही सबसे अधिक संभव होता है। इसीलिये गद्य शैली के विवेचक उदाहरणों के लिये अधिकतर निबंध ही चुना करते हैं। निबंध या गद्य विधान कई प्रकार के हो सकते हैं—विचारात्मक, भावात्मक, वर्णनात्मक। प्रवीण लेखक प्रसंग के अनुसार इन विधानों का बड़ा सुंदर मेल भी करते हैं। लक्ष्यभेद से कई प्रकार की शैलियों का व्यवहार देखा जाता है। जैसे, विचारात्मक निबंधों में व्यास और समास की रीति, भावात्मक निबंधों में धारा, तरंग और विक्षेप की रीति। इसी विक्षेप के भीतर वह 'प्रलाप शैली' आएगी जिसका बंगला की देखादेखी कुछ दिनों से हिंदी में भी चलन बढ़ रहा है। शैलियों के अनुसार गुणदोष भी भिन्न-भिन्न प्रकार के हो सकते हैं।

आधुनिक पाश्चात्य लक्षणों के अनुसार निबंध उसी को कहना चाहिए जिसमें व्यक्तित्व अर्थात् व्यक्तिगत विशेषता हो। बात तो ठीक है, यदि ठीक तरह से समझी जाय। व्यक्तिगत विशेषता का यह मतलब नहीं कि उसके प्रदर्शन के लिये विचारों की शृंखला रखी ही न जाय या जानबूझकर जगह-जगह से तोड़ दी जाय, भावों की विचित्रता दिखाने के लिये ऐसी अर्थयोजना की जाय जो उनकी अनुभूति के प्रकृत या लोकसामान्य स्वरूप से कोई संबंध ही न रखे अथवा भाषा से सरकसवालों की भी कसरतें या हठयोगियों के से आसन कराए जायँ जिनका लक्ष्य तमाशा दिखाने के सिवा और कुछ न हो।

संसार की हर बात और सब बातों से संबद्ध है। अपने मानसिक संघटन के अनुसार किसी का मन किसी संबंधसूत्र पर दौड़ता है, किसी का किसी पर। ये संबंधसूत्र एक दूसरे से नथे हुए, पत्तों के भीतर की नसों के समान चारों ओर एक जाल के रूप में फैले हैं। तत्वचिंतक या दार्शनिक केवल अपने व्यापक सिद्धांतों के प्रतिपादन के लिये उपयोगी कुछ संबंधसूत्रों को पकड़कर किसी ओर सीधा चलता है और बीच के ब्यौरे में कहीं नहीं फँसता। निबंध लेखक अपने मन की प्रवृत्ति के अनुसार स्वच्छंद गति से इधर-उधर फूटी हुई सूत्रशाखाओं पर विचरता चलता है। यही उसकी अर्थसंबंधी व्यक्तिगत विशेषता है। अर्थसंबंधसूत्र की टेढ़ी-टेढ़ी रेखाएँ ही भिन्न-भिन्न लेखकों का दृष्टिपथ निर्दिष्ट करती हैं। एक ही बात को लेकर किसी का मन किसी संबंधसूत्र पर दौड़ता है, किसी का किसी पर। इसी का नाम है एक ही बात को भिन्न-भिन्न दृष्टियों से देखना। व्यक्तिगत विशेषता का मूल आधार यही है।

तत्वचिंतक या वैज्ञानिक से निबंधलेखक की भिन्नता इस बात से भी है कि निबंधलेखक जिधर चलता है उधर अपनी संपूर्ण मानसिक सत्ता के साथ अर्थात् बुद्धि और भावात्मक हृदय दोनों लिए हुए। जो करुण प्रकृति हैं उनका मन किसी बात को लेकर, अर्थ संबंध सूत्र पकड़े हुए, करुण स्थलों की ओर झुकता है और गंभीर वेदना का अनुभव करता चलता है। जो विनोदशील हैं उनकी दृष्टि उसी बात को लेकर उसके ऐसे पक्षों की ओर दौड़ती है जिन्हें सामने पाकर कोई हँसे बिना नहीं रह सकता है। इसी प्रकार कुछ बातों के संबंध में लोगों की बँधी हुई धारणाओं के विपरीत चलने में जिस लेखक को आनंद मिलेगा वह उन बातों के ऐसे पक्षों पर वैचित्र्य के साथ विचरेगा जो उन धारणाओं को व्यर्थ या अपूर्ण सिद्ध करते दिखाई देंगे। उदाहरण के लिये आलसियों और लोभियों को लीजिए, जिन्हें दुनिया बुरा कहती चली आ रही है। कोई लेखक अपने निबंध में उनके अनेक गुणों को विनोदपूर्वक सामने रखता हुआ उनकी प्रशंसा का वैचित्र्यपूर्ण आनंद ले और दे सकता है। इसी प्रकार वस्तु के नाना सूक्ष्म ब्योरों पर दृष्टि गड़ानेवाला लेखक किसी छोटी से छोटी तुच्छ से तुच्छ बात को गंभीर विषय का सा रूप देकर, पांडित्य पूर्ण भाषा की पूरी नकल करता हुआ सामने रख सकता है। पर सब अवस्थाओं में कोई बात अवश्य चाहिए।

इस अर्थगत विशेषता के आधार पर ही भाषा और अभिव्यंजना प्रणाली की विशेषता—शैली की विशेषता—खड़ी हो सकती है। जहाँ नाना अर्थसंबंधों का वैचित्र्य नहीं, जहाँ गतिशील अर्थ की परंपरा नहीं, वहाँ एक ही स्थान पर खड़ी तरह-तरह की मुद्रा और उछल कूद दिखाती हुई भाषा केवल तमाशा करती हुई जान पड़ेगी।

भारतेंदुजी के समय से ही निबंधों की परंपरा हमारी भाषा में चल पड़ी थी जो उनके सहयोगी लेखकों में कुछ दिनों तक जारी रही। पर जैसा कि पहले कहा जा चुका है; स्थायी विषयों पर निबंध लिखने की परंपरा बहुत जल्दी बंद हो गई। उसके साथ ही वर्णनात्मक

निबंध पद्धति पर सामयिक घटनाओं, देश और समाज की जीवनचर्या, ऋतुचर्या आदि का चित्रण भी बहुत कम हो गया। इस द्वितीय उत्थान के भीतर उत्तरोत्तर उच्च कोटि के स्थायी गद्य साहित्य का निर्माण जैसा होना चाहिए था, न हुआ। अधिकांश लेखक ऐसे ही कामों में लगे जिनमें बुद्धि को श्रम पड़े। फल यह हुआ कि विश्वविद्यालयों में हिंदी की ऊँची शिक्षा का विधान हो जाने पर उच्चकोटि के गद्य की पुस्तकों की कमी का अनुभव चारों ओर हुआ।

भारतेंदु के सहयोगी लेखक स्थायी विषयों के साथ-साथ समाज की जीवनचर्या, ऋतुचर्या, पर्व त्योहार आदि पर भी साहित्यिक निबंध लिखते आ रहे थे। उनके लेखों में देश की परंपरागत भावनाओं और उमंगों का प्रतिबिंब रहा करता था। होली, विजयादशमी, दीपावली, रामलीला इत्यादि पर उनके लिखे प्रबंधों में जनता के जीवन का रंग पूरा-पूरा रहता था। इसके लिये वे वर्णनात्मक और भावात्मक दोनों विधानों का बड़ा सुंदर मेल करते थे। यह सामाजिक सजीवता भी द्वितीय उत्थान के लेखकों में वैसी न रही।

इस उत्थान काल के आरंभ में ही निबंध का रास्ता दिखानेवाले दो अनुवादग्रंथ प्रकाशित हुए—'बेकन विचार-रत्नावली' (अँगरेजी के बहुत पुराने क्या पहले निबंधलेखक लार्ड बेकन के कुछ निबंधों का अनुवाद) और 'निबंधमालादर्श' (चिपलूणकर के मराठी निबंधों का अनुवाद)। पहली पुस्तक पंडित महावीरप्रसादजी द्विवेदी की ही है और दूसरी पंडित गंगाप्रसाद अग्निहोत्री की। उस समय आशा हुई थी कि इन अनुवादों के पीछे वे दोनों महाशय शायद उसी प्रकार के मौलिक निबंध लिखने में हाथ लगाएँ पर ऐसा न हुआ। मासिक पत्रिकाएँ इस द्वितीय उत्थान के भीतर बहुत सी निकलीं पर उनमें अधिकतर लेख 'बातों का संग्रह' के रूप में ही रहते थे, लेखकों के अंतःप्रयास से निकली विचारधारा के रूप में नहीं। इस काल के भीतर जिनकी कुछ कृतियाँ निबंधकोटि में आ सकती हैं उनका संक्षेप में उल्लेख किया जाता है।

(१) पं० महावीरप्रसाद द्विवेदी—इनका जन्म दौलतपुर (जि० रायबरेली) में वैशाख शुक्ल ४, सं० १९२७ को और देहावसान पौष कृष्ण ३०, सं० १९९५ को हुआ।

द्विवेदीजी ने सन् १९०३ में 'सरस्वती' के संपादन का भार लिया। तब से अपना सारा समय लिखने में ही लगाया। लिखने की सफलता वे इस बात में मानते थे कि पाठक भी उसे बहुत कुछ समझ जायँ। कई उपयोगी पुस्तकों के अतिरिक्त उन्होंने फुटकल लेख भी बहुत लिखे। पर इन लेखों में अधिकतर लेख 'बातों के संग्रह' के रूप में ही हैं। भाषा के नूतन शक्ति चमत्कार के साथ नए नए विचारों की उद्भावना वाले निबंध बहुत ही कम मिलते हैं। स्थायी निबंधों की श्रेणी में दो ही चार लेख; जैसे 'कवि और कविता', 'प्रतिभा' आदि आ सकते हैं। पर ये लेखनकला या सूक्ष्म विचार की दृष्टि से लिखे नहीं जान पड़ते। 'कवि और कविता' कैसा गंभीर विषय है, कहने की आवश्यकता नहीं। पर इस विषय की बहुत मोटी मोटी बातें बहुत मोटे तौर पर कही गई हैं, जैसे—

> **इससे स्पष्ट है कि किसी किसी में कविता लिखने की इस्तेदाद स्वाभाविक होती है, ईश्वरदत्त होती है। जो चीज ईश्वरदत्त है वह अवश्य लाभदायक होगी। वह निरर्थक नहीं हो सकती। उससे समाज को अवश्य कुछ न कुछ लाभ पहुँचता है। कविता यदि यथार्थ में कविता है तो संभव नहीं कि उसे सुनकर कुछ असर न हो। कविता से दुनिया में आज तक बड़े बड़े काम हुए**

हैं। + कविता में कुछ न कुछ झूठ का अंश जरूर रहता है; असभ्य अथवा अर्धसभ्य लोगों को यह अंश कम खटकता है शिक्षित और सभ्य लोगों को बहुत। + + संसार में जो बात जैसी देख पड़े कवि को उसे वैसी ही वर्णन करना चाहिए।

कहने की आवश्यकता नहीं कि द्विवेदी जी के लेख या निबंध विचारात्मक श्रेणी में आएँगे। पर विचार की वह गूढ़ गुंफित परंपरा उनमें नहीं मिलती जिससे पाठक की बुद्धि उत्तेजित होकर किसी नई विचारपद्धति पर दौड़ पड़े। शुद्ध विचारात्मक निबंधों का चरम उत्कर्ष वहीं कहा जा सकता है जहाँ एक पैराग्राफ में विचार दबा दबाकर कसे गए हों और एक एक वाक्य किसी संबद्ध विचारखंड को लिए हो। द्विवेदीजी के लेखों को पढ़ने से ऐसा जान पड़ता है कि लेखक बहुत मोटी अक्ल के पाठकों के लिये लिख रहा है। एक-एक सीधी बात कुछ हेरफेर—कहीं-कहीं केवल शब्दों के ही—साथ पाँच छह तरह के पाँच छह वाक्यों में कही हुई मिलती है। उनकी यह प्रवृत्ति उनकी गद्यशैली निर्धारित करती है। उनके लेखों में छोटे-छोटे वाक्यों का प्रयोग अधिक मिलता है। नपे तुले वाक्य को कई बार शब्दों के कुछ हेरफेर के साथ कहने का ढंग वही है जो वाद या संवाद में बहुत शांत होकर समझाने बुझाने के काम में लाया जाता है। उनकी यह व्यास शैली विपक्षी को कायल करने के प्रयत्न में बड़े काम की है।

इस बात के उनके दो लेख 'क्या हिंदी नाम की कोई भाषा ही नहीं (सरस्वती, सन् १९१३) और 'आर्य समाज का कोप' (सरस्वती, १९१४) अच्छे उदाहरण हैं। उनके कुछ अंश नीचे दिए जाते हैं।

(१) आप कहते हैं कि प्राचीन भाषा मर चुकी है और उसे मरे तीन सौ वर्ष हुए। इस पर प्रार्थना है न वह कभी मरी और न उसके मरने के कोई लक्षण ही दिखाई देते हैं। यदि आप कभी आगरा, मथुरा, फर्रुखाबाद, मैनपुरी और इटावे तशरीफ ले जायँ तो कृपा करके वहाँ के एक आध अपर प्राइमरी और मिडिल स्कूल का मुआइना न सही तो मुलाहजा अवश्य ही करें। ऐसा करने से आपको मालूम हो जायेगा कि जिसे आप मुर्दा समझ रहे हैं, वह अब तक इन जिलों में बोली जाती है। अगर आपकी इस 'भाखा' नामक भाषा को मरे तीन सौ वर्ष हुए तो कृपा करके यह बताइए कि श्रीमान ही के सधर्मी काजिम अली आदि कवियों ने किस भाषा में कविता की है! १७०० ईसवी से लेकर ऐसे अनेक मुसलमान कवि हो चुके हैं जिन्होंने 'भाखा' में बड़े बड़े ग्रंथ बनाए हैं। हिंदू कवियों की आप खबर न रखते तो कोई विशेष आक्षेप की बात न थी।

\+ \+ \+

आनरेबल असगरअली खाँ की पाँचवीं उक्ति यह है कि उर्दू या हिंदुस्तानी ही यहाँ की सार्वदेशिक भाषा है। आप के इस कथन की सचाई की जाँच सहज ही में हो सकती है। ऊपर हाली साहब के दीवान और दूसरे साहित्य सम्मेलन के सभापति के भाषण से जो अवतरण दिए गए हैं उन्हें खाँ साहब बारी बारी से एक बंगाली; एक मदरासी, एक गुजराती और एक महाराष्ट्र को जो इस प्रांत के निवासी न हों, दिखावें और उनसे यह कहें कि इनका

मतलब हमें समझा दीजिए। बस तत्काल ही आपको मालूम हो जायगा कि दो में से कौन भाषा अन्य प्रांतवासी अधिक समझते हैं।

श्रीयुत असगरअली खाँ के इस कथन से कि 'उर्दू और हिंदुस्तानी इज द लिंगुआ फ्रैंका आव द कंट्री' एक भेद की बात खुल गई। वह यह कि आप लोगों की राय में यह हिंदुस्तानी और कुछ नहीं, उर्दू ही का एक दूसरा नाम है। अतएव समझना चाहिए कि जब हिंदुस्तानी भाषा के प्रयोग पर जोर दिया जाता है तब 'हिंदुस्तानी' नाम की आड़ में उर्दू ही का पक्ष लिया जाता है। और बेचारी हिंदी के बहिष्कार की चेष्टा की जाती है।

(२) **जिस समाज के विद्यार्थी बच्चों तक को अपने दोषों पर धूल डालकर दूसरों को धमकाने और बिना पूछे ही उन्हें 'नेक सलाह' देने का अधिकार है उसके बड़ों और विद्वानों को पराक्रम की सीमा कौन निर्दिष्ट कर सकेगा?**

\+ \+ \+

हमारे पास इससे भी बढ़कर कुतूहलजनक पत्र आए हैं। बनावटी या सच्चा नाम देकर बी० सिंह नाम के एक महाजन ने आगरे से एक पोस्टकार्ड हमें उर्दू में भेजा है। उसमें अनेक दुर्वचनों और अभिशापों के अनंतर इस बात पर दुःख प्रकट किया गया है कि राज्य अँगरेजी है, अन्यथा हमारा सिर धड़ से अलग कर दिया जाता। भाई सिंह! दुःख मत करो आर्यसमाज की धर्मोन्नति होती हो तो—

'कर कुठार, आगे यह सीसा'।

(२) पं० माधवप्रसाद मिश्र—मिश्र जी का जन्म पंजाब के हिसार जिले में भिवानी के पास कूँगड़ नामक ग्राम में भाद्र शुक्ल १३ सं० १९२८ को और परलोकवास उसी ग्राम में प्लेग से चैत्र कृष्ण ४, संवत् १९६४ को हुआ। ये बड़े तेजस्वी, सनातनधर्मसमर्थक, भारतीय संस्कृति की रक्षा के सतत अभिलाषी विद्वान थे। इनकी लेखनी में बड़ी शक्ति थी। जो कुछ ये लिखते थे बड़े जोश के साथ लिखते थे, इससे इनकी शैली बहुत प्रगल्भ होती थी। गौड़ होने के कारण मारवाड़ियों से इनका विशेष लगाव था और उनके समाज का सुधार ये हृदय से चाहते थे, इसी से 'वैश्योपकार' पत्र का संपादनभार कुछ दिन इन्होंने अपने ऊपर लिया था। जिस वर्ष 'सरस्वती' निकली (सं० १९५७) उसी वर्ष प्रसिद्ध उपन्यासकार बा० देवकीनंदन खत्री की सहायता से काशी से इन्होंने 'सुदर्शन' नामक एक मासिक पत्र निकलवाया जो सवा दो वर्ष चलकर बंद हो गया। इसके संपादनकाल में इन्होंने साहित्यसंबंधी बहुत से लेख, समीक्षाएँ और निबंध लिखे। जोश में आने पर ये बड़े शक्तिशाली लेख लिखते थे। 'समालोचक' संपादक पं० चंद्रधर शर्मा गुलेरी ने इसी से एक बार लिखा था कि—

मिश्र जी बिना किसी अभिनिवेश के लिख नहीं सकते। यदि हमें उनसे लेख पाने हैं तो सदा एक न एक टंटा उनसे छेड़ ही रक्खा करें।

इसमें संदेह नहीं कि जहाँ किसी ने कहीं कोई ऐसी बात लिखी जो इन्हें सनातनधर्म के संस्कारों के विरुद्ध अथवा प्राचीन ग्रंथकारों के और कवियों के गौरव को कम करनेवाली लगी कि इनकी लेखनी चल पड़ती थी। पाश्चात्य संस्कृताभ्यासी विद्वान् जो कुछ कच्चा पक्का मत यहाँ के वेद, पुराण साहित्य आदि के संबंध में प्रकट किया करते थे वे इन्हें खल जाते थे और उनका विरोध ये डटकर करते थे। उस विरोध में तर्क, आवेश, भावुकता सबका एक अद्भुत

मिश्रण रहता था। 'वेबर का भ्रम' इसी झोंक में लिखा गया था। पं० महावीरप्रसाद द्विवेदी ने अपनी 'नैषध चरित चर्चा' में नैषध के कई एक बड़ी दूर की सूझ वा अत्युक्तिपूर्ण पद्यों को अस्वाभाविक और सुरुचिविरुद्ध कह दिया। फिर क्या था, ये एक बारगी पिल पड़े और उनकी बातों का अपने ढंग पर उत्तर देते हुए लगे हाथों पंडित श्रीधर पाठक के 'गुनवंत हेमंत' नाम की एक कविता की—जिसकी द्विवेदीजी ने बड़ी प्रशंसा की थी, नीरसता और इतिवृत्तात्मकता भी दिखाई। यह विवाद कुछ दिल चला था।

मिश्रजी का स्वदेश प्रेम भी बहुत गंभीर था। ये संस्कृत के और पंडितों के समान देशदशा के अनुभव से दूर रहनेवाले व्यक्ति न थे। राजनीतिक आंदोलनों के साथ इनका हृदय बराबर रहता था। जब देशपूज्य मालवीयजी ने छात्रों को राजनीतिक आंदोलनों से दूर रहने की सलाह दी थी तब इन्होंने एक अत्यंत क्षोभपूर्ण 'खुली चिट्ठी' उनके नाम छापी थी। देशदशा की इस तीव्र अनुभूति के कारण इन्हें श्रीधर पाठक की कविताओं में एक बात बहुत खटकी। पाठकजी ने जहाँ ऋतु शोभा या देश छटा का वर्णन किया है वहाँ केवल सुख, आनंद और प्रफुल्लता के पक्ष पर ही उनकी दृष्टि पड़ती है, देश के असंख्य दीन दुखियों के पेट की ज्वाला और कंकालवत् शरीर पर नहीं।

मिश्रजी ने स्वामी विशुद्धानंदजी के बड़े जीवनचरित्र के अतिरिक्त और भी बीसों व्यक्तियों के छोटे छोटे चरित्र लिखे जिनमें कुछ संस्कृत के पुराने ढाँचे के विद्वान् तथा सनातनधर्म के सहायक सेठ साहूकार आदि हैं। 'सुदर्शन' में इनके लेख प्रायः सब विषयों पर निकलते थे, जैसे—पर्व, त्योहार, उत्सव, तीर्थस्थान, यात्रा, राजनीति इत्यादि। पर्व त्योहारों तथा भिन्न भिन्न ऋतुओं में पड़नेवाले उत्सवों पर निबंध लिखने की जो परंपरा भारतेंदु के सहयोगियों ने चलाई थी, वह इस द्वितीय उत्थान में आकर इन्हीं पर समाप्त हो गई। हाँ, संवादपत्रों के होली, दिवाली के अंकों में उनका आभास बना रहा। लोक सामान्य स्थायी विषयों पर मिश्रजी के केवल दो लेख मिलते हैं—'धृति' और 'क्षमा'।

द्वितीय उत्थान के आरंभ काल में इस प्रभावशाली लेखक के उदय की उज्ज्वल आभा हिंदी साहित्य गगन में कुछ समय के लिये दिखाई पड़ी, पर खेद है कि अकाल ही विलीन हो गई। पं० माधवप्रसाद मिश्र के मार्मिक और ओजस्वी लेखों को जिन्होंने पढ़ा होगा उनके हृदय में उनकी मधुर स्मृति अवश्य बनी होगी। उनके निबंध अधिकतर भावात्मक होते थे और धाराशैली पर चलते थे। उनमें बहुत सुंदर मर्मपथ का अनुसरण करती हुई स्निग्ध वाग्धारा लगातार चली चलती थी। इनके गद्य के कुछ नमूने नीचे दिए जाते हैं—

(क) **आर्य वंश के धर्म, कर्म और भक्तिभाव का वह प्रबल प्रवाह जिसने एक दिन जगत् के बड़े बड़े सन्मार्ग विरोधी भूधरों का दर्पदलन कर उन्हें रज में परिणत कर दिया था और इस परम पवित्र वंश का वह विश्वव्यापक प्रकाश जिसने एक समय जगत् में अंधकार का नाम तक न छोड़ा था, अब कहाँ है? इस गूढ़ एवं मर्मस्पर्शी प्रश्न का यही उत्तर मिलता है कि सब भगवान् महाकाल के पेट में समा गया। + + जहाँ महा महा महीधर लुढ़क जाते थे और अगाध अतलस्पर्शी जल था वहाँ अब पत्थरों में दबी हुई एक छोटी सी किंतु सुशीतल वारिधारा बह रही है। जहाँ के महाप्रकाश से दिग्दिगंत उद्भासित हो रहे थे वहाँ अब एक अंधकार से घिरा हुआ स्नेहशून्य प्रदीप टिमटिमा रहा है जिससे कभी कभी यह भूभाग**

प्रकाशित हो जाता है। + + भारतवर्ष की सुख शांति और भारतवर्ष का प्रकाश अब केवल 'राम राम' पर अटक रहा है। + + पर जो प्रदीप स्नेह से परिपूर्ण नहीं है तथा जिसकी रक्षा का कोई उपाय नहीं है वह कब तक सुरक्षित रहेगा।

(ख) अब रही आपके जानने की बात; सो जहाँ तक आप जानते हैं वहाँ तक तो सब सफाई है। आप जहाँ तक जानते हैं, महाकवि श्री हर्ष के काव्य में 'सर्वत्र गाँठें ही गाँठें' हैं और पं० श्रीधरजी की कविता 'सर्वतोभाव से प्रशंसित' है। आप जहाँ तक जानते हैं, आप संस्कृत, हिंदी, बँगला आदि इस देश की सब भाषाएँ जानते हैं और हम वेबरसाहब की करतूत से भी अनभिज्ञ हैं। आप जहाँ तक जानते हैं, श्री हर्ष, 'लाल बुझक्कड़' को भी मात करता है; और बेबर साहब याज्ञवल्क्य के समान ठहरता है। आप जहाँ तक जानते हैं, हमारे तत्वदर्शी पंडितों ने कुछ न लिखा और अँगरेजों ने इतना लिखा कि भारतवासी उनके ऋणी हैं। आप जहाँ तक जानते हैं, नैषध की प्रशंसा तो सब पक्षपाती पंडितों ने की है और निंदा दुराग्रहरहित पुरुषों ने की है। आप जहाँ तक जानते हैं डाक्टर बूलर, हाल आदि साहबों ने जो कुछ लिखा है युक्तिपूर्वक लिखा है और मिश्र राधाकृष्ण ने युक्तिशून्य। आप जहाँ तक जानते हैं, प्रोफेसर वेबर की पुस्तकों का अभी तक अनुवाद नहीं हुआ। वेबर साहब का ज्ञान हमें 'नैषध चरितचर्चा' से हुआ है।

(ग) लोग केवल घर के ही नष्ट होने पर 'मिट्टी हो गया' नहीं कहते हैं और जगह भी इसका प्रयोग करते हैं। किसी का बड़ा भारी श्रम जब विफल हो जाय तब कहेंगे कि 'सब मिट्टी हो गया'। किसी का धन खो जाय, मान मर्यादा भंग हो जाय, प्रभुता और क्षमता चली जाय, तो कहेंगे 'सब मिट्टी हो गया।' इससे जाना गया कि नष्ट होना ही मिट्टी होना है। किन्तु मिट्टी को इतना बदनाम क्यों किया जाता है? अकेली मिट्टी ही इस दुर्नाम को क्यों धारण करती है! क्या सचमुच मिट्टी इतनी निकृष्ट है! और क्या केवल मिट्टी ही निकृष्ट है, हम निकृष्ट नहीं हैं! भगवती वसुंधरे! तुम्हारा 'सर्वसहा' नाम यथार्थ है।

'अच्छा माँ! यह तो कहो तुम्हारा नाम 'वसुंधरा' किसने रखा? यह नाम तो उस समय का है। यह नाम व्यास, वाल्मीकि, पाणिनी, कात्यायन आदि सुसंतानों का दिया हुआ है। जाने वे तुम्हारे सुपुत्र कितने आदर से, कितनी श्लाघा से और श्रद्धा से तुम्हें पुकारते थे।

उपन्यासों से कुछ छुट्टी पाकर बाबू गोपालराम (गहमर निवासी) पत्र, पत्रिकाओं में कभी-कभी लेख और निबंध भी दिया करते थे। उनके लेखों और निबंधों की भाषा बड़ी चंचल, चटपटी, प्रगल्भ और मनोरंजक होती थी। विलक्षण रूप खड़ा करना उनके निबंधों की विशेषता है। किसी अद्‌भुत बात का चरम दृश्य दिखानेवाले ऐसे विलक्षण और कुतूहलजनक चित्रों के बीच से वे पाठक को ले चलते हैं कि उसे एक तमाशा देखने का सा आनंद आता है। उनके 'ऋद्धि और सिद्धि' नामक निबंध का थोड़ा सा अंश उद्‌धृत किया जाता है—

> **अर्थ या धन अलाउद्दीन का चिराग है। यदि यह हाथ में है तो तुम जो चाहो सो पा सकते हो। यदि अर्थ के अधिपति हो तो वज्र मूर्ख होने पर भी विश्वविद्यालय तुम्हें डी० एल० की उपाधि देकर अपने तहँ धन्य समझेगा। + + बरहे पर चलनेवाला नट हाथ में बाँस लिए बरहे पर दौड़ते समय, 'हाय पैसा', 'हाय पैसा' करके चिल्लाया करता है। दुनिया के सभी आदमी वैसे ही नट हैं। मैं दिव्य दृष्टि से देखता हूँ कि खुद पृथ्वी भी अपने रास्ते पर 'हाय पैसा', 'हाय पैसा' करती हुई सूर्य की परिक्रमा कर रही है। कालमाहात्म्य और दिनों के फेर से ऐश्वर्य शाली भगवान् ने तो अब स्वर्ग से उतर कर दरिद्र के घर शरण ली है और उनके सिंहासन पर अर्थ जा बैठा है। + + + अर्थ ही इस युग का परब्रह्म है। इस ब्रह्मवस्तु के बिना विश्व संसार का अस्तित्व नहीं रह सकता। यही चक्राकार चैतन्यरूप कैशबाक्स में प्रवेश करके संसार को चलाया करते हैं। + + + साधकों के हित के लिये अर्थनीतिशास्त्र में इसकी उपासना की विधि लिखी है। + + + बच्चों की पहली पोथी में लिखा है—'बिना पूछे दूसरे का माल लेना चोरी कहलाता है।' लेकिन कहकर जोर से दूसरे का धन हड़प कर लेने से क्या कहलाता है; यह उसमें नहीं लिखा है। 'मेरी राय में यही कर्मयोग का मार्ग है।'**

कहने की आवश्यकता नहीं कि उद्धृत अंश में बंगभाषा के प्रसिद्ध ग्रंथकार बंकिमचंद्र की शैली का पूरा आभास है।

(३) बाबू बालमुकुंद गुप्त—गुप्त जी का जन्म पंजाब के रोहतक जिले के गुरयानी गाँव में सं० १९२२ में और मृत्यु सं० १९६४ में हुई। वे अपने समय के सबसे अनुभवी और कुशल संपादक थे। पहले इन्होंने दो उर्दू पत्रों का संपादन किया था, पर शीघ्र ही कलकत्ते के प्रसिद्ध संवादपत्र 'बंगवासी' के संपादक हो गए। बंगवासी को छोड़ते ही ये 'भारतमित्र' के प्रधान संपादक बनाए गए। ये बहुत ही चलते पुरजे और विनोदशील लेखक थे अतः कभी कभी छेड़छाड़ भी कर बैठते थे। पं० महावीरप्रसाद द्विवेदी ने जब 'सरस्वती' (भाग ६, संख्या ११) के अपने प्रसिद्ध 'भाषा और व्याकरण' शीर्षक लेख में 'अनस्थिरता', शब्द का प्रयोग कर दिया तब इन्हें छेड़छाड़ का मौका मिल गया और इन्होंने 'आत्माराम' के नाम से द्विवेदीजी के कुछ प्रयोगों की आलोचना करते हुए लेखमाला निकाली जिसमें चुहलबाजी का पुट पूरा था। द्विवेदीजी ऐसे गंभीर प्रकृति के व्यक्ति को भी युक्तिपूर्ण उत्तर के अतिरिक्त इनकी विनोदपूर्ण विगर्हणा के लिये 'सरगौ नरक ठेकाना नाहिं' शीर्षक देकर बहुत फबता हुआ आल्हा 'कल्लू अल्हइत' के नाम से लिखना पड़ा।

पत्रसंपादन काल में इन्होंने कई विषयों पर अच्छे निबंध भी लिखे जिनका एक संग्रह 'गुप्त निबंधावली' के नाम से छप चुका है। उनके 'रत्नावली नाटिका' के सुंदर अनुवाद का उल्लेख हो चुका है।

गुप्तजी ने सामयिक और राजनीतिक परिस्थिति को लेकर कई मनोरंजक प्रबंध लिखे हैं जिनमें 'शिवशंभु का चिट्ठा' बहुत प्रसिद्ध है। गुप्तजी की भाषा बहुत चलती, सजीव और विनोदपूर्ण होती थी। किसी प्रकार का विषय हो, गुप्तजी की लेखनी उस पर विनोद का रंग चढ़ा देती थी। वे पहले उर्दू के एक अच्छे लेखक थे, इससे उनकी हिंदी बहुत चलती और

फड़कती हुई होती थी। वे अपने विचारों को विनोदपूर्ण वर्णनों के भीतर ऐसा लपेटकर रखते थे कि उनका आभास बीच बीच में ही मिलता था। उनके विनोदपूर्ण वर्णनात्मक विधान के भीतर विचार और भाव लुके छिपे से रहते थे। यह उनकी लिखावट की एक बड़ी विशेषता थी। 'शिवशंभु का चिट्ठा' से थोड़ा सा अंश नमूने के लिये दिया जाता है—

> इतने में देखा कि बादल उमड़ रहे हैं। चीलें नीचे उतर रही हैं। तबीयत भुरभुरा उठी॥ इधर भंग, उधर घटा–बहार में बहार। इतने में वायु का वेग बढ़ा, चीलें अदृश्य हुईं। अंधेरा छाया, बूँदें गिरनें लगीं; साथ ही तड़तड़ धड़धड़ होने लगी। देखा ओले गिर रहे हैं। ओले थमें; कुछ वर्षा हुई, बूटी तैयार हुई; 'बमभोला' कहकर शर्माजी ने एक लोटा भर चढ़ाई। ठीक उसी समय लालडिग्गी पर बड़े लाट मिंटों ने बंगदेश के भूतपूर्व छोटे लाट उडबर्न की मूर्ति खोली। ठीक एक ही समय कलकत्ते में यह दो आवश्यक काम हुए। भेद इतना ही था कि शिवशंभु शर्मा के बरामदे की छत पर बूँदें गिरतीं और लार्ड मिंटों के सिर या छाते पर।
>
> भंग छानकर महाराजजी ने खटिया पर लंबी तानी और कुछ काल सुषुप्ति के आनंद में निमग्न रहे। + + + हाथ पाँव सुख में; पर विचार के घोड़ों को विश्राम न था। वह ओलों की चोट से बाजुओं को बचाता हुआ परिंदों की तरह इधर उधर उड़ रहा था। गुलाबी नशों में विचारों का तार बंधा कि बड़े लाट फुरती से अपनी कोठरी में घुस गए होंगे और दूसरे अमीर भी अपने-अपने घरों में चले गए होंगे। पर वह चील कहाँ गई होगी? हा! शिवशंभु को इन पक्षियों की चिंता है, पर वह यह नहीं जानता कि इन अभ्रस्पर्शी अट्टालिकाओं से परिपूरित महानगर में सहस्त्रों अभागे रात बिताने को झोपड़ी भी नहीं रखते।

(४) पं० गोविंदनारायण मिश्र—यद्यपि ये हिंदी के बहुत पुराने लेखकों में थे पर उस पुराने समय में वे अपने फुफेरे भाई पं० सदानंद मिश्र के 'सारसुधानिधि' पत्र में कुछ सामयिक और साहित्यिक लेख ही लिखा करते थे जो पुस्तकाकार छपकर स्थायी साहित्य में परिणत न हो सके। अपनी गद्यशैली का निर्दिष्ट रूप द्वितीय उत्थान के भीतर ही उन्होंने पूर्णतया प्रकाशित किया। इनकी लेखशैली का पता इनके सम्मेलन के भाषण और 'कवि और चित्रकार' नामक लेख से लगता है। गद्य के संबंध में इनकी धारणा प्राचीनों के 'गद्यकाव्य' की सी थी। लिखते समय बाण और दंडी इनके ध्यान में रहा करते थे। पर यह प्रसिद्ध बात है कि संस्कृत साहित्य में गद्य का वैसा विकास नहीं हुआ। बाण और दंडी का गद्य काव्य, अलंकार की छटा दिखानेवाला गद्य था, विचारों को उत्तेजना देनेवाला भाषा की शक्ति का प्रसार करनेवाला गद्य नहीं। विचारपद्धति को उन्नत करनेवाले गद्य का अच्छा और उपयोगी विकास योरोपीय भाषाओं में ही हुआ। गद्यकाव्य की पुरानी रूढ़ि के अनुसरण से शक्तिशाली गद्य का प्रादुर्भाव नहीं हो सकता।

पंडित गोविंदनारायण मिश्र के गद्य को समास अनुप्रास में गुथे शब्दगुच्छों का एक अटाला समझिए। जहाँ वे कुछ विचार उपस्थित करते हैं वहाँ भी पदच्छटा ही ऊपर दिखाई पड़ती है। शब्दावली दोनों प्रकार की रहती है—संस्कृत की भी और ब्रजभाषाकाव्य की भी। एक ओर 'प्रगल्भ प्रतिभा स्रोत से समुत्पन्न शब्दकल्पना कलित अभिनव भावमाधुरी है तो दूसरी ओर

'तमतोम सटकाती मुस्काती पूरनचंद की सकल मनभाई छिटकी जुन्हाई' है। यद्यपि यह गद्य एक क्रीड़ाकौतुक मात्र है पर इसकी भी थोड़ी सी झलक देख लेनी चाहिए—

साधारण गद्य का नमूना

परंतु मंदमति अरसिकों के अयोग्य, मलिन अथवा कुशाग्रबुद्धि चतुरों के स्वच्छ मलहीन मन को भी यथोचित शिक्षा से उपयुक्त बना लिए बिना उन पर कवि की परम रसीली उक्ति छबिछबीली का अलंकृत नखशिख लौं स्वच्छ सर्वांगसुंदर अनुरूप, यथार्थ, सुस्पष्ट प्रतिबिंब कभी पड़ेगा। + + + स्वच्छ दर्पण पर ही अनुरूप, यथार्थ सुस्पष्ट प्रतिकृति प्रतिफलित होता है। उससे साम्हना होते ही अपनी ही प्रतिबिंबित प्रतिकृति मानो समता की स्पर्धा में आ, उसी समय साम्हना करने आमने सामने आ खड़ी होती है।

काव्यमय गद्य का नमूना

सरद पूनो के समुदित पूरनचंद की छिटकी जुन्हाई सकल मनभाई के भी मुँह मसि मल, पूजनीय अलौकिक पदनखचंद्रिका की चमक के आगे तेजहीन मलीन और कलंकित कर दरसाती, लजाती, सरस सुधाधौली अलौकिक सुप्रभा फैलाती, अशेष मोहजड़ता प्रगाढ़ तमतोम सटकाती, मुस्काती, निज भक्त-जन मनवांछित वराभय भुक्ति सुचारु चारौं मुक्त हाथों से मुक्ति लुटाती + + + मुक्ताहारी नीरक्षीर विचार-सुचतुर कवि-कोविदराजमंहियसिंहासन-निवासिनी मंदहासिनी, त्रिलोक प्रकासिनी सरस्वती माता के अति दुलारे, प्राणों से प्यारे पुत्रों की अनुपम अनोखी अतुल बलवाली परम प्रभावशाली सुजन-मन-मोहिनी नवास भरी सरस सुखद विचित्र वचनरचना का नाम ही साहित्य है।

भारतेंदु के सहयोगी लेखक प्रायः 'उचित', 'उत्पन्न', 'उच्चरित', 'नव' आदि से ही संतोष करते थे पर मिश्रजी ऐसे लेखकों ने बिना किसी जरूरत के उपसर्गों का पुछल्ला जोड़ जनता के इन जाने बूझे शब्दों को भी–'समुचित', 'समुत्पन्न', 'समुच्चरित', 'अभिनव', करके अजनबी बना दिया। 'मृदुता', 'कुटिलता', 'सुकरता', 'समीपता', 'ऋजुता' अनादि के स्थान पर 'मार्दव', 'कौटिल्य', 'सौकर्य', 'सामीय', 'आर्जव' आदि ऐसे ही लोगों की प्रवृत्ति से लाए जाने लगे।

(५) बाबू श्यामसुंदरदासजी (बाबू साहब)—नागरीप्रचारिणी सभा के स्थापन काल से लेकर बराबर हिंदी भाषा, कवियों की खोज तथा इतिहास आदि के संबंध में लेख लिखते आए हैं। आप जैसे हिंदी के अच्छे लेखक हैं वैसे ही बहुत अच्छे वक्ता भी। आपकी भाषा इस विशेषता के लिये बहुत दिनों से प्रसिद्ध है कि उसमें अरबी, फारसी के विदेशी शब्द नहीं आते। आधुनिक सभ्यता के विधानों के बीच की लिखापढ़ी के ढंग पर हिंदी को ले चलने में आप की लेखनी ने बहुत कुछ योग दिया है।

बाबू साहब ने बड़ा भारी काम-लेखकों के लिये सामग्री प्रस्तुत करने का किया है। हिंदी पुस्तकों की खोज के विधान द्वारा अपने साहित्य का इतिहास, कवियों के चरित और उन पर प्रबंध आदि लिखने का मसाला इकट्ठा करके रख दिया। इसी प्रकार आधुनिक हिंदी के नए पुराने लेखकों के संक्षिप्त जीवनवृत्त 'हिंदी कोविद-रत्नमाला' के दो भागों में आपने संगृहीत

किए हैं। शिक्षोपयोगी तीन पुस्तकें—भाषाविज्ञान, हिंदी भाषा और साहित्य तथा साहित्यालोचन—भी आपने लिखी या संकलित की है।

(६) पं० जगन्नाथप्रसाद चतुर्वेदी—हास्यविनोदपूर्ण लेख लिखनेवालों में कलकत्ते के पं० जगन्नाथप्रसाद चतुर्वेदी का नाम भी बराबर लिया जाता है। पर उनके अधिकांश लेख भाषण मात्र हैं, स्थायी विषयों पर लिखे हुए निबंध नहीं।

(७) पं० चंद्रधर गुलेरी—इनका जन्म जयपुर में एक विख्यात पंडित घराने में २५ आषाढ़, संवत् १९४० में हुआ था। इनके पूर्वज कांगड़े के गुलेर नामक स्थान से जयपुर आए थे। पंडित चंद्रधरजी संस्कृत के प्रकांड विद्वान् और अँगरेजी उच्च शिक्षा से संपन्न व्यक्ति थे। जीवन के अंतिम वर्षों के पहले ये बराबर अजमेर के मेयो कालेज में अध्यापक रहे। पीछे काशी हिन्दू विश्वविद्यालय के ओरियंटल कालेज के प्रिंसिपल होकर आए। पर हिंदी के दुर्भाग्य से थोड़े ही दिनों में संवत् १९७७ में इनका परलोकवास हो गया। ये जैसे धुरंधर पंडित थे वैसे ही सरल और विनोदशील प्रकृति के थे।

गुलेरी जी ने 'सरस्वती' के कुछ ही महीने पीछे अपनी थोड़ी अवस्था में जयपुर से 'समालोचक' नामक एक मासिक पत्र अपने संपादकत्व में निकलवाया था। उक्त पत्र द्वारा गुलेरी जी एक बहुत ही अनूठी लेखशैली लेकर साहित्यक्षेत्र में उतरे थे। ऐसा गंभीर और पांडित्यपूर्ण ह्रास, जैसा इनके लेखों में रहता था, और कहीं देखने में न आया। अनेक गूढ़ शास्त्रीय विषयों तथा कथाप्रसंगों की ओर विनोदपूर्ण संकेत करती हुई उनकी वाणी चलती थी। इसी प्रसंगगर्भत्व (एल्यूसिवनेस) के कारण इनकी चुटकियों का आनंद अनेक विषयों की जानकारी रखनेवाले पाठकों को ही विशेष मिलता था। इनके व्याकरण ऐसे रूखे विषय के लेख भी मजाक से खाली नहीं होते थे।

यह बेधड़क कहा जा सकता है कि शैली की जो विशिष्टता और अर्थगर्भित वक्रता गुलेरी जी में मिलती है, और किसी लेखक में नहीं। इनके स्मित हास की सामग्री ज्ञान के विविध क्षेत्रों से ली गई है। अत: इनके लेखों का पूरा आनंद उन्हीं को मिल सकता है जो बहुज्ञ या कम से कम बहुश्रुत हैं। इनके 'कछुआ धरम' और 'मारेसि मोहिं कुठाऊँ' नामक लेखों से उद्धरण दिए जाते हैं।

(१) **मनुस्मृति में कहा गया है कि जहाँ गुरु की निंदा या असत् कथा हो रही हो वहाँ पर भले आदमी को चाहिए कि कान बंद कर ले या और कहीं उठकर चला जाय! मनु महाराज ने न सुनने जोग गुरु की कलंक कथा सुनने के पाप से बचने के दो ही उपाय बताए हैं। या तो कान ढककर बैठि जाओ या दुमदबाकर चल दो। तीसरा उपाय जो और देशों के सौ में नब्बे आदमियों को ऐसे अवसर पर सूझेगा, वह मनु ने नहीं बताया कि जूता लेकर या मुक्का तानकर सामने खड़े हो जाओ और निंदा करनेवाले का जबड़ा तोड़ दो या मुँह पिचका दो कि ऐसी हरकत न करे। पुराने से पुराने आर्यों की अपने भाई असुरों से अनबन हुई। असुर असुरिया में रहना चाहते थे, आर्य सप्तसिंधुओं को आर्यावर्त बनाना चाहते थे। ये आगे चल दिए। पीछे वे दबाते आए। विष्णु ने अग्नि, यज्ञपात्र और अरणि रखने के लिये तीन गाड़ियाँ बनाईं। उसकी पत्नी ने उनके पहियों की चूल को घी से आँज दिया। ऊखल, मूसल और सोम कूटने के पत्थरों तक को साथ लिए हुए 'कारवाँ' मुंजवत्**

हिंदुकुश के एक मित्र दर्रे खैबर में होकर सिंधु की एक घाटी में उतरा। पीछे से श्वान, भ्राज, अंभारि, बंभारि, हस्त, सुहस्त, कृशन, शंड, मर्क मारते चले जाते थे। वज्र की मार से पिछली गाड़ी भी आधी टूट गई, पर तीन लंबे डग मारनेवाले विष्णु ने पीछे फिरकर नहीं देखा और न जमकर मैदान लिया। पितृभूमि अपने भातृव्यों के पास छोड़ आए और यहाँ 'भ्रातृव्यस्य बधाय' (सजातानां मध्यमेष्ठ्याय) देवताओं की आहुति देने लगे। जहाँ जहाँ रास्ते में टिके वहाँ वहाँ यूप खड़े हो गए। यहाँ की सुजला सुफला शस्य श्यामला भूमि में ये बुलबुलें चहकने लगीं।

पर ईरान के अंगूरों और गुलों का, मुंजवत् पहाड़ की सोमलता का, चसका पड़ा हुआ था। लेने जाते तो वे पुराने गंधर्व मारने दौड़ते। हाँ, उनमें से कोई कोई उस समय का चिलकौआ नकद नारायण लेकर बदले में सोमलता बेचने को राजी हो जाते थे। उस समय का सिक्का गौएँ थीं। जैसे आजकल लखपती, करोड़पति कहलाते हैं वैसे तब 'शतगु', 'सहस्त्रगु' कहलाते थे। ये दमड़ीमल के पोते करोड़ीचंद अपने 'नवग्वाः', 'दशगवः पितरों से शरमाते न थे, आदर से उन्हें याद करते थे। आजकल के मेवा बेचनेवाले पेशावरियों की तरह कोई कोई 'सरहदी' यहाँ पर भी सोम बेचने चले जाते थे। कोई आर्य सीमाप्रांत पर जाकर भी ले आया करते थे। मोल ठहराने में बड़ी हुज्जत होती थी, जैसी कि तरकारियों का भाव करने में कुंजड़िनों से हुआ करती है। ये कहते कि गौ की एक कला में सोम बेच दो। वह कहता, वाह! सोम राजा का दाम इससे कहीं बढ़कर है। इधर ये गौ के गुण बखानते। जैसे बुड्ढे चौबेजी ने अपने कंधे पर चढ़ी बालवधू के लिये कहा था कि 'याही में बेटा और याही में बेटी' वैसे ये भी कहते कि इस गौ से दूध होता है, मक्खन होता है, दही होता है, यह होता है, वह होता है, पर काबुली काहे को मानता ? उसके पास सोम की 'मनोपली' थी और इनका बिना लिए सरता नहीं। अंत में गौ का एक पाद, अर्ध होते होते दाम तय हो जाता। भूरी आँखोंवाली एक बरस की बछिया में सोम राजा खरीद लिए जाते। गाड़ी में रखकर शान से लाए जाते।

अच्छा अब उसी पंचनद में 'वाहीक' आकर बसे। अश्वघोष की फड़कती उपमा के अनुसार धर्म भागा और दंड कमंडल लेकर ऋषि भी आगे। अब ब्रह्मावर्त, ब्रह्मर्षि देश और आर्यावर्त की महिमा हो गई; और वह पुराना देश—न तत्र दिवसं वसेत। बहुत वर्ष पीछे की बात है। समुद्र पार के देशों में और धर्म पक्के हो चले। लूटते मारते थे ही। बेधरम भी कर देते थे। बस, समुद्रयात्रा बंद! कहाँ तो राम के बनाए सेतु का दर्शन करके ब्रह्महत्या मिटती थी और कहाँ नाव में जानेवाले द्विज का प्रायश्चित कराकर भी संग्रह बंद! वही कछुआ धर्म? ढाल के अंदर बैठे रहो।

किसी बात का टोटा होने पर उसे पूरा करने की इच्छा होती है, दुःख होने पर उसे मिटाना चाहते हैं। यह स्वभाव है। संसार में त्रिविध दुःख दिखाई पड़ने लगे। उन्हें मिटाने के लिये उपाय भी किए जाने लगे। 'दष्ट' उपाय

हुए। उनसे संतोष न हुआ तो सुने सुनाए (आनुश्रविक) उपाय किए। उनसे भी मन न भरा। सांख्यों ने काठ कड़ी गिन गिन कर उपाय निकाला, बुद्ध ने योग में पककर उपाय खोजा। किसी न किसी तरह कोई उपाय मिलता गया। कछुओं ने सोचा, चोर को क्या मारें, चोर की माँ को ही न मारें; न रहे बाँस न बजे बाँसुरी। लगीं प्रार्थनाएँ होने—'मा देहि राम! जननीजठरे निवासम्।'

और यह उस देश में जहाँ सूर्य का उदय होना इतना मनोहर था कि ऋषियों का यह कहते कहते तालू सूखता था कि सौ बरस से हम उगता देखें, सौ बरस सुनें, सौ बरस बढ़ बढ़कर बोलें, सौ बरस अदीन होकर रहें।

हयग्रीव या हिरण्याक्ष दोनों में से किसी एक दैत्य से देव बहुत तंग थे। सुरपुर में अफवाह पहुँची। बस, इंद्र ने झटपट किवाड़ बंद कर दिए, आगल डाल दी। मानो अमरावती ने आँखें बंद कर लीं। यह कछुआ धरम का भाई शुतुरमुर्ग धरम है।

(२) हमारे यहाँ पूँजी शब्दों की है। जिससे हमें काम पड़ा, चाहे और बातों में हम ठगे गए, पर हमारी शब्दों की गाँठ नहीं कतरी गई। + + + यही नहीं जो आया उससे हमने कुछ ले लिया।

पहले हमें काम असुरों से पड़ा, असीरियावालों से। उनके यहाँ 'असुर' शब्द बड़ी शान का था। 'असुर' माने'प्राणवाला', जबरदस्त। हमारे इंद्र की भी यही उपाधि हुई, पीछे चाहे शब्द का अर्थ बुरा हो गया। + + + पारस के पारसियों से काम पड़ा तो वे अपने सूबेदारों की उपाधि 'क्षत्रप', 'क्षेत्रवान' या 'महाक्षत्रप' हमारे यहाँ रख गए और गुस्तास्प, बिस्तास्प के वजन के कृशाश्व, श्यावाश्व, वृहदश्व आदि ऋषियों और राजाओं के नाम दे गए। यूनानी यवनों से काम पड़ा तो वे यवन की स्त्री यवनी तो नहीं, पर यवन की लिपि 'यवनानी' शब्द हमारे व्याकरण को भेंट कर गए। साथ ही मेष, वृष, मिथुन आदि भी यहाँ पहुँच गए। पुराने ग्रंथकार तो शुद्ध यूनानी नाम आर, तार, जितुम आदि ही काम में लाते थे। बराहमिहिर की स्त्री खना चाहे यवनी रही हो, या न रही हो, उसने आदर से कहा है कि म्लेच्छ यवन भी ज्योतिः शास्त्र जानने से ऋषियों की तरह पूजे जाते हैं। अब चाहे 'वेल्यूपेबल सिस्टम' भी वेद में निकाला जाय, पर पुराने हिंदू कृतघ्न और गुरुमार न थे। + + यवन राजाओं की उपाधि 'सोटर' वातार का रूप लेकर हमारे राजाओं के यहाँ आ लगी। + + शकों के हमले हुए तो 'शाकपार्थिव वैयाकरणों के हाथ लगा और शक संवत् या शाका सर्व सर्वसाधारण के। हूण वंक्षु (ऑक्सस) नदी के किनारे पर से यहाँ चढ़ आए। तो कवियों को नारंगी की उपमा मिली कि ताजे मुड़े हुए हूण की ठुड्डी की सी नारंगी।

\+ + +

बकौल शेक्सपियर के जो मेरा धन छीनता है वह कूड़ा चुराता है पर जो मेरा नाम चुराता है वह सितम ढाता है, आर्यसमाज में मर्मस्थल पर वह मार की है

कि जो कुछ कहा नहीं जाता। हमारी ऐसी चोटी पकड़ी है कि सिर नीचा कर दिया है। गैरों ने तो गाँठ का कुछ न लिया, पर इन्होंने तो अच्छे अच्छे शब्द छीन लिए।

इसी से कहते हैं कि 'मारेसि मोहिं कुठाऊँ। अच्छे पद तो यों सफाई से ले लिए गए हैं कि इस पुरानी जमी हुई दुकान का दिवाला निकल गया?

हम अपने आपको आर्य नहीं कहते हिंदू कहते हैं। + + + और तो क्या 'नमस्ते' का वैदिक फिकरा हाथ से गया। चाहे 'जय रामजी' कह लो चाहे 'जय श्रीकृष्ण', नमस्ते मत कह बैठना। ओंकार बड़ा मांगलिक शब्द है। कहते हैं कि पहले यह ब्रह्मा का कंठ फाड़ कर निकला था।

इसी द्वितीय उत्थान के भीतर हम दो ऐसे निबंध लेखकों का नाम लेते हैं जिन्होंने लिखा तो कम है पर जिनके लेखों में भाषा की एक नई गतिविधि तथा आधुनिक जगत् की विचारधारा में उद्दीप्त नूतन भावभंगी के दर्शन होते हैं।

(१) **अध्यापक पूर्णसिंह**—'सरस्वती' के पुराने पाठकों में से बहुतों को अध्यापक पूर्णसिंह के लेखों का स्मरण होगा। उनके तीन चार निबंध ही उक्त पत्रिका में निकले, उनमें विचारों और भावों को एक अनूठे ढंग से मिश्रित करनेवाली एक नई शैली मिलती है। उनकी लाक्षणिकता हिंदी गद्य साहित्य में एक नई चीज थी। भाषा की बहुत कुछ उड़ान, उसकी बहुत कुछ शक्ति, 'लाक्षणिकता' में देखी जाती है। भाषा और भाव की एक नई विभूति उन्होंने सामने रखी। योरप के जीवन क्षेत्र की अशांति से उत्पन्न आध्यात्मिकता की, किसानों और मजदूरों की महत्वभावना की जो लहरें उठी उनमें वे बहुत दूर तक बहे। उनके निबंध भावात्मक कोटि में ही आएँगे, यद्यपि उनकी तह में क्षीण विचारधारा स्पष्ट लक्षित होती है। इस समय उनके तीन निबंध हमारे सामने हैं, 'आचरण की सभ्यता', 'मजदूरी और प्रेम' और 'सच्ची वीरता'। यहाँ हम उनके निबंधों से कुछ अंश उद्धृत करते हैं--

'आचरण की सभ्यता'

पश्चिमी ज्ञान से मनुष्य मात्र को लाभ हुआ है। ज्ञान का वह सेहरा बाहरी सभ्यता की अंतर्वर्तिनी आध्यात्मिक सभ्यता का वह मुकुट—जो आज मनुष्य जाति ने पहन रखा है, यूरोप को कदापि प्राप्त न होता, यदि धन और तेज को एकत्र करने के लिए यूरोप निवासी इतने कमीने न बनते। यदि सारे पूरबी जगत् ने इस महत्ता के लिये अपनी शक्ति से अधिक चंदा देकर सहायता की तो बिगाड़ क्या गया? एक तरफ जहाँ यूरोप के जीवन का एक अंश अभ्यस्त प्रतीत होता है—कमीना और कायरता से भरा मालूम होता है—वहीं दूसरी ओर यूरोप के जीवन का वह भाग जहाँ विद्या और ज्ञान का सूर्य चमक रहा है, इतना महान है कि थोड़े ही समय में पहले अंश को मनुष्य अवश्य ही भूल जायँगे। + + + आचरण की सभ्यता का यह देश ही निराला है। उसमें न शारीरिक झगड़े हैं, न मानसिक, न आध्यात्मिक। + + जब पैगंबर मुहम्मद ने ब्राह्मणों को चीरा और उसके मौन आचरण को नंगा किया तब सारे मुसलमानों को आश्चर्य हुआ कि काफिर में मोमिन किस प्रकार गुप्त था। जब शिव ने अपने हाथ से ईसा के शब्दों

> को परे फेंककर उसकी आत्मा के नंगे दर्शन कराए तो हिंदू चकित हो गए कि वह नग्न करने अथवा नग्न होनेवाला उनका कौन सा शिव था।
>
> 'मजदूरी और प्रेम'
>
> जब तक जीवन के अरण्य में पादरी, मौलवी, पंडित और साधु-संन्यासी हल, कुदाल और खुरपा लेकर मजदूरी न करेंगे, तब तक उनका मन और उनकी बुद्धि अनंत काल बीत जाने तक मलिन मानसिक जुआ खेलती रहेगी। उनका चिंतन बासी, उनकी पुस्तकें बासी, उनका विश्वास बासी और उनका खुदा भी बासी हो गया है।

(२) बाबू गुलाबराय—इस कोटि के दूसरे लेखक हैं बाबू गुलाबराय एम० ए०, एल० एल० बी०। उन्होंने विचारात्मक और भावात्मक दोनों प्रकार के निबंध थोड़े बहुत लिखे हैं—जैसे, 'कर्तव्य संबंधी रोग, निदान और चिकित्सा', 'समाज और कर्त्तव्यपालन', 'फिर निराशा क्यों'। 'फिर निराशा क्यों' एक छोटी सी पुस्तक है जिसमें कई विषयों पर बहुत छोटे छोटे अभ्यासपूर्ण निबंध है। इन्हीं में से एक 'कुरूपता' भी है जिसका थोड़ा सा अंश नीचे दिया जाता है—

> सौंदर्य की उपासना करना उचित है सही, पर क्या उसी के साथ साथ कुरूपता घृणास्पद और निंद्य है? नहीं, सौंदर्य का अस्तित्व ही कुरूपता के ऊपर निर्भर है। सुंदर पदार्थ अपनी सुंदरता पर चाहे जितना मान करे, किंतु असुंदर पदार्थों की स्थिति में ही वह सुंदर कहलाता है। अंधों में काना ही श्रेष्ठ समझा जाता है।
>
> \+ \+ \+
>
> सत्तासागर में दोनों की स्थिति है। दोनों ही एक तारतम्य में बँधे हुए हैं। दोनों ही एक दूसरे में परिणत होते रहते हैं। फिर कुरूपता घृणा का विषय क्यों? रूपहीन वस्तु से तभी तक घृणा है, जब तक हम अपनी आत्मा को संकुचित बनाए हुए बैठे हैं। सुंदर वस्तु को भी हम इसी कारण सुंदर कहते हैं कि उसमें हम अपने आदर्शों की झलक देखते हैं। आत्मा के सुविस्तृत और औदार्यपूर्ण हो जाने पर सुंदर और असुंदर दोनों ही समान प्रिय बन जाते हैं। कोई माता अपने पुत्र को कुरूपवान नहीं कहती। इसका यही कारण है कि वह अपने पुत्र में अपने आपको ही देखती है। जब हमारे संसार में अपने आपको ही देखेंगे तब हमको कुरूपवान भी रूपवान् दिखाई देगा।

अब निबंध का प्रसंग यहीं समाप्त किया जाता है। खेद है कि समास शैली पर ऐसे विचारात्मक निबंध लिखनेवाले, जिनमें बहुत ही चुस्त भाषा के भीतर एक पूरी अर्थपरंपरा कसी हो, अधिक लेखक हमें न मिले।

समालोचना

समालोचना का उद्देश्य हमारे यहाँ गुण-दोष-विवेचन ही समझा जाता रहा है। संस्कृत साहित्य में समालोचना का पुराना ढंग यह है कि जब कोई आचार्य या साहित्यमीमांसक कोई नया लक्षणग्रंथ लिखता था तब जिन काव्य रचनाओं को वह उत्कृष्ट समझता था उन्हें रस, अलंकार, आदि के उदाहरणों के रूप में उद्धृत करता था और जिन्हें पुष्ट समझता था उन्हें दोषों

के उदाहरणों में देता था। फिर जिसे उसकी राय नापसंद होती थी वह उन्हीं उदाहरणों में से अच्छे ठहराए हुए पद्यों में दोष दिखाता था और बुरे ठहराए हुए पद्यों के दोष का परिहार करता था।[१] इसके अतिरिक्त जो दूसरा उद्देश्य समालोचना का होता है—अर्थात् कवियों की अलग अलग विशेषताओं का दिग्दर्शन—उसकी पूर्ति किसी कवि की स्तुति में दो एक श्लोकबद्ध उक्तियाँ कह कर ही लोग संतोष मान लिया करते थे, जैसे—

निर्गतासु न वा कस्य कालिदासस्य सूक्तिषु।
प्रीतिः मधुरसांद्रासु मंजरीष्विव जायते॥

उपमा कालिदासस्य, भारवेरर्थगौरवम्।
नैषधे पदलालित्यं, माघे सन्ति त्रयो गुणाः॥

किसी कवि या पुस्तक के गुण दोष या सूक्ष्म विशेषताएँ दिखाने के लिये एक दूसरी पुस्तक तैयार करने की चाल हमारे यहाँ न थी। योरप में इसकी चाल खूब चली। वहाँ समालोचना काव्यसिद्धांत निरूपण से स्वतंत्र एक विषय ही हो गया। केवल गुण-दोष दिखानेवाले लेखों या पुस्तकों की धूम तो थोड़े ही दिनों रहती थी, पर किसी कवि की विशेषताओं का दिग्दर्शन करानेवाली, उसकी विचार धारा में डूबकर उसकी अंतर्वृत्तियों की छानबीन करनेवाली पुस्तक, जिसमें गुणदोष का कथन भी आ ज़ाता था, स्थायी साहित्य में स्थान पाती थी। समालोचना के दे प्रधान मार्ग होते हैं—निर्णयात्मक (जुडिशियल मेथड्) और व्याख्यात्मक (इंडक्टिव क्रिटिसिज्म)।[२] निर्णयात्मक आलोचना किसी रचना के गुणदोष निरूपित करके उसका मूल्य निर्धारित करती है। उसमें लेखक या कवि कही कहीं प्रशंसा होती है, कहीं निंदा। व्याख्यात्मक आलोचना किसी ग्रंथ में आई हुई बातों की एक व्यवस्थित रूप में सामने रखकर उनका अनेक प्रकार से स्पष्टीकरण करती है। यह मूल्य निर्धारित करने नहीं जाती। ऐसी आलोचना अपने शुद्ध रूप में काव्यवस्तु ही तक परिमित होती है अर्थात् उसी के अंगप्रत्यंग की विशेषताओं को ढूँढ़ निकालने और भावों की व्यवच्छेदात्मक व्याख्या करने में तत्पर रहती है। पर इस व्याख्यात्मक समालोचना के अंतर्गत बहुत सी बाहरी बातों का भी विचार होता है—जैसे; सामाजिक, राजनीतिक, सांप्रदायिक परिस्थिति आदि का प्रभाव। ऐसी समीक्षा को 'ऐतिहासिक समीक्षा' (हिस्टारिकल क्रिटिसिज्म) कहते हैं। इसका उद्देश्य यह निर्दिष्ट करना होता है कि किसी रचना का उसी प्रकार की और रचनाओं से क्या संबंध है और उसका साहित्य की चली आती हुई परंपरा में क्या स्थान है। बाह्य पद्धति के अंतर्गत ही कवि के जीवनक्रम और स्वभाव आदि के अध्ययन द्वारा उसकी अंतर्वृत्तियों का सूक्ष्म अनुसंधान भी है जिसे 'मनोवैज्ञानिक आलोचना' (साइकोलाजिकल क्रिटिसिज्म) कहते हैं। इनके अतिरिक्त दर्शन, विज्ञान आदि की दृष्टि से समालोचना की और भी कई पद्धतियाँ हैं और हो सकती हैं। इस प्रकार समालोचना के स्वरूप का विकास योरप में हुआ।

---

१. साहित्यदर्पणकार ने शृंगाररस के उदाहरण में 'शून्यं वासगृहं विलोक्य' यह श्लोक उद्धृत किया। रसगंगाधरकार ने इस श्लोक में अनेक दोष दिखलाए और उदाहरण में अपना बनाया श्लोक भिड़ाया। हिंदी कवियों में श्रीपति ने दोषों के उदाहरण में केशवदास के पद रखे हैं।

२. मेथड्स ऐंड मैटारियल्स आव लिटरेरी क्रिटिसिज्म—गेले ऐंड स्काट।

केवल निर्णयात्मक समालोचना की चाल बहुत कुछ उठ गई है। अपनी भली बुरी रुचि के अनुसार कवियों की श्रेणी बाँधना, उन्हें नंबर देना अब एक बेहूदा बात समझी जाती है।[१]

कहने की आवश्यकता नहीं कि हमारे हिंदी साहित्य में समालोचना पहले पहल केवल गुण-दोष दर्शन के रूप में प्रकट हुई। लेखों के रूप में इसका सूत्रपात बाबू हरिश्चंद्र के समय में ही हुआ। लेख के रूप में पुस्तकों की विस्तृत समालोचना उपाध्याय पं० बदरीनारायण चौधरी ने अपनी 'आनंद-कादंबिनी' में शुरू की। लाला श्रीनिवासदास के 'संयोगिता स्वयंवर' नाटक की बड़ी विशद और कड़ी आलोचना, जिसमें दोषों का उद्घाटन बड़ी बारीकी से किया गया था, उक्त पत्रिका में निकाली थी। पर किसी ग्रंथकार के गुण अथवा दोष ही दिखलाने के लिये कोई पुस्तक भारतेंदु के समय में न निकली थी। इस प्रकार की पहली पुस्तक पं० महावीरप्रसाद द्विवेदी की 'हिंदी कालिदास की आलोचना' थी जो इस द्वितीय उत्थान के आरंभ में ही निकली। इसमें लाला सीताराम बी० ए० का अनुवाद किए हुए नाटकों के भाषा तथा भावसंबंधी दोष बड़े विस्तार से दिखाए गए हैं। यह अनुवादों की समालोचना थी, अतः भाषा की त्रुटियों और मूलभाव के विपर्यय आदि के आगे जा ही नहीं सकती थी। दूसरी बात है कि इसमें दोषों का ही उल्लेख हो सका, गुण नहीं ढूँढ़े गए।

इसके उपरांत द्विवेदीजी ने कुछ संस्कृत कवियों की लेकर दूसरे ढंग की—अर्थात् विशेषता परिचायक—समीक्षाएँ भी निकालीं। इस प्रकार की पुस्तकों में 'विक्रमांक-देवचरित चर्चा' और 'नैषधचरित चर्चा' मुख्य है। इनमें कुछ तो पंडित मंडली में प्रचलित रूढ़ि के अनुसार चुने हुए श्लोकों की खूबियों पर साधुवाद है (जैसे, क्या उत्तम उत्प्रेक्षा है!) और कुछ भिन्न भिन्न विद्वानों के मतों का संग्रह। इस प्रकार की पुस्तकों से संस्कृत न जाननेवाले हिंदी पाठकों को दो तरह की जानकारी हासिल होती है—संस्कृत के किसी कवि की कविता किस ढंग की है, और वह पंडितों और विद्वानों के बीच कैसी समझी जाती है। द्विवेदीजी की तीसरी पुस्तक 'कालिदास की निरंकुशता' में भाषा और व्याकरण के वे व्यतिक्रम इकट्ठे किए गए हैं जिन्हें संस्कृत के विद्वान् लोग कालिदास की कविता में बताया करते हैं। यह पुस्तक हिंदी वालों के क्या संस्कृतवालों के फायदे के लिये लिखी गई, यह ठीक ठीक नहीं समझ पड़ता। जो हो, इन पुस्तकों को एक मुहल्ले में फैली बातों से दूसरे मुहल्ले वालों को कुछ परिचित कराने के प्रयत्न के रूप में समझना चाहिए, स्वतंत्र समालोचना के रूप में नहीं।

यद्यपि द्विवेदीजी ने हिंदी के बड़े बड़े कवियों को लेकर गंभीर साहित्यसमीक्षा का स्थायी साहित्य नहीं प्रस्तुत किया, पर नई निकली पुस्तकों की भाषा आदि की खरी आलोचना करके हिंदी साहित्य का बड़ा भारी उपकार किया। यदि द्विवेदीजी न उठ खड़े होते तो जैसी अव्यवस्थित, व्याकरणविरुद्ध और ऊटपटाँग भाषा चारों ओर दिखाई पड़ती थी, उसकी परंपरा जल्दी न रुकती। उसके प्रभाव से लेखक सावधान हो गए और जिनमें भाषा की समझ और योग्यता थी उन्होंने अपना सुधार किया।

कवियों का बड़ा भारी इतिवृत्तसंग्रह (मिश्रबंधु विनोद) तैयार करने के पहले मिश्रबंधुओं ने 'हिंदी नवरत्न' नामक समालोचनात्मक ग्रंथ निकाला था जिसमें सबसे बढ़कर नई बात यह थी कि 'देव' हिंदी के सबसे बड़े कवि हैं। हिंदी के पुराने कवियों को समालोचना के लिये

---

१. **द रैकिंग आव राइटर्स इन आर्डर आव मेरिट हैज विकम आवसोलीट-द न्यू क्रिटिसिज्म बाई जे० ई० स्पिन्गार्न (१९११)।**

सामने लाकर मिश्रबंधुओं ने बेशक जरूरी काम किया। उनकी बातें समालोचना कही जा सकती हैं या नहीं, यह दूसरी बात है। रीतिकाल के भीतर यह सूचित किया जा चुका है कि हिंदी में साहित्यशास्त्र का वैसा निरूपण नहीं हुआ जैसा संस्कृत में हुआ है। हिंदी के रीतिग्रंथों के अभ्यास से लक्षणा, व्यंजना, रस आदि के वास्तविकस्वरूप की सम्यक्धारणा नहीं हो सकती। कविता की समालोचना के लिये यह धारणा कितनी आवश्यक है, कहने की जरूरत नहीं। इसके अतिरिक्त उच्च कोटि की आधुनिक शैली की समालोचना के लिये विस्तृत अध्ययन, सूक्ष्म अन्वीक्षण बुद्धि और मर्मग्राहणी प्रज्ञा अपेक्षित है। 'कारो कृतहि न मानै' ऐसे ऐसे वाक्यों को लेकर यह राय जाहिर करना कि, 'तुलसी कभी राम की निंदा नहीं करते; पर सूर ने दो चार स्थानों पर कृष्ण के कामों की निंदा भी की है', साहित्यमर्मज्ञों के निकट क्या समझा जायेगा?

'सूरदास प्रभु वे अति खोटे', 'कारो कृतहि न मानै' ऐसे ऐसे वाक्यों पर साहित्यिक दृष्टि से जो थोड़ा भी ध्यान देगा, वह जान लेगा कि कृष्ण न तो वास्तव में छोटे कहे गए हैं, न कालेकलूट कृतघ्न। पहला वाक्य सखी की विनोद या परिहास की उक्ति है, सरासर गाली नहीं है। सखी का यह विनोद हर्ष का ही एक स्वरूप है जो उस सखी का राधाकृष्ण के प्रति रतिभाव व्यंजित करता है। इसी प्रकार दूसरा वाक्य विरहाकुल गोपी का वचन है जिससे कुछ विनोदमिश्रित अमर्ष व्यंजित होता है। यह अमर्ष, यहाँ विप्रलंभ श्रृंगार में रतिभाव का ही व्यंजक है। इसी प्रकार कुछ 'दैन्य' भाव की उक्तियों को लेकर तुलसीदासजी खुशामदी कहे गए हैं। 'देव' को बिहारी से बड़ा सिद्ध करने के लिये बिहारी में बिना दोष के दोष ढूँढ़े गए हैं। 'संक्रोन' को 'संक्रांति' का (संक्रमण तक ध्यान कैसे जा सकता था?) अपभ्रंश समझ आप लोगों ने उसे बहुत बिगाड़ा हुआ शब्द माना है। 'रोज' शब्द 'रुलाई' के अर्थ में कबीर, जायसी, आदि पुराने कवियों में न जाने कितनी जगह आया है और आगरे आदि के आसपास अब तक बोला जाता है; पर वह भी 'रोजा' समझा गया है। इसी प्रकार की बेसिर पैर की बातों से पुस्तक भरी है। कवियों की विशेषताओं के मार्मिक निरूपण की आशा में जो इसे खोलेगा, वह निराश ही होगा।

इसके उपरांत पंडित पद्मसिंह शर्मा ने बिहारी पर एक अच्छी आलोचनात्मक पुस्तक निकाली। इसमें उस साहित्य परंपरा का बहुत अच्छा उद्‌घाटन है जिसके अनुकरण पर बिहारी ने अपनी प्रसिद्ध सतसई की रचना की। 'आर्यासप्तशती' और 'गाथासप्तशती' के बहुत से पद्यों के साथ बिहारी के दोहों का पूरा पूरा मेल दिखाकर शर्माजी ने बड़ी विद्वत्ता के साथ एक चली आती हुई साहित्यिक परंपरा के बीच बिहारी को रखकर दिखाया। किसी चली आती हुई साहित्यिक परंपरा का उद्‌घाटन भी साहित्यसमीक्षक का एक भारी कर्तव्य है। हिंदी के दूसरे कवियों के मिलते जुलते पद्यों की बिहारी की दोहों के साथ तुलना करके शर्माजी ने तारतमिक आलोचना का शौक पैदा किया। इस पुस्तक में शर्माजी ने उन आक्षेपों का भी बहुत कुछ परिहार किया जो देव को ऊँचा सिद्ध करने के लिये बिहारी पर किए गए थे। हो सकता है कि शर्माजी ने भी बहुत से स्थलों पर बिहारी का पक्षपात किया हो, पर उन्होंने जो कुछ किया है, वह एक अनूठे ढंग से किया है। उनके पक्षपात का भी साहित्यिक मूल्य है।[१]

---

१. देखिए 'भ्रमरगीतसार' की भूमिका।

यहाँ पर यह बात सूचित कर देना आवश्यक है कि शर्माजी की यह समीक्षा भी रूढ़िगत (कन्वेंशनल) है। दूसरे श्रृंगारी कवियों से अलग करनेवाली बिहारी की विशेषताओं के अन्वेषण और अंत:प्रवृत्तियों के उद्‌घाटन का—जो आधुनिक समालोचना का प्रधान लक्ष्य समझा जाता है—प्रयत्न इसमें नहीं हुआ। यह खटकनेवाली बात है, बिना जरूरत के जगह जगह चुहलबाजी और शाबाशी का महफिली तर्ज।

शर्माजी की पुस्तक से दो बातें हुईं। एक तो 'देव बड़े कि बिहारी' यह भद्दा झगड़ा सामने आया। दूसरे 'तुलनात्मक समालोचना' के पीछे लोग बेतरह पड़े।

'देव और बिहारी' के झगड़े को लेकर पहली पुस्तक पं० कृष्णबिहारी मिश्र बी० ए०, एल० एल० बी० की मैदान में आई। इस पुस्तक में बड़ी शिष्टता, सभ्यता और मार्मिकता के साथ दोनों बड़े कवियों के भिन्न-भिन्न रचनाओं का मिलान किया गया है। इसमें जो बातें कही गई हैं, वे बहुत कुछ साहित्यिक विवेचन के साथ कही गई हैं, 'नवरत्न' की तरह यों ही नहीं कही गई है। यह पुरानी परिपाटी की साहित्यसमीक्षा के भीतर अच्छा स्थान पाने के योग्य है। मिश्रबंधुओं की अपेक्षा पं० कृष्णबिहारी जी साहित्यिक आलोचना के कहीं अधिक अधिकारी कहे जा सकते हैं। 'देव और बिहारी' के उत्तर में लाला भगवानदीनजी ने 'बिहारी और देव' नाम की पुस्तक निकाली जिसमें उन्होंने मिश्रबंधुओं के भद्दे आक्षेपों का उचित शब्दों में जवाब देकर पं० कृष्णबिहारी जी की बातों पर भी पूरा विचार किया। अच्छा हुआ कि 'छोटे बड़े' के इस भद्दे झगड़े की ओर अधिक लोग आकर्षित नहीं हुए।

अब 'तुलनात्मक समालोचना' की बात लीजिए। उसकी ओर लोगों का कुछ आकर्षण देखते ही बहुतों ने 'तुलना' को ही समालोचना का चरम लक्ष्य समझ लिया और पत्रिकाओं में तथा इधर उधर भी लगे भिन्न भिन्न कवियों के पद्यों को लेकर मिलान करने। यहाँ तक कि जिन दो पद्यों में वास्तव में कोई भावसाम्य नहीं उनमें भी बादरायण संबंध स्थापित करके लोग इस 'तुलनात्मक समालोचना' के मैदान में उतरने का शौक जाहिर करने लगे। इसका असर कुछ समालोचकों पर भी पड़ा। पंडित कृष्णबिहारी मिश्रजी ने जो 'मतिरामग्रंथावली' निकाली, उसकी भूमिका का आवश्यकता से अधिक अंश उन्होंने इस 'तुलनात्मक आलोचना' को ही अर्पित कर दिया, और बातों के लिये बहुत कम जगह रक्खी।

द्वितीय उत्थान के भीतर 'समालोचना' की यद्यपि बहुत कुछ उन्नति हुई उसका स्वरूप प्राय: रूढ़िगत (कन्वेंशनल) ही रहा। कवियों की विशेषताओं का अन्वेषण और उनकी अंत: प्रकृति की छानबीन करनेवाली उच्चकोटि की समालोचना का प्रारंभ तृतीय उत्थान में जाकर हुआ।

प्रकरण ५

गद्य साहित्य की वर्तमान गति : तृतीय उत्थान

(सं० १९७५ से)

सामान्य परिचय

इस तृतीय उत्थान में हम वर्तमान काल में पहुँचते हैं जो अभी चल रहा है। इसमें आकर हिंदी गद्य साहित्य के भिन्न भिन्न क्षेत्रों के भीतर नए रास्ते खुले जिनमें से कई एक पर विलायती गलियों के नाम की तख्तियाँ भी लगीं। हमारे गद्य साहित्य का यह काल अभी हमारे सामने है। इसके भीतर रहने के कारण इसके संबंध में हम या हमारे सहयोगी जो कुछ कहेंगे वह इस काल का अपने संबंध में अपना निर्णय होगा। सच पूछिए तो वर्तमान काल, जो अभी चल रहा है, हमसे इतना दूर पीछे नहीं छूटा है कि इतिहास के भीतर आ सके। इससे यहाँ आकर हम अपने गद्य साहित्य के विविध अंगों का संक्षिप्त विवरण ही इस दृष्टि से दे सकते हैं कि उनके भीतर की भिन्न भिन्न प्रवृत्तियाँ लक्षित हो जायँ।

सबसे पहले ध्यान लेखकों और ग्रंथकारों की दिन दिन बढ़ती संख्या पर जाता है। इन बीच इक्कीस वर्षों के बीच हिंदी साहित्य का मैदान काम करनेवालों से पूरा पूरा भर गया, जिससे उनके कई अंगों की बहुत अच्छी पूर्ति हुई, पर साथ ही बहुत सी फालतू चीजें भी इधर उधर बिखरीं। जैसे भाषा का पूरा अभ्यास और उस पर अच्छा अधिकार रखनेवाले, प्राचीन और नवीन साहित्य के स्वरूप को ठीक ठीक परखनेवाले अनेक लेखकों द्वारा हमारा साहित्य पुष्ट और प्रौढ़ हो चला, वैसे ही केवल पाश्चात्य साहित्य के किसी कोने से आँख खोलनेवाले और योरप की हर एक नई पुरानी बात को 'आधुनिकता' कहकर चिल्लानेवाले लोगों के द्वारा बहुत कुछ अनधिकार चर्चा–बहुत सी अनाड़ीपन की बातें—भी फैल चलीं। इस दूसरे ढाँचे के लोग योरप की सामाजिक, राजनीतिक और साहित्यिक परिस्थितियों के अनुसार समय समय पर उठे हुए नाना वादों और प्रवादों को लेकर और उनकी उक्तियों के टेढ़े सीधे अनुवाद को उद्धरणी करके ही अपने को हमारे वास्तविक साहित्यनिर्माताओं से दस हाथ आगे बता चले।

इनके कारण हमारा सच्चा साहित्य रुका तो नहीं, पर व्यर्थ की भीड़भाड़ के बीच ओट में अवश्य पड़ता रहा। क्या नाटक, क्या उपन्यास, क्या निबंध, क्या समालोचना, क्या काव्यस्वरूप-मीमांसा, सबके क्षेत्रों के भीतर कुछ विलायती मंत्रों का उच्चारण सुनाई पड़ता आ रहा है। इनमें से कुछ तो ऐसे हैं जो अपने जन्मस्थान में अब नहीं सुनाई पड़ते। हँसी तब आती है जब कुछ ऐसे व्यक्ति भी 'मध्य युग की प्रवृत्ति', 'क्लासिकल', 'रोमांटिक' इत्यादि शब्दों से विभूषित अपनी आलोचना द्वारा 'नए युग की वाणी' का संचार समझाने खड़े होते हैं, जो इन शब्दों का अर्थ जानना तो दूर रहा, अँगरेजी भी नहीं जानते। उपन्यास के क्षेत्र में देखिए तो एक ओर प्रेमचंद ऐसे प्रतिभाशाली उपन्यासकार हिंदी की कीर्ति का देश भर में प्रसार कर रहे हैं, दूसरी ओर कोई उनकी भरपेट निंदा करके टालस्टाय का 'पापी के प्रति घृणा नहीं दया' वाला

सिद्धांत लेकर दौड़ता है। एक दूसरा आता है जो दयावाले सिद्धांत के विरुद्ध योरप का साम्यवादी सिद्धांत ला भिड़ाता है और कहता है कि गरीबों का रक्त चूसकर उन्हें अपराधी बनाना और फिर बड़ा बनाकर दया दिखाना तो उच्च वर्ग के लोगों की मनोवृत्ति है। वह बड़े जोश के साथ सूचित करता है कि इस मनोवृत्ति का समर्थन करनेवाला साहित्य हमें नहीं चाहिए, हमें तो ऐसा साहित्य चाहिए जो पददलित अकिंचनों में रोष, विद्रोह और आत्मगौरव का संचार करे और उच्च वर्ग के लोगों में नैराश्य, लज्जा और ग्लानि का।

एक ओर स्वर्गीय जयशंकर प्रसादजी अपने नाटकों द्वारा यह साफ झलका देते हैं कि प्राचीन ऐतिहासिक वृत्ति लेकर चलनेवाले नाटकों की रचना के लिये कालविशेष के भीतर के तथ्य बटोरनेवाला कैसा विस्तृत अध्ययन और उन तथ्यों द्वारा अनुमित सामाजिक स्थिति के सजीव ब्योरे सामने खड़ा करनेवाली कैसी सूक्ष्म कल्पना चाहिए, दूसरी ओर कुछ लोग ऐसे नाटकों के प्रति उपेक्षा का सा भाव दिखाते हुए बर्नार्डशा आदि का नाम लेते हैं और कहते हैं कि आधुनिक युग 'समस्या नाटकों' का है। यह ठीक है कि विज्ञान की साधना द्वारा संसार के वर्तमान युग का बहुत सा रूप योरप का खड़ा किया हुआ है। पर इसका क्या यह मतलब है कि युग का सारा रूपविधान योरप ही करे और हम आराम से जीवन के सब क्षेत्र में उसी के दिए हुए रूप को लेकर रूपवान बनते चलें ? क्या अपने स्वतंत्र स्वरूपविकास की हमारी शक्ति सब दिन के लिये मारी गई ?

हमारा यह तात्पर्य नहीं कि योरप के साहित्यक्षेत्र में उठी हुई बातों की चर्चा हमारे यहाँ न हो। यदि हमें वर्तमान जगत् के बीच से अपना रास्ता निकालना है तो वहाँ के अनेक 'वादों' और प्रवृत्तियों तथा उन्हें उत्पन्न करनेवाली परिस्थितियों का पूरा परिचय हमें होना चाहिए। उन वादों की चर्चा अच्छी तरह हो, उनपर पूरा विचार हो और उनके भीतर जो थोड़ा बहुत सत्य छिपा हो उसका ध्यान अपने साहित्य के विकास में रखा जाय। पर उनमें से कभी इसको कभी उसको, यह कहते हुए सामने रखना कि वर्तमान विश्वसाहित्य का स्वरूप यही है जिससे हिंदी साहित्य अभी बहुत दूर है, अनाड़ीपन ही नहीं, जंगलीपन भी है।

आजकल भाषा की भी बुरी दशा है। बहुत से लोग शुद्ध भाषा लिखने का अभ्यास होने के पहले ही बड़े पोथे लिखने लगते हैं जिनमें व्याकरण की भद्दी भूलें तो रहती ही हैं, कहीं कहीं वाक्यविन्यास तक ठीक नहीं रहता। यह बात और किसी भाषा के साहित्य में शायद ही देखने को मिले। व्याकरण की भूलों तक ही बात नहीं है। अपनी भाषा की प्रकृति की पहचान न रहने के कारण कुछ लोग उसका स्वरूप भी बिगाड़ चले हैं। वे अँगरेजी के शब्द, वाक्य और मुहावरे तक ज्यों के त्यों उठाकर रख देते हैं, यह नहीं देखने जाते कि भाषा हिंदी हुई या और कुछ। नीचे के अवतरणों से यह बात स्पष्ट हो जायगी—

(१) उनके हृदय में अवश्य ही एक ललित कोना होगा जहाँ रतन ने स्थान पा लिया होगा। (कुंडलीचक्र उपन्यास)

(२) वह उन लोगों में से न था जो घास को थोड़ी देर भी अपने पैरों तले उगने देते हों। (वही)

(३) क्या संभव नहीं है कि भारत के बड़े बड़े स्वार्थ कुछ लोगों की नामावली उपस्थित करें। (आज, २८ अक्टूबर, १९३९)

उपन्यास-कहानी

इस तृतीय उत्थान में हमारा उपन्यास कहानी साहित्य ही सबसे अधिक समृद्ध हुआ। नूतन विकास लेकर आनेवाले प्रेमचंदजी जो कर गए वह तो हमारे साहित्य की एक निधि ही है, उनके अतिरिक्त पं० विश्वम्भरनाथ कौशिक, बाबू प्रतापनारायण श्रीवास्तव, श्री जैनेंद्रकुमार ऐसे सामाजिक उपन्यासकार तथा बा० वृंदावनलाल वर्मा ऐसे ऐतिहासिक उपन्यासकार उपन्यासभंडार की बहुत सुंदर पूर्ति करते जा रहे हैं। सामाजिक उपन्यासों में देश में चलनेवाले राष्ट्रीय तथा आर्थिक आंदोलनों का भी आभास बहुत कुछ रहता है। तअल्लुकदारों के अत्याचार, भूखे किसानों की दारुण दशा के बड़े चटकीले चित्र उनमें प्रायः पाए जाते हैं। इस संबंध में हमारा केवल यही कहना है कि हमारे निपुण उपन्यासकारों को केवल राजनीतिक दलों द्वारा प्रचारित बातें लेकर ही न चलना चाहिए, वस्तुस्थिति पर अपनी व्यापक दृष्टि भी डालनी चाहिए। उन्हें यह भी देखना चाहिए कि अँगरेजी राज्य जमने पर भूमि की उपज या आमदनी पर जीवन निर्वाह करनेवालों (किसानों और जमींदारों दोनों) की और नगर के रोजगारियों या महाजनों की परस्पर क्या स्थिति हुई। उन्हें यह भी देखना चाहिए कि राज कर्मचारियों का इतना बड़ा चक्र ग्रामवासियों के सिर पर ही चला करता है, व्यापारियों का वर्ग उससे प्रायः बचा रहता है। भूमि ही यहाँ सरकारी आय का प्रधान उद्‌गम बना दी गई है। व्यापारश्रेणियों को यह सुभीता विदेशी व्यापार को फलता फूलता रखने के लिये दिया गया था, जिससे उनकी दशा उन्नत होती आई और भूमि से संबंध रखनेवाले सब वर्गों की—क्या जमींदार, क्या किसान, क्या मजदूर—गिरती गई।

जमींदारों के अंतर्गत हमें ९८ प्रतिशत साधारण जमींदारों को लेना चाहिए, २ प्रतिशत बड़े बड़े तअल्लुकेदारों को नहीं। किसान और जमींदार एक ओर तो सरकार की भूमिकर संबंधी नीति से पिसते आ रहे हैं, दूसरी ओर उन्हें भूखों मारनेवाले नगरों के व्यापारी हैं जो इतने घोर श्रम से पैदा की हुई भूमि की उपज का भाव अपने लाभ की दृष्टि से घटाते बढ़ाते रहते हैं। भाव किसानों, जमींदारों के हाथ में नहीं। किसानों से बीस सेर के भाव से अन्न लेकर व्यापारी सात आठ सेर के भाव से बेचा करते हैं। नगरों के मजदूर तक पान बीड़ी के साथ सिनेमा देखते हैं, गाँव के जमींदार और किसान कष्ट से किसी प्रकार दिन काटते हैं। कहने का तात्पर्य यह कि हमारे उपन्यासकारों को देश के वर्तमान जीवन के भीतर अपनी दृष्टि गड़ाकर देखना चाहिए, केवल राजनीतिक दलों की बातों को लेकर ही न चलना चाहिए। साहित्य को राजनीति के ऊपर रहना चाहिए; सदा उसके इशारों पर ही न नाचना चाहिए।

वर्तमान जगत् में उपन्यासों की बड़ी शक्ति है। समाज जो रूप पकड़ रहा है उसके भिन्न भिन्न वर्गों में जो प्रवृत्तियाँ उत्पन्न हो रही हैं, उपन्यास उनका विस्तृत प्रत्यक्षीकरण ही नहीं करते, आवश्यकतानुसार उनके ठीक विन्यास, सुधार अथवा निराकरण की प्रवृत्ति भी उत्पन्न कर सकते हैं। समाज के बीच खानपान के व्यवहार तक में जो भद्दी नकल होने लगी है—गर्मी के दिनों में भी सूटबूट कसकर टेबुलों पर जो प्रीतिभोज होने लगा है—उसको हँसकर उड़ाने की सामर्थ्य उपन्यासों में ही है। लोक या किसी जनसमाज के बीच काल की गति के अनुसार जो गूढ़ और चिंत्य परिस्थितियाँ खड़ी होती रहती हैं उनको गोचर रूप में सामने लाना और कभी कभी निस्तार का मार्ग भी प्रत्यक्ष करना उपन्यासों का काम है।

लोक की सामयिक परिस्थितियों तक ही न रहकर जीवन के नित्य स्वरूप की विषमताएँ और उलझनें सामने रखनेवाले उपन्यास भी योरप में लिखे गए हैं और लिखे जा

रहे हैं। जीवन में कुछ बातों का जो मूल्य चिरकाल से निर्धारित चला आ रहा है—जैसे, पाप और पुण्य का—उनकी मीमांसा में भी उपन्यास प्रवृत्त हुआ है। इस प्रकार उपन्यासों का लक्ष्य वहाँ क्रमशः ऊँचा होता गया जिसने जीवन के नित्य स्वरूप का चिंतन और अनुभव करनेवाले बड़े बड़े कवि इधर उपन्यास के क्षेत्र में भी काम करते दिखाई देते हैं। बड़े हर्ष की बात है कि हमारे हिंदी साहित्य में भी बा० भगवतीचरण वर्मा ने 'चित्रलेखा' नाम का इस ढंग का एक सुंदर उपन्यास प्रस्तुत किया है।

द्वितीय उत्थान के भीतर बँगला से अनूदित अथवा उनके आदर्श पर लिखे गए उपन्यासों में देश की सामान्य जनता के गार्हस्थ्य और पारिवारिक जीवन के बड़े मार्मिक और सच्चे चित्र रहा करते थे। प्रेमचंदजी के उपन्यासों में भी निम्न और मध्यम श्रेणी के गृहस्थों के जीवन का बहुत सच्चा स्वरूप मिलता रहा। पर इधर बहुत से ऐसे उपन्यास सामने आ रहे हैं, जो देश के सामान्य भारतीय जीवन से हटकर बिलकुल योरोपीय रहन सहन के साँचे में ढले हुए एक बहुत छोटे से वर्ग का जीवनचरित ही यहाँ से वहाँ तक अंकित करते हैं। उनमें मिस्टर, मिसेज, मिस, प्रोफेसर, होस्टल, क्लब, ड्रांइगरूम, टेनिस, मैच, सिनेमा, मोटर पर हवाखोरी, कालेज की छात्रावस्था के बीच के प्रणयव्यवहार इत्यादि ही सामने आते हैं। यह ठीक है कि अँगरेजी शिक्षा के दिन दिन बढ़ते हुए प्रचार से देश के आधुनिक जीवन का यह भी एक पक्ष हो गया है पर सामान्य पक्ष नहीं है। भारतीय रहन सहन, खानपान, रीति व्यवहार प्रायः सारी ज़नता के बीच बने हुए हैं। देश के असली सामाजिक और घरेलू जीवन की दृष्टि से ओझल करना हम अच्छा नहीं समझते।

यहाँ तक तो सामाजिक उपन्यासों की बात हुई। ऐतिहासिक उपन्यास बहुत कम देखने में आ रहे हैं। एक प्रकार से तो यह अच्छा है। जब तक भारतीय इतिहास के भिन्न भिन्न कालों की सामाजिक स्थिति और संस्कृति का अलग अलग विशेष रूप से अध्ययन करनेवाले और उस सामाजिक स्थिति के सूक्ष्म ब्योरों की अपनी ऐतिहासिक कल्पनाएँ द्वारा उद्‌भावना करनेवाले लेखक तैयार न हों तब तक ऐतिहासिक उपन्यासों में हाथ लगाना ठीक नहीं। द्वितीय उत्थान के भीतर जो कई ऐतिहासिक उपन्यास लिखे गए या बंगभाषा से अनुवाद करके लाए गए, उनमें देश काल की परिस्थिति का अध्ययन नहीं पाया जाता। अब किसी ऐतिहासिक उपन्यास में यदि बाबर के सामने हुक्का रखा जायगा, गुप्त काल में गुलाबी और फिरोजी रंग की साड़ियाँ, इत्र, मेज पर सजे गुलदस्ते, झाड़फानूस लाए जायँगे, सभा के बीच खड़े होकर व्याख्यान दिए जायँगे और उन पर करतल ध्वनि होगी, बात बात में 'धन्यवाद', 'सहानुभूति' ऐसे शब्द तथा सार्वजनिक कार्यों में भाग लेना, ऐसे फिकरे पाए जायँगे तो काफी हँसनेवाले और नाक भौं सिकोड़नेवाले मिलेंगे। इससे इस जमीन पर बहुत समझ बूझकर पैर रखना होगा।

ऐतिहासिक उपन्यास किस ढंग से लिखना चाहिए, यह प्रसिद्ध पुरातत्वविद् श्री राखालदास वंद्योपाध्याय ने अपने 'करुणा', 'शशांक', और 'धर्मपाल' नामक उपन्यासों द्वारा अच्छी तरह दिखा दिया। प्रथम दो में अनुवाद हिंदी में हो गए हैं। खेद है कि इस समीचीन पद्धति पर प्राचीन हिंदू साम्राज्य के भीतर की कथावस्तु लेकर मौलिक उपन्यास न लिखे गए। नाटक के क्षेत्र में अलबत स्वर्गीय जयशंकर प्रसादजी ने इस पद्धति पर कई सुंदर ऐतिहासिक नाटक लिखे। इसी पद्धति पर उपन्यास लिखने का अनुरोध हमने उनसे कई बार किया था जिसके अनुसार शुंगकाल (पुष्यमित्र, अग्निमित्र का समय) का चित्र उपस्थित करनेवाला एक

बड़ा मनोहर उपन्यास लिखने में उन्होंने हाथ भी लगाया था[१], पर साहित्य के दुर्भाग्य से उसे अधूरा छोड़कर ही चल बसे।

वर्तमान काल में ऐतिहासिक उपन्यास के क्षेत्र में केवल बा० वृंदावनलाल वर्मा दिखाई दे रहे हैं। उन्होंने भारतीय इतिहास के मध्ययुग के प्रारंभ में बुंदेलखंड की स्थिति लेकर 'गढ़कुंडार' और 'विराटा की पद्मिनी' नामक दो बड़े सुंदर उपन्यास लिखे हैं। विराटा की पद्मिनी की कल्पना तो अत्यंत रमणीय है।

उपन्यासों के भीतर लंबे लंबे दृश्यवर्णनों तथा धाराप्रवाह भावव्यंजनापूर्ण भाषण की जो प्रथा पहले थी वह योरप में बहुत कुछ छाँट दी गई, अर्थात् वहाँ उपन्यासों से काव्य का रंग बहुत कुछ हटा दिया गया। यह बात वहाँ नाटक और उपन्यास के क्षेत्र में 'यथातथ्यवाद' की प्रवृत्ति के साथ साथ हुई। इससे उपन्यासकला की अपनी निज की विशिष्टता निखरकर झलकी, इसमें कोई संदेह नहीं। यह विशिष्टता यह है कि घटनाएँ और पात्रों के क्रियाकलाप के भावों को बहुत कुछ व्यक्त कर दें, पात्रों के प्रगल्भ भाषण की उतनी अपेक्षा न रहे। पात्रों के थोड़े से मार्मिक शब्द ही हृदय पर पड़नेवाले प्रभाव को पूर्ण कर दें। इस तृतीय उत्थान का आरंभ होते होते हमारे हिंदी साहित्य के उपन्यास का यह पूर्ण विकसित और परिष्कृत स्वरूप लेकर स्वर्गीय प्रेमचंदजी आए। द्वितीय उत्थान के मौलिक उपन्यासकारों में शीलवैचित्र्य की उद्भावना नहीं के बराबर थी। प्रेमचंदजी के ही कुछ पात्रों में ऐसे स्वाभाविक ढाँचे की व्यक्तिगत विशेषताएँ मिलने लगीं जिन्हें सामने पाकर अधिकांश लोगों को यह भासित हो कि कुछ इसी ढंग की विशेषता वाले व्यक्ति हमने कहीं न कहीं देखे हैं। ऐसी व्यक्तिगत विशेषता ही सच्ची विशेषता है, जिसे झूठी विशेषता और वर्तमान विशेषता दोनों से अलग समझना चाहिए। मनुष्यप्रकृति की व्यक्तिगत विशेषताओं का संगठन भी प्रकृति के और विधानों के समान कुछ ढर्रों पर होता है; अत: ये विशेषताएँ बहुतों को लखाई पड़ती रहती हैं, चाहे वे उन्हें शब्दों में व्यक्त न कर सकें। प्रेमचंद की सी चलती और पात्रों के अनुरूप रंग बदलने वाली भाषा भी पहले नहीं देखी गई थी।

अंत:प्रकृति या शील के उत्तरोत्तर उद्घाटन का कौशल भी प्रेमचंदजी के दो एक उपन्यासों में, विशेषत: 'गबन' में देखने में आया। सत् और असत् भला और बुरा दो सर्वथा भिन्न वर्ग करके पात्र निर्माण करने की अस्वाभाविक प्रथा भी इस तृतीय उत्थान में बहुत कुछ कम हुई है, पर मनोवृत्ति की अस्थिरता का वह चित्र अभी बहुत कम दिखाई पड़ा है जिसके अनुसार कुछ परिस्थितियों में मनुष्य अपने शील स्वभाव के सर्वथा विरुद्ध आचरण कर जाता है।

'उपन्यासों से भी प्रचुर विकास हिंदी में छोटी कहानियों का हुआ है। कहानियाँ बहुत तरह की लिखी गईं; उनके अनेक प्रकार के रूप रंग प्रकट हुए। इसमें तो कोई संदेह नहीं कि उपन्यास और छोटी कहानी दोनों के ढाँचे हमने पश्चिम से लिए हैं। हैं भी ये ढाँचे बड़े सुंदर। हम समझते हैं कि ढाँचों ही तक रहना चाहिए। पश्चिम में भिन्न भिन्न दृष्टियों से किए हुए उनके वर्गीकरण, उनके संबंध में निरूपित तरह तरह के सिद्धांत कहानियों का हमारे वर्तमान हिंदी साहित्य में इतनी अनेकरूपता के साथ विकास हुआ है कि उनके संबंध में हम अपने कुछ स्वतंत्र सिद्धांत स्थिर कर सकते हैं, अपने ढंग पर उनके भेद उपभेद निरूपित कर सकते

---

१. इरावती।

हैं। इसकी आवश्यकता समझने के लिये उदाहरण लीजिए। छोटी कहानियों के जो आदर्श और सिद्धांत अँगरेजी की अधिकतर पुस्तकों में दिए गए हैं, उनके अनुसार छोटी कहानियों में शील या चरित्रविकास का अवकाश नहीं रहता। पर प्रेमचंद की एक कहानी है 'बड़े भाई साहब' जिसमें चरित्रचित्रण के अतिरिक्त कुछ है ही नहीं। जिस संग्रह के भीतर यह कहानी है, उसकी भूमिका में प्रेमचंदजी ने कहानीविकास को बड़ा भारी कौशल कहा है। छोटी कहानियों के जो छोटे मोटे संग्रह निकलते हैं उनमें भूमिका के रूप में अँगरेजी पुस्तकों से लेकर कुछ सिद्धांत प्रायः रख दिए जाते हैं। यह देखकर दुःख होता है। विशेष करके तब, जब उन सिद्धांतों में सर्वथा स्वतंत्र कई सुंदर कहानियाँ उन संग्रहों के भीतर ही मिल जाती हैं।

उपन्यास और नाटक दोनों से काव्यत्व का अवयव बहुत कुछ निकालने की प्रवृत्ति किस प्रकार योरप में हुई है, और दृश्यवर्णन, प्रगल्भ भावव्यंजना, आलंकारिक चमत्कार आदि किस प्रकार हटाए जाने लगे हैं, इसका उल्लेख अभी कर आए हैं।[१] उनके अनुसार इस तृतीय उत्थान में हमारे उपन्यासों के ढाँचे में भी कुछ परिवर्तन हुआ। परिच्छेदों के आरंभ में लंबे लंबे काव्यमय दृश्यवर्णन, जो पहले रहा करते थे, बहुत कम हो गए; पात्रों के भाषण का ढंग भी कुछ अधिक स्वाभाविक और व्यावहारिक हुआ। उपन्यासों को काव्य के निकट रखनेवाला पुराना ढाँचा एकबारगी छोड़ नहीं दिया गया है। छोड़ा क्यों जाय? उसके भीतर हमारे भारतीय कथात्मक गद्यप्रबंधों (जैसे, कादंबरी, हर्षचरित) के स्वरूप की परंपरा छिपी हुई है। योरप उसे छोड़ रहा है, छोड़ दे। यह कुछ आवश्यक नहीं कि हम हर एक कदम उसी के पीछे पीछे रखें। अब यह आदत छोड़नी चाहिए कि कहीं हार्डी का कोई उपन्यास पढ़ा और उसमें अवसाद या 'दुखवाद' की गंभीर छाया देखी तो चट बोल उठे कि अभी हिंदी के उपन्यासों को यहाँ तक पहुँचने में बहुत देर है। बौद्धों के दुःखवाद का संस्कार किस प्रकार जर्मनी के शोपनहावर से होता हुआ हार्डी तक पहुंचा, यह भी जानना चाहिए।

योरप में नाटक और उपन्यास से काव्यत्व निकाल बाहर करने का जो प्रयत्न हुआ है, उसका कुछ कारण है। वहाँ जब फ्रांस और इटली के कलावादियों द्वारा काव्य भी बेलबूटे की नक्काशी की तरह जीवन से सर्वथा पृथक् कहा जाने लगा, तब जीवन को ही लेकर चलनेवाले नाटक और उपन्यास का उससे सर्वथा पृथक् समझा जाना स्वाभाविक ही था। पर इस अत्यंत पार्थक्य का आधार प्रमाद के अतिरिक्त और कुछ नहीं। जगत् और जीवन के नाना पक्षों को लेकर प्रकृति काव्य भी बराबर चलेगा और उपन्यास भी। एक चित्रण और भावव्यंजना को प्रधान रखेगा, दूसरा घटनाओं के संचरण द्वारा विविध परिस्थितियों की उद्भावना को। उपन्यास न जाने कितनी ऐसी परिस्थितियाँ सामने लाते हैं जो काव्यधारा के लिये प्रकृत मार्ग खोलती हैं।

उपन्यासों और कहानियों के सामाजिक और ऐतिहासिक ये दो भेद तो बहुत प्रत्यक्ष हैं। ढाँचों के अनुसार जो मुख्य तीन भेद—कथा के रूप में, आत्मकथा के रूप में और चिट्ठी पत्री के रूप में—किए गए हैं उनमें से अधिकतर उदाहरण तो प्रथम के ही सर्वत्र हुआ करते हैं। द्वितीय के उदाहरण भी अब हिंदी में काफी हैं, जैसे 'दिल की आग' (जी० पी० श्रीवास्तव)। तृतीय उदाहरण हिंदी में बहुत कम पाए जाते हैं, जैसे 'चंद हसीनों के खतूत'। इस ढाँचे में उतनी सजीवता भी नहीं।

---

१. **देखिए पृ० ३६९ का तृतीय पैरा।**

कथावस्तु के स्वरूप और लक्ष्य के अनुसार हिंदी के अपने वर्तमान उपन्यासों में हमें ये भेद दिखाई पड़ते हैं—

(१) घटनावैचित्र्यप्रधान अर्थात् केवल कुतूहलजनक, जैसे जासूसी और वैज्ञानिक आविष्कारों का चमत्कार दिखानेवाले। इनमें साहित्य का गुण अत्यंत अल्प होता है—केवल इतना ही होता है कि ये आश्चर्य और कुतूहल जगाते हैं।

(२) मनुष्य के अनेक पारस्परिक संबंधों के मार्मिकता पर प्रधान लक्ष्य रखने वाले, जैसे प्रेमचंदजी का 'सेवासदन', 'निर्मला', 'गोदान' श्री विश्वम्भरनाथ कौशिक का 'माँ', 'भिखारिणी', श्रीप्रतापनारायण श्रीवास्तव का 'विदा', 'विकास', 'विजय' चतुरसेन शास्त्री का 'हृदय की प्यास'।

(३) समाज के भिन्न भिन्न वर्गों की परस्पर स्थिति और उनके संस्कार चित्रित करनेवाले, जैसे, प्रेमचंद जी का 'रंगभूमि'; 'कर्मभूमि', प्रसादजी का 'कंकाल', 'तितली'।

(४) अंतर्वृत्ति अथवा शीलवैचित्र्य और उसका विकासक्रम अंकित करनेवाले जैसे प्रेमचंदजी का 'गबन', श्रीजैनेंद्रकुमार का 'तपोभूमि', 'सुनीता'।

(५) भिन्न भिन्न जातियों और मतानुयायियों के बीच मनुष्यता के व्यापक संबंध पर जोर देनेवाले, जैसे राजा राधिकारमणप्रसाद सिंह का 'राम रहीम'।

(६) समाज के पाखंडपूर्ण कुत्सित पक्षों का उद्‌घाटन और चित्रण करनेवाले जैसे, पांडेय बेचन शर्मा 'उग्र' का 'दिल्ली का दलाल', 'सरकार तुम्हारी आँखों में', 'बुधुआ की बेटी'।

(७) बाह्य और आभ्यंतर प्रकृति की रमणीयता का समन्वित रूप में चित्रण करनेवाले सुंदर और अलंकृत पदविन्यासयुक्त उपन्यास, जैसे, स्वर्गीय श्री चंडीप्रसाद 'हृदयेश' का 'मंगल प्रभात'।

अनुसंधान और विचार करने पर इसी प्रकार की और दृष्टियों से भी कुछ भेद किए जा सकते हैं। सामाजिक और राजनीतिक सुधारों के जो आंदोलन देश में चल रहे हैं उनका आभास भी बहुत से उपन्यासों में मिलता है। प्रवीण उपन्यासकार उनका समावेश और बहुत सी बातों के बीच कौशल के साथ करते है। प्रेमचंदजी के उपन्यासों और कहानियों में भी ऐसे आंदोलन का आभास प्रायः मिलाता हैं। पर उनमें भी जहाँ राजनीतिक उद्धार या समाजसुधार का लक्ष्य बहुत स्पष्ट हो गया है वहाँ उपन्यासकार का रुख छिप गया है और प्रचारक (प्रोपैगेंडिस्ट) का रूप ऊपर आ गया है।

छोटी कहानियाँ

जैसा ऊपर कहा जा चुका है, छोटी कहानियों का विकास तो हमारे यहाँ और भी विशद और विस्तृत रूप में हुआ और उसमें वर्तमान कवियों का भी पूरा योग रहा है। उनके इतने रूपरंग हमारे सामने आए हैं कि वे सब के सब अब पाश्चात्य लक्षणों और आदर्शों के भीतर नहीं समा सकते। न तो सब में विस्तार के किसी नियम का पालन मिलेगा, न चरित्रविकास का अवकाश। एक संवेदना या मनोभाव का सिद्धांत भी कहीं कहीं ठीक न घटेगा। उसके स्थान पर हमें मार्मिक परिस्थिति की एकता मिलेगी, जिसके भीतर कई ऐसी संवेदनाओं का

योग रहेगा जो सारी परिस्थिति को बहुत ही मार्मिक रूप देगा। श्री चंडीप्रसाद 'हृदयेश' की 'उन्मादिनी' का जिस परिस्थिति में पर्यवसान होता है उसमें पूरन का सत्वोद्रेक, सौदामिनी का अपत्यस्नेह और कालाशंकर की स्तब्धता तीनों का योग है। जो कहानियाँ कोई मार्मिक परिस्थिति लक्ष्य में रखकर चलेंगी उनमें बाह्य प्रकृति के भिन्न भिन्न रूप रंगों के सहित और परिस्थितियों का विशद चित्रण भी बराबर मिलेगा। घटनाएँ और कथोपकथन बहुत अल्प रहेंगे। 'हृदयेश जी' की कहानियाँ प्रायः इसी ढंग की हैं। 'उन्मादिनी' में घटना गतिशील नहीं। 'शांतिनिकेतन' में घटना और कथोपकथन दोनों कुछ नहीं। यह भी कहानी का एक ढंग है, यह हमें मानना पड़ेगा। पाश्चात्य आदर्श का अनुसरण इसमें नहीं है, न सही।

वस्तुविन्यास के ढंग में भी इधर अधिक वैचित्र्य आया है। घटनाओं में काल के पूर्वापर क्रम का विपर्यय कहीं कहीं इस तरह का मिलेगा कि समझने के लिये कुछ देर रुकना पड़ेगा। कहानियों में 'परिच्छेद' न लिखकर केवल १, २, ३ आदि संख्याएँ देकर विभाग करने की चाल है। अब कभी कभी एक ही नंबर के भीतर चलते हुए वृत्त के बीच थोड़ी सी जगह छोड़कर किसी पूर्वकाल की परिस्थिति पाठकों के सामने एकबारगी रख दी जाती है। कहीं कहीं चलते हुए वृत्त के बीच में परिस्थिति का नाटकीय ढंग का एक छोटा सा चित्र भी आ जाता है। इस प्रकार के चित्र में चारों ओर सुनाई पड़ते हुए शब्दों का संघात भी सामने रखा जाता है, बाजार की सड़क का यह कोलाहल—

> **मोटरों, तागों और इक्कों के आने जाने का मिलित स्वर। चमचमाती हुई कार का म्युजिकल हार्न। ....बचना भैये।..........हटना, राजा बाबू। .... अक्खा! तिवारीजी हैं, नमस्कार!............. हटना भा-आई............. आदाबअर्ज दारोगाजी'।**
>
> **('पुष्करिणी' में 'चोर' नाम की कहानी—भगवतीप्रसाद वाजपेयी)**

हिंदी में जो कहानियाँ लिखी गई हैं, स्थूल दृष्टि से देखने पर, वे इन प्रणालियों पर चली दिखाई पड़ती हैं—

(१) सादे ढंग से केवल कुछ अत्यंत व्यंजक घटनाएँ और थोड़ी बातचीत सामने लाकर क्षिप्र गति से किसी एक गंभीर संवेदना या मनोभाव से पर्यवसित होनेवाली, जिसका बहुत ही अच्छा नमूना है, स्वर्गीय गुलेरी जी की प्रसिद्ध कहानी, 'उसने कहा था'। पं० भगवतीप्रसाद वाजपेयी की 'निंदिया लागी' और 'पेंसिल स्केच' नाम की कहानियाँ भी इसी ढंग की हैं। ऐसी कहानियों में परिस्थिति की मार्मिकता अपने वर्णन या व्याख्या द्वारा हृदयंगम करने का प्रयत्न लेखक नहीं करता, उसका अनुभव वह पाठक पर छोड़ देता है।

(२) परिस्थितियों के विशद और मार्मिक—कभी कभी रमणीय और अलंकृत वर्णनों और व्याख्यानों के साथ मंद, मधुर गति से चलकर किसी एक मार्मिक परिस्थिति में पर्यवसित होनेवाली। उदाहरण—स्व० चंडीप्रसाद हृदयेश की 'उन्मादिनी', 'शांतिनिकेतन'। ऐसी कहानियों में परिस्थिति के अंतर्गत प्रकृति का चित्रण भी प्रायः रहता है।

(३) उक्त दोनों के बीच की पद्धति ग्रहण करके चलनेवाली, जिसमें घटनाओं की व्यंजकता और पाठकों की अनुभूति पर पूरा भरोसा न करके लेखक भी कुछ मार्मिक व्याख्या करता चलता है; उदाहरण—प्रेमचंदजी की कहानियाँ। पं० विश्वम्भरनाथ शर्मा कौशिक, पं०

जनार्दनप्रसाद झा 'द्विज' इत्यादि अधिकांश लेखकों की कहानियाँ अधिकतर इस पद्धति पर चली हैं।

(४) घटना और संवाद दोनों में गूढ़ व्यंजना और रमणीय कल्पना के सुंदर समन्वय के साथ चलनेवाली; उदाहरण—प्रसादजी तथा रायकृष्णदासजी की कहानियाँ।

(५) किसी तथ्य का प्रतीक खड़ा करनेवाली लाक्षणिक कहानी, जैसे, पांडेय बेचन शर्मा 'उग्र' का 'भुनगा'।

वस्तुसमष्टि के स्वरूप की दृष्टि से भी बहुत से वर्ग किए जा सकते हैं, जिसमें से मुख्य ये हैं—

(१) सामान्यतः जीवन के किसी स्वरूप की मार्मिकता सामने लानेवाली। अधिकतर कहानियाँ इस वर्ग के अंतर्गत आएँगी।

(२) भिन्न-भिन्न वर्गों के संस्कार का स्वरूप सामने रखनेवाली, जैसे—प्रेमचंदजी की 'शतरंज के खिलाड़ी' और श्रीऋषभचरण जैन की 'दान' नाम की कहानी।

(३) किसी मधुर या मार्मिक प्रसंगकल्पना के सहारे किसी ऐतिहासिक काल का खंडचित्र दिखानेवाली, जैसे—रायकृष्णदासजी की 'गहूला' और जयशंकर प्रसादजी का 'आकाशदीप'।

(४) देश की सामाजिक और आर्थिक व्यवस्था से पीड़ित जनसमुदाय की दुर्दशा सामने लानेवाली, जैसे श्रीभगवतीप्रसाद वाजपेयी की 'निंदिया लागी', 'हृदयगति' तथा श्रीजैनेंद्रकुमार की 'अपना-अपना भाग्य' नाम की कहानी।

(५) राजनीतिक आंदोलन में संमिलित नवयुवकों के स्वदेशप्रेम, त्याग, साहस और जीवनोत्सर्ग का चित्र खड़ा करनेवाली, जैसे—पांडेय बेचन शर्मा उग्र की 'उसकी माँ' नाम की कहानी।

(६) समाज के भिन्न-भिन्न क्षेत्रों के बीच धर्म, समाजसुधार, व्यापार व्यवसाय, सरकारी काम, नई सभ्यता आदि की ओट में होनेवाले पाखंडपूर्ण पापाचार के चटकीले चित्र सामने लानेवाली कहानियाँ, जैसी 'उग्र' जी की हैं। 'उग्र' की भाषा बड़ी अनूठी चपलता और आकर्षक वैचित्र्य के साथ चलती है। उस ढंग की भाषा उन्हीं के उपन्यासों और 'चाँदनी' ऐसी कहानियों में ही मिल सकती है।

(७) सभ्यता और संस्कृति की किसी व्यवस्था के विकास का आदिम रूप झलकानेवाली, जैसे—रायकृष्णदासजी का 'अंतःपुर का आरंभ' श्रीमंत समंत की 'चँबेली की कली' और श्री जैनेंद्रकुमार की 'बाहुबली'।

(८) अतीत के किसी पौराणिक या ऐतिहासिक कालखंड के बीच अत्यंत मार्मिक और रमणीय प्रसंग का अवस्थान करनेवाली जैसे—श्रीबिंदु ब्रह्मचारी और श्रीमंत समंत (पं० बालकराम विनायक) की कहानियाँ।

ये कहानियाँ 'कथामुखी' नाम की मासिक पत्रिका (अयोध्या, संवत् १९७७-७८) में निकली थीं। इनमें से कुछ के नाम ये हैं—वनभागिनी, कृत्तिका, हेरम्या और वाहुमान, कनकप्रभा, श्वेतद्वीप का तोता क्या पढ़ता था, चँबेली की कली। इनमें से कुछ कहानियों में

एशिया के भिन्न भिन्न भागों में (ईरान, तुर्किस्तान, अर्मेनिया, चीन, सुमात्रा, जावा इत्यादि में) भारतीय संस्कृति और प्रभाव का प्रसार (ग्रेटर इंडिया) दिखानेवाले प्रसंगों की अनूठी उद्भावना पाई जाती है, जैसे 'हेरम्या और बाहुमान' में ऐसी कहानियों में भिन्न-भिन्न देशों की प्राचीन संस्कृति के अध्ययन की त्रुटि अवश्य कहीं-कहीं खटकती है, जैसे, 'हेरम्या और बहुमान' में आर्यपारसीक और सामीअरब सभ्यता का घपला है।

एशिया के भिन्न-भिन्न भागों में भारतीय संस्कृति और प्रभाव की झलक जयशंकर प्रसाद जी के 'आकाशदीप' में भी है।

(९) हास्यविनोद द्वारा अनुरंजन करनेवाली, जैसे जी० पी० श्रीवास्तव, श्री अन्नपूर्णानंद और कांतानाथ पांडेय 'चोंचजी' की कहानियाँ।

इस श्रेणी की कहानियों का अच्छा विकास हिंदी में नहीं हो रहा है। अन्नपूर्णानंदजी का हास सुरुचिपूर्ण है। 'चोंचजी' की कहानियाँ अतिरंजित होने पर भी व्यक्तियों के कुछ स्वाभाविक ढाँचे सामने लाती हैं। जी० पी० श्रीवास्तव की कहानियों में शिष्ट और परिष्कृत हास की मात्रा कम पाई जाती है। समाज के चलते जीवन के किसी विकृत पक्ष को, या किसी वर्ग के व्यक्तियों की बेढंगी विशेषताओं को हँसने, हँसाने योग्य बनाकर सामने लाना अभी बहुत कम दिखाई पड़ रहा है।

यह बात कहनी पड़ती है कि शिष्ट और परिष्कृत हास का जैसा सुंदर विकास पाश्चात्य साहित्य में हुआ है वैसा अपने यहाँ अभी नहीं देखने में आ रहा है। पर हास्य का जो स्वरूप हमें संस्कृत के नाटकों और फुटकल पद्यों में मिलता है वह बहुत ही समीचीन साहित्यसंमत और वैज्ञानिक है। संस्कृत के नाटकों में हास्य के आलंबन विदूषक के रूप में पेटू ब्राह्मण रहे हैं और फुटकल पद्यों में शिव ऐसे औढर देवता तथा इनका परिवार और समाज। कहीं-कहीं खटमल ऐसे क्षुद्र जीव भी आ गए हैं कि हिंदी में इनके अतिरिक्त कंजूसों पर विशेष कृपा हुई है। पर ये सब आलंबन जिस ढंग से सामने लाए गए हैं उसे देखने से स्पष्ट हो जायगा कि रससिद्धांत का पालन बड़ी सावधानी से हुआ है। रसों में हास्य रस का जो स्वरूप और जो स्थान है यदि वह बराबर दृष्टि में रहे तो अत्यंत उच्च और उत्कृष्ट श्रेणी के हास का प्रवर्तन हमारे साहित्य में हो सकता है।

हास्य के आलंबन से विनोद तो होता ही है, उसके प्रति कोई न कोई और भाव भी- जैसे, राग, द्वेष, घृणा, उपेक्षा, विरक्ति— साथ-साथ लगा रहता है। हास्य रस के जो भारतीय आलंबन ऊपर बताए गए हैं, वे सब इस ढंग से सामने लाए गए हैं कि उनके प्रति द्वेष, घृणा इत्यादि न उत्पन्न होकर एक प्रकार का राग या प्रेम ही उत्पन्न होता है। यह व्यवस्था हमारे रस सिद्धांत के अनुसार है। स्थायी भावों में आधे सुखात्मक हैं और आधे दुःखात्मक। हास्य आनंदात्मक भाव है। एक ही आश्रय में, एक ही आलंबन के प्रति, आनंदात्मक और दुःखात्मक भावों की एक साथ स्थिति नहीं हो सकती। हास्य रस में आश्रय के रूप में किसी पात्र की अपेक्षा नहीं होती, श्रोता या पाठक ही आश्रय रहता है। अतः रस की दृष्टि से हास्य में द्वेष और घृणा नामक दुःखात्मक भावों की गुंजाइश नहीं। हास्य के साथ जो दूसरा भाव आ सकता है वह संचारी के रूप में ही। द्वेष या घृणा का भाव जहाँ रहेगा, वहाँ हास की प्रधानता नहीं रहेगी, वह उपहास हो जायगा। उसमें हास का सच्चा स्वरूप रहेगा ही नहीं। उसमें तो हास को द्वेष का व्यंजक या उसका आच्छादक मात्र समझना चाहिए।

जो बात हमारे यहाँ की रसव्यवस्था के भीतर स्वत:सिद्ध है वही योरप में इधर आकर एक आधुनिक सिद्धांत के रूप में यों कही गई है कि 'उत्कृष्ट हास वही है जिसमें आलंबन के प्रति एक प्रकार का प्रेमभाव उत्पन्न हो अर्थात् यह प्रिय लगे।' यहाँ तक तो बात बहुत ठीक रही। पर योरप में नूतन सिद्धांतप्रवर्तक बनने के लिये उत्सुक रहनेवाले चुप कब रह सकते हैं। वे दो कदम आगे बढ़कर आधुनिक 'मनुष्यतावाद' या 'भूतदयावाद' का स्वर ऊँचा करते हुए बोले, 'उत्कृष्ट हास' वह है जिसमें आलंबन के प्रति दया या करुणा उत्पन्न हो।' कहने की आवश्यकता नहीं कि यह होली, मुहर्रम सर्वथा अस्वाभाविक, अवैज्ञानिक और रसविरुद्ध है। दया या करुणा दु:खात्मक भाव है, हास आनंदात्मक। दोनों की एक साथ स्थिति बात ही बात है। यदि हास के साथ एक ही आश्रय में किसी और भाव का सामंजस्य हो सकता है तो प्रेम या भक्ति का ही। भगवान् शंकर के बौड़मपन का किस भक्तिपूर्ण विनोद के साथ वर्णन किया जाता है, वे किस प्रकार बनाए जाते हैं यह हमारे यहाँ 'रारि सी मची है त्रिपुरारि के तबेला में' देखा जा सकता है।

हास्य का स्वरूप बहुत ठीक सिद्धांत पर प्रतिष्ठित होने पर भी अभी तक उसका ऐसा विस्तृत विकास हमारे साहित्य में नहीं हुआ है, जो जीवन के अनेक क्षेत्रों से—जैसे, राजनीतिक, साहित्यिक, धार्मिक, व्यावसायिक—आलंबन ले लेकर खड़ा करे।

नाटक

यद्यपि और देशों के समान यहाँ भी उपन्यासों और कहानियों के आगे नाटकों का प्रणयन बहुत कम हो गया है, फिर भी हमारा नाट्य साहित्य बहुत कुछ आगे बढ़ा है। नाटकों के बाहरी रूप रंग भी कई प्रकार के हुए हैं और अवयवों के विन्यास और आकार प्रकार में भी वैचित्र्य आया है। ढाँचों में जो विशेषता योरप के वर्तमान नाटकों में प्रकट हुई है, वह हिंदी के भी कई नाटकों में इधर दिखाई पड़ने लगी है, जैसे अंक के आरंभ और बीच में भी समय, स्थान तथा पात्रों के रूप रंग और वेशभूषा का बहुत सूक्ष्म ब्योरे के साथ लंबा वर्णन। स्वगत भाषण की चाल भी अब उठ रही है। पात्रों के भाषण भी न अब बहुत लंबे होते हैं, न लंबे वाक्य वाले। ये बातें सेठ गोविंददासजी तथा पं० लक्ष्मीनारायण मिश्र के नाटकों में पाई जायँगी। थियेटरों के कार्यक्रम में दो अवकाशों के विचार से इधर तीन अंक रखने की प्रवृत्ति भी लक्षित हो रही है। दो एक व्यक्ति अँगरेजी में एक अंक वाले आधुनिक नाटक देख उन्हीं के ढंग के दो एक एकांकी नाटक लिखकर उन्हें बिल्कुल एक नई चीज कहते हुए सामने लाए। ऐसे लोगों को जान रखना चाहिए कि एक अंक वाले कई उपरूपक हमारे यहाँ बहुत पहले से माने गए हैं।

यह तो स्पष्ट है कि आधुनिक काल के आरंभ से ही बँगला की देखादेखी हमारे हिंदी नाटकों के ढाँचे पाश्चात्य होने लगे। नांदी, मंगलाचरण तथा प्रस्तावना हटाई जाने लगी। भारतेंदु ने ही 'नीलदेवी' और 'सतीप्रताप' में प्रस्तावना नहीं रखी है, हाँ, आरंभ में यशोगान या मंगलगान रख दिया है। भारतेंदु के पीछे तो यह भी हटता गया। भारतेंदु-काल से ही अंकों का अवस्थान अँगरेजी ढंग पर होने लगा। अंकों के बीच के स्थानपरिवर्तन या दृश्यपरिवर्तन को 'दृश्य' और कभी कभी 'गर्भांक' शब्द रखकर सूचित करने लगे, यद्यपि 'गर्भांक' शब्द का हमारे नाट्यशास्त्र में कुछ और ही अर्थ है। 'प्रसाद' जी ने अपने 'स्कंदगुप्त' आदि नाटकों में यह दृश्य शब्द (जो अंग्रेजी सीन का अनुवाद है) छोड़ दिया है और स्थानपरिवर्तन

या पटपरिवर्तन के स्थलों पर कोई नाम नहीं रखा है। इसी प्रकार आजकल 'विष्कंभक' और 'प्रवेशक' का काम देनेवाले दृश्य तो रखे जाते हैं, पर ये नाम हटा दिए गए हैं। 'प्रस्तावना' के साथ 'उद्घातक', 'कथोद्घात' आदि का विन्यास-चमत्कार भी गया। पर ये युक्तियाँ सर्वथा अस्वाभाविक न थीं। एक बात बहुत अच्छी यह हुई है कि पुराने नाटकों में दरबारी विदूषक नाम का जो फालतू पात्र रहा करता था उसके स्थान पर कथा की गति से संबद्ध कोई पात्र ही हँसोड़ प्रकृति का बना दिया जाता है। आधुनिक नाटकों में प्रसादजी के 'स्कंदगुप्त' नाटक का मुद्गल ही एक ऐसा पात्र है जो पुराने विदूषक का स्थानापन्न कहा जा सकता है।

भारतीय साहित्य शास्त्र में नाटक भी काव्य के ही अंतर्गत माना गया है; अत: उसका लक्ष्य भी निर्दिष्ट शीलस्वभाव के पात्रों को भिन्न भिन्न परिस्थितियों में डालकर उनके वचनों और चेष्टाओं द्वारा दर्शकों में रस संचार करना ही रहा है। पात्रों के धीरोदात्त आदि बँधे हुए ढाँचे थे जिनमें ढले हुए सब पात्र सामने आते थे। इन ढाँचों के बाहर शीलवैचित्र्य दिखाने का प्रयास नहीं किया जाता था। योरप में धीरे धीरे शीलवैचित्र्य प्रदर्शन को प्रधानता प्राप्त होती गई, यहाँ तक कि किसी नाटक के संबंध में वस्तुविधान और चरित्रविधान की चर्चा का ही चलन हो गया। इधर 'यथातथ्यवाद' के प्रचार से वहाँ रहा सहा काव्यत्व भी झूठी भावुकता कहकर हटाया जाने लगा। यह देखकर प्रसन्नता होती है कि हमारे 'प्रसाद' और 'प्रेमी' ऐसे प्रतिभाशाली नाटककारों ने उक्त प्रवृत्ति का अनुसरण न करके रसविधान और शीलवैचित्र्य दोनों का सुंदर सामंजस्य रखा है। 'स्कंदगुप्त' नाटक में जिस प्रकार देवसेना और सर्वनाग ऐसे गूढ़ चरित्र के पात्र हैं, उसी प्रकार शुद्ध प्रेम, युद्धोत्साह, स्वदेशभक्ति आदि भावों की मार्मिक और उत्कृष्ट व्यंजना भी है। हमारे यहाँ के पुराने बँधे ढाँचों के भीतर शीलवैचित्र्य के लिये मार्ग खोलना तो ठीक है, पर यह आवश्यक नहीं कि उसके साथ ही रसात्मकता भी हम निकाल दें।

हिंदी नाटकों के स्वतंत्र विकास के लिये ठीक मार्ग तो यह दिखाई पड़ता है कि हम उनका मूल भारतीय लक्ष्य तो बनाए रहें, पर उनके स्वरूप के प्रचार के लिये और देशों की पद्धतियों का निरीक्षण और उनकी कुछ बातों का मेल सफाई के साथ करते चलें। अपने नाट्यशास्त्र के जटिल विधान को ज्यों का त्यों लेकर हम आजकल चल नहीं सकते, पर उनका बहुत सा रंग रूप अपने नाटकों में ला सकते हैं जिससे भारतीय परंपरा के प्रतिनिधि वे बने रह सकते हैं। रूपक और उपरूपक के जो बहुत से भेद किए गए हैं उनमें से कुछ को हम आजकल भी चला सकते हैं। उनके दिए हुए लक्षणों में वर्तमान रुचि के अनुसार जो हेरफेर चाहे कर लें। इसी प्रकार अभिनय की रोचकता बढ़ानेवाली जो युक्तियाँ हैं—जैसे, उद्घातक, कथोद्घात—उनमें से कई एक का आवश्यक रूपांतर के साथ और स्थान का बंधन दूर करके, हम बनाए रख सकते हैं। संतोष की बात है कि 'प्रसाद' और 'प्रेमजी' के नाटकों में इसके उदाहरण हमें मिलते हैं, जैसे, कथोद्घात के ढंग पर एक पात्र के मुँह से निकले हुए शब्द को लेकर दूसरे पात्र का यह प्रवेश—

शर्वनाग—देख, सामने सोने का संसार खड़ा है।

(रामा का प्रवेश)

रामा—पामर ! सोने की लंका राख हो गई। (स्कंदगुप्त)

श्री हरिकृष्ण 'प्रेमी' के नाटकों में भी यह मिलता है। 'शिवसाधना' में देखिए—

जीजा—हाँ, यह एक बाधा है।

(सई बाई का बालक संभाजी को लिए हुए प्रवेश)

सई बाई—यह बाधा भी न रहेगी, मांजी!

प्राचीन नाट्यशास्त्र (भारतीय और यवन दोनों) में कुछ बातों का—जैसे, मृत्यु, बध, युद्ध—दिखाना वर्जित था। आजकल उस नियम के पालन की आवश्यकता नहीं मानी जाती। प्रसादजी ने अपने नाटकों में बराबर मृत्यु, बध, और आत्महत्या दिखाई है। प्राचीन भारत और यवनान में ये निषेध भिन्न भिन्न कारणों से थे। यवनान में तो बड़ा भारी कारण रंगशाला का स्वरूप था। पर भारत में अत्यंत क्षोभ तथा शिष्ट रुचि व विरक्ति बचाने के लिये कुछ दृश्य वर्जित थे। मृत्यु और वध अत्यंत क्षोभकारक होने के कारण, भोजन परिष्कृत रुचि के विरुद्ध होने के कारण तथा रंगशाला की थोड़ी सी जगह के बीच दूर से पुकारना अस्वाभाविक और अशिष्ट लगने के कारण वर्जित थे। देश की परंपरागत सुरुचि की रक्षा के लिये कुछ व्यापार तो हमें आजकल भी वर्जित रखने चाहिए, जैसे चुंबन, आलिंगन। स्टेशन के प्लेटफार्म पर चुंबन, आलिंगन चाहे योरप की सभ्यता के भीतर हो, पर हमारी दृष्टि में जंगलीपन या पशुत्व है।

इस तृतीय उत्थान के बीच हमारे वर्तमान नाटक क्षेत्र में दो नाटककार बहुत ऊँचे स्थान पर दिखाई पड़े—स्व० जयशंकरप्रसादजी और श्रीहरिकृष्ण 'प्रेमी'। दोनों की दृष्टि ऐतिहासिक काल की ओर रही है। प्रसादजी ने अपना क्षेत्र प्राचीन हिंदूकाल के भीतर चुना और प्रेमीजी ने मुसलिम काल के भीतर। 'प्रसाद' के नाटकों में 'स्कंदगुप्त' श्रेष्ठ है और 'प्रेमी' के नाटकों में 'रक्षाबंधन'।

'प्रसाद' जी प्राचीन काल की परिस्थितियों के स्वरूप की मधुर भावना के अतिरिक्त भाषा को रँगनेवाली चित्रमयी कल्पना और भावुकता की अधिकता भी विशेष परिमाण में पाई जाती है। इससे कथोपकथन कई स्थलों पर नाटकीय न होकर वर्तमान गद्यकाव्य के खंड हो गए हैं। बीच बीच में जो गान रखे गए हैं वे न तो प्रकरण के अनुकूल हैं, न प्राचीन काल की भावपद्धति के। वे तो वर्तमान काव्य की एक शाखा के प्रगीत मुक्तक (लिरिक्स) मात्र हैं। अपनी सबसे पिछली रचनाओं से ये त्रुटियाँ उन्होंने निकाल दी हैं। 'चंद्रगुप्त' और 'ध्रुवस्वामिनी' इन दोषों से प्रायः मुक्त हैं। पर चंद्रगुप्त में एक दूसरा बड़ा भारी दोष आ गया है। उसके भीतर सिकंदर के भारत पहुँचने के कुछ पहले से लेकर सिल्यूकस की पराजय तक के २५ वर्ष के दीर्घकाल की घटनाएँ लेकर कसी गई हैं जो एक नाटक के भीतर नहीं आनी चाहिए। जो पात्र युवक के रूप में नाटक के आरंभ में दिखाई पड़े, वे नाटक के अंत में भी उसी रूप में सामने आते हैं। यह दोष तो इतिहास की ओर दृष्टि ले जाने पर दिखाई पड़ता है अर्थात् बाहरी है। पर घटनाओं की अत्यंत सघनता का दोष रचना से संबंध रखता है। बहुत से भिन्न भिन्न पात्रों से संबंद्ध घटनाओं के जुड़ते चलने के कारण बहुत कम चरित्रों के विकास का अवकाश रह गया है। पर इस नाटक में विन्यस्त वस्तु और पात्र इतिहास का ज्ञान रखनेवालों के लिये इतने आकर्षक हैं कि उक्त दोषों की ओर ध्यान कुछ देर में जाता है। 'मुद्राराक्षस' से इसमें कई बातों की विशेषता है। पहली बात तो यह है कि इसमें चंद्रगुप्त केवल प्रयत्न के फल का भोक्ता कठपुतली भर नहीं, प्रयत्न में अपना क्षत्रिय-भाग सुंदरता के साथ पूरा करनेवाला

है। नीतिप्रवर्तन का भाग चाणक्य पूरा करता है। दूसरी बात यह है कि 'मुद्राराक्षस' में चाणक्य का व्यक्तित्व--उसका हृदय--सामने नहीं आता। तेजस्विता, धीरता, प्रत्युत्पन्न बुद्धि और ब्राह्मणोचित त्याग आदि सामान्य गुणों के बीच केवल प्रतिकार की प्रबल वासना ही हृदयपक्ष की ओर झलकती है। पर इस नाटक में चाणक्य के प्रयत्न का लक्ष्य भी ऊँचा किया गया है और उसका पूरा हृदय भी सामने रखा गगा है।

नाटकों का प्रभाव पात्रों के कथोपकथन पर बहुत कुछ अवलंबित रहता है। श्रीहरिकृष्ण 'प्रेमी' के कथोपकथन 'प्रसाद' जी के कथोपकथनों से अधिक नायकोपयुक्त हैं। उनमें प्रसंगानुसार बातचीत का चलता स्वाभाविक ढंग भी है और सर्वहृदयग्राह पद्धति पर भाषा का मर्मव्यंजक अनूठापन भी। 'प्रसाद' जी के नाटकों में एक ही ढंग की चित्रमयी और लच्छेदार बातचीत करनेवाले कई पात्र आ जाते हैं। 'प्रेमीजी' के नाटकों में यह खटकनेवाली बात नहीं मिलती।

'प्रसाद' और 'प्रेमी' के नाटक यद्यपि ऐतिहासिक हैं, पर उनमें आधुनिक आदर्शों और भावनाओं का आभास इधर-उधर मिलता है। 'स्कंदगुप्त' और 'चंद्रगुप्त' दोनों में स्वदेशप्रेम, विश्वप्रेम और आध्यात्मिकता का आधुनिक रूपरंग बराबर झलकता है। आजकल के मजहबी दंगों का स्वप्न भी हम 'स्कंदगुप्त' में देख सकते हैं। 'प्रेमी' के 'शिवसाधना' नाटक में शिवाजी भी कहते हैं—'मेरे शेष जीवन की एक मात्र साधना होगी भारतवर्ष को स्वतंत्र करना, दरिद्रता की जड़ खोदना, ऊँच-नीच की भावना और धार्मिक तथा सामाजिक असहिष्णुता का अंत करना, राजनीतिक, और सामाजिक दोनों भावनाओं की व्यंजना जिस काल का वह नाटक हो उस काल की भाषापद्धति और विचारपद्धति के अनुसार करानी चाहिए; 'क्रांति' ऐसे शब्दों द्वारा नहीं। 'प्रेमीजी' के 'रक्षाबंधन' में मेवाड़ की महारानी कर्मवती का हुमायूँ को भाई कहकर राखी भेजना और हुमायूँ का गुजरात के मुसलमान बादशाह बहादुरशाह के विरुद्ध एक हिंदू राज्य की रक्षा के लिये पहुँचना, यह कथावस्तु ही हिंदू-मुसलिम भेदभाव की शांति सूचित करती है। उसके ऊपर कट्टर सरदारों और मुल्लों की बात का विरोध करता हुआ हुमायूँ जिस उदार भाव की सुंदर व्यंजना करता है वह वर्तमान हिंदू मुसलिम दुर्भाव की शांति का मार्ग दिखाता जान पड़ता है। इसी प्रकार 'प्रसाद' जी के 'ध्रुवस्वामिनी' नामक बहुत छोटे से नाटक में एक संभ्रांत राजकुल की स्त्री का विवाह संबंध-मोक्ष सामने लाया गया है, जो वर्तमान सामाजिक आंदोलन का एक अंग है।

वर्तमान राजनीति के अभिनयों का पूर्ण परिचय प्राप्त कर सेठ गोविंददासजी ने इधर साहित्य के अभिनय क्षेत्र में भी प्रवेश किया है। उन्होंने तीन अच्छे नाटक लिखे हैं। 'कर्तव्य' में राम और कृष्ण दोनों के चरित्र नाटक के पूर्वार्ध और उत्तरार्ध दो खंड करके रखे गए हैं जिनका उद्देश्य है कर्तव्य के विकास की दो भूमियाँ दिखाना। नाटककार के विवेचनानुसार मर्यादापालन प्रथम भूमि है जो पूर्वार्ध में राम द्वारा पूर्णता को पहुँचनी है, लोकहित की व्यापक दृष्टि से आवश्यकतानुसार नियम और मर्यादा का उल्लंघन उसके आगे की भूमि है, जो नाटक के उत्तरार्ध में श्रीकृष्ण ने अपने चरित्र द्वारा—जैसे, जरासंध के सामने लड़ाई का मैदान छोड़कर भागना—प्रदर्शित की है। वास्तव में पूर्वार्ध और उत्तरार्ध दो अलग-अलग नाटक हैं, पर नाटककार ने अपने कौशल से कर्तव्यविकास की सुंदर उद्‌भावना द्वारा दोनों के बीच पूर्वापर संबंध स्थापित कर दिया है। यह भी एक प्रकार का कौशल है। इसे 'ऊटक नाटक' न समझना चाहिए। सेठजी का दूसरा नाटक 'हर्ष' ऐतिहासिक है जिसमें सम्राट हर्षवर्धन, माधवगुप्त,

शशांक आदि पात्र आए हैं। इन दोनों नाटकों में प्राचीन वेशभूषा, वास्तुकला इत्यादि का ध्यान रखा गया है। 'प्रकाश' नाटक में वर्तमान सामाजिक और राजनीतिक परिस्थितियों का चित्रण है। यद्यपि इन तीनों नाटकों के वस्तुविन्यास और कथोपकथन में विशेष रूप से आकर्षित करनेवाला अनूठापन नहीं है, पर इनकी रचना बहुत ठिकाने की है।

पं० गोविंदवल्लभ पंत भी अच्छे नाटककार हैं। उनका 'वरमाला' नाटक, जो मार्कंडेय पुराण की एक कथा लेकर निर्मित है, बड़ी निपुणता से लिखा गया है। मेवाड़ की पन्ना नामक धाय के अलौकिक त्याग का ऐतिहासिक वृत्त लेकर 'राजमुकुट' की रचना हुई है। 'अंगूर की बेटी' (जो फारसी शब्द का अनुवाद है) मद्य के दुष्परिणाम दिखानेवाला सामाजिक नाटक है।

कुछ हलके ढंग के नाटकों में, जिनसे बहुत साधारण पढ़े लिखे लोगों का भी कुछ मनोरंजन हो सकता है, स्वर्गीय पं० बदरीनाथ भट्ट के 'दुर्गावती', 'तुलसीदास' आदि उल्लेख योग्य हैं। हास्यरस की कहानियाँ लिखनेवाले जी० पी० श्रीवास्तव ने मोलियर के फरांसीसी नाटकों के हिंदुस्तानी, अनुवादों के अतिरिक्त 'मरदानी औरत', 'गड़बड़झाला', 'नोंक झोंक', 'दुमदार आदमी' इत्यादि बहुत से छोटे मोटे प्रहसन भी लिखे हैं, पर वे परिष्कृत रुचि के लोगों को हँसाने में समर्थ नहीं। 'उलटफेर' नाटक औरों से अच्छे ढर्रे का कहा जा सकता है।

पं० लक्ष्मीनारायण मिश्र ने अपने नाटकों द्वारा स्त्रियों की स्थिति आदि कुछ सामाजिक प्रश्न या समस्याएँ तो सामने रखी ही हैं, योरप में प्रवर्तित 'यथातथ्यवाद' का यह खरा रूप भी दिखाने का प्रयत्न किया है जिसमें झूठी भावुकता और मार्मिकता से पीछा छुड़ाकर नर-प्रकृति अपने वास्तविक रूप में सामने लाई जाती हैं। ऐसे नाटकों का उद्देश्य होता है समाज अधिकतर जैसा है वैसा ही सामने रखना, उसके भीतर की नाना विषमताओं से उत्पन्न प्रश्नों का जीताजागता रूप खड़ा करना तथा यदि संभव हो तो समाधान के स्वरूप का आभास देना। लोक के बीच कभी कभी जो उच्च भावों के कुछ दृष्टांत दिखाई पड़ जाया करते हैं उन पर कल्पना का झूठा रंग चढ़ाकर धोखे की टट्टियाँ खड़ी करना और बहुत ही फालतू भावुकता जगाना अब बंद होना चाहिए, यही उपर्युक्त 'यथातथ्यवाद' के अनुयायियों का कहना है। योरप में जब 'कला' और 'सौंदर्य' की बड़ी पुकार मची और कुछ कलाकार, कवि, और लेखक अपना यह काम समझने लगे कि जगत् के सुंदर पक्ष से सामग्री चुन चुन कर एक काल्पनिक सौंदर्य सृष्टि खड़ी करें और उसका मधुपान करके झूमा करें, तब इसकी घोर प्रतिक्रिया वहाँ आवश्यक थी और यहाँ भी 'सौंदर्यवाद' और 'कलावाद' का हिंदी में खासा चलन होने के कारण अब आवश्यक हो गई है। जब कोई बात हद के बाहर जाकर जी उबाने और विरक्ति उत्पन्न करने लगती है तब साहित्य के क्षेत्र में प्रतिक्रिया अपेक्षित होती है। योरप के साहित्य क्षेत्र में एकांगदर्शिता इतनी बढ़ गई है कि किसी न किसी हद पर जाकर कोई न कोई वाद बराबर खड़ा होता रहता है और आगे बढ़ चलता है। उसके थोड़े ही दिनों पीछे बड़े वेग से उसकी प्रतिक्रिया होती है जिसकी धारा दूसरी हद की ओर बढ़ती है। अतः योरप के किसी 'वाद' को लेकर चिल्लानेवालों को यह समझ रखना चाहिए कि उसका बिलकुल उलटा वाद भी पीछे लगा आ रहा है।

प्रतिक्रिया के रूप में निकाली हुई साहित्य की शाखाएँ प्रतिक्रिया का रोष ठंडा होने पर धीरे धीरे पलटकर मध्यम पथ पर आ जाती है। कुछ दिनों तक तो वे केवल चिढ़ाती सी जान

पड़ती हैं, पीछे शांत भाव से सामंजस्य के साथ चलने लगती हैं। 'भावुकता' भी जीवन का एक अंग है। साहित्य की किसी शाखा से हम उसे बिलकुल हटा तो सकते नहीं। हाँ, यदि वह व्याधि के रूप में—फीलपाँव की तरह—बढ़ने लगे, तो उसकी रोकथाम आवश्यक है।

नाटक का जो नया स्वरूप लक्ष्मीनारायणजी योरप से लाए हैं उसमें काव्यत्व का अवयव भरसक नहीं आने पाया है। उनके नाटकों में न चित्रमय और भावुकता से लदे भाषण हैं, न गीत या कविताएँ। खरी-खरी बात कहने का जोश कहीं-कहीं अवश्य है। इस प्रणाली पर उन्होंने कई नाटक लिख हैं, जैसे 'मुक्ति का रहस्य', 'सिंदूर की होली', 'राक्षस का मंदिर', 'आधी रात'।

समाज के कुत्सित, वीभत्स और पाखंडपूर्ण अंशों के चटकीले दृश्य दिखाने के लिये पांडेय बेचन शर्मा 'उग्र' ने छोटे-छोटे नाटकों या प्रहसनों से भी काम लिया है। 'चुंबन', और 'चार बेचारे'। (संपादक, अध्यापक, सुधारक, प्रचारक) इसीलिये लिखे गए हैं। 'महात्मा ईसा', के फेर में तो वे नाहक पड़े।

पं० उदयशंकर भट्ट ने, जो पंजाब में बहुत अच्छी साहित्यसेवा कर रहे हैं, 'तक्षशिला', 'राका', 'मानसी', आदि कई अच्छे काव्यों के अतिरिक्त, अनेक पौराणिक और ऐतिहासिक नाटक भी लिखे हैं। 'दाहर या सिंधपतन' तथा 'विक्रमादित्य' ऐतिहासिक नाटक हैं। हाल में 'कमला' नाम का एक सामाजिक नाटक भी आपने लिखा है जिसमें किसान आंदोलन तथा सामाजिक असामंजस्य का मार्मिक चित्रण है। 'दस हजार' नाम का एकांकी नाटक भी आपने इधर लिखा है।

भट्टजी की कला का पूर्ण विकास पौराणिक नाटकों में दिखाई पड़ता है। पौराणिक क्षेत्र के भीतर से वे ऐसे पात्र ढूँढ़कर लाए हैं जिनके चारों ओर जीवन की रहस्यमयी विषमताएँ बड़ी गहरी छाया डालती हुई सामने आती हैं—ऐसी विषमताएँ जो वर्तमान समाज को भी क्षुब्ध करती रहती हैं। 'अंबा' नाटक में भीष्म द्वारा हरी हुई अंबा की जन्मांतरव्यापिनी प्रतीकारवासना के अतिरिक्त स्त्री-पुरुष संबंध की वह विषमता भी सामने आती है जो आजकल के महिला आंदोलन की तह में वर्तमान है। 'मत्स्यगंधा' एक भावनाट्य या पद्यबद्ध नाटक है। उसमें जीवन का वह रूप सामने आता है जो ऊपर से सुखपूर्ण दिखाई पड़ता है, पर, जिसके भीतर न जाने कितनी उमंगों और मधुर कामनाओं के ध्वंस की विषादधारा यहाँ से वहाँ तक छिपी मिलती है। 'विश्वामित्र' भी इसी ढंग का एक सुंदर नाटक है। चौथा नाटक 'सगरविजय' भी उत्तम है। पौराणिक सामग्री का जैसा सुंदर उपयोग भट्टजी ने किया है, वैसा कम देखने में आता है। ऐतिहासिक नाटक-रचना में जो स्थान 'प्रसाद' और 'प्रेमी' का है, पौराणिक नाटक रचना में वही स्थान भट्टजी का है।

श्री जगन्नाथप्रसाद 'मिलिंद' ने महाराणाप्रताप का राज्याभिषेक से लेकर अंत तक का वृत्त लेकर 'प्रतापप्रतिज्ञा' नाटक की रचना की है। स्व० राधाकृष्णदासजी के 'प्रताप' नाटक का आरंभ मानसिंह के अपमान से होता है जो नाट्यकला की दृष्टि से बहुत ही उपयुक्त है। परिस्थितियों को प्रधानता देने में भी 'मिलिंद' जी का चुनाव उतना अच्छा नहीं है। कुछ ऐतिहासिक त्रुटियाँ भी हैं।

श्री चतुरसेन शास्त्री ने उपन्यास और कहानियाँ तो लिखी ही हैं, नाटक की ओर भी हाथ बढ़ाया है। अपने 'अमर राठौर' और 'उत्सर्ग' नामक ऐतिहासिक नाटकों में उन्होंने कथावस्तु

को अपने अनुकूल गढ़ने में निपुणता अवश्य दिखाई है, पर अधिक ठोंक पीट के कारण कहीं कहीं ऐतिहासिकता, और कहीं कहीं घटनाओं की महत्ता भी, झड़ गई है।

अँगरेज कवि शेली के ढंग पर श्रीसुमित्रानंदन पंत ने कवि कल्पना को दृश्य रूप देने के लिये 'ज्योत्स्ना' नाम से एक रूपक लिखा है। पर शेली का रूपक (Prometheus Unbound) तो आधिदैविक शासन से मुक्ति और जगत् के स्वातंत्र्य का एक समन्वित प्रसंग लेकर चला है, और उसमें पृथ्वी, वायु, आदि आधिभौतिक देवता अपने निज के रूप में आए हैं, किंतु 'ज्योत्स्ना' बहुत दूर तक केवल सौंदर्यचयन करनेवाली कल्पना मनुष्य के सुखविलास की भावना के अनुकूल चमकती उषा, सुरभित समीर, चटकती कलियाँ, कलरव करते विहंग आदि को अभिनय के लिये मनुष्य के रंगमंच पर जुटाने में प्रवृत्त है। उसके उपरांत आजकल की हवा में उड़ती हुई कुछ लोक समस्याओं पर कथोपकथन है। सब मिलाकर क्या है, यह नहीं कहा जा सकता।

श्री कैलाशनाथ भटनागर का 'भीम प्रतिज्ञा' भी विद्यार्थियों के योग्य अच्छा नाटक है।

एकांकी नाटक का उल्लेख आरंभ में हो चुका है और यह कहा जा चुका है कि किस प्रकार पहले पहल दो एक व्यक्ति उसे भारतीय नाट्य साहित्य में एक अश्रुतपूर्व वस्तु समझते हुए लेकर आए। अब इधर हिंदी के कई अच्छे कवियों और नाटककारों ने भी कुछ एकांकी नाटक लिखे हैं जिनका एक अच्छा संग्रह 'आधुनिक एकांकी नाटक' के नाम से प्रकाशित हुआ है। इसमें श्री सुदर्शन, रामकुमार वर्मा, भुवनेश्वर, उपेंद्रनाथ अश्क, भगवतीचरण वर्मा, धर्मप्रकाश आनंद, उदयशंकर भट्ट के क्रमशः 'राजपूत की हार', 'दस मिनट', 'स्ट्राइक', 'लक्ष्मी का स्वागत', 'सबसे बड़ा आदमी', 'दीन' तथा 'दस हजार' नाम के नाटक संगृहीत हैं।

हिंदी के कुछ प्रसिद्ध कवियों और उपन्यासकारों ने भी—जैसे, बा० मैथिलीशरण गुप्त, श्री वियोगी हरि, माखनलाल चतुर्वेदी, प्रेमचंद, विश्वंभरनाथ शर्मा कौशिक, सुदर्शन—नाटक की ओर हाथ बढ़ाया, पर उनका मुख्य स्थान कवियों और उपन्यासकारों के बीच ही रहा।

मौलिक नाटकों के अतिरिक्त संस्कृत के पुराने नाटकों में से भास के 'स्वप्नवासवदत्ता' (अनुवाद—सत्यजीवन वर्मा), 'पंचरात्र', 'मध्यम व्यायोग', 'प्रतिज्ञा यौगंधरायण' (अनु० व्रजजीवनदास); 'प्रतिमा' (अनु०—बलदेव शास्त्री) तथा दिङ्नाथ के 'कुंदमाला' नाटक (अनु० वागीश्वर विद्यालंकार) के अनुवाद भी हिंदी में हुए।

जर्मन कवि गेटे के प्रसिद्ध नाटक 'फाउस्ट' का अच्छा अनुवाद श्री भोलानाथ शर्मा एम० ए० ने किया है।

निबंध

विश्वविद्यालयों के उच्च शिक्षाक्रम के भीतर हिंदी साहित्य का समावेश हो जाने के कारण उत्कृष्ट कोटि के निबंधों की—ऐसे निबंधों की जिनकी असाधारण शैली या गहन विचारधारा पाठकों को मानसिक श्रमसाध्य नूतन उपलब्धि के रूप में जान पड़े—जितनी ही अधिक आवश्यकता है उतने ही कम वे हमारे सामने आ रहे हैं। निबंध की जो स्थिति हमें द्वितीय उत्थान में दिखाई पड़ी प्रायः वही स्थिति इस वर्तमान काल में भी बनी हुई है। अर्थवैचित्र्य और भाषाशैली का नूतन विकास जैसा कहानियों के भीतर प्रकट हुआ है, वैसा निबंध के क्षेत्र में नहीं देखने में आ रहा है, जो उसका बहुत उपयुक्त स्थान है।

यदि किसी रूप में गद्य की कोई नई गतिविधि दिखाई पड़ी तो काव्यात्मक गद्य प्रबंधों के रूप में। पहले तो बंग भाषा के 'उद्भ्रांत प्रेम' (चंद्रशेखर मुखोपाध्यायकृत) को देख कुछ लोग उसी प्रकार की रचना की ओर झुके, पीछे भावात्मक गद्य की कई शैलियों की ओर। 'उद्भ्रांत प्रेम' उस विक्षेप शैली पर लिखा गया था जिसमें भावावेश द्योतित करने के लिये भाषा बीच-बीच में असंबद्ध अर्थात् उखड़ी हुई होती थी। कुछ दिनों तक तो उसी शैली पर प्रेमोद्गार के रूप में पत्रिकाओं में कुछ प्रबंध—यदि उन्हें प्रबंध कह सकें—निकले, जिनमें भावुकता की झलक यहाँ से वहाँ तक रहती थी। पीछे श्री चतुरसेन शास्त्री के 'अंतस्तल' में प्रेम के अतिरिक्त और दूसरे भावों की भी प्रबलव्यंजना अलग-अलग प्रबंधों में की गई जिनमें कुछ दूर तक एक ढंग पर चलती धारा के बीच-बीच में भाव का प्रबल उत्थान दिखाई पड़ता था। इस प्रकार इन प्रबंधों की भाषा तरंगवती धारा के रूप में चली थी अर्थात् उसमें 'धारा' और तरंग दोनों का योग था। ये दोनों प्रकार के गद्य बंगाली थिएटरों की रंगभूमि के भाषणों के से प्रतीत हुए।

पीछे रवींद्र बाबू के प्रभाव से कुछ रहस्योन्मुख आध्यात्मिकता का रंग लिए जिस भावात्मक गद्य का चलन हुआ वह विशेष अलंकृत होकर अन्योक्तिपद्धति पर चला। ब्रह्मसमाज ने जिस प्रकार ईसाइयों के अनुसरण पर अपनी प्रार्थना का विशेष दिन रविवार रखा था, उसी प्रकार अपने भक्तिभाव की व्यंजना के लिये पुराने ईसाईसंतों की पद्धति भी ग्रहण की। एक उदाहरण से यह बात स्पष्ट हो जायगी। ईसा की बारहवीं शताब्दी के द्वितीय चरण में संत बरनार्ड (St. Bernared) नाम के जो प्रसिद्ध भक्त हो गए हैं, उन्होंने दूल्हे रूप ईश्वर के हृदय के 'तीसरे कक्ष' में प्रवेश का इस प्रकार उल्लेख किया है—

> **यद्यपि वे कई बार मेरे भीतर आए, पर मैंने न जाना कि वे कब आए। आ जाने पर कभी कभी मुझे उनकी आहट मिलती है; उनके विद्यमान होने का स्मरण भी मुझे है; वे आनेवाले हैं, इसका आभास भी मुझे कभी कभी पहले से मिला है; पर वे कब भीतर आए और कब बाहर आए इसका पता मुझे कभी न चला।**

इसी प्रकार उस परोक्ष आलंबन को प्रियतम मानकर उसके साथ संयोग और वियोग की अनेक दशाओं की कल्पना इस पद्धति की विशेषता है। रवींद्र बाबू की 'गीतांजलि' की रचना इसी पद्धति पर हुई। हिंदी में भी इस ढंग की रचनाएँ हुईं जिनमें रायकृष्णदास की 'साधना', 'प्रवाल' और 'छायावाद', वियोगीहरि जी की 'भावना' और 'अंतर्नाद' विशेष उल्लेख योग्य हैं। हाल में भी भँवरलाल सिंघी ने 'वेदना' नाम की इसी ढंग की एक पुस्तक लिखी है जिसके भूमिका लेखक हैं, भाषातत्व के देशप्रसिद्ध विद्वान् डाक्टर सुनीतिकुमार चाटुर्ज्या।

यह तो हुई आध्यात्मिक या सांप्रदायिक क्षेत्र में गृहीत लाक्षणिक भावुकता, जो बहुत कुछ अभिनीत तथा अनुकृत होती है अर्थात् बहुत कम दशाओं में हृदय की स्वाभाविक पद्धति पर चलती है। कुछ भावात्मक प्रबंध लौकिक को लेकर भी मासिक पत्रों में निकलते रहते हैं जिनमें चित्रविधान कम और कसक, टीस, वेदना अधिक रहती है।

अतीत के नाना खंडों में जाकर रमनेवाली भावुकता का मनुष्य की प्रवृत्ति में एक विशेष स्थान है। मनुष्य इस प्रकृतिस्थ भावुकता का अनुभव हम आप भी करते हैं और दूसरों को भी करते हुए पाते हैं। अतः यह मानव हृदय की एक सामान्य वृत्ति है। बड़े हर्ष की बात यह है

कि अतीत के क्षेत्र में रमनेवाली अत्यंत मार्मिक और चित्रमयी भावना लेकर महाराज कुमार डाक्टर श्री रघुवीरसिंह जी (सीतामऊ, मालवा) हिंदी साहित्यक्षेत्र में आए। उनकी भावना मुगल सम्राटों के कुछ अवशिष्ट चिह्न सामने पाकर प्रत्यभिज्ञा के रूप में मुगल साम्राज्यकाल के कभी, मधुर, भव्य और जगमगाते दृश्यों के बीच, कभी पतनकाल के विषाद, नैराश्य, बेबसी की परिस्थितियों के बीच बड़ी तन्मयता के साथ रमी है। ताजमहल, दिल्ली का लाल किला, जहाँगीर और नूरजहाँ की कब्र इत्यादि पर उनके भावात्मक प्रबंधों की शैली बहुत ही मार्मिक और अनूठी है।

गद्य साहित्य में भावात्मक और काव्यात्मक गद्य का भी एक विशेष स्थान है, यह तो मानना ही पड़ेगा। अतः उपयुक्त क्षेत्र में उसका आविर्भाव और प्रसार अवश्य प्रसन्नता की बात है। पर दूसरे क्षेत्रों में भी, जहाँ गंभीर विचार और व्यापक दृष्टि अपेक्षित है, उसे घसीटे जाते देख दुःख होता है। जो चिंतन के गूढ़ विषय हैं उनको भी लेकर कल्पना की क्रीड़ा दिखाना कभी उचित नहीं कहा जा सकता। विचार क्षेत्रों के ऊपर इस भावात्मक और कल्पनात्मक प्रणाली का धावा पहले पहल 'काव्य का स्वरूप' बतलानेवाले निबंधों में बंग साहित्य के भीतर हुआ, जहाँ शेक्सपियर की यह उक्ति गूँज रही थी—

> **सौंदर्य मद में झूमती हुई कवि की दृष्टि स्वर्ग से भूलोक और भूलोक से स्वर्ग तक बिचरती रहती है।**[१]

काव्य पर न जाने कितने ऐसे निबंध लिखे गए जिनमें सिवा इससे कि 'कविता अमरावती से गिरती हुई अमृत की धारा है', 'कविता हृदय कानन में खिली हुई कुसुममाला है', 'कविता देवलोक के मधुर संगीत की गूँज है, और कुछ भी न मिलेगा। यह कविता का ठीक ठीक स्वरूप बतलाना है कि उसकी विरुदावली बखानना ? हमारे यहाँ के पुराने लोगों में 'जहाँ न जाय रवि, वहाँ जाय कवि' ऐसी ऐसी बहुत सी विरुदावलियाँ प्रचलित थीं, पर वे लक्षण या स्वरूप पूछने पर नहीं कि उसके स्वरूप का निरूपण भी भावमय, रसमय चित्रमय हो। 'कविता के ही निरूपण तक भावात्मक प्रणाली का यह धावा रहता तो भी एक बात थी; कवियों की आलोचना तथा और विषयों में भी इसका दखल हो रहा है यह खटके की बात है। इससे हमारे साहित्य में घोर विचारशैथिल्य और बुद्धि का आलस्य फैलने की आशंका है। जिन विषयों के निरूपण में सूक्ष्म और सुव्यवस्थित विचार परंपरा अपेक्षित है, उन्हें भी इस हवाई शैली पर हवा बताना कहाँ तक ठीक होगा।

समालोचना और काव्यमीमांसा

इस तृतीय उत्थान में समालोचना का आदर्श भी बदला। गुणदोष के कथन के आगे बढ़कर कवियों की विशेषताओं और उनकी अंतःप्रवृत्ति की छानबीन की ओर भी ध्यान दिया गया। तुलसीदास, सूरदास, जायसी, दीनदयाल गिरि और कबीरदास की विस्तृत आलोचनाएँ पुस्तकाकार और भूमिकाओं के रूप में भी निकलीं। इस इतिहास के लेखक ने तुलसी, सूर, और जायसी पर विस्तृत समीक्षाएँ लिखीं जिनमें से प्रथम 'गोस्वामी तुलसीदास' के नाम से पुस्तकाकार छपी है; शेष दो क्रमशः 'भ्रमरगीतसार' और 'जायसी ग्रंथावली' में सम्मिलित हैं। स्व० लाला भगवानदीन की सूर, तुलसी, और दीनदयाल गिरि की समालोचनाएँ उनके

१. **The poet's eye in fine frenzy rolling,
Doth glance from heaven to earth and earth to heaven.**

संकलित और संपादित 'सूरपंचरत्न', 'दोहावली', और 'दीनदयालगिरि ग्रंथावली' में सम्मिलित हैं। अयोध्यासिंह उपाध्याय की कबीरसमीक्षा उनके द्वारा संगृहीत 'कबीर वचनावली' के साथ और डाक्टर पीतांबरदत्त बड़थ्वाल की 'कबीरग्रंथावली' के साथ भूमिका रूप में संनिविष्ट हैं।

इसके उपरांत 'कलाओं' और 'साधनाओं' का ताँता बँधा था और

(१) केशव की काव्यकला (श्री कृष्णशंकर शुक्ल)

(२) गुप्त जी की कला (प्रो० सत्येंद्र)

(३) प्रेमचंद की उपन्यासकला (पं० जनार्दनप्रसाद झा 'द्विज')

(४) प्रसाद की नाट्यकला

(५) पद्माकर की काव्यसाधना (अखौरी गंगाप्रसाद सिंह)

(६) प्रसाद की काव्यसाधना (श्री रामनाथलाल 'सुमन')

(७) मीरा की प्रेमसाधना (पं० भुवनेश्वरनाथ मिश्र 'माधव')

एक दूसरे के आगे पीछे निकलीं। इनमें से कुछ पुस्तकें तो समालोचना की असली पद्धति पर निर्णयात्मक और व्याख्यात्मक दोनों ढंग लिए हुए चली हैं तथा कवि के बाह्य और आभ्यंतर दोनों का अच्छा परिचय कराती हैं, जैसे केशव की काव्यकला, 'गुप्तजी की कला'। 'केशव की काव्यकला' में पं० कृष्णशंकर शुक्ल ने अच्छा विद्वत्तापूर्ण अनुसंधान भी किया है। उनका 'कविवर रत्नाकर' भी कवि की विशेषताओं को मार्मिक ढंग से सामने रखता है। पं० गिरिजादत्त शुक्ल 'गिरीश' कृत गुप्तजी की काव्यधारा' में भी मैथिलीशरण गुप्त जी की रचना के विविध पक्षों का सूक्ष्मता और मार्मिकता के साथ उद्घाटन हुआ है। 'पद्माकर की काव्यसाधना' द्वारा भी पद्माकर के संबंध में बहुत सी बातों की जानकारी हो जाती है। इधर हाल में पं० रामकृष्ण शुक्ल ने अपनी सुकवि समीक्षा में कबीर, सूर, जायसी, तुलसी, मीरा, केशव, बिहारी, भूषण, भारतेंदु, मैथिलीशरण गुप्त और जयशंकर प्रसाद पर अच्छे समीक्षात्मक निबंध लिखे हैं। 'मीरा की प्रेमसाधना' भावात्मक है जिसमें 'माधव' जी मीरा के भावों का स्वरूप पहचानकर उन भावों में आप भी मग्न होते दिखाई पड़ते हैं। इन सब पुस्तकों से हमारा समीक्षा साहित्य बहुत कुछ समृद्ध हुआ है, इसमें संदेह नहीं। पं० शांतिप्रिय द्विवेदी ने 'हमारे साहित्य निर्माता' नाम की एक पुस्तक लिखकर हिंदी के कई वर्तमान कवियों और लेखकों की प्रवृत्तियों और विशेषताओं का अपने ढंग पर अच्छा आभास दिया है।

ठीक ठिकाने से चलनेवाली समीक्षाओं को देख जितना संतोष होता है, किसी कवि की समीक्षा के नाम पर उसकी रचना से सर्वथा असंबद्ध चित्रमयी कल्पना और भावुकता की सजावट देख उतनी ही ग्लानि होती है। यह सजावट अँगरेजी के अथवा बँगला के समीक्षा क्षेत्र से कुछ विचित्र, कुछ विदग्ध, कुछ अतिरंजित चलते शब्द और वाक्य ला लाकर खड़ी की जाती है। कहीं कहीं तो किसी अँगरेजी कवि के संबंध में की हुई समीक्षा का कोई खंड ज्यों का त्यों उठाकार किसी हिंदी कवि पर भिड़ा दिया जाता है। ऊपरी रंग ढंग से तो ऐसा जान पड़ेगा कि कवि के हृदय के भीतर सेंध लगाकर घुसे हैं और बड़े बड़े गूढ़ कोने झाँक रहे हैं, पर कवि के उद्धृत पद्यों से मिलान कीजिए तो पता चलेगा कि कवि के विविध भावों से उनके वाग्विलास का कोई लगाव नहीं। पद्य का आशय या भाव कुछ और है, आलोचक जी

उसे उद्धृत करके कुछ और ही राग अलाप रहे हैं। कवि के मानसिक इतिहास का एक आरोपित इतिहास तक—किसी विदेशी कवि के मानसिक विकास का इतिहास कहीं से लेकर—वे सामने रखेंगे, पर इस बात का कहीं कोई प्रमाण न मिलेगा कि आलोच्य कवि के पचीस तीस पद्यों का भी ठीक तात्पर्य उन्होंने समझा है। ऐसे आलोचकों के शिकार 'छायावादी' कहे जाने वाले कुछ कवि भी अभी हो रहे हैं। नूतन शाखा के एक अच्छे कवि हाल ही में मुझसे मिले जो ऐसे कदरदानों से पनाह माँगते थे। अब सुनने में आ रहा है कि इस ढंग के ऊँचे हौसलेवाले दो एक आलोचक तुलसी और सूर के चारों ओर भी ऐसा ही चमचमाता वाग्जाल बिछानेवाले हैं।

काव्य की 'छायावाद' कही जानेवाली शाखा चले काफी दिन हुए। पर ऐसी कोई समीक्षा पुस्तक देखने में न आई जिसमें उक्त शाखा की रचनाक्रिया (टेकनीक) प्रसार की भिन्न भिन्न भूमियाँ, सोच समझकर निर्दिष्ट की गई हों। केवल प्रो० नगेंद्र की 'सुमित्रानंदन पंत' पुस्तक ही ठिकाने की मिली। बात यह है कि इधर अभिव्यंजना का वैचित्र्य लेकर 'छायावाद' चला, उधर उसके साथ ही प्रभावाभिव्यंजक समीक्षा (इंप्रेशनस्टि क्रिटिसिम्स) का फैशन बंगाल होता हुआ आ धमका। इस प्रकार की समीक्षा में कवि ने क्या कहा है, उसका ठीक भाव या आशय क्या है यह समझने या समझाने की आवश्यकता नहीं, आवश्यक इतना ही है कि उसकी किसी रचना का जिसके हृदय पर जो भी प्रभाव पड़े उसका वह सुंदरता और अनूठेपन के साथ वर्णन कर दें। कोई यह नहीं पूछ सकता कि कवि का भाव तो कुछ और है, उसका यह प्रभाव कैसे पड़ सकता है। इस प्रकार की समीक्षा के चलन ने अध्ययन, चिंतन और प्रकृत समीक्षा का रास्ता ही छेंक लिया।

प्रभावाभिव्यंजक समीक्षा कोई ठीक ठिकाने की वस्तु ही नहीं। न ज्ञान के क्षेत्र में उसका कोई मूल्य है न भाव के क्षेत्र में। उसे समीक्षा या आलोचना कहना ही व्यर्थ है। किसी कवि की आलोचना कोई इसीलिये पढ़ने बैठता है कि उस कवि के लक्ष्य को, उसके भाव को ठीक ठीक हृदयंगम करने में सहारा मिले, इसलिये नहीं कि आलोचना की भावभंगी और सजीले पदविन्यास द्वारा अपना मनोरंजन करे। यदि किसी रमणीय अर्थगर्भित पद्य की आलोचना इसी रूप में मिले कि 'एक बार इस कविता के प्रवाह में पड़कर बहना ही पड़ता है। स्वयं कवि को भी विवशता के साथ बहना पड़ा है; यह एकाधिक बार मयूर की भाँति अपने सौंदर्य पर आप ही नाच उठता है', तो उसे लेकर कोई क्या करेगा?

सारे योरप की बात छोड़िए, अँगरेजी के वर्तमान समीक्षाक्षेत्र में ही प्रभावाभिव्यंजक समीक्षा की निःसारता प्रकट करनेवाली पुस्तकें बराबर निकल रही हैं।[१] इस ढंग की समीक्षाओं में प्रायः भाषा विचार में बाधक बनकर आ खड़ी होती है। लेखक का ध्यान शब्दों की तड़क भड़क, उनकी आकर्षक योजना, अपनी उक्ति की चमत्कार आदि में उलझा रहता है जिनके बीच स्वच्छंद विचारधारा के लिये जगह ही नहीं मिलती। विशुद्ध आलोचना के क्षेत्र में भाषा की क्रीड़ा किस प्रकार बाधक हुई है, कुछ बँधे हुए शब्द और वाक्य किस प्रकार विचारों को रोके रहे हैं, ऐसी बातें जिनकी कहीं सत्ता नहीं किस प्रकार घने वाग्जाल के भीतर

---

१. **देखिए Psychological Approach to Literary Criticism जिसमें यह अच्छी तरह दिखा दिया गया है कि प्रभावाभिव्यंजक समीक्षा कोई समीक्षा ही नहीं।**

से भूत बनकर झाँकती रही हैं, यह दिखाते हुए इस बीसवीं शताब्दी के एक प्रसिद्ध समालोचनातत्वज्ञ ने बड़ी खिन्नता प्रकट की है।[१]

हमारे यहाँ के पुराने व्याख्याताओं और टीकाकारों की अर्थक्रीड़ा प्रसिद्ध है। किसी पद्य का और का और अर्थ करना तो उनके बाएँ हाथ का खेल है। तुलसीदासजी की चौपाइयों के बीस-बीस अर्थ करनेवाले अभी मौजूद हैं। अभी थोड़े दिन हुए, हमारे एक मित्र ने सारी 'बिहारी सतसई' का शांतरसपरक अर्थ करने की धमकी दी थी। फारसी के हाफिज आदि शायरों की शृंगारी उक्तियों के आध्यात्मिक अर्थ प्रसिद्ध हैं, यद्यपि अरबी-फारसी के कई पहुँचे हुए विद्वान यह आध्यात्मिकता नहीं स्वीकार करते। इस पुरानी प्रवृत्ति का नया संस्करण भी कहीं-कहीं दिखाई पड़ने लगा है। रवींद्र बाबू ने अपनी प्रतिभा के बल से कुछ संस्कृत काव्यों की समीक्षा करते हुए कहीं-कहीं आध्यात्मिक अर्थों की योजना की है। 'प्राचीन साहित्य' नाम की पुस्तक में मेघदूत आदि पर जो निबंध हैं उनमें ये बातें मिलेंगी। काशी के एक व्याख्यान में उन्होंने 'अभिज्ञानशाकुंतल' के सारे आख्यान का आध्यात्मिक पक्ष निरूपित किया था। इस संबंध में हमारा यही कहना है कि इस प्रकार की प्रतिभापूर्ण कृतियों का भी अपना अलग मूल्य है। वे कल्पनात्मक साहित्य के अंतर्गत अवश्य हैं, पर विशुद्ध समालोचना की कोटि में नहीं आ सकतीं।

योरपवालों को हमारी आध्यात्मिकता बहुत पसंद आती है। भारतीयों की आध्यात्मिकता और रहस्यवादिता की चर्चा पश्चिम में बहुत हुआ करती है। इस चर्चा के मूल में कई बातें हैं। एक तो ये शब्द हमारी अकर्मण्यता और बुद्धिशैथिल्य पर परदा डालते हैं। अतः चर्चा या तारीफ करनेवालों में कुछ लोग तो ऐसे होते हैं जो चाहते हैं कि यह परदा पड़ा रहे। दूसरी बात यह है कि शब्द पूरबी और पश्चिमी जातियों के बीच एक ऐसी सीमा बाँधते हैं जिससे पश्चिम में हमारे संबंध में एक प्रकार का कुतूहल सा जाग्रत रहता है और हमारी बातें वहाँ अनूठेपन के साथ कही जा सकती हैं। तीसरी बात यह है कि आधिभौतिक समृद्धि के हेतु जो भाषण संघर्ष सैकड़ों वर्ष तक योरप में रहा उससे क्लांत और शिथिल होकर बहुत से लोग जीवन के लक्ष्य में कुछ परिवर्तन चाहने लगे—शांति और विश्राम के अभिलाषी हुए। साथ ही साथ धर्म और विज्ञान का झगड़ा भी बंद हुआ। अतः योरप मे जो इधर आध्यात्मिकता की चर्चा बढ़ी वह विशेषतः प्रतिवर्तन (रिऐक्शन) के रूप में। स्वर्गीय साहित्याचार्य पं० रामावतारजी पांडेय और पं० चंद्रधर जी गुलेरी इस आध्यात्मिकता की चर्चा से बहुत घबराया करते थे।

पुस्तकों और कवियों की आलोचना के अतिरिक्त पाश्चात्य काव्यमीमांसा को लेकर भी बहुत से लेख और पुस्तकें इस काल में लिखी गईं—जैसे, बाबू श्यामसुंदरदास कृत साहित्यालोचन, श्री पदुमलाल पुन्नालाल बख्शी कृत विश्वसाहित्य। इनमें से पहली पुस्तक तो शिक्षोपयोगी है। दूसरी पुस्तक में योरोपीय साहित्य के विकास तथा पाश्चात्य काव्यसमीक्षकों के कुछ प्रचलित मतों का दिग्दर्शन है।

---

१. **A diligent search will still find many Mystic Beings.... sheltering in verbal thickets...while current attitudes to language persist, this difficulty, of the linguistic phantom must still continue.**

—'Principles of Literary Criticism'. By I.A. Richards.

इधर दो एक लेखकों की एक और प्रवृत्ति दिखाई पड़ रही है। ये योरप के कुछ कलासंबंधी एकदेशीय और अत्युक्त मतों को सामने लाकर हिंदीवालों की आँखों में उसी प्रकार चकाचौंध उत्पन्न करना चाहते हैं जिस प्रकार कुछ लोग वहाँ के फैशन की तड़क भड़क दिखाकर। जर्मनी, फ्रांस, इटली, रूस, स्वेडन इत्यादि अनेक देशों के नए पुराने कवियों, लेखकों और समीक्षकों के नाम गिनाकर वे एक प्रकार का आतंक उत्पन्न करना चाहते हैं। वे कलासंबंधी विलायती पुस्तकों की बातें लेकर और कहीं मैटरलिंक (Mater linck), कहीं गेटे (Goethe), कहीं टाल्स्टाय (Tolstoy) के उद्धरण देकर अपने लेखों की तड़कभड़क भर बढ़ाते हैं। लेखों को यहाँ से वहाँ तक पढ़ जाइए, लेखकों के अपने किसी विचर का पता न लगेगा। उद्धृत मतों की व्याप्ति कहाँ तक है, भारतीय सिद्धांतों के साथ उनका कहाँ सामंजस्य है और कहीं विरोध, इन सब बातों के विवेचन का सर्वथा अभाव पाया जायेगा। साहित्यिक विवेचन से संबंध रखनेवाले जिन भावों और विचारों के द्योतन के लिये हमारे यहाँ के साहित्य ग्रंथों में बराबर से शब्द प्रचलित चले आते हैं उनके स्थान पर भी भद्दे गढ़े हुए शब्द देखकर लेखकों की अनभिज्ञता की ओर बिना ध्यान गए नहीं रहता। समालोचना के क्षेत्र में ऐसे विचारशून्य लेखों से कोई विशेष लाभ नहीं।

पश्चिम के काव्यकला संबंधी प्रचलित वादों में अक्सर एकांगदृष्टि की दौड़ ही विलक्षण दिखाई पड़ा करती है। वहाँ के कुछ लेखक काव्य के किसी एक पक्ष को उसका पूर्ण स्वरूप मान, इतनी दूर तक ले जाते हैं कि उनके कथन में अनूठी सूक्ति का सा चमत्कार आ जाता है और बहुत से लोग उसे सिद्धांत या विचार के रूप में ग्रहण कर चलते हैं। यहाँ हमारा काम काव्य के स्वरूप पर विचार करना या प्रबंध लिखना नहीं बल्कि प्रचलित प्रवृत्तियों और उनके उद्‌गमों तथा कारणों का दिग्दर्शन कराना मात्र है। अत: यहाँ काव्य या कला के संबंध में उन प्रवादों का, जिनका योरप में सबसे अधिक फैशन रहा है, संक्षेप में उल्लेख करके तब मैं इस प्रसंग को समाप्त करूँगा। इसकी आवश्यकता यहाँ मैं केवल इसलिये समझता हूँ कि एक ओर योरप में तो व्यापक और सूक्ष्मदृष्टि संपन्न समीक्षकों द्वारा इन प्रवादों का निराकरण हो रहा है, दूसरी ओर हमारे हिंदी साहित्य में इनकी भद्दी नकल शुरू हुई है।

योरप में जिस प्रवाद का इधर सबसे अधिक फैशन रहा है वह है—'काव्य का उद्देश्य काव्य ही है' या 'कला का उद्देश्य कला ही है।' इस प्रवाद के कारण जीवन और जगत् की बहुत सी बातें, जिनका किसी काव्य के मूल्यनिर्णय में बहुत दिनों से योग चला आ रहा था, यह कहकर टाली जाने लगीं कि, ये तो इतर वस्तुएँ हैं, शुद्ध कलाक्षेत्र के बाहर की व्यवस्थाएँ हैं।' पाश्चात्य देशों में इस प्रवाद की योजना करनेवाले कई सामान खड़े हुए थे। कुछ तो इसमें जर्मन सौंदर्यशास्त्रियों की यह उद्‌भावना सहायक हुई कि सौंदर्यसंबंधी अनुभव (एस्थेटिक एक्सपीरिएंस) एक भिन्न ही प्रकार का अनुभव है जिसका और प्रकार के अनुभवों से कोई संबंध ही नहीं। इससे बहुतेरे साहित्यशास्त्री यह समझने लगे कि कला का मूल्य निर्धारण भी उसके मूल्य को और सब मूल्यों से एकदम विच्छिन्न करके ही होना चाहिए। ईसा की १९वीं शताब्दी के मध्य भाग में ह्विस्लर (Whilstler) ने यह मत प्रवर्तित किया जिसका चलन अब तक किसी न किसी रूप में रहा है। अँगरेजी में इस मत के सबसे प्रभावशाली व्याख्याताओं में डा० ब्रैडले (Dr. Bradley) हैं।

उन्होंने इस संबंध में कहा है—

> **यह (काव्य सौंदर्यसंबंधी) अनुभव अपना लक्ष्य आप ही है; इसका अपना निराला मूल्य है। अपने विशुद्ध क्षेत्र के बाहर भी इसका और प्रकार का मूल्य हो सकता है। किसी कविता से यदि धर्म और शिष्टाचार का भी साधन होता हो, कुछ शिक्षा भी मिलती हो, प्रबल मनोविकारों का कुछ निरोध भी संभव हो, लोकोपयोगी विधानों में कुछ सहायता भी पहुँचती हो अथवा कवि को कीर्ति या अर्थलाभ भी होता हो तो अच्छी बात है। इनके कारण भी उसकी कदर हो सकती है। पर इन बाहरी बातों के मूल्य के हिसाब से उस कविता की उत्तमता की असली जाँच नहीं हो सकती। उसकी उत्तमता तो एक तृप्तिदायक कल्पनात्मक अनुभवविशेष से संबंध रखती है। अतः उसकी परीक्षा भीतर से ही हो सकती है। किसी कविता को लिखते या जाँचते समय यदि बाहरी मूल्यों की ओर भी ध्यान रहेगा तो बहुत करके उसका मूल्य घट जायेगा या छिप जायेगा। बात यह है कि कविता को यदि हम उसके विशुद्ध क्षेत्र से बाहर ले जायँगे तो उसका स्वरूप बहुत कुछ विकृत हो जायेगा, क्योंकि उसकी प्रकृति या सत्ता न तो प्रत्यक्ष जगत् का कोई अंग है, न अनुकृति। उसकी तो एक दुनिया ही निराली है— एकांत, स्वतःपूर्ण और स्वतंत्र।[१]**

काव्य और कला के संबंध में अब तब प्रचलित इस प्रकार के नाना अर्थवादों का पूरा निराकरण रिचर्ड्स (I. A. Richards) ने अपनी पुस्तक 'साहित्य समीक्षा सिद्धांत' (प्रिंसिपुल्स आव लिटरैरी क्रिटिसिज्म[२]) में बड़ी सूक्ष्म और गंभीर मनोवैज्ञानिक पद्धति पर किया है। उपर्युक्त कथन में चारों मुख्य बातों की अलग/अलग परीक्षा करके उन्होंने उनकी अपूर्णता, अयुक्तता और अर्थहीनता प्रतिपादित की है। यहाँ उनके दिग्दर्शन का स्थान नहीं। प्रचलित सिद्धांत का जो प्रधान पक्ष है कि 'कविता की दुनिया ही निराली है; उसकी प्रकृति या सत्ता न तो प्रत्यक्ष जगत् का कोई अंग है, न अनुकृति' इस पर रिचर्ड्स के वक्तव्य का सारांश नीचे दिया जाता है—

> **यह सिद्धांत कविता को जीवन से अलग समझने का आग्रह करता है। पर स्वयं डाक्टर ब्रैडले इतना मानते हैं कि जीवन के साथ उसका लगाव भीतर भीतर अवश्य है। हमारा कहना है कि यही भीतरी लगाव असल चीज है जो कुछ काव्यानुभव (पोएटिक एक्सपीरिएंस) होता है वह जीवन से ही होकर आता है। काव्यजगत् की शेष जगत् से भिन्न कोई सत्ता नहीं है और न उसके कोई अलौकिक या विशेष नियम हैं। उसकी योजना बिलकुल वैसे ही अनुभवों से हुआ करती है जैसे और सब अनुभव होते हैं। प्रत्येक काव्य एक परिमित अनुभवखंड मात्र है जो विरोधी उपादानों के संसर्ग से कभी झटपट और कभी देर में छिन्न/भिन्न हो जाता है। साधारण अनुभवों से उसमें यही विशेषता होती है कि उसकी योजना बहुत गूढ़ और नाजुक होती है। जरा सी ठेस से वह चूर चूर हो सकता है। उसकी एक बड़ी भारी**

---

१. **Oxford lectures on poetry.**

२. **Third Edition, 1928.**

विशेषता यह है कि वह एक हृदय से दूसरे हृदय में पहुँचाया जा सकता है। बहुत से हृदय उसका अनुभव बहुत थोड़े ही फेरफार के साथ कर सकते हैं। काव्यानुभव से मिलते जुलते और भी अनुभव होते हैं, पर इस अनुभव की सबसे बड़ी विशेषता है यही सर्वग्राह्यता (कम्युनिकेबिलिटि)। इसीलिये इसके प्रतीतिकाल में हमें इसे अपनी व्यक्तिगत विशेष बातों की छूट से बजाए रखना पड़ता है।[१] यह सबके अनुभव के लिये होता है, किसी एक ही के नहीं। इसीलिये किसी काव्य को लिखते या पढ़ते समय हमें अपने अनुभव के भीतर उस काव्य और उस काव्य से इतर वस्तुओं के बीच अलगाव करना पड़ता है। पर यह अलगाव दो सर्वथा भिन्न या असमान वस्तुओं के बीच नहीं होता, बल्कि एक ही कोटि की वृत्तियों के भिन्न भिन्न विधानों के बीच होता है।[२]

यह तो हुई रिचर्ड्स की मीमांसा। अब हमारे यहाँ के संपूर्ण काव्यक्षेत्र की अंत: प्रकृति की छानबीन कर जाइए, उसके भीतर जीवन के अनेक पक्षों और जगत् के नाना रूपों के साथ मनुष्यहृदय का गूढ़ सामंजस्य निहित मिलेगा। साहित्यशास्त्रियों का मत लीजिए तो जैसे संपूर्ण जीवन अर्थ, धर्म, काम, मोक्ष का साधन रूप है वैसे ही उसका एक अंग काव्य भी। 'अर्थ' का स्थूल और संकुचित अर्थद्रव्य प्राप्ति ही नहीं लेना चाहिए, उसका व्यापक अर्थ 'लोक की सुखसमृद्धि' लेना चाहिए। जीवन के और साधनों की अपेक्षा काव्यानुभव में विशेषता यह होती है कि वह एक रमणीयता के रूप में होता है, जिसमें व्यक्तित्व का लय हो जाता है। बाह्य जीवन और अंतर्जीवन की कितनी उच्च भूमियों पर इस रमणीयता का उद्घाटन हुआ है, किसी काव्य की उच्चता और उत्तमता के निर्णय में इसका विचार अवश्य होता आया है, और होगा। हमारे यहाँ के लक्षणग्रंथों में रसानुभाव को जो 'लोकोत्तर' और 'ब्रह्मानंद सहोदर' आदि कहा है वह अर्थवाद के रूप में, सिद्धांत रूप में नहीं। उसका तात्पर्य केवल इतना ही है कि रस में व्यक्तित्व कर लय हो जाता है।

योरप में समालोचनाशास्त्र का क्रमागत विकास फ्रांस में ही हुआ। अत: फ्रांस का अभाव योरोपीय देशों में बहुत कुछ रहा। विवरणात्मक समालोचना के अंतर्गत ऐतिहासिक और मनोवैज्ञानिक आलोचना का उल्लेख हो चुका है। पीछे प्रभाववादियों (इंप्रेशनिस्ट्स) का जो दल खड़ा हुआ वह कहने लगा कि हमें कवि की प्रकृति, स्वभाव, सामाजिक परिस्थिति आदि से क्या प्रयोजन? हमें तो केवल किसी काव्य को पढ़ने से जो आनंदपूर्ण प्रभाव हमारे चित्त पर पड़ता है उसी को प्रकट करना चाहिए और उसी को समालोचना समझना चाहिए। प्रभाववादियों का पक्ष यह है 'हमारे चित्त पर किसी काव्य से जो आनंद उत्पन्न होता है वही आलोचना है। इससे अधिक आलोचना और चाहिए क्या ? जो प्रभाव हमारे चित्त पर पड़े उसी

---

१. इसी को हमारे साहित्य में 'साधारणीकरण' कहते हैं।

२. But this no severance between unlike things, but between differences of the some activities.
The myth of a 'transmutation' or 'Poetisation of experience and that other myth of the 'contemplative' or 'aesthetic attitude' are in part but due to talking about poetry and the 'poetic' instead of talking about the concretete experiences which are poems.

का वर्णन यदि हमने कर दिया तो समालोचना हो गई।' कहने की आवश्यकता नहीं कि इस मत के अनुसार समालोचना एक व्यक्तिगत वस्तु है। उसके औचित्य अनौचित्य पर किसी को कुछ विचार क ने की जरूरत नहीं। जिस पर जैसा प्रभाव पड़े वह वैसा कहे।

उक्त प्रभाववादियों की बात लें तो समालोचना कोई व्यवस्थित शास्त्र नहीं रह गया। वह एक कला की कृति से निकली हुई दूसरी कला की कृति, एक काव्य से निकला हुआ दूसरा काव्य ही हुआ।

काव्य की स्वरूपमीमांसा के संबंध में योरप में इधर सबसे अधिक जोर रहा है 'अभिव्यंजनावाद' (एक्सप्रेशनिज्म) का, जिसके प्रवर्तक हैं इटली के क्रोचे (Benedatto Croce)। इसमें अभिव्यंजना अर्थात् किसी बात को कहने का ढंग ही सब कुछ है, बात चाहे जो या जैसी हो अथवा कुछ ठीक ठिकाने की न भी हो। काव्य में जिस वस्तु या भाव का वर्णन होता है, वह इस वाद के अनुसार, उपादान मात्र है; समीक्षा में उसका कोई विचार अपेक्षित नहीं। काव्य में मुख्य वस्तु है वह आकार या साँचा जिसमें वह वस्तु या भाव डाला जाता है।[१] जैसे, कुंडल की सुंदरता की चर्चा उसके आकार या रूप को लेकर होती है, सोने को लेकर नहीं, वैसे ही काव्य के संबंध में भी समझना चाहिए। तात्पर्य यह कि अभिव्यंजना के ढंग का अनूठापन ही सब कुछ है, जिस वस्तु या भाव की अभिव्यंजना की जाती है, वह क्या है, कैसा है, यह सब काव्यक्षेत्र के बाहर की बात है। क्रोचे का कहना है कि अनूठी उक्ति की अपनी अलग सत्ता होती है, उसे किसी दूसरे कथन का पर्याय न समझना चाहिए। जैसे यदि किसी कवि ने कहा कि 'सोई हुई आशा आँख मलने लगी' तो यह न समझना चाहिए कि उसने यह उक्ति उस उक्ति के स्थान पर कही है कि 'फिर कुछ आशा होने लगी।' वह एक निरपेक्ष उक्ति है। कवि को वही कहना ही था। वाल्मीकि ने जो यह कहा कि 'न स सकुंचितः पंथाः येन बाली हतो गतः' वह इसके स्थान पर नहीं कि 'तुम भी बाली के समान मारे जा सकते हो।'

इस वाद में तथ्य इतना ही है कि उक्ति की कविता है, उसके भीतर जो छिपा अर्थ रहता है वह स्वतः कविता नहीं। पर यह बात इतनी दूर तक नहीं घसीटी जा सकती कि उस उक्ति की मार्मिकता का अनुभव उसकी तह में छिपी हुई वस्तु या भाव पर बिना दृष्टि रखे ही हो सकता है। बात यह है कि 'अभिव्यंजनावाद' भी 'कलावाद' की तरह काव्य का लक्ष्य बेलबूटे की नक्काशीवाला सौंदर्य मानकर चला है, जिसका मार्मिकता या भावुकता से कोई संबंध नहीं और कलाओं को छोड़ यदि हम काव्य ही को लें तो इस 'अभिव्यंजनावाद' को वाग्वैचित्र्यवाद' ही कह सकते हैं और इसे अपने यहाँ के पुराने 'वक्रोक्तिवाद' का विलायती उत्थान मान सकते हैं।

इन्हीं दोनों वादों की दृष्टि से यह कहा जाने लगा कि समालोचना के क्षेत्र से अब लक्षण, नियम, रीति, काव्यभेद, गुणदोष, छंदव्यवस्था आदि का विचार उठ गया।[२] पर इस कथन की व्याप्ति कहाँ तक है, यह विचारणीय है। साहित्य के ग्रंथों में जो लक्षण, नियम आदि दिए गए थे वे विचार की व्यवस्था के लिये, काव्य संबंधी चर्चा के सुबीते के लिये। पर इन लक्षणों और नियमों का उपयोग गहरे और कठोर बंधन की तरह होने लगा और उन्हीं को बहुत

---

१. **An aesthic fact is 'form' and nothing else.**
२. **The New Criticism—by I. E. Spingarn (1911).**

से लोग सब कुछ समझने लगे। जब कोई बात हद से बाहर जाने लगती है तब प्रतिवर्तन (रिएक्शन) का समय आता है। योरप में अनेक प्रकार के वादों की उत्पत्ति प्रतिवर्तन के रूप में ही हुआ करती है। अतः हमें सामंजस्य बुद्धि से काम लेकर अपना स्वतंत्र मार्ग निकालना चाहिए।

बेलबूटे और नक्काशी के लक्ष्य के समान काव्य का भी लक्ष्य सौंदर्यविधान लगातार कहते रहने से काव्यरचना पर जो प्रभाव पड़ा है, उसका उल्लेख हो चुका है और यह भी कहा जा चुका है कि यह सब काव्य के साथ 'कला' शब्द लगने के कारण हुआ है। हमारे यहाँ काव्य की गिनती ६४ कलाओं के भीतर नहीं की गई है। यहाँ इतना और सूचित करना आवश्यक जान पड़ता है कि सौंदर्य की भावना को रूप देने से मनोविज्ञान के क्षेत्र से आए हुए उस सिद्धांत का भी असर पड़ा है जिसके अनुसार अंतस्संज्ञा में निहित अतृप्त कामवासना ही कला निर्माण की प्रेरणा करनेवाली अंतर्वृत्ति है। योरप में चित्रकारी, मूर्तिकारी, नक्काशी, बेलबूटे, आदि के समान कविता भी 'ललित कलाओं' के भीतर दाखिल हुई; अतः धीरे-धीरे उसका लक्ष्य भी सौंदर्यविधान ही ठहराया गया। जब कि यह सौंदर्यभावना कामवासना द्वारा प्रेरित ठहराई गई तब पुरुष कवि के लिये यह स्वाभाविक ही ठहरा कि उसकी सारी सौंदर्यभावना स्त्रीमयी हो अर्थात् प्रकृति के अपार क्षेत्र में जो कुछ सुंदर दिखाई पड़े उसकी भावना स्त्री के रूप सौंदर्य के भिन्न-भिन्न अंग लेकर ही की जाय। अरुणोदय की छटा का अनुभव कामिनी के कपोलों पर दौड़ी हुई लज्जा की ललाई लाकर किया जाय; राका रजनी की सुषमा का अनुभव सुंदरी के उज्ज्वल वस्त्र या शुभ्र हास द्वारा किया जाय, आकाश में फैली हुई कादंबिनी तब तक सुंदर न लगे जब तक उस पर स्त्री के मुक्त कुंतल का आरोप न हो। आजकल तो स्त्री कवियों की कमी नहीं है उन्हें अब पुरुष कवियों का दीन अनुकरण न कर अपनी रचनाओं में क्षितिज पर उठती हुई मेघमाला को दाढ़ी मूँछ के रूप में देखना चाहिए।

काव्यरचना और काव्यचर्या दोनों में इधर 'स्वप्न' और 'मद' का प्रधान स्थान रहने लगा है। ये दोनों शब्द काव्य के भीतर प्राचीन समय में धर्म संप्रदायों से आए। लोगों की धारणा थी कि संत या सिद्ध लोगों की बहुत सी बातों का आभास या तो स्वप्न में मिलता था अथवा तन्मयता की दशा में। कवियों को अपने भाव में मग्न होते देख लोग उन्हें भी इस प्रत्यक्ष जगत् और जीवन से अलग कल्पना के स्वप्नलोक में विचरनेवाले जीव प्यार और श्रद्धा से कहने लगे। यह बात बराबर कवियों की प्रशंसा में अर्थवाद रूप में चलती रही। पर ईसा की इस बीसवीं सदी में आकर वह एक मनोवैज्ञानिक तथ्य के रूप में फ्रायड (Freude) द्वारा प्रदर्शित की गई। उसने कहा कि जिस प्रकार स्वप्न अंतस्संज्ञा में निहित अतृप्त वासनाओं की तृप्ति का एक अंतर्विधान है, उसी प्रकार कलाओं का निर्माण करनेवाली कल्पना भी। इससे कवि कल्पना और स्वप्न का अभेद भाव और भी पक्का हो गया। पर सच पूछिए तो कल्पना में आई हुई वस्तुओं की अनुभूति और स्वप्न में दिखाई पड़नेवाली वस्तुओं की अनुभूति के स्वरूप में बहुत अंतर है। अतः काव्यरचना या काव्यचर्चा में 'स्वप्न' की बहुत अधिक भरमार अपेक्षित नहीं। यों ही कहीं-कहीं साम्य के लिये यह शब्द आ जाया करे तो कोई हर्ज नहीं।

अब 'मद' और 'मादकता' लीजिए। काव्य क्षेत्र में इसका चलन फारस में बहुत पहले से अनुमित होता है। यद्यपि इस्लाम के पूर्व का वहाँ का सारा साहित्य नष्ट कर दिया गया, उसका एक चिट भी कहीं नहीं मिलता है, पर शायरी में 'मद' और 'प्याले' की रूढ़ि बनी

रही, जिसको सूफियों ने लेकर और भी बढ़ाया। सूफी शायर दीन दुनिया से अलग प्रेममद में मतवाले आजाद जीव माने जाते थे। धीरे-धीरे कवियों के संबंध में भी 'मतवालेपन' और 'फक्कड़पन' की भावना वहाँ जड़ पकड़ती गई और वहाँ से हिंदुस्तान में आई। योरप में गेटे और 'वर्ड्सवर्थ के समय तक 'मतवालेपन' और फक्कड़पन की इस भावना का कवि और काव्य के साथ कोई नित्य संबंध नहीं समझा जाता था। जर्मन कवि गेटे बहुत ही व्यवहारकुशल राजनीतिज्ञ था, इसी प्रकार वर्ड्सवर्थ भी लोक व्यवहार से अलग एक रिंद नहीं माना जाता था। एक खासढंग का फक्कड़पन और मतवालापन बाइरन और शेली में दिखाई पड़ा जिनकी चर्चा योरप ही तक न रहकर अँगरेजी साहित्य के साथ-साथ हिंदुस्तान तक पहुँची। इससे मतवालेपन और फक्कड़पन की जो भावना पहले से फारसी साहित्य के प्रभाव में बँधती आ रही थी, वह और भी पक्की हो गई।

भारत में मतवालेपन या फक्कड़पन की भावना अघोरपंथ आदि कुछ संप्रदायों में तथा सिद्ध बननेवाले कुछ साधुओं में ही चलती आ रही थी। कवियों के संबंध में इसकी चर्चा नहीं थी। यहाँ तो कवि के लिये लोकव्यवहार से कुशल होना आवश्यक समझा जाता था। राजशेखर ने काव्यमीमांसा में कवि के जो लक्षण कहे हैं उससे यह बात स्पष्ट हो जायगी। यह ठीक है कि राजशेखर ने राजसभाओं में बैठनेवाले दरबारी कवियों के स्वरूप का वर्णन किया है और वह स्वरूप एक विलासी दरबारी का है, मुक्तहृदय स्वच्छंद कवि का नहीं। पर वाल्मीकि से लेकर भवभूति और पंडितराज तथा चंद से लेकर ठाकुर और पद्माकर तक कोई मद से झूमनेवाला, लोकव्यवहार के अनभिज्ञ या बेपरवा फक्कड़ नहीं माना गया।

प्रतिभाशाली कवियों की प्रवृत्ति अर्थ में रत साधारण लोगों से भिन्न और मनस्विता लिए होती है तथा लोगों के देखने में कभी-कभी एक सनक सी जान पड़ती है। जैसे और लोग अर्थ की चिंता में लीन होते हैं वैसे ही वे अपने किसी उद्भासित प्रसंग में लीन दिखाई पड़ते हैं। प्रेम और श्रद्धा के कारण लोग इन प्रवृत्तियों को अत्युक्ति के साथ प्रकट करते हुए 'मद में झूमना', 'स्वप्न में लीन रहना', 'निराली दुनिया में विचरना' इत्यादि कहने लगे। पर इसका यह परिणाम न होना चाहिए कि कवि लोग अपनी प्रशस्ति की इन अत्युक्त बातों को ठीक-ठीक चरितार्थ करने में लगे।

लोग कहते हैं कि समालोचकगण अपनी बातें कहते ही रहते हैं, पर कवि लोग जैसी मौज होती है वैसी रचना करते ही हैं। पर यह बात नहीं है। कवियों पर साहित्य के मीमांसकों का बहुत प्रभाव पड़ता है। बहुतेरे कवि—विशेषत: नए—उनके आदर्शों के अनुकूल चलने का प्रयत्न करने लगते हैं। उपर्युक्त वादों के अनुकूल इधर बहुत कुछ काव्यरचना योरप में हुई, जिसका कुछ अनुकरण बँगला में हुआ। आजकल हिंदी की जो कविता 'छायावाद' के नाम से पुकारी जाती है उसमें इन सब वादों का मिला जुला आभास पाया जायगा। इसका तात्पर्य यह नहीं कि इन सब कवियों ने उनके सिद्धांत सामने रखकर रचना की है। उनके आदर्शों के अनुकूल कुछ कविताएँ योरप में हुईं, जिनकी देखादेखी बँगला और हिंदी में भी होने लगीं।

इस प्रसंग में इतना लिखने का प्रयोजन केवल यही है कि योरप के साहित्य क्षेत्र में फैशन के रूप में प्रचलित बातों को कच्चे-पक्के ढंग से सामने लाकर कुतूहल उत्पन्न करने की चेष्टा करना अपनी मस्तिष्कशून्यता के साथ ही साथ समस्त हिंदी पाठकों पर मस्तिष्क शून्यता का

आरोप करना है। काव्य और कला पर निकलनेवाले भड़कीले लेखों में आवश्यक अभिज्ञता और स्वतंत्र विचार का अभाव देख दुःख होता है। इधर कुछ दिनों से 'सत्यं, शिवं, सुंदरम', की बड़ी धूम है, जिसे कुछ लोग शायद उपनिषद् वाक्य समझ, 'अपने यहाँ भी कहा है', लिखकर उद्धृत किया करते हैं। यह कोमल पदावली ब्रह्मसमाज के महर्षि देवेंद्रनाथ ठाकुर की है और वास्तव में 'द ट्रू, द गुड ऐंड द ब्युटीफुल' का अनुवाद है।[१] बस इतना और कहकर मैं इस प्रसंग को समाप्त करता हूँ कि किसी साहित्य में केवल बाहर की भद्दी नकल उसकी अपनी उन्नति या प्रगति नहीं कही जा सकती। बाहर से सामग्री आए, खूब आए, पर वह कूड़ा करकट के रूप में न इकट्ठी की जाय। उसकी कड़ी परीक्षा हो, उस पर व्यापक दृष्टि से विवेचन किया जाय, जिससे हमारे साहित्य के स्वतंत्र और व्यापक विकास में सहायता पहुँचे।

---

१. **Thus arises the phantom problem of the aesthetic mode or aesthetic state, a legacy from the days of abstract investigation into the Good the Beautiful and the True,—Principles of Literary Criticism. (I.A. Richards).**

प्रकरण १
काव्यखंड
(सं० १९००-१९२५)

पुरानी धारा

गद्य के आविर्भाव और विकासकाल से लेकर अब तक कविता की वह परंपरा भी चलती आ रही है जिसका वर्णन भक्तिकाल और रीतिकाल के भीतर हुआ है। भक्तिभाव के भजनों, राजवंश के ऐतिहासिक चरितकाव्यों, अलंकार और नायिकाभेद के ग्रंथों तथा शृंगार और वीररस के कवित्त, सवैयों और दोहों की रचना बराबर होती आ रही है। नगरों के अतिरिक्त हमारे ग्रामों में भी न जाने कितने बहुत अच्छे कवि पुरानी परिपाटी के मिलेंगे। ब्रजभाषा काव्य की परंपरा गुजरात से लेकर बिहार तक और कुमायूँ गढ़वाल से लेकर दक्षिण भारत की सीमा तक बराबर चलती आई है। काश्मीर के किसी ग्राम के रहनेवाले ब्रजभाषा के एक कवि का परिचय हमें जंबू में किसी महाशय ने दिया था और शायद उनके दो एक सवैए भी सुनाए थे।

गढ़वाल के प्रसिद्ध चित्रकार भोलाराम ब्रजभाषा के बहुत अच्छे कवि थे जिन्होंने अपने 'गढ़ राजवंश' काव्य में गढ़वाल के ५२ राजाओं का वर्णन दोहा, चौपाइयों में किया है। वे श्रीनगर (गढ़वाल) के राजा प्रद्युम्नसाह के समय में थे। कुमाऊँ गढ़वाल पर जब नेपाल का अधिकार हुआ तब नेपाली सूबेदार हस्तिदल चौतरिया के अनुरोध से इन्होंने उक्त काव्य लिखा था। भोलाराम का जन्म संवत् १८१७ में और मृत्यु १८९० में हुई। उन्होंने अपने ग्रंथ में बहुत सी घटनाओं का आँखों देखा वर्णन लिखा है, इससे उसका ऐतिहासिक मूल्य भी है।

ब्रजभाषा काव्यपंरपरा के कुछ प्रसिद्ध कवियों और उनकी रचनाओं का उल्लेख नीचे किया जाता है—

(१) सेवक—ये असनीवाले ठाकुर कवि के पौत्र थे और काशी के रईस बाबू देवकीनंदन के प्रपौत्र बाबू हरिशंकर के आश्रय में रहते थे। ये ब्रजभाषा के अच्छे कवि थे। इन्होंने 'वाग्विलास' नाम का एक बड़ा ग्रंथ नायिकाभेद का बनाया। इसके अतिरिक्त बरवा छंद में एक छोटा नखशिख भी इनका है। इनके सवैये सर्वसाधारण में प्रचलित हो गए थे। 'कवि सेवक बूढ़े भए तौ कहा पै हनोज है मौज मनोज ही की' कुछ बुड्ढे रसिक अब तक कहते सुने जाते हैं। इनका जन्म संवत् १८७२ में और मृत्यु संवत् १९३८ में हुई।

(२) महाराज रघुराजसिंह रीवाँनरेश—इनका जन्म संवत् १८८० में और मृत्यु संवत् १९३६ में हुई। इन्होंने भक्ति और शृंगार के बहुत ग्रंथ रचे। इनका 'रामस्वयंवर' (संवत् १९२६) नामक वर्णनात्मक प्रबंधकाव्य बहुत ही प्रसिद्ध है जिसमें अनेक छंदों में सीताराम के विवाह का बहुत ही विस्तृत वर्णन है। वर्णनों में इन्होंने वस्तुओं की गिनती (राजसी ठाठ

बाट, घोड़ों, हाथियों के भेद आदि) गिनानेवाली प्रणाली का खूब अवलंबन किया है। 'रामस्वयंवर' के अतिरिक्त 'रुक्मिणी परिणय', 'आनंदांबुनिधि', 'रामाष्टयाम' इत्यादि इनके लिखे बहुत से अच्छे ग्रंथ हैं।

(३) सरदार—ये काशीनरेश महाराज ईश्वरीप्रसादनारायणसिंह के आश्रित थे। इनका कविताकाल संवत् १९०२ से १९४० तक कहा जा सकता है। ये बहुत ही सिद्धहस्त और साहित्यमर्मज्ञ कवि थे। 'साहित्यसरसी', 'वाग्विलास', 'षट् ऋतु', 'हनुमतभूषण', 'तुलसीभूषण', 'शृंगारसंग्रह', 'रामरत्नाकर', 'साहित्यसुधाकर', 'रामलीलाप्रकाश', इत्यादि कई मनोहर काव्यग्रंथ इन्होंने रचे हैं। इसके अतिरिक्त इन्होंने हिंदी के प्राचीन काव्यों पर बड़ी बड़ी टीकाएँ लिखी हैं। कविप्रिया, रसिकप्रिया, सूर के दृष्टिकूट और बिहारी सतसई पर बहुत अच्छी टीकाएँ इनकी हैं।

(४) बाबा रघुनाथदास रामसनेही—ये अयोध्या के एक साधु थे और अपने समय के बड़े भारी महात्मा माने जाते थे। संवत् १९११ में इन्होंने 'विश्रामसागर' नामक एक बड़ा ग्रंथ बनाया जिसमें अनेक पुराणों की कथाएँ संक्षेप में दी गई हैं। भक्तजन इस ग्रंथ का बड़ा आदर करते हैं।

(५) ललितकिशोरी—इनका नाम शाह कुंदनलाल था। ये लखनऊ के एक समृद्ध वैश्य घराने में उत्पन्न हुए थे। पीछे वृंदावन में जाकर एक विरक्त भक्त की भाँति रहने लगे। इन्होंने भक्ति और प्रेमसंबंधी बहुत से पद और गजलें बनाई हैं। कविताकाल संवत्, १९१३ से १९३० तक समझना चाहिए। वृंदावन का प्रसिद्ध साहजी का मंदिर इन्हीं का बनवाया है।

(६) राजा लक्ष्मणसिंह—ये हिंदी के गद्यप्रवर्तकों में हैं। इनका उल्लेख गद्य के विकास के प्रकरण में हो चुका है।[१] इनकी ब्रजभाषा की कविता भी बड़ी ही मधुर और सरस होती थी। ब्रजभाषा की सहज मिठास इनकी वाणी से टपकी पड़ती है। इनके शकुंतला के पहले अनुवाद में तो पद्य न था, पर पीछे जो संस्करण इन्होंने निकाला उसमें मूल श्लोकों के स्थान पर पद्य रखे गए। ये पद्य बड़े ही सरस हुए। इसके उपरांत सं० १९३८ और १९४० के बीच इन्होंने मेघदूत का बड़ा ही ललित और मनोहर अनुवाद निकाला। मेघदूत जैसे मनोहर काव्य के लिये ऐसा ही अनुवादक होना चाहिए था। इस अनुवाद के सवैए बहुत ही ललित और सुंदर है। जहाँ चौपाई दोहे आए हैं, वे स्थल उतने सरस नहीं हैं।

(७) लछिराम (ब्रह्मभट्ट)—इनका जन्म संवत् १८९८ में अमोढ़ा (जिला बस्ती में) हुआ था। ये कुछ दिन अयोध्यानरेश महाराज मानसिंह (प्रसिद्ध कवि द्विजदेव) के यहाँ रहे। पीछे बस्ती के राजा शीतलाबख्शसिंह से, जो एक अच्छे कवि थे, बहुत सी भूमि पाई। दरभंगा, पुरनिया आदि अनेक राजधानियों में इनका सम्मान हुआ। प्रत्येक सम्मान करनेवाले राजा के नाम पर इन्होंने कुछ न कुछ रचना की है—जैसे, मानसिंहाष्टक, प्रतापरत्नाकर, प्रेमरत्नाकर (राजा बस्ती के नाम पर), लक्ष्मीश्वर रत्नाकर, (दरभंगानरेश के नाम पर), रावणेश्वर कल्पतरु (गिद्धौर नरेश के नाम पर), कमलानंदकल्पतरु (पुरनियाँ के राजा के नाम पर जो हिंदी के अच्छे कवि और लेखक थे) इत्यादि। इन्होंने अनेक रसों पर कविता की है।

---

१. **देखो पृष्ठ** २९८, ९९, ३१५-१६.

समस्यापूर्तियाँ बहुत जल्दी करते थे। वर्तमान काल में ब्रजभाषा की पुरानी परिपाटी पर कविता करनेवालों में ये बहुत प्रसिद्ध हुए हैं।

(८) गोविंद गिल्लाभाई—कोई समय था जब गुजरात में ब्रजभाषा की कविता का बहुत प्रचार था। अब भी इसका चलन वैष्णवों में बहुत कुछ है। गोविंद गिल्लाभाई का जन्म संवत् १९०५ में भावनगर रियासत के अंतर्गत सिहोर नामक स्थान में हुआ था। इनके पास ब्रजभाषा के काव्यों का बड़ा अच्छा संग्रह था। भूषण का एक बहुत शुद्ध संस्करण इन्होंने निकाला। ब्रजभाषा की कविता इनकी बहुत ही सुंदर और पुराने कवियों के टक्कर की होती थी। इन्होंने बहुत सी काव्य की पुस्तकें लिखी हैं जिनमें से कुछ के नाम ये हैं—नीतिविनोद, शृंगारसरोजिनी, षट्ऋतु, पावसपयोनिधि, समस्यापूर्ति प्रदीप, वक्रोक्तिविनोद, श्लेषचंद्रिका, प्रारब्धपचासा, प्रवीनसागर।

(९) नवनीत चौबे—पुरानी परिपाटी के आधुनिक कवियों में चौबेजी की बहुत ख्याति रही है। ये मथुरा के रहनेवाले थे। इनका जन्म संवत् १९१५ और मृत्यु १९८९ में हुई।

यहाँ तक संक्षेप में उन कवियों का उल्लेख हुआ जिन्होंने केवल पुरानी परिपाटी पर कविता की है। इसके आगे अब उन लोगों का समय आता है जिन्होंने एक ओर तो हिंदी साहित्य की नवीन गति के प्रवर्तन में योग दिया, दूसरी ओर पुरानी परिपाटी की कविता के साथ भी अपना पूरा संबंध बनाए रखा। ऐसे लोगों में भारतेंदु हरिश्चंद्र, पं० प्रतापनारायण मिश्र, उपाध्याय पंडित बदरीनारायण चौधरी, ठाकुर जगमोहनसिंह, पंडित अंबिकादत्त व्यास और बाबू रामकृष्ण वर्मा मुख्य हैं।

(१०) भारतेंदु हरिश्चंद्र—भारतेंदुजी ने जिस प्रकार हिंदी गद्य की भाषा का परिष्कार किया, उसी प्रकार काव्य की ब्रजभाषा का भी। उन्होंने देखा कि बहुत से शब्द जिन्हें बोलचाल से उठे कई सौ वर्ष हो गए थे, कवित्तों और सवैयों में बराबर लाए जाते हैं। इसके कारण कविता जनसाधारण की भाषा से दूर पड़ती जाती है। बहुत से शब्द तो प्राकृत और अपभ्रंश काल की परंपरा के स्मारक के रूप में ही बने हुए थे। 'चक्कव', 'भुवाल', 'ठायो', 'दीह', 'ऊनो', 'लोय', आदि के कारण बहुत से लोग ब्रजभाषा की कविता से किनारा खींचने लगे थे। दूसरा दोष जो बढ़ते बढ़ते बहुत बुरी हद को पहुँच गया था, यह शब्दों के तोड़मरोड़ और गढ़ंत के शब्दों का प्रयोग था। उन्होंने ऐसे शब्दों को भरसक अपनी कविता से दूर रखा और अपने रसीले सवैए में जहाँ तक हो सका, बोलचाल की ब्रजभाषा का व्यवहार किया। इसी से उनके जीवनकाल में ही उनके सवैए चारों ओर सुनाई देने लगे।

(११) पं० अंबिकादत्त व्यास—भारतेंदुजी ने कवि समाज भी स्थापित किए थे जिनमें समस्यापूर्तियाँ बराबर हुआ करती थीं। दूर दूर से कवि लोग आकर उसमें सम्मिलित हुआ करते थे। पं० अंबिकादत्त व्यास ने अपनी प्रतिभा पहले पहल ऐसे ही कवि समाज के बीच समस्यापूर्ति करके दिखाया था। भारतेंदु के शृंगाररस के कवित्त सवैये बड़े ही सरस मर्मस्पर्शी होते थे। 'प्रिय प्यारे तिहारे निहारे बिना दुखिया अखियाँ नहिं मानति हैं', 'मरेहू पै आँखैं ये खुली ही रहि जायँगी' आदि उक्तियों का रसिक समाज में बड़ा आदर रहा। उनके शृंगाररस के कवित्त सवैयों का संग्रह 'प्रेम माधुरी' में मिलेगा। कवित्त सवैयों से बहुत अधिक भक्ति और शृंगार के पद और गाने उन्होंने बनाए जो 'प्रेमफुलवारी', 'प्रेममालिका', 'प्रेमप्रलाप', आदि पुस्तकों में संगृहीत हैं। उनकी अधिकतर कविता कृष्णभक्त कवियों के अनुकरण पर रचे पदों के रूप में ही है।

(१२) पं० प्रतापनारायण मिश्र—मिश्रजी समस्यापूर्ति और पुराने ढंग की शृंगारी कविता बहुत अच्छी करते थे। कानपुर के 'रसिकसमाज' में वे बड़े उत्साह से अपनी पूर्तियाँ सुनाया करते थे। देखिए 'पपीहा जब पूछिहै पीव कहाँ' की कैसी अच्छी पूर्ति उन्होंने की थी—

बनि बैठी है मान की मूरति सी, मुख खोलत बोलै न 'नाहीं' न 'हाँ'।
तुमही मनुहारि कै हारि परे, सखियान की कौन चलाई तहाँ।
बरषा है 'प्रतापजू' धीर धरौ, अबलौं मनको समुझायो जहाँ।
यह ब्यारि तबै बदलैगी कछू पपिहा जब पूछिहै 'पीव कहाँ'?

प्रतापनारायणजी कैसे मनमौजी आदमी थे, यह कहा जा चुका है। लावनीबाजों के बीच बैठकर वे लावनियाँ बना बनाकर भी गाया करते थे।

(१३) उपाध्याय बदीनारायण (प्रेमघनजी)—प्रेमघनजी भी इस प्रकार की पुरानी कविता किया करते थे। 'चरचा चलिबे की चलाइए ना' को लेकर बनाया हुआ उनका यह अनुप्रासपूर्ण सवैया देखिए—

बगियान बसंत बसेरो कियो, बसिए, तेहि त्यागि तपाइए ना।
दिन काम-कुतूहल के जो बने, तिन बीच बियोग बुलाइए ना॥
'घन प्रेम' बढ़ाय कै प्रेम, अहो! बिथा-बारि बृथा बरसाइए ना।
चित चैत की चाँदनी चाह भरी, चरचा चलिबे की चलाइए ना॥

चौधरी साहब ने भी सर्वसाधारण में प्रचलित कजली, होली आदि गाने की चीजें बहुत बनाई हैं। 'कजली कादंबिनी' में उनकी बनाई कजलियों का संग्रह है।

(१४) ठाकुर जगमोहन सिंह—ठाकुर साहब के सवैये भी बहुत सरस होते थे। उनके शृंगारी कवित्त सवैयों का संग्रह कई पुस्तकों में है। ठाकुर साहब ने कवित्त सवैयों में 'मेघदूत' का भी बहुत सरल अनुवाद किया है। उनकी शृंगारी कविताएँ 'श्यामा' से ही संबंध रखती हैं और 'प्रेमसंपत्तिलता' (संवत् १८८५), 'श्यामालता' और 'श्यामा सरोजिनी' (संवत् १८८६) में संगृहीत हैं। 'प्रेमसंपत्तिलता' का एक सवैया दिया जाता है—

अब यों उर आवत है सजनी, मिलि जाऊँ गरे लगिकै छतियाँ।
मन की करि भाँति अनेकन औ मिलि कीजिय री रस की बतियाँ।
हम हारी अरी करि कोटि उपाय, लिखी बहु नेहभरी पतियाँ।
जगमोहन मोहनि मूरति के बिना कैसे कटे दुख की रतियाँ।

(१५-१८) पं० अंबिकादत्त व्यास और बाबू रामकृष्ण वर्मा (बलवीर) के उत्साह से ही काशी कविसमाज चलता रहा। उसमें दूर-दूर के कविजन भी कभी-कभी आ जाया करते थे। समस्या कभी-कभी बहुत टेढ़ी दी जाती थीं—जैसे, 'सूरज देखि सकै नहिं घुग्घू', 'मोम के मंदिर माखन के मुँह बैठे हुतासन आसन मारे।' उक्त दोनों समस्याओं की पूर्ति व्यासजी ने बड़े विलक्षण ढंग से की थी। उक्त समाज की ओर से ही शायद 'समस्यापूर्ति प्रकाश' निकला था जिसमें 'व्यासजी' और 'बलवीर' (रामकृष्ण वर्मा) की बहुत सी पूर्तियाँ हैं। व्यासजी का 'बिहारी बिहार' (बिहारी के सब दोहों पर कुंडलियाँ) बहुत बड़ा ग्रंथ है

जिसमें उन्होंने बिहारी के दोहों का भाव बड़ी मार्मिकता से पल्लवित किया है। डुमराँव निवासी पं० नकछेदी तिवारी (अजान) भी इस रसिकमंडल के बड़े उत्साही कार्यकर्ता थे। वे बड़ी सुंदर कविता करते थे और पढ़ने का ढंग तो उनका बड़ा ही अनूठा था। उन्होंने 'मनोमंजरी' आदि कई अच्छे संग्रह भी निकाले और कवियों का वृत्त भी बहुत कुछ संग्रह किया। बाबू रामकृष्ण की मंडली में पं० विजयानंद त्रिपाठी भी ब्रजभाषा की कविता बड़ी अच्छी करते थे।

(१९) लाला सीताराम—इस पुरानी धारा के भीतर लाला सीताराम बी० ए० के पद्यानुवादों को भी लेना चाहिए। ये कविता में अपना 'भूप' उपनाम रखते थे। 'रघुवंश' का अनुवाद इन्होंने दोहा चौपाइयों में और 'मेघदूत' का घनाक्षरी में किया है।

(२०) पं० अयोध्यासिंह उपाध्याय 'हरिऔध'—यद्यपि उपाध्यायजी इस समय खड़ी बोली के और आधुनिक विषयों के ही कवि प्रसिद्ध हैं, पर प्रारंभकाल में ये भी पुराने ढंग की शृंगारी कविता बहुत सुंदर और सरस करते थे। इनके निवासस्थान निजामाबाद में सिख संप्रदाय के महंत बाबा सुमेरसिंहजी हिंदी काव्य के बड़े प्रेमी थे। उनके यहाँ प्रायः कवि समाज एकत्र हुआ करता था जिसमें उपाध्यायजी भी अपनी पूर्तियाँ पढ़ा करते थे। इनका 'हरिऔध' उपनाम उसी समय का है। इनकी पुराने ढंग की कविताएँ 'रसकलश' में संगृहीत हैं जिसमें इन्होंने नायिकाओं के कुछ नए ढंग के भेद रखने का प्रयत्न किया है। ये भेद रससिद्धांत के अनुसार ठीक नहीं उतरते।

(२१) पं० श्रीधर पाठक—पाठकजी का संबंध भी लोग खड़ी बोली के साथ ही अकसर बताया करते हैं। पर खड़ी बोली की कविताओं की अपेक्षा पाठकजी की ब्रजभाषा की कविताएँ ही अधिक सरस, हृदयग्राहिणी और उनकी मधुर स्मृति को चिरकाल तक बनाए रखनेवाली है। यद्यपि उन्होंने समस्यापूर्ति नहीं की, नायिकाभेद के उदाहरणों के रूप में कविता नहीं की, पर जैसी मधुर और रसभरी ब्रजभाषा उनके 'ऋतुसंहार' के अनुवाद में है, वैसी पुरानी कवियों में किसी-किसी की ही मिलती है। उनके सवैयों में हम ब्रजभाषा का जीता जागता रूप पाते हैं। वर्षाऋतु वर्णन का यह सवैया ही लीजिए—

बारि-फुहार-भरे बदरा, सोइ सोहत कुंजर से मतवारे।
बीजुरी-जोति धुजा फहरै, घन-गर्जन शब्द सोई हैं नगारे।
रोर को घोर को ओर न छोर, नरेसन की सी छटा छबि धारे।
कामिन के मन को प्रिय पावस, आयो, प्रिये! नव मोहिनी डारे॥

(२२) बा० जगन्नाथदास 'रत्नाकर'—ब्रजभाषा की पुरानी परिपाटी के कवियों में 'रत्नाकरजी' का स्थान बहुत ऊँचा माना जाता है। इनका जन्म काशी में भाद्र पद शुक्ल ६, संवत् १९२३ और मृत्यु आषाढ़ कृष्ण ३, सं० १९८९ को हरद्वार में हुई। भारतेंदु के पीछे संवत् १९४६ से ही ये ब्रजभाषा में कविता करने लगे थे। 'हिंडोला' आदि पुस्तकें इनकी बहुत पहले निकली थीं। काव्यसंबंधिनी एक पत्रिका भी इन्होंने कुछ दिनों तक निकाली थीं। इनकी कविता बड़े-बड़े पुराने कवियों के टक्कर की होती थी। पुराने कवियों में भी इनकी सी सूझ और उक्तिवैचित्र्य बहुत कम देखा जाता है। भाषा भी पुराने कवियों की भाषा से चुस्त और गठी हुई होती थी। ये साहित्य तथा ब्रजभाषा काव्य के बहुत बड़े मर्मज्ञ माने जाते थे।

इन्होंने 'हरिश्चंद्र', 'गंगावतरण', और उद्धवशतक' नाम के तीन बहुत ही सुंदर प्रबंधकाव्य लिखे हैं। अँगरेज कवि पोप के समालोचना संबंधी प्रसिद्ध काव्य (एसे आन

क्रिटिसिज्म) का रोला छंदों में अच्छा अनुवाद इन्होंने किया है। फुटकल रचनाएँ तो इनकी बहुत अधिक हैं, शृंगार और वीर दोनों की। इनकी रचनाओं का बहुत बड़ा संग्रह 'रत्नाकर' के नाम से नागरीप्रचारिणी सभा द्वारा प्रकाशित हो चुका है। 'गंगावतरण' में गंगा के आकाश से उतरने और शिव के उन्हें सँभालने के लिये संनद्ध होने का वर्णन बहुत ही ओजपूर्ण है। 'उद्धवशतक' की मार्मिकता और रचनाकौशल भी अद्वितीय है। उसके दो कवित्त नीचे दिये जाते हैं—

कान्ह-दूत कैधौं ब्रह्मदूत ह्वै पधारे आप,
धारे प्रन फेरन को मति ब्रजवारी की।
कहै रतनाकार पै प्रीति-रीति जानत ना,
ठानत अनीति आनि नीति ले अनारी की॥
मान्यो हम, कान्ह ब्रह्म एक ही, कह्यो जो तुम,
तौ हू हमैं भावति न भावना अन्यारी की।
जैहें बनि बिगरि न वारिधिता बारिधि की,
बूँदता बिलैहैं बूँद बिबस बेचारी की॥

धरि राखौ ज्ञान गुन गौरव गुमान गोइ,
गोपिन को आवत न भावत भड़ंग है।
कहै रतनाकर करत टायँ टायँ बृथा,
सुनत न कोऊ यहाँ यह मुहचंग है॥
और हूँ उपाय केते सहज सुढंग, ऊधौ!
साँस रोकिबे को कहा जोग ही कुढंग है?
कुटिल कटारी है, अटारी है उतंग अति,
जमुनातरंग है, तिहारो सतसंग है॥

(२३) राय देवीप्रसाद 'पूर्ण'—कानुपर के 'पूर्णजी' की कविता भी ब्रजभाषा के पुराने कवियों का स्मरण दिलानेवाली होती थी। जब तक ये कानपुर में रहे तब तक कविता की चर्चा की बड़ी धूम रही। वहाँ के 'रसिकसमाज' में पुरानी परिपाटी के कवियों की बड़ी चहल पहल रहा करती थी। 'पूर्णजी' ने कुछ दिनों तक 'रसिकवाटिका' नाम की एक पत्रिका भी चलाई, जिसमें समस्यापूर्तियाँ और पुराने ढंग की कविताएँ छपा करती थीं। खेद है कि केवल ४७ वर्ष की अवस्था में ही संवत् १९७७ में इनका देहांत हो गया। इनकी रचना कैसी सरस होती थी और ललित पदावली पर इनका कैसा अच्छा अधिकार था, इसका अनुमान इनके 'धाराधरधावन' (मेघदूत का अनुवाद) से उद्धृत इस पद से हो सकता है—

नव कलित केसर-वलित हरित सुपीत नीप निहार कै।
करि असन दल कँदलीन जो कलियाहिं प्रथम कछार पै॥
हे घन! विपिन थल अमल परिमल पाय भूतल की भली।
मधुकर मतंग कुरंग बृंद जनायहैं तेरी गली॥

(२४) श्री वियोगी हरि—ब्रजभूमि, ब्रजभाषा और ब्रजपति के वे अनन्य उपासक हैं। ऐसे प्रेमी रसिक जीव इस रूखे जमाने में कम दिखाई पड़ते हैं। उन्होंने अधिकतर पुराने कृष्णभक्त कवियों की पद्धति पर बहुत से रसीले तथा भक्तिभावपूर्ण पदों की रचना की जिन्हें सुनकर आजकल के रसिक भक्त भी 'बलिहारी' हैं!' बिना कहे कहीं रह सकते। इनकी इस प्रकार की रचनाएँ 'प्रेमशतक', 'प्रेमपथिक', 'प्रेमांजलि', आदि में मिलेंगी। छतरपुर से प्रयाग आने पर राजनीतिक आंदोलनों की भी कुछ हवा इन्हें लगी थी और इन्होंने 'चरखे की गूँज', 'चरखास्तोत्र', 'असहयोगवीणा' ऐसी कुछ रचनाएँ भी की थीं, पर उनमें इनकी स्थायी मनोवृत्ति न थी। यह अवश्य है कि देश के लिये त्याग करने वाले वीरों के प्रति इनके मन में अपार श्रद्धा है। वियोगी हरिजी ने 'वीरसतसई' नामक एक बड़ा काव्य दोहों में लिखा है जिसमें भारत के प्रसिद्ध वीरों की प्रशस्तियाँ हैं। इस ग्रंथ पर इन्हें प्रयाग के हिन्दी साहित्य सम्मेलन से १२००/-का पुरस्कार मिला था। इसके कुछ दोहे देखिए—

पावस ही में धनुष अब, नदी तीर ही तीर।
रोदन ही में लाल दृग, नवरस ही में वीर।
जोरि नावँ सँग 'सिंह' पद करत सिंह बदनाम।
ह्वैहो कैसे सिंह तुम करि सृगाल के काम?
या तेरी तरवार में नहिं कायर अब आब।
दिल हू तेरो बुझि गयो, वामें नेक न ताब॥

(२५) श्री दुलारेलालजी भार्गव—कविवर बिहारीलाल की परंपरा के वर्तमान प्रतिनिधि श्री भार्गव के दोहों की बारीकी साहित्य क्षेत्र में अपना कमाल खड़ी बोली के इस जमाने में भी दिखाती रहती है। बिहारी की प्रतिभा जिस ढाँचे की थी उसी ढाँचे की दुलारेलालजी की भी है, इसमें संदेह नहीं। एक एक दोहे में सफाई के साथ रस से स्निग्ध वा वैचित्र्य से चमत्कृत कर देनेवाली, प्रचुर सामग्री भरने का गुण इनमें भी है। कुछ दोहों में देशभक्ति, अछूतोद्धार, राष्ट्रीय आंदोलन इत्यादि की भावना का अनूठेपन के साथ समावेश करके इन्होंने पुराने साँचे में नया मसाला ढालने की अच्छी कला दिखाई है। आधुनिक काव्यक्षेत्र में दुलारेलालजी ने ब्रजभाषाकाव्य-चमत्कारपद्धति का एक प्रकार से पुनरुद्धार किया है। इनकी 'दुलारे दोहावली' पर टीकमगढ़ राज्य की ओर से २०००/-का 'देवपुरस्कार' मिल चुका है। 'दोहावली' के कुछ दोहे देखिए—

तन उपवन सहिहै कहा बिछुरन झंझावात।
उड़्यो जात उर तरु जबै चलिबे ही की बात॥
दमकति दरपन-दरप दरि दीपसिखा-दुति देह।
वह दृढ़ इक दिसि दिपत, यह मृदु दस दिसनि स-नेह॥
झर सम दीजै देस हित झरझर जीवन-दान॥
रुकि रुकि यों चरसा सरिस दैबौ कहा, सुजान?
गाँधी गुरु तें ग्यॉन लै चरखा अनहद जोर।
भारत-सबद-तरंग पै बहत मुकुति की ओर॥

अभी थोड़े दिन हुए अयोध्या के पंडित रामनाथ ज्योतिषी ने रामकथा लेकर अपना 'रामचंद्रोदय काव्य' लिखा है जिस पर उन्हें २०००/- का 'देवपुरस्कार' मिला है।

आधुनिक विषयों को लेकर कविता करनेवाले कई कवि जैसे, स्वर्गीय नाथूराम शंकर शर्मा, लाला भगवानदीन, पुरानी परिपाटी की बड़ी सुंदर कविता करते थे। पं० गयाप्रसादजी शुक्ल 'सनेही' के प्रभाव से कानपुर में ब्रजभाषा काव्य के मधुर स्रोत अभी बराबर वैसे ही चल रहे हैं, जैसे 'पूर्ण' जी के समय में चलते थे। नई पुरानी दोनों परिपाटियों के कवियों का कानपुर अच्छा केंद्र है। ब्रजभाषा-काव्य-परंपरा किस प्रकार जीती जागती चल रही है, यह हमारे वर्तमान कवि सम्मेलनों में देखा जा सकता है।

प्रकरण २
काव्यखंड
(सं० १९२५-१९५०)

नई धारा : प्रथम उत्थान

यह सूचित किया जा चुका है कि भारतेंदु हरिश्चंद्र ने जिस प्रकार गद्य की भाषा का स्वरूप स्थिर करके गद्य साहित्य को देशकाल के अनुसार नए-नए विषयों की ओर लगाया, उसी प्रकार कविता की धारा को भी नए-नए क्षेत्रों की ओर मोड़ा। इस नए रंग में सबसे ऊँचा स्वर देशभक्ति की वाणी का था। उसी से लगे हुए विषय लोकहित, समाजसुधार, मातृभाषा का उद्धार आदि थे। हास्य और विनोद के नए विषय भी इस काल में कविता को प्राप्त हुए। रीतिकाल के कवियों की रूढ़ि में हास्यरस के आलंबन कंजूस ही चले आते थे। पर साहित्य के इस नए युग के आरंभ से ही कई प्रकार के नए आलंबन सामने आने लगे—जैसे, पुरानी लकीर के फकीर, नए फैशन के गुलाम, नोंच खसोट करनेवाले अदालती अमले, मूर्ख और खुशामदी रईस, नाम या दाम के भूखे देशभक्त इत्यादि। इसी प्रकार वीरता के आश्रय भी जन्मभूमि के उद्धार के लिये रक्त बहानेवाले अन्याय और अत्याचार का दमन करनेवाले इतिहासप्रसिद्ध वीर होने लगे। सारांश यह कि इस नई धारा की कविता के भीतर जिस नए-नए विषयों के प्रतिबिंब आए, वे अपनी नवीनता से आकर्षित करने के अतिरिक्त नूतन परिस्थिति के साथ हमारे मनोविकारों का सामंजस्य भी घटित कर चले। कालचक्र के फेर से जिस नई परिस्थिति के बीच हम पड़ जाते हैं, उसका सामना करने योग्य अपनी बुद्धि को बनाए बिना जैसे काम नहीं चल सकता, वैसे ही उसकी ओर अपनी रागात्मिका वृत्ति को उन्मुख किए बिना हमारा जीवन फीका, नीरस, शिथिल और अशक्त रहता है।

विषयों की अनेकरूपता के साथ-साथ उनके विधान का ढंग भी बदल चला। प्राचीन धारा में 'मुक्तक' और 'प्रबंध' की जो प्रणाली चली आती थी, उससे कुछ भिन्न प्रणाली का भी अनुसरण करना पड़ा। पुरानी कविता में 'प्रबंध' का रूप कथात्मक और वस्तु वर्णनात्मक ही चला आता था। या तो पौराणिक कथाओं, ऐतिहासिक वृत्तों को लेकर छोटे-छोटे आख्यान काव्य रचे जाते थे—जैसे पद्मावत, रामचरितमानस, रामचंद्रिका, छत्रप्रकाश, सुदामाचरित, दानलीला, चीरहरन लीला इत्यादि—अथवा विवाह, मृगया, झूला, हिंडोला, ऋतुबिहार आदि को लेकर वस्तुवर्णनात्मक प्रबंध। अनेक प्रकार के सामान्य विषयों पर—जैसे बुढ़ापा, विधिविडंबना जगतसचाईसार, गोरक्षा, माता का स्नेह, सपूत, कपूत—कुछ दूर तक चलती हुई विचारों और भावों की मिश्रित धारा के रूप में छोटे-छोटे प्रबंधों या निबंधों की चाल न थी। इस प्रकार के विषय कुछ उक्तिवैचित्र्य के साथ एक ही पद्य में कहे जाते थे अर्थात् वे मुक्तक की सूक्तियों के रूप में ही होते थे। पर नवीन धारा के आरंभ में छोटे-छोटे पद्यात्मक निबंधों की परंपरा भी चली जो प्रथम उत्थानकाल के भीतर तो बहुत कुछ भावप्रधान रही पर आगे चलकर शुष्क और इतिवृत्तात्मक (मैटर आव फैक्ट) होने लगी।

नवीनधारा के प्रथम उत्थान के भीतर हम हरिश्चंद्र, प्रतापनारायण मिश्र, अंबिकादत्त व्यास, राधाकृष्णदास, उपाध्याय बदरीनारायण चौधरी आदि को ले सकते हैं।

(१) भारतेंदु हरिश्चंद्र—जैसा ऊपर कह आए हैं, नवीन धारा के बीच भारतेंदु की वाणी का सबसे ऊँचा स्वर देशभक्ति का था। नीलदेवी, भारतदुर्दशा आदि नाटकों के भीतर आई हुई कविताओं में देश दशा की जो मार्मिक व्यंजना है, वह तो है ही; बहुत सी स्वतंत्र कविताएँ भी उन्होंने लिखीं जिनमें कहीं देश की अतीत गौरव गाथा का गर्व, कहीं वर्तमान अधोगति की क्षोभभरी वेदना, कहीं भविष्य की भावना से जगी हुई चिंता इत्यादि अनेक पुनीत भावों का संचार पाया जाता है। 'विजयिनीविजय वैजयंती' में, जो मिस्र में भारतीय सेना की विजय प्राप्ति पर लिखी गई थी, देशभक्ति व्यंजक कैसे भिन्न-भिन्न संचारी भावों का उद्गार है! कहीं गर्व, कहीं क्षोभ, कहीं विषाद। 'सहसन बरसन सौं सुन्यो जो सपने नहिं कान, सो जय आरज शब्द' को सुन और 'फरकि उठीं सबकी भुजा, खरकि उठीं तरवार। क्यों आपुहिं ऊँचे भए आर्य मोछ के बार' का कारण जान, प्राचीन आर्यगौरव का गर्व कुछ आ ही रहा था कि वर्तमान अधोगति का दृश्य ध्यान में आया और फिर वही 'हाय भारत!' की धुन!

हाय! वहै भारत-भुव भारी। सब ही विधि सों भई दुखारी॥
हाय! पंचनद, हा पानीपत। अजहुँ रहे तुम धरनि बिराजत॥
हाय चित्तौर! निलज तू भारी। अजहुँ खरो भारतहि मँझारी॥
तुममें जल नहिं जमुना गंगा। बढ़हु बेगि किन प्रबल तरंगा॥
बोरहु किन झट मथुरा कासी। धोवहु यह कलंक की रासी॥

'चित्तौर', 'पानीपत' इन नामों में ही हिंदूहृदय के लिये कितने भावों की व्यंजना भरी है। उसके लिये ये नाम ही काव्य हैं। नीलदेवी में यह कैसी करुण पुकार है—

कहाँ करुणानिधि केशव सोए ?
जागत नाहिं अनेक जतन करि भारतवासी रोए॥

यहाँ पर यह कह देना आवश्यक है कि भारतेंदुजी ने हिंदी काव्य को केवल नए-नए विषयों की ओर ही उन्मुख किया, उसके भीतर किसी नवीन विधान या प्रणाली का सूत्रपात नहीं किया। दूसरी बात उनके संबंध में ध्यान देने की यह है कि वे केवल 'नरप्रकृति' के कवि थे, बाह्य प्रकृति की अनेकरूपता के साथ उनके हृदय का सामंजस्य नहीं पाया जाता। अपने नाटकों में दो एक जगह उन्होंने जो प्राकृतिक वर्णन रखे हैं(जैसे, सत्य हरिश्चंद्र में गंगा का वर्णन, चंद्रावली में यमुना का वर्णन) वे केवल परंपरापालन के रूप में हैं। उनके भीतर उनका हृदय नहीं पाया जाता। वे केवल उपमा और उत्प्रेक्षा के चमत्कार के लिये लिखे जान पड़ते हैं। एक पंक्ति में कुछ अलग-अलग वस्तुएँ और व्यापार हैं और दूसरी पंक्ति में उपमा या उत्प्रेक्षा। कहीं-कहीं तो यह अप्रस्तुत विधान तीन पंक्तियों तक चला चलता है।

अंत में यह सूचित कर देना आवश्यक है कि गद्य को जिस परिमाण में भारतेंदु ने नए-नए विषयों और मार्गों की ओर लगाया उस परिमाण में पद्य को नहीं। उनकी अधिकांश कविता तो कृष्णभक्त कवियों के अनुकरण पर गेय पदों के रूप में है जिनमें राधाकृष्ण की प्रेमलीला और विहार का वर्णन है। श्रृंगाररस के कवित्त सवैयों का उल्लेख पुरानी धारा के अंतर्गत हो चुका है। देशदशा, अतीतगौरव, आदि पर उनकी कविताएँ या तो नाटकों में रखने के लिए लिखी गईं अथवा विशेष अवसरों पर—जैसे प्रिंस आफ वेल्स (पीछे सम्राट सप्तम एडवर्ड) का

आगमन, मिस्र पर भारतीय सेना द्वारा ब्रिटिश सरकार की विजय—पढ़ने के लिये। ऐसी रचनाओं में राजभक्ति और देशभक्ति का मेल आजकल के लोगों को कुछ विलक्षण लग सकता है। देशदशा पर दो एक होली वा वंसत आदि गाने की चीजें फुटकल भी मिलती हैं। पर उनकी कविताओं के विस्तृत संग्रह के भीतर आधुनिकता कम ही मिलेगी।

गाने की चीजों में भारतेंदु ने कुछ लावनियाँ और ख्याल भी लिखे जिनकी भाषा खड़ी बोली होती थी।

(2) पं० प्रतापनारायण मिश्र—भारतेंदुजी स्वयं पद्यात्मक निबंधों की ओर प्रवृत्त नहीं हुए, पर उनके भक्त और अनुयायी पं० प्रतापनारायण मिश्र इस ओर बढ़े। उन्होंने देशदशा पर आँसू बहाने के अतिरिक्त 'बुढ़ापा', 'गोरक्षा' ऐसे विषय भी कविता के लिये चुने। ऐसी कविताओं में कुछ तो विचारणीय बातें हैं, कुछ भावव्यंजना और विचित्र विनोद। उनके कुछ इतिवृत्तात्मक पद्य भी हैं जिनमें शिक्षितों के बीच प्रचलित बातें साधारण भाषण के रूप में कही गई हैं। उदाहरण के लिये 'क्रंदन' की ये पंक्तियाँ देखिए—

तबहि लख्यौ जहँ रह्यो एक दिन कंचन बरसत।
तहँ चौथाई जन रूखी रोटिहुँ को तरसत॥
जहाँ कृषी वाणिज्य शिल्पसेवा सब माहीं।
देसिन के हित कछू तत्व कहुँ कैसहुँ नाहीं॥
कहिय कहाँ लगि नृपति दबे हैं जहँ ऋन-भारन।
तहँ तिनकी धनकथा कौन जे गृही सधारन॥

इस प्रकार के इतिवृत्तात्मक पद भारतेंदुजी ने भी कुछ लिखे हैं। जैसे—

अँगरेज-राज सुख साज सजे सब भारी।
पै धन बिदेश चलि जात यहै अति ख्वारी॥

मिश्रजी की विशेषता वास्तव में उनकी हास्यविनोदपूर्ण रचनाओं में ही दिखाई पड़ती है। 'हरगंगा', 'तृप्यंताम्', 'बुढ़ापा', इत्यादि कविताएँ बड़ी ही विनोदपूर्ण और मनोरंजक हैं। 'हिंदी, हिंदू हिंदुस्तान', वाली 'हिंदी की हिमायत' भी बहुत प्रसिद्ध हुई।

(३) उपाध्याय पं० बदरीनारायण चौधरी—इन्होंने अधिकतर विशेष अवसरों पर-जैसे, दादाभाई नौरोजी के पार्लमेंट के मेंबर होने के अवसर पर, महारानी विक्टोरिया की हीरक जुबली के अवसर पर, नागरी के कचहरियों में प्रवेश पाने पर, प्रयाग के सनातन धर्म महासम्मेलन (सं० १९६३) के अवसर पर आनंद आदि प्रकट करने के लिये कविताएँ लिखी हैं। इनके छंदों में यतिभंग प्रायः मिलता है। एक बार जब इस विषय पर मैंने इनसे बातचीत की, तब इन्होंने कहा—'मैं यतिभंग को कोई दोष नहीं मानता; पढ़नेवाला ठीक चाहिए।' देश की राजनीतिक परिस्थिति पर इनकी दृष्टि बराबर रहती थी। देश की दशा सुधारने के लिये जो राजनीतिक या धर्म संबंधी आंदोलन चलते रहे, उन्हें ये बड़ी उत्कंठा से परखा करते थे। जब कहीं कुछ सफलता दिखाई पड़ती, तब लेखों और कविताओं द्वारा हर्ष प्रकट करते, और जब बुरे लक्षण दिखाई देते तब क्षोभ और खिन्नता। कांग्रेस के अधिवेशन में ये प्रायः जाते थे। 'हीरक-जुबली' आदि की कविताओं को खुशामदी कविता न समझना चाहिए। उनमें ये देशदशा का सिंहावलोकन करते थे—और मार्मिकता के साथ।

विलायत से दादा भाई नौरोजी के 'काले' कहे जाने पर इन्होंने 'कारे' शब्द को लेकर बड़ी सरल और क्षोभपूर्ण कविता लिखी थी। कुछ पंक्तियाँ देखिए—

अजरज होत तुमहुँ सम गोरे बाजत कारे।
तासों कारे 'कारे' शब्दहु पर हैं वारे॥
कारे श्याम, राम, जलधर जल बरसनवारे।
कारे लागत ताही सों कारन कों प्यारे॥
यातें नीकों हैं तुम 'कारे' जाहु पुकारे।
यहै असीस देत तुमको मिलि हम सब कारे॥
सफल होहिं मन के सबही संकल्प तुम्हारे॥

हीरक जुबिली के अवसर पर लिखे 'हार्दिक हर्षादर्श' में देश की दशा का ही वर्णन है जैसे—

भयो भूमि भारत में महा भयंकर भारत।
भए बीरबर सकल सुभट एकहि सँग गारत॥
मरे बिबुध नरनाह सकल चातुर गुनमंडित।
बिगरो जनसमुदाय बिना पथदर्शक पंडित॥
नए नए मत चले, नए झगरे नित बाढ़े।
नए नए दुख परे सीस भारत पर गाढ़े॥

'प्रेमघन' जी की कई बहुत ही प्रांजल और सरल कविताएँ उनके दोनों नाटकों में है। 'भारत सौभाग्य' नाटक चाहे खेलने योग्य न हो, पर देश दशा पर वैसा बड़ा, अनूठा और मनोरंजक नाटक दूसरा नहीं लिखा गया। उसके प्रारंभ में अंकों में 'सरस्वती', 'लक्ष्मी' और 'दुर्गा' इन तीनों देवियों के भारत से क्रमशः प्रस्थान का दृश्य बड़ा ही भव्य है। इसी प्रकार उक्त तीनों देवियों के मुख से विदा होते समय जो कविताएँ कहलाई गई हैं, ये भी बड़ी मार्मिक हैं। 'हंसारूढ़ा सरस्वती' के चले जाने पर 'दुर्गा' कहती है—

आज लौं रही अनेक भाँति धीर धारि कै।
पै न भाव मोहिं बैठनो सु मौन मारि कै॥
जाति हौं चली वहीं सरस्वती गई जहाँ॥

उद्धृत कविताओं में उनकी गद्यवाली चमत्कारप्रवृत्ति नहीं दिखाई पड़ती। अधिकांश कविताएँ ऐसी ही हैं। पर कुछ कविताएँ उनकी ऐसी भी हैं—जैसे, 'मयंक', और 'आनंद अरुणोदय'—जिनमें कहीं लंबे-लंबे रूपक हैं और कहीं उपमाओं और उत्प्रेक्षाओं की भरमार।

(४) ठाकुर जगमोहनसिंह—यद्यपि जगमोहनसिंहजी अपनी कविता को नए विषयों की ओर नहीं ले गए, पर प्राचीन संस्कृत काव्यों के प्राकृतिक वर्णनों का संस्कार मन में लिए हुए, अपनी प्रेमचर्या की मधुरस्मृति से समन्वित विंध्यप्रदेश के रमणीय स्थलों को जिस सच्चे अनुराग की दृष्टि से उन्होंने देखा है, वह ध्यान देने योग्य है। उसके द्वारा उन्होंने हिंदी काव्य में एक नूतन विधान का आभास दिया था। जिस समय हिंदी साहित्य का अभ्युदय हुआ, उस

समय संस्कृत काव्य अपनी प्राचीन विशेषता बहुत कुछ खो चुका था, इससे वह उसके पिछले रूप को ही लेकर चला। प्रकृति का जो सूक्ष्म निरीक्षण वाल्मीकि, कालिदास और भवभूति में पाया जाता है, वह संस्कृत के पिछले कवियों में नहीं रह गया। प्राचीन संस्कृत कवि प्राकृतिक दृश्यों के विधान में कई वस्तुओं की संश्लिष्ट योजना द्वारा 'बिंब ग्रहण' कराने का प्रयत्न करते थे। इस कार्य को अच्छी तरह संपन्न करके तब ये इधर उधर उपमा, उत्प्रेक्षा आदि द्वारा थोड़ा बहुत अप्रस्तुत वस्तुविधान भी कर देते थे। पर पीछे मुक्तकों में सूक्ष्म और संश्लिष्ट योजना के स्थान पर कुछ इनी गिनी वस्तुओं को अलग-अलग गिनाकर 'अर्थ ग्रहण' कराने का प्रयत्न ही रह गया है और प्रबंधकाव्यों के वर्णनों में उपमा और उत्प्रेक्षा की इतनी भरमार हो चली कि प्रस्तुत दृश्य गायब हो चला।

यही पिछला विधान हमारे हिंदी साहित्य में आया। 'षटऋतु' वर्णन में प्राकृतिक वस्तुओं और व्यापारों का जो उल्लेख होता था वह केवल 'उद्दीपन' की दृष्टि से--अर्थात् नायक या नायिका के प्रति पहले से प्रतिष्ठित भाव को और जगाने या उद्दीप्त करने के लिये। इस काम के लिये कुछ वस्तुओं का अलग-अलग नाम ले लेना ही काफी होता है। स्वयं प्राकृतिक दृश्यों के प्रति कवि के भाव का पता देनेवाले वर्णन पुराने हिंदी काव्य में नहीं पाए जाते।

संस्कृत के प्राचीन कवियों की प्रणाली पर हिंदी काव्य के संस्कार का जो संकेत ठाकुर साहब ने दिया, खेद है कि उसकी ओर किसी ने ध्यान न दिया। प्राकृतिक वर्णन की इस प्राचीन भारतीय प्रणाली के संबंध में थोड़ा विचार करके हम आगे बढ़ते हैं। प्राकृतिक दृश्यों की ओर यह प्यार भरी सूक्ष्म दृष्टि प्राचीन संस्कृत काव्य की एक ऐसी विशेषता है जो फारसी या अरबी के काव्यक्षेत्र में नहीं पाई जाती। योरप के कवियों में जाकर ही यह मिलती है। अँगरेजी साहित्य में वर्ड्सवर्थ, शेली, मेरेडिथ (Wordsworth, Shelly, Meredith) आदि में उसी ढंग का सूक्ष्म प्रतिनिरीक्षण और मनोरम रूपविधान पाया जाता है जैसा प्राचीन संस्कृत साहित्य में। प्राचीन भारतीय और नवीन योरोपीय दृश्यविधान में पीछे थोड़ा लक्ष्यभेद हो गया। भारतीय प्रणाली में कवि के भाव का आलंबन प्रकृति ही रही है, अतः उसके रूप का प्रत्यक्षीकरण ही काव्य का एक स्वतंत्र लक्ष्य दिखाई पड़ता है। पर योरोपीय साहित्य में काव्यनिरूपण की बराबर बढ़ती हुई परंपरा के बीच धीरे-धीरे यह मत प्रचार पाने लगा कि 'प्राकृतिक दृश्यों[१] का प्रत्यक्षीकरण मात्र तो स्थूल व्यवसाय है, उनको लेकर कल्पना की एक नूतन सृष्टि खड़ी करना ही कविकर्म है।'

उक्त प्रवृत्ति के अनुसार कुछ पाश्चात्य कवियों ने तो प्रकृति के नाना रूपों के बीच व्यंजित होनेवाली भावधारा का बहुत सुंदर उद्घाटन किया, पर बहुतेरे अपनी बेमेल भावनाओं का आरोप करके उन रूपों को अपनी-अपनी अंतर्वृत्तियों से छोपने लगे। अब इन दोनों प्रणालियों में से किस प्रणाली पर हमारे काव्य में दृश्य वर्णन का विकास होना चाहिए, यह विचारणीय है। मेरे विचार में प्रथम प्रणाली का अनुसरण ही समीचीन है। अनंत रूपों में भरा हुआ प्रकृति का विस्तृत क्षेत्र उस 'महामानस' की कल्पनाओं का अनंत प्रसार है। सूक्ष्मदर्शी सहृदयों को उसके भीतर नाना भावों की व्यंजना मिलेगी। नाना रूप जिन नाना भावों की सचमुच व्यंजना कर रहे

---

१. **देखिए 'माधुरी' (ज्येष्ठ, आषाढ़ १९८०) में प्रकाशित मेरा 'काव्य में प्राकृतिक दृश्य'।**

हैं, उन्हें छोड़ अपने परिमित अंतःकोटर की वासनाओं से उन्हें छोपना एक झूठ खेलवाड़ के ही अंतर्गत होगा। यह बात मैं स्वतंत्र दृश्यविधान के संबंध में कर रहा हूँ जिसमें दृश्य ही प्रस्तुत विषय होता है। जहाँ किसी पूर्वप्रतिष्ठित भाव की प्रबलता व्यंजित करने के लिये ही प्रकृति के क्षेत्र से वस्तुव्यापार लिए जायँगे, वहाँ तो वे उस भाव में रँगे दिखाई ही देंगे। पद्माकर की विरहिणी का यह कहना कि 'किंसुक गुलाब कचनार और अनारन की डारन पै डोलत अँगारन के पुंज हैं।' ठीक ही है। पर बराबर इसी रूप में प्रकृति को देखना दृष्टि को संकुचित करना है। अपने ही सुख दुःख के रंग में रँगकर प्रकृति को देखा तो क्या देखा? मनुष्य ही सब कुछ नहीं है। प्रकृति का अपना रूप भी है।

(५) पं० अंबिकादत्त व्यास—व्यासजी ने नए-नए विषयों पर भी कुछ फुटकल कविताएँ रची हैं जो पुरानी पत्रिकाओं में निकली हैं। एक बार उन्होंने कुछ बेतुके पद्य भी आजमाइश के लिये बनाए थे, पर इस प्रयत्न में उन्हें सफलता नहीं दिखाई पड़ी थी, क्योंकि उन्होंने हिंदी का कोई प्रचलित छंद लिया था।

भारतेंदु के सहयोगियों की बात यहीं समाप्त कर अब हम उन लोगों की ओर जाते हैं जो उनकी मृत्यु के उपरांत मैदान में आए और जिन्होंने काव्य की भाषा और शैली में भी कुछ परिवर्तन उपस्थित किया। भारतेंदु के सहयोगी लेखक यद्यपि देशकाल के अनुकूल नए-नए विषयों की ओर प्रवृत्त हुए, पर भाषा उन्होंने परंपरा से चली आती हुई ब्रजभाषा ही रखी और छंद भी वे ही लिए जो ब्रजभाषा में प्रचलित थे। पर भारतेंदु के गोलोकवास के थोड़े ही दिनों पीछे भाषा के संबंध में नए विचार उठने लगे। लोगों ने देखा कि हिंदी-गद्य की भाषा तो खड़ी बोली हो गई और उसमें साहित्य भी बहुत कुछ प्रस्तुत हो चुका, पर कविता की भाषा अभी ब्रजभाषा ही बनी है। गद्य एक भाषा में लिखा जाय और पद्य दूसरी भाषा में, यह बात खटक चली। इसकी कुछ चर्चा भारतेंदु के समय में ही उठी थी, जिसके प्रभाव से उन्होंने 'दशरथ विलाप' नाम की एक कविता खड़ी बोली में (फारसी छंद में) लिखी थी। कविता इस ढंग की थी—

कहाँ हो ऐ हमारे राम प्यारे। किधर तुम छोड़कर हमको सिधारे॥
बुढ़ापे में यह दुःख भी देखना था। इसी को देखने को मैं बचा था॥

यह कविता राजा शिवप्रसाद को बहुत पसंद आई थी और इसे उन्होंने अपने गुटका में दाखिल किया था।

खड़ी बोली में पद्य रचना एकदम कोई नई बात न थी। नामदेव और कबीर की रचना में हम खड़ी बोली का पूरा स्वरूप दिखा आए हैं और यह सूचित कर चुके हैं कि उसका व्यवहार अधिकतर सधुक्कड़ी भाषा के भीतर हुआ करता था। शिष्ट साहित्य के भीतर परंपरागत काव्यभाषा का ही चलन रहा। इंशा ने अपनी 'रानी केतकी की कहानी' में कुछ ठेठ खड़ी बोली के पद्य भी उर्दू छंदों में रखे। उस समय में प्रसिद्ध कृष्णभक्त नागरीदास हुए। नागरीदास तथा उनके पीछे होनेवाले कुछ कृष्णभक्तों के इश्क की फारसी पदावली और गजलबाजी का शौक दिखाई पड़ा। नागरीदास के 'इश्क चमन' का एक दोहा है—

कोई न पहुँचा वहाँ तक आसिक नाम अनेक।
इश्क चमन के बीच में आया मजनूँ एक॥

पीछे नजीर अकबराबादी ने (जन्म संवत् १७९७, मृत्यु १८७७) कृष्णलीला संबंधी बहुत से पद्य हिंदी खड़ी बोली में लिखे। वे एक मनमौजी सूफी भक्त थे। उनके पद्यों के नमूने देखिए—

यारो सुनो ये दधि के लुटैया का बालपन।
औ मधुपुरी नगर के बसैया का बालपन।
मोहन-सरूप नृत्य करैया का बालपन।
बन बन में ग्वाल गौवें चरैया का बालपन॥
ऐसा था बाँसुरी के बजैया का बालपन।
क्या क्या कहूँ मैं कृष्ण कन्हैया का बालपन॥
परदे में बालपन के ये उनके मिलाप थे।
जोती सरूप कहिए जिन्हें सो वो आप थे॥

\+ \+ \+

वाँ कृष्ण मदनमोहन ने जब सब ग्वालों से यह बात कही।
औ आपी से झट गेंद डँडा उस कालीदह में फेंक दई॥
यह लीला है उस नंदललन मनमोहन जसुमत दैया की।
रख ध्यान सुनो दंडवत करो, जय बोलो कृष्ण कन्हैया की॥

लखनऊ के शाह कुंदनलाल और फुंदनलाल 'ललित किशोरी' और 'ललित माधुरी' नाम से प्रसिद्ध कृष्णभक्त हुए हैं, जिनका रचनाकाल संवत् १९१३ और १९३० के बीच समझना चाहिए। उन्होंने और कृष्णभक्तों के समान ब्रजभाषा के अनेक पद तो बनाए ही हैं खड़ी बोली में कई झूलना छंद भी लिखे हैं, जैसे—

जंगल अब रमते हैं, दिल बस्ती से घबराता है।
मानुष गंध न भाती है, सँग मरकट मोर सुहाता है॥
चाक गरेबाँ करके दम दम आहें भरना आता है।
'ललितकिशोरी' इश्क रैन दिन ये सब खेल खेलाता है॥

इसके उपरांत ही लावनीबाजों का समय आता है। कहते हैं कि मिरजापुर में तुकनगिरि गोसाईं ने सधुक्कड़ी भाषा में ज्ञानोपदेश के लिये लावनी की लय चलाई। लावनी की बोली खड़ी बोली रहती थी। तुकनगिरि के दो शिष्य रिसालगिरि और देवीसिंह प्रसिद्ध लावनीबाज हुए, जिनके आगे चलकर दो परस्पर प्रतिद्वंदी अखाड़े हो गए। रिसालगिरि का ढंग 'तुर्रा' कहलाया जिसमें अधिकतर ब्रह्मज्ञान रहता था। देवीसिंह का बाना 'सखी का बाना' और उनका ढंग 'कलगी' कहलाया जो भक्ति और प्रेम लेकर चलता था। लावनीबाजों में काशीगिरि उपनाम बनारसी का बड़ा नाम हुआ। लावनियों में पीछे उर्दू के छंद अधिकतर लिए जाने लगे। 'ख्याल' को भी लावनी के ही अंतर्गत समझना चाहिए।

इसके अतिरिक्त रीतिकाल के कुछ पिछले कवि भी, जैसा कि हम दिखा आए हैं, इधर-उधर खड़ी बोली के दो चार कवित्त सवैए रच दिया करते थे। उधर लावनीबाज और ख्यालबाज भी अपने ढंग पर कुछ ठेठ हिंदी में गाया करते थे। इस प्रकार खड़ी बोली की तीन छंद प्रणालियाँ उस समय लोगों के सामने थीं जिस समय भारतेंदुजी के पीछे कविता की

भाषा का सवाल लोगों के सामने आया—हिंदी के कवित्त सवैया की प्रणाली, उर्दू छंदों की प्रणाली और लावनी का ढंग। सं० १९४३ में पं० श्रीधर पाठक ने इसी पिछले ढंग पर 'एकांतवासी योगी' खड़ी बोली पद्य में निकाला। इसकी भाषा अधिकतर बोलचाल की और सरल थी। नमूना देखिए—

आज रात इससे परदेशी चल कीजे विश्राम यहीं।
जो कुछ वस्तु कुटी में मेरे करो ग्रहण, संकोच नहीं॥
तृण शय्या औ अल्प रसोई पाओ स्वल्प प्रसाद।
पैर पसार चलो निद्रा लो मेरा आसिर्वाद॥

+ +

प्रानपियारे की गुन-गाथा, साधु! कहाँ तक मैं गाऊँ।
गाते गाते चुके नहीं वह चाहे मैं ही चुक जाऊँ॥

इसके पीछे खड़ी बोली के लिये एक आंदोलन ही खड़ा हुआ। मुजफ्फरपुर के बाबू अयोध्याप्रसाद खत्री खड़ी बोली का झंडा लेकर उठे। संवत् १९४५ में उन्होंने 'खड़ी बोली आंदोलन' की एक पुस्तक छपाई जिसमें उन्होंने बड़े जोर शोर से यह राय जाहिर की अब तक जो कविता हुई, वह तो ब्रजभाषा की थी, हिंदी की नहीं। हिंदी में भी कविता हो सकती है। वे भाषातत्व के जानकार न थे। उनकी समझ में खड़ी बोली ही हिंदी थी। अपनी पुस्तक में उन्होंने खड़ी बोली पद्य की पाँच स्टाइलें कायम की थीं—जैसे, मौलवी स्टाइल, मुंशी स्टाइल, पंडित स्टाइल, मास्टर स्टाइल। उनकी पोथी में और पद्यों के साथ पाठकजी का 'एकांतवासी योगी' भी दर्ज हुआ। और कई लोगों से भी अनुरोध करके उन्होंने खड़ी बोली की कविताएँ लिखाईं। चंपारन के प्रसिद्ध विद्वान् और वैद्य पं० चंद्रशेखरधर मिश्र, जो भारतेंदुजी के मित्रों में थे, संस्कृत के अतिरिक्त हिंदी में भी बड़ी सुंदर और आशु कविता करते थे। मैं समझता हूँ कि हिंदी साहित्य के आधुनिक काल में संस्कृत वृत्तों में खड़ी बोली के कुछ पद्य पहले पहल मिश्रजी ने ही लिखे। बाबू अयोध्याप्रसादजी उनके पास भी पहुँचे और कहने लगे—'लोग कहते हैं कि खड़ी बोली में अच्छी कविता नहीं हो सकती। क्या आप भी यही कहते हैं? यदि नहीं, तो मेरी सहायता कीजिए।' उक्त पंडितजी ने कुछ कविता लिखकर उन्हें दी, जिसे उन्होंने अपनी पोथी में शामिल किया। इसी प्रकार खड़ी बोली के पक्ष में जो राय मिलती, वह भी उसी पोथी में दर्ज होती जाती थी। धीरे-धीरे एक बड़ा पोथा हो गया जिसे बगल में दबाए वे जहाँ कहीं हिंदी के संबंध में सभा होती, जा पहुँचते। यदि बोलने का अवसर न मिलता या कम मिलता तो वे बिगड़कर चल देते थे।

प्रकरण ३
काव्यखंड
(सं० १९५०-१९७५)
सामान्य

नई धारा : द्वितीय उत्थान

पं० श्रीधर पाठक के 'एकांतवासी योगी' का उल्लेख खड़ी बोली की कविता के आरंभ के प्रसंग में प्रथम उत्थान के अंतर्गत हो चुका है। उसकी सीधी सादी खड़ी बोली और जनता के बीच प्रचलित लय ही ध्यान देने योग्य नहीं है, किन्तु उसकी कथा की सार्वभौम मार्मिकता भी ध्यान देने योग्य है। किसी के प्रेम में योगी होना और प्रकृति के निर्जन क्षेत्र में कुटी छाकर रहना एक ऐसी भावना है जो समान रूप में सब देशों के और सब श्रेणियों के स्त्री पुरुषों के मर्म का स्पर्श स्वभावत: करती आ रही है। सीधी सादी खड़ी बोली में अनुवाद करने के लिये ऐसी प्रेम कहानी चुनना जिसकी मार्मिकता अपढ़ स्त्रियों तक के गीतों की मार्मिकता के मेल में हो, पंडितों की बँधी हुई रूढ़ि से बाहर निकलकर अनुभूति के स्वतंत्र क्षेत्र में आने की प्रवृत्ति का द्योतक है। भारतीय हृदय का सामान्य स्वरूप पहचानने के लिये पुराने प्रचलित ग्रामगीतों की ओर भी ध्यान देने की आवश्यकता है, केवल पंडितों द्वारा प्रवर्तित काव्यपरंपरा का अनुशीलन ही अलम् नहीं है।

पंडितों की बँधी प्रणाली पर चलनेवाली काव्यधारा के साथ-साथ सामान्य अपढ़ जनता के बीच एक स्वच्छंद और प्राकृतिक भावधारा भी गीतों के रूप में चलती रहती है—ठीक उसी प्रकार जैसे बहुत काल में स्थिर चली आती हुई पंडितों की साहित्यभाषा के साथ-साथ लोकभाषा की स्वाभाविक धारा भी बराबर चलती रहती है। जब पंडितों की काव्यभाषा स्थिर होकर उत्तरोत्तर आगे बढ़ती हुई लोकसभा से दूर पड़ जाती है और जनता के हृदय पर प्रभाव डालने की उसकी शक्ति क्षीण होने लगती है तब शिष्ट समुदाय लोकभाषा का सहारा लेकर अपनी काव्यपरंपरा में नया जीवन डालता है। प्राकृत के पुराने रूपों से लदी अपभ्रंश जब लद्धड़ होने लगी तब शिष्ट काव्य प्रचलित देशी भाषाओं से शक्ति प्राप्त करके ही आगे बढ़ सका। यही प्राकृतिक नियम काव्य के स्वरूप के संबंध में भी अटल समझना चाहिए। जब-जब शिष्टों का काव्य पंडितों द्वारा बँधकर निश्चेष्ट और संकुचित होगा तब-तब उसे सजीव और चेतन प्रसार देश की सामान्य जनता के बीच स्वच्छंद बहती हुई प्राकृतिक भावधारा से जीवनतत्व ग्रहण करने से ही प्राप्त होगा।

यह भावधारा अपने साथ हमारे चिरपरिचित पशुपक्षियों, पेड़पौधों, जंगल मैदानों आदि को भी समेटे चलती है। देश के स्वरूप के साथ यह संबद्ध चलती है। एक गीत में कोई ग्रामवधू अपने वियोगकाल की दीर्घता की व्यंजना अपने चिरपरिचित प्रकृति व्यापार द्वारा इस भोले ढंग से करती है—

जो नीम का प्यारा पौधा प्रिय अपने हाथ से द्वार पर लगा गया वह बड़ा होकर फूला और उसके फूल झड़ भी गए, पर प्रिय न आया।

इस भावधारा की अभिव्यंजन प्रणालियाँ वे ही होती हैं जिन पर जनता का हृदय इस जीवन में अपने भाव स्वभावतः ढालता आता है। हमारी भावप्रवर्तिनी शक्ति का असली भंडार इसी स्वाभाविक भावधारा के भीतर निहित समझना चाहिए। जब पंडितों की काव्यधारा इस स्वाभाविक भावधारा से विच्छिन्न पड़कर रूढ़ हो जाती है तब वह कृत्रिम होने लगती है और उसकी शक्ति भी क्षीण होने लगती है। ऐसी परिस्थिति में इसी भावधारा की ओर दृष्टि ले जाने की आवश्यकता होती है। दृष्टि ले जाने का अभिप्राय है उस स्वाभाविक भावधारा के ढलाव की नाना अंतर्भूमियों को परखकर शिष्ट काव्य के स्वरूप का पुनर्विधान करना। यह पुनर्विधान सामंजस्य के रूप में हो, अंधप्रतिक्रिया रूप में नहीं, जो विपरीतता की हद तक जा पहुँचती है। इस प्रकार के परिवर्तन को ही अनुभूति की सच्ची नैसर्गिक स्वच्छंदता (ट्रू रोमांटिसिज्म कहना चाहिए, क्योंकि वह मूल प्राकृतिक आधार पर होता है।

इंलैण्ड के जिस स्वच्छंदतावाद (रोमांटिसिज्म) का इधर हिंदी में भी बराबर नाम लिया जाने लगा है। उसके प्रारंभिक उत्थान के भीतर परिवर्तन के मूल प्राकृतिक आधार का स्पष्ट आभास रहा। पीछे के कवियों की व्यक्तिगत, विद्यागत और बुद्धिगत प्रवृत्तियों और विशेषताओं के जैसे,—रहस्यात्मक दार्शनिकता, स्वातंत्र्यभावना, कलाकार आदि के अधिक प्रदर्शन से वह कुछ ढँक सा गया। काव्य को पांडित्य की विदेशी रूढ़ियों से मुक्त और स्वच्छंद काउपर (Cowper) ने किया था, पर स्वच्छंद होकर जनता के हृदय में संचरण करने की शक्ति वह कहाँ से प्राप्त करे, यह स्काटलैंड के किसानी झोपड़े में रहनेवाले कवि बर्न्स (Robert Burns) ने ही दिखाया था। उसने अपने देश के परंपरागत प्रचलित गीतों की मार्मिकता परखकर देशभाषा में रचनाएँ कीं, जिन्होंने वहाँ के सारे जनसमाज के हृदय में अपना घर किया। वाल्टर स्काट (Wolter Scott) ने देश की अंतर्व्यापिनी भावधारा से शक्ति लेकर साहित्य को अनुप्राणित किया था।

जिस परिस्थिति में अँगरेजी साहित्य में स्वच्छंदतावाद का विकास हुआ उसे भी देखकर यह समझ लेना चाहिए कि रीतिकाल के अंत में, या भारतेंदुकाल के अंत में हिंदी काव्य की जो परिस्थिति थी वह कहाँ तक इंग्लैंड की परिस्थिति के अनुरूप थी। सारे योरप में बहुत दिनों तक पंडितों और विद्वानों के लिखने-पढ़ने की भाषा लैटिन (प्राचीन रोमियों की भाषा) रही। फ्रांसीसियों के प्रभाव से इंग्लैंड की काव्यरचना भी लैटिन की प्राचीन रूढ़ियों से जकड़ी जाने लगी। उस भाषा के काव्यों की सारी पद्धतियों का अनुसरण होने लगा। बँधी हुई अलंकृत पदावली, वस्तुवर्णन की रूढ़ियाँ, छंदों की व्यवस्था सब ज्यों की त्यों रखी जाने लगी। इस प्रकार अँगरेजी काव्य, विदेशी काव्य और साहित्य की रूढ़ियों से इतना आच्छन्न हो गया कि वह देश की परंपरागत स्वाभाविक भावधारा से विच्छिन्न सा हो गया। काउपर, क्रैव और बर्न्स ने काव्यधारा को साधारण जनता की नादरुचि के अनुकूल नाना मधुर लयों में तथा लोक हृदय के ढलाव की नाना मार्मिक अंतर्भूमियों में ढाला। अँगरेजी साहित्य के भीतर काव्य का यह स्वच्छंद रूप पूर्व रूप से बहुत अलग दिखाई पड़ा। बात यह थी कि लैटिन (जिसके साहित्य का निर्माण बहुत कुछ यवनानी ढाँचे पर हुआ था)। इंग्लैंड के लिये दूर देश की भाषा थी, अतः उसका साहित्य भी वहाँ के निवासियों के अपने चिरसंचित संस्कार और भावव्यंजनपद्धति से दूर पड़ता था।

पर हमारे साहित्य में रीतिकाल की जो रूढ़ियाँ हैं वे किसी और देश की नहीं, उनका विकास इसी देश के साहित्य के भीतर संस्कृत में हुआ है। संस्कृत काव्य और उसी के अनुकरण पर रचित प्राकृत अपभ्रंश काव्य भी हमारा ही पुराना काव्य है, पर पंडितों और विद्वानों द्वारा रूप ग्रहण करते रहने और कुछ बँध जाने के कारण जनसाधारण की भावमयी वाग्धारा से कुछ हटा सा लगता है। पर एक ही जाति के बीच आविर्भूत होने के कारण दोनों में कोई मौलिक पार्थक्य नहीं। अतः हमारे वर्तमान काव्यक्षेत्र में यदि अनुभूति की स्वच्छंदता की धारा प्रकृत पद्धति पर अर्थात् परपंरा से चले आते हुए मौखिक गीतों के मर्मस्थल से शक्ति लेकर चलने पाती तो वह अपनी ही काव्यपरंपरा होती—अधिक सजीव और स्वच्छंद की हुई।

रीतिकाल के भीतर हम दिखा चुके हैं कि किस प्रकार रसों और अलंकारों के उदाहरणों के रूप में रचना होने से और कुछ छंदों की परिपाटी बँध जाने से हिंदी कविता जकड़ सी उठी थी। हरिश्चंद्र के सहयोगियों में काव्यधारा को नए-नए विषयों की ओर मोड़ने की प्रवृति दिखाई पड़ी, पर भाषा ब्रज ही रहने दी गई और पद्य के ढाँचों, अभिव्यंजना के ढंग तथा प्रकृति के स्वरूपनिरीक्षण आदि में स्वच्छंदता के दर्शन न हुए। इस प्रकार की स्वच्छंदता का आभास पहले पहल पं० श्रीधर पाठक ने ही दिया। उन्होंने प्रकृति के रूढ़िबद्ध रूपों तक ही न रह कर अपनी आँखों से भी उसके रूपों को देखा। 'गुनवंत हेमंत' में वे गाँव में उपजनेवाली मूली, मटर ऐसी वस्तुओं को भी प्रेम से सामने लाए जो परंपरागत ऋतुवर्णनों के भीतर नहीं दिखाई पड़ती थी। इसके लिये उन्हें पं० माधवप्रसाद मिश्र की बौछार भी सहनी पड़ी थी। उन्होंने खड़ी बोली पद्य के लिये सुंदर लय और चढ़ाव उतार के कई नए ढाँचे भी निकाले और इस बात का ध्यान रखा कि छंदों का सुन्दर लय से पढ़ना एक बात है, रागरागिनी गाना दूसरी बात। ख्याल या लावनी की लय पर जैसे 'एकांतवासी योगी' लिखा गया वैसे ही सुथरे साइयों के सधुक्कड़ी ढंग पर 'जगत-सचाई सार' जिसमें कहा गया कि 'जगत है सच्चा, तनिक न कच्चा, समझो बच्चा! इसका भेद'। 'स्वर्गीय वीणा' में उन्होंने उस परोक्ष दिव्य संगीत की ओर रहस्यपूर्ण संकेत किया जिसके ताल सुर पर यह सारा विश्व नाच रहा है। इन सब बातों का विचार करने पर पं० श्रीधर पाठक ही सच्चे स्वच्छंदतावाद (रोमांटिसिज्म) के प्रवर्तक ठहरते हैं।

खेद है कि सच्ची और स्वाभाविक स्वच्छंदता का यह मार्ग हमारे काव्यक्षेत्र के बीच चल न पाया। बात यह है कि उस समय पिछले संस्कृत काव्य के संस्कारों के साथ पं० महावीरप्रसाद द्विवेदी हिंदी साहित्य क्षेत्र में आए जिनका प्रभाव गद्य साहित्य और काव्यनिर्माण दोनों पर बहुत व्यापक पड़ा। हिंदी में परंपरा से व्यवहृत छंदों के स्थान पर संस्कृत के वृत्तों का चलन हुआ, जिसके कारण संस्कृत पदावली का समावेश बढ़ने लगा। भक्तिकाल और रीतिकाल की परिपाटी के स्थान पर पिछले संस्कृत साहित्य की पद्धति की ओर लोगों का ध्यान बँटा। द्विवेदीजी 'सरस्वती' पत्रिका द्वारा बराबर कविता में बोलचाल की सीधीसादी भाषा का आग्रह करते रहे जिससे इतिवृत्तात्मक (मैटर आव फैक्ट) पद्यों का खड़ी बोली में ढेर लगने लगा। यह तो हुई द्वितीय उत्थान के भीतर की बात।

आगे चलकर तृतीय उत्थान में उक्त परिस्थिति के कारण जो प्रतिक्रिया उत्पन्न हुई वह भी स्वाभाविक स्वच्छंदता की ओर न बढ़ने पाई। बीच में रवींद्र बाबू की 'गीतांजलि' की धूम

उठ जाने के कारण नवीनता प्रदर्शन के इच्छुक नए कवियों में से कुछ लोग तो बंग भाषा की रहस्यात्मक कविताओं की रूपरेखा लाने में लगे, कुछ लोग पाश्चात्य काव्यपद्धति को 'विश्वसाहित्य' का लक्षण समझ उसके अनुसरण में तत्पर हुए। परिणाम यह हुआ कि अपने यहाँ के रीतिकाल की रूढ़ियों और द्वितीय उत्थान की इतिवृत्तात्मकता से छूटकर बहुत सी हिंदी कविता विदेश की अनुकृत रूढ़ियों और वादों में जा फँसी। इने गिने नए कवि भी स्वच्छंदता के मार्मिक और स्वाभाविक पथ पर चले।

(१) पं० श्रीधर पाठक—'एकांतवासी योगी' के बहुत दिनों पीछे पं० श्रीधर पाठक ने खड़ी बोली में और भी रचनाएँ कीं। खड़ी बोली की इनकी दूसरी पुस्तक 'श्रांत पथिक' (गोल्डस्मिथ के ट्रैवेलर का अनुवाद) निकली। इनके अतिरिक्त खड़ी बोली में फुटकल कविताएँ भी पाठकजी ने बहुत सी लिखीं। मन की मौज के अनुसार कभी-कभी ये एक ही विषय के वर्णन में दोनों बोलियों के पद्य रख देते थे। खड़ी बोली और ब्रजभाषा दोनों में ये बराबर दोनों में ये बराबर कविता करते रहे। 'ऊजड़ ग्राम' (डेजर्टेड विलेज) इन्होंने ब्रजभाषा में ही लिखा। अँगरेजी और संस्कृत दोनों के काव्य साहित्य का अच्छा परिचय रखने के कारण हिंदी कवियों में पाठक जी की रुचि बहुत ही परिष्कृत थी। शब्दशोधन में तो पाठक जी अद्वितीय थे। जैसी चलती और रसीली इनकी ब्रजभाषा होती थी, वैसा ही कोमल और मधुर संस्कृत पदविन्यास भी। ये वास्तव में एक बड़े प्रतिभाशाली, भावुक और सुरुचि संपन्न कवि थे। भद्दापन इनमें न था—न रूपरंग में, न भाषा में,न भाव में, न चाल में, न भाषण में।

इनकी प्रतिभा बराबर रचना के नए-नए मार्ग भी निकाला करती थी। छंद, पदविन्यास, वाक्यविन्यास आदि के संबंध में नई-नई बंदिशें इन्हें खूब सूझा करती थीं। अपनी रुचि के अनुसार कई नए ढाँचे के छंद इन्होंने निकाले जो पढ़ने में बहुत ही मधुर लय पर चलते थे। यह छंद देखिए—

नाना कृपान निज पानि लिए, वपु नील वसन परिधान किए,
गंभीर घोर अभिमान हिए, छकि पारिजात मधुपान किए,
छिन छिन पर जोर मरोर दिखावत, पलपल पर आकृतिकोर झुकावत।
यह मोर नचावत, सोर मचावत, स्वेत स्वेत बगपाँति उड़ावत॥
नंदन प्रसून-मकरंद-बिंदु-मिश्रित समीर बिनु धीर चलावत।

अंत्यानुप्रासरहित बेठिकाने समाप्त होने वाले गद्य के से लंबे वाक्यों के छंद भी (जैसे अँगरेजी में होते हैं) इन्होंने लिखे हैं। 'सांध्य अटन' का यह छंद देखिए—

बिजन बनप्रांत था; प्रकृतिमुख शांत था;
अटन का समय था, रजनि का उदय था।
प्रसव के काल की लालिमा में लसा।
बाल-शशि व्योम की ओर था आ रहा॥
सद्य-उत्फुल्ल - अरविंद -नभ नील सुवि-
शाल नभवक्ष पर जा रहा था चढ़ा॥

विश्वसंचालक परोक्षसंगीतध्वनि की ओर रहस्यपूर्ण संकेत 'स्वर्गीय वीणा' की इन पंक्तियों में देखिए—

कहीं पै स्वर्गीय कोई बाला सुमंजु वीणा बजा रही है।
सुरों के संगीत की सी कैंसी सुरीली गुंजार आ रही है॥
कोई पुरंदर की किंकरी है कि या किसी सुर की सुंदरी है।
वियोगतप्ता सी भोगमुक्ता हृदय के उद्गार गा रही है॥
कभी नई तान प्रेममय है, कभी प्रकोपन, कभी विनय है।
दया है, दाक्षिण्य का उदय है अनेकों बानक बना रही है॥
भरे गगन में हैं जितने तारे, हुए हैं बदमस्त गत पै सारे।
समस्त ब्रह्मांड भर को मानो दो उँगलियों पर नचा रही है॥

यह कह आए हैं कि 'खड़ी बोली' की पहली पुस्तक 'एकांतवासी योगी' इन्होंने लावनी या ख्याल के ढंग पर लिखी थी। पीछे 'खड़ी बोली' को हिंदी के प्रचलित छंदों में ले आए। 'श्रांत पथिक' की रचना इन्होंने रोला छंद में की। इसके आगे भी ये बढ़े, और यह दिखा दिया कि सवैए में भी खड़ी बोली कैसी मधुरता के साथ ढल सकती है—

इस भारत में बन पावन तू ही तपस्वियों का तप-आश्रय था।
जगतत्त्व की खोज में लग्न जहाँ ऋषियों ने अभग्न किया श्रम था।
तब प्राकृत विश्व का विभ्रम और था, सात्विक जीवन का क्रम था।
महिमा वनवास की थी तब और, प्रभाव पवित्र अनूपम था॥

पाठकजी कविता के लिये हर एक विषय ले लेते थे। समाजसुधार के वे बड़े आकांक्षी थे; इससे विधवाओं की वेदना, शिक्षाप्रचार ऐसे-ऐसे विषय भी उनकी कलम के नीचे आया करते थे। विषयों को काव्य का पूरा-पूरा स्वरूप देने में चाहे वे सफल न हुए हों, अभिव्यंजना के वाग्वैचित्र्य की ओर उनका ध्यान चाहे न रहा हो, गंभीर नूतन विचार धारा चाहे उनकी कविताओं के भीतर कम मिलती हो, पर उनकी वाणी में कुछ ऐसा प्रसाद था कि जो बात उसके द्वारा प्रकट की जाती थी, उसमें सरसता आ जाती थी। अपने समय के कवियों में प्रकृति का वर्णन पाठक जी ने सबसे अधिक किया, इससे हिंदी प्रेमियों में वे प्रकृति के उपासक कहे जाते थे। पर यहाँ यह कह देना आवश्यक है कि उनकी यह उपासना प्रकृति के उन्हीं रूपों तक परिमित थी जो मनुष्य को सुखदायक और आनंदप्रद होते हैं, या जो भव्य और सुंदर होते हैं। प्रकृति के सीधे सादे नित्य आँखों के सामने आने वाले देश के परंपरागत जीवन से संबंध रखनेवाले दृश्यों की मधुरता की ओर उनकी दृष्टि कम रहती।

पं० श्रीधर पाठक का जन्म संवत् १९१६ में और मृत्यु सं० १९८५ में हुई।

(२) पं० अयोध्यासिंह जी उपाध्याय (हरिऔध)—भारतेंदु के पीछे और द्वितीय उत्थान के पहले ही हिंदी के लब्धप्रतिष्ठ कवि पं० अयोध्यासिंह उपाध्याय (हरिऔध) नए विषयों की ओर चल पड़े थे। खड़ी बोली के लिये उन्होंने पहले उर्दू के छंदों और ठेठ बोली को ही उपयुक्त समझा, क्योंकि उर्दू के छंदों में खड़ी बोली अच्छी तरह मँज चुकी थी। संवत् १९५७ के पहले ही वे बहुत सी फुटकल रचनाएँ इस उर्दू ढंग पर कर चुके थे। नागरीप्रचारिणी

सभा के गृह प्रवेशोत्सव के समय सं० १९५७ में उन्होंने जो कविता पढ़ी थी, उसके ये चरण मुझे अब तक याद हैं—

चार डग हमने भरे तो क्या किया।
है पड़ा मैदान कोसों का अभी॥
मौलवी ऐसा न होगा एक भी।
खूब उर्दू जो न होवे जानता॥

इसके उपरांत तो वे बराबर इसी ढंग की कविता करते रहे। जब पंडित महावीरप्रसादजी द्विवेदी के प्रभाव से खड़ी बोली ने संस्कृत छंदों और संस्कृत की समस्त पदावली का सहारा लिया, तब उपाध्यायजी—जो गद्य में अपनी भाषासंबंधिनी पटुता उसे दो हदों पर पहुँचा कर दिखा चुके थे—उस शैली की ओर भी बढ़े और संवत् १९७१ में उन्होंने अपना 'प्रियप्रवास' नामक बहुत बड़ा काव्य प्रकाशित किया।

नवशिक्षितों के संसर्ग से उपाध्यायजी ने लोक संग्रह का भाव अधिक ग्रहण किया है। उक्त काव्य में श्रीकृष्ण ब्रज के रक्षक नेता के रूप में अंकित किए गए हैं। खड़ी बोली में इतना बड़ा काव्य अभी तक नहीं निकला है। बड़ी भारी विशेषता इस काव्य की यह है कि यह सारा संस्कृत के वर्णवृत्तों में है जिसमें अधिक परिमाण में रचना करना कठिन काम है। उपाध्यायजी का संस्कृत पदविन्यास अनेक उपसर्गों से लदा तथा 'मंजु', 'मजुल', 'पेशल' आदि से बीच-बीच में जटित अर्थात् चुना हुआ होता है। द्विवेदीजी और उनके अनुयायी कवि वर्ग की रचनाओं से उपाध्यायजी की रचना इस बात में साफ अलग दिखाई पड़ती है। उपाध्यायजी कोमलकांत पदावली को कविता का सब कुछ नहीं तो बहुत कुछ समझते हैं। यद्यपि द्विवेदीजी अपने अनुयायियों के सहित जब इस संस्कृत वृत्त के मार्ग पर बहुत दूर तक चल चुके थे तब उपाध्यायजी उस पर आए, पर वे बिल्कुल अपने ढंग पर चले। किसी प्रकार की रचना को हद पर—चाहे उस हद तक जाना अधिकतर लोगों को इष्ट न हो—पहुँचाकर दिखाने की प्रवृत्ति के अनुसार उपाध्यायजी ने अपने इस काव्य में कई जगह संस्कृत शब्दों की ऐसी लंबी लड़ी बाँधी है कि हिंदी को 'है', 'था', 'किया', 'दिया' ऐसी दो एक क्रियाओं के भीतर ही सिमटकर रह जाना पड़ा है। पर सर्वत्र यह बात नहीं है। अधिकतर पदों में बड़े ढंग से हिंदी अपनी चाल पर चली चलती दिखाई पड़ती है।

यह काव्य अधिकतर भावव्यंजनात्मक और वर्णनात्मक है। कृष्ण के चले जाने पर ब्रज की दशा का वर्णन बहुत अच्छा है। विरह वेदना से क्षुब्ध वचनावली प्रेम की अनेक अंतर्दशाओं की व्यंजना करती हुई बहुत दूर तक चली चलती है। जैसा कि इसके नाम से प्रकट है, इसकी कथावस्तु एक महाकाव्य क्या अच्छे प्रबंधकाव्य के लिये भी अपर्याप्त है। अतः प्रबंधकाव्य के सब अवयव इसमें कहाँ आ सकते हैं? किसी के वियोग में कैसी-कैसी बातें मन में उठती हैं और क्या-क्या कह कर लोग रोते हैं, इसका जहाँ तक विस्तार हो सकता है, किया गया है। पंरपरापालन के लिये जो दृश्यवर्णन हैं वे किसी बगीचे में लगे हुए पेड़ पौधों के नाम गिनने के समान हैं। इसी से शायद करील का नाम छूट गया।

दो प्रकार के नमूने उद्धृत करके हम आगे बढ़ते हैं—

रूपोद्यान प्रफुल्लप्राय कलिका राकेंदुबिंबानना।
तन्वंगी कलहासिनी सुरसिका क्रीड़ाकलापुत्तली॥

शोभावारिधि की अमूल्य मणि सी लावण्यलीलामयी।
श्रीराधा मृदुभाषिणी मृगदृगी माधुर्यसन्मूर्ति थी॥

धीरे धीरे दिन गत हुआ; पद्‌मिनीनाथ डूबे।
आई दोषा, फिर गत हुई, दूसरा वार आया॥
यों ही बीती बिपुल घटिका औ कई वार बीते।
आया कोई न मधुपुर से औ न गोपाल आए॥

इस काव्य के उपरांत उपाध्यायजी का ध्यान फिर बोलचाल की ओर गया। इस बार उनका मुहावरों पर अधिक जोर रहा। बोलचाल की भाषा में अनेक फुटकल विषयों पर उन्होंने कविताएँ रचीं जिनकी प्रत्येक पंक्ति में कोई न कोई मुहावरा अवश्य खपाया गया। ऐसी कविताओं का संग्रह 'चोखे चौपदे' का एक पद्य दिया जाता है।

क्यों पले पीस कर किसी को तू?
है बहुत पालिसी बुरी तेरी
हम रहे चाहते पटाना ही;
पेट तुझसे पटी नहीं मेरी॥

भाषा के दोनों नमूने ऊपर हैं। यही द्विकलात्मक कला उपाध्यायजी की बड़ी विशेषता है। इससे शब्दभंडार पर इनका विस्तृत अधिकार प्रकट होता है। इनका एक और बड़ा काव्य, 'वैदेही वनवास', [१] जिसे ये बहुत दिनों से लिखते चले आ रहे थे, अब छप रहा है।

(३) पं० महावीरप्रसादजी द्विवेदी—इस द्वितीय उत्थान के आरंभकाल में हम पं० महावीरप्रसादजी द्विवेदी का पद्यरचना की एक प्रणाली के रूप में पाते हैं। गद्य पर जो शुभ प्रभाव द्विवेदीजी को पड़ा, उसका उल्लेख गद्य के प्रकरण में हो चुका है। खड़ी बोली के पद्यविधान पर भी आपका पूरा-पूरा असर पड़ा। पहली बात तो यह हुई कि उनके कारण भाषा में बहुत कुछ सफाई आई। बहुत से कवियों की भाषा शिथिल और अव्यवस्थित होती थी और बहुत से लोग ब्रज और अवधी आदि का मेल भी कर देते थे। 'सरस्वती' के संपादनकाल में उनकी प्रेरणा से बहुत से नए लोग खड़ी बोली की कविता करने लगे। उनकी भेजी हुई कविताओं की भाषा आदि दुरुस्त करके वे 'सरस्वती' में दे दिया करते थे। इस प्रकार के लगातार संशोधन से धीरे-धीरे बहुत से कवियों की भाषा साफ हो गई। उन्हीं नमूनों पर और लोगों ने भी अपना सुधार किया।

यह तो हुई भाषा परिष्कार की बात। अब उन्होंने पद्यरचना की जो प्रणाली स्थिर की, उनके संबंध में भी कुछ विचार कर लेना चाहिए। द्विवेदजी कुछ दिनों तक बंबई की ओर रहे थे जहाँ मराठी के साहित्य से उनका परिचय हुआ। उसके साहित्य का प्रभाव उन पर बहुत कुछ पड़ा। मराठी कवियों में अधिकतर संस्कृत के वृत्तों का व्यवहार होता है। पदविन्यास भी प्राय: गद्य का सा रहता है। बंग भाषा की सी 'कोमलकांतपदावली' उसमें नहीं पाई जाती। इसी

---

१. संवत् १९६७ में प्रकाशित हो गया।

मराठी के नमूने पर द्विवेदी जी ने हिंदी में पद्यरचना शुरू की। पहले तो उन्होंने ब्रज भाषा का ही आलंबन किया। नागरीप्रचारिणी पत्रिका में प्रकाशित 'नागरी तेरी यह दशा'! और रघुवंश का कुछ आधार लेकर रचित 'अयोध्या का विलाप' नाम की उनकी कविताएँ संस्कृत वृत्तों में पर ब्रज भाषा में ही लिखी गई थीं। जैसे—

> श्रीयुक्त नागरि निहारि दशा तिहारी।
> होवै विषाद मन माहिं अतीव भारी॥
> प्राकार जासु नभमंडल में समाने।
> प्राचीन जासु लखि लोकप हू सकाने॥
> जाकी समस्त सुनि संपति की कहानी॥
> नीचे नवाय सिर देवपुरी लजानी॥

इधर आधुनिक काल में ब्रजभाषा पद्य के लिये संस्कृत वृत्तों का व्यवहार पहले पहल स्वर्गीय पंडित सरयूप्रसाद मिश्र ने रघुवंश महाकाव्य के अपने 'पद्यबद्ध भाषानुवाद' में किया था जिसका प्रारंभिक अंश भारतेंदु की 'कविवचनसुधा' में प्रकाशित हुआ था। पूरा अनुवाद बहुत दिनों पीछे संवत् १९६८ में पुस्तकाकार छपा। द्विवेदीजी नें आगे चलकर ब्रजभाषा एकदम छोड़ ही दी और खड़ी बोली में ही काव्यरचना करने लगे।

मराठी का संस्कार तो था ही, पीछे जान पड़ता है, उनके मन में वर्ड्सवर्थ (Wordsworth) का वह पुराना सिद्धांत भी कुछ जम गया था कि गद्य और पद्य का पदविन्यास एक ही प्रकार का होना चाहिए।' पर यह प्रसिद्ध बात है कि वर्ड्सवर्थ का यह सिद्धांत असंगत सिद्ध हुआ था और यह आप ही अपनी उत्कृष्ट कविताओं में उसका पालन न कर सका था। द्विवेदीजी ने भी बराबर उक्त सिद्धांत के अनुकूल रचना नहीं की है। अपनी कविताओं के बीच-बीच में सानुप्रास कोमल पदावली का व्यवहार उन्होंने किया है। जैसे—

> सुरम्यरूपे, रसराशि-रंजिते,
> विचित्र वर्णाभरणे! कहाँ गई?
> अलौकिकानन्दविधायनी महा
> कवींद्रकांते, कविते! अहो कहाँ?
> मांगल्यमूलमय वारिद-वारि-वृष्टि॥

पर उनका जोर बराबर इस बात पर रहता था कि कविता बोलचाल की भाषा में होनी चाहिए। बोलचाल से उनका मतलब ठेठ या हिंदुस्तानी का नहीं रहता था, गद्य की व्यावहारिक भाषा का रहता था। परिणाम यह हुआ कि उनकी भाषा बहुत अधिक गद्यवत् (Prosaic) हो गई। पर जैसा कि गोस्वामी तुलसीदास ने कहा है 'गिरा अर्थ जल बीचि सम कहियत भिन्न न भिन्न'—भाषा से विचार अलग नहीं रह सकता। उनकी अधिकतर कविताएँ इतिवृत्तात्मक (Matter of fact) हुईं। उनमें वह लाक्षणिकता, वह चित्रमयी भावना और वह वक्रता बहुत कम आ पाई जो रस संचार की गति को तीव्र और मन को आकर्षित करती है। 'यथा', 'सर्वथा', 'तथैव', ऐसे शब्दों के प्रयोग ने उनकी भाषा को और भी अधिक गद्य का स्वरूप दे दिया।

यद्यपि उन्होंने संस्कृत वृत्तों का व्यवहार अधिक किया है, पर हिंदी के कुछ चलते छंदों में भी उन्होंने बहुत सी कविताएँ (जैसे, विधिविडंबना) रची हैं जिनमें संस्कृत शब्दों का प्रयोग भी कम है। अपना 'कुमारसंभवसार' उन्होंने इसी ढंग पर लिखा है। कुमारसंभव का यह अनुवाद बहुत ही उत्तम हुआ है। इसमें मूल के भाव लाने के प्रयत्न में भाषा में प्राय: जटिलता आ जाया करती है। पर इसमें यह बात जरा भी नहीं है। ऐसा साफ सुथरा दूसरा अनुवाद जो मैंने देखा है, पं० केशवप्रसादजी मिश्र का 'मेघदूत' है। द्विवेदीजी की रचनाओं के दो नमूने देकर हम आगे बढ़ते हैं—

आरोग्ययुक्त बलयुक्त सुपुष्ट गात,
ऐसा जहाँ युवक एक न दृष्टि आता।
सारी प्रजा निपढ़ दीन दुखी जहाँ है,
कर्तव्य क्या न कुछ भी तुझको वहाँ है?

इंद्रासन के इच्छुक किसने करके तप अतिशय भारी,
की उत्पन्न असूया तुझमें, मुझसे कहो कथा सारी।
मेरा यह अनिवार्य शरासन पाँच-कुसुम-सायक-धारी;
अभी बना लेवे तत्क्षण ही उसको निज आज्ञाकारी॥

द्विवेदीजी की कविताओं का संग्रह 'काव्यमंजूषा' नाम की पुस्तक में हुआ है। उनकी कविताओं के दूसरे संग्रह का नाम 'सुमन' है।

द्विवेदीजी के प्रभाव और प्रोत्साहन से हिंदी के कई अच्छे कवि निकले जिनमें बाबू मैथिलीशरण गुप्त, पं० रामचरित उपाध्याय और पं० लोचनप्रसाद पाण्डेय मुख्य हैं।

(४) बाबू मैथिलीशरण गुप्त—'सरस्वती' का संपादन द्विवेदीजी के हाथ में आने के प्राय: तीन वर्ष पीछे (सं० १९६३ से) बाबू मैथिलीशरण गुप्त की खड़ी बोली की कविताएँ उक्त पत्रिका में निकलने लगीं और उनके संपादनकाल तक बराबर निकलती रहीं। संवत् १९६६ में उनका 'रंग में भंग' नामक एक छोटा सा प्रबंधकाव्य प्रकाशित हुआ जिसकी रचना चित्तौड़ और बूँदी के राज घरानों से संबंध रखनेवाली राजपूती आन की एक कथा को लेकर हुई थी। तब से गुप्त जी का ध्यान प्रबंधकाव्यों की ओर बराबर रहा और वे बीच-बीच में छोटे या बड़े प्रबंधकाव्य लिखते रहे। गुप्तजी की ओर पहले पहल हिंदी प्रेमियों का सबसे अधिक ध्यान खींचनेवाली उनकी 'भारत भारती' निकेली। इसमें 'मुसद्दस हाली' के ढंग पर भारतीयों की या हिंदुओं की भूत और वर्तमान दशाओं की विषमता दिखाई गई है; भविष्यनिरूपण का प्रयत्न नहीं है। यद्यपि काव्य की विशिष्ट पदावली, रसात्मक चित्रण, वाग्वैचित्र्य इत्यादि का विधान इसमें न था, पर बीच में मार्मिक तथ्यों का समावेश बहुत साफ और सीधी सादी भाषा में होने से यह पुस्तक स्वदेश की ममता से पूर्ण नवयुवकों को बहुत प्रिय हुई। प्रस्तुत विषय को काव्य का पूर्ण स्वरूप न दे सकने पर भी इसने हिंदी कविता के लिये खड़ी बोली की उपयुक्तता अच्छी तरह सिद्ध कर दी। इसी ढंग पर बहुत दिनों पीछे इन्होंने 'हिंदू' लिखा। 'केशों की कथा', 'स्वर्गसहोदर' इत्यादि बहुत सी फुटकल रचनाएँ इनकी 'सरस्वती' में निकली हैं, जो 'मंगल घट' में संग्रहीत हैं।

प्रबंधकाव्यों की परंपरा इन्होंने बराबर जारी रखी। अब तक ये नौ दस छोटे बड़े प्रबंधकाव्य लिख चुके हैं जिनके नाम हैं—रंग में भंग, जयद्रथ वध, विकट भट, पलासी का युद्ध, गुरुकुल, किसान, पंचवटी, सिद्धराज, साकेत, यशोधरा। अंतिम दो बड़े काव्य हैं। 'विकट भट' में जोधपुर में एक राजपूत सरदार की तीन पीढ़ियों तक चलनेवाली बात की टेक की अद्भुत पराक्रमपूर्णकथा है। 'गुरुकुल' में सिख गुरुओं के महत्व का वर्णन है। छोटे काव्यों में 'जयद्रथवध' और 'पंचवटी' का स्मरण अधिकतर लोगों को है। गुप्तजी के छोटे काव्यों की प्रसंगयोजना भी प्रभावशालिनी है और भाषा भी बहुत साफ सुथरी है।

'वैतालिक' की रचना उस समय हुई जब गुप्तजी की प्रवृत्ति खड़ी बोली में गीत काव्य प्रस्तुत करने की ओर भी हो गई।

यद्यपि गुप्तजी जगत् और जीवन के व्यक्त क्षेत्र में ही महत्व और सौंदर्य का दर्शन करनेवाले तथा अपने राम को लोक के बीच अधिष्ठित देखनेवाले कवि हैं, पर तृतीय उत्थान में 'छायावाद' के नाम से रहस्यात्मक कविताओं का कलरव सुन इन्होंने भी कुछ गीत रहस्यवादियों के स्वर में गाए जो 'झंकार' में संगृहीत हैं। पर असीम के प्रति उत्कंठा और लंबी चौड़ी वेदना का विचित्र प्रदर्शन गुप्तजी की अंतःप्रेरित प्रवृत्ति के अंतर्गत नहीं। काव्य का एक मार्ग चलता देख ये उधर भी जा पड़े।

'साकेत' और 'यशोधरा' इनके दो बड़े प्रबंध हैं। दोनों में उनके काव्यत्व का तो पूरा विकास दिखाई पड़ता है, पर प्रबंधत्व की कमी है। बात यह है कि इनकी रचना उस समय हुई जब गुप्तजी की प्रवृत्ति गीतकाव्य या नए ढंग के प्रगीत मुक्तकों (लिरिक्स) की ओर हो चुकी थी। 'साकेत' की रचना तो मुख्यतः इस उद्देश्य से हुई कि उर्मिला 'काव्य की उपेक्षिता' न रह जाय। पूरे दो सर्ग (९ और १०) उसके वियोग वर्णन में खप गए हैं। इस वियोगवर्णन के भीतर कवि ने पुरानी पद्धति के आलंकारिक चमत्कारपूर्ण पद्य तथा आजकल की नई रंगत की वेदना और लाक्षणिक वैचित्र्यवाले गीत दोनों रखे हैं। काव्य का नाम 'साकेत' रखा गया है जिसका तात्पर्य यह है कि इसमें अयोध्या में होनेवाली घटनाओं और परिस्थितियों का ही वर्णन प्रधान है। राम के अभिषेक की तैयारी से लेकर चित्रकूट में राम-भरत-मिलन तक की कथा आठ सर्गों तक चलती है। उसके उपरांत दो सर्गों तक उर्मिला की वियोगावस्था की नाना अंतर्वृत्तियों का विस्तार है जिसके बीच बीच में अत्यंत उच्च भावों की व्यंजना है। सूरदास की गोपियाँ वियोग में कहती हैं कि—

मधुबन! तुम कत रहत हरे ?
विरहवियोग श्यामसुंदर के काहे न उकठि परे?

पर उर्मिला कहती है—

रह चिर दिन तू हरी भरी,
बढ़, सुख से बढ़, सृष्टि सुंदरी!

प्रेम के शुभ प्रभाव से उर्मिला के हृदय की उदारता का और भी प्रसार हो गया है। वियोग की दशा में प्रिय लक्ष्मण के गौरव की भावना उसे सँभाले हुए है। उन्माद की अवस्था में जब लक्ष्मण उसे सामने खड़े जान पड़ते हैं तब उस भावना को गहरा आघात पहुँचता है और व्याकुल होकर कहने लगती है—

प्रभु नहीं फिरे, क्या तुम्हीं फिरे?
हम गिरे, अहो! तो गिरे, गिरे!

दंडकारण्य से लेकर लंका तक की घटनाएँ शत्रुघ्न के मुँह से मांडवी और भरत के सामने पूरी रसात्मकता के साथ वर्णन कराई गई हैं। रामायण के भिन्न-भिन्न पात्रों के परंपरा से प्रतिष्ठित स्वरूपों को विकृत न करके उनके भीतर ही आधुनिक आंदोलनों की भावनाएँ—जैसे किसानों और श्रमजीवियों के साथ सहानुभूति, युद्धप्रथा की मीमांसा, राजव्यवस्था में प्रजा का अधिकार और सत्याग्रह, मनुष्यत्व,—कौशल के साथ झलकाई गई हैं। किसी पौराणिक या ऐतिहासिक पात्र के परंपरा से प्रतिष्ठित स्वरूप को मनमाने ढंग पर विकृत करना हम भारी अनाड़ीपन समझते हैं।

'यशोधरा' की रचना नाटकीय ढंग पर है। उसमें भगवान बुद्ध के चरित्र से संबंध रखनेवाले पात्रों के उच्च और सुंदर भावों की व्यंजना और परस्पर कथोपकथन है, जिसमें कहीं-कहीं गद्य भी है। भावव्यंजना प्रायः गीतों में है।

'द्वापर' में यशोदा, राधा, नारद, कंस, कुब्जा, इत्यादि कुछ विशिष्ट व्यक्तियों की मनोवृत्तियों का अलग-अलग मार्मिक चित्रण है। नारद और कंस की मनोवृत्तियों के स्वरूप तो बहुत ही विशद और समन्वित रूप से सामने रखे गए हैं।

गुप्तजी ने 'अनघ', 'तिलोत्तमा', 'चंद्रहास', नामक तीन और छोटे-छोटे पद्यबद्ध रूपक भी लिखे हैं। 'अनघ' में कवि ने लोकव्यवस्था के संबंध में उठी हुई आधुनिक भावनाओं और विचारों का अवस्थान—प्राचीन काल के भीतर ले जाकर किया है। वर्तमान किसान आंदोलन का रंग प्रधान है।

गुप्तजी की प्रतिभा की सबसे बड़ी विशेषता है कालानुसरण की क्षमता अर्थात् उत्तरोत्तर बदलती हुई भावनाओं और काव्यप्रणालियों को ग्रहण करते चलने की शक्ति। इस दृष्टि से हिंदीभाषी जनता के प्रतिनिधि कवि ये निःसंदेह कहे जा सकते हैं। 'भारतेंदु' के समय में स्वदेश प्रेम की भावना जिस रूप में चली आ रही थी उसका विकास 'भारतभारती' में मिलता है। इधर के राजनीतिक आंदोलनों ने जो रूप धारण किया उसका पूरा आभास पिछली रचनाओं में मिलता है। सत्याग्रह, अहिंसा, मनुष्यत्ववाद, विश्वप्रेम, किसानों और श्रमजीवियों के प्रति प्रेम और सम्मान, सबकी झलक हम पाते हैं।

गुप्तजी की रचनाओं के भीतर तीन अवस्थाएँ लक्षित होती हैं। प्रथम अवस्था भाषा की सफाई की है जिसमें खड़ी बोली के पद्यों की मसृणबंध रचना हमारे सामने आती है। 'सरस्वती' में प्रकाशित अधिकांश कविताएँ तथा 'भारतभारती' इस अवस्था की रचना के उदाहरण हैं। ये रचनाएँ काव्यप्रेमियों को कुछ गद्यवत, रूखी और इतिवृत्तात्मक लगती थीं। इनमें सरस और कोमल पदावली की कमी भी खटकती थी। बात यह है कि यह खड़ी बोली के परिमार्जन का काल था। इसके अनंतर गुप्तजी ने बंगभाषा की कविताओं का अनुशीलन तथा मधुसूदनदत्त रचित ब्रजांगना, मेघनादवध आदि का अनुवाद ऊबड़खाबड़ और अव्यवहृत संस्कृत शब्दों की ठोकरें कहीं-कहीं, विशेषतः छोटे-छोटे छंदों के चरणांत में, अब भी लगती हैं। 'भारतभारती' और 'वैतालिक' के बीच की रचनाएँ इस दूसरी अवस्था के उदाहरण में ली जा सकती हैं। उसके उपरांत 'छायावाद' कही जानेवाली कविताओं का चलन होता है और गुप्तजी का कुछ झुकाव प्रगीत मुक्तकों (लिरिक्स) और अभिव्यंजना के लाक्षणिक वैचित्र्य की

ओर भी हो जाता है। इस झुकाव का आभास 'साकेत' और 'यशोधरा' में भी पाया जाता है। यह तीसरी अवस्था है।

गुप्तजी वास्तव में सामंजस्यवादी कवि हैं; प्रतिक्रिया का प्रदर्शन करनेवाले अथवा मद में झूमने (या झीमने) वाले कवि नहीं। सब प्रकार की उच्चता से प्रभावित होनेवाला हृदय उन्हें प्राप्त है। प्राचीन के प्रति पूज्य भाव और नवीन के प्रति उत्साह दोनों इनमें हैं। इनकी रचना के कई प्रकार के नमूने नीचे दिए जाते हैं—

क्षत्रिय! सुनो अब तो कुयश की कालिमा को मेट दो।
निज देश को जीवन सहित तन मन तथा धन भेंट दो।
वैश्यो! सुनो व्यापार सारा मिट चुका है देश का।
सब धन विदेशी हर रहे हैं, पार है क्या क्लेश का?

(भारतभारती)

थे, हो और रहोगे जब तुम, थी, हूँ और सदैव रहूँगी।
कल निर्मल जल की धारा सी आज यहाँ, कल वहाँ बहूँगी।
दूती! बैठी हूँ सजकर मैं।
ले चल शीघ्र मिलूँ प्रियतम से धाम धरा धन सब तजकर मैं।

\+ \+ \+

अच्छी आँख मिचौनी खेली!
बार बार तुम छिपो और मैं खोजूँ तुम्हें अकेली।

\+ \+ \+

निकल रही है उर से आह।
ताक रहे सब तेरी राह।
चातक खड़ा चोंच खोले है, संपुट खोले सीप खड़ी।
मैं अपना घट लिए खड़ा हूँ, अपनी अपनी हमें पड़ी।

(झंकार)

पहले आँखों में थे, मानस में कूद मग्न प्रिय अब थे।
छींटे वही उड़े थे, बड़े बड़े अश्रु वे कब थे?

\+ \+ \+

सखि, नील नभस्सर से उतरा, यह हंस अहा! तरता तरता।
अब तारक-मौक्तिक शेष नहीं, निकला जिनको चरता चरता।
अपने हिम बिंदु बचे तब भी, चलता उनको धरता धरता।
गड़ जायँ न कंटक भूतल के, कर डाल रहा डरता डरता।
आकाशजाल सब ओर तना, रवि तंतुवाय है आज बना;
करता है पद-प्रहार वही, मक्खी सी भिन्ना रही मही।

घटना हो चाहे घटा, उठ नीचे से नित्य।
आती है ऊपर, सखी! छा कर चंद्रादित्य॥
इंद्रवधू आने लगी क्यों निज स्वर्ग बिहाय।
नन्हीं दूबों का हृदय निकल पड़ा यह, हाय।
इस उत्पल से काय में, हाय! उपल से प्राण।
रहने दे बक ध्यान यह, पावें ये दृग त्राण॥

\+ + +

वेदने! तू भी भली बनी।
पाई मैंने आज तुझी में अपनी चाह घनी।
अरी वियोगसमाधि अनोखी, तू क्या ठीक ठनी।
अपने को, प्रिय को, जगती को देखूँ खिंची तनी।

\+ + +

हा! मेरे कुंजों का कूजन रोकर, निराश होकर सोया।
वह चंद्रोदय उसको उड़ा रहा है धवल वसन-सा धोया॥

\+ + +

सखि, निरख नदी की धारा।
ढलमल ढलमल चंचल अंचल, झलमल झलमल तारा।
निर्मल जल अंतस्तल भरके, उछल उछल कर छल छल करके,
थल थल तर के, कल कल धर के बिखराती है पारा॥

\+ + +

ओ मेरे मानस के हास! खिल सहस्त्रदल, सरस सुवास।

\+ + +

सजनि, रोता है मेरा गान।
प्रिय तक नहीं पहुँच पाती है उसकी कोई तान।

\+ + +

बस इसी प्रिय-काननकुंज में—मिलन भाषण के स्मृतिपुंज में-
अभय छोड़ मुझे तुम दीजियो, हसन रोदन से न पसीजियो।

(साकेत)

(५) **पं० रामचरित उपाध्याय**—स्वर्गीय पं० रामचरित उपाध्याय का जन्म सं० १९२९ में गाजीपुर में हुआ था, पर पिछले दिनों में वह आजमगढ़ के पास एक गाँव में रहने लगे थे। कुछ वर्ष हुए उनका देहांत हो गया। वे संस्कृत के अच्छे पंडित थे और पहले पुराने ढंग की हिंदी कविता की ओर रुचि थी। पीछे 'सरस्वती' में जब खड़ी बोली की कविताएँ निकलने लगीं तब वे नए ढंग की रचना की ओर बढ़े और द्विवेदीजी के प्रोत्साहन से बराबर उक्त पत्रिका में अपनी रचनाएँ भेजते रहे। 'राष्ट्रभारती', 'देवदूत', 'देवसभा', 'देवी द्रौपदी', 'भारत

भक्ति', 'विचित्र विवाह', इत्यादि अनेक कविताएँ उन्होंने खड़ी बोली में लिखी हैं। छोटी कविताएँ अधिकतर विदग्ध भाषण के रूप में हैं। 'रामचरितचिंतामणि' नामक एक बड़ा प्रबंधकाव्य भी उन्होंने लिखा है जिसके कई एक प्रसंग बहुत सुंदर बन पड़े हैं, जैसे—अंगद-रावण-संवाद। भाषा उनकी साफ होती थी और वैदग्ध्य के साथ चलती थी। अंगद-रावण-संवाद की पंक्तियाँ देखिए—

कुशल रहना यदि है तुम्हें, दनुज! तो फिर गर्व न कीजिए।
शरण में गिरिए, रघुनाथ के; निबल के बल केवल राम हैं॥

\+ + +

सुन कपे! यम, इंद्र, कुबेर की न हिलती रसना मम सामने।
तदपि आज मुझे करना पड़ा मनुज-सेवक से बकवाद भी।
यदि कपे! मम राक्षस-राज का स्तवन है तुझसे न किया गया;
कुछ नहीं डर है, पर क्यों वृथा निलज! मानव मान बढ़ा रहा?

(६) **पं० गिरिधर शर्मा नवरत्न**—दूसरे संस्कृत के विद्वान्, जिनकी कविताएँ 'सरस्वती' में बराबर छपती रहीं झालरापाटन के पं० गिरिधर शर्मा नवरत्न हैं। 'सरस्वती' के अतिरिक्त हिंदी के और पत्रों तथा पत्रिकाओं में भी ये अपनी कविताएँ भेजते रहे। राजपूताने से निकलनेवाले 'विद्याभास्कर' नामक एक पत्र का संपादन भी इन्होंने कुछ दिन किया था। मालवा और राजपूताने में हिंदी साहित्य के प्रचार में इन्होंने बड़ा काम किया है। नवरत्नजी संस्कृत के भी अच्छे कवि हैं। गोल्डस्मिथ के (हरमिट) 'एकांतवासी योगी' का इन्होंने संस्कृत श्लोकों में अनुवाद किया है। हिंदी में भी इनकी रचनाएँ कम नहीं। कुछ पुस्तकें लिखने के अतिरिक्त अनुवाद भी कई पुस्तकों का किया है। रवींद्र बाबू की 'गीतांजलि' का हिंदी पद्यों में इनका अनुवाद बहुत पहले निकला था। माघ के 'शिशुपालवध' के दो सर्गों का अनुवाद 'हिंदी माघ' के नाम से उन्होंने संवत् १९८५ में किया था। पहले ये ब्रजभाषा के कवित्त आदि रचते थे जिनमें कहीं कहीं खड़ी बोली का भी आभास रहता था। शुद्ध खड़ी बोली के भी कुछ कवित्त इनके मिलते हैं। 'सरस्वती' में प्रकाशित इनकी कविताएँ अधिकतर इतिवृत्तात्मक या गद्यवत हैं, जैसे—

मैं जो नया ग्रंथ विलोकता हूँ, भाता मुझे सो नव मित्र सा है।
देखूँ उसे मैं नित बार बार, मानो मिला मित्र मुझे पुराना।
'ब्रह्मन तजो पुस्तक-प्रेम आप, देता अभी हूँ यह राज्य सारा॥
कहे मुझे यों यदि चक्रवर्ती, 'ऐसा न राजन्! कहिए' कहूँ मैं॥

(७) **पं० लोचन प्रसाद पांडेय**—पांडेयजी बहुत छोटी अवस्था से कविता करने लगे थे। संवत् १९६२ से इनकी कविताएँ 'सरस्वती' तथा और मासिक पत्रिकाओं में निकलने लगी थीं। इनकी रचनाएँ कई ढंग की हैं—कथाप्रबंध के रूप में भी और फुटकल प्रसंग के रूप में भी। चित्तौड़ के भीमसिंह के अपूर्व स्वत्वत्याग की कथा नंददास की रासपंचाध्यायी के ढंग पर इन्होंने लिखी है। 'मृगी दुःखमोचन' में इन्होंने खड़ी बोली के सवैयों में एक मृगी का अत्यंत दारुण परिस्थिति का वर्णन सरस भाषा में किया है जिससे पशुओं तक पहुँचनेवाली इनकी व्यापक और सर्वभूत दयापूर्ण काव्यदृष्टि का पता चलता है। इनका हृदय कहीं कहीं पेड़ पौधों

तक की दशा का मार्मिक अनुभव करता पाया जाता है। यह भावुकता इनकी अपनी है। भाषा की गद्यवतसरल सीधी गति उस रचनाप्रवृत्ति का पता देती है जो द्विवेदीजी के प्रभाव से उत्पन्न हुई थी। पर इनकी रचनाओं में खड़ी बोली का वैसा स्वच्छ और निखरा रूप नहीं मिलता जैसा गुप्तजी की उस समय की रचनाओं में मिलता है, कुछ पंक्तियाँ उद्धृत हैं—

चढ़ जाते पहाड़ों में जाके कभी, कभी झाड़ों के नीचे फिरें बिचरें।
कभी कोमल पत्तियाँ खाया करें, कभी मीठी हरी हरी घास चरें।
सरिता जल में प्रतिबिंब लखें निज, शुद्ध कहीं जल पान करें।
कहीं मुग्ध हो झर्झर निर्झर से तरु-कुंज में जा तप ताप हरें॥
रहती जहाँ शाल रसाल तमाल के पादपों को अति छाया घनी।
चर के तृण आते, थके वहाँ बैठते थे मृग औ उसकी घरनी।
पगुराते हुए दृग मूँदे हुए वे मिटाते थकावट थे अपनी।
खुर से कभी कान खुजाते, कभी सिर सींग पै धारते थे टहनी॥

(मृगीदुःखमोचन)

सुमन विटप वल्ली काल की क्रूरता से।
झुलस जब रही थी ग्रीष्म की उग्रता से॥
उस कुसमय में हा! भाग्य-आकाश तेरा।
अयि नव लतिके! था घोर आपत्ति घेरा॥
अब तब बुझता था जीवनालोक तेरा।
यह लख उर होता दुःख से दग्ध मेरा॥

इन प्रसिद्ध कवियों के अतिरिक्त और न जाने कितने कवियों ने खड़ी बोली में फुटकल कविताएँ लिखीं जिन पर द्विवेदीजी का प्रभाव स्पष्ट झलकता था। ऐसी कविताओं से मासिक पत्रिकाएँ भरी रहती थीं। जो कविता को अपने से दूर की वस्तु समझते थे वे भी गद्य में चलनेवाली भाषा को पद्यबद्ध करने का अभ्यास करने लगे। उनकी रचनाएँ बराबर प्रकाशित होने लगीं। उनके संबंध में यह स्पष्ट समझ रखना चाहिए कि वे अधिकतर इतिवृत्तात्मक गद्यनिबंध के रूप में होती थीं। फल इसका यह हुआ कि काव्यप्रेमियों को उसमें काव्यत्व नहीं दिखाई पड़ता था और ये खड़ी बोली की अधिकांश कविता को 'तुकबंदी' मात्र समझने लगे थे। आगे चलकर तृतीय उत्थान में इस परिस्थिति के विरुद्ध गहरा प्रतिवर्तन (रिएक्शन) हुआ।

यहाँ तक तो उन कवियों का उल्लेख हुआ जिन्होंने द्विवेदीजी के प्रोत्साहन से अथवा उनके आदर्श के अनुकूल रचनाएँ कीं। पर इस द्वितीय उत्थान के भीतर अनेक ऐसे कवि भी बराबर अपनी वाग्धारा बहाते रहे जो अपना स्वतंत्र मार्ग पहले से निकाल चुके थे और जिनपर द्विवेदीजी का कोई विशेष प्रभाव नहीं दिखाई पड़ता।

द्विवेदीमंडल के बाहर की काव्यभूमि

द्विवेदीजी के प्रभाव से हिंदी काव्य ने जो स्वरूप प्राप्त किया उसके अतिरिक्त और अनेक रूपों में भी भिन्न भिन्न कवियों की काव्यधारा चलती रही। कई एक बहुत अच्छे कवि

अपने-अपने ढंग पर सरस और प्रभावपूर्ण कविता करते रहे जिनमें मुख्य राय देवीप्रसाद 'पूर्ण', पं० नाथूरामशंकर शर्मा, पं० गयाप्रसाद शुक्ल 'सनेही', पं० सत्यनारायण कविरत्न, लाला भगवानदीन, पं० रामनरेश त्रिपाठी, पं० रूपनारायण पांडेय हैं।

इन कवियों में से अधिकांश तो दोरंगी कवि थे, जो ब्रजभाषों में तो शृंगार, वीर, भक्ति आदि की पुरानी परिपाटी की कविता कवित्त-सवैयों या गेय पदों में करते आते थे और खड़ी बोली में नूतन विषयों को लेकर चलते थे। बात यह थी कि खड़ी बोली का प्रचार बराबर बढ़ता दिखाई देता था और काव्य के प्रवाह के लिये कुछ नई-नई भूमियाँ भी दिखाई पड़ती थीं। देशदशा, समाजदशा, स्वदेशप्रेम, आचरणसंबंधी उपदेश आदि ही तक नई धारा की कविता न रहकर जीवन के कुछ और पक्षों की ओर भी बढ़ी, पर गहराई के साथ नहीं। त्याग, वीरता, उदारता, सहिष्णुता, इत्यादि के अनेक पौराणिक और ऐतिहासिक प्रसंग पद्यबद्ध हुए जिनके बीच-बीच में जन्मभूमि प्रेम, स्वजातिगौरव आत्मसम्मान की व्यंजना करनेवाले जोशीले भाषण रखे गए। जीवन की गूढ़, मार्मिक या रमणीय प्रवृत्ति नहीं दिखाई पड़ी। पं० रामनरेश त्रिपाठी ने कुछ ध्यान कल्पित प्रबंध की ओर दिया।

दार्शनिकता का पुट राय देवीप्रसाद 'पूर्ण' की रचनाओं में कहीं-कहीं दिखाई पड़ता है, पर किसी दार्शनिक तथ्य को हृदयग्राह रसात्मक रूप देने का प्रयास उनमें भी नहीं पाया जाता। उनके 'वसंतवियोग' में भारतदशासूचक प्राकृतिक विभूति के नाना चित्रों के बीच-बीच में कुछ दार्शनिक तत्व रखे गए हैं और अंत में आकाशवाणी द्वारा भारत के कल्याण के लिये कर्मयोग और भक्ति का आदेश दिलाया गया है। प्रकृतिवर्णन की ओर हमारा काव्य कुछ अधिक अग्रसर हुआ पर प्रायः वहीं तक रहा जहाँ तक उसका संबंध मनुष्य के सुखसौंदर्य की भावना से है। प्रकृति के जिन सामान्य रूपों के बीच नरजीवन का विकास हुआ है, जिन रूपों से हम बराबर घिरे रहते आए हैं उनके प्रति यह राग या ममता न व्यक्त हुई जो चिर सहचरों के प्रति स्वभावतः हुआ करती है। प्रकृति के प्रायः वे ही चटकीले भड़कीले रूप लिए गए जो सजावट के काम के समझे गए। सारांश यह कि जगत् और जीवन के नाना रूपों और तथ्यों के बीच हमारे हृदय का प्रसार करने में वाणी वैसी तत्पर न दिखाई पड़ी।

(८) राय देवीप्रसाद 'पूर्ण'—पूर्णजी का उल्लेख 'पुरानी धारा' के भीतर हो चुका है। वे ब्रजभाषा-काव्य-परंपरा के बहुत ही प्रौढ़ कवि थे और जब तक जीवित रहे, अपने 'रसिक समाज' द्वारा उस परंपरा की पूरी चहल-पहल बनाए रहे। उक्त समाज की ओर से 'रसिक वाटिका' नाम की एक पत्रिका निकली थी जिसमें उस समय के प्रायः सब ब्रजभाषा कवियों की सुंदर रचनाएँ छपतीं थीं। जब संवत् १९७७ में पूर्णजी का देहावसान हुआ उस समय उक्त समाज निरवलंब सा हो गया, और—

> **रसिक समाजी ह्वै चकोर चहुँ ओर हेरैं,**
> **कविता को पूरन कलानिधि कितै गयो।** **(रतनेश)**

पूर्ण जी सनातनधर्म के बड़े उत्साही अनुयायी तथा अध्ययनशील व्यक्ति थे। उपनिषद् और वेदांत में उनकी अच्छी गति थी। सभासमाजों के प्रति उनका बहुत उत्साह रहता था और उसके अधिवेशनों में वे अवश्य कोई न कोई कविता पढ़ते थे। देश में चलनेवाले आंदोलनों (जैसे, स्वदेशी) को भी उनकी वाणी प्रतिध्वनित करती थी। भारतेंदु, प्रेमघन आदि प्रथम उत्थान के कवियों के समान पूर्णजी में भी देशभक्ति और राजभक्ति का समन्वय पाया जाता

है। बात यह है कि उस समय तक देश के राजनीतिक प्रयत्नों में अवरोध या विरोध का बल नहीं आया था और लोगों की पूरी तरह धड़क नहीं खुली थी। अत: उनकी रचना में यदि एक ओर 'स्वदेशी' पर देशभक्तिपूर्ण पद्य मिले और दूसरी ओर सन् १९११ वाले दिल्ली दरबार के ठाटबाट का वर्णन, तो आश्चर्य न करना चाहिए।

प्रथम उत्थान के कवियों के समान पूर्णजी पहले नूतन विषयों की कविता भी ब्रजभाषा में करते थे; जैसे—

विगत आलस की रजनी भई। रुचिर उद्यम की द्युति छै गई॥
उदित सूरज है नव भाग को। अरुन रंग भए अनुराग को॥
तजि बिछौनन को अब भागिए। भरत खंड प्रजागण जागिए॥

इस प्रकार 'संग्रामनिंदा' आदि अनेक विषयों पर उनकी रचनाएँ ब्रजभाषा में ही हैं। पीछे खड़ी बोली की कविता का प्रचार बढ़ने पर बहुत सी रचना उन्होंने खड़ी बोली में भी की, जैसे 'अमलतास', 'वसंतवियोग', 'स्वदेशी कुंडल', 'नए सन् (१९१०) का स्वागत', 'नवीन संवत्सर (१९६७) का स्वागत', इत्यादि। 'स्वदेशी', 'देशोद्धार' आदि पर उनकी अधिकांश रचनाएँ इतिवृत्तात्मक पद्यों के रूप में हैं। 'बसंतवियोग' बहुत बड़ी कविता है जिसमें कल्पना अधिक सचेष्ट मिलती है। उसमें भारतभूमि की कल्पना एक उद्यान के रूप में की गई है। प्राचीन काल में यह उद्यान सत्वगुणप्रधान तथा प्रकृति की सारी विभूतियों से संपन्न था और इसके माली देवतुल्य थे। पीछे मालियों के प्रमाद और अनैक्य से उद्यान उजड़ने लगता है। यद्यपि कुछ यशस्वी महापुरुष (विक्रमादित्य ऐसे) कुछ काल के लिये उसे संभालते दिखाई पड़ते हैं, पर उसकी दशा गिरती ही जाती है। अंत में उसके माली साधना और तपस्या के लिये कैलास मानसरोवर की ओर जाते हैं जहाँ आकाशवाणी होती है कि विक्रम की बीसवीं शताब्दी में जब 'पश्चिमी शासन' होगा तब उन्नति का आयोजन होगा। 'अमलतास' नाम की छोटी सी कविता में कवि ने अपने प्रकृति निरीक्षण का भी परिचय दिया है। ग्रीष्म में जब वनस्थली के सारे पेड़ पौधे झुलसे से रहते हैं और कहीं प्रफुल्लता नहीं दिखाई देती है, उस समय अमलतास चारों ओर फूलकर अपनी पीतप्रभा फैला देता है। इससे कवि भक्ति के महत्व का संकेत ग्रहण करता है—

देख तव वैभव, द्रुमकुल-संत! विचारा उसका सुखद निदान।
करे जो विषम काल को मंद, गया उस सामग्री पर ध्यान॥
रँगा निज प्रभु ऋतुपति के रंग, द्रुमों में अमल्तास तू भक्त।
इसी कारण निदाघ प्रतिकूल, दहन में तेरे रहा अशक्त॥

पूर्णजी की कविताओं का संग्रह 'पूर्ण संग्रह' के नाम से प्रकाशित हो चुका है। उनकी खड़ी बोली की रचना के कुछ उदाहरण नीचे दिए जाते हैं—

नंदन वन का सुना नहीं है किसने नाम
मिलता है जिसमें देवों को भी आराम॥
उसके भी बासी सुखरासी, उग्र हुआ यदि उनका भाग।
आकर के इस कुसुमाकर में, करते हैं नंदन रुचि त्याग॥

\+ \+ \+

है उत्तर में कोट शैल सम तुंग विशाल,
विमल सघन हिमवलित ललित धवलित सब काल।

+ + +

हे नर दक्षिण! इसके दक्षिण, पश्चिम, पूर्व
हैं अपार जल से परिपूरित कोश अपूर्व।
पवन देवता गगन-पंथ से सुघन घटों में लाकर नीर,
सींचा करते हैं यह उपवन करके सदा कृपा गंभीर॥

+ + +

कर देते हैं बाहर भुनगों का परिवार,
तब करते हैं कीश उदुंबर का आहार।
पक्षीगृह विचार तरुगण को नहीं हिलाते हैं गजवृंद।
हंस भृंग हिंसा के भय से छाते नहीं बंद अरविंद॥
धेनुवत्स जब छक जाते हैं पीकर क्षीर,
तब कुछ दुहते हैं गौओं को चतुर अहीर।
लेते हैं हम मधुकोशों से मधु जो गिरे आप ही आप।
मक्खी तक निदान इस थल की पाती नहीं कभी संताप॥

(बसंतवियोग)

सरकारी कानून का रखकर पूरा ध्यान।
कर सकते हो देश का सभी तरह कल्याण॥
सभी तरह कल्यान देश का कर सकते हो।
करके कुछ उद्योग सोग सब हर सकते हो॥
जो हो तुममें जान, आपदा, भारी सारी।
हो सकती है दूर, नहीं बाधा सरकारी॥

(९) **पं० नाथूराम शंकर शर्मा**—इनका जन्म संवत् १९१६ में और मृत्यु १९८९ में हुई। वे अपना उपनाम 'शंकर' रखते थे और पद्यरचना में अत्यंत सिद्धहस्त थे। पं० प्रतापनारायण मिश्र के वे साथियों में थे और उस समय के कवि समाजों में बराबर कविता पढ़ा करते थे। समस्यापूर्ति वे बड़ी ही सटीक और सुंदर करते थे जिनसे उनका चारों ओर पदक, पगड़ी, दुशाले आदि से सत्कार होता था। 'कवि वँ चित्रकार', 'काव्यसुधाधर', 'रसिक मित्र' आदि पत्रों में उनकी अनूठी पूर्तियाँ और ब्रजभाषा की कविताएँ बराबर निकला करती थीं। छंदों के सुंदर नपे तुले विधान के साथ ही उनकी उद्भावनाएँ भी बड़ी अनूठी होती थीं। वियोग का यह वर्णन पढ़िए—

शंकर नदी नद नदीसन के नीरन की
भाप बन अंबर तें ऊँची चढ़ जाएगी।

दोनों ध्रुव छोरन लौं पल में पिघल कर
घूम घूम धरनी धुरी सी बढ़ जाएगी।
झारेंगे अँगारे ये तरनि तारे तारापति
जारैंगे खमंडल में आग मढ़ जाएगी।
काहू विधि विधि की बनावट बचैगी नाहिं
जो पै वा वियोगिनी की आह कढ़ जाएगी।

पीछे खड़ी बोली का प्रचार होने पर वे उसमें भी बहुत अच्छी रचना करने लगे। उनकी पदावली कुछ उद्दंडता लिए होती थी। इसका कारण यह है कि उनका संबंध आर्यसमाज से रहा जिसमें अंधविश्वास और सामाजिक कुरीतियों के उग्र विरोध की प्रवृत्ति बहुत दिनों तक जाग्रत रही। उसी अंतर्वृत्ति का आभास उनकी रचनाओं में दिखाई पड़ता है। 'गर्भरंडा रहस्य' नामक एक बड़ा प्रबंधकाव्य उन्होंने विधवाओं की बुरी परिस्थिति और देवमंदिरों के अनाचार आदि दिखाने के उद्देश्य से लिखा था। उसका एक पद्य देखिए—

फैल गया हुड़दंग होलिका की हलचल में।
फूल फूल का फाग फला महिला-मंडल में॥
जननी भी तज लाज बनी ब्रजमक्खी सबकी।
पर मैं पिंड छुड़ाय जवनिका में जा दबकी॥

फबतियाँ और फटकार इनकी कविताओं की एक विशेषता है। फैशनवालों पर कही हुई 'ईश गिरिजा को छोड़ि ईशु गिरिजा में जाय' वाली प्रसिद्ध फबती इन्हीं की है। पर जहाँ इनकी चित्तवृत्ति दूसरे प्रकार की रही है, वहाँ की उक्तियाँ बड़ी मनोहर भाषा में हैं। यह कवित्त ही लीजिए—

तेज न रहेगा तेजधारियों का नाम को भी,
मंगल मयंक मंद मंद पड़ जायँगे।
मीन बिन मारे मर जायँगे सरोवर में,
डूब डूब 'शंकर' सरोज सड़ जायँगे॥
चौंक चौंक चारों ओर चौकड़ी भरेंगे मृग,
खंजन खिलाड़ियों के पंख झड़ जायँगे।
बोलो इन अँखियों की होड़ करने को अब,
कौन से अड़ीले उपमान अड़ जायँगे?

(१०) पं० गयाप्रसाद शुक्ल 'सनेही'—ये हिंदी के एक बड़े ही भावुक और सरस हृदय कवि हैं। ये पुरानी और नई दोनों चाल की कविताएँ लिखते हैं। इनकी बहुत सी कविताएँ 'त्रिशूल' के नाम से निकली हैं। उर्दू कविता भी इनकी बहुत ही अच्छी होती है। इनकी पुरानी ढंग की कविताएँ 'रसिकमित्र', 'काव्यसुधानिधि' और 'साहित्यसरोवर' आदि में बराबर निकलती रहीं। पीछे इनकी प्रवृत्ति खड़ी बोली की ओर हुई। इनकी तीन पुस्तकें प्रकाशित हैं—'प्रेमपचीसी', 'कुसुमांजलि', 'कृषकक्रंदन'। इस मैदान में भी इन्होंने अच्छी सफलता पाई। एक पद्य नीचे दिया जाता है—

तू है गगन विस्तीर्ण तो मैं एक तारा क्षुद्र हूँ।
तू है महासागर अगम, मैं एक धारा क्षुद्र हूँ।
तू है महानद तुल्य तो मैं एक बूँद समान हूँ।
तू है मनोहर गीत तो मैं एक उसकी तान हूँ॥

(११) पं० रामनरेश त्रिपाठी—त्रिपाठी जी का नाम भी खड़ी बोली के कवियों में बड़े सम्मान के साथ लिया जाता है। भाषा की सफाई और कविता के प्रसादगुण पर इनका बहुत जोर रहता है। काव्यभाषा में लाघव के लिये कुछ कारक चिह्नों और संयुक्त क्रियाओं के कुछ अंतिम अवयवों को छोड़ना भी (जैसे, 'कर रहा है' के स्थान पर 'कर रहा' या 'करते हुए' के स्थान पर 'करते') ये ठीक नहीं समझते। कार्यक्षेत्र में जिस स्वाभाविक स्वच्छंदता (रोमैंटिसिज्म) का आभास पं० श्रीधर पाठक ने दिया था उसके पथ पर चलनेवाले द्वितीय उत्थान में त्रिपाठी जी ही दिखाई पड़े। 'मिलन', 'पथिक', और 'स्वप्न' नामक इनके तीनों खंडकाव्यों में इनकी कल्पना ऐसे मर्मपथ पर चलती है जिस पर मनुष्य मात्र का हृदय स्वभावतः ढलता आया है। ऐतिहासिक या पौराणिक कथाओं के भीतर न बँधकर अपनी भावना के अनुकूल स्वच्छंद संचरण के लिये कवि ने नूतन कथाओं की उद्‌भावना की है। कल्पित आख्यानों की ओर यह विशेष झुकाव स्वच्छंद मार्ग का अभिलाष सूचित करता है। इन प्रबंधों में नरजीवन जिन रूपों में ढालकर सामने लाया गया है, ये मनुष्यमात्र का मर्मस्पर्श करनेवाले हैं तथा प्रकृति के स्वच्छंद और रमणीय प्रसार के बीच अवस्थित होने के कारण शेष सृष्टि से विच्छिन्न नहीं प्रतीत होते।

स्वदेशभक्ति की जो भावना भारतेंदु के समय से चली आती थी उसे सुंदर कल्पना द्वारा रमणीय और आकर्षक रूप त्रिपाठी जी ने ही प्रदान किया। त्रिपाठीजी के उपर्युक्त तीनों काव्य देशभक्ति के भाव से प्रेरित हैं। देशभक्ति का यह भाव उनके मुख्य पात्रों को जीवन के कई क्षेत्रों में सौंदर्य प्रदान करता दिखाई पड़ता है—कर्म के क्षेत्र में भी, प्रेम के क्षेत्र में भी। वे पात्र कई तरफ से देखने में सुंदर लगते हैं। देशभक्ति को रसात्मक रूप त्रिपाठी जी द्वारा प्राप्त हुआ, इसमें संदेह नहीं।

त्रिपाठीजी ने भारत के प्रायः सब भागों में भ्रमण किया है, इससे इनके प्रकृतिवर्णन में स्थानगत विशेषताएँ अच्छी तरह आ सकी हैं। इनके 'पथिक' में दक्षिण भारत के रम्य दृश्यों का बहुत विस्तृत समावेश है। इसी प्रकार इनके 'स्वप्न' में उत्तराखंड और काश्मीर की सुषमा सामने आती है। प्रकृति के किसी खंड के संश्लिष्ट चित्रण की प्रतिभा इनमें अच्छी है। सुंदर आलंकारिक साम्य खड़ा करने में भी इनकी कल्पना प्रवृत्त होती है पर झूठे आरोपों द्वारा अपनी उड़ान दिखाने का वैचित्र्य खड़ा करने के लिये नहीं।

'स्वप्न' नामक खंड काव्य तृतीय उत्थान काल के भीतर लिखा गया है जबकि 'छायावाद' नाम की शाखा चल चुकी थी, इससे उस शाखा का भी रंग कहीं कहीं उसके भीतर झलक मारता है, जैसे—

प्रिय की सुधि सी ये सरिताएँ, ये कानन कांतार सुसज्जित।
मैं तो नहीं, किंतु है मेरा हृदय किसी प्रियतम से परिचित।
जिसके प्रेमपत्र आते हैं प्रायः सुख-संवाद-सन्निहित॥

अतः उस काव्य को लेकर देखने से थोड़ी-थोड़ी इनकी सब प्रवृत्तियाँ झलक जाती हैं। उसके आरंभ में हम अपनी प्रिया में अनुरक्त वसंत नामक एक सुंदर और विचारशील युवक को जीवन की गंभीर वितर्कदशा में पाते हैं। एक ओर उसे प्रकृति की प्रमोदमयी सुषमाओं के बीच प्रियतमा के साहचर्य का प्रेमसुख लीन रखना चाहता है, दूसरी ओर समाज के असंख्य प्राणियों का कष्ट क्रंदन उसे उद्धार के लिये बुलाता जान पड़ता है। दोनों पक्षों के बहुत से सजीव चित्र बारी-बारी से बड़ी दूर तक चलते हैं। फिर उस युवक के मन में जगत् और जीवन के संबंध में गंभीर जिज्ञासाएँ उठती हैं। जगत् के इस नाना रूपों का उद्गम कहाँ है? सृष्टि के इन व्यापारों का अंतिम लक्ष्य क्या है? यह जीवन हमें क्यों दिया गया है? इसी प्रकार के प्रश्न उसे व्याकुल करते रहते हैं और कभी-कभी वह सोचता है—

इसी तरह की अमित कल्पना के प्रवाह में मैं निशिवासर,
बहता रहता हूँ विमोहवश; नहीं पहुँचता कहीं तीर पर।
रात दिवस की बूँदों द्वारा तन-घट से परिमित यौवन-जल;
है निकला जा रहा निरंतर, यह रुक सकता नहीं एक पल॥

कभी-कभी उसकी वृत्ति रहस्योन्मुक्त होती है, वह सारा खेल खड़ा करनेवाले उस छिपे हुए प्रियतम का आकर्षण अनुभव करता है और सोचता है कि मैं उसके अन्वेषण में क्यों न चल पड़ूँ।

उसकी प्रिया सुमना उसे दिन-रात इस प्रकार भावनाओं में ही मग्न और अव्यवस्थित देखकर कर्म मार्ग पर स्थिर हो जाने का उपदेश देती है—

सेवा है महिमा मनुष्य की, न कि अति उच्च विचार-द्रव्य-बल॥
मूल हेतु रवि के गौरव का है प्रकाश ही न कि उच्च स्थल॥
मन की अमित तरंगों में तुम खोते हो इस जीवन का सुख॥

इसके उपरांत देश पर शत्रु चढ़ाई करता है और राजा उसे रोकने में असमर्थ होकर घोषणा करता है कि प्रजा अपनी रक्षा कर ले। इस पर देश के झुंड के झुंड युवक निकल पड़ते हैं और उनकी पत्नियाँ और माताएँ गर्व से फूली नहीं समाती हैं। देश की इस दशा में वसंत को घर में पड़ा देख उसकी पत्नी सुमना को अत्यंत लज्जा होती है और वह अपने पति से स्वदेश के इस संकट के समय शस्त्र ग्रहण करने को कहती है। जब वह देखती है कि उसका पति उसी के प्रेम के कारण नहीं उठता है तब वह अपने को ही प्रिय के कर्तव्यपथ का बाधक समझती है। वह सुनती है कि एक रुग्णावृद्धा यह देखकर कि उसका पुत्र उसी की सेवा के ध्यान से युद्ध पर नहीं जाता है, अपना प्राण त्याग कर देती है। अंत में सुमना अपने को वसंत के सामने से हटाना ही स्थिर करती है और चुपचाप घर से निकल पड़ती है। वह पुरुष वेष में वीरों के साथ सम्मिलित होकर अत्यंत पराक्रम के साथ लड़ती है। उधर वसंत उसके वियोग में प्रकृति के खुले क्षेत्र में अपनी प्रेम वेदना की पुकार सुनाता फिरता है, पर सुमना उस समय प्रेमक्षेत्र से दूर थी—

अर्द्ध निशा में तारागण से प्रतिबिंबित अति निर्मल जलमय।
नीलझील के कलित कूल पर मनोव्यथा का लेकर आश्रय॥

नीरवता में अंतस्तल का मर्म करुण स्वर लहरी में भर।
प्रेम जगाया करता था वह विरही विरह गीत गा गा कर॥
भोजपत्र पर विरह-व्यथामय अगणित प्रेमपत्र लिख लिखकर।
डाल दिए थे उसने गिरि पर, नदियों के तट पर, वनपथ पर॥
पर सुमना के लिये दूर थे ये वियोग के दृश्य कदंबक।
और न बिरही की पुकार ही पहुँच सकी उसके समीप तक॥

अंत में वसंत एक युवक (वास्तव में पुरुष वेष में सुमना) के उद्बोध से निकल पड़ता है और अपनी अद्भुत वीरता द्वारा सबका नेता बनकर विजय प्राप्त करता है। राजा यह कहकर कि 'जो देश की रक्षा करे वही राजा' उसको राज्य सौंप देता है। उसी समय सुमना भी उसके सामने प्रकट हो जाती है।

स्वदेशभक्ति की भावना कैसे मार्मिक और रसात्मक रूप में कथा के भीतर व्यक्त हुई है, यह उपर्युक्त सारांश द्वारा देखा जा सकता है। जैसा कि हम पहले कह आए हैं त्रिपाठी जी की कल्पना मानवहृदय के सामान्य मर्मपथ पर चलनेवाली है। इनका ग्राम गीत संग्रह करना इस बात को और भी स्पष्ट कर देता है। अत: त्रिपाठीजी हमें स्वच्छंदतावाद (रोमैंटिसिज्म) के प्रकृत पथ पर दिखाई पड़ते हैं। इनकी रचना के कुछ उदाहरण नीचे दिए जाते हैं।

चारु चंद्रिका से आलोकित विमलोदक सरसी के तट पर,
बौर-गंध से शिथिल पवन में कोकिल का आलाप श्रवण कर।
और सरक आती समीप है प्रमदा करती हुई प्रतिध्वनि;
हृदय द्रवित होता है सुनकर शशिकर छूकर यथा चंद्रमणि॥
किंतु उसी क्षण भूख प्यास से विकल वस्त्र वंचित अनाथगण,
'हमें किसी की छाँह चाहिए' कहते चुनते हुए अन्नकण,
आ जाते हैं हृदय द्वार पर, मैं पुकार उठता हूँ तत्क्षण—
हाय! मुझे धिक् है जो इनका कर न सका मैं कष्ट-निवारण।
उमड़घुमड़ कर जब घमंड से उठता है सावन में जलधर,
हम पुष्पित कदंब के नीचे झूला करते हैं प्रतिवासर।
तड़ित्प्रभा या घनगर्जन से भय या प्रेमोद्रेक प्राप्त कर,
वह भुजबंधन कस लेती है, यह अनुभव है परम मनोहर।
किंतु उसी क्षण वह गरीबिनी, अति विषादमय जिसके मुँहपर,
घुने हुए छप्पर की भीषण, चिंता के हैं घिरे वारिधर,
जिसका नहीं सहारा कोई, आ जाती है दृग के भीतर,
मेरा हर्ष चला जाता है एक आह के साथ निकल कर।

(स्वप्न)

प्रतिक्षण नूतन वेष बनाकर रंग-बिरंग निराला।
रवि के संमुख थिरक रही है नभ में वारिदमाला॥
नीचे नील समुद्र मनोहर ऊपर नील गगन है।
घन पर बैठ बीच में बिचरूँ, यही चाहता मन है॥

सिंधु-विहंग तरंग पंख को फड़का कर प्रतिक्षण में।
है निमग्न नित भूमि अंक के सेवन में, रक्षण में।

(पथिक)

मेरे लिये खड़ा था दुखियों के द्वार पर तू।
मैं बाट जोहता था तेरी किसी चमन में।
बन कर किसी के आँसू मेरे लिए बहा तू।
मैं देखता तुझे था माशूक के बदन में।

(फुटकल)

(१२) **स्वर्गीय लाला भगवानदीन**—दीनजी के जीवन का प्रारंभिक काल उस बुंदेलखंड में व्यतीत हुआ था जहाँ देश की परंपरागत पुरानी संस्कृति अभी बहुत कुछ बनी हुई है। उनका रहन सहन बहुत सादा और उनका हृदय सरल और कोमल था। उन्होंने हिंदी के पुराने काव्यों का नियमित रूप में अध्ययन किया था, इससे वे ऐसे लोगों से कुढ़ते थे जो परंपरागत हिंदी साहित्य की कुछ भी जानकारी प्राप्त किए बिना केवल थोड़ी सी अँगरेजी शिक्षा के बल पर हिंदी कविताएँ लिखने लग जाते थे। बुंदेलखंड में शिक्षित वर्ग के बीच और सर्वसाधारण में भी हिंदी कविता का सामान्य रूप में प्रचार चला आ रहा है। ऋतुओं के अनुसार जो त्योहार और उत्सव रखे गए हैं, उनके आगमन पर वहाँ लोगों में अब भी प्राय: वही उमंग दिखाई देती है। विदेशी संस्कारों के कारण वह मारी नहीं गई है। लाला साहब वही उमंग भरा हृदय लेकर छतरपुर से काशी आ रहे। हिंदी शब्दसागर के संपादकों में एक वे भी थे। पीछे हिंदू विश्वविद्यालय में हिंदी के अध्यापक हुए। हिंदी साहित्य की व्यवस्थित रूप से शिक्षा देने के लिये काशी में उन्होंने एक साहित्य विद्यालय खोला जो उन्हीं के नाम से अब तक बहुत अच्छे ढंग पर चला जा रहा है। कविता में वे अपना उपनाम 'दीन' रखते थे।

लालजी का जन्म संवत् १९२३ में और मृत्यु १९८७ (जुलाई, १९३०) में हुई।

पहले वे ब्रजभाषा में पुराने ढंग की कविता करते थे, पीछे 'लक्ष्मी' के संपादक हो जाने पर खड़ी बोली की कविताएँ लिखने लगे। खड़ी बोली में उन्होंने वीरों के चरित्र लेकर बोलचाल की कड़कड़ाती भाषा में जोशीली रचना की है। खड़ी बोली की कविताओं का तर्ज उन्होंने प्राय: मुंशियाना ही रखा था। वह्र या छंद भी उर्दू के रखते थे और भाषा में चलते अरबी या फारसी शब्द भी लाते थे। इस ढंग के उनके तीन काव्य निकले हैं—'वीर क्षत्राणी', 'वीर बालक', और 'वीर पंचरत्न'। लालाजी पुराने हिन्दी काव्य और साहित्य के अच्छे मर्मज्ञ थे। बहुत से प्राचीन काव्यों की नए ढंग की टीकाएँ करके उन्होंने अध्ययन के अभिलाषियों का बड़ा उपकार किया है। रामचंद्रिका, कविप्रिया, दोहावली, कवितावली, बिहारी सतसई आदि

की इनकी टीकाओं ने विद्यार्थियों के लिये अच्छा मार्ग खोल दिया। भक्ति और शृंगार की पुराने ढंग की कविताओं में उक्ति चमत्कार वे अच्छा लाते थे।

उनकी कविताओं के दोनों तरह के नमूने नीचे देखिए—

सुनि मुनि कौसिक तें साप को हवाल सब,
बाढ़ी चित करुना की अजब उमंग है।
पद-रज डारि करे पाप सब छारि,
करि नवल सुनारि दियो धामहू उतंग है।
'दीन' भनै ताहि लखि जात पतिलोक,
ओर उपमा अभूत को सुझानों नयो ढंग है।
कौतुकनिधान राम रज की बनाय रज्जु,
पद तें उड़ाई ऋषि-पतिनी-पतंग है॥

वीरों की सुमाताओं का यश जो नहीं गाता।
वह व्यर्थ सुकवि होने का अभिमान जनाता॥
जो वीर-सुयश गाने में है ढील दिखाता।
वह देश के वीरत्व का है मान घटाता॥
सब वीर किया करते हैं सम्मान कलम का।
वीरों का सुयशगान है अभिमान कलम का॥

इनकी फुटकल कविताओं का संग्रह 'नवीन बीन' या 'नदी में दीन' में है।

(१३) पं० रूपनारायण पांडेय—पांडेयजी ने यद्यपि ब्रजभाषा में भी बहुत कुछ कविता की है, पर इधर अपनी खड़ी बोली की कविताओं के लिये ही ये अधिक प्रसिद्ध हैं! इन्होंने बहुत उपयुक्त विषय कविता के लिये चुने हैं और उनमें पूरी रसात्मकता लाने में समर्थ हुए हैं। इनके विषय के चुनाव में ही भावुकता टपकती है; जैसे दलित कुसुम, वनविहंगम, आश्वासन। इनकी कविताओं का संग्रह 'पराग' के नाम से प्रकाशित हो चुका है। पांडेयजी की 'वनविहंगम' नाम की कविता में हृदय की विशालता और सरसता का बहुत अच्छा परिचय मिलता है। 'दलित कुसुम' की अन्योक्ति भी बड़ी हृदयग्राहिणी है। संस्कृत और हिंदी दोनों के छंदों में खड़ी बोली को इन्होंने बड़ी सुघड़ाई से ढाला है। यहाँ स्थानाभाव से हम दो ही पद उंद्धृत कर सकते हैं—

अहह! अधम आँधी, आ गई तू कहाँ से?
प्रलय-बन-घटा सी छा गई तू कहाँ से?
पर-दुख-सुख तू ने, हा! न देखा न भाला।
कुसुम अधखिला ही, हाय! यों तोड़ डाला॥

बन बीच बसे थे, फँसे थे ममत्व में एक कपोत कपोती कहीं।
दिनरात न एक को दूसरा छोड़ता, ऐसे हिले मिले दोनों वहीं।

बढ़ने लगा नित्य नया नया नेह, नई नई कामना होती रही।
कहने का प्रयोजन है इतना, उनके सुख की रही सीमा नहीं॥

(१४) पं० सत्यनारायण 'कविरत्न'—खड़ी बोली की खरखराहट (जो तब तक बहुत कुछ बनी हुई थी) के बीच 'वियोगी हरि' के समान स्वर्गीय पं० सत्यनारायण 'कविरत्न' (जन्म संवत् १९३६-मृत्यु १९७५) भी ब्रज की मधुरवाणी सुनाते रहे। रीतिकाल के कवियों की परंपरा पर न चलकर वे या तो भक्तिकाल के कृष्णभक्त कवियों के ढंग पर चले हैं अथवा भारतेंदुकाल की नूतन कविता की प्रणाली पर। ब्रजभूमि, ब्रजभाषा और ब्रजपति का प्रेम उनके हृदय की संपत्ति थी। ब्रज के अतीत दृश्य उनकी आँखों में फिरा करते थे। इंदौर के पहले साहित्य सम्मेलन के अवसर पर ये मुझे वहाँ मिले थे। वहाँ की अत्यंत काली मिट्टी देख वे बोले, 'या माटी को तो हमारे कन्हैया न खाते'।

अँगरेजी की ऊँची शिक्षा पाकर भी उन्होंने अपनी चाल ढाल ब्रजमंडल के ग्रामीण भलेमानसों की ही रखी। धोती, बगलबंदी और दुपट्टा; सिर पर एक गोल टोपी; यही उनका वेश रहता था। ये बाहर जैसे सरल और सादे थे, भीतर भी वैसे ही थे। सादापन दिखावे के लिये धारण किया हुआ नहीं है, स्वभावत: है, यह बात उन्हें देखते ही और उनकी बातें सुनते ही प्रकट हो जाती थी। बाल्यकाल से लेकर जीवनपर्यंत वे आगरे से डेढ़ कोस पर ताजगंज के पास धाँधूपुर गाँव में ही रहे। उनका जीवन क्या था, जीवन की विषमता का एक छाँटा हुआ दृष्टांत था। उनका जन्म और बाल्यकाल, विवाह और गार्हस्थ्य, सब एक दु:खभरी कहानी के संबद्ध खंड थे। वे थे ब्रजमाधुरी में पगे जीव; उनकी पत्नी थीं आर्यसमाज के तीखेपन में पली महिला। इस विषमता की विरसता बढ़ती ही गई और थोड़ी ही अवस्था में कविरत्नजी की जीवन यात्रा समाप्त हो गई।

ब्रजभाषा की कविताएँ वे छात्रावस्था से ही लिखने लगे थे। वसंतागमन पर वर्षा के दिनों में वे रसिए आदि ग्रामीण अपढ़ ग्रामीणों में मिलकर निस्संकोच गाते थे। सवैया पढ़ने का ढंग उनका ऐसा आकर्षक था कि सुननेवाले मुग्ध हो जाते थे। जीवन की घोर विषमताओं के बीच भी वे प्रसन्न और हँसमुख दिखाई देते थे। उनके लिये उनका जीवन ही एक काव्य था, अत: जो बातें प्रत्यक्ष उनके सामने आती थीं, काव्य का रूपरंग देते उन्हें देर नहीं लगती थी। मित्रों के पास वे प्राय: पद्य में पत्र लिखा करते थे जिनमें कभी कभी उनके स्वभाव की झलक भी रहती थी, जैसे स्वर्गीय पद्मसिंहजी के पास भेजी हुई इस कविता में—

जो मों सों हंसि मिलै होत मैं तासु निरंतर चेरो।
बस गुन ही गुन निरखत तिह मधि सरल प्रकृति को प्रेरो॥
यह स्वभाव को रोग जानिए, मेरी बस कछु नाहीं।
नित नव विकल रहत याही सो सहृदय बिछुरन माहीं॥
सदा दारुयोषित सम बेबस आज्ञा मुदित प्रमानै।
कोरो सत्य ग्राम को वासी कहा 'तकल्लुफ' जानै॥

किसी का कोई अनुरोध टालना तो उनके लिये असंभव था। यह जानकर बराबर लोग किसी न किसी अवसर के उपयुक्त कविता बना देने की प्रेरणा उनसे किया करते थे और वे किसी को निराश न करते थे। उनकी वही दशा थी जो उर्दू के प्रसिद्ध शायर ईशा की लखनऊ

दरबार में हो गई थी। इससे उनकी अधिकांश रचनाएँ सामयिक हैं और जल्दी में जोड़ी हुई प्रतीत होती हैं जैसे—स्वामी रामतीर्थ, तिलक, गोखले, सरोजिनी नायडू इत्यादि की प्रशस्तियाँ, लोकहितकर आयोजनों के लिये अपील (हिंदू विश्वविद्यालय के लिये लंबी अपील देखिए); दुख और अन्याय के निवारण के लिये पुकार (कुली प्रथा के विरुद्ध 'पुकार' देखिए)।

उन्होंने जीती जागती ब्रजभाषा ली है। उनकी ब्रजभाषा उसी स्वरूप में बँधी न रहकर जो काव्यपरंपरा के भीतर पाया जाता है, बोलचाल के चलते रूपों को लेकर चली है। बहुत से ऐसे शब्दों और रूपों का उन्होंने व्यवहार किया है जो परंपरागत काव्यभाषा में नहीं मिलते।

'उत्तररामचरित' और 'मालतीमाधव' के अनुवादों में श्लोकों के स्थान पर उन्होंने बड़े मधुर सवैए रखे हैं। मकाले के अँगरेजी खंडकाव्य 'होरेशस' का पद्यबद्ध अनुवाद उन्होंने बहुत पहले किया था। कविरत्नजी की बड़ी कविताओं में 'प्रेमकली' और 'भ्रमरदूत' विशेष उल्लेख योग्य हैं। 'भ्रमरदूत' में यशोदा ने द्वारका में जा बसे हुए कृष्ण के पास संदेश भेजा है। उसकी रचना नंददास के 'भ्रमरगीत' के ढंग पर की गई है, पर अंत में देश की वर्तमान दशा और अपनी दशा का भी हलका सा आभास कवि ने दिया है। सत्यनारायणजी की रचना के कुछ नमूने देखिए—

अलबेली कहु बेलि द्रुमन सों लिपटि सुहाई।
धोए धोए पातन की अनुपम कमनाई॥
चातक शुक कोयल ललित, बोलत मधुरे बोल।
कूकि कूकि केकी कलित कुंजन करत कलोल॥
निरखि घन की घटा।

लखि वह सुषमा जाल लाल निज बिन नंदरानी।
हरि सुधि उमड़ी घुमड़ी तन उर अति अकुलानी॥
सुधि बुधि तजि माथौ पकरि, करि करि सोच अपार।
दृगजल मिस मानहु निकरि बही विरह की धार॥
कृष्ण रटना लगी।

कौने भेजौं दूत, पूत सों बिथा सुनावे।
बातन में बहराइ जाइ ताको यहँ लावै॥
त्यागि मधुपुरी को गयो छाँड़ि सबन के साथ।
सात समुंदर पै भयो दूर द्वारकानाथ॥
जाइगो को उहाँ?

नित नव परत अकाल, काल को चलत चक्र चहुँ।
जीवन को आनंद न देख्यो जात यहाँ कहुँ॥
बढ़्यो अथेच्छाचार कृत जहँ देखौ तहँ राज।
होत जात दुर्बल विकृत दिन दिन आर्यसमाज॥
दिनन के फेर सों।

जे तजि मातृभूमि सों ममता होत प्रवासी।
तिन्हैं बिदेसी तंग करत दै बिपदा खासी॥
नारीशिक्षा अनादरत जे लोग अनारी।
ते स्वदेस अवनति प्रचंड पातक अधिकारी॥
निरखि हाल मेरो प्रथम लेहु समुझि सब कोइ।
विद्याबल लहि मति परम अबला सबला होइ॥
लखौं अजमाइ कै। (भ्रमरदूत)

भयो क्यों अनचाहत को संग?
सब जग के तुम दीपक, मोहन! प्रेमी हमहुँ पतंग।
लखि तब दीपति, देहशिखा में निरत, बिरह लौं लागी।
खींचति आप सों आप उतहि यह, ऐसी प्रकृति अभागी।
यदपि सनेह भरी तव बतियाँ, तउ अचरज की बात।
योग वियोग दोउन में इक सम नित्य जरावत गात॥

प्रकरण ४
काव्यखंड
(सं० १९७५)

नई धारा : तृतीय उत्थान : वर्तमान काव्यधाराएँ

द्वितीय उत्थान के समाप्त होते-होते खड़ी बोली में बहुत कुछ कविता हो चुकी थी। इन २५-३० वर्षों के भीतर वह बहुत कुछ मँजी, इसमें सन्देह नहीं पर इतनी नहीं जितनी उर्दू काव्य क्षेत्र के भीतर जाकर मँजी है। जैसा पहले कह चुके हैं, हिंदी में खड़ी बोली के पद्यप्रवाह के लिये तीन रास्ते खोले गए—उर्दू या फारसी की बह्रों का, संस्कृत के वृत्तों का और हिंदी के छंदों का। इनमें से प्रथम मार्ग का अवलंबन तो मैं नैराश्य या आलस्य समझता हूँ। वह हिंदी काव्य का निकाला हुआ अपना मार्ग नहीं। अतः शेष दो मार्गों का ही थोड़े में विचार किया जाता है।

इसमें तो कोई संदेह नहीं कि संस्कृत के वर्णवृत्तों का माधुर्य अन्यत्र दुर्लभ है, पर उनमें भाषा इतनी जकड़ जाती है कि वह भावधारा के मेल में पूरी तरह से स्वच्छंद होकर नहीं चल सकती। इसी से संस्कृत के लंबे समासों का बहुत कुछ सहारा लेना पड़ता है। पर संस्कृत पदावली के अधिक समावेश से खड़ी बोली की स्वाभाविक गति के प्रसार के लिये अवकाश कम रहता है। अतः वर्णवृत्तों का थोड़ा बहुत उपयोग किसी बड़े प्रबंध के भीतर बीच में ही उपयुक्त हो सकता है। तात्पर्य यह कि संस्कृत पदावली का अधिक आश्रय लेने से खड़ी बोली के मँजने की संभावना दूर ही रहेगी।

हिंदी के सब तरह के प्रचलित छंदों में खड़ी बोली की स्वाभाविक वाग्धारा का अच्छी तरह खपने के योग्य हो जाना ही उनका मँजना कहा जायगा। हिंदी के प्रचलित छंदों में दंडक और सवैया भी हैं। सवैया यद्यपि वर्णवृत्त है पर लय के अनुसार लघु गुरु का बंधन उसमें बहुत कुछ उसी प्रकार शिथिल हो जाता है जिस प्रकार उर्दू के छंदों में। मात्रिक छंदों में तो कोई अड़चन ही नहीं है। प्रचलित मात्रिक छंदों के अतिरिक्त कविजन इच्छानुसार नए छंदों का विधान भी बहुत अच्छी तरह कर सकते हैं।

खड़ी बोली की कविताओं की उत्तरोत्तर गति की ओर दृष्टिपात करने से यह पता चल जाता है कि किस प्रकार ऊपरी लिखी बातों की ओर लोगों का ध्यान क्रमशः गया है और जा रहा है। बाबू मैथिलीशरण गुप्त की कविताओं में चलती हुई खड़ी बोली का परिमार्जित और सुव्यवस्थित रूप गीतिका आदि हिंदी के प्रचलित छंदों में तथा नए गढ़े हुए छंदों में पूर्णतया देखने में आया। ठाकुर गोपालशरणसिंहजी कवित्तों और सवैयों में खड़ी बोली का बहुत ही मँजा हुआ रूप सामने ला रहे हैं। उनकी रचनाओं को देखकर खड़ी बोली के मँज जाने की पूरी आशा होती है।

खड़ी बोली का पूर्ण सौष्ठव के साथ मँजना तभी कहा जायेगा जबकि पद्यों में उसकी अपनी गतिविधि का पूरा समावेश हो और कुछ दूर तक चलनेवाले वाक्य सफाई के साथ बैठें।

भाषा का इस रूप में परिमार्जन उन्हीं के द्वारा हो सकता है जिनका हिंदी पर पूरा अधिकार है, जिन्हें उसकी प्रकृति की पूरी परख है। पर जिस प्रकार बाबू मैथिलीशरण गुप्त और ठाकुर गोपालशरण सिंह जी ऐसे कवियों की लेखनी से खड़ी बोली को मँजते देख आशा का पूर्ण संचार होता है उसी प्रकार कुछ ऐसे लोगों को जिन्होंने अध्ययन का शिष्टसमागम द्वारा भाषा का पूरा अधिकार नहीं प्राप्त किया है, संस्कृत की विकीर्ण पदावली के भरोसे पर या अँगरेजी पद्यों के वाक्यखंडों के शब्दानुवाद जोड़-जोड़ कर, हिंदी कविता के नए मैदान में उतरते देख आशंका भी होती है। ऐसे लोग हिंदी जानने या उसका अभ्यास करने की जरूरत नहीं समझते। पर हिंदी भी एक भाषा है, जो आते-आते आती है। भाषा बिना अच्छी तरह जाने वाक्यविन्यास, मुहावरे आदि कैसे ठीक हो सकते हैं?

नए-नए छंदों के व्यवहार और तुक के बंधन के त्याग की सलाह द्विवेदीजी ने बहुत पहले दी थी। उन्होंने कहा था कि 'तुले हुए शब्दों में कविता करने और तुक, अनुप्रास आदि ढूँढ़ने से कवियों के विचारस्वातंत्र्य में बाधा आती है।'

नए-नए छंदों की योजना के संबंध में हमें कुछ नहीं कहना है। यह बहुत अच्छी बात है। 'तुक' भी ऐसी कोई अनिवार्य वस्तु नहीं। चरणों के भिन्न-भिन्न प्रकार के मेल चाहे जितने किए जायँ, ठीक हैं। पर इधर कुछ दिनों से बिना छंद (मीटर) के पद्य भी—बिना तुकांत के होना तो बहुत ध्यान देने की बात नहीं—निरालाजी ऐसे नई रंगत के कवियों में देखने में आते हैं। यह अमेरिका के एक कवि वाल्ट ह्विटमैन (Walt Whitman) की नकल है जो पहिले बँगला में थोड़ी बहुत हुई। बिना किसी प्रकार की छंदोव्यवस्था की अपनी पहली रचना 'लीव्स आफ ग्रास' उसने सन् १८५५ ई० में प्रकाशित की। उसके उपरांत और भी बहुत सी रचनाएँ इसी प्रकार की मुक्त या स्वच्छंद पंक्तियों में निकलीं, जिनके संबंध में एक समालोचक ने लिखा है—

'A chaos of impressions, thought of feelings thrown together without thyme, which matters little, without metre, which matters more; and often without reason which matters much.[१]

सारांश यह कि उसकी ऐसी रचनाओं में छंदोव्यवस्था का ही नहीं, बुद्धितत्व का भी प्रायः अभाव है। उसकी वे ही कविताएँ अच्छी मानी और पढ़ी गईं जिनमें छंद और तुकांत की व्यवस्था थी।

पद्यव्यवस्था से मुक्त काव्यरचना वास्तव में पाश्चात्य ढंग के गीतकाव्यों के अनुकरण का परिणाम है। हमारे यहाँ के संगीत में बँधी हुई राग रागिनियाँ हैं। पर योरोप में संगीत के बड़े-बड़े उस्ताद (कंपोजर्स) अपनी अलग-अलग नादयोजना या स्वरमैत्री चलाया करते हैं। उस ढंग का अनुकरण पहले बंगाल में हुआ। वहाँ की देखादेखी हिंदी में भी चलाया गया 'निराला' जी का तो इसकी ओर प्रधान लक्ष्य रहा। हमारा इस संबंध में यही कहना है कि काव्य का प्रभाव केवल नाद पर अवलंबित नहीं।

छंदों के अतिरिक्त वस्तुविधान और अभिव्यंजनशैली में भी कई प्रकार की प्रवृत्तियाँ इस तृतीय उत्थान में प्रकट हुईं जिससे अनेकरूपता की ओर हमारा काव्य कुछ बढ़ता दिखाई पड़ा।

---

१. **Literature in the Century (Nineteenth Century Series), by A. B. de mille.**

किसी वस्तु में अनेकरूपता आना विकास का लक्षण है, यदि अनेकता के भीतर एकता का कोई एक सूत्र बराबर बना रहे। इस समन्वय से रहित जो अनेकरूपता होगी यह भिन्न-भिन्न वस्तुओं की होगी, एक ही वस्तु की नहीं। अत: काव्यत्व यदि बना रहे तो काव्य का अनेक रूप धारण करके भिन्न-भिन्न शाखाओं में प्रवाहित होना उसका विकास ही कहा जायगा। काव्य के भिन्न-भिन्न रूप एक दूसरे के आगे पीछे भी आविर्भूत हो सकते हैं और साथ-साथ भी निकल और चल सकते हैं। पीछे आविर्भूत होनेवाला रूप पहले से चले आते हुए रूप से अवश्य ही श्रेष्ठ या समुन्नत हो, ऐसा कोई नियम काव्यक्षेत्र में नहीं है। अनेक रूपों की धारणा करनेवाला तत्व यदि एक है तो शिक्षित जनता की वाह्य और आभ्यंतर स्थिति के साथ सामंजस्य के लिये काव्य अपना रूप भी कुछ बदल सकता है और रुचि की विभिन्नता का अनुसरण करता हुआ एक साथ कई रूपों में भी चल सकता है।

प्रथम उत्थान के भीतर हम देख चुके हैं कि किस प्रकार काव्य को भी देश की बदलती हुई स्थिति और मनोवृत्ति के मेल में लाने के लिये भारतेंदु मंडल ने कुछ प्रयत्न किया पर यह प्रयत्न केवल सामाजिक और राजनीतिक स्थिति की ओर हृदय को थोड़ा प्रवृत्त करके रह गया। राजनीतिक और सामाजिक भावनाओं को व्यक्त करनेवाली वाणी भी दबी सी रही। उसमें न तो संकल्प की दृढ़ता और न्याय के आग्रह का जोश था, न उलटफेर की प्रबल कामना का वेग। स्वदेश प्रेम व्यंजित करने वाला यह स्वर अवसाद और खिन्नता का स्वर था, आवेश और उत्साह का नहीं। उसमें अतीत के गौरव का स्मरण और वर्तमान ह्रास का वेदनापूर्ण अनुभव ही स्पष्ट था। अभिप्राय यह कि यह प्रेम जगाया तो गया, पर कुछ नया-नया सा होने के कारण उस समय काव्यभूमि पर पूर्ण रूप से प्रतिष्ठित न हो सका।

कुछ नूतन भावनाओं के समावेश के अतिरिक्त काव्य की परंपरागत पद्धति में किसी प्रकार का परिवर्तन भारतेंदु काल में न हुआ। भाषा ब्रज भाषा ही रहने दी गई और उसकी अभिव्यंजनशक्ति का कुछ विशेष प्रसार न हुआ। काव्य को बँधी हुई प्रणालियों से बाहर निकाल कर जगत् और जीवन के विविध पक्षों की मार्मिकता झलकानेवाली धाराओं में प्रवाहित करने की प्रवृत्ति भी न दिखाई पड़ी।

द्वितीय उत्थान में कुछ दिन ब्रजभाषा के साथ चलकर खड़ी बोली क्रमश: अग्रसर होने लगी; यहाँ तक कि नई पीढ़ी के कवियों को उसी का समय दिखाई पड़ा। स्वदेश गौरव और स्वदेशप्रेम की जो भावना प्रथम उत्थान में जगाई गई थी उसका अधिक प्रसार द्वितीय उत्थान में हुआ और 'भारत भारती' ऐसी पुस्तक निकली। इस भावना का प्रसार तो हुआ पर इसकी अभिव्यंजना में प्रतिभा प्रगल्भता न दिखाई पड़ी।

शैली में प्रगल्भता और विचित्रता चाहे न आई हो, पर काव्य भूमि का प्रसार अवश्य हुआ। प्रसार और सुधार की जो चर्चा नागरीप्रचारिणी सभा की स्थापना के समय से ही रह रहकर थोड़ी बहुत होती आ रही थी वह 'सरस्वती' निकलने के साथ ही कुछ अधिक ब्यौरे के साथ हुई। उस पत्रिका के प्रथम दो तीन वर्षों के भीतर ही ऐसे लेख निकले जिनमें साफ-साफ कहा गया कि अब नायिका भेद और शृंगार में ही बँधे रहने का जमाना नहीं है, संसार में न जाने कितनी बातें हैं जिन्हें लेकर कवि चल सकते हैं। इस बात पर द्विवेदी जी बराबर जोर देते रहे और कहते रहे कि 'कविता के बिगड़ने और उसकी सीमा परिमित हो जाने से साहित्य पर भारी आघात होता है।' द्विवेदीजी 'सरस्वती' के संपादन काल में कविता में नयापन लाने के बराबर इच्छुक रहे। नयापन आने के लिये वे नए-नए विषयों का नयापन या

नानात्व प्रधान समझते रहे और छंद, पदावली, अलंकार आदि का नयापन उसका अनुगामी। रीतिकाल की शृंगारी कविता की ओर लक्ष्य करके उन्होंने लिखा—

> **इस तरह की कविता सैकड़ों वर्ष से होती आ रही है। अनेक कवि हो चुके जिन्होंने इस विषय पर न मालूम क्या-क्या लिख डाला है। इस दशा में नए कवि अपनी कविता में नयापन कैसे ला सकते हैं; वही तुक, वही छंद, वही शब्द, वही उपमा, वही रूपक! इस पर भी लोग पुरानी लकीर बराबर पीटते जाते हैं। कविता, सवैये, दोहे, सोरठे लिखने से बाज नहीं आते।**

द्वितीय उत्थान के भीतर हम दिखा आए हैं कि किस प्रकार काव्यक्षेत्र का विस्तार बढ़ा, बहुत से नए-नए विषय लिए गए और बहुत से कवि कवित्त, सवैये, लिखने से बाज आकर संस्कृत के अनेक वृत्तों में रचना करने लगे। रचनाएँ चाहे अधिकतर साधारण गद्यनिबंधों के रूप में ही हुई हों, पर प्रवृत्ति अनेक विषयों की ओर रही, इसमें संदेह नहीं। उसी द्वितीय उत्थान में स्वतंत्र वर्णन के लिये मनुष्येतर प्रकृति को कवि लोग लेने-लगे पर अधिकतर उसके ऊपरी प्रभाव तक ही रहे। उसके रूप, व्यापार कैसे सुखद, सजीले और सुहावने लगते हैं, अधिकतर यही देख दिखाकर उन्होंने संतोष किया। चिर साहचर्य से उत्पन्न उनके प्रति हमारा राग व्यंजित न हुआ। उनके बीच मनुष्य जीवन को रखकर उसके प्रकृति स्वरूप पर व्यापक दृष्टि नहीं डाली गई। रहस्यमयी सत्ता.के अक्षरप्रसार के भीतर व्यंजित भावों और मार्मिक तथ्यों के साक्षात्कार तथा प्रत्यक्षीकरण की ओर झुकाव न देखने में आया। इसी प्रकार विश्व के अत्यंत सूक्ष्म और अत्यंत महान विधानों के बीच जहाँ तक हमारा ज्ञान पहुँचा है वहाँ तक हृदय को भी पहुँचाने का कुछ प्रयास होना चाहिए था, पर न हुआ। द्वितीय उत्थानकाल का अधिकांश भाग खड़ी बोली को भिन्न-भिन्न प्रकार के पद्यों में ढालने में ही लगा।

तृतीय उत्थान में आकर खड़ी बोली के भीतर काव्यत्व का अच्छा स्फुरण हुआ। जिस देश प्रेम को लेकर काव्य की नूतन धारा भारतेंदुकाल में चली थी वह उत्तरोतर प्रबल और व्यापक रूप धारण करता आया। शासन की अव्यवस्था और अशांति के उपरांत अँगरेजी के शांतिमय और रक्षापूर्ण शासन के प्रति कृतज्ञता का भाव भारतेंदुकाल में बना हुआ था। इससे उस समय की देशभक्तिसंबंधी कविताओं में राजभक्ति का स्वर भी प्रायः मिला पाया जाता है। देश की दुःखदशा का प्रधान कारण राजनीतिक समझते हुए भी उस दुखदशा में उद्धार के लिये कवि लोग दयामय भगवान् को ही पुकारते मिलते हैं। कहीं-कहीं उद्योगधंधों को न बढ़ाने, आलस्य में पड़े रहने और देश की बनी वस्तुओं का व्यवहार न करने के लिये वे देशवासियों को भी कोसते पाए जाते हैं। सरकार पर रोष या असंतोष की व्यंजना उनमें नहीं मिलती। कांग्रेस की प्रतिष्ठा होने के उपरांत भी बहुत दिनों तक देशभक्ति की वाणी में विशेष बल और वेग न दिखाई पड़ा। बात यह थी कि राजनीति की लंबी-चौड़ी चर्चा साल भर में एक बार धूमधाम के साथ थोड़े से शिक्षित बड़े आदमियों के बीच हो जाया करती थी जिसका कोई स्थायी और क्रियोत्पादक प्रभाव नहीं देखने में आता था। अतः द्विवेदी काल की देशभक्ति संबंधी रचनाओं में शासनपद्धति के प्रति असंतोष तो व्यंजित होता था पर कर्म में तत्पर कराने का आत्मत्याग करानेवाला जोश और उत्साह न था। आंदोलन भी कड़ी याचना के आगे नहीं बढ़े थे।

तृतीय उत्थान में आकर परिस्थिति बहुत बदल गई; आंदोलनों ने सक्रिय रूप धारण किया और गाँव-गाँव में राजनीतिक और पार्थिक परतंत्रता के विरोध की भावना जगाई गई।

सरकार से कुछ माँगने के स्थान पर अब कवियों की वाणी देशवासियों को ही 'स्वतंत्रता देवी की वेदी पर बलिदान' होने को प्रोत्साहित करने लगी। अब जो आंदोलन चले वे सामान्य जनसमुदायों को भी साथ लेकर चले। इससे उनके भीतर अधिक आवेश और बल का संचार हुआ। सबसे बड़ी बात यह हुई कि आंदोलन संसार के और भागों में चलनेवाले आंदोलनों के मेल में लाए गए, जिससे ये क्षोभ की एक सार्वभौम धारा की शाखाओं से प्रतीत हुए। वर्तमान सभ्यता और लोक की घोर आर्थिक विषमता से जो असंतोष का ऊँचा स्वर पश्चिम में उठा उसकी गूँज यहाँ भी पहुँची। दूसरे देशों का धन खींचने के लिये योरप में महायंत्रप्रवर्तन का जो क्रम चला उससे पूँजी लगानेवाले थोड़े से लोगों के पास तो अपार धनराशि इकट्ठी होने लगी पर अधिकांश श्रमजीवी जनता के लिये भोजन वस्त्र मिलना भी कठिन हो गया। अतः एक ओर तो योरप में मशीन की सभ्यता के विरुद्ध टालस्टाय की धर्मबुद्धि जगानेवाली वाणी सुनाई पड़ी जिसका भारतीय अनुवाद गांधीजी ने किया; दूसरी ओर इस घोर आर्थिक विषमता की ओर प्रतिक्रिया के रूप में साम्यवाद और समाजवाद नामक सिद्धांत चले जिन्होंने रूस में अत्यंत उग्र रूप धारण करके भारी उलट फेर कर दिया।

अब संसार के प्रायः सारे सभ्य भाग एक दूसरे के लिये खुले हुए हैं। इससे एक भूखंड में उठी हुई हवाएँ दूसरे भूखंड में शिक्षित वर्गों तक तो अवश्य ही पहुँच जाती हैं। यदि उनका सामंजस्य दूसरे भूखंड की परिस्थिति के साथ हो जाता है तो उस परिस्थिति के अनुरूप शक्तिशाली आंदोलन चल पड़ते हैं। इसी नियम के अनुसार शोषक साम्राज्यवाद के विरुद्ध राजनीतिक आंदोलन के अतिरिक्त यहाँ भी किसान आंदोलन, मजदूर आंदोलन, अछूत, आंदोलन इत्यादि कई आंदोलन एक विराट् परिवर्तनवाद के नाना व्यावहारिक अंगों के रूप में चले। श्री रामधारीसिंह 'दिनकर', बालकृष्ण शर्मा 'नवीन', माखनलाल चतुर्वेदी आदि कई कवियों की वाणी द्वारा ये भिन्न-भिन्न प्रकार के आंदोलन प्रतिध्वनित हुए। ऐसे समय में कुछ ऐसे भी आंदोलन दूसरे देशों की देखादेखी खड़े होते हैं जिनकी नौबत वास्तव में नहीं आई रहती। योरप में जब देश के देश बड़े-बड़े कल कारखानों से भर गए हैं और जनता का बहुत सा भाग उसमें लग गया है तब मजदूर आंदोलन की नौबत आई है। यहाँ अभी कल कारखाने केवल चल खड़े हुए हैं और उनमें काम करनेवाले थोड़े से मजदूरों की दशा खेत में काम करनेवाले करोड़ों अच्छे किसानों की दशा में कहीं अच्छी है। पर मजदूर आंदोलन साथ लग गया। जो कुछ हो, इन आंदोलनों का तीव्र स्वर हमारी काव्यवाणी में सम्मिलित हुआ।

जीवन के कई क्षेत्रों में जब एक साथ परिवर्तन के लिये पुकार सुनाई पड़ती है तब परिवर्तन एक 'बाद' का व्यापक रूप धारण करता है और वह बहुतों के लिये सब क्षेत्रों में स्वतः एक चरम साध्य बन जाता है। 'क्रांति' के नाम से परिवर्तन की प्रबल कामना हमारे हिंदी काव्य क्षेत्र में प्रलय की पूरी पदावली के साथ व्यक्त की गई। इस कामना के साथ कहीं-कहीं प्राचीन के स्थान पर नवीन के दर्शन की उत्कंठा भी प्रकट हुई। सब बातों में परिवर्तन ही परिवर्तन की यह कामना कहाँ तक वर्तमान परिस्थिति के स्वतंत्र पर्यालोचन का परिणाम है और कहाँ तक केवल अनुकृत है, नहीं कहा जा सकता। इतना अवश्य दिखाई पड़ता है कि इस परिवर्तनवाद के प्रदर्शन की प्रवृत्ति अधिक हो जाने से जगत् और जीवन के स्वरूप की यह अनुभूति ऐसे कवियों में कम जग पाएगी जिसकी व्यंजना काव्य को दीर्घायु प्रदान करती है।

यह तो हुई काल के प्रभाव की बात। थोड़ा यह भी देखना चाहिए कि चली आती हुई काव्यपरंपरा की शैली से अतृप्ति या असंतोष के कारण परिवर्तन की कामना कहाँ तक जगी और उसकी अभिव्यक्ति किन-किन रूपों में हुई। भक्तिकाल और रीतिकाल की चली आती हुई परंपरा के अंत में किस प्रकार भारतेंदुमंडल के प्रभाव से देशप्रेम और जातिगौरव की भावना को लेकर एक नूतन परंपरा की प्रतिष्ठा हुई, इसका उल्लेख हो चुका है। द्वितीय उत्थान में काव्य की नूतन परंपरा का अनेक विषयस्पर्शी प्रसार अवश्य हुआ पर द्विवेदी जी के प्रभाव से एक ओर उसमें भाषा की सफाई आई, और उसका स्वरूप गद्यवत्, रूखा, इतिवृत्तात्मक और अधिकतर वाह्यार्थ निरूपक हो गया। अतः इस तृतीय उत्थान में जो प्रतिवर्तन हुआ और पीछे 'छायावाद' कहलाया वह उसी द्वितीय उत्थान की कविता के विरुद्ध कहा जा सकता है। उसका प्रधान लक्ष्य काव्यशैली की ओर था, वस्तुविधान की ओर नहीं। अर्थभूमि या वस्तुभूमि का तो उसके भीतर बहुत संकोच हो गया। समन्वित विशाल भावनाओं को लेकर चलने की ओर ध्यान न रहा।

द्वितीय उत्थान की कविता में काव्य का स्वरूप खड़ा करनेवाली दोनों बातों की कमी दिखाई पड़ती थी-कल्पना का रंग भी बहुत कम या फीका रहता था और हृदय का वेग भी खूब खुलकर नहीं व्यंजित होता था। इन बातों की कमी परंपरागत ब्रजभाषा काव्य का आनंद लेने वालों को भी मालूम होती थी और बंगला या अँगरेजी कविता का परिचय करनेवालों को भी। अतः खड़ी बोली की कविता में पदलालित्य, कल्पना की उड़ान, भाव की वेगवती व्यंजना, वेदना की विवृति, शब्दप्रयोग की विचित्रता इत्यादि अनेक बातें देखने की आकांक्षा बढ़ती गई।

सुधार चाहनेवालों में कुछ लोग नए-नए विषयों की ओर प्रवृत्त खड़ी बोली की कविता को ब्रजभाषा काव्य की सी ललित पदावली तथा रसात्मकता और मार्मिकता से समन्वित देखना चाहते थे। जो अँगरेजी या अँगरेजी के ढंग पर चली हुई बँगला की कविताओं से प्रभावित थे वे कुछ लाक्षणिक वैचित्र्य, व्यंजक चित्रविन्यास और रुचिर अन्योक्तियाँ देखना चाहते थे। श्री पारसनाथ सिंह के किए हुए बँगला कविताओं के हिंदी अनुवाद 'सरस्वती' आदि पत्रिकाओं में संवत् १९६७ (सन् १९१०) से ही निकलने लगे थे। ग्रे, वर्ड्सवर्थ आदि अंगरेजी कवियों की रचनाओं के कुछ अनुवाद भी (जैसे, जीतनसिंह द्वारा अनूदित वर्ड्सवर्थ का 'कोकिल') निकले। अतः खड़ी बोली की कविता जिस रूप में चल रही थी उससे संतुष्ट न रहकर द्वितीय उत्थान के समाप्त होने से कुछ पहले ही गई कवि खड़ी बोली काव्य को कल्पना का नया रूपरंग देने और उसे अधिक अंतर्भाव व्यंजक बनाने में प्रवृत्त हुए जिनमें प्रधान थे सर्वथी मैथिलीशरण गुप्त, मुकुटधर पांडेय और बदरीनाथ भट्ट। कुछ अँगरेजी ढर्रा लिए हुए जिस प्रकार की फुटकर कविताएँ और प्रगीत मुक्तक (लिरिक्स) बँगला में निकल रहे थे, उनके प्रभाव से कुछ विशृंखल वस्तुविन्यास और अनूठे शीर्षकों के साथ चित्रमयी, कोमल और व्यंजक भाषा में इनकी नए ढंग की रचनाएँ संवत् १९७०-७१ से ही निकलने लगी थीं जिनमें से कुछ के भीतर रहस्य भावना भी रहती थी।

(१) मैथिलीशरण गुप्त—गुप्तजी की 'नक्षत्रनिपात' (सन् १९१४), अनुरोध (सन् १९१५), पुष्पांजलि (१९१७), स्वयं आगत (१९१८) इत्यादि कविताएँ ध्यान देने योग्य हैं। 'पुष्पांजलि' और 'स्वयं आगत' की कुछ पंक्तियाँ आगे देखिए—

(क) मेरे आँगन का एक फूल।
सौभाग्य भाव से मिला हुआ, श्वासोच्छ्वासन से हिला हुआ,
संसार-विटप से खिला हुआ,
झड़ पड़ा अचानक झूल झूल।

(ख) तेरे घर के द्वार बहुत हैं किससे होकर आऊँ मैं?
सब द्वारों पर भीड़ बड़ी है कैसे भीतर जाऊँ मैं।

इसी प्रकार गुप्तजी की और भी बहुत सी गीतात्मक रचनाएँ हैं जैसे—

(ग) निकल रही है उर से आह
ताक रहे सब तेरी राह।
चातक खड़ा चोंच खोले है, संपुट खोले सीप खड़ी,
मैं अपना घट लिए खड़ा हूँ, अपनी अपनी हमें पड़ी।

(घ) प्यारे! तेरे कहने से जो यहाँ अचानक मैं आया।
दीप्ति बढ़ी दीपों की सहसा, मैंने भी ली साँस; कहा।
सो जाने के लिये जगत् का यह प्रकाश है जाग रहा।
किंतु उसी बुझते प्रकाश में डूब उठा मैं और बहा।
निरुद्देश नख रेखाओं में देखी तेरी मूर्ति; अहा।

(२) **मुकुटधर पांडेय**—गुप्तजी तो, जैसा पहले कहा जा चुका है, किसी विशेष पद्धति या 'वाद' में न बँधकर कई पद्धतियों पर अब तक चले आ रहे हैं। पर मुकुटधरजी बराबर नूतन पद्धति ही पर चले। उनकी इस ढंग की प्रारंभिक रचनाओं में 'आँसू', 'उद्गार' इत्यादि ध्यान देने योग्य हैं। कुछ नमूने देखिए—

(क) हुआ प्रकाश तमोमय मग में,
मिला मुझे तू तत्क्षण जग में,
दंपति के मधुमय विलास में,
शिशु के स्वप्नोत्पन्न हास में,
वन्य कुसुम के शुचि सुवास में,
था तव क्रीड़ा स्थान।
(१९१७)

(ख) मेरे जीवन की लघु तरणी,
आँखों के पानी में तर जा॥
मेरे उर का छिपा खजाना,
अहंकार का भाव पुराना,
बना आज तू मुझे दिवाना,
तप्त श्वेत बूँदों में ढर जा।
(१९१७)

(ग) जब संध्या को हट जावेगी भीड़ महान्।
जब जाकर मैं तुम्हें सुनाऊँगा निज गान।
शून्य कक्ष के अथवा कोने में ही एक।
बैठ तुम्हारा करूँ वहाँ नीरव अभिषेक।
(१९१०)

(३) पं० बदरीनाथ भट्ट—भट्टजी भी सन् १९१३ के पहले से ही भावव्यंजक और अनूठे गीत रचते आ रहे थे। दो पंक्तियाँ देखिए—

दे रहा दीपक जलकर फूल,
रोपी उज्ज्वल प्रभा पताका अंधकार हिय हूल।

(४) श्री पदुमलाल पुन्नालाल बख्शी—बख्शीजी के भी इस ढंग के कुछ गीत सन् १९१५-१६ के आस पास मिलेंगे।

ये कवि जगत् और जीवन के विस्तृत क्षेत्र के बीच नई कविता का संचार चाहते थे। ये प्रकृति के साधारण, असाधारण सब रूपों पर प्रेमदृष्टि डालकर, उसके रहस्यभरे सच्चे संकेतों को परखकर, भाषा को अधिक चित्रमय, सजीव और मार्मिक रूप देकर कविता का एक अकृत्रिम, स्वच्छंद मार्ग निकाल रहे थे। भक्तिक्षेत्र में उपास्य की एकदेशीय या धर्मविशेष में प्रतिष्ठित भावना के स्थान पर सार्वभौम भावना की ओर बढ़ रहे थे जिसमें सुंदर रहस्यात्मक संकेत भी रहते थे। अतः हिंदी कविता की नई धारा का प्रवर्तक इन्हीं को—विशेषतः श्री मैथिलीशरण गुप्त और श्री मुकुटधर पांडेय को—समझना चाहिए। इस दृष्टि से छायावाद का रूप रंग खड़ा करनेवाले कवियों के संबंध में अँगरेजी या बँगला की समीक्षाओं से उठती हुई इस प्रकार की पदावली का कोई अर्थ नहीं कि 'इन कवियों के मन में एक आँधी उठ रही थी जिसमें आंदोलित होते हुए वे उड़े जा रहे थे; एक नूतन वेदना की छटपटाहट थी जिसमें सुख की मीठी अनुभूति भी लुकी हुई थी; रूढ़ियों के भार से दबी हुई युग की आत्मा अपनी अभिव्यक्ति के लिये हाथपैर मार रही थी।' न कोई आँधी थी, न तूफान, न कोई नई कसक थी, न वेदना, न प्राप्त युग की नाना परिस्थितियों का हृदय पर कोई नया आघात था, न उसका आहत नाद। इन बातों का कुछ अर्थ तब हो सकता था जब काव्य का प्रवाह ऐसी भूमियों की ओर मुड़ता जिन पर ध्यान न दिया गया रहा होता। छायावाद के पहले नए-नए मार्मिक विषयों की ओर हिंदी कविता प्रवृत्त होती आ रही थी। कसर थी तो आवश्यक और व्यंजक शैली की, कल्पना और संवेदना के अधिक योग की। तात्पर्य यह कि छायावाद जिस आकांक्षा का परिणाम था उसका लक्ष्य केवल अभिव्यंजना की रोचक प्रणाली का विकास था जो धीरे-धीरे अपने स्वतंत्र ढर्रे पर श्री मैथिलीशरण गुप्त, श्री मुकुटधर पांडेय आदि के द्वारा हो रहा था।

गुप्तजी और मुकुटधर पांडेय आदि के द्वारा स्वच्छंद नूतन धारा चली ही थी कि श्री रवींद्रनाथ ठाकुर की उन कविताओं की धूम हुई जो अधिकतर पाश्चात्य ढाँचे का आध्यात्मिक रहस्यवाद लेकर चली थी। परंतु ईसाई संतों के छायाभास (फैंटासमाटा) तथा योरोपीय काव्यक्षेत्र में प्रवर्तित आध्यात्मिक प्रतीकवाद (सिंबालिज्म) के अनुकरण पर रची जाने के कारण बँगला में ऐसी कविताएँ 'छायावाद' कही जाने लगी थीं। यह 'वाद' क्या प्रकट हुआ, एक बने बनाए रास्ते का दरवाजा सा खुल पड़ा और हिंदी के कुछ नए कवि उधर एकबारगी

झुक पड़े। यह अपना क्रमशः बनाया हुआ रास्ता नहीं था। इनका दूसरे साहित्यक्षेत्र में प्रकट होना, कई कवियों का इस पर एक साथ चल पड़ना और कुछ दिनों तक इसके भीतर अंग्रेजी और बँगला की पदावली का जगह-जगह ज्यों का त्यों अनुवाद रखा जाना, ये बातें मार्ग की स्वतंत्र उद्भावना नहीं सूचित करतीं।

'छायावाद' नाम चल पड़ने का परिणाम यह हुआ कि बहुत से कवि रहस्यात्मकता, अभिव्यंजना के लाक्षणिक वैचित्र्य, वस्तुविन्यास की विशृंखलता, चित्रमयी भाषा और मधुमयी कल्पना को ही साध्य मानकर चले। शैली की इन विशेषताओं की दूरारूढ़ साधना में ही लीन हो जाने के कारण अर्थभूमि के विस्तार की ओर उनकी दृष्टि न रही। विभावपक्ष या तो शून्य अथवा अनिर्दिष्ट रह गया। इस प्रकार प्रसरणोन्मुख काव्यक्षेत्र बहुत कुछ संकुचित हो गया। असीम और अज्ञात प्रियतम के प्रति अत्यंत चित्रमयी भाषा में अनेक प्रकार के प्रेमोद्गारों तक ही काव्य की गतिविधि प्रायः बँध गई। हृत्तंत्री की झंकार, नीरव संदेश, अभिसार, अनंत प्रतीक्षा, प्रियतम का दबे पाँव आना, आँखमिचौली, मद में झूमना, विभोर होना इत्यादि के साथ-साथ शराब, प्याला, साकी आदि सूफी कवियों के पुराने सामान भी इकट्ठे किए गए। कुछ हेर फेर के साथ वही बँधी पदावली, वेदना का वही प्रकांड प्रदर्शन, कुछ विशृंखलता के साथ प्रायः सब कविताओं में मिलने लगा।

अज्ञेय और अव्यक्त को अज्ञेय और अव्यक्त ही रखकर कामवासना के शब्दों में प्रेमव्यंजना भारतीय काव्यधारा में कभी नहीं चली, यह स्पष्ट बात 'हमारे यहाँ यह भी था, वह भी था', की प्रवृत्तिवालों को अच्छी नहीं लगती। इससे खिन्न होकर वे उपनिषद् से लेकर तंत्र और योगमार्ग तक की दौड़ लगाते हैं। उपनिषद् में आए हुए आत्मा के पूर्ण आनंदस्वरूप के निर्देश, ब्रह्मानंद की अपरिमेयता को समझाने के लिये स्त्री पुरुष संबंधवाले दृष्टांत या उपमाएँ, योग के सहसदल कमल आदि की भावना के बीच से बड़े संतोष के साथ उद्धृत करते हैं। यह सब करने के पहले उन्हें समझना चाहिए कि जो बात ऊपर कही गई है उसका तात्पर्य क्या है? यह कौन कहता है कि मत मतांतरों की साधना के क्षेत्र में रहस्यमार्ग नहीं चले? योग रहस्यमार्ग है; तंत्र रहस्यमार्ग है; रसायन भी रहस्यमार्ग है। पर ये सब साधनात्मक हैं; प्रकृत भावभूमि या काव्यभूमि के भीतर चले हुए मार्ग नहीं। भारतीय परंपरा का कोई कवि मणिपूर, अनाहत आदि के चक्रों को लेकर तरह-तरह के रंगमहल बनाने में प्रवृत्त नहीं हुआ।

संहिताओं में तो अनेक प्रकार की बातों का संग्रह है। उपनिषदों में ब्रह्म और जगत् आत्मा और परमात्मा के संबंध में कई प्रकार के मत हैं। वे काव्यग्रंथ नहीं हैं। उनमें इधर उधर काव्य का जो स्वरूप मिलता है वह ऐतिह्य, कर्मकांड, दार्शनिक चिंतन, सांप्रदायिक गुह्य साधना, मंत्रतंत्र, जादू टोना इत्यादि बहुत सी बातों में उलझा हुआ है। विशुद्ध काव्य का निखरा हुआ स्वरूप पीछे अलग हुआ। रामायण का आदि काव्य कहलाना साफ यही सूचित करता है। संहिताओं और उपनिषदों को कभी किसी ने काव्य नहीं कहा। अब सीधा सवाल यह रह गया कि क्या वाल्मीकि से लेकर पंडितराज जगन्नाथ तक कोई एक भी ऐसा कवि बताया जा सकता है जिसने अज्ञेय और अव्यक्त को अज्ञेय और अव्यक्त ही रखकर प्रियतम बनाया हो और उसके प्रति कामुकता के शब्दों में प्रेमव्यंजना की हो। कबीरदास किस प्रकार हमारे यहाँ के ज्ञानवाद और सूफियों के भावात्मक रहस्यवाद को लेकर चले, यह हम पहले दिखा आए हैं।[१] उसी

---

१. देखो पृ० ४१-४२

भावात्मक रहस्यपरंपरा का यह नूतन भावभंगी और लाक्षणिकता के साथ आविर्भाव है। बहुत रमणीय है, कुछ लोगों को अत्यंत रुचिकर है, यह और बात है।

प्रणयवासना का यह उद्‌गार आध्यात्मिक पर्दे में ही छिपा न रह सका। हृदय की सारी कामवासनाएँ, इंद्रियों के सुखविलास की मधुर और रमणीय सामग्री के बीच एक बँधी हुई रूढ़ि पर व्यक्त होने लगी। इस प्रकार रहस्यवाद से संबंध न रखनेवाली कविताएँ भी छायावाद ही कही जाने लगीं। अत: 'छायावाद' शब्द का प्रयोग रहस्यवाद तक ही न रहकर काव्यशैली के संबंध में भी प्रतीकवाद (सिंबालिज्म) के अर्थ में होने लगा।

छायावाद की इस धारा के आने के साथ ही साथ लेखक नवयुग के प्रतिनिधि बनकर योरप के साहित्यक्षेत्र में प्रवर्तित काव्य और कला संबंधी अनेक नए पुराने सिद्धांत सामने लाने लगे। कुछ दिन 'कलावाद' की धूम रही-और कहा जाता रहा 'कला का उद्देश्य कला ही है।' इस जीवन के साथ काव्य का कोई संबंध नहीं; उसकी दुनिया ही और है। किसी काव्य के मूल्य का निर्धारण जीवन की किसी वस्तु के मूल्य के रूप में नहीं हो सकता। काव्य तो एक लोकातीत वस्तु है। कवि एक प्रकार का रहस्यदर्शी (सीयर) या पैगम्बर है।[१] इसी प्रकार क्रोचे के अभिव्यंजनावाद को लेकर बताया गया कि काव्य में वस्तु का वर्ण्य विषयक कुछ नहीं; जो कुछ है वह अभिव्यंजना के ढंग का अनूठापन है।[२] इन दोनों वादों के अनुसार काव्य का लक्ष्य उसी प्रकार सौंदर्य की सृष्टि या योजना कहा गया जिस प्रकार बेलबूटे या नक्काशी का। कविकल्पना प्रत्यक्षजगत् से अलग एक रमणीय स्वप्न घोषित किया जाने लगा और कवि सौंदर्यभावना के मद में झूमनेवाला एक लोकातीत जीव। कला और काव्य की प्रेरणा का संबंध स्वप्न और कामवासना से बतानेवाला मत भी इधर-उधर उद्‌धृत हुआ। सारांश यह कि इस प्रकार के अनेक वादप्रवाद पत्र पत्रिकाओं में निकलते रहे।

छायावाद की कविता की पहली दौड़ तो बंगभाषा की रहस्यात्मक कविताओं के सजीले और कोमल मार्ग पर हुई। पर उन कविताओं की बहुत कुछ गतिविधि अँगरेजी वाक्यखंडों के अनुवाद द्वारा संघटित देख, अँगरेजी काव्यों से परिचित हिंदी कवि सीधे अँगरेजी से तरह-तरह के लाक्षणिक प्रयोग लेकर उनके ज्यों के त्यों अनुवाद जगह-जगह अपनी रचनाओं में जड़ने लगे। 'कनक प्रभात', 'विचारों में बच्चों की साँस', 'स्वर्ण समय, 'प्रथम मधुबाल', 'तारिकाओं की तान', 'स्वप्निल कांति' ऐसे प्रयोग अजायबघर के जानवरों की तरह उनकी रचनाओं के भीतर इधर-उधर मिलने लगे। निरालाजी की शैली कुछ अलग रही। उसमें लाक्षणिक वैचित्र्य का उतना आग्रह नहीं पाया जाता जितना पदावली की तड़क-भड़क और पूरे वाक्य के वैलक्षण्य का। केवल भाषा के प्रयोगवैचित्र्य तक ही बात न रही। ऊपर जिन अनेक योरोपीय वादों और प्रवादों का उल्लेख हुआ है उन सबका प्रभाव भी छायावाद कही जाने वाली कविताओं के स्वरूप पर कुछ न कुछ पड़ता रहा।

कलावाद और अभिव्यंजनावाद का पहला प्रभाव यह दिखाई पड़ा कि काव्य में भावानुभूति के स्थान पर कल्पना का विधान ही प्रधान समझा जाने लगा और कल्पना अधिकतर अप्रस्तुतों की योजना करने तथा लाक्षणिक मूर्तिमत्ता और विचित्रता लाने में ही वृत्त हुई। प्रकृति के नाना रूपों और व्यापार इसी प्रस्तुत योजना के काम में लाए गए। सीधे उनके

---

१. विशेष देखो पृ० ३८७-३८८

२. देखो पृ० ३८९-३९१

मर्म की ओर हृदय प्रवृत्त न दिखाई पड़ा। पंतजी अलबत प्रकृति के कमनीय रूपों की ओर कुछ रुककर हृदय रमाते पाए गए।

दूसरा प्रभाव यह देखने में आया कि अभिव्यंजनाप्रणाली या शैली की विचित्रता ही सब कुछ समझी गई। नाना अर्थभूतियों पर काव्य का प्रसार रुक सा गया। प्रेमक्षेत्र (कहीं आध्यात्मिक, कहीं लौकिक) के भीतर ही कल्पना की चित्रविधायिनी क्रीड़ा के साथ प्रकांड वेदना, औत्सुक्य, उन्माद आदि की व्यंजना तथा क्रीड़ा हुई प्रिय के कपोलों पर की ललाई, हावभाव, मधुस्राव, अश्रुप्रवाह इत्यादि के रँगीले वर्णन करके ही अनेक कवि अब तक पूर्ण तृप्त दिखाई देते हैं। जगत् और जीवन के नाना मार्मिक पक्षों की ओर उनकी दृष्टि नहीं है। बहुत से नए रसिक प्रस्वेद, गंधयुक्त, चिपचिपाती, और भिनभिनाती भाषा को ही सब कुछ समझने लगे हैं। लक्षणाशक्ति के सहारे अभिव्यंजना प्रणाली या काव्यशैली का अवश्य बहुत अच्छा विकास हुआ है पर; अभी तक कुछ बँधे हुए शब्दों की रूढ़ि चली चल रही है। रीतिकाल की शृंगारी कविता—कभी रहस्य का पर्दा डालकर, कभी खुले मैदान—अपनी कुछ अदा बदलकर फिर प्रायः सारा काव्यक्षेत्र छेंककर चल रही है।

'कलावाद' के प्रसंग में बार-बार आनेवाले 'सौंदर्य' शब्द के कारण बहुत से कवि बेचारी स्वर्ग की अप्सराओं को पर लगाकर कोहकाफ की परियों या बिहिश्त के फरिश्ता की तरह उड़ाते हैं, सौंदर्य चयन के लिये इंद्रधनुषी बादल, उषा, विकच कलिका, पराग, सौरभ, स्मित आनन अधरपल्लव इत्यादि बहुत ही सुंदर और मधुर सामग्री प्रत्येक कविता में जुटाना आवश्यक समझते हैं। स्त्री के नाना अंगों के आरोप के बिना वे प्रकृति के किसी दृश्य के सौंदर्य की भावना ही नहीं कर सकते। 'कला कला' की पुकार के कारण योरप में गीत मुक्तकों (लिरिक्स) का ही अधिक चलन देखकर यहाँ भी उसी का जमाना यह बता कर कहा जाने लगा कि अब ऐसी लंबी कविताएँ पढ़ने की किसी को फुर्सत कहाँ जिनमें कुछ इतिवृत्त भी मिला रहता हो। अब तो विशुद्ध काव्य की सामग्री जुटाकर सामने रख देनी चाहिए जो छोटे-छोटे प्रगीत मुक्तकों में ही संभव है। इस प्रकार काव्य में जीवन को अनेक परिस्थितियों की ओर ले जानेवाले प्रसंगों या आख्यानों की उद्भावना बंद सी हो गई।

खैरियत यह हुई कि कलावाद की उस रसवर्जिनी सीमा तक लोग नहीं बढ़े जहाँ यह कहा जाता है कि रसानुभूति के रूप में किसी प्रकार का भाव जगाना तो वक्ताओं का काम है, कलाकार का काम तो केवल कल्पना द्वारा बेलबूटे या बरात की फुलवारी की तरह की शब्दमयी रचना खड़ी करके सौंदर्य की अनुभूति उत्पन्न करना है। हृदय और वेदना का पक्ष छोड़ा नहीं गया है, इससे काव्य के प्रकृतस्वरूप के तिरोभाव की आशंका नहीं है। पर छायावाद और कलावाद के सहसा आ धमकने से वर्तमान काव्य का बहुत सा अंश एक बँधी हुई लीक के भीतर सिमट गया, नाना अर्थभूमियों पर न जाने पाया, यह अब अवश्य कहा जाएगा।

छायावाद की शाखा के भीतर धीरे-धीरे काव्यशैली का बहुत अच्छा विकास हुआ, इसमें संदेह नहीं। उसमें भावावेश की आकुल व्यंजना लाक्षणिक वैचित्र्य, मूर्त प्रत्यक्षीकरण, भाषा की वक्रता, विरोध चमत्कार, कोमल पद विन्यास इत्यादि काव्य का स्वरूप संघटित करनेवाली प्रचुर सामग्री दिखाई पड़ी। भाषा के परिमार्जन काल में किस प्रकार खड़ी बोली की कविता के रूखे सूखे रूप से ऊबकर कुछ कवि उसमें सरसता लाने के चिह्न दिखा रहे थे,

यह कहा जा चुका है।[१] अतः आध्यात्मिक रहस्यवाद का नूतन रूप हिंदी में न आता तो शैली और अभिव्यंजनापद्धति की उक्त विशेषताएँ क्रमशः स्फुरित होतीं और उनका स्वतंत्र विकास होता। हमारी काव्यभाषा में लाक्षणिकता का कैसा अनूठा आभास घनानंद की रचनाओं में मिलता है, यह हम दिखा चुके हैं।[२]

छायावाद जहाँ तक आध्यात्मिक प्रेम लेकर चला है वहाँ तक तो रहस्यवाद के ही अंतर्गत रहा है। उसके आगे प्रतीकवाद या चित्रभाषावाद (सिंबालिज्म) नाम की काव्यशैली के रूप में गृहीत होकर भी वह अधिकतर प्रेमगान ही करता रहा है। हर्ष की बात है कि अब कई कवि उस संकीर्ण क्षेत्र से बाहर निकलकर जगत् और जीवन के और मार्मिक पक्षों की ओर भी बढ़ते दिखाई दे रहे हैं। इसी के साथ काव्यशैली में प्रतिक्रिया के प्रदर्शन वा नएपन की नुमाइश का शौक भी घट रहा है। अब अपनी शाखा की विशिष्टता को विभिन्नता की हद पर ले जाकर दिखाने की प्रवृत्ति का वेग क्रमशः कम तथा रचनाओं को सुव्यवस्थित और अर्थगर्भित रूप देने की रुचि क्रमशः अधिक होती दिखाई पड़ती है।

स्वर्गीय जयशंकर प्रसाद जी अधिकतर तो विरहवेदना के नाना सजीले शब्दपथ निकालते तथा लौकिक और अलौकिक प्रणय का मधुगान ही करते रहे, पर इधर 'लहर' में कुछ ऐतिहासिक वृत्त लेकर छायावाद की चित्रमयी शैली को विस्तृत अर्थभूमि पर ले जाने का प्रयास भी उन्होंने किया और जगत् के वर्तमान दुःखद्वेषपूर्ण मानवजीवन का अनुभव करके इस 'जले जगत् के वृंदावन बन जाने' की आशा भी प्रकृत की तथा 'जीवन के प्रभात' को भी जगाया। इसी प्रकार श्री सुमित्रानंदन पंत ने 'गुंजन' में सौंदर्य चयन से आगे बढ़ जीवन के नित्य स्वरूप पर भी दृष्टि डाली है; सुख दुःख दोनों के साथ अपने हृदय का सामंजस्य किया है और 'जीवन की गति में भी लय' का अनुभव किया है। बहुत अच्छा होता यदि पंतजी उसी प्रकार जीवन की अनेक परिस्थितियों को नित्य रूप में लेकर अपनी सुंदर, चित्रमयी प्रतिभा को अग्रसर करते जिस प्रकार उन्होंने 'गुंजन' और 'युगांत' में किया है। 'युगवाणी' में उनकी वाणी बहुत कुछ वर्तमान आंदोलनों की प्रतिध्वनि के रूप में परिणत होती दिखाई देती है।

निरालाजी की रचना का क्षेत्र तो पहले से ही कुछ विस्तृत रहा। उन्होंने जिस प्रकार 'तुम' और 'मैं' में उस 'नाद वेग आकार सार' का गान किया 'जूही की कली' और 'शेफालिका में उन्मद प्रणयचेष्टाओं के पुष्पचित्र खड़े किए उसी प्रकार 'जागरण वाणी' बजाई; इस जगत् के बीच विधवा की विधुर और करुण मूर्ति खड़ी की और इधर आकर 'इलाहाबाद के पथ पर' एक पत्थर तोड़ती दीन स्त्री के माथे पर के श्रमसीकर दिखाए। सारांश यह कि अब शैली के वैलक्षण्य द्वारा प्रतिक्रिया प्रदर्शन का वेग कम हो जाने से अर्थभूमि के रमणीय प्रसार के चिह्न भी छायावादी कहे जानेवाले कवियों की रचनाओं में दिखाई पड़ रहे हैं।

इधर हमारे साहित्य-क्षेत्र की प्रवृत्तियों का परिचालन बहुत कुछ पश्चिम से होता है। कला में 'व्यक्तित्व' की चर्चा खूब फैलने से कुछ कवि लोक के साथ अपना मेल न मिलने की अनुभूमि की बड़ी लंबी चौड़ी व्यंजना, कुछ मार्मिकता और कुछ फक्कड़पन के साथ करने लगे हैं। भावक्षेत्र में असामंजस्य की इस अनुभूति का भी एक स्थान अवश्य है, पर यह कोई

---

१. देखो पृ० ४११-४१२
२. देखो पृ० २३३-२३५

व्यापक या स्थायी मनोवृत्ति नहीं। हमारा भारतीय काव्य उस भूमि की ओर प्रवृत्त रहा है जहाँ जाकर प्रायः सब हृदयों का मेल हो जाता है। वह सामंजस्य को लेकर अनेकता में एकता को लेकर—चलता रहा है, असामंजस्य को लेकर नहीं।

उपर्युक्त परिवर्तनवाद और छायावाद को लेकर चलनेवाली कविताओं के साथ-साथ दूसरी धाराओं की कविताएँ भी विकसित होती हुई चल रही हैं। द्विवेदीकाल में प्रवर्तित विविध वस्तुभूतियों पर प्रसन्न प्रवाह के साथ चलनेवाली काव्यधारा सर्वश्री मैथिलीशरण गुप्त, ठाकुर गोपालशरण सिंह, अनूप शर्मा, श्यामनारायण पांडेय, पुरोहित प्रतापनारायण, तुलसीराम शर्मा 'दिनेश' इत्यादि अनेक कवियों की वाणी के प्रसाद से विविध प्रसंग, आख्यान और विषय लेकर निथरती तथा प्रौढ़ और प्रगल्भ होती चली चल रही है। उसकी अभिव्यंजना प्रणाली में अब अच्छी सरसता और सजीवता तथा अपेक्षित वक्रता का भी विकास होता चल रहा है।

यद्यपि कई वादों के कूद पड़ने और प्रेमगान की परिपाटी (लव लिरिक्स) का फैशन चल पड़ने के कारण अर्थभूमि का बहुत कुछ संकोच हो गया और हमारे वर्तमान काव्य का बहुत सा भाग कुछ रूढ़ियों को लेकर एक बँधी लीक पर बहुत दिनों तक चला, फिर भी स्वाभाविक स्वच्छंदता (ट्रयू रोमांटिसिज्म) के उस नूतन पथ का ग्रहण करके कई कवि चले जिसका उल्लेख पहले हो चुका है। पं० रामनरेश त्रिपाठी के संबंध में द्वितीय उत्थान के भीतर कहा जा चुका है। तृतीय उत्थान के आरंभ में मुकुटधर पांडेय की रचनाएँ छायावाद के पहले किस प्रकार नूतन, स्वच्छंद मार्ग निकाल रही थीं यह भी हम दिखा आए हैं। मुकुटधर जी की रचनाएँ नरेतर प्राणियों की गतिविधि का भी रागरहस्यपूर्ण परिचय देती हुई स्वाभाविक स्वच्छंदता की ओर झुकती मिलेंगी। प्रकृतिप्रांगण के चर-अचर प्राणियों का रागपूर्ण परिचय उनकी गतिविधि पर आत्मीयताव्यंजक दृष्टिपात, सुख-दुःख में उनके साहचर्य की भावना, ये सब बातें स्वाभाविक स्वच्छंदता के पथचिह्न हैं। सर्वश्री सियारामशरण गुप्त, सुभद्राकुमारी चौहान, ठाकुर गुरुभक्तसिंह, उदयशंकर भट्ट इत्यादि कई कवि विस्तृत अर्थभूमि पर स्वाभाविक स्वच्छंदता का मर्मपथ ग्रहण करके चल रहे हैं। वे न तो केवल नवीनता के प्रदर्शन के लिये पुराने छंदों का तिरस्कार करते हैं, न उन्हीं में एकबारगी बँधकर चलते हैं। वे प्रसंग के अनुकूल परंपरागत पुराने छंदों का व्यवहार और नए ढंग के छंदों तथा चरणव्यवस्थाओं का विधान भी करते हैं, व्यंजक चित्रविन्यास, लाक्षणिक वक्रता और मूर्तिमत्ता, सरसपदावली आदि का भी सहारा लेते हैं, पर इन्हीं बातों को सब कुछ नहीं समझते। एक छोटे से घेरे में इनके प्रदर्शन मात्र से वे संतुष्ट नहीं दिखाई देते हैं। उनकी कल्पना इस व्यक्त जगत् और जीवन की अनंतबीथियों में हृदय को साथ लेकर विचरने के लिये आकुल दिखाई देती है।

तृतीयोत्थान की प्रवृत्तियों के इस संक्षिप्त विवरण से ब्रजभाषा काव्यपरंपरा के अतिरिक्त इस समय चलनेवाली खड़ी बोली की तीन मुख्य धाराएँ स्पष्ट हुई होंगी—द्विवेदीकाल की क्रमशः विस्तृत और परिष्कृत होती हुई धारा, छायावाद कही जानेवाली धारा, तथा स्वाभाविक स्वच्छंदता को लेकर चलती हुई धारा जिसके अंतर्गत राजनीतिक और सामाजिक परिवर्तन की लालसा व्यक्त करनेवाली शाखा भी हम ले सकते हैं। ये धाराएँ वर्तमान काल में चल रही हैं और अभी इतिहास की सामग्री नहीं बनी हैं। इसलिये इनके भीतर की कुछ कृतियों और कुछ कवियों का थोड़ा सा विवरण देकर ही हम संतोष करेंगे। इनके बीच मुख्य भेद वस्तुविधान

और अभिव्यंजनकला के रूप और परिणाम में है। पर काव्य की भिन्न-भिन्न धाराओं के भेद इतने निर्दिष्ट नहीं हो सकते कि एक की कोई विशेषता दूसरी में कहीं दिखाई ही न पड़े। जब कि धाराएँ साथ-साथ चल रही हैं तब उनका थोड़ा बहुत प्रभाव एक दूसरे पर पड़ेगा ही। एक धारा का कवि दूसरी धारा की किसी विशेषता में भी अपनी कुछ निपुणता दिखाने की कभी-कभी इच्छा कर सकता है। धाराओं का विभाग सबसे अधिक सामान्य प्रवृत्ति देखकर ही किया जा सकता है फिर भी दो चार कवि ऐसे रह जाएँगे जिनमें सब धाराओं की विशेषताएँ समान रूप से पाई जाएँगी, जिनकी रचनाओं का स्वरूप मिला जुला होगा। कुछ विशेष प्रवृत्ति होगी भी तो व्यक्तिगत होगी।

ब्रजभाषा काव्यपरंपरा

जैसा कि द्वितीयोत्थान के अंत में कहा जा चुका है, ब्रज भाषा की काव्यपरंपरा भी चल रही है। यद्यपि खड़ी बोली का चलन हो जाने से अब ब्रज-भाषा की रचनाएँ प्रकाशित बहुत कम होती हैं पर अभी देश में न जाने कितने कवि नगरों और ग्रामों में बराबर ब्रजवाणी की रसधारा बहाते चल रहे हैं। जब कहीं किसी स्थान पर कवि सम्मेलन होता है तब न जाने कितने अज्ञात कवि आकर अपनी रचनाओं से लोगों को तृप्त कर जाते हैं। रत्नाकरजी की 'उद्धवशतक' ऐसी उत्कृष्ट रचनाएँ इस उत्थान में ही निकली थीं। सर्गबद्ध प्रबंध काव्यों में हमारा 'बुद्धचरित'[१] संवत् १९७९ में प्रकाशित हुआ जिसमें भगवान् बुद्ध का लोकपालन चरित उसी परंपरागत काव्यभाषा में वर्णित है जिसमें राम कृष्ण की लीला का अब भी घर-घर गान होता है। श्रीवियोगी हरिजी की 'वीरसतसई' पर मंगलाप्रसाद पारितोषिक मिले बहुत दिन नहीं हुए। देवपुरस्कार से पुरस्कृत श्री दुलारे लालजी भार्गव के दोहे बिहारी के रास्ते पर चल ही रहे हैं। अयोध्या के श्रीरामनाथ ज्योतिषी को 'रामचंद्रोदय' काव्य के लिये देवपुरस्कार, थोड़े ही दिन हुए मिला है। मेवाड़ के श्री केसरीसिंह बारहठ का 'प्रतापचरित्र' वीर रस का एक बहुत उत्कृष्ट काव्य है जो सं० १९९२ में प्रकाशित हुआ है। पं० गयाप्रसाद शुक्ल 'सनेही' की सरस कविताओं की धूम कविसम्मेलनों में बराबर रहा करती है। प्रसिद्ध कलाविद् रायकृष्णदासजी का 'ब्रजरज' इसी तृतीयोत्थान के भीतर प्रकाशित हुआ है। इधर श्री उमाशंकर वाजपेयी 'उमेश' जी की 'ब्रजभारती' में ब्रजभाषा बिलकुल नई सजधज के साथ दिखाई पड़ी है।

हम नहीं चाहते, और शायद कोई भी नहीं चाहेगा, कि ब्रजभाषा काव्य की धारा लुप्त हो जाय। उसे यदि इस काल में भी चलना है तो वर्तमान भावों को ग्रहण करने के साथ ही साथ भाषा का भी कुछ परिष्कार करना पड़ेगा। उसे चलती ब्रजभाषा के अधिक मेल में लाना होगा। अप्रचलित संस्कृत शब्दों को भी अब बिगड़े रूपों में रखने की आवश्यकता नहीं। 'बुद्धचरित' काव्य में भाषा के संबंध में हमने इसी पद्धति का अनुसरण किया था और कोई बाधा नहीं दिखाई पड़ी थी।

२. द्विवेदीकाल में प्रवर्तित खड़ी बोली की काव्यधारा

इस धारा का प्रवर्तन द्वितीय उत्थान में इस बात को लेकर हुआ था कि ब्रजभाषा के स्थान पर अब प्रचलित खड़ी बोली में कविता होनी चाहिए। शृंगार रस के कवित्त सवैए बहुत लिखे

---

१. रामचंद्र शुक्ल : बुद्धचरित, नागरीप्रचारिणी सभा द्वारा प्रकाशित।

जा चुके, अब और विषयों को लेकर तथा और छंदों में भी रचना चलनी चाहिए। खड़ी बोली को पद्यों में अच्छी तरह ढलने में जो काल लगा उसके भीतर की रचना तो बहुत कुछ इतिवृत्तात्मक रही पर इस तृतीय उत्थान में आकर यह काव्यधारा कल्पनान्वित भावाविष्ट और अभिव्यंजनात्मक हुई। भाषा का कुछ दूर तक चलता हुआ स्निग्ध, प्रसन्न और प्रांजल प्रवाह इस धारा की सबसे बड़ी विशेषता है। खड़ी बोली वास्तव में इसी धारा के भीतर मँजी है। भाषा का मँजना वहीं संभव होता है जहाँ उसकी अपनी गतिविधि का पूरा समावेश होता है और कुछ दूर तक चलनेवाले वाक्य सफाई के साथ पद्यों में बैठते चले जाते हैं। एक संबंधसूत्र में बद्ध कई अर्थ समूहों की एक समन्वित भावना व्यक्त करने के लिये ही ऐसी भाषा अपेक्षित होती है। जहाँ एक दूसरे में असंबद्ध छोटी-छोटी भावनाओं को लेकर वाग्वैशिष्ट्य की झलक या चलचित्र की ही छाया दिखाने की प्रवृत्ति प्रधान होगी वहाँ भाषा की समन्वयशक्ति का परिचय न मिलेगा। व्यापक समन्वय के बिना कोई ऐसा समन्वित प्रभाव भी नहीं पड़ सकता जो कुछ काल तक स्थायी रहे। स्थायी प्रभाव की ओर लक्ष्य इस काव्यधारा में बना हुआ है।

दूसरी बात जो इस धारा के भीतर मिलती है हमारे यहाँ के प्रचलित छंदों या उनके भिन्न-भिन्न योगों से संघटित छंदों का व्यवहार। इन छंदों की लयों के भीतर नादसौंदर्य की हमारी रुचि निहित है। नवीनता में बट्टा लगने के डर से ही इन छंदों को छोड़ना सहृदयता से अपने को दूर बताना है। नई रंगत की कविताओं में जो पद्य या चरण रखे जाते हैं उन्हें प्राय: अलापने की जरूरत होती है। पर ठीक लय के साथ कविता पढ़ना और अलाप के साथ गाना दोनों अलग-अलग हैं।

इस धारा में कल्पना और भावात्मिका वृत्ति अधर में नाचती तो नहीं मिलती है पर बोधवृत्ति द्वारा उद्‌घाटित भूमि पर टिककर उसकी मार्मिकता का प्रकाश करती अवश्य दिखाई पड़ती है। इससे कला का कुतूहल तो नहीं खड़ा होता, पर हृदय को रमानेवाली बात सामने आ जाती है। यह बात तो स्पष्ट है कि ज्ञान काव्य ही के संचरण के लिये रास्ता खोलता है। ज्ञान प्रसार के भीतर ही हृदयप्रसार होता है और हृदयप्रसार ही काव्य का सच्चा लक्ष्य है। अत: ज्ञान के साथ लगकर ही जब हमारा हृदय परिचालित होगा तभी काव्य की नई-नई मार्मिक अर्थभूमियों की ओर वह बहेगा। ज्ञान को किनारे रखकर, उसके द्वारा सामने लाए हुए जगत् और जीवन के नाना पक्षों की ओर न बढ़कर, यदि काव्य प्रवृत्त होगा तो किसी एक भाव को लेकर अभिव्यंजना के वैचित्र्य प्रदर्शन में ही लगा रह जायगा। इस दशा में काव्य का विभाव पक्ष शून्य होता जायगा, उसकी अनेकरूपता सामने न आएगी। इस दृष्टि से देखने पर यह कहा जा सकता है कि धारा एक समीचीन पद्धति पर चली है। इस पद्धति के भीतर इधर आकर काव्यत्व का अच्छा विकास हो रहा है, यह देखकर प्रसन्नता होती है।

अब इस पद्धति पर चलनेवाले कुछ प्रमुख कवियों का उल्लेख किया जाता है—

(१) ठाकुर गोपालशरण सिंह—ठाकुर साहब अनेक मार्मिक विषयों का चयन करते चले हैं। इससे इनकी रचनाओं के भीतर खड़ी बोली बराबर मँजती चली आ रही है। इन रचनाओं का आरंभ संवत् १९७१ से होता है। अब तक इनकी रचनाओं के पाँच संग्रह निकल चुके हैं—माधवी, मानवी, संचिता, ज्योतिष्मती और कादंबिनी। प्रारंभिक रचनाएँ साधारण हैं, पर आगे चलकर हमें बराबर मार्मिक उद्‌भावना तथा अभिव्यंजना की एक विशिष्ट पद्धति मिलती है। इनकी छोटी-छोटी रचनाओं में ज़िनमें से कुछ गेय भी हैं, जीवन की अनेक

दशाओं की झलक है। 'मानवी' में इन्होंने नारी को दुलहिन, देवदासी, उपेक्षिता, अभागिनी, भिखारिनी, वीरांगना इत्यादि अनेक रूपों में देखा है। 'ज्योतिष्मती' के पूर्वार्द्ध में तो असीम और अव्यक्त 'तुम' है और उत्तरार्द्ध में ससीम और व्यक्त 'मैं' संसार के बीच। इसमें प्रायः उन्हीं भावों की व्यंजना है जिनकी छायावाद के भीतर होती है, पर ढंग बिलकुल अलग अर्थात् रहस्यदर्शियों का सा न होकर भोले-भाले भक्तों का सा है। कवि ने प्रार्थना भी की है कि—

पृथ्वी पर ही मेरे पद हों,
दूर सदा आकाश रहे।

व्यंजना को गूढ़ बनाने के लिये कुछ असंबद्धता लाने, नितांत अपेक्षित पद या वाक्य भी छोड़ देने, अत्यंत अस्फुट संबंध के आधार पर उपलक्षणों का व्यवहार करने का प्रयत्न इनकी रचनाओं में नहीं पाया जाता। आजकल बहुत चलते हुए कुछ रमणीय लाक्षणिक प्रयोग अवश्य कहीं-कहीं मिलते हैं। कुछ प्रगीत मुक्तकों में यत्र-तत्र छायावादी कविता के ढंग के रूपक भी इन्होंने रखे हैं, पर वे खुलकर सामने आते हैं; जैसे—

सज धजकर मृदु व्यथा सुंदरी तज कर सब घर बार।
दुःख यामिनी में जीवन की करती है अभिसार॥

उस अनंत के साथ अपना 'अटल संबंध' कवि बड़ी सफाई से इतने ही में व्यक्त कर देता है—

तू अनंत द्युतिमय प्रकाश है मैं हूँ मलिन अंधेरा,
पर सदैव संबंध अटल है, जग में मेरा तेरा।
उदय अस्त तब तेरा साथी मैं ही हूँ इस जग में,
मैं तुझमें ही मिल जाता हूँ होता जहाँ सबेरा॥

'मानवी' में अभागिनी को संबोधन करके कवि कहता है—

चुकती है नहीं निशा तेरी, है कभी प्रभात नहीं होता।
तेरे सोहाग का सुख, बाले! आजीवन रहता है सोता॥
हैं फूल फूल जाते मधु में, सुरभित मलयानिल बहती है।
सब लता बल्लियाँ खिलती हैं, बस तू मुरझाई रहती है।
सब आशाएँ अभिलाषाएँ, उर कारागृह में बंद हुईं।
तेरे मन की दुख ज्वालाएँ मेरे मन में छंद हुईं॥

(२) अनूप शर्मा—बहुत दिनों तक ये ब्रजभाषा में ही अपनी ओजस्विनी वाग्धारा बहाते रहे। खड़ी बोली का जमाना देखकर ये उसकी ओर मुड़े। कुणाल का चरित्र इन्होंने 'सुनाल' नामक खंडकाव्य में लिखा। फिर बुद्ध भगवान् का चरित्र देकर 'सिद्धार्थ' नामक अठारह सर्गों का एक महाकाव्य संस्कृत के अनेक वर्णवृत्तों में इन्होंने लिखा। इनकी फुटकल कविताओं का संग्रह 'सुमनांजलि' में है। इन्होंने फुटकल प्रसंगों के लिये कवित्त ही चुना है। भाषा के सरल प्रवाह के अतिरिक्त इनकी सबसे बड़ी विशेषता है व्यापक दृष्टि जिससे ये हमारे ज्ञानपथ में आनेवाले अनेक विषयों को अपनी कल्पना द्वारा आकर्षक और मार्मिक रूप से रखकर काव्यभूमि के भीतर ले आए हैं। जगत् के इतिहास, विज्ञान आदि द्वारा हमारा ज्ञान जहाँ

तक पहुँचता है वहाँ तक हृदय को भी ले जाना आधुनिक कवियों का एक काम होना चाहिए। अनूपजी इसकी ओर बढ़े हैं। 'जीवनमरण' में कवि की कल्पना जगत् के इतिहास की विविध भूमियों के चित्र सामने लाई है। इसी प्रकार 'विराट्भ्रमण' में देवी के आकाशचारी रथ पर बैठ कवि ने इस विराट् विश्व का दर्शन किया है। एक झलक देखिए—

पीछे दृष्टिगोचर था गोल चक्र पूषण का,
घूमता हुआ जो नील संपुटी में चलता।
मानो जलयान के बितल पृष्ठ भाग मध्य,
आता चला फेन पीत पिंड-सा उबलता।
उछल रहे थे धूमकेतु धुरियों से तीव्र,
यान-केतु ताड़ित भचक्र था उछलता।
मारुत का, मन का, प्रवेग पड़ा पीछे जब—
आगे चला बाजियूथ आतप उगलता॥

(३) श्री जगदंबाप्रसाद 'हितैषी'—खड़ी बोली के कवित्तों और सवैयों में ये वही सरसता, वही भावभंगी लाए हैं जो ब्रजभाषा के कवित्तों और सवैयों में पाई जाती है। इस बात में इनका स्थान निराला है। यदि खड़ी बोली की कविता आरंभ में ऐसी ही सजीवता के साथ चली होती जैसी इनकी रचनाओं में पाई जाती है तो उसे रूखी और नीरस कोई न कहता। रचनाओं का रंग रूप अनूठा और आकर्षक होने पर भी अजनबी नहीं है। शैली वही पुराने उस्तादों के कवित्त सवैयों की है जिनमें वाग्धारा अंतिम चरण पर जाकर चमक उठती है। हितैषी जी ने अनेक काव्योपयुक्त विषय लेकर फुटकल छोटी-छोटी रचनाएँ की हैं जो 'कल्लोलिनी' और 'नवोदिता' में संगृहीत हैं। अन्योक्तियाँ इनकी बहुत मार्मिक हैं। रचना के कुछ नमूने देखिए—

(किरण)

दुखिनी बनी दीन कुटी में कभी, महलों में कभी महरानी बनी।
बनी फूटती ज्वालामुखी तो कभी, हिमकूट की देवी हिमानी बनी॥
चमकी बन विद्युत रौद्र कभी, घन आनँद अश्रु कहानी बनी।
सविता ससि स्नेह सोहाग सनी, कभी आग बनी कभी पानी बनी॥
भवसिंधु के बुदबुद प्राणियों की तुम्हें शीतल श्वासा कहें, कहो तो।
अथवा छलनी बनी अंबर के उर की अभिलाषा कहें, कहो तो।
घुलते हुए चंद्र के प्राण की पीड़ा भरी परिभाषा कहें, कहो तो।
नभ से गिरती नखतावलि के नयनों कि निराशा कहें, कहो तो।

(परिचय)

हूँ हितैषी सताया हुआ किसी का, हर तौर किसी का बिसारा हुआ।
घर से किसी के हूँ निकाला हुआ, दर से किसी के दुतकारा हुआ।
नजरों से गिराया हुआ किसी का, दिल से किसी का हूँ उतारा हुआ।
अजी, हाल हमारा ही पूछते क्या! हूँ मुसीबत का इक मारा हुआ।

(४) **श्रीश्यामनारायण पांडेय**—इन्होंने पहले 'त्रेता के दो वीर' नामक एक छोटा सा काव्य लिखा था जिसमें लक्ष्मण मेघनाद युद्ध के कई प्रसंग लेकर दोनों वीरों का महत्व चित्रित किया था। यह रचना हरिगीतिका तथा संस्कृत के कई वर्णवृत्तों में द्वितीय उत्थान की शैली पर है। 'माधव' और 'रिमझिम' नाम की इनकी दो और छोटी-छोटी रचनाएँ हैं। इनकी ओजस्विनी प्रतिभा का पूर्ण विकास 'हल्दीघाटी' नामक १७ सर्गों के महाकाव्य में दिखाई पड़ा। 'उत्साह' की अनेक अंतर्दशाओं की व्यंजना तथा युद्ध की अनेक परिस्थितियों के चित्रण से पूर्ण यह काव्य खड़ी बोली में अपने ढंग का एक ही है। युद्ध के समाकुल वेग और संघर्ष का ऐसा सजीव और प्रवाहपूर्ण वर्णन बहुत कम देखने में आता है। कुछ पद्य नीचे दिए जाते हैं—

सावन का हरित प्रभात रहा, अंबर पर थी घनघोर घटा।
फहराकर पंख थिरकते थे, मन भाती थी बन मोर छटा॥
वारिद के उर में चमक दमक, तड़ तड़ थी बिजली तड़क रही।
रह रह कर जल था बरस रहा, रणधीर भुजा भी फड़क रही।

\+ \+ \+

धरती की प्यास बुझाने को, वह घहर रही थी घनसेना।
लोहू पीने के लिये खड़ी, यह हहर रही थी जनसेना।
नभ पर चम चम चपला चमकी, चम चम चमकी तलवार इधर।
भैरव अमंद घनगाद उधर, दोनों दल की ललकार इधर।

\+ \+ \+

कलकल बहती थी रणगंगा, अरिदल को डूब नहाने को।
तलवार वीर की नाव बनी, चटपट उस पार लगाने को।
बैरी दल की ललकार गिरी, वह नागिन सी फुफकार गिरी।
था शोर मौत से बचो बचो, तलवार गिरी, तलवार गिरी।
क्षण इधर गई, क्षण उधर गई, क्षण चढ़ी बाढ़ सी उतर गई।
था प्रलय चमकती जिधर गई, क्षण शोर हो गया किधर गई॥

(५) **पुरोहित प्रतापनारायण**—इन्होंने 'नलनरेश' नामक महाकाव्य १९ सर्गों में रोला, हरिगीतिका आदि हिंदी छंदों में लिखा है। इसकी शैली अधिकतर उस काल की है जिस काल में द्विवेदीजी के प्रभाव से खड़ी बोली हिंदी के पद्यों में परिमार्जित होती हुई ढल रही थी। खड़ी बोली की काव्यशैली में इधर मार्मिकता, भावुकता और वक्रता का जो विकास हुआ है उसका आभास इस ग्रंथ में नहीं मिलता। अलंकारों की योजना बीच-बीच में अच्छी की गई है। इस ग्रंथ में महाकाव्य की उन सब रूढ़ियों का अनुसरण किया गया है जिनके कारण हमारे यहाँ के मध्यकाल के बहुत से प्रबंधकाव्य कृत्रिम और प्रभावशून्य हो गए। इस बीसवीं सदी के लोगों का मन विरहताप के लेपादि उपचार, चंद्रोपालभ इत्यादि में नहीं रम सकता। श्री मैथिलीशरण गुप्त के 'साकेत' में भी कुछ ऐसी रूढ़ियों का अनुसरण जी उबाता है। 'मन के मोती' और 'नव निकुंज' में प्रतापनारायणजी की खड़ी बोली की फुटकल रचनाएँ संगृहीत हैं

जिनकी शैली अधिकतर इतिवृत्तात्मक है। 'काव्य कानन' नामक बड़े संग्रह में ब्रजभाषा की भी कुछ कविताएँ है।

(६) तुलसीराम शर्मा 'दिनेश'—इन्होंने २७२ पृष्ठों का एक बड़ा भारी काव्य ग्रंथ पुरुषोत्तम श्रीकृष्ण के चरित के विविध अंगों को लेकर लिखा है। यह आठ अंगों में समाप्त हुआ है। इसमें कई पात्रों कें मुँह से आधुनिक समय में उठे हुए भावों की व्यंजना कराई गई है। जैसे, श्रीकृष्ण उद्धव द्वारा गोपियों को संदेशा भेजते हैं—

दीन दरिद्रों के देहों को मेरा मंदिर मानो।
उनके आर्त उसासों को ही वंशी का स्वर जानो।

इसी प्रकार द्वारका के दुर्ग पर बैठकर कृष्ण भगवान् बलराम का ध्यान कृषकों की दशा की ओर इस प्रकार आकर्षित करते हैं—

जो ढकता है जग के तन को, जो रखता लज्जा सबकी।
जिसके पूत पसीने द्वारा बनती है मज्जा सबकी।
आज कृषक वह पिसा हुआ है इन प्रमत्त भूपों द्वारा।
उसकी घर की गायों का रे? दूध बना मदिरा सारा।

पुरुषों के सब कामों में हाथ बँटाने की सामर्थ्य स्त्रियाँ रखती हैं यह बात रुक्मिणी कहती मिलती है।

यह सब होने पर भी भाषा प्रौढ़, चलती और आकर्षक नहीं।

३. छायावाद

संवत् १९७० तक किस प्रकार 'खड़ी बोली' के पद्यों में ढलकर मँजने की अवस्था पार हुई और श्री मैथिलीशरण गुप्त, मुकुटधर पांडेय आदि कई कवि खड़ी बोली काव्य को अधिक कल्पनामय, चित्रमय, और अंतर्भावव्यंजक रूपरंग देने में प्रवृत्त हुए, यह कहा जा चुका है। उनके कुछ रहस्यभावापान्न प्रगीतमुक्तक भी दिखाए जा चुके हैं। वे किस प्रकार कार्यक्षेत्र का प्रसार चाहते थे, प्रकृति की साधारण असाधारण वस्तुओं से अपने चिर संबंध का सच्चा मार्मिक अनुभव करते हुए चले थे, इसका भी निर्देश हो चुका है।

यह स्वच्छंद नूतन पद्धति अपना रास्ता निकाल ही रही थी कि श्रीरवींद्रनाथ की रहस्यात्मक कविताओं की धूम हुई और कई कवि एक साथ रहस्यवाद और 'प्रतीकवाद' या 'चित्रभाषावाद' को ही एकांत ध्येय बनाकर चल पड़े। 'चित्रभाषा' या अभिव्यंजन पद्धति पर ही जब लक्ष्य टिक गया तब उसके प्रदर्शन के लिये लौकिक या अलौकिक प्रेम का क्षेत्र ही काफी समझा गया। इस बँधे हुए क्षेत्र के भीतर चलनेवाले काव्य ने छायावाद का नाम ग्रहण किया।

रहस्यभावना और अभिव्यंजनपद्धति पर ही प्रधान लक्ष्य हो जाने और काव्य को केवल कल्पना की सृष्टि कहने का चलन हो जाने से सहानुभूति तक कल्पित होने लगी। जिस प्रकार अनेक प्रकार की रमणीय वस्तुओं की कल्पना की जाती है उसी प्रकार अनेक प्रकार की विचित्र भावानुभूतियों की कल्पना भी बहुत कुछ होने लगी। काव्य की प्रकृत पद्धति तो यह है कि वस्तुयोजना चाहे लोकोत्तर हो पर भावानुभूति का स्वरूप सच्चा अर्थात् स्वाभाविक

वासनाजन्य हो। भावानुभूति का स्वरूप भी यदि कल्पित होगा तो हृदय से उसका संबंध क्या रहेगा? भावानुभूति यदि ऐसी होगी, जैसी नहीं हुआ करती तो सचाई (सिंसियारिटी) कहाँ रहेगी? यदि कोई मृत्यु को केवल जीवन की पूर्णता कहकर उसका प्रबल अभिलाष व्यंजित करे, अपने मर मिटने के अधिकार पर गर्व की व्यंजना करे तो कथन के वैचित्र्य से हमारा मनोरंजन तो अवश्य होगा पर ऐसा अभिलाष या गर्व की कहीं सत्ता मानने की आवश्यकता न होगी।

'छायावाद' शब्द का प्रयोग दो अर्थों में समझना चाहिए। एक तो रहस्यवाद के अर्थ में, जहाँ उसका संबंध काव्यवस्तु से होता है अर्थात् जहाँ कवि उस अनंत और अज्ञात प्रियतम को आलंबन बनाकर अत्यंत चित्रमयी भाषा में प्रेम की अनेक प्रकार से व्यंजना करता है। रहस्यवाद के अंतर्भूत रचनाएँ पहुँचे हुए पुराने संतों या साधकों की उसी वाणी के अनुकरण पर होती है जो तुरीयावस्था या समाधिदशा में नाना रूपकों के रूप में उपलब्ध आध्यात्मिक ज्ञान का आभास देती हुई मानी जाती थी। इस रूपात्मक आभास को योरप में 'छाया' (फैंटसमाटा) कहते थे। इसी से बंगाल में ब्रह्मसमाज के बीच उक्त वाणी के अनुकरण पर जो आध्यात्मिक गीत या भजन बनते थे वे 'छायावाद' कहलाने लगे। धीरे-धीरे यह शब्द धार्मिक क्षेत्र में वहाँ के साहित्यक्षेत्र में आया और फिर रवींद्र बाबू की धूम मचने पर हिंदी के साहित्य क्षेत्र से भी प्रकट हुआ।

'छायावाद' शब्द का दूसरा प्रयोग काव्यशैली या पद्धतित्रिशेष के व्यापक अर्थ में है। सन् १८८५ में फ्रांस में रहस्यवादी कवियों का एक दल खड़ा हुआ जो प्रतीकवाद (सिंबालिस्ट्स) कहलाया। वे अपनी रचनाओं में प्रस्तुतों के स्थान पर अधिकतर अप्रस्तुत प्रतीकों को लेकर चलते थे। इसी से उनकी शैली की ओर लक्ष्य करके 'प्रतीकवाद' शब्द का व्यवहार होने लगा। आध्यात्मिक या ईश्वरप्रेम संबंधी कविताओं के अतिरिक्त और सब प्रकार की कविताओं के लिये भी प्रतीक शैली की ओर वहाँ प्रवृत्ति रही। हिंदी में 'छायावाद' शब्द का जो व्यापक अर्थ में—रहस्यवादी रचनाओं के अतिरिक्त और प्रकार की रचनाओं के संबंध में भी—ग्रहण हुआ वह इसी प्रतीक शैली के अर्थ में। छायावाद का सामान्यतः अर्थ हुआ प्रस्तुत के स्थान पर उसकी व्यंजना करनेवाली छाया के रूप में अप्रस्तुत का कथन। इस शैली के भीतर किसी वस्तु या विषय का वर्णन किया जा सकता है।

'छायावाद' का केवल पहला अर्थात् मूल अर्थ लेकर तो हिंदी काव्यक्षेत्र में चलनेवाली श्री महादेवी वर्मा ही हैं। पंत, प्रसाद, निराला इत्यादि और सब कवि प्रतीकपद्धति या चित्रभाषा शैली की दृष्टि से ही छायावादी कहलाए।

रहस्यवाद के भीतर आनेवाली रचनाएँ तो थोड़ी या बहुत सभी ने उक्त पद्धति पर की हैं, पर उनकी शब्दकला, वासनात्मक, प्रणयोद्गार, वेदना विवृत्ति, सौंदर्य संघटन, मधुचर्या, अतृप्तिव्यंजना इत्यादि में अधिकतर नियुक्त रही। जीवन के अवसाद, विषाद और नैराश्य की झलक भी उनके मधुमय गानों में मिलती रही। इसी परिमित क्षेत्र के भीतर चित्रभाषाशैली का वे वैलक्षण्य के साथ दर्शन करते रहे। जैसा कि सामान्य परिचय के भीतर कहा जा चुका है वैलक्षण्य लाने के लिये अँगरेजी की लाक्षणिक पदावलियों के अनुवाद भी ज्यों के त्यों रखे जाते रहे। जिनकी प्रवृत्ति लाक्षणिक वैचित्र्य की ओर कम थी। वे बंगभाषा के कवियों के ढंग पर श्रुतिरंजक या नादानुकृत पदावली गुंफित करने में अधिक तत्पर दिखाई दिए।

चित्रभाषा शैली या प्रतीक पद्धति के अंतर्गत जिस प्रकार वाचक पदों के स्थान पर लक्षक पदों का व्यवहार आता है उसी प्रकार प्रस्तुत के स्थान पर उसकी व्यंजना करनेवाले अप्रस्तुत चित्रों का विधान भी। अत: अन्योक्तिपद्धति का अवलंबन भी छायावाद का एक विशेष लक्षण हुआ। यह पहले कहा जा चुका है कि छायावाद का चलन द्विवेदीकाल की रूखी इतिवृत्तात्मकता की प्रतिक्रिया के रूप में हुआ था। अत: इस प्रतिक्रिया का प्रदर्शन केवल लक्षण और अन्योक्ति के प्राचुर्य के रूप में ही नहीं, कहीं-कहीं उपमा और उत्प्रेक्षा की भरमार के रूप में भी हुआ। इनमें से उपादान और लक्षण लक्षणाओं को छोड़ और सब बातें किसी न किसी प्रकार की साध्यभावना के आधार पर ही खड़ी होनेवाली हैं। साम्य को लेकर अनेक प्रकार की अलंकृत रचनाएँ बहुत पहले भी होती थीं तथा रीतिकाल के और उसके पीछे भी होती रही हैं। अत: छायावाद की रचनाओं के भीतर साम्यग्रहण की उस प्रणाली का निरूपण आवश्यक है जिसके कारण उसे एक विशिष्ट रूप प्राप्त हुआ।

हमारे यहाँ साम्य मुख्यत: तीन प्रकार का माना गया है। सादृश्य (रूप या आकार का साम्य), साधर्म्य (गुण या क्रिया का साम्य) और केवल शब्दसाम्य (दो भिन्न वस्तुओं का एक ही नाम होना)। इनमें से अंतिम तो श्लेष की शब्दक्रीड़ा दिखानेवालों के ही काम का है। रहे सादृश्य और साधर्म्य। विचार करने पर इन दोनों में प्रभावसाम्य छिपा मिलेगा। सिद्ध कवियों की दृष्टि ऐसे ही अप्रस्तुतों की ओर जाती है, जो प्रस्तुतों के समान ही सौंदर्य, दीप्ति, कांति, कोमलता, प्रचंडता, भीषणता, उग्रता, उदासी, अवसाद, खिन्नता इत्यादि की भावना जगाते हैं। काव्य में बँधे चले आते हुए उपमान अधिकतर इसी के हैं। केवल रूपरंग या आकार या व्यापार को ऊपर से देखकर या नापजोखकर, भावना पर उनका प्रभाव परखे बिना, वे नहीं रखे जाते थे। पीछे कविकर्म के बहुत कुछ श्रमसाध्य या अभ्यासगम्य होने के कारण जब कृत्रिमता आने लगी तब बहुत से उपमान केवल बाहरी नापजोख के अनुसार भी रखे जाने लगे। कटि की सूक्ष्मता दिखाने के लिये सिंहनी और भिड़ सामने लाई जाने लगीं।

छायावाद बड़ी सहृदयता के साथ प्रभावसाम्य पर ही विशेष लक्ष्य रखकर चला है। कहीं-कहीं तो बाहरी सादृश्य या साधर्म्य अत्यंत अल्प या न रहने पर भी आभ्यंतर प्रभावसाम्य लेकर हम अप्रस्तुतों का सन्निवेश कर दिया जाता है। ऐसे अप्रस्तुत अधिकतर उपलक्षण के रूप में या प्रतीकवत् (सिंबालिक) होते हैं—जैसे सुख, आनंद, प्रफुल्लता, यौवनकाल इत्यादि के स्थान पर उनके द्योतक उषा, प्रभात, मधुकाल, प्रिया के स्थान पर मुकुल; प्रेमी के स्थान पर मधुप; श्वेत या शुभ्र के स्थान पर कुंद, रजत; माधुर्य के स्थान पर मधु; दीप्तिमान् या कांतिमान् के स्थान पर स्वर्ण; विषाद या अवसाद के स्थान पर अंधकार, अंधेरी रात, संध्या की छाया, पतझड़ मानसिक आकुलता या क्षोभ के स्थान पर झंझा, तूफान, भावतरंग के लिये झंकार, भावप्रवाह के लिये संगीत या मुरली का स्वर इत्यादि, आभ्यंतर प्रभावसाम्य के आधार पर लाक्षणिक और व्यंजनात्मक पद्धति का प्रगल्भ और प्रचुर विकास छायावाद की काव्यशैली की असली विशेषता है।

हिंदी का काव्यपरंपरा में अन्योक्तिपद्धति का प्रचार तो रहा है, पर लाक्षणिकता का एक प्रकार से अभाव ही रहा। केवल कुछ रूढ़ लक्षणाएँ मुहावरों के रूप में कहीं-कहीं मिल जाती थीं। ब्रजभाषा कवियों में लाक्षणिक साहस किसी ने दिखाया तो घनानंद ने। इस तृतीय उत्थान में सबसे अधिक लाक्षणिक साहस पंतजी ने अपने 'पल्लव' में दिखाया। जैसे—

(१) **धूल की ढेरी में अनजान छिपे हैं मेरे मधुमय गान॥**
(धूल की ढेरी—असुंदर वस्तुएँ। मधुमय गान-गान के विषय अर्थात् सुंदर वस्तुएँ।

(२) **मर्मपीड़ा के हास (हास—विकास, समृद्धि । विरोधी वैचित्र्य के लिये व्यंग्यव्यंजक संबंध को लेकर लक्षणा)। (मर्मपीड़ा के हास! = हे मेरे पीड़ित मन ! आधार आधेय संबंध लेकर।)**

(३) **चाँदनी का स्वभाव में वास। विचारों में बच्चों की साँस। (चाँदनी, मृदुलता, शीतलता। बच्चों की साँस—भोलापन)।**

(४) **मृत्यु का यही दीर्घ निश्वास (मृत्यु—आसन्नमृत्यु व्यक्ति अथवा मृतक के लिये शोक करने वाले व्यक्ति।**

(५) **कौन तुम अतुल अरूप अनाम (शिशु के लिये। अल्पार्थक के स्थान पर निषेधार्थक।)**

'पल्लव' में प्रतिक्रिया के आवेश के कारण वैचित्र्य प्रदर्शन की प्रवृत्ति अधिक थी जिसके लिये कहीं-कहीं अँगरेजी के लाक्षणिक प्रयोग भी ज्यों के त्यों ले लिए गए। पर पीछे यह प्रवृत्ति घटती गई।

'प्रसाद' की रचनाओं में शब्दों के लाक्षणिक वैचित्र्य की प्रवृत्ति उतनी नहीं रही है जितनी साम्य की दूरारूढ़ भावना की। उनके उपलक्षण (सिंबल्स) सामान्य अनुभूति के मेल में होते थे। जैसे— 'लहर'।

(१) **झंझा झकोर गर्जन है, बिजली है, नीरदमाला।**
पाकर इस शून्य हृदय को, सबने आ डेरा डाला॥

(झंझा झकोर—क्षोभ; आकुलता। गर्जन—वेदना की तड़प। बिजली—चमक या टीस। नीरदमाला—अंधकार। शून्य शब्द विशेषण के अतिरिक्त आकाशवाचक भी है; जिससे उक्ति में बहुत सुंदर समन्वय आ जाता है।)

(२) **पतझड़ था; झाड़ खड़े थे सूखे से फुलवारी में।**
किसलय दल कुसुम बिछाकर आए तुम इस क्यारी में॥

(पतझड़—उदासी। किसलयदलकुसुम—वसंत, सरसता और प्रफुल्लता)। —आँसू।

(१) **काँटों ने भी पहना मोती (कटीले पौधों—पीड़ा पहुँचानेवाले कठोरहृदय मनुष्यों। पहना मोती—हिंमबिंदु धारण किया—अश्रुपूर्ण हुए)।**

—'लहर'।

अप्रस्तुत किस प्रकार एकदेशीय, सूक्ष्म और धुँधले पर मर्मव्यंजक साम्य की धुँधला सा आधार लेकर खड़े किए जाते हैं, यह बात नीचे के कुछ उद्धरणों से स्पष्ट हो जाएगी—

(१) **उठ उठ री लघु लघु लोल लहर।**
करुणा की नव अँगड़ाई सी, मलयानिल की परछाई सी,
इस सूखे तट पर छहर छहर॥

(लहर—सरस कोमल भाव। सूखा तट—शुष्क जीवन। अप्रस्तुत या उपमान भी लाक्षणिक हैं।)

(२) गूढ़ कल्पना सी कवियों की, अज्ञाता के विस्मय सी,
ऋषियों के गंभीर हृदय सी, बच्चों के तुतले भय सी।- 'छाया'

(३) गिरिवर के उर से उठ उठ कर, उच्चाकांक्षाओं से तरुवर, हैं झाँक रहे नीरव नभ पर।

(उठे हुए पेड़ों का साम्य मनुष्य के हृदय की उन उच्च आकांक्षाओं से है, जो लोक के परे जाती हैं।)

(४) बनमाला के गीतों सा निर्जन में बिखरा है मधुमास।

छायावाद की रचनाएँ गीतों के रूप में ही अधिकतर होती हैं। इससे उनमें अन्विति कम दिखाई पड़ती है। जहाँ यह अन्विति होती है वहीं समूची रचना अन्योक्ति पद्धति पर की जाती है। इस प्रकार साम्य भावना का ही प्राचुर्य हम सर्वत्र पाते हैं। यह साम्यभावना हमारे हृदय का प्रसार करनेवाली, शेष सृष्टि के साथ मनुष्य के गूढ़ संबंध के धारणा बँधानेवाली, अत्यंत अपेक्षित मनोभूमि है, इसमें संदेह नहीं, पर यह सच्चा मार्मिक प्रभाव नहीं उत्पन्न करती है जहाँ यह प्राकृतिक वस्तु या व्यापार से प्राप्त सच्चे आभास के आधार पर खड़ी होती है। प्रकृति अपने अनंत रूपों और व्यापारों के द्वारा अनेक बातों की गूढ़ या अगूढ़ व्यंजना करती रहती है। इस व्यंजना को न परखकर या न ग्रहण करके जो साम्यविधान होगा यह मनमाना आरोपमात्र होगा। इस अनंत विश्व महाकाव्य की व्यंजनाओं की परख के साथ जो साम्यविधान होता है वह मार्मिक और उद्बोधक होता है; जैसे—

दुखदावा से नव अंकुर पाता जग जीवन का बन
करुणार्द्र विश्व का गर्जन बरसाता नवजीवन कण।

खुल खुल नव इच्छाएँ फैलाती जीवन के दल।

यह शैशव का सरल हास है, सहसा उर से है आ जाता।
यह ऊषा का नव विकास है, जो रज को है रजत बनाता!
यह लघु लहरों का विलास है, कलानाथ जिसमें खिंच आता।

\+ \+ \+

हँस पड़े कुसुमों में छविमान, जहाँ जग में पदचिह्न पुनीत।
वही सुख में आँसू बन प्राण, ओस में लुढ़क दमकते गीत॥

—गुंजन

मेरा अनुराग फैलने दो, नभ के अभिनव कलरव में।
जाकर सूनेपन के तम में, बन किरन कभी आ जाना।
अखिल की लघुता आई बन, समय का सुंदर वातायन।
देखने को अदृष्ट नर्त्तन।

—लहर

जल उठा स्नेह दीपक-सा, नवनीत हृदय था मेरा।
अब शेष धूमरेखा से, चित्रित कर रहा अँधेरा॥

—आँसू

मनमाने आरोप, जिनका विधान प्रकृति के संकेत पर नहीं होता, हृदय के मर्मस्थल का स्पर्श नहीं करते, केवल वैचित्र्य का कुतूहल मात्र उत्पन्न करके रह जाते हैं। छायावाद की कविता पर कल्पनावाद, कलावाद, अभिव्यंजनावाद आदि का भी प्रभाव ज्ञात या अज्ञात के रूप में पड़ता रहा है। इससे बहुत सा अप्रस्तुत विधान मनमाने आरोप के रूप में भी सामने आता है। प्रकृति के वस्तु व्यापारों पर मानुषी वृत्तियों के आरोप का बहुत चलन हो जाने से कहीं-कहीं ये आरोप वस्तुव्यापारों की प्रकृतव्यंजना से बहुत दूर जा पड़े हैं जैसे—चाँदनी के इस वर्णन में—

(१) जग के दुख दैन्य शयन पर यह रुग्णा जीवनबाला।
पीली पड़, निर्बल, कोमल, कृश देहलता कुम्हलाई।
विवसना, लाज में, लिपटी, साँसों में शून्य समाई।

चाँदनी अपने आप इस प्रकार की भावना मन में नहीं जगाती। उसके संबंध में यह उद्भावना भी केवल स्त्री की सुंदर मुद्रा सामने खड़ी करती जान पड़ती है—

(२) नीले नभ के शतदल पर वह बैठी शारद हासिनि।
मृदु करतल पर शशिमुख धर नीरव अनिमिष एकाकिनि॥

इसी प्रकार आँसुओं को 'नयनों के बाल' कहना भी व्यर्थ सा है। नीचे की जूठी प्याली भी (जो बहुत आया करती है) किसी मैखाने से लाकर रखी जान पड़ती है—

(३) लहरों में प्यास भरी है, है भँवर पात्र से खाली।
मानस का सब रस पीकर, लुढ़का दी तुमने प्याली॥

प्रकृति के नाना रूपों के सौंदर्य की भावना सदैव स्त्री सौंदर्य का आरोप करके करना उक्त भावना की संकीर्णता सूचित करता है। कालिदास ने भी मेघदूत से निर्विध्या और सिंधु नदियों में स्त्री सौंदर्य की भावना की है जिनसे नदी और मेघ के प्रकृत संबंध की रमणीय व्यंजना होती है। ग्रीष्म में नदियाँ सूखती-सूखती पतली हो जाती हैं और तपती रहती हैं। उन पर मेघ छाया करता है तब वे शीतल हो जाती हैं और उस छाया को अंक में धारण किए दिखाई देती हैं। वही मेघ बरसकर उनकी क्षीणता दूर करता है। दोनों के बीच इसी प्राकृतिक संबंध की व्यंजना ग्रहण करके कालिदास ने अप्रस्तुत विधान किया है। पर सौंदर्य की भावना सर्वत्र स्त्री का चित्र चिपकाकर करना खेल सा हो जाता है। उषासुंदरी के कपोलों की ललाई, रजनी के रत्नजटित केश कलाप, दीर्घ निश्वास और अश्रुबिंदुता तो रूढ़ को ही गए हैं; किरन, लहर, चंद्रिका, छाया, तितली, सब अप्सराएँ या परियाँ बनकर सामने आने पाती हैं। इसी तरह प्रकृति के नाना व्यापार भी चुंबन, आलिंगन, मधुग्रहण, मधुदान, कामिनी की क्रीड़ा इत्यादि में अधिकतर परिणत दिखाई देते हैं। कहने का तात्पर्य यह कि प्रकृति की नाना वस्तुओं और व्यापारों का अपना-अपना अलग सौंदर्य भी है जो एक ही प्रकार की वस्तु या व्यापार के आरोप द्वारा अभिव्यक्त नहीं हो सकता।

इसी प्रकार पंतजी की 'छाया', 'वीचिविलास', 'नक्षत्र' में जो यहाँ से वहाँ तक उपमानों का ढेर लगा है उनमें से बहुत से जो अत्यंत सूक्ष्म और सुकुमार साम्य के व्यंजक हैं और बहुत से रंग-बिरंगे खिलौनों के रूप में ही हैं। ऐसी रचनाएँ उस 'कल्पनावाद', 'कलावाद' या 'अभिव्यंजनावाद' के उदाहरण सी लगती हैं। जिसके अनुसार कविकल्पना का काम प्रकृति की नाना वस्तुएँ लेकर एक नया निर्माण करना वा नूतन सृष्टि खड़ी करना है। प्रकृति के सच्चे स्वरूप, उसकी सच्ची व्यंजना ग्रहण करना उक्त वादों के अनुसार आवश्यक नहीं। उनके अनुसार तो प्रकृति की नाना वस्तुओं का उपयोग केवल उपादान के रूप में है; उसी प्रकार जैसे बालक, ईंट, पत्थर, लकड़ी, कागज, फूलपत्ती लेकर हाथी घोड़े, घर बगीचे इत्यादि बनाया करते हैं। प्रकृति के नाना चित्रों के द्वारा अपनी भावनाएँ व्यक्त करना तो बहुत ठीक है, पर उन भावनाओं को व्यक्त करने की स्वाभाविक प्रवृत्ति भी तो गृहीत चित्रों में होनी चाहिए।

छायावाद की प्रवृत्ति अधिकतर प्रेमगीतात्मक होने के कारण हमारा वर्तमान काव्य प्रसंगों की अनेरूपता के साथ नई-नई अर्थभूमियों पर कुछ दिनों तक बहुत कम चल पाया। कुछ कवियों में वस्तु का आधार अत्यंत अल्प रहता है। विशेष लक्ष्य अभिव्यंजना के अनूठे विस्तार पर रहा है। इससे उनकी रचनाओं का बहुत सा भाग अधर में ठहराया सा जान पड़ता है। जिन वस्तुओं के आधार पर उक्तियाँ मन में खड़ी की जाती हैं उनका कुछ भाग कला के अनूठेपन के लिये पंक्तियों के इधर-उधर से हटा भी लिया जाता है। अतः कहीं-कहीं व्यवहृत शब्दों की व्यवहृत शब्दों की व्यंजकता पर्याप्त न होने पर भाव अस्फुट रह जाता है, पाठक को अपनी ओर से बहुत कुछ आक्षेप करना पड़ता है, जैसे नीचे की पंक्तियों में—

निज अलकों के अंधकार में तुम कैसे छिप आओगे।
इतना सजग कुतूहल ठहरो, यह न कभी बन पाओगे।
आह, चूम लूँ जिन चरणों को चाँप चाँप कर उन्हें नहीं।
दुःख दो इतना; अरे! अरुणिमा ऊषा सी वह उधर बही।

यहाँ कवि ने उस प्रियतम के छिपकर दबे पाँव आने की बात कही है जिनके चरण इतने सुकुमार हैं कि जब आहट न सुनाई पड़ने के लिये वह उन्हें बहुत दबा दबाकर रखते हैं तब एड़ियों में ऊपर की ओर खून की लाली दौड़ जाती है। वही ललाई उषा की लाली के रूप में झलकती है। 'प्रसाद' जी का ध्यान शरीर विकारों पर विशेष जमता था। इसी से उन्होंने 'चाँप चाँपकर दुख दो', से ललाई दौड़ने की कल्पना पाठकों के ऊपर छोड़ दी है। 'कामायनी' में उन्होंने मले हुए कान में भी कामिनी के कपोलों पर की 'लज्जा की लाली' दिखाई है।

अभिव्यंजना की पद्धति या काव्यशैली पर ही प्रधान लक्ष्य रहने से छायावाद के भीतर उसका बहुत ही रमणीय विकास हुआ है, यह हम पहले कह आए हैं।[१] साम्यभावना और लक्षणा शक्ति के बल पर किस प्रकार काव्योपयुक्त चित्रमयी भाषा की ओर सामान्यतः झुकाव हुआ यह भी कहा जा चुका है। साम्य पहले उपमा, उत्प्रेक्षा, रूपक—ऐसे अलंकारों के बड़े-बड़े साँचों के भीतर ही फैलाकर दिखाया जाता था। वह अब प्रायः थोड़े में या तो लाक्षणिक प्रयोगों के द्वारा झलका दिया जाता है अथवा कुछ प्रच्छन्न रूपकों में प्रतीयमान रहता है। इसी प्रकार किसी तथ्य या पूरे प्रसंग के लिये दृष्टांत, अर्थात् विन्यास आदि का सहारा न लेकर अब

---

१. देखो पृष्ठ ४४६-४४७

अन्योक्ति पद्धति ही अधिक चलती है। यह बहुत ही परिष्कृत पद्धति है। पर यह न समझना चाहिए कि उपमा, रूपक, उत्प्रेक्षा आदि का प्रयोग नहीं होता है, बराबर होता है और बहुत होता है। उपमा में धर्म बराबर लुप्त रहता है। प्रतिवस्तूपमा, हेतुत्प्रेक्षा, विरोध, श्लेष, एकावली इत्यादि अलंकार भी कहीं-कहीं पाए जाते हैं।

किस प्रकार एक बँधे घेरे से निकलकर अब छायावादी कहे जाने वाले कवि धीरे-धीरे जगत् और जीवन के अनंत क्षेत्र में इधर-उधर दृष्टि फैलाते देखे जा रहे हैं, इसका आभास दिया जा चुका है। अब तक उनकी कल्पना थोड़ी सी जगह के भीतर कलापूर्ण और मनोरंजक नृत्य सा कर रही थी। वह जगत् और जीवन के जटिल स्वरूप से घबरानेवालों का जी बहलाने का काम करती रही है। अब उसे अखिल जीवन के नाना पक्षों की मार्मिकता का साक्षात्कार करते हुए एक करीने के साथ रास्ता चलना पड़ेगा। इसके लिये उसे अपनी चपलता और भावभंगिमा का प्रदर्शन, क्रीड़ा कौतुक की प्रवृत्ति कुछ संयत करनी पड़ेगी। इस ऊँचे नीचे मर्मपथ पर चित्रों का बहुत अधिक फालतू बोझ लादकर चलना भी वाणी के लिये उपयुक्त न होगा। प्रसादजी ने 'लहर' में छायावाद की चित्रमयी शैली को तीन ऐतिहासिक जीवनखंडों के बीच लेकर जाकर आजमाया है। उनमें कथावस्तु का विन्यास नाटकीय पद्धति पर करके उन्होंने बाह्य और आभ्यंतर परिस्थितियों का व्यंजक, मनोहर, मार्मिक या आवेशपूर्ण शब्दविधान किया है। पर कहीं-कहीं जहाँ मधुमय चित्रों की परंपरा दूर तक चली है वहाँ समन्वित प्रभाव में बाधा पड़ी है। 'कामायनी' में उन्होंने नरजीवन के विकास में भिन्न-भिन्न भावात्मिका वृत्तियों का योग और संघर्ष बड़ी प्रगल्भ और रमणीय कल्पना द्वारा चित्रित करके मानवता का रागात्मक इतिहास प्रस्तुत किया है। इसी प्रकार निरालाजी ने जिनकी वाणी पहले से भी बहुमुखी थी, 'तुलसीदास' के मानस विकास का बड़ा ही दिव्य और विशाल रंगीन चित्र खींचा है।

अब हम तृतीय उत्थान के वर्तमान कवियों और उनकी कृतियों का संक्षेप में कुछ परिचय देना आवश्यक समझते हैं—

(११) जयशंकर प्रसाद—ये पहले ब्रजभाषा की कविताएँ लिखा करते थे जिनका संग्रह 'चित्राधार' में हुआ है। संवत् १९७० से वे खड़ी बोली की ओर आए और 'कानन कुसुम', 'महाराणा का महत्व', 'करुणालय' और 'प्रेमपथिक' प्रकाशित हुए। 'कानन कुसुम', में तो प्रायः उसी ढंग की कविताएँ हैं जिस ढंग की द्विवेदीकाल में निकला करती थीं। 'महाराणा का महत्व' और 'प्रेमपथिक' (सं० १९७०) अतुकांत रचनाएँ है जिसका मार्ग पं० श्रीधर पाठक पहले दिखा चुके थे। भारतेंदु काल में ही पं० अंबिकादत्त व्यास ने बँगला की देखादेखी कुछ अतुकांत पद्य आजमाए थे। पीछे पं० श्रीधर पाठक ने 'सांध्य अटन' नाम की कविता खड़ी बोली के अतुकांत (तथा चरण के बीच में पूर्ण विराम वाले) पद्यों में बड़ी सफलता के साथ प्रस्तुत की थी।

सामान्य परिचय के अंतर्गत दिखाया जा चुका है कि किस प्रकार सर्वश्री मैथिलीशरण गुप्त, बदरीनाथ भट्ट और मुकुटधर पांडेय इत्यादि कई कवि अंतर्भावना की प्रगल्भ चित्रमयी व्यंजना के उपयुक्त स्वच्छंद नूतन पद्धति निकाल रहे थे। पीछे उस नूतन पद्धति पर प्रसाद जी ने भी कुछ छोटी-छोटी कविताएँ लिखीं जो सं० १९७५ (सन् १९१८) में झरना के भीतर संगृहीत हुईं। 'झरना' की उन २४ कविताओं में उस समय नूतन पद्धति पर निकलती हुई कविताओं में कोई ऐसी विशिष्टता नहीं थी जिस पर ध्यान जाता। दूसरे संस्करण में जो बहुत पीछे संवत् १९८४ में निकला, पुस्तक का स्वरूप ही बदल गया। उसमें आधी से ऊपर अर्थात्

३३ रचनाएँ जोड़ी गईं जिनमें पूरा रहस्यवाद, अभिव्यंजना का अनूठापन, व्यंजक, चित्रविधान सब कुछ मिल जाता है। 'विषाद्', 'बालू की बेला', 'खोलो द्वार', 'बिखरा हुआ प्रेम', 'किरण', 'वसंत की प्रतीक्षा' इत्यादि उन्हीं पीछे जोड़ी रचनाओं में है जो पहले (सं० १९७५ के) संस्करण में नहीं थीं। द्वितीय संस्करण में कहीं छायावाद कही जानेवाली विशेषताएँ स्फुट रूप में दिखाई पड़ीं। इसके पहले श्री सुमित्रानंदन पंत का 'पल्लव' बड़ी धूमधाम से निकल चुका था, जिसमें रहस्यभावना तो कहीं-कहीं पर अप्रस्तुत विधान, चित्रमयी भाषा और लाक्षणिक वैचित्र्य आदि विशेषताएँ अत्यंत प्रचुर परिमाण में दिखाई पड़ी थीं।

प्रसादजी में ऐसी मधुमयी प्रतिभा और ऐसी जागरूक भावुकता अवश्य थी कि उन्होंने इस पद्धति का अपने ढंग पर बहुत ही मनोरम विकास किया। संस्कृत की कोमल कांत पदावली का जैसा सुंदर चयन बंगभाषा के काव्यों में हुआ है वैसा अन्य देशभाषाओं के साहित्य में नहीं दिखाई पड़ता। उनके परिशीलन में पदलालित्य की जो गूँज प्रसादजी के मन में समाई वह बराबर बनी रही।

जीवन के प्रेमविलासमय मधुर पक्ष की ओर स्वाभाविक प्रवृत्ति होने के कारण वे उस 'प्रियतम' के संयोग वियोग वाली रहस्यभावना में —जिसे स्वाभाविक रहस्यभावना से अलग समझना चाहिए—रमते प्रायः पाए जाते हैं। प्रेमचर्या के शारीरिक व्यापारों और चेष्टाओं (अश्रु स्वेद, चुंबन, परिरंभण लज्जा की दौड़ी हुई लाली इत्यादि), रंगरेलियों और अठखेलियों, वेदना की कसक और टीस इत्यादि की ओर इनकी दृष्टि विशेष जमती थी। इसी मधुमयी प्रवृत्ति के अनुरूप प्रकृति के अनंत क्षेत्र में भी वल्लरियों के दान, कलिकाओं की मंद मुस्कान, सुमनों के मधुपात्र पर मंडराते मलिंदों के गुंजार, सौरभहर समीर की झपक लपक, परागमकरंद की लूट, उषा के कपोलों पर लज्जा की लाली, आकाश और पृथ्वी के अनुरागमय परिरंभ, रजनी के आँसू से भीगे अंबर, चंद्रमुख पर शरद्घन के सरकते अवगुंठन, मधुमास की मधुवर्षा और झूमती मादकता इत्यादि पर अधिक दृष्टि जाती थी। अतः इनकी रहस्यवादी रचनाओं को देख चाहे तो यह कहें कि इनकी मधुवर्षा के मानस प्रसार के लिये रहस्यवाद का परदा मिल गया अथवा यों कहें कि इनकी सारी प्रणयानुभूति ससीम पर से कूदकर असीम पर जा रही।

इनकी पहली विशिष्ट रचना 'आँसू' (सं० १९९८) है। 'आँसू' वास्तव में तो है शृंगारी विप्रलंभ के, जिनमें अतीत संयोग सुख की खिन्न स्मृतियाँ रह रहकर झलक मारती हैं, पर जहाँ प्रेमी की मादकता की बेसुधी में प्रियतम नीचे से ऊपर आते और संज्ञा की दशा में चले जाते हैं,[१] जहाँ हृदय की तरंगें उस अनंत कोने को नहलाने चलती है, वहाँ वे आँसू उस 'अज्ञात प्रियतम' के लिये बहते जान पड़ते हैं। फिर जहाँ कवि यह देखने लगता है कि ऊपर तो—

> **अवकाश[२] असीम सुखों में आकाशतरंग[३] बनाता,**
> **हँसता सा छायापथ में नक्षत्र समाज दिखाता।**

---

१. मादकता से आए तुम, संज्ञा से चले गए थे।
उर्दू के प्रसिद्ध कवि अकबर ने भी कहा है—
मैं मरीजे होश था, मस्ती ने अच्छा कर दिया॥

२. अवकाश—दिक्—स्पेस॥

३. आकाश तरंग—ईथर वेब्स॥

पर

नीचे विपुला धरणी है दुख भार वहन सी करती।
अपने खारे आँसू से करुणासागर को भरती॥

और इस 'चिर दग्ध दुखी वसुधा' को इस निर्मम जगती को, अपनी प्रेमवेदना की कल्याणी शीतल ज्वाला का मंगलमय, उजाला देना चाहता है, वहाँ वे आँसू लोक पीड़ा पर करुणा के आँसू से जान पड़ते हैं। पर वहीं पर जब हम कवि की दृष्टि अपनी सदा जगती हुई अखंड ज्वाला की प्रभविष्णुता पर इस प्रकार जमी पाते हैं कि 'हे मेरी ज्वाला!

तेरे प्रकाश में चेतन संसार वेदनावाला,
मेरे समीप होता है पाकर कुछ करुण उजाला।

तब ज्वाला या प्रेमवेदना की अतिरंजित और दूरारूढ़ भावना ही—जो शृंगार की पुरानी रूढ़ि है—रह जाती है। कहने का तात्पर्य है कि वेदना की कोई एक निर्दिष्ट भूमि न होने से सारी पुस्तक का कोई एक समन्वित प्रभाव नहीं निष्पन्न होता।

पर अलग-अलग लेने पर उक्तियों के भीतर बड़ी ही रंजनकारिणी कल्पना, व्यंजक चित्रों का बड़ा ही अनूठा विन्यास, भावनाओं की अत्यंत सुकुमार योजना मिलती है। प्रसादजी की यह पहली काव्यरचना है जिसने बहुत लोगों को आकर्षित किया। अभिव्यंजना की प्रगल्भता और विचित्रता के भीतर प्रेमवेदना की दिव्य विभूति का, विश्व में उसके मंगलमय प्रभाव का सुख और दुख दोनों का अपनाने की उसकी अपार शक्ति का और उसकी छाया में सौंदर्य और मंगल का भी आभास पाया जाता है। 'नियतिवाद' और 'दुखवाद' का विषण्ण स्वर भी सुनाई पड़ता है। इस चेतना को दूर हटाकर मदतंद्रा, स्वप्न और असंज्ञा की दशा का आह्वान रहस्यवाद की एक स्वीकृति विधि है। इस विधि का पालन 'आँसू' से लेकर 'कामायनी' तक हुआ है। अपने ही लिये नहीं उजाले में हाथ पैर मारनेवाली 'चिरदग्ध दुखी वसुधा' के लिये भी यहीं नींद लानेवाली दवा लेकर आने को कवि निशा से कहता है—

चिर दग्ध दुखी यह वसुधा आलोक माँगती, तब भी;
तुम तुहिन बरस दो कन कन, यह पगली सोये अब भी।

चेतना की शांति या विस्मृति की दशा में ही 'कल्याण की वर्षा' होती है, मिलनसुख प्राप्त होता है। अतः उसके लिये रात्रि की भावना को बढ़ाकर प्रसादजी महारात्रि तक ले गए हैं, जो सृष्टि और प्रलय का संधिकाल है, जिसमें सारे नामरूपों का लय हो जाता है—

चेतना लहर न उठेगी जीवन समुद्र थिर होगा।
संध्या हो सर्ग प्रलय की विच्छेद मिलन फिर होगा।

'आँसू' के उपरांत दूसरी रचना 'लहर' है, जो कई प्रकार की कविताओं का संग्रह है। 'लहर' पर एक छोटी सी कविता सबसे पहले दी गई है। इसी से समूचे संग्रह का नाम 'लहर' रखा गया। 'लहर' से कवि का अभिप्राय उस आनंद की लहर से है जो मनुष्य के मानस में उठा करती है और उसके जीवन को सरस करती रहती है। उसे ठहराने की पुकार अपने व्यक्तिगत नीरस जीवन को भी सरस करने के लिये कही जा सकती है और अखिल मानव जीवन को भी। यह जीवन की लहर भीतर उसी प्रकार स्मृतिचिह्न छोड़ जाती है जिस प्रकार जल की लहरें सूखी नदी की बालू बीच पसलियों की सी उभरी रेखाएँ छोड़ जाती हैं—

उठ उठ, गिर गिर, फिर फिर आती
नर्तित पदचिह्न, बना जाती;
सिकता की रेखाएँ उभार
भर जाती अपनी तरल सिहर।

इसमें भी उस प्रियतम की आँखमिचौनी खेलना, दबे पाँव आना, किरन उँगलियों से आँख मूँदना (या मूँदने की कोशिश करना, क्योंकि उस ज्योतिर्मय का कुछ आभास मिल ही जाता है), प्रियतम की ओर अभिसार इत्यादि रहस्यवाद की सब सामग्री है। प्रियतम अज्ञात रहकर भी किस प्रकार प्रेम का आलंबन रहता है, यह भी दो एक जगह सूचित किया गया है—जैसे,

तुम हो कौन और मैं क्या हूँ? इसमें क्या है धरा सुनो।
मानस जलधि रहे चिर चुंबित मेरे क्षितिज! उदार बनो।।

इसी प्रकार 'हे सागर संगम अरुण नील' में यह चित्र सामने रखा गया है कि सागर ने हिमालय से निकली नदी को कब देखा था, और नदी ने सागर को कब देखा था, पर नदी निकलकर स्वर्णस्वप्न देखती उसी की ओर चली और वह सागर भी बड़ी उमंग के साथ उससे मिला।

क्षितिज, जिसमें प्रातः सायं अनुराग की लाली दौड़ा करती है, असीम (आकाश) और ससीम (पृथ्वी) का सहेट या मिलनस्थल सा दिखाई पड़ा करता है। इस हलचल भरे संसार से हटाकर कवि अपने नाविक से वहीं ले चलने को कहता है—

ले चल वहाँ भुलावा देकर मेरे नाविक! धीरे धीरे।
जिस निर्जन में सागर लहरी अंबर के कानों में गहरी
निश्छल प्रेमकथा कहती हो तज कोलाहल की अवनी रे॥

वहाँ जाने पर वह इस सुख-दुःख मय व्यापक प्रसार को अपने नित्य और सत्य रूप में देखने को भी, पारमार्थिक ज्ञान की झलक पाने की भी, आशा करता है; क्योंकि श्रम और विश्राम के उस संधिस्थल पर ज्ञान की दिव्य ज्योति सी जगती दिखाई पड़ा करती है—

जिस गंभीर मधुर छाया—विश्व चित्रपट चल माया में—
विभता विभु सी पड़े दिखाई दुख सुख वाला सत्य बनी रे।
श्रम विश्राम क्षितिज बेला से, जहाँ सृजन करते मेला से—
अमर जागरण, उषा नयन से—बिखराती हो ज्योति घनी रे॥

'लहर' में चार-पाँच रचनाएँ ही रहस्यवाद की हैं। पर कवि की तंद्रा और स्वप्नवाली प्रिय भावना जगह-जगह व्यक्त होती है। रवि के उस सन्नाटे की कामना, जिसमें बाहर भीतर की सब हलचल शांत रहती है, केवल अभावों की पूर्ति करनेवाले अतृप्त कामनाओं की तृप्ति का विधान करनेवाले, स्वप्न ही जगा करते हैं, इस गीत से पूर्णतया व्यक्त है—

अपलक जगती हो एक रात!
सब सोए हों इस भूतल में;

अपनी निरीहता संबल में,
चलती हो कोई भी न बात।
वक्षस्थल में जो छिपे हुए
सोते हों हृदय अभाव लिए
उनके स्वप्नों का हो न प्रात।

जैसा कि पहले सूचित कर चुके हैं, 'लहर' में कई प्रकार की रचनाएँ हैं। कहीं तो प्रकृति के रमणीय पक्ष को लेकर सुंदर और मधुर रूपकमय गान हैं, जैसे—

बीती विभावरी जाग री!
अंबर पनघट में डुबो रही
तारा घट ऊषा नागरी।
खगकुल 'कुल कुल' सा बोल रहा,
किसलय का अंचल डोल रहा,
लो, यह लतिका भी भर लाई
मधु मुकुल नवल रस गागरी॥

कहीं उस यौवनकाल की स्मृतियाँ हैं जिनमें मधु का आदान-प्रदान चलता था, कहीं प्रेम का शुद्ध स्वरूप यह कह कर बताया गया है कि प्रेम देने की चीज है, लेने की नहीं। पर इस पुस्तक में कवि अपने मधुमय जगत् से निकल जगत् और जीवन के कई पक्षों की ओर भी बढ़ा है। वह अपने भीतर इतना अपरिमित अनुराग समझता है कि अपने सान्निध्य से वर्तमान जगत् में उसके फैलने की आशा करता है। ऊषा का अनुराग (लाली) जब फैल जाता है तभी ज्योति की किरन फूटती है—

मेरा अनुराग फैलने दो, नभ के अभिनव कलरव में,
जाकर सूनेपन के तम में, बन किरण कभी आ जाना।

कवि अपने प्रियतम से अब वह 'जीवनगीत' सुनाने को कहता है जिसमें 'करुणा का नवअभिनंदन हो'। फिर इस जगत् की अज्ञानांधकारमयी अश्रुपूर्ण रात्रि के बीच ज्ञानज्योति की भिक्षा माँगता हुआ वह उससे प्रेमवेणु के स्वर में जीवनगीत सुनाने को कहती है जिसके प्रभाव से मनुष्य जाति लताओं के सामने स्नेहालिंगन में बद्ध हो जायगी और इस संतप्त पृथ्वी पर शीतल छाया हो जायगी—

जग की सजल कालिमा रजनी में मुखचंद्र दिखा जाओ;
प्रेमवेणु की स्वर लहरी में जीवन गीत सुना जाओ।
स्नेहालिंगन की लतिकाओं की झुरमुट छा जाने दो;
जीवनधन इस जले जगत को वृंदावन बन जाने दो।

जैसा कि पहले सूचित कर आए हैं, 'लहर' में प्रसाद जी ने अपनी प्रगल्भ कल्पना के रंग में इतिहास के कुछ खंडों को भी देखा है। जिस वरुणा के शांत कछार में बुद्ध भगवान् ने धर्मचक्र का प्रवर्तन किया था उसकी पुरानी झाँकी, 'अशोक की चिंता', शेरसिंह का

शस्त्रसमर्पण, पेशोला की प्रतिध्वनि, 'प्रलय की छाया' ये सब अतीत के भीतर कल्पना के प्रवेश के उदाहरण हैं। इस प्रकार 'लहर' में हम प्रसाद जी को वर्तमान और अतीत जीवन की प्रकृत ठोस भूमि पर अपनी कल्पना ठहराने का कुछ प्रयत्न करते पाते हैं।

किसी एक विशाल भावना को रूप देने की ओर भी अंत में प्रसादजी ने ध्यान दिया, जिसका परिणाम है 'कामायनी'। इसमें उन्होंने अपने प्रिय 'आनंद' की प्रतिष्ठा दार्शनिकता के ऊपरी आभास के साथ कल्पना की मधुमती भूमिका बनाकर दी है। यह 'आनंदवाद' वल्लभाचार्य के 'काय' या आनंद के ढंग का न होकर, तांत्रिकों और योगियों की अंतर्भूमि पद्धति पर है। प्राचीन जलप्लावन के उपरांत मनु द्वारा मानवी सृष्टि के पुन:विधान का आख्यान लेकर इस प्रबंध काव्य की रचना हुई है। काव्य का आधार है मनु का पहले श्रद्धा को फिर इड़ा को पत्नी के रूप में ग्रहण करना तथा इड़ा को बंदिनी या सर्वथा अधीन बनाने का प्रयत्न करने पर देवताओं का उन पर कोप करना। 'रूपक' की भावना के अनुसार श्रद्धा विश्वाससमन्वित रागात्मिका वृत्ति है और इड़ा व्यावसायात्मिका बुद्धि। कवि ने श्रद्धा को मृदुता, प्रेम और करुणा का प्रवर्तन करनेवाली और सच्चे आनंद तक पहुँचानेवाली' चित्रित किया है। इड़ा या बुद्धि अनेक प्रकार के वर्गीकरण और व्यवस्थाओं में प्रवृत्ति करती हुई कर्मों में उलझानेवाली चित्रित की गई है।

कथा इस प्रकार चलती है। जलप्रलय के बाद मनु की नाव हिमवान् की चोटी पर लगती है और मनु वहाँ चिंताग्रस्त बैठे हैं। मनु पिछली सृष्टि की बातें और आगे की दशा सोचते-सोचते शिथिल और निराश हो जाते हैं। यह चिंता 'बुद्धि, मति या मनीषा', का ही रूप कही गई है जिससे आरंभ में ही 'बुद्धिवाद' के विरोध का किंचित आभास मिल जाता है। धीरे-धीरे आशा का रमणीय उदय होता है और श्रद्धा की मनु से भेंट होती है। श्रद्धा के साथ मनु शांतिपूर्वक कुछ दिन रहते हैं। पर पूर्व संस्कारवश कर्म की ओर फिर मनु की प्रवृत्ति होती है। आसुरी प्रेरणा से पशुहिंसापूर्ण काम्य यज्ञ करने लगते हैं जिससे श्रद्धा को विरक्ति होती है। वह यह देखकर दुखी होती है कि मनु अपने ही सुख की भावना में मग्न होते जा रहे हैं, उनके हृदय में सुख के, सब प्राणियों में, प्रसार का लक्ष्य नहीं जग रहा है जिससे मानवता का नूतन विकास होता। मनु चाहते हैं कि श्रद्धा का सारा सद्भाव, सारा प्रेम, एकमात्र उन्हीं पर स्थिर रहे, तनिक भी इधर-उधर बँटने न पाए। इससे जब वह देखते हैं कि श्रद्धा पशुओं के बच्चों को प्रेम से पुचकारती है और अपनी गर्भस्थ संतति की सुखक्रीड़ा का आयोजन करती है तब उनके मन में ईर्ष्या होती है और उसे हिमालय की उसी गुफा में छोड़कर वे अपनी सुखवासना लिए चल देते हैं।

मनु उजड़े हुए सारस्वत प्रदेश में उतरते हैं जहाँ कभी श्रद्धा से हीन होकर सुर और असुर लड़े थे, इंद्र की विजय हुई थी। वे खिन्न होकर सोचते हैं कि क्या मैं भी उन्हीं के समान श्रद्धाहीन हो रहा हूँ। इसी बीच में अंतरिक्ष से 'काम' की अभिशाप भरी वाणी सुनाई पड़ती है कि—

मनु तुम श्रद्धा को गए भूल।
उस पूर्ण आत्म विश्वासमयी को उड़ा दिया था समझ तूल।
तुम भूल गए पुरुषत्व मोह में, कुछ सत्ता है नारी की।
समरसता है संबंध बनी अधिकार और अधिकारी की।

यह अभिनव मानव प्रजा सृष्टि।
द्वयता में लगी निरंतर ही वर्णों की करती रहे वृष्टि।
अनजान समस्याएँ ही गढ़ती, रचती हो अपनी ही विनष्टि।
कोलाहल कलह अनंत चले, एकता नष्ट हो, बढ़े भेद।
अभिलषित वस्तु तो दूर रहे, हाँ मिले अनिच्छित दुखद खेद।

प्रभात होता है। मनु अपने सामने एक सुंदरी खड़ी पाते हैं—

बिखरी अलकें ज्यों तर्क जाल।
यह विश्व मुकुट सा उज्ज्वलतम शशिखंड सदृश था स्पष्ट भाल।
गुंजरित मधुप से मुकुल सदृश वह आनन जिसमें भरा गान।
वक्षस्थल पर एकत्र धरे संसृति के सब विज्ञान ज्ञान।
था एक हाथ में कर्म कलश वसुधा जीवन रस सार लिए।
दूसरा विचारों के नभ को था मधुर अभय अवलंब दिए।

यह इड़ा (बुद्धि) थी? इसके साथ मनु सारस्वत प्रदेश की राजधानी में रह गए। मनु के मन में जब जगत् और उसके नियामक के संबंध में जिज्ञासा उठती है और उससे कुछ सहाय पाने का विचार आता है तब इड़ा कहती है—

हाँ! तुम ही हो अपने सहाय।
जो बुद्धि कहे उसको न मानकर फिर किसकी नर शरण जाय?
यह प्रकृति परम रमणीय अखिल ऐश्वर्य भरी शोधकविहीन।
तुम उसका पटल खोलने में परिकर कसकर बन कर्मलीन।
सबका नियमन शासन करते बस बढ़ा चलो अपनी क्षमता।
तुम जड़ता को चैतन्य करो, विज्ञान सहज साधन उपाय।

मनु वहाँ इड़ा के साथ रहकर प्रजा के शासन की पूरी व्यवस्था करते हैं। नगर की श्रीवृद्धि होती है। प्रकृति बुद्धि बल से वश में की जाती है। खेती धूमधाम से होने लगती है। अनेक प्रकार के उद्योग धंधे खड़े होते हैं। धातुओं के नए-नए अस्त्र शस्त्र बनते हैं। मनु अनेक प्रकार के नियम प्रचलित करके, जनता का वर्णों या वर्गों में विभाग करके लोक का संचालन करते हैं। 'अहं' का भाव जोर पकड़ता है। वे अपने को स्वतंत्र नियामक और प्रजापति मानकर सब नियमों से परे रहना चाहते हैं। इड़ा उन्हें नियमों के पालन की सलाह देती है, पर वे नहीं मानते। इड़ा खिन्न होकर जाना चाहती है, पर मनु अपना अधिकार जताते हुए पकड़ रखते हैं। पकड़ते ही द्वार गिर पड़ता है। प्रजा को दुर्व्यवहारों से क्षुब्ध होकर राजभवन घेरे थी, भीतर घुस पड़ती है। देवशक्तियाँ भी कुपित हो उठती हैं। शिव का तीसरा नेत्र खुल जाता है। प्रजा का रोष बढ़ता है। मनु युद्ध करते हैं और मूर्छित होकर गिर पड़ते हैं।

उधर श्रद्धा इसी प्रकार के विप्लव का भयंकर स्वप्न देखकर अपने कुमार को लेकर मनु को ढूँढ़ती वहाँ पहुँचती है। मनु उसे देखकर क्षोभ और पश्चात्ताप से भर जाते हैं। फिर उन सुंदर दिनों को याद करते हैं जब श्रद्धा के मिलने से उनका जीवन सुंदर और प्रफुल्ल हो गया

था; जो जगत् पीड़ा और हलचल से व्यथित था वही विश्वास से पूर्ण, शांत, उज्ज्वल और मंगलमय बन गया था। मनु उससे चटपट अपने को वहाँ से निकाल ले चलने को कहते हैं। जब रात हुई तब मनु चुपचाप वहाँ से न जाने कहाँ चल दिए। उनके चले जाने पर श्रद्धा और इड़ा की बातचीत होती है और इड़ा अपनी बाँधी हुई अधिकार व्यवस्था के इस भयंकर परिणाम को देख अपना साहस छूटने की बात कहती है—

श्रम भाग वर्ग बन गया जिन्हें।
अपने बल का है गर्व उन्हें।
अधिकार न सीमा में रहते,
पावस निर्झर से वे बहते।
सब पिए मत्त लालसा घूँट।
मेरा साहस अब गया छूट।

इस पर

श्रद्धा बोली—

वन विषय ध्वांत
सिर चढ़ी रही पाया न हृदय, तू विकल कर रही है अभिनय।
सुख दुख की मधुमय धूप छाँह, तूने छोड़ी यह सरल राह।
चेतनता का भौतिक विभाग—कर, जग को बाँट दिया विराग।
चिति का स्वरूप यह नित्य जगत्, यह रूप बदलता है शत शत।
कण विरह मिलन मय नृत्य निरत, उल्लासपूर्ण आनंद सतत॥

अंत में श्रद्धा अपने कुमार को इड़ा के हाथों में सौंप मनु को ढूँढ़ने निकली और उन्हें उसने सरस्वती तट पर एक गुफा में पाया। मनु उस समय आँखें बंद किए चित् शक्ति का अंतर्नाद सुन रहे थे, ज्योतिर्मय पुरुष का आभाष पा रहे थे, अखिल विश्व के बीच नटराज का नृत्य देख रहे थे। श्रद्धा को देखते ही हतचेत पुकार उठे कि श्रद्धे! उन चरणों तक ले चल।' श्रद्धा आगे-आगे और मनु पीछे-पीछे हिमालय पर चलते चले जाते हैं। यहाँ तक कि वे ऐसे महादेश में अपने को पाते हैं जहाँ वे निराधार ठहरे जान पड़ते हैं। भूमंडल की रेखा का कहीं पता नहीं। यहाँ अब कवि पूरे रहस्यदर्शी का बाना धारण करता है और मन के भीतर एक नई चेतना (इस चेतना से भिन्न) का उदय बतलाता है अब मनु को त्रिदिक (थ्रीडाइमेंशन) विश्व और त्रिभुवन के प्रतिनिधि अलग-अलग तीन आलोकबिंदु दिखाई पड़ते हैं जो 'इच्छा', 'ज्ञान' और 'क्रिया' के केंद्र से हैं। श्रद्धा एक एक का रहस्य समझाती है।

पहले 'इच्छा' का मधु, मादकता और अँगड़ाईवाला माया राज्य है जो रागारुण उषा के कंदुक सा सुंदर है और जिसमें शब्द, स्पर्श, रूप, रस, और गंध की पारदर्शिनी पुतलियाँ रंग बिरंगी तितलियों के समान नाच रही हैं। यहाँ चलचित्रों की संसृतिछाया चारों ओर घूम रही है और आलोक बिंदु को घेरकर बैठी हुई माया मुस्करा रही है। यहाँ चिर बसंत का उद्गम भी है और एक ओर पतझड़ भी अर्थात् सुख और दुख एक सूत्र में बँधे हैं। यहीं पर मनोमय विश्व रागारुण चेतना की उपासना कर रहा है।

फिर 'कर्म' का श्यामल लोक सामने आता है जो धुएँ सा धुँधलाता है, जहाँ भर विश्राम नहीं है, और संघर्ष और विफलता का कोलाहल रहता है, आकांक्षा की तीव्र पिपासा बनी रहती है, भाव राष्ट्र के नियम दंड बने हुए हैं, सारा समाज मतवाला हो रहा है।

सबके पीछे 'ज्ञानक्षेत्र' आता है जहाँ सदा बुद्धिचक्र चलता रहता है, सुख दुःख से उदासीनता रहती है। यहाँ के निरंकुश अणु तर्कयुक्ति से अस्ति नास्ति का भेद करते रहते हैं और निस्संग होकर भी मोक्ष से संबंध जोड़े रहते हैं। यहाँ केवल प्राप्य (मोक्ष या छुटकारा भर) मिलता है, तृप्ति (आनंद) नहीं, जीवनरस अछूता छोड़ा रहता है जिसमें बहुत सा इकट्ठा होकर एक साथ मिले। इससे तृषा ही तृषा दिखाई देती है।

अंत में इन तीनों ज्योतिर्मय बिंदुओं को दिखाकर श्रद्धा कहती है कि यही त्रिपुर है जिसमें इच्छा, कर्म और ज्ञान एक दूसरे से अलग-अलग अपने केंद्र आप ही बने हुए हैं। इनका परस्पर न मिलना ही जीवन की असली विडंबना है। ज्ञान अलग पड़ा है, कर्म अलग। अतः इच्छा पूरी कैसे हो सकती है? यह कहकर श्रद्धा मुस्कराती है जिससे ज्योति की एक रेखा तीनों में दौड़ जाती है और चट तीनों एक में मिलकर प्रज्वलित हो उठते हैं और सारे विश्व में शृंग और डमरू का निनाद फैल जाता है। उन अनाहत नाद में मनु लीन हो जाते हैं।

इस रहस्य को पार करने पर फिर आनंदभूमि दिखाई गई है। वहाँ इड़ा भी कुमार (मानव) को लिए अंत में पहुँचती है और देखती है कि पुरुष पुरातन प्रकृति से मिला हुआ अपनी ही शक्ति से लहरें मारता हुआ आनंदसागर सा उमड़ रहा है। यह सब देख इड़ा श्रद्धा के प्रति अपनी कृतज्ञता प्रकट करती हुई कहती है कि 'मैं अब समझ गई कि मुझमें कुछ भी समझ नहीं थी। व्यर्थ लोगों को भुलाया करती थी; यही मेरा काम था'। फिर मनु कैलास की ओर दिखाकर उस आनंदलोक का वर्णन करते हैं जहाँ पापताप कुछ भी नहीं है; सब समरस है और 'अभेद में भेद' वाले प्रसिद्ध का कथन करके कहते हैं—

अपने दुख सुख से पुलकित यह मूर्त्त विश्व सचराचर
चिति का विराट वपु मंगल यह सत्य सतत चिर सुंदर।

अंत में प्रसाद जी वही प्रकृति से सारे सुख, भोग, कांति, दीप्ति की सामग्री जुटाकर लीन हो जाते हैं—वे ही वल्लरियाँ, पराग, मधु, मकरंद, अप्सराएँ बनी हुई रश्मियाँ।

यह काव्य बड़ी विशद कल्पनाओं और मार्मिक उक्तियों से पूर्ण है। इसका विचारात्मक आधार या अर्थभूमि केवल इतनी ही है कि श्रद्धा या विश्वासमयी रागात्मिका वृत्ति ही मनुष्य को इस जीवन में शांतिमय आनंद का अनुभव और चारों ओर प्रसार करती हुई कल्याणमार्ग पर ले चलती है और निर्विशेष आनंदधाम तक पहुँचाती है। इड़ा या बुद्धि मनुष्य को सदा चंचल रखती है, अनेक प्रकार के तर्क वितर्क और निर्मम कर्मजाल में फँसाए रहती और तृप्ति या संतोष के आनंद से दूर रखती है। अंत में पहुँचकर कवि ने इच्छा, कर्म और ज्ञान के सामंजस्य पर, तीनों के मेल पर जोर दिया है। एक दूसरे से अलग रहने पर ही जीवन में विषमता आती है।

जिस समन्वय का पक्ष कवि ने अंत में सामने रखा है उसका निर्वाह रहस्यवाद की प्रवृत्ति के कारण काव्य के भीतर नहीं होने पाया है। पहले कवि ने कर्म को बुद्धि या ज्ञान की प्रवृत्ति के रूप में दिखाया, फिर अंत में कर्म और ज्ञान के बिंदुओं को अलग-अलग रखा। पीछे आया हुआ ज्ञान भी बुद्धि व्यवसायात्मक ज्ञान ही है (योगियों या रहस्यवादियों का परज्ञान

नहीं) यह बात 'सदा चलता है बुद्धिचक्र' से स्पष्ट है। जहाँ रागारुण कंदुक सा भावमयी प्रतिभा का मंदिर' इच्छाबिंदु मिलता है वहाँ इच्छा रागात्मिका वृत्ति के अंतर्गत है; अतः रतिकाम से उत्पन्न श्रद्धा की ही प्रवृत्ति ठहरती है। पर श्रद्धा उससे अलग क्या तीनों बिंदुओं से परे रखी गई है।

रहस्यवाद की परंपरा में चेतना से असंतोष की रूढ़ि चली आ रही है। प्रसादजी काव्य के आरंभ में ही 'चिंता' के अंतर्गत कहते हैं—

मनु का मन था विकल हो उठा संवेदन से खाकर चोट
संवेदन! जीवन जगती को जो कटुता से देता घोंट।
संवेदन का और हृदय का यह संघर्ष न हो सकता
फिर अभाव असफलताओं की गाथा कौन कहाँ बकता।

इन पंक्तियों में तो 'संवेदन' बोध वृत्ति के अर्थ में व्यवहृत जान पड़ता है, क्योंकि सुख-दुःखात्मक अनुभूति के अर्थ में लें तो हृदय के साथ उसका संघर्ष कैसा? बोध के एकदेशीय अर्थ में भी यदि हम 'संवेदन' को लें तो भी उसे भावभूमि से खारिज नहीं कर सकते। प्रत्येक 'भाव' का प्रथम अवयव विषयबोध ही होता है। स्वप्नदशा में भी, जिसका रहस्य क्षेत्र में कड़ा माहात्म्य है यह विषयबोध रहता है। श्रद्धा जिस करुणा, दया आदि की प्रवर्तिका कही गई है, उसमें दूसरों की पीड़ा का बोध मिला रहता है।

आगे चलकर यह 'संवेदन' शब्द अपने वास्तविक या अवास्तविक दुःख पर कष्टानुभव के क्षेत्र में आया है। मनु की बिगड़ी हुई प्रजा उनसे कहती है—

हम संवेदनशील हो चले, यही मिला सुख।
कष्ट समझने लगे बनाकर निज कृत्रिम दुख॥

मतलब यह कि अपनी किसी स्थिति को लेकर दुःख का अनुभव करना ही संवेदन है। दुःख को पास न फटकने देना अपनी मौज में—मधुमकरंद में—मस्त रहना ही वांछनीय स्थिति है। असंतोष से उत्पन्न अवास्तविक कष्टकल्पना के दुःखानुभव के अर्थ में ही इस शब्द को जकड़ रखना भी व्यर्थ प्रयास कहा जायगा। श्रद्धा जिस करुणा दया आदि की प्रवर्तिका कही गई है, वह दूसरों की पीड़ा का संवेदन ही तो है। दूसरों के दुःख का अपना दुःख हो जाना ही तो करुणा है। पर दुःखानुभव अपनी ही सत्ता का प्रसार तो सूचित करता है। चाहे जिस अर्थ में लें, संवेदन का तिरस्कार कोई अर्थ नहीं रखता।

संवेदन, चेतना, जागरण आदि के परिहार का जो बीच-बीच में अभिलाष है उसे रहस्यवाद का तकाजा समझना चाहिए। ग्रंथ के अंत में जो हृदय, बुद्धि और कर्म के मेल या सामंजस्य का पक्ष रखा गया है वह बहुत समीचीन है। उसे हम गोस्वामी तुलसीदास में, उनके भक्तिमार्ग की सबसे बड़ी विशेषता के रूप में दिखा चुके हैं। अपने कई निबंधों में हम जगत् की वर्तमान अशांति और अव्यवस्था का कारण इसी सामंजस्य का अभाव कह चुके हैं। पर इस सामंजस्य का स्वर हम 'कामायनी' में और कहीं नहीं पाते हैं। श्रद्धा जब कुमार को लेकर प्रजाविद्रोह के उपरांत सारस्वत नगर में पहुँचती है तब 'इड़ा' से कहती है कि 'सिर चढ़ी रही पाया न हृदय'। क्या श्रद्धा के संबंध में नहीं कहा जा सकता था कि 'रस पगी रही पाई न बुद्धि'। जब दोनों अलग-अलग सत्ताएँ करके रखी गई हैं तब एक को दूसरी से शून्य

कहना और दूसरी को पहले से शून्य न कहना, गड़बड़ में डालता है। पर श्रद्धा में किसी प्रकार की कमी की भावना कवि की एकांतिक मधुर भावना के अनुकूल न थी।

बुद्धि की विगर्हणा द्वारा 'बुद्धिवाद' के विरुद्ध उस आधुनिक आंदोलन का आभास भी कवि को इष्ट जान पड़ता है जिनके प्रवर्तक अनातोले फ्रांस ने कहा है कि 'बुद्धि के द्वारा सत्य को छोड़कर और सब कुछ सिद्ध हो सकता है। बुद्धि पर मनुष्य को विश्वास नहीं होता। बुद्धि या तर्क का सहारा तो लोग अपनी भली बुरी प्रवृत्तियों को ठीक प्रमाणित करने के लिये लेते हैं।

विज्ञान द्वारा सुखसाधनों की वृद्धि के साथ-साथ विलासिता और लोभ की असीम वृद्धि तथा यंत्रों के परिचालन से जनता के बीच फैली हुई घोर अशक्तता, दरिद्रता आदि के कारण वर्तमान जगत् की जो विषम स्थिति हो रही है उसका भी थोड़ा सा आभास मनु की विद्रोही प्रजा के इन वचनों द्वारा दिया गया है—

प्रकृति शक्ति तुमने यंत्रों से सबकी छीनी।
शोषण कर जीवनी बना दी जर्जर झीनी।

वर्गहीन समाज की साम्यवादी पुकार की भी दबी सी गूँज दो तीन जगह है। 'विद्युत कण (इलेक्ट्रांस) मिले झलकते से' में विज्ञान की भी झलक है।

यदि मधुचर्या का अतिरेक और रहस्य की प्रवृत्ति बाधक न होती तो इस काव्य के भीतर मानवता की योजना शायद अधिक पूर्ण और सुव्यवस्थित रूप में चित्रित होती। कर्म को कवि ने या तो काम्ययज्ञों के बीच दिखाया है अथवा उद्योगधंधों या शासनविधानों के बीच। श्रद्धा के मंगलमय योग से किस प्रकार कर्म धर्म का रूप धारण करता है, यह भावना कवि से दूर ही रही। इस भव्य और विशाल भावना के भीतर उग्र और प्रचंड भाव भी लोक के मांगलिक विधान के अंग हो जाते हैं। श्रद्धा और धर्म का संबंध अत्यंत प्राचीन काल से प्रतिष्ठित है। महाभारत में श्रद्धा धर्म की पत्नी कही गई है। हृदय के आधे पक्ष को अलग रखने से केवल कोमल भावों की शीतलछाया के भीतर आनंद का स्वप्न देखा जा सकता है; व्यक्त जगत् के बीच उसका आविर्भाव और अवस्थान नहीं दिखाया जा सकता।

यदि हम इस विशद काव्य की अंतर्योजना पर न ध्यान दें, समष्टि रूप में कोई समन्वित प्रभाव न ढूँढ़ें, श्रद्धा, काम, लज्जा, इड़ा इत्यादि को अलग-अलग लें तो हमारे सामने बड़ी रमणीय चित्रमयी कल्पना, अभिव्यंजना की अत्यंत मनोरम पद्धति आती है। इन वृत्तियों की आभ्यतंर प्रेरणाओं और बाह्य प्रवृत्तियों को बड़ी मार्मिकता से परखकर इनके स्वरूपों की नराकार उद्‌भावना की गई है। स्थान-स्थान पर प्रकृति की मधुर, भव्य और आकर्षक विभूतियों की योजना का तो कहना ही क्या है। प्रकृति के ध्वंसकारी भीषण रूपवेग का भी अत्यंत व्यापक परिधि के बीच चित्रण हुआ है। इस प्रकार प्रसादजी प्रबंध क्षेत्र में भी जो छायावाद की चित्रविधान और लाक्षणिक शैली की सफलता की आशा बँधा गए।

(२) श्री सुमित्रानंदन पंत—पंत जी की रचनाओं का आरंभ सं. १९७५ से समझना चाहिए। इनकी प्रारंभिक कविताएँ 'वीणा' में, जिसमें 'हृतंत्री के तार' भी हैं, संगृहीत हैं। उन्हें देखने पर 'गीतांजलि' का प्रभाव कुछ लक्षित अवश्य होता है; पर साथ ही आगे चलकर प्रवर्धित चित्रमयी भाषा के उपयुक्त रमणीय कल्पना का जगह-जगह बहुत ही प्रचुर

आभास मिलता है। गीतांजलि का रहस्यात्मक प्रभाव ऐसे गीतों को देखकर ही कहा जा सकता है—

हुआ था जब संध्या आलोक
हँस रहे थे तुम पश्चिम ओर
विहँगरव बन कर मैं, चितचोर!
गा रहा था गुणः किंतु कठोर
रहे तुम नहीं वहाँ भी, शोक।

पर पंतजी की रहस्यभावना प्रायः स्वाभाविक ही रही!; 'वाद' का सांप्रदायिक स्वरूप उसने शायद ही कहीं ग्रहण किया हो। उनकी जो एक बड़ी विशेषता है प्रकृति के सुंदर रूपों की आह्लादमयी अनुभूति, वह 'वीणा' में भी कई जगह पाई जाती है। सौंदर्य का आह्लाद उनकी कल्पना को उत्तेजित करके ऐसे अप्रस्तुत रूपों की योजना में प्रवृत्त करता है जिनके प्रस्तुत रूपों की सौंदर्यानुभूति के प्रसार के लिये अनेक मार्ग से खुल जाते हैं। 'वीणा' की कविताओं में इसने लोगों को बहुत आकर्षित किया—

प्रथम रश्मि का आना रंगिणि! तूने कैसे पहचाना?
कहाँ कहाँ हे बालविहंगिनि! पाया तूने यह गाना?
निराकार तुम मानो सहसा ज्योतिपुंज में हो साकार।
बदल गया द्रुत जगज्जाल में धरकर नाम रूप नाना।
खुले पलक, फैली सुवर्ण छबि खिली सुरभि डोले मधुबाल।
स्पंदन, कंपन, नव जीवन फिर सीखा जग ने अपनाना।

उस मूर्तिमती लाक्षणिकता का आभास जो 'पल्लव' में जाकर अपनी हद को पहुँची है, 'वीणा' से ही मिलने लगता है, जैसे—

मारुत ने जिसकी अलकों में
चंचल चुंबन उलझाया।
अंधकार का अलसित अंचल
अब द्रुत ओढ़ेगा संसार
जहाँ स्वप्न सजते शृंगार।

'वीणा' के उपरांत 'ग्रंथि' है—असफल प्रेम की। इसमें एक छोटे से प्रेमप्रसंग का आधार लेकर युवक कवि ने प्रेम की आनंदभूमि में प्रवेश, फिर चिरविषाद के गर्त में पतन दिखाया है। प्रसंग की कोई नई उद्भावना नहीं है। करुणा और सहानुभूति से प्रेम का स्वाभाविक विकास प्रदर्शित करने के लिये जो वृत्त उपन्यासों और कहानियों में प्रायः पाए जाते हैं— जैसे, डूबने से बचानेवाले, अत्याचार से रक्षा करनेवाले, बंदीगृह में पड़ने या रणक्षेत्र में घायल होने पर सेवा-सुश्रूषा करनेवालों के प्रति प्रेम संचार—उन्हीं में से चुनकर भावों की व्यंजना के लिये रास्ता निकाला गया है। झील में नाव डूबने पर एक युवक डूबकर बेहोश होता है और आँख खुलने पर देखता है कि एक सुंदरी युवती उसका सिर अपने जंघे पर रखे हुए उसकी ओर देख रही है। इसके उपरांत दोनों में प्रेमव्यापार चलता है, पर अंत में समाज के बड़े लोग इस

स्वेच्छाचार को न सहन करके उस युवती का ग्रंथिबंधन दूसरे पुरुष के साथ कर देते हैं। यही ग्रंथिबंधन उस युवक या नायक के हृदय में एक ऐसी विषादग्रंथि डाल देता है जो कभी खुलती ही नहीं; समाज के द्वारा किस प्रकार स्वभावतः उठा हुआ प्रेम कुचल दिया जाता है, इस कहानी द्वारा कवि को यही दिखाना था। यद्यपि प्रेम का स्रोत कवि ने करुणा की गहराई से निकाला है पर आगे चलकर उसके प्रवाह में भारतीय पद्धति के अनुसार हासविनोद की झलक भी दिखाई है। कहानी तो एक निमित्तमात्र जान पड़ती है; वास्तव में सौंदर्य भावना की अभिव्यक्ति और आशा, उल्लास, वेदना, स्मृति इत्यादि की अलग-अलग व्यंजना पर ही ध्यान जाता है।

पंतजी की पहली प्रौढ़ रचना 'पल्लव' है जिसमें प्रतिभा के उत्साह या साहस का तथा पुरानी काव्यपद्धति के विरुद्ध प्रतिक्रिया का बहुत चढ़ा बढ़ा प्रदर्शन है। इसमें चित्रमयी भाषा, लाक्षणिक वैचित्र्य, अप्रस्तुत विधान, इत्यादि की विशेषताएँ प्रचुर परिमाण में भरी सी पाई जाती हैं। 'वीणा' और 'पल्लव' दोनों में अँगरेजी कविताओं से लिए हुए भाव और अँगरेजी भाषा के लाक्षणिक प्रयोग बहुत से मिलते हैं। कहीं-कहीं आरोप और अध्यवसान व्यर्थ और अशक्त हैं, केवल चमत्कार और वक्रता के लिये रखे प्रतीत होते हैं, जैसे 'नयनों के बाल' ='आँसू। 'बाल' शब्द जोड़ने की प्रवृत्ति अधिक पाई जाती है, जैसे मधुबाल, मधुपों के बाल। शब्द का मनमाने लिंगों में प्रयोग भी प्रायः मिलता है। कहीं-कहीं वैचित्र्य के लिये एक ही प्रयोग में दो लक्षणाएँ गुंफित पाई जाती हैं—अर्थात् एक लक्ष्यार्थ से फिर दूसरे लक्ष्यार्थ पर जाना पड़ता है, जैसे—'मर्म पीड़ा के हास' में पहले 'हास' का अर्थ लक्षणलक्षणा द्वारा वृद्धि या विकास लेना पड़ता है, फिर यह जानकर कि सारा संबोधन कवि अपने या अपने मन के लिये करता है, हमें सारी पदावली का उपादान लक्षणा द्वारा लक्ष्यार्थ लेना पड़ता है, 'हे बढ़ी हुई मर्म पीड़ा समझने वाले मन!' इसी प्रकार कहीं-कहीं दो अप्रस्तुत भी एक ही उलझे हुए पाए जाते हैं, जैसे—'अरुण कलियों से कोमल घाव। पहले 'घाव' के लिये वर्ण के सादृश्य और कोमलता के साधर्म्य से 'कली' की उपमा दी गई। पर 'घाव' स्वयं अप्रस्तुत या लाक्षणिक है और उसका अर्थ है 'कसकती हुई स्मृति।' इस तरह एक अप्रस्तुत लाकर फिर उस प्रस्तुत के लिये दूसरा अप्रस्तुत लाया गया है। इसी प्रकार दो-दो उपमान एक में उलझे हमें 'गुंजन' की इन पंक्तियों में मिलते हैं—

अरुण अधरों की पल्लव प्रात,
मोतियों सा हिलता हिम हास।

कहीं-कहीं पर साम्य बहुत ही सुंदर और व्यंजक है। वे प्रकृति के व्यापारों के द्वारा मानसिक व्यापारों की बड़ी रमणीय व्यंजना करते हैं, जैसे—

तड़ित सा सुमुखि! तुम्हारा ध्यान प्रभा के पलक मार उर चीर।
गूढ़ गर्जन कर जब गंभीर मुझे करता है अधिक अधीर,
जुगुनुओं से उड़ मेरे प्राण खोजते हैं तब तुम्हें निदान।
पूर्व सुधि सहसा जब सुकुमारि सरल शुक सी सुखकर सुर में।
तुम्हारी भोली बातें कभी दुहराती हैं उर में।

जिस प्रकार भावों या मनोवृत्तियों का स्वरुप बाह्य वस्तुओं के सामने लाया जाता है, उसी प्रकार कभी-कभी बाह्य वस्तुओं के साम्य के लिये आभ्यंतर भावों या मनोव्यापारों की ओर संकेत किया जाता है, जैसे—

अचल के जब वे विमल विचार अवनि से उठ उठ कर ऊपर,
विपुल व्यापकता में अविकार लीन हो जाते वे सत्वर।

हिमालय प्रदेश में यह दृश्य प्राय: देखने को मिलता है कि रात में जो बादल खड्डों में भर जाते हैं, वे प्रभात होते ही धीरे धीरे बहुत से टुकड़ों में बँटकर पहाड़ के ऊपर इधर उधर चढ़ते दिखाई देने लगते हैं और अंत में अनंत आकाश में विलीन हो जाते हैं। इसका साम्य कवि ने अचल ध्यान में मग्न योगी से दिखाया है जिसकी निर्मल मनोवृत्तियाँ उच्चता को प्राप्त होती हुई उस अनंत सत्ता में मिल जाती हैं।

पर 'छाया' वीचिविलास', 'नक्षत्र' ऐसी कविताओं में, जहाँ उपमानों के ढेर लगे हुए हैं, बहुत से उपमान पुराने ढंग के खेलवाड़ के रूप में भी हैं, जैसे—

बारि बेलि सी फैल अमूल छा अपत्र सरिता के कूल,
विकसा औ सकुचा नव जात बिना नाल के फेनिल फूल।

(वीचिविलास)

अहे! तिमिर चरते शशिशावक।

\+ \+ \+ \+

इंदु दीप-से दग्ध शलभ शिशु!
शुचि उलूक अब हुआ बिहान,
अंधकारमय मेरे उर में,
आओ छिप जाओ अनजान। (नक्षत्र)

सबेरा होने पर नक्षत्र भी छिप जाते हैं, उल्लू भी। बस इतने से साधर्म्य को लेकर कवि ने नक्षत्रों को उल्लू बनाया है— साफ सुथरे उल्लू सही—और उन्हें अँधेरे उर में छिपने के लिये आमंत्रित किया है। पर इतने उल्लू यदि डेरा डालेंगे तो मन की दशा क्या होगी? कवि को यदि अपने हृदय के नैराश्य और अवसाद की व्यंजना करनी थी तो नक्षत्रों को बिना उल्लू बनाए भी काम चल सकता था।

कहीं कहीं संकीर्ण समास पद्धति के कारण कवि की विवक्षित भावनाएँ अस्फुट सी हैं, जैसे नक्षत्रों के प्रति ये वाक्य—

ऐ! आतुर उर के संमान!
अब मेरी उत्सुक आँखों से उमड़ो।
मुग्ध दृष्टि की चरम विजय।

पहली पंक्ति में 'संमान' शब्द उस सजावट के लिये आया है जो प्रिय से मिलने के लिये आतुर व्यक्ति उसके आने पर या आने की आशा पर बाहर अनेक प्रकार के सामानों द्वारा और भीतर प्रेम से जगमगाते अनेक सुंदर भावों द्वारा करता है। दूसरी पंक्ति में कवि का तात्पर्य यह है कि प्रियदर्शन के लिये उत्सुक आँखें असंख्य सी हो रही हैं। उन्हीं की ज्योति आकाश में नक्षत्रों के रूप में फैले। तीसरी पंक्ति में 'चरम विजय' का अभिप्राय है लगातार एकटक ताकते रहने में बाजी मारना।

पर इन साम्प्रधान रचनाओं में कहीं-कहीं बहुत ही सुंदर आध्यात्मिक कल्पना है, जैसे छाया के प्रति इस कथन में: —

हाँ सखि! आओ बाँह खोल हम लगकर गले जुड़ा लें प्राण।
फिर तुम तम में, मैं प्रियतम में हो जावें द्रुत अंतर्धान।

कवि कहता है कि छायारूप जगत्! आओ मैं तुम्हें प्यार कर लूँ। फिर तुम कहाँ और मैं कहाँ! मैं अर्थात् मेरी आत्मा तो उस अनंत ज्योति में मिल जाएगी और तुम अव्यक्त प्रकृति या महाशून्य में विलीन हो जाओगे।

'पल्लव' के भीतर 'उच्छ्वास', 'आँसू', परिवर्तन' और 'बादल' आदि रचनाएँ देखने से पता चलता है कि यदि 'छायावाद' के नाम से एक 'वाद' न चल गया होता तो पंतजी स्वच्छंदता के शुद्ध स्वाभाविक मार्ग(ट्रू रोमांटिसिज्म) पर ही चलते। उन्हें प्रकृति की ओर सीधे आकर्षित होनेवाला, उसके खुले और चिरंतन रूपों के बीच खुलनेवाला हृदय प्राप्त था। यही कारण है कि 'छायावाद' शब्द मुख्यत: शैली के अर्थ में चित्रभाषा के अर्थ में ही उनकी रचनाओं पर घटित होता है। रहस्यवाद की रूढ़ियों के रमणीय उदाहरण प्रस्तुत करने के लिये उनकी प्रतिभा बहुत कम प्रवृत्त हुई है। रहस्यभावना जहाँ है वहाँ अधिकतर स्वाभाविक है।

पल्लव में रहस्यात्मक रचनाएँ हैं 'स्वप्न' और 'मौन निमंत्रण'। पर जैसा कि पहले कह आए हैं, पंतजी की रहस्यभावना स्वाभाविकता है, सांप्रदायिक (डागमेटिक) नहीं। ऐसी रहस्यभावना इस रहस्यमय जगत् के नाना रूपों को देख प्रत्येक सहृदय व्यक्ति के मन में कभी-कभी उठा करती है। व्यक्त जगत् नाना रूपों और व्यापारों के भीतर किसी अज्ञात चेतन सत्ता का अनुभव सा करता हुआ कवि इसे केवल अतृप्त जिज्ञासा के रूप में प्रकट करता है। दूसरी बात ध्यान देने की यह है कि उस अज्ञात प्रियतम के प्रति प्रेम की व्यंजना में भी कवि ने प्रिय और प्रेमिका का स्वाभाविक पुरुष स्त्री भेद रखा है, 'प्रसाद' जी के समान दोनों को पुल्लिंग रखकर फारसी या सूफी रूढ़ि का अनुसरण नहीं किया है। इसी प्रकार वेदना की वैसी वीभत्स विवृत्ति भी नहीं मिलती जैसा यह प्रसादजी की है—

छिल छिल कर छाले फोड़े मल मल कर मृदुल चरण से।

जगत् के पारमार्थिक स्वरूप की जिज्ञासा बहुत ही सुंदर भोलेपन के साथ 'शिशु' को संबोधन करके कवि ने इस प्रकार की है—

न अपना ही, न जगत् का ज्ञान, न परिचित हैं निज नयन, न कान;
दीखता है जग कैसा, तात! नाम गुण रूप अजान।

कवि, यह समझकर कि शिशु पर अभी उस नामरूप का प्रभाव पूरा-पूरा नहीं पड़ा है, जो सत्ता के पारमार्थिक स्वरूप को छिपा देता है उससे पूछता है कि 'भला बताओ तो, यह जगत् तुम्हें कैसा दिखाई पड़ता है?

छायावाद के भीतर माने जानेवाले सब कवियों में प्रकृति के साथ सीधा प्रेमसंबंध पंतजी का ही दिखाई पड़ता है। प्रकृति के अत्यंत रमणीय खंड के बीच उनके हृदय ने रूपरंग पकड़ा है। 'पल्लव', 'उच्छ्वास' और 'आँसू में हम उस मनोरम खंड की प्रेमार्द्र स्मृति पाते हैं। यह अवश्य है कि सुषमा की ही उमंगभरी भावना के भीतर हम उन्हें रमते देखते हैं। 'बादल' को अनेक नेत्राभिराम रूपों में उन्होंने कल्पना की रंगभूमि पर ले आकर देखा है, जैसे—

फिर परियों के बच्चे से हम सुभग सीप के पंख पसार।
समुद पैरते शुचि ज्योत्स्ना में पकड़ इंदु के कर सुकुमार।

पर प्रकृति के बीच उसके गूढ़ और व्यापक सौहार्द तक-ग्रीष्म की ज्वाला से संतप्त चराचर पर उसकी छाया के मधुर, स्निग्ध, शीतल, प्रभाव तक; उसके दर्शन से तृप्त कृषकों के आशापूर्ण उल्लास तक—कवि ने दृष्टि नहीं बढ़ाई है। कल्पना के आरोप पर ही जोर देनेवाले 'कलावाद' के संस्कार और प्रतिक्रिया के जोश ने उसे मेघ को उस व्यापक प्रकृति-भूमि पर न देखने दिया जिस पर कालिदास ने देखा था। आरोपविधायिनी कल्पना की अपेक्षा प्रकृति के बीच किसी वस्तु के गूढ़ और अगूढ़ संबंधप्रसार का चित्रण करने वाली कल्पना अधिक गंभीर और मार्मिक होती है।[१]

साम्य का आरोप भी निस्संदेह एक बड़ा विशाल सिद्धांत लेकर काव्य में चला है। वह जगत् के अनंत रूपों या व्यापारों के बीच फैले हुए उन मोटे और महीन संबंधसूत्रों की झलक सी दिखाकर नरसत्ता के सूनेपन का भाव दूर करता है, अखिल सत्ता के एकत्व की आनंदमयी भावना जगाकर हमारे हृदय का बंधन खोलता है। जब हम रमणी के मुख के साथ कमल, स्मिति के साथ अधखिली कलिका सामने पाते हैं तब हमें ऐसा अनुभव होता है कि एक ही सौंदर्यधारा से मनुष्य भी और पेड़-पौधे भी रूपरंग प्राप्त करते हैं। यहीं तक नहीं, भाषा ने व्यवहार की सुगमता के लिये अलग-अलग शब्द रचकर जो भेद खड़े किए हैं वे भी कभी-कभी इन आरोपों के सहारे थोड़ी देर के लिये हमारे मन से दूर हो जाते हैं यदि किसी बड़े पेड़ के नीचे उसी के गिरे हुए बीजों से जमे हुए छोटे-छोटे पौधों को हम आसपास खेलते उसके बच्चे कहें तो आत्मीयता का भाव झलक जायगा।

'कलावाद' के प्रभाव से जिस सौंदर्यवाद का चलन योरप के काव्यक्षेत्र के भीतर हुआ उसका पंतजी पर पूरा प्रभाव रहा है। उन्होंने स्पष्ट रूप से कई स्थानों पर सौंदर्य चयन को अपने जीवन की साधना कहा है, जैसे—

धूल की ढेरी में अनजान छिपे हैं मेरे मधुमय गान।
कुटिल काँटे हैं कहीं कठोर, जटिल तरुजाल है किसी ओर,
सुमन दल चुनचुनकर निशि भोर, खोजना है अजान वह छोर
मेरा मधुकर का सा जीवन, कठिन कर्म है, कोमल हे मन।

उस समय तक कवि प्रकृति के केवल सुंदर, मधुर पक्ष में अपने हृदय के कोमल और मधुर भावों के साथ लीन था। कर्ममार्ग उसे कठोर ही कठोर दिखाई पड़ता था। कर्मसौंदर्य का साक्षात्कार उसे नहीं हुआ था। उसका साक्षात्कार आगे चलकर हुआ जब वह धीरे-धीर जगत् और जीवन के पूर्ण स्वरूप की ओर दृष्टि ले गया।

'पल्लव' के अंत में पंतजी जगत् के विषम 'परिवर्तन' के नाना दृश्य सामने लाए हैं। इसकी प्रेरणा शायद उनके व्यक्तिगत जीवन की किसी विषम स्थिति ने की है। जगत् की परिवर्तनशीलता मनुष्य जाति को चिरकाल से क्षुब्ध करती आ रही है। परिवर्तन संसार का

---

१. **यही भाव इंग्लैंड के एक आधुनिक कवि और समीक्षक अबरक्रोंबे ने, जो हाल में मरे हैं, इस प्रकार व्यक्त किया है—**

.........So we are driven
Onward and upward in a wind of beauty. —**Aberecıombe**

नियम है। यह बात स्वत: सिद्ध होने पर भी सहृदयों और कवियों का मर्म स्पर्श करती रही है, और करती रहेगी, क्योंकि इसका संबंध जीवन के नित्य स्वरूप से है। जीवन के व्यापक क्षेत्र में प्रवेश के कारण कविकल्पना को कोमल, कठोर, मधुर, कटु, करुण, भयंकर कई प्रकार की भूमियों पर बहुत दूर तक एक संबद्ध धारा के रूप में चलना पड़ा है। जहाँ कठोर और भयंकर, भव्य और विशाल तथा अधिक अर्थसमन्वित भावनाएँ हैं वहाँ कवि ने रोला छंद का सहारा लिया है। काव्य में चित्रमयी भाषा सर्वत्र अनिवार्य नहीं; सृष्टि के गूढ़, अगूढ़, मार्मिक तथ्यों के चयन द्वारा भी किसी भावना को मर्मस्पर्शी स्वरूप प्राप्त हो जाता है, इसका अनुभव शायद पंतजी को इस एक धारा में चलनेवाली लंबी कविता के भीतर हुआ है। इसी से कहीं कहीं हम सीधे सादे रूप में चुने हुए मार्मिक तथ्यों का सहारा मात्र पाते हैं जैसे—

तुम नृशंस नृप से जगती पर चढ़ अनियंत्रित
करते हो संसृति को उत्पीड़ित, पदमर्दित;
नग्न नगर कर, भग्न भवन प्रतिमाएँ खंडित,
हर लेते हो विभव, कलाकौशल चिरसंचित।
आधि व्याधि, बहु वृष्टि, वात उत्पात अमंगल।
वह्नि, बाढ़, भूकंप तुम्हारे विपुल सैन्यदल।

चित्रमयी लाक्षणिक भाषा तथा रूपक आदि का भी बहुत ही सफल प्रयोग इस रचना के भीतर हुआ है। उसके द्वारा तीव्र मर्मवेदना जगानेवाली शक्ति की पूरी प्रतिष्ठा हुई है। दो एक उदाहरण लीजिए—

अहे निष्ठुर परिवर्तन!
अहे वासुकि सहस्रफन!
लक्ष अलक्षित चरण तुम्हारे चिह्न निरंतर।
छोड़ रहे हैं जग के विक्षत वक्षस्थल पर।
शत शत फेनोच्छ्वसित, स्फीत फूत्कार भयंकर।
घुमा रहे हैं घनाकार जगती का अंबर।
मृत्यु तुम्हारा गरल दंत कंचुक कल्पांतर।
अखिल विश्व ही विवर, वक्र कुंडल दिङ्मंडल।

मृदुल होठों का हिम जल हास उड़ा जाता नि:श्वास समीर;
सरल भौहों का शरदाकाश घेर लेते घन घिर गंभीर।

विश्वमय हे परिवर्तन।
अतल से उमड़ अकूल अपार
मेघ से विपुलाकार
दिशावधि में पल विविध प्रकार
अतल में मिलते तुम अधिकार।

पहले तो कवि लगातार सुख का दु:ख में, उत्थान का पतन में, उल्लास का विषाद में, सरस सुषमा का शुष्कता और म्लानता में परिवर्तन सामने ला लाकर हाहाकार का एक

विश्वव्यापक स्वर सुनता हुआ क्षोभ से भर जाता है, फिर परिवर्तन के दूसरे पक्ष पर भी—दुःख दशा से सुखदशा की प्राप्ति पर भी—थोड़ा दृष्टिपात करके चिंतनोन्मुख होता है और परिवर्तन को एक महाकरुण कांड के रूप में देखने के स्थान पर सुखदुःख की उलझी हुई समस्या के रूप में देखता है, जिसकी पूर्ति इस व्यक्त जगत् में नहीं हो सकती, जिसका सारा रहस्य इस जीवन के उस पार ही खुल सकता है—

आज का दुख, कल का आह्लाद
और कल का सुख, आज विषाद,
समस्या स्वप्न गूढ़ संसार,
पूर्ति जिसकी उस पार।

इस प्रकार तात्विक दृष्टि से जगत् के द्वंद्वात्मक विधान को समझकर कवि अपने मन को शांत करता है—

मूँदती नयन मृत्यु की रात, खोलती नवजीवन की प्रात।
म्लान कुसुमों की मृदु मुसकान, फलों में फलती फिर अम्लान।
स्वीय कर्मों ही के अनुसार, एक गुण फलता विविध प्रकार।
कहीं राखी बनता सुकुमार, कहीं बेड़ी का भार।

\+ \+ \+ \+

बिना दुख के सब सुख निःसार बिना आँसू के जीवन भार।
दीन दुर्बल है रे संसार, इसी से क्षमा, दया औ प्यार।

और जीवन के उद्देश्य का भी अनुभव करता है—

वेदना ही में तप कर प्राण; दमक दिखलाते स्वर्ण हुलास।

\+ \+ \+ \+

अलभ है इष्ट, अतः अनमोल; साधना ही जीवन का मोल।

जीवन का एक सत्य स्वरूप लेकर अत्यंत मार्मिक अर्थपथ पर संबद्ध रूप में चलने के कारण, कल्पना को क्रीड़ा और वाग्वैचित्र्य पर प्रधान लक्ष्य न रहने के कारण, इस 'परिवर्तन' नाम की सारी कविता का एक समन्वित प्रभाव पड़ता है।

'पल्लव' के उपरांत 'गुंजन' में हम पंतजी को जगत् और जीवन के प्रकृत क्षेत्र के भीतर और बढ़ते हुए पाते हैं, यद्यपि प्रत्यक्षबोध से अतृप्त होकर कल्पना की रुचिरता से तृप्त होने और बुद्धि व्यापार से क्लांत होकर रहस्य की छाया में विश्राम करने की प्रवृत्ति साथ ही साथ बनी हुई है। कवि जीवन का उद्देश्य बताता है इस चारों ओर खिले हुए जगत् की सुषमा से हृदय को संपन्न करना—

क्या यह जीवन? सागर में जलभार मुखर भर देना!
कुसुमित पुलिनों की क्रीड़ा व्रीड़ा से तनिक न लेना?

पर इस जगत् में सुखसुषमा के साथ दुःख भी तो है। इसके इस सुखदुःखात्मक स्वरूप के साथ कवि अपने हृदय का सामंजस्य कर लेता है—

सुख दुख के मधुर मिलन से वह जीवन हो परिपूरन;
फिर घन में ओझल हो शशि फिर शशि से ओझल हो घन।

कवि वर्तमान जगत् की इस अवस्था से असंतुष्ट है कि कहीं तो सुख की अति है, कहीं दुःख की। वह समभाव चाहता है—

जग पीड़ित है अति दुःख से जग पीड़ित रे अति सुख से।
मानव जग में बँट जावे दुख सुख से औ सुख दुख से।

'मानव' नाम की कविता में जीवनसौंदर्य की नूतन भावना उदय कवि अपने मन में इस प्रकार चाहता है—

मेरे मन के मधुबन में सुषमा के शिशु! मुसकाओ।
नव नव साँसों का सौरभ नव मुख का सुख बरसाओ।

बुद्धिपक्ष ही प्रधान हो जाने से हृदयपक्ष जिस प्रकार दब गया है और श्रद्धाविश्वास का ह्रास होता जा रहा है, इसके विरुद्ध योरप के अनातोले फ्रांस आदि कुछ विचारशील पुरुषों ने जो आंदोलन उठाया उसका आभास भी पंतजी की इन पंक्तियों में मिलता है—

सुंदर विश्वासों से ही बनता रे सुखमय जीवन।

'नौकाविहार' का वर्णन अप्रस्तुत आरोपों से अधिक आच्छादित होने पर भी प्रकृति के प्रत्यक्ष रूपों की ओर कवि का खिंचाव सूचित करता है।

जैसे और जगह वैसे ही गुंजन में भी पंतजी की रहस्यभावना अधिकतर स्वाभाविक पथ पर पाई जाती है। दूर तक फैले हुए खेतों और मैदानों के छोर पर वृक्षावलि की जो धुंधली हरिताभ-रेखा-सी क्षितिज से मिली दिखाई पड़ती है उसके उधर किसी मधुर लोक की कल्पना स्वभावतः होती है—

दूर उन खेतों के उस पार, जहाँ तक गई नील झंकार।
छिपा छायाबन में सुकुमार स्वर्ग की परियों का संसार।

कवि की रहस्य दृष्टि प्रकृति की आत्मा—जगत् के रूपों और व्यापारों में व्यक्त होने वाली आत्मा—की ओर ही जाती है जो 'निखिल छवि की छवि है' और जिसका 'अखिल जगजीवन हासविलास' है। इस व्यक्त प्रसार के बीच उसका आभास पाकर कुछ क्षण के लिये आनंदमग्न होना ही मुक्ति है, जिसकी साधना सरल और स्वाभाविक है, हठयोग की सी चक्करदार नहीं। मुक्ति के लोभ से अनेक प्रकार की चक्करदार साधना तो बंधन है—

है सहज मुक्ति का मधु क्षण, पर कठिन मुक्ति का बंधन।

कवि अपनी इस मनोवृत्ति को एक जगह इस प्रकार स्पष्ट भी करता है। वह कहता है कि इस जीवन की तह में जो परमार्थ तत्व छिपा हुआ कहा जाता है उसे पकडने और उसमें लीन होने के लिये उसमें बहुत से लोग अंतर्मुख होकर गहरी डुबकियाँ लगाते है, पर मुझे तो उसके व्यक्त आभास ही रुचिकर हैं, अपनी पृथक् सत्ता विलीन करते समय भय सा लगता है—

सुनता हूँ इस निस्तल जल में रहती मछली मोती वाली;
पर मुझे डूबने का भय है; भाती तट की चल जलमाली।

आएगी मेरे पुलिनों पर वह मोती की मछली सुंदर।
मैं लहरों के तट पर बैठा देखूँगा उसकी छबि जी भर॥

कहने का तात्पर्य यह कि पंतजी की स्वाभाविक रहस्यभावना को 'प्रसाद' और 'महादेवी वर्मा' की सांप्रदायिक रहस्यभावना से भिन्न समझना चाहिए। पारमार्थिक ज्ञानोदय को अवश्य उन्होंने 'कुछ भी आज न लूँगी मोल' नामक गीत में प्रकृति की सारी विभूतियों से श्रेष्ठ कहा है। रहस्यात्मकता की अपेक्षा कवि में दार्शनिकता अधिक पाई जाती है। 'विहग के प्रति' नाम की कविता में कवि ने अव्यक्त प्रकृति के बीच चैतन्य के सान्निध्य से, शब्दब्रह्म के संचार या स्पंदन(बाईब्रेशन) से, सृष्टि के अनेक रूपात्मक विकास का बड़ा ही सजीव चित्रण किया है—

मुक्त पंखों में उड़ दिन रात सहज स्पंदित कर जग के प्राण;
शून्य नभ में भर दी अज्ञात, मधुर जीवन की मादक तान।
छोड़ निर्जन का निभृत निवास, नीड़ में बँध जग के सानंद;
भर दिए कलरव से दिशि आश गृहों में कुसुमित, मुदित अमंद।
रिक्त होते जब जब तरुवास, रूप धर तू नव नव तत्काल।
नित्य नादित रखता सोल्लास, विश्व के अक्षयवट की डाल।

'गुंजन' में भी पंतजी की प्रतिभा बहुत ही व्यंजक और रमणीय साम्य जगह-जगह सामने लाती है, जैसे—

खुल खुल नव नव इच्छाएँ, फैलाती जीवन के दल।
गा गा प्राणों का मधुकर, जीता मधुरस परिपूरण।

इसी प्रकार लक्षण के सहारे बहुत ही अर्थगर्भित और व्यंजक साम्य इन पंक्तियों में हम पाते हैं—

यह शैशव का सरल हास है सहसा उर से है आ जाता।
यह ऊषा का नव विकास है, जो रज को है रजत बनाता।
यह लघु लहरों का विलास है कलानाथ जिसमें खिंच आता।

कवि का भाव तो इतना ही है कि बाल्यावस्था में यह सारी पृथ्वी कितनी सुंदर और दीप्तिपूर्ण दिखाई देती है, पर व्यंजना बड़े ही मनोहर ढंग से हुई है। जिस प्रकार अरुणोदय में पृथ्वी का एक-एक कण स्वर्णाभ दिखाई देता है उसी प्रकार बालहृदय को यह सारी पृथ्वी दीप्तिमयी लगती है। जिस प्रकार सरोवर के हलके-हलके हिलोरों में चंद्रमा (उसका प्रतिबिंब) उतर कर लहराता दिखाई देता है उसी प्रकार बालहृदय की उमंगों में स्वर्गीय दीप्ति शैली जान पड़ती है।

'गुजंन' में हम कवि का जीवनक्षेत्र के भीतर प्रवेश ही नहीं, उसकी काव्यशैली को भी अधिक संयत और व्यवस्थित पाते हैं। प्रतिक्रिया की झोंक में अभिव्यंजना के लाक्षणिक वैचित्र्य आदि के अतिशय प्रदर्शन की जो प्रवृत्ति हम 'पल्लव' में पाते हैं वह 'गुंजन' में नहीं है। उसमें काव्यशैली अधिक संगत, संयत और गंभीर हो गई है।

'गुंजन' के पीछे तो पंत जी वर्तमान जीवन के कई पक्षों को लेकर चलते दिखाई पड़ते हैं। उनके 'युगांत' में हम देश के वर्तमान जीवन में उठे हुए स्वरों की मीठी प्रतिध्वनि जगह-

जगह पाते हैं। कहीं परिवर्तन की प्रबल आकांक्षा है, कहीं श्रमजीवियों की दशा की झलक है, कहीं तर्क वितर्क छोड़ श्रद्धा-विश्वासपूर्वक जीवनपथ पर साहस के साथ बढ़ते चलने की ललकार है—कहीं 'बापू के प्रति' श्रद्धांजलि है। 'युगांत' में कवि स्वप्नों से जगकर यह कहता हुआ सुनाई पड़ता है—

जो सोए स्वप्नों के तम में वे जागेंगे यह सत्य बात।
जो देख चुके जीवननिशीथ वे देखेंगे जीवनप्रभात।

'युगांत' में कवि को हम केवल रूपरंग, चमक-दमक, सुख-सौरभ वाले सौंदर्य से आगे बढ़कर जीवन के सौंदर्य की सत्याश्रित कल्पना में प्रवृत्त पाते हैं। उसे बाहर जगत् में 'सौंदर्य, स्नेह, उल्लास' का अभाव दिखाई पड़ा है। इससे वह जीवन की सुंदरता की भावना मन में करके उसे जगत् में फैलाना चाहता है—

सुंदरता का आलोक स्रोत है फूट पड़ा मेरे मन में।
जिससे नवजीवन का प्रभात होगा फिर जग के आँगन में।
मैं सृष्टि एक रच रहा नवल भावी मानव के हित, भीतर।
सौंदर्य स्नेह, उल्लास मुझे मिल सका नहीं जग में बाहर।

अब कवि प्रार्थना करता है कि—

जगजीवन में जो चिर महान्, सौंदर्यपूर्ण औ सत्यप्राण।
मैं उसका प्रेमी बनूँ नाथ! जिसमें मानवहित हो समान!

नीरस और ठूठे जगत् में क्षीण कंकालों के लोक में वह जीवन का वसंतविकास चाहता है—

कंकाल जाल जग में फैले फिर नवल रुधिर, पल्लव लाली।

ताजमहल के कलासौंदर्य को देख अनेक कवि मुग्ध हुए हैं। पर करोड़ों की संख्या में भूखों मरती जनता के बीच ऐश्वर्यविभूति के उस विशाल आडंबर के खड़े होने की मानवता से क्षुब्ध होकर युगांत के बदले हुए पंतजी कहते हैं—

हाय! मृत्यु का ऐसा अमर अपार्थिव पूजन।
जब विषण्ण निर्जीव पड़ा हो जग का जीवन।
मानव! ऐसी भी विरक्ति क्या जीवन के प्रति।
आत्मा का अपमान, प्रेत औ छाया से रति।
शव को दें हम रूप रंग, आदर मानव का।
मानव को हम कुत्सित चित्र बनावें शव का।

'पल्लव' में कवि अपने व्यक्तित्व के घेरे में बँधा हुआ, 'गुंजन' में कभी-कभी उसके बाहर और 'युगांत' में लोक के बीच दृष्टि फैलाकर आसन जमाता हुआ दिखाई पड़ता है। 'गुंजन' तक वह जगत् से अपने लिये सौंदर्य और आनंद का चयन करता प्रतीत होता है, युगांत में आकर वह सौंदर्य और आनंद का जगत् में पूर्ण प्रसार देखना चाहता है। कवि की सौंदर्य भावना अब व्यापक होकर मंगलभावना के रूप में परिणत हुई है। अब तक कवि लोकजीवन के वास्तविक शीत और ताप से अपने हृदय को बचाता सा आता रहा; अब उसने अपना हृदय खुले जगत् के बीच रख दिया है कि उस पर उसकी गतिविधि का सच्चा और गहरा प्रभाव

पड़े। अब वह जगत् और जीवन में जो कुछ सौंदर्य, माधुर्य प्राप्त है अपने लिये उसका स्तवक बनाकर तृप्त नहीं हो सकता। अब वह दुःख, पीड़ा, अन्याय, अत्याचार के अंधकार को फाड़कर मंगलज्योति फूटती देखना चाहता है—मंगल का अमंगल के साथ वह संघर्ष देखना चाहता है, जो गत्यात्मक जगत् का कर्मसौंदर्य है।

संध्या होने पर अब कवि का ध्यान केवल प्रफुल्ल प्रसून, अलस, गंधवाह, रागरंजित और दीप्त दिगंचल तक ही नहीं रहता। वह यह भी देखता है कि—

बाँसों का झुरमुट, संध्या का झुटपुट
ये नाप रहे निज घर का मग
कुछ श्रमजीवी घर डगमग डग
भारी है जीवन, भारी पग!

जो पुराना पड़ गया है जीर्ण और जर्जर हो गया है और नवजीवन सौंदर्य लेकर आनेवाले युग के उपयुक्त नहीं है उसे पंतजी बड़ी निर्ममता के साथ हटाना चाहते हैं—

द्रुत झरो जगत् के जीर्ण पत्र! हे त्रस्त, ध्वस्त! हे शुष्क, शीर्ण!
हिम ताप पीत, मधु वात भीत, तुम वीतराग, जड़ पुराचीन!
झरें जाति-कुल-वर्ण-पर्ण घन। अंध नीड़ से रूढ़-रीति छन॥

इस प्रकार कवि की वाणी में लोकमंगल की आशा और आकांक्षा के साथ घोर 'परिवर्तनवाद' का स्वर भी रहा है। गत युग के अवशेषों को ध्वस्त करने का अत्यंत रौद्र आग्रह प्रकट किया गया है—

गर्जन कर मानव केसरि!
प्रखर नखर नवजीवन की लालसा गड़ा कर।
छिन्न भिन्न कर दे गत युग के शव को दुर्धर।

ऐसे स्थलों को देख यह संदेह हो सकता है कि कवि अपनी वाणी को लेकर आंदोलनों के पीछे लगा रहा है या अपनी अनुभूति की प्रेरणा से परिचालित कर रहा है। आशा है कि पंतजी अपनी लोक मंगलभावना को ऐसे स्वाभाविक मर्मपथ पर ले चलेंगे जहाँ इस प्रकार के संदेह का अवसर न रहेगा।

'युगांत' में नरजीवन की वर्तमान दशा की अनुभूति ही सर्वत्र नहीं है। हृदय की नित्य और स्थायी वृत्तियों की व्यंजना भी, कल्पना की पूरी रमणीयता के साथ कई रचनाओं में मिलती है। सबसे ध्यान देने की बात यह है कि 'वाद' की लपेट से अपनी वाणी को कवि ने एक प्रकार से मुक्त कर लिया है। चित्रभाषा और लाक्षणिक वैचित्र्य के अनावश्यक प्रदर्शन की वह प्रवृत्ति अब नहीं है जो भाषा और अर्थ की स्वाभाविक गति में बाधक हो। 'संध्या', 'खद्योत', 'तितली', 'शुक' इत्यादि रचनाओं में जो रमणीय कल्पनाएँ हैं उनमें दूसरे के हृदय में ढलने की पूरी द्रवणशीलता है। 'तितली' के प्रति यह संबोधन लीजिए—

प्रिय तितली! फूल-सी ही फूली
तुम किस सुख में हो रही डोल?
क्या फूलों से ली, अनिल कुसुम!
तुमने मन के मधु की मिठास?

हवा में उड़ती रंगबिरंगी तितलियों के लिये 'अनिल कुसुम' शब्द की रमणीयता सबका हृदय स्वीकार करेगा। इसी प्रकार 'खद्योत' के सहसा चमक उठने पर यह कैसी सीधी-सादी सुंदर भावना है—

अँधियाली घाटी में सहसा, हरित स्फुलिंग सदृश फूटा वह।

'युगवाणी' में तो वर्तमान जगत् में सामाजिक व्यवस्था के संबंध में प्रायः जितने वाद, जितने आंदोलन उठे हैं, सबका समावेश किया गया है। इस नाना वादों के संबंध में अच्छा तो यह होता कि उसके नामों का निर्देश न करके, उनके भीतर जो जीवन का सत्यांश है उसका मार्मिक रूप सामने रख दिया जाता। ऐसा न होने से जहाँ इन वादों के नाम आए हैं वहाँ कवि का अपना रूप छिपा सा लगता है। इन वादों को लेकर चले हुए आंदोलन में कवि को मानवता के नूतन विकास का आभास मिलता दिखाई पड़ता है। वर्तमान पाश्चात्य साहित्यक्षेत्र की एक रूढ़ि (वर्शिप आव द फ्यूचर) के मेल में है। अतः लोक के भावी स्वरूप के सुंदर चित्र के प्रति व्यंजित ललक या प्रेम को कोई चाहे तो उपयोगिता की दृष्टि से कल्पित एक आदर्शभाव का उदाहरणमात्र कह सकता है। इसी प्रकार अतीत के सारे अवशेषों को सर्वथा ध्वस्त देखने की रोषपूर्ण आकुलता का स्थान भी मनुष्य की स्थायी अंतः प्रकृति के बीच कहीं मिलेगा, इसमें संदेह है।

बात यह है कि इस प्रकार के भाव वर्तमान की विषम स्थिति से क्षुब्ध, कर्म में तत्पर मन के भाव हैं। ये कर्मकाल के भीतर जगे रहते हैं। कर्म में रत मनुष्य के मन में सफलता, की आशा, अनुमित भविष्य के प्रति प्रबल अभिलाष, बाधक वस्तुओं के प्रति रोष आदि का संचार होता है। ये व्यावहारिक हैं, अर्थसाधना की प्रक्रिया से संबंध रखते हैं और कर्मक्षेत्र में उपयोगी माने जाते हैं। पंतजी ने वर्तमान को जगत् का कर्मकाल मान कर उसके अनुकूल भावों का स्वरूप सामने रखा है। सारांश यह है कि जिस मन के भीतर कवि ने इन भावों का अवस्थान किया है वह 'कर्म का मन' है।

इस रूप में कवि यदि लोककर्म में प्रवृत्त नहीं तो कम से कम कर्मक्षेत्र में उतरे हुए लोगों के साथ चलता दिखाई पड़ रहा है। स्वतंत्र द्रष्टा का रूप उसका नहीं रह गया है। उसका तो 'सामूहिकता ही निजत्व धन' है। सामूहिक धारा जिधर-जिधर चल रही है उधर-उधर उसका स्वर भी मिला सुनाई पड़ रहा है। वहीं वह 'गत संस्कृति के गरल' धनपतियों के अंतिम क्षण बता रहा है, कहीं मध्य वर्ग को 'संस्कृति का दास और उच्च वर्ग की सुविधा का शास्त्रोक्त प्रचारक' तथा श्रमजीवियों को 'लोकक्रांति का अग्रदूत और नव्य सभ्यता का उन्नायक' कह रहा है और कहीं पुरुषों के अत्याचार से पीड़ित स्त्री जाति की यह दशा सूचित कर रहा है—

पशु बल से कर जन शासित,
जीवन के उपकरण सदृश
नारी भी कर ली अधिकृत!
अपने ही भीतर छिप छिप
जग से हो गई तिरोहित।

पंतजी ने सामाजवाद के प्रति भी रुचि दिखाई है और 'गांधीवाद' के प्रति भी। ऐसा प्रतीत होता है कि लोकव्यवस्था के रूप में तो 'समाजवाद' की बातें उन्हें पसंद हैं और व्यक्तिगत

साधना के लिये 'गांधीवाद' की बातें। कवि की दृष्टि में सब जीवों के प्रति आत्मभाव ही जीवनजगत् की 'मनुष्यत्व में परिणति' है। मनुष्य की अपूर्णता ही उसकी शोभा है। 'दुर्बलताओं से शोभित मनुष्यत्व सुरत्व से दुर्लभ है।' 'पूर्णसत्य' और असीम को ही श्रद्धा के लिये ग्रहण करने के फेर में रहना सभ्यता की बड़ी भारी व्याधि है। सीमाओं के द्वारा वे रेखाओं से मंगलविधायक आदर्श बनकर खड़े होते हैं। 'मानवपन' में दोष है, पर उन्हीं दोषों की रगड़ खाकर वह मँजता है, शुद्ध होता है—

> व्याधि सभ्यता की है निश्चित पूर्ण सत्य का पूजन
> प्राणहीन वह कला, नहीं जिसमें अपूर्णता शोभन।
> सीमाएँ आदर्श सकल, सीमाविहीन यह जीवन,
> दोषों से ही दोष शुद्ध है मिट्टी का मानवपन।

'समाजवाद' की बातें कवि ने ग्रहण की हैं पर अपना चिंतन स्वतंत्र रखा है। समाजवाद और संघवाद (कम्युनिज्म) के साथ लगा हुआ 'संकीर्ण भौतिकवाद' उसे इष्ट नहीं। पारमार्थिक दृष्टि से वह परात्परवादी है। आत्मा और भूतों के बीच संबंध स्थापित करने वाला तत्व वह दोनों से परे बताता है—

> आत्मा औ भूतों में स्थापित करता कौन समत्व।
> बहिरंतर, आत्मा भूतों से है अतीत वह तत्व।
> भौतिकता आध्यात्मिकता केवल उसके दो कूल।
> व्यक्ति-विश्व से, स्थूल-सूक्ष्म से परे सत्य के मूल।

यह परात्परभाव कवि की वर्तमान काव्यदृष्टि के कहाँ तक मेल में है, यह दूसरी बात है। पर जब हम देखते हैं कि उठे हुए सामाजिक आंदोलन प्रायः एकांगदर्शी होते हैं, एक सीमा से दूसरी सीमा की ओर उन्मुख होते हैं तब उनके द्वारा आगामी भावसंस्कृति की जो हरियाली कवि को सूझ रही है वह निराधार सी लगती है। इससे हम तो यही चाहेंगे कि पंतजी आंदोलनों की लपेट से अलग रहकर जीवन के नित्य और प्रकृत स्वरूप को लेकर चलें और उसके भीतर लोकमंगल की भावना का अवस्थान करें।

जो कुछ हो यह देखकर प्रसन्नता होती है कि 'छायावाद' के बँधे घेरे से निकलकर पंतजी ने जगत् की विस्तृत अर्थभूमि पर स्वाभाविक स्वच्छंदता के साथ विचरने का साहस दिखाया है। सामने खुले हुए रूपात्मक व्यक्त जगत् से ही भावनाएँ प्राप्त होती हैं रूप ही उर में मधुर भाव बन जाता है, इस 'रूपसत्य' का साक्षात्कार कवि ने किया है।

'युगवाणी' में नरजीवन पर ही विशेष रूप से दृष्टि जमी रहने के कारण कवि के सामने प्रकृति का वह रूप भी आया है जिसमें मनुष्य को लड़ना पड़ा है—

> बह्नि बाढ़, उल्का, झंझा की भीषण भू पर
> कैसे रह सकता है कोमल मनुज कलेवर।

'मानवता' के व्यापक संबंध की अनुभूति के प्रभाव से 'दो लड़के' में कवि को पासी के दो नंगधड़ंगे बच्चे प्यारे लगे हैं जो—

> जल्दी से टीले के नीचे उधर, उतर कर
> हैं चुन ले जाते कूड़े से निधियाँ सुंदर-

सिगरेट के खाली डिब्बे, पन्नी चमकीली,
फीतों के टुकड़े, तसवीरें नीली पीली।

किंतु नरक्षेत्र के भीतर पंतजी की दृष्टि इतनी नहीं बँध गई है कि चराचर के साथ अधिक व्यापक संबंध की अनुभूति मंद पड़ गई हो। 'युगवाणी' में हम देखते हैं कि हमारे जीवनपथ के चारों ओर पड़ने वाली प्रकृति की साधारण, छोटी से छोटी वस्तुओं को भी कवि ने कुछ अपनेपन के साथ देखा है। 'समस्त पृथ्वी पर निर्भय विचरण करती जीवन की 'अक्षय चिनगी' चींटी का अत्यंत कल्पनापूर्ण वर्णन हमें मिलता है। कवि के हृदय प्रसार का सबसे सुंदर प्रमाण हमें 'दो मित्र' में मिलता है जहाँ उसने एक टीले पर पास खड़े चिलबिल के दो पेड़ों को बड़ी मार्मिकता के साथ दो मित्रों के रूपों में देखा है—

उस निर्जन टीले पर
दोनों चिलबिल
एक दूसरे से मिले
मित्रों से हैं खड़े,
मौन, मनोहर
दोनों पादप
सह वर्षातप
हुए साथ हो बड़े
दीर्घ सुदृढ़तर।

शहद चाटने वालों और गुलाब की रूह सूँघनेवालों को चाहे इसमें कुछ न मिले; पर हमें तो इसके भीतर चराचर के साथ मनुष्य के संबंध की बड़ी प्यारी भावना मिलती है। 'झंझा में नीम' का चित्रण भी बड़ी स्वाभाविक पद्धति पर है। पंतजी को 'छायावाद' और 'रहस्यवाद' से निकलकर स्वाभाविक स्वच्छंदता (ट्रू रोमांटिसिज्म) की ओर बढ़ते देख हमें अवश्य संतोष होता है।

(३) श्री सूर्यकांत त्रिपाठी 'निराला'—पहले कहा जा चुका है कि 'छायावाद' ने पहले बँगला की देखादेखी अँगरेजी ढंग की प्रगीत पद्धति का अनुसरण किया। प्रगीत पद्धति में नाद सौंदर्य की ओर अधिक ध्यान रहने से संगीत तत्व का अधिक समावेश देखा जाता है। परिणाम यह होता है कि समन्वित अर्थ की ओर झुकाव कम हो जाता है। हमारे यहाँ संगीत राग-रागिनियों में बँधकर चलता आया है; पर योरप में उस्ताद लोग तरह तरह की स्वर लिपियों की अपनी नई नई योजनाओं का कौशल दिखाते हैं। जैसे और सब बातों की, वैसी ही संगीत के अँगरेजी ढंग की नकल पहले बंगाल में शुरू हुई। इस नए ढंग की ओर निरालाजी सबसे अधिक आकर्षित हुए और अपने गीतों में उन्होंने उसका पूरा जौहर दिखाया। संगीत को काव्य के और काव्य को संगीत के अधिक निकट लाने का सबसे अधिक प्रयास निरालाजी ने किया है।

एक तो खड़ी बोली, दूसरे स्वरों की घटती बढ़ती के साथ मात्राओं का स्वेच्छानुसार विभाग। इसके कारण 'गवैयों की जबान को सख्त परेशानी होगी' यह बात निराला जी ने आप महसूस की है। गीतिका में इनके ऐसे ही गीतों का संग्रह है जिनमें कवि का ध्यान संगीत की ओर अधिक है, अर्थसमन्वय की ओर कम। उदाहरण—

अभरण भर वरण गान
वन वन उपवन उपवन
जागा कवि, खुले प्राण।
मधुर निकर कलरव भर,
गीत मुखर पिक प्रिय स्वर,
मर शर हर केसर झर,
मधुपूरित गंध ज्ञान,

जहाँ कवि ने अधिक या कुछ पेचीदे अर्थ रखने का प्रयास किया है वहाँ पद-योजना उस अर्थ को दूसरों तक पहुँचाने में प्रायः अशक्त या उदासीन पाई जाती है। गीतिका का यह गीत लीजिए—

कौन तम के पार? (रे कह)
अखिल पल के स्रोत, जल जग,
गगन घन घन धार (रे कह)
गंध व्याकुल कूल उर सर,
लहर कच कर कमल मुख पर,
हर्ष अलि हर स्पर्श शर
गूँज बारंबार! (रे कह)
निशा प्रिय उर शयन सुख धन
सार या कि असार? (रे कह)

इसमें आई हुई 'अखिल पल के स्रोत जल जग', हर्ष अलि हर स्पर्श शर,' निशा प्रिय उर शयन सुख धन' इत्यादि पदावलियों का जो अर्थ कवि को स्वयं समझना पड़ा है वह उन पदावलियों से जबरदस्ती निकाला जान पड़ता है। जैसे—'हर्ष अलि हर स्पर्श शरआनंद रूपी भौंरा स्पर्श का चुभा तीर हर रहा है (तीर के निकालने से भी एक प्रकार का स्पर्श होता है जो और सुखद है; तीर रूप का चुभा तीर है) निशा प्रिय उर शयन सुख धन= निशा का प्रियतम के उर पर शयन।

निरालाजी पर बंग भाषा की काव्यशैली का प्रभाव समास में गुंफित पदवल्लरी, क्रियापद के लोप आदि में स्पष्ट झलकती है। लाक्षणिक वैलक्षण्य लाने की प्रवृत्ति इनमें उतनी नहीं पाई जाती जितनी 'प्रसाद' और 'पंत' में।

सबसे अधिक विशेषता आप के पद्यों में चरणों की स्वच्छंद विषमता है। कोई चरण बहुत लंबा, कोई बहुत छोटा, कोई मझोला देखकर ही बहुत से लोग 'रबर छंद', 'केंचुआ छंद' आदि कहने लगे थे। बेमेल चरणों की विलक्षण आजमाइश इन्होंने सबसे अधिक की है। 'प्रगल्भ प्रेम' नाम की कवि में अपनी प्रेयसी कल्पना वा कविता का आह्वान करते हुए इन्होंने कहा है—

आज नहीं है मुझे और कुछ चाह,
अर्द्ध विकच इस हृदय कमल में आ तू,

प्रिये! छोड़ बंधनमय छंदों की छोटी राह।
गजगामिनि वह पथ तेरा संकीर्ण,
कंटकाकीर्ण

बहु वस्तुस्पर्शिनी प्रतिभा निरालाजी में है। 'अज्ञात प्रिय' की ओर इशारा करने के अतिरिक्त इन्होंने जगत् के अनेक प्रस्तुत रूपों और व्यापारों को भी अपनी सरल भावनाओं के रंग में देखा है। 'विस्मृत को नींद से जगानेवाले' 'पुरातन के मलिन साज' खँडहर से वे जिज्ञासा करते हैं 'क्या तुम—

ढीले करते हो भव बंधन नर नारियों के?
अथवा
हो मलते कलेजा पड़े, जरा जीर्ण
निर्निमेष नयनों से
बाट जोहते हो तुम मृत्यु की,
अपनी संतानों से बूँद भर पानी को तरसते हुए।'

इसी प्रकार 'दिल्ली' नाम की कविता में दिल्ली की भूमि पर दृष्टि डालते हुए क्या यह वही देश है? कहकर कवि अतीत की कुछ इतिहासप्रसिद्ध बातों और व्यक्तियों को बड़ी सजीवता के साथ मन में लाता है—

निःस्तब्ध मीनार
मौन हैं मकबरे—
भय में आशा को जहाँ मिलते थे समाचार।
टपक पड़ता था जहाँ आँसुओं में सच्चा प्यार।

यमुना को देखकर प्रत्यभिज्ञा का जहाँ उदय हम इस रूप में पाते हैं—

मधुकर मलय में यहीं
गूँजी थी एक वह जो तान,
कृष्णाघन अलक में
कितने प्रेमियों का यहाँ पुलक समाया था।

समाज में प्रचलित ढोंग का बड़ा चुभता दृश्य गोमती के किनारे कवि ने देखा है जहाँ एक पुजारी भगत ने बंदरों को तो मालपुआ खिलाया और एक कंगाल भिक्षुक की ओर आँख उठाकर देखा तक नहीं।

जिस प्रकार निरालाजी को छंद के बंधन अरुचिकर हैं उसी प्रकार सामाजिक बंधन भी। इसी से सम्राट अष्टम एडवर्ड की प्रशस्ति लिखकर उन्होंने उन्हें एक वीर के रूप में सामने रखा जिसने प्रेम के निमित्त साहसपूर्वक पदमर्यादा के सामाजिक बंधन को दूर फेंका है।

रहस्यवाद से संबंध रखने वाली निरालाजी की रचनाएँ आध्यात्मिकता का वह रूप रंग लेकर चली हैं, जिसका विकास बंगाल में हुआ। रचना के प्रारंभिक काल में इन्होंने स्वामी विवेकानंद और श्री रवींद्रनाथ ठाकुर की कुछ कविताओं के अनुवाद भी किए हैं। अद्वैतवाद के वदांती स्वरूप को ग्रहण करने के कारण इनकी रहस्यात्मक रचनाओं में भारतीय दार्शनिक

निरूपणों की झलक जगह-जगह मिलती है। इन विशेषता को छोड़ दें तो इनकी रहस्यात्मक कविताएँ उसी प्रकार माधुर्य भावना को लेकर चली हैं जिस प्रकार और छायावादी कवियों की। 'रेखा' नाम की कविता में कवि ने प्रथम प्रेम के उदय का जो वर्णन किया है वह सर्वत्र एक ही चेतन सत्ता की अनुभूति के रूप में सामने आता है—

यौवन के तीर पर प्रथम था आया जब
स्रोत सौंदर्य का,
वीचियों कलरव सुखचुंबित प्रणय का
था मधुर आकर्षणमय
मज्जनावेद मृदु फूटता सागर में।
सब कुछ तो था असार
अस्तु, वह प्यार?
सब चेतन जो देखता
स्पर्श में अनुभव रोमांच,
हर्ष रूप में—परिचय
खींचा उसी ने था हृदय यह
जड़ों में चेतन गतिकर्षण मिलता कहाँ।

'तुलसीदास' निरालाजी की एक बड़ी रचना है जो अधिकांश अंतर्मुख प्रबंध के रूप में है। इस ग्रंथ में कवि ने जिस परिस्थिति में गोस्वामीजी उत्पन्न हुए उसका बहुत ही चटकीला और रंगीन वर्णन करके चित्रकूट की प्राकृतिक छटा के बीच किस प्रकार उन्हें आनंदमयी सत्ता का बोध हुआ और नवजीवन प्रदान करने वाली गान की दिव्य प्रेरणा हुई उसका अंतर्वृत्ति के आंदोलन रूप में वर्णन किया है।

'भविष्य का सुख स्वप्न' आधुनिक योरोपीय साहित्य की एक रूढ़ि है। जगत् की जीर्ण और प्राचीन व्यवस्था के स्थान पर नूतन सुखमयी व्यवस्था के निकट होने के आभास का वर्णन निरालाजी का 'उद्बोधन' नाम की कविता में मिलता है। इसी प्रकार श्रमजीवियों के कष्टों की सहानुभूति लिये हुए जो लोकहितवाद का आंदोलन चला है उस पर भी निरालाजी की दृष्टि गई है—

'वह तोड़ती पत्थर;
देखा मैंने उसे इलाहाबाद के पथ पर।

इस प्रकार की रचनाओं में भाषा बोलचाल की पाई जाती है। पर निरालाजी की भाषा अधिकतर संस्कृत की तत्सम पदावली में जड़ी हुई होती है जिसका नमूना 'राम की शक्ति पूजा' में मिलता है। जैसा पहले कह चुके हैं, इनकी भाषा में व्यवस्था की कमी प्रायः रहती है जिससे अर्थ या भाव व्यक्त करने में वह कहीं-कहीं बहुत ढीली पड़ जाती है।

(४) **श्रीमती महादेवी वर्मा**—छायावादी कहे जानेवाले कवियों में महादेवीजी ही रहस्यवाद के भीतर रही हैं। उस अज्ञात प्रियतम के लिये वेदना ही इनके हृदय का भावकेंद्र है जिससे अनेक प्रकार की भावनाएँ, छूट छूट कर झलक मारती रहती हैं। वेदना से इन्होंने अपना स्वाभाविक प्रेम व्यक्त किया है, उसी के साथ वे रहना चाहती हैं। उसके आगे

मिलनसुख को भी वे कुछ नहीं गिनतीं। वे कहती हैं कि—'मिलन का मत नाम ले मैं विरह में चिर हूँ,। इस वेदना को लेकर इन्होंने हृदय की ऐसी अनुभूतियाँ सामने रखी हैं जो लोकोत्तर हैं। कहाँ तक वे वास्ततिक अनुभूतियाँ हैं और कहाँ तक अनुभूतियों की रमणीय कल्पना है, यह नहीं कहा जा सकता।

एक पक्ष में अनंत सुषमा, दूसरे पक्ष में अपार वेदना, विश्व के छोर हैं जिनके बीच उसकी अभिव्यक्ति होती है—

यह दोनों दो ओरें थीं
संसृति की चित्रपटी की;
उस बिन मेरा दुख सूना,
मुझ बिन वह सुषमा फीकी।

पीड़ा का चसका इतना है कि—

तुमको पीड़ा में ढूँढ़ा।
तुमको ढूँढ़ेगी पीड़ा

इनकी रचनाएँ समय-समय पर संग्रहों में निकली हैं—नीहार, रश्मि, नीरजा और सांध्यगीत। अब इन सबका एक में बड़ा संग्रह 'यामा' के नाम से बड़े आकर्षक रूप में निकला है। गीत लिखने में जैसी सफलता महादेवीजी को हुई वैसी और किसी को नहीं। न तो भाषा का ऐसा स्निग्ध और प्रांजलप्रवाह और कहीं मिलता है, न हृदय की ऐसी भावभंगी। जगह जगह ऐसी ढली हुई और अनूठी व्यंजना से भरी हुई पदावली मिलती है कि हृदय खिल उठता है।

ऊपर 'छायावाद' के कुछ प्रमुख कवियों का उल्लेख हो चुका है। इनके साथ ही इस वर्ग के अन्य उल्लेखनीय कवि हैं—**सर्वश्री मोहनलाल महतो 'वियोगी', भगवतीचरण वर्मा, नरेंद्रशर्मा और रामेश्वर शुक्ल 'अंचल'**, श्री वियोगी की कविताएँ 'निर्माल्य', 'एकतारा', और 'कल्पना' में संगृहीत हैं। श्रीभगवतीचरण की कविताओं के तीन संग्रह हैं— 'मधुकण', 'प्रेम संगीत' और 'मानव'। श्री रामकुमार वर्मा ने पहिले 'वीर हमीर' और 'चित्तौड़ की चिता' की रचना की थी तो जो छायावाद के भीतर नहीं आती। उनकी इस प्रकार की कविताएँ 'अंजलि', 'रूपराशि', 'चित्ररेखा' और 'चंद्रकिरण' नाम के संग्रहों के रूप में प्रकाशित हुई हैं। श्री आरसीप्रसाद की रचनाओं का संग्रह 'कलापी' में हुआ है। श्री नरेंद्र के संगीत उनके 'कर्णफूल', 'शूलफूल', 'प्रभातफेरी' और 'प्रवासी के गीत' नामक संग्रहों में संकलित हुए हैं और श्री अंचल की कविताएँ 'मधूलिका' और 'अपराजिता' में संग्रह की गई हैं।

४. स्वच्छंद धारा

छायावादी कवियों के अतिरिक्त वर्तमान काल में और भी कवि हैं जिनमें से कुछ ने यत्रतत्र ही रहस्यात्मक भाव व्यक्त किए हैं। उनकी अधिक रचनाएँ छायावाद के अंतर्गत नहीं आतीं। उन सबकी अपनी अलग-अलग विशेषता है। इस कारण उनको एक ही वर्ग में नहीं रखा जा सकता। सुभीते के लिए ऐसे कवियों की समष्टि रूप से, 'स्वच्छंद धारा' प्रवाहित होती है। इन कवियों में **पं० माखनलाल चतुर्वेदी,** (एक भारतीय आत्मा) **श्री सियारामशरण गुप्त, पं० बालकृष्ण शर्मा 'नवीन', श्रीमती सुभद्रा कुमारी चौहान,**

श्री हरिवंशराय 'बच्चन', श्री रामधारी सिंह 'दिनकर', ठाकुर गुरुभक्त सिहं और पं० उदयशंकर भट्ट। चतुर्वेदीजी की कविताएँ अभी तक अलग पुस्तक के रूप में प्रकाशित नहीं हुईं। 'त्रिधारा' नाम के संग्रह में श्री केशवप्रसाद पाठक और श्रीमती सुभद्राकुमारी चौहान की चुनी हुई कविताओं के साथ उनकी भी कुछ प्रसिद्ध कविताएँ उद्धृत की गई हैं। सियारामशरण गुप्त ने आरंभ में 'मौर्यविजय' खंडकाव्य लिखा था। उनकी कविताओं के ये संग्रह प्रसिद्ध हैं—दूर्वादल, विषाद, आर्द्रा, पाथेय और मृण्मयी। 'आत्मोत्सर्ग', 'अनाथ' और 'बापू' उनके अन्य काव्य हैं। श्री नवीन ने 'उर्मिला' के संबंध में एक काव्य लिखा जिसका कुछ अंश अस्तंगत 'प्रभा' पत्रिका में प्रकाशित हुआ था। उनकी फुटकल कविताओं का संग्रह 'कुंकुम' नाम से छपा है। श्रीमती सुभद्राकुमारी चौहान की कुछ कविताएँ जैसा कहा जा चुका है 'त्रिधारा' में संकलित हैं। 'मुकुल' उनकी शेष कविताओं का संग्रह है। श्री बच्चन ने खैयाम की 'मधुशाला' में उमर खैयाम की कविताओं का अंग्रेजी के प्रसिद्ध कवि फिट्जेराल्ड कृत अंग्रजी अनुवाद के आधार पर अनुवाद किया है। उनकी स्वतंत्र रचनाओं के कई संग्रह निकल चुके हैं। जैसे 'तेरा हार', 'एकांत संगीत', 'मधुबाला', 'मधुशाला', और 'निशानिमंत्रण' आदि। श्री दिनकर की पहली रचना है 'प्रणभंग'। यह प्रबंधकाव्य है। अभी उनके गीतों और कविताओं के दो संग्रह प्रकाशित हुए हैं—'रेणुका' और 'हुंकार'। ठाकुर गुरुभक्तसिंह की सबसे प्रसिद्ध और श्रेष्ठ कृति 'नूरजहाँ' प्रबंधकाव्य है। उनकी कविताओं के कई संग्रह भी निकल चुके हैं। उनमें 'सरस सुमन', 'कुसुमकुंज', 'वंशीध्वनि' और 'वनश्री' प्रसिद्ध हैं। पंडित उदयशंकर भट्ट ने 'तक्षशिला' और मानसी' काव्यों के अतिरिक्त विविध कविताएँ भी लिखी हैं, जो 'राका' और 'विसर्जन' में संकलित हैं।

इस प्रकार वर्तमान हिंदी कविता का प्रवाह अनेक धाराओं में होकर चल रहा है।

अनुक्रमणिका

१. ग्रंथकार
२. ग्रंथ

१. ग्रंथकार

अ

अंदाल १०५
अंबिकादत्त व्यास १६८, २६२, ३१०, ३१३, ३१७, ३२७, ३९६, ४०३, ४०७, ४६२
अकबर (बादशाह) ३०, ११८, १२५, १३३, १३४, १३५, १३६, १३८, १४६, २८२, २८९, ३२८, ३४४
अक्षर अनन्य ६०
अग्रदास ८०, ९६, ९८
अचिंतिपा ४
अजान—दे० नकछेदी तिवारी
अजोगिपा ४
अनंगपा ४
अनंतानंद ८०, ८३, ९६
अनन्य—दे० अक्षर अनन्य
अनातोले फ्रांस ४७२
अनूप शर्मा ४४९, ४५२
अन्नपूर्णानंद ३७४
अकबर क्रोंबे ४७७
अब्दुर्रहीम खानखाना ८३, ८५, १३२, १३७, १४६, १४७, २०९
अब्बुल फजल १०८
अभिनवगुप्ताचार्य २२०
अमर १४१
अयोध्याप्रसाद खत्री ३०४, ४०९
अयोध्यासिंह उपाध्याय 'हरिऔध' ३४०, ३४४, ३८४, ३९८, ४१४, ४१५, ४१६
अलबेली अलि १३१, ३४४
अलीमुहिब खाँ—दे० 'प्रीतम'

आ

आजाद प्रोफेसर ३४
आदिनाथ—दे० जालंधरपा
आनंदवर्धनाचार्य १४१
आप्टे ३२६
आरसी प्रसाद ४९०
आर्यदेव (कर्णरीपा) ४, १०
आलम १३५, १५८, २२२, २२६, २२७
आलो उजालो कवि ६६
आसी २९३

इ

इंद्रदेवनारायण ८३
इंद्रभूति (सिद्ध) ४
इंशा २८६, २८८, ३०९, ३४५, ४०७
इलियट चार्ल्स ३३

ई

ईश्वरदास ४६, ८८, १५८, १८८
ईश्वरीप्रसाद शर्मा ३४२

उ

'उग्र'—दे० बेचन शर्मा
उदयनाथ १७८, १८५, १९२, १९८
उदयदास ५३
उदयशंकर भट्ट ३८०, ३८१, ४४९, ४९१
उदितनारायण लाल ३४२
उद्भट ३४१
उधरिपा ४
उपेंद्रनाथ अश्क ३८१

उमर खय्याम ४९१
उमाशंकर वाजपेयी 'उमेश' ४५०
उसमान (मान) ६९

ऋ

ऋषभचरण जैन ३७३
ऋषिनाथ २०१, २६२

ए, ऐ

एडीसन ३२०
ऐंथनी मैकडोनल ३३२

ओ

ओंकार भट्ट २०८

क

कंकणपा ४
कंकालीपा ४
कण्हपा ४, १२
कतालीपा ४
कनखलपा ४
कन्हैयालाल ३१२
कपालपा ४
कबीरदास २, १२, ४१, ४२, ४६, ४८-५५, ६६, ६७, ७७-८०, ८७, १०८, १११, १६४, २३७, २८२
कमरिपा ४
करनकवि २१०
करनेस १४०, १५९
कर्णरिपा—दे० आर्यदेव
कलकलपा ४
कवींद्र दे० उदयनाथ
कांतानाथ पांडेय—दे० 'चोंच'
काउपर ४११
कादिर १५०
कार्तिकप्रसाद खत्री ३१२, ३१३, ३१५, ३२९, ३३०, ३३१, ३४२
कालपा ४
कालिदास १४२, ३६२, ४०६, ४६०
कालिदास त्रिवेदी १७८, १९८
काशीगिरि—'बनारसी' ४०८
काशीनाथ खत्री ३२८
काशीराम १५८
कासिम शाह ७३
किलपा ४
किशोरीलाल गोस्वामी ३४०, ३४३, ३४४, ३४५
कील्हदास ८०
कुंदकुंदाचार्य १५१
कुंदनलाल साह 'ललित किशोरी' ३९५, ४०८
कुंभनदास १०८, ११८
कुक्कुरिपा ४
कुचिपा ४
कुठालिपा ४
कुतबन ६२, ६५, ६६
कुमरिपा ४
कुमारमणि भट्ट २००
कुरेशस्वामी ७८
कुलपति १७६, १८१, २४८
कुशललाभ १५८
कृपानिवास १०२
कृपाराम १३४, १३९, १४०
कृष्णकवि १६८, १८७
कृष्णदास (अष्टछापवाले) ११७
कृष्णदास (पयहारी) ८०, ९६
कृष्णदास (मिरजापुरवाले) २६०
कृष्णदास—दे० रायकृष्णदास
कृष्णबिहारी मिश्र ३६४
केशव कश्मीरी १२६

केशवदास १३६, १३९, १४०, १४१, १४२, १४३, १४४, १५८, १५९, १६१, १८६, ३६१, ३८४
केशवप्रसाद पाठक ४९१
केशवप्रसाद मिश्र ४१८
केशव मिश्र १४१
केशव राम भट्ट ३१२, ३१७, ३२७
केशरीसिंह बारहठ ४५०
कैलाशनाथ भटनागर ३८१
कोकलिपा ४
क्रैब ४११
क्रोचे, बेनडेटो ३९०, ४४६

क्ष

क्षीरोदप्रसाद विद्याविनोद ३३९
क्षेमेंद्र २७

ख

खड्गपा ४
खुमान (मान) २०, २६६
खुसरो २, ३४, ३५, १११, २८१, २८४

ग

गंग ८८, ९०, १३२, १३७, १४६, १६३, २८२
गंगाप्रसाद अग्निहोत्री ३४८
गंगाप्रसाद सिंह अखौरी ३८४
गंगाप्रसाद गुप्त ३४२
गंगाराम ज्योतिषी ९६
गंजन १८८
गणेश कवि २६०
गणेशप्रसाद ३१२
गदाधर भट्ट १२१
गदाधर सिंह ३१२, ३२३, ३३१
गयाप्रसाद शुक्ल 'सनेही' ४०१, ४२५, ४२८, ४५०
गांधीजी ४४१
गार्सां द तासी १३३, २९८, २९९, ३००, ३०५, ३३३
गिरिजाकुमार घोष (लाला पार्वती नंदन) ३४५
गिरिजादत्त वाजपेयी ३४५
गिरिजादत्त शुक्ल, 'गिरीश' ३८४
गिरिधर—दे० गिरिधरदास
गिरिधर कविराज २२६, २४५, २६१
गिरिधरदास (गोपालचंद्र) २७१, २७३, २७५
गिरिधर शर्मा 'नवरत्न' ४२३
गिरिधारन—दे० गिरिधरदास
गिरीशबाबू ३३९
गिलक्राइस्ट, जान २८५, २८८
गुंडरिपा ४
गुनगुत्त (गुणगुप्त) २६
गुमान मिश्र २२२, २४७
गुरदीन पांडे २१०
गुरु गोविंदसिंह २२२
गुरु दत्तसिंह—दे० भूपति
गुरुनानक ५५
गुरुभक्तसिंह ४४९, ४९१
गुलाब कवि १६७, २६०
गुलाब राय ३६०
गुलाम नबी सैयद—दे० रसलीन
गुलेरी जी—दे० चंद्रधर्म शर्मा गुलेरी
गुहसेन ३
गेटे ३८१, ३८७
गैनीनाथ ८
गोकुलनाथ (गोसाईं) १०७, ११५, २७९
गोकुलनाथ पादरी ३०६
गोकुलनाथ (महाभारतवाले) १९६, २२२, २५३, २५४
गोपाल कवि १३९

गोपालचंद्र—दे० गिरिधरदास
गोपालप्रसाद शर्मा १२०
गोपालराम (गहमर निवासी) ३३९, २४२, ३५२
गोपालशरण सिंह ४३७, ४४९, ४५१
गोपीचंद्र, राजा ११
गोपीनाथ (महाभारतवाले) १९६, २५३, २५४, २५५
गोपीनाथ (मित्रविलासवाले) ३१३
गोपीनाथ पुरोहित ३३९
गोरक्ष—दे० गोरखनाथ
गोरखनाथ (गोरक्ष, गोरक्षपा) ४, ८, ९, ११, ४०, ४३
गोरेलाल पुरोहित—दे० लाल कवि
गोल्डस्मिथ ४१३, ४२३
गोविंद गिल्ला भाई ३९६
गोविंददास सेठ ३७५, ३७८
गोविंदवल्लभ पंत ३७९
गोविंद साहब (सत्यनामी संप्रदायवाले) ६१
गोविंद स्वामी (अष्टछापवाले) १०८, १२०
गोस्वामी तुलसीदास—दे० तुलसीदास
गौरीदत्त ३३२
गौरीशंकर हीराचंद ओझा २२, २५
ग्रियर्सन, सर जार्ज १६, ३७, ८४, ३३३
ग्रे ४४२
ग्वाल १८८, २१५, २४२

घ

घंटापा ४
घनआनंद—दे० घनानंद
घनानंद १२९, २२२, २२७, २३१, ३३२, २३३, २३६, ४४८
चर्वरिपा ४
घाघ २२३

च

चंडीचरन सेन ३४२
चंडीप्रसाद हृदयेश ३७१, ३७२
चंद—दे० चंदबरदाई
चंदन (संदल) २०३, २०५
चंदबरदाई २३-२९, ३०, ३२, १०७
चंद्रक २७
चंद्रधर शर्मा गुलेरी ३४६, ३५०, ३५६-३५८, ३७२, ३८६
चंद्रराज २७
चंद्रशेखरधर मिश्र ४०९
चंद्रशेखर मुखोपाध्याय ३८२
चंद्रशेखर वाजपेयी २२२, २४२, २६८, २६९
चंपकपा ४
चंबरिपा ४
चतुरसेन शास्त्री ३४६, ३७१, ३८०, ३८२
चतुर्भुजदास १०८, ११९, १२१
चमरिपा ४
चर्पटिपा ४, ८
चाचाहितवृंदावनदास—दे० वृंदावनदास
चातुर—दे० दरियाव सिंह
चारुचंद ३४२
चार्ल्स इलियट—दे० इलियट
चिंता ७
चिंतामणि त्रिपाठी 'मणिमाल' ८६, १६०, १६५, १७२, १७४
चिपलूणकर ३४८
चेलुकपा ४
चैतन्य महाप्रभु १२२
चोंच (कांतानाथ पांडेय) ३७४
चौरंगीपा ४, ८

छ

छत्रपा ४

छत्रसिंह कायस्थ २२२, २२६

छीतस्वामी १०८, ११९

छीहल १३३

छोटूलाल मिश्र ३१३

ज

जगजीवनदास—दे० जगजीवन साहब

जगजीवन साहब (जगजीवन दास) ६१

जगदम्बाप्रसाद हितैषी ४५३

जगनिक ३३

जगन्नाथ प्रसाद खन्ना ३१३

जगन्नाथ, पंडितराज ३९२

जगन्नाथ दास—दे० रत्नाकर

जगन्नाथ प्रसाद चतुर्वेदी ३५६

जगन्नाथ प्रसाद मिलिन्द ३८०

जगमोहन सिंह ३०९, ३२५, ३१६, ३९७, ४०५

जटमल २९१

जटाशंकर १६५

जड़भरत ९

जनकराजकिशोरीशरण २४४

जनार्दनप्रसाद झा 'द्विज' ३७३, ३८४

जमाल १४०

जयदेव ३७, ४०

जयशंकर प्रसाद ३४६, ३६६, ३६८, ३७३, ३७४, ३७६, ३७७, ३७८, ३८०, ३८४, ४४८, ४५६, ४५८, ४६२, ४६३, ४६४, ४६९, ४७०, ४७१, ४७२, ४७६, ४८१, ४८७

जयानंत ४

जयानक कवि २६

जलंधर—दे० जालंधरपा

जल्ल (जलचंद, जल्हड़) २४, ३०

जलचंद—दे० जल्ल

जसवंत सिंह महाराज १६२, १६६, १९४

जसवंत सिंह (द्वितीय) महाराज २०९

जानकी प्रसाद २८०

जान २९३

जायसी—दे० मलिक मोहम्मद जायसी

जालंधरपा ४, ८, ९

जीतनसिंह ४४२

जी०पी० श्रीवास्तव ३४६, ३७०, ३७४, ३७९

जीव गोस्वामी १२२

जीवाराम १०२

जुगुल किशोर २९३

जैनेंद्रकुमार ३६७, ३७१, ३७३

जोगीपा ४

जोधराज २२२, २४१

ज्ञानदेव (ज्ञानेश्वर) ८, ४३

ज्वालादत्त शर्मा ३४६

ज्वालाप्रसाद मिश्र ३४०

ज्वालाप्रसाद मुंशी ३१५

ट

टाड कर्नल २०

टालस्टॉय ३६५, ३८७

टोडर (भदैनी वाले) ८५

टोडरमल, महाराज १३५

ठ

ठाकुर (असनीवाले) प्राचीन २६१, ३९४

ठाकुर (असनीवाले) दूसरे २०१, २६२

ठाकुर (तीसरे, बुंदेलखंडी) २६२, २६३, २६४

ठाकुरदास—दे० ठाकुर (तीसरे बुंदेलखंडी)

ड

डेंगीपा ४

डोंभीपा ४

त

तंतिपा ४

तंचेपा ४

तानसेन १११, १२५

तारामोहन मित्र २९६

तासी—दे० गार्सा द तासी

तिलोपा ४

तुकनगिरि गोसाईं ४०८

तुलसीदास गोस्वामी ४०, ४२, ८२, १०६, १०८, ११२, ११५, १२२, १२४, १३२, १४४, १४६, १४७, १४८, १६३, १६४, २१२, २५२, २५८, २८७, २९६, ३३३, ३८३, ३८४, ३८६, ४१७, ४८९

तुलसीदास शर्मा ४४९, ४५५

तुलसी साहेब ६१

तोंबरदास ६१

तोताराम ३१२, ३१५, ३१७, ३२६, ३३१

तोषनिधि १९३

तौसनी—दे० मनोहर कवि

त्रिशूल—दे० गयाप्रसाद शुक्ल 'सनेही'

थ

थगनपा ४

थान कवि २०५

द

दंडी १४१, १६१, १९४, ३५४

दत्त २०२

दयानन्द सरस्वती, स्वामी ३०६, ३२८

दरियाव सिंह चातुर २६४

दलपतविजय २०

दलपति राय १९४

दादू दयाल ४२, ५६, ५७, ६१, ९१

दामो कवि १५८

दारिकपा ४, ७

दास (भिखारीदास) ८६, १३७, १६१, १६३, १८६, १८९, १९०, १९१, १९४, १९९, २१७

दिङनाथ ३८१

दिनकर—दे० रामधारी सिंह

दिनेश—दे० भगवानदीन

दीन दयाल गिरि २७१, ३८३

दुगवेकर, (गोविंदशास्त्री) ३३७

दुर्गाप्रसाद मिश्र ३१२, ३१४

दुलारेलाल भार्गव ४००

दूलमदास ६१

दूलह १७८, १९८

देव १६१, १७१, १८०, १८१, १८२, १९९, ३३३, ३६२, ३६४

देव (व्यासशिष्य) १३२

देवकीनंदन २०३

देवकीनंदन खत्री ३४२, ३४३, ३५०

देवकीनंदन त्रिपाठी ३१३

देवकीनंदन मिश्र २६२

देवपाल ९

देवसेन ३

देवीदत्त २२२

देवीप्रसाद प्रीतम १६८

देवी प्रसाद पूर्ण, राय ३३७, ३४१, ३९९, ४२५, ४२६

देवी सहाय ३१२

देवी सिंह ४०८

देवेन्द्र नाथ ठाकुर ३९३

दोखन्धिपा ४

दौलतराम २८३

द्वारकादास ८०

द्विज—दे० जनार्दन प्रसाद झा 'द्विज'
द्विजदेव—दे० मानसिंह महाराज
द्विजेन्द्रलाल राय ३३७, ३३९
द्विवेदीजी—दे० महावीर प्रसाद द्विवेदी

ध

धन्ना ५३, ८०
धर्मदास ५४, २३७
धर्मपा ४
धर्मप्रकाश आनंद ३८१
धारसेन ३
धोंभीपा ४
धोकरिपा ४
ध्रुवदास १२०, १२४, १३०

न

नंददास ८२, ९७, १०८, ११५, १५८, ४२३, ४३५
नकछेदी तिवारी 'अजान' ३९८
नगेन्द्र, प्रोफेसर ३८५
नजीर अकबराबादी ४०८
नरपतिनाल्ह २१, २२, २३
नरहरिदास ८३, ८४, ८७
नरहरि बंदीजन १३२, १३४, १४०, १५८
नरहर्यानंद ८०, ८३
नरेन्द्र शर्मा ४९०
नरोत्तमदास १३४, १५८
नलिनपा ४
नवीत चौबे ३९६
नवल सिंह कायस्थ २२२, २६७
नवीन—दे० बालकृष्ण शर्मा
नवीनचंद्रराय ३०४, ३०५, ३१३
नसरती ६५
नागबोधिपा ४
नागरीदास (महाराज सावंत सिंह) १३१, २३८, २४५, ४०७
नागार्जुन ४, ९
नाथ (हरिनाथ) २०३
नाथूराम शंकर शर्मा ४०१, ४२५, ४२७
नानक—दे० गुरुनानक
नाभादास ८५, ९७, ११५, १२४, १३०, २७९
नामदेव ४१, ४२, ४३, ४४, ४५, १६४, ४०७
नारोपा ४
नाल्ह—दे० नरपति नाल्ह
'नियाज'—दे० सदासुखलाल
'निराला' सूर्यकान्त त्रिपाठी ४३८, ४४८, ४५६, ४८६, ४८८, ४८९
निर्गुणपा ४
निवृत्तिनाथ ८
नूरमुहम्मद ७३, ७५
नेवाज १७९

प

पंकजपा ४
'पंत'—दे० सुमित्रानंदन पंत
पजनेश २७३
पठान सुल्तान १६८
पतंजलि ८
पदुमलाल पुन्नालाल बख्शी ३८६, ४४४
पद्म सिंह शर्मा १७०, ३३७, ३६३, ४३४
पद्माकर १७३, २०८, २११, २१८, २२२, २६४, २७५, ३१७, ४०७
पद्मावती ८०
पनहपा ४
परमानंद पंडित १६८
परमानंददास (अष्टछाप वाले) १०८, ११८
पलटू साहब ६१
पहलवानदास ६१

पारसनाथसिंह ४४२
पिंकाट, फ्रेडरिक ३०३, ३२९, ३३०
पितांम्बरदत्त बड़थ्वाल, डाक्टर ३८४
पीपा ७९, ८०
पुतुलिपा ४
पुष्पदंत ३
पुष्य १
पुहकर १५५, १५८, १९५
'पूर्ण'—दे० 'देवीप्रसादराय'
पूर्णसिंह अध्यापक ३५९
पृथ्वीभट्ट २७
पृथ्वीराज राठौर १५८
पृथ्वीसिंह—दे० 'रसनिधि'
पोप ३९८
प्रतापनारायण पुरोहित ४४९, ४५४
प्रतापनारायण मिश्र ३०३, ३०९, ३१०, ३१२, ३१४, ३१७, ३१८, ३२०, ३२५, ३३१, ३९६, ३९७, ४०३, ४०४, ४२७
प्रतापनारायण श्रीवास्तव ३६७, ३७१
प्रतापनारायण सिंह महाराज (अयोध्या) २७५, ३३२
प्रतापसाहि १६७, २११, ११७, २१८, २२६
'प्रसाद'—दे० जयशंकर प्रसाद
प्राणचंदचौहान ९८
प्रिंथीराज राठौर—दे० पृथ्वीराजराठौर
प्रियादास ८५
'प्रीतम' (अलीमुहीब खाँ) १८८
'प्रीतम' (देवीप्रसाद)—दे० देवीप्रसाद 'प्रीतम'
प्रेमचंद ३४६, ३६७, ३६८, ३७०, ३७२, ३८१
प्रेमदास १२०
'प्रेमसखी'—दे० बख्शीहंसराज
'प्रेमी' (हरिकृष्ण) ३७६, ३७७, ३७८, ३८०

फ

फिट्जेराल्ड ४९१
फुंदनलाल साह 'ललित माधुरी' ४०८
फ्रायड ३९१

ब

बंकिमचंद्र ३४२, ३५३
बंगमहिला ३४५
बंसीधर १६७, १९४
बख्तावरसिंह ३१२
बख्तियार खिलजी ४
तख्शी हंसराज 'प्रेमसखी' ३४३
'बच्चन'—दे० 'हरिवंशराय'
बणीठणीजी २३९
बदरीनाथ भट्ट ४४४, ४६२
बदरीनारायण चौधरी 'प्रेमघन' उपाध्याय ३०९, ३११, ३१२, ३१५, ३१७, ३२१, ३३९, ३६२, ३९६, ३९७, ४०३, ४०४
बनवारी २२४
बद्रीलाल शर्मा (रसायनप्रकावाले) २९२
बद्रीलाल पंडित ३००
'बनारसी'—दे० काशीगिरि ६५, १५१
बनारसीदास ६५, १५१
बर्नार्ड शा ३६६
बर्नार्ड, संत ३८२
बर्न्स ३२७
बलदेवशास्त्री ३८१
बलदेवप्रसाद मिश्र ३४१
बलभद्र मिश्र १३९, १४०
'बलवीर'—दे० रामकृष्ण वर्मा
बलवंतसिंह (राजा आवागढ़) ३३२
बाइरन ३९२
बाण ३
बाबा दीनदयालगिरि दे० 'दीनदयाल'

बालकराम विनायक—दे० श्रीमंत समंत
बालकृष्ण भट्ट ३०९, ३१२, ३१७, ३२०, ३२३
बालकृष्ण शर्मा 'नवीन' ४४१, ४९०
बालनाथ—दे० 'जालंधरपा'
बालमुकुंद गुप्त २९६, ३१४, ३४०, ३५३
बालेश्वर प्रसाद ३१२
बिट्ठलनाथ गोसाईं १०४, १०६, १०८, ११५, ११७, ११९, २७८
बिहारी १३४, १४८, १६३, १६४, १६७, १७१, १७६, १८७, १९३, १९६, २११, २१२, २२३, २३३, २३६, २६८, २८७, ३२७, ३६४, ३८४, ३९८, ४००, ४५०
बिहारीलाल (गुलिस्ताँ के अनुवादक) ३००
बीम्स, एम० ३०५
बीर १८७
बीरबल 'ब्रह्म', महाराज ११७, ११९, १३६
बुद्धिसेन—दे० 'बोधा'
बैकन लार्ड ३४८
बेचन शर्मा 'उग्र' पांडेय ३७२, ३७३, ३८०
बेनी प्रवीन २०८, २१८
बेनी (प्राचीन) १६६
बेनो बंदीजन (भड़ौवावाले) २०६
बेनीमाधवदास ८२, ८३
बैजूबावरा १११
बैताल २२३, २२६
बैरीसाल २०१
बैलंटाइन ३००
बोधा २५५
'ब्रह्म'—दे० 'बीरबल'
ब्रह्मदत्त २११
ब्रह्मानंद ८
ब्रैडले, डाक्टर २८७
ब्लैकी ३२८

भ

भँवरमल सिंधी ३०४
भगवंतराय खीची २४९
भगवंत कवि १७९
भगवत रसिक १३१
भगवतीचरण वर्मा ३६८, ३८१, ४९०
भगवतीप्रसाद वाजपेयी ३७२
भगवानदास मास्टर ३४५
भगवानदीन 'दीन', लाला २६४, ३६४, ३८३, ४०१, ४३२
भट्टकेदार ३२
भट्टि १३
भदेपा ४
भद्रपा ४
भरत ३, २२०
भलिपा ४
भल्लइपा ४
भवभूति १४२, ३४०, ४०६
भान कवि २०५
भामह ३, १४१, १५९
भारतेंदु हरिश्चंद्र १६८, २३७, २४७, २७३, २९७, २९९, ३०३, ३०७, ३२१, ३२४, ३२५, ३२८, ३३८, ३३९, ३४१, ३४७, ३५१, ३५५, ३६२, ३७५, ३८४, ३९६, ३९८, ४०३, ४०४, ४०७, ४११, ४२९, ४३४
भावानंद ८०
भास ३८१
भिखनपा ४
भिखारीदास—दे० 'दास'
भीखा साहब ६१
भीमनाथ ९
भीमसेन शर्मा ३२८
भुवनेश्वर ३८१

भुवनेश्वर मिश्र 'माधव' ३८४
'भूप'—दे० 'सीताराम', 'लाला'
भूपति १९२
भूषण ८६, १३६, १६१, १६५, १७१, १७२, १७४, १९६, २८४, ३३३, ३८४
भूसुकपा ४
भोज १, १९
भोलानाथ शर्मा ३८१

म

मंचित २५७
मंझन ६२, ६४
मंझन (कवित्त सवैयावाले) ६४
मंडन १६०
मछंदरनाथ—दे० 'मत्स्येंद्रनाथ'
मणिदेव १९६, २५४
मणिभद्रपा (योगिनी)
मणिमाल—दे० 'चिंतामणि त्रिपाठी'
मतिराम ८६, १६५, १७२, १७४, १९९, २०८, २१२, २१७
मत्स्येंद्रनाथ ८
मथुराप्रसाद चौधरी ३३९
मदनमोहन मालवीय ३१४, ३२२
मधुकर कवि ३२
मधुसूदनदत्त ३२१, ४२०
मधुसूदनदास २२२, २५८
मधुसूदन सरस्वती ८५
मध्वाचार्य ४०
मनियारसिंह २५७, २५९
मनीराम मिश्र २०३
मनीराम वाजपेयी २६८
मनोहर कवि (तौसनी) १३८
मम्मट १४१, १५९, १७७
मायाशंकर याज्ञिक १४८
मलयार्जुन ९
मलिक मुहम्मद जायसी ४८, ६५, ६६, ६९, ७०, ७१, ७३, ८८, ९१, १५५, १५७, २६९, ३३३, ३८४
मलूकदास ४२, ५९, १२४
महादेवी वर्मा ४८१, ४८९
महापात्र नरहरि बंदीजन—दे० 'नरहरि बंदीजन'
महावीरप्रसाद द्विवेदी १७७, ३३४, ३३६, ३३७, ३४८, ३४९, ३५१, ३५३, ३६२, ४१२, ४१५, ४१६, ४१८, ४२२, ४२४, ४३८, ४५४
महीपा ४
महेशदास दे० 'बीरबल'
माइकेल मधुसूदन दत्त—दे० 'मधुसूदन दत्त'

माइल्लधवल ३
माखनलाल चतुर्वेदी ३८१, ४४१, ४९०
माघ ४२३
माताप्रसाद गुप्त ८३
माधव—दे० भुवनेश्वर मिश्र
माधवप्रसाद मिश्र ३३८, ३५०, ३५१, ४१२
माधवशुक्ल ३३७
मान (उसमान)—दे० 'उसमान'
मान (खुमान) दे० 'खुमान'
मानसिंह 'द्विजदेव', महाराज (अयोध्या नरेश) २७५, २७६, ३१७, ३९५
मार्शमैन २९२
मिलिंद—दे० जगन्नाथप्रसाद 'मिलिंद'
मिश्रबंधु ३३७, ३६२, ३६३, ३६४
मीननाथ—दे० 'मीनपा'
मीनपा ४, ८
मीर २८१
मीराबाई ५३, १२३, १२४, ३८४

मुंज १, १४
मुकुटधार पांडेय ४४३, ४४९, ४५५, ४६२
मुकुट राय
मुबारक १५०
मुरलीधर—दे० 'श्रीधर'
मूर, जे० जे० २९२
मूलचंद तुलसीदास तेलीवाला १०४
मेकाले ४३५
मेकोपा ४
मेदिनीपा ४
मेरडिथ ४०६
मेरुतुंग १४
मैटरलिंक ३८७
मैथिलीशरण गुप्त ३८१, ३८४, ४१८, ४१९, ४३८, ४४२, ४४३, ४४४, ४४९, ४५४
मोलाराम ३९४
मोलियर ३७९
मोहनलाल भट्ट २११
मोहनलाल महतो 'वियोगी' ४९०
मोहनलाल मिश्र १४०, १५९
मोहनलाल विष्णुलाल पंड्या २६, ३२८

य

यशोदानंदन २०९
युगलानन्यशरण १०२
रघुनाथ, बंदीजन १९६, २५४
रघुनाथदास मंहत १००, ३९५
रघुवीरसिंह, महाराज (डाक्टर)
रघुराजसिंह, महाराज ७८, १०२, २६६, ३९४
रघुबरदास महात्मा ९३
रतनकवि २०२
रतनलाल २९२
रतनेस बंदीजन ११७
रतनेश ४२५
'रत्नाकर', जगन्नाथदास १६८, ३९८, ४५०
रमेशचंद्र दत्त ३४२
रविदत्त शुक्ल ३३२
रविदास दे०—'रैदास'
रविबाबू—'रविंद्रनाथ ठाकुर' ३३७, ३४०, ३४२, ३८२, ३८४, ४१२, ४५५, ४५६, ४८८
रसखान १२८, १२९, २२२, २२७
रसनिधि १६४, २३६
रसलीन, सैयद गुलाम नबी १९५
रसिक गोविंद २१९
रसिक सुमति १८८
रहीम—दे० 'अब्दुर्रहीम खानखाना
राखालदास वंदोपाध्याय ३६८
राघवानंद ७७
राजशेखर ४, ३९२
राधाकृष्ण १८४, २७४, ३१२, ३२८, ३३१, ३३७, ३८०, ४०२
राधाचरण गोस्वामी ३१३, ३१७, ३२७
राधिकारमणप्रसाद सिंह, राजा ३४६, ३७१
रामकवि १७९
रामकुमार वर्मा ३८१, ४९०
रामकृष्ण वर्मा ३१०, ३१२, ११३, ३३७, ३३९, ३४१, ३९६, ३९७, ३९८
रामकृष्णशुक्ल ३८४
रामगुलाम द्विवेदी ८४, ९५
रामचंद्र २५७
रामचंद्र वर्मा ३४२
रामचंद्र शुक्ल ३४५
रामचरणदास, महंत १००, १०१, १०२
रामचरित उपाध्याय ४१८, ४२२
रामदास वर्मा ३१२
रामदीन सिंह ३३१

रामधारीसिंह 'दिनकर' ४४१, ४९१
रामनरेश त्रिपाठी ४२५, ४२९, ४३१, ४४९
रामनाथ ज्योतिष ४०१, ४५०
रामनाथलाल 'सुमन' ३८४
रामनाथ शुक्ल ३१३
रामनारायण मिश्र ३३१
रामप्रसाद निरंजनी २२४, २८३
रामप्रसाद सिंह राजा (माँडा) ३३२
रामपाल सिंह राजा ३१३
राममोहनराय, राजा २९३, २९४
रामसहाय दास ३६८
रामसिंह, महाराज (नरवलगढ़) २०४
रामानंद ४०, ४२, ४९, ५०, ५३, ७८, ७९, ८०, ८१, ८२, ८४, ८७, ९६, १००
रामानुजाचार्य ४०, ५०, ७७, ७८, ८०, १०३, १०४
रामावतार पांडेय ३८६
रामेश्वर शुक्ल 'अंचल' ४९०
रायकृष्णदास ३९३, ३८२, ४५०
राय देवीप्रसाद 'पूर्ण'—दे० देवीप्रसाद पूर्ण
रायमल पांडे १००
राहुलपा ४
राहुलसांकृत्यायन४, ८
रिचार्ड्स आई० ए० ३८८, ३८९
रिसाल गिरि ४०८
रुद्रदत्त ३१२
रूपनारायण पांडेय ३३९, ३४२, ४२५
रूपसाहि २०१
रेनाल्ड्स ३४२
रैदास (रविदास) ५३, ७९, ८०

ल

लक्ष्योदय—दे० लालचंद
लक्ष्मण सिंह, राजा २९९, ३०२, ३०४, ३०७, ३०८, ३९५
लक्ष्मीकर (योगिनी) ४
लक्ष्मीनारायण मिश्र ३७५
लक्ष्मीशंकर मिश्र ३३१
लछिराम ३९५
लज्जाराम, मेहता ३४४
ललकदास महन्त २०७, २६६
ललितकिशोरी—दे० कुंदनलाल साह
ललितमाधुरी—दे० फुंदनलाल साह
लल्लूलाल १६८, २८०, २८३, २८४, २८८, २९०, २९१, ३०१, ३०८, ३०९
लाल कवि (गोरेलाल पुरोहित) २२२, २२९, २६०
लालचंद (लक्ष्योदय) १५७, १५८
लालचंद शास्त्री ३१३
लालचरणदास १३३, १५८
लालाजी—दे० भगवानदीन 'दीन'
लाला पार्वतीनंदन—दे० 'गिरिजाकुमार घोष'
लाला भगवानदीन—दे० 'भगवानदीन' 'दीन'
लीलापा ४
लुचिकपा ४
लूहपा—दे० लूहिपा
लूहिपा (लूइपा) ४
लोकनाथ १२०
लोचनप्रसाद पांडेय ४१८, ४२३
लैंब ३२८

व

वंशीधर (भारतखंडामृतवाले) ३००, ३१२
वररुचि ३
वर्ड्सवर्थ ३९३, ४०६, ४१७, ४४२
वल्लभाचार्य ४०, ८३, ८७, १०३, १०४, १०५, १०७, १०८, १०९, ११६, ११७, ११८, २३९, २७८
वागीश्वर विद्यालंकार ३८१

वाल्ट ह्विटमैन ४३८
वाल्मीकि ३९०, ३९२, ४०६, ४४५
विंदुब्रह्मचारी ३७३
विक्रमसाहि, महाराज २२६
विजयानंद त्रिपाठी ३९८
विद्याधर १५
विद्यापति २, १६, ३७, ४०, ८९, ११०
विनयतोष भट्टाचार्य, डाक्टर ४
'वियोगी'—दे० 'मोहनलाल' महतो
वियोगी हरि ३८१, ३८२, ४००, ४५०
विरूपा ४
विलियम केरे २९१
विश्वंभरनाथ शर्मा 'कौशिक' ३४६, ३७१, ३७२, ३८१
विश्वनाथ १४१, १५९
विश्वनाथ सिंह, महाराज २२४, २३७, ३११, ३१६
वीणापा ४
वृंद २२३, २२५, २४५
वृंदावनदास-चाचाहित १२०, १३१, २४५
वृंदावनलाल वर्मा ३६७, ३६९
वैकुंठमणि शुक्ल २७९
व्यास (हरीराम) १२०, १२६
व्रजजीवनदास ३८१
व्रजजीवनदास (कृष्णभक्तिवाले) १२१
व्रजनंदन सहाय ३४४
व्रजरत्नदास २७४
व्रजवासीदास १०९, २२२, २५२, २५८

श

शंकर—दे० नाथूराम शंकर वर्मा
शंकरप्रसाद ३६४
शंकराचार्य ७७, १०३
शंभुनाथ मिश्र २००
शठकोपाचार्य ७८
शरत् बाबू ३४२
शबरीपा ४
शांतिपा ४
शांतिप्रिय द्विवेदी ३८४
शार्ङ्गधर २, १५
शिवकुमार सिंह ३३१
शिवनंदन सहाय ३४१
शिवप्रसाद, राजा २९६, २९७, २९९, ३००, ३०१, ३०४, ३०७, ३०८, ३१०, ३१६, ३४३, ३४५, ४०७
शिवसहायदास २०१
शिवसिंह १७९, १९६, २००, २०२, २०४, २२५, २४५, २७३, ३३३
शीतलाप्रसाद त्रिपाठी ३११
शीतलाबख्शसिंह, राजा ३९५
शीलपा ४
शेक्सपीयर ३२८
शेखतकी, पीर ७७
शेख नबी ७२
शेख रंगरेज़िन २२६
शेरिफ २९३
शेली ३८१
शेष सनातन ८४
शोपनहावर ३७०
श्यामनारायण पांडेय ४४९, ४५४
श्यामलदान ३२८
श्यामसुंदरदास ३३१, ३५५, ३८६
श्रद्धाराम फुल्लौरी ३०६
श्रीकृष्ण २६३
श्रीकृष्णशंकर शुक्ल ३८४
श्रीधर (मुरलीधर) ३३, १८४, २२२, २२९
श्रीधर पाठक ३५१, ३९८, ४०९, ४१०, ४१२, ४१३, ४१४, ४२९, ४६२

श्रीनिवासदास ३१२, ३१७, ३२१, ३२२, ३२३, ३६२
श्रीपति १८५, १९०, १९४, २१८
श्रीभट्ट १२६
श्रीमंत समंत ३७३
श्रीरंग ८३
श्रीलाल ३००
श्री हठीजी २४७
श्रीहर्ष २४७

स

संदल—दे० 'चंदन'
सत्यजीवन वर्मा ३८१
सत्यनाथ ९
सत्यनारायण कविरत्न ३३७, ४२५, ४३४, ३३५
सत्येंद्र, प्रोफेसर ३८४
सदल मिश्र २८५, २९०, ३०८
सदानंद मिश्र ३१२, ३१३, ३५४
सदानंद सलवाल ३१२
सदासुखलाल 'नियाज' २८३, २९०
सदासुखलाल (संपादक बुद्धिप्रकाश, आगरा) २९६
सनेही—दे० गयाप्रसाद शुक्ल
सबलसिंह चौहान ४, २२२, २२५
समुदपा ४
सम्मन २६१
सरदार कवि १६८, २८१, ३९५
सरजूराम पंडित २२२, २४९
सरयूप्रसाद मिश्र ४१७
सरहपा (सरोजवज्र) ४, १२
सर्वभक्षपा ४
ससिनाथ—दे० सोमनाथ
सहचरिसरनदास १२५
सागरपा ४
सावंतसिंह, महाराज—दे० 'नागरीदास'
सिंघायच दयालदास ३२
सिद्धिपाल १४
सियारामशरण गुप्त ४४९, ४९१
सीताचंद २८
सीताराम 'भूप' लाला ८५, २६२, ३९८
सुंदरदास (दादूपंथी) ५७, १५१
सुंदर १५६
सुंदरलाल, डाक्टर ३३२
सुखदेव मिश्र १७७, १८१
सुखानंद ८०
सुदर्शन ३८१
सुधाकर २९६
सुनीतिकुमार चाटुर्ज्या ३८२
सुभद्राकुमारी चौहान ४४९, ४९०
सुमित्रानंदन पंत ४४७, ४४८, ४५७, ४६१, ४६३, ४७२, ४७३, ४७६, ४७७, ४८१, ४८५, ४८६
सुमेरसिंह ३९८
सुरसुरानंद ८०, ८२
सुरसुरी ८०
सूदन २२२, २५०, २८४
सूरजदास—दे० 'सूरदास'
सूरति मिश्र १६८, १८४, २८०
सूरदास (सूफी, पंजाब निवासी) ७६
सूरदास (सूरजदास) ३०, ३७, ८२, ८७, ८८, ८९, ९६, १०१, १०५, १०६, १०७, १०८, १०९, ११०, ११२, ११४, ११५, १२२, १४४, १६४, २४५, २८७, २९६, ३६३, ३८३, ३८५, ४१९
सूरदास मंदनमोहन १२५
सूर्यकांत त्रिपाठी 'निराला'—दे० 'निराला'
सेननाई ५३, ७९, ८०
सेनापति १५२–१५५
सेवक १२०, २०१, २६२, ३९४

सैयद अहमद, सर २९७, २९८, ३०५
सैयद इंशाअल्ला खाँ—दे० 'इंशा' ३०४
सैयद हादीहुसैन खाँ ३०४
सोमदेव २२
सोमनाथ (ससिनाथ) १९४
सोमप्रभु सूरि १३
सौदा २०६
स्काट, वाल्टर ४११
स्टील ३२०
स्वामी दयानंद—दे० दयानंद सरस्वती

ह

हम्मीरदेव १, १५, २८२
हरनारायण २२२, २५२
हरप्रसाद शास्त्री महामहोपाध्याय ४, १६, २७, ३०
हरिकृष्ण जौहर ३४३
हरिकृष्ण प्रेमी—दे० 'प्रेमी'
हरिदास, स्वामी १२४
हरिनाथ—दे० 'नाथ'
हरिवंशराय 'बच्चन' ४९१
हरिव्यास, महात्मा २९१
हरिश्चंद्र—(सिद्ध) ९
हरीराम व्यास—दे० 'व्यास'
हाफिज ३८६
हाराणचंद्र रक्षित ३४२
हार्डी, टामस ३७०
हित परमानंद १२१
हित वृंदावनदास—दे० 'वृंदावनदास'
हित हरिवंश १२०, १२७, १३०, २४७
हितैषी—दे० 'जगदंबाप्रसाद'
हीरालाल, लाला २८०
हृदयराम ९९
हेमचंद्र १३
हेमचंद्र (बंग भाषावाले) ३१७
हैवेल, एम० एस० ३०५
होलर १४६
ह्विटमैन—दे० 'वाल्ट ह्विटमैन'
ह्विसलर ३८७

२. ग्रंथ

अ

अंगदर्पण १९५, १९६
अंग्रेजी संस्कृत कोश (आप्टे) ३३६
अंगूर की बेटी ३७९
अंजलि ४९०
अंतर्नाद ३८२
अंतस्तल ३८२
अंधेर नगरी ३१६, ३३२
अंबा ३८०
अकबर ३४१
अखरावट ६६, २६८
अगहन माहात्म्य २७९
अचलायतन ३३९
अणुभाष्य—दे० 'उत्तरमीमांसा भाष्य'
अदालती लिपि और प्राइमरी शिक्षा ३३२
अद्‌भुत अपूर्व स्वप्न ३१५
अद्‌भुत रामायण २७४
अधखिला फूल ३४४
अध्यात्मप्रकाश १७७
अध्यात्मरामायण २५४
अध्यात्मरामायण (नवलसिंह) २६७
अनघ ४२०
अनन्यतरंगिणी २४४
अनन्यप्रकाश ६०
अनर्घराघव १४२
अनाथ ४९१
अनुप्रासविनोद १८६
अनुभवप्रकाश १६७
अनुरागबाँसुरी ७४
अनुरागबाग २७१
अनुरागलता १३०
अनेकार्थनाममाला ११६
अनेकार्थमंजरी ११६
अन्योक्तिकल्पद्रुम २७१
अपराजिता ४९०
अपरोक्ष सिद्धांत १६७
अबोधनीति २३७
अभिज्ञान शाकुंतल ३८६
अभिज्ञान शाकुंतल (ज्वालाप्रसाद मिश्र) ३४०
अभिज्ञान शाकुंतल (राजा लक्ष्मणसिंह) ३०२
अम्रकोश भाषा २५४
अमरचंद्रिका १८४
अमरप्रकाश (खुमान) २६६
अमरप्रकाश (भिखारी दास) १९०
अमर राठौर (चतुरसेन शास्त्री) ३८०
अमर रामायण १०१
अमरसिंहराठौर (राधाचरण गोस्वामी) ३२७
अमलावृतांतमाला ३४१
अयोध्याकांड (लाला सीताराम) ८५
अरिल्लपचीसी २४०
अरिल्लाष्टक २३९
अर्द्धकथानक १५८
अलंकार २४७
अलंकार गंगा १८६
अलंकार चंद्रोदय १८८
अलंकार चिंतामणि २१७
अलंकार दर्पण (नाथ) २०३

अलंकारदर्पण (रतन) २०२
अलंकारदर्पण (महाराजा रामसिंह) २०४
अलंकारदीपक २००
अलंकारमणिमंजरी २०१
अलंकारमाला १८४
अलंकार रत्नाकर (दलपतिराय, वंशीधर) १६७, १९४
अलंकार शेखर १४१
अलकशतक और तिलकशतक १५०
अलमोड़ा अखबार ३१२
अवतार मीमांसा ३२७
अवध अखबार ३०४
अवधूत भूषण २०४
अष्टछाप १०७, ११५
अष्टदेशभाषा २२०
अष्टयाम, (खुमान) २६६
अष्टयाम (हितहरिवंश) २४५
अष्टयाम (देव) १८१
अष्टयाम (नाभादास) ९८, २७९
अष्टयाम आह्निक २३७
असहयोग वीणा ४००

आ

आँख की किरकिरी ३४२
आंदोलन रहस्य दीपिका २४४
आँसू ४५८, ४६०, ४६३, ४६४
आईन अकबरी १०७
आईन अकबरी की भाषावचनिका २८०
आइनः सौदागीर (पत्र) ३०३
आकाशदीप ३७३
आखिरी कलाम ६५, ६६
आजमगढ़ रीडर २९२
आत्मदर्शन पचीसी १८१
आत्मसंबंध दर्पण २४४
आत्मोत्सर्ग ४९१
आदर्श दंपति ३४४
आदर्श हिंदू ३४४
आदि गुरु ग्रंथसाहब ५३, ८१, ८२
आदिपुराण ३
आदिबानी १२६
आदिमंगल २३७
आधीरात ३८०
आधुनिक एकांकी नाटक २८१
आनंदकादंबिनी (या कादंबिनी) ३१२, ३१३, ३१८, ३२२, ३२३, ३६२
आनंद दशा विनोद १३०
आनंद भाष्य ७९
आनंद मंगल २०३
आनंद रघुनंदन नाटक २२४, २३७, ३१०, ३१६
आनंदलता १३०
आनंदविलास १६७
आनंदांबुनिधि ३९५
आबेहयात ३००
आर्द्रा ४९१
आर्यदर्पण (पत्र) ३०३, ३१२, ३१३
आर्यसिद्धांत ३२८
आर्यासप्तशती १७०, ३६३
आलम केलि २२६, २२७
आलसियों का कोड़ा ३००
आल्हा ३३
आल्हाखंड ३३
आल्हाभारत २२२
आल्हारामायण २२२, ३६७

इ

इंजील २९१
इंडियन डेली न्यूज ३०५

इंडियन मेल ३११
इंदु ३४६
इंद्रावती ७४
इतिहास तिमिरनाशक ३०१
इला ३४१
इश्कचमन २३९, ४०७
इश्कनामा २५६
इश्कमहोत्सव १९६

ई

ईसाई धर्मपुस्तक २९१

उ

उचितवक्ता ३१२, ३१४
उत्तमकाव्यप्रकाश २३७
उत्तमनीति चंद्रिका २३७
उत्तरपुराण ३
उत्तरमीमांसा भाष्य (या 'ब्रह्मसूत्र भाष्य', या 'अणुभाष्य') १०४
उत्तर रामचरित (सीताराम) ३३९
उत्तर रामचरित (भवभूति) ३४०
उत्तर रामचरित (सत्यनारायण) ३४०
उत्सर्ग ३८०
उत्सवमाला २४०
उदंत मार्तंड २९३
उदयभानचरित—दे० 'रान्नी केतकी की कहानी'
उद्धवशतक ३९९, ४५०
उद्भ्रांत प्रेम ३८२
उपनिषद् ४०
उपन्यास (मासिक पत्र) ३४४
उलटफेर ३७९

ऊ

ऊजड़ ग्राम ४१३

ऋ

ऋतुसंहार (श्रीधर पाठक) ३९८
ऋतुसंहार भाषा (सबलसिंह) २२५

ए

एक तारा ४९०
एकांतवासी योगी (श्रीधर पाठक) ४०९, ४१०, ४१२, ४१३, ४१४
एकांतवासी योगी (संस्कृत अनुवाद, गिरधर शर्मा नवरत्न) ४२३
एकांत संगीत ४९१
एकादशी माहात्म्य २७४
एसे आन क्रिटिसिज्म ३९९

ऐ

ऐज यू लाइक इट ३९९

क

कंकाल ३७१
कंठाभूषण १९३
ककहरा (रामसहायदास) २६८
ककहरा (महाराज विश्वनाथ सिंह) २३७
ककरादि सहस्रनाम २७४
कजली कादंबिनी ३९७
कथामुखी ३७३
कथासार २९३
कड़खा रामायण ९५
कनक मंजरी १५८
कबीर की बानी ३४, ५२, ५६
कबीर की साखी ५६, १११
कबीर ग्रंथावली ३८४
कबीर बीजक की टीका (महाराज विश्वनाथ सिंह) २३७
कबीरवचनावली ३८४
कमरुद्दीन खाँ हुलास १८८
कमला ३८०

कमलानंद कल्पतरु ३९५
करणाभरण १४०, १५९
करुणा (राखालदास) ३६८
करुणालय ४६२
कर्णफूल ४९०
कर्णाभरण—दे० 'करणाभरण'
कर्तव्य ३७८
कर्पूरमंजरी (राजशेखर) ४
कर्पूरमंजरी (भारतेंदु) ३१६
कर्मभूमि ३७१
कलापी ४९०
कलिकौतुक रूपक ३१९
कलिजुग रासो २२१
कलिप्रभाव नाटक ३२०
कलिराज की सभा ३१५, ३२१
कलिवैराग्य बल्लरी २४०
कल्कि कथामृत २७४
कल्पना ४९०
कल्याण मंदिर भाषा १५१
कल्लोल तरंगिणी २०३
कल्लोलनी ४५३
कविकल्पद्रुम १८६
कविकुलकंज दिवाकर ३१३
कविकुल कंठाभरण १९८
कविजीवन २६७
कवितावली ८४
कवितावली (जनकराजकिशोरी) २४४
कवितावली की टीका (भगवानदीन) ४३२
कवित्त रत्नाकर १५३
कवित्त रामायण ९५
कवित्तसंग्रह (नरहरि बंदीजन) १३४
कविप्रिया (केशव) १४१, १४४, १५९, १८४, २०८, २१०
कविप्रिया की टीका (सरदार) २८१, ३९५
कविप्रिया की टीका (भगवानदीन) ४३२
कविमुखमंडन २५४
कवि व चित्रकार (पत्र) ४२७
कविवचनसुधा ३१३, ३१५, ४१७
कविवर रत्नाकर ३८४
कविहृदय विनोद २१५
कादंबरी (गदाधरसिंह) ३१२
कादंबिनी—दे० (आनंदकादंबिनी)
कादंबिनी (गोपालशरणसिंह) ४५१
कानन कुसुम ४६२
काफिरबोध ११
कामायनी ४६१, ४६२, ४६४, ४६७
कालचक्र ३१५
कालिदास की निरंकुशता ३६२
कालिदास हजारा १७८, १७९
कालियाकालाष्टक २७४
काव्यकलाधर १९६
काव्यकल्पद्रुम १५३
काव्यकल्पलता वृत्ति १४१
काव्य कानन ४५५
काव्यनिर्णय १६०, १६३, १८६, १९०, १९४
काव्यप्रकाश (चिंतामणि) १५९, १६५
काव्यप्रकाश (मम्मट) १४१, १६०, १७७, २२०
काव्यमंजूषा ४१८
काव्यमीमांसा ३९२
काव्य में रहस्यवाद ८३
काव्यरसायन (या शब्दरसायन-देव) १८१
काव्यविनोद २१७
काव्यविलास २१७
काव्यविवेक १६०, १६५
काव्यसरोज १८५

काव्यसिद्धांत १८४
काव्यसुधाधर (पत्र) ४२७
काव्यसुधानिधि (पत्र) ४२८
काव्यादर्श १४१
काव्याभरण २०३
काशी पत्रिका ३१२
काश्मीर कुसुम ३११, ३१६
किसान ४१९
कीर्तन २७४
कीर्तिकेतु ३२६
कीर्तिपतांका १६
कीर्तिलता १६
कुंकुम ४९१
कुंदमाला ३८१
कुंडलिया (अग्रदास) ९७
कुंडलिया (गिरिधर कविराज) २४५, २४६
कुंडलिया रामायण ९५
कुंडलीचक्र ३६६
कुमारपाल चरित १३
कुमारपाल प्रतिबोध १३
कुमारसंभव ४१८
कुमारसंभवसार (म०प्र० द्विवेदी) ४१८
कुवलयानंद १४१, १५९, १८८, १९४
कुशलविलास १८१
कुसुमकुंज ४९१
कुसुमकुमारी ३४२
कुसुमांजलि ४२८
कृपाकंद २३२
कृपानिवास पदावली १०२
कृषक क्रंदन ४२८
कृष्णकाव्य २०३
कृष्णकुमारी ३११, ३३८
कृष्णगीतावली ८८, ९५
कृष्णचंद्रिका (गुमान) २४७
कृष्णचंद्रिका (वीर) १८७
कृष्णजन्मोत्सव कवित्त २३९
कृष्ण जू को नखशिख २१५
कृष्णलीला के फुटकल पद्य (श्रीधर) २२९
कृष्णलीलावती पंचाध्यायी (सोमनाथ) १९४
कृष्णायन २५७, २५८
कृष्णाश्रय १०४
केटोकृतांतनाटक ३२६
केशव की काव्यकला ३८४
केशरीप्रकाश २०३
कोकिल ४४२
कोशल खंड १०१

ख

खटमल बाईसी १८८
खड़ी बोली आंदोलन ४०९
खड़ी बोली का पद्य ३०४
खानजहाँ ३३९
खुमान रासो २०, २१
खेट कौतुकम् १४८
खैयाम की मधुशाला ४९१

ग

गंगालहरी २१२
गंगावतरण ३९८, ३९९
गड़बड़झाला ३७९
गढ़कुंडार ३६९
गद्यकाव्य मीमांसा ३२७
गबन ३६९, ३७१
गयायात्रा २७४
गयाष्टक २७४
गर्गसंहिता २७४
गर्भरंडा रहस्य ४२८
गाथा सप्तशती १७०

गीतगोविंद टीका (मीरा) १२४
गीतांजलि (रवीन्द्र बाबू) ३८२, ४१२, ४२३, ४७२
गीतांजलि पद्यानुवाद, (गिरिधर शर्मा नवरत्न) ४२३
गीता ४०
गीतावली ८८, ८९, ९५, १०१, ११२
गीतावली पूर्वार्द्ध (महाराज विश्वनाथ सिंह) २३७
गीता रघुनंदन प्रामाणिक (महाराज विश्वनाथ सिंह) २३७
गीता रघुनंदन शतिका (महाराज विश्वनाथ सिंह) २३७
गीतिका ४८६
गुंजन ४४८, ४८०, ४८१, ४८२
गुटका ३०१, ३०४, ४०७
गुनवन्त हेमन्त ३५१
गुन्नौर की रानी ३२८
गुप्त ज़ी की कला ३८४
गुप्त जी की काव्यधारा ३८४
गुप्त निबंधावली (बालमुकुंदगुप्त) ३५३
गुप्तरस प्रकास २४०
गुरुकुल ४१९
गुलशने इश्क ६५
गुलिस्ता (हिंदी अनुवाद बिहारीलाल) ३००
गुहपंचासिका २६९
गोदान ३७१
गोधनआगमनदोहन २३९
गोपालस्तोत्र २७४
गोपीपच्चीसी २१५
गोपीप्रेमप्रकाश २३९
गोपी वैन विलास २३९
गोरक्ष सिद्धांत संग्रह ९
गोरख गणेश गोष्ठी ११
गोरखनाथ की बानी ११
गोरखनाथ जी की सत्रह कला ११
गोरखबोध ११
गोरखसार ११
गोरा बादल री बात २९१
गोवर्द्धन धारन के कवित्त २९३
गोवर्द्धन सतसई टीका १३९
गोविंद परिचयी २४०
गोविंद सुखबिहार २५४
गोसंकट नाटक (अम्बिकादत्त व्यास) ३२८
गोसंकट नाटक (प्रतापनारायण) ३२०
गोसाईंचरित ८२, ८३, ९६
गोस्वामी तुलसीदास ३८३
गोस्वामी तुलसीदास जी का जीवनचरित ३३८
गौरी नागरी कोश ३३२
ग्रंथ साहब ५५, ८१
ग्रंथ ४७३
ग्रामपाठशाला और निकृष्ट नौकरी नाटक ३२८
ग्रीष्म वर्णन २७४, २७५
ग्रीष्म विहार २३९

च

चंडी चरित्र २२२, २२९
चंद छंद वरनन की महिमा २८२
चंदन सतसई २०३
चंद हसीनों के खतूत ३७०
चंद्रकला भानुकुमार ३३७, ३४१
चंद्रकान्ता ३४२
चंद्रकान्ता संतति ३४२
चंद्रकिरण ४९०
चंद्रगुप्त ३७७, ३७८

चंद्रसेन नाटक ३२१
चंद्रहास ४२०
चंद्रालोक १४१, १६०, १६२, १६७, १९४, २२१
चंद्रावली—दे० नासिकेतोपाख्यान
चंद्रावली (भारतेंदु) ३१६, ३१७
चंद्रिका—दे० हरिश्चंद्र चंद्रिका
चचरियाँ २४०
चतुर चंचला ३४२
चतुर मुकुट की कथा ७६
चपला ३४३, ३४४
चरखा स्तोत्र ४००
चरखे की गूँज ४००
चरन चंद्रिका २५७
चाँदनी के कवित्त १९२
चार बेचारे ३८०
चित्तशोधनप्रकरण १०
चित्तौड़ की चिता ४९०
चित्तौर चातकी ३४१
चित्र काव्य १८४, २२९
चित्ररेखा ४९०
चित्रलेखा ३६८
चित्रांगदा ३३९
चित्रावली ६५, ०
चीरहरन लीला ४०२
चुम्बन ३८०
चेतचंद्रिका २५४
चैतन्य महाप्रभु का जीवन चरित ३३८
चोखे चौपदे ४१६
चौपट चपेट ३४०
चौरासी रमैनी २३८
चौरासी वैष्णवों की वार्ता १०३, १०६, १०७, ११७, २७९

छ

छंदछप्पनी २०३
छंदप्रकाश १९०
छंदविचार (चिंतामणि) १६५
छंदविचार (सुखदेव मिश्र) १७७
छंदसार १७२
छंदाटवी २४७
छंदावली ९५
छंदार्णव (गिरिधरदास) २७४
छंदार्णव पिंगल (दास) १९०
छत्रप्रकाश ४, २२२, २३०, ३३३, ४०२
छत्रसाल (रामचंद्रवर्मा) ३४२
छत्रसालदशक (भूषण) १७४, २२३
छप्पय नीति १३४
छप्पयरामायण ९५
छायापथ
छूटक कवित्त २४०
छूटक दोहा २४०
छूटक विधि २४०

ज

जंगनामा १८४, २२२, २२९
जंजीराबंद १७८
जंतुप्रबंध २९३
जगतमोहन १९७
जगतवृत्तांत ३००
जगतसचाईसार ४१२
जगद्दर्शनपचीसी १८१
जगद्विनोद २१२, २५४
जनकपचीसी १७१
जन्मखंड २६७
जयंत (हैमलेट का अनुवाद) ३३९
जयचंदप्रकाश ३५
जयदेव का जीवन वृत्त ३११

जयद्रथ वध ४१९
जयमयंकजसचंद्रिका ३२
जयसिंहप्रकाश २१७
जया ३२९, ३४१
जरासंधवध २७४
जसहरचरिउ (यशधरचरित) ३
जहाँगीरजसचंद्रिका १४१
जातिविलास १८१
जानकी जू को ब्याह १७१
जानकी मंगल ८६, ८८, ९५
जानकी मंगल नाटक (शीतलाप्रसाद त्रिपाठी) ३११
जानकीशरणाभरण २४४
जायसीग्रंथावली ३८३
जावित्री ३२७
जीवदशा १३०
जीविका परिपाटी ३००
जुआरी खुआरी ३२०
जुगलनखशिख २१७
जुगल भक्तिविनोद २४०
जुगलमानचरित ११७
जुगलरसमाधुरी २३९
जैन मुनियों के चरित्र २२९
जैमिनी पुराण २२२, २४९
जोगलीला १८५
जौहरिन तरंग २६७
ज्ञानदीप ७२
ज्ञानप्रदायिनी पत्रिका ३०४
ज्ञानबोध ५९
ज्ञानमंजरी ११६
ज्योतिषमती ४५१
ज्योत्स्ना ३८१

झ

झरना ४६२
झूलना रामायण ९५

ट

टामकाका की कुटिया ३४२
टिकैतरायप्रकाश २०६, २०७
ट्रैवलर ४१३

ठ

ठगवृत्तांतमाला ३४१
ठाकुरठसक २६४
ठेठ हिंदी का ठाट ३४४

ड

डेजर्टेड विलेज ४१३

ढ

ढोला मारू रा दूहा १५८

ण

णयकुमार चरिउ ३

त

तक्षशिला ३८०, ४९१
तत्वदर्शनपचीसी १८१
तत्वदीप निबंध १०४
तत्वसंग्रह २०३
तन-मन-धन श्री गोसाईंजी के अर्पण ३२७
तपोभूमि ३७१
तप्तासंवरण नाटक ३२४
तरुणतपस्विनी ३४४
ताजक ज्योतिष २६९
ताराबाई ३३९
तारा ३४४
तितली ३७१
तिरुप्पावइ १०५

तिलोत्तमा ४२०
तीन इतिहासिक रूपक ३२८
तीन पतोहू ३४२
तीर्थानंद २३९
तुलसीचरित (महात्मा रघुवरदास) ८३
तुलसीदास (निराला) ४६२, ४८९
तुलसीदास (बदरीनाथ भट्ट) ३७९
तुलसीदासचरित्र २४४
तुलसीभूषण ३९५
तेरा हार ४९१
त्रिधारा ४९१
त्रेता के दो वीर ४५४

द

दत्त गोरख संवाद ११
दनुजारि स्तोत्र २७४
दब्ब सहाय पयास (द्रव्य स्वभाव प्रकाश) ३
दलेल प्रकाश २०५
दशरथराय १७७
दस मिनट ३८१
दस हजार ३८०, ३८१
दाउद की गीतें २९२
दादू की बानी ५६
दानलीला ४०२
दानलीला (ध्रुवदास) १३०
दानलीला (नंददास) ११६
दानलोभ संवाद २६७
दाहर या सिंध पतन ३८०
दिनकर प्रकाश ३१२
दिल की आग ३७०
दिल्ली का दलाल २७१
दिवारी के कवित्त २३९
दीन ३८१
दीनदयालगिरि ग्रंथावली ३८४
दीपनिर्वाण ३४२
दीपप्रकाश २११
दीवान (रहीम) १४८
दुखिनीबाला ३२९
दुमदार आदमी ३७९
दुर्गादास ३३९
दुर्गावती ३७९
दुर्गासप्तशती ६०
दुर्गासप्तशती (पद्यानुवाद, अनन्य) ६०
दुर्गेशनंदिनी ३१२
दुलारे दोहावली ४००
दूषण उल्लास (भूषण) १७४
दूषण दर्पण (ग्वाल) २१५
दूषण विचार (बलभद्र मिश्र) १३९
दूर्वादल ४९१
दृष्टांत तरंगिणी २७१
दृष्टिकूट (सूर के) ३९५
देव और बिहारी ३६४
देवकीनंदन टीका (ठाकुरकृत बिहारीसतसई की)
दे० सतसई वर्नाथ
देवचरित १८१
देवमाया प्रपंच नाटक १३३
देवरानी जेठानी ३४२
देवाक्षरचरित ३३२
देश की दरिद्रता और अंग्रेजी राजनीति ३२८
देशदशा ३३९
देशहितैषी ३१२
देहदशा २३९
दो बहिन ३४२
दो सौ बावन वैष्णवों की वार्ता ११५, १२८, २७९
दोहावली ९०, ९४, ९५

दोहावली (जनकराज किशोरी शरण) २४४
दोहावली (लाला भगवानदीन सम्पादित) ३८४
द्रव्यस्वभावप्रकाश—दे० दब्ब सहाय पयास
द्रोणपर्व १७६
द्वादशदलकमल २७४
द्वादशयश ११९
द्वापर ४२०
द्वयाश्रय काव्य १३

ध

धनंजयविजय ३१६
धनुर्विधा २३७
धर्मदिवाकर ३१२
धर्मपाल ३६८
धर्मरक्षा ३०६
धाराधरधावन (मेघदूत का अनुवाद, पूर्ण) ३९९
धूर्त रसिकलाल ३४४
ध्यानमंजरी (अग्रदास) ९६
ध्यानमंजरी (महाराज विश्वनाथ सिंह) २३७
ध्यानयोग ६०
ध्रुवचरित १३५
ध्रुववंदना १५१
ध्रुवाष्टक २३७
ध्रुवस्वामिनी ३७७, ३७८

न

नये धर्म नियम २९१
नये बाबू ३४२
नशशिख (कुलपति) १७६
नखशिख (चंदन) २०३
नखशिख (चंद्रशेखर) २६९
नखशिख (तोषनिधि) १९३
नखशिख (देवकीनंदन) २०४
नखशिख (नागरीदास) २४०
नखशिख (पजनेस) २७३
नखशिख (बलभद्रमिश्र) १३९
नखशिख (सूरति मिश्र) १८४
नखशिख (सेवक) ३९४
नखशिख (देव) १८१
नगरशोभा १४८
नदी में दीन—दे० नवीनबीन
नरवईबोध ११
नरसी जी का मायरा १२४
नरेन्द्रभूषन २०५
नरेन्द्रमोहिनी ३४२
नल-दमयन्ती कथा ७६
नल नरेश ४५४
नवनिकुंज ४५४
नवीनबीन ४३३
नवोदिता ४५३
नहुष नाटक २७८, ३१६
नागरीदास का जीवनचरित्र ३३३
नागरी नीरद ३२३
नागरीप्रचारिणी पत्रिका ३३३, ४१७
नागानंद ३३९
नाटक ३१६
नाटक समयसार १५१
नानाराव प्रकाश २०८
नामचिंतामणि (नवलसिंह) २६७
नामचिंतामणिमाला (नंददास) ११६
नामप्रकाश (दास) १९०
नाममाला (चंदन) २०३
नाममाला (बनारसीदास) १५१
नामरत्नमाला (गोकुलनाथ) २५४
नायिकाभेद (गुमानमिश्र) २४७

नायिकाभेद (श्रीधर) १८४, २२९
नारीप्रकरण २६७
नासिकेतुपुराण (नंददास) ११६
नासिकेतोपाख्यान (ब्रजभाषा गद्य) २७९
नासिकेतोपाख्यान (सदल मिश्र) २८५, २९०
निकुंजविलास २४०
निबंधमालादर्श ३४८
निरंजनपुराण ११
निर्मला ३७१
निर्माल्य ४९०
निशा निमन्त्रण ४९१
निस्सहाय हिन्दू ३११, ३२९
नीति (गिरिधरदास) २७४
नीतिविधान (खुमान) २६६
नीतिविनोद (गोविंद गिल्लाभाई) ३९६
नीत्युपदेश (काशीनाथ खत्री) ३२८
नीरजा ४९०
नीलदेवी ३१६, ३१८, ३७५, ४०३
नीहार ४९०
नूतन ब्रह्मचारी ३११
नूरजहाँ ४९१
नृत्यविलास १३०
नृसिंह कथामृत २७४
नृसिंहचरित्र २६६
नृसिंहपचीसी २६६
नेहमंजरी १३०
नैनपचासा १७१
नैनरूपरस २३९
नैषध १४२, २४७
नैषधचरित (गुमानमिश्र) २२२, २४८
नैषधचरित चर्चा (म०प्र० द्विवेदी) ३५१, ३६२
नोंकझोंक ३७९

प

पंचरात्र ३८१
पंचवटी ४१९
पंचसहेली १३३
पंचस्तवी ७८
पजनेसप्रकाश २७३
पतिव्रता ३३९
पत्रमालिका ३००
पत्रिकाबोध २०३
पथिक ४२९
पथिकबोध २०३
पदप्रबोधमाला २४०
पदप्रसंगमाला २३९
पदमुक्तावली २४०
पदार्थ २३७
पदार्थविद्यासागर २९२
पद्मपुराण २५८
पद्मपुराण का भाषानुवाद (दौलतराम) २८३, २८४
पद्माकर की काव्यसाधना ३८४
पद्मावत (जायसी) ४८, ६४, ६६, ६७, ९१, २६९
पद्मावत का बँगला अनुवाद ६६
पद्मावती (भट्टजी) ३२१
पद्मावती (रामकृष्णवर्मा) ३११, ३३९
पद्माभरण २१२
पद्मिनीचरित्र १५७, १५८
परधर्मनिर्णय २३७
परमतत्व २३७
परमानन्दसागर ११८
परशुराम कथामृत २७४
पराग ४३३
परीक्षागुरु ३११, ३२४

पलासी का युद्ध ४१९
पल्लव ४५८, ४६३, ४७३, ४७४, ४७६, ४७७, ४८२
पाखंडखंडिकी २३७
पाखंडविडम्बन ३१६
पाँचवे पैगम्बर ३१५
पाथेय ४९१
पारायणविधिप्रकाश २४०
पार्वतीमंगल ८६, ८८, ९५
पावसपचासा (अम्बिकादत्तव्यास) ३२७
पावसपचीसी (नागरीदास) २३९
पावसपयोनिधि (गोविंदगिल्लाभाई) ३९६
पावस विलास (देव) १८१
पिंगल (रसिकगोविंद) २२१
पिंगल काव्य भूषण २६१
पीयूष प्रवाह
पुलिसवृत्तांतमाला ३४१
पुष्करणी ३७२
पुष्टिप्रवाह मर्यादा १०४
पुष्पवाटिका ३००
पूना में हलचल ३४२
पूर्णसंग्रह ४२६
पूर्वमीमांसा १०४
पूर्वश्रृंगारखंड २६७
पृथ्वीराजचरित्र ३२८
पृथ्वीराजरासो २०, २१, २४, २७, २९, ३०, ३२८, ३३३
पृथ्वीराजविजय २६, २७
प्रकरणग्रंथ (वल्लभाचार्य) १०३
प्रकाश ३७९
प्रजाहितैषी ३०२, ३०४
प्रणभंग ४९१
प्रतापचरित्र ४५०
प्रतापप्रतिज्ञा ३८०
प्रतापरत्नाकर ३९५
प्रतिज्ञा यौगंधरायण ३८१
प्रतिमा ३८१
प्रबंधचिंतामणि १४
प्रबोधचंद्रोदय नाटक १४४
प्रबोधचंद्रोदय नाटक (महाराज जसवंतसिंह) १६७
प्रबोधचंद्रोदय नाटक (ब्रजवासीदास) २५२
प्रबोधपचासा २१२
प्रभा ४९१
प्रभातफेरी ४९०
प्रभासमिलन ३४१
प्रमिला ३२९, ३४१
प्रयागसमाचार ३१३
प्रवास नाटक ३१०
प्रवासी के गीत ४९०
प्रवीनसागर ३९६
प्रसन्नराघव १४२
प्रसाद की काव्यसाधना ३८४
प्रसाद की नाट्यकला ३८४
प्रहलादचरित ३२४
प्राकृतपिंगलसूत्र १५
प्राकृतप्रकाश ३
प्राचीन इतिहास—दे० कथासार
प्राचीन साहित्य ३८६
प्राज्ञविलास २०३
प्रातरसमंजरी २३९
प्रारब्धपचासा ३९६
प्रियप्रवास ४१५
प्रियजन्मोत्सव कवित्त २३९
प्रीतिचौवनी १३०
प्रेमकली ४३५
प्रेमचन्द की उपन्यास कला ३८४

प्रेमचन्द्रिका १८१
प्रेमतत्वनिरूपण ११७
प्रेमतरंग १८१
प्रेमदीपिका १८१
प्रेमदर्शन १८१
प्रेमपचीसी ४२८
प्रेमपथिक (प्रसाद) ४६२
प्रेमपथिक (वियोगहरि) ४००
प्रेमप्रलाप ३९६
प्रेमफुलवारी ३९६
प्रेममाधुरी ३९६
प्रेममालिका ३९६
प्रेमयोगिनी ३१६
प्रेमरत्नाकर ३९५
प्रेमलता १३०
प्रेमलीला (रोमियो—जूलियट, गोपीनाथ पुरोहित) ३३९
प्रेमवाटिका १२८
प्रेमविलासिनी ३१३
प्रेमशतक ४००
प्रेमसंगीत ४९०
प्रेमसंपत्तिलता ३९७
प्रेमसागर २८५, २८८, २९०, २९१
प्रेमसुमार्ग २२९
प्रेमांजलि ४००
प्रेमावती ६५
प्रेमावली १३०

फ

फतेहभूषण २०२
फाउस्ट ३८१
फाग बिहार २३९
फाग विलास २३९
फाज़िलअली प्रकाश १७७
फिर निराश क्यों ३६०
फुटकल कवित्त सवैए (रहीम) १४८
फूलविलास २३९

ब

बंगदूत (पत्र) २९३
बंगवासी (पत्र) ३५३
बंगविजेता ३१२, ३२३
बड़ा भाई ३४२
बनविनोद २३९
बनारस अखबार २९६, ३००
बनारसी पद्धति १५१
बनारसी विलास १५१
बरवै (फुटकल, रहीम) १४८
बरवै नायिकाभेद (यशोदानंदन) २०९
बरवैनायिकाभेद (रहीम) ९६, १४८
बरवै रामायण ८८, ९५
बलभद्रनखशिखा टीका (गोपाल कवि) १३९
बलभद्रनखशिख टीका (प्रतापसाहि) २१७
बलभद्री व्याकरण १३९
बाइबिल २९२
बागमनोहर २१०
बादशाह दर्पण ३११
बानी (जगजीवनसाहब) ६१
बानी (रैदास) ५३
बापू ४९१
बाबू हरिश्चंद्र का जीवनचरित ३३८
बामनबृहत पुराण की भाषा १३०
बारहखड़ी २४४
बारहमासा (हंसराज) २४३
बारहमासा (सुंदर) १५६
बालविधवा संताप नाटक ३२८
बालविनोद २३९

बालविवाह नाटक ३२१
बालबोधिनी ३१६
बावनी (छीहल) १३३
बिगड़े का सुधार ३४४
बिहारबंधु ३१२, ३१३, ३२७
बिहारी और देव ३६४
बिहारीविहार (अम्बिकादत्त व्यास) १६८, २६२, ३२७
बिहारीसतसई १६८, १८४, २३६, २६२, २६८, २९०, ३८६
बिहारीसतसई की टीका (कृष्णकवि) १६८, १८७
बिहारीसतसई की टीका (भगवानदीन) ४३२
बिहारीसतसई की टीका (रघुनाथ) १९६
बिहारीसतसई की टीका (सरदार) १६८, २८१, ३९५
बिहारीसतसई की टीका (सूरतिमिश्र) दे०—अमरचंद्रिका
बीजक ५२
बीसलदेवरासो १८, २०, २१, २२, ३७
बुद्धकथामृत २७४
बुद्धचरित (रामचंद्र शुक्ल) ४५०
बुद्धिप्रकाश (पत्र) २९६
बुद्धिस्ट एसोटेरियम ४, ७
बुधुवा की बेटी ३७१
बृहतकथा ३४४
बेकन विचार रत्नावली ३४८
बेलि क्रिसन रुक्मणी १५८
बैतालपचीसी ३४४
बैतालपचीसी (देवीदत्त) २२२
बैतालपचीसी (लल्लूलाल) २९०, ३०१
बैतालपचीसी (सूरतिमिश्र) १८४
बैतालपचीसी (हरनारायण) २५२
बौद्धगान ओ-दूहा ४
ब्रह्मज्ञान ६०
ब्रह्मसूत्र ४०
ब्रह्मदर्शनपचीसी १८१
ब्रह्मसूत्र भाष्य—दे० उत्तरमीमांसाभाष्य
ब्राह्मण (पत्र) ३१३, ३१९

भ

भड़ौवासंग्रह (बेनीबंदीजन) २०६, २६६
भक्तनामावली (ध्रुवदास) ११६, १३०
भक्तभावन २१५
भक्तमाल ८०, ८३, ८५, ९६, १०७, १३०
भक्तमाल की टीका (प्रियादास) ८५
भक्त प्रताप ११९
भक्तिमग दीपिका २३९
भक्तिसार २३९
भगवतस्तोत्र २७४
भगवतगीता भाष्य ७९
भजन (महाराज विश्वनाथ सिंह) २३७
भजनकुंडलिया (ध्रुवदास) १३०
भजनसत १३०
भवानीविलास १८१
भागवत १०९, ११६, १२१, १२८
भागवत दशम स्कंध (नंददास) ११६
भागवत दशम स्कंध भाषा (लालचदास) १३३
भाग्यवती (श्रद्धाराम) ३०६
भानमती ३४२
भारतकवितावली २६७
भारत खंडामृत ३००
भारतजननी ३१६
भारतजीवन ३१३
भारत त्रिकालिक दशा ३२८
भारत दुर्दशा ३१६, ४०३

भारत दुर्दशा (प्रतापनारायण मिश्र) ३२०
भारतबंधु ३१२
भारतभारती (मैथिलीशरण गुप्त) ४१८, ४२०, ४३९
भारतमाता ३१६
भारतमित्र (पत्र) ३१२, ३१३, ३४०
भारतवर्ष की विख्यात स्त्रियों के चरित्र ३२८
भारतवर्षीय इतिहास ३००
भारत सावित्री २६७
भारत सुदशा प्रवर्तक ३१२
भारत सौभाग्य ३२२, ४०५
भारती भूषण २७४, २७५
भारतेंदु (पत्र) ३१३, ३२७
भावना ३८२
भावपंचाशिका २२५
भावविलास १८१
भाषा का इतिहास ३०१
भाषाभरण २०१
भाषाभागवत २२२
भाषाभूषण १६२, १६७, १८४, १९४, १९८, २२१
भाषामहिम्न २५७, २५९
भाषायोग वाशिष्ठ २८३, २८५
भाषाविज्ञान ३५६
भाषा व्याकरण २७४
भाषासप्तशती (नवलसिंह) २२२, २६७
भाषा हनुमन्नाटक ९९, १३३
भिखारिणी ३७१
भीमप्रतिज्ञा ३८१
भुशुण्डि रामायण १०१
भूगोलसार २९२
भूचरित्रदर्पण २९३
भूपभूषण १४०, १५९
भूषण (गोविंदगिल्ला भाई) ३९६
भूषण उल्लास १७४
भूषणचंद्रिका १६७
भूषणहजारा १७४
भोजनानंदाष्टक २३९
भोजप्रबंध १४
भ्रमरगीत (कृष्णदास) ११७
भ्रमरगीत (नंददास) ११६
भ्रमरगीत (सूरदास) ११४
भ्रमरगीतसार (रामचंद्रशुक्ल) ३८३
भ्रमरदूत (सत्यनारायण) ४३५

म

मंगलघट ४१८
मंगलप्रभात ३७१
मंडोवर का वर्णन २८४
मजलिस मंडन २३९
मतिराम ग्रंथावली ३६४
मतिराम सतसई १७२
मत्स्यकथामृत २७४
मत्स्यगंधा ३८०
मदनाष्टक १४८
मधुकण ४९०
मधुबाला ४९१
मधुमालती (कार्तिकप्रसाद खत्री) ३२९, ३४१
मधुमालती (मंझन) ६३
मधुरप्रिया २७३
मधुशाला ४९१
मधूलिका ४९०
मध्यमव्यायोग ३८१
मन के मोती ४५४
मनशृंगार १३०
मनोमंजरी ३९८
मनोरंजक वृतांत २९३

मनोरथ मंजरी २३९
मयंक मंजरी ३४०
मरता क्या न करता ३२९
मरदानी औरत ३७९
मर्यादा (पत्रिका) ८३
मल्लिकादेवी या बंगसरोजिनी ३४३
महात्मा ईसा ३८०
महादेव गोरख संवाद ११
महाभारत २५४
महाभारत (गोकुलनाथ गोपीनाथ और मणिदेव) १९६, २५३, २५४
महाभारत (छत्रसिंह)—दे० विजयमुक्तावली
महाभारत (सबलसिंह चौहान) २२२, २२५
महाराणा का महत्व ४६२
महाराणा प्रताप या राजस्थानकेसरी ३२९, ३३७, ३८०
महारानी पद्मावती अथवा मेवाड़कमलिनी ३२९
महारामायण १०१
महारासोत्सव सटीक १०१
महावीरचरित ३४०
माँ ३७१
मातृभाषा की उन्नति किस विधि करना योग्य है ३२८
माधव ४५४
माधवविनोद नाटक १९५
माधवविलास २९०
माधवानल कामकंदला ३४४
माधवानल कामकंदला (आलम) १५८
माधवानल कामकंदला (हरनारायण) २२२, २५२
माधवी ४५१
माधवी बसंत २६९
माधुर्य लहरी २६०
मानमंजरी ११६
मानरसलीला १३०
मानलीला ११६
मानवधर्मसार ३०१
मानव ४९०
मानस—दे० 'रामचरितमानस'
मानसिंहाष्टक ३९५
मानसी ३८०, ४९१
मार्कंडेयपुराण ३७९
मारगन विद्या १५१
मार्तंड ११
मालतीमाधव (सत्यनारायण कविरत्न) ३४०, ४३५
मालतीमाधव (सीताराम) ३४०
मालविकाग्निमित्र ३४०
मित्रविलास (पत्र) ३१२, ३१३
मिथिलाखंड २६७
मिलन ४२९
मिश्रबंधु विनोद ३६२
मीरा की प्रेमसाधना ३८४
मीराबाई नाटक ३४१
मुंतखबुत्तावारीख २८५
मुंशियात अब्बुलफजल १०८
मुकुल ४९१
मुक्ति का रहस्य ३८०
मुग्धावती ६५
मुद्राराक्षस ३१६, ३७७
मुसद्दसहाली ४१८
मूल ढोला २६७
मूल भारत २६७
मृगावती ६५
मृगी दुःखमोचन ४२३

मृच्छकटिक ३४०
मृण्मयी (राधाचरण गोस्वामी) ३२७
मृण्मयी (सियारामशरण गुप्त) ४९१
मेघदूत (कालिदास) ३८६, ४६०
मेघदूत (केशवप्रसाद मिश्र) ४१८
मेघदूत (जगमोहन सिंह) ३९७
मेघदूत ('पूर्ण')—दे० 'धाराधरधावन'
मेघदूत (राजा लक्ष्मणसिंह) ३९५
मेघदूत (लाला सीताराम) ३३९, ३९८
मेघनाद वध ४२०
मैकबेथ ३३९
मोक्षपदी १५१
मोहनचंद्रिका ३२९
मौर्य विजय ४९१

य

यमुनालहरी २१५
यशधरचरित्र—दे० 'जसहरचरिउ'
यशोधरा ४१९
यामा ४९०
युक्तितरंगिणी १७६
युगलरस माधुरी २२१
युगलशतक १२६
युगवाणी ४४८, ४८४, ४८५
युगांत ४४८, ४८२, ४८३
यूरोपियन धर्मशीला स्त्रियों के चरित्र ३२८
यूसुफ जुलेखा ७६
योगचिंतामणि ८१
योगवासिष्ठ भाषा २२४, २८४, २८५
योगसार ३
योगेश्वरी साखी ११

र

रंगभूमि ३७१
रंग में भंग (मैथिलीशरण गुप्त) ४१९
रंगविनोद १३०
रंगविहार १३०
रंगहुलास १३०
रक्षाबन्धन ३७७, ३७८
रघुवंश ३२८, ४१७
रघुवंश (राजा लक्ष्मणसिंह) ३०२
रघुवंश (लालासीताराम) ३९८
रघुवंश (सरजू प्रसाद मिश्र) ४१७
रघुवर करुणाभरण २४४
रजिया बेगम ३४४
रणधीर और प्रेममोहिनी ३२४
रणमल्लछंद ३३
रतनबावनी (केशव) १४१, १४४
रतनहजारा (रसनिधि) १६४, २३६
रतिमंजरी १३०
रत्नखान ५९
रत्नचंद्रिका २१७
रत्नाकर ३९९
रत्नाकरजोपम कथा ८
रत्नावली नाटिका (बालमुंकुद गुप्त) ३५३
रत्नावली नाटिका (भारतेंदु) ३४०
रश्मि ४९०
रस (गुमान मिश्र) १९७
रसकलश ३९८
रसकल्लोल (करनकवि) २१०
रसकल्लोल (शम्भूनाथ मिश्र) २००
रसतरंगिणी १६१, १८१
रसतरंगिणी (शम्भूनाथ मिश्र) २००
रसदीपिका २४४
रसनिवास २०४
रसपीयूषनिधि १९४
रसप्रबोध (रसलीन) १९६
रसमंजरी (ध्रुवदास) १३०

रसमंजरी (नंददास) ११६
रसमुक्तावली (ध्रुवदास) १३०
रसरंग (ग्वाल) २१५
रसरतन (पुहकर) १५५, १५८, १५
रसरत्नमाला (सूरतिमिश्र) १८४
रस रत्नाकर (गिरिधर) २७४, २७५
रसरत्नाकर (भूपति) १९३
रसरत्नाकर (सूरतिमिश्र) १८४
रसरत्नावली (ध्रुवदास) १३०
रसरत्नावली (मंडन) १७१
रसरहस्य (कुलपति) १७६, २४८
रसराज (मतिराम) १७२, २१२
रसराज की टीका (प्रतापसिंह) २१७
रसविनोद (महाराज रामसिंह) २०४
रसविलास (देव) १८१
रसविलास (बेनी बंदीजन) २०७
रसविलास (मंडन) १७१
रसविहार (ध्रुवदास) १३०
रससरस १८४
रससागर (श्रीपति) १८६
रससारांश (दास) १९०
रसहीरावली (ध्रुवदास) १३०
रसानंदलहरी (देव) १८१
रसानंदलीला (ध्रुवदास) १३०
रसानुक्रम के कवित्त (नागरीदास) २४०
रसानुक्रम के दोहे (नागरीदास) २४०
रसायनप्रकाश २९२
रसारणव १७७
रसिक गोविंद २२१
रसिकगोविंदानन्दघन २२०
रसिकप्रिया (केशव) १४४, १८४
रसिकप्रिया की टीका (सरदार) २८१, ३९५
रसिकप्रिया की टीका (सूरति मिश्र) १८४
रसिकमित्र (पत्र) ४२७, ४२८
रसिकमोहन (रघुनाथ) १९६
रसिकरंजिनी (नवलसिंह) २६७
रसिकरत्नावली (नागरीदास) २४०
रसिकरसाल (कुमारमणि भट्ट) २००
रसिकवाटिका (पत्रिका) ३९९, ४२५
रसिकविनोद (चंद्रशेखर) २६९
रसिकानंद (ग्वाल) २१५
रसेश्वरदर्शन ४८
रहसलता (ध्रुवदास) १३०
रहसलावनी (नवलसिंह) २६७
रहस्यमंजरी (ध्रुवदास) १३०
रहीमकाव्य १४८
रहीमरत्नावली १४८
रहीमसतसई—दे० रहीम दोहावली
राका (उदयशंकर भट्ट) ३८०, ४९१
राक्षस का मंदिर ३८०
रागगोविंद (मीरा) १२४
रागरत्नाकर २४५
रागरत्नाकर (देव) १८१
राग सोरठ के पद १२४
राजकुमारी ३४४
राजतरंगिणी ३११
राजनीति २९०
राजपूत की हार ३८१
राजपूताने का इतिहास २२
राजमुकुट ३७९
राजयोग ६०
राजस्थान केसरी (राधाकृष्णदास) दे० महाराणा प्रताप
राजा भोज का सपना ३००, ३०१, ३०४, ३४५
राजा शिवप्रसाद का जीवन चरित्र ३४३
राठौणा री ख्यात ३२

राधा अष्टक २१५
राधाकान्त ३४४
राधाकृष्ण विलास २५४
राधानखशिख २५४
राधा-माधव मिलन (ग्वाल) २१५
राधा-माधव बुध मिलन विनोद (कालिदास त्रिवेदी) १७८
राधासुधानिधि १२०
राधासुधाशतक २४७
रानी केतकी की कहानी (या उदयभान चरित) २८५, ३४५, ४०७
रामकथामृत २७४
रामगीतावली ९६
रामचंद्र की सवारी २३७
रामचंद्र विलास २६७
रामचंद्रिका (बख्शी हंसराज) २४३
रामचंद्रिका (केशव) १४२, १४३, ४०२
रामचंद्रिका की टीका (जानकीप्रसाद) २८०
रामचंद्रिका की टीका (भगवानदीन) ४३२
रामचंद्रोदय काव्य ४०१, ४५०
रामचरितचिंतामणि ४२३
रामचरितमानस ४, ८५, ८६, ८७, ९१, ९३, ९५, ९८, १०१, १०९, १५८, २४९, २५३, २५८, २९६, ३४०, ४०२
रामचरित्रमाला २४०
रामध्यानमंजरी ९७
रामनवरत्न १०१
रामरक्षास्तोत्र ८१
रामरत्नाकर ३९५
रामरसतरंगिणी २४४
रामरसायन २१२, २२२
रामरहीम ३७१
रामललानहछू ८८, ९५
रामलीला प्रकाश ३९५
रामविवाह खंड २६७
रामसतसई (गोस्वामी तुलसीदास) ९५
रामसतसई (रामसहायदास) २६८
रामशलाका ९५
रामस्वयंवर ३९५
रामाज्ञा प्रश्नावली ९५
रामायण (चिंतामणि) १६५
रामायण (तुलसीदास) दे० रामचरितमानस
रामायण (भगवन्तराय खींची) २४९
रामायण (महाराज विश्वनाथसिंह) २३७
रामायण महानाटक ९८
रामायण (वाल्मीकि)—दे० वाल्मीकि रामायण
रामायण सुमिरनी (नवलसिंह) २६७
रामायण सूचनिका (रसिक गोविंद) २१९
रामार्चन पद्धति ७८
रामाश्वमेध २२२, २५८
रामाष्टक २७४
रामाष्टयाम ३९५
रास के कवित्त २३९
रासपंचाध्यायी (नंददास) ११६
रासपंचाध्यायी (नवलसिंह) २६७
रासपंचाध्यायी (रहीम) १४८
रासपंचाध्यायी (व्यास) १२७
रासरसलता २३९
रासो—दे० पृथ्वीराज रासो
रासो संरक्षा ३२८
रिमझिम ४५४
रुक्मिणी मंगल (नरहरि बंदीजन) १३४, १५८
रुक्मिणी मंगल (नवलसिंह) २६७
रुक्मिणी मंगल (नंददास) ११६, १५८
रुक्मिणी परिणय (महाराज रघुराजसिंह) ३९४

रुक्मिणी परिणय (हरिऔध) ३४०
रूपक रामायण (नवलसिंह) २६७
रूपमंजरी १७६
रूपराशि ४९०
रूपविलास (रूपसाहि) २०१
रेखता २४०
रेणुका ४९१
रेल का विकट खेल (कार्तिक प्रसाद खत्री) ३१५, ३२९
रेल का विकट खेल (बालकृष्णभट्ट) ३२१
रोमियो ऐण्ड जुलियेट ३२४, ३३९
रोला रामायण ५
सैजतुल हकायक ७३

ल

लंडन रहस्य ३४२
लक्षण सिंगार १७२
लक्ष्मण शतक २६६
लक्ष्मणसेन पद्मावती कथा १५८
लक्ष्मी (पत्रिका) ४३२
लक्ष्मी का स्वागत ३८१
लक्ष्मीनखशिख २७४
लक्ष्मीश्वर रत्नाकर ३९५
लखनऊ की कब्र ३४४
लछिमनचंद्रिका २२०
ललितललाम (मतिराम) १७२
ललितविग्रहराज नाटक २२
ललितसिंगारदीपक २४४
ललितानाटिका ३२७
लल्ला बाबू ३४१
लव जी का स्वप्न ३२८
लवंगलता ३४४
लहर ४५९, ४६०, ४६२, ४६४, ४६५, ४६७
लालचंद्रिका १६८, २९०
लालित्यलता २०२
लीलावती ३४४
लैला ३४२
लोकमित्र (पत्र) ३०४
लोकोक्तिरसकौमुदी २०१

व

वंशीध्वनि ४९१
वक्रोक्ति विनोद ३९३
वनजन प्रशंसा २४०
वनविहार १३०
वनवीर ३३९
वनश्री ४९१
वभ्रुवाहन ३३९
वरमाला ३७९
वर्तमान इतिहास २९२
वर्षा ऋतु की मांझ २३९
वर्षा के कवित्त २३९
वसंत चौतीसी २३७
वसंतवर्णन २४०
वसंतवियोग ४२६
वाक्‌यात बावरी १४८
वाग्विलास (सरदार) ३९५
वाग्विलास (सेवक) ३९४
वाणीभूषण २६८
त्रामनकथामृत २७४
वर-वधू विनोद १७८
वारांगनारहस्य महानाटक ३२२
वाराहकथामृत २७४
वार्ता—दे० चौरासी वैष्णवों की वार्ता
वार्तासंस्कृत २७४
वाल्मीकि रामायण ८५, ३०६, ४४५

वाल्मीकि रामायण (पद्यानुवाद, गिरिधरदास) २७४
वाल्मीकि रामायण श्लोकार्थप्रकाश (गणेश) २६०
विकटभट ४१९
विकास ३७१
विक्टोरिया चरित्र ३२९
विक्रमविलास १८६
विक्रमसतसई २२६
विक्रमांकदेव चरितचर्चा ३६२
विक्रमादित्य ३८०
विजय ३७१
विजयमुक्तावली २२२, २२६
विजयनीविजय वैजयन्ती ४०३
विज्ञानगीता (केशवदास) १४१
विज्ञानभास्कर २६७
विज्ञानयोग ६०
विदा ३७१
विद्यापति की पदावली ३७
विद्याभास्कर (पत्र) ४२३
विद्याविनोद ३३९
विद्यासागर २९३
विद्यासुंदरनाटक (भारतेंदु) ३१०, ३१५, ३१६
विद्वतविलास २११
विद्वानसंग्रह २९३
विनयपत्रिका ८४, ८९, ९५, १०१, १२४
विनयपत्रिका की टीका (महाराज विश्वनाथ सिंह) २३७
विनयशतक १९३
विनोदचंद्रिका १८५
विभक्तिविचार ३३६
विरजा ३२७
विरहवारीश (बोधा) २५६
विरहमंजरी (नंददास) ११६
विरहलीला (घनानंद) २३२
विरहविलास (बख्शी हंसराज) २४३
विराटा की पद्मिनी ३६९
विराटपुराण ११
विवेकदीपिका ६०
विवेकमार्तंड ११
विवेकविलास २६९
विवेकसारचंद्रिका २४४
विशुद्धचरितावली ३३८, ३५१
विश्रामसागर ३९५
विश्वनाथ नवरत्न २७१
विश्वनाथप्रकाश २३७
विश्वभोजनप्रसाद २३७
विश्वसाहित्य ३८६
विश्वामित्र ३८०
विषस्य विषमौषधम् ३१६
विषाद ४९१
विष्णुपुराण २८५
विष्णुपुराण भाषा (दास) १९०
विष्णुविलास २३०
विसर्जन ४९१
विहारचंद्रिका २३९
वीणा (पंत) ४७२
वीरक्षत्राणी ४३२
वीरनारी ३११, ३३९
वीरपंचरत्न ४३२
वीरबालक ४३२
वीर सतसई ४००, ४५०
वीर सिंह का वृत्तांत (राजा शिवप्रसाद) ३००, ३४५
वीरसिंहदेव चरित (केशव) १४१, १५८
वीर हमीर ४९०

वृंद सतसई २२५

[illegible]चन श[illegible]क २६९

[illegible]सत १३०

[illegible]विलास १८१

वृत्तरंगिणी २६८

वृत्तविचार १७७

वेणीसंहार ३४०

वेदनिर्णय पंचशिका १५१

वेदांतपंचक शतिका २३७

वेदांत भाष्य ७९

वेदांतसार २४४

वेदांत सूत्रों के भाष्य का हिंदी अनुवाद २९३

वेनिस का बाँका (अयोध्या सिंह उपाध्याय) ३४४

वेनिस का बैपारी (गोपीनाथ पुरोहित) ३३९

वैज्ञानिक कोश ३३३

वैताल पंचविंशति १८४

वैतालिक ४१९, ४२०

वैदिकी हिंसा हिंसा न भवति ३१६

वैदेही वनवास ४१६

वैनविलास २४०

वैराग्यवल्ली २४०

वैराग्यसंदीपनी ९५

वैशाख माहात्म्य २७९

वैश्योपकार (पत्र) ३५०

वैष्णवमताब्ज भास्कर ७९, ८२

व्यंग्यार्थ कौमुदी २१७

व्यक्तभावानुगत तत्वसिद्धि ७

व्याहलो १३०

व्रजदीपिका २६७

व्रजभारती ४५०

व्रजरज ४५०

व्रजलीला १३०

व्रजविलास ४, २२२, २५२

व्रजवैकुंठ तुला २३९

व्रजांगना ४२०

श

शंकामोचन २६७

शकुंतला नाटक (नेवाज) १८०

शकुंतला नाटक (राजा लक्ष्मणसिंह) ३०२, ३०४, ३९५

शक्तिसंगम तंत्र ८, ११

शत प्रश्नोत्तरी १३८

शतरंजशतिका १९०

शब्द २३७

शमशाद सौसन ३२७

शरद की माँझ २४०

शशांक ३६८

शांतिशतक २३७

शार्ङ्गधर पद्धति १५

शालिहोत्र २०९

शाहजहाँ ३३९

शिखनख (नागरीदास) २४०

शिव चौपाई २०१

शिवराजभूषण (भूषण) १७४, २२३

शिवशंभु का चिट्ठा ३५३

शिवसिंहसरोज २१, ८३, ९५, १३८, १५३, १६५, १७९, २०९, २२६, २४९, ३३३

शिवस्तोत्र २७४

शिवाबावनी १७४

शिवसाधना ३७८

शिशुपाल वध ४२३

शीतसागर २३९

शुकरंभा संवाद २६७

शुभचिंतक ३१२

शूलफूल ४९०

श्रृंगारचरित्र (देवकीनंदन) २०३
श्रृंगारनिर्णय (दास) १९०, १९१
श्रृंगारबत्तीसी (द्विजदेव) २७५
श्रृंगारभूषण (बेनीप्रवीन) २०८
श्रृंगारगंजरी (प्रतापसाहि) २१७
श्रृंगाररस मंडन (गो० बिट्ठलनाथ) २७८
श्रृंगारलता (सुखदेव मिश्र) १७७
श्रृंगारलतिका (द्विजदेव) २७५
श्रृंगारशतक (संस्कृत) २८०
श्रृंगारशिक्षा (वृंद) २२५
श्रृंगारशिरोमणि (महाराज जसवंतसिंह द्वितीय) २०९
श्रृंगारशिरोमणि (प्रतापसाहि) २१७
श्रृंगारसंग्रह (सरदार) ३९५
श्रृंगार सरोजिनी (गोविंद गिल्ला भाई) ३९६
श्रृंगार सागर (चंदन) २०३
श्रृंगार सागर (मोहनलाल मिश्र) २४०
श्रृंगार सौरभ (राम) १७९
शेक्सपीयर के नाटकों के (लैंबकृत) आख्यानों का अनुवाद ३२८
श्यामालता ३९७
श्यामास्वप्न ३२५
श्रांत पथिक ४१३, ४१४
श्रावकाचार ३
श्रीराधास्तोत्र २७४
श्रीरामस्तोत्र २७४
श्री रामार्चनपद्धति ७८, ७९
श्रीस्तोत्र २४४
श्रुतिदीपिका २४४
श्रुतिपंचमी कथा ३
श्रुतिभूषण १४०, १५९
श्लेषचंद्रिका ३९६

ष

षड्ऋतु (गोविंद गिल्ला भाई) ३९६
षट्ऋतु (सरदार) ३९५

स

संकटमोचन ९५
संगीत की पुस्तक २२९
संगीत शाकुंतल ३१९
संयोगिता स्वयंवर ३२१, ३२३, ३२४, ३६२
सगरविजय ३८०
सज्जाद सुंबुल ३२७
सतसई (भूपति) १९३, १९४
सतसई की टीका (सरदार) २८१, ३९५
सतसई बरनार्थ (ठाकुर) २६२
सतीचंद्रावली ३२७
सती प्रताप ३१६, ३२८, ३७५
सत्यवती कथा ४६, ८८, १५८
सत्यहरिश्चंद्र ३१६, ३३२, ४०३
सत्यार्थ प्रकाश ३०६
सत्योपाख्यान २०७
सदाचार मार्तण्ड ३१३
सदादर्श ३१२
सनेह सागर २४३
सभामंडली १३०
सभाविलास २९०
समय प्रबंध (रसिकगोविंद) २२१
समय प्रबंध पदावली (अलबेली अलि) २४४
समरसार २६६
समस्यापूर्ति प्रकाश (कविसमाज) ३९७
समस्यापूर्ति प्रदीप (गोविंदगिल्ला भाई) ३९६
समालोचक (पत्र) ३५०, ३५६
सरकार तुम्हारी आँखों में ३७१

हिंदुस्तानी साहित्य का इतिहास २९८, ३३३
हिंदू ४१८
हिंदूगृहस्थ ३४४
हिंदूबांधव (पत्रिका) ३१३, ३२७
हिंदोस्तान (पत्र, इंग्लैण्ड) ३०३, ३१३
हितचौरासी १२०
हितचौरासी टीका (प्रेमदास) १२०
हितचौरासी टीका (लोकनाथ) १२०
हितजौं की सहस्र नामावली १२१
हित जू को मंगल ११९, १२१
हित तरंगिणी १३४
हित सिंगार लीला १३०
हितोपदेश (नंददास) ११६
हितोपदेश (पद्माकर) २१२
हितोपदेश (बद्रीलाल) ३००
हितोपदेश (लल्लूलाल)—दे० 'राजनीति'
हिम्मतबहादुर विरुदावली २११
हीराबाई ३४४
हुंकार ४९१
हृदय की प्यास ३७१
हृदयहारिणी ३४४
होरी की माँझ २३९
होरी के कवित्त २३९
होरेशस ४३५
होलिका विनोद दीपिका २४४

सरफराज चंद्रिका २०४
सरस रस १८४
सरस सुमन ४९१
सरस्वती (पत्रिका) १७७, ३२४, ३३६, ३४३, ३४५, ३४८, ३५०, ३५३, ३५६, ३५९, ४१२, ४१६, ४१८, ४२०, ४२३, ४३९, ४४२
सरस्वती भवन स्टडीज १०
सरोजकलिका १८६
सर्वदर्शनसंग्रह ४८
सर्वसंग्रह २३७
सहस्र गीति ७८
साँझी के कवित्त २३९
सांध्य अटन ४१३, ४६२
सांध्यगीत ४९०
साकेत ४१९, ४२२, ४५४
साधना ३८२
सारसुधानिधि ३१२, ३१४, ३५४
सास पतोहू ३४२
साहसेंद्र साहस ३३९
साहित्य दर्पण १५९, २२०
साहित्यरस २१०
साहित्य लहरी १०६, १०७
साहित्यसमीक्षा सिद्धांत (प्रिंसिपुल्स ऑव लिटरेरी क्रिटिसिज्म) ३८६, ३८८, ३९३
साहित्य सरसी ३९५
साहित्यसरोवर ४२८
साहित्यसार १७२
साहित्यसुधाकर ३९५
साहित्यालोचन ३५६
सिंगार सत (ध्रुवदास) १३०
सिंगारसार (नागरीदास) २३९
सिंदूर की होली ३८०
सिंधु देश की राजकुमारियाँ ३२८
सिद्धराज ४१
सिद्धहेमचंद्र शब्दानुशासन १३
सिद्धांत चौंतीसी २४४
सिद्धांत पंचाध्यायी (नंददास) ११६
सिद्धांतबोध (अनन्य) ६०
सिद्धांतबोध (महाराज जसवंतसिंह) १६७
सिद्धांतविचार १३०
सिद्धांतसंग्रह ३००
सिद्धांतसार १६७
सिद्धार्थ ४५२
सीतवसंत २०३
सीताराम सिद्धांत मुक्तावली २४४
सीता वनवास ३४०
सीतास्वयंवर २६७
सुंदरकांड (मनियारसिंह) २५९
सुंदरशृंगार १५६
सुकवि समीक्षा ३८४
सुखमंजरी १३०
सुखसागर तरंग (देव) १८१
सुजानचरित्र (सूदन) २२२, २५०, ३३३
सुजान रसखान १२९
सुजानविलास १९५
सुजानसागर २३२
सुजानानंद २३९
सुदर्शन (पत्र) ३५०
सुदामाचरित्र (नंददास) ११६
सुदामाचरित्र (नरोत्तमदास) १३४, १३५, १५८, ४०२
सुदामा नाटक (राधाचरण गोस्वामी) ३२७
सुदामा नाटक (शिवनंदन सहाय) ३४१
सुधाकर (पत्र) २९६
सुधानिधि १९३
सुनाल ४५२

सुनीता ३७१
सुनीति प्रकाश २२९
सुमनांजलि ४५२
सुमित्रानंदन पंत ३८५
सुरभी दानलीला २५७, २५८
सूरपंचरत्न ३८४
सूरसागर ८८, १०६, १०९, ११०, १२५, १२७
सूरसारावली १०६
सेवासदन ३७१
सौंदर्यलहरी ३५९
सौंदर्योपासक ३४४
सौ अजान एक सुजान ३११
स्कंदगुप्त ३७६, ३७७, ३७८
स्ट्राइक ३८१
स्त्री सुबोधिनी ३२६
स्वप्न ४२९, ४३१
स्वप्नवासवदत्ता ३८१
स्वर्गीय वीणा ४१२, ४१४
स्वर्णलता ३२९
स्वामी हरिदास जी के पद १२५

ह

हंस जवाहिर ७३
हठी हम्मीर ३२०
हनुमच्चरित १००
हनुमतछब्बीसी (मनियारसिंह) २५९
हनुमतपचीसी (गणेश) २६०
हनुमतपचीसी (भगवंतराय खींची) २४९
हनुमतभूषण ३९५
हनुमत्संहिता १०१
हनुमन्नाटक (बलभद्रमिश्र) १३९
हनुमन्नाटक (संस्कृत) १४२
हनुमान नखशिख २६६
हनुमान नाटक (राम) १७९
हनुमान पंचक २६७
हनुमानपचीसी (खुमान) २६७
हनुमानबाहुक ९५, १००
हमारे साहित्य निर्माता ३८४
हम्मीर महाकाव्य २५
हम्मीररासो (शारंगधर) १५, २२२
हम्मीर रासो (जोधराज) २२२, २४१
हम्मीर हठ (ग्वाल) २१५, २४२
हम्मीर हठ (चंद्रशेखर) २२२, २४२, २६८
हरिचरित्र १५८
हरिदास की बानी १२५
हरिदास जी का ग्रंथ १२५
हरिप्रकाश टीका (बिहारी सतसई की) १६८
हरिभक्तिविलास २६९
हरिवंश (अनु० गोपीनाथ) २५३
हरिश्चंद्र (रत्नाकर) ३९८
हरिश्चंद्र चंद्रिका ३१५, ३२६, ३२८, ३३२
हरिश्चंद्र मैगज़ीन ३१५, ३२४, ३२७, ३२९
हर्ष (गोविंददास) ३७८
हर्षचरित ३, ३७०
हल्दीघाटी ४५४
हिंडोरा के कवित्त (नागरीदास) २३९
हिंडोला (रत्नाकर) ३९८
हिंदी कालिदास की आलोचना ३६२
हिंदी दीप्तिप्रकाश (पत्र) ३१२, ३१३
हिंदी नवरत्न ३६२
हिंदी प्रदीप ३१२, ३१३, ३२०
हिंदी भाषा और साहित्य ३५६
हिंदी माघ ४२३
हिंदी व्याकरण ३३३
हिंदी शब्दसागर ३३३, ४३२